Deutsche Großkampfschiffe

Mike J. Whitley

Trondheimfjord am Nachmittag des 11. Juni 1940. Fast der gesamte »Juno«-Verband liegt nach der Rückkehr von dieser Unternehmung hier vor Anker: Links vorn die GNEISENAU, dahinter die SCHARNHORST mit zwei T-Booten längsseits, in der Bildmitte der Versorger ALSTERTOR mit den Zerstörern KARL GALSTER (links) und HANS LODY (rechts) dahinter, rechts im Bild die ADMIRAL HIPPER und rechts dahinter der Begleittanker FRIEDRICH BREME. Ganz im Vordergrund wassern drei Seeflugzeuge vom Typ He 115 sowie ein Seenotrettungsflugzeug (weißer Anstrich) vom Typ He 59. (ECPA)

Deutsche Großkampfschiffe

Mike J. Whitley

Einbandgestaltung: Nicole Lechner.

Abbildung auf dem Einband:
»Der letzte Kampf der BISMARCK« von Claus Bergen – Marineschule Flensburg-Mürwick
(Wiedergabe mit freundlicher Genehmigung des Freundeskreises Marineschule Flensburg-Mürwick):

Die englische Originalausgabe erschien bei Arms & Armour Press, London, unter dem Titel:
GERMAN CAPITAL SHIPS of WORLD WAR TWO

Ins Deutsche übertragen von **WOLFRAM SCHÜRER**

Deutsche Bearbeitung von **HELMA und WOLFRAM SCHÜRER**

ISBN 3-613-01789-X

Ein Unternehmen der Paul Pietsch Verlage GmbH + Co
1. Auflage 1997

Lektor: Martin Benz M. A.
Hersteller: Bernd Peter
Druck: Maisch + Queck, 70828 Gerlingen
Bindung: Heinrich Koch, 72072 Tübingen
Printed in Germany

Inhalt

Vorwort

Dieser Band vervollständigt die Darstellung der Überwasserseestreitkräfte der deutschen Kriegsmarine, die mit der Veröffentlichung des Bandes »Zerstörer! Deutsche Zerstörer im Zweiten Weltkrieg« in deutscher Ausgabe begann und sich über die Bände »Deutsche Kreuzer im Zweiten Weltkrieg« und »Deutsche Seestreitkräfte 1939–1945. Einsatz im Küstenvorfeld«, ebenfalls in deutscher Ausgabe, fortsetzte. Nach einer Einführung, die sich mit der Entwicklung der deutschen Großkampfschiffe bis zum Ende des Ersten Weltkrieges befaßt, beginnt mit dem ersten Kapitel die Vorgeschichte, die zum Bau der sogenannten »Taschenschlachtschiffe« (»Pocket Battleships« im britischen Jargon) führte. Anschließend wird die Darstellung über den Interimsentwurf der Schlachtschiffe SCHARNHORST und GNEISENAU bis zu den Schlachtschiffen der BISMARCK- und der H-Klasse fortgesetzt; die ersten beiden Einheiten der letzteren Klasse wurden gerade noch vor bzw. zu Beginn des Zweiten Weltkrieges auf Kiel gelegt. Auch die Versuche der deutschen Marine, in den 30er Jahren eine Marineluftwaffe zu schaffen und eine Flugzeugträger-Streitmacht aufzubauen, werden in allen Einzelheiten behandelt, wie auch die Gründe für das Scheitern dieser Vorhaben untersucht werden. Auf die verschiedenen Entwurfsprojekte für Schlachtschiffe, die auf die H-Klasse folgen sollten, wird jedoch nicht eingegangen, da es sich hierbei lediglich um politische Höhenflüge grandiosen Ausmaßes handelte, die niemals hätten verwirklicht werden können.

Im Format folgt dieses Buch den früheren Bänden. Die inhaltliche Gestaltung beginnt mit einem technischen Abschnitt, der sich mit den verschiedenen Entwurfsaspekten für jede Klasse befaßt. Dieser technische Teil ist nahezu ausnahmslos aus den offiziellen Primärquellen der Archive zusammengetragen worden. Sie umfassen viele Konferenzprotokolle, Berichte und offizielle Korrespondenzen, in stundenlanger Arbeit sowohl aus meinem Archivbestand als auch aus britischen und deutschen Archivbeständen ans Licht gebracht. Das Zitieren von Verweisen auf den Großteil dieser Einzeldokumente ist bedeutungslos; doch am Schluß dieses Werkes sind die dokumentarischen Hauptquellen aufgelistet. Dem technischen Teil schließt sich eine chronologische Schilderung der Verwendungen und Einsätze der in Frage kommenden Schiffe an; in ihr sind auch Einzelheiten und Berichte über die Gefechtshandlungen enthalten, an denen diese Schiffe beteiligt waren. Es ist daher unvermeidlich, daß eine Reihe dieser Gefechtshandlungen bereits in den früheren Bänden behandelt wurden. Doch dort, wo dies zutrifft, befaßt sich das vorliegende Buch mit der Gefechtshandlung aus der Sicht des betreffenden Schlachtschiffes. So ist es zum Beispiel im Falle des Kanaldurchbruchs der Brest-Gruppe – des Unternehmens »Cerberus« – im Jahre 1942 möglich, den Verlauf der Ereignisse aus der Sicht der beteiligten Schlachtschiffe, Kreuzer und Zerstörer zu schildern. Wie bei den früheren Bänden wurden auch für dieses Werk alle deutschen Berichte mit den entsprechenden damaligen Berichten der Royal Navy zur selben Gefechtshandlung verglichen, einander gegenübergestellt und in Einklang gebracht. In vielen Fällen wurden auch Aufzeichnungen der RAF und des FAA berücksichtigt. Die Uhrzeiten entsprechen deutscher Zeitrechnung; es sei denn, es erfolgt eine andere Angabe. Die Entfernungen sind in Metern angegeben, obwohl es herkömmlicher deutscher Praxis entsprach, sie in Hektometern anzugeben. Der damaligen Praxis folgend, werden gleicherweise die Geschützkaliber in Zentimetern bezeichnet.

Für ihre Unterstützung bei der Zusammenstellung des Materials für dieses Werk möchte ich den folgenden Einzelpersonen und Institutionen meinen Dank aussprechen: R.M. Coppock von der Naval Historical Branch im britischen Verteidigungsministerium; D.K. Brown, Verteidigungsministerium, Bath; E.A. Munday, R.C.M. King und C. Morley von der Air Historical Branch; Dr. Hoffmann, Herrn Jamans und Frau Müller vom Bundesarchiv Koblenz; Dr. J. Rohwer von der Bibliothek für Zeitgeschichte, Stuttgart; Dieter Jung und Norbert Kelling; Paul Kemp vom Imperial War Museum; David Lees und Arnold Hague von der World Ship Society; George Moore, Ron Pankhurst und Ray Sturtivant, die mich bei verschiedenen Luftfahrtfragen unterstützten, wie dies auch Bob Layman in den USA tat; Freiherr v. Müllenheim-Rechberg, der Fragen zur BISMARCK beantwortete, und Manfred Wilske, der ein Fachmann auf dem Gebiet der GRAF ZEPPELIN ist; Michael Bullen und David Ennor für die Unterstützung bei den Fotos. Schließlich möchte ich auch wiederum meiner Frau Rita für die Schreibarbeit meinen Dank aussprechen.

Mike J. Whitley

BISMARCK, noch mit friedensmäßigem Anstrich, läuft zu Erprobungsfahrten aus. Dem Schlachtschiff fehlen noch verschiedene Feuerleiteinrichtungen. (Bundesarchiv)

Einführung

Das moderne Deutschland ist ein ziemlich junger Staat, denn erst 1870 fanden sich die deutschen Einzelstaaten zusammen, um Frankreich zu bekämpfen, das tatsächlich nur dem mächtigen Königreich Preußen den Krieg erklärt hatte. Trotz der religiösen Unterschiede zwischen Nord und Süd führte dieses Gefühl nationaler Einigkeit am 18. Januar 1871 zur offiziellen Reichsgründung, als König Wilhelm von Preußen das erste Oberhaupt des neuen deutschen Kaiserreiches wurde.[1] Vor der Herstellung der deutschen Einheit unterhielten nur die Staaten an den Nord- und Ostseeküsten – Oldenburg, Hannover, Schleswig-Holstein, Mecklenburg-Schwerin und Preußen – eine kleinere Anzhl von Kriegsschiffen zur Küstenverteidigung, aber diese hatten – von Preußen[2] möglicherweise abgesehen – nur eine geringe militärische Bedeutung. Im Jahre 1848 wurde dies im Verlaufe des Krieges mit Dänemark offensichtlich, als die dänische Flotte kaum Schwierigkeiten hatte, die norddeutschen Häfen zu blockieren. So war zum Beispiel eine einzige dänische Fregatte, stationiert auf der Höhe von Helgoland (damals noch in britischem Besitz), durchaus imstande, den gesamten Schiffsverkehr von und zu den Mündungen von Elbe und Weser zu unterbrechen.

Dies verursachte einen politischen Sturm und die in Frankfurt am Main tagende Nationalversammlung bewilligte sechs Millionen Taler für die Schaffung einer nationalen Bundesflotte. Der Bremer Senator Arnold Duckwitz, zugleich Handelsminister des Bundes, wurde von der Nationalversammlung mit der Verantwortung für das Marineressort beauftragt. Auf seine Initiative hin wurden vier Schiffe – drei Raddampfer (BREMEN, HAMBURG und LÜBECK) und eine Segelfregatte (DEUTSCHLAND) – angekauft, um den Kern der neuen Flotte zu bilden, deren Stützpunkt Bremerhaven sein sollte. Diese vier Schiffe konnten bereits am 15. Oktober 1848 in Bremerhaven in Dienst gestellt werden, und damit war die erste deutsche Bundesmarine geschaffen worden.[3] In den folgenden Jahren kamen weitere Schiffe hinzu. Einige wurden nach entsprechender Auftragserteilung in Großbritannien gebaut, während andere örtliche Ankäufe waren. Zusätzlich kam die im April 1849 eroberte dänische Fregatte GEFION hinzu, die als ECKERNFÖRDE in die Bundesflotte eingereiht wurde. Ihr neuer Name erinnerte an das Gefecht vom 5. April 1849 zwischen zwei Küstenbatterien dieser Stadt und angreifenden dänischen Kriegsschiffen, wobei die GEFION erobert und das Linienschiff CHRISTIAN VIII. versenkt wurde. Diese erste deutsche Bundesmarine hatte nur bis 1853 Bestand, als das Ende des Krieges mit Dänemark die Forderung nach nationaler Einheit zunichte machte. Bald darauf wurden die Schiffe außer Dienst gestellt und versteigert. Zwei der Schiffe hatte die preußische Regierung erhalten, während die restlichen zu Handelsschiffen oder Fischerbooten umgerüstet wurden.[4]

Nach der Auflösung der Bundesmarine unterhielten nur noch Österreich und Preußen von allen deutschen Staaten weiterhin nennenswerte Seestreitkräfte. 1853 war die preußische Marine geschaffen worden und im folgenden Jahr übernahm Prinz Adalbert von Preußen den Oberbefehl.[5] Ihre Hauptaufgabe ging kaum über Küstenverteidigung und Unterstützung des Heeres hinaus. Doch schon bald richteten sich die Augen in weitere Ferne und zwischen 1855 und 1869 wurden fünf hölzerne Fregatten gebaut, um Auslandsreisen zu unternehmen. Um diese Zeit tauchten auch die ersten preußischen Schiffe mit Propellerantrieb auf und wagten sich in die Ferne bis zu den Azoren, dem Suez-Kanal, China und Japan. Zwischen 1859 und 1865 wurden die ersten Dampfkanonenboote in Dienst gestellt und 21 dieser Einheiten waren vorhanden, als ein neuer Krieg ausbrach, der diesmal zwischen Schleswig-Holstein und Dänemark geführt wurde. Als Mitglieder des Deutschen Bundes unterstützten Preußen und Österreich den Mitgliedstaat Schleswig-Holstein. Ein vereinigtes österreichisch-preußisches Geschwader unter Führung von Admiral Tegetthoff hob am 9. Mai 1864 nach einem kurzen Gefecht bei Helgoland mit dänischen Fregatten die dänische Blockade der Deutschen Bucht auf. Bis zum Waffenstillstand stellte dieses Geschwader den deutschen Staaten an der Nordsee den freien Zugang zur hohen See sicher.

1866 führten Preußen und Österreich selbst Krieg gegeneinander, der mit der Niederlage des letzteren bei Königgrätz endete. Ein Jahr später (1867) kam es zur Gründung des Norddeutschen Bundes. Damit kontrollierte Preußen die Nord- und Ostseeküsten und hatte auch seit 1865 den wichtigen Hafen Kiel in seinem Besitz. Die Niederlage Österreichs hatte zur Auflösung des Deutschen Bundes geführt, dem bis zu diesem Zeitpunkt alle deutschen Staaten einschließlich Österreichs angehört hatten. Von nun an ging Österreich seinen Weg allein und sollte erst ab 1938 wieder für kurze Zeit zum Deutschen Reich gehören.

Der Norddeutsche Bund war ein Bundesstaat unter preußischer Führung und die preußische Marine ging in der »Norddeutschen Bundeskriegsmarine« auf.[6] In einem Zehn-Jahres-Programm wurde ins Auge gefaßt, die Stärke der Marine auf sechzehn Panzerschiffe bzw. -fahrzeuge, zwanzig Korvetten, acht Avisos und 22 Dampfkanonenboote zu erhöhen. Zusätzlich wurde ein neuer Kriegshafen an der Jade geschaffen und 1869 nach dem preußischen König »Wilhelmshafen« genannt. Außerdem wurde mit der Planung eines Kanals zwischen Nord- und Ostsee begonnen. Der Krieg mit Frankreich brachte keine nennenswerten Gefechtshandlungen zur See, denn das schnelle Vorrücken der deutschen Armeen beendete die Feindseligkeiten rasch.

In den ersten zehn Jahren ihrer Existenz konzentrierte sich die Kaiserliche Marine, wie sie nun seit der Reichsgründung genannt wurde,[7] auf Küstenverteidigungsaufgaben. Obwohl Stützpunkte in Übersee geplant waren und ein »Fliegendes Geschwader« geschaffen wurde, bestand anfänglich nicht die Absicht, mit Großbritannien oder Frankreich um die Vorherrschaft zur See in einen Wettbewerb zu treten. Viele der neuen Schiffe der Flotte wurden auf britischen Werften gebaut, aber 1872 lief auf der Kaiserlichen Werft in Danzig die Panzerkorvette HANSA vom Stapel, das erste in Deutschland entworfene und gebaute Schiff dieser Art, ausgerüstet bei der A.G. »Vulcan« in Stettin. Dieses Ereignis signalisierte den Beginn einer neuen Ära, in der der deutsche Kriegsschiffbau unabhängig von ausländischer Unterstützung werden sollte.

Die wichtigste Epoche der deutschen Seemacht begann 1888 mit der Thronbesteigung Kaiser Wilhelm II. Der neue Herrscher war an Fragen der Seemacht und der Marine sehr interessiert. Aus strategischen Gründen ließ er den Nord-Ostsee-Kanal bauen, der ihm zu Ehren Kaiser-Wilhelm-Kanal genannt wurde; seine Eröffnung erfolgte am 21. Juni 1895.[8] Zusammen mit dem späteren Großadmiral v. Tirpitz, der

Das Linienschiff POMMERN (DEUTSCHLAND-Klasse) wie fertiggestellt. Das Schiff sank 1916 in der Skagerrakschlacht mit seiner gesamten Besatzung durch Torpedotreffer. (Renard)

Das Linienschiff THÜRINGEN (HELGOLAND-Klasse) 1911. Beachte die zahlreichen Scheinwerfer sowie die Torpedonetze. (Renard)

Das Linienschiff MARKGRAF (KÖNIG-Klasse) nach seiner Auslieferung 1919 in Scapa Flow vor Anker liegend. (Sammlung des Verfassers)

Der Schlachtkreuzer HINDENBURG (DERFFLINGER-Klasse). Die Luftaufnahme bietet hinsichtlich der allgemeinen Anordnung einen guten Überblick. (WBB)

1897 zum Staatssekretär im Reichsmarineamt (d.h. als Marineminister) berufen wurde, schlug Wilhelm II. hinsichtlich des Ausbaus der Flotte einen Kurs ein, der das Deutsche Reich schließlich in den Konflikt mit Großbritannien führen sollte. Unter der Federführung des Großadmirals v. Tirpitz erstarkte die Kaiserliche Marine rasch, sehr zur Bestürzung Großbritanniens, das trotz der engen Bande zwischen den beiden Ländern zur damaligen Zeit den Absichten des Deutschen Reiches mißtraute. Die Folge war ein Wettrüsten im Kriegsschiffbau, das Deutschland nicht gewinnen konnte, da seine Kapazitäten in Industrie und Schiffbau geringer als die Großbritanniens waren, wenn auch zum Beispiel seine Stahlproduktion im Jahre 1910 etwa doppelt hoch war wie die seines Rivalen.

Im letzten Jahrzehnt des 19. Jahrhunderts wurde auf der Kaiserlichen Werft in Wilhelmshaven (1890) ein Schiff auf Kiel gelegt, das als der erste wirklich brauchbare Schlachtschiff-Entwurf bezeichnet werden konnte – im Gegensatz zu den bisherigen Schiffsentwürfen zur ausschließlichen Küstenverteidigung. Es handelte sich um das Linienschiff KURFÜRST FRIEDRICH WILHELM, das Typschiff einer Klasse aus vier Einheiten[9] mit einer jeweiligen Wasserverdrängung von 10.670 t maximal.[10] Seine Bewaffnung bestand aus sechs 28-cm-Mantelrohr-Ringkanonen (4 x L/40, 2 x L/35) in drei Doppeltürmen, die in der Mittschiffslinie standen: vorn und achtern sowie mittschiffs hinter den beiden Schornsteinen. Die Antriebsanlage umfaßte zwei stehende Dreizylinder-Dreifach-Expansionsmaschinen mit zwölf kohlebefeuerten Zylinderkesseln. Ihre Leistung lieferte diesen Schiffen eine Höchstgeschwindigkeit von über 16 kn. Zwischen 1901 und 1905 erfuhren alle vier Einheiten einen Umbau, unter anderem erhielten sie als erste Einheiten der Kaiserlichen Marine eine F.T.-Anlage. Drei der Schiffe befanden sich 1900/01 auf Auslandsstationen. 1910 wurde das Typschiff zusammen mit der WEISSENBURG an die Türkei verkauft. Im Ersten Weltkrieg kamen beide Schiffe zum Einsatz. Am 8. August 1915 versenkte das britische Unterseeboot *E 11* die HAIREDDIN BARBAROSSA (ex-KURFÜRST FRIEDRICH WILHELM). Die beiden in Deutschland verbliebenen Einheiten dienten lediglich dem Küstenschutz bzw. als Wohnschiffe.

Die nächste Klasse – die »Kaiser«-Klasse: Typschiff KAISER FRIEDRICH III. – umfaßte fünf Einheiten; sie entstand zeitgleich mit der MAJESTIC-Klasse der Royal Navy. Mit einer um etwa 10 % höheren Wasserverdrängung als ihre Vorgänger hatten die Linienschiffe der »Kaiser«-Klasse eine stärkere Antriebsanlage und besaßen mit über 17 kn auch eine höhere Geschwindigkeit. Ungewöhnlicherweise führten sie als Hauptbewaffnung nicht nur ein kleineres Kaliber – 24 cm – sondern auch weniger Geschütze: vier in zwei Doppeltürmen, je einer vorn und achtern. Sie waren daher im Vergleich zur MAJESTIC-Klasse (vier 30,5 cm) unterbewaffnet. Im Ersten Weltkrieg kamen sie nicht aktiv zum Einsatz und wurden sämtlich zwischen 1919 und 1921 abgebrochen. Auch bei den nachfolgenden fünf Einheiten der WITTELSBACH-Klasse wurde das 24-cm-Geschütz beibehalten. Gegenüber der »Kaiser«-Klasse verdrängten sie etwa 1000 t mehr und hatten geringfügig größere Abmessungen. Die Dicke der Seiten- und Deckspanzerung war verringert worden, so daß diese Linienschiffe in etwa dieselbe Geschwindigkeit hatten wie ihre Vorgänger. Bei Ausbruch des Krieges 1914 wiesen sie nichtsdestoweniger keinen militärischen Wert mehr auf. Zwei dieser Einheiten – WITTELSBACH und SCHWABEN – wurden nach dem Kriege in der Reichsmarine als Mutterschiffe für FM-Boote ausgerüstet.[11] 1921 wurden alle Einheiten dieser Klasse abgebrochen, ausgenommen die ZÄHRINGEN; sie erfuhr 1926/27 einen Umbau zum Fernlenk-Zielschiff und wurde gegen Ende des Zweiten Weltkrieges versenkt.

Die Einführung des 24-cm-Geschützes war zu diesem Zeitpunkt sehr fragwürdig,[12] denn das Standardkaliber in der Royal Navy war zu dieser Zeit 30,5 cm. Geschütze dieses Kalibers führten nicht nur die neun Einheiten der MAJESTIC-Klasse sondern auch die zwanzig Einheiten der CANOPUS-Klasse und ihrer Unterklassen. Daher kehrte die Kaiserliche Marine mit der BRAUNSCHWEIG-Klasse, erneut fünf Einheiten, zum 28-cm-Geschütz in zwei Doppeltürmen zurück. Die Wasserverdrängung erhöhte sich weiter auf 14.394 t maximal und auch die Schiffsbreite nahm zu (25,6 m über den 15-cm-S.K.-Kasemattgeschützen). Infolge einer gesteigerten Antriebsleistung nahm die Geschwindigkeit auf durchschnittlich 18,5 kn zu. Bei den deutschen Kriegsschiffen ist das Verhältnis von Länge zu Breite interessant, da sie stets als sehr breite Geschützplattformen entworfen wurden. Verglichen mit dem Verhältnis 1:5,7 der CANOPUS-Klasse hatte die BRAUNSCHWEIG-Klasse ein solches von 1 : 4,98. Diesen Trend begrenzten jedoch die Beschränkungen des Kaiser-Wilhelm-Kanals, dessen Schleusen in Kiel-Holtenau und Brunsbüttelkoog den entscheidenden Faktor darstellten.[13] Kein Linienschiff der BRAUNSCHWEIG-Klasse nahm aktiv am Ersten Weltkrieg teil, ausgenommen zur Erfüllung von Aufgaben als Wachtschiffe bis 1916. Alle Einheiten dieser Klasse überstanden den Krieg. LOTHRINGEN und PREUSSEN erfuhren 1919 eine Umrüstung zu Mutterschiffen für FM-Boote. Ansonsten gehörten die fünf Schiffe nach dem Waffenstillstand 1918 zur neu geschaffenen Reichsmarine und bildeten mit anderen Einheiten den Grundstock ihrer Flotte. In der ersten Hälfte der 30er Jahre wurden sie bis auf die HESSEN abgewrackt. Dieses Schiff wurde zwischen 1935 und 1937 zum ferngelenkten Zielschiff umgebaut und blieb in dieser Eigenschaft bis 1945 in Dienst. 1946 wurde die HESSEN von der UdSSR als Kriegsbeute übernommen und bei der Baltischen Flotte als TSEL in Dienst gestellt (1960 abgebrochen). Beim Ausbruch des Zweiten Weltkrieges war außerdem noch eine 63 m lange Mittschiffssektion der PREUSSEN für Sprengversuche mit Minen und Torpedos vorhanden.

Die letzte Klasse deutscher »Vordreadnought«-Linienschiffe war die DEUTSCHLAND-Klasse; sie stellte gegenüber der BRAUNSCHWEIG-Klasse nur eine unwesentliche Verbesserung dar. Die Einheiten dieser Klasse glichen vom äußeren Erscheinungsbild her sehr den vorangegangenen Schiffen (charakteristisch die schwanenhalsförmigen Bootskräne). Ihnen fehlten jedoch die für diese Schiffe charakteristischen Schilde für die Oberdecksgeschütze. Diese waren nunmehr genauso wie die Geschütze im Batteriedeck – eher ein Rückschritt – in Kasematten untergebracht: wie schon bei der BRAUNSCHWEIG-Klasse vierzehn 17 cm S.K. Der Panzerschutz im Inneren des Schiffes erfuhr eine weitere Verbesserung. Diese fünf Linienschiffe nahmen bis Ende 1916 aktiv am Ersten Weltkrieg teil. Sie bildeten das II. Geschwader der Hochseeflotte mit der DEUTSCHLAND als Flaggschiff. POMMERN erhielt im Verlaufe der Skagerrakschlacht in den frühen Morgenstunden des 1. Juni 1916 einen Torpedotreffer durch einen britischen Zerstörer der 12. Flottille und sank mit der gesamten Besatzung (839 Gefallene). Die restlichen vier Einheiten gehörten ab 1919 zur neuen Reichsmarine, teilweise mit einem noch langen Werdegang. Die letzten »Vordreadnoughts« der Royal Navy waren die beiden Einheiten der LORD NELSON-Klasse.

Verglichen mit ihnen kamen die Schiffe der DEUTSCHLAND-Klasse auf dem Papier nicht gut weg. Die britischen Schiffe wiesen einen stärkeren Seitenpanzer auf, hatten aber einen schwächeren Horizontalschutz (25 mm gegen 40 mm). 30,5 cm blieb das britische Standardkaliber der Hauptbewaffnung: vier Geschütze in je einem Doppelturm vorn und achtern. An Mittelartillerie besaßen sie jedoch jeweils drei 23,4-cm-Doppeltürme an Steuerbord und an Backbord mittschiffs. Die britischen wie auch die deutschen Schiffe waren mit Kolbendampfmaschinen ausgerüstet und unterschieden sich in der Geschwindigkeit kaum (18 kn).

Als die Royal Navy die DREADNOUGHT 1905 herausbrachte – mit einer durchgehend schweren Bewaffnung aus zehn 30,5-cm-Geschützen statt der herkömmlichen vier (»all-big-gun-ship«) und mit Turbinenantrieb in Vier-Wellen-Anordnung für eine Geschwindigkeit von 21 kn –, waren die übrigen größeren Seemächte gezwungen, ihre Bauprogramme zu überdenken.[14] Dies galt insbesondere für das Deutsche Reich; denn die große Steigerung in den Abmessungen zwang die Konstrukteure zu einem Nachbau des DREADNOUGHT-Typs und dies erforderte wiederum eine Erweiterung des Kaiser-Wilhelm-Kanals. Das Erscheinen der DREADNOUGHT brachte die Pläne der rivalisierenden Seemächte durcheinander. Dies veranschaulichte insbesondere die Zwei-Jahres-Lücke zwischen der Kiellegung der letzten Einheit der DEUTSCHLAND-Klasse und den ersten deutschen »Dreadnoughts«: den vier Einheiten der NASSAU-Klasse, die in der Kaiserlichen Marine die Bezeichnung »Großlinienschiffe« erhielten.

Obwohl die Schiffe dieser Klasse als Hauptbewaffnung zwölf 28-cm-Geschütze – im Unterschied zu den zehn 30,5-cm-Geschützen der DREADNOUGHT – führten, war ihre Anordnung ungünstiger; denn nur acht konnten in der Breitseite feuern und nur zwei der Doppeltürme standen in der Mittschiffslinie. Der Grund hierfür lag in der Tatsache, daß in Deutschland der Turbinenbau nicht weit genug fortgeschritten war, um diese Antriebsart für Großkampfschiffe einzuführen. Infolgedessen mußten die Schiffe mit den großen Raum einnehmenden Dreifach-Expansionsmaschinen ausgerüstet werden; somit diktierte die Maschinenanlage bis zu einem gewissen Grad die Innenanordnung. Auch das 28-cm-Geschütz wurde beibehalten, so daß die Linienschiffe der NASSAU-Klasse im Vergleich zur DREADNOUGHT nicht nur langsamer (mit 20 kn eher geringfügig) sondern auch unterbewaffnet waren. Andererseits war der Gewichtsanteil des Panzerschutzes mit 35,2 % (6640 t) bei der NASSAU-Klasse (18.873 t auf CWL) größer, verglichen mit dem Gewichtsanteil von 28 % (5000 ts) bei der DREADNOUGHT (17.900 ts auf CWL), obwohl Unterschiede in der Art und Weise der Gewichtsverteilung selbst diesen einfachen Vergleich irreführend machen. Die vier Einheiten der NASSAU-Klasse standen von 1914 bis 1918 sowohl in der Nordsee als auch in der Ostsee im aktiven Einsatz. In der Skagerrakschlacht bildeten sie die 2. Division des I. Geschwaders und trugen mit Ausnahme der POSEN eine Anzahl Artillerietreffer davon. Beim letzten Flottenvorstoß am 19. August 1916 erzielte das britische Unterseeboot *E 23* auf WESTFALEN einen Torpedotreffer, aber das Linienschiff konnte aus eigener Kraft einlaufen. Seine Schäden wurden anschießend in der Werft behoben. Die RHEINLAND lief 1918 bei den Åland-Inseln am Eingang zum Finnischen Meerbusen auf Grund und konnte abgeborgen werden, nachdem nahezu 6400 t an Granaten, Kohle, Besatzung und Panzerplatten von Bord gegeben wurden. Danach wurde sie eingeschleppt und nicht mehr wiederhergestellt; 1920 wurde sie in den Niederlanden abgebrochen. Von den Schwesterschiffen gingen die WESTFALEN und die POSEN als Kriegsbeute an Großbritannien, während die NASSAU Japan zugesprochen wurde. Alle Einheiten wurden zwischen 1920 und 1924 abgewrackt.

Unter dem Bauprogramm von 1908 entstanden die vier Linienschiffe der HELGOLAND-Klasse. Mit dieser Klasse kam es zur Einführung des 30,5-cm-Geschützes, aber die Dreifach-Expansionsmaschinenanlage wurde beibehalten. Allerdings waren dies die letzten mit Kolbenmaschinen ausgerüsteten deutschen Linienschiffe. Dies zwang jedoch erneut zur Beibehaltung der Geschützverteilung (12 x 30,5 cm) wie bei der NASSAU-Klasse. Um eine Geschwindigkeitssteigerung um einen Knoten zu erreichen, wurde die Anzahl der Kessel von zwölf auf fünfzehn erhöht. Dies erforderte aber einen dritten Schornstein. Die Maschinenräume erfuhren beträchtliche Veränderungen, um es zu ermöglichen, daß alle drei Kesselräume zwischen den Granat-

Ganz oben: BADEN (BAYERN-Klasse) – das letzte Flaggschiff der Hochseeflotte – und ihr Schwesterschiff BAYERN waren die beiden einzigen Linienschiffe der Kaiserlichen Marine mit 38-cm-Geschützen. Beachte die Fliegererkennungszeichen auf den Decken der Türme B und C. (WBB)

Oben: Das Linienschiff SACHSEN, die vierte Einheit der BAYERN-Klasse mit 38-cm-Geschützen, lief am 21. November 1916 vom Stapel und wurde wie ihr Schwesterschiff WÜRTTEMBERG, die dritte Einheit dieser Klasse, zugunsten des U-Bootbauprogramms vom Baustopp ereilt. Das Foto zeigt die SACHSEN in unfertigem Zustand am Ende des Ersten Weltkrieges. (WBB)

und Kartuschkammern für die Seitentürme untergebracht werden konnten. Eine weitere Abänderung war der Übergang auf Vier-Zylinder-Dreifach-Expansionsmaschinen statt der bisherigen Kolbenmaschinen mit drei Zylindern. Bis auf OLDENBURG (1912) wurden alle Einheiten dieser Klasse 1911 in Dienst gestellt und gehörten bis Kriegsende zur Hochseeflotte. An der Skagerrakschlacht 1916 nahmen sie als 1. Division des II. Geschwaders teil. Nach dem Kriege wurden sie als Kriegsbeute bis auf die OSTFRIESLAND abgebrochen. Das letztere Schiff erhielten die USA 1921 als Kriegsbeute. Mit ihm führte die US-Marine 1921 die berühmten Versuche des Einsatzes von Flugzeugen gegen Schiffe vor der amerikanischen Ostküste durch. Es sank am 21. Juli 1921 nach Bombentreffern vor Kap Henry/Virginia.[15]

Mit den unter den Bauprogrammen von 1909 und 1910 gebauten fünf Einheiten der KAISER-Klasse wurde für deutsche Großkampfschiffe der Turbinenantrieb eingeführt, und es war sogar beabsichtigt, ein Schiff dieser Klasse, die PRINZREGENT LUITPOLD, mit einem Großdieselmotor für Marschfahrt auszurüsten. Diese radikale Bauänderung gestattete eine Neuverteilung der Hauptbewaffnung (zehn 30,5 cm) in der Aufstellung der Doppeltürme: einer vorn, zwei achtern in überhöhter Aufstellung und Verringerung der Seitentürme mittschiffs auf zwei mit versetzter Anordnung, um – so wurde berichtet – sie nach beiden Seiten zum Tragen zu bringen. Der Wert dieser letzteren Maßnahme war jedoch infolge der hohen Beanspruchung des Schiffskörpers und der Auswirkungen des Luftdrucks beim gegenüberliegenden Turm fragwürdig. Das durch den Wegfall eines Turmes eingesparte Gewicht führte gegenüber den Schiffen der NASSAU-Klasse zu einer Verstärkung des Panzerschutzes: Die Dicke des Seitenpanzers stieg auf maximal 350 mm, die des Panzerdecks auf 60 mm und die des Torpedoschotts auf 40 mm. Die Hauptantriebsanlage – drei Turbinensätze mit (noch immer) Drei-Wellen-Anordnung – erbrachte eine Antriebsleistung von 31.000 WPS für eine maximale Konstruktionsgeschwindigkeit von 23 kn. Drei verschiedene Turbinenmodelle – Parsons-, AEG-Curtis- und Schichau-Turbinen – kamen zur Verwendung, um Betriebserfahrungen zu gewinnen. Der Großdieselmotor für PRINZREGENT LUITPOLD wurde schließlich als nicht genügend ausgereift angesehen, um im Bordbetrieb Verwendung zu finden; er wurde nie eingebaut und der mittlere Maschinenraum blieb leer. Daher waren lediglich zwei Turbinensätze mit einer Zwei-Wellen-Anordnung und – statt sechzehn – nur vierzehn Kessel für eine maximale Konstruktionsgeschwindigkeit von 20 kn vorhanden. Die Erprobungsfahrten über die gemessene Meile ergaben für die Schiffe der KAISER-Klasse (24.724 t auf CWL) durchschnittlich 22,4 kn; die KAISER erreichte 23,4 kn und die PRINZREGENT LUITPOLD nur 21,7 kn. Mit FRIEDRICH DER GROSSE als Flottenflaggschiff bildeten die vier restlichen Einheiten die 1. Division des III. Geschwaders der Hochseeflotte. Sie nahmen an den Vorstößen gegen die englische Ostküste sowie auch an der Skagerrakschlacht teil. Alle fünf Schiffe versenkten sich am 21. Juni 1919 in Scapa Flow selbst.[16]

Bei der nachfolgenden KÖNIG-Klasse, bestehend aus vier Einheiten, kam es endlich zur Aufstellung aller Türme – je zwei 30,5-cm-Doppeltürme vorn und achtern in überhöhter Anordnung sowie einer mittschiffs – in der Mittschiffslinie. Bei allen Schiffen war der Einbau eines Großdieselmotors für Marschfahrt geplant. Doch da die Erfahrungen mit der PRINZREGENT LUITPOLD ausblieben, erhielten sie statt dessen drei Turbinensätze.

Bei den Meilenfahrten erwiesen sich die Schiffe der KÖNIG-Klasse gegenüber denen der KAISER-Klasse im allgemeinen als langsamer; sie erreichten jedoch alle im Schnitt etwas über 21 kn. Sie bildeten die 2. Division des III. Geschwaders und nahmen an den Vorstößen an die englische Ostküste sowie an der Skagerrakschlacht teil. Während der letzteren blieb lediglich die KRONPRINZ (ab 27. Januar 1918: KRONPRINZ WILHELM) unbeschädigt.

Am 5. November 1916 erhielten sie und ihr Schwesterschiff GROSSER KURFÜRST bei einem Vorstoß auf die Höhe der dänischen Westküste je einen Torpedotreffer durch das britische Unterseeboot *J 1*. Beide Schiffe waren nach einem kurzen Werftaufenthalt wieder einsatzbereit. Im Herbst 1917 waren die Einheiten der KÖNIG-Klasse in der Ostsee bei den baltischen Inseln eingesetzt. Bei dieser Gelegenheit versenkte die KÖNIG am 17. Oktober 1917 das russische Schlachtschiff SLAVA, während die KRONPRINZ einen Minentreffer erhielt. Auch diese vier Schiffe versenkten sich am 21. Juni 1919 in Scapa Flow selbst.

Trotz der Einführung des 34,3-cm-Geschützes durch die Royal Navy im Jahre 1909 bei der ORION-Klasse hielt die deutsche Marine am Kaliber 30,5 cm fest. Der Kalibersprung zum 38,1-cm-Geschütz bei der QUEEN ELIZABETH-Klasse konnte jedoch nicht mehr ignoriert werden, und so kam es zur Entwicklung eines neuen deutschen Geschützes. Die Einführung des 38-cm-Geschützes (tatsächlich 38,1 cm) S.K. L/45 erforderte eine Steigerung in der Wasserverdrängung um etwa 12,5 % – selbst bei gleichzeitiger Verringerung in der Anzahl der schweren Geschütze auf acht – gegenüber den Schiffen der KÖNIG-Klasse (25 796 t auf CWL). Mit diesem neuen Entwurf, der BAYERN-Klasse, ging die Kaiserliche Marine endgültig zur Aufstellung aller Türme in der Mittschiffslinie zu je zwei achtern und vorn über, wobei die Türme »Berta« und »Cäsar« überhöht standen.[17] Angesichts der gestiegenen Wasserverdrängung (28.530 t auf CWL) waren die Schiffe dieser Klasse um etwa 5 m länger, wiesen aber im Panzerschutz den gleichen Gewichtsanteil (40,6 %) wie die Einheiten der KÖNIG-Klasse auf. Obwohl die maximale Dicke des Seitenpanzers gegenüber der KÖNIG-Klasse gleich blieb, verteilte sich der übrige Panzerschutz unterschiedlich. Die Hauptantriebsanlage umfaßte drei Turbinensätze mit Drei-Wellen-Anordnung und Fortschritte in der Kesseltechnik gestatteten eine Verringerung auf vierzehn Kessel, darunter allerdings nur drei ölbefeuerte. Andererseits war in Großbritannien die Royal Navy mit der QUEEN ELIZABETH-Klasse vollständig auf Ölfeuerung übergegangen. Doch dies erforderte nicht weniger als 24 Kessel, um eine Antriebsleistung von 75.000 WPS für 24 kn zu erzielen (die Konstruktionsgeschwindigkeit von 25 kn wurde nicht erreicht.) Für die Schiffe der BAYERN-Klasse war jedoch nur eine Konstruktionsgeschwindigkeit von 22 kn vorgesehen. Zwei der geplanten vier Einheiten – BAYERN und BADEN – wurden unter dem Bauprogramm von 1912 in Auftrag gegeben, während zwei weitere in den Bauprogrammen von 1913 (SACHSEN) und 1914 (WÜRTTEMBERG) vorgesehen waren. Den beiden letzteren Schiffen lag ein etwas abweichender Entwurf (28.800 t auf CWL) zugrunde, und die SACHSEN sollte einen auf die Mittelwelle wirkenden Großdieselmotor für Marschfahrt erhalten. Als erste Einheit wurde am 18. März 1916 die BAYERN in Dienst gestellt, aber zum Zeitpunkt der Skagerrakschlacht war sie noch nicht einsatzbereit. Vorstöße in die Nordsee und ein Einsatz in die Ostsee folgten. Dort erhielt die BAYERN am 12. Oktober 1917 einen Minentreffer, der zu schweren Schäden führte. Die BADEN wurde am 17. März 1917 als Flottenflaggschiff in Dienst gestellt. SACHSEN und WÜRTTEMBERG liefen zwar im November 1916 bzw. im Juni 1917 vom Stapel, blieben aber durch Baustopp unvollendet und wurden nach dem Kriege abgebrochen. BAYERN und BADEN versenkten sich am 21. Juni 1919 in Scapa Flow selbst. Hierbei wurde die sinkende BADEN von einem britischen Schiff in Schlepp genommen und auf Grund gesetzt. Sie sank schließlich als Zielschiff der Royal Navy am 16. August 1921 im Englischen Kanal südwestlich von Portsmouth. Dies war der letzte Schlachtschiffentwurf, den die Kaiserliche Marine erarbeitet hatte.

Die am 20. Juni 1917 vom Stapel gelaufene und nicht fertiggestellte WÜRTTEMBERG der BAYERN-Klasse im Jahre 1919 vor dem Verkauf zum Abbruch. (WBB)

Das Erscheinen der INVINCIBLE in der Royal Navy, des ersten Schlachtkreuzers der Welt, ein geistiges Produkt von Admiral Fisher, verlangte natürlich nach einer geeigneten Antwort. Ursprünglich war als Antwort der Panzerkreuzer BLÜCHER[18] gedacht, aber sein Entwurf ging von falschen geheimdienstlichen Berichten aus, und so stellte er kein angemessenes Gegenstück dar. Deshalb wurde ein neuer Entwurf für ein stärkeres Schiff erarbeitet. Dies war der erste deutsche Schlachtkreuzer: die VON DER TANN, bei Blohm & Voss fünf Tage nach der Indienststellung der INVINCIBLE auf Kiel gelegt. Dieses Schiff führte als Hauptbewaffnung vier 28-cm-Doppeltürme, wobei das mittschiffs stehende Paar versetzt angeordnet war, um theoretisch nach beiden Seiten schießen zu können. Das im März 1909 vom Stapel gelaufene Schiff (19.370 t auf CWL) erhielt als erstes deutsches Großkampfschiff Turbinenantrieb (zwei Sätze mit Vier-Wellen-Anordnung) und war mit einer Antriebsleistung von 42.000 WPS für eine Konstruktionsgeschwindigkeit von 24,8 kn ausgelegt (bei der Meilenfahrt erreichte die VON DER TANN mit einer Antriebsleistung von 79.007 WPS erstaunliche 27,4 kn). Sie wies einen stärkeren Panzerschutz als die INVINCIBLE auf und stellte insgesamt ein besseres Kampfschiff dar. Nach einem bemerkenswerten Werdegang versenkte sich auch dieses Schiff am 21. Juni 1919 in Scapa Flow selbst.

Das Bauprogramm von 1909 sah zwei weitere Schlachtkreuzer vor. Sie entstanden gegenüber VON DER TANN nach einem verbesserten Entwurf. Achtern kam ein überhöht aufgestellter fünfter Turm hinzu. Als Hauptbewaffnung wurde ein neues 28-cm-Geschütz S.K. mit der Rohrlänge L/50 eingeführt und auch der Panzerschutz erfuhr Verbesserungen. Allerdings steigerte sich auch die Wasserverdrängung um 3600 t auf 22.979 t auf CWL. Zu Beginn des Ersten Weltkrieges war die GOEBEN das Flaggschiff der deutschen Mittelmeer-Division, zu der noch der Kleine Kreuzer BRESLAU gehörte. Nach dem Durchbruch zu den Dardanellen wurden die beiden Schiffe Mitte August 1914 der Türkei überlassen; sie machten später den Alliierten schwer zu schaffen. Unter türkischer Flagge erhielt die GOEBEN den Namen YAVUZ (ex-JAWUS SULTAN SELIM, ex-JAWUS SELIM). Das Schiff war bis Anfang der 60er Jahre in Dienst und wurde Anfang der 70er Jahre abgewrackt.[19] Ihr Schwesterschiff, die MOLTKE, nahm ebenfalls aktiv am Ersten Weltkrieg teil und erhielt zweimal einen Torpedotreffer – am 19. August 1915 durch das britische Unterseeboot *E 1* im Rigaischen Meerbusen und am 25. April 1918 durch das britische Unterseeboot *E 42* in der Nordsee –, ehe sich der Schlachtkreuzer am 21. Juni 1919 in Scapa Flow selbstversenkte.

Der am 4. Februar 1911 auf Kiel gelegte Schlachtkreuzer SEYDLITZ (24.988 t auf CWL) folgte als nächster Neubau. Sein Entwurf glich im wesentlichen dem der MOLTKE-Klasse. Er wies aber einen stärkeren Panzerschutz auf, ein Faktor, der das Schiff in der Seeschlacht an der Doggerbank rettete, als die SEYDLITZ zwei schwere Treffer erhielt und die beiden achteren Türme unter hohen Personalverlusten ausbrannten.[20] In der Skagerrakschlacht versenkte die SEYDLITZ den britischen

Schlachtkreuzer QUEEN MARY, erhielt aber selbst 21 Artillerie- und außerdem zwei Torpedotreffer. Das Schiff lief aus eigener Kraft ein, hatte jedoch 5300 t Wasser im Schiff. Nach einem dreieinhalbmonatigen Werftaufenthalt war der Schlachtkreuzer wieder einsatzbereit und versenkte sich schließlich am 21. Juni 1919 in Scapa Flow selbst.

Erst die Bauprogramme von 1911, 1912 und 1913 sahen pro Jahr einen weiteren Schlachtkreuzer vor: die DERFFLINGER-Klasse. Ihre drei Einheiten – DERFFLINGER, LÜTZOW und HINDENBURG – waren die letzten deutschen Schlachtkreuzer, die fertiggestellt wurden. Sie waren beträchtlich größer als ihre Vorgänger. Ihre Wasserverdrängung stieg mit der HINDENBURG auf 31.500 t maximal (26.947 t auf CWL), obwohl die Schiffsbreite infolge der Begrenzungen des Kaiser-Wilhelm-Kanals nicht zunahm. Diese Schiffe hatten einen guten Panzerschutz und waren mit durchschnittlich 26,3 kn auch schnell. Die wesentlichste Entwurfsänderung betraf die Hauptbewaffnung, und zwar den Übergang zum Kaliber 30,5 cm mit vier Doppeltürmen in überhöhter Aufstellung vorn und achtern. Vom äußeren Erscheinungsbild her waren es Glattdeck-Schiffe mit sehr guten See-Eigenschaften. Von der Innenanordnung her fehlte hinter dem Torpedo-Breitseitraum das Torpedoschott. Dies führte später zum Verlust der LÜTZOW in der Skagerrakschlacht.[21] Von den Schwesterschiffen nahm nur noch die DERFFLINGER an der Skagerrakschlacht teil und trug wesentlich zur Versenkung der INVINCIBLE und der QUEEN MARY bei. Sie selbst erhielt 21 Artillerietreffer verschiedener Kaliber und kehrte mit 3000 t Wasser im Schiff zurück. HINDENBURG wurde erst am 10. Mai 1917 in Dienst gestellt, fast ein Jahr nach der Skagerrakschlacht, und versenkte sich schließlich zusammen mit DERFFLINGER ebenfalls am 21. Juni 1919 in Scapa Flow selbst.

Im Verlaufe des Krieges wurde noch eine weitere Schlachtkreuzer-Klasse in Angriff genommen: die MACKENSEN-Klasse. Das Typschiff wurde im Januar 1915 unter dem Bauprogramm von 1914 auf Kiel gelegt und unter dem Kriegsbauprogramm erfolgte 1915 noch die Kiellegung von drei weiteren Einheiten dieser Klasse: GRAF SPEE, PRINZ EITEL FRIEDRICH und »Ersatz A« (möglicher Name FÜRST BISMARCK). Doch lediglich die ersten beiden liefen im April bzw. im September 1917 noch vom Stapel, dann erfolgte für die gesamte Klasse der Baustopp. 1921/22 wurden alle vier Einheiten unvollendet abgebrochen. Diese starken Schiffe sollten 35.300 t maximal (31.000 t auf CWL) verdrängen. Als Hauptbewaffnung waren acht 35-cm-Geschütze (eigentlich 35,6 cm) in der Aufstellung wie bei der DERFFLINGER-Klasse vorgesehen. Ein ähnliches Schicksal war den sogar noch größeren Schlachtkreuzern (38.000 t maximal, 33.500 t auf CWL) der »Ersatz YORCK«-Klasse beschieden, bestehend aus drei Einheiten, die sämtlich 1916 auf Kiel gelegt wurden. Ihre Hauptbewaffnung sollte aus acht 38-cm-Geschützen (eigentlich 38,1 cm) bestehen, ebenfalls in der Aufstellung wie bei der DERFFLINGER-Klasse. Die Arbeiten schritten nur langsam voran und bis zum Baustopp war keines dieser Schiffe vom Stapel gelaufen; sie wurden nach Kriegsende auf den Helgen abgebrochen. Ursprünglich war beabsichtigt gewesen, sie nach dem MACKENSEN-Entwurf zu bauen, aber als in Deutschland die Einführung des 38,1-cm-Geschützes bei der britischen RENOWN-Klasse bekannt wurde, führte dies zur Überarbeitung dieses Entwurfes auf der Grundlage des Übergangs zum Kaliber 38,1 cm.

***

Bei Ausbruch des Ersten Weltkrieges im August 1914 besaß die Kaiserliche Marine vier mit 28-cm-Geschützen bewaffnete Großkampfschiffe (NASSAU-Klasse) sowie elf mit 30,5-cm-Geschützen bewaffnete, zwei weitere waren noch nicht fertiggestellt (HELGOLAND-, KAISER- und KÖNIG-Klasse). Darüber hinaus gab es noch fünf Schlachtkreuzer (vier mit 28-cm- und einer mit 30,5-cm-Geschützen). Dagegen besaß die Royal Navy zehn Großkampfschiffe mit 30,5-cm-Geschützen, zwölf mit 34,3-cm-Geschützen sowie zehn Schlachtkreuzer (davon vier mit 34,3-cm-Geschützen); ein Schlachtschiff mit 30,5-cm-, eines mit 34,3-cm- und vier mit 38,1-cm-Geschützen befanden sich bei Kriegsausbruch im Bau. Großbritannien hatte daher von der Zahl her eine beträchtliche Überlegenheit und von den geografischen Gegebenheiten her einen eindeutigen strategischen Vorteil.

Demzufolge war die Kaiserliche Marine nicht imstande, das britische Bollwerk in der Nordsee aufzubrechen, und sie forderte auch die gesamte britische Flotte nie ernsthaft heraus. Operationen im Atlantik waren nicht möglich, selbst wenn ein Ausbruch gelungen wäre; denn Deutschland besaß keine überseeischen Stützpunkte und die damalige Technik ließ keine ständigen Tiefwasser-Operationen zu, ohne daß die Möglichkeit der Versorgung in See bestanden hätte.[22] Daher gab es in der Nordsee nur sehr vereinzelt Seegefechte mit der Skagerrakschlacht als Höhepunkt, wobei sich in den ersten Kriegsjahren die deutschen Aktivitäten weitgehend auf Vorstöße über kurze Entfernungen beschränkten. Ein offensiveres Handeln ergab sich in der Ostsee gegen die Russen. Aber auch die GOEBEN war im Schwarzen Meer gegen denselben Gegner aktiv.

Die Kriegsneubauten vergrößerten den zahlenmäßigen Unterschied zwischen den Gegnern; denn bei der Royal Navy kamen weitere dreizehn Schlachtschiffe (davon zehn mit 38,1-cm-Geschützen bewaffnet) sowie zwei ebenfalls mit 38,1-cm-Geschützen ausgerüstete Schlachtkreuzer hinzu. Andererseits traten zur Hochseeflotte nur noch vier Schlachtschiffe und zwei weitere Schlachtkreuzer hinzu. Im Verlaufe des Krieges gingen auf deutscher Seite jedoch kein Schlachtschiff und nur ein einziger Schlachtkreuzer verloren (der Große Kreuzer BLÜCHER, ursprünglich als Antwort auf die INVINCIBLE entworfen, bleibt hier außer Betracht), wohingegen die Royal Navy zwei Schlachtschiffe (keines im Artillerieduell mit anderen Schiffen: VANGUARD 1917 durch eine innere Explosion in Scapa Flow und AUDACIOUS 1914 durch Minentreffer) sowie drei Schlachtkreuzer verlor; letztere sämtlich in der Skagerrakschlacht. Schiffe aus der Vordreadnought-Zeit sind hierbei unberücksichtigt geblieben.

Aus eigener Kraft hätte die Hochseeflotte im Ersten Weltkrieg den Krieg zur See nicht gewinnen können. Doch die deutschen Unterseeboote waren sehr nahe daran und die stufenweise Ausweitung des U-Bootbauprogramms war die Ursache für den Baustopp bei den Bauprogrammen für große Kriegsschiffe gewesen. Letztlich waren es die deutschen Landstreitkräfte, die schließlich zum Waffenstillstand gezwungen wurden und mit ihnen das Kaiserreich – tatsächlich konnte sich die Marine nur zurücklehnen und zuschauen. Die Waffenstillstandsbedingungen forderten die Internierung der Hochseeflotte in einem neutralen Hafen, aber in Wirklichkeit mußte sie an Großbritannien ausgeliefert werden und in Scapa Flow in den Orkney-Inseln vor Anker gehen. Dort schmachtete sie bis zu jenem verhängnisvollen Tag dahin, dem 21. Juni 1919, an dem sich die Flotte selbstversenkte.

1. Wiederaufbau der Flotte 1919–1935

Mit der Versenkung der Hochseeflotte und der Aufteilung der restlichen modernen Schiffe unter den Siegern blieb Deutschland nur noch eine Handvoll überalterter Schiffe aus der Vordreadnought-Zeit überlassen, um Polizeiaufgaben in seinen Küstengewässern durchzuführen. Unter den Bedingungen des Vertrages von Versailles durfte das Deutsche Reich nur sechs Schlachtschiffe mit zwei weiteren in Reserve der DEUTSCHLAND- oder LOTHRINGEN- (= BRAUNSCHWEIG-)Klasse behalten und ähnliche Beschränkungen galten auch für andere Schiffskategorien. Flugzeuge, Flugzeugträger und Unterseeboote waren ihm völlig verboten.[23] Es gab auch strikte Überwachungen hinsichtlich der Personalstärke, der Rekrutierungsverfahren, der Länge der Indiensthaltungszeit der Schiffe usw. sowie weitere Beschränkungen für Befestigungsanlagen. Alles in allem war der Vertrag von Versailles ein Dokument der Bestrafung. Doch was sonst hätte Deutschland von den Alliierten erwarten können? Nichtsdestoweniger führte sein Inhalt zu starken Ressentiments im Deutschen Reich und im Laufe der Zeit zur Umgehung seiner Bestimmungen, anfänglich im geheimen, in späteren Jahren jedoch offener bis zur endgültigen Aufkündigung des Vertragswerkes.[24]

Soweit es die Schlachtschiffe betraf, verbliebenen in der neu geschaffenen Reichsmarine nur die folgenden Linienschiffe aus der Vordreadnought-Zeit:

- aus der BRAUNSCHWEIG-Klasse: BRAUNSCHWEIG, ELSASS und HESSEN, fertiggestellt 1904/05;
- aus der DEUTSCHLAND-Klasse: HANNOVER, SCHLESIEN und SCHLESWIG-HOLSTEIN, fertiggestellt 1907/08.

Außerdem waren noch als Reserve aus der BRAUNSCHWEIG-Klasse die PREUSSEN und die LOTHRINGEN, 1905 fertiggestellt, sowie aus der WITTELSBACH-Klasse die ZÄHRINGEN (1902) vorhanden.

Diese veralteten Schiffe konnten offensichtlich keine Bedrohung für die Westmächte darstellen, sollten aber vermutlich als Bollwerk gegen die sowjetrussischen Schiffe dienen, mit denen sie möglicherweise – angesichts der Verfassung der sowjetischen Flotte im Jahre 1921 – hätten fertig werden können.

Das Linienschiff HANNOVER der DEUTSCHLAND-Klasse in den Tagen der Reichsmarine nach dem Umbau von 1929/30. Beachte das 50-cm-Kasematt-Torpedorohr im Batteriedeck an Steuerbord und Backbord vorn, 1930/31 eingebaut. Vergleiche diese Aufnahme mit jener von der POMMERN. (WBB)

Die Einheiten der älteren BRAUNSCHWEIG-Klasse waren noch vor dem Ende des Ersten Weltkrieges (1917) außer Dienst gestellt und abgerüstet worden und fanden als Depot- und Wohnhulks Verwendung. Doch angesichts eines fehlenden besseren Schiffsmaterials blieb der jungen Reichsmarine nichts anderes übrig, als diese Schiffe wieder zu reaktivieren, verbunden mit einer Grundüberholung, geringfügigen Modernisierungen und einer Rearmierung in bisheriger Geschützanzahl und Kaliberstärke:

- *BRAUNSCHWEIG:* 1921/22 Marinewerft Wilhelmshaven: 4 x 28 cm L/40, 12 x 17 cm L/40, 4 x 8,8 cm L/45 sowie zwei einzelne 50-cm-Überwasser-Torpedorohre, schwenkbar in Kasematten an Steuerbord und Backbord direkt unterhalb des vorderen 28-cm-Doppelturms; Veränderungen in den Aufbauten und Masten; ab 1. April 1925 Flottenflaggschiff der auf Nord- und Ostsee verteilten und aus BRAUNSCHWEIG und ELSASS (Nordsee) sowie aus HESSEN und HANNOVER (Ostsee) bestehenden Linienschiffsdivision; am 31. Januar 1926 Außerdienststellung und Ablösung durch SCHLESWIG-HOLSTEIN; 31. März 1931 aus der Flottenliste gestrichen und abgebrochen.
- *ELSASS:* 1923/24 Marinewerft Wilhelmshaven: Veränderungen und Bewaffnung wie BRAUNSCHWEIG, ausgenommen 10 x 17 cm L/40 und vier schwenkbare 50-cm-Torpedorohre in Kasematten im Batteriedeck; am 1. April 1924 volle Indienststellung; am 25. Februar 1930 Außerdienststellung; am 31. März 1931 aus der Flottenliste gestrichen und 1936 abgewrackt.
- *HESSEN:* 1923 bis 1925 Marinewerft Wilhelmshaven: Veränderungen und Bewaffnung wie ELSASS, ausgenommen 14 (ab 1930: 12) x 17 cm L/40; am 5. Januar 1925 Indienststellung; am 12. November 1934 Außerdienststellung und Ablösung durch ADMIRAL SCHEER; am 31. März 1935 aus der Flottenliste gestrichen und Umbau zum Zielschiff (siehe unten).
- *LOTHRINGEN:* kein Umbau, wurde nach Beendigung seiner Aufgabe als Mutterschiff für FM-Boote am 2. März 1920 außer Dienst gestellt, verblieb in der Reichsmarine aufgelegt als Reserve und wurde am 31. März 1931 aus der Flottenliste gestrichen und anschließend abgebrochen.
- *PREUSSEN:* wie LOTHRINGEN; am 5. April 1929 aus der Flottenliste gestrichen und 1931 zum Abbruch verkauft, ausgenommen eine 63 m lange Mittschiffssektion für Sprengversuche mit Torpedos, Minen u.ä. Letztere wurde im April 1945 in Wilhelmshaven durch Bombentreffer versenkt, 1954 gehoben und abgebrochen.

Das nicht auszuliefernde, überalterte Linienschiff ZÄHRINGEN der WITTELSBACH-Klasse wurde am 11. März 1920 aus der Flottenliste gestrichen und verblieb als Wohnhulk in Wilhelmshaven. Um die Ausbildung der Artillerieoffiziere nach britischem und amerikanischem Vorbild zu verbessern, entschloß sich die Reichsmarine, nach den Plänen der Marinekonstruktionsabteilung die ZÄHRINGEN 1926/27 auf der Marinewerft Wilhelmshaven in ein funkferngelenktes Zielschiff umzubauen: Abbau aller nicht erforderlichen Aufbauten einschließlich eines

Schornsteins, Ausbau der gesamten Bewaffnung einschließlich aller nicht benötigten Inneneinrichtungen, Verschließen aller Öffnungen im Schiffskörper, Verstärken der wasserdichten Unterteilung und der Bordwände, Einbau einer Korkladung von 1700 t sowie eines Empfängers zur Funkfernlenkung (für die Antriebsanlage, Steuerung, Scheinwerfer, Nebelkannen, Kanonenschläge). Die gleichzeitige Entwicklung einer speziellen Munition für den Zielschiffbeschuß sorgte für geringe Beschußschäden. Geführt wurde die ZÄHRINGEN durch das Fernlenkboot BLITZ (ex-*T 141*, ex-*S 141*; 1933 durch das gleichnamige ex-*T 185*, ex-*V 185* ersetzt), auf der ein entsprechender Sender für die Funkfernlenkanlage eingebaut war.[25] Am 18. Dezember 1944 sank die ZÄHRINGEN durch Bombentreffer in Gotenhafen (heute Gdingen/Gdynia an der Danziger Bucht). Sie wurde gehoben, abgedichtet und am 31. März 1945 quer vor die Hafenbecken 4 und 10 als Blockschiff versenkt.

HESSEN (siehe oben) wurde zwischen 1935 und 1937 auf der Kriegsmarinewerft in Wilhelmshaven zum zweiten funkferngelenkten Zielschiff umgebaut. In den Grundzügen erfolgte der Umbau wie bei der ZÄHRINGEN mit folgenden Ausnahmen: Entfernen von zwei Schornsteinen und der Masten, Einbau einer Turbinenanlage mit zwei Sätzen, neues Vorschiff ab Spant 84, keine Korkladung mehr (bei ZÄHRINGEN hatten sie Treffer in Brand gesetzt), statt dessen eine stärkere Panzerung im Vorschiff mit 40 mm Wh und in der Wasserlinie mit 100 bis 170 mm Wh. Geführt wurde die HESSEN durch das Fernlenkboot KOMET (ex-*T 151*, ex-*V 151*).[26] Am 23. Juni 1943 erhielt die HESSEN vor Swinemünde einen Minentreffer, der schwere Schäden verursachte. Mit drei vollgelaufenen Abteilungen erreichte sie aus eigener Kraft den Hafen.[27] 1946 wurde das Zielschiff an die UdSSR als Kriegsbeute ausgeliefert.

Unten: Das Linienschiff SCHLESWIG-HOLSTEIN der DEUTSCHLAND-Klasse vor dem Umbau von 1930/31. (WBB)

Ganz unten: Die SCHLESWIG-HOLSTEIN nach dem Umbau, bereits unter der Flagge der Kriegsmarine fahrend. (WBB)

Auch die Einheiten der veralteten DEUTSCHLAND-Klasse waren noch vor dem Ende des Ersten Weltkrieges aus dem aktiven Fronteinsatz zurückgezogen worden und fanden ebenfalls als Wohn- und Beischiffe Verwendung. Doch auch sie mußten für die junge Reichsmarine reaktiviert werden.

Wie die Linienschiffe der BRAUNSCHWEIG-Klasse erfuhr die HANNOVER 1920/21 einen gewissen Umbau auf der Marinewerft in Wilhelmshaven, der sich im wesentlichen auf Geringfügigkeiten an den Aufbauten und auf eine Grundüberholung beschränkte. Die Rearmierung bestand in der früheren Bewaffnung (u.a. 4 x 28 cm L/40, 14 x 17 cm L/40, keine Torpedorohre). 1929/30 wurde das Schiff auf derselben Werft einem zweiten Umbau unterzogen. Neben einer Abänderung des Brückenaufbaus erhielt die HANNOVER nunmehr anstelle des bisherigen Pfahlmastes mit Fleckerstand vorn einen Röhrenmast mit Artillerieleitstand. Außerdem wurden vorn zwei einzelne schwenkbare 50-cm-Torpedorohre wie auf BRAUNSCHWEIG (siehe dort) eingebaut. Am 25. September 1931 stellte das Schiff schließlich außer Dienst. Nach dem Ausbau der Bewaffnung und aller sonstigen Ausrüstung wurde das Schiff jedoch nicht abgebrochen, sondern fungierte als Ziel- und Versuchshulk für Versuche mit magnetischen Grundminen, nachdem ein vorgesehener Umbau als funkferngelenktes Zielschiff für Flugzeuge durch den Ausbruch des Zweiten Weltkrieges nicht mehr erfolgte. Zwischen 1944 und 1946 wurde dieses Schiff schließlich abgebrochen.

Die beiden anderen noch vorhandenen Linienschiffe der DEUTSCHLAND-Klasse – SCHLESIEN und SCHLESWIG-HOLSTEIN – hatten einen weitaus längeren Werdegang vor sich. Die SCHLESIEN – 1917 Exerzier- und Wohnschiff – fungierte 1918 als Schulschiff für Seekadetten. Anschließend wurde das Schiff außer Dienst gestellt und aufgelegt. Ähnlich erging es der 1917/18 als Bei- und Wohnschiff dienenden SCHLESWIG-HOLSTEIN. Als sich bei den aktiv dienenden Linienschiffen BRAUNSCHWEIG und HANNOVER Abnutzungserscheinungen zeigten, entschloß sich die Marineleitung, zunächst die SCHLESWIG-HOLSTEIN zu reaktivieren, um die BRAUNSCHWEIG zu ersetzen. 1924 ging das Schiff in die Marinewerft Wilhelmshaven und wurde 1925/26 grundüberholt sowie verschiedenen Umbauten unterzogen: Umbau der Brücke, Ersetzen des vorderen Pfahlmastes durch einen tulpenförmigen Röhrenmast mit Vormarsleitstand, Ersetzen von acht veralteten Kesseln durch acht ölbefeuerte Marinekessel. Auch die Bewaffnung wurde teilweise modernisiert; sie bestand nunmehr aus 4 x 28 cm S.K. L/40 C/01 (wie bisher), 14 x 15 cm (statt bisher 17 cm) S.K. L/45 C/13, 8 x 8,8 cm S.K. L/45 C/13 sowie aus vier schwenkbaren einzelnen 50-cm-Torpedorohren auf dem Batteriedeck jeweils beiderseits vorn und achtern (statt der bisherigen sechs Unterwasserrohre). Am 1. Februar 1926 stellte die SCHLESWIG-HOLSTEIN mit der Besatzung der außer Dienst gestellten BRAUNSCHWEIG als Flottenflaggschiff wieder in Dienst. 1926/27 folgte die SCHLESIEN, auf der ähnliche Umbauten vorgenommen wurden. Ihre Bewaffnung entsprach der der SCHLESWIG-HOLSTEIN. Sie löste die HANNOVER ab und stellte am 1. März 1927 wieder in Dienst. Beide Schiffe wurden in den 30er Jahren weiteren Umbauten und Modernisierungen unterzogen (u.a. Wegfall des vorderen Schornsteins und Zusammenführen der Kesselabzugsschächte zum bisher mittleren). Schließlich erfolgte 1935/36 der Umbau beider Schiffe auf der Kriegsmarinewerft Wilhelmshaven zu Kadettenschulschiffen.

Beide Einheiten dienten der Ausbildung und unternahmen zwischen 1926 und dem Ausbruch des Zweiten Weltkrieges ausgedehnte Auslandsreisen, die über Europa hinaus auch nach Afrika sowie nach Mittel- und Südamerika gingen.[28]

Nach den Bedingungen des Versailler Vertrages konnten Schlachtschiffe erst nach Ablauf eines Zeitraums von 20 Jahren seit dem Stapellauf ersetzt werden, wobei diese Ersatzbauten keine größere Wasserverdrängung als 10.000 ts standard aufweisen durften. Mit Hilfe dieser Bestimmungen versuchten die Alliierten, der deutschen Flotte Fesseln anzulegen, um sicherzustellen, daß sie nie wieder eine Bedrohung für sie darstellen könnte. Das außerordentlich hohe Alter der der Reichsmarine verbliebenen Schiffe machte diese Absicht jedoch weitgehend zunichte; denn auf Grund der Stapellaufdaten konnte die PREUSSEN bereits 1923 und die SCHLESWIG-HOLSTEIN als »jüngstes« Schiff 1926 ersetzt werden. Wären die Vertragsbedingungen besser durchdacht und ein besserer Modus gefunden worden, so daß die Alliierten dem Deutschen Reich gestattet hätten, zum Beispiel drei Schiffe mit dem Stapellaufdatum 1916 zu behalten, dann hätte theoretisch ein Ersetzen erst im Jahre 1936 in Frage kommen können.

Die ersten Überlegungen, diese veralteten Schiffe zu ersetzen, wurden bereits Anfang der 20er Jahre angestellt, als eine Reihe von Möglichkeiten studiert wurde. Angesichts der Beschränkung auf 10.000 ts waren die Alternativen natürlich begrenzt; denn von der verdrängten Tonnage her betrachtet, waren die in Frage kommenden Parameter knapper als bei den Schiffen, die sie ersetzen sollten. Außerdem hing die Frage, welche Art Schiff gebaut werden sollte, naturgemäß von den damals vorherrschenden strategischen Vorstellungen ab; denn das Schlachtschiff war in den damaligen Tagen noch immer das Abschreckungsmittel schlechthin.

Den Alliierten hatte der Gedanke vorgeschwebt, die strategischen Horizonte Deutschlands im wesentlichen auf die Ostsee und die Deutsche Bucht zu begrenzen, und mit Sicherheit gab es auch für die deutsche Marine gute Gründe, die Ostsee in die Erwägungen einzubeziehen. Hier besaß das Deutsche Reich die längste Küste, Polen und die Sowjetunion verkörperten sehr reale Gegner und schließlich gab es hier den sogenannten »Polnischen Korridor«, der Ostpreußen nach dem Ersten Weltkrieg vom übrigen Deutschen Reich abschnitt. Außerdem hatte Polen in Gdingen (Gdynia), seinem neuen Flottenstützpunkt an der Ostsee, Seestreitkräfte stationiert, und von dort aus konnte es die Seeverbindungen mit Ostpreußen unterbrechen.[29] Doch auch Frankreich mußte – in Anbetracht der geschichtlichen Entwicklung nicht überraschend – als potentieller Gegner in die Überlegungen einbezogen werden. Die zu Beginn der 20er Jahre zwischen Frankreich und Polen neu entstandenen politischen Bindungen konnten von deutscher Seite nicht ignoriert werden; denn es war vorstellbar, daß ein Angriff von oder auf Polen einen Angriff auf das Deutsche Reich von Westen her nach sich ziehen könnte.

Im Verlaufe einer Kommandeurtagung der neu geschaffenen Reichsmarine im Dezember 1922 wurden die Hauptaufgaben der Marine wie folgt erläutert:

a) Priorität hatte die Sicherung der Überseezufuhr nach Deutschland.
b) Im Falle einer Bedrohung durch Nordsee- oder Ostseemächte sollte die Flotte in der Ostsee konzentriert werden, da die Chancen, zum Erfolg zu kommen, in diesem Seeraum als hoffnungsvoller angesehen wurden. Die Verteidigung der Nordseeküste mußte lokalen Kräften überlassen bleiben.

Ausdrücklich wurde jedoch betont, daß die zur Verfügung stehenden Kräfte jede reale Hoffnung auf eine Durchführung der Aufgabe unter a) ausschlossen, falls es sich bei dem Gegner um eine größere Macht handelte, und daß die Freiwasserschlacht nicht mehr überwiegend im Vordergrund stand, sondern für eine absehbare Zeit nur der Kleinkrieg in begrenzten Gewässern.[30]

Der Großteil der Planungsarbeiten und der Übungen der Reichsmarine in den frühen 20er Jahren konzentrierte sich daher auf Lagebilder, die entweder den Versuch eines Gegners ins Auge faßten, über das Skagerrak in die Ostsee einzudringen, oder die örtliche Konflikte mit den an die Ostsee grenzenden Seemächten darstellten. Auf diese Weise spielte Frankreich – dessen politische Bindungen zu Polen seine Marine zwangen, darauf vorbereitet zu sein, ein Kreuzergeschwader in die Ostsee zu entsenden, um die Polen zu unterstützen – in diesen Lagebildern eine herausragende Rolle. Doch auch andere Szenarien mit Frankreich, Belgien, Polen, Sowjetrußland und sogar Dänemark als potentielle Feindmächte wurden in Erwägung gezogen. Anfang der 20er Jahre besaß Polen tatsächlich erst eine kleine Marine, aber sein Heer war erheblich größer als das des Deutschen Reiches. Gleichzeitig schnitt das Vorhandensein des »Polnischen Korridors« Ostpreußen vom übrigen Reichgebiet ab. Diese Provinz wies keine nennenswerten kriegsindustriellen Produktionen auf und auch das Anlegen militärischer Nachschublager war unter den Bedingungen des Versailler Vertrages nur begrenzt möglich. Hinzu kam, daß die gesamte Ostseeküste von Schleswig-Holstein bis zur Oder entmilitarisiert worden war. Daher bestand eine der Hauptaufgaben der Reichsmarine darin, im Falle von Feindseligkeiten mit Polen die Seeverbindungen mit Ostpreußen und seine Versorgung zu sichern.

Bis zum Ende der 20er Jahre waren Studien entstanden, um den polnischen Kriegshafen Gdynia anzugreifen. Anfang und Mitte der 20er Jahre hätte die Reichsmarine aller Wahrscheinlichkeit nach die eben flügge gewordene polnische Flotte binden können, aber für Deutschland waren zwei Faktoren von großer Besorgnis.

Erstens gab es die bereits erwähnte Bedrohung durch ein in die Ostsee einlaufendes französisches Geschwader, um Polen zu unterstützen. Die Stärke dieses französischen Engagements unter den Bedingungen des französisch-polnischen Bündnisvertrages wurde mit zwei Panzerkreuzern, vier Kreuzern, vier Zerstörern und drei Unterseebooten angenommen. Die Reichsmarine ging nicht davon aus, daß Frankreich in den flachen und beengten Gewässern der Ostsee seine größeren Schlachtschiffe der COURBET-Klasse aufs Spiel setzen würde, so daß als wahrscheinlicher Gegner keine stärkere Einheit als ein Linienschiff (Cuirassé d'escadre) der aus der Vordreadnought-Zeit stammenden DANTON-Klasse in Frage käme. Gewöhnlich wurde als vermutliche Einheit die VOLTAIRE zitiert. Die aus dem Etat 1906 stammenden und 1911 fertiggestellten Schlachtschiffe verdrängten etwa 18.400 t und führten als Bewaffnung vier 30,5-cm-Geschütze in zwei Doppeltürmen vorn und achtern sowie zwölf 24-cm-Geschütze in sechs Doppeltürmen. Mit einer Konstruktionsgeschwindigkeit von ca. 19 kn wiesen sie eine maximale Dicke des Gürtelpanzers von 270 mm auf. Aus einer Klasse von ursprünglich fünf Einheiten waren Frankreich noch drei geblieben: VOLTAIRE, CONDORCET und DIDEROT.

Der zweite Besorgnis erregende Umstand stellte die für die polnische Flotte geplante Expansion dar, ein Bauprogramm, das 1924 in Angriff genommen werden sollte. Über einen Zeitraum von zwölf Jahren sah es den Bau von zwei Kreuzern, sechs Zerstörern, zwölf Torpedobooten und zwölf Unterseebooten vor. Finanzielle Engpässe beschnitten schließlich dieses Programm und nur zwei große Zerstörer und drei Unterseeboote wurden gebaut.[31] Nichtsdestoweniger war damals diese Tatsache in Deutschland nicht bekannt, als Ersatzbauten für die veralteten Schiffe der BRAUNSCHWEIG-Klasse in Erwägung gezogen wurden. Daher erschien es möglich, daß die kleine, schwache und veraltete deutsche Flotte durchaus zwischen zwei gegnerischen Streitkräften zerrieben werden könnte: zwischen leichten, schnellen und moder-

nen Seestreitkräften im Osten und langsamen, gepanzerten und stark bewaffneten im Westen. Zwischen den Fähigkeiten der VOLTAIRE und denen der Schiffe der BRAUNSCHWEIG-Klasse gezogene Vergleiche demonstrierten die Unterlegenheit der letzteren. Es wurde für möglich erachtet, daß das französische Schiff Breitseiten mit einem Geschoßgewicht von 6,25 t pro Minute auf eine Entfernung von 35 km abfeuern könnte, während die BRAUNSCHWEIG nur mit einem Geschoßgewicht von 1,92 t auf eine Entfernung von 23 km zu erwidern in der Lage wäre. Dieser Vergleich war ein wenig vage und schloß sowohl die 30,5-cm- als auch die 24-cm-Geschütze des französischen Schiffes ein. Außerdem beruhte er auf einer sehr optimistischen Feuergeschwindigkeit und Reichweite der französischen Geschütze. Hinsichtlich Geschwindigkeit und Panzerschutz bestand vermutlich zwischen den beiden Schiffen kein Unterschied.

Daher war die Entscheidung, welcher Schiffstyp gebaut werden sollte, nicht einfach, als die Überlegungen begannen, die PREUSSEN – das erste der veralteten Schiffe aus der Vordreadnought-Zeit – zu ersetzen, sobald das Linienschiff die vertraglich festgesetzte Lebensdauer erreicht hatte. Es mußten nicht nur wirtschaftliche und strategische Faktoren oder Probleme der Bemannung in Betracht gezogen werden, sondern auch die im Vertrag von Versailles auferlegten harten Beschränkungen.

Dieser Vertrag gestattete bei Ersatzbauten für Schlachtschiffe lediglich eine Wasserverdrängung von nicht mehr als 10.000 t – d.h. weniger als die der veralteten Schiffe – zu einem Zeitpunkt, als andere Staaten bereits *Kreuzer* mit 10.000 t Verdrängung entwarfen. Der Vertrag enthielt jedoch keine Beschränkungen hinsichtlich des höchstzulässigen Geschützkalibers. Offensichtlich war angenommen worden, daß jedes Hinausgehen über das vorhandene 28-cm-Kaliber ein derartiges Opfer an Panzerschutz oder Geschwindigkeit nach sich ziehen würde, um die 10.000-t-Beschränkung einzuhalten, daß kein Kampfschiff mit größerem Gefechtswert entwickelt werden könnte. Daneben gab es aber auch noch rein praktische Aspekte, die einbezogen werden mußten: Die Marinewerft in Danzig stand nicht mehr zur Verfügung, da dieser nunmehrige Freistaat nicht mehr zum Deutschen Reich gehörte, die Marinewerft Kiel war geschlossen worden und die Marinewerft Wilhelmshaven befand sich in einem chaotischen Zustand. Außerdem war vom Konstruktionsdepartement des kaiserlichen Reichsmarineamtes nur noch ein Torso vorhanden; viele Spezialisten waren gegangen.

Nach der als Übergangslösung am 26. März 1919 eingesetzten Admiralität mit Konteradmiral v. Trotha (bisher Chef des Stabes der Hochseeflotte unter Scheer und Hipper) an der Spitze wurde durch Reichgesetz vom 16. April 1919 die »Vorläufige Reichsmarine« gebildet. Chef der Admiralität blieb KAdm. v. Trotha, am 31. Oktober 1919 zum Vizeadmiral befördert. Unglückliche Auswirkungen des Kapp-Putsches im März 1920 führten noch im selben Monat zu seiner Amtsenthebung und Konteradmiral Michaelis übernahm am 22. März 1920 vertretungsweise die Admiralität. Sein Wirken war jedoch nur kurz, denn am 31. August 1920 wurde Admiral Behnke zum Chef der nunmehrigen Marineleitung im Reichswehrministerium ernannt. In seine Amtszeit fielen am 1. Januar 1921 die Umbenennung in »Reichsmarine« (Gründungstag der Reichsmarine) und ihre gesetzliche Verankerung im

Die Linienschiffsdivision zur Zeit der Reichsmarine. Im Vordergrund ist die HESSEN der BRAUNSCHWEIG-Klasse zu erkennen. (WBB)

Wehrgesetz vom 23. März 1921.[32] Daher fiel es auch Admiral Behnke zu, 1920 die ersten Diskussionen hinsichtlich des Problems der Ersatzbauten für die veralteten Linienschiffe in Gang zu setzen.

Diese Gespräche führten zu zwei verschiedenen Auffassungen:

a) ein gut geschützter, aber langsamer Monitortyp; und
b) ein schlagkräftiger, stark bewaffneter Kreuzertyp mit schwacher Panzerung.

Der in die Diskussion eingebrachte und unter a) aufgeführte Monitortyp war in der Marine nicht populär; denn seine Einführung hätte die Flotte auf den Stand von Küstenverteidigungsstreitkräften reduziert, wohingegen es wünschenswert war, zumindest den Anspruch auf Hochseefähigkeit der Flotte zu erhalten. 1923 wurde eine Entwurfsskizze zur Alternative a) vorgelegt (bekannt als »Entwurf II/10«): ein Schiff von 10.000 t, bewaffnet mit vier 38-cm-Geschützen, angetrieben durch eine Turbinenanlage mit Zwei-Wellen-Anordnung für 22 kn. Der Panzerschutz umfaßte einen 200 mm dicken Gürtelpanzer in der Wasserlinie und ein 30-mm-Panzerdeck (siehe Fig. 1). Diese Panzerung wurde als zu schwach angesehen, aber trotz Jonglierens mit verschiedenen Variationen hinsichtlich Geschütze, Geschwindigkeit und Panzerung fiel schließlich die Entscheidung, daß ein Weiterverfolgen dieses Weges keinen Wert hatte. Infolgedessen wurde die Alternative b) einer Prüfung unterzogen und in einer Rohskizzierung der »Entwurf I/10« erarbeitet. Dieses Schiff sollte eine Bewaffnung aus acht 21-cm-Geschützen in vier Doppeltürmen – je zwei vorn und achtern – führen und von einer aus zwei Sätzen bestehenden Turbinenanlage mit 80.000 WPS angetrieben werden, um ihm eine Geschwindigkeit von 32 kn zu verleihen. Die Steigerung in der Geschwindigkeit hatte eine beträchtliche Verringerung des Panzerschutzes zur Folge, nämlich auf einen 80-mm-Gürtelpanzer und ein 30-mm-Panzerdeck. Im äußeren Erscheinungsbild glich dieser Entwurf bemerkenswert dem neuen Leichten Kreuzer EMDEN (siehe Fig. 2). Diese Alternative erwies sich auch nicht zufriedenstellender als der »Entwurf II/10« und infolge des Fehlens besserer Vorstellungen schlief die Entwurfsarbeit 1923 ein.

Am 1. Oktober 1924 trat Admiral Behnke, der die Marine in den schwierigen Jahren seit 1920 geführt hatte, in den Ruhestand und zu seinem Nachfolger wurde Admiral Hans Zenker ernannt, der seit dem 15. Oktober 1923 das neu geschaffene Amt des »Oberbefehlshabers der Seestreitkräfte« innegehabt hatte. Dieser Offizier hatte bereits eine herausragende Karriere hinter sich und war u.a. Kommandant des Schlachtkreuzers VON DER TANN in der Skagerrakschlacht gewesen. Er setzte die Planungen für die Großkampfschiff-Ersatzbauten mit Hingabe wieder in Gang. Eine erneute Prüfung der vorausgegangenen Monitor- und Kreuzer-Alternativen führte wiederum zu einer nicht zufriedenstellenden Beurteilung. Der Monitortyp konnte einige, aber nicht alle der gestellten Forderungen erfüllen, während der Kreuzer zwar schnell, aber unzulänglich bewaffnet war. Damit wandte sich die Planungsarbeit erneut dem eigentlichen Schlachtschifftyp zu.

Die Frage des Kalibers der Hauptbewaffnung blieb für die Diskussion offen, da der Vertrag von Versailles in dieser Hinsicht nichts festlegte. Zu Admiral Behnkes Zeit herrschte daher anfänglich die Annahme vor, daß das Kaliber 38 cm möglich sein könnte. Doch nunmehr schien es unwahrscheinlich zu sein, daß die Alliierten dem zustimmen würden, und statt dessen wurde das politisch weniger brisante Kaliber 30,5 cm gewählt. Dies führte zum »Entwurf II/30«: ein 132 m langes Schiff mit einer aus sechs 30,5-cm-Geschützen in drei Doppeltürmen bestehenden Bewaffnung; die beiden achteren Türme in überhöhter und gleichzeitig versetzter Aufstellung (siehe Fig. 3). Der Seitenpanzerschutz sollte maximal bis zu 200 mm betragen. Das interessanteste Merkmal des Projektes bestand jedoch in der Einführung des Dieselantriebes. Vorgesehen war eine Dieselmotorenanlage mit Drei-Wellen-Anordnung und einer Antriebsleistung von 24.000 PSe für eine Höchstgeschwindigkeit von 21 kn. Die Dieselmotoren wurden in der Hoffnung auf eine bedeutende Gewichtseinsparung gewählt. In Deutschland besaß die Marine mit dem Dieselantrieb eine große Erfahrung, denn neben den Hunderten von U-Booten, die während des Ersten Weltkrieges gebaut wurden, hatte sie schon in der Vorkriegszeit sogar den Einbau einer Großdieselmotorenanlage für Marschfahrt in das Linienschiff PRINZREGENT LUITPOLD geplant. Hierbei hätte es sich um einen Sechs-Zylinder-Zweitakt-Germania-Dieselmotor für den Antrieb der Mittelwelle handeln sollen. Trotz der Tatsache, daß der Großdiesel bereits an Land in Erprobung stand, wurde er mangels Bordbetriebsreife schließlich doch nicht eingebaut. Vom »Entwurf II/30« an sahen alle weiteren Entwürfe in erster Linie Dieselmotorenantrieb vor, obwohl als zweite Alternative gewöhnlich auch Turbinenantrieb projektiert wurde. Von Zeit zu Zeit wurde auch die Möglichkeit eines turboelektrischen sowie eines dieselelektrischen Antriebs in Betracht gezogen. Der »Entwurf II/30« kam jedoch infolge der fehlenden Mittelartillerie (lediglich drei 8,8-cm-Fla-Geschütze in Einzellafetten waren vorgesehen) nicht zum Zuge. Statt dessen wurde ein weiterer Entwurf vorgelegt: der »Entwurf IV/30«.

Hierbei handelte es sich um einen ungewöhnlichen Entwurf, denn die drei 30,5-cm-Doppeltürme fanden sämtlich vorn Aufstellung, vermutlich, um die Länge der Zitadelle zu verringern und dadurch Gewicht einzusparen. Außerdem umfaßte die Bewaffnung zwei 15-cm-Doppellafetten. Auch dieser Entwurf fand keine Billigung, wie auch weitere, im wesentlichen ähnliche Vorschläge mit 10,5-cm-Geschützen als Mittelartillerie. Als Seitenpanzerschutz war bei diesen Entwürfen 160 bis 180 mm vorgesehen. Ein weiterer Vorschlag – der »Entwurf V/30« – sprach von einem 180-mm-Seitenpanzer mit einer 200 mm dicken Panzerung für den Kommandoturm. Dieser Entwurf wies einen 30,5-cm-Drillingsturm vorn und achtern sowie zwei 15-cm-Geschütze in einer Doppellafette und vier 8,8-cm-Fla-Geschütze in Einzellafetten auf.

Zwischen allen beteiligten Stellen fanden längere Diskussionen statt, ohne zu einer Übereinstimmung zu gelangen. Daher wurde für den 15. Mai 1925 eine Konferenz in größerem Rahmen einberufen, um die verschiedenen Standpunkte gründlich zu erörtern. Die Vertreter des Marinekommandoamtes (A) hielten den Panzerschutz bei allen Entwürfen für zu schwach und die Waffenabteilung des Allgemeinen Marineamtes (B) forderte einen besseren Schutz der Türme und Barbetten. Dem konnte die Konstruktionsabteilung im Allgemeinen Marineamt nicht zustimmen, da bei drei 30,5-cm-Doppeltürmen nur eine unzureichende Reserve für einen verbesserten Schutz vorhanden wäre. Zwei Vertreter des Marinekommandoamtes gaben sich mit nur vier 30,5-cm-Geschützen unter der Begründung zufrieden, daß diese Anzahl bei einer Feuergeschwindigkeit von 25 Sekunden pro Rohr ausreichend wäre. Das auf diese Weise eingesparte Gewicht könnte offensichtlich für einen verbesserten Schutz verwendet werden. Alles in allem genommen, so die allgemeine Übereinstimmung, wäre der »Entwurf II/30« der am wenigsten ungünstige. Daher erhielt die Konstruktionsabteilung die Aufforderung, eine Entwurfsskizze auf der Grundlage von vier 30,5-cm-Geschützen zu erarbeiten. Die Mittelartillerie sollte aus vier bis sechs 15-cm-Geschützen sowie aus drei 8,8-cm-Doppellafetten bestehen. Mit diesen Parametern könnte die höchstmögliche Dicke der Panzerung ermittelt werden.

In Wirklichkeit waren diese Diskussionen rein akademisch, da die Frage des Geschützkalibers noch ungelöst blieb. 30,5-cm-Geschütze waren in Deutschland erlaubt, aber nur zu Zwecken der Küstenverteidigung. Außerdem konnte nur ein Geschütz pro Jahr gebaut werden. Es wurde jedoch darauf hingewiesen, daß drei Reservegeschütze vorhanden wären, die zur Bewaffnung des Ersatzbaues PREUSSEN (später als »Panzerschiff A« bezeichnet) abgezweigt werden könnten. Ein Zivilbeamter des Reichswehrministeriums vertrat die Auffassung, daß die Alliierten sehr wahrscheinlich kein über 28 cm hinausgehendes Kaliber gestatten würden; aber nahezu alle Marineoffiziere sprachen sich gegen dieses Kaliber aus. Nichtsdestoweniger rettete die praktische Vorgehensweise den Tag: unter den vier neuen Vorschlägen, die auf den Tisch kamen, waren zwei mit 28-cm-Geschützen. Diese beiden Vorschläge – »Entwurf I/28« und »Entwurf II/28« – unterschieden sich hauptsächlich in der Anordnung der 28-cm-Geschütze: Der erstere wies einen Drillingsturm vorn und achtern auf; den letzteren kennzeichneten drei Doppeltürme, wobei die beiden achteren überhöht und gleichzeitig versetzt angeordnet waren. Beide Entwürfe sahen als Mittelartillerie zwei 15-cm-Doppellafetten vor. Außerdem sollten beim »Entwurf I/28« sechs bis acht 8,8 cm, aber beim »Entwurf II/28« nur vier in zwei Doppellafetten geführt werden. Von den Vorschlägen mit 30,5-cm-Geschützen wies der »Entwurf VI/30« je einen Doppelturm vorn und achtern auf, während der »Entwurf VII/30« die beiden Türme vorn vorsah, und zwar in überhöhter und gleichzeitig versetzter Anordnung. Alle vier Entwürfe gingen von einer Drei-Wellen-Anordnung für 21 kn aus.

Nunmehr war es unumgänglich geworden, zu einer Entscheidung hinsichtlich des vorgesehenen Geschützkalibers zu kommen, wenn ein Fortschritt erzielt werden sollte. Die Termine der Kiellegung waren bereits verschoben worden. Infolgedessen drängte Admiral Zenker, der Chef der Marineleitung, auf eine Entscheidung und für den 27. Mai 1925 wurde eine weitere Konferenz einberufen. Am Morgen dieses Tages fand vor der Haupttagung zum Thema 30,5-cm-Geschütz eine Vorbesprechung statt, in der vorgeschlagen wurde, daß – sozusagen als letzten Ausweg – die Alliierten vielleicht aufgefordert werden könnten, darüber zu entscheiden! Außerdem wurde darauf hingewiesen, daß Krupp jährlich nur ein Geschütz abliefern könnte, solange die französische Ruhrbesetzung anhalten würde. In dieser Vorbesprechung kam es zu keiner Einigung, so daß die ganze Angelegenheit erneut diskutiert werden mußte.

Admiral Zenker sprach sich schließlich für den »Entwurf II/30« aus, aber hinsichtlich der Flakbewaffnung entspann sich eine weitere Debatte. Schließlich schob Admiral Zenker die Entscheidung bis August 1925 auf. Seine Grundüberzeugung ging dahingehend, daß Feuerkraft wichtiger wäre als Schutz. Mittlerweile war die Konstruktionsabteilung mit dem Entwerfen von Leichten Kreuzern und Torpedobooten voll ausgelastet; innerhalb der gegebenen Vertragsbeschränkungen waren diese einfacher zu entwerfen. Jedoch wurde ins Auge gefaßt, den »Ersatz PREUSSEN« (Panzerschiff A) in den Haushalt 1926 einzustellen. Diese ganzen Verzögerungen führten dazu, daß die veralteten Linienschiffe weiterhin in Dienst bleiben mußten.

Die politischen Ereignisse schienen jetzt die Reichsmarine zu unterstützen, denn im Juli 1925 endete die Besetzung des Ruhrgebiets durch Frankreich. Daher konnte Krupp von Anfang August an wieder für die Marine arbeiten. Andererseits standen die Deutschen Werke in Kiel[33] und die Marinewerft Wilhelmshaven im Begriff, infolge des Mangels an Aufträgen Arbeiter zu entlassen. Dies kurbelte die Diskussion über das Ersatzbau-Problem wieder an. Im Gefolge der Konferenz vom 27. Mai 1925 hatte die Konstruktionsabteilung zwei neue Entwürfe erarbeitet: den »Entwurf I/35« (siehe Fig. 4) und den »Entwurf VIII/30« (siehe Fig. 5). Dem ersteren lag ein kleineres und langsameres, aber besser bewaffnetes und geschütztes Schiff als dem letzteren zugrunde; in Wahrheit entsprachen beide lediglich einem Monitortyp. Erneut fand jedoch keiner dieser Entwürfe die Billigung des Chefs der Marineleitung, und am 13. August 1925 entschied Admiral Zenker, für das Bauprogramm des nächsten Jahres statt eines Großkampfschiffes einen Leichten Kreuzer – die KÖLN – und eine Torpedoboot-Halbflottille in Auftrag zu geben.

Diese Verzögerungen und Verschleppungen wirkten sich für die Reichsmarine besonders nachteilig aus; denn die wirtschaftliche Lage Deutschlands verschlechterte sich zusehends (der Bau von Kriegsschiffen war sehr kostspielig). Außerdem hatte die Reichsmarine ihre eigenen Probleme, die 1927 in der Lohmann-Affäre ihren Höhepunkt erreichten. KptzS. Lohmann, der Chef der Seetransport-Abteilung im Allgemeinen Marineamt, sollte mit Hilfe von dürftig getarnten »Handelsfirmen« durch den Versailler Vertrag verbotene Seekriegsmittel beschaffen. Obgleich seine finanziellen Angelegenheiten in Ordnung waren – er hatte sich an den der Marine zugewiesenen Haushaltsmitteln nicht persönlich bereichert –, entrüstete sich ein Teil der Öffentlichkeit einschließlich der Politik darüber, daß öffentliche Mittel für geheime Zwecke, von denen sie nichts wußten, abgezweigt worden waren. Infolgedessen bestand von dieser Seite her ein erhebliches Widerstreben, die Marine zu unterstützen. Zusammen mit der immer noch vorhandenen Abneigung eines beträchtlichen Teils der öffentlichen Meinung gegen jedwede Form einer Wiederaufrüstung verzögerte dies die parlamentarische Billigung eines jeden Großkampfschiffbaus. Die Lohmann-Affäre führte schließlich zum Rücktritt des Reichswehrministers Dr. Geßler, eines Mannes, der stets für die Reichsmarine eingetreten war. Sein Nachfolger wurde der General a.D. Gröner, der nicht unbedingt als ein Freund der Marine galt. Auch der Chef der Marineleitung, Admiral Zenker, mußte als Auswirkung dieser Affäre am 30. September 1928 seinen Abschied nehmen. Sein Nachfolger wurde am 1. Oktober 1928 Admiral Dr. phil. h.c. Erich Raeder, der bisherige Chef der Marinestation der Ostsee (siehe auch unten).[34]

Es gab nicht nur politische Probleme, sondern es bestanden auch ernste finanzielle Beschränkungen; denn die Weimarer Republik befand sich mitten in einer entsetzlichen Inflation. Nichtsdestoweniger waren die der Marine zugewiesenen Haushaltsmittel zwischen 1924 (nach der Inflation) und 1927 von 104 Millionen RM auf 233 Millionen RM gestiegen. Hiervon waren 30 % für Neubauten bestimmt. In der Reichsmarine gab man sich 1926/27 der Hoffnung hin, daß sich diese Entwicklung – möglicherweise auf 400 bis 500 Millionen RM bis 1936 steigend – fortsetzen würde, aber die Auswirkungen der Inflation ließen diese Pläne im Augenblick illusorisch erscheinen.

Die Flottenmanöver des Jahres 1926 setzten die Diskussion erneut in Gang, denn sie brachten als Erkenntnis den taktischen Wert der überlegenen Geschwindigkeit. Daraufhin forderte KAdm. Adolf Pfeiffer, der damalige Chef des Marinekommandoamtes, bis zu diesem Zeitpunkt ein Befürworter des Kalibers 30,5 cm als Minimum, »einen Entwurf für ein schnelles Linienschiff, d.h. eigentlich einen Kreuzer mit schwerer Bewaffnung«. Als Ergebnis entstanden zwei weitere Entwurfsskizzen: der »Entwurf I/M 26« und der »Entwurf II/M 26«. Der erstere sah vor: zwei 28-cm-Drillingstürme sowie acht 12-cm-Fla-Geschütze in Doppellafetten, eine Geschwindigkeit von 28 kn und einen Seitenpanzerschutz von 100 mm (siehe Fig. 6). Hiervon unterschied sich der letztere nur durch sechs zusätzliche 3,7-cm-Geschütze. Am 12. Januar 1927 fand eine erneute Tagung der Amtschefs, Abteilungsleiter und zuständigen Referenten beim Chef der Marineleitung statt. Geheimrat Preße, der Chef der Marinekonstruktionsabteilung, wies darauf hin, daß die Technik seit dem damals begünstigten »Entwurf II/30« erhebliche Fortschritte gemacht hätte und daß die Anwendung neuer Technologien zu einer Verbesserung der Bewaffnung, des Panzerschutzes und der Geschwindigkeit geführt hätte. Als Folge hiervon wären die Entwürfe I/M 26 und II/M 26 entstanden. Bei den Tagungsteilnehmern fanden die Entwürfe eine gewisse Billigung. Admiral Zenker, bislang ein Verfechter der These »Feuerkraft vor Panzerschutz«,

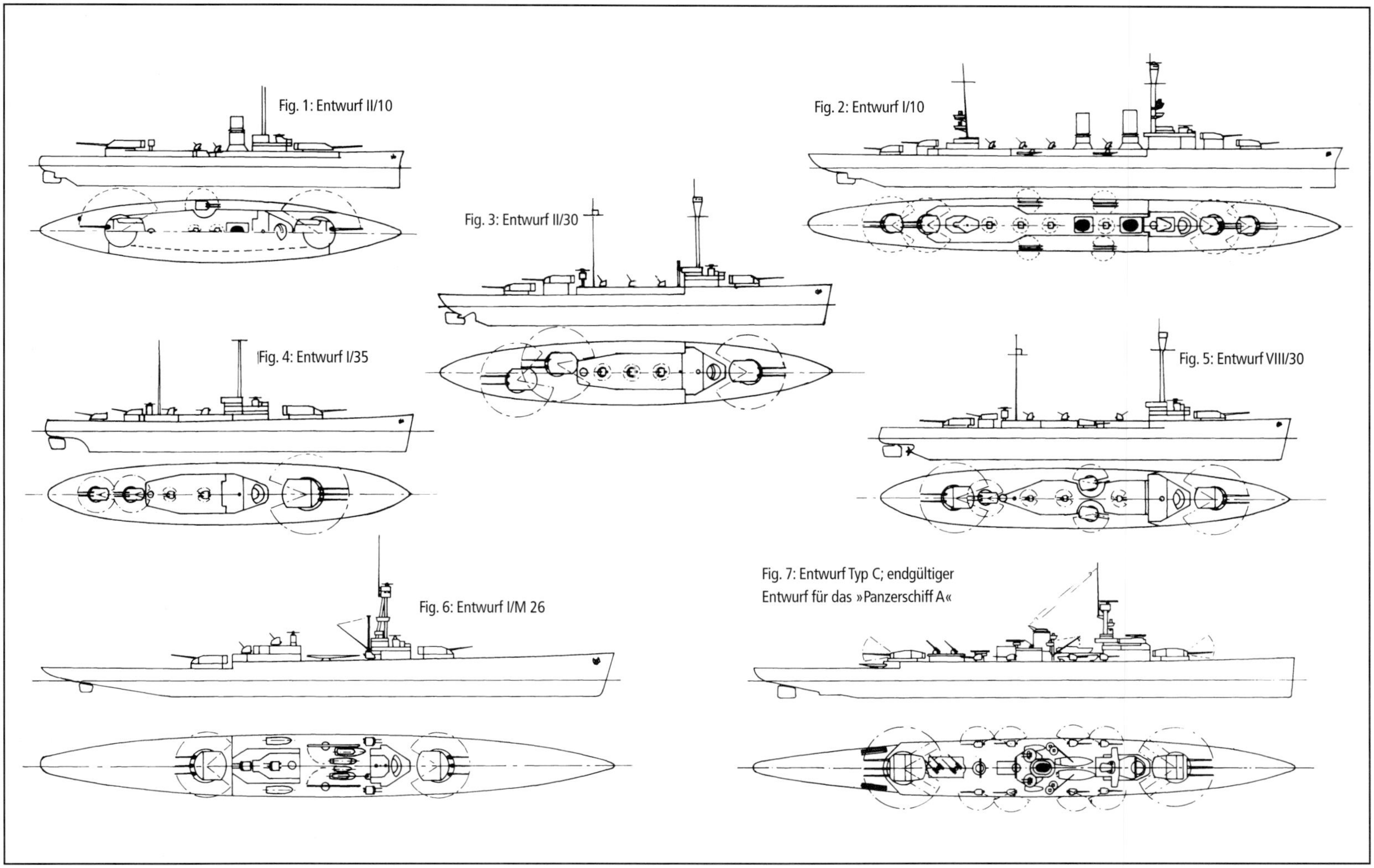

Fig. 1: Entwurf II/10

Fig. 2: Entwurf I/10

Fig. 3: Entwurf II/30

Fig. 4: Entwurf I/35

Fig. 5: Entwurf VIII/30

Fig. 6: Entwurf I/M 26

Fig. 7: Entwurf Typ C; endgültiger Entwurf für das »Panzerschiff A«

hatte jedoch inzwischen seine Auffassung geändert und lehnte die Entwürfe für einen »Linienschiffskreuzer« wegen seiner begrenzten Möglichkeiten ab. Nach seiner Auffassung war ein solches Schiff infolge seines geringeren Panzerschutzes zur Verteidigung der Ostseezugänge nicht geeignet; hierzu bedürfe es eines standhafteren Schiffes. Dem hielt jedoch KptzS. v. Loewenfeld, der Leiter der Flottenabteilung im Marinekommandoamt, entgegen, daß »der Linienschiffskreuzer hauptsächlich einen politischen Zweck zu erfüllen hat, weil er geeignet ist, das Washington-Abkommen der großen Seemächte zu stören und dadurch zu erreichen, daß Deutschland in dieses Abkommen aufgenommen wird«.[35] Darüber hinaus brachte er den Gesichtspunkt vor, daß ein solches Schiff »schneller als stärkere Schiffe, stärker als schnellere Schiffe« sein sollte. Diese vielversprechende Konzeption wurde indessen bedauerlicherweise zunächst nicht weiterverfolgt. Statt dessen ordnete Admiral Zenker die Erarbeitung eines Entwurfs für einen standfesten Linienschiffstyp an. Damit blieb die Angelegenheit weiterhin in der Schwebe, obwohl eine Entscheidung äußerst dringlich gewesen wäre, nicht zuletzt deswegen, weil von ihr abhing, auf welcher Werft der »Kreuzer E« – die spätere LEIPZIG – auf Kiel gelegt werden sollte. Insofern drängte sowohl KAdm. Oldekop, der Chef des Allgemeinen Marineamtes, als auch die ihm unterstehende Werftabteilung auf eine Entscheidung und forderte die Einstellung eines Schiffes in den Haushalt 1928.

Geheimrat Preße wies jedoch darauf hin, daß die Einstellung der erforderlichen Mittel in den Haushalt unabhängig von der anstehenden Entscheidung getroffen werden könnte, da die Kosten dieselben wären, d.h. die hohen Kosten für die Antriebsanlage des schnellen Schiffes würden durch zusätzliche Kosten an Panzerung für den besser geschützten Schiffstyp ausgeglichen. Admiral Zenker entschied daraufhin, den »Ersatz PREUSSEN« in den Haushalt 1928 mit einer ersten Rate einzustellen.

Auf einer weiteren Konferenz am 7. März 1927 wurde erneut der Versuch unternommen, eine Entscheidung über die Kaliberfrage und den zu bauenden Schiffstyp herbeizuführen. Hierbei sollte sich zeigen, daß inzwischen ein hohes Maß an Übereinstimmung zwischen der Flottenabteilung (A II) – ein besonderes Verdienst von KptzS. v. Loewenfeld und sein Werben für seine Konzeption (siehe oben) – und der Marinekonstruktionsabteilung (K) hinsichtlich des zu bauenden Schiffstyps zustande gekommen war: ein schneller Kreuzertyp. Trotzdem entstand zunächst der Entwurf eines langsamen Schiffes von nur 18 kn. Doch die relativ geringe Länge des Schiffskörpers, die für das Unterbringen einer Dieselmotorenanlage für diese Geschwindigkeit erforderlich war, bot nicht ausreichend Decksraum für die Anordnung einer zweckmäßigen Bewaffnung. Ohne Vergrößern der Schiffslänge konnte den verschiedenen Forderungen nur nachgekommen werden, wenn beide Türme vorn untergebracht wurden. Im Grunde war dies ein weiterer Monitortyp, der in der Folge nicht akzeptiert wurde. Doch die Marinekonstruktionsabteilung brachte anschließend einen weiteren Vorschlag mit einer verbesserten Anordnung der Hauptbewaffnung auf ausreichendem Decksraum, um eine Antriebsanlage mit einer Leistung von 38.500 WPS für eine Geschwindigkeit von 24 kn unterzubringen. Dies stieß auf allgemeine Billigung, allerdings mit der Ausnahme, daß eine höhere Geschwindigkeit gefordert wurde – trotz der Tatsache, daß den potentiellen französischen Gegnern nur 18 kn zugeschrieben wurden. Denn zum erstenmal wurde der Gedanke des KptzS. v. Loewenfeld, wonach der Ersatzbau schneller als stärkere Schiffe und stärker als schnellere Schiffe sein sollte, eingehend diskutiert. Hiermit führte die Entwicklungsrichtung eindeutig vom Linienschiffstyp weg und hin zu einem leicht gepanzerten, aber schnellen Schiff mit 28-cm-Geschützen.

Die Wahl des Kalibers 28 cm scheint hauptsächlich infolge der Unmöglichkeit, einen geeigneten 10.000-ts-Entwurf mit 30,5-cm-Geschützen zu erarbeiten, entschieden worden zu sein; mögliche alliierte Einwände wurden als unerheblich betrachtet. Am 11. Juni 1927 informierte Admiral Zenker den Flottenchef (VAdm. Mommsen) sowie die Chefs der Marinestationen der Nordsee (VAdm. Hermann Bauer) und der Ostsee (VAdm. Raeder), daß zwischen den beteiligten Stellen Übereinstimmung erzielt worden war. Er ordnete an, daß der »Ersatzbau PREUSSEN« in Anlehnung an die Bestimmungen des Versailler Vertrages als »Panzerschiff A« bezeichnet werden sollte. Die militärischen Forderungen an dieses Schiff lauteten folgendermaßen: Ein Schiff

a) das imstande wäre, die französischen Schlachtschiffe zu bekämpfen;
b) mit überlegener Geschwindigkeit gegenüber den 10.000 ts großen »Washington-Kreuzern«, um in der Lage zu sein, die Leichten Kreuzer (15-cm-Geschütze) zu unterstützen.

Da beide Forderungen auf der Grundlage eines 10.000-ts-Entwurfs nicht gleichzeitig erfüllt werden könnten, müßten zwei getrennte Wege beschritten werden:

- zur Forderung a) ein standfestes und schwer bewaffnetes Schiff mit mittlerer Geschwindigkeit oder
- zur Forderung b) ein schnelles, schwach gepanzertes Schiff mit großem Fahrbereich.

Dieses letztere Schiff sollte den »Washington-Kreuzern« an Feuerkraft überlegen, aber schneller als jedes Schlachtschiff sein. Hierzu lägen zur endgültigen Entscheidung drei Vorschläge vor:

- *Typ A:* 4 x 38-cm-S.K., 250 mm Panzerung, 18 kn Geschwindigkeit;
- *Typ B:* 6 x 30,5-cm-S.K., 250 mm Panzerung (alternativ 200 mm Panzerung), 18 kn (alternativ 21 kn) Geschwindigkeit;
- *Typ C:* 6 x 28-cm-S.K., 100 mm Panzerung, 26 bis 27 kn Geschwindigkeit.

Die ersten beiden Vorschläge waren seit 1925 ausgiebig diskutiert und wieder verworfen worden, so daß letztlich nur der *Typ C* eine brauchbare Alternative bot. Admiral Zenker entschied daher, nachdem VAdm. Mommsen und VAdm. Hermann Bauer sich ebenfalls dafür ausgesprochen hatten (nur VAdm. Raeder war hinsichtlich der Verteidigung der Ostseezugänge für einen Monitortyp), daß zwei Schiffe des *Typs C* gebaut werden sollten. Später könnte nach erneuter Überprüfung der politischen Situation entschieden werden, ob es möglich wäre, einen stärkeren Schiffstyp zu bauen.

Der *Typ C* als endgültiger Entwurf für das »Panzerschiff A« (siehe Fig. 7) erfüllte, soweit es Panzerung und Geschwindigkeit betraf, nur die Minimalforderungen. Er entsprach im wesentlichen dem »Entwurf I/M 26«. Der Panzerschutz konnte nicht erhöht werden, da der Schiffskörper keine ausreichende Festigkeit aufwies, und die Geschwindigkeit konnte nur auf Kosten entweder des Geschützkalibers oder des Panzerschutzes gesteigert werden. In der Schwebe blieb zunächst noch das Problem der Mittelartillerie und die Torpedobewaffnung; letztere wurde als wichtig angesehen. Unterwasserrohre wurden bevorzugt, aber diese konnten nur auf Kosten einer Verringerung des Bunkerraums für Brennstoff mit der Folge einer Reduzierung der Seeausdauer eingebaut werden. Als Mittelartillerie wurden sechs oder acht 12,5-cm-Geschütze bevorzugt, entweder in See/Luftziel-Lafetten mit Schilden oder in Seeziel-Doppeltürmen.

Das Problem, ein Schiff von 10.000 ts standard Wasserverdrängung zu entwerfen und zu bauen, befand sich nunmehr, nachdem etwa achtzehn verschiedene Entwürfe geprüft worden waren, auf dem besten Wege zur Lösung.

Das Ergebnis bestand in erster Linie in einem »politischen« Schiff, aber es bedeutete auch eine große Anerkennung für Geheimrat Dr.-Ing. h.c. Paul Preße, den Chef der Marinekonstruktionsabteilung, und seine Mitarbeiter, daß überhaupt ein Entwurf zustandegekommen war. Am 11. April 1928 billigten Admiral Zenker und der inzwischen zum Ministerialdirektor ernannte Dr.-Ing. h.c. Preße die endgültige »Typskizze« durch ihre Unterschrift. Damit war der Weg für die Anfertigung der Detailzeichnungen frei. Trotz der Arbeitsüberlastung und der Personalknappheit in der Marinekonstruktionsabteilung gingen die Entwurfszeichnungen und die Baudaten nur vier Monate später an die Werft, und am 28. Dezember 1928 wurden die vollständigen Bauzeichnungen freigegeben.

Der endgültige Entwurf stimmte im wesentlichen mit dem Typvorschlag C aus dem Jahre 1927 überein. Es erwies sich lediglich als unmöglich, den ursprünglich vorgesehenen 100 mm dicken Seitenpanzerschutz zu erreichen. Die gesamte Mittelartillerie wurde in Einzellafetten mit Schilden vorgesehen. Hinzu kamen noch zwei 8,8 cm S.K. C/25 in Doppellafette C/25 achtern in der Mittschiffslinie.

Infolge der bereits oben erwähnten Lohmann-Affäre, für die er in gewisser Weise mitverantwortlich war, trat Admiral Zenker im September 1928 von seinem Amt als Chef der Marineleitung zurück. Sein Nachfolger wurde Admiral Raeder, der dieses Amt am 15. Oktober übernahm (siehe oben). Damit standen die weitere Entwicklung und der Bau der Panzerschiffe nunmehr unter seiner Leitung.

Zum Zeitpunkt als das dritte Panzerschiffprojekt ernsthaft in die Diskussion geriet (1929), mußte auch das Problem der Auswirkungen des Baus der Panzerschiffe A und B auf die Hauptseemächte, insbesondere auf Frankreich, in Betracht gezogen werden. In der deutschen Marine herrschte die Auffassung vor, daß Frankreich am Projekt eines gepanzerten Schiffes arbeitete, dessen Fertigstellung für 1930/31 vorgesehen war und das 17.000 t bis 18.000 t verdrängen, sechs 30,5-cm-Geschütze führen und einen 150 mm dicken Seitenpanzerschutz aufweisen sollte. Falls dies zutraf, war das französische Schiff der DEUTSCHLAND und ihren Schwesterschiffen weit überlegen. Ein solcher Entwurf wurde in der französischen Marine seit 1924 tatsächlich erörtert, aber mit acht 30,5-cm-Geschützen in zwei Vierlingstürmen. Nach über zehn Jahren sollte diese Diskussion zur Fertigstellung der DUNKERQUE führen. Innerhalb der deutschen Marineleitung bestand im Dezember 1929 die Auffassung, daß eine Wiederholung des Entwurfs für das Panzerschiff B einige Vorzüge hätte, aber daß andererseits Frankreich nicht ignoriert werden könnte. Falls jedoch das Panzerschiff C dieselbe Geschwindigkeit wie die französischen Entwurfsprojekte erhalten sollte, könnte die Bewaffnung des deutschen Schiffes auf lediglich acht bis neun 21-cm-Geschütze verringert werden – eine Vorstellung, die natürlich undenkbar war; denn dies hätte erneut dazu

Die wichtigsten Vorentwürfe

Entwurf:	*Länge:*	*Breite:*	*Tiefgang:*	*Antriebsart/Wellen:*	*Antriebsleistung:*	*Geschwindigkeit:*
II/10	124 m	21,4 m	6,8 m	Turbinen/2	25 000 WPS	22 kn
Panzerung:		200 mm Seitenpanzer, 30 mm Panzerdeck.				
Artillerie:		4 x 38 cm in Doppeltürmen, 4 x 15 cm in Doppeltürmen, 2 x 8,8-cm-Flak.				
Torpedowaffe:		2 x 50-cm-Rohre.				
I/10	176 m	18,8 m	6,5 m	Turbinen/2	80 000 WPS	32 kn
Panzerung:		100 mm Seitenpanzer, 30 mm Panzerdeck.				
Artillerie:		8 x 21 cm in Doppeltürmen, keine Mittelartillerie, 4 x 8,8-cm-Flak.				
Torpedowaffe:		8 x 50-cm-Rohre.				
II/30	132 m	22 m	6,5 m	Diesel/2	24 000 PSe	21 kn
Panzerung:		200 mm Seitenpanzer, 25 mm Panzerdeck.				
Artillerie:		6 x 30,5 cm in Doppeltürmen, keine Mittelartillerie, 3 x 10,5-cm-Flak.				
Torpedowaffe:		2 x 53,3-cm-Rohre.				
I/35	126 m	21 m	7,2 m	Diesel/2	16 000 PSe	19 kn
Panzerung:		300 mm Seitenpanzer, 30 mm Panzerdeck.				
Artillerie:		3 x 35 cm in einem Drillingsturm vorn, 4 x 15 cm in Doppeltürmen, 4 x 8,8-cm-Flak.				
Torpedowaffe:		4 x 53,3-cm-Rohre.				
VIII/30	141 m	20,2 m	7,0 m	Diesel/3	36 000 PSe	24 kn
Panzerung:		180 mm Seitenpanzer, ? mm Panzerdeck.				
Artillerie:		4 x 30,5 cm in Doppeltürmen, 6 x 15 cm in Doppeltürmen, 6 x 8,8-cm-Flak.				
Torpedowaffe:		2 x 53,3-cm-Rohre.				
I/M 26	188 m	20,7 m	5,5 m	Diesel/?	54 000 PSe	28 kn
Panzerung:		100 mm Seitenpanzer, ? mm Panzerdeck.				
Artillerie:		6 x 28 cm in Drillingstürmen, 8 x 12 cm in Doppellafetten.				
Torpedowaffe:		Keine.				

Nach Siegfried Breyer: »Panzerschiff DEUTSCHLAND«

geführt, den Monitortyp in Betracht zu ziehen, der wenig Wohlwollen fand.

Daher wurden zwei Hauptalternativen ins Auge gefaßt. Erstens, ohne Rücksicht auf die Franzosen eine Wiederholung des Panzerschiffes B zu bauen; diesem aber einen besseren Schutz für die Mittelartillerie, eine stärkere Flakbewaffnung und eine Ausstattung als Flottenflaggschiff zu geben, auch wenn hierfür die Torpedowaffe gestrichen werden müßte. Die Vorteile dieser Lösung wurden darin gesehen, daß kaum neue Entwurfsarbeit geleistet werden müßte und daß ein solches Schiff einfach und billig zu bauen wäre. Andererseits bedeutete die geringere Geschwindigkeit im Vergleich zu den französischen Entwürfen einen Nachteil, der die Fähigkeit des Schiffes reduzierte.

Die zweite Alternative bestand darin, den vorhandenen Panzerschutz beizubehalten, aber die Hauptbewaffnung auf neun 24-cm-Geschütze in drei Drillingstürmen zu verringern (ihr Gewichtsanteil sollte, so wurde geschätzt, dem der beiden 28-cm-Drillingstürme entsprechen). Infolge der höheren Feuergeschwindigkeit dieser Geschütze kleineren Kalibers könnte auf die Mittelartillerie verzichtet werden. Das eingesparte Gewicht sollte dann für eine erhöhte Leistung der Antriebsanlage eingesetzt werden. Hierbei wurde angenommen, daß sich auf diese Weise die Geschwindigkeit um 1,5 bis 2 kn steigern ließe. Der Vorteil dieses Vorschlags bestünde darin, daß die Überlegenheit über die »Washington-Kreuzer« von 10.000 ts beibehalten werden würde und daß noch immer die Möglichkeit gegeben wäre, ein gegnerisches Schlachtschiff wirksam anzugreifen. Andererseits böte die überlegene Geschwindigkeit dem Schiff die Möglichkeit, ein Gefecht zu vermeiden. Einem Schiff des französischen Entwurfs von 17.000 ts könnte vermutlich ausgewichen werden. Schließlich wäre eine geringe Besatzungsstärke erforderlich und die Feuerleitung würde sich vereinfachen. Falls ein Turm gefechtsunfähig wäre, würde dies nur ein Drittel Verlust an Feuerkraft bedeuten – im Gegensatz zu 50 % beim Panzerschiff B. An Nachteilen ließe sich erkennen, daß sich die Chance eines wirksamen Treffers angesichts des geringeren Kalibers reduziert hätte und daß der bestehende Entwurf mit beträchtlichem Aufwand umgearbeitet werden müßte, während Einfachheit und die Beschränkung auf ein einziges Geschützkaliber Vereinfachung andeuten könnten. Außerdem wurde auch darauf hingewiesen, daß die von dem französischen Schiff ausgehenden Gefahren nicht beseitigt, sondern nur verringert worden wären.

Die grundsätzlichen Fragen stellten sich daher wie folgt:

a) War unter der Voraussetzung der 10.000-ts-Beschränkung und mit neun 24-cm-Geschützen eine Geschwindigkeit von 30 kn und darüber unter Beibehaltung desselben Panzerschutzes wie bei den Panzerschiffen A und B möglich?
Wenn ja, sollte die Entwurfsarbeit in Angriff genommen werden?

b) Wenn nein oder wenn festgestellt wurde, daß die Geschwindigkeit des französischen Schiffes höher als 30 bis 31 kn lag, sollte dann A III, die Marine-Ausbildungsabteilung*, weiterhin dem vorhandenen Typ den Vorzug geben?

Diese Vorschläge setzten eine Reihe von Diskussionen in Gang, und es hatte den Anschein, als ob von einigen Seiten das im Geschützkaliber reduzierte Schiff als ein Vorschlag angesehen würde, den A III begünstigte. In Wirklichkeit bestand die Absicht, die Diskussion bezüglich der Richtung in Gang zu setzen, welche die Marine einschlagen sollte, und es wurde einfach die Anregung gegeben, daß es der Prüfung wert wäre, ein geringeres Geschützkaliber in Betracht zu ziehen, wenn eine Geschwindigkeit von mehr als 30 kn garantiert werden könnte. Jeder fest umrissene Vorschlag hinge davon ab, genauere Einzelheiten darüber zu erfahren, welchen Schiffstyp die französische Marine plante.

Soweit es den Schlachtschiffbau betraf, hatten damals politische Überlegungen große Auswirkungen, wie dies auch heute in der Frage atomarer Flugkörpersprengköpfe der Fall ist. Im Verlaufe des auf das Ende des Ersten Weltkrieges folgenden Jahrzehnts gab es ein starkes Bestreben, jede Möglichkeit einer Massenvernichtung auszuschalten, und daher war Abrüstung das gängige Schlagwort. Auf der Washingtoner Flottenkonferenz 1921/22 gab es Übereinstimmung darüber, im Großkampfschiffbau eine zehnjährige Pause einzulegen, eine Entscheidung, die das Deutsche Reich nicht berührte, da es zu dieser Konferenz nicht eingeladen worden war. Außerdem war Deutschland bereits durch die Bestimmungen des Versailler Vertrages gebunden. Die nachfolgenden Konferenzen 1924 in Rom und 1927 in Genf erwiesen sich als erfolglos, aber 1930 auf der Londoner Flottenkonferenz schlugen Großbritannien und die Vereinigten Staaten vor, das Verbot des Schlachtschiffbaus sollte auf weitere fünf Jahre ausgedehnt werden. Dagegen erhoben sowohl Frankreich als auch Italien Einwände, denn Deutschland hatte begonnen, das Panzerschiff A zu bauen. In einem Versuch, die Preisgabe der verschiedenen Vereinbarungen zu verhindern, war Großbritannien bestrebt, Deutschland zu überzeugen, seine Ersatzbaupläne für Schlachtschiffe bis 1937 aufzuschieben. Das Deutsche Reich weigerte sich, dies zu tun, aber die politische Situation war nichtsdestoweniger sehr delikat. Im Zusammenhang mit diesem Hintergrund müssen die Diskussionen um die Fortführung des Panzerschiffbaues, insbesondere der Bau des Panzerschiffes C, gesehen werden. Die deutsche Marineleitung mußte sich nicht nur davor hüten, die Beschränkungen des Vertrages von Versailles zu mißachten; sie mußte

*Anmerkung des Verfassers: Diese Abteilung im Marinekommandoamt (A) befaßte sich nicht nur mit Ausbildungsfragen, sondern war auch aktiv an der Festlegung der militärischen Forderungen bei einem zu bauenden Kriegsschiff beteiligt. Später erhielt diese Abteilung die Bezeichnung A IV.

auch die Überlegungen der Hauptseemächte einbeziehen und Mutmaßungen darüber anstellen, welche Vertragsbeschränkungen festgelegt werden könnten, sollte je ein internationales Übereinkommen zustandekommen.[36]

Seine Weigerung, das Panzerschiff-Bauprogramm einzustellen, begründete Deutschland mit dem Argument, selbst mit diesen Schiffen könnte es sich auch gegenüber kleineren Seemächten nicht als verteidigungsfähig betrachten, zumal diesen Unterseeboote und Flugzeuge nicht verweigert wurden. Nach seiner Auffassung sollte im Vorhandensein dieser Panzerschiffe keine Bedrohung seiner Nachbarn erblickt werden. Deutschland wäre grundsätzlich nicht bereit, das Bauprogramm einzustellen, es sei denn, die anderen Mächte gäben Unterseeboote und Bombenflugzeuge auf. Letzteres war jedoch ziemlich unwahrscheinlich.

Obwohl das Panzerschiff B 1931 auf Kiel gelegt worden war, blieb das weitere Bauprogramm 1932 in der Schwebe; denn nicht nur die internationale Lage war verwirrend,[37] sondern auch die innere Stabilität in Deutschland wurde durch den rasanten Aufstieg der von Adolf Hitler geführten Nationalsozialistischen Deutschen Arbeiterpartei verändert. Zur weiteren Verwirrung trug General v. Schleicher bei, der neue Reichswehrminister im Kabinett des Reichskanzlers v. Papen, das seit dem 1. Juni 1932 im Amt war. In einer Rundfunkrede am 26. Juli kündigte er an, daß sich Deutschland durchaus von den Beschränkungen des Versailler Vertrages lossagen könnte, falls die größeren Mächte zur Wiederaufrüstung schritten und Deutschland an der Fortsetzung seines Bauprogramms hinderten. Diese gesamten Umstände belasteten die Tagung über den Umbau der Reichsmarine, die unter dem Vorsitz von Admiral Raeder am 28. Juni 1932 stattfand. Erneut wurde deutlich gemacht, daß der Ersatz der veralteten Linienschiffe aus mehreren Gründen erforderlich war:

a) Hinsichtlich Geschwindigkeit, Artillerie und Panzerschutz waren sie allen modernen Schlachtschiffen und sogar noch in Dienst befindlichen Vordreadnoughts unterlegen.
b) Sie waren nur zu einer Geschwindigkeit von 16 bis 18 kn imstande und deshalb nicht schnell genug, um zur Unterstützung hart bedrängter Kreuzer einzugreifen.
c) Ihre innere Unterteilung war mangelhaft, wie zum Beispiel die Havarie der HANNOVER 1924 gezeigt hatte.[38]
d) Die Kosten für Reparaturen und für Modernisierungen waren unrealistisch.
e) Gründe, die in der Moral der Besatzungen lagen.

Diese alten Linienschiffe waren daher den für sie vorgesehenen Aufgaben – direkte Küstenverteidigung und Verhinderung gegnerischer Landungen – nicht gewachsen. Auch soweit es den Handelsschutz betraf, waren sie nutzlos. Es entsprach deshalb allgemeiner Übereinstimmung, das Panzerschiff-Bauprogramm sollte weitergeführt werden. Könnte jedoch das Panzerschiff C – wie vorgesehen – zum 1. Oktober 1932 aus dringenden politischen Gründen nicht in Auftrag gegeben werden, so stelle sich die Frage, welche Richtung die Marine einzuschlagen hätte. Ursprünglich wurde vorgeschlagen, das Zerstörer-Bauprogramm könnte vorangetrieben werden. Doch es könnte auch der Bau eines neuen Kreuzers in Betracht gezogen werden, möglicherweise eine Wiederholung der LEIPZIG. Falls jedoch Deutschland bis zum 1. Oktober 1932 von den Fesseln des Versailler Vertrages befreit wäre, würde die Reichsmarine den Bau eines weit stärkeren Schiffes als des vorhandenen Panzerschiff-Entwurfs vorziehen. Dies deshalb, weil der neue französische Entwurf für die DUNKERQUE dem Panzerschiff-Entwurf vollkommen überlegen wäre und den Grund für deren Bau – die Fähigkeit, schneller als ein überlegener Gegner zu sein – zunichte machen würde. Es bestünden daher stichhaltige militärische Gründe, den Panzerschiffbau – einzig auf den Vertrag von Versailles zurückgehend – nicht fortzusetzen.

Der Besitz von Großkampfschiffen erbrächte bedeutende politische, wirtschaftliche und militärische Vorteile, die Kreuzer und Zerstörer nicht in demselben Maße erbringen könnten. Ihr Vorhandensein steigere die Chancen politischer Bündnisse, gewähre die Möglichkeit, die Neutralität des Deutschen Reiches im Falle eines Konfliktes zwischen Großbritannien und der UdSSR zu verteidigen, stärke Deutschlands Position im Völkerbund und wäre von Bedeutung für das Zeigen der Flagge als Werbung für die deutsche Industrie. Darüber hinaus würde der Bau eines solchen Schiffes 3000 Arbeitsplätze sichern; ein Faktor, auf den bereits im Verlaufe der Debatte über das Panzerschiff A hingewiesen wurde.

Damit sprach alles für den Bau eines dritten Großkampfschiffes, und Admiral Raeder bevorzugte den Bau eines größeren Entwurfes von 15.000 bis 18.000 t, bewaffnet mit drei 28-cm-Drillingstürmen, um die Konstruktion eines neuen Geschützmodells zu vermeiden. Als Alternative wurde die Prüfung des behelfsmäßigen Einbaus von vier 20,3-cm-Doppeltürmen in den Schiffskörper eines Panzerschiffes in Auftrag gegeben, vermutlich im Hinblick auf zukünftige Übereinkommen und Beschränkungen vertraglicher Art. Der Vorschlag, einen neuen Leichten Kreuzer zu bauen, wurde mit der Begründung verworfen, daß sich die LEIPZIG nicht mit den gegenwärtigen ausländischen Entwürfen vergleichen ließe. Eine Pause im Großkampfschiffbau wurde als unerwünscht betrachtet, da sich der Ersatz der veralteten Linienschiffe verzögern würde. Außerdem würde sich dann bis etwa 1937 eine Baulücke ergeben. Schließlich fiel die folgende Entscheidung: Sollte bis zum Oktober 1932 die Lage hinsichtlich des Versailler Vertrages noch ungeklärt sein, würde die Reichsmarine mit dem Panzerschiff C eine weitere Einheit der DEUTSCHLAND-Klasse in Auftrag geben. Über die Antriebsanlage sollte nach dem Vorliegen der Erfahrungen mit jener der LEIPZIG und den ersten Ergebnissen mit den Dieselmotoren der BREMSE entschieden werden. Schließlich erhielt das Panzerschiff C wie seine Vorgänger eine Dieselmotorenanlage.[39]

2. Die Panzerschiffe

Panzerschiff A: DEUTSCHLAND

Entwurf und Bau

Der »Ersatz PREUSSEN«, das erste der Panzerschiffe – es sollte den Namen DEUTSCHLAND erhalten –, wurde am 28. August 1928 in Auftrag gegeben und unter der Baunummer 219 bei den Deutschen Werken in Kiel am 9. Februar 1929 auf Kiel gelegt (Angaben nach dem »Schiffsbuch DEUTSCHLAND«). Den Bau überwachte Schiffbaudirektor Lofflund, unterstützt durch Obermarinebaurat Malsius und Marinebaurat Senst.

Der Schiffskörper bestand weitgehend aus Schiffbaustahl II in Längsbänder-Querspant-Bauweise mit einem Mittelkiel zwischen Spant 6,5 und Spant 154 sowie zwischen Spant 169 und Spant 173,5. Dazwischen bildete das Hauptmittellängsschott den Kiel. Beiderseits des Kiels waren fünf Längsspanten angeordnet. Längsspant I erstreckte sich von den Spanten 6,5 bis 15,5, 63,5 bis 123,5 sowie von Spant 154,5 bis Spant 173,5; die Lücken füllte das Innenlängsschott. Längsspant II erstreckte sich von Spant 26,75 bis Spant 173,5, ausgenommen zwischen Spant 136,4 und Spant 144,6; dort ersetzte ihn das Turmlängsschott. Längsspant III stellte die Kante des seitlichen Doppelbodens dar und bildete zwischen den Spanten 71 und 116 den Seitendockkiel. Dieser Längsspant war auch teilweise mit dem Außenlängsschott identisch. Längsspant IV zog sich von Spant 41,4 bis Spant 154 und Längsspant V zwischen den Spanten 63 und 123,5 hin. Entsprechend den Erfordernissen der Anordnung der Bunker und Zellen im Doppelboden waren diese Längsspanten wechselweise öl- oder wasserdicht verschweißt. Jeweils nach 1500 mm waren Querspanten eingezogen, verschweißt mit den Längsspanten und der Außenbeplattung. Auf jeder Seite des Schiffskörpers war ein Schlingerkiel angebracht. Dieser erstreckte sich jeweils von Spant 77,5 bis Spant 115,5,

Panzerschutzschema der DEUTSCHLAND

Position:	Dicke in mm:	Material:
*Seitenschutz zwischen den Spanten**		
6,5 und 16	30	N
16 und 25,75	40	N
25,75 und 31	50	N
31 und 42,4	60	N
42,4 und 136,4	50-80	N
136,4 und 154	60	N
154 und Steven	18	N
Geschütztürme		
Stirnseite	140	K.C.
Seite (nach vorn)	80	K.C.
Seite (nach hinten)	75	K.W.
Rückfront	170	N
Decke (Böschung nach vorn)	105	K.C.
Decke (horizontal)	85	K.W.
Decke (Böschung nach hinten)	50	K.W.
Decke (Böschung zur Seite nach vorn)	90	K.C.
Decke (Böschung zur Seiten nach hinten)	85	K.C.
Fundament (nach vorn mittschiffs)	80	K.W.
Fundament (nach vorn seitwärts)	30	K.W:
Fundament (seitwärts)	60	K.W.
Fundament (nach hinten)	30	K.W.
Barbetten (unterer Sockel)		
Vertikalplatten	100	K.C.
Bänder	30	S
Kommandoturm (vorderer Kommandostand)		
Haube für die 7-m-E-Meßbasis	55	N
Decke	50	N
Seite	140	K.C.
Fundament	30	N
Schacht	60	N
Deck (vorderer Artillerieleitstand)	10	S III
Geschützte Positionen		
Achterer Kommandostand: Decke	20	Ww n/A
Seite	50	Wh n/A
Deck	20	Ww n/A
Vormarsleitstand: Decke, Seite, Deck	14	Ww n/A
Achtere E-Meßhaube: Decke und Deck	20	Ww n/A
Seite	50	Ww n/A
Vormars-Drehhaube: Decks, Seite, Basis	14	Ww n/A
Vorderer und achterer Fla-Leitstand: Decke und Seite	14	Ww n/A
Scheinwerferstand	10	S II
Splitterschutz-Schächte	10	Wh n/A
8,8-cm- und 3,7-cm-Munitionsaufzüge	20	N
Torpedo-(Wallgang-)schott	45	N
Splitterlängsschotte		
Vom Panzerdeck bis zum Aufbaudeck sowie vom vorderen bis zum achteren Turm	10	S II
Panzerquerschotte bei		
Spant 6,5 (Vorschiff)	30	N
Spant 31 (Vorschiff)	60	N
Spant 149,5 (Achterschiff)	60	N
Spant 172,5 (Achterschiff)	30	N
Horizontalschutz		
Panzerdeck:		
zwischen den Splitterlängsschotte	30	N
zwischen Wallgang- und Splitterlängsschott	45	N
innerhalb der Barbetten (untere Sockel)	15	N
zwischen Spant 6,5 und Spant 31 (Vorschiff)	30	N
zwischen Spant 149,5 und Spant 173,5 (Achterschiff)	30	N
Zwischendeck: außerhalb der Zitadelle (Panzerdeck) von Spant 31 bis zum Spant 149,5	20	S II
Aufbaudeck:		
von Spant 33 bis Spant 154	18	S III
bis Spant 164,5	10	S III
von Spant 164,5	7	S III
Propellerwellen und Ruderanlage		
Seite und Deck	30	N

Erläuterungen der Panzerstahl-Abkürzungen:

K.C.	**K**rupp **C**ementiert, gehärtet, schweißbar
K.W.	**K**rupp **W**eich, nicht gehärtet, schweißbar
N	Nickelpanzerstahl (Heft B Nr. 29 der Materialvorschrift 1915)
S	Spezialstahl (Heft B Nr. 15 der Materialvorschrift 1915)
S II	Schiffbaustahl II (Heft B Nr. 16 der Materialvorschrift 1915)
S III	Schiffbaustahl III (Heft B Nr. 26 der Materialvorschrift 1915)
Wh n/A	**W**otan **h**art (gewalzter Panzerstahl, gehärtet, neuer Art)
Ww n/A	**W**otan **w**eich (gewalzter Panzerstahl, nicht gehärtet, neuer Art)

*Seitenpanzer: 12° schräg gestellt, oben 80 mm, unten 50 mm.

Oben: Die DEUTSCHLAND während der Ausrüstung. (IWW)

Mitte: Die ADMIRAL GRAF SPEE am Ausrüstungskai in Wilhelmshaven. (WBB)

Unten: Die DEUTSCHLAND am 1. April 1933, dem Tag der Indienststellung, mit Blick auf das Achterschiff. Beachte die Form des Schiffskörpers sowie den Backbord-Torpedorohrsatz ohne Schutzkalotte. (WBB)

war 1200 mm hoch, innen hohl und aus 8 mm dicken Stahlplatten gefertigt, teilweise verschweißt oder genietet.

Unterhalb des Panzerdecks gab es zwei Hauptlängsschotte: ein inneres und ein äußeres. Das innere Schott erstreckte sich von Spant 31 bis zum Spant 149,5 und von oberhalb des Längsspantes III bzw. von der oberen Außenkante des Doppelbodens bis zum Panzerdeck und wurde als Inneres Wallgangschott oder »Torpedoschott« bezeichnet. Es bestand aus 45 mm dickem Nickelpanzerstahl, war von unten nach oben 13,5° schräg nach außen gestellt und erfüllte als Innenschutz mit ca. drei Metern Schutzbreite nach außen die Funktion eines Torpedoschotts. Das äußere Längsschott – als Äußeres Wallgangschott bezeichnet – erstreckte sich zwischen den Spanten 42,4 und 136,4 von der unteren Kante des Inneren Wallgangschotts bis zur Unterkante des Seitenpanzers und wies lediglich eine Dicke von 10 mm auf. Der Raum zwischen diesen beiden Längsschotten wurde als Innerer Wallgang und der Raum zwischen dem Äußeren Wallgangschott und der Außenbeplattung als Äußerer Wallgang bezeichnet; letzterer bildete eine Ausbuchtung des Schiffskörpers. Die beiden Wallgänge wurden durch vierzehn, fünfzehn oder neunzehn Querschotte auf jeder Seite unterteilt, abhängig von der jeweiligen Decksebene. Eine weitere Längsunterteilung bildete das Mittellängsschott vom Kiel bis zum Unteren Plattformdeck.

Die wasserdichte Unterteilung des Schiffskörpers stellten 28 Querschotte her, die sich zwischen Doppelboden und Panzerdeck erstreckten, ausgenommen zwei, ein vorderes und ein achteres, die nur bis zum Unteren Plattformdeck reichten. Zwischen den Spanten 37,5 und 149,5 zogen sich diese Schotte vom Inneren bzw. Äußeren Wallgangschott quer durch den Schiffskörper. Davor und dahinter erstreckten sie sich zwischen den Außenbeplattungen. In ihrer Dicke variierten sie von 5 mm bis 15 mm. Bei Spant 6,5 und im oberen Teil bei Spant 173,5 wiesen sie jedoch eine Dicke von 30 mm auf, während sie bei Spant 31 von der Unterkante des Panzerdecks bis zur Oberkante des Seitenpanzers und bei Spant 149,5 von der Unterkante des Panzerdecks bis zum Oberen Plattformdeck eine Dicke von 60 mm hatten – das heißt sie schlossen als Panzerquerschotte die Zitadelle nach vorn und achtern ab.[40]

Unterhalb des Panzerdecks waren noch jeweils zwei Seitenlängsschotte zur Unterstützung der Türme vorhanden. Beiderseits etwa 4100 mm von der Mittschiffslinie entfernt, reichten sie achtern von Spant 42,4 bis Spant 50,6 und vorn von Spant 136,4 bis Spant 144,6; sie bestanden aus einer genieteten doppelten Fischungsplatte (Turmtragelängsschotte).

ADMIRAL GRAF SPEE: Anordnung der Motorenräume

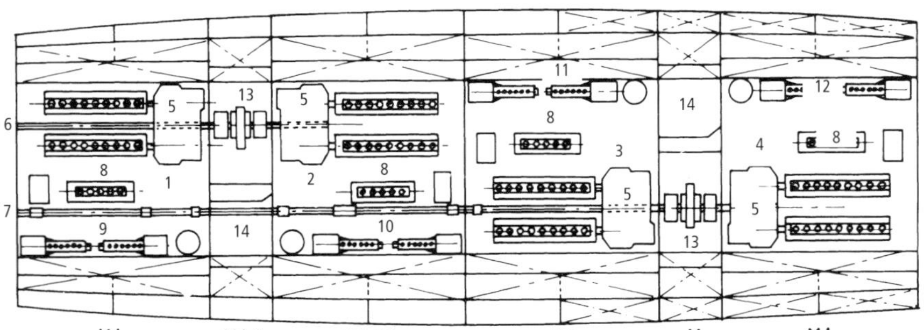

1 Motorenraum Bb.I
2 Motorenraum Bb.II
3 Motorenraum Stb.I
4 Motorenraum Stb.II
5 Vulcan-Kupplung mit Untersetzungsgetriebe
6 Backbordwelle
7 Steuerbordwelle
8 Gebläsemotor
9 E-Werk Stb.I
10 E-Werk Stb.II
11 E-Werk Bb.I
12 E-Werk Bb.II
13 Drucklagerraum (DEUTSCHLAND: Getrieberaum)
14 15-cm-Granat- und -Pulverkammer

Oberhalb des Panzerdecks, das sich von Spant 6,5 bis zum Spant 173,5 erstreckte, gab es noch zwei weitere Längsschotte, jeweils etwa 3700 mm von der Mittschiffslinie entfernt. Sie zogen sich zwischen den Türmen von Spant 50 bis zum Spant 136 hin und reichten vom Panzerdeck bis zum Oberdeck. Im unteren Teil waren diese Schotte verschweißt, während sie im oberen Teil mit geschweißten T-Versteifungen vernietet waren. Mit dem Panzerdeck waren sie durch verschweißte und mit dem Aufbaudeck durch vernietete Winkelprofile fest verbunden.

Die Außenbeplattung, die in der Dicke zwischen 10 mm und 20 mm variierte, war halb geschweißt, aber mit genieteten Stößen versehen, ausgenommen die Beplattung vor Spant 149,5 oberhalb des Oberdecks, die vollständig geschweißt war. Das Oberdeck hatte eine 55 mm dicke Teak-Beplankung als Auflage und die Aufbaudecks eine solche aus Oregonkiefer in 50 mm Dicke.

Im Inneren wies der Schiffskörper eine Unterteilung in sechzehn wasserdichte Abteilungen auf, die nach deutscher Gewohnheit vom Heck bis zum Bug mit I bis XVI durchnummeriert waren.

Panzerschutz

Eine detaillierte Aufgliederung, welche Bereiche des Schiffes und in welcher Dicke gepanzert waren, gibt die Tabelle »Panzerschutzschema der DEUTSCHLAND« wieder. Die hauptsächliche Seitenpanzerung – der Seiten- oder Gürtelpanzer – bestand aus zwei Reihen von Panzerplatten, eine oberhalb der anderen mit einem sich verjüngenden Stoß zwischen beiden Reihen, von denen die obere 80 mm und die untere 50 mm Dicke aufwies. Der nach außen um 12° schräg gestellte Seitenpanzer bestand aus Nickelpanzerstahl in einer Zusammensetzung aus dem Jahre 1915 und erstreckte sich von Spant 42,4 bis zum Spant 136,4. Vor und hinter dem Hauptgürtelpanzer befand sich noch eine 60 mm dicke Sektion, die den restlichen Munitionskammerbereich abdeckte. Am vorderen Ende des Gürtelpanzers verringerte sich die Dicke dann auf 18 mm, während er sich achtern bei Spant 31 zunächst auf 40 mm und danach auf 30 mm reduzierte. Die Hauptbarbetten (untere Sockel), die sich hinunter bis zum Panzerdeck erstreckten, bestanden aus 100 mm dickem K.C.-Panzermaterial und hatten jeweils ein Gewicht von 146 300 kg. Dieses Panzermaterial kam auch in einer Dicke von 140 mm zum seitlichen Schutz des Kommandoturms (vorderer Kommandostand) zur Anwendung.

Der Haupthorizontalschutz beim Panzerdeck bestand aus 45 mm dickem Nickelpanzerstahl vom Splitterlängsschott bis zur Oberkante des ebenfalls aus 45 mm dickem Nickelpanzerstahl bestehenden Inneren Wallgangschotts. Zwischen den beiden Splitterlängsschotten betrug die Dicke des Panzers lediglich 30 mm. Dieselbe Dicke wies das Panzerdeck an seinem achteren (von Spant 6,5 bis zum Spant 31) und vorderen Ende (von Spant 149,5 bis zum Spant 173,5) auf. Auch bei den schwächer gepanzerten Bereichen des Panzerdecks fand als Material Nickelpanzerstahl Verwendung. Somit erstreckte sich das Panzerdeck nicht über die gesamte Breite des Schiffskörpers und es wies auch nicht die seitliche Krümmung auf wie bei den späteren Panzerschiff-Entwürfen. Innerhalb der Barbetten hatte das Deck nur eine Dicke von 15 mm. Auch die Panzerquerschotte bei den Spanten 6,5 (30 mm), 31 und 149,5 (60 mm) sowie 173,5 (30 mm) bestanden aus Nickelpanzerstahl. Das Gesamtgewicht des Panzerschutzes belief sich auf 702.149 kg.

Die Hauptantriebsanlage

Die für das Panzerschiff A gewählte Hauptantriebsanlage bestand – wie bereits oben erwähnt – aus einer Dieselmotorenanlage mit Zwei-Wellen-Anordnung. Sie war in vier Motoren- und zwei Getrieberäumen

untergebracht, und zwar von achtern her in folgender Anordnung: Motorenraum 1 oder Bb. I, Getrieberaum Bb., Motorenraum 2 oder Bb. II mit Wirkung auf die Backbordwelle sowie Motorenraum 3 oder Stb. I, Getrieberaum Stb. und Motorenraum 4 oder Stb. II mit Wirkung auf die Steuerbordwelle. Die Antriebsanlage erstreckte sich über die Abteilungen VI bis XI und beanspruchte 61,5 m (bzw. etwa 34 %) der Schiffslänge in der Wasserlinie. Die acht Hauptmotoren stammten von der Firma MAN in Augsburg: schnellaufende, doppeltwirkende 9-Zylinder-Zweitakt-Dieselmotoren des Typs 9 Z 42/58 mit einer Leistung von je 7100 PSe (Gesamtleistung 56.800 PSe).[41] In jedem Motorenraum bildeten zwei dieser Dieselmotoren einen Motorensatz, so daß jeweils zwei Motorensätze über ein gemeinsames Vulcan-Untersetzungsgetriebe auf eine Welle einwirkten.

Darüber hinaus befand sich in jedem Motorenraum ein doppeltwirkender 5-Zylinder-Zweitakt-MAN-Hilfsdieselmotor des Typs M 57 42/58 (d.h. je Zylinder 420 mm Durchmesser mit 580 mm Hub und einer Primärdrehzahl von 450 U/m). Außerdem war in den Motorenräumen 2 (Bb. II) und 4 (Stb. II) je eine Hauptfeuerlöschpumpe untergebracht. Gleichzeitig enthielt jeder Motorenraum zwei Dieselgeneratoren von je 270 kW Leistung (E-Werke 1 oder Bb. I und 2 oder Bb. II sowie 3 oder Stb. I und 4 oder Stb. II); die Gesamtleistung betrug 2160 kW. Zwei Hilfs-Wasserrohrkessel lieferten den erforderlichen Dampf für die Feuerlöscheinrichtungen sowie für die Kombüse, die Heizung und die Beleuchtung bei abgeschalteter Energieversorgung. Diese befanden sich oberhalb des Panzerdecks. In den Motorenräumen 1 (Bb. I) und 3 (Stb. I) lagen die Hauptfahrstände und in den beiden anderen Motorenräumen je ein Nebenfahrstand. Der Maschinenleitstand befand auf der Backbordseite des Oberen Plattformdecks. Das Gewicht der Hauptantriebsanlage mit ihren Hilfsmaschinen einschließlich Schmieröl usw. belief sich auf 2.078.213 kg. Im vorderen und achteren Rudermaschinenraum standen separate Rudermotoren und auf der Steuerbordseite des Unteren Plattformdecks gab es zwischen den Spanten 22,25 und 26,5 (Abteilung II) im Handruderraum einen Handruderstand für den Notfall.

Die Hauptsteuerstelle – auch als Friedenssteuerstelle bezeichnet – befand sich auf der Kommandobrücke sowie eine zweite – die Gefechtssteuerstelle – im vorderen Kommandostand. Daneben gab es noch drei Hilfssteuerstellen: in der Kommandozentrale, im vorderen Rudermaschinenraum und im Handruderraum. An Treibstoff wurden 3200 t Dieselöl und etwa 200 t Heizöl (für die Hilfskessel) mitgeführt.

Bewaffnung und Feuerleitanlagen

Sechs 28-cm-Geschütze S.K. C/28 L/52 auf Dreh.L. C/28 in zwei Drillingstürmen – jeweils vorn und achtern – bildeten die Hauptbewaffnung: die Schwere Artillerie (SA). Der Höhenrichtbereich der einzeln hantierbaren (nicht gekuppelten) Rohre erstreckte sich von -10° bis +40°. Die Ladestellung lag bei +2°. Das Geschoßgewicht betrug 300 kg. Die Stirnseite der Türme wies eine 140 mm dicke Panzerung aus K.C.-Material auf. (Weitere Einzelheiten siehe in der Tabelle »Panzerschutzschema der DEUTSCHLAND«.) Dieses Geschütz stellte ein für die Panzerschiffe neu entwickeltes Modell dar (Einzelheiten zu den in diesem Werk genannten Geschützen und Munitionen siehe im Anhang.)

Die Mittelartillerie bestand aus acht 15-cm-Geschützen S.K. C/28 L/55 auf MPL C/28 mit nach hinten offenen Schutzschilden in Einzelaufstellung, je vier an Backbord und an Steuerbord. Der Höhenrichtbereich erstreckte sich von -10° bis +35°. Das Geschoßgewicht betrug 45,3 kg. Von den vier Geschützen an jeder Seite standen zwei vor der Plattform für die Schwere Flak nach vorn und zwei hinter ihr achteraus gerichtet.

An Schwerer Flak führte die DEUTSCHLAND zunächst drei 8,8-cm-Fla-Geschütze L/45 auf MPL C/13 in Einzelaufstellung, ein veraltetes Modell aus dem Ersten Weltkrieg: je ein Geschütz beiderseits des Schornsteins an Backbord und an Steuerbord auf einer Plattform und das dritte in der Mittschiffslinie, den achteren 28-cm-Turm überhöhend. Es ist jedoch wahrscheinlich, daß die Absicht bestanden hatte, die nicht zufriedenstellende 8,8 cm S.K. C/25 auf der Doppellafette C/25 einzubauen, und daß die Ausrüstung mit den veralteten Einzellafetten daher lediglich eine Zwischenlösung darstellte, bis eine neue – zufriedenstellendere – Doppellafette entwickelt werden konnte.

Als leichte Flakbewaffnung waren acht 3,7-cm-Geschütze S.K. C/30 auf Doppellafette C/30 vorgesehen, aber dieses Waffensystem stand bei der Indienststellung der DEUTSCHLAND noch nicht zur Verfügung. Die Positionen dieser leichten Fla-Geschütze waren gut gewählt: das erste Paar beiderseits des Brückenhauses und das zweite Paar auf dem Aufbaudeck hinter dem achteren Kommandostand. Bedauerlicherweise handelte es sich bei diesem Geschütz nicht um ein automatisches Waffensystem; es befand sich zwar in einer kreiselstabilisierten Lafette, aber die Bedienung von Hand verringerte seinen Gefechtswert. Die übrige Flakbewaffnung bestand aus vier 2-cm-Fla-Geschützen MG C/30 auf Mittelpivot-Einzellafette C/30.[42] Außerdem befanden sich an Maschinengewehren noch acht MG 08 und acht MG 08/15 sowie eine 6-cm-Bootskanone für Landungseinsätze an Bord.

Die Torpedowaffe bildeten zwei Vierfach-Rohrsätze für Torpedos vom Kaliber 50 cm, eingebaut auf dem Achterdeck und ursprünglich ohne Schutzkalotten (erst 1933 nach der Indienststellung angebracht). Die Torpedos und ihre Gefechtsköpfe waren im Achterschiff verstaut und wurden dort gewartet. Mit Aufzügen wurden sie an Deck gebracht und die Rohre wurden mit Hilfe von aufgeriggten Taljen geladen.

Mit drei Artillerieleitständen folgte die Anordnung des Feuerleitsystems jenem, das auf den Leichten Kreuzern der *K*-Klasse eingeführt worden war: im vorderen Kommandostand, im Vormars auf dem Gefechtsmast und im achteren Kommandostand. Auf jedem dieser Leitstände befand sich eine stereoskopische E-Meßhaubenbasis: eine 7-m-E-Meßbasis auf dem vorderen Kommandostand sowie je eine 10,5-m-E-Meßbasis auf dem Vormars-Leitstand und auf dem achteren Kommandostand. Alle E-Meßhaubenbasen waren schwenkbar. Im Inneren des Kommandoturms gab es zwei hintereinander in der Mittschiffslinie angeordnete Artillerie-Richtwert-Zielgeber. Außerhalb des Nachtleitstandes im Gefechtsmast befanden sich zwei weitere Artillerie-Zielsäulen (Artillerie-Zielgeber) im vorderen Konsolenbereich, je eine an Backbord und an Steuerbord. Durch die Decke des Kommandoturms ragten auch vier Navigationsperiskope heraus, je zwei an Backbord und an Steuerbord. Ein fünftes Periskop verschaffte im vorderen Bereich des Kommandoturms dem Gefechtsrudergänger die erforderliche Sicht nach außen. Im Vormars-Leitstand gab es in der Mittschiffslinie ein weiteres Paar Artillerie-Zielgeber, vor und hinter der 10,5-m-E-Meßbasis angeordnet. Auch diese Zielgeber waren von außen nur durch ihre aus der gepanzerten Decke des Standes ragenden Periskophauben zu erkennen. Der achtere Kommandostand besaß lediglich einen einzigen in der Mittschiffslinie direkt achteraus der 10,5-m-E-Meßbasis angeordneten Artillerie-Zielgeber.

Die Entfernungs- sowie die Höhen- und Seitenrichtwerte gingen vom Vormars-Leitstand und vom vorderen Kommandostand an die direkt unter dem Kommandoturm auf dem Unteren Plattformdeck gelegene vordere Artillerie-Rechenstelle sowie vom achteren Kommandostand an die unter der achteren 8,8-cm-Flakposition ebenfalls auf dem Unteren Plattformdeck gelegene achtere Artillerie-Rechenstelle. Der Feuerleitung bei Nachtgefechten diente der bereits erwähnte Nachtleitstand oberhalb der Kommandobrücke am Gefechtsmast. In seinem vorderen Bereich befand sich in der Mittschiffslinie ein Scheinwerfer-Richtgerät mit je einem Leuchtgranatengeber zu beiden Seiten. Zwei weitere Scheinwerfer-Richtgeräte befanden sich auf jeder Seite des Kommandoturms und ein weiteres Paar gab es im achteren Artillerieleitstand. Diese Geräte dienten dem Richten der fünf 160-cm-Scheinwerfer der Fa. Siemens-Schuckert. Ein Scheinwerfer stand auf

ADMIRAL GRAF SPEE:
Panzerquerschott bei Spant 29,5

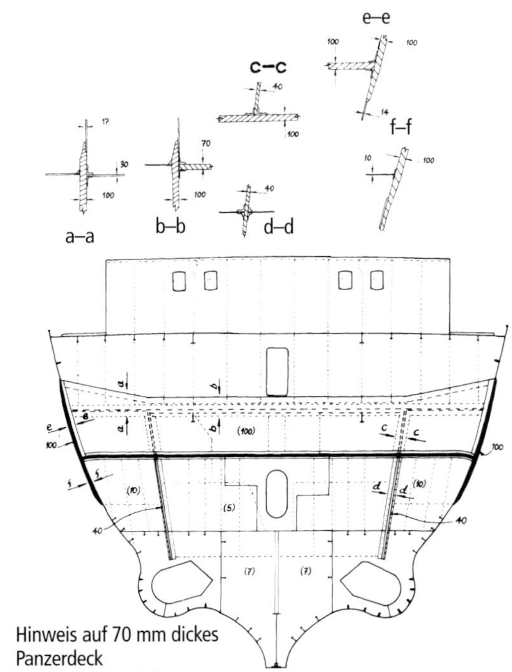

DEUTSCHLAND:
Sektion bei Spant 114,5/116, Stb.-Seite

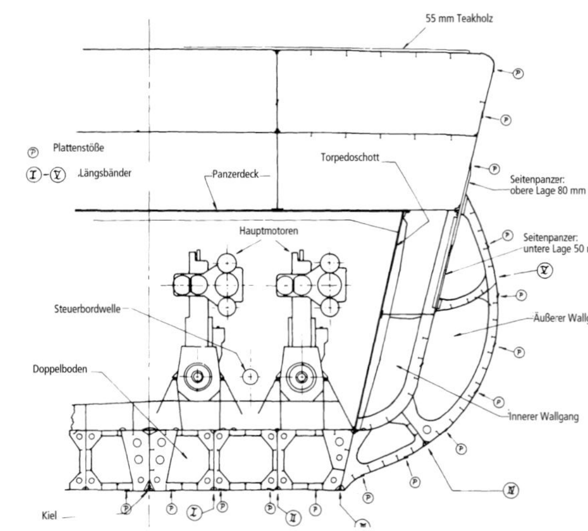

einer Plattform unterhalb des Vormars-Leitstandes und beiderseits des Schornsteins befanden sich je zwei weitere an Backbord und an Steuerbord in Konsolen auf den beiden Ladebaumpfosten.

Die Feuerleitung für die Mittelartillerie erfolgte ebenfalls von den drei Haupt-Artillerieleitständen aus und die Schußwerte gingen an eine separate Artillerie-Rechenstelle auf dem Unteren Plattformdeck. Diese Artillerie-Rechenstelle sollte auch für die Schwere Flak Verwendung finden, aber anfangs stand für die 8,8-cm-Geschütze noch kein leistungsfähiges, selbständiges Feuerleitsystem zur Verfügung. Der Feuerleitung für die 3,7-cm- und die 2-cm-Fla-Geschütze dienten tragbare 1-m-E-Meßgeräte.

Die Torpedowaffe besaß ihre eigenen Feuerleiteinrichtungen. Ihr dienten die beiden 3-m-E-Meßhaubenbasen (die später auch der Schweren Flak zur Verfügung standen). Die eine befand sich vor dem Turmmast auf der Decke des Fla-Leitstandes und die andere hinter dem Schornstein. Im Inneren des vorderen Kommandoturms standen an Backbord und an Steuerbord je ein Torpedozielgeber mit Periskopausblick. Außerdem gab es auf der Kommandobrücke in den offenen Brückennocken am achteren Ende, angrenzend an die 3,7-cm-Lafetten, zwei Torpedo-Zielsäulen mit Doppelferngläsern. Schließlich war direkt am achteren Ende des achteren Kommandostandes ein Torpedoauswanderungsmesser (TAM) vorhanden. Die Torpedorohrsätze selbst waren ebenfalls mit Torpedozielapparaten und mit einer Vorrichtung zur Handabfeuerung ausgerüstet.

Modifizierungen

Kurze Zeit nach der Fertigstellung erhielten die Torpedorohrsätze die bislang noch fehlenden gepanzerten Schutzkalotten. 1935 erfolgte die Umrüstung auf das Torpedokaliber 53,3 cm. 1934 standen endlich die voll stabilisierten Fla-Leitstände vom Typ SL 2 zur Verfügung und die DEUTSCHLAND erhielt Anfang dieses Jahres zwei dieser Leitstände. Sie wurden an Backbord und an Steuerbord oberhalb der Admiralsbrücke neben dem Gefechtsmast eingebaut.

Die Leitstände waren mit einer stereoskopischen 4-m-E-Meßbasis ausgestattet und konnten in der vertikalen Achse um 12° kippen. (Während die für die Modifizierungen vom März 1944 datierten Schiffszeichnungen noch die Größe mit 4 m bestätigen, beziehen sich die Aussagen im KTB des Schiffes aus dem Jahre 1942 auf auf 3-m-E-Meßbasen vorn und achtern.) 1934 wurde auch die Flakbewaffnung modernisiert und die bisherigen 8,8-cm-Einzellafetten wurden auf denselben Positionen durch sechs 8,8-cm-Fla-Geschütze S.K. C/32 L/75 in dreiachsig stabilisierten Doppellafetten C/31 ersetzt. Der Höhenrichtbereich erstreckte sich von -10° bis +80°. Zum selben Zeitpunkt kamen auch die acht 3,7-cm-Fla-Geschütze S.K. C/30 L/83 in Doppellafette C/30 auf den bereits beschriebenen Positionen zum Einbau. Ihr Höhenrichtbereich reichte von -10° bis +85°.

Während einer weiteren Werftliegezeit von Dezember 1934 bis Februar 1935 kam ein neuer Hilfskessel an Bord. Die untere Scheinwerferposition beiderseits des Schornsteins wurde geändert und die beiden Scheinwerfer waren nunmehr nach vorn statt wie bisher nach achtern gerichtet. Außerdem erhielt die DEUTSCHLAND zwischen den beiden Antennenauslegern an der Achterkante des Schornsteins im Verlaufe eines weiteren Werftaufenthaltes in Wilhelmshaven, der von November 1935 bis zum 11. Januar 1936 dauerte, einen hohen Pfahlmast. Ebenfalls 1935 hatte das Panzerschiff in Kiel das 14 m lange Flugzeugkatapult auf einem Aufbau zwischen Gefechtsmast und Schornstein mit einer He 60 und einer Landesegel-Einrichtung erhalten. Eine zweite He 60 befand sich zerlegt als Reserve an Bord. Der Vorschlag, den vorderen Kommandostand mit einer gepanzerten Kuppel auszustatten, kam nicht zur Ausführung.

Nach der Rückkehr der DEUTSCHLAND in die Heimat zur Ausbesserung der Schäden nach dem Bombenangriff in den spanischen Mittelmeergewässern absolvierte das Schiff eine weitere Große Werftliegezeit, die sich bis Oktober 1937 erstreckte. In ihrem Verlauf wurden die Ladebaumpfosten entfernt und die vier Scheinwerfer erhielten einen neuen Platz auf einem Plattformkranz, der um den Schornstein gebaut wurde. Statt der Ladebaumpfosten kamen neue Bordkräne zum Einbau und vor dem ersten und hinter dem vierten 15-cm-Geschütz wurden zum Schutz der Geschützbedienungen vor dem hohen Gasdruck, der sich beim Schießen mit der Schweren Artillerie entwickelte, Druckschotte errichtet. 1938 bekam der Schornstein eine flache, nach hinten geneigte Kappe. 1939 erfolgte der Ersatz des Bordflugzeuges He 60 durch die neu entwickelte Ar 196 und die Landesegel-Einrichtung wurde von Bord gegeben. Außerdem erhielt die Vormars-Drehhaube ein FuMO 22 (seetakt.). Die leichte Flakbewaffnung wurde wahrscheinlich erst 1939 nach der Atlantikunternehmung verstärkt, als vier 2-cm-Fla-Geschütze MG C/30 in Einzellafetten beiderseits des Brückenaufbaus und auf dem Achterschiff zum Einbau gelangten. Seit Beginn des Jahres 1940 besaß der jetzige Schwere Kreuzer als Mineneigenschutz auch eine MES-Kabelschleife um den Schiffskörper.

Im Verlaufe der Ausbesserung der durch den Torpedotreffer im April 1940 eingetretenen Schäden gab die nunmehrige LÜTZOW (seit 15. November 1939 umbenannt und seit 15. Februar 1940 in Schwerer Kreuzer umklassifiziert) ihre 8,8-cm-Geschütze von Bord, die durch sechs 10,5-cm-Fla-Geschütze S.K. C/33 in der angepaßten 8,8-cm-Doppellafette C/31 ersetzt wurden. Ferner erhielt das Schiff zwei einzelne Wasserbomben-Abwurfvorrichtungen und eine neue Bugform – nicht mehr ein senkrechter, sondern ein leicht sichelförmiger Steven –, die die Länge über alles um 1,9 m vergrößerte. 1942 änderte sich das äußere Erscheinungsbild der LÜTZOW erneut, als der Schornstein eine wesentlich größere Kappe bekam. Das FuMO 22 wurde durch das FuMO 26 (seetakt.) – mit zwei Matratzenantennen – ersetzt und zwei der Scheinwerfer auf dem Plattformkranz um den Schornstein kamen von Bord. In diesem Jahr erhielt die LÜTZOW eine 2-cm-Vierlings-Flak in Heeresausführung auf der Decke des Turms A und möglicherweise eine zweite am Absatz des Achterdecks. Zum Gewichtsausgleich mußte das Exerziergeschütz an Land gegeben werden. Den Scheinwerfer auf der Plattform unterhalb des Vormars-Leitstandes ersetzte eine 2-cm-Einzellafette. Im März 1944 bestand die leichte Flakbewaffnung aus acht 3,7-cm-Geschützen in den ursprünglichen Doppellafetten und elf 2-cm-Geschützen in Einzellafetten. Die 2-cm-Vierlings-Flaks sind vermutlich in Erwartung ihres Ersatzes durch die dreiachsig stabilisierte Marineausführung von Bord gegeben worden.

Im August 1944 änderte sich die leichte Flakbewaffnung erneut. Zwei 4-cm-Bofors-Flak 28 in Einzellafetten ersetzten das vordere Paar 3,7-cm-Lafetten. Zwei weitere 4-cm-Fla-Geschütze 28 in Einzellafetten nahmen die Positionen der einzelnen 2 cm auf dem Oberdeck beiderseits des Brückenaufbaus ein. Nochmals zwei 4-cm-Fla-Geschütze 28 waren achtern vorgesehen, eine statt des Torpedoauswanderungsmessers und die andere auf dem Achterschiff; aber es ist nicht sicher, ob diese Absicht zur Durchführung gelangte. Sechs 2-cm-Doppellafetten LM 44 traten an die Stelle von sechs 2-cm-Einzellafetten. Auch drei 2-cm-Vierlings-Flaks in Marineausführung sowie zwei weitere 2-cm-Einzellafetten kamen an Bord. Eine zusätzliche Heizölreserve von 10 t als Ballast war erforderlich, um die schweren dreiachsig stabilisierten 2-cm-Vierlings-Flaks vom Obergewicht her auszugleichen. Damit führte die LÜTZOW nunmehr an leichter Flakbewaffnung: vier 3,7-cm-Fla-Geschütze in Doppellafetten (das achtere Paar), sechs 4-cm-Bofors-Fla-Geschütze 28 in Einzellafetten und 26 x 2 cm (3 x 4 mit Schutzschild,

ADMIRAL SCHEER: Panzerschutz-Schema

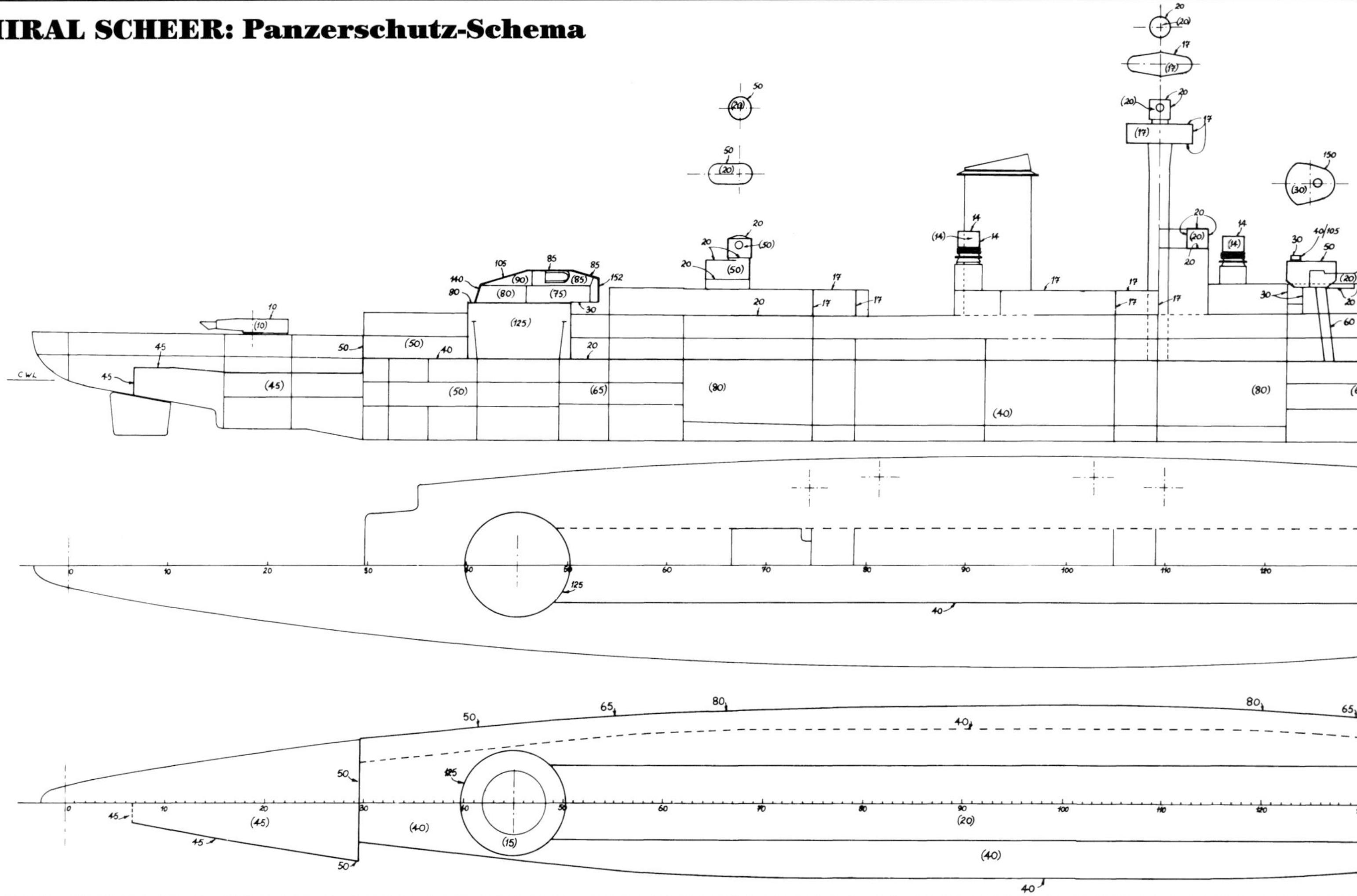

6 x 2 mit Schutzschild und 2 x 1 ohne Schutzschilde). Auch die 3,7-cm- und 4-cm-Flaks hatten keine Schutzschilde. Am 4. November 1944 wurde das restliche Paar 3,7-cm-Doppellafetten in Gotenhafen an Land gegeben und wenige Tage später mit Schutzschilden versehen wieder eingebaut. Die letztlich vorgesehene leichte Flakbewaffnung im Jahr 1945 sollte zehn vollautomatische 3,7 cm und 28 x 2 cm umfassen; doch dieser Plan kam nicht mehr zur Ausführung.

Panzerschiff B: ADMIRAL SCHEER

Entwurf und Bau

Das zweite der neuen Panzerschiffe, ursprünglich als »Ersatz LOTHRINGEN« bezeichnet, wurde erst 1931 bewilligt. Den Bauauftrag erhielt die Reichsmarinewerft Wilhelmshaven (Baunummer 123). Das Schiff wurde am 25. Juni 1931 auf der Helling I auf Kiel gelegt. Vom Entwurf her glich es im wesentlichen seinem Vorgänger. Die Bauaufsicht führten die Direktoren Schulz und Lottmann, unterstützt von Marinebaurat Wischer.

Gegenüber dem DEUTSCHLAND-Entwurf hatte es einige Abänderungen gegeben, insbesondere hatte die Schiffsbreite um 0,65 m zugenommen und statt des Röhrenmastes sollte das neue Panzerschiff einen schweren, mehrseitigen Gefechtsturm erhalten. Teilweise infolge der größeren Abmessungen, aber auch infolge des Gewichtes der Hauptantriebsanlage, das um 9 % zugenommen hatte, stieg die Einsatzverdrängung auf 15.180 ts (DEUTSCHLAND: 14.290 ts) bei 11.550 ts standard (DEUTSCHLAND: 10.600 ts standard). Das Gewicht der Rohrleitungen hatte sich verdoppelt, das Kabelnetz wog mehr und die Decksbeplattung in den Maschinenräumen hatte ein größeres Gewicht als bei dem vorausgegangenen Schiff. Um die zusätzlichen Gewichte auszugleichen, wurde der Gewichtsanteil der Wellenleitungen beträchtlich verringert und weiteres Gewicht wurde bei den Gebläse- und Lüftungsmaschinen eingespart.

Bei der Bauweise des Schiffskörpers selbst konnten keine größeren Gewichtseinsparungen durch die Verwendung von Leichtmetallegierungen vorgenommen werden. Hinsichtlich ihres durch die Schiffsbeplattung und die Werkstätten (S I: Schiffbauwerkstatt) eingearbeiteten Gewichtes stellten sie nur 0,58 % dar. Beim Panzerschiff B betrug der Gewichtsanteil am leeren Schiffskörper 5.705.787 kg an Leichtmetalle-

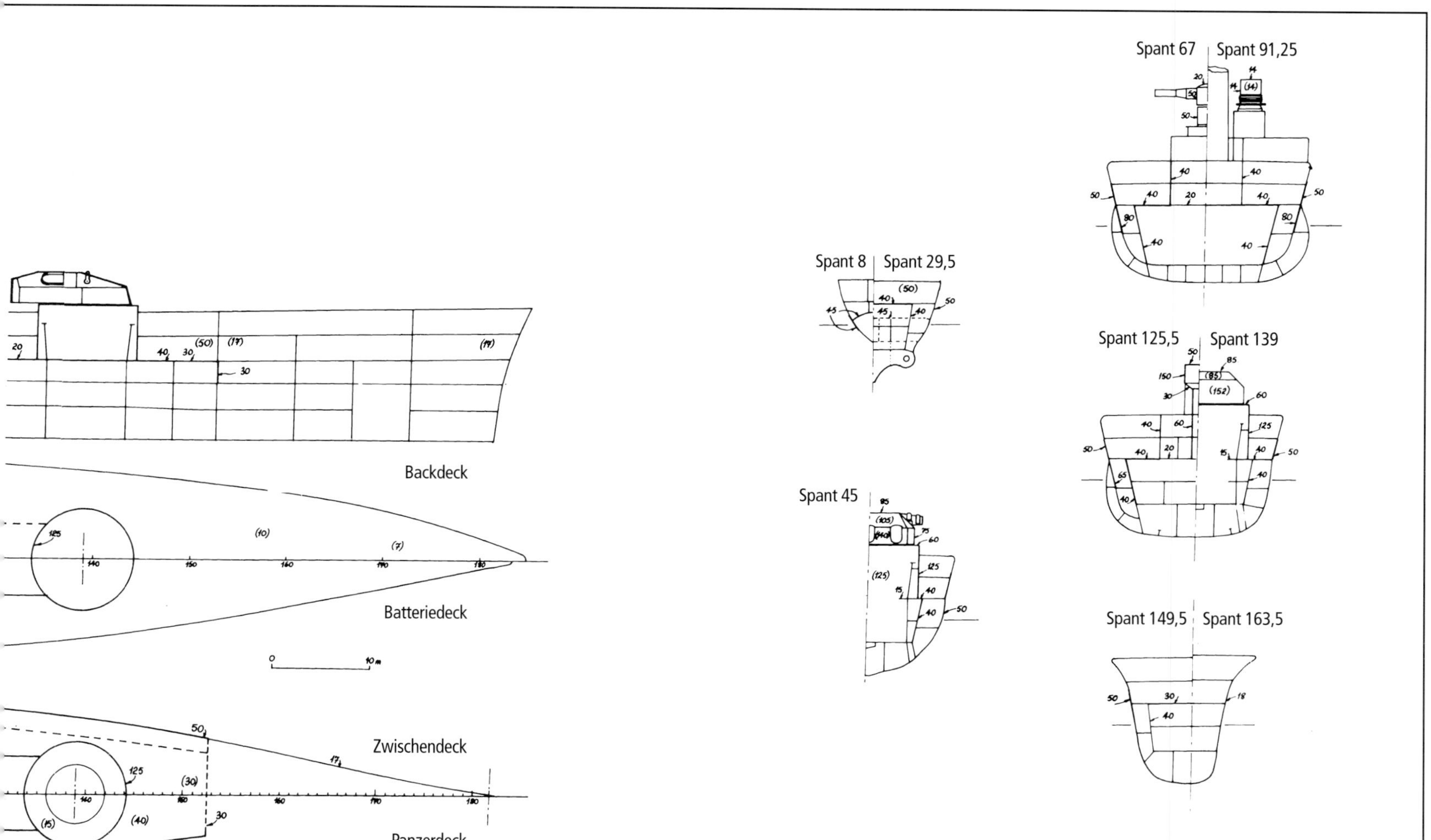

Originalzeichnung datiert vom 2. Oktober 1940

gierungen, hauptsächlich Aluminium, die für kleinere Schotte, Laufbrücken und Lüftungsschächte Verwendung fanden, d.h. nur 0,54 %. Der Schiffskörper selbst war weitgehend aus Schiffbaustahl II gefertigt, obwohl auch der neue Panzerstahl St 52 KM verwendet wurde. Ein weiterer Hauptunterschied zur DEUTSCHLAND/LÜTZOW bestand darin, daß dieses Schiff zwischen den Spanten 109 und 113,5 eine Frahm-Schlingerdämpfungsanlage (mit Flüssigkeitsumwälzung) erhielt. Die Tanks hierfür befanden sich im Wallgang zwischen den Längsspanten IV und V.

Die Hauptantriebsanlage

Sie entsprach der auf der DEUTSCHLAND/LÜTZOW eingebauten Antriebsanlage.

Panzerschutz

Das Panzerschutzschema dieses Schiffes folgte im wesentlichen mit einigen Unterschieden dem des Panzerschiffes A. Der Seitenpanzer war mit 50 mm Dicke oben und 80 mm Dicke unten genau umgekehrt angeordnet und hatte eine um etwa einen Meter größere Breite. Außerdem war der stärker gepanzerte Bereich vom Seitenwulst abgedeckt. Überdies war der Seitenpanzer mit einem Neigungswinkel von 14° etwas schräger gestellt. Wie bei dem vorausgegangenen Schiff erstreckte sich das Innere Wallgang-(Torpedo-)Schott nur bis zum Innenboden. Andererseits war die Dicke dieses Schotts von 45 mm auf 40 mm verringert worden, aber die Inneren Wallgangschotte bestanden nunmehr aus dem Panzerstahl »Wotan, weich« (Ww) und nicht mehr aus Nickelpanzerstahl. Den Horizontalschutz gewährte erneut ein einziges Hauptpanzerdeck mit einer Dicke von 40 mm (statt 45 mm) außerhalb und 20 mm (statt 30 mm) innerhalb der Splitterlängsschotten, die allerdings von 10 mm auf 40 mm verstärkt worden waren und sich – wie üblich – über dem Panzerdeck befanden. Der Rudermaschinenbereich war horizontal und achtern mit 45 mm sowie an den Seiten mit 45 bis 50 mm geschützt (Panzerkasten). Die Panzerquerschotte waren vorn von 30 mm auf 40 mm und achtern (Spant 6,5) sogar auf 50 mm (statt 30 mm) verstärkt worden.

Auch die Barbetten der 28-cm-Drillingstürme (untere Sockel) hatten mit 125 mm statt 100 mm eine beträchtliche Verstärkung erfahren und waren aus Wh n/A mit den Bändern aus Ww n/A gefertigt. Jede Barbette bestand aus zehn gerollten und gekrümmten Platten mit einem Innendurchmesser von 10.200 mm und einer Höhe von 5560

Vergleich der Maschinengewichte bei den Antriebsanlagen der Panzerschiffe

Gewichts-gruppen*	DEUTSCHLAND	ADMIRAL SCHEER	ADMIRAL GRAF SPEE
M I mit Untergruppen			
Dieselmotoren	900.010	981.890	1.013.083
Getriebe	61.386	60.738	56.498
Rohrleitungen	36.713	67.347	109.273
Wellenleitungen	184.864	158.691	158.811
Propeller	26.483	27.092	27.159
Lüftungsmaschinen	19.672	11.760	11.765
Decksbeplattung	15.295	24.042	20.487
Kabelnetz	9.998	14.380	21.758
Zubehör (Fittings)	6.056	3.240	4.308
Ausrüstung **	55.784	55.232	62.318
Insgesamt	1.316.261	1.404.482	1.485.460
Brennstoff	102.900	232.000	230.500
M II			
Insgesamt	559.052	663.289	761.677
Insgesamt (M I + M II)	*1.978.213*	*2.299.771*	*2.477.637*

**Anmerkung des Verfassers:* Gewichtsangaben in Kilogramm. Um das Gewicht eines Kriegsschiffsentwurfs zu berechnen, bedarf es der Entwurfsgleichung Verdrängung = Summe aller Einzelgewichte auf der Grundlage der Einteilung der Einzelgewichte in Gewichtsgruppen und ihrer Untergruppen. So umfaßte die Gewichtsgruppe S (S I bis S IV mit über hundert Untergruppen) den gesamten Schiffskörper. M I (mit 26 Untergruppen) katalogisierte die Antriebsanlage, M II (mit 38 Untergruppen) die Schiffsbetriebsanlagen, W die Waffenanlage usw. Diese Entwurfs- bzw. Gewichtsgruppeneinteilungen waren und sind in den einzelnen nationalen Marinen von unterschiedlicher Natur. Daher sind direkte Vergleiche gelegentlich irreführend. Dies trifft besonders für die Stahlplattenbauweise mit Panzerschutzfunktion zu, die von den einen zur Gewichtsgruppe S – Schiffskörper – und von anderen zur Gewichtsgruppe P – Panzerung – gerechnet wird.

***Anmerkung des Übersetzers:* Die Gewichtsuntergruppe »Ausrüstung« umfaßt die gesamte losnehmbare, d.h. die nicht fest eingebaute Ausrüstung, die zum Betrieb und zur Instandhaltung der Antriebsanlage gehört. Im übrigen ist zusätzlich festzustellen, daß sich die Entwurfs- bzw. Gewichtsgruppeneinteilung samt ihren Inhalten innerhalb der deutschen Marine seit den Tagen der Kaiserlichen Marine über Reichs- und Kriegsmarine bis zur Bundesmarine in unseren Tagen immer wieder verändert hat. Die Grundlagen dieser Einteilung sind vor dem Ersten Weltkrieg in der Kaiserlichen Marine durch den Geheimen Oberbaurat Dr.-Ing. Hans Bürkner, Vorstand der Abteilung für Schiffbauangelegenheiten des Konstruktionsdepartements im Reichsmarineamt, geschaffen worden.

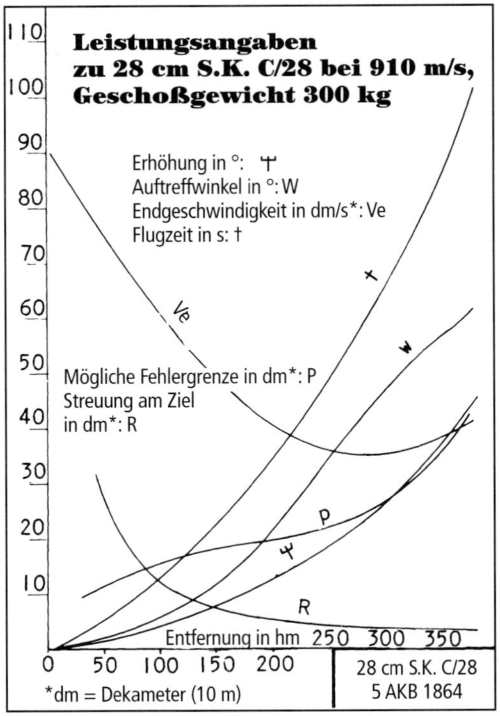

mm. Eine jede dieser Panzerplatten wog fast 17,5 t. Zusammen hatten die beiden Barbetten ein Gewicht von 358 426 kg. Der Kommandoturm war von ähnlicher Bauweise wie jener auf der DEUTSCHLAND/LÜTZOW. Die Seite war um 10 mm auf 150 mm K.C.-Material verstärkt worden und Decke, Deck und Schacht hatten bei gleicher Dicke eine Panzerung aus dem Stahl Ww n/A erhalten. Auch bei der E-Meßdrehhaube hatte man den Schutz verdoppelt.

Das Ergebnis der Änderungen im Panzerschutzschema bestand darin, daß der Vertikalschutz auf insgesamt 413 285 kg und allein das Panzerdeck auf 474 869 kg gestiegen waren. Dies ergab insgesamt 898.154 kg oder 20 % mehr als bei der DEUTSCHLAN/LÜTZOW. Nicht in diese Zahlen war der Panzerschutz der Türme einbezogen, der insgesamt 192.000 kg ausmachte.

Bewaffnung und Feuerleitanlagen

Die artilleristische Ausrüstung war mit jener der DEUTSCHLAND/LÜTZOW identisch. Allerdings führte die ADMIRAL SCHEER zehn 2-cm-Fla-Geschütze MG C/30 L/65 in Einzellafetten (vierzehn vorgesehene Positionen). Als erstes deutsches Kriegsschiff war die ADMIRAL SCHEER auch von Anfang an für die Mitnahme eines Bordflugzeuges eingerichtet. Das 14 m lange Katapult befand sich zwischen dem Schornstein und dem achteren Kommandostand. Daher hatten die beiden Fla-Leitstände ihre Position an Backbord und an Steuerbord schräg hinter dem Schornstein erhalten, eine von der Feuerleitung her zufriedenstellende Platzzuweisung. Ebenfalls von Anfang an besaß die ADMIRAL SCHEER einen Plattformkranz rund um den Schornstein, auf dem vier der sechs eigenstabilisierten und zentral richtbaren 160-cm-Scheinwerfer standen; die beiden anderen befanden sich auf Konsolen, beiderseits des Gefechtsturms unterhalb des Vormars-Leitstandes angebracht.[43] Im übrigen entsprachen die Feuerleitmittel jenen der DEUTSCHLAND/LÜTZOW, wobei die Fla-Leitstände vom Modell SL 4 waren, eine Weiterentwicklung des SL 2. Das 1934 fertiggestellte Panzerschiff hatte bereits zwei 53,3-cm-Vierfach-Torpedorohrsätze mit Schutzkalotten, sechs 8,8-cm-Fla-Geschütze S.K. C/32 L/75 in Doppellafetten C/31 sowie die acht 3,7-cm-Fla-Geschütze S.K. C/30 L/83 in Doppellafetten C/30 von Anfang an erhalten.

Modifizierungen

Bis 1936 wurden nur wenige nach außen erkennbare Veränderungen vorgenommen. 1935 kamen die Bordflugzeug-Einrichtungen an Bord.[44] Allerdings wurde der hierbei an Steuerbord eingebaute Flugzeugkran nach kurzer Zeit wieder abgebaut. Gleiches gilt für die Landesegel-Einrichtung (1939). März/Anfang April 1936 erhielt das Panzerschiff bei einem Werftaufenthalt in den Deutschen Werken in Kiel vier Zielanweisungsgeräte (ZAG), die in den Fla-Leitständen installiert wurden. Beiderseits des Gefechtsturms wurden auf Höhe der Kommandobrücke zwei 3-m-E-Meßbasen auf Konsolen für die Torpedofeuerleitung bei Nacht eingebaut und auf dem Schornstein-Plattformkranz wurden zwei 2-cm-Fla-Geschütze in Einzellafetten installiert. Außerdem wurden im Rigg des Gefechtsturms einige Änderungen vorgenommen und das Schiff bekam wie die DEUTSCHLAND/LÜTZOW Gasdruckschotte. Im Juli 1939 kam im Laufe einer Motorenüberholung bei der Kriegsmarinewerft in Wilhelmshaven auch ein neuer, mit einem Ausleger versehener DEMAG-Kran an Bord und die 8,8-cm-Fla-Geschütze wurden unter Anpassung der bisherigen Lafette durch 10,5-cm-Fla-Geschütze S.K. C/33 L/65 ersetzt. Darüber hinaus bekam die Vormars-E-Meßdrehhaube einen zylinderförmigen Funkmeßstand (noch ohne Antenne) aufgesetzt.[45]

Zwischen dem 1. Februar und dem 31. Juli 1940 erfuhr die ADMIRAL SCHEER auf der Kriegsmarinewerft in Wilhelmshaven einen beträchtlichen Umbau, der das äußere Erscheinungsbild des seit Dezember 1939 zum Schweren Kreuzer umklassifizierte Schiff entscheidend veränderte. Der bisherige Gefechtsturm wurde bis zur Navigationsbrücke abgebaut und durch einen leichteren Röhrenmast von ähnlicher

Gegenüberliegende Seite: Die fertiggestellte DEUTSCHLAND vor der Indienststellung mit Blick auf das Achterschiff. Im Vordergrund die Außerdienststellung der EMDEN zum Umbau (1933/34). Im Bild die Flagge der Reichsmarine. Links im Hintergrund ein Leichter Kreuzer der K-Klasse. (USN)

Oben: Die DEUTSCHLAND wie fertiggestellt. Blick vom Vormars nach achtern. Beachte die Ladebaumpfosten mit Scheinwerfern beiderseits vom Schornstein. (WBB)

Oben Mitte: Die ADMIRAL SCHEER vor dem Umbau: Einzelheiten des Gefechtsturms, davor der vordere Fla-Leitstand. (USN)

Oben rechts: Mittelschiff der ADMIRAL SCHEER von Backbord vorn: links im Vordergrund das Bb.II. 15-cm-Geschütz, darüber die 10,5-cm-Doppelflak mit beigeklappter Plattform, am Schornstein erstmals der Plattformkranz mit den Scheinwerfern sowie rechts vom Schornstein der achtere Fla-Leitstand. (USN)

Art wie bei der DEUTSCHLAND/LÜTZOW ersetzt, allerdings mit andersartiger Anordnung der Plattformen und Konsolen. Der bisherige Vormars-Artillerieleitstand wurde wieder auf ihn aufgesetzt. Ab Spant 112 erhielt die ADMIRAL SCHEER ein neues, um 1,90 m verlängertes Vorschiff mit neuen Bugankerklüsen und einem Atlantiksteven, um das Vorschiff »trockener« zu bekommen – ein allgemeines Problem der Panzerschiffe. Gleichzeitig wurde auch eine MES-Anlage eingebaut und der Schornstein bekam eine nach hinten abgeschrägte Kappe, die etwas weniger hoch wie bei der DEUTSCHLAND/LÜTZOW ausfiel. Der eigentliche Anlaß für den Umbau stellten jedoch neue Motorenfundamente dar. Die ursprünglich in Leichtbauweise hergestellten Fundamente waren einer Dauerbelastung nicht gewachsen gewesen und hatten die Einsatzfähigkeit des Schiffes ständig beeinträchtigt. Eine vollständige Überholung der Hauptmotoren schloß sich an. Fernerhin wurde die Schlingerdämpfungsanlage entfernt und der frei gewordene Raum zu Bunkern für Brennstoff und Zellen für Wasservorräte umgebaut. Auch die Bootspositionen erfuhren Veränderungen und der Plattformkranz um den Schornstein wurde erweitert. Neu an Bord kamen ein FuMO 26 (seetakt.) mit Antenne an der Vormars-Drehhaube sowie zwei 2-cm-Fla-Geschütze C/38 in Einzellafetten (Heeresausführung): die eine auf die Decke des vorderen 28-cm-Drillingsturmes und die andere an Oberdeck hinter dem achteren Turm.

1941 erhielt der achtere Kommandostand auf der 10,5-m-E-Meß-Drehhaube ein zweites FuMO 26 (seetakt.). Die Anzahl der Reservetorpedos erhöhte sich auf vier und die ursprünglich für den Flugzeugträger GRAF ZEPPELIN vorgesehene Brotbäckerei wurde auf ADMIRAL SCHEER eingebaut.

1942 ergaben sich folgende Änderungen: Erhöhung der Schornsteinkappe wie bei der DEUTSCHLAND/LÜTZOW, Verringerung der Scheinwerfer auf dem Schornstein-Plattformkranz auf drei und Abbau der vorderen Vormars-Plattform. Die Vormars-Drehhaube führte zwei FuMO-26-Antennen (ab 1943 nur noch eine).

Mit fortschreitendem Kriegsverlauf kam es zu einer laufenden Verstärkung der Flakbewaffnung. Im November 1944 wurden die 3,7-cm-Doppellafetten und die beiden 2-cm-Heereslafetten auf ihren Positionen durch sechs 4-cm-Bofors-Fla-Geschütze 28 in Einzellafetten ersetzt. Gleichzeitig befanden sich zu diesem Zeitpunkt 28 Rohre an 2-cm-Fla-Waffen C/38 in vier Vierlings- und sechs Doppellafetten an Bord. Die 1945 beabsichtigte Nachrüstung mit Fla-Waffen (zum Teil Austausch vorhandener Waffen) kam nicht mehr zustande. Beabsichtigt waren: acht vollautomatische 3,7-cm-Fla-Geschütze in Einzellafetten L/M 43 sowie bis zu 42 Rohre 2-cm-Fla-Geschütze C/38 (5 x 4-Lafetten C/38, bis zu 11 x 2 L/M 44).

Panzerschiff C: ADMIRAL GRAF SPEE

Entwurf und Bau

Der Bauftrag für dieses Schiff erging am 23. August 1932 an die Marinewerft in Wilhelmshaven und am 1. Oktober 1932 wurde der Kiel als Baunummer 124 dieser Werft gestreckt. Da der »Ersatz LOTHRINGEN« (die spätere ADMIRAL SCHEER) noch nicht vom Stapel gelaufen war, erfolgte die Kiellegung auf der benachbarten Helling II.[46] Die Bauaufsicht lag erneut in den Händen von Schiffbaudirektor Lottmann, unterstützt von Marinebaurat Dykmann. Die längere Diskussion, die diesem Bauauftrag voranging, ist bereits besprochen worden (siehe oben), so daß an dieser Stelle nur die von den beiden früheren Schiffen abweichenden Entwurfselemente besprochen werden müssen. Als »Ersatz BRAUNSCHWEIG« in Auftrag gegeben, stellte dieses Panzerschiff – soweit es die Abmessungen (16.020 ts maximal bei 12.340 ts standard) und die Bauweise betraf –im wesentlichen eine Wiederholung der ADMIRAL SCHEER dar. Neben einer integrierten aktiven Schlingerdämpfungsanlage wies die ADMIRAL GRAF SPEE einen voll geschweißten

LÜTZOW: Innenanordnung

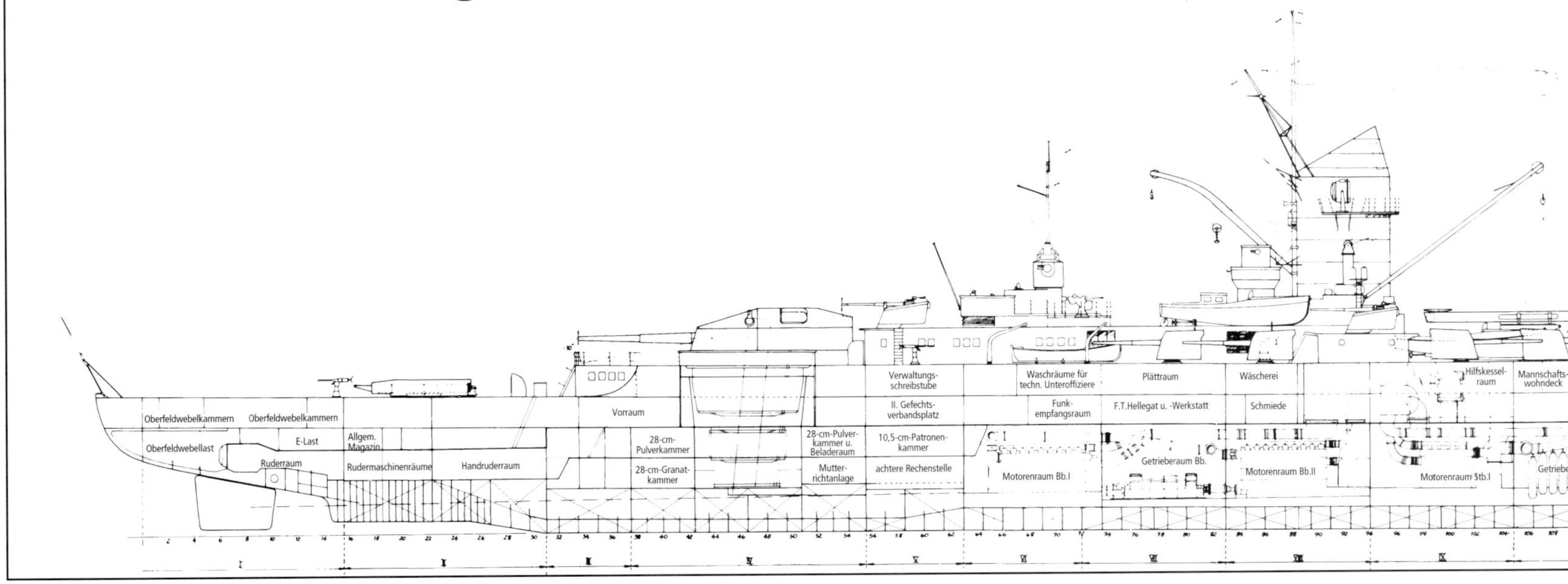

Schiffskörper auf, ausgenommen vier genietete Fugen. Gegenüber der ADMIRAL SCHEER hatte das Panzerschiff C eine um 790 ts höhere Standardverdrängung, teilweise zurückzuführen auf die Ausdehnung des Panzerdecks über die gesamte Schiffsbreite und der Verlängerung der Inneren Wallgangschotte – über den Innenboden hinaus – bis zum Kiel. Wiederum hatten Leichtmetallegierungen Verwendung gefunden, aber nur bis zu einem Gewicht von 34 t.

Die Hauptantriebsanlage

Zu dem Zeitpunkt, da die Antriebsanlage für das Panzerschiff C zur Diskussion stand, bedeuteten die Fortschritte in der Technik und im Entwurf von Antriebsanlagen, daß die Wahl des Dieselmotors als Hauptantrieb für das neue Schiff nicht mehr automatisch erfolgte. Seit die Entscheidung gefallen war, die DEUTSCHLAND mit diesem Antrieb auszurüsten, war die Entwicklungsarbeit bei Kesseln und Turbinen nicht zum Stillstand gekommen, und in der Zwischenzeit waren die ersten Erfahrungsberichte vom Betrieb der Dieselmotorenanlagen auf der LEIPZIG und der BREMSE eingegangen. Sie lagen am 13. August 1932 Admiral Raeder vor und berichteten von Defekten und Problemen bei beiden Anlagen; sie könnten mit der Zeit beseitigt werden, aber ein Zeitpunkt konnte nicht genannt werden. Es entsprach allgemeiner Auffassung, daß Dieselmotoren nur bei Marschfahrt und zur Unterstützung eingesetzt werden sollten. Zwei Tage später wurde von anderer Seite die genau entgegengesetzte Ansicht vorgetragen. Sie hielt die Dieselmotoren für zufriedenstellend, aber hinsichtlich der Kraftübertragung und des Motorenlärms wäre eine weitere Entwicklungsarbeit erforderlich. Am 16. August 1932 versuchte Admiral Raeder, diese gegenteiligen Auffassungen in Einklang zu bringen, als die Marinekonstruktionsabteilung Punkt für Punkt darlegte, daß der Dieselantrieb die beste Möglichkeit wäre, aber über die Erfahrungen auf der LEIPZIG und der BREMSE müßten weitere Berichte eingeholt werden, insbesondere im Hinblick auf den Unterwasserlärm. Fernerhin schlug sie vor, die Berichte über die ersten Erprobungsfahrten der DEUTSCHLAND abzuwarten, selbst wenn dies noch einige Zeit dauern würde. Dampfantrieb sollte in Anbetracht des um 50 % geringeren Fahrbereiches nicht in Erwägung gezogen werden.

Daher fiel die Entscheidung, das Panzerschiff C mit Dieselmotoren auszurüsten. Obwohl die Hauptmotoren identisch mit jenen der früheren Schiffe waren, stieg ihr Gewicht erneut an, diesmal um 31 t. Andererseits konnten durch leichtere Getriebe und leichtere Decksplatten in den Maschinenräumen jeweils ca. 4 t eingespart werden. Der gestiegene Bedarf an elektrischer Energie ergab fast 6 t an zusätzlichem Gewicht und das vergrößerte Rohrleitungsnetz erforderte weitere 42 t. Da das Gewicht der Hilfsmaschinen und ihres Zubehörs ebenfalls zunahm, überstiegen die endgültigen Maschinengewichte die der ADMIRAL SCHEER um 178 t und die der DEUTSCHLAND sogar um 499 t.

Die Anordnung in den Motorenräumen – Abteilungen VI bis XI – glich jener auf der ADMIRAL SCHEER, d.h. mit der Vulcan-Kupplung und dem Untersetzungsgetriebe in den Motorenräumen. Auf diese Weise hatten die Drucklagerräume in den Abteilungen VII und X einen geringeren Raumbedarf. Bei der DEUTSCHLAND war der kombinierte Getriebe- und Drucklagerraum um ca. 5,5 m länger. Doch die Gesamtausdehnung der Maschinenräume in der Länge war bei allen drei Panzerschiffen vollkommen identisch.

Panzerschutz

Gegenüber den früher gebauten »Halbschwestern« gab es auch bei diesem Schiff bemerkenswerte Unterschiede in der Verteilung und Dicke des Panzerschutzes. Der bedeutendste Unterschied bestand beim Seitenpanzer, dessen Dicke in voller Breite auf 100 mm gesteigert worden war. Er erstreckte sich von Spant 29,5 bis zum Spant 148 und war um 13° nach schräg außen gestellt. Zwei Panzerquerschotte bei den Spanten 29,5 und 148, deren Dicke ebenfalls 100 mm betrug, schlossen den Zitadellbereich nach vorn und achtern ab; das erstere zwischen dem Hauptpanzerdeck und dem achteren unteren Panzerdeck (siehe Schnittzeichnung auf Seite 26).[47] Wie bei der ADMIRAL SCHEER, so hatte auch das Panzerschiff C Innere Wallgangschotte von 40 mm Dicke, die sich bei diesem Schiff jedoch zwischen den Spanten 49,1 und

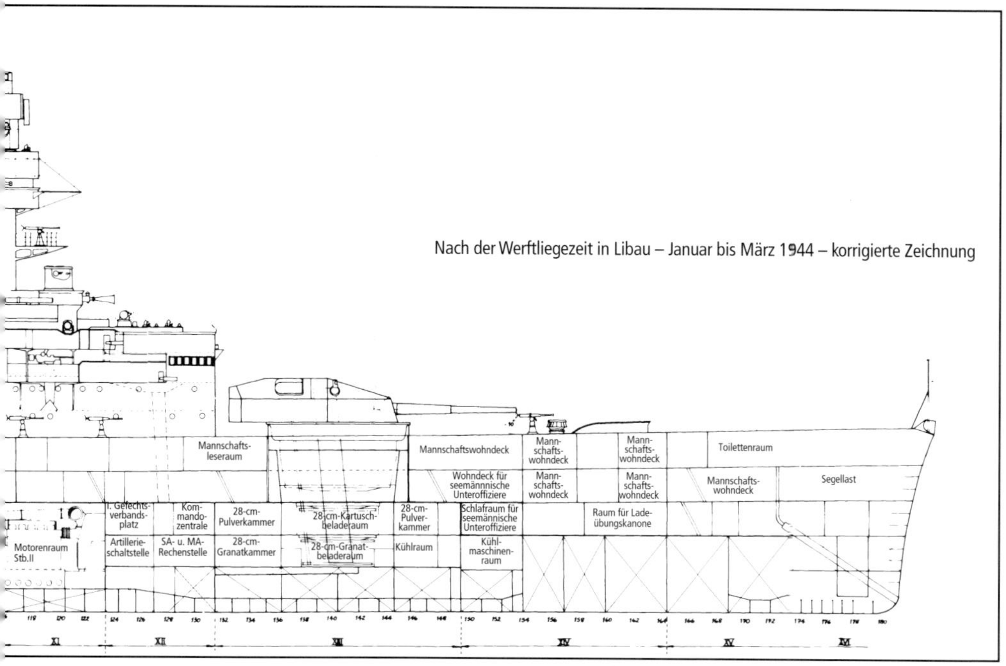

Nach der Werftliegezeit in Libau – Januar bis März 1944 – korrigierte Zeichnung

134,9 bis zur Bodenbeplattung erstreckten. Dort ersetzten sie den Längsspant III. Vor bzw. nach den genannten Spanten reichten sie bis zum Längsspant III.

Der horizontale Hauptschutz bestand aus einem einzigen, 40 mm dicken Panzerdeck zwischen der Oberkante der Inneren Wallgangschotte und der Unterkante der Splitterlängsschotte zwischen den Barbetten. Beide Schotte wiesen ebenfalls eine Dicke von 40 mm auf. Außerhalb der Inneren Wallgangschotte erstreckte sich das Panzerdeck – nur noch 30 mm dick – auf der ADMIRAL GRAF SPEE erstmals bis zum Seitenpanzer (Oberkante des Seitenwulstes). Zwischen den Splitterlängsschotten betrug die Dicke des Panzerdecks die üblichen 20 mm. Obwohl das Panzerschutzschema der ADMIRAL GRAF SPEE dies nicht so deutlich erkennen läßt, gibt es Hinweise für die Annahme, daß der Horizontalschutz zumindest in einigen Bereichen eine Dicke von 70 mm aufwies (siehe die Sektion b-b in der Schnittzeichnung auf Seite 26). Mit Sicherheit gab es diese Dicke unmittelbar vor dem Schott 29,5, aber vielleicht handelte es sich hierbei auch um den Horizontalschutz im Munitionskammerbereich. Ein Blick in die Gewichtsgruppen-Tabelle zeigt, daß das Gewicht der Panzerung im Vergleich zur ADMIRAL SCHEER nicht so angestiegen war, um auf eine durchgehende Panzerdicke von 70 mm zu schließen. Achteraus des Panzerschotts bei Spant 29,5 schützte das 45 mm dicke untere Panzerdeck den Rudermaschinenbereich. Der horizontale Hauptschutz hatte ein Gewicht von 697 t. Wie bei der ADMIRAL SCHEER wiesen die Barbetten (untere Sockel) einen Seitenschutz von 125 mm Dicke auf: zehn Panzerplatten, hergestelllt aus dem Panzerstahl Wh n/A.

Bewaffnung

Bewaffnung und Feuerleitanlagen glichen jenen auf der ADMIRAL SCHEER – mit einer Ausnahme: das Panzerschiff C führte von Anfang an sechs 10,5-cm-Fla-Geschütze S.K. C/33 L/65 in Doppellafetten C/31. Zur Feuerleitung für die Schwere Flak waren drei Fla-Leitstände des neueren Typs SL 4 vorhanden: beiderseits des Schornsteins (wie bei der ADMIRAL SCHEER) und vor dem Gefechtsturm auf einem Unterbau.

Modifizierungen

Da die ADMIRAL GRAF SPEE nur einen verhältnismäßig kurzen Werdegang hatte, gab es auch nur wenige Modifizierungen. Sie beschränkten sich auf das Entfernen der beiden Scheinwerfer (122 cm Durchmesser) samt ihren Konsolen im Jahre 1938 von den Seiten des Gefechtsturms. Einer von ihnen wurde auf eine Konsole an der Vorderseite des Gefechtsturms unterhalb des Vormars-Leitstandes umgesetzt. 1939 wurde das Bordflugzeug vom Typ He 60 durch die Ar 196 ersetzt. Wie bei der ADMIRAL SCHEER stand es auf dem 14-m-Katapult hinter dem Schornstein. 1938 hatte das Schiff ein Funkmeßortungsgerät mit der Bezeichnung FuMG 39 G (gO) »Calais« erhalten, dessen Antenne vorn an der Vormars-E-Meßdrehhaube angebracht war.[48]

***

Wie alle Entwürfe, die unter den Beschränkungen des Versailler Vertrages zustandekamen, zeigten auch die Panzerschiffe – trotz ihres äußeren Erscheinungsbildes – in vielerlei Hinsicht Mängel. Nach Ausbildungsreisen in außerheimische Gewässer und den Aufenthalten im Atlantik, im Mittelmeer und im Golf von Biskaya bei den Spanien-Einsätzen standen dem Flottenkommando bis zum Dezember 1937 ausreichende Erfahrungen zur Verfügung, um der Seekriegsleitung im OKM eine Reihe von Empfehlungen vorzutragen.[49] Von wesentlicher Bedeutung war hierbei die Forderung einiger umfangreicher Umbauten. Der Befehlshaber der Panzerschiffe (B.d.P.), KAdm. v. Fischel, dem zeitweilig der Spanien-Einsatz unterstand, wünschte eine Verbreiterung des Hecks. Doch Admiral Carls, der Flottenchef, war der Auf-

Probefahrtergebnisse beim Panzerschiff ADMIRAL GRAF SPEE

1. Leistungswerte der Antriebsanlage

Anzahl der Hauptmotoren:	*Leistung (PSe):*	*Geschwindigkeit (kn):*	*U/m:*	*Tiefgang (m):*
2	358	5,38	45	5,8/7,27
2	1.659	10,06	79	5,8/7,27
2	3.775	13,52	105	5,9/7,24
2	4.590	14,69	114	5,8/7,23
4	9.770	18,34	142	5,8/7,27
4	15.130	20,68	164	5,9/7,24
4	19.125	22,22	176	5,9/7,24
6	24.675	23,50	190	5,8/7,23
6	31.015	24,87	204	5,8/7,23
8	36.125	26,00	213	5,8/7,27
8	53.650	28,50	240	5,8/7,27

2. Stoppleistungswerte

Geschwindigkeit (kn):	*Befehl: »Stopp!« (Entfernung/Zeit):*	*Befehl: »Äußerste Kraft zurück!« (Entfernung/Zeit):*
9	1190 m/8'49''	394 m/2'38''
13	1710 m/9'00''	720 m/2'40''
17	2215 m/8'38''	740 m/2'35''
21	2420 m/9'20''	840 m/2'22''
26	3000 m/9'30''	780 m/2'20''

Bedingungen: Wind: Stärke 3 bis 4
Wassertiefe: 45 m
Tiefgang des Schiffes: 5,6 m/7,4 m.

3. Brennstoffverbrauchswerte

Erprobungslauf	*1*	*2*
Geschwindigkeit	18,69 kn	26 kn
Mittlere U/m	146	214
Hauptmotoren pro Welle	2	4
Hilfsmotoren pro Welle	1	2
PSe	10.250	36.945
Brennstoffverbrauch:		
1 PSe	248 g/h	226 g/h
Dieselgeneratoren	160 kg/h	160 kg/h
Hilfskessel	415 kg/h	415 kg/h
Gesamtverbrauch	3117 kg/h	8925 kg/h
Fahrstrecke	16.300 sm	7900 sm
Verbrauch pro 100 sm	16,8 t	34,3 t

Katapultanlage der ADMIRAL SCHEER mit einer He 60. (USN)

fassung, daß nur ein größerer Umbau des Vorschiffs und des Hecks die erwünschte Verbesserung der See-Eigenschaften bringen würde (»trockeneres« Vorschiff, keine Überflutung des Achterschiffes). Außerdem ging es um die Verringerung des Obergewichtes (Toppgewichtes). Hierzu wollte das OKM die Mittelartillerie auf je zwei 15-cm-Geschütze auf jeder Seite reduzieren, aber Admiral Carls war dagegen. Er hielt vier Geschütze auf jeder Seite für das Minimum, zudem die Einsparung an Gewicht und Personal nur gering sein würde, und befürwortete statt dessen sehr nachdrücklich eine Mehrzweckartillerie, d.h. eine Kombination aus Mittelartillerie und Schwerer Flak. Diese sollte statt der bisherigen 15-cm- und 8,8-cm-Geschütze aus vierzehn 12,7-cm-Geschützen in Doppellafetten bestehen: drei auf jeder Seite und eine siebente auf der Position der achteren 8,8-cm-Doppellafette hinter Turm B. Hieraus ergäben sich noch weitere Vorteile: splittergeschützte Munitionsaufzüge, die Verringerung der Besatzungsstärke um 80 bis 100 Mann und die Nutzung der 8,8-cm-Munitionskammern für zusätzliche 3,7-cm- und 2-cm-Fla-Munition.

Tatsächlich bedurften die Panzerschiffe dringend der Verbesserung ihrer See-Eigenschaften und die beiden zuletzt gebauten Einheiten brauchten auch verbesserte Nachtleitstände, da das überkommende Spritzwasser die vorhandenen nutzlos machte. Admiral Carls zog fernerhin die Vorteile eines Knickbugs in Erwägung, um das Spritzwasserproblem zu verringern, kam jedoch – alles in allem genommen – zur Schlußfolgerung, daß dies die Probleme nicht lösen würde. Daher schlug er vor: Umbau des Vorschiffs sowie Abbau der Gefechtstürme und Ersetzen durch einen Röhrenmast wie bei der DEUTSCHLAND. Außerdem wäre es erforderlich, die Seitenwulste bis zum Oberdeck hochzuziehen und mit zusätzlichem Splitterschutz zu versehen. Um die zusätzlichen Gewichte auszugleichen, könnten zusätzliche Änderungen erfolgen, wie zum Beispiel das Entfernen der Schlingerdämpfungsanlage und das Nutzen des frei gewordenen Raums für zusätzlichen Brennstoff, das Umsetzen der Scheinwerfer und das An-Land-Geben der Landesegel-Einrichtung. Nach seiner Beurteilung könnte eine Verringerung der Geschwindigkeit von 28 kn um zwei Prozent (0,56 kn) in Kauf genommen werden, wenn durch diese Maßnahmen gute See-Eigenschaften im offenen Atlantik zu erreichen wären. Einer seiner ungewöhnlicheren Vorschläge bestand in der Empfehlung, ein langsames Flugzeug vom Typ Fi 156 »Fieseler Storch« für Starts und Landungen an Deck mitzunehmen, obwohl er nicht vorschlug, das Katapult zu entfernen. Hinsichtlich des Zeitpunktes der Vornahme dieser größeren Umbauten empfahl er, die Fertigstellung der Panzerschiffe D und E (später als Schlachtschiffe SCHARNHORST und GNEISENAU gebaut) abzuwarten.

Zusätzlich wurden weitere Änderungen in Betracht gezogen und die zusätzlichen Gewichte berechnet:

- Verstärkung der Hauptmotoren-Fundamente 30 t
- Ausrüstung mit einem Funkmeßgerät 3 t
- verbesserte F.T.-Einrichtungen und -Antennen 10 t
- Verbesserungen bei der Bordflugzeuganlage 5 t
- Stabilisierungssystem für Scheinwerfer 19 t
- Splitterschutz für freistehende Geschütze 20 t

Insgesamt wurde mit folgendem Gewichtszuwachs gerechnet: 71.216 kg bei der DEUTSCHLAND, 71.699 kg bei der ADMIRAL SCHEER und 76.699 kg bei der ADMIRAL GRAF SPEE.

Die Diskussionen über den Umbau hielten die nächsten zwölf Monate an und erst im November 1938 fielen die ersten Entscheidungen. Folgende Alternativmöglichkeiten wurden bis zu diesem Zeitpunkt untersucht:

a) Ein Umbauplan (bezeichnet als »Entwurf B«) sah lediglich die Verbreiterung des Schiffskörpers vor, wobei sich eine Gewichtszunahme von ca. 200 t ergab. Modellschleppversuche im Wassertank ließen jedoch erkennen, daß ein solcher Umbau zur Verringerung der Geschwindigkeit und der Seetüchtigkeit führen würde. Er kam daher nicht in Frage.

b) Der »Alternativplan I« (zuerst bezeichnet als »Entwurf B«) vom August 1938 ging von einer Verbreiterung und von einer Verlängerung des Schiffskörpers aus. Die Schleppversuche im Wassertank erbrachten sehr günstige Ergebnisse und zeigten auch auf, wie ungünstig die bisherige Linienführung beim Schiffskörper war. Allerdings würde ein solcher Umbau wesentlich mehr Arbeitsaufwand erfordern als lediglich eine Verbreiterung, aber nur drei zusätzliche Monate in Anspruch nehmen. Sein Vorteil bestünde in einer Verbesserung des Splitterschutzes, der Stabilität und der See-Eigenschaften sowie in einer um zwei Knoten höheren Geschwindigkeit. Vom technischen Standpunkt her überwogen diese Vorteile den Mehraufwand. Die Gewichtssteigerung würde sich auf insgesamt 750 t belaufen: 500 t für die Verbreiterung und Verlängerung des Schiffskörpers einschließlich des verbesserten Splitterschutzes unter Verwendung neuer Stahlarten, 100 t für neue Ausrüstung, 50 t für die Antriebsanlage, 100 t als Gewichtsreserve.

c) Sollte der Umbauplan unter b) aus Kosten- und Zeitgründen nicht realisiert werden können, bliebe als einzige Alternative die Gewichtsreduzierung. Hierbei wurde vorgesehen: die Entfernung der Torpedobewaffnung mit einer Gewichtseinsparung von 45 t, da der Flottenchef einer Verringerung der Mittelartillerie nicht zustimmen würde; die Entfernung der Bordflugzeuganlage mit weiteren 30 t an Gewichtseinsparung; Umbau des Gefechtsturms zu einem Röhrenmast wie bei der DEUTSCHLAND mit Verbesserung des Splitterschutzes und der Einbau zusätzlicher Ausrüstung. Der Umbau des Vorschiffes und die Vornahme weiterer wünschenswerter Änderungen kämen bei dieser Lösung nicht in Frage.

Generaladmiral Raeder, der Oberbefehlshaber der Marine (O.b.d.M.), befürwortete den »großen Umbau«. Dieser sollte 1940 bei ADMIRAL SCHEER und ADMIRAL GRAF SPEE sowie 1942 bei der DEUTSCHLAND beginnen. 1939 sollte inzwischen bei der letzteren im Zuge einer drei bis vier Monate dauernden Werftliegezeit der Splitterschutz verbessert werden.

Der Stand der Planung im Dezember 1938 ging jedoch von einer anderen Reihenfolge und von anderen Werftzeiten aus:

- ADMIRAL SCHEER Januar 1941 bis Januar 1942,
- ADMIRAL GRAF SPEE Juni 1942 bis Juni 1943 und
- DEUTSCHLAND Dezember 1942 bis Dezember 1943.

Die Überlastung der Werften und die Verknappung der Rohstoffe durch die enorme Aufrüstung der Kriegsmarine sowie der Ausbruch des Krieges verhinderten die Ausführung dieser Planung. Daher kam es nur bei der ADMIRAL SCHEER (siehe oben) zu einem bescheidenen Umbau, der die Abänderung des Gefechtsturmes in einen Röhrenmast einschloß.[50]

3. SCHARNHORST und GNEISENAU

Der Entwurf und seine Planung

Die Reichsmarine hatte den Entwurf für das Panzerschiff C bereits mit einigen Vorbehalten in Angriff genommen, als ihn das Erscheinen des neuen französischen Großkampfschiff-Entwurfes (die spätere DUNKERQUE) veralten ließ. Doch die politischen Umstände (siehe oben) hatten den Bau eines größeren Schiffes verhindert, obwohl – wie wir gesehen haben – Entwürfe für größere Schiffe diskutiert worden waren. Mittelfristig sah die Planung der Reichsmarine den Bau von sechs Großkampfschiffen als Ersatz der veralteten Linienschiffe vor. Hiervon waren bis 1933 drei Einheiten – die Panzerschiffe – fertiggestellt bzw. im Bau. Zwei weitere befanden sich in der Planung: die Panzerschiffe D und E bzw. »Ersatz ELSASS« und »Ersatz HESSEN«.

Im Verlaufe des Jahres 1932 und Anfang 1933 fanden Gespräche statt, um die wünschenswertesten Parameter für diese neuen Ersatzbauten festzulegen, ausgehend von der Grundvorstellung, daß der Entwurf für das Panzerschiff A trotz der Beschränkungen des Versailler Vertrages erweitert werden müßte. Als Ausgangspunkt dienten Admiral Raeders frühere Befürwortungen (siehe oben) eines 15.000 t bis 18.000 t großen Schiffes mit drei 28-cm-Drillingstürmen, das er sich als Entwurf für das Panzerschiff C vorgestellt hatte.

Im November 1932 waren der Chef der Marineleitung, Admiral Raeder, und der Reichswehrminister, General a.D. Gröner, hinsichtlich des zukünftigen Umfanges der Reichsmarine zu einer Übereinstimmung gelangt, die sich im Umbauplan für die Reichsmarine vom 15. November 1932 niederschlug. Bis 1938 sollte in drei Phasen die folgende Flottenstärke erreicht werden:

- sechs Linien- bzw. Panzerschiffe,
- ein Flugzeugträger,
- sechs Kreuzer,
- sechs Zerstörer- bzw. Torpedoboot-Halbflottillen,
- drei Minensuchhalbflottillen,
- drei Schnellbootshalbflottillen,
- drei U-Halbflottillen (16 Unterseeboote) – falls die politische Lage dies zuließ –,
- ein Segelschulschiff und
- ein Sperrverband.[51]

Das dringendste Problem bestand darin, wie das Panzerschiff D auszusehen hatte. Hierüber mußte bis spätestens Oktober 1933 entschieden werden. Am 9. März 1933 fand in Berlin eine Konferenz statt, um dieses Problem gründlich zu untersuchen. Zu diesem Zeitpunkt schloß die Reichsmarine Großbritannien und die USA als mögliche Gegner aus; sie hatten jedenfalls keine Schiffe von der Art im Bau, die Deutschland in Erwägung zog. Den Schrittmacher aus deutscher Sicht stelle Frankreich dar und die meisten Entwurfsparameter wurden aus diesem Gesichtspunkt heraus diskutiert. Vergleiche mit früheren deutschen Kriegsschiffentwürfen aus der Zeit des Ersten Weltkrieges wurden als nicht stichhaltig abgelehnt, da zur damaligen Zeit der Gürtelpanzer als vordringlich und der Horizontalschutz als weniger wichtig angesehen wurden. Nunmehr mußte auch die zunehmende Stärke und Fähigkeit des Flugzeuges als eine Bedrohung einbezogen werden. Daher wurden in Anbetracht der bekannten Einzelheiten von der DUNKERQUE – eine Geschwindigkeit von 28 kn und eine 33-cm-Hauptbewaffnung – die Grundparameter mit 28 kn Dauergeschwindigkeit und einem Gürtelpanzer festgelegt, der stark genug war, um 33-cm-Panzersprenggranaten zu widerstehen.

Es wurde angenommen, daß ein 320 mm dicker Gürtelpanzer erforderlich sein würde, um einer französischen Granate dieses Kalibers zu widerstehen. Doch dieser würde nur bei einer Gefechtsentfernung unter 18.000 m Schutz verleihen. Bei einer solchen über 25.000 m –

Panzerschiff D: »Ersatz ELSASS«, Entwurfsskizze etwa 1933/34

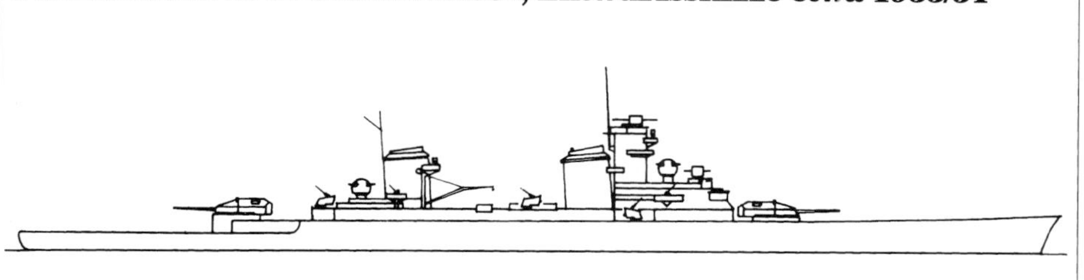

Rechts: Die SCHARNHORST am Ausrüstungskai. (WBB)

hierbei fallen die Granaten steil wie Mörsergeschosse ein – wäre das Panzerdeck der Hauptschutz. Damit ergäbe sich für das Schiff eine Schutzzone. Falls der Gürtelpanzer weniger als 320 mm dick sein sollte, würde sich diese Schutzzone verringern und umgekehrt. Sollte eine 320-mm-Seitenpanzerung – aus welchen Gründen auch immer – nicht möglich sein, so müßte das grundsätzliche Minimalerfordernis im Schutz gegen 33-cm-Sprenggranaten und 20,3-cm-Panzersprenggranaten bestehen. Um dies zu erreichen, so wurde angenommen, wären 220 mm erforderlich, um Schutz gegen 20,3-cm-Panzersprenggranaten bei Gefechtsentfernungen über 9000 m zu gewährleisten. Um Panzersprenggranaten zu widerstehen, die den Gürtelpanzer durchschlugen, müßte die Dicke des Panzerdecks mit 80 mm über den Munitionskammern und im übrigen mit 70 mm – bei den Böschungen mit 80 mm – festgesetzt werden.

Auch eine Panzerung des Oberdecks wäre wünschenswert, entworfen, um Schutz gegen Fliegerbomben zu gewähren; aber es wurde als Tatsache akzeptiert, daß gegen schwerste Bomben kein Schutz garantiert werden könnte, da dieses Deck niemals mit der erforderlichen Dicke versehen werden könnte. Daraufhin wurde entschieden, den Schutz gegen Bomben mit dem üblichen Gewicht jener Tage (50 kg) und gegen Sprenggranaten mit oder ohne Verzögerungszünder anzustreben. Hierfür wurde eine Panzerung des Oberdecks mit 50 mm als wünschenswertes Minimum angesehen. Diese Entscheidung ging von der Tatsache aus, daß bei einer dünneren Panzerung eine das Oberdeck durchschlagende Bombe im Panzerdeck ein Loch von 1 m≈ Größe verursachen könnte. Außerdem gewährte eine dünnere Panzerung kaum Schutz für die sich unter Deck aufhaltende Besatzung. Es entsprach deshalb allgemeiner Übereinstimmung, daß zumindest für den Zitadellbereich 50 mm gefordert werden sollten.

Anschließend beschäftigte sich die Konferenz mit der lästigen Kaliberfrage. Wie stets ergab sich die Forderung nach dem größtmöglichen Kaliber. Dies entsprach größtmöglicher Durchschlagskraft und damit auch größtmöglicher Sprengwirkung. Dem gegenüber stand die niedrigere Feuergeschwindigkeit bei Geschützen großen Kalibers. Vom Standpunkt der Feuergeschwindigkeit her wurden sechs 28-cm-Geschütze gegenüber sechs 33-cm-Geschützen als überlegen angesehen. Das größere Kaliber wäre nur dann vorteilhafter, wenn acht Geschütze mitgeführt werden könnten. Was die Frage der Türme anbetraf, wurde zu bedenken gegeben, daß die beste Anordnung und der Entwurf noch untersucht werden müßten, aber gegenwärtig stünden nur Drillingstürme zur Verfügung. Vierlingstürme hätten den Nachteil, daß bei einem Turmtreffer ein größerer Prozentsatz der Hauptbewaffnung kampfunfähig sein würde, d.h. bei acht Geschützen in zwei Vierlingstürmen fielen 50 % der Feuerkraft aus. Die Vorteile lägen in der Gewichtseinsparung (ca. 25 % gegenüber Drillingstürmen), in der besseren Salvenfolge (d.h. vier und vier statt vier und fünf) und in den geringeren Kosten (nach Schätzung ca. fünf Millionen Reichsmark weniger bei 33-cm-Geschützen). Außerdem wurde darauf hingewiesen, daß die bekannten Vorteile einer Anordnung mit vier Doppeltürmen nicht außer acht gelassen werden sollten.

Schließlich wurden drei grundsätzliche Entwurfsskizzen in Betracht gezogen, darunter ein Schiff von 18.000 t mit 28-cm-Geschützen und eines mit sechs 33-cm-Geschützen. KAdm. Dr. h.c. Otto Groos, der Chef des Marinekommandoamtes (A), befürwortete einen 26.000-t-Entwurf mit 33-cm-Geschützen und hob nachdrücklich hervor, daß Ebenbürtigkeit mit Frankreich von ausschlaggebender Bedeutung wäre. Die Baukosten wurden wie folgt angegeben: 120 Millionen RM für das 18.000-t-Schiff, 150 Millionen RM für das 22.000-t-Schiff und 180 Millionen RM für das 26.000-t-Schiff. Die Marinekonstruktionsabteilung sah sich gezwungen, darauf hinzuweisen, daß der Bau eines Schiffes von 26.000 t nur auf der Helling II der Marinewerft Wilhelmshaven durchführbar wäre und daß ein solches Schiff nur in das Kaiserdock in Bremerhaven oder ansonsten in Hamburg eingedockt werden könnte. Sollten mehrere dieser Schiffe gebaut werden, müßten auch zusätz-
liche Schwimmdocks gebaut werden.

Admiral Raeder befahl schließlich die Untersuchung folgender Projekte:

a) mit vier 33-cm-Doppeltürmen,
b) mit zwei 33-cm-Vierlingstürmen und
c) mit drei 33-cm-Drillingstürmen,

sämtlich auf der Grundlage eines Schiffes von 26.000 t. Sollten sich 33-cm-Geschütze als nicht durchführbar erweisen, dann müßte das Kaliber 30,5 cm in Betracht gezogen werden. Vermutlich mit dem Gedanken an politische Auswirkungen befahl er schließlich die Untersuchung eines Ausweichprojektes (Projekt XIII): ein Schiff von 22.000 t und 28-cm-Geschützen. Um im Herbst 1933 entscheiden zu können, sollte die gesamte Entwurfsarbeit bis zu diesem Zeitpunkt beendet werden.

Etwa vier Monate später wurde bei einer weiteren Konferenz – 23. Juni 1933 –, deren Gegenstand wiederum das Panzerschiff D war, offensichtlich, daß politische Erwägungen die Marine zwangen, einen Weg entgegen ihren wirklichen Wünschen zu gehen; denn Admiral Raeder kündigte an, das neue Schiff müsse ein Nachfolgebau der DEUTSCHLAND (Entwurf Panzerschiff A) sein, aber mit dem Panzerschutz, der für das 26.500-t-Projekt ins Auge gefaßt worden war. Bei diesem neuen Entwurfsvorschlag sollte der Panzerschutz wie folgt aussehen: 220 mm Hauptgürtelpanzer, 70 mm Panzerdeck mit 80 mm über den Munitionskammern und 80 mm in der Böschung. Die Panzerung des Oberdecks hätte 35 mm mit 50 mm im Zitadellbereich zu betragen. Im Verlaufe der Debatte wurde deutlich, daß verschiedene Abteilungen dem Panzerdeck auf Höhe der Wasserlinie den Vorzug gaben, während die Marinekonstruktionsabteilung vom schiffbaulichen Standpunkt her keine Böschungspanzerung wollte. Doch diese Auffassung fand keine allgemeine Zustimmung. Auch hinsichtlich der Leistungsfähigkeit des Entwurfs gegen Unterwasserdetonationen erhoben sich Fragen.

Wie gewöhnlich forderte die Frage der Bewaffnung zu längeren Diskussionen heraus. Das Marinekommandoamt (A) wollte eine Dotierung von 160 Schuß pro Geschütz, wohingegen die Marinekonstruktionsabteilung der Auffassung war, dies würde schwierig ein, und statt dessen 150 Schuß pro Geschütz vorschlug. Das Marinewaffenamt wollte aus Gründen einer besseren Munitionsversorgung und eines verbesserten Schutzes für das Bedienungspersonal die 15-cm-Geschütze in vier Doppeltürmen unterbringen und war gewillt, daß sich daraus ergebende zusätzliche Gewicht hinzunehmen. Dieser Vorschlag fand allgemeine Billigung. Auch die Ausstattung mit Schwerer Flak sorgte für Diskussionsstoff, hauptsächlich im Hinblick auf die Frage, wie viele 8,8-cm-Geschütze das Schiff erhalten sollte. Drei wie bei der DEUTSCHLAND lautete der Vorschlag, weil diese ein gutes Schußfeld hätten. Doch es wurde auch die Forderung nach einem vierten Geschütz erhoben, das hinter dem Turm A Aufstellung finden sollte. Da dies jedoch die Verlängerung des Schiffes um fünf Meter zur Folge haben würde, so wurde auch der Vorschlag diskutiert, die vorhandenen drei Positionen mit Doppellafetten auszustatten. Ferner wären Munitionsaufzüge erforderlich. Kästen für Bereitschaftsmunition wurden abgelehnt und die Forderung nach einer Dotierung mit 200 Schuß pro Geschütz erhoben.

Die Marinekonstruktionsabteilung berichtete, daß die festgelegten Forderungen hinsichtlich des Panzerschutzes eine Wasserverdrängung von 17.000 t bei einem Tiefgang von sieben bis acht Metern ergeben würden. Sie führte fernerhin aus, daß der erhöhte Umfang des Panzerschutzes wie auch die Dicke der Panzerung mehr Raum beanspruchten

Ganz oben: SCHARNHORST nach der Fertigstellung. Beachte die Katapulte. (Sammlung des Verfassers)

Oben: GNEISENAU nach der Fertigstellung. Beachte die detaillierten Unterschiede zwischen den Schwesterschiffen, wie etwa der Fockmast. Die vordere E-Meßbasis ist noch nicht eingebaut. (Sammlung der Verfassers)

und daß dies nur mit einem größeren Schiff erreicht werden könnte. Das Marinekommandoamt sah keinen Hinderungsgrund für eine Steigerung auf 18.000 t und vertrat die Ansicht, daß jeder zusätzliche Zentimeter Panzerung ein Gewinn wäre. Es schlug daher vor, sowohl die Größe als auch den Panzerschutz des Schiffes zu erhöhen.

Die Frage der Hauptantriebsanlage erfordere eine weitere Prüfung; aber wie die DEUTSCHLAND sollte das Schiff mit Torpedobewaffnung und als Flottenflaggschiff ausgerüstet werden. Es wurde in Aussicht genommen, das Schiff zum 1. April 1934 in Auftrag zu geben, Um auf der vom Panzerschiff C freigemachten Helling II der Marinewerft Wilhelmshaven den Kiel zu strecken.[52]

Im Herbst 1933 wurden weitere Bewertungen und Berechnungen angestellt. Am 11. Oktober fand eine Folgekonferenz statt. Bei dieser Besprechung kritisierte das Marinewaffenamt die 15-cm-Anordnung (nunmehr Türme, keine Mittelpivotlafetten): besonders die Tatsache, daß ihre Barbetten nicht direkt auf das Panzerdeck aufgesetzt wurden. Das Marinewaffenamt betrachtete dies als einen Fehler, der die Möglichkeit schuf, daß eine oberhalb des Seitenpanzers eindringende Granate mit verheerenden Folgen unter einem Turm detonieren konnte. Daher lehnte das Marinewaffenamt diese Türme ab, solange die Sicherheit der Munition nicht gewährleistet war. Die Marinekonstruktionsabteilung war jedoch der Auffassung, daß diese Forderungen erfüllt werden könnten, und wollte die Angelegenheit untersuchen. Bezüglich der Schweren Flak stimmte das Marinekommandoamt einer Ausrüstung mit drei 8,8-cm-Doppellafetten zu, forderte aber, eine solche mit vier Doppellafetten und vier Fla-Leitständen mit einer Verteilung wie beim Leichten Kreuzer NÜRNBERG in Betracht zu ziehen. Der frühere Vorschlag hinsichtlich eines vierten Geschützes hinter Turm A wurde nicht weiterverfolgt. Nunmehr schlug das Marinewaffenamt vor, die Position des achteren Geschützes in der Mittschiffslinie beizubehalten sowie an Backbord und an Steuerbord je eine weitere Doppellafette unterzubringen, um insgesamt fünf Doppellafetten einzubauen; ein Vorschlag, den die Marinekonstruktionsabteilung zu untersuchen versprach. Auch hinsichtlich der Torpedobewaffnung gab es einige Diskussionen, insbesondere im Hinblick auf die exponierte Position der Rohrsätze und des Wertes einer Torpedobewaffnung auf einem Großkampfschiff. Nach der Auffassung des Marinewaffenamtes kam der Torpedobewaffnung bei diesem Entwurf nur eine geringe Bedeutung zu.

Auch das Problem des vorderen Gefechtsmastes wurde diskutiert. Zur Wahl stand ein Röhrenmast wie bei der DEUTSCHLAND oder der pyramidenförmige Gefechtsturm ihrer späteren Schwesterschiffe. Die Marinekonstruktionsabteilung befürwortete den kreisrunden Turm, während das Marinewaffenamt der Auffassung war, er böte nur eine unzureichende Standfestigkeit für den Vormars-Artillerieleitstand. Es wurde auch darauf hingewiesen, daß das Prinzip der Ähnlichkeit in der Silhouette bereits durchbrochen worden wäre, so daß die Wahl freistünde. Fernerhin wurden die beschränkten Erfassungsbereiche der vorderen E-Meßbasis und des vorderen Fla-Leitstandes kritisiert. Um dies zu verbessern, wurde vorgeschlagen, der Turm A könnte weiter nach vorn verlegt werden. Doch sehr schnell kam der Einwand, dies zöge die Neuberechnung eines großen Teils des Entwurfs nach sich. Außerdem wollte das Marinewaffenamt die 40 mm dicke Panzerung zwischen den Splitterlängsschotten auf 60 mm und die Barbetten (untere Sockel) der 28-cm-Türme auf dieselbe Dicke wie die des Seitenpanzers (d.h. 320 mm) verstärken. Dies würde pro Turm ein zusätzliches Gewicht von 36 bis 37 t bedeuten. Die Entscheidung darüber wie auch die zu den 15-cm-Türmen müßte sehr bald getroffen werden, so daß die 15-cm-Türme bis zum 15. Januar 1934 und die 28-cm-Türme bis zum 1. November 1933 in Auftrag gegeben werden könnten.

Schließlich war auch die Entscheidung bezüglich der Hauptantriebsanlage noch nicht gefallen, so daß die Seeausdauer noch nicht beurteilt werden konnte, obwohl die Geschwindigkeit jener der DEUTSCHLAND gleichen sollte. Eine Woche nach dieser Konferenz, am 18. Oktober 1933, fiel die Entscheidung, zwei Einheiten – noch als Panzerschiffe D und E bezeichnet – von 19.000 t (diese Angabe wurde gestrichen und von Hand auf 17.000 t verbessert) in Auftrag zu geben; sie sollten als 10.000 ts große Schwesterschiffe der DEUTSCHLAND angekündigt werden. Alle Anstrengungen wurden unternommen, um diesen Bruch der Versailler Vertragsbeschränkungen zu verschleiern.

Im Dezember 1933 tauchte die Frage des Kalibers der Hauptbewaffnung erneut auf. Zur Entwicklung eines neuen 33-cm-Geschützes waren 1933 in den Haushalt 1,4 Millionen Reichsmark eingestellt worden, aber es wuchs die Auffassung, daß die politischen Ereignisse die Erforderlichkeit dieses Waffensystems verringert hätten; denn es bestand die Annahme, daß Großbritannien einen Vorschlag für ein Abkommen im Jahre 1935/36 vorbereitete, der von 26.000 ts und zwölf 30,5-cm-Geschützen ausging. Admiral Raeder war deshalb der Ansicht, daß für das 1935 zu bauende Schiff ein 30,5-cm-Geschütz entwickelt werden sollte. Dazu vertrat das Marinewaffenamt die Auffassung, daß der Turm-Entwurf bezüglich der Zeitberechnung den entscheidenden Faktor darstellte: ein Jahr Entwurfszeit und dreieinhalb Jahre Bauzeit. In diesem Zeitraum wäre es durchaus möglich, ein Versuchsgeschütz entweder vom Kaliber 30,5 cm oder vom Kaliber 33 cm zu bauen. Derzeit müßten die neuen Schiffe jedoch noch immer das 28-cm-Geschütz erhalten.

Beide Schiffe wurden am 25. Januar 1934 als Panzerschiff D (»Ersatz ELSASS«) und E (»Ersatz HESSEN«) bei der Marinewerft Wilhelmshaven bzw. bei den Deutschen Werken in Kiel nach dem verbesserten Panzerschiff-Konzept – d.h. 18.000 ts, zwei 28-cm-Drillingstürme, vier 15-cm-Doppeltürme und vier 8,8-cm-Doppellafetten – in Auftrag gegeben. Die Kiellegung erfolgte für beide Schiffe am 14. Februar 1934 als Baunummern 125 bzw. 235 ihrer jeweiligen Bauwerft.[53]

Admiral Raeder war mit dem Entwurf für die beiden neuen Schiffe nicht zufrieden, denn sie stellten mehr denn je politische Entwürfe dar, besonders im Vergleich zur DUNKERQUE. Er wünschte Ebenbürtigkeit mit dem französischen Schiff und drängte Hitler in einem Gespräch am 27. Juni 1934 zur Kalibersteigerung.[54] Hitler ließ sich zwar auch dieses Mal nicht zu einem solchen Schritt (Kaliber 33 cm oder noch besser 38 cm) überreden, gab jedoch seine Zustimmung zu einer Entwurfsänderung, um einen dritten 28-cm-Drillingsturm unterzubringen. Zu diesem Zeitpunkt widerstrebte es Hitler noch, Deutschland in politische Rangeleien mit den größeren Seemächten zu verwickeln; er wollte nicht der erste sein, der diesen Schritt unternahm. Auf Anordnung Admiral Raeders, des Chefs der Marineleitung, wurden am 5. Juli 1934 die Arbeiten an den beiden gerade begonnenen Panzerschiffen wieder eingestellt und die Helgen freigeräumt, um einen völlig neuen Entwurf zu erarbeiten. Die Marinekonstruktionsabteilung registrierte diese Entscheidung mit Bestürzung und wies darauf hin, daß angesichts des gegenwärtigen Mitarbeiterstabs und der herrschenden Arbeitsüberlastung ein neuer Entwurf nicht vor Oktober 1935 fertiggestellt werden könnte und daß sich der Bau der beiden Schiffe erheblich verzögern würde (ca. 20 Monate). Das Marinekommandoamt war der Ansicht, die Absicht Hitlers hätte eher darin bestanden, die Frage zu untersuchen, ob ein dritter Turm möglich wäre, und nicht in einer direkten Weisung, sofort einen neuen Entwurf zu fertigen. Das volle Ausmaß der Vor- und Nachteile müsse gegeneinander abgewogen werden. Nicht zuletzt würde sich der Bau der Schweren Kreuzer und der Flugzeugträger verzögern und auch die Fertigstellung des vierten und fünften Panzerschiffes (D und E) dürfte sich um anderthalb Jahre verschieben. Tatsächlich kam der Vorschlag, das Panzerschiff D wie geplant weiterzubauen, aber den Bau des Panzerschiffes E bis zum Vorliegen eines neuen Entwurfes aufzuschieben.

Für den auf den Baustopp folgenden Tag, den 6. Juli 1934, wurde eine Konferenz einberufen, um die verschiedenen Auffassungen zu einem Neuentwurf gründlich zu erörtern. Das Marinekommandoamt (A) legte einen Grundvorschlag vor, der auf folgenden Parametern beruhte: 28 kn Dauergeschwindigkeit, 30 kn Höchstgeschwindigkeit und ausreichend gut gepanzert, um zwischen Gefechtsentfernungen von 15.000 m und 20.000 m vor 33-cm-Granaten geschützt zu sein. Ferner wurden ein Seitenpanzer von 300 mm bis 350 mm mit Zitadellpanzer, Bug- und Hecksplitterschutz von 50 mm bis 60 mm, 350 mm Panzerschutz beim Kommandoturm usw. gefordert. Die Hauptbewaffnung sollte einen Turm vorn und zwei achtern aufweisen, die 15-cm-Geschütze waren in Doppeltürmen – wie gehabt – unterzubringen. Eine Torpedobewaffnung war nicht vorzusehen. Erneut wurde das 33-cm-Geschütz in Doppeltürmen in Vorschlag gebracht. Doch infolge der hierfür erforderlichen Entwurfsarbeit und Bauzeit hätten die Schiffe bei der Wahl dieses Kalibers erst im Mai 1939 fertiggestellt werden können. Es stellte sich jedoch die Frage, ob ein solcher Turm zu einem späteren Zeitpunkt eingebaut werden könnte, falls der Entwurf diese Möglichkeit von vornherein vorsah. Nach der Auffassung der Marinekonstruktionsabteilung wäre dies möglich, würde aber dann eine Werftliegezeit von neun Monaten erfordern.

Am 20. Juli 1934 berichtete das Marinekommandoamt dem Chef der Marineleitung, Admiral Raeder, daß es die Erforderlichkeit des dritten Turms und Ebenbürtigkeit zur DUNKERQUE anerkannte, wies aber gleichzeitig darauf hin, daß genaue und verläßliche Angaben zum Panzerschutzschema des französischen Schiffes – keineswegs überraschend – nicht zur Verfügung stünden. Das Amt zitierte die unterschiedlichen Angaben aus »Jane's Fighting Ships« und aus »Weyhers Taschenbuch der Kriegsflotten«, den beiden führenden Marinejahrbüchern. Doch die Marinekonstruktionsabteilung hielt die von Agenten gemeldete Dicke des Gürtelpanzers von 225 mm für richtig, während italienische Berichte den Seitenpanzer der DUNKERQUE mit 280 mm angaben. Nach verschiedenen anderen Meldungen sollte der Hauptseitenschutz aus maximal 300 mm, der Turmschutz ebenfalls aus 300 mm mit einem Frontschutz von 320 mm bestehen. Letztlich wurde entschieden, von der Angabe in »Jane's Fighting Ships« auszugehen: 275 mm (in Wirklichkeit waren es maximal 241 mm). Soweit die deutsche Seite betroffen war, bestand das Problem darin, ein Schiff mit einer 28-cm-Hauptbewaffnung gegen 33-cm-Panzersprenggranaten zu schützen. Nach den angestellten Berechnungen würde eine solche Granate bei einem Auftreffwinkel von 70° einen Panzerschutz von 350 mm bis zu einer Gefechtsentfernung von 15.000 m und einen solchen von 300 mm bis zu 19.000 m durchschlagen. Daher wurde die Dicke des Hauptgürtelpanzers mit 350 mm festgesetzt. Beim Panzerdeck wären Verstärkungen über den Munitionskammern und in den Böschungen von 80 mm auf 95 mm erforderlich. Der seitliche Splitterschutz über dem Seitenpanzer sollte 45 mm betragen, während die Decke des Panzerkastens über dem Rudermaschinenbereich eine Dicke von 95 mm bis 100 mm aufzuweisen hätte. Zwei Entwurfsskizzen wurden gefertigt: der »Neuentwurf I« und der »Neuentwurf II«.

Dem Neuentwurf I lag mit 125.000 WPS dieselbe Antriebsleistung zugrunde, wie sie in »Weyhers Taschenbuch der Kriegsflotten« für 30 kn bei der DUNKERQUE angegeben wurde; sie ist aber anscheinend mit 28 kn eingestuft worden. Im übrigen wies dieser Entwurf einen weniger dicken Panzerschutz als der Neuentwurf II auf. Keiner dieser Entwürfe fand große Zustimmung; denn das 28-cm-Geschütz konnte den Panzerschutz der DUNKERQUE nicht auf Entfernungen duchschlagen, wie es aber dem französischen Schiff bei dem deutschen möglich wäre. Daher wurde erneut die Möglichkeit in Betracht gezogen, ob nicht zu einem späteren Zeitpunkt drei 33-cm-Doppeltürme eingebaut werden könnten. Außerdem wollte die Marinekonstruktionsabteilung eine Turbinenantriebsanlage und befürwortete aus Gewichtsgründen die Alternative eines turboelektrischen Antriebs nicht. Somit regte sich aus militärischen Gründen für die beiden Entwürfe wenig Begeisterung. Doch das Marinekommandoamt, wenn es denn schon zwischen den beiden Entwürfen wählen mußte, entschied sich für den Neuentwurf I. Drei Tage später stimmte auch Admiral Raeder dem Neuentwurf I zu und ordnete an, keine weiteren Änderungen vorzunehmen. Das 33-cm-Geschütz sollte infolge der mit sich bringenden Verzögerung und der Möglichkeit zukünftiger Lockerung von Vertragsbeschränkungen nicht in Betracht gezogen werden.

Ein weiterer kritischer Aspekt des Entwurfs, der noch beträchtliche Diskussionen hervorrufen sollte, war das Problem der Hauptantriebsanlage. Infolge der außerordentlichen Seeausdauer und des niedrigen Gewichtsanteils gegenüber einer Dampfantriebsanlage – obwohl sich letzteres als falsch herausstellte – waren für die ersten drei Panzerschiffe Dieselmotoren eingeführt worden. Allerdings hatte das Panzerschiff C seinen Dieselantrieb erst nach beträchtlichen Bedenken erhalten, die sogar noch offensichtlicher wurden, als über das Panzerschiff D diskutiert wurde. Die Antriebsanlagen auf LEIPZIG und BREMSE arbeiteten überhaupt nicht zufriedenstellend und vorläufige Berichte über die Dieselmotorenanlage auf der DEUTSCHLAND meldeten ähnliche Probleme. Obwohl auch für das Panzerschiff D anfangs Dieselmotoren in Betracht gezogen worden waren, ließ seine Steigerung in der Größe auf 17.000 ts und später auf 31.800 ts standard diese Antriebsart nicht mehr zu, da die damaligen Dieselmotoren keine ausreichende Leistung erbringen konnten. Damit blieb als Alternative nur noch der Hochdruckheißdampf-Antrieb übrig, und am 12. September 1933 fiel die

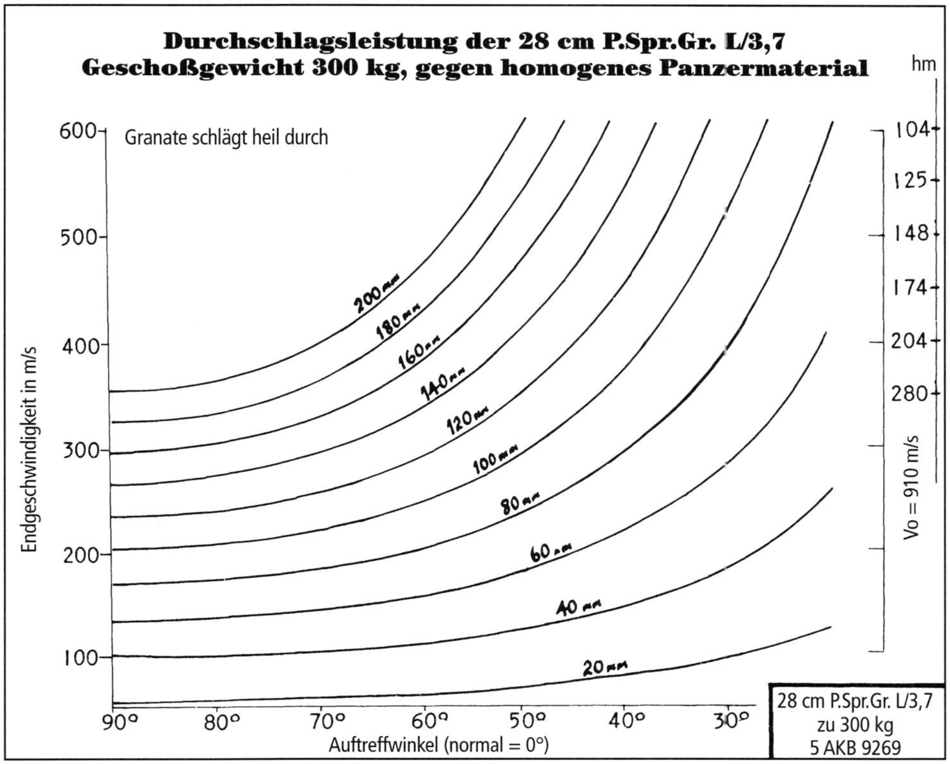

Entscheidung für seine Einführung. Doch auch der Dieselmotor hatte noch seine Befürworter, und es wurde die Forderung erhoben, der Entwurf sollte so gestaltet werden, daß entweder Dampf- oder Dieselantrieb Verwendung finden konnte, je nachdem, was sich schließlich als die beste Antriebsart herausstellen sollte. Bis zum 4. November 1933 hatte sich die Marinekonstruktionsabteilung definitiv für den Dampfantrieb entschieden, aber Admiral Raeder war in dieser Frage noch unschlüssig. Er ordnete daher an, zwei Entwurfsskizzen vorzubereiten, und zwar eine mit Diesel- und die andere mit Turbinenantrieb. Zusätzlich sollten noch zwei besondere Hochdruckheißdampf-Projekte von privater Seite aus in Gang gesetzt werden. Der Vorteil des einen Antriebssystems über das andere war keineswegs klar umrissen und vielfach wurde die Ansicht vertreten, daß es zwischen beiden kaum einen Unterschied gäbe, ausgenommen die Tatsache, daß der Dieselmotor eine größere Seeausdauer versprach. Die mit der DEUTSCHLAND gewonnenen Betriebserfahrungen führten zur Lösung von einigen dieser Probleme und die Panzerschiffe B und C sollten später daraus ihren Nutzen ziehen. Dies hatte den Vorschlag zur Folge, daß auch das Panzerschiff D Dieselantrieb erhalten sollte. Falls aber gleichzeitig das Panzerschiff E gebaut werden würde, müsse es – vermutlich zu Vergleichszwecken – Turbinenantrieb bekommen. Die Marinekonstruktionsabteilung sah das Hochdruckheißdampf-Projekt noch tief in der Entwicklungsphase und wollte ein Schiff, um Erfahrungen zu gewinnen. Ob dies im Hinblick auf ein derart großes und wertvolles Schiff das Richtige war, wurde bestritten, und der Vorschlag fand bei der Marineausbildungsabteilung (A III, später A IV) wenig Gegenliebe; sie wollte keine zwei Schwesterschiffe mit unterschiedlichen Antriebssystemen.[55] Letztere vertrat die Auffassung, bei beiden Systemen wäre der Unterschied hinsichtlich der Seeausdauer nicht sehr groß, und unterstützte daher

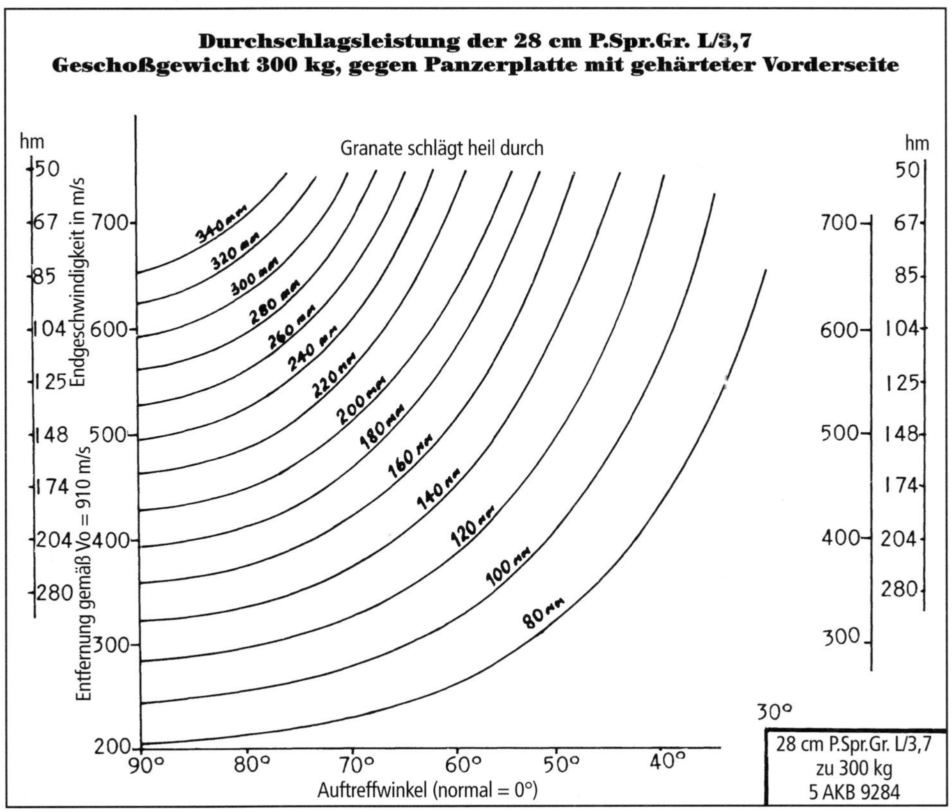

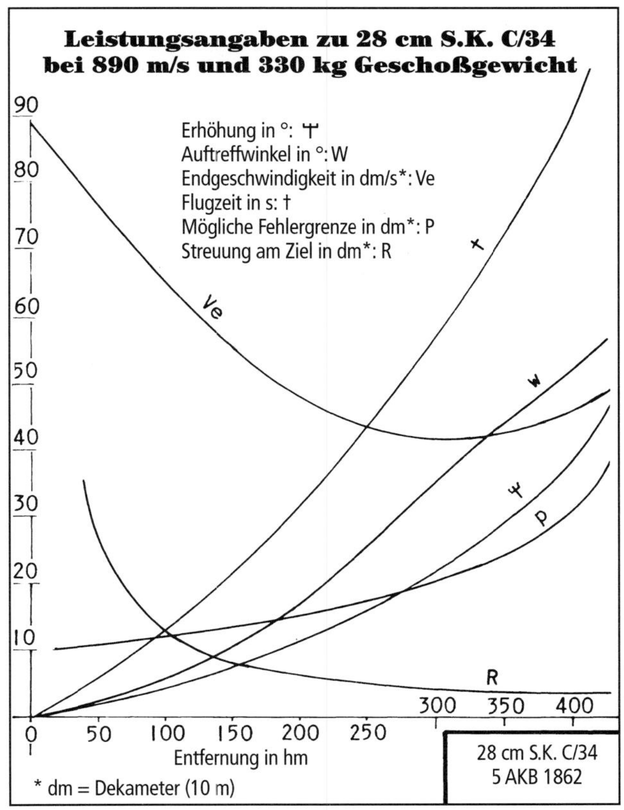

SCHARNHORST: Panzerschutz-Schema

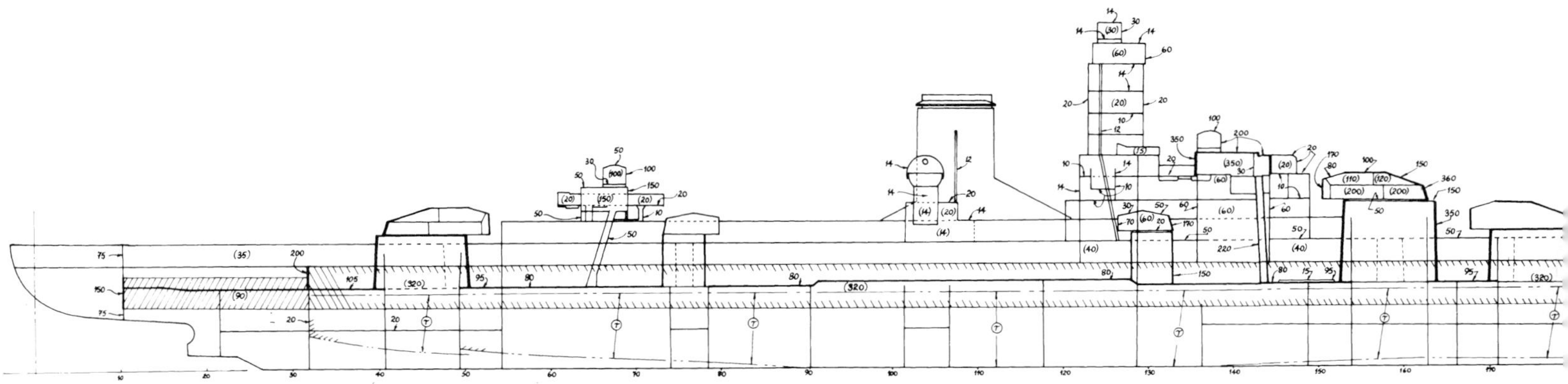

Ⓣ = Ausdehnung der 45 mm dicken Torpedo- bzw. Inneren Wallgangschotte

rückhaltlos den Dampfturbinenantrieb. Die Anforderungen bezüglich der Antriebsleistung wären so hoch, daß Kampfkraft und Panzerschutz zu kurz kämen, falls trotz der Vorbehalte Admiral Raeders die Wahl auf den Dieselantrieb fiele. Ermutigende Ergebnisse der versuchsweise errichteten Pilotanlagen in Hamburg und Bremen an Land trugen schließlich dazu bei, die Waage zugunsten des Dampfantriebs zu neigen. Das Mißverhältnis zwischen diesen Ergebnissen und den Betriebserfahrungen in See wurde erst sehr viel später sichtbar.[56]

Trotz der Entscheidung Admiral Raeders im Juli 1934 wurde die Kaliberfrage im März 1935, nachdem Hitler zugestimmt hatte, auch die Einführung größerer Kaliber zu prüfen – und damit praktisch das Kaliber freigegeben hatte –, für den Entwurf des Panzerschiffes D wieder Gegenstand der Diskussion. Fünf Alternativen standen zur Prüfung heran:

a) neun 30,5 cm (drei Drillingstürme),
b) neun 33 cm (drei Drillingstürme),
c) sechs 38 cm (drei Doppeltürme),
d) sechs 33 cm (drei Doppeltürme) und
e) sechs 35 cm (drei Doppeltürme).

Im Gegensatz zum geplanten Entwurf mit 31 500 ts standard würden die ersten drei Möglichkeiten den Entwurf eines neuen Schiffes mit 34.000 ts bis 37.000 ts standard erfordern. Ein Neuentwurf könnte erarbeitet werden; allerdings würde dies eine beträchtliche Zeit in Anspruch nehmen, schätzungsweise anderthalb Jahre, und in diesem Zeitraum ergäbe sich im Bau von Großkampfschiffen eine Lücke von drei Jahren und neun Monaten. Vermutlich würde dies auch zu einer Verzögerung für den Bau des Schlachtschiffes F führen. Was die Alternativen d) und e) anbetraf, so wäre ihre Ausführung möglich: entweder durch den sofortigen Übergang auf das neue Kaliber oder durch das Fertigen eines entsprechenden Entwurfes, um eine spätere Nachrüstung zu ermöglichen. Die erste Möglichkeit würde eine Verzögerung beim Bau des Panzerschiffes D von siebzehn Monaten und bei jenem des Panzerschiffes E eine solche von 23 Monaten nach sich ziehen. Außerdem ergäbe sich durch die bereits im Bau befindlichen 28-cm-Geschütze und -türme ein Verlust von elf Millionen Reichsmark. Diese Möglichkeit wurde deshalb aus Kostengründen, die sowohl finanzieller als auch haushaltsrechtlicher Natur waren, als nicht annehmbar abgelehnt. Die Alternative bezüglich einer späteren Kalibersteigerung durch die Vornahme von Änderungen im Entwurfsstadium wurde dagegen vorgezogen – und falls möglich, sollte das Kaliber der Hauptbewaffnung bei der Nachrüstung 35 cm sein. Eine spätere Umrüstung auf drei 35-cm-Doppeltürme hätte eine Gewichtssteigerung um ca. 650 t und eine sich daraus ergebende Vergrößerung des Tiefgangs um 0,15 m zur Folge. Dies wäre hinnehmbar, aber hierbei müßte an die Größe der vorhandenen Dock- und Schleuseneinrichtungen gedacht werden. Zudem würden die neuen Türme kein Stabilitätsproblem hervorrufen. Die Munitionsdotierung müßte von 150 Schuß je 28-cm-Geschütz auf 130 Schuß je 35-cm-Geschütz verringert werden. Das Hauptproblem bestünde darin, daß die Schiffe für den Zeitraum der Umrüstung für etwa fünfzehn Monate außer Dienst gestellt werden müßten, und die Kosten dürften sich auf ca. 35 Millionen Reichsmark belaufen.

Die veranschlagten Leistungswerte lauteten im Vergleich wie folgt:

Leistungswerte:	**9 x 28 cm:**	**6 x 35 cm:**	**6 x 38:cm**
Vo	890 m/s	875 m/s	865 m/s
Gewicht der Granate	330 kg	625 kg	800 kg
Schuß pro Minute	3,5	2,3	2,0
Breitseitgewicht pro Salve	2970 kg	3750 kg	4800 kg
Breitseitgewicht pro Minute	10.395 kg	8625 kg	9600 kg

Als Werte für durchschlagene Panzerung bei einem Auftreffwinkel von 70° ergaben sich:

Kaliber:	**10.000 m:**	**15.000:**	**20.000:**	**25.000:**
28 cm	348 mm	280 mm	225 mm	194 mm
35 cm	490 mm	418 mm	354 mm	229 mm
38 cm	545 mm	465 mm	392 mm	333 mm

Da die Dicke der Panzerung bei der DUNKERQUE inzwischen mit 225 mm angenommen wurde, könnten diesen Seitenschutz daher 28-cm-Granaten auf Gefechtsentfernungen bis zu 20.500 m, 35-cm-Granaten auf Gefechtsentfernungen bis zu 35.000 m und 38-cm-Granaten auf Gefechtsentfernungen bis zu 40.000 m durchdringen. Sechs 35-cm-Geschütze wurden jedoch als zu wenig Rohre für ein gutes Salvenschießen angesehen, obwohl natürlich bekannt war, daß die Wirkung eines derartigen Treffers größer als die einer 28-cm-Granate sein würde. Schließlich kam es zu einer allgemeinen Übereinstimmung, wonach eine 28-cm-Bewaffnung gegen die DUNKERQUE als ausreichend angesehen wurde. Der Bau sollte mit drei 28-cm-Drillingstürmen fort-

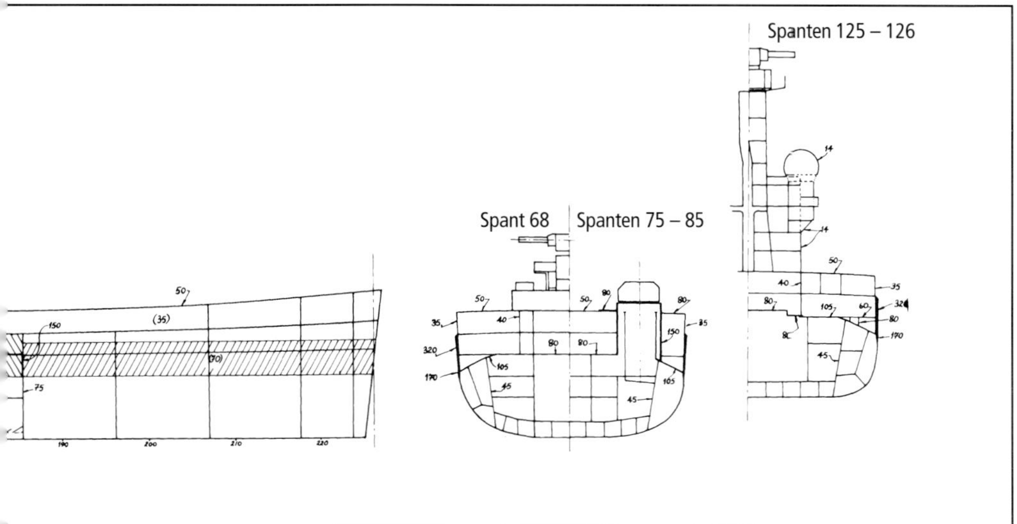

SCHARNHORST: Querschnitt durch Turm B bei Spant 158,3

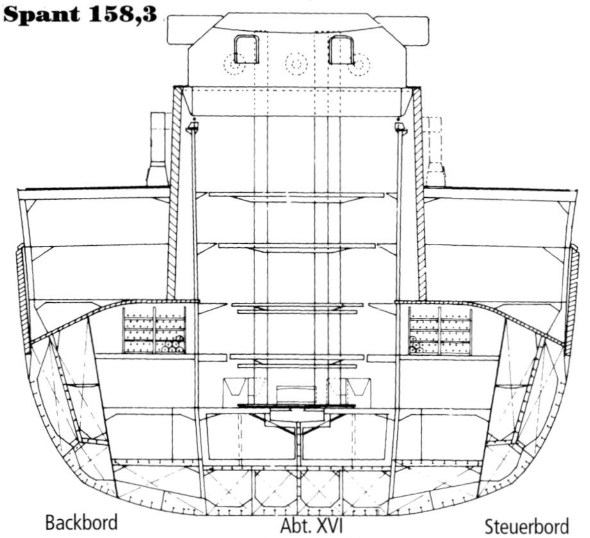

gesetzt werden, aber eine zukünftige Umrüstung auf 35-cm-Geschütze war vorzusehen. Dieses letztere Kaliber war aus folgenden Gründen ausgewählt worden: Es war wirksamer als das Kaliber 33 cm, die vorhandenen 28-cm-Barbetten waren hierfür geeignet und es würde die Unterschiedlichkeit der Kaliber bei der Hauptbewaffnung der Schlachtschiffe verringern. (Die Planung für das Schlachtschiff F – die spätere BISMARCK – sah zu diesem Zeitpunkt 35-cm-Geschütze vor.)[57]

Gegen Ende Mai 1938 wurde die Möglichkeit diskutiert, die vorgeschlagene Umbewaffnung der SCHARNHORST und der GNEISENAU voranzubringen (inzwischen als Schlachtschiffe D und E klassifiziert, wenn auch in der angelsächsischen Literatur immer wieder als »Schlachtkreuzer« bezeichnet). Diese Umrüstung war ursprünglich für 1945 geplant gewesen. Hierbei war vorausgesetzt worden, daß sich zu diesem Zeitpunkt sechs Schlachtschiffe der *H*-Klasse in Dienst befinden würden, so daß die älteren Schiffe entbehrt werden könnten.[58] Doch ein Vorantreiben dieses Plans würde zu Verzögerungen beim Bau der ersten beiden Einheiten der *H*-Klasse führen. Daher müßten die Aufträge für die Umrüstung mindestens zweieinhalb Jahre vor der beabsichtigten Fertigstellung hinausgehen. Der tatsächliche Umbau erfordere etwa zwölf Monate und auch die Besatzungen müßten umgeschult werden. Vorgesehen wäre, daß die neue in Mitteldeutschland zu bauende Waffenfabrik das erste 38-cm-Geschütz am 1. Juli 1944 abliefern sollte. Doch dies setzte voraus, daß das Werk programmgemäß am 1. April 1938 seine Arbeit aufnahm – aber dies war nicht der Fall. Selbst unter diesen Umständen wurden jedoch die Werftliegezeiten für die beiden Schiffe bereits zu Weihnachten 1938 festgelegt: für die SCHARNHORST vom 1. Januar 1942 bis zum 1. Dezember 1942 bei der Kriegsmarinewerft in Wilhelmshaven; für die GNEISENAU zwischen dem 1. Juli 1941 und dem 1. Juni 1942 bei den Deutschen Werken in Kiel. Letztendlich fiel die Entscheidung, diese Pläne nicht weiter voranzutreiben.

Schließlich wurden die beiden Schlachtschiffe nach einem vergrößerten Entwurf bei denselben Bauwerften und unter denselben Baunummern ein zweites Mal auf Kiel gelegt: die GNEISENAU am 6. Mai 1935 und die SCHARNHORST, knapp sechs Wochen später, am 15. Juni 1935. Offiziell wurden für die beiden Schiffe je 26.000 ts standard angegeben. In Wirklichkeit lag die Standardverdrängung für die SCHARNHORST bei 32.708 t und für die GNEISENAU bei 32.604 t.

Ihre Kiellegung erfolgte zu einem Zeitpunkt, als sich die politischen Ereignisse im Bereich der Verträge und der Wiederaufrüstung zu beschleunigen begannen. Am 16. März 1935 hatte Reichskanzler Hitler einseitig den Vertrag von Versailles aufgekündigt.[59] Daraufhin handelte Großbritannien sehr schnell, um der deutschen Wiederaufrüstung zur See angesichts des Fehlens einer entsprechenden internationalen politischen Handlungsweise Beschränkungen aufzuerlegen. Das Ergebnis dieser Initiative war die Unterzeichnung des deutsch-britischen Flottenabkommens am 18. Juni 1935. Es begrenzte die Stärke der deutschen Flotte auf 35 % derjenigen der Royal Navy. Dieses Abkommen kam zu spät, um sich noch in größerem Maße auf den Entwurf der Schlachtschiffe D und E auszuwirken. Doch es beseitigte offensichtlich alle Besorgnisse bezüglich des üblichen »Wachstums« bzw. der Gewichtssteigerung während des Baues neuer Schiffe. Zu diesem Zeitpunkt besaß die Royal Navy 474.400 ts an Großkampfschiffen, weshalb sich der nunmehr Deutschland gestattete Anteil auf 166.000 ts belief. Unter dem Zugrundelegen der *offiziell erklärten* »Washington«-bzw. Standardverdrängungen der vorhandenen und neuen Schiffe blieben Deutschland nach SCHARNHORST und GNEISENAU (83.000 ts) für weitere neue Entwürfe noch einmal annähernd 83.000 ts übrig.

Der Bau und seine Durchführung

Die Schiffe dieser Klasse waren bei einer Länge über alles von 229,80 m um 43,80 m oder 23,55 % länger und bei einer Breite von 30 m um 9,30 m breiter als die DEUTSCHLAND/LÜTZOW. Es ist von Interesse, daß die zusätzliche Breite annähernd jener entsprach, die bei einem früher diskutierten Umbau der DEUTSCHLAND-Klasse vorgeschlagen worden war. Dieser Vorschlag hätte zu »kurzen und dicken« Schiffen geführt. Der hauptsächlich verwendete Schiffbaustahl war der neue St 52 KM, ausgenommen bei weniger als 4 mm dicken Platten und Bauteilen oder bei Bauteilen, die heiß gebogen werden mußten bzw. einen scharfen Winkel aufwiesen. Hier kam der ebenfalls neue Schiffbaustahl St 42 KM zur Anwendung.

Erneut lag dem Entwurf die Längsspant-Bänder-Stahlbauweise zugrunde. Der Hauptkiel bestand aus einem Mittelkiel und einem Flachkiel, der sich zwischen den Spanten 21,5 und 32, den Spanten 54,5 und 139,25 sowie von Spant 207 bis zum Steven erstreckte. Vom Spant

GNEISENAU im Jahre 1938 mit einer Ar 95 auf Turm C und einer He 114 auf dem Katapult mittschiffs. (USN)

40,85 an bis zum Bug war der Kiel öl- und wasserdicht. Auf jeder Seite des Schiffskörpers gab es sechs Längsspanten. Längsspant I erstreckte sich zwischen den Spanten 10,5 und 21,5 sowie 54,5 und 185,7, Längsspant II zwischen den Spanten 35,9 und 40,85 sowie 62 und 139,25, Längsspant III zwischen den Spanten 49,55 und 162,65, Längsspant IV zwischen den Spanten 62 und 153,95, Längsspant V zwischen den Spanten 32 und 49,55 sowie 185,7 und 207 und der Längsspant VI zwischen den Spanten 32 und 217,5. Oberhalb des Längsspantes VI war der Schiffskörper mit Längsbändern versteift. Je nach ihrer Position waren diese Längsspanten öl- und wasserdicht verschweißt. Schlingerkiele erstreckten sich an beiden Schiffsseiten von Spant 75,6 bis zum Spant 143,25. Querfestigkeit und Stabilität verliehen Querspanten im Abstand von 1500 mm. Im Doppelboden, der sich von Spant 21,5 bis zum Spant 229,5 hinzog, waren viele dieser Querspanten öl- und wasserdicht verschweißt. Seitlich begrenzte den Doppelboden bis zum Spant 62 das Seitenlängsschott und vor diesem Spant das Innere Wallgangschott. Innerhalb des Doppelbodens gab es zahlreiche Heizölbunker sowie Zellen für Kesselspeisewasser und solche für Brauch- und Trinkwasser usw.

Innerhalb des Systems der Unterteilung gab es fünf Längsschotte: das Äußere Wallgangschott, das Innere Wallgang- bzw. Torpedoschott, die Turmtrageschotte, die Seitenlängsschotte und die Mittellängsschotte. Das Äußere Wallgangschott zog sich längs zwischen den Spanten 32 und 185,7 hin und erstreckte sich in der Höhe vom Inneren Wallgangschott bis zur Oberkante des Längsspantes VI und dem Panzerdeck. Es war öldicht verschweißt. Das Innere Wallgangschott wies dieselbe Länge wie das Äußere auf – den Innenraum zwischen ihnen bildete der Wallgang – und erstreckte sich in der Höhe von der Außenbeplattung bis zum Panzerdeck; von unten bis oben um 10° schräg nach außen geneigt. Auch dieses Schott war öldicht verschweißt. Von Spant 30 bis zum Spant 10,5 und in der Höhe von der Außenbeplattung bis zum Panzerdeck setzte es sich als Seitenlängsschott fort. Die Turmtrageschotte nahmen das Gewicht eines jeden der drei 28-cm-Drillingstürme zwischen den Spanten 40,85 und 49,55 (Turm C), 153,95 und 162,65 (Turm B) sowie 171 und 179,85 (Turm A) auf. Sie erstreckten sich von der Bodenbeplattung bis zum Panzerdeck und standen im Abstand von etwa 4500 mm beiderseits der Mittschiffslinie. Das Haupt-

Gewichtsgruppen-Zusammenstellung der SCHARNHORST

Schiffskörper	8316 t
Artillerie	3935 t
M I	2680 t
M II	1114 t
Panzerung	14.245 t
Flugzeugeinrichtungen	90 t
Sonstige Ausrüstung	306 t
Verdrängung des leeren Schiffes	*30.686 t*
Munition	1196 t
Verbrauchsstoffe	111 t
Besatzung und Effekten	201 t
Proviant und Wasser	408 t
Standardverdrängung	*32.604 t*
50 % Brennstoff und Wasser	2802
Konstruktionsverdrängung	*35.406 t*
50 % wie oben + Frischwasserreserve	3037 t
Einsatzverdrängung	*38.443 t*

Anmerkung des Übersetzers: Angaben korrigiert nach Siegfried Breyer »Schlachtschiff SCHARNHORST« in Marine-Arsenal, Bd.2.)

GNEISENAU: Schematische Anordnung des Turbinensatzes

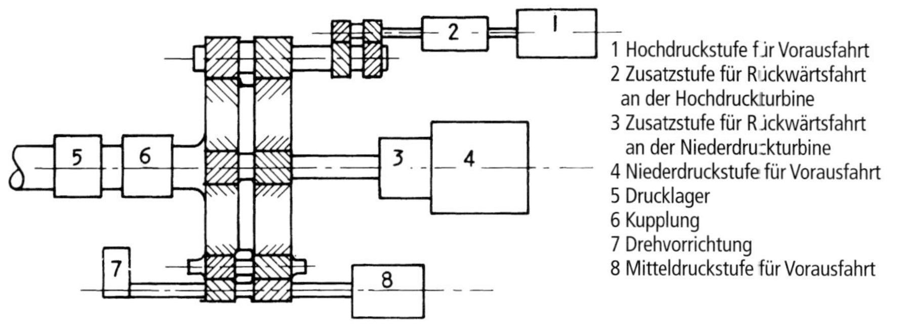

SCHARNHORST: Kurve für Geschwindigkeit/Antriebsleistung

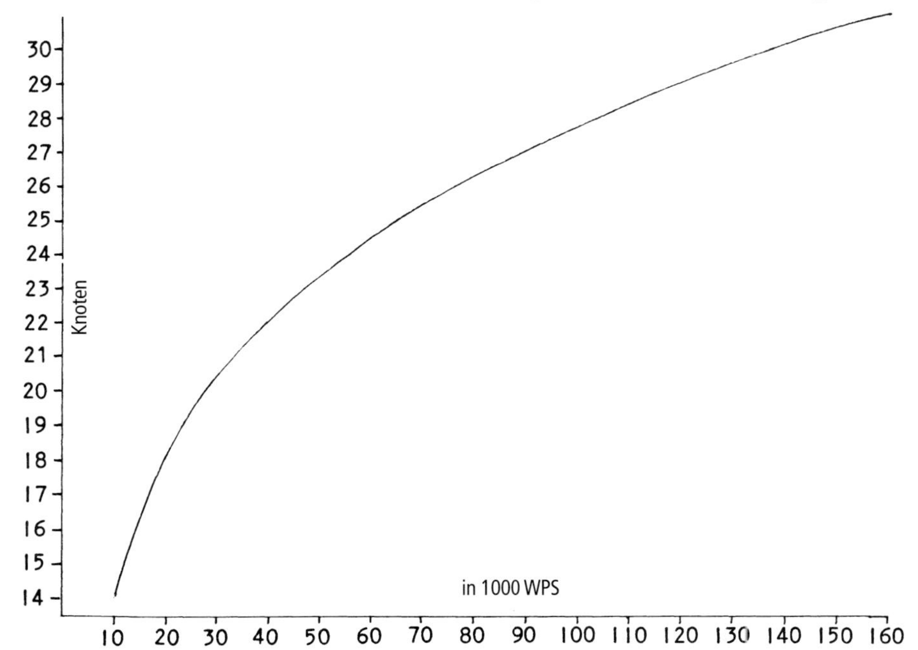

panzerdeck reichte von Spant 10,5 bis zum Spant 185,7 und befand sich 9200 mm oberhalb der Bodenbeplattung, ausgenommen über den Kesselräumen. Dort war es um 600 mm angehoben worden, um die Kesseldecken zugänglich zu machen. Im Schiffsinneren dienten der Sinksicherheit 21 wasserdichte Abteilungen: Die Abteilungen I bis XXI, von achtern nach vorn gezählt. In den Abteilungen VI bis XII waren als Hauptantriebsanlage drei Getriebeturbinen mit Drei-Wellen-Anordnung untergebracht. In den Abteilungen III und IV achtern sowie XV bis XVIII vorn befanden sich hauptsächlich die Pulverkammern mit dem Beladeraum auf dem Oberen Plattformdeck und die Granatkammern mit dem Beladeraum auf dem Mittleren Plattformdeck für die 28-cm-Türme usw.

Zwei Ausgleichsruder waren mit getrennten elektrischen Rudermaschinen ausgerüstet; falls erforderlich, konnte eine Rudermaschine so geschaltet werden, um mit ihr beide Ruder zu steuern. Zusätzlich gab es eine Hauptruderstelle, ausgestattet mit einem Drillingsrad. Die beiden Hauptsteuerstellen befanden sich als Friedenssteuerstelle auf der Kommandobrücke und als Gefechtssteuerstelle im Kommandoturm. Notsteuerstellen gab es fernerhin in der Kommandozentrale auf dem Zwischendeck, in jedem Rudermaschinenraum und im Handruderraum. Zur Gewichtseinsparung war erneut Leichtmetall verwendet worden. Doch obwohl es sich hierbei um insgesamt 103,5 t handelte, bedeutete dies lediglich einen Anteil von 0,66 % am Gewicht des Schiffskörpers (von der Berechnung des Schiffskörpergewichtes sind die Türme und die vertikale Panzerung ausgenommen).

Panzerschutz

Der horizontale Panzerschutz bestand beim Oberdeck aus 50 mm Wh n/A, entworfen, um gegen Mehrzweckbomben Schutz zu gewähren und die Verzögerungszünder von Panzersprengbomben auszulösen, die das Oberdeck durchschlagen sollten, damit sie über dem Hauptpanzerdeck detonierten. Diese Deckspanzerung wog 1989 kg. Zwei Decks tiefer befand sich das Hauptpanzerdeck aus 80 bis 95 mm dickem Wh-Material (in den Böschungen 105 bis 110 mm Wh n/A), das sich von Spant 10,5 bis zum Spant 185,7 erstreckte. Dieser Horizontalschutz reichte mit 95 mm Wh n/A vom Splitterlängsschott (Unterkante) bis zur Oberkante des Torpedoschotts und krümmte sich dann mit 105 mm Wh n/A in einer Böschung nach unten, um in einem Winkel von 25° zur Horizontalen auf den Seitenpanzer oberhalb seiner Unterkante zu treffen.

Mittschiffs zwischen den Splitterlängsschotten aus 20 mm Wh n/A, die vom Panzerdeck bis zum Oberdeck reichten, hatte das Panzerdeck eine Dicke aus 80 mm Wh. Diesen 80-mm-Panzerschutz begrenzten vorn und achtern Querschotte bei Spant 185,7 bzw. 54,5. Insgesamt waren im Panzerdeck 3252 t des Panzerstahls Wh n/A verarbeitet. 150 bis 200 mm dicke Panzerquerschotte bei Spant 10,5 und Spant 185,7 schlossen den Zitadellbereich ab. Die Barbetten (untere Sockel) der 28-cm-Türme, nach oben etwas konisch zulaufend, bestanden aus 350 mm dickem K.C.-Panzerstahl; sie saßen direkt auf dem Hauptpanzerdeck auf.

Den Vertikalschutz bildete ein 4,5 m breiter Hauptseitenpanzer, der sich zwischen den Spanten 10,5 und 185,7 erstreckte und aus 320 mm dickem K.C.-Panzerstahl (*nicht 350 mm,* wie oft zitiert wird) bestand. Seine Unterkante saß auf einer Stufe im Schiffskörper auf. Der Seitenpanzer selbst wies an seiner Rückseite eine Teakschicht auf und war mit dem Schiffskörper durch Bolzen aus Panzerstahl sicher verbunden. In der Breite wies der Seitenpanzer über 70 % die volle Dicke auf, hatte eine abgeschrägte Oberkante und war in seinem unteren Teil – 30 % seiner Breite – auf 170 mm getäpert, d.h. er verjüngte sich nach unten bis auf 170 mm. Vor dem Spant 185,7 zog sich ein 70 mm dicker Seitenschutz bis zum Bug hin, während nach achtern ein 90-mm-Gürtel den Rudermaschinenbereich schützte. Oberhalb des Hauptseitenpanzers erstreckte sich ein 45 mm dicker Zitadellpanzer, der bis zum Oberdeck reichte. Im Schiffsinneren gab es unter dem Panzerdeck zwischen dem Spant 32 und dem Spant 185,7 das Torpedo- oder Innere Wallgangschott aus 45 mm dickem Ww-Panzerstahl, das sich von unten nach oben um 10° schräg nach außen neigte. Weitere Einzelheiten des Panzerschutzes sind aus der Zeichnung auf Seite 40/41 zu entnehmen.

Die Hauptantriebsanlage

Die Auswahl des Antriebssystems war zunächst keine einfache Aufgabe gewesen, aber die Größenzunahme dieser Schiffe bis zu nominellen 26.500 t führte dazu, daß der Dampfantrieb als einzige Möglichkeit übrigblieb. Ein 1929 begonnenes Versuchsprogramm, um eine Hochdruckheißdampf-Anlage – raum- und gewichtssparend sowie von

GNEISENAU:
Innenanordnung nach projektierter Umrüstung auf 38-cm-Geschütze

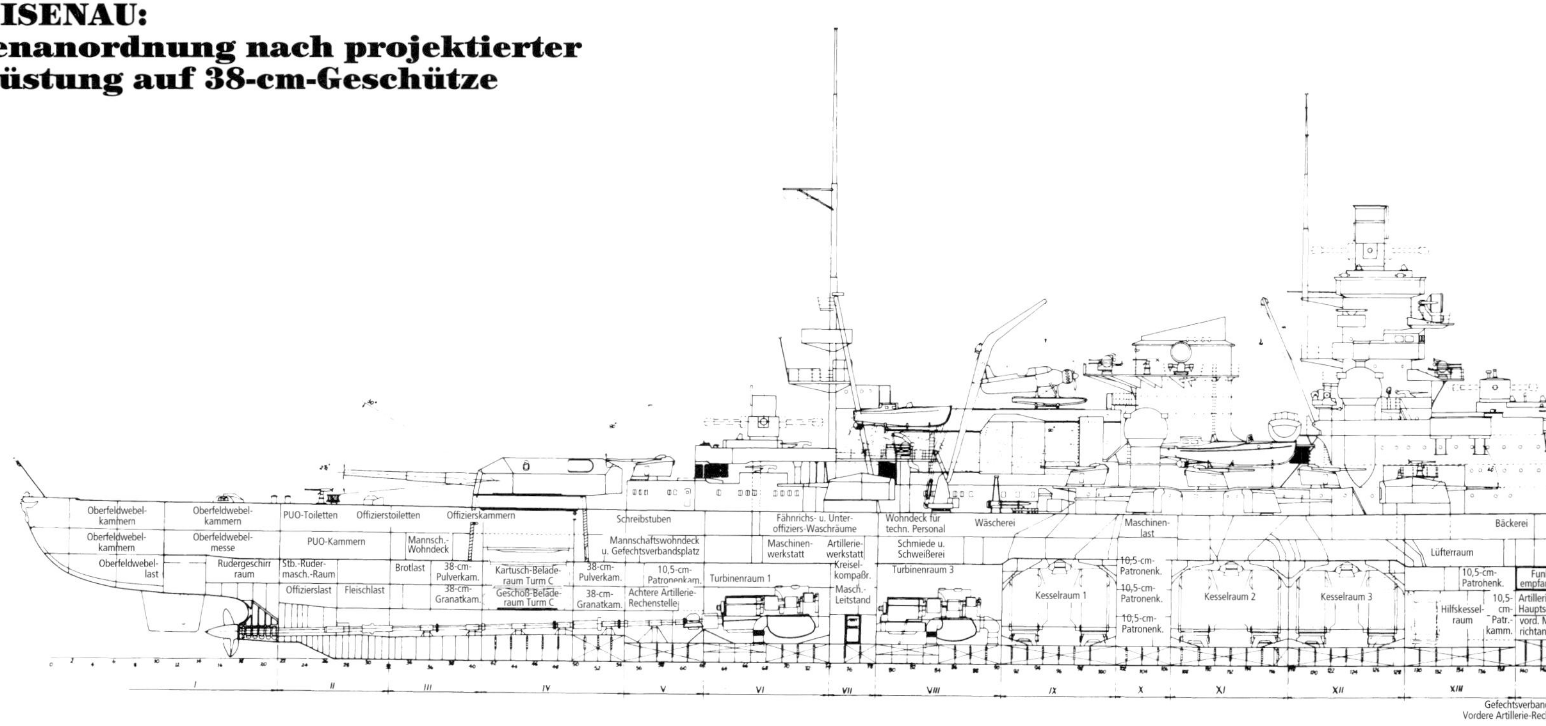

Rechts: Munitionsmanner für die 10,5-cm-Flak mit zwei leeren Hülsen. Rechts vorn und hinten links 10,5-cm-Patronenmunition. (Bundesarchiv)

Mitte: 10,5-cm-Flak S.K. C/33 n.A. in Dopp.L. C/37 bei größter Erhöhung (80°). Zur Bedienung gehörten zwölf Mann. (Bundesarchiv)

Ganz rechts: GNEISENAU: Detailansicht mittschiffs mit Flugzeugkran, Schleuderturm und 3,7-cm-Flak S.K. C/30 in Dopp.L. C/30. (Bundesarchiv)

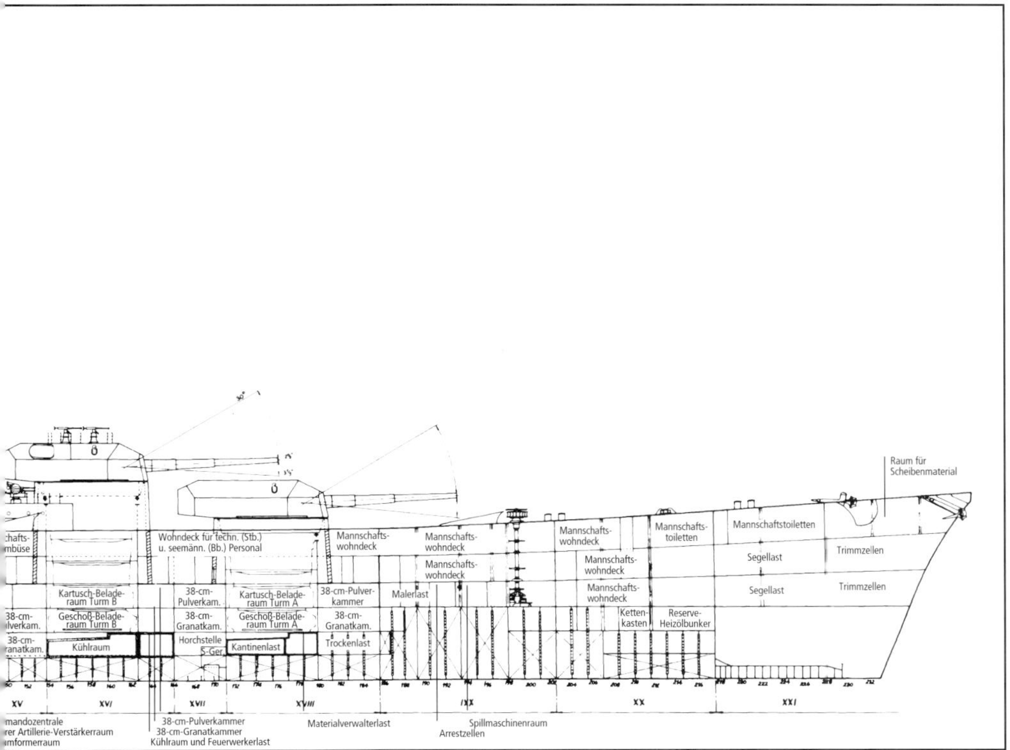

hoher Leistungsfähigkeit – zu entwickeln, hatte sich bis zur Mitte der 30er Jahre als vielversprechend herausgestellt, um in ein neues Schiff – das Artillerieschulboot BRUMMER (im Februar 1936 in Dienst gestellt) – eingebaut zu werden.[60] Diese Anlage war auch für die neuen Zerstörer des Typs 34 vorgesehen. Nunmehr sollten auch die Panzerschiffe D und E diese Turbinenantriebsanlage erhalten, allerdings mit einem geringeren Kesselbetriebsdruck.

Zwölf Wagner-Hochdruckheißdampfkessel erzeugten in drei Kesselräumen (vier Kessel in jedem) den erforderlichen Dampf. Für beide Schiffe baute die Deschimag die Kessel. Sie erzeugten einen maximalen Dampfausstoß von 54,5 t/h bei einem Betriebsdruck von 58 atü (58 kg/cm≈) und einer Betriebstemperatur von 450° C. Bei diesen Kesseln handelte es sich um einen Drei-Trommel-Typ, da der vorher erprobte Fünf-Trommel-Wagner-Kessel mit zwei Überhitzern und zwei Speisewasservorwärmern als zu kompliziert aufgegeben worden war. Statt dessen wurden zwei Drei-Trommel-Einheiten Seite an Seite eingebaut. Auch diese waren mit Überhitzer und Speisewasservorwärmer ausgerüstet. Der erstere wurde vom Abdampf der Hochdruckturbine und der letztere vom Turbinenläufer der Mitteldruckturbine gespeist. Die Kessel waren einhäusig mit geschlossenem Heizraum. Ihre Höhe betrug 6685 mm; dies führte im Panzerdeck zu einem Dom über den Kesselräumen (Abteilungen IX bis XII). Im übrigen hatten sie einen natürlichen Wasserumlauf und waren mit luftturbinengetriebenen Doppel-Ölbrennern des Systems Saake mit der nunmehr obligatorischen Askania-Automatiksteuerung ausgerüstet.

Während die Kesselanlage auf beiden Schiffen die gleiche war, gab es einen Unterschied bei den Turbinen. Das Panzerschiff D – die SCHARNHORST – erhielt drei Turbinensätze von Brown, Boveri & Cie. Diese hatten neben mit Überdruck arbeitenden Marsch- und Hochdruckstufen auch unmittelbar einwirkende Mitteldruck- und Niederdruckturbinen mit Hohllaufrädern. Die Marsch- und Hochdruckstufen befanden sich hinter dem Leitrad, während die Mitteldruck- und Niederdruckstufen davor lagen. Die Rückwärtsturbine war in das vordere Ende der Mitteldruckstufe integriert, von der vorderen Beschaufelung durch eine Scheidewand getrennt. Ein zweites Rückwärtselement war eine Zweistrom-Reaktionsstufe inmitten des Niederdruckgehäuses. Diese Niederdruckturbine saß direkt auf dem Hängekondensator auf, unterstützt durch eine abgefederte Platte, um die Erschütterungen abzufangen. Der Antrieb vom Getriebe zu den Wellen wurde mittels einer Brown-Boverie-Zahnradkupplung übersetzt. Das Gewicht der Haupt- und Hilfsmaschinenanlage betrug fast 4000 t.

GNEISENAU hatte dagegen drei Deschimag-Turbinen erhalten (keine Germania-Turbinen, wie stets erwähnt wird); sämtliche Bauangaben aus den Akten des OKM von 1935 bis 1939 zeigen auf, daß die Antriebsanlage dieses Schiffes bei der Deschimag in Bremen hergestellt wurde. Integriert war auch eine Marschturbine, die aus einem Curtis-Laufrad und vier Einzelstufen bestand, verbunden über ein Vulcan-Getriebe; sie entwickelte 12.000 WPS pro Welle. Die Hochdruckturbine entsprach der Einheitsnorm der deutschen Kriegsmarine insoweit, als sie aus einem Curtis-Laufrad und drei einzelnen Rateau-Stufen bestand, angetrieben durch ein Doppel-Reduktionsgetriebe (die deutsche Kriegsmarine mißtraute dem Doppel-Reduktionsgetriebe, da es zu weniger wirtschaftlichen Turbinenentwürfen führte.) Wie bei allen deutschen Turbinenentwürfen gab es für jede Turbinenstufe ein gesondertes Laufrad. Die Mitteldruckturbine bestand aus der ersten einzelnen Rateau-Stufe und siebzehn Reaktionsstufen, auf den oberen Teil des Leitrades über ein Ritzelrad einwirkend. Die aus fünf einzelnen und zwei doppelten Rateau-Stufen bestehende Niederdruckturbine wirkte über ein Leerlaufritzel auf das Leitrad ein. Alle Turbinenlaufräder befanden sich vor dem Leitrad. Die Hochdruckturbine für Rückwärts-

GNEISENAU: In der Bildmitte ist das Katapult mit einer Ar 196 auf dem 8 m hohen Schleuderturm zu erkennen. Ferner sind links im Bild die 10,5-m-E-Meßbasis auf dem achteren Leitstand, davor ein 15-cm-Doppelturm sowie auf der Konsole unterhalb des Bordflugzeuges ein Scheinwerfer zu sehen. (USN)

fahrt in Reihenschaltung mit der Hochdruckturbine für Vorwärtsfahrt bestand aus einem zweikränzigen Curtis-Laufrad und wurde durch ein Doppel-Reduktionsgetriebe angetrieben. Eine besondere Niederdruckturbine für Rückwärtsfahrt war in das hintere Ende des Niederdruckläufers integriert und setzte sich aus einer Einfachfluß- mit zwei Rateau-Stufen zusammen. Die Turbinen für Rückwärtsfahrt entwickelten 19.000 WPS pro Welle. Bei abgestellter Marschturbine lief die Hochdruckturbine bei Höchstleistung mit 6725 U/m.

Bei beiden Schiffen glichen die Marschturbinen jenen auf den Zerstörern vom Typ 34 – d.h. gesonderte Anordnung mit Antrieb über eine Vulcan-Kupplung. Sie waren daher auch mit ähnlichen Problemen behaftet, insbesondere verringerte der Widerstand der Kupplung sehr stark die Leistungsfähigkeit. Infolgedessen wurden Erprobungen mit und ohne Marschturbinen durchgeführt; das Ergebnis bestand in ihrer Entfernung. Gleichzeitig wurde auch das unterstützende Einlassen des Abströmungsdampfes in die Niederdruckturbine aufgegeben. Das Entfernen der Marschturbinen führte bei Leistungen von weniger als 10.000 WPS zu einer Steigerung des Dampfdrucks um 25 %. Doch dies wog die Abneigung gegen die Marschturbine nicht auf, besonders da das Ausrücken der Kupplungen von den Propellerwellen den Betrieb einer Welle mit niedriger Leistung bei guter Turbinenauslastung gestattete. Hier ergab das Fehlen der Marschturbine kaum einen Unterschied. Die gesamte Antriebsleistung erbrachte maximal 53.360 WPS pro Welle, d.h. insgesamt 160.080 WPS.

In meinen früheren Bänden habe ich bereits Ausführungen zu den Gewichtsschwierigkeiten, zum räumlichen Umfang und zur relativ niedrigen Leistungsfähigkeit der deutschen Turbinen- und Kesselentwürfe gemacht. Die Antriebsanlagen der Schlachtschiffe unterschieden sich hierin kaum. Vor allem aufgrund der separaten Turbinenläufer war ihr Gewichtsanteil sehr hoch und ihre niedrigen Geschwindigkeiten steigerten den räumlichen Umfang der Anlagen. Die Geschwindigkeit war infolge des Beibehaltens der einfachen Zahngetriebe zu niedrig und dies führte zu geringer Leistungsfähigkeit. Aus legalen Gründen integrierten die Maschinenkonstrukteure auch zahlreiche Sicherheitsmaßnahmen in ihre Anlagen. Diese führten zu Sicherheitsventilen, um Dampf abzulassen, wenn folgende Voraussetzungen eintraten:

a) Überdrehen der Welle,
b) Verlust des Schmieröldrucks,
c) Verlust des Kondensator-Vakuums,
d) Überdruck am Turbineneinlaß und
e) übermäßige Axialbewegung.

Dies wurde auch als übertrieben zugestanden und im Gefecht veranlaßte der Schock häufig das Auslösen einer dieser Sicherheitsmaßnahmen, um Dampf abzulassen und die Antriebsanlage stillzulegen. Die drei Turbinenräume waren wie folgt angeordnet: Turbinenraum 1 achtern in Abteilung VI für den Antrieb der Mittelwelle. Nach vorn schloß sich in Abteilung VII der Maschinenleitstand an. Anschließend waren in Abteilung VIII auf der Backbordseite der Turbinenraum 2 für den Antrieb der Backbordwelle und auf der Steuerbordseite der Turbinenraum 3 für den Antrieb der Steuerbordwelle untergebracht, beide getrennt durch das Mittellängsschott.

Die Kapazität zur Erzeugung elektrischen Stroms belief sich auf insgesamt 4120 kW bei 220 V, und zwar 3220 kW durch Turbogeneratoren und 900 kW durch Dieselgeneratoren. In fünf E-Werken gab es sechs Turbogeneratoren zu je 460 kW und zwei zu je 230 kW sowie zwei Dieselgeneratoren zu je 150 kW und zwei zu je 300 kW. Die Turbogeneratoren waren wie folgt untergebracht: E-Werk 1 auf der Backbordseite in Abteilung VI auf dem Mittleren Plattformdeck über dem Backbordwellentunnel.

E-Werk 2 auf der Steuerbordseite in Abteilung IX, E-Werk 3 auf der Backbordseite in Abteilung XI und E-Werk 4 auf der Steuerbordseite in Abteilung XII. Das E-Werk 5 war der Dieselgeneratorraum auf der Backbordseite in Abteilung XIII. In dieser Abteilung befand sich außerdem auf der Steuerbordseite – ebenfalls auf dem Unteren Plattformdeck – der Hilfsmaschinenraum 4 (Hilfskessel). Die E-Werke 2 bis 4 lagen dagegen auf dem Oberen Plattformdeck.

Bewaffnung und Feuerleitanlagen

Die aus neun 28-cm-Geschützen S.K. L/54,5 C/34 bestehende Hauptbewaffnung wurde in drei Drillingstürmen – Turm A und B vorn, Turm C achtern – geführt. Unter anderem verschossen diese Geschütze eine Panzersprenggranate von 330 kg mit einer maximalen Reichweite von 40.930 m. Jeder Turm besaß seine eigenen Pulver- und Granatkammern; erstere befanden sich auf dem Oberen und letztere auf dem Mittleren Plattformdeck. Jeden Turm bedienten vier Pulver- und zwei Granatkammern. Die Munitionsdotierung betrug pro 28-cm-Geschütz 150 Schuß.

Es hatte die Hoffnung bestanden, die gesamte aus zwölf 15-cm-Geschützen S.K. L/55 C/28 bestehende Mittelartillerie in Doppeltürmen (Dopp.Dreh.L. C/34) einzubauen, aber dies hatte sich aus Gewichtsgründen als unmöglich erwiesen. Auf jeder Seite konnten je zwei dieser Türme – je einer vorn und achtern – untergebracht werden. Doch die restlichen vier Geschütze mußten in Einzelaufstellung in Mittelpivotlafetten (MPL C/35) zu je zwei auf jeder Seite zwischen dem vorderen und dem achteren 15-cm-Doppelturm untergebracht werden. In der Bordpraxis erwies sich dies als Nachteil, denn die bei diesem Lafettentyp nach hinten offenen Schilde konnten von überkommenden Seen überspült werden und unter arktischen Bedingungen war dies für die Geschützbedienungen geradezu gefährlich. Zudem hatte das 15-cm-Geschütz S.K. C/28 lediglich Seezielfähigkeit.

Hieraus ergab sich, daß mit diesen beiden Schiffen der in der Reichs- bzw. Kriegsmarine herrschende Brauch fortgesetzt wurde, neben der nur gegen Seeziele einsetzbaren Mittelartillerie schwere Fla-Geschütze zur Bekämpfung von Luftzielen mitzuführen. Bei den letzteren handelte es sich um das 10,5-cm-Geschütz S.K. L/65 C/33 in angepaßten 8,8-cm-Doppellafetten (Dopp.L. C/31). Die Größensteigerung beim Panzerschiff D gegenüber dem Panzerschiff A gestattete es, die Anzahl der schweren Fla-Geschütze mehr als zu verdoppeln (vierzehn gegen sechs).

Auf jeder Seite befanden sich mittschiffs auf dem Aufbaudeck – von wo aus sie ein gutes Schußfeld hatten – je drei Doppellafetten, während eine siebente Doppellafette achtern in der Mittschiffslinie ebenfalls auf dem Aufbaudeck stand, um den achteren Bereich abzudecken.

Auf dem Gebiet der Luftabwehr im Nahbereich, d.h. der Leichten Flak, gab es noch immer kaum eine Auswahlmöglichkeit, da das 3,7-cm-Geschütz S.K. C/30 in Doppellafette C/30 nicht ersetzt worden war. Doch auch ihre Anzahl konnte auf sechzehn Rohre verdoppelt werden: zwei Doppellafetten beiderseits von Turm B auf dem Oberdeck, zwei auf dem Gefechtsmast oberhalb der Kommandobrücke und weitere vier rund um den achteren Kommandostand angeordnet. Schließlich waren noch zehn 2-cm-Fla-Geschütze MG C/30 in Einzellafetten vorhanden; in Friedenszeiten wurden jedoch nur acht von ihnen mitgeführt: zwei beiderseits von Turm B auf dem Schutzdeck, zwei im Vormars, zwei auf der Schornsteinplattform und zwei auf dem Achterdeck.

Die beiden Schlachtschiffe führten keine Torpedobewaffnung, waren aber mit Bordflugzeug und Katapulteinrichtungen ausgestattet. Im Gegensatz zu den früher gebauten Panzerschiffen hatten die beiden neuen Schiffe zwei Katapulte: eines mittschiffs vor dem achteren Kommandostand auf einem 8 m hohen Schleuderturm, schwenkbar um 360°, und ein zweites auf dem Turm C und nur mit diesem schwenkbar. Die letztere Anordnung verursachte einige Probleme beim Umsetzen des Bordflugzeuges – im allgemeinen wurde nur eines vom Typ Ar 196 auf dem Katapult mittschiffs mitgeführt – mit Hilfe des Backbordflugzeugkrans und der Übernahme durch einen niederlegbaren Umsetzkran hinter Turm C, um es auf das Katapult auf Turm C zu setzen.

Die Hauptfeuerleiteinrichtungen folgten mit drei Artillerieleitständen dem üblichen deutschen Muster: auf dem vorderen Kommandostand (Kommandoturm) eine 6-m-E-Meßdrehbasis sowie je eine 10,5-m-E-Meßdrehbasis auf dem Artillerieleitstand im Vormars des Turmmastes und auf dem achteren Kommandostand. Alle drei E-Meßbasen waren mit gepanzerten Drehhauben ausgestattet. Zusammen mit der Kommandozentrale waren in der Abteilung XIV die Artillerie-Hauptschaltstelle sowie die vordere Artillerie-Nebenschaltstelle, die vordere Artillerie-Rechenstelle und der vordere Artillerie-Verstärkerraum mit den erforderlichen Nebenräumen auf dem Oberen, Mittleren und Unteren Plattformdeck untergebracht.

Die entsprechenden achteren Stellen befanden sich in den Abteilungen IV und V. Bei beiden Schiffen wurde die neue Artillerie-Feuerleitausrüstung C/30 eingeführt. Für die später zu bauenden Schweren Kreuzer und Schlachtschiffe sollte sie noch weiterentwickelt und verfeinert werden.

Die beiden Schiffe erhielten auch ein komplizierteres Flak-Feuerleitsystem in Form von vier Flak-Leitständen SL 6 – 1933 eingeführt. Diese vier wiederum vollstabilisierten Leitstände waren – jeweils beiderseits des Gefechtsturms und des Schornsteins eingebaut – unschwer an ihren halbkugelförmigen Hauben mit einer 4-m-E-Meßbasis zu erkennen. Mit den 21 t des früheren Flak-Leitstandes SL 1 verglichen, wog der neue Leitstand SL 6 über 40 t. Diese Flak-Leitstände waren mit den vorderen bzw. achteren Fla-Rechenstellen und -Schaltstellen in den Abteilungen XIV (Mittleres Plattformdeck neben der Artillerie-Hauptschaltstelle) bzw. V (Oberes Plattformdeck) verbunden. Bei diesen Schiffen wurden auch zum erstenmal die Flak-Zielanweisungsgeräte (ZAG) eingeführt.

Scheinwerfer blieben ein wesentliches Element der Gefechtsführung bei Nacht, so daß jedes der beiden Schiffe fünf 160-cm-Scheinwerfer erhielt: einen auf einer Plattform an der Vorderseite des Gefechtsturms unterhalb des Vormars-Leitstandes, zwei auf der Schornsteinplattform jeweils an Steuerbord und Backbord sowie zwei achtern auf Hubpodesten beiderseits der Vorderkante des Katapult-Schleuderturms.

Modifizierungen

Bereits die ersten Erprobungsfahrten ließen wie bei den vorher gebauten deutschen Schiffen auch bei GNEISENAU die allgemeine Nässe des Vorschiffs erkennen. Daher erfolgte im Januar 1939 durch die Bauwerft ein Umbau des Vorschiffes. Der gerade Steven fiel weg und das Schiff erhielt einen »Atlantikbug«, einen graziös überhängenden Vorsteven, um durch einen größeren Auftrieb das Problem des überkommenden Spritzwassers zu mildern. Gleichzeitig bekam der Schornstein eine große Schrägkappe. Die Änderungen am Bug erwiesen sich als nicht ganz zufriedenstellend. Daher wurden im Mai 1939 die alten Ankerklüsen dichtgesetzt und Decksklüsen eingebaut. Außerdem wurde die Funkstenge am Vormars entfernt und durch einen abgesetzten Pfahlmast an der Rückseite des Gefechtsmastes ersetzt. Im Oktober 1939 bekam die Drehhaube der 10,5-m-E-Meßbasis im Vormars an der Vorderseite eine FuMO-Antenne. Außerdem wurde gleichzeitig auf der Drehhaube ein Bedienungsstand eingebaut. Dies führte zu einer Überlastung des Schwenkantriebs für die Drehhaube – ein allgemeines Problem.

Anfang 1940 erfolgten das Schließen der Admiralsbrücke, der Einbau der MES-Anlage und der Abbau des achteren Katapults mit Umsetzkran am Turm C.[61] Das Gewicht der Katapultanlage beeinträchtigte das Schwenken des Turms. Außerdem stellte auslaufendes Flugbenzin durch Unglücksfall oder Gefechtsschaden für den Turm eine ernste Gefahr dar. Ganz abgesehen davon, daß sich das Bordflugzeug auf dieser exponierten Position sehr schwer handhaben ließ.

Im Januar 1941 wurden die 2-cm-Einzellafetten C/30 durch solche vom Modell C/38 ersetzt. Auf einer beweglichen Plattform (im Marinejargon »Storchennest« genannt) mit einem Gitterunterbau – angebracht während der Großen Werftliegezeit von Juli bis November 1940 in Kiel – erfolgte der Einbau einer 2-cm-Vierlingsflak. Das bisherige FuMO 22 wurde durch ein FuMO 27 ausgetauscht.

1942 erhielt die GNEISENAU während ihres Aufenthaltes in Brest auch auf der achteren 10.5-m-E-Meßdrehhaube eine FuMO-Antenne (vermutlich FuMO 27). Als direktes Ergebnis der Erfahrungen aus dem Unternehmen »Berlin« (Vorstoß der GNEISENAU und der SCHARNHORST am 22. Januar 1941 in den Atlantik und Handelskriegführung bis zum Einlaufen in Brest am 22. März 1941) und des Vorstoßes der ADMIRAL HIPPER erfolgte im Sommer 1941 der Einbau von zwei 53,3-cm-Drillingstorpedorohrsätzen mittschiffs beiderseits des neuen Hangars. Zumindest vierzehn Torpedos des Typs G7a konnten untergebracht werden. In der Zeit, in der das Schlachtschiff untätig im französischen Brest lag, wurde zwischen Schornstein und achterem Kommandostand ein neuer, verlängerter Hangar mit dem Katapult in seinem Inneren eingebaut. Beide Hangarseiten ließen sich durch dreiteilige Schiebetore öffnen und das Bordflugzeug konnte auf dem schwenkbaren Katapult aus der Halle heraus nach beiden Seiten gestartet werden. Im hinteren Hallenteil konnte zudem noch ein zweites Flugzeug untergebracht werden. Durch diesen Umbau mußte die 2-cm-Vierlingsflak samt ihrem Unterbau enrfernt werden. Allerdings gelangten dafür drei 2-cm-Vierlingslafetten C/38 zur Aufstellung: eine auf dem Turm B, eine auf der Schornsteinplattform und die dritte auf dem Hangardach. Damit verfügte die GNEISENAU über insgesamt 22 x 2-cm-Rohre (10 x 1, 3 x 4). Vorgesehen war, daß auch die GNEISENAU einen Dreibein-Großmast ähnlich dem wie auf der SCHARNHORST erhalten sollte. Doch diese Absicht gelangte nicht mehr zur Ausführung, obwohl der Mast in Brest für den Einbau bereits verfügbar war.

Nach den schweren Beschädigungen durch Bombentreffer britischer Flugzeuge in der Nacht vom 26./27. Februar 1942 wurde die GNEISENAU außer Dienst gestellt. Es war beabsichtigt, die bereits seit langem geplante Umrüstung auf drei 38-cm-Doppeltürme durchzuführen. Auf Befehl Hitlers wurden jedoch im Januar 1943 alle Reparatur- und Umbauarbeiten an dem bereits nach Gotenhafen verbrachten Schiff eingestellt; eine erneute Indienststellung erfolgte nicht mehr.

Auch die SCHARNHORST wurde bereits im Juni/Juli 1939 größeren Umbauten unterzogen: Umbau des Vorschiffs mit »Atlantikbug« und Verlängerung des Schiffskörpers um 5,1 m (siehe oben GNEISENAU), Aufsetzen einer Schrägkappe auf dem Schornstein, Vergrößerung des Flugzeughangars mit dem Katapult auf dem Hangardach, Abbau des Großmastes an der Hinterkante des Schornsteins, Einbau eines neuen Dreibein-Großmastes mit Scheinwerferpodest weiter achtern zwischen Hangar und achterem Kommandostand (das offensichtlichste Unterscheidungsmerkmal zur GNEISENAU). Einbau der MES-Anlage, Ausrüstung mit FuMO-Geräten und Abbau des Katapults auf Turm C (mit Kran) wie bei der GNEISENAU. Gleiches gilt für den Einbau eines zweiten FuMO 27 und für die Ausrüstung mit zwei 53,3-cm-Drillingstorpedorohrsätzen in Brest.

1941 erhielt die SCHARNHORST auf den beiden Plattformen beiderseits des Katapultunterbaus statt der Scheinwerfer je eine 2-cm-Vierlingslafette C/38. Anfang 1942 kamen vier weitere 2-cm-Vierlingslafetten an Bord, drei waren allerdings nur zweiachsig stabilisierte Heereslafetten: eine auf den erweiterten Plattformkranz um den Schornstein, je eine auf den beiden vorderen 15-cm-Doppeltürmen und die vierte auf den Turm B. Daneben gab es noch zehn 2-cm-Einzellafetten C/38, so daß zum Zeitpunkt des Unternehmens »Cerberus« (Kanaldurchbruch am 12./13. Februar 1942) insgesamt 34 x 2-cm-Rohre (10 x 1, 6 x 4) zur Verfügung standen. Die 2-cm-Vierlingsflaks in Heereslafette kamen nach dem Kanaldurchbruch wieder von Bord. Nach der Rückkehr des Schiffes nach Deutschland wurde auch die Admiralsbrücke geschlossen, nachdem bereits ein Jahr zuvor die beiden Brückennocken um die Hälfte verkürzt worden waren. Bis zum Untergang der SCHARNHORST am 26. Dezember 1943 wurden kaum noch Änderungen durchgeführt.

4. BISMARCK und TIRPITZ

Der Entwurf und seine Entstehung

Als Adolf Hitler am 16. März 1935 einseitig den Vertrag von Versailles aufkündigte, führte dies zu einer heftigen diplomatischen Aktivität, die in der Unterzeichnung des deutsch-britischen Flottenabkommens drei Monate später am 18. Juni 1935 ihren Höhepunkt fand. Das Abkommen begrenzte die deutsche Flottenstärke auf 35 % derjenigen Großbritanniens. Soweit es die Großkampfschiffe betraf, bedeutete dies, daß Deutschland in dieser Kategorie 184.000 ts bauen konnte. Die drei Panzerschiffe sowie die beiden Schlachtschiffe SCHARNHORST und GNEISENAU ergaben insgesamt 83.000 ts standard. Damit blieben für weitere Neubauten noch 101.000 ts übrig. Da jedoch das Washingtoner Flottenabkommen von 1922 und der Londoner Vertrag von 1930 mit ihren Beschränkungen in Kraft blieben, durfte die Wasserverdrängung bei Großkampfschiffen maximal 35.000 ts standard nicht überschreiten. Mit der für Neubauten verbliebenen Tonnage konnte daher Deutschland legitim drei neue Schiffe innerhalb der 35.000-ts-Beschränkung bauen.

Schon seit längerem hatte Deutschland darauf hingearbeitet, die Bestimmungen des Versailler Vertrages völlig zu mißachten; denn schon als die Vorgespäche im Frühjahr 1934 für das Schlachtschiff F begannen, war als Ausgangspunkt eine Wasserverdrängung von 35.000 ts standard vorgegeben. Die ursprünglichen militärischen Forderungen verlangten nach einem Schiff, bewaffnet mit acht 33-cm-Geschützen, mit einer aus zwölf 15-cm-Geschützen in Doppeltürmen bestehenden Mittelartillerie sowie sechzehn 10,5-cm-Fla-Geschützen, und der Panzerschutz sollte folgende Charakteristika aufweisen:

Hauptseitenpanzer	350 mm (wie D und E)
Seitenschutz vorn und achtern	150 mm
Panzerdeck (horizontal)	100 mm
Panzerdeck in den Böschungen sowie über den Munitionskammern und der Ruderanlage	120 mm
Oberdeck	50 mm
SA-Barbetten	350 mm
MA-Barbetten	150 mm
Kommandoturm (vorderer Stand)	400 mm
Torpedoschotte	60 mm
Seitensplitterschutz	60 mm

Die bis zum bereits geschlossenen Panzerdeck fertiggestellte TIRPITZ auf der Helling. Beachte die als Splitterschutz dienenden Mittellängsschotte. Ferner sind die zylindrischen Unterbauten der Barbetten der 15-cm-Türme und des 38-cm-Turms A zu erkennen. (IWM)

In den Diskussionen zeigte sich sehr rasch, daß es ein unmögliches Unterfangen war, dieses Ausmaß an Panzerschutz zu erreichen und innerhalb der 35.000-ts-Beschränkung zu bleiben. Daher wurden der Hauptseitenpanzer auf 320 mm, der Seitenschutz nach vorn auf 70 mm und nach hinten auf 90 mm verringert. Hinsichtlich der Hauptantriebsanlage fiel noch keine Entscheidung; mehrere Möglichkeiten blieben in Erwägung. Bis zum Herbst 1934 hatte die Marinekonstruktionsabteilung die ungefähren Entwurfsdaten ausgearbeitet, beruhend auf acht 33-cm-Geschützen sowie – wie bei den Schlachtschiffen D und E – auf Panzerung, Mittelartillerie und einer Geschwindigkeit von 30 kn. Am 2. November 1934 wurde jedoch im Verlaufe einer Konferenz – diesen Entwurf betreffend – dargelegt, daß es notwendig wäre, 33 kn für Höchstfahrt, 30 kn für Dauerfahrt und 21 kn für Marschfahrt zu fordern, um gegenüber den französischen Schlachtschiffen DUNKERQUE und STRASBOURG Überlegenheit und gegenüber allen zukünftigen Schlachtschiffen jedweder Nation Ebenbürtigkeit zu erreichen. Dies traf jedoch auf den Widerstand von VAdm. Guse, den Chef des Marinekommandoamtes (A), der die genannten Forderungen auf 29, 27 bzw. 21 kn reduzierte.

Diese Parameter wurden für die erste und die zweite Entwurfsskizze akzeptiert, aber am 26. November 1934 nochmals herabgesetzt, und zwar diesmal auf 28 kn Höchstfahrt über die gemessene Meile – d.h. unter Erprobungsbedingungen – und 27 kn in See. Als Standardverdrängung wurden 37.200 ts angenommen.

Am 10. November 1934 instruierte jedoch Admiral Raeder die beteiligten Stellen, daß der Entwurf unter keinen Umständen 35.000 ts überschreiten dürfe und daß die Abmessungen des Schiffskörpers mit den durch die vorhandenen Schleusen, Docks und Hafeneinrichtungen vorgegebenen Begrenzungen in Übereinstimmung stehen müßten. Unter Beachtung dieser Anweisung wurden die militärischen Forderungen erneut überprüft, aber nicht weiter herabgesetzt, und es wurde eingeräumt, daß ein Entwurf im Verlaufe der Entwicklungs- und Konstruktionsphase stets »wächst«. Dies führte zur Schlußfolgerung, daß es unmöglich war, die Wasserverdrängung unter 37.200 ts standard zu verringern. Eine erneute Überprüfung der Berechnungen durch die Marinekonstruktionsabteilung bestätigte diese Auffassung. Als Ergebnis der Vorschläge aus dem Marinekommandoamt (A) in Zusammenarbeit mit der Waffenabteilung des Allgemeinen Marineamtes (B) und der Marinekonstruktionsabteilung stimmte Admiral Raeder folgenden Grundüberlegungen zu:

a) Die Typverdrängung kann überschritten werden, vorausgesetzt, daß hierdurch eine beträchtliche Steigerung an Kampfkraft erreicht wurde.

b) Der turboelektrische Antrieb sollte erforscht werden.
c) Getrennte Entwurfsskizzen sollten für ein Schiff mit vier 33-cm-Doppeltürmen und turboelektrischem Antrieb sowie für ein solches mit vier 35-cm-Doppeltürmen und Dampfturbinenantrieb erstellt werden.

Nach Durchführung der erforderlichen Berechnungen berichtete die Marinekonstruktionsabteilung, daß keiner der beiden unter c) genannten Vorschläge realisiert werden könnte – falls die gestellten militärischen Forderungen erfüllt werden sollten –, ohne die spezifizierte Typverdrängung beträchtlich zu überschreiten. Außerdem würde dies das Ausscheiden der Deutschen Werke in Kiel als mögliche Bauwerft bedeuten. Im Verlaufe einer Konferenz am 17. Januar 1935 wurde der letztere Gesichtspunkt diskutiert und die Schlußfolgerung gezogen, daß weder die Hellinglänge bei den Deutschen Werken in Kiel noch die der Marinewerft in Wilhelmshaven die Abmessungen des Schiffskörpers zu diktieren hätten. Hierbei wurde nochmals betont, daß die vorhandenen Schleusen und die Wassertiefen vor den deutschen Marinehäfen vorgegebene Begrenzungen darstellten.

Auch das Problem der Hauptbewaffnung – 33 cm oder 35 cm – und die bei 28 kn festgesetzte Geschwindigkeit wurden diskutiert. Die letztere wurde tatsächlich als Höchstgeschwindigkeit angesehen, wurde aber von Admiral Raeder als Dauergeschwindigkeit interpretiert. Dies führte später zu Meinungsverschiedenheiten darüber, wie denn nun die Entwurfsanforderungen tatsächlich lauteten.

Zwei Tage später, am 19. Januar 1935, entschied Admiral Raeder, den »Entwurf F« mit 35-cm-Geschützen und Getriebeturbinen zu entwickeln. Der Panzerschutz sollte wie vorgesehen bleiben, ausgenommen die Hauptbarbetten; sie sollten über dem Oberdeck 350 mm und darunter 320 mm aufweisen.

Oben links: Die TIRPITZ im Ausrüstungsbecken. (IWM)

Mitte: Anbringen der Panzerplatten für den Seitenpanzer am Schiffskörper der BISMARCK. Beachte die Löcher für die Verbindungsbolzen. (Bundesarchiv)

Unten: Einsetzen der Drehscheibe mit der Geschützplattform für den Turm B auf der BISMARCK. (Bundesarchiv)

Links: Ein Turmuntersatz schwebt zur BISMARCK, um eingesetzt zu werden. (Bundesarchiv)

Die Dauergeschwindigkeit hatte maximal 28 kn zu betragen. Hiermit wurde die Tatsache akzeptiert, daß dies das Überschreiten der 35.000-ts-Grenze erfordern würde. Doch es wurde auch nachdrücklich betont, die Entwurfsgröße stets mit »35.000 ts« anzugeben. Zu diesem Zeitpunkt war die Typverdrängung tatsächlich bereits auf 39.000 ts gestiegen. Später sorgfältig und genau durchgeführte Neuberechnungen der Schiffskörpergewichte bei SCHARNHORST und GNEISENAU (Schlachtschiffe D und E) zeigten jedoch nunmehr auf, daß selbst diese Typverdrängung unzureichend war, um die festgelegten Forderungen zu erfüllen, und daß die Panzerung um einiges verringert werden mußte. Eine weitere Steigerung in der Wasserverdrängung konnte nur auf Kosten der Überschreitung des bisher geltenden maximalen Tiefgangs von 10 m (bei voller Ausrüstung) erreicht werden. Inzwischen hatten Untersuchungen der Marinekonstruktionsabteilung und anderer Abteilungen hinsichtlich der Entwurfsanforderungen bei Benutzung von Wilhelmshaven als Stützpunkt und des Nord-Ostsee-Kanals ergeben, daß die Grenzwerte bezüglich der Abmessungen des Schiffskörpers bei 242 m Länge über alles, 36 m Breite und 10 m Tiefgang lagen.

Im März 1935 kam die Frage auf, vermutlich als Folge der Aufkündigung des Versailler Vertrages, 38-cm-Geschütze vorzusehen. Dies wäre durchführbar, würde aber ein zusätzliches Gewicht von ca. 1500 ts bedeuten. Hierdurch käme es zu einer Steigerung bei der Typverdrängung auf 42.000 ts bis 42.500 ts. Sollte diese beträchtliche Überschreitung der 35.000-ts-Beschränkung vermieden werden, müßten Geschwindigkeit und/oder Panzerschutz erheblich verringert werden. Da der Entwurf die Washingtoner Vertragsgrenze bereits um 6000 ts überschritt und angesichts der relativ geringen Wassertiefe in den deutschen Häfen entschied sich das Marinekommandoamt gegen den Vorschlag, über 35-cm-Geschütze hinauszugehen. Ein mit 35-cm-Geschützen bewaffnetes 41.000-ts-Schiff hätte einen maximalen Tiefgang von 9,26 m und könnte in Wilhelmshaven die größte Schleuse benutzen.

Doch 38-cm-Geschütze würden den Tiefgang auf 9,40 m steigern und die Benutzung dieser Schleuse verhindern. Käme es als Gewichtsausgleich zu einer Reduzierung bei der Panzerung, dann wäre das Schiff im Nachteil gegenüber der STRASBOURG. In Betracht gezogen wurden 38-cm-Drillingstürme (d.h. drei Drillingstürme); doch angesichts der genannten Gründe wurden 38-cm-Geschütze bei der augenblicklichen Wasserverdrängung als nicht möglich erachtet. Die Tabelle unten rechts zeigt die in Betracht gezogenen Optionen auf.

Die Schleusen von Wilhelmshaven wiesen eine Länge von 250 m auf, wobei die nördliche 38 m breit und die südliche 33 m breit war. Die Wassertiefe betrug 10 m.

Am 1. April 1935 entschied Admiral Raeder nach eingehender Beratung mit den Chefs der wichtigsten Abteilungen, daß die Typverdrängung bei einer aus acht 35-cm-Geschützen in vier Doppeltürmen bestehenden Hauptbewaffnung nunmehr bei 41.000 ts liegen sollte. Es bestand die Absicht, das »Schlachtschiff F« zum 1. April des folgenden Jahres bei der Werft Blohm & Voss in Hamburg in Auftrag zu geben. Falls die augenblicklich stattfindenden Marinegespräche zwischen den Hauptseemächten es zuließen, könnte das Kaliber der Hauptbewaffnung auf 38 cm gesteigert werden. Dies, so berichtete die Waffenabteilung des Allgemeinen Marineamtes (B) würde eine Verzögerung von etwa sechs Monaten nach sich ziehen. Am 9. Mai 1935 billigte Admiral Raeder faktisch für die Hauptbewaffnung das Kaliber 38 cm.

Inzwischen hatte die Marinekonstruktionsabteilung vier Alternativen für die Hauptantriebsanlage untersucht. Es boten sich folgende Lösungen für deren Anordnung an:

a) Hochdruckheißdampf-Getriebeturbinen, zwölf Kessel in sechs Kesselräumen vor den Turbinenräumen.
b) Wie a), aber mit den Kesseln in drei Kesselräumen, ebenfalls sämtlich vor den Turbinenräumen gelegen.
c) Wie b), aber mit einem der Kesselräume zwischen den Turbinenräumen.
d) Turboelektrischer Antrieb.

Die Marinekonstruktionsabteilung betrachtete die Alternative b) als die beste Lösung. Die Alternative d) schied aus Gewichtsgründen aus. Diese vier Lösungsmöglichkeiten sowie verschiedene Optionen für die Mittelartillerie – darunter die Verwendung von Kasematten – waren detailliert in den Entwurfsskizzen A 3 bis A 6 dargelegt. Weitere Entwurfsskizzen, die Entwürfe A 7 bis A 9, zeigten detailliert Möglichkeiten für die Anordnung des Generatorraums (turboelektrische Versionen) sowie für die achteren Türme in den Entwürfen mit 15-cm-Kasematten auf.

Entwurf »Schlachtschiff F«

mit	acht 35-cm-Geschützen		acht 38-cm-Geschützen	
Panzerung/Abmessungen:	*spezifiziert*	*verringert*	*spezifiziert*	*verringert*
Seitenpanzer	320 mm	290 mm	320 mm	260 mm
Seitenschutz nach vorn	70 mm	70 mm	70 mm	70 mm
Seitenschutz nach achtern	90 mm	80 mm	90 mm	80 mm
SA-Barbetten	320 mm	290 mm	320 mm	255 mm
MA-Barbetten	150 mm	125 mm	150 mm	125 mm
Kommandoturm	350 mm	350 mm	350 mm	350 mm
Torpedoschott	45 mm	45 mm	45 mm	45 mm
Splitterlängsschott	40 mm	40 mm	40 mm	35 mm
Panzerdeck:				
Seiten	120 mm	95 mm	120 mm	95 mm
zwischen den Längsschotten	100 mm	60 mm	100 mm	60 mm
über den Munitionskammern	100 mm	80 mm	100 mm	90 mm
über dem Rudermaschinenbereich	100 mm	95 mm	100 mm	85 mm
über dem Seitenpanzer	35 mm	30 mm	35 mm	30 mm
Oberdeck	50 mm	45 mm	50 mm	45 mm
Typverdrängung	41.000 ts	39.000 ts	43.000 ts	39.800 ts
Tiefgang (1/2 Heizöl)	9,25 m	8,8 m	9,4 m	8,8 m
Länge (CWL)	243 m	243 m	250 m	250 mm
Breite	36m	36 m	36 m	36 m
Geschwindigkeit	27-28 kn	28 kn	27-28 kn	28 kn

Vergleich der Gewichtsgruppen

Gewichtsgruppe:	*ADMIRAL SCHEER:*	*ADMIRAL GRAF SPEE:*	*SCHARNHORST:*	*TIRPITZ:*
S I (Schiffbauwerkstatt)	5.288.673	5.744.292	14.528.886	19.221.171
S II (Schlosserwerkstatt)	265.375	344.626	649.310	827.935
S III (Tischlerwerkstatt)	88.623	136.764	219.354	323.358
S IV (Malerwerkstatt)	63.116	73.373	140.350	168.347
Insgesamt	*5.705.787*	*6.299.055*	*15.537.900*	*20.540.811*
Ergänzungen	40.432	43.682	83.186	6325
Vertikalpanzer (ohne Türme)	413.285	425.947	6.517.853	8.136.532
Insgesamt	*6.159.504*	*6.768.684*	*22.138.939*	*28.683.668*
Spätere Ergänzungen	80.690	36.852	89.952	10.823
Insgesamt	*6.240.194*	*6.805.536*	*22.228.891*	*28.694.491*
Leichtmetallanteil bei S I	30.869	34.013	103.489	114.907
Vergleich der Gewichtsanteile bei der Horizontalpanzerung:				
Oberdeck	–	–	1.989.915	2.248.053
Hauptpanzerdeck	474.869	697.083	3.252.381	4.293.264
Insgesamt	*474.869*	*697.083*	*5.242.296*	*6.541.317*

Gewichtsangaben in Kilogramm.

Der Entwurf A 2 war einer der Dampfturbinen-Entwürfe, ausgelegt als Drei-Wellen-Anordnung mit einer Antriebsleistung von 115.000 WPS für 28 kn. Der Bunkerraum belief sich auf 8000 t Heizöl. Bei einer Breite von 36 m und einer Länge über alles von 245,2 m betrug die Länge in der Konstruktionswasserlinie 241,2 m. Die Mittelartillerie bestand aus acht 15-cm-Geschützen in vier Doppellafetten C/34 (Doppeltürme) und vier einzelnen 15-cm-Geschützen in MPL C/20. Der Entwurf A 3 wies zwölf 15-cm-Geschütze C/28 auf, sämtlich in Kasematten untergebracht, während sich beim Entwurf A 4 sämtliche 15-cm-Geschütze in Doppellafetten C/34 befanden, die mittleren auf dem Aufbaudeck stehend. Der Entwurf A 5 glich dem Entwurf A 2 mit dem Unterschied, daß dieser turboelektrischen Antrieb vorsah.

Die Frage der Kasematten verursachte beträchtliche Diskussionen – ziemlich überraschend angesichts der Tatsache, daß die Kasematten inzwischen als veraltet galten. Letztendlich fiel die Entscheidung, daß zur Verbesserung des Panzerschutzes eine 150 mm dicke Panzerung oberhalb des Hauptgürtelpanzers eingearbeitet werden sollte, die sich bis zum Oberdeck erstreckte, um eine geschlossene Zitadelle herzustellen. Die Mittelartillerie sollte darüber in Türmen untergebracht werden. Dies würde einen der großen Nachteile der Kasemattenlösung verhindern: das Überfluten bei schwerem Wetter. Das Zitadellproblem wurde eingehend untersucht und verschiedene Möglichkeiten wurden in Betracht gezogen, zumeist in Verbindung mit ihrer Ausdehnung in der Länge stehend. So wurden für die Zitadelle folgende Vorschläge geprüft: ausreichend weite Ausdehnung, um nicht nur die vier Türme der Schweren Artillerie sondern auch ihre Munitionskammern einzubeziehen, sowie auch solche Vorschläge mit geringerer Ausdehnung, um lediglich die Türme A und D einzuschließen oder um nur den Raum zwischen den Türmen B und C zu überdecken.

Eine weitere Konferenz am 7. Juni 1935 behandelte verschiedene Alternativen für die Mittelartillerie und die Diskussion über die Hauptantriebsanlage wurde fortgesetzt. Zu diesem Zeitpunkt ließen ermutigende Ergebnisse mit der turboelektrischen Anlage der SCHARNHORST, eines Passagierliners des Norddeutschen Lloyd, eine erneute Erörterung dieses Antriebsverfahrens wieder aufleben – trotz des zusätzlichen Gewichtes von 600 t im Vergleich zu Getriebeturbinen. Das Marinekonstruktionsamt (K) hatte jedoch Vorbehalte und wollte eine eingehende Bewertung durchführen. Admiral Raeder entschied daraufhin, daß die derzeitige Typverdrängung und die derzeitigen Abmessungen nicht überschritten werden dürften und gab zu verstehen, daß er mit dem Panzerschutz-Schema zufrieden wäre. Es bestünde der Wunsch, die gesamte Mittelartillerie in Türmen unterzubringen, und das durch den turboelektrischen Antrieb verursachte zusätzliche Gewicht müßte durch Einsparungen an anderer Stelle wettgemacht werden.

Am 23. August 1935 legte das Marinekonstruktionsamt dem Oberbefehlshaber der Kriegsmarine (Ob.d.M.), Admiral Raeder, den Entwurf A 13 mit einer turboelektrischen Antriebsanlage mit Drei-Wellen-Anordnung vor, die er billigte. Einzelheiten einschließlich der Flakausrüstung, Brückenform, Kommandostände und Flugzeugeinrichtungen müßten noch festgelegt werden. Das Allgemeine Marineamt forderte statt der ursprünglichen acht nunmehr sechzehn 3,7-cm-Geschütze in acht Doppellafetten, die bewilligt wurden. Um eine bessere Unterbringung der Besatzung zu gewährleisten, gelang es, die Ausdehnung der Zitadelle auf den Raum zwischen den Türmen B und C zu verringern. Hierdurch reduzierte sich auch die Anzahl der Räume ohne Bullaugen. Eine spätere nochmalige Überprüfung der Pläne erwies es als möglich, die Wohnräume außerhalb des Bereiches der Hauptpanzerung unterzubringen, so daß die Ausdehnung der Zitadelle in ihrer ursprünglichen Länge wiederhergestellt werden konnte. (Diese nachträgliche Änderung wurde am 23. Januar 1936 gebilligt.) Gleichzeitig erfolgte eine Verringerung in der Dicke bei den SA-Barbetten innerhalb der Zitadelle auf 220 mm und bei Teilbereichen des Panzerdecks von 100 mm auf 80 mm. Weitere Verbesserungen beim Schutz des Schiffes ergaben sich aus dem Einziehen einer 20 mm dicken Splitterpanzerung auf dem Oberen Plattformdeck und der Verstärkung des Panzerdecks über den SA-Munitionskammern auf 95 mm. Zusätzlich wurden die abschließenden Panzerquerschotte bei den Spanten 32 und 207,7 bis zum Oberdeck erweitert. Auf Vorschlag des Waffen- und des Konstruk-

Links oben: Die matrazenförmige Antenne für das FuMO 27 auf der E-Meßdrehbasis im Vormars der BISMARCK. (David Ennor)

Links unten: Der Plattformkranz am Schornstein der BISMARCK für Scheinwerfer und Fla-Geschütze. (David Ennor).

tionsamtes der Marine stimmte Admiral Raeder zu, daß auf die nach oben verlaufende Verjüngung des Seitenpanzers verzichtet und seine Dicke auf 300 mm verringert wurde.

Im Oktober 1935 bestand die Absicht, das »Schlachtschiff F« am 1. Juli 1936 auf Kiel zu legen; aber es gab auch die Erwartung, daß die Streckung des Kiels bereits früher erfolgen könnte. Die politische Lage verhinderte die letztere Absicht und daher fiel die Entscheidung, die Fertigstellung des Schiffes so voranzutreiben, daß es bereits am 1. Oktober 1939 – statt wie geplant am 1. Dezember 1939 – in Dienst gestellt werden könnte. Das »Schlachtschiff G« sollte auf derselben Helling wie das Panzerschiff D – die SCHARNHORST – auf Kiel gelegt werden. Doch diese Helling müßte in der Länge erweitert werden, so daß der Kiel anfänglich nur teilweise gestreckt werden könnte, wie dies bei der GNEISENAU der Fall gewesen war. Das »Schlachtschiff G« sollte – vier Monate früher als geplant – am 1. Januar 1937 auf Kiel gelegt werden, um am 1. Februar 1940 fertiggestellt zu sein.[62]

Bis zum Juni 1936 hatte sich das Marinekonstruktionsamt endgültig gegen den turboelektrischen Antrieb entschieden und statt dessen dem Ob.d.M. den Einbau von Getriebeturbinen vorgeschlagen. Admiral Raeder stimmte dem am 6. Juni 1936 zu; doch dies bedeutete, daß nunmehr eine erneute Berechnungs- und Entwurfsarbeit vorgenommen werden mußte – eine Situation, wie sie zuvor bei den Schlachtschiffen D und E eingetreten war.[63] Diese Veränderung in den Maschinengewichten führte nicht zu einer Verringerung in der Typverdrängung, da die Gelegenheit ergriffen wurde, den Hauptseitenpanzer wiederum von 300 mm auf 320 mm zu verstärken. Die Einführung der Schweißtechnik bei den Panzerplatten auf dem Oberdeck – statt des bisherigen Nietens – brachte jedoch eine Gewichtseinsparung, die es gestattete, das Panzerdeck über den Hauptmunitionskammern von 95 mm auf 100 mm und in den Böschungen von 110 mm auf 120 mm zu verstärken. Ab Dezember 1936 war eine Verstärkung des Panzerdecks nicht mehr möglich, da die erforderlichen Panzerstahlplatten bereits angeliefert wurden.

Bauweise

Im abschließenden Entwurf wies der Schiffskörper folgende Abmessungen auf: 241,6 m Länge in der Konstruktionswasserlinie, 36 m Breite und 9,9 m Tiefgang bei Einsatzverdrängung. Zwischen den Spanten 47,6 und 154,6 sowie von Spant 224 bis zum Steven erstreckte sich ein Mittelkiel, den zwischen den Spanten 154,6 und 224 das Mittellängsschott und achteraus von Spant 47,6 die Längsspanten ersetzten. Verstärkungen in Form verschweißter Stahlplatten am Mittelkiel dienten an bestimmten Stellen in Abständen von 500 mm zur Aufnahme der Dockbeanspruchungen. Der Doppelboden erstreckte sich über 83 % der Schiffslänge und wies 1700 mm (nach achtern und nach vorn 1200 mm) Tiefe auf. Er war geschweißt und jeweils nach der Anordnung des Flüssigkeitsstauraums öl- und wasserdicht. Von der Bauweise her war der Schiffskörper ein Quer- und Längsspant-Stahlbau, der beiderseits des Kiels neun Längsspanten besaß. Der Längsspant VIII war durchgehend identisch mit dem Inneren Wallgang- bzw. Torpedoschott, während der Längsspant III bis zum Spant 112,3 die Dockbeanspruchung aufnahm. Beiderseits des Schiffskörpers erstreckten sich von Spant 88,8 bis zum Spant 141,1 Schlingerkiele. Diese hatten mittschiffs eine Tiefe von etwa 1000 mm mit einer Oberflächenausdehnung von 55 m≈ und waren mit dem Schiffskörper verschweißt. Die Längsfestigkeit des Schiffskörpers war auf der Grundlage der Wellenlänge L/20 berechnet worden.[64] Das Torpedoschott reichte von der Ausdehnung her in der Länge von Spant 32 bis zum Spant 202,7 sowie in der Höhe von der Außenbeplattung bis etwa 1400 mm oberhalb des Panzerdecks. Im Bereich der Barbetten des achteren 15-cm-Doppelturmpaars erstreckte es sich bis zu einer Höhe von 2400 mm oberhalb des Panzerdecks. Dieses Schott war öldicht vernietet. Die Schotte innerhalb des Äußeren Wallgangs waren unterhalb des Längsspantes IX öldicht und oberhalb davon wasserdicht verschweißt, während sämtliche Schotte des Inneren Wallgangs Öldichtigkeit besaßen.

Die Seiten- und das Mittellängsschott, ausgenommen die Turmtrageschotte, durchbrachen die Hauptquerschotte. Von der Ausdehnung her reichten diese Querschotte in der Vertikalen vom Innenboden bzw. von der Außenbeplattung bis zum Panzerdeck und in der Horizontalen vom Torpedoschott bzw. der Außenbeplattung über Mittel- und Seitenlängsschotte quer durch den Schiffskörper. Schott 10,5 schloß das Panzerdeck nach achtern ab.

Zwischen den Spanten 10,5 und 32 befanden sich achtern unterhalb des Panzerdecks Längsschotte, die sich von der Außenbeplattung bzw. vom Wellentunnel der mittleren Propellerwelle bis hinauf zum Panzerdeck erstreckten. Ein Mittellängsschott von Spant 98,3 bis zum Spant 112,3 trennte die Turbinenräume 2 und 3. Auch dieses Schott reichte vom Innenboden bis zum Panzerdeck. Zwischen den Spanten 98,3 und 91,3 verlängerte es sich nach achtern und erstreckte sich vom Innenboden bis zum unteren Panzerdeck. Im Vorschiff zog sich ein weiteres Längsschott von Spant 154,6 bis zum Spant 224 über der Mittelkielplatte hin und reichte bis zum Unteren bzw. Oberen Plattformdeck hinauf; zur Aufnahme der Dockbeanspruchung war es verstärkt.

Turmtragequerschotte bei den Spanten 41,8, 50,5, 60, 68,7, 169,98, 178,7, 188,8 und 196,9 nahmen des Gewicht der Türme auf. Sie erstreckten sich von der Außenbeplattung bis zum Panzerdeck.

Oberhalb des Panzerdecks reichte das Torpedoschott zwischen den Spanten 32 und 202,7 als seitliches Splitterschutzschott nach oben bis zum Oberdeck und umschloß die 15-cm-Barbetten dort, wo es erforderlich war. Zusätzlich gab es zwischen den Barbetten der Türme B und C im Abstand von etwa 4800 mm von der Mittschiffslinie zwei Seitenlängsschotte, die sich ebenfalls vom Panzerdeck bis zum Oberdeck erstreckten. Über dem Panzerdeck waren noch 34 Querschotte vorhanden, deren Höhe von ihrer jeweiligen Position in der Längenausdehnung des Schiffes abhing. Die Unterteilung des Schiffskörpers in 22 wasserdichte Abteilungen diente der Sink- und Lecksicherheit des Schiffes. In den Abteilungen VIII bis XIII befanden sich die Maschinenräume. Vom Heck bis zum Spant 233 war das Oberdeck mit einer 75 mm dicken Teak-Beplankung belegt.[65]

Panzerung

Die Vertikalpanzerung folgte im allgemeinen der Anordnung, die beim Schlachtschiff E – der GNEISENAU – eingeführt worden war. Von der individuellen Plattenstärke abgesehen, bestand der Hauptunterschied darin, daß anstelle eines schräggestellten ein senkrechtes Torpedoschott vorhanden war. Die Seitenpanzerung war aus dem gehärteten Panzerstahl K.C. n/A hergestellt und bestand aus zwei horizontalen Reihen Panzerplatten. Die untere Plattenreihe (320 mm dick) reichte mit ihrer Oberkante nach oben bis 100 mm unterhalb des Batteriedecks und mit ihrer Unterkante nach unten bis 7800 mm über dem Kiel (d.h. 1600 mm unterhalb der Konstruktionswasserlinie). Die Platten waren an ihrer Oberkante abgeschrägt und abgestuft, um sich an die obere Panzerplattenreihe anzupassen. In der Breite wies die untere Reihe zu 70 % die volle Dicke des Panzers auf, ehe sie sich bis auf 170 mm an der Unterkante verjüngte. Auch die obere Reihe bestand aus dem Panzermaterial K.C. n/A. Sie wies eine Dicke von 145 mm auf und reichte bis zur Oberkante der Oberdecksbeplattung. Hinter dem Seitenpanzer befand sich eine 60 mm dicke Holzfütterung und Bolzen aus Panzerstahl von 50 mm bzw. 70 mm Durchmesser verbanden beide sicher mit dem Schiffskörper. Der Hauptseitenpanzer erstreckte sich

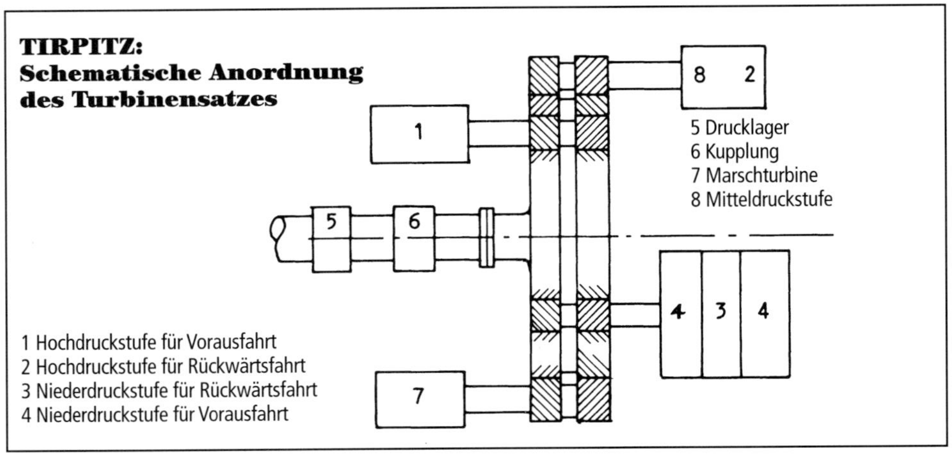

TIRPITZ: Schematische Anordnung des Turbinensatzes

Legende zum 38-cm-Doppelturm-Längsschnitt:

a Zieloptik für Turmabfeuerung
b Hauptkabelrollen
c Verschlußstück
d E-Meßbasis
e Rauchabzugsschacht
f Ansetzer
g Geschoß in der Lademulde
h Barbette
i Stützzylinder
j Maschinenplattform
k Kartuschhub- und Fahrwinde
l Geschoßhub- und Fahrwinde
m Notmunitionsaufzug
n Ringwagen-Rollenlager
o Geschoßringwagen
p Geschoß-Beladeraum
q Ringwagen-Rollenlager
r Kartuschringwagen
s Kartusch-Beladeraum
t Schacht für Geschoß- und Kartuschfahrstuhl
u Preßluftzylinder
v Hydraulikpumpe für Rohrerhöhung
w Rohrerhöhungsgetriebe
x Rollenlager der Turmdrehscheibe
y Höhenrichtkranz

von Spant 32 bis zum Spant 203 und hatte eine Breite von 4,8 m. Innerhalb des Bereiches der seitlichen Hauptpanzerung wies die Beplattung des Schiffskörpers folgende Dicke auf: 16 mm in den unteren und mittleren Bereichen, 18 mm entlang der Oberkante und 25 mm im Bereich der beiden achteren 15-cm-Doppeltürme.

Vor dem Hauptseitenpanzer und achteraus von ihm verliefen dünnere Gürtelpanzer mit Platten, die aus dem Panzerstahl Wh n/A gefertigt waren. Sie waren nicht nur dünner, sondern hatten auch in der Breite eine geringere Ausdehnung als der Hauptgürtelpanzer. Der achtere Gürtel hatte eine Dicke von 80 mm, war 2100 mm breit und zog sich von Spant 10,5 bis zum Spant 32 hin. Er reichte bis 1500 mm unterhalb der Konstruktionswasserlinie. Der 60 mm dicke vordere Gürtel erstreckte sich vom Ende des Hauptseitenpanzers bis zum Vorsteven und hatte eine Breite von 3895 mm. Diese dünneren Gürtel vor und hinter dem Hauptgürtelpanzer bildeten in diesen Bereichen zugleich die Außenbeplattung. Die Verbindungsstöße hatten eine Innenlasche und waren genietet. Die Ober- und Unterkanten dieser Gürtel verjüngten sich zur Außenbeplattung hin und die Verbindungen zu ihr waren genietet; an ihrer Rückseite war keine Außenbeplattung zusätzlich vorhanden.

Binnenbords des Hauptseitenpanzers war ein Äußeres Wallgang- oder Torpedoschott vorhanden, das sich von Längsspant IX bis hinauf zum Panzerdeck erstreckte. Der Raum zwischen dem Seitenpanzer und diesem Schott blieb normalerweise leer, konnte aber im Notfall zum Gegenfluten benutzt werden. Das Innere Wallgang- oder Haupttorpedoschott bestand aus 45 mm dickem Panzerstahl Wh n/A mit verplatteten und vernieteten Stößen wie auch mit doppelten Stoßlaschen von unterschiedlicher Breite. Zwischen dem Inneren und dem Äußeren Wallgang- bzw. Torpedoschott befanden sich Heizölbunker und Wasservorratszellen. Im Mittschiffsbereich betrug der Abstand zwischen der Außenbeplattung und dem Haupttorpedoschott 5300 mm und zum Äußeren Torpedoschott 2347 mm. Die Breite des Torpedoschutzbereiches belief sich auf 5,8 m. Das Gesamtgewicht des vertikalen Panzerschutzes umfaßte 8.136.532 kg.

Den horizontalen Panzerschutz bildeten zwei gepanzerte Decks: das Oberdeck und das Panzerdeck, die weitgehend aus dem Panzerstahl Wh n/A gefertigt waren. Die Panzerung des Oberdecks erstreckte sich von Spant 10,5 bis zum Spant 224 und wies eine Dicke von 50 mm auf, ausgenommen im Bereich der Öffnungen für die 15-cm-Barbetten. Hier belief sich die Dicke der Deckspanzerung auf 80 mm. Die Plattenstöße und -nähte waren sämtlich geschweißt. Für das Oberdeck waren etwa 2.248.053 kg Panzermaterial aufgewendet worden. Die Dicke des Hauptpanzerdecks betrug im allgemeinen zwischen den Torpedoschotten 80 mm, außerhalb davon 110 mm mit einer Neigung von 22°, um auf den Seitenpanzer zu stoßen. Achteraus von Spant 32 gab es ein unteres Panzerdeck mit 110 mm Dicke, das sich bis zum Spant 10,5 hinzog. Insgesamt betrug das Gewicht des für das Panzerdeck verwendeten Panzermaterials 4.293.264 kg.

Die Zitadelle schlossen nach achtern bei Spant 32 und nach vorn bei Spant 202,7 Panzerquerschotte ab. Ein weiteres Panzerquerschott befand sich bei Spant 10,5, das den achteren Abschluß des Rudermaschinenbereiches (Panzerkasten) bildete. Unterhalb des Panzerdecks variierte die Dicke dieser Querschotte zwischen 180 mm und 220 mm. Oberhalb von ihm bestanden sie im allgemeinen nur aus 12 mm dicken Platten. Für die gesamte Panzerung mit einer Dicke über 100 mm hatte der Panzerstahl K.C. n/A und bei geringerer Dicke der Panzerstahl Wh n/A Verwendung gefunden.

Die Hauptbarbetten bestanden aus zwei Ringen; der untere reichte mit einer Dicke von 220 mm vom Panzerdeck bis unmittelbar unter das Oberdeck, während der obere Ring aus dem Panzermaterial K.C. n/A mit 340 mm Dicke gefertigt war. Die 15-cm-Barbetten waren aus 80 mm dickem Panzerstahl Wh n/A hergestellt. Die Dicke der Panzerung beim Kommandoturm (vorderer Kommandostand) betrug 340 mm, gefertigt aus fünf miteinander verbolzten und verlaschten Platten. Ein Schacht mit 200 mm dicker Panzerung verband den Kommandoturm mit der Kommandozentrale.

Die Hauptantriebsanlage

Die Hochdruckheißdampf-Anlage bestand aus zwölf Höchstdruckkesseln, hintereinander paarweise in sechs separaten Kesselräumen angeordnet. Diese lagen in den Abteilungen XI und XIII – jeweils drei Räume nebeneinander: Kesselraum Steuerbord 1 bzw. 2, Mitte 1 bzw 2 und Backbord 1 bzw 2 –, getrennt von den Hilfskesselräumen und dem Maschinenleitstand. Die Kessel selbst waren vom Wagner-Typ (für die BISMARCK bei Blohm & Voss und für die TIRPITZ teilweise auf der Kriegsmarinewerft Wilhelmshaven und bei der Deschimag gebaut). Ihre Dampferzeugungsrate lag bei 50.000 kg/h und sie arbeiteten mit einem Betriebsdruck von 58 atü und einer Betriebstemperatur von 450° C. Das Gewicht des erzeugten Dampfes betrug etwa 54 t (50 t trocken). Obwohl mit Überhitzern, reguliert durch Askania-Automatiksteuerung, und mit einem horizontalen, stromlinienförmigen Luftvorwärmer ausgestattet, waren keine Wärmetauscher vorhanden, und ihr Wirkungsgrad war – wie bei vielen deutschen Kesseln – mit 80 % nicht sonderlich hoch. Sie besaßen zwei Hilfs-Abdampfbereiche; der eine arbeitete mit 1,5 atü und lieferte den Dampf für den Entlüfter und der andere versorgte mit 8 atü von den Speisewasserpumpen her den zweistufigen Speisewasservorwärmer und steigerte die Temperatur des Speisewassers auf 350° C. Jeder der Kessel war mit zwei Saake-Brennern ausgestattet.

Die installierten drei Sätze Getriebeturbinen ergaben eine Drei-Wellen-Anordnung, wobei der Turbinenraum Mitte in Abteilung VIII achteraus der nebeneinanderliegenden Turbinenräume Steuerbord und Backbord in Abteilung X lag. Letztere befanden sich direkt achteraus der Kesselräume. Wie die vorhergehenden beiden Schiffe erhielten auch die Schlachtschiffe F und G Turbinen nach verschiedenartigem Entwurf von zwei Herstellern. Das Schlachtschiff F, die spätere BISMARCK, wurde mit Turbinen von Blohm & Voss ausgerüstet, während das Schlachtschiff G, die spätere TIRPITZ, solche der Firma Brown, Boveri & Cie. bekam. Die Turbinenanlage an Bord der BISMARCK glich der Anlage auf der ADMIRAL HIPPER, aber da ihrer Ausdehnung in der Länge keine so entscheidende Bedeutung zukam, war auf die Radialfluß-Einlaß-Gleichdruckstufe verzichtet worden.[66] Die Hochdruckturbi-

38-cm-Doppelturm: Längs- und Querschnitt

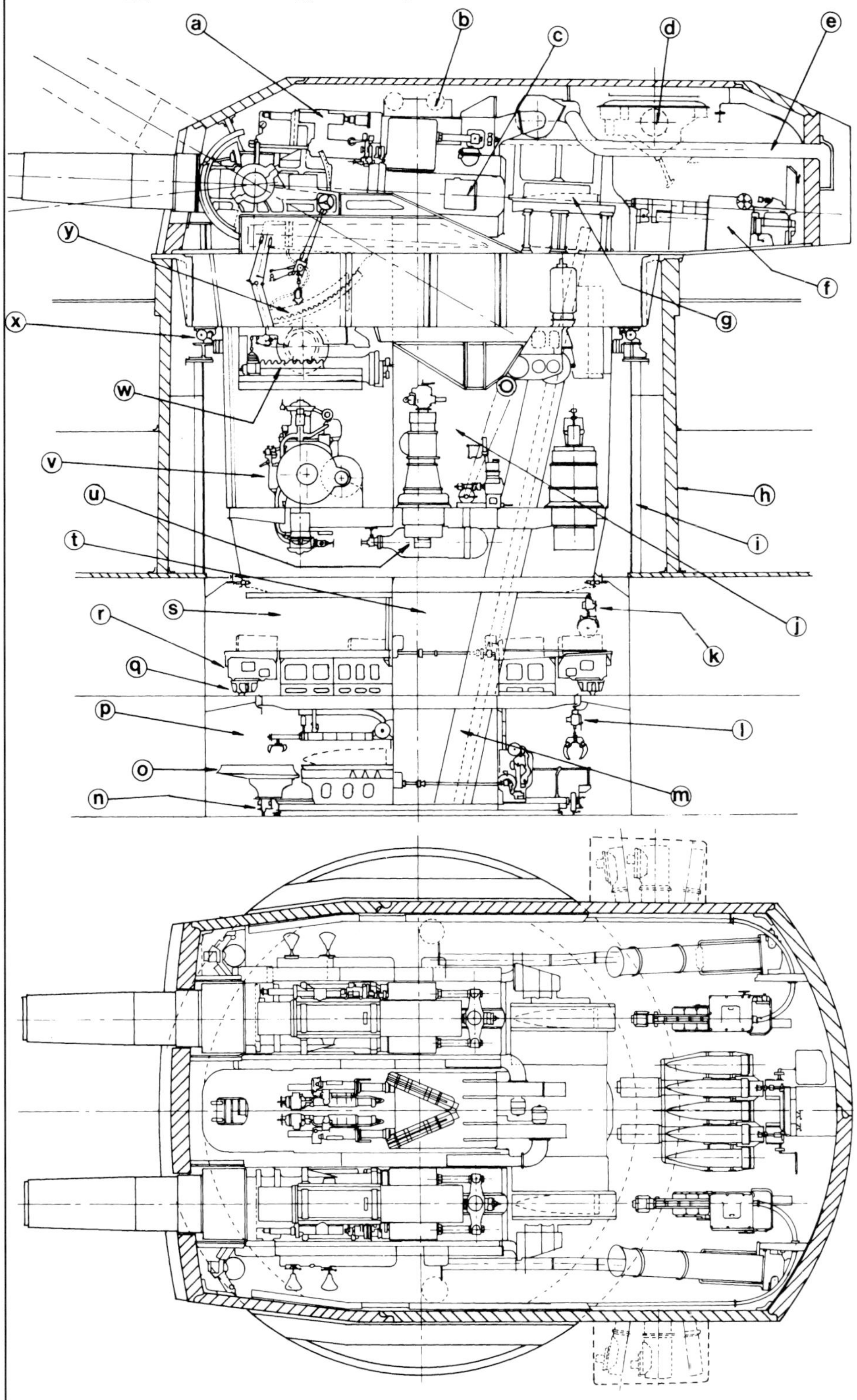

ne bestand aus einem Curtis-Rad und vierzig Reaktionsstufen, während die Mitteldruckturbine vom Doppelfluß-Reaktionstyp mit fünfzehn Stufen war. Eine Hochdruck-Zusatzbeschaufelung für Rückwärtsfahrt – ein einzelnes Curtis-Rad – befand sich in einem separaten Turbinenläufer auf der anderen Seite des Ritzelrades der Mitteldruckturbine für Vorausfahrt. Die Niederdruckturbine für Vorausfahrt wies neun Reaktionsstufen auf und unterstützte wie üblich den Hauptkondensator, der unterhalb von ihr aufgehängt war. Die Niederdruckturbine für Rückwärtsfahrt war vom geteilten Doppelflußtyp. Die Anlage hatte keine Turbine für Marschfahrt. Die volle Nennleistung betrug 38.300 WPS pro Welle, während die Höchstleistung bei 46.000 WPS pro Welle lag. Die maximale Umdrehungszahl belief sich auf 265 U/m und jede Welle wies eine ausrückbare Kupplung auf.

Die auf der TIRPITZ eingebauten Turbinensätze entsprachen in der Marschfahrt- und in der Hockdruckstufe dem Reaktionstyp mit vorgeschaltetem Aktionsrad sowie in der Mitteldruck- und in der Niederdruckstufe dem direkt wirkenden Reaktionstyp, ausgestattet mit Hohlläufern. Wie das Anordnungsschema auf Seite 54 erkennen läßt, befanden sich die Marschfahrtturbine und die Hochdruckturbine für Vorausfahrt am hinteren Ende des Hauptgetrieberades, während die Mitteldruck- und die Niderdruckturbine vor diesem lagen. Die Hochdruckstufe für Rückwärtsfahrt war in die Mitteldruck-Vorwärtsturbine integriert; sie befand sich an ihrem vorderen Ende und war von den Vorwärtsstufen durch ein Leitrad getrennt. Die Niederdruckturbine für Rückwärtsfahrt bestand aus einer Doppelfluß-Reaktionsstufe in der Mitte des Niederdruckturbinengehäuses zwischen den Stufen für Vorausfahrt. Sämtliche Getriebe waren einfache Zahnradgetriebe mit Pfeilzähnen.[67]

Zusätzlichen Dampf, insbesondere erforderlich, wenn die Hauptantriebsanlage außer Betrieb war, lieferte ein Hilfskessel im Hilfskesselraum auf dem Unteren Plattformdeck, unmittelbar vor dem Kesselraum Mitte 2 in der Abteilung XIV gelegen. Die elektrische Energie kam aus vier E-Maschinenstellen (E-Werke 1 bis 4), die sich ebenfalls auf dem Unteren Plattformdeck befanden. Die E-Werke 1 und 2 lagen in der Abteilung XIII und die E-Werke 3 und 4 in der Abteilung XIV, jeweils an Backbord und an Steuerbord. Die E-Anlage lieferte insgesamt 7910 kW mit 220 V; im einzelnen bestand sie aus zwei Dieselgeneratoren zu je 500 kW, fünf Turbogeneratoren zu je 690 kW sowie aus einem Turbogenerator zu 460 kW mit einem angehängten Wechselstromgenerator mit 400 kVA.

Für Admiral Raeder waren dies die ersten Schiffsneubauten, die Maschinenräume von entsprechender Größe besaßen.

Die Bunkerkapazität für Heizöl betrug bei BISMARCK maximal, d.h. mit Zusatzbunkern, 7400 t und bei der TIRPITZ maximal 7780 t. Hierbei handelte es sich um die vorhandenen Betriebsmengen. Bei der TIRPITZ belief sich die tatsächliche Kapazität auf 8297 t, aber die Differenzmenge konnte nicht umgepumpt werden. Die konstruktionsmäßige Seeausdauer war mit 14.000 sm bei 15 kn angegeben worden; aber bereits im Oktober 1936 erkannte das OKM, daß dieser Berechnung friedensmäßige Bedingungen zugrundelagen. Infolgedessen kam es zu einer Neuberechnung und zu einer »Halbierung« des Fahrbereiches bei 15 kn auf 7000 sm. Dieser drastische Schritt führte zur Überprüfung der Frage, ob es noch möglich sein würde, einen Dieselantrieb einzubauen, und falls dies noch möglich sein sollte, welche Auswirkung dies auf den Fahrbereich hätte. In bezug auf die Dieselantriebsanlage wurden jedoch keine weiteren Maßnahmen ergriffen. Eine Prüfung der erbeuteten »Fleet Tactical Instructions«, einer Dienstvorschrift der Royal Navy, in der detailliert der Brennstoffverbrauch aller britischen Kriegsschiffe aufgeführt war, führte aber im August 1941 dazu, die Frage der Seeausdauer erneut zu untersuchen. Nach ihrer Fertigstellung wurden für

Schlachtschiff F und G: Panzerschutz-Schema

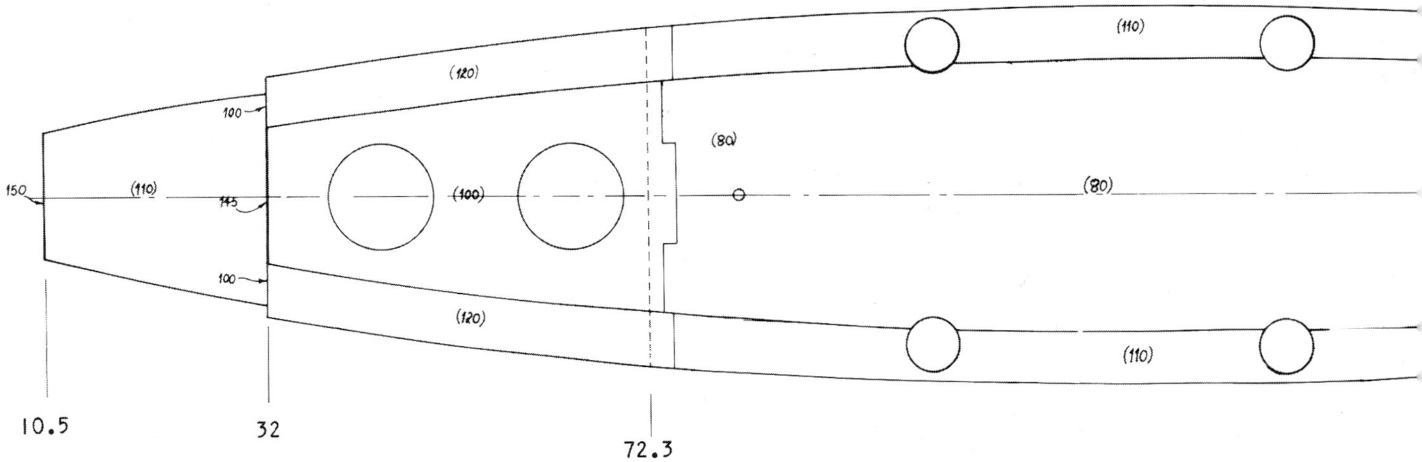

A Hilfskesselraum
B Kesselräume
C Kommandozentrale
F Heizölbunker
G Getrieberäume
H Kartusch- und Geschoß-Beladeräume
M 38-cm-Pulverkammern
S 38-cm-Granatkammern
T Turbinenräume
TF Ruderraum

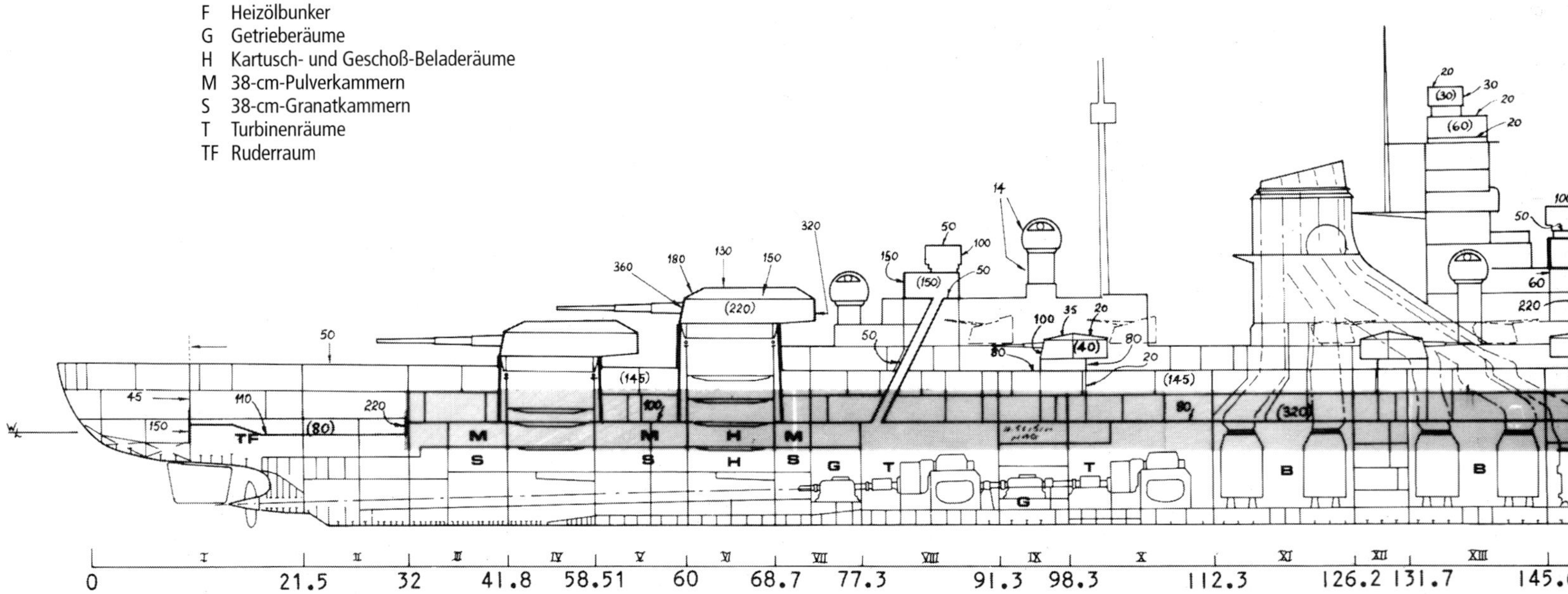

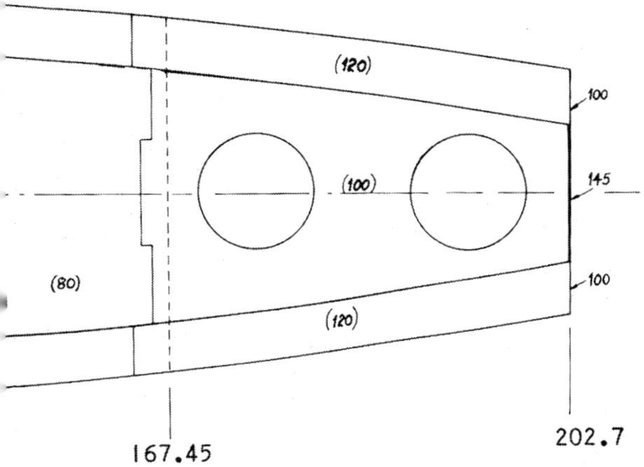

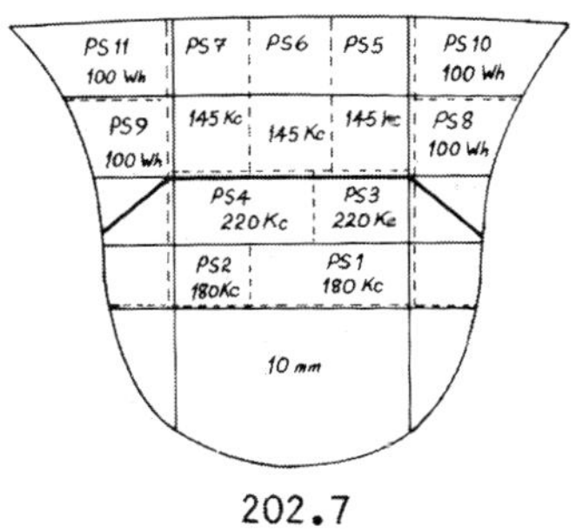

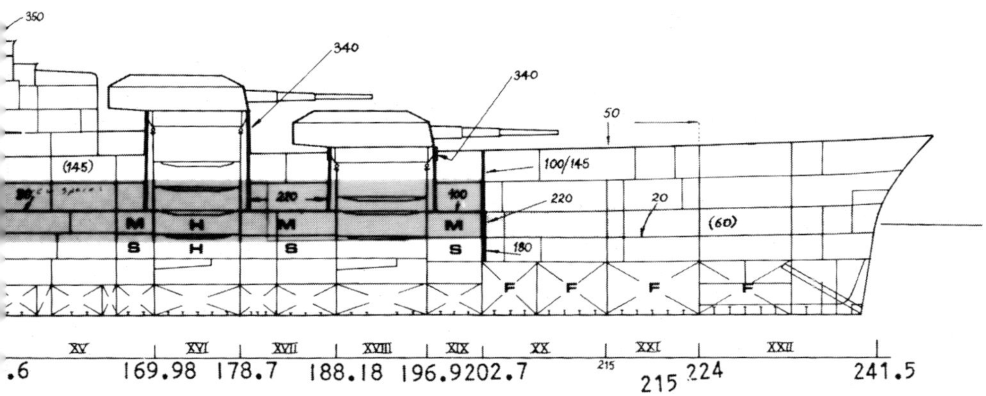

Leistung der Maschinenanlage bei TIRPITZ

Antriebsleistung (WPS)	Umdrehungen (U/m)	Dampfverbrauch (t/h)
2250	98	11,5
5400	130	21,5
11.000	166	39
17.500	194	59
25.750	220	86,5
34.150	241	114
42.750	258	143,3
46.000	265	165
Rückwärtsfahrt:		
16.000	190	105

die BISMARCK folgende Werte für die Seeausdauer angegeben: 8600 sm bei 15 kn, 8150 sm bei 21 kn, 5200 sm bei 27 kn und 3750 sm bei 30 kn. (Für die TIRPITZ liegen keine Angaben vor.) Der Brennstoff stellte 15 % der Wasserverdrängung bei Einsatzverdrängung zu 75 % dar. Für den Brennstoffverbrauch ergaben sich auf der Grundlage von 100 t Wasserverdrängung pro 100 sm zurückgelegter Fahrstrecke für die BISMARCK folgende Zahlen: 1,7 m³ bei 15 kn, 1,8 m³ bei 21 kn, 2,9 m³ bei 27 kn und 3,9 m³ bei 30 kn. Die für SCHARNHORST und GNEISENAU angegebenen Zahlen lassen erkennen, daß ihre Anlagen mit geringerem Betriebsdruck nicht so wirtschaftlich arbeiteten wie die der BISMARCK. Für diese beiden Schiffe lauteten die entsprechenden Zahlen: 3,4 m³ bzw. 4,0 m³ bei 27 kn.

Bewaffnung und Feuerleitanlagen

Die 38-cm-Geschütze S.K. C/34 L/47 dieser beiden Schlachtschiffe stellten ein neues Modell dar; es handelte sich bei ihnen nicht um das 38-cm-Geschütz L/45, mit dem die Linienschiffe der BAYERN-Klasse des Ersten Weltkrieges ausgerüstet waren. Vor 1939 wurden zwischen den beiden Waffensystemen einige Vergleiche angestellt, aber dies scheint in der Entwurfsgeschichte der BISMARCK-Klasse der einzige Bezug zur BAYERN-Klasse zu sein. Diese neue Schlachtschiffklasse wurde nicht aus dieser früheren entwickelt. Es ist möglich, daß Überlegungen angestellt wurden, das alte Modell 38 cm S.K. L/45 für die Ausrüstung der neuen Schiffe zu verwenden, aber es entsprach nicht den Forderungen der 30er Jahre. Sein Turmgewicht betrug etwa 873 t und das Geschütz hatte eine maximale Erhöhung von nur 20° (ursprünglich 16°). Sie verlieh ihm eine maximale Schußweite von 23.200 m beim Überhängen des Schiffes um 10° auf der dem Gegner zugewandten Seite, während diese nur noch 15.000 m betrug, wenn das Schiff auf dieser Seite eintauchte. Im Gegensatz hierzu hatten die 28-cm-Geschütze der DEUTSCHLAND eine Schußweite von 31.900 m bei einer Neigung um 10° auf der »ungünstigen« Seite. Mit 3°/s waren auch die Richtgeschwindigkeiten unzulänglich. Insgesamt gesehen, war das ältere Modell für ein neues Großkampfschiff nicht geeignet. Das neue Geschütz, nach dem neuartigen Bezeichnungssystem als 38 cm S.K. C/34 eingestuft, war ein Erzeugnis der Friedrich Krupp A.G. in Essen. Mit einer Mündungsgeschwindigkeit von 820 m/s verschoß es ein 800 kg schweres Projektil. (Hinsichtlich eines Vergleichs zwischen dem alten und dem neuen 38-cm-Geschütz siehe die Tabelle auf Seite 59). Die Treibladung bestand aus zwei Teilen: der Hauptkartusche mit einer Messinghülse und einem Gewicht von 112 kg und einer Vorkartusche, die 99,5 kg wog. Die Dotierung pro Geschütz betrug 130 Schuß.

Die Doppeltürme der Schweren Artillerie (ursprünglich sämtlich mit einer 10,5-m-E-Meßbasis ausgestattet) waren in zwei Turmgrup-

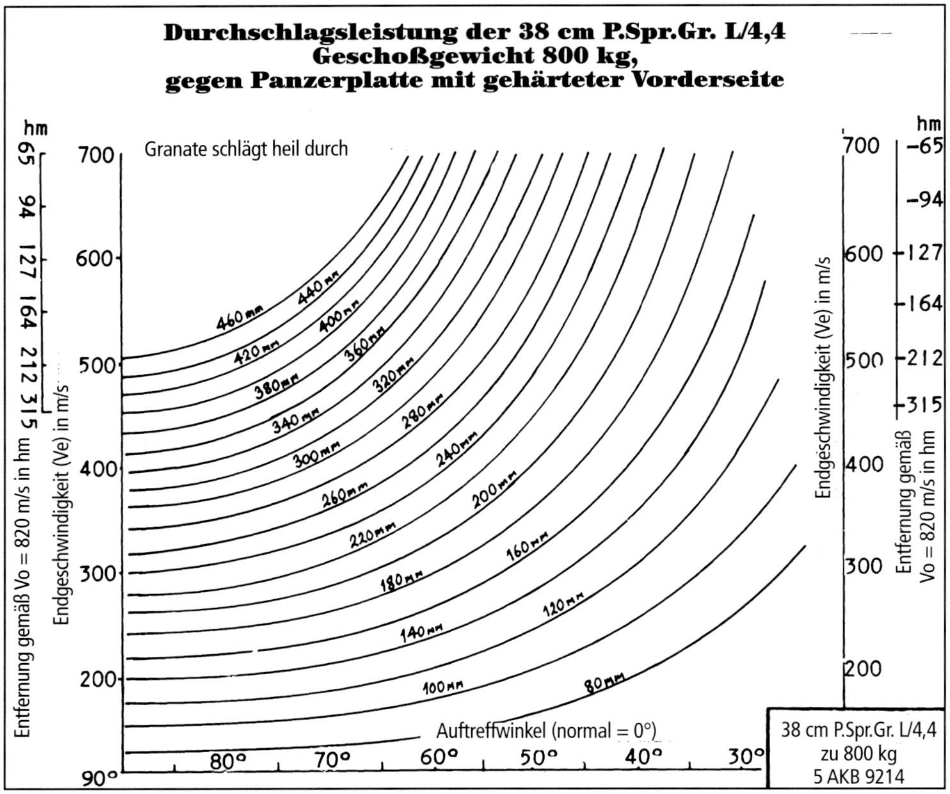

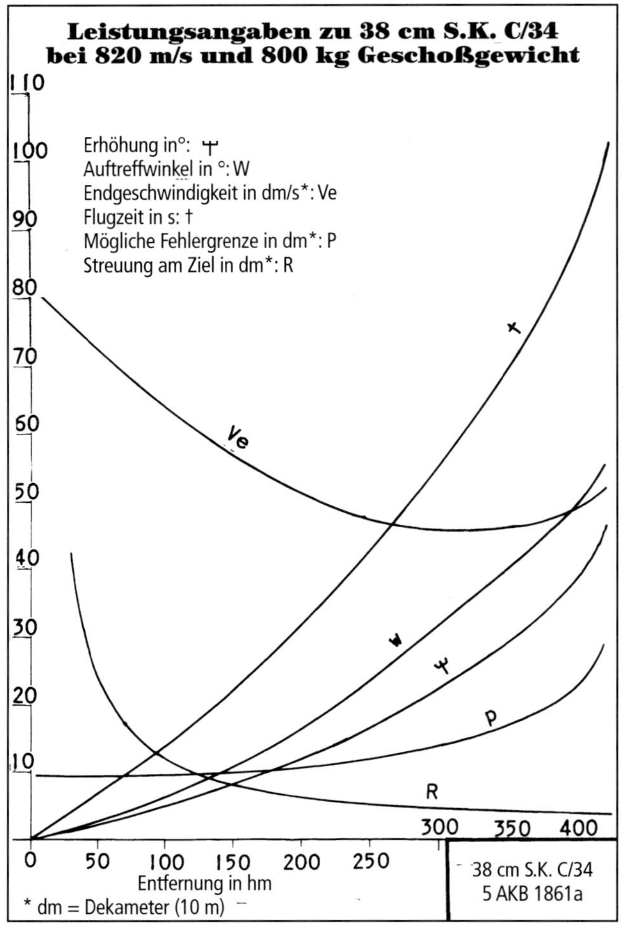

pen vorn (Türme »Anton« und »Bruno«) und achtern (Türme »Cäsar« und »Dora«) in überhöhter Aufstellung angeordnet. Das Schwenken und Richten konnte elektrisch erfolgen – wie das auch beim Hilfsrichtsystem, bei den Hilfsaufzügen und einigen anderen Reservesystemen der Fall war –, aber das Hauptantriebsystem war hydraulisch. Der Höhenrichtbereich erstreckte sich von +30° bis -5,5°. Das Schußfeld wies folgenden Bereich auf: für die Türme A und B von 215° über die Nullstellung (0°) bis 145° sowie für die Türme C und D von 35° über die Nullstellung (180°) bis 325°. Das Gewicht der Türme belief sich auf 1056 t bzw. 1048 t ohne E-Meßbasis. Die Dicke der Panzerung war beträchtlich: Front 360 mm, Seiten 150 bis 220 mm, Decke 180 mm und Rückfront 320 mm. Alle Panzerplatten waren miteinander verbolzt. Im Turmsystem gab es sechs Arbeitsebenen: die Geschützplattform im Turminneren, die Plattform mit dem Drehkranz, die Maschinenplattform und die Zwischenplattform (sämtliche Ebenen im Inneren der Barbette und unter dem Panzerdeck) sowie die Ebenen mit den Pulver- und Granatkammern. Bei den Türmen B und C gab es in der Barbette eine zusätzliche Zwischenplattform.

Im Turminneren waren links vom linken Geschütz und rechts vom rechten Geschütz Visiereinrichtungen vorhanden. An der Rückseite des Turms befanden sich elektrische Lüfter für den Rauch- und Gasabzug. Aus der Turmdecke ragten zwei Periskope C/6 heraus.

Die Mittelartillerie, aus zwölf 15-cm-Geschützen S.K. C/28 L/55 in Dopp.Dreh.L. C/34 bestehend, war in sechs Doppeltürmen – drei auf jeder Seite – untergebracht, wobei der jeweils mittlere Turm mit einer 6,5-m-E-Meßbasis ausgestattet war. Die Türme I (Steuerbord und Backbord vorn) wogen 150,3 t, die Türme II (Steuerbord und Backbord Mitte) 131,6 t und die Türme III (Steuerbord und Backbord achtern) 97,7 t. Die vorderen Türme (I) besaßen Barbetten, die bis zum Oberen Plattformdeck reichten. Die Öffnungen zwischen dem drehenden Teil und dem Hauptpanzerdeck verschloß ein Lederschutz. Die Barbetten der übrigen Türme erstreckten sich nur bis zum Panzerdeck. Das verwendete Geschützmodell entsprach dem auf der SCHARNHORST und der GNEISENAU eingebauten Geschütz. Es verschoß eine 45,3 kg schwere Granate bei 40° Erhöhung auf eine Entfernung von 23 000 m.

Die vorderen Türme (I) besaßen fünf Arbeitsebenen: die Geschützplattform im Inneren des Turms, die Plattform mit dem Drehkranz sowie die Maschinen-Zwischenplattform in der Barbette und unter dem Panzerdeck die Beladeplattform für Granaten und Kartuschen. Die Türme II und III hatten keine Zwischenplattform und die Beladeplattform befand sich im Inneren der Barbette. Die Geschütze wurden von Hand bedient und der Kartuschenauswurf erfolgte unter dem Turm. Das Schwenken der Türme ging elektrisch vor sich, während das Heben und Senken der Rohre hydraulisch erfolgte (mit Handbedienung für den Notfall). Die nicht mit einer 6,5-m-E-Meßbasis ausgestatteten Türme war mit einem Periskop C/4 ausgerüstet, das zur Feuerleitung um +90° gedreht werden konnte. Die Panzerung wies folgende Dicken auf: Front 100 mm, Seiten 40 mm, die Decke 20 mm bis 35 mm und die Rückfront 40 mm – eine dünnere Panzerung als sie die 15-cm-Türme an Bord der SCHARNHORST hatten. Jeder Turm hatte ein Schußfeld zwischen 153° und 158°.

Die 15-cm-Geschütze waren keine Mehrzweckgeschütze mit See- und Luftzielfähigkeit. Daher folgte die deutsche Kriegsmarine auch hier

Artillerie-Gewichtsgruppen der »Schlachtschiffe F und G« (17. Februar 1938)

Teil I:		Vo-Meßeinrichtung	10,0
Acht 38 cm S.K. C/34		Turmlautsprecher	4,0
in vier Dopp.Dreh.L. C/34e	4 232,0	38-cm-Munitionsaufzüge	130,0
Zwölf 15 cm S.K. C/28			
in sechs Dopp.Dreh.L. C/34		*Teil II:*	
(2 x 110 t, 4 x 108 t)	652,0	Artillerie-Ausrüstung	96,8
Sechzehn 10,5 cm S.K. C/38			
in acht Dopp.L. C/38	216,0	*Teil III:* Munition	
Sechzehn 3,7 cm S.K. C/30 in acht Dopp.L. C/30	29,6	8 x 108 Schuß 38 cm	1 022,1
Zwölf 2 cm MG C/30 in zwölf Einzellafetten C/30	4,8	12 x 105 Schuß 15 cm	110,1
Seeziel-Feuerleitsystem	195,0	16 x 400 Schuß 10,5 cm	218,4
Scheinwerfer-Ausrüstung	75,0	16 x 2000 Schuß 3,7 cm	95,4
Flak-Feuerleitsystem	390,0	12 x 2000 Schuß 2 cm	11,2
E-Meßgeräte	69,0	Salutmunition	5,0
Artillerie-Verbindungssystem	45,0	Handfeuerwaffen	2,4
Akustische Signalausrüstung	3,0	Spezialmunition	1,0
Fernschaltung für die schwere Artillerie	10,0	Pyrotechnische Munition	0,7
Fernschaltung für die Mittelartillerie und die Flak	45,0	Übungsmunition	24,0
Fernschaltung für die Zündereinstellung	4,0		
Fernschaltung für E-Meßbasen der Türme Fernschaltung für die E-Meßdrehhauben }	7,5	*Insgesamt:* Teil I	 6294,6
Stabilisierungsausrüstung	30,0	Teil II	96,8
Kreisel-Energieversorgung	100,0	Teil III	1490,3
Zentralabfeuerung	25,0		7881,7
Warnausrüstung	10,0		
Energieversorgung	7,7	Gewichtsangaben in t.	

Vergleich der 38-cm-Geschütze

Leistungswerte:	*38 cm S.K. C/34 (BISMARCK):*	*38 cm S.K. L/45 (BAYERN):*
Mündungsgeschwindigkeit (Vo)	820 m/s	800 m/s
Geschoßgewicht	800 kg	750 kg
Durchschnittl. Turmgewicht (ohne Barbette)	1052 t	868 t
Feuergeschwindigkeit (Schuß pro Minute)	2,4	2,3
Gewicht der Breitseite	15.360 kg/m	13.800 kg/m
Maximale Erhöhung	30°	20°
Schußweite	34.200 m	23.200 m
Schußweite bei ungünstiger 10°-Neigung	27.200 m	15.000 m
Maximale Schwenkgeschwindigkeit	5°/s	3°/s
Maximale Erhöhungsgeschwindigkeit	6°/s	4°/s
Durchschlagsleistung:		
auf 10.000 m	510 mm	390 mm
auf 20.000 m	364 mm	265 mm
auf 25.000 m	308 mm	220 mm
Durchschlagen von 350 mm Panzerung auf	21.000 m	12.500 m

Rechts: Der Kommandoturm der BISMARCK mit der vorderen Turmgruppe. Beachte im vorderen Teil die Navigations-Periskope für die Schiffsführung. Im erhöhten achteren Teil befindet sich der Vordere Artillerieleitstand. Hier sind drei Zielgeber-Periskope und ein Rundblick-Periskop (Mitte) zu erkennen. (Bundesarchiv)

Ganz rechts: Die TIRPITZ 1941 in der Ostsee. Im Vordergrund der Achtere Artillerieleitstand – noch ohne die 10,5-m-E-Meßdrehhaube – mit der achteren Turmgruppe. Ferner fehlt dazwischen der achtere Fla-Leitstand (SL 6) für die Schwere Flak. (IWM)

Ganz oben: Die TIRPITZ am Ausrüstungskai. Der aufgebrachte Tarnanstrich soll einen Gebäudekomplex mit Fenstern vortäuschen. (IWM)

Oben: Eine Mittschiffsansicht der BISMARCK nach der Fertigstellung. (Bundesarchiv)

der gewohnten Praxis, die Schiffe mit einer schweren Flakbewaffnung auszurüsten. Das Standardwaffensystem für diese Aufgabe war inzwischen das 10,5-cm-Geschütz S.K. C/33 L/65, mit dem auch die SCHARNHORST und ihr Schwesterschiff sowie auch die Panzerschiffe ausgerüstet worden waren. Dieses Geschütz verschoß eine 15,1 kg schwere Granate (Patronenmunition mit einem Gesamtgewicht der Patrone von 26,5 kg) mit einer Mündungsgeschwindigkeit von 900 m/s. Die maximale Schußweite betrug 17.700 m. Auf dem Aufbaudeck gelangten acht Doppellafetten – vier auf jeder Seite – zum Einbau. Hierbei handelte es sich um eine voll stabilisierte, dreiachsige Lafette, die ursprünglich für das 8,8-cm-Geschütz entworfen worden war und seither als 8,8 cm Dopp.L. C/31 bezeichnet wurde. Jedoch nur die BISMARCK erhielt diese Lafette, und davon auch nur vier für die vorderen Positionen, da die Marine in der Zwischenzeit mit der 10,5 cm Dopp.L. C/37 eine stärkere Doppellafette entworfen hatte. Für die vier achteren Positionen erhielt die BISMARCK daher dieses Lafettenmodell und die TIRPITZ wurde vollständig mit dieser neuen Doppellafette ausgerüstet. Das Schwenken erfolgte mittels eines Pittler-Thoma-Elektroantriebs mit Handrädern für den Notfall und auch das Richten nach der Höhe ging elektrisch mit Handbetrieb für den Notfall vor sich. Die Geschütze wurden von Hand geladen, aber eine elektrische Ladevorrichtung war vorhanden, um bei großer Rohrerhöhung laden zu können.

Die Leichte Flak bestand aus sechzehn 3,7-cm-Geschützen S.K. C/30 L/83 in acht Doppellafetten C/30, gruppiert um die vorderen und achteren Aufbauten, sowie aus zwölf 2-cm-Geschützen MG C/30 (später C/38) in Einzellafetten.

Ursprünglich war für die beiden Schlachtschiffe keine Torpedobewaffnung vorgesehen. Sie waren jedoch für das Mitführen von Bordflugzeugen ausgerüstet und besaßen mittschiffs ein quer über Deck verlaufendes Katapult von etwa 16,6 m Länge, das nach beiden Seiten benutzt werden konnte.

Beiderseits des Schornsteins lagen zwei kleinere Bereitschaftshangars, während sich unterhalb des Großmastes und der Bootspositionen ein großer Hangar für die Unterbringung von zwei Bordflugzeugen befand. Vorgesehen war das Mitführen von sechs Bordflugzeugen, und zwar des Standardtyps: des Seeflugzeuges Arado Ar 196. Da in den Flugzeughallen nur vier Maschinen untergebracht werden konnten, mußten beim Mitführen der vorgesehenen Anzahl zwei der Bordflugzeuge auf dem Katapult stehen bleiben. Zum Minenlegen waren die beiden Schlachtschiffe nicht ausgerüstet.

Die Feuerleiteinrichtungen entsprachen der Anordnung auf der früher gebauten SCHARNHORST und GNEISENAU: drei Artillerieleitstände für das Führen eines Überwassergefechtes. Den vorderen Artillerieleitstand bildete der hintere, etwas höher gelegene Teil des vorderen Kommandostandes (Kommandoturm); er befand sich auf der Ebene der Navigationsbrücke. Auf dem Vormars des Gefechtsmastes hatte der Hauptartillerieleitstand seinen Platz und der dritte Feuerleitstand war der achtere Artillerieleitstand (achterer Kommandostand) auf dem achteren Teil des Aufbaudecks. Der vordere Artillerieleitstand war mit einer stereoskopischen 7-m-E-Meßdrehbasis ausgerüstet, während die beiden anderen Stände mit einer 10,5-m-E-Meßdrehbasis ausgestattet waren.

Jeder der beiden vorderen Artillerieleitstände war mit drei Zielgebern ZG C/38 S ausgerüstet, deren Periskophauben aus den gepanzerten Decken der Stände herausragten. Einer befand sich jeweils in der Mittschiffslinie, während die beiden anderen an Steuerbord und an Backbord eingebaut waren. Der achtere Artillerieleitstand war nur mit zwei Zielgebern ausgestattet, je einer an Steuerbord und an Backbord. Für die Feuerleitung im Nachtgefecht gab es zwei Nachtleitstände: einer vorn und der andere achtern, ausgerüstet jeweils mit zwei Zielsäulen C/38 S und einem Leuchtgranaten-Leitgerät C/38 S. Die von den Zielgebern der vorderen Artillerieleitstände ermittelten Seiten- und Höhenrichtwerte sowie die von den E-Meßgeräten festgestellten Zielentfernungen gingen an die Kommandozentrale und die vorderen Artillerie-Rechen- und -Schaltstellen auf dem Mittleren Plattformdeck in der Abteilung XV.

Eine ähnliche Feuerleitzentrale gab es achtern in Verbindung mit dem achteren Artillerieleitstand in der Abteilung VII; sie diente als Reservezentrale und war wie die vordere ausgestattet, lediglich der Rechner für Küstenbeschießungen fehlte. Die Artillerie-Rechenstellen beherbergten die Rw.-Hw.-Geber C/38 S und die Art.-Schußwertrechner C/38 S; sie lieferten die Schußwerte für die Schwere wie auch für die Mittelartillerie. In angrenzenden Räumen befanden sich – damit verbunden – vorn die Artillerie-Hauptschaltstellle und der vordere Artillerie-Verstärkerraum und achtern die achtere Artillerie-Schaltstelle und der achtere Artillerie-Verstärkerraum sowie weitere Feuerleitausrüstungen. Ferner lieferten zwei Mutterrichtanlagen in einem vorderen und achteren Mutterrichtraum die grundlegenden Bezugsebenen für das gesamte Feuerleitsystem der Schweren Arillerie, der Mittelartillerie und der Flak.[68] Der vordere Mutterrichtraum lag auf der Backbordseite des Unteren Plattformdecks in der Abteilung XV, während sich der achtere Raum auf der Steuerbordseite des Mittleren Plattformdecks in der Abteilung VIII befand.

Das Flak-Feuerleitsystem stellte gegenüber den früher gebauten Schlachtschiffen einen weiteren Fortschritt dar. Der Haupt-Fla-Einsatzstand befand sich auf dem höchsten Punkt des Schiffes: der Vormarsgalerie des Gefechtsmastes. Er war mit vier Flak-Zielanweisungsgeräten (ZAG) ausgestattet. Reserve-Leitstände bildeten der vordere und der achtere Nachtleitstand.

Die Entfernungsangaben lieferten vier dreiachsig stabilisierte Fla-Leitstände SL 6, erkennbar an ihren ausgeprägten kugelförmigen Abdeckungen. Jeder dieser Fla-Leitstände war mit einer stereoskopischen 4-m-E-Meßbasis ausgestattet, die auch nachttauglich war. Sie wurden als Fla-Leitstände A (steuerbord vorn), B (backbord vorn), C (achteraus des Großmastes) und D (achteraus des achteren Kommandostandes) bezeichnet. Die vordere Fla-Rechenstelle befand sich auf dem Oberen Plattformdeck in der Abteilung XV auf der Steuerbordseite. Daran grenzten der Funkraum B und die vordere Fla-Schaltstelle an. In unmittelbarer Nähe – auf der anderen Seite des wasserdichten Schotts – lagen die vordere Artillerie-Rechenstelle und die Kommandozentrale. Die achtere Fla-Rechen- und -Schaltstelle war in der Abteilung IX auf dem Mittleren Plattformdeck eingerichtet.

In den Nocken der Admiralsbrücke befanden sich zwei nachttaugliche 3-m-E-Meßgeräte. Ferner wurden acht transportable 1,25-m-E-Meßgeräte für die 3,7-cm-Geschütze mitgeführt. Sämtliche E-Meßbasen und -geräte stammten von den Zeiß-Werken in Jena.

Außerdem führten die beiden Schlachtschiffe jeweils sieben dreiachsig stabilisierte 160-cm-(bzw. BISMARCK: 150-cm-)Scheinwerfer der Fa. Siemens-Schuckert, und zwar einen auf einer Konsole an der Vorderseite des Gefechtsmastes unterhalb des Vormars-Leitstandes, vier in den Ecken der Schornsteinplattform (die beiden vorderen unter zusammenfaltbaren, halbkugelförmigen Schutzhauben) und die beiden letzten beiderseits des Fla-Leitstandes C.

Gerichtet wurden sie mit Hilfe von drei Scheinwerfer-Richtgeräten C/38 S, die sich auf der Backbord- und Steuerbordseite des vorderen Nachtleitstandes und im achteren Leitstand unterhalb der 10,5-m-E-Meßbasis befanden.

Modifizierungen

Noch vor der Fertigstellung erhielt die BISMARCK drei FuMO 23 (mit 25.000-m-Meßbereich). Die Antennen waren an der Vorderseite der E-Meßdrehhauben auf dem Vormars-Leitstand sowie auf dem vorderen und achteren Kommandostand angebracht. Die Fla-Leitstände C und D hatten vor dem Verlust des Schiffes noch keine Schutzkalotten erhalten. Die 10,5-m-E-Meßbasis im Turm A war während oder nach den Erprobungsfahrten entfernt worden.

Die Fertigstellung der TIRPITZ erfolgte ohne die E-Meßbasis im Turm A, aber bereits mit den halbkugelförmigen Schutzkalotten auf den beiden achteren Fla-Leitständen. Die Erfahrungen im Atlantik durch ADMIRAL HIPPER, SCHARNHORST und GNEISENAU 1940/41 führten zum Einbau von zwei Vierlings-Torpedorohrsätzen auf dem Hauptdeck an Steuerbord und an Backbord direkt achteraus der Katapultanlage. Ihr Einbau erfolgte, ehe das Schiff 1942 nach Norwegen auslief. Bis zu diesem Zeitpunkt hatte die TIRPITZ auch vier Vierlings-Flaks erhalten: zwei auf Konsolen am Gefechtsmast und zwei achtern auf den Aufbauten zwischen den Fla-Leitständen C und D. Die hierdurch verdrängten 2-cm-Einzellafetten erhielten auf dem Achterdeck sowie direkt hinter dem Turm B auf der Navigationsbrücke neue Positionen. Inzwischen belief sich die 2-cm-Ausstattung mit insgesamt 30 Rohren auf vierzehn Einzel- und vier Vierlingslafetten. Ferner ersetzten zwei FuMO 26 die bisherigen FuMO 23 an den E-Meßdrehhauben auf dem Vormars-Leitstand (mit Einbau eines Funkmeßstandes) und auf dem vorderen Kommandostand. Die beiden E-Meßgeräte in den Nocken der Admiralsbrücke erhielten Schutzhauben, möglicherweise zum Schutz gegen die erwartete arktische Kälte. Kurze Zeit nach dem Eintreffen des Schiffes in Norwegen kam es zum Einbau von zwei weiteren Vierlings-Flaks. Die eine ersetzte die beiden 2-cm-Einzellafetten auf der Navigationsbrücke und die zweite erhielt einen neuen Fla-Stand auf der Decke des Turms B. Mit fortschreitendem Kriegsverlauf wurde die Leichte Flak weiter verstärkt und zusätzliche Vierlings-Flaks kamen an Bord. Zwei ersetzten die 2-cm-Einzellafetten auf der Schornsteinplattform und zwei weitere gelangten auf dem Achterdeck direkt achteraus von Turm D zum Einbau. Nach offiziellen Aufzeichnungen belief sich die 2-cm-Ausstattung der TIRPITZ 1944 auf insgesamt 80 Rohre: sechzehn Vierlings-Flaks und sechzehn Einzellafetten.

Auch die Funkmeßausrüstung erfuhr 1943/44 eine weitere Verbesserung. Der Fla-Leitstand C achteraus des Großmastes erhielt ein FuMO 213 »Würzburg-D« zur verbesserten Luftzielbekämpfung. Doch zu dem Zeitpunkt, als die TIRPITZ verlorenging, war dieses Funkmeßortungsgerät bereits wieder entfernt worden.

5. Weitere Bauvorhaben

Schlachtschiff H

Entstehung

Deutschland stand nach der Konzipierung der Schlachtschiffe F und G noch ausreichend Tonnage zur Verfügung, um ein weiteres 35 000-ts-Schlachtschiff zu bauen. Die Gespräche darüber, wie das neue Schiff – Schlachtschiff H – auszusehen hatte, begannen 1935. Doch bis zum Herbst 1936 waren noch keine klaren Entwurfsvorstellungen vorhanden. Bis dahin hatte es den Anschein, als ob die Absicht bestand, mit ihm eine Wiederholung des Schlachtschiffes G zu bauen. Zu diesem Zeitpunkt stand für die Hauptbewaffnung das Kaliber 35 cm in Erwägung; aber Deutschland informierte am 5. Oktober 1936 Großbritannien darüber, daß es das Schlachtschiff H mit 38-cm-Geschützen bewaffnen würde, falls die UdSSR dazu überginge, ihre Schiffe mit einem größeren Kaliber als 35,6 cm auszustatten. Tatsächlich zog die Sowjetunion zum damaligen Zeitpunkt den Bau von neuen Großkampfschiffen in Verbindung mit verschiedenen westlichen Firmen, darunter insbesondere die italienische Werft Ansaldo & Co. in Sestri Ponente bei Genua, ernsthaft in Betracht. Es ist daher nicht überraschend, daß angesichts der zwischen Italien und Deutschland herrschenden Sympathie das letztere von diesen Plänen Wind bekam. Außerdem hatte die Sowjetunion bereits im November 1936 hinsichtlich der Lieferung von 40,6-cm-Geschützen mit entsprechender Ausrüstung in den USA vorgefühlt. Deutschland war davon überzeugt, daß die UdSSR nach einer Bewaffnung mit einem größeren Kaliber strebte, und entschloß sich daher, das Schlachtschiff H von Anbeginn an für eine Bewaffnung mit 38-cm-Geschützen zu entwerfen. Dies sollte aber auf eine Weise geschehen, die es erlaubte, das Schlachtschiff rasch mit 35-cm-Geschützen zu versehen, falls die politische Lage die Bewaffnung des Schiffes mit einem größeren Kaliber nicht zulassen würde. 35-cm-Hochleistungsgeschütze befanden sich zu diesem Zeitpunkt ernsthaft in der Entwicklung.

Daher legte am 23. Oktober 1936 die Marineausbildungsabteilung (A IV) im Marinekommandoamt (A) die entsprechenden militärischen Forderungen für das Schlachtschiff H vor, um die Diskussion in Gang zu setzen und die abschließende Behandlung der Entwurfsparameter zu beschleunigen. Gefordert wurde ein wie die BISMARCK bewaffnetes Schiff. Seit 1935 war eine Torpedobewaffnung vorgesehen worden, aber es war nicht klar, ob ein Überwasser- oder ein Unterwasser-Einbau vorteilhafter wäre. Jüngste Entwicklungen in der Torpedotechnik, besonders bei der Winkeleinstellung, eröffneten neue Möglichkeiten für die Position der Torpedorohre. Sowohl die Marineausbildungsabteilung als auch das Marinekonstruktionsamt diskutierten die Verwendung des Dieselantriebs. Der »Neubau-Ausschuß« beim Marinekonstruktionsamt[69] hätte nachgewiesen, daß ohne Steigerung bei den Schiffsabmessungen der erforderliche Raum zur Verfügung stehen sollte, und im Hinblick auf die Panzerschiffe wären die Vorteile des Dieselantriebs bereits diskutiert worden. Doch die Marineausbildungsabteilung forderte, daß das neue Schiff eine Geschwindigkeit haben sollte, die jene der BISMARCK und TIRPITZ überstieg – es sollte den in der Entwicklung stehenden französischen 35.000-ts-Schiffen überlegen sein. Als Minimum wurden eine Dauergeschwindigkeit von 30 kn sowie eine Seeausdauer gefordert, die mit 16.000 sm bei 16 kn nicht geringer als die der Panzerschiffe sein sollte. Der Panzerschutz hatte dem der BISMARCK zu entsprechen.

Als Reaktion auf diese Parameter legte die Operationsabteilung (A I) im Marinekommandoamt[70] dar, daß Unternehmungen im Atlantik beabsichtigt wären. A I forderte daher eine Seeausdauer von 16.000 sm bei 18 kn. Die Dauergeschwindigkeit müßte hoch genug sein, um das französische Schiff zum Kampf zu stellen und dies erfordere als Minimum 30 kn (Dauergeschwindigkeit). Die Bewaffnung hätte den Schlachtschiffen der DUNKERQUE-Klasse überlegen und den Einheiten der RICHELIEU-Klasse zumindest ebenbürtig zu sein. Daher wären 38-cm-Geschütze mit einer guten Turmaufstelllung für die beste Salvenverteilung erforderlich. Der Panzerschutz müßte besser als der bei den Schlachtschiffen der RICHELIEU-Klasse sein. Außerdem müßte auch der Splitterschutz im Vormars des Gefechtsmastes verbessert werden, da dieser Ziel der 4-cm-Bordkanonen von angreifenden Flugzeugen sein könnte – im Jahre 1936 ein interessanter Vorschlag. Fernerhin sollte auf die begrenzten Ausmaße der deutschen Häfen und Wasserwege gebührend Rücksicht genommen werden. Dies würde den Tiefgang bei Einsatzverdrängung auf 10 m beschränken. Überdies wären vier Aufklärungsflugzeuge und zwei Katapulte erforderlich. Der geplanten Munitionsausstattung würde zugestimmt werden, ausgenommen die Dotierung für die 15-cm-Geschütze. Hier wären anstelle der vorgesehenen 100 Schuß pro Geschütz 150 notwendig. Es wurde ebenfalls vorgeschlagen, daß die Anzahl der 15-cm-Geschütze gefahrlos verringert werden könnte, da Zerstörerangriffe im vorgesehenen Operationsraum unwahrscheinlich wären. Eine Torpedobewaffnung könnte nützlich sein, wäre aber nicht zwingend erforderlich.

Als Ergebnis dieser Meinungsbildung änderte die Marineausbildungsabteilung die Munitionsdotierung für die Mittelartillerie auf 130 Schuß pro Geschütz plus 20 Leuchtgranaten pro Geschütz ab und verstärkte den Panzerschutz im Vormars des Gefechtsmastes von 20 mm auf 30 mm. Am 11. Dezember 1936 wurden die allgemeinen Forderungen bestätigt: Typverdrängung wie die Schlachtschiffe F und G, ausgestattet mit einer ähnlichen Bewaffnung, jedoch acht 38-cm-Geschütze in vier Doppeltürmen mit einer Munitionsdotierung von 125 Schuß pro Geschütz. Hinter dem Zitadellpanzer sollten entweder zwei Drillings-Torpedorohrsätze M 5 oder vier Zwillings-Torpedorohrsätze M 5 eingebaut werden. Die Entscheidung, ob das Schiff Zwillings- oder Drillings-Rohrsätze erhielt, sollte auf der Grundlage des verfügbaren Raums getroffen werden. Die Antriebsanlage sollte eine Dieselmotorenanlage mit Drei-Wellen-Anordnung sein. Vorgesehen waren zwölf doppelt wirkende Neunzylinder-Zweitakt-MAN-Dieselmotoren mit einer Antriebsleistung von 13.500 PSe bis 16.200 PSe. Die maximale Dauergeschwindigkeit sollte sich auf 30 kn und die Seeausdauer auf 16.000 sm bei 19 kn belaufen. Der Panzerschutz war wie folgt vorgesehen:

Seitenpanzer	320 mm
Oberdeck	50 mm
Panzerdeck	80 mm, in den Böschungen 120 mm
Kommandoturm	350 mm
Zitadellpanzer	145 mm

Längsschotte	30 mm
Torpedoschott	45 mm
Gefechtsmast	60 mm
Achterer Kommandostand	150 mm
Barbetten	340/260/350 mm.

Mittschiffs waren zwei Katapulte geplant und vier Bordflugzeuge sollten mitgeführt werden. Jedoch nur zwei dieser Flugzeuge könnten in Einzelhangars mit Splitterschutz untergebracht werden. Der Tiefgang sollte den der Schlachtschiffe F und G nicht überschreiten; im Gegenteil, jede Verringerung des Tiefgangs wäre zu begrüßen. Bei der Verwendung von Dieselmotoren wurde eine Steigerung der Maschinengewichte um etwa 1400 t erwartet; andererseits konnte der Bunkerraum für denselben Fahrbereich um etwa 4500 t verringert werden. Außerdem wurde angenommen, daß diese Einsparung im Vergleich zu den Schlachtschiffen F und G zu einem geringeren Tiefgang führen würde.

Im Januar 1937 teilte Generaladmiral Raeder seinem Stab im OKM mit, Großbritannien hätte den Bau von drei weiteren 35.000-ts-Schiffen (die letzten drei Einheiten der KING GEORGE V-Klasse) angekündigt. Daher würde erwartet, daß Deutschland ebenfalls ein weiteres Schiff bauen könnte. Dementsprechend befahl er, daß alle Anstrengungen unternommen werden sollten, um das Schlachtschiff J am 1. Mai 1938 für eine Fertigstellung in dreieinhalb Jahren auf Kiel zu legen.

Es hat den Anschein, als ob um Anfang Januar 1937 herum das sowjetische Ersuchen an die USA um Lieferung von 40,6-cm-Geschützen Hitler bekannt geworden wäre; denn plötzlich waren die Parameter für das Schlachtschiff H zu schwach und ein größeres Geschützkaliber wurde gefordert. Hitler erteilte deshalb dem Ob.d.M., Generaladmiral Raeder, die Weisung, die neuen Schiffe mit 40,6-cm-Geschützen zu entwerfen. Unmittelbar darauf, am 29. Januar 1937, wurde eine weitere Konferenz einberufen. Auf dieser Besprechung verkündete das Marinekonstruktionsamt, daß von ursprünglich sieben Projekten nur drei ausgearbeitet worden wären: zwei mit acht 40,6-cm-Geschützen in Doppeltürmen – die Entwürfe 3 und 3a – und ein weiteres Projekt – der Entwurf 4 – mit zwölf 38-cm-Geschützen in vier Drillingstürmen. Die Schiffe waren als sehr schwere Geschützplattformen entworfen, aber schwere Geschütze allein waren nicht entscheidend; denn die Schiffe waren nutzlos, wenn sie den Gegner nicht zum Kampf stellen konnten. Ein Schiff mußte zum richtigen Zeitpunkt am richtigen Platz sein, ein Gesichtspunkt, der bei dieser Konferenz herausgestellt wurde. Drillingstürme wurden nicht bevorzugt und der Fahrbereich der Typskizze mit Dampfturbinen wurde als nicht ausreichend angesehen. Das Panzerschutzschema rief kaum Kommentare hervor, ausgenommen vielleicht eine geringfügige Verbesserung des Panzerschutzes an den Schiffsenden. Die Mittelartillerie sollte in zwei Gruppen zu je vier Geschützen an Backbord und an Steuerbord Aufstellung finden. Der fehlende Schutz für die Geschützbedienungen der Schweren Flak führte zu Protesten und zu dem Vorschlag, für die 10,5-cm-Geschütze einen Splitterschutzschild zu entwickeln.

Das Marinekonstruktionsamt berichtete, daß auf der Grundlage der vorgegebenen obigen Forderungen eine Geschwindigkeit von 30 kn nicht zu erreichen wäre, und votierte für den Entwurf 3 mit einer Geschwindigkeit von 27,8 kn. Selbst eine Steigerung der Geschwindigkeit auf nur 29 kn würde eine Zunahme der Wasserverdrängung um 8500 t bedeuten (Entwurf 3a). Bis jetzt hätte die Wasserverdrängung auf jeden Fall die festgesetzten 35.000 t bereits um 7000 t überstiegen. Das Marinekonstruktionsamt (K) sah auch kein tatsächliches Erfordernis, das Geschützkaliber auf 40,6 cm zu steigern, da das 38-cm-Geschütz allen Forderungen entsprach. Die begrenzten Verhältnisse in den deutschen Häfen sowie auch die Krümmungen des Nord-Ostsee-Kanals wären schwerwiegende Gesichtspunkte. K sah daher als beste Lösung ein Schiff wie das Schlachtschiff F mit Dieselantrieb und einer höheren Geschwindigkeit oder als zweitbeste Lösung ein Schiff mit einer gegenüber dem Schlachtschiff F verbesserten Geschwindigkeit an, bewaffnet mit 40,6-cm-Geschützen in Doppeltürmen. Der »Führer« wollte jedoch die größeren Geschütze!

Im April 1937 legte das Marinewaffenamt seine Vorstellungen zur Verbesserung des Entwurfs in einer Stellungnahme vor. Als erste Priorität forderte das Amt das Wiederheraufsetzen der Barbettenpanzerung auf die ursprünglichen 350 mm und des Zitadellpanzers auf 150 mm. Ferner wurden die Ausdehnung des 150-mm-Panzerschutzes in der Wasserlinie in ausreichender Breite bis zum Bug sowie ein vorderes Panzerdeck von 30 mm Dicke verlangt. Falls die Ausdehnung des Panzergürtels in der Wasserlinie bis zum Bug nicht möglich wäre, wurde ein vorderes Panzerquerschott von 150 mm Dicke gefordert. Falls 38-cm-Geschütze in Doppel- oder Drillingstürmen Verwendung finden sollten, dann könnte die Turm- und Barbettenpanzerung um 10 % gesteigert werden. Als zweite Priorität wünschte das Marinewaffenamt die Verbesserung des Schutzes der 15-cm-Geschütze auf das Niveau der SCHARNHORST, die Verstärkung des Panzerschutzes über den Maschinenräumen auf 100 mm und in den Böschungen auf 120 mm sowie einen Schutz des Rudermaschinenbereiches in der Wasserlinie von 80 mm bis 150 mm. Schließlich sollte auch noch der Splitterschutz oberhalb des Panzerdecks auf 40 mm verstärkt werden.

Mit diesen gesamten Stellungnahmen und Forderungen erhöhte sich die Typverdrängung des Entwurfs entsprechend. Das Schlachtschiff H sollte Bestandteil des Bauprogramms 1938 werden und bereits Mitte Oktober 1935 war geplant worden, das Schiff (damals noch als Panzerschiff H bezeichnet) am 1. Oktober 1937 zur Fertigstellung bis zum Februar 1941 auf Kiel zu legen. Nunmehr begannen jedoch die Pläne der Marine schiefzulaufen, da die begrenzten Kapazitäten der deutschen Werften ihren Einfluß auszuüben anfingen. Die einzige geeignete Helling – die Helling IX auf der Werft von Blohm & Voss – würde bis zum Winter 1937 vom Schlachtschiff F (der späteren BISMARCK) in Anspruch genommen werden und die Alternativen – die Kriegsmarinewerft Wilhelmshaven und die Deutschen Werke in Kiel – schieden aus, weil ihre Helgen entweder besetzt oder nicht lang genug waren. Andererseits hatte die Helling VI der Deschimag-Werft in Bremen mit den Abmessungen 300 m x 39 m die richtige Länge, aber die Wassertiefe der Weser schuf Probleme, und die Werft besaß keine Einrichtungen zur Verarbeitung von Panzerplatten. Auch die Helling VII oder die Helling VIII bei der Kieler Germaniawerft hätten bis zum Juli 1936, wenn der Startschuß gefallen wäre, für größere Schiffe nicht verlängert werden können. Zudem wäre es notwendig geworden, den »Flugzeugträger B« und den »Kreuzer J« (die spätere PRINZ EUGEN) auf andere Werften zu verlegen. Schließlich erwies sich dies als nicht notwendig, da bereits im November 1935 die Kiellegung des »Panzerschiffes H« um ein Jahr verschoben worden war. Aufgrund der Terminverschiebungen bei den Schlachtschiff-Neubauten (siehe 4. Kapitel) stand daher später – ab Frühjahr 1939 nach dem Stapellauf der BISMARCK – die Werft Blohm & Voss zur Verfügung.

Kehren wir wieder zur Entwurfsgeschichte für das Schlachtschiff H zurück. Am 24. Juli 1937 billigte Hitler auf Vortrag von GenAdm. Raeder den Entwurf 3 mit einer nunmehrigen Konstruktionsverdrängung von 58.000 t und einer aus acht 40,6-cm-Geschützen bestehenden Bewaffnung.[71] Im August 1937 legte das Marinekonstruktionsamt dar, daß aufgrund der Erfahrungen mit den Panzerschiffen im Spanien-Einsatz und der Stellungnahme des Marinekonstruktionsamtes vom Dezember 1936 Überwasser-Torpedorohre wahrscheinlich nicht die beste Lösung darstellten. Da die Kiellegung des Schlachtschiffes H verscho-

Schlachtschiff H: Innenanordnung

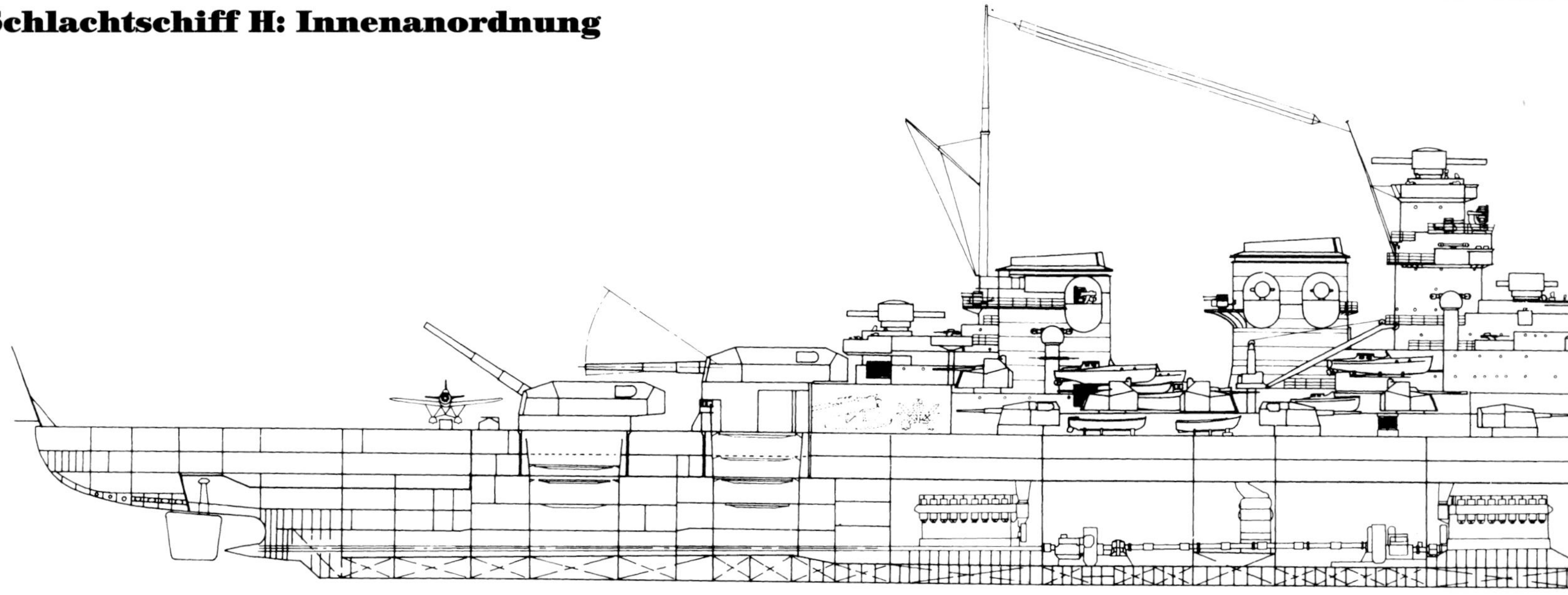

ben worden wäre, biete dies die Möglichkeit, daß die Erprobungen der neuen Unterwasser-Torpedorohre auf der HESSEN in der Zwischenzeit Ergebnisse erbringen könnten. Die Steigerungen bei der Wasserverdrängung hielten an und als die Notwendigkeit eintrat, technische Angaben zu diesem neuen Schiff – nominell 35.000 ts, soweit es die Außenwelt betraf – zu veröffentlichen, ergab sich ein Problem. Bis zum Februar 1938 betrug die Typverdrängung des Schiffes mit Dieselantrieb 56.200 t. Wie das Marinekonstruktionsamt ausführte, würde es eine offensichtliche Lüge bedeuten, wenn die korrekten Abmessungen des Schiffskörpers zusammen mit 35.000 ts als Angabe der Standardverdrängung veröffentlicht werden würden! Eine weitere komplizierte Angelegenheit war die verschwommene Definition der Zuständigkeiten zwischen dem Marinekonstruktionsamt (ab Januar 1939 das Amt für Kriegsschiffbau im OKM) und der Flottenabteilung (A V)[72] im Marinekommandoamt/Skl., die in der Sache häufig nicht übereinstimmten. Dies verursachte sowohl beim Schlachtschiff H wie auch beim Kreuzer M[73] beträchtliche Verzögerungen.

Der damalige KAdm. Werner Fuchs, Chef der Flottenabteilung,[74] hatte das Empfinden, das seine Abteilung durch das Marinekonstruktionsamt etwas im dunkeln gelassen wurde. An den Entscheidungen zum Entwurf nach der Festsetzung der ersten Parameter wären er und seine Abteilung nicht beteiligt worden. Als er Kenntnis von der Tatsache erlangt hätte, daß das Projekt inzwischen eine Standardverdrängung von 58.700 t bei einer Breite von 41 m erreicht hätte, wäre er diesen Abmessungen sehr kritisch gegenübergestanden. Sie waren nach seiner Auffassung übermäßig groß: weitaus breiter als erwünscht (eine Benutzung des Nord-Ostsee-Kanals wäre nicht mehr möglich), mit einem zu großem Tiefgang und auch mit zu niedriger Geschwindigkeit. Seiner Meinung nach könnte selbst die relativ geringe Geschwindigkeit eines solchen Schiffes auf Wassertiefen von weniger als 100 m nicht erreicht werden.

Trotz der Äußerung seiner Einwände bestand der einzige Fortschritt nach einjähriger Arbeit in der Verringerung der Breite um einen Meter und in der Zunahme der Länge um 12 m. Hierdurch steigerte sich die Geschwindigkeit um 0,2 kn auf 28 kn. Die Breite des Schiffes verursachte die größten Probleme – nur das größte der russischen »Popoffkas« hatte eine größere Breite, und dies waren kaum seegehende Schiffe! Infolge der großen Schiffsbreite wurde die Antriebsleistung sehr ineffektiv genutzt. KAdm. Fuchs hatte die Ursache erkannt: der mit 6,5 m zu breite Torpedoschutz. Das Marinekonstruktionsamt verringerte seine Breite später auf 6 m. Doch die Flottenabteilung hatte nie eine größere Breite als 5,4 m gefordert. Auch die Anordnung der Hauptantriebsanlage, die um 2 m als zu breit angesehen wurde, wirkte sich nachteilig auf die Schiffsbreite aus.

Im Verlaufe der Überlegungen zu den anfänglichen Forderungen für den »Kreuzer P« (siehe unten) kam es zu Gesprächen zwischen der Flottenabteilung und Marinebaurat Drießen vom Marinekonstruktionsamt. Bei diesen Gesprächen machte der letztere den Vorschlag, daß die Breite des Schlachtschiffes H durch die Einführung einer ähnlichen Anordnung für die Hauptantriebsanlage wie beim Kreuzer P auf 37 m verringert und die Geschwindigkeit zumindest auf 30 kn gesteigert werden könnte. Dies wäre zu erreichen, wenn der Wallgang auf 5,5 m und die Breite der Hauptantriebsanlage um 2 m verringert würden. Gleichzeitig könnte dies zu einer beträchtlichen Einsparung bei der Wasserverdrängung führen. Diese Einsparung könnte noch erhöht werden, wenn an den militärischen Forderungen für das Schiff einige kleinere Abstriche vorgenommen werden würden. Da Marinebaurat Drießen Verständnis für den Standpunkt der Flottenabteilung zu haben schien, ersuchte die letztere am 15. September 1938 das Marinekonstruktionsamt, diesem die Aufgabe der Entwicklung des neuen Schlachtschiff-Entwurfes zu übertragen. Auch ein weiteres schriftliches Ersuchen vom 19. September blieb unbeantwortet, vermutlich infolge der mangelhaften Zusammenarbeit zwischen den beiden Stellen. Auf ein nochmaliges schriftliches Ersuchen vom 28. September traf schließlich eine Antwort ein.

Sie ging jedoch nicht auf das Ersuchen der Flottenabteilung ein und führte lediglich aus, daß jede Möglichkeit einer Verbesserung der Geschwindigkeit einzig und allein von einer Neubewertung der grundsätzlichen militärischen Forderungen abhinge, die an den Entwurf gestellt wären.

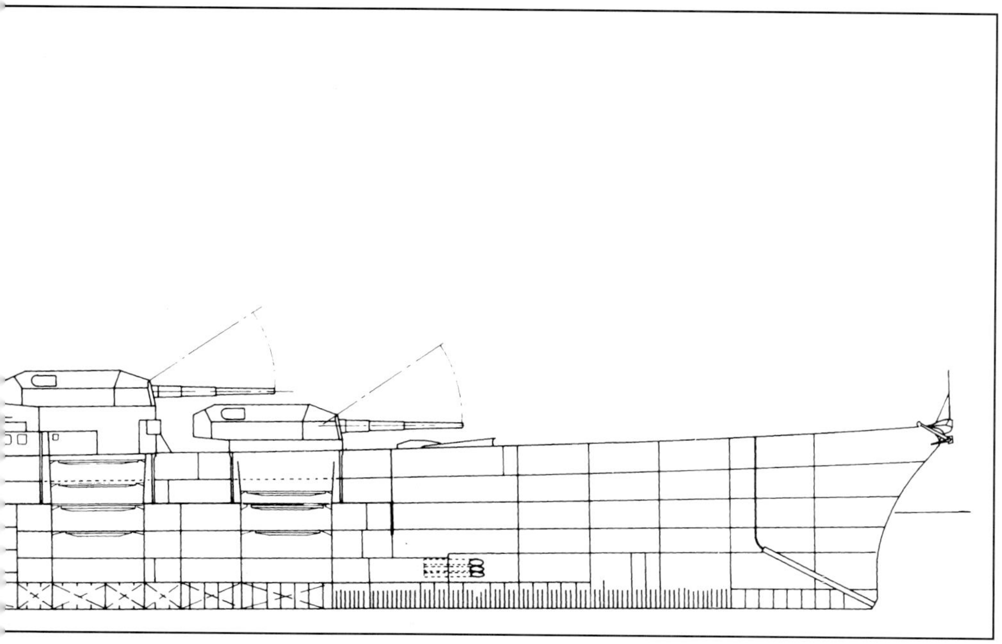

Das Marinekonstruktionsamt bot lediglich zwei Alternativen an:

- entweder die bisherige Standardverdrängung beizubehalten und die Geschwindigkeit zu steigern – in diesem Falle wären weitere 50.000 PS erforderlich, um die Geschwindigkeit über die gemessene Meile um 2 kn zu verbessern – oder
- die Standardverdrängung um 1000 t zu verringern, dann könnte die Geschwindigkeit um 0,1 kn verbessert werden.

Das Marinekonstruktionsamt war strikt dagegen, in einem derart späten Stadium den Entwurf zu überarbeiten. KAdm. Fuchs vertrat demgegenüber eine andere Ansicht. Er war der Auffassung, daß es möglich sein würde, die Anordnung der Hauptantriebsanlage zu überarbeiten, ohne die Offensivkraft des Schiffes zu verringern und gleichzeitig ein kleineres und schnelleres Schiff zu erreichen. Schließlich teilte das Marinekonstruktionsamt am 10. November 1938 der Flottenabteilung die formelle Ablehnung mit, Marinebaurat Drießen zu gestatten, am Entwurf zu arbeiten. Es behauptete ferner, vor einiger Zeit geprüft zu haben, ob durch kleinere Veränderungen an der Anordnung der Hauptantriebsanlage die Größe des Schiffes verringert werden könnte. Das Amt legte außerdem dar, daß es die Möglichkeit untersucht hätte, den neuen V-förmigen Dieselmotor mit höherer Leistung zu verwenden, um eine höhere Geschwindigkeit zu erreichen. Am Ende kehrte es zu dem Argument zurück, daß die bevorstehende Kiellegung des Schlachtschiffes H alle weiteren Änderungen ausschließe.

Durch ein zufälliges Zusammentreffen hatte KAdm. Fuchs am selben Tag dem Chef des Marinekonstruktionsamtes persönlich eine neue Typskizze für das Schlachtschiff H überreicht.[75] Sie wies folgende Parameter auf: 51.000 t Standardverdrängung, Dieselantrieb mit Vier-Wellen-Anordnung und 193.000 PSe für eine Höchstgeschwindigkeit von 30,5 kn. Dies führte dann wieder zu vier neuen Typskizzen, die zum Teil von A V und zum Teil vom Marinekonstruktionsamt erarbeitet wurden.

Im Dezember 1938 überprüfte der Neubau-Ausschuß die Entwürfe und befaßte sich mit zwei Entwürfen im Detail: dem Entwurf IV mit einer Schiffsbreite von 37 m (vgl. dazu die BISMARCK: 36 m) und dem Entwurf I, ebenfalls mit 37 m. Der erstere sah ein Schiff ausschließlich mit Dieselantrieb vor, während der letztere ein solches mit einem gemischten Turbinen- und Dieselantrieb anstrebte. Beide wiesen sie denselben Tiefgang auf – 10,35 m mit 7500 t Brennstoff in den Bunkern – und führten auch dieselbe Hauptbewaffnung: acht 40,6 cm in Doppeltürmen. In den Entwürfen war jetzt auch Torpedobewaffnung vorgesehen: sechs Unterwasser-Torpedorohre im Vorschiff. Die Bordflugzeug-Einrichtungen umfaßten zwei Flugzeughallen hinter den achteren Aufbauten mit zwei fest eingebauten, längsschiff verlaufenden Katapulten; eine weitere Alternative waren Katapulte im Winkel von 30° und 130°. Das Panzerschutzschema glich sich bei beiden Entwürfen: 300 mm Gürtelpanzer in der Wasserlinie (verringert von 320 mm bei früheren Entwürfen), 100/150 mm Gürtel beim Vorschiff (vorher 150/160 mm) und der Gürtel am Achterschiff blieb mit 150 mm unverändert. Die einzige weitere Änderung gegenüber dem früheren Panzerschutzschema betraf die verringerte Dicke des Panzerdecks: nunmehr 90 mm (vorher 80 mm) und in den Böschungen 110 mm (vorher 120 mm). Der Panzerschutz bei den Türmen und Barbetten der Schweren und der Mittelartillerie blieb unverändert (siehe hierzu die detaillierte Tabelle auf Seite 62/63) Die Breite des Torpedoschutzes (Wallgang) betrug 5,5 m. Es sollte jedoch noch entschieden werden, ob die vorherige Dicke des Panzerdecks wiederhergestellt werden könnte. Falls dies erfolgen sollte, würde sich der Tiefgang um 0,1 m vergrößern und die Geschwindigkeit um 0,1 kn verringern.

Hauptdiskussionspunkt blieb die Art der Hauptantriebsanlage. Sollte der Dieselantrieb oder ein gemischter Diesel/Turbinenantrieb den

Schlachtschiff H: Panzerschutz-Schema und Anordnung der Antriebsanlage

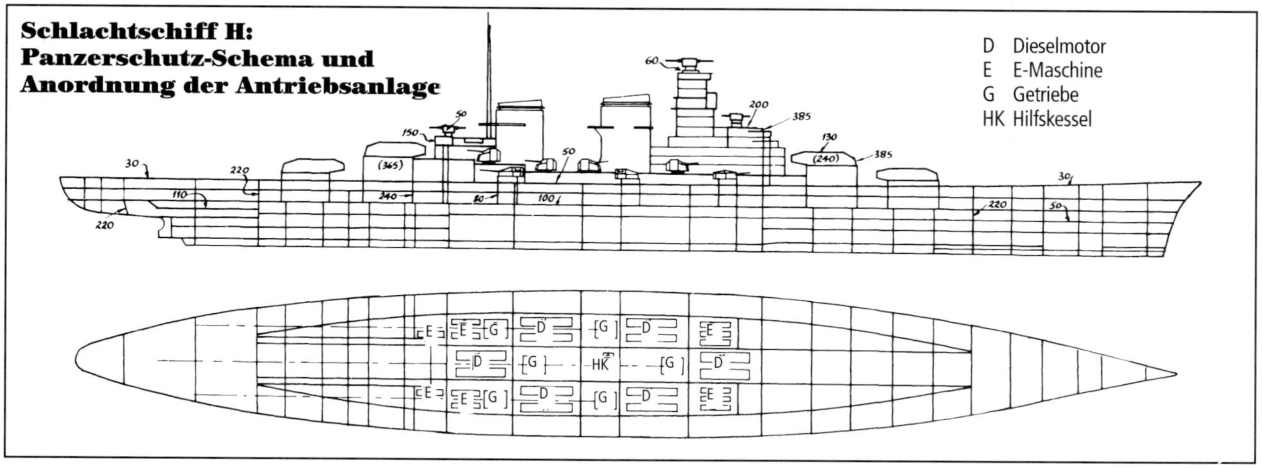

Vorzug erhalten? Der Entwurf I ging von einer Gesamtantriebsleistung von 220.000 PS aus, bestehend aus acht Dieselmotoren zu je 13.750 PSe, angeordnet in zwei Gruppen zu je vier, sowie einer Turbinenanlage mit Zwei-Wellen-Anordnung (je drei Kessel) mit einer Leistung von 110.000 WPS.

Die Höchstgeschwindigkeit lag bei 32,5 kn und die Seeausdauer betrug 16.500 sm bei 19 kn (oder 36 Tage) und 5250 sm bei 28 kn (oder 9 Tage). Der Entwurf IV sah eine Dieselantriebsanlage mit Drei-Wellen-Anordnung zu je vier 13.750-PSe-Dieselmotoren mit einer Gesamtantriebsleistung von 165.000 WPS vor. Die Höchstgeschwindigkeit war mit 30 kn etwas geringer und die Seeausdauer betrug 19.200 sm bei 19 kn (oder 42 Tage) und 7000 sm bei 28 kn (oder 10,5 Tage).

Beide Antriebsanlagen wurden für Atlantik-Unternehmungen als zufriedenstellend angesehen. Beim Entwurf I konnte jedoch eine Geschwindigkeit von 22 kn bis 28 kn selbst bei Ausfall einer Turbine gehalten werden, während beim Entwurf IV alle Dieselmotoren in Betrieb sein mußten, um diese Geschwindigkeit zu erbringen. Bei beiden Entwürfen konnten mit der Dieselmotorenanlage allein bis zu 22 kn aufrechterhalten werden. Hiermit könnte ein solches Schiff, so wurde eingeräumt, schneller ins Gefecht gelangen als mit einer Dampfturbinenanlage. Die Marineausbildungsabteilung (A IV) sah den Entwurf I als die beste Lösung an, wenn das Schiff mit hoher Fahrt in den freien Nordatlantik ausbrechen müßte, und wenn sich die Brennstoffversorgung in See schwierig gestalten sollte, könnten verschiedenartige Brennstoffe Verwendung finden. Der Entwurf IV wäre als die bessere Lösung dann anzusehen, wenn die Geschwindigkeit für ein Ausbrechen in den Atlantik als zufriedenstellend betrachtet würde, da im Atlantik keine Schwierigkeiten mit der Dieseltreibstoffversorgung zu erwarten wären. Überdies könnte die schnellere Bereitschaft der Dieselmotoren vorteilhaft sein.

Der Neubau-Ausschuß betrachtete den Entwurf IV als die einfachste und beste Lösung; doch wenn die Geschwindigkeit von ausschlaggebender Bedeutung wäre, dann müßte die Wahl auf Entwurf I fallen. Bei Marschfahrt erfordere ein Schiff nach Entwurf I 75 % aller Motoren, während ein solches nach Entwurf IV nur 50 % erforderte. Fernerhin wurde darauf hingewiesen, daß Dampfturbinenanlagen im Gefecht verwundbarer als Dieselmotorenanlagen wären.

Die Maschinenbauabteilung im Marinekonstruktionsamt sah beide Anlagen als ebenbürtig an, wenn es um Seetüchtigkeit und Betriebsrobustheit ging, stellte aber fest, daß das gemischte Antriebssystem etwa 4000 m^3 mehr Raum als die Dieselmotorenanlage erfordern würde. Außerdem bedurfte der Entwurf I etwa 52 Mann mehr an Maschinenraumpersonal als der Entwurf IV und es wäre notwendig, in größerem Umfang Ersatzteile und Vorräte mitzuführen.

KAdm. Schniewind, Chef des Stabes der Skl.,[76] war der Ansicht, daß ein schnelleres Schiff als der frühere 28-kn-Entwurf für das Schlachtschiff H erforderlich wäre. Nach seiner Auffassung hatten die Vorzüge des gemischten Antriebssystems mit Vier-Wellen-Anordnung nicht vollständig überzeugt, und er votierte für eine ausschließliche Dieselmotorenanlage mit Drei-Wellen-Anordnung für 30 kn. Er gab jedoch für das Vier-Wellen-Antriebssystem mit verstärkter Leistung und unter vollem Kostenrisiko Tankschleppversuche in Auftrag, um die beiden bevorzugten Entwürfe genau zu untersuchen; sie sollten darüber hinaus vollständig ausgearbeitet werden, damit eine Entscheidung herbeigeführt werden könnte. Türme und Barbetten sollten für vier Schiffe in Auftrag gegeben werden.

Wenige Tage später berichtete das Marinekonstruktionsamt, daß es die Zahlen anzweifelte, die für den Tiefgang in den Entwürfen I und IV angegeben würden, und zwar mit der Begründung des größeren Gewichtes der Panzerung (infolge des gepanzerten Hangars) und der größeren Maschinen-Gewichte (zusätzliche 460 t) bei Entwurf I. Nach Auffassung des Amtes hätte dies bei dem Entwurf I einen größeren Tiefgang als bei Entwurf IV zur Folge. Damit hielt die Kritik des Marinekonstruktionsamtes an! Außerdem wären weder die angebene Geschwindigkeit von 32,5 kn (Entwurf I) noch die Seeausdauer von 16.500 sm bei 19 kn auch nur annähernd zu erreichen; wahrscheinlicher wären 15.000 sm, und auch dies nur, wenn die Dieselmotoren bei kalt gefahrener Dampfturbinenanlage zum Einsatz kämen. Bei 28 kn nahm das Amt den konstruktionsbedingten Fahrbereich mit 5000 sm und nicht mit 5250 sm an. Soweit es den Entwurf IV beträfe, betrüge die Seeausdauer eines solchen Schiffes wahrscheinlich 18.000 sm bei 19 kn und 7000 sm bei 28 kn. Bei Entwürfen mit gemischten Antriebssystemen müßten alle Dieselmotoren eingekuppelt sein, um eine Geschwindigkeit von mehr als 19 kn zu erzielen, während das ausschließlich mit Dieselmotoren angetriebene Schiff an jeder Welle zwei Motoren in Reserve halten könnte und alle Motoren nur dann aufschalten müßte, wenn höhere Geschwindigkeiten als 24,5 kn erforderlich wären. Bei Marschfahrt würden daher die Dieselmotoren eines gemischten Antriebssystems viel stärker beansprucht werden als die Motoren bei ausschließlichem Dieselantrieb. Wenn bei einem Schiff nach Entwurf I eine Turbine ausfiele, müßten alle Dieselmotoren in Betrieb sein, um 28 kn zu erreichen. Die Höchstgeschwindigkeiten bei den beiden konkurrierenden Hauptentwürfen wurden auf 31,7 kn (Entwurf I) und 30,4 kn (Entwurf II) geschätzt. Es war offensichtlich, daß das Marinekonstruktionsamt die Version mit ausschließlichem Dieselantrieb bevorzugte.

Am 21. Dezember 1938 entschied sich Generaladmiral Raeder und billigte einen Entwurf von 52.560 ts Typverdrängung und einer Dieselantriebsanlage mit Drei-Wellen-Anordnung und 165.000 WPS (d.h. im wesentlichen der Entwurf IV). Dieser Entwurf wies eine Reihe von Vorzügen auf, darunter ein klar und übersichtlich gestaltetes Deck, wobei sich die Flugzeughallen nunmehr unter dem Turm C befanden. Die Katapulte waren in das Achterdeck versenkt und mit Heinemat-Schlittenrückholsystem ausgestattet. Das Achterdeck war breit genug, um Radflugzeuge einzusetzen, insbesondere den Fieseler »Storch«. Weitere Plusfaktoren waren ein trockeneres Vorschiff, getrennte Motorenkupplungen und die Fähigkeit, den Nord-Ostsee-Kanal zu benutzen. Im Vergleich zum alten H-Entwurf bestand der einzige Nachteil in der Verringerung der Mittelartillerie um zwei 15-cm-Doppeltürme auf nur noch sechs.

Nachdem durch die innerbehördlichen Zwistigkeiten viel Zeit verlorengegangen war (vgl. die Entstehungsgeschichte des »Kreuzers M«),[77] war es nunmehr von wesentlicher Bedeutung, den Bau mit Eile voranzutreiben. Am 23. Januar 1939 wurde KAdm. Fuchs, der Chef der Flottenabteilung blieb, die Sonderzuständigkeit für den Bau der Schlachtschiffe H und J übertragen. Am 14. April 1939 erfolgte die Auftragserteilung für die ersten beiden Schiffe: für das Schlachtschiff H an die Werft Blohm & Voss in Hamburg als deren Baunummer 525 und für das Schlachtschiff J an die Deschimag in Bremen als deren Baunummer 981. In den folgenden Monaten bis zum Sommer 1939 wurden auch die Aufträge für die Schlachtschiffe K, L, M und N der *H*-Klasse – an die A.G. »Weser« in Bremen, die Kriegsmarinewerft in Wilhelmshaven, Blohm & Voss in Hamburg bzw. an die Deutschen Werke in Kiel – erteilt, beginnend am 25. Mai 1939 für das Schlachtschiff K.

Bauweise

Nur die ersten beiden Einheiten wurden am 15. Juli bzw. am 15. August 1939 auf Kiel gelegt. Infolge der an einer Stelle gebündelten Zuständigkeit – KAdm. Fuchs – und der Beteiligung von zunächst nur einer Werft – Blohm & Voss – schritt der erstere Neubau rasch voran. Bis zum

Schlachtschiff H auf der Helling bei Blohm & Voss. (WBB)

Ausbruch des Krieges waren auf der Helling für das Schlachtschiff H etwa 766 t Material und für das Schlachtschiff J etwa 40 t verbaut. Weitere 28.400 t waren für das Schlachtschiff H bestellt, abgeliefert oder auf der Helling in Bearbeitung. Außerdem waren für die Schlachtschiffe J und K, obwohl der Kiel des letzteren noch nicht gestreckt war, weitere 35.735 t an Material bestellt, abgeliefert oder in der Bearbeitung. Unmittelbaren Vorrang hatten nunmehr die Fertigstellung von Kriegsschiffen und U-Booten, die im ausgebrochenen Krieg, für den keine allzu lange Dauer angenommen wurde, noch in Dienst gestellt werden konnten. Daher erging am 30. September 1939 entsprechend der Vorkriegsplanung für die Schlachtschiffe H und J ein Baustopp, und die unfertigen Schiffskörper rosteten auf den Helgen vor sich hin. Am 25. November 1941 fiel die Entscheidung, sie in diesem Bauzustand abzubrechen und dieses sowie das weiterhin vorgesehene Material einschließlich der vorgesehenen Ausrüstung anderen Zwecken zuzuführen.

Die Aufträge für die Schlachtschiffe K und L wurden am 29. bzw. 31. August und die für die Schlachtschiffe M und N am 10. September 1939 widerrufen.

Panzerung

Das Panzerschutzschema für das Schlachtschiff H stellte im Vergleich zu dem der BISMARCK eine Verbesserung dar, obwohl sich die Dicke des Gürtelpanzers auf 300 mm Panzerstahl K.C. n/A verringert hatte. Oberhalb davon befand sich ein 180-mm-Gürtel und ein dritter mit 150 mm Dicke reichte bis zum Oberdeck. Die gesamte sich verjüngende Dicke der Panzerung war an ihre Innenseite verlegt, um nach außenhin eine glatte, nur wenig Widerstand bietende Seite zu haben. Vor dem Hauptgürtelpanzer reichte der auf 60 mm verringerte Schutz in der Wasserlinie – mit 150 mm im Bereich der Treibstoffbunker – bis zum Steven, während er nach achtern zwischen 30 mm und 90 mm variierte. Das Torpedoschott, aus ungehärtetem, aber voll geschweißtem Panzerstahl Wh n/A bestehend, wies 45 mm Dicke auf und erstreckte sich von der Doppelboden-Außenbeplattung bis zum Panzerdeck. Oberhalb des Panzerdecks setzte es sich als Splitterlängsschott von 30 mm Dicke fort, bestehend aus gehärtetem Panzerstahl Wh n/A. Binnenbords von ihm befand sich ein weiteres Längsschott von 25 mm Dicke aus demselben Panzermaterial.

Den Horizontalschutz bildete ein Oberdeck aus 50 mm gehärtetem Panzerstahl Wh n/A, um Treffer kleinerer Geschützkaliber aufzufangen und um die Verzögerungszünder von Panzersprenggranaten und Bomben auszulösen. Das Hauptpanzerdeck hatte eine Dicke von 100 mm, die über den Munitionskammern auf 120 mm zunahm, gefertigt aus gehärtetem Panzerstahl Wh n/A. Außerhalb des Torpedoschotts wies das Panzerdeck eine Dicke von 120 mm auf; es krümmte sich nach unten, um auf die Unterkante des Seitenpanzers zu stoßen. Achteraus des achteren 220 mm dicken Panzerquerschotts setzte sich das Panzerdeck ein Deck tiefer mit einer Dicke von 110 mm fort, um den Rudermaschinenbereich zu schützen. In ähnlicher Weise erstreckte sich ein Deck tiefer ein 50 mm dickes Panzerdeck vor dem vorderen Panzerquerschott nach vorn bis zum Steven.

Die Hauptantriebsanlage

Sie bestand aus zwölf doppelt wirkenden Neunzylinder-Zweitakt-MAN-Dieselmotoren mit einer Antriebsleistung von jeweils 13.750 WPS. Jeweils vier Motoren wirkten auf eine Welle ein. Die Anlage umfaßte sechs getrennte Motorenräume und in jedem Motorenraum mit einem angrenzenden Getrieberaum befanden sich zwei Dieselmotoren. Die erforderliche elektrische Energie lieferten zwölf Dieselgeneratoren in vier E-Werken mit insgesamt sechs Generatorräumen, jeweils einen, zwei oder drei Generatoren enthaltend. Zu jedem E-Werk gehörten zwei Dieselgeneratoren zu je 920 kW und einer mit 460 kW Leistung. Dies ergab eine Gesamtleistung von 9200 kW. Ferner waren zwischen den beiden mittleren Getrieberäumen unter dem Panzerdeck zwei ölbefeuerte Hilfskessel sowie darüber über dem Panzerdeck zwei Dieselabgas-Hilfskessel vorhanden. (Siehe auch die Zeichnung zur Anordnung der Antriebsanlage auf Seite 65).

Bewaffnung

Die Schiffe der *H*-Klasse waren als erste deutsche Schlachtschiffe für 40,6-cm-Geschütze entworfen worden. Das Geschütz trug die Bezeichnung 40,6 cm S.K. C/34 L/47 und verschoß eine 1030 kg schwere Granate mit einer maximalen Schußweite von 36.400 m bei 30° Erhöhung. Wie bei allen anderen schweren Geschützen bestand die Treibladung aus zwei Teilen: der 219 kg schweren Hauptkartusche in einer Messinghülse und der 134 kg wiegenden Vorkartusche in einem seidenen

Sack. Acht dieser Geschütze in vier Doppeltürmen waren vorgesehen gewesen. Die Doppeltürme wogen jeweils 1475 t und wiesen folgende Panzerung auf: 385 mm Front, 240 mm Seite und 45 mm Decke. Keiner dieser Türme gelangte zur Fertigstellung. Lediglich einige der Geschütze wurden fertiggestellt und in Küstenbatterien, besonders in Frankreich, Norwegen und Gotenhafen, zur Verteidigung eingebaut.[78]

Die Mittelartillerie sollte wie bei der BISMARCK aus zwölf 15-cm-Geschützen S.K. C/28 L/55 in Doppeltürmen Dreh.L. C/34 bestehen. Als Flakbewaffnung waren – erneut in Schwere und Leichte Flak unterschieden – zwölf 10,5-cm-Geschütze S.K. C/33 L/65 in Drehtürmen als neuer Doppellafette sowie die übliche Ausrüstung mit 3,7-cm- und 2 cm-Geschützen vorgesehen. Ferner sollten diese Schlachtschiffe auch eine Torpedobewaffnung führen: sechs 53,3-cm-Torpedorohre, und zwar drei auf jeder Seite in fest eingebauten Unterwasserpositionen am Bug.

Kreuzer P: P 1 bis P 12

Der Entwurf und seine Entstehung

Die ursprünglichen Panzerschiffe – d.h. die Einheiten der DEUTSCHLAND-Klasse – wurden in bezug auf ihren Verwendungszweck als gelungener Entwurf angesehen. Doch gegen Ende der 30er Jahre wurde eine besser geschützte und schnellere Version gefordert, zumal die Entwurfsparameter nun nicht mehr durch Vertragsgrenzen eingeschränkt waren. Außerdem war auch das Vorhandensein von stärkeren französischen und britischen Großkampfschiffen ein wesentlicher Faktor. Als Ergebnis dieser Überlegungen wurden in dem neuen Flottenerweiterungsprogramm Ende 1938 – bekannt als der Z-Plan – zwölf dieser Schiffe vorgeschlagen.[79] Die für die neuen Panzerschiffe vorgeschlagenen Entwürfe hatten eine sehr starke Ähnlichkeit mit den für die ursprünglichen Panzerschiffe D und E ausgearbeiteten Typskizzen, ehe ein dritter 28-cm-Turm hinzukam. Die Bezeichnung für diese Schiffe lautete »Panzerschiff P 1 – P 12«, aber am 14. Januar 1939 wurde als Bezeichnung »Kreuzer P« offiziell eingeführt.[80]

Wie gewöhnlich wurde eine Anzahl verschiedenartiger Entwurfsskizzen erstellt und geprüft, die Standardverdrängungen zwischen 21.000 t und 31.000 t aufwiesen. Einige der Entwürfe hatten gemischte Dampfturbinen- und Dieselantriebssysteme, während andere von einem ausschließlichen Dieselantrieb ausgingen. Die Bewaffnung sollte im allgemeinen aus zwei 28-cm-Drillingstürmen bestehen, aber auch eine solche mit 38-cm-Geschützen wurde in Betracht gezogen. Bis etwa September 1938 hatten sich drei Entwürfe herauskristallisiert:

– *Projekt II* für ein 21.000-t-Schiff, bewaffnet mit zwei 28-cm-Drillingstürmen und ausgestattet mit einem 120 mm dicken Hauptgürtelpanzer;
– *Projekt III* war eine Variante von Projekt II, aber mit einem auf 180 mm verstärkten Gürtelpanzer; und
– *Projekt IIIa* stellte einen vergrößerten Entwurf mit nur zwei 28-cm-Doppeltürmen dar, wies aber einen erheblich verstärkten Panzerschutz auf.

Alle drei Entwürfe hatten ausschließlichen Dieselantrieb.

Eingehend wurden die vorgesehene Antriebsleistung und das Panzerschutzschema diskutiert. Zum Beispiel: Wenn die Barbetten bei Projekt II auf Kosten von 200 t auf 150 mm verstärkt würden, hätte dies keine Auswirkung auf die Geschwindigkeit. Sollten jedoch die Maschinen-Gewichte anstelle der geplanten 28 kg/PS auf 32 kg/PS gesteigert werden, dann wäre das zusätzliche Gewicht von 660 t von Nachteil und würde die Geschwindigkeit auf 33,6 kn bis 33,8 kn verringern. In ähnlicher Weise würden sich zusätzliche Maschinen-Gewichte bei Projekt III auswirken und die Geschwindigkeit um 0,8 kn verringern. Für die ersten drei Einheiten sollten die sechs 28-cm-Drillingstürme Verwendung finden, die nach der Umbewaffnung der SCHARNHORST und der GNEISENAU überzählig wären. Doch da diese Maßnahme verschoben wurde, ergab sich statt dessen der alternative Vorschlag, zwei 38-cm-Doppeltürme zu verwenden (Vorschlag B). Dieser Vorschlag fand keine Zustimmung, da die Schiffe für die vorgesehene Aufgabe als Handelsstörer zu wertvoll geworden wären. Dieser Vorschlag wurde jedoch zu einem Entwurf mit drei 38-cm-Türmen weiterentwickelt (Vorschlag C), und dies war die Entstehung des Projektes »Schlachtkreuzer O«.

Bis zum Dezember 1938 standen die neuen Panzerschiffe auf der Prioritätenliste der Kriegsmarine ganz oben; sie wurden für die Seekriegsführung im Atlantik als operative Notwendigkeit angesehen und die Aufträge für drei Einheiten wurden bewilligt.

Gegen Ende Januar 1939 legte die Flottenabteilung (A V) eine neue Typskizze vor (Entwurf A V). Hierbei handelte es sich um einen Entwurf mit ausschließlichem Dieselantrieb, Drei-Wellen-Anordnung und einer Antriebsleistung von 165.000 WPS für eine Geschwindigkeit von 33,5 kn bis 34 kn. Die Bewaffnung sollte aus zwei 28-cm-Drillingstürmen, vier 15-cm-Geschütze S.K. C/28 in zwei Dopp.Dreh.L. C/34 – wie für den »Kreuzer M« vorgesehen – und den üblichen 10,5-cm-Geschützen bestehen. Der Vorschlag umfaßte außerdem sechs Unterwas-

»Kreuzer P« – Entwurf A V: Gewichtsgruppen und technische Daten

Gewichtsgruppen

S I – S IV	6000 t
Panzerung	6100 t
M I	5200
M II	850 t
Artillerie	2800 t
Torpedo- und Bordflugzeugausrüstung	200 t
Sonstige Ausrüstung	800
Reserve	550 t
Standardverdrängung	*22.500 t*
Treibstoff (1/3)	1200 t
Konstruktionsverdrängung	*23.700 t*
Volle Zuladung an Treibstoff, Wasser usw.	2400 t
Einsatzverdrängung	*26.100 t*

Technische Daten

Länge in der CWL:	223 m
Breite:	27 m
Tiefgang:	7,15 m
Antriebsanlage:	Drei-Wellen-Anordnung mit je vier doppeltwirkende 9-Zylinder-Zweitakt-V-Dieselmotoren
Antriebsleistung:	165.000 WPS
Höchstgeschwindigkeit:	33,5 – 34 kn
Treibstoff:	3600 t normal, 5000 t maximal
Bewaffnung:	6 x 28 cm (Drillingstürme wie bei ADMIRAL GRAF SPEE), 4 x 15 cm (Doppeltürme wie bei »Kreuzer M«), vier 10,5-cm-Fla-Geschütze in Doppellafetten, vier 3,7-cm-Fla-Geschütze in Doppellafetten, sechs 53,3-cm-Unterwasser-Torpedorohre (fest eingebaut), zwei Katapulte (quer auf dem Achterdeck fest eingebaut)

»Kreuzer P« – Entwurf A V: Längsschnitt und Panzerschutz

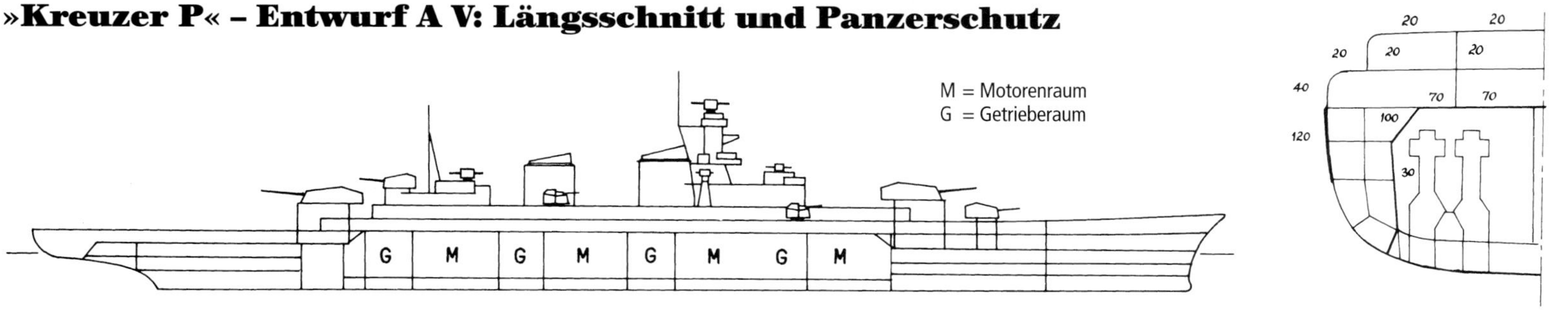

ser-Torpedorohre und dasselbe Panzerschutz-Schema wie bei der ADMIRAL GRAF SPEE.

Die Flottenabteilung hatte die Drei-Wellen-Anordnung vorgeschlagen, da nach ihrer Auffassung die Vorzüge der Vier-Wellen-Anordnung noch nicht voll erwiesen waren. Die Anordnung der Antriebsanlage entsprach im wesentlichen jener, wie sie für das Schlachtschiff H vorgesehen war. Die Einführung getrennter Kupplungen für die Dieselmotoren, d.h. vier pro Welle, erforderte jedoch vier Getrieberäume mit einer entsprechenden Verlängerung des Schiffskörpers. Um gegenüber den früheren Projekten eine Steigerung in der Wasserverdrängung zu vermeiden und um sicherzustellen, daß der vordere Turm ausreichend weit nach achtern versetzt war, um Spritzwasserprobleme zu verhindern, wurde einer der 15-cm-Doppeltürme nach achtern verlegt, und zwar achteraus des achteren Artillerie-Leitstandes, wo er die 10,5-cm-Doppellafette verdrängte. Dies gestattete ein gutes Schußfeld und es bestand lediglich ein toter Winkel von 25° beiderseits der Mittschiffslinie nach vorn. Da sich die Flakausstattung um eine Doppellafette verringert hatte, bestand die Auffassung, daß auch auf den achteren Fla-Leitstand verzichtet werden konnte. Zusätzlich wurde ein Großmast vorgesehen, die Brückenaufbauten wurden verkürzt und die vordere 10,5-cm-Doppellafette auf dem Hauptdeck wurde weiter nach achtern verlegt, um Luftdruckprobleme des vorderen Turms zu vermeiden. Die neuartige Motorenanordnung erforderte auch eine Zwei-Schornstein-Anordnung, die nach allgemeiner Auffassung die Gefechtstüchtigkeit des Schiffes verbesserte.

Bei diesem Entwurf belief sich das Gewicht des Panzerschutzes auf 6100 t, d.h. weniger als bei den Projekten III und IIIa, aber größer als beim Projekt II. Falls jedoch die vorgesehene Geschwindigkeit mit dem vorgeschlagenen Panzerschutz nicht erzielt werden könnte, dann müßte die Dicke der Panzerung verringert werden. Eine Verringerung der Geschwindigkeit könnte nicht hingenommen werden. Vorsichtige Geschwindigkeitsberechnungen gingen von maximal 33,5 kn bis 34 kn mit etwa einem Knoten weniger für Dauergeschwindigkeit aus. Verbesserte Motoren könnten die Maschinen-Gewichte verringern und die Antriebsleistung erhöhen. Zur Zeit stünden die für das Schlachtschiff H entwickelten Dieselmotoren zur Verfügung, aber wenn sich die neuen V-Motoren bewährten, könnte eine Verbesserung erwartet werden. Nunmehr drängte die Zeit – der *»Führer«* hatte entschieden, daß die erste Einheit am 1. Februar 1940 auf Kiel gelegt werden sollte, und das Marinekonstruktionsamt brauchte mindestens ein Jahr, um den vorgesehenen Werften die Bauzeichnungen zu übermitteln.[81]

Bei einer Besprechung am 4. April 1939 stimmte die Skl. dem Panzerschutz-Schema im allgemeinen zu, wollte aber eine Verstärkung des Oberdecks sowie der Dicke des Gürtelpanzers auf 150 mm und war bereit, eine Geschwindigkeitsverringerung um etwa 0,1 kn hinzunehmen. Unterwasser-Torpedorohre wurden als die beste Art der Anordnung angesehen; doch wenn dies nicht möglich wäre, sollten sie entweder in Kasematten oder an Deck untergebracht werden. Ein Verzicht auf sie wäre nicht hinnehmbar. Die Katapulteinrichtungen auf dem Achterdeck stimmten mit den vorgesehenen Positionen für den 15-cm-Doppelturm und die 10,5-cm-Doppellafette überein. Einer Forderung des Marinewaffenamtes hinsichtlich der Verstärkung des Seitenschutzes für die Türme wurde allerdings nicht zugestimmt. Die Skl. hielt jedoch eine Konstruktionsreserve von ein bis drei Prozent für erforderlich, um das Entwicklungstempo während des Werdegangs der Schiffe aufzufangen. Auf Betreiben des Marinekonstruktionsamtes wurden auch Schritte unternommen, die neuen V-Motoren zu verwenden. Auch diese Maßnahme erhielt die Zustimmung. Die Skl. akzeptierte den Großteil der vorgeschlagenen Verbesserungen auf Kosten einer Geschwindigkeitsverringerung von etwa 0,25 kn. Die Höchstgeschwindigkeit wurde nunmehr auf 33,75 kn festgesetzt.

Die ursprüngliche Absicht, zwölf Einheiten in Auftrag zu geben (P 1 bis P 12), wurde im Mai 1939 mit der Reduzierung des Z-Plans berichtigt; jetzt sollte das Bauprogramm bis Ende 1945 nur noch acht Einheiten umfassen. Sie sollten wie folgt fertiggestellt werden: bis 1943 drei Einheiten, 1944 eine Einheit und 1945 vier Einheiten. Im Dezember 1938 war die Skl. noch davon ausgegangen, die zwölf Schiffe zwischen April 1940 (Kiellegung von P 1) und Juli 1948 (Fertigstellung von P 12) zu bauen. In einem Stadium der Entwurfserarbeitung war vorgeschlagen worden, die Einheiten P 5 und P 6 mit vier 28-cm-Zwillingstürmen auszurüsten. Doch infolge der möglichen Verzögerungen und Schwierigkeiten wurde dieser Vorschlag nicht weiterverfolgt.

Infolge des Ausbruchs des Zweiten Weltkrieges und des damit verbundenen allgemeinen Baustopps für alle langfristigen Projekte wurde keines dieser Schiffe auf Kiel gelegt.

Schlachtkreuzer O

Dieses Projekt entstand aus der Diskussion über den »Kreuzer P« und stellte insgesamt ein größeres, schnelleres und besser bewaffnetes Schiff dar. Es bedeutete die Rückkehr zum HINDENBURG-Konzept des Ersten Weltkrieges und verkörperte einen – auch von der Kriegsmarine so bezeichneten – Schlachtkreuzer. Die Entstehung dieses Entwurfs geht darauf zurück, daß in der frühen Diskussion über den »Kreuzer P« der Vorschlag eingebracht wurde, dieses Schiff mit 38-cm-Geschützen auszustatten. Doch ergab sich nach damaliger Ansicht, daß eine derartige Bewaffnung ein Schiff mit einer höheren Geschwindigkeit und einem besseren Panzerschutz als die neuartigen Panzerschiffe erforderte. Eine der ersten Typskizzen für den »Kreuzer P« sah auf der Grundlage des Vorschlags B (siehe oben Seite 68) zwei 38-cm-Drillingstürme vor. Danach fügte der Vorschlag C für das »Kreuzer P«-Projekt dem

Schlachtkreuzer O: Panzerschutz-Schema und Anordnung der Antriebsanlage

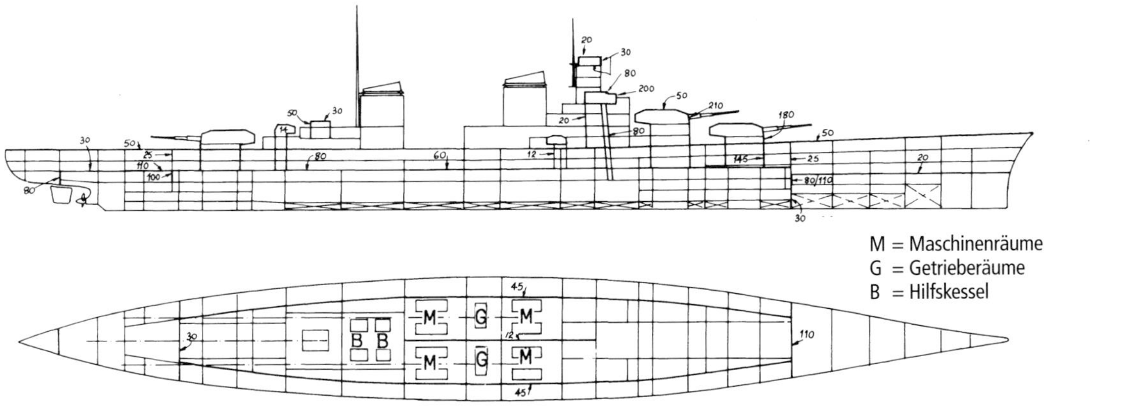

Entwurf einen dritten Drillingsturm hinzu. Dieser letztere Vorschlag scheint dann in einen solchen mit drei 38-cm-Doppeltürmen und einer Verstärkung des Gürtelpanzers auf 180 mm umgewandelt worden zu sein.[82]

Bis zum Juli 1939 war der Entwurf vom ersten Vorschlag an beinahe unverändert geblieben, unter den Umständen der damaligen Zeit ein etwas ungewöhnlicher Vorgang. Die Hauptantriebsanlage fand eine besondere Beachtung. Sie sollte aus einer kombinierten Dampfturbinen- und Dieselmotorenanlage bestehen: je vier 24-Zylinder-V-MAN-Dieselmotoren für die beiden Außenwellen sowie vier Bauer-Wagner-Kessel mit einem Satz Brown-Boveri-Turbinen für die Mittelwelle.

Der ursprüngliche Vorschlag hatte die Verwendung von vier Kesseln des modifizierten Benson-Typs mit einer Dampferzeugungsleistung von 60 t/h und einem auf 64 atü verringerten Betriebsdruck vorgesehen. Dieser modifizierte Kesseltyp schloß die Möglichkeit ein, leichter defekte Rohre zu ersetzen, sowie auch eine Umwälzpumpe, um – ähnlich dem Typ La Mont – Kesselspeisewasser in die unteren, oberen und hinteren Rohrgruppen zu drücken. Außerdem wies dieser Kesseltyp einen senkrechten Dampfsammler auf. Mit der Entwicklung des Bauer-Wagner-Kessels durch die Deschimag für den »Spähkreuzer 40« (*Z 40* bis *Z 42*, später als *SP 1* bis *SP 3* bezeichnet)[83] wurde jedoch statt dessen dieser Typ eingeführt. Bei dem neuen Kesseltyp handelte es sich um einen Zwei-Trommel-Kessel mit natürlichem Wasserkreislauf mit fünf Zerstäuberbrennern von Blohm & Voss an jedem Ende. Der ursprüngliche Entwurf hatte Saake-Brenner gefordert, aber die Kriegsmarine bestand auf diesem Wechsel, vermutlich aus Erfahrungsgründen. Fernerhin war dieser Kesseltyp mit Speisewasservorwärmer und Wärmetauscher ausgestattet.

Um Gewicht verfügbar zu haben, entsprach es allgemeiner Auffassung, die Anordnung der Antriebsanlage von der Länge her kurz zu halten, und dies galt auch für den Panzerschutz der Zitadelle. Allerdings führte diese Sparsamkeit zu einigem Verlust an Oberdecksraum. Daher war kein Platz mehr vorhanden, den vorderen Artillerie-Leitstand vor der Navigationsbrücke unterzubringen, wie es bisher der üblichen Praxis entsprochen hatte. Statt dessen wurde die Brücke Teil des Gefechtsmastes und in seinem Vormars gab es nur einen einzigen Artillerie-Hauptleitstand. Um den Verlust des vorderen Artillerie-Leitstandes auszugleichen, wurden auf der Decke des achteren Hangars zwei E-Meßgeräte eingebaut. Dies verschaffte ihnen nicht nur ein besseres Beobachtungsfeld, sondern gestattete auch, sie für die Luftziel-Feuerleitung der 15-cm-Geschütze einzusetzen. Das Marinewaffenamt merkte an, daß die beste Verteilung des für den Panzerschutz vorgesehenen Gewichtes dem Seitenpanzer eine Dicke von 180 mm verlieh. Nach seinen Berechnungen würde dieser gegen 20,3-cm-Panzersprenggranaten standhalten bei Schüssen von querab über 14.400 m, bei Schüssen zwischen 12.500 m bis 13.500 m von querab in einem Winkel von 20° und zwischen 7500 m und 8500 m in einem Winkel von 40° zur Schiffsachse. Vor und hinter dem Seitenpanzer erstreckte sich der Seitenschutz mit 60 mm Dicke bis zum Steven und nach achtern. Den Rudermaschinenbereich schützte ein 110 mm dickes Panzerdeck. Gegenüber dem ursprünglichen Gewicht der Panzerung hatte es eine Steigerung von etwa 50 t gegeben.

Auch der Bunkerraum hatte an Umfang zugenommen; er überstieg jetzt 5300 t (normale Treibstoffmenge) und verlieh dem Schiff eine Seeausdauer von 15.900 sm bei 18 kn. Berechnungen ergaben, daß im Atlantik mit einer Welle ein Fahrbereich von über 18.000 sm bei einer Geschwindigkeit von 16,5 kn erreicht werden würde. Die Typverdrängung hatte sich von 29.100 t auf 29.250 t bei einem Geschwindigkeitsverlust um 0,1 kn erhöht. Die Höchstgeschwindigkeit lag nunmehr bei 33,8 kn. Die Einsatzverdrängung war mit 35.130 t berechnet worden.

Hinsichtlich der Bewaffnung lautete der endgültige Vorschlag auf sechs 38-cm-Geschütze in drei Doppeltürmen. Bezüglich des Durchmessers der Barbetten gab es noch einige Diskussionen. Dieser lag bei 10 m für die 38-cm-Türme, aber es hatte den Anschein, als ob die Möglichkeit einer zukünftigen Umrüstung auf 28-cm-Drillingstürme ins Auge gefaßt worden wäre. Eine solche Umrüstung würde 10,4-m-Barbetten erfordern, die ein zusätzliches Gewicht von 32 t bedingten. Raeder, inzwischen zum Großadmiral befördert, stimmte am 13. Juli 1939 der Typskizze für den Schlachtkreuzer O zu und entschied, die zuletzt in Aussicht genommene Umbewaffnung wäre nicht möglich. Hinsichtlich der Barbetten blieb es daher bei einem Durchmesser von 10 m. Die restliche Bewaffnung war von ziemlich leichter Natur: drei 15-cm-Doppeltürme, vier 10,5-cm-Doppellafetten sowie die übliche leichte Flakbewaffnung.

Die Auftragsvergabe für drei Einheiten – bezeichnet als Schlachtkreuzer O, P und Q – erfolgte am 8. August 1939 an die Bauwerften, und zwar an die Deutschen Werke in Kiel, die Kriegsmarinewerft in Wilhelmshaven bzw. an die Germaniawerft in Kiel. Der Ausbruch des Zweiten Weltkrieges einen Monat später führte zur Annullierung dieser Aufträge, ohne daß mit dem Bau begonnen worden wäre.

6. Flugzeugträger – GRAF ZEPPELIN

Entstehung

Trotz des fortschrittlichen Stadiums der Flugzeugentwicklung in Deutschland zur Zeit des Ersten Weltkrieges hatte es auf dem Gebiet des bordgestützten Flugwesens kaum Fortschritte gegeben, dies insbesondere infolge des Vorhandenseins einer großen Anzahl von Luftschiffen, von denen große Erfolge erwartet wurden. Doch selbst im Verlaufe von Operationen zur See wurden die Luftschiffe lediglich in begrenztem Umfange zur Aufklärung eingesetzt. Ihre hauptsächliche Verwendung fanden sie zu Luftangriffen gegen Landziele auf den Britischen Inseln. Der umfangreiche Einsatz von Jagdflugzeugen, die von Plattformen auf den Geschütztürmen der Schweren Artillerie von den Schlachtschiffen der britischen Grand Fleet aus starteten, wurde von der deutschen Hochseeflotte nie übernommen; und sogar die Seeflugzeugträger (auch als Flugzeugmutterschiffe bezeichnet), von denen die Royal Navy neun in Dienst gestellt hatte,[84] fanden bei der Führung der Kaiserlichen Marine kaum Interesse. Nur ein einziges deutsches Schiff wurde zu diesem Zweck umgebaut: der Kleine Kreuzer STUTTGART. Sein Umbau kam im Ersten Weltkrieg zu spät und in seinen beiden achtern gelegenen Hangars konnten lediglich drei Seeflugzeuge untergebracht werden. Da der Umbau erst im Mai 1918 beendet war, erfuhr das Schiff kaum noch eine einsatzmäßige Verwendung. Nach dem Kriege wurde die STUTTGART am 20. Juli 1920 an Großbritannien ausgeliefert und anschließend abgebrochen. Ein weiteres Projekt, einen veralteten Kreuzer – den Großen Kreuzer ROON – in ein Flugzeugmutterschiff umzubauen, kam 1918 nicht über das Entwurfsstadium hinaus.[85]

Von der STUTTGART abgesehen, setzte nur der deutsche Hilfskreuzer WOLF im Verlaufe seiner Feindfahrt 1917 ein Bordflugzeug – ein Schwimmerflugzeug vom Typ »Friedrichshafen« FF 33 E – zur Aufklärung ein.[86] Doch ein weiterer kurzer Einsatz bordgestützter Flugzeuge verdient Beachtung, auch wenn er nur von zeitweiliger Natur war. Am 17./18. Juli 1916 wurde ein Luftangriff gegen den russischen Hafen Reval am Finnischen Meerbusen durchgeführt. Er konnte nur unternommen werden, weil drei Kleine Kreuzer und ein Torpedoboot die Seeflugzeuge mit ihrer geringen Flugdauer zu einem Punkt vor der Küste brachten, von wo aus sie starten und Reval erreichen konnten. Auf diese Weise wurden vier Flugzeuge zum Einsatz gebracht (das Torpedoboot transportierte das seine auf den achteren Torpedorohren). Doch dies war nur ein Sonderunternehmen und kann nicht als »Marineflieger-Einsatz« bezeichnet werden.[87]

Lediglich ein ernsthafter Versuch wurde auf deutscher Seite im Ersten Weltkrieg unternommen, einen richtiggehenden Flugzeugträger zu bauen. Dieser sollte 1918 unter der Bezeichnung »Flugzeugdampfer I« durch Umbau des italienischen Passagierschiffes AUSONIA entstehen, dessen unfertiger Schiffskörper seit dem Stapellauf am 15. April 1915 auf der Werft von Blohm & Voss in Hamburg lag. Der Umbauentwurf folgte der Grundkonzeption, die den britischen Flugzeugträger ARGUS[88] hervorgebracht hatte. Abweichend davon wies jedoch der deutsche Entwurf auf der Steuerbordseite eine richtige Brücke, Schornstein und Aufbauten auf. Dies war ein Fortschritt gegenüber dem ARGUS-Entwurf, dessen einfahrbares Steuerhaus und waagerechte Rauchabzugsschächte statt der Schornsteine im Dienstbetrieb zu Problemen führten. In anderer Hinsicht jedoch war der deutsche Entwurf, für den trotz der Verfügbarkeit eines vom Bug bis zum Heck durchgehenden Glattdecks ein getrenntes Lande- und Startdeck vorgesehen war, hinter der Zeit zurück. Eine Mischung aus Seeflugzeugen und Radflugzeugen (Jäger), insgesamt etwa dreißig Maschinen, sollte mitgeführt werden. Das 12.585 BRT große Schiff besaß Kohlefeuerung und die zwei Getriebeturbinensätze von Blohm & Voss mit Zwei-Wellen-Anordnung erbrachten eine Antriebsleistung von 18.000 WPS für eine Höchstgeschwindigkeit von 21 kn. Interessanterweise waren sowohl das britische wie auch das deutsche Schiff Umbauten aus italienischen Passagierschiffen. Das deutsche Projekt kam jedoch zu spät, denn gegen Ende 1918 war der Krieg bereits verloren, und es ist zweifelhaft, ob der Umbau des Schiffes tatsächlich noch begonnen wurde.

Der Waffenstillstand im November 1918 setzten allen weiteren Versuchen ein Ende. Der Versailler Vertrag von 1919 beendete durch sein Verbot von Flugzeugen, ihre Entwicklung und von Flugzeugträgern wirksam jede Hoffnung auf eine zukünftige deutsche Marineluftwaffe. Diese Situation blieb bis in die zweite Hälfte der 20er Jahre hinein und bis Anfang der 30er Jahre bestehen, als in einem sich ändernden politischen Klima wieder – vorerst noch heimlich – Versuche mit militärischen Flugzeugen begannen.

Diese geheimen Aktivitäten zielten in erster Linie auf den Aufbau einer zukünftigen landgestützten Luftwaffe. Doch im Oktober 1928 legte die Reichsmarine den Grundstock für eine Marineluftwaffe, als es ihr gelang, mit Billigung der Regierung einige Seeflugzeuge zu »Versuchszwecken« zu beschaffen. Als Begründung mußte die Tatsache herhalten, daß der Vertrag von Versailles der Reichsmarine gestattete, Luftabwehrgeschütze zu behalten. Interpretiert wurde dies dahingehend, daß der Besitz von Flugzeugen erforderlich war, um zu Ausbildungszwecken Luftsäcke bzw. -scheiben als Luftziele zu schleppen. Auf diese Weise wurde als Keimzelle für die geheime Zusammenarbeit mit der Flotte die Fluggesellschaft »Severa« (**Se**eflugzeug-**Ver**suchs**a**nstalt) in Kiel gegründet. Zusammen mit anderen Aktivitäten der Marine bildete diese »Fluggesellschaft« die Basis einer Marineluftwaffe. Mit dem Auftauchen eines Hermann Göring und seines autoritären Anspruchs »Alles was fliegt, gehört mir!« endete abrupt das Bestreben der deutschen Marine, eine eigenständige Marineluftwaffe zu schaffen.[89]

Bis Mitte der 30er Jahre war es offensichtlich geworden, daß der Flugzeugträger trotz heftiger Widerstände von den Befürwortern des Schlachtschiffes und der Schweren Artillerie in den zukünftigen Flottenplänen einen Platz einnehmen könnte. Bei allen größeren Seemächten gab es diese Argumentation, wenn ihr auch die Marinen der USA und Japans aufgeschlossener gegenüberstanden als die Marinen Großbritanniens und Frankreichs. Deutschland war jedoch, wie bereits ausgeführt worden ist, durch die Beschränkungen des Vertrags von Versailles geächtet. Doch als in den 30er Jahren der politische Druck zunahm, diese Beschränkungen zu ignorieren oder zumindest zu umgehen, wurde dem Bau von Flugzeugträgern und der Schaffung einer Marineluftwaffe eine starke Beachtung zuteil.

Bereits im März 1934 wurde die Frage einer Ausrüstung der Panzerschiffe und der Kreuzer mit Flugzeugeinrichtungen für den Einsatz in

GRAF ZEPPELIN: Deckspläne

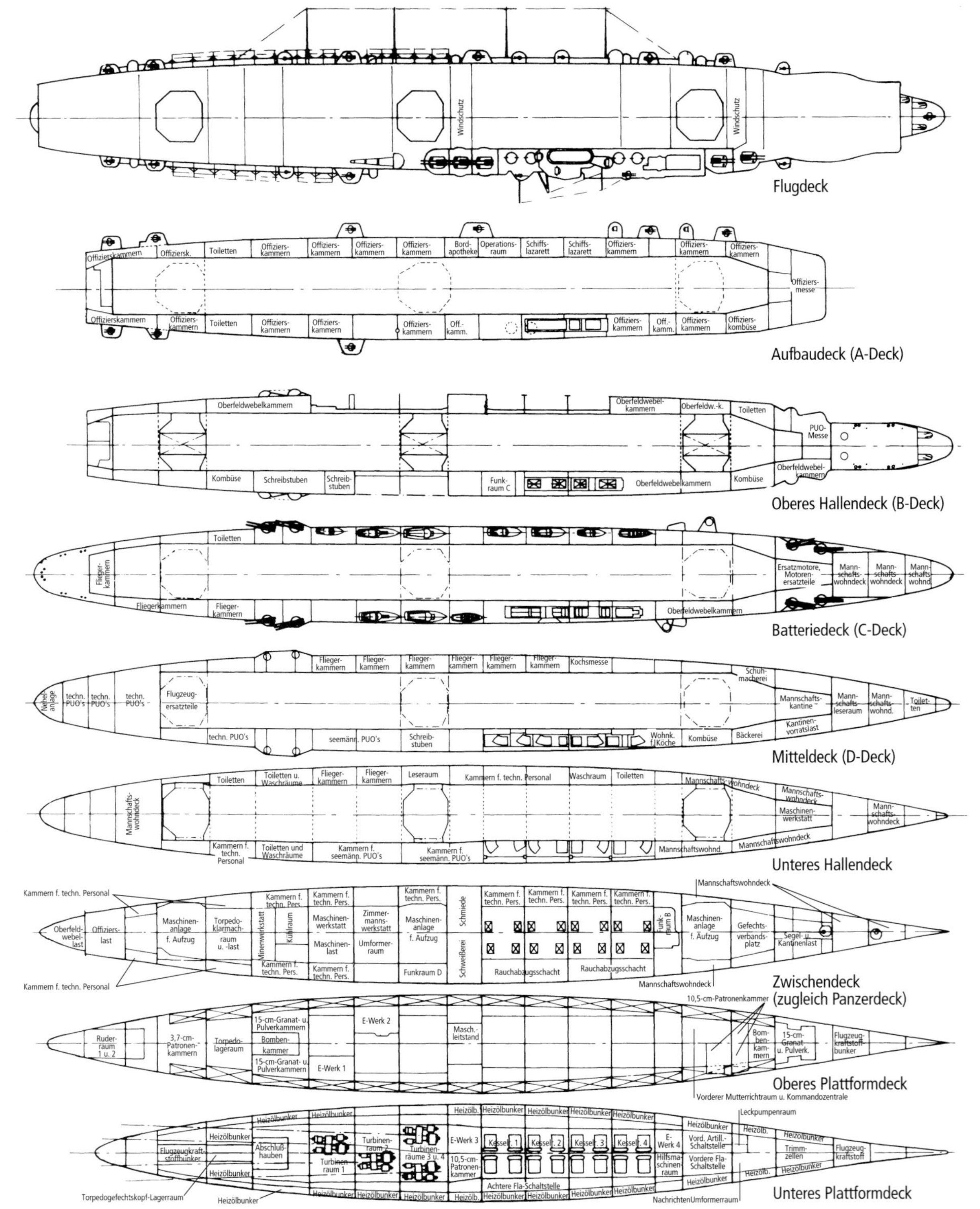

der atlantischen Handelskriegführung diskutiert. Erörtert wurde auch der mitzuführende Flugzeugtyp und wie sich die Bestatzungsstärken unterscheiden würden – vom Vorhandensein oder von der Verfügbarkeit eines reinen Flugzeugträgers oder nicht abhängend. Falls ein solcher Flugzeugträger nicht zur Verfügung stünde, so lautete die Schlußfolgerung, müßten die Panzerschiffe und Kreuzer (einschließlich der Hilfskreuzer) zur Abschirmung gegen das plötzliche Erscheinen der DUNKERQUE oder STRASBOURG zusätzlich mit je einem – oder mehr – Bordflugzeug(en) zur Aufklärung ausgestattet werden. Eine zusätzliche Ausrüstung mit Jäger/Sturzbomber-Typen wäre nur möglich, wenn die wahrscheinlichen Verluste in dieser Rolle hingenommen werden könnten, ohne die Hauptaufgabe – die Aufklärung – zu gefährden. Außerdem müßte auch eine ausreichende Anzahl solcher Flugzeuge mitgeführt werden, wahrscheinlich sechs bis neun, um eine Erfolgschance zu gewährleisten. Es wäre offensichtlich unmöglich, eine solche Anzahl auf den vorhandenen Schiffen unterzubringen. Zudem wären die Jäger/Sturzbomber-Typen weder robust genug noch zum Umbau geeignet, um im freien Atlantik verwendet zu werden. In Betracht gezogen wurde ihre Verwendung, wenn sie in Seegebieten eingesetzt werden könnten, um nach dem Einsatz Land zu erreichen. Doch dies würde ihre Verwendungsmöglichkeit sehr begrenzen. In Wahrheit würden sie hierdurch zu einer Einwegwaffe, wie dies bei den späteren britischen CAM-Schiffen der Fall war. Vom praktischen Gesichtspunkt her bestünde daher die einzige Möglichkeit darin, diese Schiffe mit reinen Aufklärungstypen auszurüsten. Bei Anwesenheit eines Flugzeugträgers würde die Flugzeugausstattung dieselbe bleiben, könnte aber durch die Aufklärungsflugzeuge des Trägers verstärkt werden. Ihr Einsatz wäre vom Wetter verhältnismäßig unabhängig und als Verstärkung könnte der aus Jägern und Bombern bestehende Angriffsverband des Trägers dienen. Die Flugzeugausstattung der Hilfskreuzer sollte auf ein Schwimmer-Aufklärungsflugzeug zum Ein- und Aussetzen mit einem Ladebaum begrenzt werden. Die vorgeschlagene Ausstattung wurde damals wie folgt festgelegt:

Panzerschiffe und Kreuzer:	Aufklärungsflugzeuge je nach Unterbringungsmöglichkeit
Flugzeugträger:	1 Aufklärungsstaffel
	2 Mehrzweckestaffeln
	3 Jäger/Sturzbomber-Staffeln
Hilfskreuzer:	je ein Aufklärungsflugzeug.

Zu diesem Zeitpunkt wurden auch die Vorteile des reinen Flugzeugträgers gegenüber des flugzeugtragenden Kreuzers diskutiert, vermutlich als Ergebnis des Baus der GOTLAND in Schweden unter der Bezeichnung »Flygplankryssere«. Dieses Schiff war vom Typ her ein Leichter Kreuzer mit einer Einsatzverdrängung von 5500 ts (4700 ts standard), bewaffnet mit zwei 15,2-cm-Doppeltürmen vorn und achtern sowie mit zwei weiteren 15,2-cm-Einzelgeschützen in Kasematten beiderseits unterhalb der Brücke. Hinzu kamen noch vier 7,5-cm-Fla-Geschütze. Das lange Achterdeck war mit einem um 360° schwenkbaren Druckluft-Katapult (entwickelt bei den Heinkel-Flugzeugwerken in Rostock, gebaut bei den Deutschen Werken in Kiel) ausgestattet und konnte im Normalfall drei Flugzeuge (maximal acht Flugzeuge) aufnehmen, drei weitere konnten im darunter liegenden Hangar verstaut werden. Mit einer Geschwindigkeit von über 27 kn und der Fähigkeit, gleichzeitig als Minenschiff 100 Seeminen mitzuführen, schien dieser Schiffstyp für die deutsche Marine im Hinblick auf die ozeanische Handelskriegsführung ein attraktives Projekt zu sein.[90]

Aus den Beobachtungen der Trends in Großbritannien, in den USA und in Japan zog die Marineleitung der Reichsmarine den Schluß, daß der reine Flugzeugträger bis zum Jahre 1937 über 15.000 ts standard verdrängen würde. Allgemeine Beschränkungen stellten das Washingtoner Flottenabkommen von 1922, das die maximale Standardverdrängunng bei Flugzeugträgern auf 27.000 ts begrenzte, und der Londoner Flottenvertrag von 1930 dar, der zur Bedingung machte, daß Flugzeugträger – auch unter 10.000 ts standard – nur mit Geschützen bis zum Kaliber 15,5 cm bewaffnet werden dürften. Sie könnten nur leicht gepanzert sein, hätten die Geschwindigkeit und die Anordnung der Geschütze (einschließlich achtern) von Kreuzern und besäßen bei voller Decksauslastung eine Kapazität von etwa 60 Flugzeugen; Aufzüge und Katapulte eingeschlossen.

Andererseits stellte die deutsche Marine fest, daß die Versuche mit flugzeugführenden Kreuzern in Großbritannien 1918 aufgegeben worden waren, und obwohl es in den 20er Jahren viele Diskussionen und Überlegungen gegeben hatte, wurde kein einziger gebaut. Das Grundkonzept sah vor, alle Geschütze vorn zu konzentrieren und achtern ein freies Deck zu schaffen, ausgestattet mit zwei Katapulten, je eines an Steuerbord und an Backbord. Die Flugzeugausstattung sollte etwa 20 Maschinen umfassen. Die Erforderlichkeit des Katapultstarts begrenzte jedoch die Größe der Flugzeuge und setzte das Starttempo herab. Letzteres konnte nur durch weitere Katapulte erhöht werden. Ein Schiff dieses Typs konnte nicht als Flugzeugträger angesehen werden – seine Hauptaufgabe würde die eines Kreuzers sein; aber in dieser Rolle fehlte ihm die achtere Feuerkraft und mit einem 180 m [sic] langen Flugdeck würde eine ziemliche Beengung sowie eine unwirtschaftliche Ausnutzung des Decksraums gegeben sein. Ein derartiges Schiff stellte einen Kompromiß dar – es war weder ein Kreuzer noch ein Flugzeugträger, und aus diesen Gründen lehnte die deutsche Marineleitung schließlich diesen Schiffstyp ab. Die Lösung konnte daher nur in einem richtiggehenden Flugzeugträger bestehen.

Am 12. März 1934 wurden die Hauptparameter des Entwurfs für einen Flugzeugträger aufgelistet und am 19. März bei einer Besprechung des Ausschusses für den Schiffbauersatzplan diskutiert.[91] Die grundlegenden militärischen Forderungen lauteten:

a) Einsatzraum: Atlantik und Nordsee;
b) Wasserverdrängung: ca. 15.000 bis 20.000 ts standard;
c) Geschwindigkeit: 33 kn (Dauergeschwindigkeit);
d) Bewaffnung: neun 15-cm- oder sechs 20,3-cm-Geschütze mit starker Flakausstattung;
e) Seeausdauer: 12.000 sm;
f) Panzerschutz wie Kreuzer;
g) Flugzeugausstattung: 60 Flugzeuge, davon ein Drittel mit Faltflügeln;
h) Katapulte: zwei;
i) Das Luftfahrtministerium hatte auf ein Flugdeck von mindestens 180 m Länge hingewiesen.

Admiral Raeders Hauptkritik an diesen Forderungen konzentrierte sich auf die artilleristische Bewaffnung. Er maß der Feuerkraft nach achtern eine besondere Bedeutung bei und machte sich Gedanken über eine Verfolgungsjagd. Für einen solchen Fall hielt er mindestens zwei 20,3-cm-Drillingstürme für erforderlich. Dies hätte ernsthafte Konstruktionsprobleme verursacht, wie er zweifellos klar erkannte; denn er war bereit, einen 20,3-cm-Drillingsturm mit drei weiteren Einzelgeschützen, an Steuerbord und an Backbord in Kasematten untergebracht, zu akzeptieren. Die Entwurfsberechnungen ließen jedoch bald erkennen, daß eine 20,3-cm-Bewaffnung nicht möglich war; nur die USA hatten dieses Kaliber jetzt noch bei ihren Flugzeugträgern. Die Erkenntnis setzte sich durch, daß für eine Bewaffnung des Schiffes zur Verteidigung gegen Schwere Kreuzer und Flottillenführer kein ausreichender Raum zur Verfügung stand. Zudem würde jedenfalls ein Flugzeugträger nie allein operieren. Andererseits war eine gute Verteidigungsfähigkeit gegen Flugzeuge und Zerstörer eine Notwendigkeit. Im

Ganz oben: Schleppfahrt der GRAF ZEPPELIN im Sommer 1940 nach Gotenhafen. Beachte die Gerüste am Inselaufbau zum Aufhängen der Tarnnetze. (M. Wilske)

Oben: Die im Sommer 1941 in Stettin an der Hakenterrasse festgemachte GRAF ZEPPELIN. Beachte den 1939 erfolgten Umbau des Bugs (»Atlantikbug«). (Gröner)

Rechts: Der Flugzeugträger 1941 in Gotenhafen. Das Foto zeigt die Backbordseite von schräg vorn mit den Auskragungen für die Waffenstände. Links oben ist die Abschlußblende für das Backbordkatapult zu erkennen. (Gröner)

April 1934 wurde auf einer Konferenz über den künftigen Neubau der Vorschlag unterbreitet, daß ein Flugzeugträger in das Bauprogramm für 1935 aufgenommen werden sollte. Ein Problem blieb der Vertrag von Versailles und angesichts dieses Umstandes in Verbindung mit der Tatsache, daß es sich für die deutsche Marine um einen völlig neuartigen Schiffstyp handelte, schlug der Chef des Marinekommandoamtes vor, Vorbereitungen zu treffen, die es gestatteten, im Oktober 1935 einen Bauauftrag zu vergeben.

Die ungeheure Aufgabe der Entwurfsarbeit für dieses neuartige Schiff übertrug die Marinekonstruktionsabteilung im Frühjahr 1934 dem späteren Marineoberbaurat Dipl.-Ing. Wilhelm Hadeler, ehemaliger Assistent des Lehrstuhlinhabers tür Kriegsschiffbau an der Technischen Hochschule Berlin-Charlottenburg. Hadeler bildete für das Projekt eine Arbeitsgruppe und begann im April 1934 mit den Entwurfsarbeiten. Grundlage und brauchbarer Ausgangspunkt waren die technischen Einzeldaten der USS LEXINGTON sowie der Entwurf der Royal Navy für die COURAGEOUS. Im Juni 1934 war eine Entwurfsskizze fertiggestellt worden, die unmittelbar zu Stellungnahmen und Abänderungsforderungen der zuständigen Ämter und Abteilungen der Marineleitung führte. Hinsichtlich der präzisen Forderungen bei einem Flugzeugträger schien eine gewisse Unsicherheit zu bestehen. Diese Auseinandersetzungen, die damit verbundene Unentschlossenheit und die sich hieraus ergebenden langen Verzögerungen, ehe mit dem Bau begonnen werden konnte, sollten ein Merkmal für den Entwurfsfortgang bei vielen deutschen Kriegsschiffen darstellen. Ein bemerkenswertes Beispiel hierfür war die Entstehungsgeschichte für den Entwurf des »Kreuzers M«. Im Falle des Flugzeugträgers wurde dieser umständliche Vorgang zudem noch durch die Notwendigkeit kompliziert, eine zweite Teilstreitkraft – die Luftwaffe in Form des damaligen Luftfahrtministeriums – mit einzubeziehen, deren Chef ohnehin keine Vorliebe für die Marine hegte.

Im Juni 1935 kam es aufgrund der Initiative Großbritanniens, um der Wiederaufrüstung Deutschlands – eingedenk der unwirksam gewordenen Beschränkungen des Vertrags von Versailles – eine gewisse Form der Überwachung aufzuerlegen, zur Unterzeichnung des deutsch-britischen Flottenabkommens. Dieses Abkommen begrenzte den Umfang der deutschen Flotte auf 35 % der britischen, enthielt aber seltsamerweise keine Erwähnung der bislang Deutschland verbotenen Kategorie der Flugzeugträger. Infolgedessen leitete die deutsche Marine aus dieser Tatsache legal die Berechtigung ab, in dieser Schiffskategorie 38.500 ts bauen zu dürfen. Daher entschloß sich das OKM, zwei Schiffe dieser Kategorie zu bauen (Flugzeugträger A und B), um die vertraglich zur Verfügung stehende Tonnage auszunutzen. Dies zwang Hadeler, seinen Entwurf noch einmal umzugestalten. Im Gefolge der abgeänderten militärischen Anforderungen stieg die Typverdrängung auf etwa 24.000 t. Ursprünglich war angenommen worden, daß eine größere Anzahl kleinerer Schiffe die bessere Lösung gewesen wäre, aber die Erfordernisse einer entsprechend großen Fliegergruppe und die Mindestlänge des Flugdecks steigerten die Wasserverdrängung unerbittlich. Die hauptsächlichen Seemächte, die Flugzeugträger in ihren Flotten besaßen, waren die USA, Großbritannien und Japan. So war die Marine zufrieden mit der Tatsache, daß sich die Beziehungen zwischen Deutschland und Japan ständig verbesserten (am 25. November 1936 wurde auch der gegen die Sowjetunion gerichtete Antikomintern-Pakt mit Japan abgeschlossen). So war es möglich, eine deutsche Kommission nach Japan zu entsenden, um den Flugzeugträger AKAGI der Kaiserlich Japanischen Marine zu besichtigen. Als Ergebnis dieses Besuches erfolgten am deutschen Entwurf zahlreiche Abänderungen, darunter der Einbau eines dritten – des mittleren – Aufzuges und eine Verlängerung des Flugdecks.[92] Als Ergebnis der erfolgreichen Entwicklung

Gewichtsgruppen-Verteilung bei GRAF ZEPPELIN

S I – S IV	15.540 t	52,3 %
M I	3.805 t	12,8 %
M II	1.300 t	4,4 %
Bewaffnung	1.515 t	5,1 %
Flugzeuge (mit Treibstoff)	600 t	2,0 %
Ausrüstung	800 t	2,7 %
Frischwasser	565 t	1,9 %
Kesselspeisewasser	650 t	2,2 %
Heizöl, Schmieröl usw.	4.945 t	16,6 %
Einsatzverdrängung (vor Wulstanbau)	*29.720 t*	*100,0 %*

Nach Siegfried Breyer »Flugzeugträger GRAF ZEPPELIN« in Marine-Arsenal Bd. 4.

eines Katapultsystems (nach Vorarbeiten der Heinkel-Flugzeugwerke in Rostock) ab 1931 durch die Deutschen Werke in Kiel ergab sich im Verlaufe einer späteren Konferenz am 10. April 1937 Übereinstimmung darüber, am vorderen Ende des Flugdecks zwei Katapultanlagen einzubauen.

Die Entwurfsarbeiten wurden fortgesetzt (übrigens sogar noch nach der Kiellegung). Heraus kam zunächst ein Schiff mit einer Typverdrängung von 12.250 ts, die sich später auf 23.200 ts standard und nach dem Wulstanbau sogar auf 24.500 ts standard steigerte. Die tatsächliche Einsatzverdrängung betrug schließlich 33.550 t maximal. Der Antriebsanlage lag das Hochdruckheißdampf-Konzept zugrunde. Sie umfaßte vier Getriebeturbinensätze mit Vier-Wellen-Anordnung und einer Antriebsleistung von 200.000 WPS für eine Dauerhöchstgeschwindigkeit von 34,5 kn (nach Wulstanbau 33,8 kn). Die Flugzeugausstattung sollte etwa 40 Maschinen umfassen. An Bewaffnung waren sechzehn 15-cm-Geschütze (allerdings nur mit Seeziel-Fähigkeit) sowie neben der Leichten Flak noch zehn, später zwölf 10,5-cm-Fla-Geschütze vorgesehen. Ursprünglich sollte der Träger nur acht 15-cm-Geschütze in Einzellafetten führen, aber der Vorschlag, zur Gewichtseinsparung Doppellafetten zu verwenden, wurde falsch interpretiert, und so kam es statt der beabsichtigten vier Doppeltürme zum Einbau von acht Doppellafetten in Kasematten. Hierdurch komplizierte sich die Munitionszuführung und zudem erforderte diese Anordnung auch zahlenmäßig größere Geschützbedienungen.[93]

Bauweise

Im Gegensatz zum damaligen britischen »Alles-in-einem«-Konzept – d.h. Flugdeck, Hangardecks und Schiffskörper bildeten eine geschlossene Einheit[94] – beruhte der Grundentwurf mehr auf der japanischen und amerikanischen Bauweise, wonach die Hangardecks und das Flugdeck als eine Art Aufbauten auf dem Schiffskörper aufgesetzt waren. Der Schiffskörper wurde als Quer- und Längsspant-Bänder-Stahlbau gefertigt. Er war in 21 wasserdichte Abteilungen unterteilt. Infolge der Forderung nach einer hohen Geschwindigkeit waren für die Hauptantriebsanlage Dieselmotoren ungeeignet. Daher fand eine Hochdruckheißdampf-Turbinenanlage mit einer Vier-Wellen-Anordnung Verwendung. Es gab zwei übereinander angeordnete Hangar- oder Hallendecks, wobei das obere eine Länge von 185 m und das untere eine solche von 172 m aufwies. Keines erstreckte sich über die volle Schiffsbreite (siehe Deckspläne auf Seite 72). Sie wurden nach außen durch Hallenlängsschotte begrenzt. Beide Decks hatten eine Breite von 16 m mit unterschiedlicher lichter Höhe: das Obere Hallendeck mit einer Deckshöhe von 6 m und das Untere Hallendeck mit einer solchen von 5,66 m. Die Durchfahrtshöhe lag etwa um 0,30 m niedriger. Außerhalb der Hallendecks waren nach außen hin Werkstätten und Wohnräume für die Besatzung angeordnet.

Das Flugdeck wies eine Länge von 244 m und eine Breite von 30 m auf, eine Stahlkonstruktion, verstärkt an den Knotenpunkten, besonders an den Kanten der Aufzugsöffnungen unter Anwendung von Überlappungen. Es wurde durch die Schiffsseitenwand und die beiden 30 mm dicken Hallenlängsschotte unterstützt, verstärkt durch Querträger im 200-mm- und Längsträger im 400-mm-Abstand. Dieses Deck bildete gleichzeitig das obere Festigkeitsdeck. Es wies eine Holzbeplankung auf und war achtern mit vier Fang- bzw. Bremsseilen ausgestattet. Vor und hinter dem mittleren Aufzug hatten für den Notfall zwei Fangnetze ihren Platz und ursprünglich hatte die Absicht bestanden, vier weitere Fangseile vor und hinter dem vorderen Aufzug zu installieren. Die letzteren hätten zur Anbordnahme von Flugzeugen bei Rückwärtsfahrt des Flugzeugträgers dienen sollen. Die Fangseile wurden mit einer Bremsanlage entworfen, um Flugzeuge mit einer Verzögerung von 2,2 g bis 2,6 g und mit einem Bremsweg von 20 m bis 30 m zu stoppen.

Die Aufzüge sind deshalb von Interesse, weil sie im Gegensatz zu anderen damaligen Flugzeugträgern (einschließlich der ILLUSTRIOUS-Klasse der Royal Navy) gepanzert waren. Infolgedessen wiesen sie ein hohes Gewicht auf: etwa 50 t oder ca. 55 t bis 60 t mit Flugzeugen, ausgelegt für 0,75 m/s bei 6,5 t. Wenn diese Aufzüge nach oben fuhren, kamen gleichzeitig in entsprechendem Abstand Aluminiumdecks hoch, um die Hallendeck-Öffnungen zwischen der Oberen und der Unteren Flugzeughalle zur Überbrückung zu schließen; sie waren stark genug, damit ein Sturzbomber vom Typ Junkers Ju 87 C über sie hinwegrollen konnte. Für die Bewegung der Aufzüge sorgten Elektromotoren.

Im vorderen Teil des Flugdecks waren zwei Preßluft-Katapulte eingebaut, die imstande waren, ein Jagdflugzeug vom Typ Me 109 T mit einem Maximalgewicht von 2,5 t bei 4,25 g und einer Endgeschwindigkeiit von 140 km/h oder einen Sturzbomber vom Typ Ju 87 C mit einem Maximalgewicht von 5,3 t bei 3,8 g und einer Endgeschwindigkeit von 133 km/h zu starten. Mit dem gespeicherten Preßluftvorrat konnten pro Katapult acht Katapultstarts (d. h. eine Staffel zu acht

Die gegen Fliegersicht getarnte GRAF ZEPPELIN im Hafenbecken V in Gotenhafen. (WBB)

Flugzeugen, zuzüglich zwei Leerstarts zur Sicherheitsüberprüfung) in Abständen von einer halben Minute durchgeführt werden. Zur Ergänzung dieses Preßluftvorrats waren 50 Minuten erforderlich. Ein ursprünglich auf der Back des Schiffskörpers (vor und unterhalb des Flugdecks) vorgesehenes Katapult wurde weggelassen.

Im Schiffsinneren gab es vier Hauptdecksebenen, die sich über die gesamte Schiffsbreite erstreckten und die von unten (Kiel) nach oben wie folgt bezeichnet wurden: Stauung, Unteres Plattformdeck, Oberes Plattformdeck und Zwischendeck; letzteres war gleichzeitig das Hauptpanzerdeck. Oberhalb des Zwischendecks teilten die Untere und die Obere Flugzeughalle alle übrigen Decks bis hinauf zur Flugdecksebene in sogenannte Galeriedecks auf, ausgenommen an ihren vorderen und hinteren Enden. Hier schlossen Wohndecks oder Werkstätten die Flugzeughallen nach vorn und hinten ab. Diese Galeriedecks trugen von unten nach oben (bis zum Flugdeck hinauf) die Bezeichnungen: D-Deck oder Mitteldeck, C-Deck oder Batteriedeck, B-Deck oder Backdeck und A-Deck oder Aufbaudeck. Das B-Deck erstreckte sich über die gesamte Länge des Schiffes und bildete gleichzeitig auf dem Vor- und Achter-

GRAF ZEPPELIN: Panzerschutz-Schema

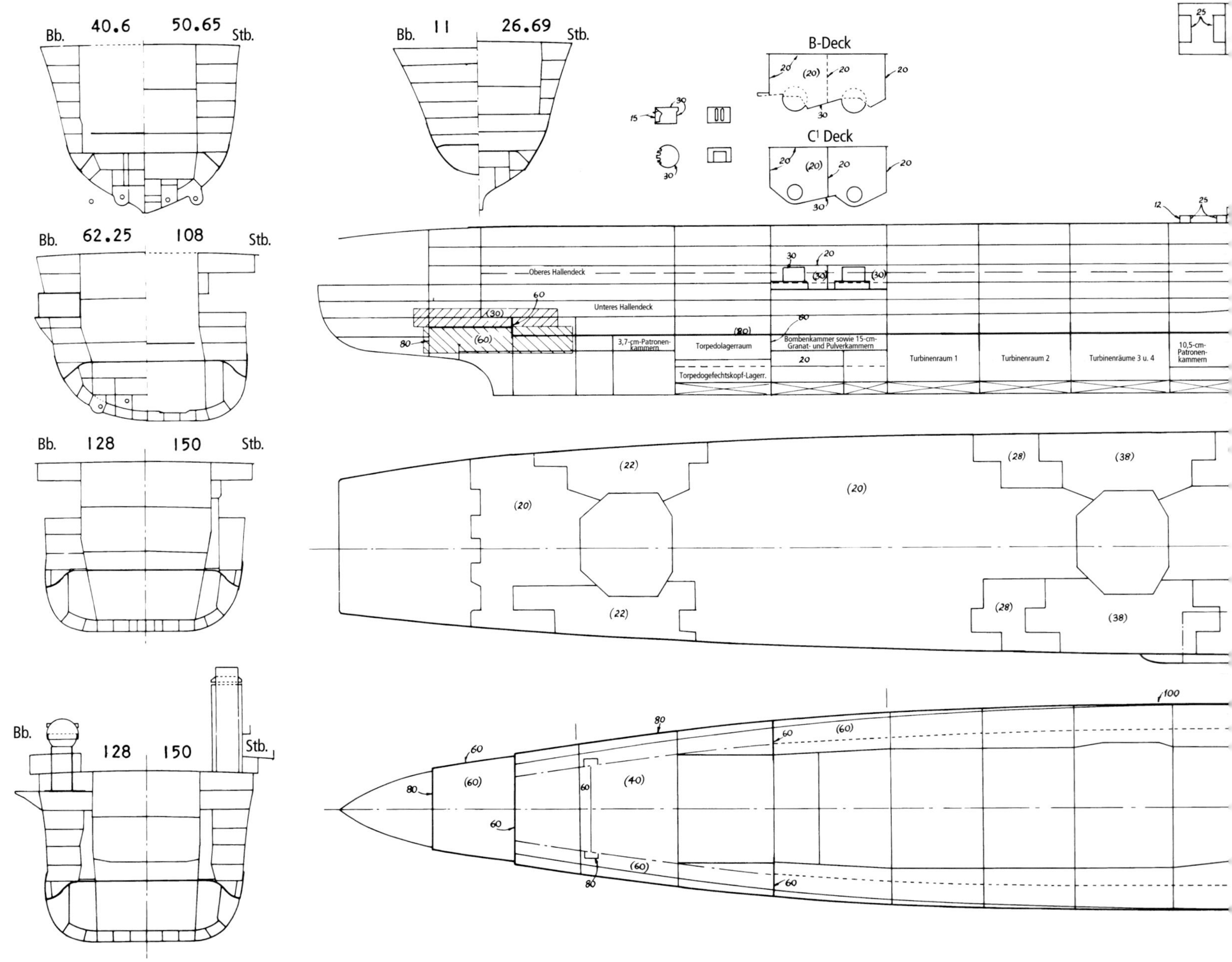

schiff das Oberdeck in Form des Backdecks und des Achterdecks (siehe die Deckspläne auf Seite 72).

Ein Großteil der Besatzung und das gesamte Luftwaffenpersonal war rund um die Flugzeughallen auf diesen Galeriedecks untergebracht. Die Offiziere wohnten in Einzel- oder Doppelkammern auf dem A-Deck. Hier befand sich auch direkt davor unter dem vorderen Teil des Flugdecks die Offiziersmesse. Die Messe konnte in zwei Bereiche eingeteilt werden: einen für die Marineoffiziere und einen für die Luftwaffenoffiziere! Ebenfalls auf dem A-Deck lag auf der Backbordseite das Schiffslazarett, bestehend aus Röntgenraum, Operationsraum, Zahnbehandlungsraum, Quarantäneraum, zwei Krankenrevieren, Bordapotheke und Nebeneinrichtungen. Die Besatzungsstärke umfaßte 1720 Mann: 108 Offiziere (einschl. Beamte und Angestellte) und 1612 Mannschaften (einschl. Zivilpersonal). Hiervon gehörten 51 Offiziere und 255 Mannschaften zur Luftwaffe.

Unterhalb des Zwischen- bzw. Panzerdecks nahmen die Hauptantriebsanlage und die verschiedenen Munitionskammern den größten Raum ein. Der Bereich der Hauptantriebsanlage umfaßte die Kessel-

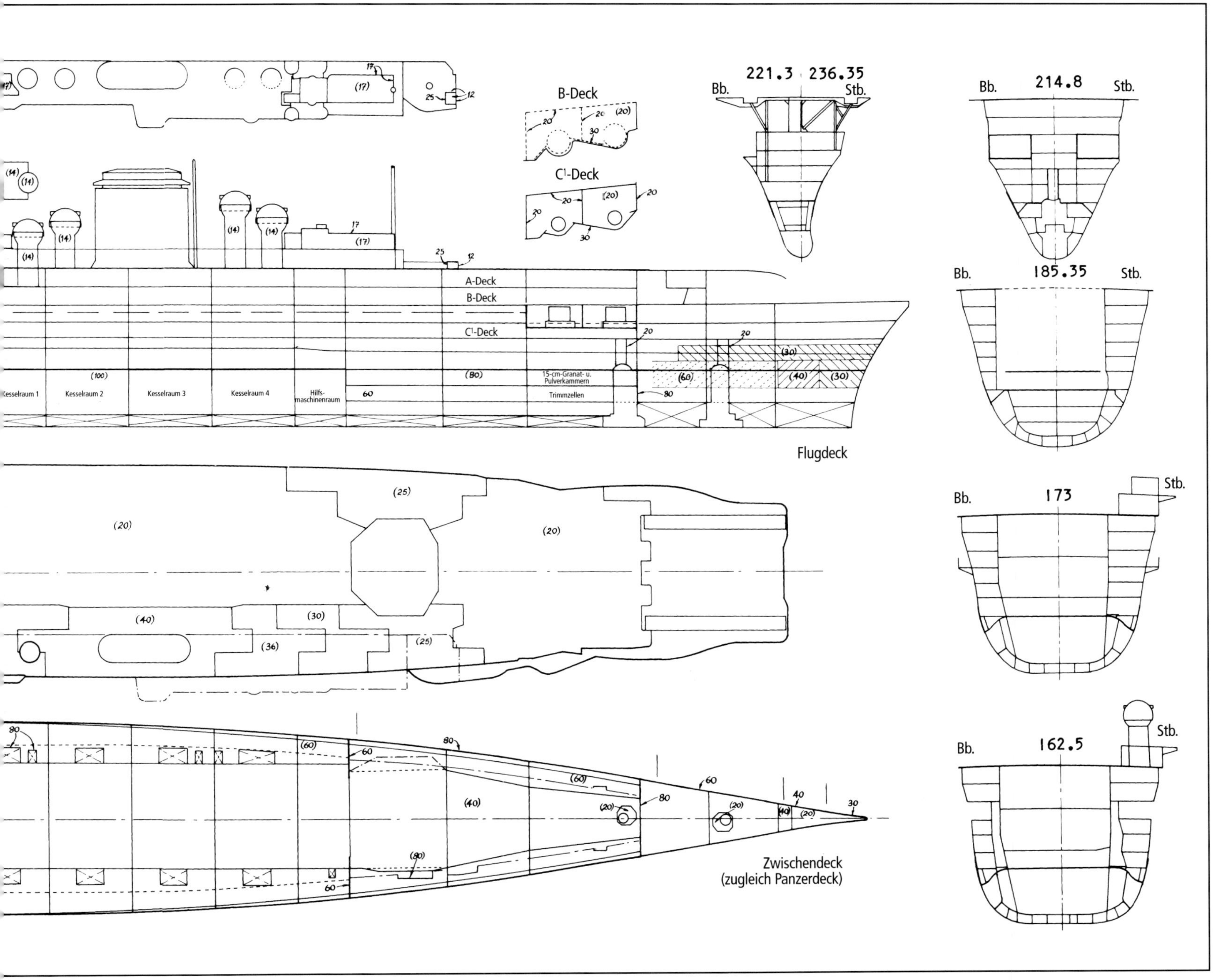

räume 1 bis 4, die Turbinenräume 1 bis 3, die E-Werke 1 bis 4 sowie einen Hilfskesselraum und erstreckte sich von Spant 66,5 bis zum Spant 176 (d.h. über 44 % der Schiffslänge). Vorn und achtern auf den Plattformdecks befanden sich die kombinierten 15-cm-Pulver- und -Granatkammern. Sie versorgten über ein Eimeraufzugssystem ihre jeweiligen Geschütze. Infolge der Notwendigkeit, die seitlich in Kasematten stehenden Geschütze zu bedienen, mußten die Aufzüge um die Flugzeughallen herumgeführt werden – ein sehr komplizierter Transportweg. Hinter bzw. zwischen (im achteren Teil) den 15-cm-Pulver- und -Granatkammern lagen separat die vordere und die achtere Bombenkammer. Von dort brachte die Bomben je ein Aufzug zum Unteren Hallendeck. Außerdem befand sich achtern auf dem Oberen Plattformdeck ein großer Torpedo-Lagerraum mit einem damit verbundenen Raum für die Gefechtsköpfe und einem weiteren Raum für Minen darunter. Von dort aus beförderten ebenfalls Aufzüge die Minen und Torpedos – letztere über die Torpedowerkstatt (Torpedo-Klarmacheraum) auf dem Zwischendeck – zum Unteren Hallendeck. Ferner gab es auf den Plattformdecks vorn und achtern noch die Munitionskammern für die Schwere und Leichte Flak. Die achteren Kammern für Bomben und Minen konnten zur Bewaffnung der Flugzeuge im Normalfall bis zu 66 Torpedos und 48 Minen (bzw. bis zu 80 bis 90 Torpedos oder bis zu 220 Minen) aufnehmen. Den Transport über die Flugzeugaufzüge ausgenommen, scheint für die auf dem Flugdeck abgenommenen Bomben keine weitere Vorsorge getroffen worden zu sein.

Panzerung

Der Hauptseitenschutz des Schiffes bestand aus einem 4 m breiten und 100 mm dicken Gürtelpanzer in der Wasserlinie, der sich von Spant 57 bis zum Spant 177 erstreckte (d.h. über 48 % der Länge des Schiffes in der Wasserlinie), die Maschinenräume und den Bereich der achteren Munitionskammern schützend. Dieser Seitenschutz verringerte sich nach vorn im Bereich der vorderen Munitionskammern auf 80 mm und setzte sich dann mit 60 mm zum Bug hin fort, um schließlich am Bug 30 mm zu erreichen. Nach achtern zu verringerte er sich zum Schutz des Rudermaschinenbereiches lediglich auf 80 mm bis zum Heck. Binnenbords des Hauptseitenschutzes befand sich das 20 mm dicke Wallgangschott, das zugleich als Torpedoschott diente. Der horizontale Hauptpanzerschutz auf dem Zwischendeck (d.h. das Hauptpanzerdeck) wies eine Dicke von 40 mm auf und verstärkte sich nach außen in der Böschung, die sich im Winkel von 45° zur Unterkante des Hauptseitenschutzes krümmte, auf 60 mm. Panzerquerschotte von 80 mm Dicke schlossen den schildkrötenförmigen gepanzerten Rückenschild nach vorn und achtern ab. Oberhalb des Ruderraums erreichte der Horizontalschutz 60 mm Dicke.

Mit Ausnahme eines Splitterschutzes hatten die Seiten der Flugzeughallen keinen Schutz erhalten. Allerdings war dem Flugdeck ein gewisser Schutz zuteil geworden. Es wies weitgehend eine Dicke von 20 mm auf und war im Bereich der Aufzüge verstärkt, im Bereich des mittleren sogar auf 38 mm. Diese Verstärkungen dienten nicht nur dem Schutz sondern auch der Festigkeit. Rund um den Schornstein war das Flugdeck auf 40 mm verstärkt, während der senkrechte Schutz für den Abzugsschacht 80 mm betrug. Ansonsten war für andere Bereiche nur noch geringer Panzerschutz vorhanden: die 15-cm-Kasematten 30 mm, die Fla-Leitstände 14 mm, der Artillerieleitstand 17 mm und der Kommandostand bis zu 150 mm. Das Gesamtgewicht der Panzerung betrug annähernd 5000 t.

Die Antriebsanlage

Der Dampferzeugung dienten sechzehn La Mont-Höchstdruckkessel, je vier in den Kesselräumen 1 bis 4. Jeder dieser Wasserrohrkessel, die mit einem Betriebsdruck von 70 atü (maximal 75 atü) und einer Betriebstemperatur von 450° C arbeiteten, hatte eine Dampferzeugungsrate von 60 t/h und war mit zwei Saake-Ring-Ölbrennern, beide am selben Ende der Feuerung, und mit Askania-Automatiksteuerung ausgestattet. Außerdem waren die Kessel mit Speisewasservorwärmer und Wärmeaustauscher ausgerüstet und hatten einen Zwangskreislauf, für den ein Wirkungsgrad von 85 % angegeben wurde. Obwohl die Kessel an Bord des Flugzeugträgers zu keinem Zeitpunkt in See in Betrieb waren, hätten sie zweifellos im Dienstbetrieb dieselben Probleme verursacht, wie dies bei den Kesselanlagen der Schweren Kreuzer der ADMIRAL HIPPER-Klasse der Fall gewesen war, denen sie in grundsätzlicher Hinsicht glichen.[95] Die mit der Umwälzpumpe aufgetretenen Schwierigkeiten und die Überhitzung des Luftvorwärmers wurden schließlich beseitigt, aber die beträchtliche Korrosion bei den Überhitzern, verursacht durch ein Übertragen von ein bis drei Prozent, dauerte trotz Veränderungen an den Turbinenbeschaufelungen an. Korrosion gab es auch bei den Wärmeaustauschern, aber die Wasserrohre selbst blieben verhältnismäßig störungsfrei. Die Kessel für den »Flugzeugträger A« fertigten die Deutschen Werke in Kiel an, während die für den »Flugzeugträger B« auf der Germaniawerft in Kiel gebaut wurden.

Die vier Getriebeturbinensätze mit Vier-Wellen-Anordnung, eingebaut in drei separaten Turbinenräumen, besaßen eine konstruktionsmäßige Antriebsleistung von je 50.000 WPS pro Welle. Der vordere Turbinenraum, gelegentlich als »Turbinenraum 3/4« bezeichnet, beherbergte zwei Turbinensätze, die auf die beiden Außenwellen wirkten, während der mittlere (Turbinenraum 2) und der achtere Turbinenraum (Turbinenraum 1) die Turbinensätze für die innere Steuerbordwelle bzw. für die innere Backbordwelle enthielten. Die Turbinensätze beider Schiffe unterschieden sich in der Bauweise geringfügig, obwohl sie von der Planung her ursprünglich identisch sein sollten. Die Sätze für den Flugzeugträger A stammten von der Fa. Brown, Boveri & Cie. und waren bei den Marschfahrt- und Hochdruckstufen vom Aktions-Reaktions-Typ, während die Mitteldruckstufen vom direkt wirkenden Reaktionstyp waren. Die Antriebsleistung für Rückwärtsfahrt lieferte ein hinteres Element im vorderen Teil der Mitteldruckturbine, getrennt von der Beschaufelung für Vorausfahrt durch eine Scheidewand, während das Element für Rückwärtsfahrt in der Niederdruckturbine aus einer Doppelfluß-Reaktionsstufe im Mittelteil des Gehäuses bestand. Wie bei allen deutschen Turbinenentwürfen wurden für jede Turbinenstufe getrennte Gehäuse verwendet, und zwar infolge des Beibehaltens ein-

Rechts: Luftbild des in Gotenhafen liegenden Flugzeugträgers, aufgenommen von einem RAF-Aufklärer am 6. Februar 1942. (USN)

facher Zahnradgetriebe mit Pfeilzähnung. Dies führte wiederum zu Turbinenanordnungen, die außerordentlich verschwenderisch mit Raum und Gewicht umgingen. Ihr Wirkungsgrad war im allgemeinen niedrig.

Der Turbinenentwurf war daher sehr konservativ, und wenn diese Anordnungsweise gewählt worden war, um bei ozeanischen Unternehmungen, in derem Bereich Deutschland weder Stützpunkte noch Reparatureinrichtungen besaß, eine gute Sicherheitsreserve zu besitzen, dann stellte sich die Frage, warum dieselbe Technik bzw. dasselbe Denken nicht auch bei den Kesseln Anwendung gefunden hatte.

Die Turbinensätze für den Flugzeugträger B stammten von der Germaniawerft und waren von etwas modifizierter Bauweise; sie glichen jenen des Schweren Kreuzers PRINZ EUGEN mit der Ausnahme, daß das hintere Element in der Mitteldruckturbine entfernt und als ein separates Curtis-Rad auf das vordere Ende des Mitteldruck-Ritzels installiert worden war. Jede Welle war mit Ausrückkupplungen des Verbundtyps ausgestattet und konnte durch Synchronisieren der Turbinengeschwindigkeit mit der Geschwindigkeit der mitdrehenden Welle bei Geschwindigkeiten bis zu 18 kn in Betrieb genommen werden. Für den Flugzeugträger B hatte die Germaniawerft in Kiel bereits vier Kessel fertiggestellt. Sie wurden im Mai 1940, nachdem der Bau dieses Schiffes immerhin seit dem 19. September 1939 annulliert worden war, einer Erprobung an Land unterzogen.

Flugzeugträger B: Schematische Anordnung des Turbinensatzes

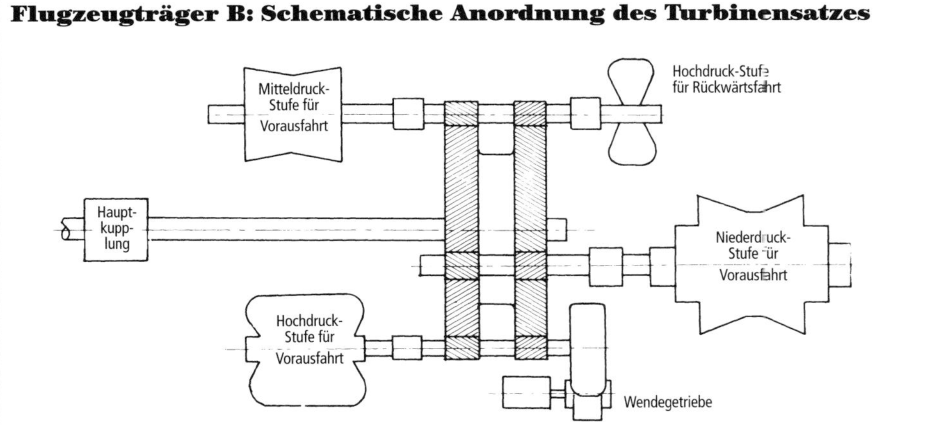

Die erforderliche elektrische Energie lieferten die E-Werke 1 bis 4 unter Verwendung von Diesel- und Turbogeneratoren. Diese verteilten sich wie folgt:

E-Werk:	Lage:	Dieselgeneratoren:	Turbogeneratoren:
1	Oberes Plattformdeck, neben Turbinenraum 1 an Stb.	–	2 x 460 kW
2	Oberes Plattformdeck, neben Turbinenraum 2 an Bb.	2 x 350 kW	2 x 460 kW
3	Unteres Plattformdeck, vor Turbinenraum 3 n Bb.	–	1 x 460 kW, 1 x 230 kW
4	Unteres Plattformdeck, vor Kesselraum 4 an Bb.	3 x 350 kW	

Insgesamt lieferten die vier E-Werke 4280 kW bei 220 V.

Den Wechselstrom für den Betrieb der Feuerleitanlagen, der Befehls- und Meldeanlagen sowie der Fernmeldeanlagen lieferten vier 100-kVA-Wechselstrom-Umformer, angehängt an die 460-kW- Turbogeneratoren in den E-Werken 1 und 2 sowie ein 400-kVA-Synchron-Generator, angehängt an den 230-kW-Turbogenerator im E-Werk 3. Ein separater Hilfskesselraum auf dem Unteren Plattformdeck neben dem E-Werk 4 an Steuerbord erzeugte den erforderlichen Dampf für den Hafenbetrieb.

Der Maschinenleitstand und die Leckwehrzentrale lagen auf dem Oberen Plattformdeck zwischen dem Turbinenraum 3 und und dem Kesselraum 1. Die Leckwehr-Anordnungen waren mit der Unterteilung des Schiffskörpers in 21 wasserdichte Abteilungen umfassend. Neben den Seewasserleitungen, verbunden mit den Hauptfeuerlöschpumpen, und den Dampfstrahlern gab es für Feuerlöschzwecke noch 20 Gasfeuerlöscher, die wasserdichte Abteilungen unter Ardexin-Gas[96] setzen konnten, um Brände zu ersticken. Diese Brandbekämpfungsmaßnahme war nicht ungefährlich, denn sie konnte zu Todesfällen durch Erstickung unter der Besatzung führen. Zudem konnte das Gas durch fehlerhafte Dichtungen und Verschlüsse unbemerkt in angrenzende Wohndecks eindringen. Dies geschah tatsächlich an Bord der ADMIRAL HIPPER, als nach einer Brandbekämpfung am Abend vorher in angrenzenden Räumen einige Besatzungsangehörige am nächsten Morgen tot in ihren Hängematten aufgefunden wurden.

Ein interessanter Bestandteil der Antriebsanlage war der Einbau von zwei Voith-Schneider-Steueranlagen[97] im Vorschiff, um das Anlegen des Schiffes im Hafen zu unterstützen. Diese beiden Anlagen, angetrieben durch AEG-Gleichstrommotoren, mit einer Antriebsleistung von je 450 PS, waren hintereinander im Abstand von 10 m in der Mittschiffslinie eingebaut und konnten in senkrechten Schächten mit wasserdichten Verschlüssen am Schiffsboden ein- und ausgefahren werden. Sie konnten einen Seitenschub von 7,7 t bzw. einen Voraus- oder Rückwärtsfahrtschub von 3,8 t je Anlage entwickeln. Ihre Verwendung in See war nicht beabsichtigt; sie sollten die Schiffsruder in Notfällen bei Geschwindigkeiten bis zu 12 kn unterstützen. Außerdem konnten sie bei Ausfall der Hauptantriebsanlage das Schiff unter günstigen Wind- und Strombedingungen mit einer Geschwindigkeit von drei bis vier Knoten fortbewegen.

Die Bunkerkapazität war im Entwurf mit 5000 t Heizöl festgelegt worden. Berechnungen hatten ergeben, daß sie ausreichte, um eine Fahrtstrecke von etwa 9600 sm bei 19,1 kn (vier Kessel auf zwei Wellen mit einer Antriebsleistung von 10.500 WPS) zurückzulegen. Bei normaler Volleistung mit 42.000 WPS pro Welle und sechzehn Kesseln in Betrieb wäre eine Geschwindigkeit von 35,25 kn mit einer Seeaus-

Technische Daten der Turbinen des Flugzeugträgers B

Bauwerft:	Krupp-Germaniawerft, Kiel
Turbinengewicht:	80.800 kg pro Turbinensatz
Getriebegewicht:	58.000 kg pro Turbinensatz
Dampfdruck in der Turbine:	2,78 kg/PS = 54 atü
Dampftemperatur in der Turbine:	426° C
Umdrehungen:	Hochdruckstufe 3375 U/m, Mitteldruckstufe 3375 U/m, Niederdruckstufe 2650 U/m
Erprobung:	Die Antriebsanlage für die Backbord-Außenwelle wurde im Mai 1940 in Kiel einer Vollasterprobung an Land unterzogen.

dauer von annähernd 3020 sm zu erwarten gewesen. Im Betrieb gewonnene Ergebnisse mit im Dienst befindlichen Schiffen, die ähnliche Antriebsanlagen hatten, ließen jedoch später erkennen, daß die Zahlenangaben für die konstruktionsmäßige Seeausdauer für alle Klassen deutscher Kriegsschiffe maßlos optimistisch waren. Hierfür gab es mehrere Gründe. Erstens gingen die Berechnungen nur von der Mindestanzahl der erforderlichen Kessel aus, um die gewünschte Geschwindigkeit zu erreichen, und ließen die Notwendigkeit außer acht, unter Kriegsbedingungen einen Teil der Antriebsanlage für eine kurzfristige Betriebsbereitschaft unter Dampf zu halten. Zweitens konnten viele Schiffe aus Stabilitätsgründen nicht das gesamte gebunkerte Heizöl verbrauchen. Drittens erwiesen sich im Dienstbetrieb viele der schnellaufenden Dampfhilfsturbinen als außerordentlich hohe Dampfverbraucher und als sehr leistungsschwach (dies traf zum Beispiel insbesondere für die Torpedoboote vom Typ 39 zu). Daher ist es unwahrscheinlich, daß die unten wiedergegebenen und aus Erprobungen an Land sowie aus Entwurfsberechnungen stammenden Zahlenangaben für die Seeausdauer hätten erreicht werden können:

Geschwindigkeit:	36,5 kn	24,2 kn	19,15 kn	15,3 kn	15,3 kn
Wellen x WPS:	4x50.000	4x10.500	4x5000	4x2500	2x5500
Seeausdauer:	2645 sm	6750 sm	8340 sm	8800 sm	11.480 sm

Bewaffnung und Feuerleitanlagen

Die Hauptbewaffnung bestand – sehr ungewöhnlich für einen Entwurf Ende der 30er Jahre – aus sechzehn 15-cm-Geschützen S.K. C/28 L/55 in acht Dopp.MP-*Kasematt*-Lafetten C/36. Sie waren vorn und achtern auf dem C- oder Batteriedeck an Steuerbord und an Backbord auf den Spanten 60, 68,1, 206,8 und 214,5 mit einem Bestreichungswinkel von jeweils 122° eingebaut. Die Rohre konnten bis +35° erhöht und bis -10° gesenkt werden, d.h. es handelte sich im wesentlichen um Seeziel-Geschütze. Das Richten nach Höhe und Seite vollzog sich elektrisch mit Hilfe eines Pittler-Thoma-Antriebs; im Notfall konnte das Richten mit Hilfe von Handrädern erfolgen. Pro Doppellafette waren neben einem elektrischen Notaufzug zwei Hauptmunitionsaufzüge vorhanden, ausgenommen für die beiden vordersten. Granaten und Kartuschen kamen in senkrechter Position nach oben.

Die Schwere Flak bestand aus dem Standardgeschütz 10,5 cm S.K. C/33 L/65 in der angepaßten 8,8-cm-Doppellafette C/31. Der Flugzeugträger führte nach dem Entwurf fünf (nach Entwurfsüberarbeitung später sechs) Doppellafetten, gruppiert vor und hinter des an Steuerbord gelegenen »Inselaufbaus«: zwei (später drei) vor und drei hinter der Insel. Die Positionen waren wie folgt:
- Doppellafette 1 auf Spant 205,2 auf dem Flugdeck vor der Insel,
- Doppellafette 2 auf Spant 196,7 auf dem Flugdeck vor der Insel,
- Doppellafette 3 auf Spant 188,3 auf einem erhöhten Aufbau vor dem Brückenhaus,
- Doppellafette 4 auf Spant 122,3 hinter dem achteren Artillerieleitstand auf dem Inseldeck,
- Doppellafette 5 auf Spant 115,75 auf einem erhöhten Aufbau hinter der Achterkante des Inseldecks und
- Doppellafette 6 auf Spant 109,2 auf dem Flugdeck hinter der Insel.

Diese angepaßten 8,8-cm-Doppellafetten C/31 waren dreiachsig stabilisiert und wiesen eine Erhöhung bis zu 80° auf. Jede Lafette war mit der Zünderstellmaschine C/37 ausgestattet.

Die Leichte Flak setzte sich aus 22 3,7-cm-Fla-Geschützen S.K. C/30 L/83 in elf Doppellafetten C/30 sowie aus acht 2-cm-Fla-Geschützen MG C/30 in Einzellafetten zusammen. Die ersten waren auf Konsolen in Höhe des A-Decks an Steuerbord (drei) und an Backbord (sechs) des Flugdecks eingebaut. Die restlichen beiden Doppellafetten befanden sich auf dem B-Deck in der Mittschiffslinie auf Spant 247 (Vorschiff) sowie auf der Steuerbordseite des Inseldecks auf Spant 162,5 zwischen den Fla-Leitständen A und B. Die 2-cm-Einzellafetten hatten ihre Position auf Konsolen unterhalb des Flugdecks auf der Höhe des umlaufenden Ganges, und zwar an Steuerbord und an Backbord jeweils auf Spant 16,5, 132,5 und 206 sowie nur an Backbord auf Spant 144,5 und 190.

Der Vordere oder Hauptartillerie-Leitstand für die 15-cm-Geschütze lag hinter dem Brückenhaus auf dem Inseldeck, während sich der achtere Artillerie-Leitstand am achteren Ende des Inseldecks hinter dem Fla-Leitstand D befand. Nur der vordere Stand war mit einer nicht stabilisierten 6-m-E-Meßbasis (ohne Schutzhaube) ausgestattet; zwei Zielgeber ergänzten das Feuerleitsystem. Die Artillerie-Rechenstelle lag auf der Backbordseite des Unteren Plattformdecks und in den angrenzenden Räumen befanden sich die mit ihr verbundene Artillerie-Schaltstelle sowie der Artillerie-Verstärkerraum. Eine achtere Artilleriezentrale war nicht vorhanden. Die Stabilisierungswerte kamen aus den beiden Mutterrichträumen, wobei der vordere auf dem Oberen Plattformdeck an die vor ihm liegende Kommandozentrale in der Abteilung XIV angrenzte. Außerdem gab es an Steuerbord und an Backbord auf Konsolen in Höhe des C-Decks auf Spant 170 je eine nur für die Aufwärtsbewegung stabilisierte, stereoskopische 3-m-E-Meßbasis für den oberen bzw. vorderen (auf dem Inseldeck an Steuerbord, angrenzend an den vorderen Artillerie-Leitstand) und den unteren bzw. achteren Nachtleitstand. Es entsprach einer mehr als optimistischen Auffassung zu glauben, daß diese Feuerleiteinrichtungen die Fähigkeit erbringen würden, angreifende Flugzeuge zu bekämpfen.

Zum Feuerleitsystem der Flak gehörten je zwei ZAG vorn und achtern sowie vier dreiachsig stabilisierte Fla-Leitstände SL 6 (im Marinejargon «Wackeltöpfe«) mit 4-m-E-Meßbasen auf dem Inseldeck: zwei – A und B – vor und zwei – C und D – hinter dem Schornstein. Ferner gab es zwei Fla-Rechenstellen auf dem Unteren Plattformdeck; die vordere befand sich in der Abteilung XVII direkt vor den Maschinenräumen. Die achtere Fla-Rechenstelle lag in der Abteilung XII neben dem Kesselraum 1. Vorhanden waren die üblichen umfassenden Schaltmöglichkeiten, damit jeder dieser Fla-Leitstände entweder über die vorderen Fla-Rechen- und -Schaltstellen oder über die achteren die Feuerleitung übernehmen konnte. Fünf 150-cm-Siemens-Schuckert-Scheinwerfer vervollständigten das Feuerleitsystem.

Als 1942 eine Überarbeitung des Entwurfs erfolgte, blieb die Bewaffnung im wesentlichen dieselbe. Lediglich für die 10,5-cm-Geschütze wurde nunmehr die 10,5-cm-Doppellafette C/37 vorgesehen, ausgestattet mit elektrischer Fernschaltung für das Richten nach Höhe und Seite, und auf dem Flugdeck vor der Insel wurde eine zusätzliche (sechste – siehe oben) Doppellafette vorgesehen. An der Ausstattung mit

3,7-cm-Flak wurde keine Änderung vorgenommen, aber die 2-cm-Bewaffnung erfuhr eine Verstärkung auf 28 Rohre in sieben dreiachsig stabilisierten Vierlings-Lafetten vom Marinetyp. Hätte diese Überarbeitung des Entwurfs zur Fertigstellung der GRAF ZEPPELIN geführt, dann wäre die Flakbewaffnung zweifellos noch weiter verstärkt worden.

Bau und Schicksal

Am 16. November 1935 erteilte das OKM den Bauauftrag für den »Flugzeugträger A« (die spätere GRAF ZEPPELIN) an die Deutschen Werke in Kiel. Am selben Tag erhielt auch die Krupp-Germaniawerft in Kiel den Bauauftrag für den »Flugzeugträger B«,[98] nachdem diese Werft bereits am 11. Februar 1935 den Auftrag für die Antriebsanlage erhalten hatte. Deutscher Gewohnheit zur damaligen Zeit entsprach es, den für das Schiff vorgesehenen Namen bis zur Zeremonie des Stapellaufes geheimzuhalten. Daher erfolgte auch die Kiellegung unter der Baubezeichnung »Flugzeugträger A« (bzw. B). Zwei weitere Einheiten dieser Klasse tauchten in der Vorausplanung als »Flugzeugträger C« bzw. »D« auf, blieben aber Luftschlösser. Nach den vom Mai 1938 datierten Plänen[99] sollten der Flugzeugträger C von der Krupp-Germaniawerft und der Flugzeugträger D von den Deutschen Werken zwischen Juli 1941 und Juli 1944 (Fertigstellung) gebaut werden. Hierbei wurde vorausgesetzt, die Bauaufträge hätten zum 1. April 1941 vergeben werden können. Fünf Monate später wurde dieses Datum für den Flugzeugträger C, der nunmehr auf der Howaldt-Werft in Kiel entstehen sollte, auf den 1. Juni 1943 und für den Flugzeugträger D, für den ebenfalls die Howaldt-Werft im Gespräch war, auf den 1. Januar 1945 verschoben. Die für das Flugzeugträger-Bauprogramm geschätzten Kosten lagen bei 264 Millionen Reichsmark, verteilt auf die Haushaltsjahre 1935 bis 1942.

Da es sich aufgrund der Helgenkapazität so ergab, wurde zuerst der Kiel für den Flugzeugträger B am 30. September 1936 auf der Germaniawerft unter der Baunummer 555 gestreckt, während die Kiellegung für den Flugzeugträger A erst am 28. Dezember 1936 bei den Deutschen Werken unter der Baunummer 252 folgte. Allerdings ging der Bau des letzteren in der Folgezeit schneller voran. Der Hauptgrund für diese Verzögerungen ergab sich aus der zur Verfügung stehenden Werftkapazität, denn in dieser Zeit der intensiven Wiederaufrüstung waren die Werften, die Stahlwerke, die Gießereien und die Zulieferfirmen mit Aufträgen voll ausgelastet, und die Bauprogramme mußten ständig verschoben werden. Noch ehe die beiden Flugzeugträger auf Kiel gelegt wurden, kamen im OKM Zweifel darüber auf, ob die Fertigstellungstermine – für den Flugzeugträger A am 1. April 1939 und für den Flugzeugträger B am 15. November 1939 – eingehalten werden könnten. Auf beiden Werften waren ein Schwerer Kreuzer (PRINZ EUGEN bzw. BLÜCHER) und jeweils vier bis fünf Zerstörer im Bau. Zusätzlich entstanden auf der Germaniawerft die sechs F-Boote[100] und außerdem war diese Werft stärker als die Deutschen Werke am U-Bootbauprogramm beteiligt. Bereits das Zerstörer-Bauprogramm dieser Werft hatte sich mit Bauzeiten, die fast vier Jahre betrugen, ernsthaft verzögert, während die Deutschen Werke für denselben Schiffstyp nur etwas mehr als zwei Jahre brauchten. Der Baufortgang beim Flugzeugträger B hing vom Kreuzer J (der späteren PRINZ EUGEN) ab, dessen Bau sich durch den späten Abschluß der Landerprobungen seiner Antriebsanlage um drei Monate verzögert hatte. Außerdem nahm der Bau dieses Schweren Kreuzers Arbeitskräfte in Anspruch, die dringend beim Flugzeugträger B gebraucht wurden. Schließlich war die Germaniawerft gezwungen, das OKM darüber in Kenntnis zu setzen, daß der Flugzeugträger B erst elf Monate, nachdem die PRINZ EUGEN die Werft verlassen hätte, fertiggestellt werden könnte. Doch auch der Bau des Flugzeugträgers A bei den Deutschen Werken erlitt Verzögerungen, da beim Durchkonstruieren der Einzelheiten unvorhergesehene Schwierigkeiten auftraten. Zusammen mit einer verspäteten Ablieferung seiner Turbinen durch die Fa. Brown, Boveri & Cie. führte dies zu einem Hinausschieben seines Fertigstellungstermins um 10,5 Monate. Weitere Verzögerungen ergaben sich durch die ständig beim Schweren Kreuzer BLÜCHER vorgenommenen Änderungen, dessen Ausrüstung

Der wieder gehobene Flugzeugträger vor Beginn der Schleppfahrt in Swinemünde, aufgenommen am 5. April 1947. (USN)

auf derselben Werft erfolgte und die Ressourcen in Anspruch nahm, die für den neuen Flugzeugträger gebraucht wurden.

Anfang 1938 zwang ein Engpaß bei Schweißern zu einer Bauunterbrechung beim Flugzeugträger B, nachdem ca. 500 t Material in den Schiffskörper eingebaut worden waren. Im Herbst 1938, als diese Zahl auf 1300 t angestiegen war, schlug das Allgemeine Marineamt (B), zu dem die Werftabteilung gehörte, dem Ob.d.M., Generaladmiral Raeder, vor, den Weiterbau dieses Schiffes auszusetzen, um zu verhindern, weitere 1500 t bereits angeliefertes Material festzulegen, ohne es einbauen zu können. Bereits damals schien das Allgemeine Marineamt Zweifel an dem gesamten Flugzeugträger-Bauprogramm gehabt zu haben, denn es legte dar, daß der Entwurf, so wie er erarbeitet war, für eine Atlantik-Verwendung nicht geeignet wäre. Das Amt hielt die Antriebsanlage für fragwürdig (möglicherweise im Hinblick auf den Hochdruckheißdampf-Antrieb); sie könnte auch für den Flugzeugträger B weder neu entworfen noch modifiziert werden. Dennoch hatte das OKM den Atlantik als Haupteinsatzgebiet im Blickfeld! Darüber hinaus sollte die Aufgabe der Flugzeugträger darin bestehen, die Seeverbindungen Deutschlands zusammen mit aus Schlachtschiffen bestehenden Kampfgruppen zu sichern. Doch allein aus Kostengründen wäre es nicht möglich, eine ausreichende Anzahl von der Größe des Flugzeugträgers A zu bauen. Daher erschien der Bau einer größeren Anzahl kleinerer Flugzeugträger für Deutschlands Erfordernisse besser geeignet zu sein. Tatsächlich hatte die Marineausbildungsabteilung (A IV) eine entsprechende Entwurfsskizze vorgelegt, die auf einem Schiff von 10.000 t mit weniger Flugzeugen und der Fähigkeit beruhte, die Flugzeuge direkt aus dem Hangar zu katapultieren. Für den Augenblick jedoch wurden aufgrund dieses Vorschlags keine weiteren Schritte unternommen. Doch die Entwurfsarbeit für einen Flugzeugträger wurde auf Sparflamme weitergeführt, zum Teil aus der Erkenntnis heraus, daß für die deutsche Marine Flugzeugträger einen neuen Schiffstyp darstellten und daß es vielleicht besser wäre, mit einem Schiff Erfahrungen zu gewinnen, so daß notwendige Abänderungen in einen weiteren Flugzeugträger einfließen könnten.

Nach einer fast zweijährigen Bauzeit lag im Dezember 1938 der Flugzeugträger A bei den Deutschen Werken in Kiel zum Stapellauf bereit. Am 8. Dezember taufte die Gräfin Hella v. Brandenstein-Zeppelin, die Tochter des berühmten Luftschiffkonstrukteurs, das neue Schiff auf den Namen GRAF ZEPPELIN. In Anwesenheit von Hitler und Generalfeldmarschall Göring, der als Oberbefehlshaber der Luftwaffe die Taufrede hielt, glitt der über die Toppen geflaggte Schiffskörper unter der Reichskriegsflagge in sein Element. Die kleinen Hafenschlepper EMIL und AUGUSTE schleppten zusammen mit zwei weiteren Schleppern den Schiffskörper zu seinem Ausrüstungskai. Dort setzten sich die Arbeiten sowohl im Schiffsinneren wie auch äußerlich mit der Fertigstellung von Aufbauten, Schornstein und Gefechtsmast fort. Inzwischen hatten sich jedoch zum Nachteil der Kriegsmarine über Europa die Kriegswolken zusammengezogen – für die Planung des Aufbaues der Flotte nach dem Z-Plan vier Jahre zu früh.[101] Die Folge des Kriegsausbruchs im Herbst 1939 bestand darin, daß der beeindruckende Z-Plan nur noch Makulatur war. Am 19. September 1939 trat ein Baustopp mit der Maßgabe ein, nur noch die Schiffe fertigzustellen, die in Kürze kriegsbereit sein könnten. Obwohl die Arbeiten auf der GRAF ZEPPELIN fortgesetzt wurden, trat der Baustopp bei ihrem Schwesterschiff, dem Flugzeugträger B, zu einem Zeitpunkt in Kraft, da dieser bis zum Panzerdeck fertiggestellt war. Danach rostete der teilweise fertiggestellte, auf Stapel liegende Schiffskörper vor sich hin, bis Großadmiral Raeder am 28. April 1940 seinen Abbruch anordnete. Die Fa. Eisen & Metall A.G. in Essen wrackte ihn nach Erhalt des Auftrags, 8000 t Stahlschrott zu gewinnen, innerhalb von vier Monaten ab. Hinsichtlich der Antriebsanlage und der Generatoren ergingen besondere Weisungen. Dieser Baustopp ereignete sich etwa fünf Monate vor dem planmäßigem Stapellauf.

Im Oktober 1939 hatte Hitler noch zugestimmt, sowohl die kleineren Schiffe als auch die im Bau befindlichen fünf größeren Einheiten – BISMARCK, TIRPITZ, SEYDLITZ, PRINZ EUGEN und GRAF ZEPPELIN – könnten noch fertiggestellt werden, aber die Besetzung Norwegens im April 1940 bedeutete schließlich für die SEYDLITZ[102] und vor allem für die GRAF ZEPPELIN das Läuten der Totenglocke. Die Verteidigung dieser neu hinzugekommenen und derart langen Küste verschlang eine riesige Anzahl von Männern, Waffen und kleinen Fahrzeugen, die von anderen Verwendungen abgezogen werden mußten. Anläßlich einer Konferenz mit Hitler am 29. April 1940 schlug Großadmiral Raeder daher selbst vor, den Weiterbau des Flugzeugträgers einzustellen. Bereits am folgenden Tag ging diese Anordnung hinaus. Das Schiff hätte bis zum Jahresende in Dienst gestellt werden können, aber es wäre weitere zehn Monate ohne Bewaffnung geblieben. Denn durch den Verkauf von Ausrüstung an die Sowjetunion unter dem deutsch-sowjetischen Nichtangriffspakt vom 23. August 1939, den ein Handelsvertrag begleitete, hatte sich die Ablieferung der Feuerleitausrüstung für den Flugzeugträger erheblich verzögert. Die für ihn vorgesehenen 15-cm-Geschütze waren inzwischen zur Küstenverteidigung nach Norwegen gegangen und auch die Schwere Flak war einer anderen Verwendung zugeführt worden. Nach der Absolvierung der Erprobungsfahrten wäre der Flugzeugträger bis Ende 1941 nicht einsatzbereit gewesen.

Auf einer weiteren Konferenz bei Hitler, die im Juli 1940 auf dem Obersalzberg stattfand,[103] räumte dieser die Notwendigkeit des Baus von Flugzeugträgern ein und anerkannte nicht nur die Notwendigkeit eines »Flugdeckkreuzers« sondern auch den Weiterbau und die Fertigstellung der GRAF ZEPPELIN. Nach dieser Konferenz legte das Amt für Kriegsschiffbau (Nachfolger des Marinekonstruktionsamtes mit KAdm. Fuchs als Chef) die Entwurfsskizze für einen Kreuzer des M-Typs vor, ausgestattet zum Mitführen von vierzehn Flugzeugen auf Kosten der Geschwindigkeit und der Feuerkraft. Doch derartige Ideen waren Unsinn! Warum sollte ein unausgegorenes neues Projekt ganz von vorn begonnen werden, wenn ein fast fertiggestelltes Schiff des richtiggehenden Flugzeugträgertyps bereits zur Verfügung stand? Möglicherweise war diese Idee lediglich die notwendige Antwort auf eine Forderung Hitlers, die gemacht worden war, ohne daß die Absicht bestand, sie auch auszuführen. Doch etwa zwei Jahre später wurde diese Idee wieder zum Leben erweckt.

Alle Arbeiten an der GRAF ZEPPELIN wurden eingestellt. Am 12. Juli 1940 lief das Schiff im Schleppzug aus Kiel nach Gotenhafen bei Danzig aus, um der zunehmenden Gefährdung durch die RAF zu entgehen. Von dem alten Minenversuchsboot NAUTILUS (ex-*M 81*) gesichert, erreichte der Schleppzug am 18. Juli Saßnitz auf Rügen. Dort nahm der Flugzeugträger zwei 3,7-cm-Doppelflaks an Bord, ehe der Schleppzug den Marsch zum endgültigen Bestimmungshafen fortsetzte. Dort lag das Schiff bis Mitte 1941, als Hitlers Pläne für den Angriff auf die Sowjetunion (Unternehmen »Barbarossa«) das OKM veranlaßten, die GRAF ZEPPELIN für den Fall sowjetischer Luftangriffe zu verlegen. Das Datum für den Angriff wurde auf den 22. Juni 1941 festgesetzt. Am 16. Juni befahl die Skl. dem Marinegruppenkommando Nord (GenAdm. Carls), spätestens bis zum 19. Juni das Schiff aus Gotenhafen zu verlegen. Der Führer der Minenschiffe (KptzS. Bentlage) sollte eine Geleitsicherung stellen. Da bereits zu einem früheren Zeitpunkt entschieden worden war, den Flugzeugträger nicht zu verlegen, kam diese kurzzeitige Planänderung dem Befehlshaber der Kreuzer (B.d.K.), VAdm. Schmundt, dessen Befehl die für das Unternehmen »Barbaros-

Die SEYDLITZ in Bremen am 8. Mai 1942 mit den ebenfalls noch unfertigen Zerstörern *Z 32*, *Z 33* und *Z 34*. Die Ausrüstung ist bereits weit fortgeschritten. (USN)

sa« eingesetzten Seestreitkräfte unterstanden, nicht gelegen. Denn seine wichtigste Aufgabe bestand darin, zu Beginn des Unternehmens »Barbarossa« in der Ostsee defensive Minensperren zu legen, insbesondere in der mittleren Ostsee zwischen Memel und der schwedischen Insel Öland (»Wartburg«-Sperre) und im Eingang zum Finnischen Meerbusen (Sperren »Apolda« und »Corbetha«). Für die Verlegung der GRAF ZEPPELIN standen nur die bereits zugewiesenen Bergungsschlepper DANZIG und ALBERT FORSTER zur Verfügung. Mit dem Flugzeugträger im Schlepp verließen die beiden Schlepper am 19. Juni mittags Gotenhafen und trafen am frühen Nachmittag des 21. Juni sicher in Stettin ein. Dort machte der Träger an der Hakenterrasse fest. Nachdem die Gefahr eines sowjetischen Angriffs mit dem Vormarsch des deutschen Heeres nach Rußland hinein vorüber war, befahl die Skl. am 30. Oktober 1941 die Rückverlegung der GRAF ZEPPELIN durch den Schlepper ATLANTIK nach Gotenhafen. Am 10. November 1941 verließ der Schleppzug Stettin und traf am 17. November in Gotenhafen an seinem Liegeplatz im Hafenbecken V ein.

Die Anwesenheit des Flugzeugträgers in Gotenhafen war von Aufklärungsflugzeugen der RAF, durch Luftaufnahmen belegt, pünktlich gemeldet worden. In der Annahme, daß sich die GRAF ZEPPELIN im Endstadium ihrer Ausrüstung befand, faßte die RAF schließlich einen Luftangriff ins Auge. Zu dieser Vermutung hatten vom 2. Juni 1942 stammende Luftaufnahmen der RAF-Aufklärung geführt, die erkennen ließen, daß der Träger bereits Aufbauten und Masten hatte sowie einiges an leichter Bewaffnung besaß. Daraus schloß der britische Geheimdienst, daß die GRAF ZEPPELIN innerhalb der nächsten zwei bis drei Wochen mit Erprobungsfahrten beginnen würde. Zehn »Lancaster«-Bomber der 5. Bombergruppe – sechs der in Woodhall Spa stationierten 97. Staffel und vier der 106. Staffel aus Coningsby – sollten in der Nacht vom 27./28. August 1942 den Luftangriff durchführen. Doch nur neun Maschinen starteten und von diesen gaben nur sechs an, das Ziel bombardiert zu haben. Treffer wurden jedoch nicht erzielt und keines der Flugzeuge ging verloren.

Bis Ende 1942 blieb die GRAF ZEPPELIN in Gotenhafen und diente, wie schon während ihrer ersten dortigen Liegezeit, als schwimmendes Lager der Kriegsmarine, u.a. für Edelholzvorräte. Bereits am 16. April 1942 kam es im Führerhauptquartier »Wolfsschanze« bei Rastenburg/Ostpreußen zur entscheidenden Besprechung über den Weiterbau der GRAF ZEPPELIN anläßlich eines Lagevortrags des Ob.d.M., GAdm. Raeder, vor Hitler. Angesichts der Erforderlichkeit von Flugzeugträgern im Seekrieg müßte der Weiterbau wiederaufgenommen werden, wobei der Schiffskörper und zumindest die halbe Antriebsanlage bis Mitte 1943 fertiggestellt werden könnten. Dazu müßte der bisherige Entwurf, insbesondere im Bereich der Insel und der flugtechnischen Anlagen,[104] abgeändert werden. Dies würde dem Träger ein leicht verändertes Aussehen geben. Vor allem eine große Schornsteinkappe und ein entsprechender Gefechtsturmmast mit Jägerleitstand und Funkmeßanlagen sollten unter Entfernung der Scheinwerfer hinzukommen. Außerdem wären die Fla-Einzellafetten durch 2-cm-Vierlingsflaks zu ersetzen. Von diesen äußerlichen Veränderungen abgesehen, hatten inzwischen weitere Berechnungen ergeben, daß das voll ausgerüstete Schiff infolge dieser Abänderungen bei Einsatzverdrängung eine Schlagseite von 4,5° nach Steuerbord bekommen würde, die nur durch einen selektiven Heizölverbrauch über einen Zeitraum von 100 Stunden ausgeglichen werden könnte. Da dies als offensichtlich übertrieben angesehen wurde, fiel zur Erhaltung der Stabilität des Schiffes die Entscheidung, an beiden Schiffsseiten Wulste anzufügen. Der Backbordwulst sollte aus den etwas dickeren Schiffbaustahlplatten St 52 bestehen, um etwa 300 t fest verarbeiteten Ballast zu erhalten, während der Steuerbordwulst aus dünnerem, nur 18 mm dickem Material zu fertigen wäre. Diese Wulste sollten eine maximale Breite von 2,40 m aufweisen und als Heizölbunker ausgebaut sein. Sie hätten den Vorteil, auch die Seetüchtigkeit zu verbessern, den bisher knappen Fahrbereich durch die Steigerung der Bunkerkapazität auf 6740 t zu erhöhen und einen besseren Schutz gegen Torpedos und Minen zu bieten.

Am 13. Mai 1942 kam es zu einer weiteren Besprechung im Führerhauptquartier »Wolfsschanze« bei Hitler, an der neben GAdm. Raeder auch Rüstungsminister Albert Speer, Kaufmann sowie VAdm. Krancke (Chef des Quartiermeisteramtes im OKM und Ständiger Vertreter des Ob.d.M. im Führerhauptquartier) und KAdm. Kleikamp teilnahmen. Zunächst wurde die beste Möglichkeit diskutiert, den Strom des Nachschubs nach Norwegen und den Transport von Rohstoffen aus Norwegen zu steigern. Hierbei ging es auch um die Frage, diesen gestiegenen Schiffsverkehr zu schützen. In einer sich anschließenden Besprechung mit Raeder und Speer befahl Hitler den Umbau der Fahrgastschiffe EUROPA, POTSDAM und GNEISENAU zu Hilfsflugzeugträgern, vermutlich um diese Aufgabe zu übernehmen. Raeder drängte im Verlaufe dieser Besprechung Hitler erneut, den Ob.d.L., Reichsmarschall Göring, anzuweisen, für die Marine die erforderlichen Trägerflugzeuge zur Verfügung zu stellen. Außer einer entsprechenden Unterrichtung des Ob.d.L. kam in dieser Frage kein konkretes Ergebnis zustande. Hitler legte ebenfalls klar dar, daß keine Möglichkeit bestünde, im gegenwärtigen Krieg der Marine eigene Luftstreitkräfte zu gewähren. Er erteilte jedoch die Weisung zum Weiterbau der GRAF ZEPPELIN bis zur Fertigstellung. Die Erfahrungen in See hätten gezeigt, daß schwere Überwasserschiffe ohne Sicherung durch Flugzeuge nicht mehr operieren könnten. Außerdem bestätigte Hitler die Einordnung der Hilfsflugzeugträger in der Dringlichkeitsliste hinter dem U-Bootbauprogramm und dem Bau von Geleit- und Sicherungsstreitkräften vom Zerstörer an abwärts. Ans Tirpitzufer, dem Sitz des OKM in Berlin, zurückgekehrt, befahl GAdm. Raeder am 15. Mai 1942 den Weiterbau der GRAF ZEPPELIN und wies das Amt für Kriegsschiffbau (K) an, Entwürfe für den Umbau der Fahrgastschiffe zu Hilfsflugzeugträgern vorzulegen. Daraufhin teilte ihm dieses Amt mit, daß die Entwurfsarbeit drei Monate und der Umbau selbst nach Ablieferung des Materials zwölf Monate in Anspruch nehmen würde.

Infolge der ständig zunehmenden Gefahr von Luftangriffen durch die RAF – in Verbindung mit den vermehrten Werftaufenthalten schwerer Einheiten in Kiel zur Reparatur: SCHARNHORST und PRINZ EUGEN – verzögerte sich die Rückverlegung der GRAF ZEPPELIN von Gotenhafen nach Kiel zur Wiederaufnahme der Bauarbeiten beträchtlich. Die Überführung trug den Decknamen »Zander« und stand unter Leitung von FKpt. Remler von der Kriegsmarinewerft Kiel. Als erste Maßnahme baute der Zweigbetrieb der Deutschen Werke Kiel in Gotenhafen zur Verteidigung gegen Luftangriffe während der Schleppfahrt sechs 3,7-cm-Fla-Geschütze in drei Doppellafetten sowie sechs 2-cm-Vierlingsflaks ein. Hinzu kamen vier Fla-Scheinwerfer. Für die U-Bootsicherung waren vorgesehen: drei Minensuchboote (*M 3, M 14* und *M 37*), die 3. Vp.-Flottille (sechs der U-Abwehrschule zugeteilte Vp.-Boote: DAMME, STOLPE, SPREE, PREGEL, NOGAT und BRAKE) und als Luftsicherung die Bd.Fl.Gr. 1./196 (Ar 196). Die Überführung sollte am 26. November 1942 mit den Schleppern EISBÄR, CAPPELLA und PASSAT beginnen. Bis zum Abend des 25. November war der Flugzeugträger zur Schleppfahrt bereit. Doch am folgenden Tag hatten sich die Wetterbedingungen derartig verschlechtert, daß angesichts der hohen Windgeschwindigkeiten ein Auslaufen des Schleppzuges aus der Danziger Bucht unmöglich war. Der Schleppzug mußte ostwärts von Hela vor Anker gehen und konnte erst am 30. November nach einer Wetterbesserung den Weitermarsch nach Kiel mit Westkurs antreten. Am 3. Dezember abends traf das Geleit im Nebel in der Kieler Förde ein und warf in der Heikendorfer Bucht Anker. Am 5. Dezember 1942 dockte die GRAF ZEPPELIN in das große Schwimmdock der Deutschen Werke in Kiel ein, damit die erforderlichen Veränderungen am Schiffskörper (Wulstanbau) vorgenommen wurden.

Doch wieder zurück zur chronologischen Abfolge. Am 28. Mai 1942 erhielt GAdm. Raeder von Hitler auch die Weisung, den fast fertiggestellten Schweren Kreuzer SEYDLITZ zum Flugzeugträger umzubauen.[105]

Die Skl. brachte einige Zeit zu, die Forderungen Hitlers zu bewerten, war aber von dem Hilfsflugzeugträger-Konzept nicht überzeugt. Für länger andauernde Unternehmungen mit der ADMIRAL SCHEER (25 kn) oder der TIRPITZ (30 kn) besäße lediglich die EUROPA die erforderliche Geschwindigkeit, hätte jedoch keinen ausreichenden Aktionsradius. Außerdem bedürften diese Schiffe infolge ihrer Größe selbst des Schutzes. Insofern sah die Skl. für ihre Verwendung nur begrenzte Möglichkeiten im Küstenvorfeld:

a) Teilnahme an kurzzeitigen Vorstößen gegen britische PQ-Geleitzüge, um Jagdschutz und Aufklärung zu stellen.
b) Zur Steigerung der Reichweite landgestützter Flugzeuge.
c) Als behelfsmäßige Landeplattformen, falls die in Küstennähe gelegenen Flugplätze ausgeschaltet wurden.
d) Als Ausbildungsschiffe für Trägerverbände.

Die zuletzt genannte Aufgabe wäre nur für die GRAF ZEPPELIN von Bedeutung. Die Skl. war der Auffassung (KTB vom 30. Mai 1942), der Träger könnte bis zum 1. April 1943 fertiggestellt sein und am 1. August 1943 könnten die Flugerprobungen in See beginnen. Mit der Luftwaffe müßte die Trägerflugzeugfrage geklärt werden. Für POTSDAM und GNEISENAU wären je 24 Jagdflugzeuge Me 109 und 12 Mehrzweckflugzeuge Ju 87 (für Aufklärungs-, Stuka-, Torpedo- und Nebeleinsatz) bereitzustellen.

Am 2. Juni 1942 war das Amt für Kriegsschiffbau gezwungen, dem OKM zu berichten, daß die für die Fertigstellung der GRAF ZEPPELIN in Aussicht genommenen zwölf Monate nur eingehalten werden könnten, wenn das bei den Deutschen Werken laufende U-Bootbauprogramm für den Typ VII C annulliert werden würde. Dem stimmten jedoch sowohl GAdm. Raeder als auch die Skl. nicht zu. Statt dessen entschieden sie sich, von Reichsminister Albert Speer die zusätzlichen Arbeitskräfte anzufordern, die dieser zum 1. Juli 1942 zugesagt hätte. Daraufhin erklärte der Chef des Amtes für Kriegsschiffbau, daß der Hauptausschuß für Werftindustrie zusätzliche Arbeitskräfte bereits abgelehnt hätte (KTB der Skl. vom 5. Juni 1942). Soweit es die SEYDLITZ betraf, hielt das Amt für Kriegsschiffbau ihren Umbau zum Flugzeugträger für außerordentlich bedenklich, da der Schwere Kreuzer in seinem jetzigen Bauzustand bis zum Panzerdeck rückgebaut werden müßte – und dies alles, um eine Kapazität von 12 Flugzeugen zu erreichen. Bei seinem nächsten Lagevortrag vor Hitler am 15. Juni 1942 auf dem Berghof/Obersalzberg versprach GAdm. Raeder die Vorlage von Entwurfsskizzen innerhalb kürzester Frist. Das erforderliche Material könnte innerhalb eines Monats in Auftrag gegeben werden. Er wies aber darauf hin, daß er einen Umbau der bereits zu 90 % fertiggestellten SEYDLITZ für nicht lohnend erachte.

Als ihm der Chef des Amtes für Kriegsschiffbau jedoch eine Woche später (22. Juni 1942) über das Hilfsflugzeugträger-Umbauprogramm Vortrag hielt, befahl GAdm. Raeder endgültig den Umbau des Schweren Kreuzers. Am 17. Juli 1942 erteilte das OKM die Aufträge für den Umbau der drei Fahrgastschiffe und des Schweren Kreuzers. Die Vorbereitungsarbeiten dazu sollten Ende Juli beginnen und bis Oktober 1942 beendet sein, um im Anschluß daran die Werftarbeiten in Angriff zu nehmen. Gleichzeitig mit der Weisung Hitlers an die Kriegsmarine, daß bis Ende 1944 fünf Flugzeugträger verfügbar sein sollten, erging eine solche an die Luftwaffe, für das entsprechende Personal und Material der Trägerfliegereinheiten zu sorgen. Nach einem Besuch Speers am 24. August 1942 in Wilhelmshaven wurde jedoch klar, daß die für dieses Bauprogramm zusätzlich erforderlichen 8500 Werftarbeiter nicht verfügbar sein würden.

GAdm. Raeder hatte ebenfalls im August 1942 Hitler von der Auffassung der Skl. in Kenntnis gesetzt, daß der Bau von Flugzeugträgern als Kernstück des Bauprogramms für die zukünftige Flotte jedoch nicht bedeuten dürfe, den Bau von Schlachtschiffen aufzugeben, und daß auch – entsprechend den Forderungen Hitlers – die Geschützkaliberfrage erneut geprüft werden müßte. Im späteren Verlauf des Jahres entstand bei der Skl. eine Denkschrift über die Verwendung von Flugzeugträgern mit der Flotte. In ihr wurde die Schlußfolgerung gezogen, daß ein Hybridschlachtschiff, ausgerüstet für den Einsatz von Flugzeugen, unerwünscht wäre, da die fliegertechnischen Anlagen die Eigenschaften eines Schlachtschiffes ernsthaft beeinträchtigen würden. Wenn Flugzeugträger in einem Kampfverband Schlachtschiffe begleiten sollten, dann könnte die klassische Aufgabe der Katapult-Bordflugzeuge (Aufklärung, U-Jagd und Jagdschutz) von den begleitenden Flugzeugträgern übernommen und auf die Bord-Katapultanlage verzichtet werden. Könnten jedoch andererseits Flugzeugträger nicht in ausreichender Zahl gebaut werden, dann würde es erforderlich sein, auf Großkampfschiffen Raum und Ausrüstung für sechs bis acht Flugzeuge (d.h. zweimal soviel wie bei der TIRPITZ) vorzusehen.

Obwohl der Schlachtschiff/Kreuzer-Hybridbau nicht begünstigt wurde, stellte der »Flugzeugkreuzer« am Tirpitzufer ein immer wiederkehrendes Thema dar, wobei den strittigen Hauptpunkt seine Beschreibung und sein Entwurf entweder als »Kreuzer mit Flugzeugausstattung« oder als »Flugzeugträger mit entsprechender Bewaffnung« bildete.

Einen Kreuzer/Flugzeugträger zu bauen, wurde zweifelsfrei als möglich erachtet, und die mit dem Flugdeck verbundenen Probleme ließen sich lösen, wenn der Katapult- und der Bremsanlage detaillierte Aufmerksamkeit zuteil würde. Ein derartiges Schiff hätte die Geschwindigkeit und die Bewaffnung eines Kreuzers und wäre imstande, diese Eigenschaften in Verbindung mit seiner Panzerung und seiner Flugzeugausstattung auszunutzen, um Aufgaben der Aufklärung, des Flakschutzes, der Geleitsicherung und der Handelskriegführung zu übernehmen. Nach der Auffassung der Skl. würde das Vorhandensein eines derartigen Entwurfes nicht den Todesstoß für den echten Flugzeugträger bedeuten, dessen Hauptaufgabe im Zusammenhang mit einem aus Schlachtschiffen bestehenden Kampfverband gesehen werden müßte.

Tatsächlich hatte die Skl. zwei Arten von Flugzeugträgern ins Auge gefaßt, deren Größe von den taktischen Erwägungen abhängig sein sollte. Die Aufgabe des »Flugzeugkreuzers« war einem kleinen Flugzeugträger von etwa 15.000 t zugedacht – eine Größe, von der das Hauptamt für Kriegsschiffbau annahm, sie würde eine Serienfertigung gestatten. Dieser Typ sollte eine hohe Geschwindigkeit und einen guten Fahrbereich aufweisen sowie mit 12-cm-Geschützen bewaffnet sein, aber nur eine verringerte, wenn auch für die vorgesehenen Aufgaben ausreichende Anzahl von Flugzeugen mitführen. Der zweite Typ sollte ein großer Flugzeugträger sein, der für Operationen mit der Flotte als unerläßlich angesehen wurde. Das Größenverhältnis zwischen dem kleinen und dem großen Typ wurde mit 5:1 vorgeschlagen. GAdm. Raeder, dem die Möglichkeiten des »Flugzeugkreuzers« zusagten,

Atlantik-Flugzeugkreuzer

Beachte die Vorliebe für Kasemattgeschütze und beim Projekt A IV die verschwenderisch vorgesehenen Fla-Leitstände.

Projekt A III:

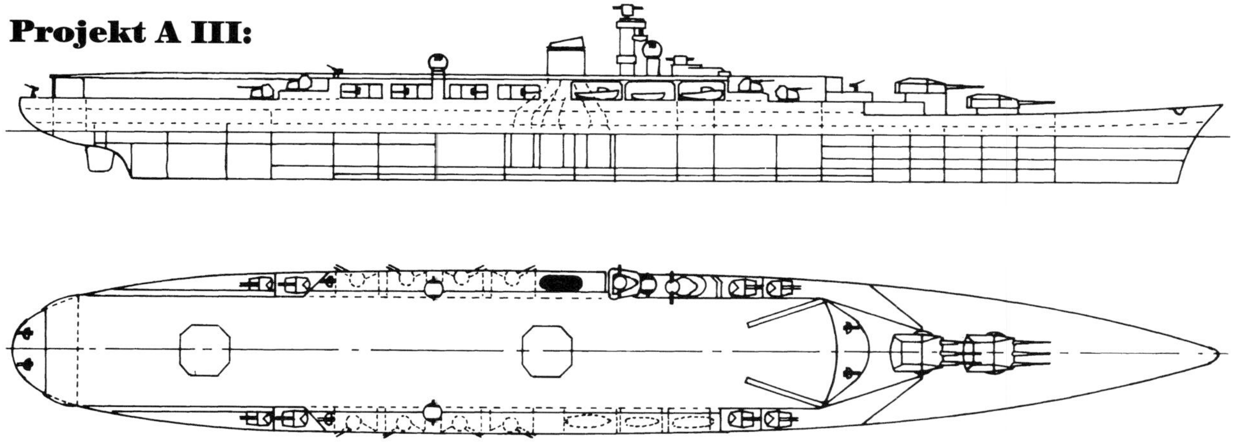

Projekt A IV:

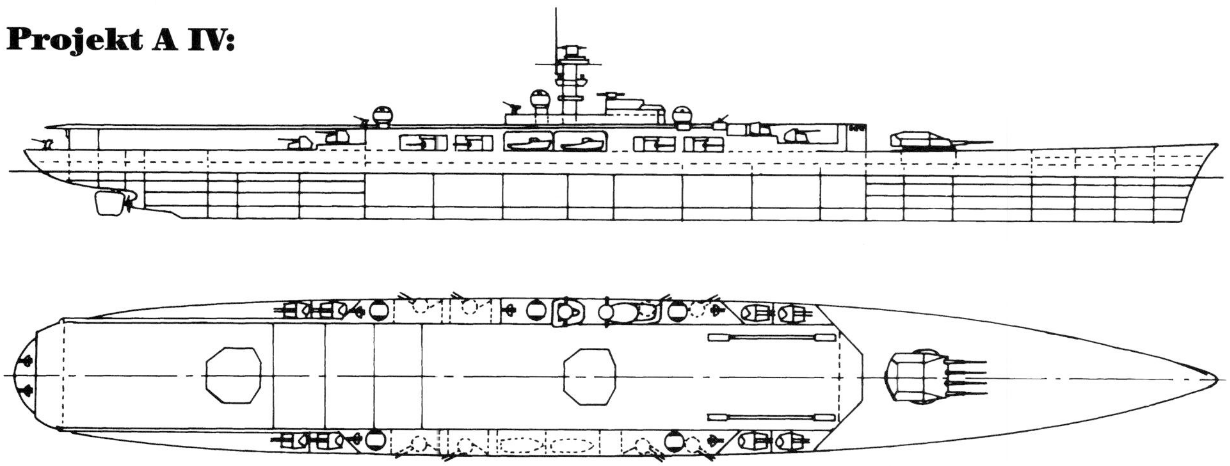

ordnete eine Untersuchung seiner Vorteile an. Zweifellos führten diese Überlegungen zu den weiter unten kurz zu beschreibenden Entwürfen.

Noch am 20. Oktober 1942 beabsichtigte das Hauptamt für Kriegsschiffbau die Arbeiten an der GRAF ZEPPELIN als Füllarbeit sofort in Angriff zu nehmen, obwohl die Arbeiterfrage noch nicht endgültig geklärt war. Anläßlich einer Lagebesprechung bei GAdm. Raeder als Chef der Skl. am 2. November 1942 wurde im Hinblick auf die Bedenken Hitlers vorgeschlagen, das Flugzeugträger-Bauprogramm auf die GRAF ZEPPELIN, die SEYDLITZ und den noch unfertigen französischen Leichten Kreuzer DE GRASSE zu verringern. Den Umbau des letzteren hatte Hitler im August 1942 gebilligt. POTSDAM und GNEISENAU sollten aufgrund ihrer zu geringen Geschwindigkeit und der unzureichenden inneren Leckwehr-Unterteilung gestrichen werden. GAdm. Raeder wollte jedoch eine Herrichtung der beiden Schiffe zu Schul- und Ausbildungszwecken. Das Hauptamt für Kriegsschiffbau blieb weiterhin unerbittlich und berichtete am 18. November 1942, daß es auch den Umbau der DE GRASSE infolge seines Turbinenentwurfs und der Tatsache, daß sich sämtliche Kessel in einem einzigen Raum befänden, als fragwürdig erachtete.

Eine Woche später empfahl dieses Amt außerdem, der nicht fertiggestellte französische Flugzeugträger JOFFRE (Kiellegung am 26. November 1938) sollte abgebrochen werden, vermutlich um alle weiteren unsinnigen Umbaupläne zu verhindern.

Die Angelegenheit strebte jetzt einem Höhepunkt zu, denn Gen Adm. Witzell, der Chef des Marinewaffenamtes, berichtete am 1. Dezember 1942, daß die für das erste Quartal 1943 angeforderten 182.000 t an Eisen und Stahl nicht zur Verfügung stehen würden. Es wäre vermutlich nur mit 127.000 t zu rechnen, und dies würde zur Beeinträchtigung von Projekten geringerer Priorität führen. In der Dring-

Kleine Flugzeugträger: Projekte E IV – E VI

13.287 t maximal, Länge in der CWL 180 m:

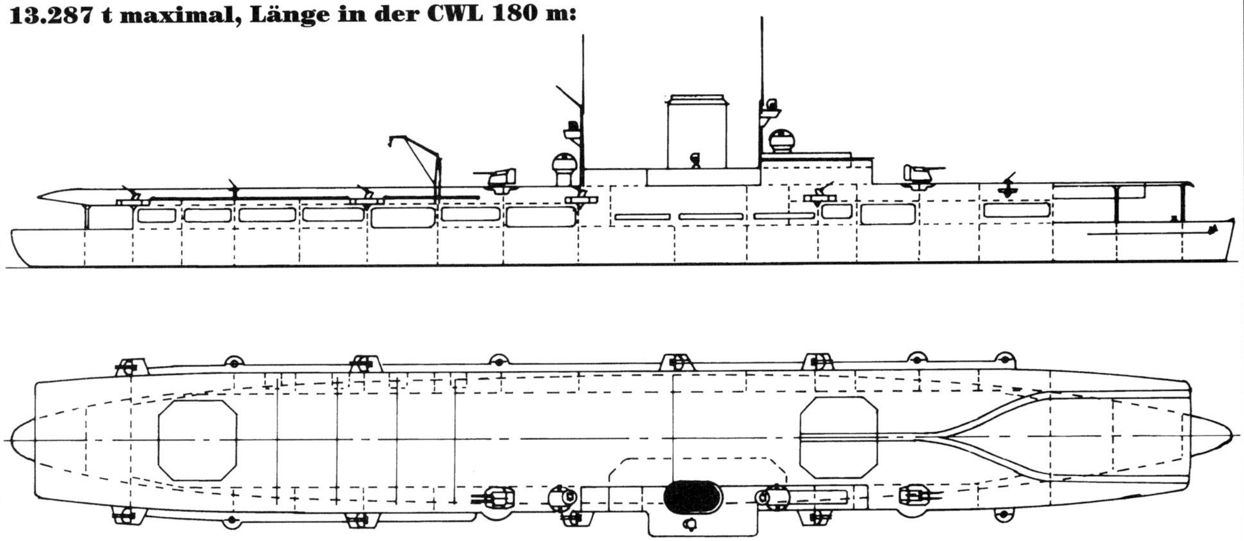

15.000 t maximal, Länge in der CWL 172 m:

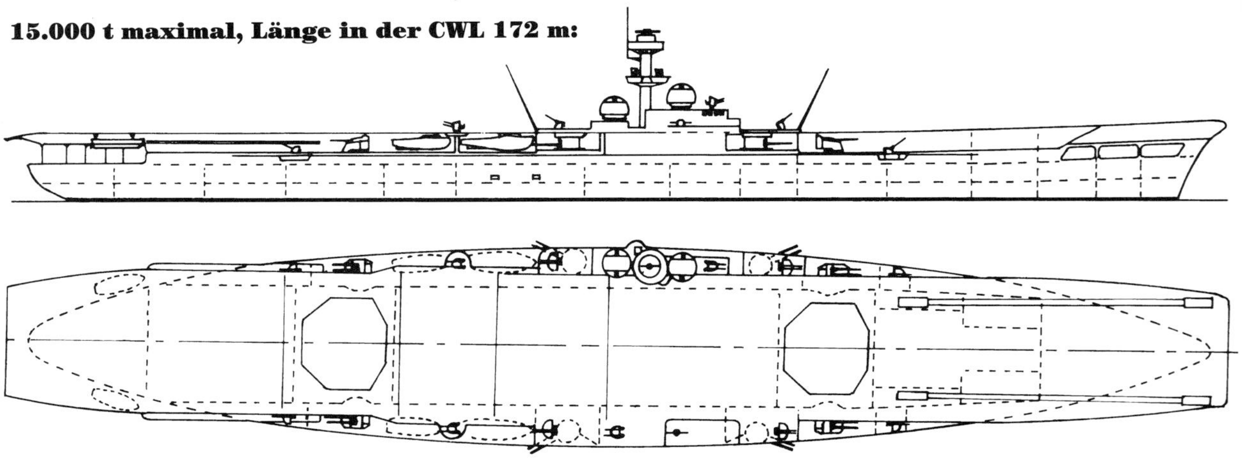

lichkeitsfolge hatte die Skl. am 3. Juli 1942 bei der Neubau- und Reparaturplanung der Kriegsmarine festgelegt:

- U-Boote,
- leichte Seestreitkräfte,
- Geleitdienst,
- Minensuch- und -räumboote,
- Fertigbau der GRAF ZEPPELIN und Umbau der EUROPA zum Hilfsflugzeugträger usw..

Nichtsdestoweniger entschied Hitler am 3. Dezember 1942 die Annullierung des Umbaus der EUROPA und der GNEISENAU, ordnete aber den Weiterbau der GRAF ZEPPELIN sowie den Umbau der SEYDLITZ und der POTSDAM mit den freigewordenen Arbeitskräften an. Auch der Umbau des französischen Kreuzers DE GRASSE sollte weiterhin erfolgen. Hiermit ergab sich für den fünften Rang in der Dringlichkeitsfolge eine neue Planung. Diese gesamten Vorhaben wurden jedoch durch den Mißerfolg des Unternehmens »Regenbogen« am 31. Dezember 1942 gegen den Geleitzug JW. 51 B auf der Höhe des Nordkaps (siehe 19. Kapitel) zunichte; denn am 26. Januar 1943 befahl Hitler mit Anordnung vom 2. Februar 1943 die Einstellung aller Arbeiten an Schlachtschiffen, Schweren und Leichten Kreuzern, Flugzeugträgern und Linienschiffen sowie die Außerdienststellung dieser Schiffe.

Obwohl es dem neuen Oberbefehlshaber der Kriegsmarine, Großadmiral Dönitz, gelang, die Ausführung dieses Befehls weitgehend zu verhindern, ergab die Fertigstellung eines Flugzeugträgers keinen Sinn mehr, zu dessen Unterstützung weder Großkampfschiffe noch Kreuzer zur Verfügung standen. So trat am 30. Januar 1943 der letzte und diesmal endgültige Baustopp für die GRAF ZEPPELIN ein. Bis in den März 1943 hinein wurden einige Behelfsarbeiten fortgesetzt, um das Schiff für eine nochmalige Verlegung vorzubereiten; denn das OKM, Adm. v. Conrady, hatte seine Rückverlegung nach Osten angeordnet. Die Deutschen Werke in Kiel veranschlagten, daß die GRAF ZEPPELIN am 15. April 1943 zum Schlepp bereit sein würde, und das OKM forderte die Bereitstellung eines geeigneten Liegeplatzes in Pillau (heute Baltijsk). Der Deckname für diese Verlegung lautete diesmal »Zugvogel«[106] und das Schiff unterstand dem Marinebergungskommando unter KptzS. Ritschel. Es erhielt seine Fla-Waffen und -Scheinwerfer wieder sowie als weitere Luftabwehrmaßnahme zwei Sperrballons. Zur Durchführung der Schleppfahrt wurden die übliche U-Abwehrsicherung und Jagdschutz zur Verfügung gestellt. Die GRAF ZEPPELIN verließ auf dem Haken der Schlepper EISBÄR, NORDER, TAIFUN und PASSAT mit einer Schleppgeschwindigkeit von 6 kn am Nachmittag des 20. April 1943 Kiel und traf über Swinemünde am 23. April in Stettin ein. Hier fand das Schiff seinen endgültigen Liegeplatz. Der Weitermarsch des Schleppzuges ostwärts nach Pillau wurde angesichts des Widerstandes der U-Bootführung abgebrochen, da ein Liegeplatz in Pillau nur unter ernsthafter Beeinträchtigung der Liegeplatzverteilung für U-Boote und Minenräumfahrzeuge hätte bereitgestellt werden können.

Angehörige der polnischen Untergrundbewegung (wohl Arbeiter oder Kriegsgefangene) meldeten das Eintreffen des Flugzeugträgers sofort dem britischen Geheimdienst und am 23. Juni 1943 bestätigte ein Aufklärungsflugzeug der RAF seine Anwesenheit. Das Schiff hatte an einer Pier der Mönne, einem Nebenarm der Oder, gegenüber dem Großkraftwerk in der Nähe des Parnitz-Danzig-Kanals etwa zwei Kilometer östlich von Stettin festgemacht. Seit 1940 waren die geheimen Marinenachrichtendienste der Alliierten am Baufortschritt und Verbleib des Flugzeugträgers interessiert gewesen und britische sowie französische Quellen hatten häufig gemeldet, daß seine Fertigstellung unmittelbar bevorstünde. Im Juni 1942 hatte die britische Seite angenommen, seine Fertigstellung nähere sich dem Ende und die See-Erprobungen begännen in drei Wochen, wenn auch die volle Einsatzbereitschaft erst nach mindestens weiteren drei Monaten erreicht sein würde. Später wurde gemeldet, für die GRAF ZEPPELIN wäre am 1. Februar 1943 ein Baukommando bestimmt und am 12. Juni 1943 wieder aufgelöst worden. Im Frühjahr 1943 hatte das Eintreffen des Flugzeugträgers in Kiel zu neuen Berichten geführt, seine Indienststellung stünde unmittelbar bevor. Dann war angenommen worden, seine Einsatzbereitschaft könnte im Juni 1943 hergestellt sein. Doch das Eintreffen der GRAF ZEPPELIN in Stettin und ihr Bauzustand – wie dies die Luftaufnahmen der RAF und die Berichte der polnischen Untergrundbewegung offenbarten – enthüllten nunmehr die Wahrheit: Ihr Weiterbau war eingestellt worden. Berichte des britischen geheimen Marinenachrichtendienstes, datiert vom 29. Juni 1943, bestätigten dies; sie gingen von der Annahme aus, der Grund hierfür könnte in der Materialknappheit, im Arbeitskräftemangel, in größeren Schäden an der Antriebsanlage oder in anderen unbekannten Ursachen liegen.

Aufgegeben und einsam verblieb die GRAF ZEPPELIN bis 1945 in Stettin. Dann mußte angesichts des sowjetischen Vormarsches eine Entscheidung über ihr weiteres Schicksal getroffen werden. Da an der Spitze der Dringlichkeitsliste für Neubauten U-Boote und Minenräumfahrzeuge standen, gab es nur eine Alternative: Eine weitere Verlegung kam nicht mehr in Frage. Daher wurde das Schiff durch den Ausbau wesentlicher Teil Mitte April 1945 auf flachem Wasser auf Grund gesetzt. Am 25. April zündete ein Sprengkommando kurz vor der Räumung Stettins durch deutsche Truppen die in der Antriebsanlage angebrachten Wasserbomben, wodurch die Maschinenräume völlig zerstört wurden.

Nach der Kapitulation der Wehrmacht teilte die Alliierte Tripartite-Kommission die noch vorhandenen Kriegsschiffe der ehemaligen deutschen Kriegsmarine unter den Siegermächten auf, wobei nicht mehr dienstfähige Schiffe verschrottet werden sollten. Die getroffenen Bestimmungen wurden von den Briten und Amerikanern gewissenhaft befolgt, aber von der sowjetischen Seite gröblich mißachtet. Die GRAF ZEPPELIN, eingestuft als Schiff der Kategorie C (d.h. beschädigt oder selbstversenkt) hätte nach der von der Kommission getroffenen Entscheidung bis zum 15. August 1946 verschrottet oder auf tiefem Wasser versenkt werden müssen. Doch dies geschah nicht; einheimische Lotsen berichteten Mitte 1947, daß das Schiff (möglicherweise im März 1947) gehoben, mit erbeuteter Ausrüstung beladen und in die Sowjetunion geschleppt worden wäre. Am 14. August 1947 soll die Hulk Swinemünde im Schlepp verlassen haben.

Das spätere Schicksal des nie fertiggestellten Schiffes ist noch heute – einige Jahrzehnte später – in ein geheimnisvolles Dunkel gehüllt. Mehrere Autoren und Marinehistoriker haben hinsichtlich des Endes dieses rätselhaften Schiffes verschiedene Auffassungen vorgebracht. Eines steht fest: das Schiff wurde aus Swinemünde weggebracht; denn dort wurde es nicht verschrottet. Bestimmte Quellen behaupten, es wäre nach Leningrad (das heutige St. Petersburg) gebracht und dort später abgebrochen worden. Doch es gibt keinen Beweis dafür, daß es je in diesem Hafen eintraf, zumal das Festmachen eines derart großen und ungewöhnlichen Schiffes den westlichen Geheimdiensten sicherlich nicht verborgen geblieben wäre. Da die GRAF ZEPPELIN Swinemünde verließ, aber nie in Leningrad ankam, scheint die Schlußfolgerung offensichtlich, daß sie auf See verlorenging. Lenton berichtet bezüglich ihres Schicksals, das Schiff wäre am 15. August 1947 nördlich von Rügen nach einem Minentreffer gesunken. Ein Datum, das mit dem Datum des Verlassens von Swinemünde im Einklang steht, aber die berichtete Position stimmt damit nicht überein. Rügen lag nicht auf dem vermuteten Überführungsweg zwischen Swinemünde und Leningrad, dafür liegt es zu weit westlich von Swinemünde. Eine wahrscheinlichere Antwort scheint die Vermutung zu sein, daß das Schiff irgendwo in der nordöstlichen Ostsee, möglicherweise im Finnischen Meerbusen, entweder durch schlechte Wetterbedingungen oder durch Minentreffer verlorenging. In diesem Seegebiet gab es zu dieser Zeit noch umfangreiche Minenfelder. Außerdem wäre dort der Untergang eines Schiffes neugierigen westlichen Augen verborgen geblieben. Es ist zudem zu bedenken, daß sich der Schiffskörper nach seiner Bergung – ohne eigene Energieversorgung und nur mit einer kleinen Überführungsmannschaft an Bord – in einem sehr geringen Lecksicherungszustand befand. Daher wäre er gegen Wetter- oder Explosionsschäden sehr verwundbar gewesen.[107]

***

Trotz der Entscheidung für die Wiederaufnahme der Bauarbeiten auf der GRAF ZEPPELIN hegte das Quartiermeisteramt der Skl. immer noch beträchtliche Befürchtungen hinsichtlich der Geeignetheit des Entwurfs und drückte im Verlaufe des Jahres 1942 in einer Denkschrift über den Aufbau der Flotte nach dem Kriege die Notwendigkeit aus, den Grundentwurf vollständig zu überarbeiten. Der neue Entwurf sollte folgende Parameter aufweisen: 12,7-cm-Mehrzweckgeschütze, einen Fahrbereich ähnlich jenem der Schlachtschiffe, die Geschwindigkeit eines Kreuzers und gute See-Eigenschaften für eine atlantische Verwendung. (Es könnte sich hierbei um die Entwurfs-Spezifizierung unter dem Decknamen »Lilienthal« handeln, die 1943 in den Kriegsspielen der Kriegsakademie eine Rolle spielte. Sie faßte folgendes ins Auge: 58.000 t, zwanzig 12,7-Luft/Seeziel-Geschütze, ein Flugdeck mit 100-mm-Panzerung und imstande, 100 Flugzeuge zu führen.) Ebenfalls in Betracht gezogen wurde ein »Flugdeckkreuzer«, der ein Flugzeugträger mit starker Bewaffnung und nicht nur ein »Flugzeugkreuzer« – d.h. ein Kreuzer mit Flugdeck – sein sollte. Aufgabe eines solchen Schiffes wäre die Handelskriegführung mit zwölf Mehrzweck- und neun Jagdflugzeugen als seine Hauptbewaffnung. Bis in das Jahr 1943 hinein waren Entwurfsskizzen für folgende Schiffstypen vorbereitet worden: vier Flugdeckkreuzer zwischen 10.000 t und 40.000 t mit Geschützkaliber für Schwere Kreuzer, zwei Flugzeugträger des Normaltyps von 30.000 t, ein einfacher Geleitträgertyp und ein Flugboot-Tender (Flugbootträger). Sie sollten die Umbauten der SEYDLITZ und verschiedener Fahrgastschiffe ergänzen.

Der Entwurf für einen »Großflugzeugträger« (Projekte A I und A II) sah ein 40.000-t-Schiff vor, ausgerüstet mit einer Antriebsanlage für 210.000 WPS mit Drei-Wellen-Anordnung und imstande, eine Geschwindigkeit von 34 kn zu entwickeln. Es sollte einen 160 m langen Hangar besitzen, der zwölf Jäger und sechzehn Bomber aufnehmen könnte. An Artillerie war eine Bewaffnung aus vier 20,3-cm-, sechzehn 15-cm- und sechzehn 10,5-cm-Geschützen vorgesehen, wobei sich die 15-cm-Geschütze wieder in Kasematten befinden sollten. Mit einem 150-mm-Hauptseitenschutz und einem 60 mm bis 100 mm dickem Panzerdeck war eine beträchtliche Panzerung von insgesamt 9000 t beabsichtigt. Eine Variation dieses Projektes sah eine Modifizierung als echter Flugzeugträger ohne die 20,3-cm-Geschütze, aber mit einer entsprechend erhöhten Flugzeugkapazität vor. Die Länge des Hangars betrug nunmehr 210 m, um den Flugbetrieb mit 26 Bombern und 12 Jägern zu ermöglichen. Abmessungen, Antriebsanlage und Schiffskörper sollten dem »Großflugzeugkreuzer« gleichen, aber das Weglassen der Schweren Artillerie führte zu einer andersartigen Gewichtsgruppen-Verteilung. Auch dieser Entwurf wurde als »Großflugzeugträger« bezeichnet.

Ein sogar noch größeres Projekt stellte der »Atlantik-Flugzeugkreuzer» (die Projekte A III und A IV) dar, der etwa 70.000 t verdrängen, 38 Flugzeuge führen und mit vier bis sechs 28-cm-Geschützen bewaffnet sein sollte! Mit Panzerdeck und Flugdeck bis zu 150 mm dicker Panzerung und einem Seitenschutz von 250 mm Dicke in der Wasserlinie handelte es sich bei diesem Projekt in der Tat um ein stark geschütztes Schiff. Eine Modifizierung dieser Entwurfsskizze führte wiederum zu einer echten Flugzeugträger-Anordnung und das Weglassen der 28-cm-Geschütze steigerte die Flugzeugkapazität auf 38 Bomber und 12 Jäger.

In entgegengesetzter Richtung wurden auch Entwurfsskizzen für drei kleine »Flugdeckkreuzer« (die Projekte E IV, E V und E VI) vorbereitet; ihre Einsatzverdrängung variierte zwischen 12.750 t und 22.200 t. Ihr Panzerschutz schwankte zwischem dem Standard für Leichte und Schwere Kreuzer und die Hauptbewaffnung bestand aus 15-cm-Geschützen. Ihre Flugzeugkapazität lag zwischen 10 und 25 Flugzeugen. Auch für »Flugbootträger« (Flugboot-Tender) wurden zwei Entwurfsskizzen gefertigt: die Projekte I G und I E mit einer Wasserverdrängung von 13.000 t bzw. 36.500 t und der Fähigkeit sieben bzw. zehn Flugboote vom Typ Blohm & Voss BV 138 aufzunehmen. Schließlich fand im März 1944 eine Besprechung statt, um den Umbau von Frachtschiffen in Hilfsflugzeugträger zu diskutieren, vermutlich auf derselben Grundlage wie die britischen MAC-Schiffe. Hierbei wurde dargelegt, ein 3000-BRT-Schiff bzw. ein 9000-BRT-Schiff vom »Hansa«-Standardtyp

könnte so umgerüstet werden, um zwei bis drei Jäger bzw. fünf bis sechs Flugzeuge mitzuführen. Das Projekt weckte jedoch keine große Begeisterung. Daher verlief es im Sand.

Keines der oben beschriebenen (und in den Zeichnungen detaillierter dargestellten) Projekte ging über das Vorstadium hinaus; es handelte sich lediglich um »quantifizierte Ideen« oder Entwurfsübungen. In diesem Zusammenhang ist dargelegt worden, daß sie dazu dienen sollten, dem mit Entwurfsarbeiten betrauten Personal Beschäftigung zu verschaffen, um Einberufungen zur Wehrmacht zu verhindern!

Eine spätere Analyse

Das glücklose Schicksal der GRAF ZEPPELIN spiegelt die Ungewißheit und die Unentschlossenheit in den Führungskreisen der Kriegsmarine während der 30er Jahre hinsichtlich der zukünftigen Rolle der Flotte wider. Vorhanden waren zwei grundsätzliche Denkschulen: die Befürworter des Schlachtschiffes (»Dickschiff«-Denken) und jene, die leidenschaftlich den Aufbau der U-Bootwaffe anstrebten. Unter der Führung von Admiral Raeder gaben die Anhänger des Schlachtschiffes den Ton an, zumindest bis in das erste Kriegsjahr hinein. Doch selbst bei der Betonung der Überwasserflotte wurde der Rolle des Flugzeugträgers auf deutscher Seite nur eine geringe Bedeutung beigemessen. Teilweise war dies fehlender Erfahrung mit diesem Schiffstyp zuzuschreiben; aber es muß auch eingeräumt werden, daß selbst in jenen Marinen, die mit Flugzeugträger-Operationen experimentierten, das Erkennen des wahren Kampfpotentials eines Flugzeugträgers erst 1940 nach dem Angriff des Fleet Air Arm, der britischen Marineluftwaffe, auf die italienische Flotte in Tarent langsam einsetzte. Im Bereich der Nordsee als potentiellem Kriegsschauplatz waren für die deutsche Marine Flugzeugträger nicht unbedingt erforderlich und auch in der Ostsee boten sie keinen großen Vorteil. Der Atlantik stellte jedoch einen völlig anderen Einsatzraum dar. Aber in diesem Seegebiet sah die deutsche Marineführung eine Kreuzerkriegführung vor, die von selbständig operierenden Panzerschiffen und leichten Kreuzern getragen wurde. Den Einsatz eines Flugzeugträgers im Rahmen einer Kampfgruppe faßte sie anfänglich nicht ins Auge.

In den 30er Jahren beruhte die Kriegsplanung darauf, daß in einem künftigen Konflikt Frankreich, Polen oder die Sowjetunion als wahrscheinliche Gegner in Frage kämen, und von ihren Marinen besaß nur die französische einen Flugzeugträger. Da dieses Schiff, die BÉARN, von zweifelhafter Leistungsfähigkeit war, hatte die deutsche Marineführung möglicherweise die Auffassung, daß im Atlantik die Gefahr von Luftangriffen außerhalb der Reichweite landgestützter Flugzeuge außer acht gelassen werden könnte und daß die eigenen Bordflugzeuge der deutschen Schiffe ausreichende Aufklärungsergebnisse liefern könnten. Als die Wahrscheinlichkeit zunahm, Großbritannien könnte ein zukünftiger Gegner werden, und die Absicht Gestalt anzunehmen begann, mit Gruppen von Schiffen als Handelsstörer im Atlantik zu operieren, wurde das Erfordernis der Luftsicherung immer drängender. Die materielle Ausstattung des britischen Fleet Air Arm mag veraltet gewesen sein, aber die von seinen Torpedobombern drohende Gefahr konnte nicht unberücksichtigt bleiben. Daher setzte die deutsche Kriegsmarine ihr Flugzeugträger-Bauprogramm in Gang, gab ihm aber nur eine geringe Dringlichkeit und widmete ihm in den meisten Plänen für den Aufbau der Flotte nur eine spärliche Aufmerksamkeit.

Infolge der ständigen Überlastung der deutschen Industriekapazität in den Jahren 1937 bis 1939 schritt das Programm nicht zügig voran, selbst dann nicht, als die beiden Schiffe in Auftrag gegeben worden waren. Als dann der Krieg vor der Tür stand und schließlich ausbrach, war es nur noch möglich, ein paar der großen Schiffe fertigzustellen – jene, die in Erwartung einer nur kurzen Kriegsdauer spätestens 1941 einsatzbereit sein könnten. Das für die restlichen im Bau befindlichen Schiffe zugeteilte Material wurde dringenderen Bedürfnissen zugeführt, was den Abbruch des Flugzeugträger-Bauprogramms zur Folge hatte. Damit blieben die Großkampfschiffe ohne jede Luftsicherung. Die sich hieraus ergebenden Gefahren wurden jedoch erst mit der BISMARCK-Unternehmung sichtbar. Die Annahme ist sicherlich nicht unsinnig, daß bei der Anwesenheit der GRAF ZEPPELIN ihre Messerschmitt-Jäger Bf 109 die britischen »Swordfish«-Torpedobomber daran gehindert hätten, das deutsche Schlachtschiff zu erreichen – und die Unternehmung hätte kein so abruptes Ende genommen.

Als es 1942 zum Entschluß kam, die Fertigstellung der GRAF ZEPPELIN wieder aufzunehmen, nachdem die Flugzeugträger anderer Marinen die erfolgreiche Verwendung dieses Schiffstyps bei den Angriffen auf Tarent und Pearl Harbor sowie im Indischen Ozean demonstriert hatten, war das Erfordernis dieses Schiffes für die Kriegsmarine nicht mehr aktuell; denn es wurden – abgesehen von dem für 1942/43 geplanten selbständigen Einsatz von Panzerschiffen im Atlantik – keine weiteren Vorstöße in den Atlantik in Aussicht genommen. Mit den noch vorhandenen Großkampfschiffen konnte keine als Handelsstörer auftretende Kampfgruppe in homogener Zusammensetzung gebildet werden und das Ende Dezember 1942 erfolglos abgebrochene Gefecht in der Barentssee beendete schließlich jeden Gedanken an die zweckmäßige Verwendung eines Flugzeugträgers. So geriet die GRAF ZEPPELIN erneut ins Abseits und alle Pläne, Projekte und Programme für weitere Flugzeugträger waren unter den nunmehr vorherrschenden strategischen Bedingungen gegenstandslos geworden. Wie so viele andere Projekte des Heeres, der Luftwaffe und der Marine fielen auch die Flugzeugträger den Versuchen zum Opfer, auf der Grundlage einer begrenzten industriellen Kapazität in zu kurzer Zeit zu viele Schiffstypen zu bauen.

Im Gegensatz zur allgemeinen Auffassung und trotz der Querelen zwischen den beiden Teilstreitkräften hatte die Luftwaffe die Trägerflugzeugtypen geschaffen. Das Fehlen eines entschlossenen Handelns der Kriegsmarine für den Bau und die Einsatzdoktrin der Überwasserschiffe führte zum Mißerfolg, die Einsatzbereitschaft des Flugzeugträgers zu erreichen.

Die Träger- und Bordflugzeuge

Im Januar 1935 hatte der Staatssekretär im Reichsluftfahrtministerium, Erhard Milch, die vereinbarte Stärke, Zusammensetzung und Verteilung der Seeluftstreitkräfte festgelegt. Sie umfaßten auch die Bereitstellung von drei Trägergruppen:

- die Trägeraufklärungsgruppe 216,
- die Trägermehrzweckegruppe 286 und
- die Trägersturzkampfgruppe 266.

Jede Gruppe setzte sich aus einer Stabskette und drei Staffeln zusammen, die auf die übliche Art bezeichnet wurden, wie z. B. 1./216, 2./216, 3./216. Wenn sie nicht eingeschifft waren, sollten zwei Gruppen in Burg/Rügen und die Sturzkampfgruppe in Jever/Ostfriesland stationiert werden. Ihre Aufstellung sollte bis zum 1. Juli (später 1. Oktober) 1938 abgeschlossen sein. Zu beachten ist, daß in dieser Anfangsphase als Aufgaben der Seeflieger in erster Linie ihr Einsatz als Artilleriebeobachter/Aufklärer und als Torpedobomber in Betracht gezogen wurde; die Aufgabe als reiner Jäger gehörte noch nicht dazu. Von 1935 an wurde die kleine Anzahl ausgebildeter Seeflieger ständig zu anderen Einheiten der im Aufbau begriffenen Luftwaffe abkommandiert. Dies hatte zur Folge, daß die Seeluftstreitkräfte vom Personalbestand her ein Torso blieben. Dies galt auch hinsichtlich des Materialbestandes. Trotz des von Göring ursprünglich zugesagten Ausbaus der Seeluftwaffe auf 62 Staffeln wurde diese Zusage im November 1938 wie-

Ganz links: Das katapultierbare Seeflugzeug He 60 D 1941 an Land. (Bundesarchiv)

Links: Eine He 114 vor 1939. (Bundesarchiv)

Oben: Die Ar 95 A, vermutlich bei der 3./Aufkl.Gr. 125 aufgenommen. Dieser Flugzeugtyp wurde versuchsweise auf GNEISENAU eingeschifft. (Bundesarchiv)

Oben rechts: Das standardmäßige Bordflugzeug Ar 196 für Schlachtschiffe, Kreuzer und Hilfskreuzer. (Bundesarchiv)

der zurückgenommen und ihre Stärke auf den folgenden Umfang begrenzt:

- 9 Fernaufklärer-Staffeln (Flugboote),
- 18 Mehrzwecke-Staffeln (Schwimmer- und ggf. auch Radflugzeuge),
- 12 Träger-Staffeln (Jäger und Sturzbomber) und
- 2 Bordflieger-Staffeln (Katapult-Schwimmerflugzeuge).

Die ständigen Auseinandersetzungen zwischen den Teilstreitkräften rührten letztlich daher, daß die Luftwaffe die Forderungen der Marine nicht erfüllen wollte bzw. konnte. So stand bei Kriegsausbruch nicht einmal die zuletzt vorgesehene Stärke zur Verfügung. Damit ließen sich die Aufgaben einer Seeluftwaffe nicht erfüllen; sie konnte nur auf sehr begrenzte Weise in Teilbereichen tätig werden.[108]

Die Frage der Bereitstellung eines geeigneten Flugzeuges für den Einsatz auf Flugzeugträgern kam 1936 zur Sprache. Es hat den Anschein, als ob das Reichsluftfahrtministerium (RLM) zum damaligen Zeitpunkt ganz eng mit der Kriegsmarine zusammenarbeitete und mit ihr kooperierte. In Anbetracht der Unkenntnis des Marinekonstruktionsamtes hinsichtlich der erforderlichen Eigenschaften für ein solches Flugzeug war es von wesentlicher Bedeutung, vorab zahlreiche technische Fragen zu lösen, um zu ausführbaren Anforderungen zu gelangen. Im Juli 1936 wurde bei einer Besprechung über Trägerflugzeuge im Technischen Amt des RLM ein Zwischenbericht vorgelegt. Daraufhin erteilte das Technische Amt des RLM Entwicklungsaufträge für ein Träger-Mehrzweckeflugzeug – zweisitziger Doppeldecker mit Fanghaken, ohne Katapultfähigkeit, einsetzbar als Aufklärer, Torpedo- und Horizontalbomber – an die Arado-Flugzeugwerke GmbH in Potsdam-Babelsberg und an die Gerhard Fieseler-Werke GmbH in Kassel. Bis September 1936 sollten entsprechende Modelle fertiggestellt sein. Arado hatte zwei Flugzeuge für den Trägereinsatz in Entwicklung: einen Doppeldecker – die Ar 195 – als Mehrzweckeflugzeug und einen Jagd-Doppeldecker, die Ar 197, beide mit dem BMW-Sternmotor 132 M bzw. 132 K ausgerüstet. Ursprünglich als Jagd-Eindecker geplant, war diese Version als ungeeignet zur Lösung der Probleme beim Flugbetrieb auf einem Flugzeugträger abgelehnt worden. Doch der Fortgang der Entwicklung des Jagd-Doppeldeckers hing von freier Kapazität der Herstellerfirma ab (hinsichtlich des Serienbaus entschied sich das RLM letztlich für die leistungsfähigere Trägerversion der Me 109.) Parallel zur Ar 195 entwickelten die Fieseler-Werke mit der Fi 167 ebenfalls einen Doppeldecker als Mehrzweckeflugzeug für Träger, ausgerüstet mit dem Daimler-Benz-Reihenmotor DB 601 B. Auch die Heinkel-Flugzeugwerke GmbH Warnemünde arbeiteten an der Entwicklung eines Doppeldeckers mit dem Reihenmotor DB 601 A. Dieses Muster erreichte jedoch nicht die geforderte maximale Startstrecke und besaß außerdem kein ausreichendes Sichtfeld für den Piloten. Angesichts der Auftragsüberlastung bei dieser Firma entschied das RLM, das Heinkel-Projekt sollte nur weitergeführt werden, wenn die beiden anderen nicht den Erwartungen entsprachen.

Als Zeitpunkt der Aufstellung war für die erste Trägergruppe der 1. Juli 1938 bestimmt. Bis dahin sollten 45 Flugzeuge und bis zum 1. Oktober 1938 weitere 45 Maschinen zur Verfügung stehen. Doch die Zeit bis dahin war so kurz bemessen, daß entschieden wurde, Prototypen für beide Muster parallel zu bauen, um im Anschluß an eine Erprobung in See endgültig zu entscheiden, welches Muster gebaut werden sollte. Am 1. August 1937 erging der Auftrag für die V-Muster: drei der Ar 195 und zwei der Fi 167. Sie sollten Anfang 1938 zur Erprobung bereitstehen, um bis zum Juli 1938 die ersten 45 Flugzeuge zur Verfügung zu haben. Auch für den Sturzbomber wurden drei Flugzeugtypen in Erwägung gezogen: der Doppeldecker Ar 81, der Tiefdecker mit Knickflügeln Ju 87 – beide sollten mit Haken, Schwimmern und Klappflügeln ausgerüstet werden – und die He 118, die infolge ihres Gewichtes und ihrer Flügelspannweite nicht mit Klappflügeln ausgestattet werden konnte. Die V-Muster sollten im Sommer 1937 zur Erprobung bereitstehen. Für den Jägertyp, der dritten Kategorie Trägerflugzeuge, waren keine Klappflügel erforderlich, und auch für diese Kategorie standen drei mögliche Flugzeugtypen zur Auswahl: die Messerschmitt Bf 109, Heinkel He 112 und die Focke-Wulf FW 159. Hier lautete die Forderung auf Ausrüstung mit Landehaken und Schwimmergestell. Die Dringlichkeitsliste sah als ersten Punkt das Trägermehrzweckeflugzeug vor dem Jäger und drittens den Sturzbomber vor.

Während sich die Flugzeugtypen in der Entwicklung befanden, gewährleistete das RLM, daß dem OKM die erforderlichen technischen Daten zugingen, um die weitere Entwurfsarbeit für den Flugzeugträger voranzubringen. Am 4. August 1936 ging ein Bericht ein, wonach ein Flugzeug, das mit 100 km/h und einem Gewicht von 5 t bei einer Verzögerung von 2 g landete, eine Landestrecke von 35 m brauchte. Im selben Monat erhielten die Flugzeugwerke Fieseler und Arado die Aufforderung, der Marine Entwurfsskizzen ihrer Flugzeugmuster vorzulegen, damit Verfahren ausgearbeitet werden konnten, die Flugzeuge unter Deck zu bringen und zu verstauen. Im September 1936 wurden die Gewichte und Abmessungen für die verschiedenen potentiellen Flugzeugtypen angefordert und auch diese erhielt die Marine:

Flugzeug-typ:	*Höhe:*	*Länge:*	*Spann-weite:*	*mit beige-klappten Flügeln:*	*Gewicht:*
Mehrzwecke-flugzeug	4,7 m	12,0 m	13,6 m	6,0 m	4000 kg
Bf 109	3,8 m	8,6 m	10,0 m	–	2100 kg
He 112	3,75 m	9,1 m	11,5 m	–	2400 kg
Ar 81	4,3 m	10,5 m	11,0 m	6,0 m	3300 kg
He 118	4,26 m	11,8 m	15,0 m	–	3800 kg

Im Oktober 1936 wurde der Bau eines Landebahn-Pontons zu Erprobungszwecken für Landungen auf einem schwimmenden Untersatz vorgeschlagen, aber dieser Vorschlag wurde aus Kostengründen abgelehnt. Statt dessen mußte eine Landebahn benutzt werden, die im Bereich der Bremsseile mit Holz belegt war, um das Flugdeck eines Flugzeugträgers zu simulieren. Hierbei wurde die Flugerprobungsstelle See der Luftwaffe in Travemünde einbezogen. Dies war erforderlich, um die optimalen Positionen für die Bremsseile und die Bremsseilwinde auf dem Flugdeck des Flugzeugträgers zu ermitteln. Das OKM forderte am 22. Dezember 1936, diese Anlage mit Bremsseilen und Bremsseilwinden sollte bis Mai oder Juni 1937 zu Erprobungen bereitstehen. Zur Durchführung der Erprobungen wurde der mit einem Fanghaken ausgestattete Doppeldecker He 50 vorgeschlagen. Als Antwort teilte das RLM mit, daß die Heinkel-Werke bereits angewiesen worden waren, die He 50, die He 112 T und die He 118 T mit Fanghaken auszurüsten. Schließlich fanden die Erprobungen mit allen vorgesehenen Flugzeugtypen – nicht nur den obengenannten – zwischen dem 10. März und dem 15. Dezember 1938 statt, wobei auch verschiedene Bremsseilwinden erprobt wurden.

1937 hatte das RLM die für die verschiedenen Kategorien in Frage kommenden Flugzeugtypen eingegrenzt. Für die Mehrzweckaufgabe waren dies die Ar 195 und die Fi 167, für die Rolle als Jäger die Ar 197 und die Bf 109, während als Sturzbomber nunmehr nur noch die Ju 87 übriggeblieben war.

Der Arado-Mehrzwecktyp war eine Entwicklung aus der Ar 95, einem Küsten-Seeflugzeug für den Aufklärungs- und Torpedoeinsatz, das für die Verwendung bei der Luftwaffe nicht eingeführt worden war. Das neue Muster, die Ar 195, war ein zweisitziger Doppeldecker mit fest abgestrebtem Fahrgestell (bei Notwasserung abwerfbar), beiklappbaren Tragflächen und Stahlrohrrumpf, ausgerüstet mit dem BMW-Sternmotor 132 M. Die Nennleistung betrug 880 PS für eine Höchstgeschwindigkeit von 280 km/h. Die Modifizierungen umfaßten die weiter nach vorn verlegte, geschlossene Kabine, Landehaken und Katapultspulen. Drei V-Muster wurden gebaut, aber bedauerlicherweise zog die Luftwaffe den Fieseler-Typ vor, der schneller war und eine bessere Reichweite besaß.

Der Fieseler-Typ Fi 167 war ein schmal gebauter Doppeldecker von raubvogelhaftem Aussehen, ausgestattet mit einem Daimler-Benz-Reihenmotor DB 601 B mit 1100 PS Nennleistung sowie ebenfalls mit beiklappbaren Tragflächen und abwerfbarem Fahrwerk. In der unteren Tragfläche befanden sich außerdem automatisch aufblasbare Schwimmkörper. Die zweiköpfige Besatzung saß – wie bei der Ar 195 – Rücken an Rücken in einer geschlossenen und nach hinten offenen Kabine, um ein Maschinengewehr zur Verteidigung nach hinten bedienen zu können. Ohne das Mitführen von Bomben oder eines Torpedos konnte die Maschine eine Höchstgeschwindigkeit von 325 km/h (ansonsten 295 km/h) erreichen. Sie besaß – sofern das möglich war – sogar noch bessere Kurzstart-Eigenschaften als die berühmte Fi 156 »Storch« derselben Herstellerfirma. Zurückzuführen war dies auf die Querruder an den Enden der Tragflächen sowie auf die automatisch verstellbaren Vorflügel an der Vorderkante der oberen und unteren Tragflächen, während die Hinterkanten der unteren Tragflächen große Bremsklappen aufwiesen. Die Abwehrbewaffnung beschränkte sich auf zwei 7,9-mm-Maschinengewehre, ein starres MG 17 vorn und ein bewegliches MG 15. Außerdem konnte das Flugzeug eine Bombenlast von 500 kg oder einen Torpedo mitführen. Dieser Flugzeugtyp entsprach eher den Anforderungen der Luftwaffe an ein Trägerflugzeug für Aufklärung und Torpedoabwurf. Daher folgte dem Bau der beiden Prototypen der Fi 167 (V 1 und V 2) ein Auftrag für die aus zwölf Maschinen bestehende Null-Serie (Fi 167 A-O). Die Mitführung eines Dingis ausgenommen, erfuhren die Eigenschaften der Flugzeuge aus der Null-Serie nur geringe Verbesserungen. Da die ohne besondere Dringlichkeit hergestellten Maschinen ihre vielfältigen Erprobungen erst in der ersten Hälfte des Jahres 1940 absolvieren konnten, kam es zu keinem weiteren Serienauftrag, da die beiden Flugzeugträger inzwischen dem Baustopp unterlagen. Die zwölf Fi 167 bildeten ab Sommer 1940 die Erprobungsstaffel 167 und wurden unter anderem ab Frühjahr 1942 bis Anfang 1943 in die Niederlande verlegt und zum Vorpostendienst im Küstenvorfeld eingesetzt. Inzwischen war nach dem befohlenen Weiterbau der GRAF ZEPPELIN im Frühjahr 1942 entschieden worden, daß die ursprünglich für die Fi 167 vorgesehenen Aufgaben von der modifizierten Ju 87 E erfüllt werden sollten. Die Erprobungsstaffel 167 wurde daher Anfang 1943 aufgelöst. Drei Fi 167 wurden zu Fahrwerkserprobungen zurückbehalten und die restlichen neun an Rumänien zu Einsätzen über dem Schwarzen Meer verkauft.

Die Arado-Werke hielten an der Entwicklung eines Trägerjagdflugzeuges fest und fertigten die Ar 197, ein Jagdeinsitzer, der auch 200 kg an leichten Bomben mitführen konnte. Dieses Muster, noch immer ein Doppeldeckertyp, wies eine Höchstgeschwindigkeit von 378 km/h auf. Seine Bewaffnung bestand aus vier MG 17 bzw. bei der V 3 aus zwei 2-cm-Bordkanonen im Rumpf und zwei Maschinengewehren in den oberen Tragflächen. Dieses Flugzeug glich dem britischen Jäger Gloster »Gladiator«, der im Dezember 1938 in seiner Marineversion »Sea Gladiator« beim Fleet Air Arm eingeführt wurde. Im Gegensatz zur britischen Marineluftwaffe, die mit dem auszukommen hatte, was ihr zugewiesen worden war, und die daher während des gesamten Krieges Doppeldecker einsetzte, bestand bei der deutschen Luftwaffe die Absicht, als Trägerflugzeug den besten zur Verfügung stehenden Jäger einzuführen. Für die Arado-Werke war es erneut bedauerlich, daß Professor Messerschmitt Ende 1935 den ersten Prototyp des Jagdeindeckers Bf 109 fertiggestellt hatte, dessen Versionen in den Serienbau gingen und 1937 der Front zuliefen. Das Zeitalter des Doppeldeckers war zu Ende gegangen und der neue Eindecker übertraf die Leistung der Ar 197 bei weitem. Dies hatte zur Folge, daß von der Ar 197 nur drei V-Muster gebaut und erprobt wurden, ehe das Projekt ganz aufgegeben wurde.

Daher war es keineswegs überraschend, daß als Trägerjagdflugzeug schließlich das Glanzstück der Luftwaffe ausgewählt wurde: die Bf 109, modifiziert für den Einsatz auf Flugzeugträgern (ob die Luftwaffe so großzügig verfahren wäre, wenn die Kriegsmarine eine eigene Marineluftwaffe besessen hätte, scheint sehr zweifelhaft zu sein.)[109] Darüber hinaus war auch keines der älteren Muster der Bf 109 ausgewählt worden, sondern Messerschmitt hatte den Auftrag erhalten, eine Trägerversion der Bf 109 E (»Emil«) zu bauen, des besten damals verfügbaren Musters. Die Firma Messerschmitt begann an dem Projekt zu arbeiten, mußte aber den Auftrag abgeben, da sie sich völlig auf die landgestützte Version – nunmehr als Me 109 E bezeichnet – zu konzentrieren hatte. Daher erhielten Ende 1939 die Fieseler-Werke den

Auftrag, zehn Me 109 der Baureihe E-3 in die Null-Serie der Trägerversion Me 109 T-0 (»T« bedeutet »Träger«) umzubauen.

Die zehn Maschinen der Nulll-Serie Me 109 T-0 waren mit einem Daimler-Benz-Zwölfzylinder-Einspritzmotor DB 601 N von 1200 PS Startleistung ausgerüstet, der dem Jagdflugzeug in 6500 m Höhe eine Höchstgeschwindigkeit von 568 km/h verlieh. Die T-Version unterschied sich vom E-Muster durch die Vergrößerung der Spannweite um jeweils 0,6 m nach jeder Seite, beiklappbare Tragflächen, Katapultbeschläge und Fanghaken. Die Bewaffnung bestand aus zwei 7,9-mm-Maschinengewehren MG 17 im Rumpf und zwei weiteren bzw. zwei 2-cm-Bordkanonen in den Tragflächen. Grundlage des Umbaus waren zehn neue vom Fließband der Messerschmitt-Werke an Fieseler gelieferte Flugzeugzellen, um die Serie Me 109 T-0 herzustellen. Ein späterer Auftrag für den Serienbau umfaßt ein Los von 60 Maschinen der Serie Me 109 T-1, d.h. der für den Trägerflugbetrieb vorgesehenen Version. Nach dem Baustopp für die GRAF ZEPPELIN wurde auch die Fertigung der Me 109 T-1 eingestellt. Bei den bereits vorhandenen Maschinen – die bisherige II. Gruppe des Trägergeschwaders 186 (II./186) – ließ das Technische Amt der Luftwaffe die Katapultbeschläge und den Fanghaken entfernen. Sie trugen nunmehr die Bezeichnung Me 109 T-2 und traten als III. Gruppe zum Jagdgeschwader 77 (Luftflotte 5), stationiert in Norwegen und Nordfinnland bzw. auf der Insel Helgoland. Die dort vorhandenen kurzen Start- und Landebahnen entsprachen durchaus ihrer Leistungsfähigkeit.

Für die Rolle als Bomber gab es nur einen einzigen Flugzeugtyp als Alternative, den Standard-Sturzbomber der Luftwaffe: die Junkers Ju 87 »Stuka«. Als Landflugzeug 1937 in die Luftwaffe eingeführt, wurde die Ju 87 zur Einsatzerprobung während des Bürgerkrieges nach Spanien entsandt. Dort entwickelte sich dieses Flugzeug zu einem außerordentlich leistungsfähigen Waffensystem, das in den Jahren 1939 bis 1941 zum Symbol des »Blitzkrieges« schlechthin wurde. Die Grundlage für die Trägerversion – bezeichnet als Ju 87 C (auch Ju 87 T) – war die Ju 87 B. Die Modifizierung erstreckte sich insbesondere auf manuell beiklappbare Tragflächen sowie auf Katapultbeschläge und Fanghaken-Sporn. Außerdem war diese Version mit einem abwerfbaren Fahrwerk bei Notwasserung ausgestattet. Die Null-Serie erhielt die Bezeichnung Ju 87 C-0 und die erste Baureihe der auf 170 Maschinen angelegten Serienfertigung die Bezeichnung Ju 87 C-1.

Mit dem Baustopp für die beiden Flugzeugträger wurde auch die Fertigung der Baureihe Ju 87 C-1 nach nur wenigen fertiggestellten Maschinen eingestellt. Die vorhandenen Flugzeuge der Null-Serie und der ersten Baureihe bildeten, ergänzt durch Ju 87 B-1, bei Kriegsbeginn die 4./Tr.G. 186. Später entstand hieraus die I. Gruppe des Trägergeschwaders 186 (I./Tr.G. 186), die im Sommer 1940 als III. Gruppe dem Sturzkampfgeschwader 1 (III./St.G. 1) unterstellt wurde. Als Anfang 1942 der Befehl zum Weiterbau der GRAF ZEPPELIN erging, wurde auf der Grundlage der Ju 87 D als neues Trägerflugzeug die Ju 87 E ins Auge gefaßt. Dieses Flugzeug sollte die Aufgaben der Ju 87 C und der Fi 167 in sich vereinigen. Doch noch ehe diese Version das Zeichenbrett verlassen konnte, wurde der Weiterbau des Flugzeugträgers bereits wieder annulliert.

Trotz der Hoffnungen der Kriegsmarine und der grandiosen Pläne des Staatssekretärs Milch nahezu fünf Jahre früher, stand am 1. September 1939 bei Kriegsbeginn lediglich eine einzige Trägergruppe zur Verfügung: die Trägergruppe 186 – II./Trägergeschwader 186 – in Kiel-Holtenau. Sie umfaßte drei Staffeln: die 4. Staffel (4./Tr.G. 186) mit Ju 87 sowie die 5. und 6. Staffel (5.bzw.6./Tr.G. 186) mit Me 109.[110] Nichtsdestoweniger waren sie verfügbar, und möglicherweise hätten genügend Maschinen zusammengekratzt werden können, um als Notbehelf eine trägergestützte Fliegergruppe in See zu bringen, auch wenn nicht alle Flugzeuge trägerverwendungsfähig waren. Bedauerlicherweise gab es jedoch den hierfür erforderlichen Flugzeugträger nicht. So wurde im August 1939 die Trägergruppe 186 nach Osten verlegt und für den Landeinsatz vorgesehen: der Gruppenstab mit der 5. und 6. Staffel nach Brüsterort an die Samland-Küste von Ostpreußen und die 4. Staffel nach Stolp in Pommern. Von dort aus kamen die Ju 87 der 4./Tr.G. 186 zu Beginn des Krieges gegen Polen zum Einsatz. Am 3. September 1939 versenkten sie in Hela den polnischen Zerstörer WICHER.

Das Thema »Trägerflugzeuge« ist sehr ausführlich behandelt worden, da es von einiger Bedeutung ist, klar zu erkennen, daß trotz der Prestigehaltung Görings und seiner Abneigung gegen Raeder[111] viel Arbeit geleistet wurde, um eine leistungsfähige Trägerluftwaffe zu entwickeln. Es ist daher eher das Versagen der Marine und weniger das der Luftwaffe, das die Begründung dafür liefert, warum im Herbst 1939 kein einsatzbereiter Flugzeugträger verfügbar war.

Den anderen Aspekt der deutschen Seeluftwaffe – neben den Küstenfliegerverbänden – stellte das bordgestützte Katapultflugzeug zu Aufklärungszwecken dar. Diese Aufgabe erfüllte anfänglich die Heinkel He 60, die 1931/32 eigens dafür entworfen worden war: ein zweisitziger Doppeldecker mit zwei Schwimmern, ausgerüstet mit dem BMW-Sternmotor VI von 660 PS Nennleistung. Im Sommer 1933 standen den Seefliegerschulen vierzehn Maschinen der Baureihe He 60 A zu Verfügung. Ihr folgte als Baureihe mit der größten Fertigungsrate die He 60 C nach, immer noch mit dem zu schwachen 660-PS-Triebwerk ausgestattet. (Die Baureihe He 60 B war mit dem leistungsfähigeren Daimler-Benz-Sternmotor DB 600 ausgerüstet worden. Dieser stand jedoch nicht in ausreichender Anzahl zur Verfügung.) Die He 60 C erreichte in Bodennähe eine Höchstgeschwindigkeit von 240 km/h und war mit einem starren (MG 17) und einem beweglichen (MG 15) 7,9-mm-Maschinengewehr bewaffnet.

Etwa 250 Maschinen dieses Typs wurden im Laufe der Zeit bei den Heinkel- und bei den Arado-Werken gefertigt. Sie stellten die erste Bordflugzeug-Ausstattung der Panzerschiffe und Kleinen Kreuzer (ausgenommen EMDEN) dar und befanden sich auch während des Spanischen Bürgerkrieges an Bord. Bis zum Ausbruch des Zweiten Weltkrieges war dieser Flugzeugtyp jedoch veraltet und wurde aus dem Borddienst zurückgezogen. Doch nach wie vor waren Staffeln der Küstenflieger- und Aufklärungsgruppen der Seeluftwaffe mit der He 60 ausgerüstet, 1943 als letzte Einheit die Aufklärungsgruppe 127. 1938/39 begannen zwei neue Flugzeugtypen die He 60 zu ersetzen: die He 114 und die Ar 196.

Die 1935 bei Heinkel entworfene He 114 war ein zweisitziger See-Aufklärer, ein katapultfähiger Anderthalbdecker, ausgeführt in Ganzmetall-Bauweise beim Rumpf, aber mit stoffbespannten Tragflächen, sowie mit geschlossener Kabine und zwei Schwimmern. Die ersten vier V-Muster dienten der Erprobung verschiedener Motoren: vom 950-PS-Daimler-Benz-Reihenmotor DB 600 (V 1) über den 750-PS-Jumo-Reihenmotor 210 Ea (V 2) und den 830-PS-BMW-Sternmotor 132 Dc (V 3) bis zum 960-PS-BMW-Sternmotor 132 K (V 4); den letzteren – auch in der Version 132 N – erhielten die Maschinen der Serienfertigung. Die Höchstgeschwindigkeit in Bodennähe betrug 335 km/h. An Bewaffnung führte die Maschine zwei 7,9-mm-Maschinengewehre, ein starres MG 17 und ein bewegliches MG 15, sowie eine Bombenlast von 100 kg. Wie die He 60 konnte auch dieses Flugzeug aus in den Schwimmern befindlichen Tanks Senfgas (Lost oder Gelbkreuz) versprühen. Bis zum September 1936 waren Aufträge für 61 Maschinen erteilt worden. Die ersten Ablieferungen umfaßten: die V 2 im August 1937, gefolgt von zwei Null-Serien (umgebaute Prototypen V 4 und V 5) sowie von den ersten 22 seriengefertigten He 114 A-1 mit dem BMW-Sternmotor

132 K bzw. N zwischen September und Dezember 1937. Die restlichen 25 Maschinen der Baureihe He 114 A-2 (Exportbezeichnung He 114 B-1) gingen ins Ausland.

Im Dienstbetrieb erfüllte dieser Flugzeugtyp nicht die in ihn gesetzten Erwartungen, wenn auch schließlich ca. 100 Maschinen gefertigt wurden; im Borddienst fand er nur eingeschränkte Verwendung. Im Sommer 1938 wurden mit der He 114 (V 1) auf dem Schlachtschiff GNEISENAU Katapultversuche durchgeführt und die Hilfskreuzer ATLANTIS (Schiff 10), WIDDER (Schiff 21) und PINGUIN (Schiff 33) hatten je zwei He 114 A-2 an Bord. Insgesamt 39 Maschinen wurden nach Schweden (14), Dänemark (4), Spanien (3) und Rumänien (18) exportiert.

Es war schließlich das beste Schwimmerflugzeug der deutschen Luftwaffe, der Tiefdecker Ar 196, der die He 60 im Borddienst der Flotte ersetzen sollte. Dieser Flugzeugtyp entstand 1937 und zur Erprobung der besten Schwimmerausführung wurden mehrere V-Muster gebaut: V 1 und V 2 als Zweischwimmer-Version sowie V 3 bis V 5 (Prototyp der Baureihe B) als Zentralschwimmer-Version mit zwei kleinen Stützschwimmern unter jeder Tragfläche. Diese Prototypen waren mit einem 880-PS-BMW-Sternmotor 132 Dc ausgerüstet. Nach entsprechenden Erprobungen wurde für die Serienfertigung der Baureihe A die Zweischwimmer-Version ausgewählt und diese Maschinen erhielten auch den stärkeren 960-PS-Neunzylinder-BMW-Sternmotor 132 K. Die Ar 196 war ein zweisitziger, katapultfähiger See-Aufklärer mit Ganzmetallrumpf und stoffbespannten Tragflächen. Die Katapultbeschläge befanden sich an den Schwimmern und die Tragflächen konnten an der Flügelhinterkante beigeklappt werden. Die Höchstgeschwindigkeit lag bei 310 km/h und die Bewaffnung bestand aus einem beweglichen MG 15 für den Beobachter. Unter den Tragflächen waren Aufhängungen für zwei 50-kg-Bomben vorhanden. Die Baureihe A-1, von der bis Kriegsbeginn nur 20 Maschinen gefertigt wurden, bildete ab Juni 1939 die 1./Bd.Fl.Gr. 196. Diese Maschinen stießen als erste zur Flotte, während ansonsten die Flugzeuge der Baureihe A-1 infolge ihrer schwachen Bewaffnung weitgehend Schulzwecken dienten. Bis Ende 1939 folgten noch 20 Maschinen einer stärker bewaffneten Version, der Baureihe A-2. Sie führten als Bewaffnung ein starres MG 17 am Rumpf, ein bewegliches MG 15 für den Beobachter und in den Tragflächen je eine 2-cm-Bordkanone (MG FF). Bei der Baureihe A-5 wurde das MG 15 durch das Zwillings-MG 81 ersetzt. Insgesamt wurden von der Ar 196 in der Serienfertigung 546 Maschinen gebaut, die während des Krieges hauptsächlich in den Küstenfliegergruppen an allen Seefronten zum Einsatz kamen.

Als erste Einheiten der Flotte erhielten die Panzerschiffe DEUTSCHLAND und ADMIRAL GRAF SPEE die Ar 196 vor ihrem Auslaufen im August 1939 in den Atlantik. Später fand die Ar 196 auf allen mit Bordflugzeugen ausgerüsteten Schiffen der Flotte sowie auf den Hilfskreuzern Verwendung. Sehr guten fliegerischen Eigenschaften stand als Nachteil eine hohe Landegeschwindigkeit gegenüber. Dies führte dazu, daß die Motorverkleidung große Spritzwassermengen beim Landevorgang übernahm, und daher waren gesprungene Zylinderköpfe eine häufige Ursache für Defekte.

Ein weiterer Aspekt des deutschen Marineflugwesens verdient eine Erwähnung: die Hubschrauber-Versuche. Die Entwicklung des Hubschraubers begann in Deutschland schon vor dem Kriege in den 30er Jahren und 1940/41 wurde sein Einsatz an Bord von Schiffen in Erwägung gezogen. 1941 begannen Versuche mit einem Prototyp (V 2) des Flettner-Hubschraubers vom Typ Fl 282 »Kolibri« auf dem Leichten Kreuzer KÖLN. Am 18. Juni 1941 fand eine Vorführung in Travemünde in Anwesenheit von Admiral Schniewind, des Flottenchefs, Generaloberst Udet, des Generalluftzeugmeisters der Luftwaffe, und anderen statt. Ohne Schwierigkeiten landete der Hubschrauber sowohl auf dem Achterdeck des Leichten Kreuzers als auch auf einer Plattform, die auf dem Turm B angebracht worden war. Admiral Schniewind war sehr beeindruckt und forderte die Weiterentwicklung dieses Flugzeugtyps mit hoher Dringlichkeit, aber er sollte enttäuscht werden. Kein Hubschrauber startete je von Großkampfschiffen aus, obwohl dieser Typ in begrenztem Umfange im Mittelmeer eine einsatzmäßige Verwendung fand.

7. Vorspiel zum Krieg 1936–1939

Das Panzerschiff A (»Ersatz PREUSSEN«) lief am 19. Mai 1931 vom Stapel. Die Taufrede hielt der damalige Reichskanzler Dr. Brüning und den Taufakt vollzog Reichspräsident Paul von Hindenburg. Er taufte das Panzerschiff auf den Namen DEUTSCHLAND. Für die Reichsmarine war dies ein bedeutender Tag; er markierte die eigentliche Wiedergeburt der deutschen Marine nach dem verlorenen Ersten Weltkrieg. Doch die DEUTSCHLAND konnte erst am 1. April 1933 unter dem Kommando von KptzS. Hermann v. Fischel in Dienst gestellt werden. Der April und Mai 1933 diente der Erprobung und Restarbeiten sowie der Proviant- und Munitionsübernahme. An die Flottenparade vor Reichskanzler Hitler und der Reichsregierung am 22. Mai 1933 schloß sich als Jungfernreise eine Erprobungsfahrt vom 23. Mai bis zum 1. Juni an. Sie führte das Panzerschiff durch den Skagerrak bis zu den Färöer-Inseln und zurück nach Wilhelmshaven. Nach zwei kurzen Aufenthalten in Wilhelmshaven zu Restarbeiten, unterbrochen durch Erprobungen, verlegte das Panzerschiff am 6. Juni 1933 zur Ausbildung und weiteren Erprobungen – unter anderem zum Anschießen der Geschütze und zur Meilenfahrt über die Meßstrecke vor Neukrug bei Pillau – in die Ostsee mit Besuchen in Swinemünde und Pillau.

Im Verlaufe der folgenden Wochen wurde die DEUTSCHLAND einer großen Anzahl von Erprobungen und deren Auswertung durch die Neubauten-Abnahmekommission unterzogen. Am 23. August erreichte das Panzerschiff auf der gemessenen Meile vor Neukrug 28,03 kn bei durchschnittlich 241 U/m und mit einer Antriebsleistung von 48.390 PSe. Hierbei wehte der Wind mit Stärke 2 aus ONO, die Wassertiefe betrug 60 m bis 65 m und der Tiefgang des Schiffes lag bei 5,55 m bis 6,10 m. Eine dreistündige Vollasterprobung folgte am 31. August, der sich am 4. und 5. September Drehkreis-Erprobungen vor Bornholm anschlossen. Bei den letzteren stellte sich heraus, daß das Schiff 2 Minuten 51 Sekunden brauchte, um eine 16-Strich-Wendung (180°) bei 19 kn Fahrt mit Hartruderlage nach Steuerbord auszuführen. Der Durchmesser des Drehkreises betrug 760 m. Bei 25 kn Fahrt mit Hartruderlage nach Backbord dauerte dieses Wendemanöver 2 Minuten 10 Sekunden. Bei voller Rückwärtsfahrt betrug der Durchmesser des Wendekreises 2320 m und die Zeit lag bei 5 Minuten 48 Sekunden. Es entsprach allgemeiner Ansicht, daß sich das Schiff bei Rückwärtsfahrt gut steuern ließ. Darüber hinaus wurde jedoch auch festgestellt, daß das Vorschiff unter den damals vorherrschenden Wetterbedingungen (Wind mit Stärke 5–6 aus NNO) beträchtliche Wassermengen übernahm. Die Motorenanlage arbeitete geräuschvoll, aber die Vibration bedeutete kein ernsthaftes Problem. Die einzige Vibration, die sich nachteilig auf das Funktionieren der Ausrüstung auswirkte, betraf die E-Meßbasis im achteren Turm bei der kritischen Geschwindigkeit von 21 kn, wenn der Turm in Normalstellung nach achtern eingeschwenkt war. Den Rest des Jahres 1933 verbrachte die DEUTSCHLAND mit Ausbildung und verschiedenen Erprobungen in Eckernförde, Flensburg, Kiel und Wilhelmshaven. Dort bekam die Besatzung auch ihren Weihnachtsurlaub, nachdem das Panzerschiff am 10. Dezember aus dem Probefahrtverhältnis entlassen worden und zum Verband des B.d.L. (Befehlshaber der Linienschiffe) getreten war.

Ausbildung und Erprobungen setzten sich in das Jahr 1934 hinein fort. In der Zeit vom 10. bis 14. April unternahm die DEUTSCHLAND eine kurze Nordlandreise mit Besuchen im Sogne- und Hardangerfjord, bei der sich Adolf Hitler, der Reichskanzler, an Bord befand.[112] Danach folgten im Mai die Frühjahrsmanöver der Flotte in der Ostsee und vom 9. bis zum 23. Juni zusammen mit dem Leichten Kreuzer KÖLN über den Englischen Kanal eine Reise in den Atlantik mit einem Besuch von Funchal/Madeira. Sie diente mit dem Artillerieversuchskommando an Bord der artilleristischen Erprobung unter ozeanischen Bedingungen.

Im August 1934 besuchte die DEUTSCHLAND das schwedische Göteburg und nach den Herbstmanövern setzte am 1. Oktober KAdm. Carls als neuer B.d.L. auf dem Schiff seine Flagge. Zwischen dem 16. und 20. Oktober lief das Panzerschiff in Leith/Schottland ein und stattete Edinburgh einen offiziellen Besuch ab. Nach seiner Rückkehr nach Deutschland absolvierte das Schiff in Wilhelmshaven vom 13. Dezember 1934 bis zum 21. Februar 1935 eine Große Werftliegezeit, während der KAdm. Carls vorübergehend seine Flagge auf ADMIRAL SCHEER setzte.

ADMIRAL SCHEER stellte am 12. November 1934 unter dem Kommando von KptzS. Wilhelm Marschall in Wilhelmshaven in Dienst und rüstete für die Erprobungsfahrten unter gleichzeitiger Vorbereitung auf diese aus. Zwischen dem 3. und 6. Dezember fanden die Standerprobungen statt. Am 12. Dezember wurde die Dampferprobung durchgeführt, der das Anschießen der Geschütze folgte. Am nächsten Tag kam der B.d.L. an Bord, setzte seine Flagge und besichtigte den Seeklarzustand des Schiffes. Er war der erste aus einer Reihe herausragender Gäste; denn am nächsten Tag stattete Hitler selbst zusammen mit General v. Blomberg, dem Reichswehrminister, und Admiral Raeder dem Schiff einen Besuch ab. Am 20. Dezember lief das Panzerschiff in die Ostsee zu Erprobungen und zum Einfahren aus. Am 22. und 23. Januar 1935 führte es Fahrten über die gemessene Meile vor Danzig sowie im Februar und März Meilenfahrten vor Neukrug durch. Die genommene Geschwindigkeit von 29 kn über die gemessene Meile rief Vergleiche mit den Ergebnissen der DEUTSCHLAND hervor. Doch die Marinekonstruktionsabteilung legte dar, daß die gestiegene Wasserverdrängung – trotz der größeren Abmessungen und der besseren Linienführung des Schiffskörpers der ADMIRAL SCHEER gegenüber der DEUTSCHLAND – diesen Vorteil aufhob und daß die ADMIRAL SCHEER vermutlich dieselben Leistungen wie das vorausgegangene Schiff erbringen würde.

Die Differenz von einem Knoten wurde einem Irrtum bei der Messung zugeschrieben. Die Drehkreis-Erprobungen zeigten auf, daß sich die ADMIRAL SCHEER gegenüber ihrer Vorgängerin als weniger handig erwies, d.h. sie drehte langsamer und brauchte bei ähnlichen Geschwindigkeiten einen Drehkreis größeren Durchmessers. Außerdem wurde auch festgestellt, daß sich das Schiff bei Rückwärtsfahrt nicht so gut steuern ließ. Andererseits brauchte es nur eine Geschwindigkeit von drei Knoten, um auf die Ruderwirkung anzusprechen. Ferner zeigte sich, daß die nach der Fertigstellung angebauten Schlingerkiele eine sehr vorteilhafte Wirkung hatten.

Die ADMIRAL SCHEER war ein sehr geräuschvolles Schiff; der Lärm ihrer Motorenanlage war stärker als der ihrer Schwesterschiffe. Bei einer Geschwindigkeit zwischen 21 kn und 23 kn fing sie an zu vibrieren; die kritische Geschwindigkeit lag bei 22 kn. Zwischen dem Turm A und den achtersten 15-cm-Geschützen war weniger Vibration zu spüren. Ein weiterer Umstand der Kritik betraf das Schmiersystem für die Hauptmotoren. Sollte für längere Zeit eine Krängung von 12° eintreten, müßten die unteren Motoren infolge unzureichender Schmierölversorgung abgeschaltet werden. Mit dem 18. April 1935 waren die Erprobungen abgeschlossen und das Panzerschiff trat unter den Befehl des B.d.L.. Das Einfahren dauerte den ganzen Sommer über und war Ende August mit einem Besuch in Danzig beendet. Am 19. Oktober lief die ADMIRAL SCHEER zu einer Atlantikreise aus, passierte den Englischen Kanal, besuchte am 25. bis 28. Oktober Funchal/Madeira und kehrte am 9. November 1935 wieder nach Kiel zurück.

Nach der Werftliegezeit setzte der B.d.L. wieder seine Flagge auf der DEUTSCHLAND. Am 14. März 1935 verließ das Panzerschiff Wilhelmshaven zu einer Reise in brasilianische Gewässer, die neben der Ausbildung auch der Dauererprobung seiner Motorenanlage diente. Nach Aufenthalten in Port of Spain/Trinidad (3. bis 6. April) und St. Nicolas/Aruba (8. April) in der Karibik lief die DEUTSCHLAND nach 32 Seetagen (12.286 sm bei durchschnittl. 16 kn) am 19. April 1935 wieder in Wilhelmshaven ein. Eine Große Werftliegezeit im Juni/Juli schloß sich an und danach setzte die ereignislose Routine in heimischen Gewässern ein. Am 30. September 1935 löste KptzS. Paul Fanger als neuer Kommandant KptzS. v. Fischel ab. Vom 19. Oktober bis zum 9. November 1935 unternahm die DEUTSCHLAND zusammen mit der ADMIRAL SCHEER eine Ausbildungsreise in den mittleren Atlantik und lief zur selben Zeit wie ihr Schwesterschiff Funchal auf Madeira an. Im Juni 1936 führten die beiden Panzerschiffe – unter Führung des Flottenchefs, Admiral Foerster, der seine Flagge auf ADMIRAL SCHEER gesetzt hatte – eine Ausbildungsreise durch den Kanal, die Biskaya und die Irische See rund um die Britischen Inseln zurück in die Nord- bzw. Ostsee durch. Hier besuchte die DEUTSCHLAND vom 19. bis 24. Juni von Wilhelmshaven aus Kopenhagen, während die ADMIRAL SCHEER mit dem Flottenchef an Bord vom 23. bis 29. Juni Stockholm anlief. Hier stattete der schwedische König Gustav V. Adolf dem Flottenflaggschiff einen Besuch ab.

In der Zwischenzeit war am 30. Juni 1934 das Panzerschiff C vom Stapel gelaufen und nach der Taufrede Admiral Raeders, des Chefs der Marineleitung, von Gräfin Huberta v. Spee, der Tochter des VAdm. Graf v. Spee, im Andenken an die ruhmreichen Seeschlachten von Coronel und den Falkland-Inseln[113] auf den Namen ADMIRAL GRAF SPEE getauft worden. Achtzehn Monate vergingen, ehe das Schiff am 5. Dezember 1935 seine ersten Standerprobungen durchführen konnte, gefolgt von der offiziellen Indienststellung am 6. Januar 1936 durch KptzS. Patzig, seines ersten Kommandanten.

Die sich anschließenden Kränkungsversuche mit dem voll ausgerüsteten Schiff, mit halber Treiböl- und Wasserzuladung sowie ohne Treiböl und Wasser, ergaben als metazentrische Höhe die Werte 0,67, 0,60 und 0,46.[114] Diese Werte wurden als ausreichend angesehen, wenn auch Kritik dahingehend laut wurde, daß die Stabilität der Panzerschiffe – insbesondere die der ADMIRAL SCHEER – im allgemeinen mangelhaft wäre. Im Februar 1936 führte die ADMIRAL GRAF SPEE ihre Meilenfahrten vor Neukrug durch und erreichte bei einer Konstruktionsverdrängung von 14.100 t und einer Antriebsleistung von 53.650 PSe eine Höchstgeschwindigkeit von 28,5 kn. Seine Manövrierfähigkeit unterschied sich von jener der ADMIRAL SCHEER nicht allzusehr. Doch Feststellungen ergaben, daß sich der Wind beträchtlich auf das Schiff auswirkte. Wenn es quer zum Wind gestoppt lag, driftete es beträchtlich nach Lee ab. Allerdings konnte mit noch ein wenig Fahrt im Schiff das Abdriften merklich verringert werden. Soweit festgestellt werden konnte, war die Auswirkung des Windes auf die Geschwindigkeit des Schiffes gering, aber hierbei spielte die Wassertiefe eine wesentliche Rolle. War diese geringer als 30 m, so betrug der Geschwindigkeitsverlust bei hohen Fahrtstufen ein bis zwei Knoten.

Mehrere Gestaltungsformen brachten Kritik ein, darunter auch der Entwurf des Vorschiffes, eine Beanstandung, die später bei jedem neuen deutschen Entwurf wiederkehrte. Das nicht zufriedenstellende Schmiersystem der Hauptmotoren, über das bereits bei der ADMIRAL SCHEER berichtet wurde, war auch auf der ADMIRAL GRAF SPEE vorhanden und trat vor allem im Motorenraum 3 auf. Als zu klein und schlecht belüftet wurden auch die Hilfsplattformen in den Motorenräumen für die Wachhabenden kritisiert. Auch die Position des Hilfskessels oberhalb des Panzerdecks zog kritische Bemerkungen nach sich, denn es gab keine alternative Möglichkeit, die Besatzung des Schiffes mit warmen Mahlzeiten zu verköstigen, sollte dieser ausfallen. Die 100 % Reserve an Stromerzeugungskapazität ihrer Vorgängerinnen wurde auch auf der ADMIRAL GRAF SPEE beibehalten, aber die Tatsache, daß die Generatoren keine Unterwasserleistung besaßen, wurde als mangelhaft beurteilt. Soweit es den Maschinenlärm betraf, wurde festgestellt, daß die Schlingerdämpfungsanlage geräuschvoller als die Hauptmotoren arbeitete. Doch die Geräuschentwicklung der letzteren war um etwa 6 bis 9 Phon geringer als auf der ADMIRAL SCHEER. Andererseits war die Vibration bei der ADMIRAL GRAF SPEE genauso nachteilig wie bei ihrer Vorgängerin. In See behinderte bei schlechten Wetterbedingungen mit hoher See und starkem Wind das über das Vorschiff hereinbrechende Spritzwasser das Brückenpersonal. Insbesondere waren sowohl die Admirals- als auch die Kommandobrücke vom Entwurf her gegen den Wind nur unzureichend geschützt. Weitere kritische Anmerkungen betrafen den Sichtbereich aus den Brückenperiskopen und eine weitere ständige Klage bezog sich auf die zu geringe Größe des Kartenraums.

Die Hauptmotoren zogen wenig Kritik auf sich, ausgenommen ihr geräuschvolles Arbeiten und die von ihnen verursachten Vibrationen, während der Brennstoffverbrauch weitgehend dem der ADMIRAL SCHEER glich. Die für das Auskuppeln einer Welle erforderliche Zeit (15 Minuten) war jedoch zu lang, hauptsächlich infolge der zu geringen Geschwindigkeit des Elektrodrehmotors. Das Ausrücken der Klauenkuppelung dauerte lediglich fünf Minuten. Die Lenzpumpenkapazität war zu gering, und angesichts der Verwundbarkeit der Hauptgeneratoranlagen sowie der ungeschützten Unterbringung des Hilfskessels erging die Empfehlung, daß zukünftige Schiffe einen 120-kW-Hafen-Dieselgenerator (oder zwei) erhalten sollten. Schließlich wurde gefolgert, daß eine Verstärkung des Maschinenraumpersonals notwendig wäre, falls das Schiff über eine längere Zeitspanne hinweg gezwungen sein würde, mehr als 18 kn zu laufen, da hierfür vier Motoren erforderlich wären. Daher ließe der Entwurf für die Panzerschiffe noch einiges zu wünschen übrig – ein Standpunkt, der angesichts der Entwurfsbeschränkungen kaum überraschend war.

Trotz dieser versteckten Probleme war nichtsdestoweniger ein prächtiges neues Schiff zur Flotte der Kriegsmarine gestoßen. Dies wurde sehr bald bekannt, als die ADMIRAL GRAF SPEE in der Zeit vom 15. Mai bis zum 22. Mai 1937 Deutschland bei der internationalen Flottenschau auf Spithead-Reede aus Anlaß der Krönung von König Georg V. vertrat.

Als am 18. Juli 1936 in Spanien der Bürgerkrieg ausbrach, fand sich Deutschland alsbald an der Seite der »weißen« oder nationalspanischen Streitkräfte General Francos, dessen Truppen aus Spanisch-Nordafrika auf das europäische Festland gebracht worden waren. Der Grund für diese Haltung Deutschlands war in der Unterstützung der repubikanischen oder »rotspanischen« Streitkräfte, die damals die Macht in Spanien innehatten, durch die Sowjetunion zu suchen. Auch Italien stand der nationalspanischen Seite bei, während Großbritannien und Frankreich eine neutrale Haltung einnahmen. Anfangs entsandten alle größeren Seemächte und einige der kleineren Kriegsschiffe in spanische Gewässer, um ihre eigenen nationalen Interessen zu sichern und ihre Staatsangehörigen in Spanien zu schützen. Für Deutschland, Italien und die Sowjetunion gab es jedoch noch andere Gründe für ihre Einmischung. Im Falle der beiden Achsenmächte bestand neben politischen Motiven die unbestrittene Gelegenheit, neue Waffensysteme unter kriegsähnlichen Bedingungen zu erproben, eine Gelegenheit, die die deutsche Luftwaffe weitgehend und das deutsche Heer nur in einem geringen Maße ausnutzte, während die Regia Aeronautica (d.h. die Luftwaffe), das Heer und die Marine Italiens gleichermaßen beteiligt waren. Andererseits war die sowjetische Einmischung von Anfang an zuvorderst eine Gelegenheit, langfristige politische Ziele zu verwirklichen; die militärische Unterstützung bildete hierfür lediglich das Mittel. Zwar verfolgten auch die Achsenmächte strategische und politische Ziele, aber vielleicht nicht ganz auf dieselbe Weise wie dies Sowjetrußland tat.

Hitler war anfangs von der Vorstellung der Kriegsmarine, einen Kampfverband in spanische Gewässer zu entsenden, nicht sehr begeistert, da er einen internationalen Zwischenfall befürchtete. Zu einem noch früheren Zeitpunkt – im Verlaufe des Frühjahrs 1936 – hatte die militärische Wiederbesetzung des Rheinlandes begonnen, und es ist durchaus möglich, daß er Deutschland eine Zeitlang aus allen zusätzlichen Verwicklungen heraushalten wollte. Generaladmiral Raeder hatte jedoch andere Vorstellungen und überzeugte den »*Führer*« schließlich, seinen Vorschlägen zuzustimmen. Nach einer geheimen Zusammenkunft mit dem damaligen Generaloberst Göring, dem Ob.d.L., und Generalfeldmarschall v. Blomberg, dem Reichkriegsminister, am 22. Juli 1936 hatte sich Hitler jedenfalls bereits entschieden, General Franco mit Waffenhilfe zu unterstützen. Später entsprach es seiner Politik, den Konflikt zu verlängern, um die britische und die französische Regierung einzubeziehen, während er zur selben Zeit Italien enger an Deutschland heranzog, da die deutsche Ermutigung zur italienischen Intervention die alliierten Mächte veranlaßt hatte, Italien den Rücken zu kehren. Dies führte im Oktober 1936 zur Bildung der Achse Berlin-Rom und zum Zusammenschluß beider Staaten als »Achsenmächte«. Tatsächlich war Italien in Spanien militärisch weit stärker engagiert als Deutschland. So griff zum Beispiel Italien mit seinen Unterseebooten aktiv auf der Seite der Nationalspanier in den Krieg ein. Nichtsdestoweniger sollte auch die Kriegsmarine in ihn verwickelt werden, und ihr war die Gelegenheit dazu willkommen; denn dies verschaffte ihr die Möglichkeit, Seestreitkräfte außerhalb der heimischen Gewässer zu stationieren und Erfahrungen zu sammeln, um Schiffe unter Einsatzbedingungen ohne die Versorgung durch Häfen als Stützpunkte in See zu halten. Dies war seit 1914 nicht mehr möglich gewesen und sollte für die späteren Jahre eine wertvolle Erfahrung darstellen.

Unten: Die DEUTSCHLAND während des Spanischen Bürgerkrieges, erkennbar an den schwarz-weiß-roten Streifen über den beiden 28-cm-Türmen. Beachte die neuen Flugzeugkräne und die veränderte Aufstellung der Scheinwerfer. (IWM)

Am 23. Juli 1936 befanden sich die DEUTSCHLAND unter dem Kommando von KptzS. Fanger und ihr Schwesterschiff, die ADMIRAL SCHEER unter Führung von KptzS. Marschall, unweit von Helgoland bei Verbandsübungen, als sie am frühen Nachmittag plötzlich den Befehl erhielten, nach Wilhelmshaven einzulaufen. Dort blieb den beiden Panzerschiffen nur zwölf Stunden Zeit, um die Übungsmunition von Bord zu geben und Gefechtsmunition, Proviant sowie Brennstoff für einen zweimonatigen Einsatz in spanischen Gewässern zu übernehmen. Urlauber wurden eiligst zurückgerufen und KAdm. Carls, der B.d.L., holte seine Flagge auf ADMIRAL GRAF SPEE nieder und setzte sie auf der DEUTSCHLAND. Genauso schnell mußten auch die Leichten Kreuzer KÖLN und LEIPZIG einsatzbereit gemacht werden. Der letztere sollte nach Beendigung seines Werftaufenthaltes zu einem späteren Zeitpunkt die KÖLN ablösen. Für diesen Einsatz nahmen die beiden schweren Schiffe auch ein Bordflugzeug an Bord: das Flaggschiff eine He 60 vom Seefliegerhorst Norderney und die ADMIRAL SCHEER eine He 60 vom Seefliegerhorst Kiel-Holtenau. Am 24. Juli 1936 liefen die beiden Panzerschiffe aus und kurze Zeit später folgte auch die KÖLN mit der 2. T-Flottille. Zwei Tage später traf das Flaggschiff vor San Sebastian ein, wo bereits zwei britische Zerstörer lagen: die VERITY und die VETERAN. Während die DEUTSCHLAND weiterhin an der spanischen Nordküste deutsche Flüchtlinge evakuierte, setzte die ADMIRAL SCHEER ihren Kurs nach Süden fort, passierte die Straße von Gibraltar und traf am 27. Juli um die Mittagszeit in Málaga ein. Unterwegs waren mehrere spanische Unterseeboote und Zerstörer gesichtet worden, aber es ereigneten sich keine Zwischenfälle.

Zur Ergreifung sofortiger Hilfsmaßnahmen mußte zunächst eine Teilung der deutschen Seestreitkräfte erfolgen: vor dem nördlichen Küstenbereich mit den wichtigen Seehäfen San Sebastian, Bilbao und Santander im Baskenland, Gijón in Asturien sowie El Ferrol, La Coruña und Vigo in Galicien und vor der langen Süd- und Südostküste Spaniens mit den wichtigen Seehäfen Málaga, Almeria, Cartagena, Alicante, Valencia und Barcelona. Letztere überwachten später Einheiten, die auf den Balearen stationiert waren, während der Golf von Cádiz vor der südspanischen Atlantikküste von Tanger aus überwacht wurde.[115]

Als die ADMIRAL SCHEER Málaga erreichte, waren bereits ausländische Seestreitkräfte in beträchtlicher Zahl anwesend, darunter der amerikanische Kreuzer QUINCY, der italienische Kreuzer MUZIO ATTENDOLO und der französische Contretorpilleur (Großzerstörer) MAILLÉ-BRÉZÉ. Im Hafen bzw. in der Bucht lagen außerdem eine Reihe spanischer Kriegsschiffe, darunter die Kreuzer MIGUEL DE CERVANTES und LIBERTAD sowie auch das alte Küstenschlachtschiff JAIME I und einige Zerstörer. Der Aufenthalt der ADMIRAL SCHEER währte nur kurz; sie nahm eine Anzahl deutscher Flüchtlinge auf und setzte ihren Marsch nach Barcelona fort. Danach operierte das Panzerschiff an der spanischen Mittelmeerküste, um nach dem Eingehen entsprechender

Meldungen deutsche Flüchtlinge aufzunehmen. Hinsichtlich der Flüchtlinge herrschte eine gute internationale Zusammenarbeit. Alle beteiligten Marinen tauschten offen Informationen aus und unterstützten sich gegenseitig.[116] Am 1. August 1936 ordnete KAdm. Carls – inzwischen zum Befehlshaber aller deutschen Seestreitkräfte in spanischen Gewässern (B.d.Sp.) ernannt – für alle Schiffe an, quer über die Seiten und die Decke der vorderen und achteren Türme einen breiten Streifen in den Nationalfarben Schwarz-Weiß-Rot aufzumalen, um die Fliegererkennung sicherzustellen.

Am 8. August 1936 stieß die DEUTSCHLAND mit den Torpedobooten LUCHS und LEOPARD in Valencia zur ADMIRAL SCHEER, um die Evakuierung der Flüchtlinge an der Mittelmeerküste zu decken, während die KÖLN mit den Torpedobooten ALBATROS und SEEADLER dieselbe Aufgabe an der spanischen Nordküste erfüllte. Das Flaggschiff selbst hielt sich hauptsächlich vor Barcelona auf. Mit spanischen Seestreitkräften gab es einige ernste Zwischenfälle. Doch die Beschießung des deutschen Dampfers SEVILLA durch den spanischen Zerstörer ALMIRANTE VALDÉS und ein ähnlicher Vorfall zwischen dem deutschen Dampfer KAMERUN und dem Kreuzer LIBERTAD führten zu einem scharfen Protest durch KptzS. Marschall im Auftrage von KAdm. Carls bei den republikanisch-spanischen Seestreitkräften. Am 20. August 1936 geleitete die SCHEER den Dampfer KAMERUN durch die Straße von Gibraltar, die von rotspanischen Kriegsschiffen kontrolliert wurde, und kehrte anschließend ins Mittelmeer zurück. Am 24. August löste die am 20. August aus Wilhelmshaven ausgelaufene ADMIRAL GRAF SPEE (KptzS. Patzig) die beiden Panzerschiffe ab, die den Heimmarsch antraten und am 31. August wieder in Wilhelmshaven bzw. Kiel eintrafen.

Insgesamt war dieser erste Einsatz ein Erfolg gewesen und viele nutzbringende Erfahrungen waren gesammelt worden. Die Hauptphase der Evakuierung war nunmehr abgeschlossen, aber das OKM wünschte nach wie vor aus politischen Gründen – gleichberechtigtes Auftreten neben den Seestreitkräften anderer Marinen – die Anwesenheit deutscher Kriegsschiffe in spanischen Gewässern. Dies zeigte sich in der Entsendung der ADMIRAL GRAF SPEE und der Leichten Kreuzer LEIPZIG und NÜRNBERG, der die Flagge des B.d.A., KAdm. Boehm, führte und die KÖLN ablöste. Gleichzeitig wurde KAdm. Carls von KAdm. Boehm als B.d.Sp. abgelöst und die 4. T-Flottille (GREIF, FALKE, KONDOR und MÖWE) ersetzte die 2. T-Flottille, die ebenfalls den Heimmarsch antrat. Am 1. Oktober 1936 lief die DEUTSCHLAND (KptzS. Fanger) zum zweiten Spanien-Einsatz unter dem Befehl von KAdm. Carls aus, gefolgt von der ADMIRAL SCHEER (nunmehr unter dem Kommando von KptzS. Ciliax), der KÖLN und den T-Booten LEOPARD, LUCHS, SEEADLER, ALBATROS, JAGUAR und WOLF (die beiden letzteren kehrten frühzeitig infolge einer Maschinenhavarie der WOLF zurück) sowie den Begleittankern HANSA und NEPTUN und dem Flüchtlingsschiff OCEANA. KAdm. Carls, der nunmehr die neue Dienstbezeichnung »Befehlshaber der Panzerschiffe« (B.d.P.) führte, löste am 5. Oktober 1936 im Golf von Cádiz KAdm. Boehm als B.d.Sp. ab. KAdm. Carls hatte seinen Verband in drei Gruppen aufgeteilt: eine Nordgruppe mit der KÖLN, eine Südgruppe mit der ADMIRAL SCHEER und eine Ostgruppe mit der DEUTSCHLAND. Jeder Gruppe waren zwei T-Boote zugewiesen. Die Einheiten der Süd- und der Ostgruppe sollten von Zeit zu Zeit ausgetauscht werden. Der Einsatzraum der Nordgruppe erstreckte sich von 40° N bis 45° N, d.h. etwa von der Mitte der portugiesischen Küste bis auf die Höhe von Bordeaux mit dem Schwerpunkt vor der spanischen Nordküste. Die Südgruppe operierte südlich von 40° N bis einschließlich der Straße von Gibraltar. Die Ostgruppe arbeitete eng mit der nach Alicante umgesiedelten Deutschen Botschaft und dem Generalkonsulat in Barcelona zusammen. Anfänglich bestand die Südgruppe aus der ADMIRAL SCHEER und den T-Booten SEEADLER und ALBATROS.

Die Aufgaben, die KAdm. Carls als Befehlshaber der deutschen Seestreitkräfte vor Spanien innerhalb seines Auftrages zu erfüllen hatte, lauteten wie folgt:

a) Geleitsicherung für die aus Hamburg kommenden und für einen nationalspanischen Hafen bestimmten deutschen »Sonderdampfer«.
b) Schutz deutscher Interessen in Spanien.
c) Aufklärung und Sammeln nachrichtendienstlicher Informationen für die nationalspanischen Streitkräfte.
d) Feststellen der Versorgungstransporte mit Kriegsmaterial für die republikanischen (rotspanischen) Streitkräfte nach Art und Unterscheidung, insbesondere jene aus der Sowjetunion, und Berichterstattung an die Mitgliedstaaten des Londoner Nichteinmischungsausschusses (NIC).[117]

Die Doppelzüngigkeit dieses Auftrags ist offensichtlich, besonders da es sich bei den *Sonderdampfern* um getarnte Transportschiffe handelte, die Kriegsmaterial aus Deutschland für die nationalspanischen Streitkräfte beförderten. Allein zwischen dem 6. Oktober und dem 14. November 1936, dem Zeitpunkt der erneuten Kommandoübergabe als B.d.Sp. zwischen KAdm. Carls und KAdm. Boehm, wurden sieben Schiffe zu südlichen und drei zu nördlichen Häfen eskortiert, während sich neun weitere Schiffe noch mit Geleitsicherung unterwegs befanden. Diese Kriegsmaterialtransporte waren für die nationalspanischen Streitkräfte von äußerster Bedeutung – wie dies auch die sowjetischen Transporte für die republikanische Seite waren –, denn Spanien besaß keine ausreichende eigene Waffen- und Munitionsproduktion und die chaotischen Verhältnisse im Inneren des Landes vergrößerten noch die Probleme. Daher hatte Deutschland Anfang September 1936 von der nationalspanischen Seite lange »Einkaufslisten« erhalten, die militärische Ausrüstung aller Art enthielten: von einem 250-t-Unterseeboot, komplett mit Besatzung und Reservetorpedos, bis hin zu Ferngläsern! Besonders dringend gebraucht wurden Fla-Geschütze, sowohl für die nationalspanischen Kriegsschiffe als auch zur Verteidigung der Marinestützpunkte. Hieraus folgte die Anforderung von 10,5-cm- und 2-cm-Fla-Geschützen für das veraltete Schlachtschiff ESPAÑA sowie auch für El Ferrol und Cádiz. Außerdem fehlten auch den Schweren Kreuzern CANARIAS und BALEARES, die sich damals dem Zeitpunkt der Fertigstellung näherten, nicht nur Fla-Geschütze sondern auch Scheinwerfer, E-Meßgeräte und Maschinenausrüstungen. Eine weitere Hauptforderung betraf die Lieferung von sechs 60-t- bis 80-t-Schnellbooten, bewaffnet mit vier 53,3-cm-Torpedorohren.[118] Der größere Teil dieses Kriegsmaterials kam auf diesen »Sonderdampfern« auf dem Seewege unter dem Schutz der Kriegsmarine aus Deutschland. Die angeforderten U-Boote wurden jedoch nicht geliefert (obwohl Italien der nationalspanischen Marine zwei U-Boote übergab). Auf ihrer Heimreise nach Deutschland beförderten viele dieser Frachtdampfer wertvolle Ladungen, wie zum Beispiel Kupfer. Daher war auch für die Heimreise Geleitsicherung erforderlich. Die sowjetische Militärhilfe kam hauptsächlich aus dem Schwarzen Meer und gelangte nach Alicante. Dort trafen im November 1936 zumindest drei Schiffe ein, darunter die Dampfer TRANSBALT, KOMSOMOL und KURSK.

Am 14. November 1936 übergab KAdm. Carls in der Arosa-Bucht nördlich von Vigo zum zweitenmal das Kommando als B.d.Sp. an den B.d.A., KAdm. Boehm, und kehrte mit seinem Verband nach Deutschland zurück. Das ablösende Panzerschiff, die ADMIRAL GRAF SPEE, lief am 13. Dezember 1936 mit dem neuen B.d.P., KAdm. v. Fischel, an Bord aus Wilhelmshaven zu seinem zweiten Spanien-Einsatz aus. Dieser übernahm am 16. Dezember in El Ferrol das Kommando als B.d.Sp. von

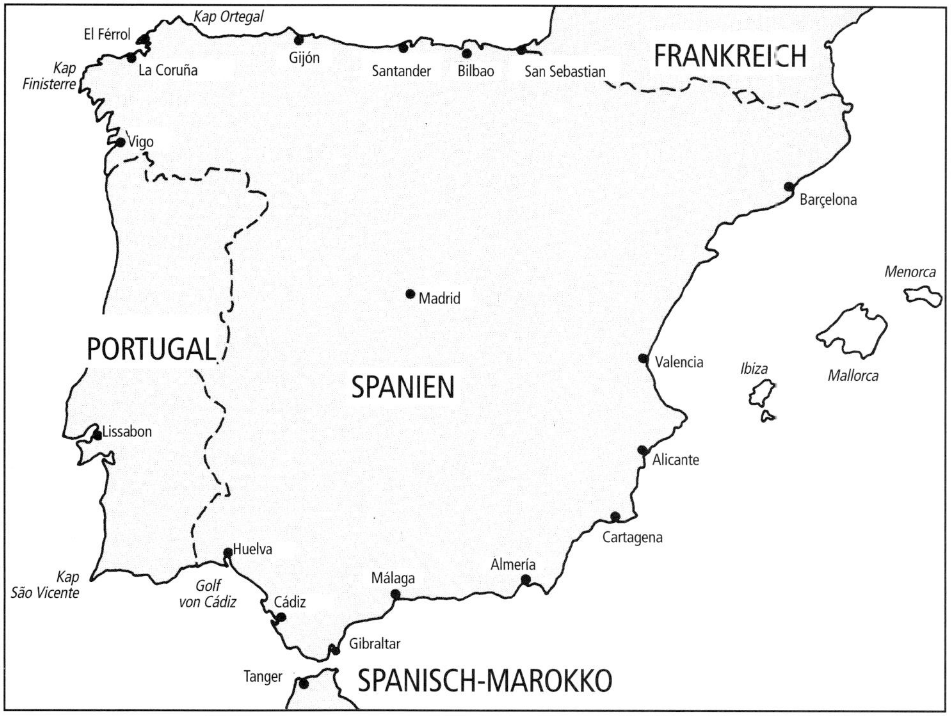

Die DEUTSCHLAND vor Bilbao. (USN)

KAdm. Boehm. Letzterer verblieb noch kurze Zeit an der spanischen Nordküste, ehe er die Heimreise antrat, während der neue B.d.Sp. mit seinem Flaggschiff ins Mittelmeer einlief und zusammen mit den Kreuzern vor der spanischen Mittelmeerküste operierte. So ging es in das Jahr 1937 hinein. Nach etwa ein bis zwei Monaten erfolgten regelmäßig bei den Panzerschiffen, Leichten Kreuzern und Torpedobooten die Ablösungen, denen ein Aufenthalt in heimischen Gewässern folgte. Auch das Kommando des B.d.Sp. wechselte turnusmäßig. In den ersten Monaten des Jahres 1937 ereigneten sich nur wenige Zwischenfälle, aber die deutsche Kriegsmarine wurde immer stärker in den Konflikt hineingezogen. Am 10. bzw. 9. Mai 1937 liefen die DEUTSCHLAND, wieder mit dem B.d.P., KAdm. v. Fischel an Bord, und die ADMIRAL SCHEER zu ihrem vierten Spanien-Einsatz aus Am 14. Mai wurde in spanischen Küstengewässern der Leichte Kreuzer NÜRNBERG abgelöst und KAdm. Boehm übergab das Kommando des B.d.Sp. erneut an KAdm. v. Fischel. Diese Gewässer, besonders vor den Hauptstützpunkten, waren buchstäblich mit Minen verseucht, und so mußten die deutschen Kriegsschiffe die meiste Zeit über im Kriegsmarschzustand fahren, d.h. mit geschlossenen Schotten, insbesondere, nachdem bekannt geworden war, daß der britische Zerstörer HUNTER vor Almeria einen Minentreffer erhalten hatte. Am 24. Mai 1937 lag die DEUTSCHLAND mit dem Torpedoboot ALBATROS in Palma de Mallorca, während sich die ADMIRAL SCHEER mit ihrer Sicherung, den Torpedobooten LUCHS und LEOPARD, auf Kontrollfahrt befand. In den Morgenstunden dieses Tages erfolgte ein schwerer republikanischer Luftangriff auf den Hafen von Palma de Mallorca. Acht Flugzeuge griffen den Kreuzer BALEARES mit Bomben an, erzielten jedoch nur Nahtreffer. Die Küstenbatterien, der spanische Kreuzer und der britische Zerstörer HARDY eröffneten ein heftiges Abwehrfeuer. Die deutschen Schiffe feuerten dagegen nicht, weil sie nicht direkt angeflogen wurden. Danach verließ die DEUTSCHLAND sicherheitshalber den Hafen. In den Abendstunden folgte ein weiterer Angriff mit Bombennahtreffern bei der ALBATROS und am 26. Mai wurde bei einem erneuten Luftangriff das italienische Hilfsschiff BARLETTA von einer Bombe getroffen; es gab zahlreiche Tote und Verwundete. Daraufhin befahl KAdm. v. Fischel der DEUTSCHLAND, nach Palma de Mallorca zur Verstärkung des Flakschutzes zurückzukehren. Das OKM widerrief jedoch diesen Befehl, und so verlegte die DEUTSCHLAND zusammen mit dem Versorgungstanker NEPTUN zur Brennstoffübernahme nach Ibiza.

Am Spätnachmittag des 29. Mai 1937 warf die DEUTSCHLAND auf der Reede von Ibiza Anker. Kurze Zeit später sichtete die Signalwache des Panzerschiffes einen republikanischen Flottenverband, bestehend aus zwei Kreuzern (LIBERTAD und MÉNDEZ NUÑEZ) und acht Zerstörern, der offensichtlich zur Beschießung anlief. Während sich die Aufmerksamkeit dieser Entwicklung zuwandte, kamen plötzlich zwei dreimotorige Bomber – die nach Augenzeugenberichten eine *weiße* Kennzeichnung trugen – über die Berge und aus der Sonne heraus, um wenige Sekunden später das deutsche Panzerschiff mit Bomben anzugreifen.[119] Zwei 50-kg-Bomben trafen die DEUTSCHLAND und ein Nahtreffer zertrümmerte ein an der Backspier vertäutes Beiboot. Die eine Bombe durchschlug das Oberdeck in der Nähe der Brücke und detonierte auf dem Zwischendeck im Bereich der Abteilung IX und richtete unter Deck große Verwüstungen an. Die andere Bombe detonierte auf der Schutzschilddecke des Steuerbord III. 15-cm-Geschützes. Mittschiffs brachen schwere Brände aus, das Bordflugzeug verwandelte sich in eine riesige Fackel und die hochgehende Bereitschaftsmunition verheerte das Oberdeck. Erhebliche Verluste an Toten und Verwundeten waren die Folge. Zur gleichen Zeit drehten vier der rotspanischen Zerstörer auf die Küste zu und eröffneten das Feuer. Nach und nach stellte das deutsche Schiff die Gefechtsbereitschaft her, konnte aber infolge der mittschiffs wütenden Brände und der Ausfälle bei der Besatzung nicht sofort das Feuer eröffnen. Inzwischen drehten die Zerstörer nach einer wirkungslos gebliebenen Beschießung ab und befanden sich bald außer Reichweite. Ein dringender Funkspruch rief die ADMIRAL SCHEER heran, und auch die DEUTSCHLAND ging so rasch wie möglich in See. Der Angriff hatte 23 Tote (später auf 31 gestiegen) und 83 Verwundete (später auf 110 gestiegen), viele mit ernsten Brandverletzungen, gefordert und auf dem Schiff schwere Schäden verursacht. Bei der Balearen-Insel Formentera trafen die beiden Panzerschiffe zusammen. Die beiden Ärzte und ein Teil des Sanitätspersonals der ADMIRAL SCHEER stieg auf die DEUTSCHLAND über, die den Weitermarsch nach Gibraltar antrat. Dort wurden 54 Schwerverwundete von Bord gegeben und in das Krankenhaus gebracht (27 nicht transportfähige blieben später zurück). Die 23 Toten der DEUTSCHLAND wurden auf dem Friedhof der britischen Kronkolonie mit militärischen Ehren bestattet. Anschließend kehrte das Panzerschiff nach Deutschland zurück.[120]

Links: Die DEUTSCHLAND mit Schornsteinkappe. (Sammlung des Verfassers)

Links: Die ADMIRAL GRAF SPEE als Flaggschiff im Mai 1939. Das Panzerschiff führt bereits ein Funkmeßortungsgerät im Vormars (zur Tarnung verhüllt) und auf dem Katapult einen Prototyp der Ar 196. Die oberen Scheinwerfer-Konsolen beiderseits des Gefechtsturms sind entfernt worden. (IWM)

Dieser Zwischenfall hatte in Deutschland – nicht überraschend – erregte Gefühle freigesetzt und Hitler befahl sofortige Vergeltungsmaßnahmen. Vom OKM erhielt die ADMIRAL SCHEER den Befehl, Almeria zu beschießen und das republikanische Schlachtschiff JAIME I zu versenken. KptzS. Ciliax war jedoch bekannt, daß sich dieses Schiff zum damaligen Zeitpunkt in Cartagena befand. Nichtsdestoweniger näherte sich in den frühen Morgenstunden des 31. Mai 1937 die ADMIRAL SCHEER, gesichert durch die Torpedoboote SEEADLER, ALBATROS, LUCHS und LEOPARD der 2. T-Flottille, der Stadt und dem Hafen Almeria, um den Befehl auszuführen. Um 05.15 Uhr wurden die Gefechtsstationen bezogen und vierig Minuten später erfolgte der Katapultstart des Bordflugzeuges zur Artilleriebeobachtung. Infolge des Eingangs eines verstümmelten Funkspruchs, der, so wurde befürchtet, den Widerruf des Beschießungsbefehls enthalten könnte, verzögerte sich jedoch der Befehl zur Feuereröffnung. Erst gegen 06.50 Uhr lag der Funkspruch endlich im Klartext vor und die Aktion konnte fortgesetzt werden. Trotzdem vergingen noch einmal vierzig Minuten, ehe die Geschütze der ADMIRAL SCHEER zum erstenmal gefechtsmäßig das Feuer eröffneten. Die See war ruhig und über der Küste lag ein Dunstschleier, als das Panzerschiff mit 28-cm- und 15-cm-Granaten die Stadt beschoß. Auch die Fla-Geschütze wurden gegen zwei Wachschiffe vor der Hafeneinfahrt eingesetzt. Fünf Minuten nach der Feuereröffnung durch die ADMIRAL SCHEER erwiderten die Küstenbatterien, eine mittlere und eine leichte Batterie, das Feuer. Ihr Beschuß lag sehr gut; Nahtreffer schlugen bei der SEEADLER in die See, die zusammen mit der ALBATROS ebenfalls das Feuer eröffnet hatte. Die deutschen Granaten trafen Küsteneinrichtungen, Baracken und Verteidigungsanlagen und verursachten Schäden und Brände. Um 07.45 Uhr stellte die ADMIIRAL SCHEER das Feuer ein, nahm den Beschuß aber kurze Zeit später gegen die nördliche Küstenbatterie wieder auf, um ihn um 08.00 Uhr endgültig einzustellen. Insgesamt belief sich der Munitionsverbrauch auf 91 Schuß 28 cm, 100 Schuß 15 cm und 48 Schuß 8,8 cm. Die ALBATROS verschoß 28 und die SEEADLER fünf 10,5-cm-Granaten. Der britische Zerstörer HEREWARD war ein stiller Beobachter der Beschießung.

Die Vergeltungsaktion zog bei ausländischen Mächten eine beträchtliche Gegenreaktion nach sich. Sie gipfelte in der Beschuldigung, eine offene (d.h. verteidigungslose) Stadt beschossen zu haben. Hitler fühlte sich durch diese Berichte außerordentliich beunruhigt. Doch als die offizielle Meldung der Marine schließlich einging, konnte er auf die Tatsache hinweisen, die Küstenbatterien hätten das Feuer erwidert, so daß die Stadt nicht als verteidigungslos beschrieben werden könnte. Deutschlands Forderungen nach schärferen Maßnahmen, die von den Schiffen der Internationalen Nichteinmischungs-Patrouille ergriffen werden sollten, wurde abgelehnt. Daraufhin zogen sich Deutschland und Italien aus dem NIC zurück und beschritten ihre eigenen Wege.

Nach der Teilnahme an der internationalen Krönungs-Flottenschau zwischen dem 15. und dem 22. Mai 1937 auf dem Spithead löste die ADMIRAL GRAF SPEE bei ihrem vierten Spanien-Einsatz die ADMIRAL SCHEER ab. Dieser Einsatz dauerte bis Anfang August, dem sich in der ersten Februarhälfte 1938 – unter ihrem neuen Kommandanten KptzS. Warzecha – ein fünfter und letzter Aufenthalt vor Spanien anschloß. Bei diesem nur wenige Tage dauernden Einsatz übergab KAdm. v. Fischel das Kommando des B.d.P. an KAdm. Marschall vor El Ferrol und stieg als B.d.Sp. auf ADMIRAL SCHEER um, die sich im sechsten Einsatz befand. Bis zum Juni 1938 folgte noch ein siebenter und letzter Aufenthalt vor der spanischen Küste. Nach Ausbesserung ihrer Schäden nach dem Bombenangriff folgten 1938 für die DEUTSCHLAND, seit Oktober 1937 unter Führung von KptzS. Wenneker, noch ein fünfter und bis Mitte August ein sechster und letzter Einsatz. Damit endete die Verwendung der Panzerschiffe vor Spanien. 1938 gewannen die nationalspanischen Streitkräfte unter General Franco im Bürgerkrieg die Oberhand und das deutsche Engagement ließ allmählich nach. Gegen Ende des Jahres konnten die deutschen Seestreitkräfte vollständig zurückgezogen werden. Mit dem Fall von Barcelona und der Besetzung Kataloniens kam der Bürgerkrieg zum Stillstand. Am 28. März zogen die Truppen Francos in Madrid ein und am 1. April 1939 wurden die Feindseligkeiten offiziell beendet.

Während die DEUTSCHLAND im Zusammenhang mit der Ausbesserung der erlittenen Bombenschäden 1937 auch eine Große Werftliegezeit absolvierte, folgten Werftliegezeiten im Herbst 1938 für die ADMIRAL GRAF SPEE, seit Oktober 1938 unter dem Kommando von KptzS. Langsdorff, und Mitte 1939 für ADMIRAL SCHEER, seit Oktober 1938 unter Führung von KptzS. Hans-Heinrich Wurmbach. Bei diesen Werftliegezeiten wurden kleinere Modifizierungen, wie zum Beispiel das Ersetzen der Bordkräne durch einen neuen Typ, niedrigere Schornsteinkappen u.ä., vorgenommen, die das äußere Erscheinungsbild etwas veränderten. Alle drei Panzerschiffe nahmen im März 1939 an der Rückgliederung des Memelgebietes in das Reich teil, ADMIRAL SCHEER als Flaggschiff des B.d.P., VAdm. Marschall. Angesichts der überwältigenden Stärke Deutschlands hatte Litauen das Gebiet am 22. März offiziell zurückgegeben. Im folgenden Monat lief die ADMIRAL GRAF SPEE am 18. als Flaggschiff eines unter der Führung des Flottenchefs, Admiral Boehm, stehenden Verbandes zu einer Ausbildungsreise in den Atlantik aus. Hierbei stattete das Panzerschiff Spanien einen offiziellen Besuch ab, den ersten und einzigen nach der Beendigung des Bürgerkrieges. Zum Verband – dem größten deutschen Verband, der je im Atlantik weilte – gehörten neben dem Flaggschiff auch die Panzerschiffe DEUTSCHLAND und ADMIRAL SCHEER, die Leichten Kreuzer LEIPZIG und KÖLN, die Zerstörer der 1. Z-Flottille: LEBERECHT MAASS (*Z 1*) als Führerboot, RICHARD BEITZEN (*Z 4*), GEORG THIELE (*Z 2*), MAX SCHULTZ (*Z 3*) von der 1. Z-Division, FRIEDRICH IHN (*Z 14*), ERICH STEINBRINCK (*Z 15*), FRIEDRICH ECKOLDT (*Z 16*) von der 3. Z-Division sowie DIETHER VON ROEDER (*Z 17*) von der 5. Z-Division und das U-Bootbegleitschiff ERWIN WASSMER mit den U-Flottillen »Saltzwedel« (2. U-Flottille), »Hundius« (6. U-Flottille) und »Wegener« (7. U-Flottille).[121] Im Verlaufe dieser Reise wurde ein umfangreiches Übungsprogramm durchgeführt. Die Schiffe liefen verschiedene spanische Häfen, wie zum Beispiel die DEUTSCHLAND Málaga und Vigo, sowie auch Ceuta (Spanisch-Marokko) und Lissabon an, ehe der Verband am 16. Mai 1939 nach Deutschland zurückkehrte.

Im Verlaufe des Jahres 1939 war es immer offensichtlicher geworden, daß sich wieder einmal ein Krieg abzeichnete und darüber hinaus – das Undenkbare wurde wahrscheinlich – ein Krieg unter Beteiligung Großbritanniens. Die deutsche Kriegsmarine, dies ist eine feststehende Tatsache, war auf einen Seekrieg mit der Royal Navy überhaupt nicht vorbereitet, zumindest nicht vor 1944/45. Mit keiner Schiffskategorie konnte die Hoffnung verbunden werden, die britische Überlegenheit zur See und die Beherrschung der Ausfallwege in den Atlantik herauszufordern. Selbst mit den U-Booten war dies nicht möglich; die Kriegsmarine besaß zu wenige und das Sofortbauprogramm hatte sich noch nicht ausgewirkt. Die politischen Ambitionen des *»Führers«* befaßten sich jedoch in wenig realer Weise mit der tatsächlichen Stärke der Kriegsmarine; denn sein kontinentales Denken grenzte die See weitgehend aus. Seine Kriege sollten vom Heer und der Luftwaffe durchgekämpft und gewonnen werden. Schon bald nach der Wiedereingliederung des Memelgebietes führte die deutsche Presse eine politische Kampagne gegen Polen. Am 28. April 1939 kündigte Hitler das deutsch-britische Flottenabkommen und den 1934 geschlossenen Nichtangriffspakt mit Polen. Diesen Ereignissen folgte ein Wirbel internationaler politischer Aktivitäten. Deutschland und Italien schlossen

ADMIRAL GRAF SPEE: Auf dem Katapult mittschiffs steht eine He 60 D. Links davon befindet sich der Achtere Artillerie-Leitstand. (WBB)

am 22. Mai 1939 einen Bündnisvertrag, den sog. »Stahlpakt«, und Großbritannien unterzeichnete am 25. Mai das britisch-polnische Abkommen über gegenseitige Hilfeleistung. In Anbetracht von Hitlers Absichten an der deutschen Ostgrenze war das Abkommen zwischen Polen und Großbritannien von größter Bedeutung und seine Bekräftigung am 10. Juli durch Chamberlain, den britischen Premierminister, ließ den Krieg unvermeidlich werden. Am 31. August wurde für die Royal Navy die Mobilmachung angeordnet. Die Bühne für einen erneuten Krieg war errichtet. Am 23. August hatte Deutschland einen Nichtangriffspakt mit Sowjetrußland abgeschlossen, um auf diese Weise die Hauptbedrohung für seine östlichen Provinzen auszuschalten, und war selbst mit Italien verbündet. Ihnen gegenüber standen Frankreich und Großbritannien als Folge ihrer Garantien für Polen.

Damit brach das politische Kartenhaus zusammen; GAdm. Raeder konnte nur auf die tatsächlich verfügbaren Kräfte zählen und Pläne schmieden, solange er wollte. Statt des aus der Umsetzung des grandiosen Z-Plans erwarteten Kräftezuwachses standen der Kriegsmarine in der Kategorie der Großkampfschiffe nur die drei Panzerschiffe und die neuen Schlachtschiffe SCHARNHORST und GNEISENAU zur Verfügung. Letztere waren am 3. Oktober 1936 bzw. am 8. Dezember 1936 vom Stapel gelaufen und waren am 7. Januar 1939 bzw. am 21. Mai 1938 in Dienst gestellt worden. Die Schlachtschiffe BISMARCK (Stapellauf 14. Februar 1939) und TIRPITZ (Stapellauf 1. April 1939) befanden sich noch in der Ausrüstungsphase – sie sollten erst im August 1940 bzw. im Februar 1941 in Dienst gestellt werden –, während von den neuesten Schlachtschiffen der *H*-Klasse erst zwei Einheiten seit April 1939 auf Stapel lagen. Bei den letzteren war der Baufortschritt gering. Die Lage stellte sich tatsächlich noch schlimmer dar, denn die ADMIRAL SCHEER war infolge von Maschinenschäden nicht voll kriegsbereit und die SCHARNHORST hatte nach dem Umbau des Stevens gerade erst die Werft verlassen und war noch nicht eingefahren. Ihnen gegenüber standen zwölf Schlachtschiffe und drei Schlachtkreuzer der Royal Navy sowie drei ältere Schlachtschiffe und die neuen Schlachtkreuzer STRASBOURG und DUNKERQUE der französischen Marine. Außerdem hatten die Alliierten im Bau: fünf Schlachtschiffe der KING GEORGE V-Klasse in Großbritannien und drei Schlachtschiffe der RICHELIEU-Klasse in Frankreich. In Großbritannien waren zudem noch vier Schlachtschiffe der LION-Klasse in der Planung gewesen; sie wurden allerdings annulliert. Wenn auch diese Überlegenheit der Alliierten nicht so groß war, wie sie auf dem Papier erschien, so befand sich die Kriegsmarine dennoch in keiner guten Position. Mit Sicherheit waren die älteren Schlachtschiffe der britischen *R*-Klasse und die drei Einheiten der französischen LORRAINE-Klasse von zweifelhaftem Wert und darüber hinaus würde die italienische Flotte im Mittelmeer die Aufmerksamkeit eines größeren Teils der französischen Seestreitkräfte auf sich ziehen. Doch die Schlachtkreuzer REPULSE, RENOWN, HOOD, STRASBOURG und DUNKERQUE waren den Panzerschiffen an Geschwindigkeit und Artillerie überlegen und dies traf hinsichtlich der Artillerie auch für die SCHARNHORST-Klasse zu. Zudem konnten die 38,1-cm-Geschütze der modernisierten Schlachtschiffe der QUEEN ELIZABETH-Klasse und die 40,6-cm-Geschütze der langsamen, aber starken Schlachtschiffe der RODNEY-Klasse auf deutscher Seite nicht außer acht gelassen werden. Darüber hinaus war mit der Fertigstellung der neuen Schlachtschiffe der KING GEORGE V-Klasse und der RICHELIEU-Klasse in Bälde zu rechnen. Eine direkte Herausforderung der britischen und der französischen Marine zur See stand deshalb außer Frage. Großadmiral Raeder verteilte seine Kräfte demgemäß mit dem Ziel, im Nord- und Südatlantik Handelskrieg zu führen.

8. Panzerschiffe als Handelsstörer 1939

Angesichts des jetzt unvermeidlichen Krieges mußte Großadmiral Raeder entscheiden, welche Schiffe er hinaus auf die offenen Weltmeere entsenden könnte, ehe die Royal Navy die Ausgänge der Nordsee blockieren würde. Wie bereits oben erwähnt, standen ihm im wesentlichen nur zwei Großkampfschiffe zur Verfügung: die DEUTSCHLAND und die ADMIRAL GRAF SPEE; denn die Leichten Kreuzer – die als Kleine Kreuzer im Ersten Weltkrieg so erfolgreich gewesen waren – hatten sich für eine ozeanische Verwendung als ungeeignet erwiesen (siehe Whitley »Deutsche Kreuzer im 2. Weltkrieg«).

Die DEUTSCHLAND unter dem Kommando von KptzS. Paul Werner Wenneker lag Ende August 1939 an ihrem Liegeplatz in Wilhelmshaven und hatte den Befehl erhalten, zur Handelskriegführung in den Nordatlantik auszulaufen.[122] Als Hauptoperationsgebiet des Panzerschiffes waren die Schiffahrtsrouten zwischen Kanada, den USA und Großbritannien vorgesehen. Ein zweites Angriffsziel sollte der Schiffsverkehr von den Häfen am Golf von Mexiko und von Westindien zu den Azoren sein. Nachdem das Schiff Vorräte, Verpflegung, Munition und Brennstoff für eine lange Feindfahrt an Bord genommen hatte, lief es in den Nachmittagsstunden des 24. August 1939 aus Wilhelmshaven aus und setzte Nordkurs ab. Ein Durchbruch durch den Englischen Kanal hatte kaum eine Chance, unbeobachtet zu bleiben, und Geheimhaltung war von wesentlicher Bedeutung, wenn das deutsche Panzerschiff vermeiden wollte, einen Fühlung haltenden britischen Kreuzer hinter sich zu haben. Immerhin hatten sich beide Seiten damit abgefunden, in näherer Zukunft aufeinander zu stoßen, und überwachten dementsprechend ihre Seeräume.

Die warnende Meldung eines Seefernaufklärers der K.Fl.Gr. 506 von der Sichtung eines Flugzeugverbandes und eines Flugzeugträgers auf der Höhe von Südnorwegen am nächsten Morgen traf rechtzeitig ein, um KptzS. Wenneker besonnen zu veranlassen, einen Scheinkurs nach Osten zu steuern, der eine Fahrt in Richtung Ostsee vortäuschte. Am Nachmittag des 25. August sagten die Wettermeldungen eine Sichtverschlechterung voraus, genau das, was das Panzerschiff in diesen Tagen weitgehend ohne Radar brauchte, um die Shetland-Bergen-Enge zu passieren. Der Kurs wurde auf 270° geändert und um 16.00 Uhr betrug die Sicht nur noch etwa drei Seemeilen Erneut erfolgte eine Kursänderung auf 315° und die DEUTSCHLAND lief als Folge dieser günstigen Bedingungen mit hoher Fahrt nach Norden. Es hatte den Anschein, als ob das Auslaufen des Panzerschiffes doch von einem Flugzeug zu einem früheren Zeitpunkt erfaßt worden war, denn die eingeschiffte B-Dienstgruppe[123] fing einen Funkspruch auf, der das Panzerschiff auf Ostkurs meldete. So hatte der Scheinkurs doch seinen Zweck erfüllt. Im Verlaufe der nächsten Tage behielt die DEUTSCHLAND nördliche Kurse bei, sorgfältig allen Handelsschiffen und Fischereifahrzeugen aus der Besorgnis heraus, gemeldet zu werden, aus dem Wege gehend. Während der Vormittagstunden des 26. August herrschte dicker Nebel und die Sicht betrug kaum mehr als eine halbe Seemeile. Dies kam sehr gelegen. Gegen Abend stand das Panzerschiff auf der Höhe einer Linie zwischen Utsira/Norwegen und Scapa Flow/Orkney-Inseln. Das Wetter meinte es in der Tat mit dem deutschen Kriegsschiff gut, und während die DEUTSCHLAND die Norwegen-See in Richtung Nordostecke Islands durchpflügte, blieb es weiterhin neblig.

Dann sagten die Wettermeldungen südlich von Island eine gute Sicht voraus. KptzS. Wenneker entschloß sich, durch die Dänemarkstraße zwischen Island und Grönland auszubrechen. Ständig darauf achtend, allen Schiffen aus dem Wege zu gehen, ging die DEUTSCHLAND auf Westkurs, ging nördlich um Island herum und passierte in den Vormittagstunden des 28. August 1939 die engste Stelle der Dänemarkstraße. Das Durchfahren dieser Meerenge erfolgte ohne Probleme, ausgenommen das Vorhandensein einiger Eisberge und einige Schwierigkeiten mit einem heißgelaufenen Hilfsdrucklager, so daß die Steuerbordwelle acht Stunden lang abgeschaltet werden mußte. Am Morgen des 30. August kam das Troßschiff des Panzerschiffes, die WESTERWALD, auf der Höhe von Kap Farvel, der Südspitze Grönlands, in Sicht. Das Schiff stand auf der vereinbarten Warteposition zur Versorgung der DEUTSCHLAND. KptzS. Wenneker war ein wenig beunruhigt zu erfahren, daß der Tanker die Rauchfahne des Panzerschiffes fast fünfzehn Minuten vor dem Sichten der WESTERWALD ausgemacht hatte. Im Anschluß daran begann sofort im Schlepp des Versorgers eine dreistündige Brennstoffübernahme, der eine ebenso lange Proviantübernahme durch die Verkehrsboote im Pendelverkehr folgte. Danach entschied sich KptzS. Wenneker, südostwärts von Grönland auf einer Warteposition zu bleiben, um den Operationsbeginn abzuwarten. Die Alternative, eine Warteposition südwestlich von Grönland zu beziehen, wurde angesichts des Risikos abgelehnt, vom Schiffsverkehr zur Hudsonbai und von Grönland selbst entdeckt zu werden.

Nach dem Eingang eines Funkspruches der Skl. am 31. August 1939 um 18.00 Uhr,[124] der den Beginn der Feindseligkeiten gegen Polen in den heimischen Gewässern am 1. September um 04.45 Uhr ankündigte, begannen sich die Ereignisse rasch zu entwickeln. Soweit dies die DEUTSCHLAND betraf, wurde mitgeteilt, daß die Haltung der Westmächte – Großbritannien und Frankreich – ungewiß blieb. Im Falle ihres Kriegseintritts sollten sich deutsche Kriegsschiffe im Atlantik nur verteidigen, falls sie angegriffen würden. Die Panzerschiffe und die U-Boote hätten weitere Befehle abzuwarten und selbst polnische Schiffe dürften zunächst nicht angegriffen werden. Am 1. September um 19.45 Uhr erreichte das Panzerschiff ein weiterer Funkspruch der Skl., wonach Großbritannien und Frankreich Generalmobilmachung angeordnet hätten, Italien aber weiterhin neutral bliebe. In den frühen Morgenstunden des 3. September erhielt die DEUTSCHLAND den erwarteten Funkspruch vom Beginn der Feindseligkeiten gegen Großbritannien.

KptzS. Wenneker bevorzugte einen Angriff auf die Schiffahrtswege im mittleren Atlantik, da sie die beste Erfolgsmöglichkeit boten, und entschied sich daher, bis zur Position 50° N und 30° W vorzustoßen, um den Schiffsverkehr zwischen den USA und Großbritannien zu unterbrechen. Sollten es die Wetterbedingungen auf der Nordatlantikroute nicht gestatten, Schiffe zu durchsuchen (die Prisenordnung mußte beachtet werden),[125] dann müßte ein Vorstoß nach Süden ins Auge gefaßt werden, um die Schiffahrtsroute von Westindien Richtung Azoren anzugreifen. Das Troßschiff WESTERWALD erhielt den Befehl, eine Wartestellung in der Davis-Straße zu beziehen, um erforderlichenfalls die DEUTSCHLAND zu versorgen. Hitler hoffte noch immer, statt Krieg zu führen, mit Großbritannien zu einer Einigung zu kommen, und die Skl.

befahl daher – trotz der Kriegserklärungen Frankreichs und Großbritanniens – den Schiffen im Atlantik erneut Zurückhaltung. Das Panzerschiff hatte gerade erst mit der Suche nach gegnerischen Handelsschiffen begonnen, als am 5. September 1939 ein weiterer Funkspruch der Skl. einging,[126] der infolge der politischen Lage einen Abbruch der Handelskriegführung anordnete. Die Schiffe sollten ihre Operationsgebiete verlassen, sich absetzen und Funkstille bewahren. Später in der Nacht trafen weitere Funksprüche der Skl. ein, wonach der französische Schiffsverkehr unbehelligt zu bleiben hätte und jeder Zwischenfall mit französischen Schiffen zu vermeiden wäre. Als Folge dieser Unentschlossenheit blieb die DEUTSCHLAND tagelang im Seegebiet vor Grönland untätig in Wartestellung.

KptzS. Wennekers Problem war zwiefältiger Natur: Erstens hatte er keine Vorstellung davon, wie lange er untätig verharren mußte, und zweitens war ihm kaum etwas über die Verteilung der gegnerischen Seestreitkräfte bekannt. Nachdem er in Betracht gezogen hatte, ob er sich in die Weiten des Südatlantik zurückziehen sollte, entschloß er sich, in der Nähe seines Troßschiffes zu bleiben. Mit gelegentlicher Brennstoffübernahme und tagelangem Treibenlassen mit Gefechtsexerzieren verstrich die lange Wartezeit. Die Nachricht von der Versenkung der HMS COURAGEOUS bedeutete, daß es einen britischen Flugzeugträger weniger gab, der das Panzerschiff entdecken könnte. Doch noch immer kam kein Angriffsbefehl. Am 24. September 1939 wurde endlich ein Funkspruch aufgefangen, der das Verbot aufhob, französische Schiffe anzugreifen. Aber selbst dann noch blieb das Verbot bestehen, Passagierschiffe anzugreifen, es sei denn, es handelte sich offensichtlich um Truppentransportschiffe. Dieser Funkspruch stammte jedoch vom Führer der Unterseeboote. Erst am folgenden Tag unterrichtete die Skl. die DEUTSCHLAND, daß die Freigabe der Panzerschiffe zur Handelskriegführung zu erwarten wäre. Schließlich traf der lang ersehnte Funkspruch der Skl. am Abend des 27. September ein.[127] Über drei Wochen waren seit dem Eintreffen des Panzerschiffes im Operationsgebiet vergangen.

KptzS. Wenneker entschloß sich nunmehr, nach Süden vorzustoßen, um den nach Großbritannien gehenden Schiffsverkehr, insbesondere die Tanker, aus dem Golf von Mexiko und Mittelamerika im Seegebiet nordwestlich der Azoren anzugreifen. Hierbei könnte sich auch die Möglichkeit zur Ergänzung des eigenen Brennstoffs bieten. Drei Stunden nach der Freigabe änderte die DEUTSCHLAND ihren Kurs nach Süden. Die Besatzung atmete nach der erzwungenen Untätigkeit befreit auf. Noch immer unterrichtete die Skl. das Panzerschiff über Einschränkungen seines Handelns: italienische, japanische und sowjetische Schiffe dürften nur zur Untersuchung ihrer Ladungen angehalten werden. Am 28. September verbot die Skl. den vollen Einsatz gegen Schiffe der Royal Navy: »England braucht im Augenblick Erfolge. Jeder englische Prestigegewinn daher unerwünscht.« Nichtsdestoweniger erwartete die Skl. »größtmögliche Wirkung«!

Am 30. September 1939 stand die DEUTSCHLAND, immer noch Südkurs steuernd, auf der Höhe von Neufundland, als die ADMIRAL GRAF SPEE ihren ersten Erfolg meldete. Dies ließ die Besatzung der DEUTSCHLAND noch begieriger werden, ebenfalls ihren ersten Erfolg zu erzielen. Trotz des Einsatzes des Bordflugzeuges kam jedoch kein einziges Schiff in Sicht und KptzS. Wenneker entschied sich, in Richtung auf den von Panama und Aruba kommenden Schiffsverkehr zu operieren. Nach viertägigem Kreuzen auf den Westindien-Routen war kein einziges Schiff gesichtet, geschweige denn angehalten worden. Es konnte nur vermutet werden, daß der gesamte Schiffsverkehr nach Norden entlang der Ostküste der USA und über Neufundland umgeleitet worden war. Infolgedessen beschloß KptzS. Wenneker nur noch einen einzigen Tag im Süden zu bleiben, um danach auf Nordkurs zu gehen. Dieser letzte Tag, der 5. Oktober, brachte verspätet den ersten Erfolg für die DEUTSCHLAND.

An diesem Tag kam um 11.10 Uhr ein Schiff in Sicht und wurde schließlich zwei Stunden später etwa 600 sm ostwärts der Bermudas angehalten. Das Schiff erwies sich als die 5044 BRT[128] große STONEGATE der Reederei Turnbull Scott & Co. in London, unterwegs mit 8600 ts Salpeter von Tocopilla/Chile nach Alexandria. Das Opfer funkte noch »Gefahr! Unbekanntes Kriegsschiff!«, ehe es gestellt wurde. Anschließend wurde die Besatzung von Bord geholt und der Dampfer durch Artilleriebeschuß versenkt. Angesichts des vorausgegangenen Mißerfolgs und der Tatsache, daß seine Anwesenheit jetzt bekannt geworden war, teilte das Panzerschiff der Skl. über Funk mit, daß es wieder nach Norden zurückkehre. Die vergeudete Zeit seit der Operationsfreigabe und der damit verbundene Mißerfolg war nicht die Schuld der DEUTSCHLAND. KptzS. Wenneker konnte nicht wissen, daß der Schifffahrtsweg Kingston/Jamaika – Großbritannien seit dem 8. Oktober 1939 nicht mehr benutzt wurde. Wäre das Panzerschiff in diesem Seegebiet früher eingetroffen, hätten seine Erfolgschancen möglicherweise größer sein können. Halifax/Neuschottland war jedoch ein weit wichtigerer Abgangspunkt für Geleitzüge und mit der Zurückverlegung des Operationsgebietes nach Norden sollten diese abgefangen werden.

Nach der Versenkung der britischen CLEMENT durch die ADMIRAL GRAF SPEE war die Anwesenheit eines ozeanischen Handelsstörers in Form eines Panzerschiffes der britischen Admiralität bekannt geworden, aber zunächst blieb das Vorhandensein eines zweiten Handelsstörers noch unbekannt. Trotzdem wurde auf alliierter Seite eine Anzahl Jagdgruppen gebildet, um den Handelsstörer abzufangen und zum Kampf zu stellen. Von diesen Gruppen befand sich nur die Force F auf einer Position, um die DEUTSCHLAND stellen zu können. Diese britische Jagdgruppe bestand aus den Schweren Kreuzern BERWICK und YORK. Doch als die Anwesenheit eines zweiten »Pocket Battleship« (»Taschenschlachtschiff«, wie die Briten die Panzerschiffe nannten) zuverlässig bekannt wurde, erhielten die beiden Kreuzer den Befehl, die Halifax-Geleitzüge zu decken. BERWICK kam schließlich mit einem deutschen Handelsstörer in Fühlung, aber dies war Ende 1940 der Schwere Kreuzer ADMIRAL HIPPER (siehe Whitley: »Deutsche Kreuzer im 2. Weltkrieg«). Die DEUTSCHLAND steuerte jetzt Nordostkurs, um auf den Halifax-Geleitzugrouten Position zu beziehen. Hierbei ging sie der neutralen Schiffahrt aus dem Weg, unter anderem am 8. Oktober 1939 auch dem amerikanischen Küstenwachtkutter CAMPBELL, der das deutsche Panzerschiff nicht sichtete. Der nächste Tag bescherte der DEUTSCHLAND einen weiteren Erfolg, als die CITY OF FLINT (4963 BRT), ohne einen Funkspruch abgeben zu können, aufgebracht wurde. Der Dampfer gehörte der amerikanischen Reederei N.S. Lines in New York und beförderte eine wertvolle Mischladung, die für Großbritannien bestimmt war und daher nach der Prisenordnung Bannware darstellte. KptzS. Wenneker entschloß sich, diese wertvolle Prise mit einem Prisenkommando an Bord zusammen mit der Besatzung der STONEGATE nach Deutschland zu entsenden. Seine Absicht war es, die Benutzung der norwegischen Küstengewässer als Route für heimwärts fahrende Prisen zu erproben und gleichzeitig die Ladung für die eigene Verwendung zu sichern. Der *Northern Patrol* ausweichend,[129] erreichte die CITY OF FLINT Murmansk und dampfte danach auf dem Schärenweg innerhalb der norwegischen Hoheitsgewässer nach Süden. Doch die norwegischen Behörden hielten den Dampfer an, internierten das deutsche Prisenkommando und gaben die CITY OF FLINT frei. Daher kam die Prise nicht in Deutschland an – noch nicht.

Am 12. Oktober 1939 hielt die DEUTSCHLAND ein weiteres Schiff an, den norwegischen Dampfer JACOB CHRISTENSEN, unterwegs mit

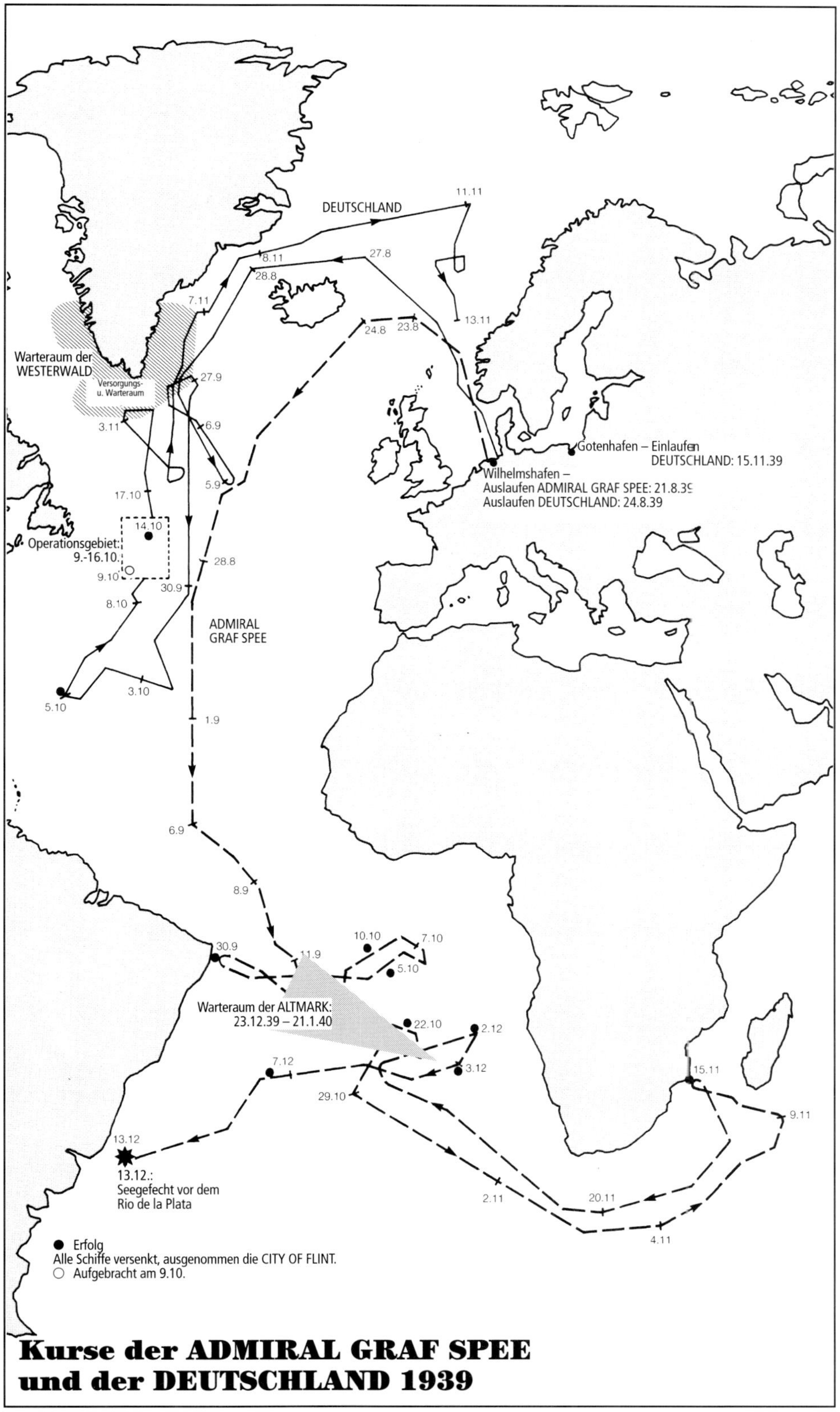

Kurse der ADMIRAL GRAF SPEE und der DEUTSCHLAND 1939

einer Ladung Kohle von Baltimore nach Oslo. Schwere See verhinderte eine Untersuchung des Schiffes, und da es sich um einen Neutralen handelte, wurde der Frachter freigegeben. Zwei Tage später fiel dem Handelsstörer ein zweites norwegisches Schiff, die LORENTZ W. HANSEN, 400 sm ostwärts von Neufundland in die Hände. Der 1918 BRT große Dampfer hatte 2000 ts Holz geladen und war für Großbritannien bestimmt. Nach der Übernahme der Besatzung wurde er versenkt. Im späteren Verlauf des Tages lief dem Panzerschiff der norwegische Tanker KONGSDAL über den Weg und wurde angehalten. Die Untersuchung durch das Prisenkommando ergab, daß seine Ladung für Nyborg im neutralen Dänemark bestimmt war. Ihm wurde die Besatzung der LORENTZ W. HANSEN übergeben und danach entließ ihn das Panzerschiff. Der verhältnismäßig langsame Tanker, der seine Funkanlage nicht benutzte, erreichte erst am 21. Oktober die Orkney-Inseln. Von dort aus wurde die britische Admiralität alarmiert. Sie erkannte, daß noch ein zweiter Handelsstörer in See stand und identifizierte ihn eindeutig als die DEUTSCHLAND. KptzS. Wenneker verließ mit seinem Schiff die Neufundlandbänke, um den weiter südlich verlaufenden Schiffahrtsweg abzusuchen. Ein in Sicht kommender Dampfer stellte sich als Neutraler heraus: die japanische HAKONE MARU. Die Wettervorhersage kündigte schlechtes Wetter an, so daß sich ein Anhalten und Untersuchen von Schiffen schwierig gestalten würde. Außerdem müßte Brennstoff ergänzt werden und zudem war KptzS. Wenneker der Auffassung, daß die Anwesenheit der DEUTSCHLAND im Bereich der Neufundlandbänke dem Gegner inzwischen bekannt sein dürfte. (Wie wir gesehen haben, war dies jedoch noch nicht der Fall.) Daher entschloß er sich am 13. Oktober, nach Norden abzulaufen und zur WESTERWALD zu gehen. Das Finden der WESTERWALD erwies sich jedoch als schwierig und am 22. Oktober 1939 ließ KptzS. Wenneker die Skl. über Funk unterrichten, daß er ihren Verlust vermutete. Schließlich teilte die Skl. dem Panzerschiff noch am selben Abend mit, daß das Troßschiff zum vereinbarten Treffpunkt westlich von Grönland unterwegs wäre. In den Abendstunden des 25. Oktober kam die WESTERWALD endlich in Sicht. Bis zum 29. Oktober blieben die beiden Schiffe zur Brennstoff- und Proviantübernahme zusammen. In dieser Zeit verursachte das schwere Wetter (Sturm mit Orkanstärke, Wellenhöhe bis 30 m) Probleme mit der Antriebsanlage und eine bis zum 2. November dauernde Maschinenüberholung verhinderte die Wiederaufnahme der Operationen zu einem früheren Zeitpunkt. Danach liefen die beiden Schiffe auf gegenläufigen Kursen ab.

Am 28. Oktober 1939 hatte die DEUTSCHLAND von der Skl. die Weisung erhalten, zwischen dem 11. und dem 19. November – in der Neumondphase – zunächst noch ohne das Troßschiff in die Heimat zurückzukehren. Diesen Befehl gab der Kommandant am 1. November der Besatzung bekannt. Bevor jedoch das Panzerschiff den Rückmarsch antrat, beabsichtigte KptzS. Wenneker, zwischen dem 3. und dem 8. November noch einen weiteren Vorstoß zu den Schiffahrtswegen im Nordatlantik durchzuführen, um den geplanten Rückmarsch zu verschleiern. Anschließend sollte das Panzerschiff in der Nacht vom 9./10. November den Durchbruch durch die Dänemarkstraße wagen. Den Vorschlag, die WESTERWALD in einen Hilfskreuzer umzuwandeln, lehnte die Skl. ab. Das Troßschiff sollte auf seiner Warteposition bleiben, bis der Durchbruch der DEUTSCHLAND in die Heimat geglückt wäre. In den Abendstunden des 2. November trat das Panzerschiff seinen Vorstoß nach Süden an. Doch es traf nur die 3080 BRT große TYRIFJORD an, einen norwegischen Dampfer der Norsk Amerika Linje in Oslo mit einwandfreier neutraler Ladung, der sich auf der Heimreise befand und wieder entlassen wurde. Bis zum Abend des 4. November hatten sich die Wetterbedingungen derart verschlechtert, daß KptzS. Wenneker den Vorstoß abbrach. Die Unmöglichkeit, bei schwerem Wetter Boote auszusetzen, schränkte die Handelskriegführung nach Prisenordnung stark ein.

Das schwere Wetter hielt den 5. November hindurch an. Am folgenden Tag entschied sich KptzS. Wenneker gegen ein nochmaliges Treffen mit dem Troßschiff. Er beabsichtigte, sofort auf Nordkurs zu gehen, die Eisgrenze anzusteuern und die Dänemarkstraße bei Tageslicht mit hoher Fahrt zu passieren. Trotz weiterhin schlechten Wetters und Eis gelang die Durchfahrt erfolgreich. Im späteren Verlauf des 7. November ging das Panzerschiff auf nordöstliche Kurse, um Island weit nördlich zu passieren. Am folgenden Tag nahm der Wind wieder zu und die Temperatur fiel. Der Wind frischte zu voller Sturmstärke auf und zeitweilig mußte mit der Fahrt auf 10 kn heruntergegangen werden. Gegen Abend begann das Panzerschiff zu vereisen, seine Gefechtsfähigkeit wurde dadurch erheblich herabgesetzt. Nur sehr langsam gewann die DEUTSCHLAND nach Osten Raum. Am Vormittag des 9. November wehte ein NO-Sturm (Stärke 8) mit zeitweiligen Orkanböen und sehr schlechter Sicht. Es erschien unwahrscheinlich, daß das Panzerschiff unter diesen Wetterbedingungen entdeckt werden würde, und selbst wenn dies der Fall gewesen wäre, hätte es keinen Waffeneinsatz gegeben; denn alle Geschütze und die optischen Ziel- und E-Meßeinrichtungen waren vereist, ausgenommen einige Geschütze der Mittelartillerie und die Fla-Waffen auf der Steuerbordseite, d.h. der Leeseite des Schiffes. Der achtere 28-cm-Turm war nur sehr eingeschränkt gefechtsklar, während die Torpedorohrsätze auf dem Achterdeck überhaupt nicht bemannt werden konnten. Erst in den Morgenstunden des 10. November besserten sich die Wetterbedingungen soweit, um Männer zur Beseitigung der Eismassen an Deck zu schicken und die Waffen wieder gefechtsklar zu machen.

Am 11. November 1939 ging die DEUTSCHLAND auf Südkurs, passierte am 14. November bei Sturm die Shetland-Bergen-Enge und wurde einen Tag später auf der Höhe von Kristiansand-Süd von den Zerstörern FRIEDRICH IHN und FRIEDRICH ECKOLDT aufgenommen. In den Morgenstunden des 16. November lief das Panzerschiff sicher in Gotenhafen ein. Die erzielten Erfolge waren nicht beeindruckend. Auf das Konto des Schiffes kamen lediglich 6952 BRT versenkter und 4963 BRT aufgebrachter Handelsschiffstonnage. Doch es muß daran erinnert werden, daß die auf dieser Unternehmung mit Angriffen auf die Schiffahrt verbrachte Zeit gegenüber der mit Untätigkeit in Wartestellung zugebrachten Zeitspanne verhältnismäßig gering war. Das Panzerschiff operierte fast zwei Monate lang unentdeckt, ein nicht gerade geringes Bravourstück. Doch was die Führung der Kriegsmarine anbetraf, so hätte diese mehr Genugtuung empfunden, wenn es der DEUTSCHLAND gelungen wäre, mehr Erfolge aufzuweisen. Mit dem Ende der Unternehmung wurde das Panzerschiff auf seinen neuen Namen LÜTZOW umgetauft.

***

Das Panzerschiff ADMIRAL GRAF SPEE (KptzS. Hans Langsdorff) lief am 21. August 1939 aus Wilhelmshaven aus. Es sollte in Vorbereitung des erwarteten Kriegsausbruchs im Südatlantik eine Wartestellung beziehen. Als sein Hauptangriffsziel war der Schiffsverkehr auf der Route Kapstadt – Kapverdische Inseln – Golf von Biskaya vorgesehen. Sein zweites Angriffsziel sollten die Schiffahrtswege im mittleren und südlichen Atlantik sowie im südlichen Indischen Ozean sein.

Die ADMIRAL GRAF SPEE marschierte entlang der norwegischen Küste nach Norden, ging am 23. August auf Westkurs und durchbrach am 24. August unentdeckt die Island-Färöer-Enge und erreichte als einziger Handelsstörer auf dieser Route tatsächlich den offenen Atlantik. SCHARNHORST und ihr Schwesterschiff GNEISENAU versuchten, zu einem späteren Zeitpunkt ebenfalls diese Route zu nehmen, wurden aber zur Umkehr gezwungen und mußten statt dessen die Dänemarkstraße benutzen. Die Royal Navy richtete erst am 6. September (d.h. nach Kriegsausbruch) die *Northern Patrol* ein, so daß – abgesehen von der zufälligen Sichtung durch ein Handelsschiff (und diesen wurde sorgfältig ausgewichen) – keine Möglichkeit bestand, von der Durchfahrt eines Handelsstörers Kenntnis zu erlangen. Nachdem sich das Panzerschiff im freien Nordatlantik befand, steuerte es einen Südwestkurs, um dann den Mittelatlantik auf einem fast direkten Südkurs zu passieren. Nach dem Erreichen des Atlantik hatte die ADMIRAL GRAF SPEE anfangs mit sehr schlechtem Wetter zu kämpfen, das mit dazu beitrug, ein Entdecktwerden zu vermeiden. Allerdings holten die überkommenden Seen auch einen nicht angeseilten Unteroffizier von Bord, der nicht gerettet werden konnte. Am 30. August blieben die Azoren an Backbord zurück und mit steigenden Temperaturen besserte sich das Wetter. Die zunehmende Luft- und Wasserwärme begann jedoch auch Probleme zu verursachen. Es zeigte sich, daß die Kühlanlage für dieses Schiff zu gering ausgelegt war. In den Munitionskammern stiegen die Temperaturen gefährlich an[130] und die Wohnbedingungen waren infolge der Einschränkungen bei abgedunkeltem Schiff sehr unbequem.

Am 1. September 1939, dem Tag des Kriegsausbruchs mit Polen, stand das deutsche Panzerschiff etwa 1000 sm nordwestlich der Kapverdischen Inseln und steuerte Südkurs. In den Morgenstunden kam sein Troßschiff, die ALTMARK (Kapitän Dau), in Sicht. Ihre hellen Aufbauten, gelben Masten und der schwarze Schornstein waren im Sonnenlicht leicht zu erkennen, aber der Tanker hatte die Aufbauten des Panzerschiffes schon lange zuvor gesichtet. Damit begann eine Zeit der Geschäftigkeit mit Proviant-, Vorräte- und Brennstoffübernahmen, während zwei 2-cm-Geschütze, Handfeuerwaffen und Munition zur ALTMARK hinübergebracht wurden. Anschließend setzten die beiden Schiffe gemeinsam den Marsch nach Süden fort. An Bord der ADMIRAL GRAF SPEE wurden die Arbeiten zur Herstellung der vollen Kriegsbereitschaft fortgesetzt. Überflüssiges Gewicht, wie zum Beispiel das nicht mehr erforderliche Landesegel für das Anbordnehmen des Bordflugzeuges, nutzlose Ausrüstung und unerwünschte entzündliche Vorräte (Farbe) wurden entweder über Bord geworfen oder auf das Troßschiff gebracht. Auch die ALTMARK war inzwischen im Schiffsinneren einem Umbau unterzogen worden, um die Gefangenen von versenkten und aufgebrachten Schiffen unterzubringen.

Bis jetzt waren keine Befehle eingegangen, mit der Handelskriegführung zu beginnen. Das Panzerschiff selbst wahrte Funkstille. Die Skl. übermittelte einige Informationen zur Verteilung der gegnerischen Seestreitkräfte. Ein Punkt späteren kritischen Interesses war eine Meldung vom 7. September, die über die Anwesenheit des britischen Leichten Kreuzers AJAX vor der brasilianischen Küste informierte. Am folgenden Tag wurde der Äquator mit einer kleinen Zeremonie überquert und am 16. September entschloß sich KptzS. Langsdorff, nicht weiter nach Süden zu marschieren, sondern in diesem verhältnismäßig entfernten Teil des Südatlantik auf und ab zu stehen, um auf weitere Befehle zu warten. Die B-Dienstgruppe des Panzerschiffes unternahm den Versuch, Einblick in die Stärke des Schiffsverkehrs zwischen dem Rio de la Plata und Großbritannien zu gewinnen, aber ohne großen Erfolg. Zwischendurch wurde immer wieder das Bordflugzeug – eine Arado Ar 196 – zu einem Aufklärungsflug katapultiert. Am 11. September sichtete es ein Kriegsschiff, offensichtlich ein britisches, das hohe Fahrt lief. Zum Glück für den Handelsstörer wurde das Bordflugzeug von diesem Kriegsschiff nicht gesehen. Vermutlich war es der Schwere Kreuzer HMS CUMBERLAND, unterwegs von Freetown nach Rio de Janeiro. In dieser Zeitspanne der Untätigkeit wurden an Bord des Panzerschiffes immer wieder Übungen durchgeführt, um das Schiff noch besser auf die Handelskriegführung vorzubereiten.

Eine der Schwierigkeiten, auf diesen Breiten zu operieren, betraf das Wetter oder genauer ausgedrückt: die gute Sicht. Aus dem Zusammentreffen mit der ALTMARK war bereits deutlich geworden, aus welch großer Entfernung der hohe Gefechtsturmaufbau der ADMIRAL GRAF SPEE gesichtet werden konnte, ein entschiedener Nachteil. In dieser Hinsicht konnte wenig unternommen werden. Um das rasche Aufbringen gegnerischer Schiffe sicherzustellen, war es von wesentlicher Bedeutung, so schnell wie möglich mit einem bewaffneten Prisenkommando an Bord zu gelangen. Hierfür mußte sehr viel Arbeit geleistet werden; unter anderem erhielten die großen Verkehrsboote eine neue Aufstellung, um sie in kürzerer Zeit nach jeder Seite und auch bei Dünung aussetzen zu können. Dies hatte darüber hinaus zur Folge, daß die 10,5-cm-Fla-Doppellafetten mittschiffs ein besseres Schußfeld erhielten.

Erst am 26. September 1939 erhielt das Panzerschiff von der Skl. die Freigabe zur Handelskriegführung. Daraufhin entschloß sich KptzS. Langsdorff, zunächst in Richtung der brasilianischen Küste auf die Höhe von Pernambuco (heute Recife) vorzustoßen. Am 27. September ließ die ADMIRAL GRAF SPEE das Troßschiff in seinem Wartegebiet zurück und nahm die Handelskriegführung auf. Drei Tage später, am 30. September, fand das Panzerschiff sein erstes Opfer. Trotz Einsatz des Bordflugzeuges gelang es nicht, den britischen Dampfer daran zu hindern, »RRR« (steht für »Raider«, d.h. Überwasser-Handelsstörer) sowie Name und Standort zu funken. Damit war die Position des Panzerschiffes kompromittiert. Das aufgebrachte Schiff erwies sich als die 5051 BRT große CLEMENT, unterwegs von New York nach brasilianischen Häfen und zu diesem Zeitpunkt von Pernambuco nach Bahia (heute Salvador). Da dies ihr letzter Anlegehafen war, hatte sie keine umfangreiche Ladung mehr an Bord, aber da es sich um ein britisches Schiff handelte, wurde die CLEMENT versenkt. Diese erste »Versenkung« geriet fast zur Posse, denn trotz Öffnen der Seeventile weigerte sich der Dampfer zu sinken. Auch die angeschlagenen Sprengpatronen versagten beim Zünden. Daraufhin schoß das Panzerschiff zwei Torpedos. Beide verfehlten ihr Ziel! Schließlich mußte die CLEMENT unter Einsatz der Mittelartillerie versenkt werden. Der Kapitän und der Chefingenieur wurden an Bord des Panzerschiffes gebracht und die restliche Besatzung blieb in den Booten zurück. KptzS. Langsdorff, eine human denkende Persönlichkeit, ließ trotz des Risikos einen Funkspruch zur Rettung der Schiffbrüchigen unter dem internationalen Rufnamen der ADMIRAL SCHEER an die Funkstation von Pernambuco absetzen. Diese quittierte den Spruch mit der Antwort: »Thanks. O.K. Hasta luego.«

Noch am selben Nachmitag wurde der griechische Dampfer PAPALEMOS mit 5705 t Mais an Bord angehalten. Doch da es sich um ein neutrales Schiff mit einer neutralen Ladung handelte, wurde es wieder entlassen, nachdem es noch die beiden Offiziere der CLEMENT an Bord genommen hatte. Dies war vermutlich ein Fehler, denn diese beiden Männer hatten sicherlich einiges an Bord des deutschen Schiffes gesehen, unter anderem auch den wirklichen Namen des Panzerschiffes, während sie zu dem Griechen gebracht wurden. Um auch die Besatzung der CLEMENT irrezuführen, hatte das Schiff die Namenstafel ADMIRAL SCHEER geführt. Durch die Anwesenheit eines Handelsstörers im Südatlantik aufgeschreckt, bildete die britische Admiralität in Zusammenarbeit mit der französischen Marineleitung acht Jagdgruppen.[131] Der Großteil dieser Gruppen wurde gegen den Handelsstörer im Süden angesetzt, denn die Anwesenheit der DEUTSCHLAND im Norden war noch nicht bekannt geworden. Angesichts der zu erwartenden Reaktionen ging KptzS. Langsdorff mit seinem Panzerschiff auf Ostkurs, um die Schiffahrtswege im Seegebiet zwischen den Inseln St. Helena und Ascension abzusuchen. Auf dem Marsch in das neue Ope-

Die ADMIRAL GRAF SPEE mit der 28-cm-Doppelturm-Attrappe im Südatlantik. (WBB)

rationsgebiet wurden Front und Seiten des Gefechtsturmes in dem Versuch weiß übermalt, ihn auf große Entfernungen weniger sichtbar zu machen. Gleichzeitig erhielt er das Aussehen eines Dreibeinmastes. Am 5. Oktober 1939 fand die ADMIRAL GRAF SPEE ihre zweite Beute: der britische Dampfer NEWTON BEECH (4651 BRT) mit einer aus 7194 ts Mais bestehenden Ladung auf dem Wege von Kapstadt nach Freetown. Auch dieser Dampfer gab einen »RRR«-Funkspruch ab. KptzS. Langsdorff entschloß sich, dieses Schiff für den Augenblick zu behalten, und ließ es durch ein Prisenkommando übernehmen. Die Durchsuchung des Schiffes förderte einige wertvolle Dokumente zutage, obwohl der Kapitän die Geheimsachen weitgehend vernichtet hatte. Trotzdem war die B-Dienstgruppe imstande, das britische Funkverfahren für den Fall des Zusammentreffens mit einem *Raider* zu rekonstruieren. Funksprüche zur Täuschung des Gegners waren jetzt möglich, und um die Täuschung noch echter wirken zu lassen, wurde auch die Funkanlage des britischen Standardtyps auf der NEWTON BEECH ausgebaut und an Bord der ADMIRAL GRAF SPEE installiert.

Nach der Auffassung von KptzS. Langsdorff reichten diese beiden Erfolge nicht aus, um die auf den Schiffahrtswegen verbrachte Zeit zu rechtfertigen, und wie für den Kommandanten der DEUTSCHLAND im Norden war auch für ihn die Frage von wesentlicher Bedeutung, wohin war der Schiffsverkehr verschwunden. Ihm war bekannt, daß zum Beispiel im September mehr als sechzig britische Handelsschiffe Buenos Aires angelaufen hatten. Doch wo waren diese jetzt? Am 7. Oktober 1939 stellte sich mit dem Aufbringen des britischen Dampfers ASHLEA (4222 BRT), unterwegs von Kapstadt nach England mit einer Ladung Rohzucker, ein weiterer Erfolg ein. Nach dem Verbringen seiner Besatzung auf die NEWTON BEECH wurde das Schiff versenkt. Am folgenden Tag kreuzte das Panzerschiff mit Nordwestkurs auf der Route Kapstadt – Kanarische Inseln, aber nichts kam in Sicht. Infolge ihrer Langsamkeit wurde die NEWTON BEECH nunmehr zu einer Belastung für die ADMIRAL GRAF SPEE und nach der Übernahme der Gefangenen auf das Kriegsschiff wurde auch dieser Dampfer versenkt. Am 10. Oktober gegen Abend sichtete der Handelsstörer seine nächste Beute. Es handelte sich um den 8196 BRT großen britischen Dampfer HUNTSMAN, der mit einer gemischten Ladung, darunter 1520 ts Tee, von Kalkutta nach England unterwegs war. Sein Aufbringen brachte zusätzlich 84 Gefangene in seine Obhut, so daß sich KptzS. Langsdorff entschied, die HUNTSMAN zunächst als Gefangenenschiff zu behalten.

Mit dem vorher erwähnten britischen Marconi-Sender ließ KptzS. Langsdorff jedoch folgenden Funkspruch ausstrahlen: »SSS SSS SSS, 7°20'S, 7°57'W, NEWTON BEECH, torpedoed!«, um den Eindruck eines Angriffs durch ein Unterseeboot (»SSS« steht für »Submarine«, d.h. Unterseeboot) hervorzurufen, das möglicherweise mit dem Überwasser-Handelsstörer zusammenarbeitet. Eine Reaktion war nicht festzustellen. Noch am 10. Oktober 1939 brach die ADMIRAL GRAF SPEE den Vorstoß ab, um zur ALTMARK zu gehen. Am 14. Oktober kam das Troßschiff in Sicht. Bis zum 18. Oktober blieben die beiden Schiffe zusammen. In dieser Zeitspanne übernahm das Panzerschiff Brennstoff, Proviant und Vorräte, während ein Teil der Fracht aus der HUNTSMAN sowie die Gefangenen auf das Troßschiff gebracht wurden. Anschließend versenkte ein Sprengkommando die HUNTSMAN. KptzS. Langsdorff entschloß sich nunmehr, einen Vorstoß in ein neues Operationsgebiet durchzuführen und die Kap-Route südostwärts von St. Helena in ausreichendem Abstand zur afrikanischen Küste abzusuchen, damit die britischen Funkstationen auf St. Helena und in der Walfischbucht kein Notsignal auffangen könnten. Auf dem Marsch ins neue Operationsgebiet gelang es der B-Dienstgruppe, einen Funkspruch des S.N.O. Simonstown zu dechiffrieren. Er warnte die Schiffahrt vor zwei Handelsstörern der DEUTSCHLAND-Klasse, die mit Flugzeugen operierten, und instruierte die Handelsschiffe, bei nicht identifizierten Kriegsschiffen sehr vorsichtig zu sein. Dieser entzifferte Funkspruch gewährte KptzS. Langsdorff zusammen mit den erbeuteten Richtlinien der britischen Admiralität für den Handelsschutz und dem rekonstruierten Geheimcode für Handelsschiffe einen beträchtlichen Vorteil für den Umgang mit den Handelsschiffen, denen sich das Panzerschiff näherte. Außerdem hatte er auch die Hoheitszeichen seines Bordflugzeuges übermalen lassen.

Am 22. Oktober 1939 hatte die ADMIRAL GRAF SPEE ihr neues Operationsgebiet erreicht und nur kurze Zeit später sichtete das Bordflugzeug ein Schiff. Nach einem kurzen 2-cm-Beschuß stellte der Dampfer sein Funken ein und ein bewaffnetes Prisenkommando ging an Bord. Das Schiff war die zwei Jahre alte und 5291 BRT große britische TREVANION mit 8835 ts Zinkerz aus Australien an Bord – eine wertvolle Ladung, die schon bald ihren Weg auf den Meeresgrund nehmen sollte. Das Notsignal der TREVANION war jedoch von einem anderen Schiff, der LANSTEPHEN CASTLE, aufgefangen und an den C-in-C Freetown weitergegeben worden. Die einsetzende Suche nach dem Handelsstörer blieb erfolglos. Die ADMIRAL GRAF SPEE steuerte jetzt einen südwestlichen Kurs. Ihre B-Dienstgruppe erkannte, daß auch Simonstown das Notsignal der TREVANION aufgefangen hatte. Sie dechiffrierte auch die Aufforderung von Simonstown an die LANSTEPHEN CASTLE, die im Notsignal angegebene Position klarzustellen. Es erschien offensichtlich, daß nunmehr auf der Kap-Route Abwehrmaßnahmen ergriffen werden würden, und es war daher zwecklos, wenn nicht sogar gefährlich, in diesem Seegebiet zu verbleiben, und so lief das Panzerschiff mit Höchstfahrt nach Westen ab. Gleichzeitig teilte es der Skl. über Funk die Absicht mit, im Januar 1940 zur Werftüberholung in die Heimat durchzubrechen. Nach einem erneuten Zusammentreffen mit der ALTMARK am 28. Oktober 1939 mit anschließender Brennstoffübernahme und der Überführung der Besatzung der TREVANION auf das Troßschiff setzte die ADMIRAL GRAF SPEE ihren Kriegsmarsch fort.

Im Südatlantik war augenfällig ein Stich ins Wespennest erfolgt, der es ratsam erscheinen ließ, das Operationsgebiet des Handelsstörers zu verlegen. KptzS. Langsdorff entschied sich für den Indischen Ozean, wo die wertvollen Schiffahrtsrouten von und nach Asien und Australien wahrscheinlich reiche Beute liefern würden. Nach einigem Zögern entschloß er sich jedoch, nur im Südwestteil des Indischen Ozeans (d.h. südlich von Madagaskar) zu operieren, um jedes Risiko zu vermeiden, die eine Doppelpassage der ALTMARK südlich um das Kap der Guten Hoffnung herum mit sich bringen würde. Dies würde immer noch zu einer Unterbrechung des Schiffsverkehrs im gesamten Indischen Ozean führen, würde aber gleichzeitig eine rasche Rückkehr in den Südatlantik ermöglichen.

Am 28. Oktober 1939 wurde die ALTMARK auf eine neue Warteposition entlassen. Einen Tag später nahm das Panzerschiff Kurs auf den Indischen Ozean und rundete am 3. November das Kap der Guten Hoffnung. Vom 8. bis zum 14. November suchte die ADMIRAL GRAF SPEE erfolglos die Schiffahrtswege südlich von Madagaskar und vor der Einfahrt in die Straße von Moçambique ab. Eine schwere Dünung verhinderte den vollen Einsatz des Bordflugzeuges und am 9. November traten Risse im Motorblock auf, die zum endgültigen Ausfall der Maschine führten, da sich ein zweiter Reservemotor nicht mehr an Bord befand (bereits zu einem früheren Zeitpunkt war der ursprüngliche Motor aufgrund des gleichen Schadens ausgefallen.) Der Ausfall des Bordflugzeuges beeinträchtigte die Aufklärungsmöglichkeiten ernstlich. Am 14. November hatte sich die ADMIRAL GRAF SPEE soweit der afrikanischen Küste genähert, daß die Berge des Festlandes in Sicht kamen – aber noch immer keine Schiffe. Schließlich hielt das Panzerschiff einen kleinen holländischen Küstendampfer an, ließ ihn aber wieder frei. Erst am nächsten Tag konnte ein weiteres Schiff angehalten werden. Hierbei handelte es sich um den kleinen, aber nagelneuen britischen Motortanker AFRICA SHELL (706 BRT), in Ballast nach Lourenço Marques unterwegs. Nach der Versenkung des Schiffes ließ KptzS. Langsdorff die Besatzung in den Booten zurück, nahm den Kapitän an Bord und setzte den Marsch nach Süden fort. Am 16. November lief dem Handelsstörer nur noch das niederländische Motorschiff MAPIA über den Weg, das als Neutraler wieder entlassen werden mußte, ehe die ADMIRAL GRAF SPEE erneut in den Südatlantik zurückkehrte.

Nach tagelanger Sturmfahrt – das Panzerschiff hatte das Kap weit im Süden gerundet – bekam die ADMIRAL GRAF SPEE am 26. November 1939 die ALTMARK auf dem vereinbarten Treffpunkt in Sicht, unmittelbar südlich des Wendekreises des Steinbocks und etwa 1500 sm westlich der afrikanischen Küste. Dort übernahm das Panzerschiff Proviant und ergänzte Brennstoff, wodurch sich sein Operationszeitraum bis Ende Februar 1940 verlängerte. Die zeitliche Ausdehnung seiner Unternehmung hing jedoch in erster Linie vom Zustand seiner Antriebsanlage und weniger von anderen Faktoren ab. Eine Motorenüberholung war dringend geboten und die nächsten Tage verbrachte das Maschinenpersonal mit dieser Arbeit.[132] KptzS. Langsdorff entschloß sich, nach Abschluß aller Arbeiten sein Glück in dem Seegebiet zu versuchen, in dem er die TREVANION angetroffen hatte. Seine Hoffnung gründete sich auf die Annahme, daß der Schiffsverkehr in diesem Seegebiet nach der langen Abwesenheit des Panzerschiffes wieder in Gang gekommen war.[133] Hier wollte er bis etwa zum 6. Dezember Handelskrieg führen, um danach – abhängig vom Zustand der Antriebsanlage – entweder den Rückmarsch anzutreten oder einen Vorstoß gegen den Schiffsverkehr vor dem La Plata zu unternehmen. Am 1. Dezember 1939 stand die ADMIRAL GRAF SPEE auf den Schiffahrtsrouten vom Kap nach St. Helena bzw. vom Kap nach New York. Notreparaturen am Motor der Arado ermöglichten wieder die Durchführung von Aufklärungsflügen, ein großer Vorteil, da sie das Suchgebiet beträchtlich vergrößerten.

Bereits am folgenden Tag kam eine Rauchfahne in Sicht. Nach kurzer Verfolgung mit einem scharfen Schuß vor den Bug drehte das Schiff bei. Es war der 10.086 BRT große britische Turbinendampfer DORIC STAR mit einer aus Wolle, Weizen und Gefrierfleisch bestehenden Ladung auf dem Wege von Neuseeland nach Großbritannien. Seine Versuche zu funken, störte das Panzerschiff mit dem erbeuteten Marconi-Sender. Letzteres war nicht sehr erfolgreich, denn der Notruf wurde gehört und von mehreren Stationen im wesentlichen korrekt wiederholt. Zum Zeitpunkt des Aufbringens der DORIC STAR war das Bordflugzeug des Handelsstörers noch nicht von seinem Aufklärungsflug zurückgekehrt. Es hatte das Panzerschiff nicht mehr gefunden und war irgendwo, verloren in der Weite des Ozeans, niedergegangen und hatte dabei seinen Backbordschwimmer beschädigt. Um die Rettung des Flugzeuges und seiner Besatzung besorgt, versenkte die ADMIRAL GRAF SPEE das Schiff, nachdem die gezündeten Sprengpatronen keine Wirkung zeigten, mit Artillerie und einem Torpedo. Vorher hatte der Handelsstörer noch die Besatzung und 19 Barren Silber übernommen. Schließlich gelang es auch, das Bordflugzeug zu finden und wieder an Bord zu nehmen. Da in unmittelbarer Nähe der Funkverkehr eines Kriegsschiffes mit Simonstown gehört wurde, die möglicherweise mitgehört hatten, wie das Panzerschiff sein Flugzeug über Funk rief, war es offensichtlich nicht ratsam, noch länger in diesem Seegebiet zu verweilen. Daher setzte sich die ADMIRAL GRAF SPEE nach Südwesten ab. In den Morgenstunden des 3. Dezember traf sie den 7983 BRT großen britischen Dampfer TAIROA mit einer Ladung aus Wolle und Gefrierfleisch auf dem Wege von Australien nach England an und versenkte ihn. Zwei Versenkungserfolge innerhalb von 24 Stunden ließen das Abstoppen des gesamten Schiffsverkehrs erwarten, so daß KptzS. Langsdorff mit seinem Panzerschiff zum Treffpunkt mit der ALTMARK marschierte und am 6. Dezember 1939 Brennstoff übernahm. Er beabsichtigte nunmehr, in das Seegebiet vor dem La Plata vorzustoßen, trotzdem er (aus Funksprüchen der Skl.) von der Anwesenheit der britischen Schweren Kreuzer EXETER und CUMBERLAND sowie der Leichten Kreuzer AJAX und ACHILLES im dortigen Seegebiet wußte. Nach der Durchführung von Scheinwerferrichtübungen mit seinem Troßschiff, die infolge der langen Zeitspanne der Handelskriegführung einen Mangel an Ausbildung offenbarten, steuerte KptzS. Langsdorff mit seinem Panzerschiff auf westlichem Kurs in Richtung der südamerikanischen Küste. Sein Plan sah vor, ein neutrales Schiff abzufangen, um mit dessen Hilfe durch entsprechende Kurse den Briten vorzutäuschen, daß er das Kap Hoorn runden und in den Pazifik laufen würde.

Nach dem Entlassen der ALTMARK am Morgen des 7. Dezember 1939 kam gegen Abend desselben Tages etwa 400 sm südostwärts der Insel Trindade die Rauchfahne eines weiteren Schiffes in Sicht. Es stellte sich als die 3895 BRT große britische STREONSHALH mit einer Ladung Weizen heraus. Auch dieses Schiffe wurde mit Artillerie versenkt und seine Besatzung auf den Handelsstörer überführt. Auf dem Dampfer wurden verschiedene Schriftstücke gefunden, darunter auch eine Zeitung mit einem Foto der CUMBERLAND, die den Tarnanstrich des Schweren Kreuzers deutlich wiedergab. Für KptzS. Langsdorff war dies von großem Interesse, da er beabsichtigte, ihrem Aussehen zu entsprechen. Ebenfalls von Bedeutung war eine Information, die aus diplomatischer Quelle über die Skl. einging und die Anwesenheit eines Geleitzuges mit den großen Frachtschiffen HIGHLAND MONARCH, MARCONY, ASHBURY und SOUTHGATE meldete – verlockende Ziele für das Panzerschiff.

Trotz der Aufklärungsflüge durch die Arado kam nichts in Sicht und am 11. Dezember erlitt das Bordflugzeug erneut Schäden, die diesmal nicht mehr zu reparieren waren. Da die Absicht bestand, auf dem Katapult eine Schornsteinattrappe aufzuriggen, wurde die Gelegenheit ergriffen, gleichzeitig das Bordflugzeug zu zerlegen.[134] Die ADMIRAL GRAF SPEE behielt während der Nacht vom 12./13. Dezember ihren südöstlichen Kurs bei. KptzS. Langsdorff hatte die Absicht, um 06.00 Uhr wieder einen westlichen Kurs einzuschlagen, um die Schiffahrtswege abzusuchen. Der Himmel war wolkenlos, die See ruhig und die Sicht betrug rundum 20 sm. Um 05.52 Uhr meldeten die Ausgucks Backbord voraus Mastspitzen – zuerst zwei, dann vier – in einer Entfernung von 31.000 m. Als das rechte Schiff als der Schwere Kreuzer EXETER identifiziert wurde, erging auf dem Panzerschiff der Befehl: »Klarschiff zum Gefecht!« Die beiden kleineren Schiffe wurden anfangs als Zerstörer angesprochen. Dies vermittelte KptzS. Langsdorff den Eindruck, einen Geleitzug mit seiner Sicherung vor sich zu haben. Er entschloß sich, auf maximale Gefechtsentfernung anzugreifen – d.h. außerhalb der Schußweite der EXETER –, ehe der Gegner reagieren konnte und Dampf für die Höchstfahrt hatte. Kurz darauf wurden die beiden kleineren Schiffe als die Leichten Kreuzer AJAX und ACHILLES identifiziert.

Als die britischen Schiffe auf ihn zudrehten und an den Masten die Gefechtsflaggen hochstiegen, wurde dem deutschen Kommandanten klar bewußt, daß ihn die Royal Navy schließlich doch zum Kampf gestellt hatte.

9. Das Seegefecht vor dem Rio de la Plata 1939

Als die Identität der Schiffe feststand und KptzS. Langsdorff klar war, daß er eine britische Kampfgruppe vor sich hatte, wußte er, daß ihm keine andere Wahl blieb, als sich zum Kampf zu stellen, obwohl die Auseinandersetzung mit regulären gegnerischen Seestreitkräften nicht Teil seines Auftrags war. Die drei britischen Kreuzer waren schneller als sein eigenes Schiff, aber keiner war für sich allein imstande, mit einem Panzerschiff fertigzuwerden. Ein Gefecht gegen alle drei Kreuzer zu führen, war jedoch etwas anderes. Hier ergaben sich Probleme der Feuerleitung und der Zielauswahl, Aufgaben, die unmittelbar den Kommandanten und den Artillerieabschnitt betrafen. Die Männer, deren Stunde an diesem 13. Dezember 1939 nunmehr geschlagen hatte, waren KKpt. Ascher, der I. Artillerieoffizier (I.AO), verantwortlich für das Schießen mit den 28-cm-Geschützen der Schweren Artillerie, Kptlt. Meusemann, der II.AO, zuständig für die 15-cm-Geschütze der Mittelartillerie, und Kptlt. Fuchs, der III.AO, dem die 10,5-cm-Fla-Geschütze unterstanden. Als Platz, von dem aus er sein Schiff im Gefecht führen wollte, wählte KptzS. Langsdorff den Vormars-Leitstand aus, da er von dort aus einen guten Rundumblick hatte.

ADMIRAL GRAF SPEE ging auf Höchstfahrt und änderte um 06.15 Uhr Kurs auf 115°, um ein laufendes Gefecht nach Steuerbord zu führen. Zu diesem Zeitpunkt liefen die britischen Kreuzer in Kiellinie und erhöhten ihre Geschwindigkeit auf volle Fahrt. Die Entfernung betrug etwa 20.600 m. Die britische Linie führte AJAX (Captain C.H.L. Woodhouse) an, das Flaggschiff von Commodore Harwood,[135] gefolgt von ACHILLES (Captain W.P. Parry) mit EXETER unter Führung von Captain F.S. Bell in der Nachhut. Diese Schiffe bildeten die Südamerikanische Division (bzw. die Anfang Oktober 1939 gebildete Force G ohne CUMBERLAND), deren Flaggschiff ursprünglich die EXETER war. Doch der Schwere Kreuzer hatte zu einem früheren Zeitpunkt zu Ausbesserungsarbeiten Port Stanley auf den Falkland-Inseln anlaufen müssen und daher hatte Commodore Harwood seine Flagge auf AJAX gesetzt. Dort wehte sie noch, als EXETER wieder zum Verband stieß. Während der Abwesenheit der EXETER hatte der Leichte Kreuzer HMNZS ACHILLES, aus dem Pazifik kommend, die Kampfgruppe verstärkt. Von den Kreuzern dieser Kampfgruppe war nur die EXETER ein Schwerer Kreuzer mit 20,3-cm-Geschützen, und selbst sie war mit ihren lediglich drei Doppeltürmen nur die »Sparversion« eines sog. »Washington-Kreuzers«.[136] Die beiden anderen waren Leichte Kreuzer der LEANDER-Klasse mit je acht 15,2-cm-Geschützen in vier Doppeltürmen. Keiner der britischen Kreuzer wies eine starke Panzerung auf; ihre einzigen Vorteile lagen in ihrer Geschwindigkeit und Manövrierfähigkeit. Zum Zeitpunkt, da der deutsche Gegner in Sicht kam, befanden sich die Besatzungen der Kreuzer auf Gefechtsstation, wie dies zur Morgendämmerung üblich war. Sofort auf den Gegner zudrehend, setzten die britischen Kreuzer ihre Gefechtsflaggen und nahmen den Kampf auf.[137] Während die beiden Leichten Kreuzer ihren Kurs beibehielten, drehte die EXETER plangemäß nach Backbord ab und ging auf einen entgegengesetzten Kurs, um das Panzerschiff durch ein Zangenmanöver zur Aufteilung seiner Feuerkraft und zu häufigen Ausweichbewegungen vor Torpedoangriffen zu zwingen.

Die ADMIRAL GRAF SPEE eröffnete um 06.17 Uhr mit ihrer Schweren Artillerie das Feuer und die erste Phase des Gefechtes hatte begonnen. Ihr Ziel war die EXETER, der gefährlichste ihrer Gegner. Das deutsche Schiff konzentrierte sein Feuer mit beiden 28-cm-Türmen auf den Schweren Kreuzer. Anfänglich noch kurz liegend, hatten die ersten vier deutschen Salven aus Panzersprenggranaten mit Bodenzünder ihr Ziel bald eingegabelt und bereits die dritte Salve erzielte auf EXETER Treffer. Danach ging KKpt. Ascher auf Panzersprenggranaten mit Kopfzünder über, um gegen den schwach gepanzerten Gegner eine maximale Wirkung zu erzielen und seine Geschwindigkeit herabzusetzen. Nahtreffer sollten Aufbauten, Brücke und Türme durchsieben, um Verluste zu verursachen. Die EXETER eröffnete das Feuer drei Minuten nach dem deutschen Schiff und um 06.23 Uhr bzw. 06.21 Uhr folgten auch AJAX und ACHILLES. Gegen die Leichten Kreuzer setzte Kptlt. Meusemann abwechselnd die 15-cm-Steuerbordgeschütze ein. Etwa vier Minuten nach Feuereröffnung erhielt die EXETER einen ersten Treffer in Höhe des Flugzeugkatapults. Ihm folgte rasch ein weiterer Treffer, der Turm B außer Gefecht setzte. Über die Brücke fegte ein Splitterhagel, der mit Ausnahme des Kommandanten, Captain Bell, alle tötete oder verwundete, so daß der Schwere Kreuzer vorübergehend manövrierunfähig war, bis eine Führung des Schiffes vom achteren Stand aus möglich war. Ein dritter Treffer setzte auch den Turm A außer Gefecht und ein vierter verursachte mittschiffs einen schweren Brand.

Gegen 06.25 Uhr warnte Kptlt. Brutzer, der Torpedooffizier, KptzS. Langsdorff, daß sich eine Lage entwickele, die den Gegner in eine günstige Position brächte, Torpedos einzusetzen. Kurze Zeit später machte die EXETER tatsächlich ihre Steuerbord-Torpedos los. Das Panzerschiff wich den Laufbahnen aus, und um weiteren Torpedoangriffen zu entgehen, ging KptzS. Langsdorff um 06.30 Uhr zuerst auf einen nördlichen und dann auf einen nordwestlichen Kurs. Die durch die Kursänderung der ADMIRAL GRAF SPEE nach Backbord in eine achterliche Position geratenen Leichten Kreuzer schlossen mit hoher Fahrt wieder heran, um das Gefecht fortzusetzen, und die AJAX startete ihr Bordflugzeug, eine Fairey »Seafox«, zur Artilleriebeobachtung. Noch immer nahm nur die Mittelartillerie des Panzerschiffes die Leichten Kreuzer unter Beschuß. Nach der Kursänderung der ADMIRAL GRAF SPEE griff jedoch auch die Schwere Artillerie in das Gefecht gegen die Leichten Kreuzer ein, die den Versuch unternahmen, der EXETER Entlastung zu bringen. Bis zu diesem Zeitpunkt hatte das Panzerschiff zwei 20,3-cm-Treffer hinnehmen müssen: einen in das Zwischendeck der Abteilung XI und einen zweiten in die Admiralsbrücke. Auch einige 15,2-cm-Granaten hatten ihr Ziel getroffen, verursachten aber nur geringe Schäden. Neben dem Backbord III. 15-cm-Geschütz und der Flak I fielen auch die vorderen 15-cm-Munitionsaufzüge aus. In dieser Gefechtsphase erlitt auch KptzS. Langsdorff eine leichte Verwundung.

Die beiden Leichten Kreuzer standen in einer Entfernung von etwa 12.000 m steuerbord achteraus des deutschen Panzerschiffes. Bisher hatte jeder dieser Kreuzer in rascher Salvenfolge und selbständig geschossen. Nunmehr konzentrierten sie ihr Feuer (16 x 15-cm-Rohre) unter der gemeinsamen Feuerleitung des Artillerieoffiziers der AJAX, Lieutenant Dryer. Nachdem die beiden Kreuzer eine kurze Zeitspanne unter Beschuß aus beiden 28-cm-Türmen des Panzerschiffes gelegen hatten, zwang das Wiedererscheinen der EXETER KKpt. Ascher zum Zielwechsel mit seinem vorderen Turm zurück zum Schweren Kreuzer.

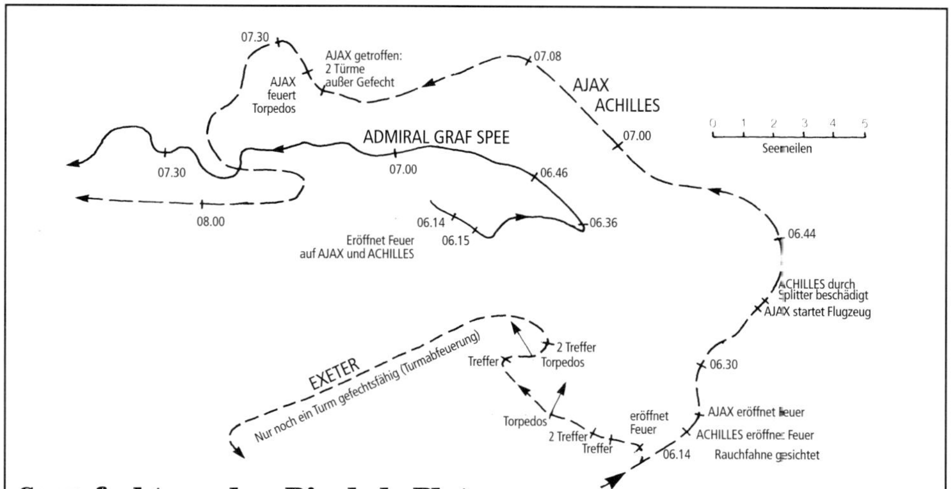

Seegefecht vor dem Rio de la Plata

Ein Nahtreffer zu diesem Zeitpunkt – etwa gegen 06.40 Uhr – bei ACHILLES übersäte ihre Backbordseite, die Brücke sowie den vorderen Leitstand mit Splittern und verursachte Verluste. Die Führung mußte auf den achteren Stand übergehen und gleichzeitig fiel auch der Feuerleit-F.T.Empfang vom Flaggschiff aus. ACHILLES mußte ihr Schießen mit eigener Feuerleitung fortsetzen. Lieutenant Dryer auf AJAX hatte vom Ausfall des F.T.Empfangs nichts gemerkt und bezog auch die ungenauen Aufschäge der ACHILLES in seine Feuerleitung mit ein, wodurch das Schießen der beiden Kreuzer durcheinander geriet. Hierzu trugen auch häufige Kursänderungen des Panzerschiffes und das Legen einer Nebelwand bei. Gegen 07.00 Uhr stand die EXETER bei einer Gefechtsentfernung von ca. 29.000 m von der ADMIRAL GRAF SPEE aus in einer Peilung von 230°. Sie schien zu beabsichtigen, die beiden Leichten Kreuzer zu entlasten. Die Türme A und B waren außer Gefecht und Captain Bell versuchte, das Gefecht vom achteren Stand aus zu führen, der nur wenig mehr als eine offene Plattform zwischen dem Flugzeugkatapult und dem Großmast war. Die Bedingungen für die Gefechtsführung waren schwierig; Rauch und lose Drähte wirbelten umher, Benzindämpfe stiegen vom beschädigten Flugzeug auf und die Erschütterungen beim Abfeuern der achteren Turmgeschütze vervollständigten das Tollhaus.

Die ADMIRAL GRAF SPEE nach dem Seegefecht vor dem Rio de la Plata von achtern. Beachte in der Bildmitte die schwer beschädigte Ar 196. (National Archives)

Nach dem erfolglosen Losmachen ihrer Backbordtorpedos erhielt die EXETER in rascher Folge zwei Treffer. Mit einer Schlagseite von 7° nach Steuerbord, tief im Wasser liegendem Vorschiff und wütenden Bränden konnte der britische Kreuzer nicht mehr viel hinnehmen. Inzwischen schoß auch nur noch ein Geschütz des Turms Y. Zum Glück für die EXETER mußte die ADMIRAL GRAF SPEE ihre Aufmerksamkeit wieder den beiden Leichten Kreuzern zuwenden, die von steuerbord achteraus mit raschen Salvenfolgen ihrer Artillerie in Verbindung mit Torpedoangriffen heranstaffelten, um den Rückzug der EXETER zu decken. Ihr gut liegendes Feuer führte zu einigen Treffern, ohne ernsthafte Schäden zu verursachen. Ein Versuch, Torpedos zu schießen, schlug fehl; denn im Augenblick des Losmachens führte eine heftige Kursänderung nach Backbord zur Bekämpfung der EXETER dazu, daß nur ein Torpedo losgemacht wurde, der fehlging. Der schwer getroffene Schwere Kreuzer drehte gegen 07.15 Uhr unter starker Rauchentwicklung nach Süden ab und war ein Viertelstunde später vom Gefechtsfeld verschwunden.

Die ADMIRAL GRAF SPEE setzte die Bekämpfung der Leichten Kreuzer hauptsächlich mit den 15-cm-Geschützen fort, griff aber auch gelegentlich mit den 28-cm-Geschützen ein, wenn es die Beobachtungsbedingungen zuließen. Dies hatte zur Folge, daß sich die Salvenfolge der Kreuzer verringerte und ihr Schießen weniger genau lag.

Das Panzerschiff drehte auf Nordwestkurs und um 07.25 Uhr erhielt die AJAX auf kurze Entfernung einen 28-cm-Treffer. Die Granate zerstörte den Turm X und blockierte den Turm Y, ehe sie im Inneren des Kreuzers unter dem Verursachen schwerer Schäden mehrfach abprallte und schließlich detonierte. Ein weiterer 28-cm-Treffer zerstörte den Mast und zwei 10,5-cm-Granaten trafen die Brücke. ACHILLES kam ohne Treffer davon. Von der AJAX geschossene Torpedos gingen vorbei, da die Torpedolaufbahnen entdeckt und ihnen ausgewichen wurde. Infolge der raschen Kursänderungen der Leichten Kreuzer und der Nebelwände, die sie legten, hatte KKpt. Ascher seine Probleme bei der Feuerleitung zu ihrer Bekämpfung. Der Luftdruck der 28-cm-Geschütze beeinträchtigte das Schießen der 15-cm-Geschütze und Beschädigungen der vorderen Munitionsaufzüge verursachten Probleme bei der Munitionszuführung für die Mittelartillerie. Auch Commodore Harwood hatte seine Probleme, denn der Artilleriebeschuß der Leichten Kreuzer zeigte bei seinem Gegner kaum Wirkung.[138] Zudem wurde die Munition langsam knapp (nur noch 20 % des Bestandes), besonders für die vorderen Türme. Um 07.40 Uhr drehte er unter dem Legen von Nebelwänden ab und beabsichtigte, bis zum Einbruch der Nacht an Backbord und Steuerbord achteraus des Gegners Fühlung zu halten, um im Schutze der Dunkelheit heranzuschließen und mit Artillerie und Torpedos anzugreifen. Überraschenderweise nahm KptzS. Langsdorff seinen Vorteil nicht wahr und blieb weiterhin auf Westkurs, auf diese Weise sein Schicksal besiegelnd.

Die ADMIRAL GRAF SPEE hatte zwei 20,3-cm- und achtzehn 15,2-cm-Treffer erhalten. Die Verluste umfaßten 36 Tote (darunter ein Offizier) und 60 Verwundete (darunter sechs schwer). Ein Treffer hatte den Gürtelpanzer durchschlagen und das Panzerdeck war an einer Stelle durch einen Treffer eingerissen. Doch die Gefechtsfähigkeit des Panzerschiffes war im großen und ganzen intakt geblieben. Im Schiffsinneren waren sämtliche Kombüsen bis auf die Admiralskombüse zerstört und

eine Reihe Munitionsaufzüge außer Gefecht gesetzt worden. Nach der Auffassung von KptzS. Langsdorff mußten die Granatlöcher im Schiffskörper dichtgesetzt werden, ehe der Versuch unternommen werden konnte, durch den Atlantik nach Deutschland durchzubrechen. Dies war der Grund für seinen Entschluß, nach Montevideo einzulaufen. Seine Absicht teilte er der Skl. über Funk mit, erhielt aber von GAdm. Raeder lediglich »Einverstanden!« als Antwort.[139]

Die beiden britischen Leichten Kreuzer hielten an ihrem Gegner Fühlung, bis die Absichten des deutschen Panzerschiffs klar waren. Zweimal noch griffen sie die ADMIRAL GRAF SPEE mit Artillerie an und nach einer kurzen Erwiderung des deutsches Schiffes ließen sie wieder davon ab. Danach stand Commodore Harwood vor dem La Plata auf und ab, um ein Ausbrechen des Panzerschiffes zu verhindern. Außerdem erhielt der Schwere Kreuzer CUMBERLAND in Port Stanley den Befehl, auszulaufen und heranzuschließen, um die EXETER zu ersetzen. Gleichzeitig ergingen weitere Befehle, um aus anderen Kommandobereichen Verstärkungen zu entsenden. Der Handelsstörer sollte in diesem neutralen Hafen eingeschlossen werden. Das Eintreffen der ADMIRAL GRAF SPEE im Hafen der Hauptstadt Uruguays verursachte so etwas wie eine Sensation und die Augen der Welt waren in den folgenden Tagen mit großem Interesse auf den Ablauf der Ereignisse gerichtet. Nach einer Begegnung mit dem Kreuzer URUGUAY, dem größten Schiff der einheimischen Marine, vor dem Hafen erhielt das Panzerschiff die Erlaubnis, auf der Reede Anker zu werfen, und das diplomatische Spiel setzte ein.

Zusammen mit Dr. Langmann, dem deutschen Gesandten, beabsichtigte KptzS. Langsdorff, die uruguayische Regierung um einen auf 72 Stunden verlängerten Aufenthalt (die Haager Konvention[140] erlaubte nur 24 Stunden) in dem neutralen Hafen zu ersuchen, um die erforderlichen Reparaturen zur Wiederherstellung der Seetüchtigkeit auszuführen. Der Ministerrat bewilligte diese Frist, während die Gesandten Frankreichs und Großbritanniens naturgemäß dagegen protestierten und zu Recht darauf hinwiesen, daß das Schiff seit dem Gefecht bereits über 100 sm mit hohen Fahrtstufen zurückgelegt hätte. Genaugenommen war den Alliierten daran gelegen, daß dem deutschen Schiff der Aufenthalt zugestanden wurde; denn dies verschaffte die notwendige Zeit, um die erforderlichen Verstärkungen zusammenzuziehen und zur La-Plata-Mündung zu entsenden. Daher spann die britische Seite ein Gewebe der Täuschungen, um auf der deutschen Seite den sicheren Eindruck hervorzurufen, daß vor der La-Plata-Mündung weitaus stärkere Seestreitkräfte versammelt wären als tatsächlich vorhanden waren.

Eine detaillierte Beschreibung des Ablaufs der diplomatisch-politischen Ereignisse, die den Aufenthalt in Montevideo begleiteten, ist nicht Gegenstand dieses Werkes. Es genügt zu wissen, daß ein deutscher Versuch, über die 72 Stunden hinaus eine Verlängerung des Aufenthalts bewilligt zu bekommen, mißlang. KptzS. Langsdorff hatte mit seinem Schiff den Hafen am 17. Dezember 1939 bis 22.00 Uhr zu verlassen. Proteste blieben nutzlos; die Würfel waren gefallen.

Außerhalb der La-Plata-Mündung war zu den beiden Leichten Kreuzern nur der Schwere Kreuzer CUMBERLAND gestoßen. Trotz der Propaganda-Meldungen konnten vor dem 19. Dezember in diesem Seegebiet keine weiteren schweren Seestreitkräfte eintreffen. An Bord des Panzerschiffes waren einige Reparaturen ausgeführt worden. Die gesamte Besatzung hatte das Eiserne Kreuz 2. Klasse und sechs Besatzungsangehörige zusätzlich das Eiserne Kreuz 1. Klasse erhalten.

Nach einem umfangreichen Nachrichtenaustausch zwischen Montevideo und Berlin stand schließlich fest, daß KptzS. Langsdorff nur noch zwei Alternativen offenstanden: die Selbstversenkung seines Schiffes oder die Internierung. Die Skl. hatte beiden Möglichkeiten zu-

Links: Nahaufnahme des Gefechtsturmes der ADMIRAL GRAF SPEE. (National Archives)

gestimmt und lediglich befohlen, eine Internierung in Uruguay zu vermeiden. KptzS. Langsdorff entschied sich für die Selbstversenkung.[141] Dementsprechend lichtete die ADMIRAL GRAF SPEE am Abend des 17. Dezember 1939 um 18.20 Uhr Anker und lief aus, gefolgt von dem deutschen Handelsschiff TACOMA, das den Großteil der Besatzung des Panzerschiffes an Bord hatte. Das Versenkungskommando auf dem Panzerschiff umfaßte neben dem Kommandanten nur noch 40 Mann. Gegen 19.00 Uhr erreichte das Schiff den vorgesehenen Versenkungsort etwa 1,2 sm außerhalb der Hoheitsgewässer Uruguays auf der Höhe der Insel Lobos.

Die gesamte Restmunition war zusammen mit je einem der sechs Torpedogefechtsköpfe (die in Verbindung mit Sprengpatronen und einem Zeitzünder als Initialzündung dienten) auf insgesamt sechs Sprengstellen über das Schiff verteilt. Bei Sonnenuntergang wurde das Versenkungskommando von den argentinischen Schleppern COLOSO und GIGANTE sowie von einem Leichter übernommen. Um 19.56 Uhr ereigneten sich auf der ADMIRAL GRAF SPEE riesige Explosionen, Feuersäulen schossen hoch und dicke schwarze Rauchwolken breiteten sich aus. Brände wüteten auf dem Schiff, das sich auf Grund setzte. Da die Wassertiefe nur acht Meter betrug, ragten die Aufbauten mit dem Gefechtsturm und den Resten der Türme ausgeglüht und verbogen über die Wasseroberfläche hinaus. Die Besatzung gelangte unbelästigt nach Buenos Aires und wurde dort interniert. Drei Tage später erschoß sich KptzS. Langsdorff dort in seinem Hotelzimmer.

Was waren die Gründe, die zu einem derart schändlichen Ende sowohl für das Schiff als auch für seinen Kommandanten führten? Es kann kaum ein Zweifel daran bestehen, daß die Grundursache bei KptzS. Langsdorff zu suchen war; nicht, weil er es versäumte, die EXETER zu vernichten – wie er dies nach Hitlers Auffassung hätte tun sollen –, sondern weil er die beiden Leichten Kreuzer nicht vernichtete oder zumindest schwer beschädigte. Die EXETER war bereits außer Gefecht gesetzt; ihre Versenkung hätte KptzS. Langsdorff nicht aus der mißlichen Lage befreien können, in der er sich befand. Vorrangig wäre es für ihn gewesen, mit seinem Schiff erneut in den Weiten des Südatlantik zu verschwinden, und hierbei standen ihm die Leichten Kreuzer im Wege.

Es wäre nicht einmal erforderlich gewesen, sie zu versenken, es hätte genügt, sie an einem Fühlunghalten zu hindern. Wenn es ihm gelungen wäre, sie abzuschütteln, hätte für ihn eine berechtigte Chance bestanden, den aus britischen und französischen Schiffen bestehenden Jagdgruppen auszuweichen. Immerhin waren es noch die Tage, in denen das Radar in den Kinderschuhen steckte, und nur wenige britische Kriegsschiffe – wenn überhaupt – waren mit ihm ausgerüstet. Flugzeuge hätten die Jagd entscheidend unterstützen können, aber ihre Reichweite war begrenzt, und der einzige hierfür in Frage kommende Flugzeugträger, die mit hoher Fahrt nach Süden laufende ARK ROYAL, befand sich noch viele Seemeilen weit weg. Wäre es der ADMIRAL GRAF SPEE gelungen, nach Süden zu entkommen – möglicherweise bis zur Bouvetinsel auf 55°S – und sich mit der ALTMARK zu treffen, wäre es ihr durchaus möglich gewesen, sich zu verstecken.

Der Einsatz von Flugzeugen in diesen stürmischen südlichen Breiten hätte eine Suche aus der Luft nach ihr außerordentlich schwierig gestaltet. Andererseits wäre es unter den Augen der britischen und französischen Marine, die mit voller Wachsamkeit nach ihr Ausschau hielten, selbst aus dem Seegebiet vor dem La Plata ein langer und gefährlicher Rückmarsch gewesen, und ein solcher aus dem südlichen Ozean hätte noch entsprechend länger gedauert. Doch es sollte auch daran erinnert werden, daß die ADMIRAL SCHEER und einige Hilfskreuzer diesen Rückmarsch erfolgreich durchführten. Nach einer Zeitspanne der Ausbesserungsarbeiten mit Bordmitteln wäre es KptzS. Langsdorff möglich gewesen, den in Frage kommenden Zeitpunkt selbst zu bestimmen.

Was KptzS. Langsdorff letztlich veranlaßte, Montevideo anzulaufen, wird nie mit Sicherheit geklärt werden können. Eine weitere Verwirrung in der Sachlage wird durch die unbeabsichtige Vernichtung des Kriegstagebuches vor der Sprengung des Panzerschiffes hervorgerufen.[142] Die in einem Funkspruch unmittelbar nach dem Gefecht an die Skl. dargelegten Gründe[143] scheinen fadenscheinig zu sein, aber der psychologische Aspekt sollte nicht außer acht gelassen werden. KptzS. Langsdorff war seit Ende August ununterbrochen in dem Bestreben in See gewesen, sich seinen Gegnern zu entziehen, und Berichte der Kapitäne aufgebrachter britischer Handelsschiffe bezeugen, daß er bis in den Dezember hinein ein nervenaufreibendes Leben geführt hatte. Die hartnäckigen Angriffe der an Kampfkraft unterlegenen Leichten Kreuzer könnten durchaus eine tiefgehende Auswirkung auf seine Moral hinterlassen und ihn in der Hitze des Gefechtes zu einer taktischen Fehleinschätzung gezwungen haben – zumal nach zweimaliger Verwundung und zeitweiliger Bewußtlosigkeit mit Übernahme des Kommandos durch den I.O., nachdem ihn der Detonationsdruck eines Treffers zu Boden geschleudert hatte.[144]

Der Verlust eines der vielgerühmten Panzerschiffe bereits zu Beginn des Krieges und unter derartigen Umständen weckte im OKM naturgemäß den Wunsch nach Erklärungen. Immerhin handelte es sich um ein Ereignis, das sehr zum Schaden Deutschlands überall auf der Welt einen Widerhall fand. Das äußere Erscheinungsbild des auf der Reede von Montevideo vor Anker liegenden Panzerschiffes offenbarte keinerlei Hinweis darauf, daß dieses Schiff seeuntüchtig oder gefechtsunfähig wäre, und viele Menschen konnten nicht begreifen, warum es nicht auslief und sich zum Kampf stellte. Angesichts der aus der La-Plata-Mündung hinausführenden engen Fahrwasserrinnen und der Anwesenheit der draußen wartenden Kreuzer hätte das Auslaufen durchaus einem Selbstmord gleichkommen können, aber dieser Ausgang wäre keineswegs sicher gewesen. Am besten wäre es gewesen, gar nicht erst in die Flußmündung einzulaufen.[145] Bis zur Jahreswende gingen in Deutschland aus vielerlei Quellen ausführliche Berichte – sowohl aus der Presse wie von privater Seite stammend – über das Seegefecht ein. Ein verabschiedeter Offizier fühlte sich sogar veranlaßt, aus Darien (in der Mandschurei!) zu schreiben und zu beklagen, daß die Japaner, während sie Langsdorffs Harakiri verstehen und bewundern könnten, es nicht begreifen würden, um zerstörter Kombüsen willen ein Schiff selbstzuversenken. Eine extra zur Untersuchung des gesamten Vorgangs eingesetzte Arbeitsgruppe studierte begierig alle amerikanischen, südamerikanischen und britischen Presseberichte. Darunter befand sich auch der Bericht eines unzufriedenen Heizers des neuseeländischen Kreuzers ACHILLES, der nicht nur Einzelheiten des Seegefechtes aus britischer Sicht sondern auch detaillierte Informationen über die Verteidigungsanlagen auf den Falkland-Inseln enthielt.

Wie schwer waren eigentlich die Beschädigungen der ADMIRAL GRAF SPEE? Die deutschen Unterlagen listeten 20 Treffer auf. Hiervon wurden nur zwei als 20,3-cm-Treffer angenommen. Die richtige chronologische Reihenfolge der Treffer läßt sich nicht mit Sicherheit darlegen; aber im einzelnen handelte es sich um folgende Treffer:

a) Eine 15,2-cm-Granate traf von steuerbord achtern die Abteilung X. Sie drang durch das Steuerbord-Bootsdeck, die Mannschaftskombüse, die Backbordseite des Oberdecks und die vordere Umladekammer (für die Munition der Mittelartillerie), ehe sie innerhalb des Splitterlängsschotts detonierte. Sie setzte den Munitionsaufzug 2 außer Gefecht, schnitt die vordere Gruppe der 15-cm-Geschütze von der Stromversorgung ab und beschädigte den Abzugsschacht sowie mehrere kleinere Dampfrohre.

b) Eine 15,2-cm-Granate traf von vorn die Steuerbordseite der Abteilung VIII, durchschlug den Schutzschild der 10,5-cm-Steuerbordlafette (Flak I), das achtere Bootsdeck und die Bäckerei, ehe sie in der Scheinwerferwerkstatt detonierte. Sie setzte die 10,5-cm-Lafette und die Munitionszufuhr außer Gefecht.
c) Eine 20,3-cm-Granate traf die Abteilung XI im Zwischendeck, drang hierbei im Winkel von etwa 90° durch den Seitenpanzer oberhalb des Panzerdecks und durchschlug auf ihrem weiteren Weg das Mittellängsschott, ehe sie dahinter auf dem Panzerdeck detonierte. Sie zerstörte mehrere Vorratsräume und Werkstätten und hinterließ im Panzerdeck direkt über dem Motorenraum 4 einen 25 cm langen Riß. Feuer, Rauch, Wasser und Feuerlöschgas[146] wirbelten in diesem Bereich durcheinander und durch kleine Risse lief Wasser in den darunterliegenden Motorenraum.
d) Eine 15,2-cm-Granate durchschlug von steuerbord achtern das Oberdeck im Bereich der Abteilung IV und detonierte auf der Backbordseite der Unteroffizierswaschräume, in der Seite ein Loch hinterlassend.
e) Eine 15,2-cm-Granate durchschlug den Kutter und den 10,5-cm-Munitionsaufzug auf der Backbordseite, ehe sie auf den Lüftungsschächten zum Motorenraum 3 detonierte.
f) Eine 15,2-cm-Granate traf das Zwischendeck der Abteilung III. Hierbei handelte es sich um eine Übungsgranate, abgeschossen auf der ACHILLES. Sie durchschlug mehrere Unteroffizierskammern, ehe sie auf der Backbordseite zur Ruhe kam.
g) und h) Zwei 15,2-cm-Treffer von steuerbord achtern, die im Inneren kleinere Schäden verursachten.
i) Eine weitere 15,2-cm-Granate traf das Stb.-Fockmastgerät im Bereich der Abteilung VII. Sie durchschlug die Kästen mit der 3,7-cm-Bereitschaftsmunition, ehe sie im Kreiselträger des vorderen Fla-Leitstandes detonierte. Sie setzte den Fla-Leitstand und die 3,7-cm-Steuerbordlafette samt ihrer Bedienung außer Gefecht.
j), k) und l) Drei 15,2-cm-Granaten, die von den SA-Türmen abprallten und, ohne Schäden anzurichten, außenbords detonierten.

Das Wrack der ADMIRAL GRAF SPEE nach der Selbstversenkung. (Bundesarchiv)

m) und n) Zwei 15,2-cm-Granaten, die den Turmmast von Steuerbord her durchschlugen und Kabelschäden verursachten.
o) Eine 20,3-cm-Granate, die von backbord querab, ohne zu detonieren, die Admiralsbrücke durchschlug.
p) Eine 15,2-cm-Granate, die von steuerbord achtern die Oberkante der Vormars-Galerie traf.
q) Eine 15,2-cm-Granate detonierte auf der linken Seite des Backbord III. 15-cm-Geschützes und setzte es samt seiner Bedienung außer Gefecht.
r) Eine 15,2-cm-Granate durchschlug den Nachtleitstand, ohne zu detonieren.
s) und t) Zwei 15,2-cm-Treffer, die keine Schäden verursachten.

Zusätzlich beschädigten Splitter von Treffern oder Nahtreffern Feuerleitoptiken, Scheinwerferspiegel und Kabel und blockierten das Katapult.

Eine detaillierte Prüfung dieses Trefferkatalogs ergibt keinen Treffer ernsthafter Natur, eine Tatsache, die auch die uruguayische Kommission feststellte, als sie das Schiff im Hinblick auf die Gewährung einer verlängerten Aufenthaltsfrist besichtigte. Es ist allerdings nicht sicher, ob ihr alle Schäden gezeigt wurden. Die Hauptantriebsanlage des Schiffes blieb unbeschädigt und war imstande, ihre maximale Leistung zu erbringen.[147] Brennstoffprobleme schien es nicht gegeben zu haben. Soweit es die Bewaffnung betraf, waren die beiden 28-cm-Türme unbeschädigt geblieben, und der Großteil der Mittelartillerie befand sich noch in gefechtsfähigem Zustand. Mit Sicherheit waren einige Munitionsaufzüge für die 15-cm- und 10,5-cm-Geschütze außer Gefecht gesetzt worden und auch die Feuerleitoptiken hatten einige Schäden erlitten. Der Restbestand an Munition umfaßte 306 Schuß 28 cm (etwa 43 % der urprünglichen Ausstattung), ca. 50 % der 15-cm-Munition und 2477 Schuß 10,5 cm. Diese Zahlen überraschten sogar die Skl., die einen wesentlich geringeren Restbestand angenommen hatte. Außerdem standen noch sechs Torpedos zur Verfügung.

Die Untersuchungen der Kriegsmarine behinderte ernstlich die Tatsache, daß keine Zeugen zur Verfügung standen, die Schlüsselpositionen innehatten, um sie zu befragen. Alle überlebenden Offiziere und Mannschaften waren noch in Argentinien interniert. Daher kabelte im Januar 1940 die Skl. an den Marine-Attaché der Deutschen Gesandtschaft in Buenos Aires und forderte ihn auf, den Ersten Offizier der ADMIRAL GRAF SPEE, KptzS. Kay, zu veranlassen, die folgenden Fragen zu beantworten:

1. Warum setzte die ADMIRAL GRAF SPEE das Gefecht nicht bis zur Versenkung der EXETER fort?
   KptzS. Kay antwortete, daß er nach dem Tode von KptzS. Langsdorff hierüber nur Vermutungen anstellen könnte, aber es hätte nur wenige Möglichkeiten gegeben:
   a) Ungewißheit hinsichtlich Geschwindigkeit und Position der EXETER, nachdem sie außer Sicht gekommen war.
   b) Die aus den B-Dienst-Meldungen gefolgerte Vermutung, daß weitere gegnerische Kriegsschiffe in der Nähe standen.
   c) Die bereits eingetretenen Schäden und die Frage der Seetüchtigkeit des Panzerschiffes.
2. Aus welchen Gründen entschloß sich die ADMIRAL GRAF SPEE, Montevideo anzulaufen?
   Antwort: Nach der Bestätigung der Gefechtsschäden.
3. Bestand an noch vorhandener Munition und Zustand der Gefechtsfähigkeit beim Einlaufen in den Hafen?
   KptzS. Kay gab die oben zitierten Zahlen sowie im wesentlichen die im Trefferkatalog berichteten Schäden an.
4. Zustand der Motorenanlage? Höchstgeschwindigkeit vor und nach dem Gefecht?

Die ADMIRAL GRAF SPEE in Montevideo. Erkennbar sind Splitterschäden sowie Granatlöcher im Gefechtsturm. (USN)

Antwort: Die Motorenanlage war noch imstande, Höchstgeschwindigkeit zu erbringen. Schäden waren an den Abgasabzügen eingetreten und der Hilfskessel war zerstört worden.

Eine weitere Frage betraf den vorhandenen Brennstoffbestand. Hierauf antwortete KptzS. Kay: Zumindest noch für 16 *Stunden.* Diese Angabe ist mit Sicherheit falsch gewesen; denn die ADMIRAL GRAF SPEE hatte am 26. November 1891 t Dieselöl übernommen und am 6. Dezember ihre Bunker mit weiteren 533 t aufgefüllt. Es ist daher mit fast an Sicherheit grenzender Wahrscheinlichkeit anzunehmen, daß ihre Bunker zu diesem Zeitpunkt gefüllt waren, d.h. mit 2800 t. Eine durchschnittliche Geschwindigkeit von 15 kn in der Zwischenzeit bis zum Morgen des 13. Dezember vorausgesetzt, hätte einen Brennstoffverbrauch von 441 t ergeben. Das Manövrieren bei hohen Fahrtstufen über eine Zeitspanne von 18 Stunden während des Gefechtes hätte zu einem Verbrauch von weiteren etwa 150 t geführt. Damit wären noch ca. 2250 t Dieselöl vorhanden gewesen. Ein Entkommen in den Südatlantik mit voller Fahrt vorausgesetzt, hätte eine verbleibende Seeausdauer von annähernd 16 *Tagen* und nicht Stunden ergeben.

Angesichts einer Reihe von unbeantworteten Fragen bleibt daher manches ein Rätsel. Was eigentlich kaum berücksichtigt worden ist, sind die Verwundungen KptzS. Langsdorffs. Von seiner zweiten Verwundung wurde berichtet, daß er einige Zeit bewußtlos gewesen wäre, und als er das Kommando wieder übernahm, ist es durchaus vorstellbar, daß sein Urteilsvermögen noch gewisse Zeit beeinträchtigt war.

Doch was die Unternehmung des Panzerschiffes selbst betrifft, kann sie bis zum Zeitpunkt des Gefechtes als erfolgreich oder nicht bezeichnet werden? Das OKM war von den Ergebnissen der Unternehmungen beider Panzerschiffe enttäuscht, denn die ADMIRAL GRAF SPEE versenkte neun Schiffe mit insgesamt 50.081 BRT und die DEUTSCHLAND gar nur zwei von zusammen 6962 BRT. Außerdem erfaßte die Jagd nach den beiden Handelsstörern auch das Versorgungsschiff EMMY FRIEDRICH (4327 BRT), das am 23. Oktober 1939 dem britischen Kreuzer ORION zum Opfer fiel. Zusätzlich versenkten die alliierten Jagdgruppen acht deutsche Handelsschiffe bei dem Versuch, unentdeckt in die Heimat durchzubrechen: HALLE, SANTA FÉ, UHEN-

FELS, ADOLF WOERMANN, WATUSSI, TRIFELS, ADOLF LEONHARDT und USSUKUMA.[148] So gesehen, überwogen die Verluste wahrscheinlich die Erfolge, und es wäre sicherlich ratsam gewesen, die Operationsfreigabe für die Panzerschiffe noch ein wenig länger hinauszuzögern, um den Blockadebrechern eine bessere Chance des Durchkommens zu gewähren. Andererseits erhebt sich die Frage, wie lange hätten die Handelsstörer unentdeckt bleiben können und welche Auswirkungen hätte dies auf die Moral ihrer Besatzungen gehabt.

Die Anstrengungen von KptzS. Langsdorff und seiner Besatzung, ihr Schiff und seine Ausrüstung zu zerstören, waren kein vollkommener Erfolg gewesen, obwohl es wahrscheinlich ist, daß sie dies nicht wußten – trotz der ziemlich engen Bewachung, die von deutscher Seite aus über die folgenden Monate hinweg am Wrack durchgeführt wurde. Naturgemäß war die britische Admiralität am Wrack interessiert, wenn auch der Entwurf selbst aus den 20er Jahren stammte; denn gewisse Details waren modernen Entwurfs. Die britische Seite hielt es für unwahrscheinlich, daß größere Geheimnisse enthüllt werden könnten. Doch sie zeigte Interesse für eine Reihe von Besonderheiten. Dazu gehörten die Feuerleit- und E-Meßsysteme, die Funk- und Funkpeilausrüstung, die Panzerung, der Turmentwurf, die Bauweise des Schiffskörpers und die Trefferwirkung der britischen Granaten.

Um dies zu erreichen, wurden geheime Verhandlungen in Gang gesetzt, um durch Vermittlung eines uruguayischen Geschäftsmannes, eines gewissen Señor Julio Vega Helguera, das Wrack käuflich zu erwerben. Die deutsche Seite war durchaus gewillt, das Wrack zu verkaufen, vorausgesetzt, ihr wurde gestattet, als militärisches Geheimnis geltende Teile zu entfernen oder zu zerstören. Es ist wahrscheinlich, daß sie argwöhnte, wer als tatsächlich interessiert hinter dem Kauf stehen könnte, zumal, da Helguera zugab, daß er Material an die britische Abbruchwerft T.W. Ward verkaufen würde! Am 29. März 1940 trafen tatsächlich zwei Beauftragte der britischen Admiralität, die Herren Kilroy und Purvis, in Montevideo ein und gaben sich als Angestellte der Firma T.W. Ward aus. Der erstere war ein Torpedo- und Waffenfachmann und der letztere der Assistant DNC (der stellvertretende Leiter des Marinekonstruktionsamtes der Admiralität). Etwa eine Woche lang untersuchten die beiden das Wrack, fanden es aber fast vollständig durch Feuer, die See oder das Wetter zerstört. Nach einer vollständigen Inspektion stellten sie eine Liste der Teile auf, die nach Großbritannien gebracht werden sollten, darunter je eine Panzerplatte von einem der schweren Türme und vom Kommandoturm, Materialproben, wie zum Beispiel Schweißstellen, Metalle, Glas, Kabel usw., drei 28-cm-Geschütze mit Granaten, ein stabilisierter Fla-Leitstand, je ein 3,7-cm-, 10,5-cm- und 15-cm-Geschütz von der Backbordseite, ein Scheinwerfer und weitere Einzelteile der Feuerleitausrüstung. Ebenfalls an Bord schnüffelte ein Mr. L.H. Bainbridge-Bell umher, entsandt von der britischen Admiralität, um die Funkmeßanlage FuMO 22 des Schiffes zu untersuchen.

Doch ehe diese Arbeit durchgeführt werden konnte, kam am 14. und 15. April 1940 ein schwerer Sturm auf, der das Wrack um 50° überrollen und noch tiefer in den Schlick einsacken ließ. Dies verhinderte das Entfernen der größeren Teile und es gelang nur noch, eine stabilisierte 10,5-cm-Lafette, 2-cm-Geschütze, einen Scheinwerfer, Panzerplatten und kleinere Ausrüstungsteile zu bergen. Im Mai 1940 wurden diese Teile für den Transport nach Großbritannien an Bord des Frachters PRINCESA der Reederei Furness Houlder gebracht, der sich nach dem Auslaufen dem Geleitzug SL 34 (von Freetown aus) für die Heimreise anschloß. Diesen Geleitzug griff *U 46* (ObltzS. Endraß) auf der Höhe von Kap Finisterre an. Dies führte zu dem Gerücht, daß die deutsche Seite Kenntnis von der Ladung der PRINCESA erhalten und beabsichtigt hätte, den Frachter zu versenken. Tatsächlich stieß ObltzS. Endraß, der auf der Suche dem Truppentransport-Geleitzug US 3 war, rein zufällig auf den SL 34. Am 15. Juni 1940 trafen die PRINCESA und ihre Ladung in Milford Haven ein. Der weitere Verbleib der von der ADMIRAL GARF SPEE stammenden Teile ist nicht bekannt.

10. Heimische Gewässer 1939/40

Als die letzten wenigen Friedenstage dahinschwanden, konnte Großadmiral Raeder seine Situation nur mit Bestürzung ins Auge fassen; denn von dem grandiosen Traum des »Z-Plans« waren nur noch Fragmente übriggeblieben, und Deutschland sah sich erneut in einen Krieg gegen England verwickelt, sollte Hitlers Hasardspiel mit Polen nicht gelingen. Doch die Kriegsmarine vom September des Jahres 1939 war von ihrer Stärke her nur ein Schatten der Kaiserlichen Marine vom August 1914. Zwar hatte sich in der Zwischenkriegszeit auch die Stärke der Royal Navy verringert, aber sie war immer noch weitaus stärker als die deutsche Kriegsmarine. Im August 1939 waren die stärksten deutschen Schiffe in heimischen Gewässern die beiden Schlachtschiffe SCHARNHORST (KptzS. Otto Ciliax) und GNEISENAU (KptzS. Erich Förste). Zusammen mit dem Panzerschiff ADMIRAL SCHEER (KptzS. Wurmbach) stellten sie tatsächlich die einzigen modernen Großkampfschiffe dar, die zu diesem Zeitpunkt der Kriegsmarine in heimischen Gewässern zur Verfügung standen. Daneben gab es natürlich noch die beiden veralteten Linienschiffe SCHLESIEN (KptzS. Utke) und SCHLESWIG-HOLSTEIN (KptzS. Kleikamp). Beide waren »Vordreadnoughts« und über dreißig Jahre alt. Auch für die Zukunft sah die Lage nicht rosig aus, denn es befanden sich nur vier Großkampfschiffe tatsächlich im Bau. Zwei von ihnen, die Schlachtschiffe H und J, waren erst im April 1939 auf Kiel gelegt worden und die beiden anderen, BISMARCK und TIRPITZ, hatten die Ausrüstungsphase noch nicht beendet und sollten erst 1940 bzw. 1941 zur Flotte stoßen.

Von den verfügbaren Großkampfschiffen unterstanden kurz vor Kriegsbeginn SCHARNHORST, GNEISENAU und ADMIRAL SCHEER dem Marinegruppenkommando West. Die beiden Schlachtschiffe lagen vor Brunsbüttel in der Elbmündung vor Anker, während das Panzerschiff auf dem Wege nach Wilhelmshaven war, um als Flakwachschiff zu fungieren. SCHLESIEN wiederum war am 26. August 1939 aus Wilhelmshaven ausgelaufen und unterwegs nach Kiel, dort unterstellt dem Befehlshaber der Sicherung der Ostsee. Am 13. September trat die SCHLESIEN zum Ausbildungsverband. Die SCHLESWIG-HOLSTEIN befand sich am 23. August in Swinemünde und erhielt vom dortigen Marinearsenal den Prototyp der 2-cm-Mehrfachlafette C/38 (die erfolgreiche Vierlingsflak). Diesem Schiff sollte die Aufgabe zufallen, die Feindseligkeiten im Osten gegen Polen zu eröffnen. Am Vormittag des 24. August 1939 lief die SCHLESWIG-HOLSTEIN aus Swinemünde aus, um der Freien Stadt Danzig nach amtlicher Verlautbarung einen »offiziellen Besuch« abzustatten.

Bis zum Ende des Ersten Weltkrieges hatte Danzig zum Deutschen Reich gehört und war seit 1920 ein Freistaat unter Aufsicht eines Hohen Kommissars des Völkerbundes zur Regelung von Streitigkeiten mit Polen. Hitler war entschlossen, Danzig in das Reich zurückzuholen, falls erforderlich gewaltsam. Bereits Anfang Oktober 1938 war die deutsche Regierung mit der Absicht einer Rückkehr des Freistaates an Polen herangetreten, aber die polnische Regierung hatte abgelehnt. Hitlers Reaktion auf diese Abfuhr erfolgte rasch. Am 24. November 1938 erteilte er eine geheime Weisung, die Vorbereitungen zur überraschenden Besetzung des Freistaates Danzig durch deutsche Truppen anordnete. Die Besetzung hatte unter dem Vorwand des Eingreifens bei einem revolutionsähnlichen Aufstand zu erfolgen, den Elemente der auch in Danzig vertretenen NSDAP anzetteln sollten. Absicht sollte es sein, eine politisch günstige Lage auszunutzen, *aber ohne einen Krieg gegen Polen zu beginnen.* Die möglichen Auswirkungen auf eine solche Aktion hatten sich jedoch ausgeweitet, seit der Plan zum erstenmal erörtert worden war; denn am 25. Mai 1939 hatte die Unterzeichnung des britisch-polnischen Beistandspaktes stattgefunden. Damit erhob sich im Falle eines deutschen Angriffs auf Polen das Gespenst der britischen Intervention. Die Frage jedoch lautete, würde Großbritannien auf diese Situation – im Gegensatz zu seiner Haltung bei der Annexion der Tschechoslowakei und dem Anschluß Österreichs – anders reagieren? Hitler war entschlossen, dieses Risiko auf sich zu nehmen.

Als das alte Linienschiff nach Osten marschierte, begann der Artillerieabschnitt in Vorbereitung auf die vor ihm liegende Aufgabe die Munition scharf zu machen. Die Einfahrt in die Danziger Bucht passierend, hielt KptzS. Kleikamp mit seinem Schiff auf Memel zu (dessen Rückgliederung ins Deutsche Reich ebenfalls erfolgt war). Auf der Höhe dieses Hafens stießen in See fünf M-Boote – *M 1, M 4, M 5, M 7* und *M 8* – von der 1. Minensuchflottille zur SCHLESWIG-HOLSTEIN. Sie hatten eine Stoßtruppkompanie der II. Marine-Artillerie-Abteilung mit entsprechender Ausrüstung in Stärke von 225 Mann an Bord, die das Linienschiff in den späten Abendstunden übernahm und die unter Deck außer Sicht untergebracht wurden. Außerdem befanden sich Presse- und Filmberichter an Bord. Am folgenden Tag, dem 25. August 1939, lief das Schiff in Danzig-Neufahrwasser ein und machte gegenüber der Westerplatte unter dem begeisterten Jubel der zu 99 % deutschen Bevölkerung Danzigs fest. Während Höflichkeitsbesuche ausgetauscht wurden, blieben die Kasematten der 15-cm-Batterie an Steuerbord geschlossen, die Fla-Waffen waren unauffällig bemannt und die Maschinen hatten 30-Minuten-Bereitschaft für 9 kn. Die unter Deck verborgen gehaltenen Truppen lagen in Bereitschaft, um in der folgenden Nacht den Angriff zu beginnen. Nach Einbruch der Dunkelheit war das Schiff um 22.00 Uhr gefechtsbereit. Doch der Angriffsbefehl für den 26. August 1939 wurde verschoben; denn wenige Stunden vorher (25. August) war der Abschluß des britisch-polnischen Beistandspaktes bekannt geworden. Dies warf für KptzS. Kleikamp ein Problem auf; denn er konnte nicht so viele Männer auf unbestimmte Zeit unter Deck eingesperrt lassen. Daher erhielten am folgenden Tag kleinere Gruppen Landurlaub. Gleichzeitig wurde die Gelegenheit ergriffen, die polnischen Verteidigungsstellungen auf der Westerplatte auszukundschaften. Später am Abend verlegten Schlepper das alte Schlachtschiff zu einem neuen Ankerplatz nahe der Festung Weichselmünde. Dies verursachte auf der polnischen Seite einige Aufregung, die sich schließlich aber wieder legte. Der Befehl zum Angriff war immer noch nicht ergangen.

Die Westerplatte, eine kleine Landenge auf der Seeseite von Neufahrwasser, die zur Freien Stadt Danzig gehörte, war von der polnischen Regierung seit 1920 mit der Billigung des Völkerbundsrates als Munitionslager und Waffendurchgangsdepot benutzt worden. Am 14. März 1924 gab der Völkerbundsrat seine Zustimmung zu einer Belegung mit einer kleinen Wachmannschaft und 1927 wurde das Depot ausgebaut. Die Verteidigungsstellungen blieben jedoch bis 1933 unbe-

Rechts oben: Eines der veralteten Linienschiffe, ausgerüstet mit einem »Pavillon« für 3,7-cm-Fla-Geschütze. (Bundesarchiv)

Rechts unten: Der Schwere Kreuzer LÜTZOW (ex-DEUTSCHLAND) in Gotenhafen. Beachte das Funkmeßortungsgerät im Vormars (ECPA)

deutend. Als die feindselige Haltung Deutschlands offensichtlich wurde, kam es zur Belegung mit Marineinfanterie und zum festungsartigen Ausbau. Der Völkerbundsrat verlangte schließlich aufgrund einer Klage des Freistaates Danzig die Beseitigung der Anlagen. Polen kam dem nach außenhin nach, versah aber die neuen Unterkunftsbaracken und Wachhäuser mit einem verdeckten Verteidigungssystem. 1939 entschloß sich Polen, die vom prodeutschen Danzig ausgehende Gefahr erkennend, die Truppen auf der Westerplatte auf etwas über 200 Mann zu verstärken. Als am 1. September 1939 die Morgendämmerung anbrach, bestand die Besatzung aus nicht mehr als 182 regulären Soldaten. Neben Gewehren umfaßte ihre Bewaffnung ein 7,5-cm-Feldgeschütz, zwei 3,7-cm-Panzerabwehrgeschütze, vier 8,1-cm-Granatwerfer und 41 Maschinengewehre.

SCHLESWIG-HOLSTEIN blieb untätig vor Anker, aber in Bereitschaft. Am 28. August gedachte die Besatzung der Schlacht von Tannenberg 1914. Doch alle Gedanken richteten sich naturgemäß auf den vor ihr liegenden neuen Konflikt. Endlich traf am 31. August der lang erwartete Befehl ein und um 23.30 Uhr begann die Ausschiffung der Truppen, die am 1. September 1939 um 01.45 Uhr beendet war. Das Wetter war gut; es wehte eine leichte Brise und am Himmel gab es nur vereinzelte Wolken. Um 04.30 Uhr waren die Gefechtsstationen bezogen und das Schiff war zur Verlegung auf die Beschießungsposition wenige hundert Meter flußaufwärts bereit. Um 04.47 Uhr kam der Befehl zur Feuereröffnung und eine Minute später hatte der Seekrieg begonnen.

Von 04.48 Uhr bis 04.55 Uhr schoß die SCHLESWIG-HOLSTEIN acht Schuß 28 cm, 59 Schuß 15 cm und mehr als 600 Schuß 2 cm bei dem Versuch, eine Bresche in die polnischen Verteidigungsstellungen zu schlagen, die – trotz in die Luft fliegender Holzgebäude und explodierender Treibstofflager – standhielten. Beim Erkennen einer Bresche im äußeren Verteidigungswall ließ KptzS. Kleikamp das Feuer einstellen, um den Stoßtrupps den Angriff zu ermöglichen. Doch um 07.07 Uhr zwang der energische polnische Widerstand die Deutschen zum Rückzug. Erneut eröffnete die SCHLESWIG-HOLSTEIN das Feuer, konnte aber keine Entscheidung erzwingen, da die Polen den deutschen Truppen weiterhin Widerstand entgegensetzten. Enttäuscht war KptzS. Kleikamp gezwungen, Luftunterstützung anzufordern, die aber erst um 18.05 Uhr am 2. September eintraf. Die Stuka-Angriffe verursachten beträchtliche Schäden, aber noch immer konnten die deutschen Truppen nicht in die Verteidigungsstellungen einbrechen. Die von deutscher Seite herangeführten starken Verstärkungen, darunter Heerespioniere, blieben zunächst in gleicher Weise erfolglos. Abgeschnitten und auf sich allein gestellt, war das Ende für die polnischen Verteidiger nur noch eine Frage der Zeit. Doch sogar unter diesen Umständen dauerte es bis zum Vormittag des 7. September, ehe der polnische Kommandeur, Major Henryk Suchardski gezwungen war, nach einer sehr tapferen Verteidigung zu kapitulieren. Nachdem die SCHLESWIG-HOLSTEIN schließlich ihre Aufgabe beendet hatte, verlegte das Linienschiff in die Danziger Bucht, um weitere polnische Verteidigungsstellungen im Küstenbereich, vor allem Oxhöft, Ostrowogrund und Hexengrund nördlich von Gdingen, sowie auf der Halbinsel Hela bis zum Monatsende zu beschießen. An dieser Aufgabe beteiligten sich auch noch andere Einheiten der Kriegsmarine (u. a. *M 3, M 4, T 107* ex-*G 7, T 108* ex-*G 8, T 111* ex-*G 11* sowie das Versuchsboot CLAUS VON BEVERN ex-*V 190* und der SVK-Verband mit alten M-Booten). Am 25. September stieß auch noch das Linienschiff SCHLESIEN hinzu und die beiden alten Schlachtschiffe beschossen bis zum 27. September polnische Artilleriestellungen bei Hela und Heisternest, ohne selbst getroffen zu werden, obwohl es einige Nahtreffer gab. Die polnische Verteidigung der Halbinsel Hela stand unter dem Befehl von KAdm. Unrug, der am 1. Oktober 1939 kapitulierte. Danach kehrten die Linienschiffe nach Swinemünde zurück.

Der Angriff auf Polen führte zum Kriegszustand Großbritanniens mit Deutschland, wie dies von Großadmiral Raeder befürchtet worden war. Am 2. September 1939 erhielt die ADMIRAL SCHEER vom Marinegruppenkommando West den Befehl, von 09.00 Uhr an am 3. September 30-Minuten-Bereitschaft für 10 kn herzustellen; SCHARNHORST und GNEISENAU (seit dem 16. Mai 1939 Flottenflaggschiff) wurde 2-Stunden-Bereitschaft befohlen. Am 3. September bewegten sich die Ereignisse rascher. Um 11.47 Uhr befahl die Gruppe West Alarmstufe I für die Flak, fast unmittelbar darauf gefolgt von dem Befehl an alle Schiffe zur Sofortbereitschaft, um in See zu gehen. Schließlich traf um 13.25 Uhr der Funkspruch ein: »Beginn der Feindseligkeiten mit England.«

Bald darauf sollte die ADMIRAL SCHEER die erste Feindberührung mit der Royal Air Force erfahren. Letzterer war es zu diesem Zeitpunkt noch untersagt, Landziele anzugreifen. Daher sollte sie am 4. September einen Sofortschlag gegen deutsche Kriegsschiffe führen, die in Wilhelmshaven, auf der Jade und vor Brunsbüttel lagen. Sechs »Wellington«-Bomber der 9. Squadron und acht der 149. Squadron starteten, um die vor Brunsbüttel festgestellten Schiffe (SCHARNHORST und GNEISENAU) anzugreifen, und 15 »Blenheim IV«-Bomber der 107., 110. und 139. Squadron sollten Schiffe in und vor Wilhelmshaven angreifen. Es war ein dunstiger Herbstabend, als sich drei Flugzeuge der 107. Squadron Schillig-Reede vor Wilhelmshaven näherten. Die sehr tief anfliegenden Maschinen wurden anfänglich auf dem Panzerschiff mit Heinkel He 111 verwechselt. Völlig unvorbereitet angetroffen, gelang es den leichten Fla-Geschützen des Schiffes nicht, das Feuer zu eröffnen, bis die Flugzeuge ihre Bomben geworfen hatten und im Dunst verschwunden waren. Eine vierte Maschine, die ein wenig später eintraf, griff von achtern her aus einer Wolke an und geriet in ein konzentriertes Abwehrfeuer, als sie den Zerstörer DIETHER VON ROEDER überflog, der etwa 2000 m backbord achteraus der ADMIRAL SCHEER vor Anker lag. Schwer getroffen, stürzte die »Blenheim« in die See. Noch eine weitere Maschine wurde vom Abwehrfeuer der 8,8-cm-Flak getroffen und stürzte ebenfalls ab.

Unten: Das Linienschiff SCHLESWIG-HOLSTEIN beschießt polnische Stellungen nördlich von Gdingen am 3. Oktober 1939. (Bundesarchiv)

Der Dunst und die damit verbundene schlechte Sicht verursachten Probleme, die Ziele frühzeitig zu erkennen. Doch zwei weitere Flugzeuge, parallel zum Schiff in maximaler Reichweite der 3,7-cm-Fla-Geschütze fliegend, kamen in deren Abwehrfeuer und das der 8,8-cm-Flak und die führende Maschine wurde abgeschossen. Eine letzte »Blenheim« griff im Tiefflug von vorn aus einer Richtung an, die den meisten 3,7-cm-Fla-Geschützen das Schußfeld verdeckte. Nur noch 200 m vom Schiff entfernt erfaßte sie das Abwehrfeuer der 2-cm-Flak. Mit brennendem Backbordmotor stürzte die Maschine schließlich achteraus ab.

Drei der Bomben, alles Blindgänger, trafen das Panzerschiff und richteten nur geringe Schäden am Bordflugzeug, am Katapult und an einer 8,8-cm-Flak an. Sie waren vermutlich in zu geringer Höhe abgeworfen worden, so daß die Zünder nicht scharf wurden. Nach KptzS. Wurmbachs Worten wurde der Angriff mit bemerkenswerter Geschicklichkeit durchgeführt, erbrachte aber ohne großen Erfolg verhängnisvolle britische Verluste (die »Blenheim«-Maschinen N 6184, N 6188, N 6189 und N 6240). Die Flugzeuge der 139. Squadron fanden ihre Ziele nicht. Die ADMIRAL SCHEER schoß darüber hinaus ein eigenes Jagdflugzeug ab, dessen Pilot getötet wurde. Als das Panzerschiff im Anschluß daran zur Ausbesserung der Schäden in die Werft verlegte, widerfuhr einer Junkers Ju 52, die nicht rechtzeitig das Erkennungssignal abgab, eine ähnliche Behandlung.

Dieser Angriff brachte der deutschen Seite eine Anzahl Lehren. Eine dieser Lehren war, daß das Panzerschiff keine wirksame Verteidigung gegen tieffliegende Flugzeuge hatte, die direkt von vorn angriffen. Eine weitere Erfahrung bestand darin, daß die Seitenrichtgeschwindigkeit der 8,8-cm-Fla-Geschütze zu langsam war. Außerdem ließ die Feuergeschwindigkeit der 3,7-cm-Fla-Geschütze viel zu wünschen übrig. Der Angriff der »Wellington«-Bomber auf die SCHARNHORST und die GNEISENAU verlief genauso erfolglos und zwei Maschinen (L 4268 und L 4275) der 109. Squadron gingen verloren.

Die ADMIRAL SCHEER führte rasch ihre Reparaturen durch und lief am 23. September 1939, gesichert durch die Torpedoboote SEEADLER und ILTIS, nach Kiel aus. Dort übernahm am 25. September KptzS. Theodor Krancke das Kommando über das Schiff. Sein Aufenthalt in den Gewässern der Ostsee war nur kurz und nach verschiedenen Übungen kehrte das Panzerschiff am 18. Dezember nach Wilhelmshaven zurück, gerade rechtzeitig, um einen weiteren Luftangriff zu erleben. Nach einem nochmaligen kurzen Ostsee-Aufenthalt ging die ADMIRAL SCHEER am 1. Februar 1940 zu einer Großen Werftliegezeit (Umbau des Turmmastes zu einem normalen Gefechtsmast) in die Kriegsmarinewerft Wilhelmshaven. Die Besatzung wurde auf dem Wohnschiff GRAVENSTEIN untergebracht. An Bord blieben lediglich ein paar wichtige Wachgänger und die Flakbedienungen. Sämtliche Geschütze (einschließlich der 28 cm) wurden an Land gegeben. Erst im Juli 1940 beendete das Schiff – seit Februar zum Schweren Kreuzer umklassifiziert – seine Werftliegezeit.

SCHARNHORST und GNEISENAU erhielten ebenfalls Befehl, nach Kiel zu gehen, und passierten am 8. September 1939 den Nord-Ostsee-Kanal. In der Ostsee führten beide Schiffe Gefechtsschießen gegen das Zielschiff HESSEN durch. Hierbei erlitt die SCHARNHORST Luftdruckschäden an ihrem Hangar und an der auf dem Katapult mittschiffs stehenden Arado Ar 196. Der letztere Schaden trat überraschend ein, da Auswirkungen des Luftdrucks der Schweren Artillerie auf dieser Position nicht als ernsthaft angesehen wurden – im Gegensatz zu Auswirkungen auf das achtere Katapult, das sich auf Turm C befand. Außerden traten auch Probleme mit der Mittelturbine auf, die zu einer Reparaturzeit von zwei Wochen führten. Im Verlaufe dieses Werftaufenthaltes erhielt das Schiff ein FuMO 22 auf der Vormars-Drehhaube.

Am 1. Oktober 1939 löste KptzS. Kurt Caesar Hoffmann als Kommandant der SCHARNHORST KptzS. Ciliax ab, der zum KAdm. befördert als Chef des Stabes des Marinegruppenkommandos West an die Nordsee zurückkehrte. KptzS. Hoffmann war 1912 in die Kaiserliche Marine eingetreten und hatte bereits den Ersten Weltkrieg mitgemacht. Vorher war er Kommandant des Leichten Kreuzers KÖNIGSBERG gewesen.

Am 5. Oktober 1939 passierte die GNEISENAU mit dem Flottenchef, Admiral Boehm, an Bord den Nord-Ostsee-Kanal und lief am 7. Oktober um 19.00 Uhr aus der Jade zu einem Vorstoß in die Nordsee aus. Neben dem Flaggschiff gehörten zum Verband: der Leichte Kreuzer KÖLN sowie die Zerstörer WILHELM HEIDKAMP, FRIEDRICH IHN, DIETHER VON ROEDER, KARL GALSTER, MAX SCHULTZ, PAUL JACOBI, BERND VON ARNIM, ERICH STEINBRINCK und FRIEDRICH ECKOLDT. Ziel des Vorstoßes war die gegnerische Schiffahrt vor der Südküste Norwegens, um eine Entlastung der Panzerschiffe im Handelskrieg herbeizuführen. Außerdem sollte die Home Fleet über eine U-Bootsaufstellung und in den Bereich der Luftwaffe gezogen werden. Das Auslaufen wurde von den Briten kurze Zeit später festgestellt und Admiral Forbes, der C-in-C Home Fleet, versetzte seine Schlachtkreuzer und leichten Streitkräfte in kurzfristige Auslaufbereitschaft. Eine »Hudson« der 224. Squadron des Küstenkommandos (Coastal Command) der RAF sichtete in den Mittagsstunden des 8. Oktober den deutschen Verband. GNEISENAU und KÖLN nahmen die Maschine erfolglos mit der Schweren Flak unter Beschuß. In der Folge erwartete Admiral Boehm einen Luftangriff und versetzte seinen Verband für diesen Fall in Alarmbereitschaft. Es wurden jedoch nur weitere Aufklärungsflugzeuge am späten Nachmittag und nach Sonnenuntergang gesichtet. Zu diesem Zeitpunkt standen die deutschen Schiffe etwa 25 sm westlich des Boknfjords unmittelbar nördlich von Stavanger.

Für die britische Admiralität hatte es den Anschein, als ob dieser starke Verband den Versuch unternahm, in den Atlantik auszubrechen. Um dieser Möglichkeit zu begegnen, steuerten die Schlachtkreuzer HOOD und REPULSE mit zwei Kreuzern und vier Zerstörern eine Position nordwestlich von Kap Stadtlandet an. Die aus drei Leichten Kreuzern bestehende Humber Force lief aus, um zu versuchen, die deutschen Schiffe auf Gegenkurs abzufangen. Schließlich ging auch die Home Fleet mit den Schlachtschiffen NELSON und RODNEY, dem Flugzeugträger FURIOUS, einem Kreuzer und acht Zerstörern von Scapa Flow aus in See, um die Shetland-Färöer-Enge zu decken. Doch diese gesamten Schiffsbewegungen waren vergeblich. Nach Einbruch der Dunkelheit ging Admiral Boehm auf Gegenkurs, detachierte die KÖLN und vier Zerstörer in den Skagerrak und traf am frühen Nachmittag des 10. Oktober mit der GNEISENAU und den restlichen fünf Zerstörern sicher in Kiel ein. Zwölf »Wellington«-Bombern, die den deutschen Verband abfangen sollten, gelang es nicht, ihr Ziel zu finden.

Anfang November 1939 bekamen SCHARNHORST und GNEISENAU den Befehl, zu einer weiteren Unternehmung zurück in die Nordsee zu verlegen. Nach dem Anbordnehmen der Flugzeuge (vier auf SCHARNHORST) liefen sie am 8. November aus Kiel nach Wilhelmshaven aus. Dort verblieben sie bis zum 21. November, ehe sie an diesem Tage um 14.00 Uhr zu einer weiteren Unternehmung in See gingen. Zusammen mit ihnen liefen unter Führung des B.d.A., VAdm. Lütjens, auch die Leichten Kreuzer LEIPZIG und KÖLN, die Zerstörer BERND VON ARNIM, ERICH GIESE und KARL GALSTER (4. Z-Flottille) sowie die Torpedoboote LEOPARD, SEEADLER, ILTIS und WOLF aus. Der Verband des B.d.A. wurde gegen 23.00 Uhr detachiert, um in der mittleren Nordsee und im Skagerrak Handelskrieg zu führen (später infolge des schlechten Wetters abgebrochen), während die beiden Schlachtschiffe ihren Marsch nach Norden allein fortsetzten. Ziel ihrer Unternehmung war es, überraschend in das Seegebiet der Island-Färöer-Enge vorzustoßen, die britische »Northern Patrol« – eine aus Hilfskreuzern und Kreuzern bestehende Blockadelinie zur Überwachung der Island-Färöer-Shetland-Bergen-Engen – aufzubrechen und durch Scheinbewegungen einen Durchbruch in den Nordatlantik vorzutäuschen, um Kräfte sowie die Aufmerksamkeit der Home Fleet von den Aktivitäten der ADMIRAL GRAF SPEE im Südatlantik abzulenken. Die Führung des Unternehmens hatte der neue Flottenchef, Vizeadmiral Marschall, als Nachfolger Admiral Boehms, den GAdm. Raeder nach Differenzen mit der Skl. in operativen Fragen entlassen hatte.[149] Adm. Boehm wurde später zum Kommandierenden Admiral Norwegen ernannt. Die deutsche Kampfgruppe blieb infolge des stürmischen Wetters unentdeckt; sie wurde weder von den britischen U-Bootpatrouillen vor dem Skagerrak und in der Deutschen Bucht noch von der britischen Luftaufklärung erfaßt, so daß die britische Admiralität keine Kenntnis von dieser in See stehenden starken Kampfgruppe hatte.

Zum Zeitpunkt der Entlassung des Verbandes des B.d.A. standen die beiden Großkampfschiffe südwestlich von Kap Lindesnes in der mittleren Nordsee. Sie steuerten Kurs 320° und liefen mit 4 sm Abstand in Kiellinie. Bei Anbruch der Morgendämmerung des 22. November heißten die beiden Schiffe in Übereinstimmung mit dem Operationsbefehl das »White Ensign«. Mit etwa um einen Meter tiefer getrimmtem Bug nahm die SCHARNNHORST unter den vorherrschenden Bedingungen vorn schwere Seen über. Mit fortschreitendem Tagesverlauf verschlechterte sich das Wetter weiter. Es regnete und aus Südwest wehte es in Stärke 7 – 8. In der schweren See rollten beide Schiffe stark und die Sicht betrug höchstens 5 sm, aber für ein unerkanntes Passieren der Shetland-Bergen-Enge waren die Bedingungen ausgezeichnet. Um 13.35 Uhr hatte die deutsche Kampfgruppe die Enge hinter sich und stand nördlich der Viking-Bank. Das schwere Wetter brachte einige Probleme mit sich, insbesondere an Bord der SCHARNHORST. Auf ihr war in die Elektrik des Backbord vorderen Doppelturms und der Backbord vorderen 3,7-cm-Doppellafette Wasser eingedrungen, so daß beide nicht mehr gefechtsbereit waren. Ähnliche Probleme beeinträchtigten auch die Scheinwerfer. Wassereinbrüche ins Schiffsinnere gab es fernerhin durch undichte Öffnungen und Luken, besonders in den Abteilungen V und XIII. Am Abend meldeten sogar die Türme der Schweren Artillerie das Eindringen von Seewasser.

Im Verlaufe des Nachmittags und Abends des 22. November kämpften sich die beiden Schiffe mühsam parallel zur Shetland-Färöer-Enge voran. Am folgenden Morgen erfaßte das Funkmeßgerät die Färöer-Inseln auf 37.000 m. Die deutsche Kampfgruppe war bisher nicht nur unentdeckt geblieben, sondern die britische Admiralität wußte auch immer noch nicht, daß sie überhaupt in See stand. Sie befand sich jetzt in dem Seegebiet, in dem patrouillierende Kreuzer der Royal Navy erwartet werden konnten. Die beiden deutschen Schiffe liefen nunmehr mit 15 kn im Abstand von etwa 18.000 m in Steuerbordstaffel auf Westkurs, um einen möglichst breiten Suchstreifen zu bilden. In der Nacht vom 22./23. November 1939 bestand die Northern Patrol aus vier Leichten Kreuzern: der modernen NEWCASTLE und den älteren Schiffen CALYPSO, CERES und DELHI. Der Hilfskreuzer RAWALPINDI befand sich ebenfalls auf Patrouillenfahrt. Die NEWCASTLE war das nördlichste und der Hilfskreuzer das östlichste Schiff dieser weit auseinandergezogenen Bewachungslinie.

Die Färöer-Inseln nördlich passierend, blieb VAdm. Marschall einige Zeit genau auf Westkurs und ging dann um 07.00 Uhr auf Nordwestkurs. Hierbei wich er unbeabsichtigt der CALYPSO aus, auf die er sonst direkt gestoßen wäre. Den restlichen Tagesverlauf des 23. November blieben die beiden Schlachtschiffe trotz häufiger Kurswechsel auf dem Generalkurs Nordwest Richtung Island, bekamen aber kein

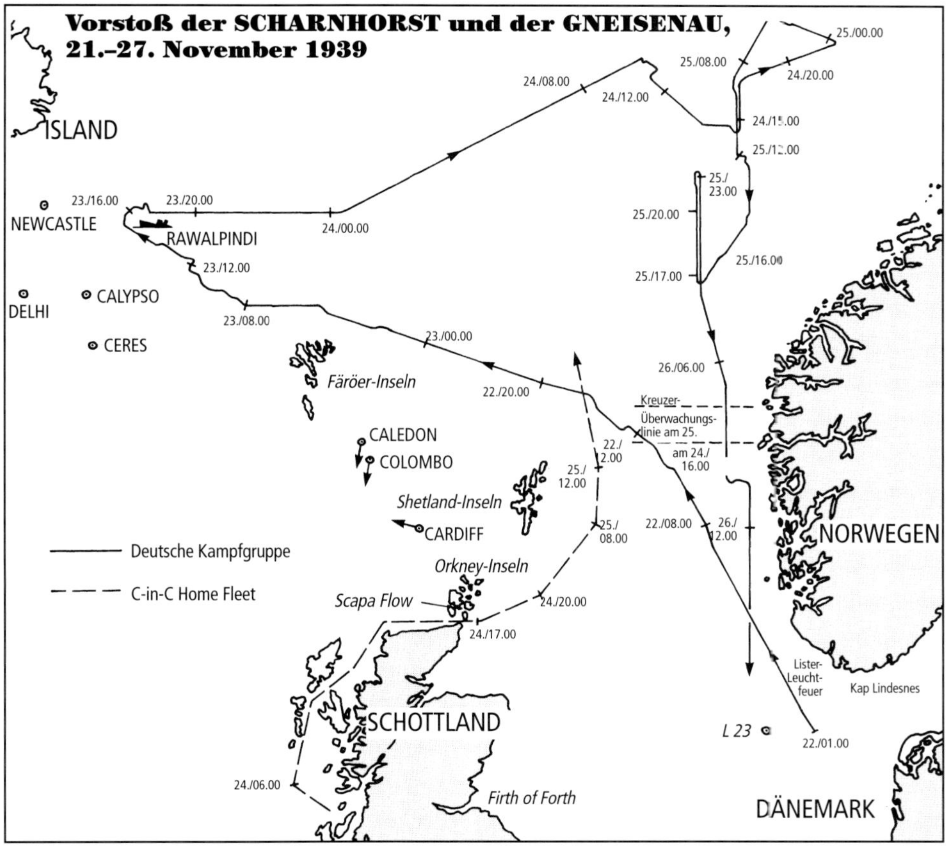

Vorstoß der SCHARNHORST und der GNEISENAU, 21.–27. November 1939

gegnerisches Kriegsschiff in Sicht. Dann meldeten die Ausgucks im Vormars der SCHARNHORST um 16.07 Uhr an Steuerbord in beträchtlicher Entfernung ein Schiff. Da von der Brücke aus nichts zu erkennen war, stieg KptzS. Hoffmann in den Vormars, um selbst zu beobachten und identifizierte das Schiff als einen der erwarteten Hilfskreuzer. Auf der SCHARNHORST bezog die Besatzung Gefechtsstation und bereitete sich auf das Gefecht vor.

Bei dem britischen Schiff handelte es sich um den Hilfskreuzer RAWALPINDI (Captain E.C. Kennedy, RN), ein 16.697 BRT großer, ehemaliger Passagierdampfer der P. & O. Line, bewaffnet mit acht 15,2-cm-Geschützen und zwei 7,6-cm-Fla-Geschützen. Aus dem Krähennest der RAWALPINDI war ein sich schnell näherndes deutsches Kriegsschiff zuerst gesichtet (um 14.32 Uhr/16.32 Uhr deutsche Zeit) und als SCHARNHORST identifiziert worden. Der deutsche Gegner schloß rasch heran, änderte dann seinen Kurs parallel zum britischen Schiff und gab den Befehl zu stoppen. Capt. Kennedy ignorierte natürlich diese Aufforderung und drehte ab, während er gleichzeitig über Funk eine Sichtmeldung abgab: »Ein Schlachtkreuzer, Peilung 280°, 4 sm, Kurs 135°. Position 63°41'N, 11°29'O. Abgegangen: 15.45 Uhr.« Diesen Funkspruch erhielt Admiral Forbes, der C-in-C Home Fleet, um 15.51 Uhr (17.51 Uhr deutscher Zeit). Ihm folgte jedoch rasch ein zweiter, der als Identität des Gegners »DEUTSCHLAND« angab. Diese Nachricht war das erste Anzeichen dafür, daß sich gegnerische Schiffe in nördlichen Gewässern aufhielten, und schien mit den kürzlich bekannt gewordenen Aktivitäten der DEUTSCHLAND in Verbindung zu stehen. Tatsächlich befand sich die DEUTSCHLAND bereits wieder in deutschen Gewässern.

Capt. Kennedy war jetzt bestrebt, in die Sicherheit einer Nebelbank zu entkommen, die zwei Strich Backbord voraus erkennbar war. Die SCHARNHORST erkannte jedoch seine Absicht und schnitt dem britischen Schiff den Weg ab. Dies zwang Capt. Kennedy, statt dessen einen Eisberg in ca. 4 sm Entfernung an Steuerbord anzusteuern. Commander Jokes meldete alle Geschütze klar zum Gefecht, als die SCHARNHORST dem Briten einen Schuß vor den Bug setzte (unfreiwilligerweise, denn der Schuß hatte sich infolge eines elektrischen Kurzschlusses, verursacht durch eingedrungenes Wasser, selbständig gelöst). Zu diesem Zeitpunkt meldete einer der Ausgucks der RAWALPINDI ein zweites Schiff vier Strich an Steuerbord voraus, das für ein weiteres Schiff der Northern Patrol gehalten wurde. Nach einer Kursänderung auf dieses Schiff zu – in der Absicht der gegenseitigen Unterstützung – wurde jedoch sehr schnell klar, daß es sich um die GNEISENAU handelte.

Die SCHARNHORST forderte jetzt Capt. Kennedy zum Beidrehen auf. Doch die RAWALPINDI eröffnete mit ihren 15,2-cm-Geschützen das Feuer und versuchte gleichzeitig, durch das Werfen von Nebelbojen eine Nebelwand zu legen. Mit der hereinbrechenden Dämmerung hatte sich die Entfernung auf 10.500 m verringert. Als die Dunkelheit mit Mondschein einsetzte, eröffnete KKpt. Dominik, der I.AO der SCHARNHORST, um 17.03 Uhr auf 7500 m das Feuer mit den vorderen Türmen. Eine der ersten Salven schlug auf dem Bootsdeck des Hilfskreuzers direkt achteraus der Brücke ein. Mit Ausnahme von Capt. Kennedy, einem PUO und einem Matrosen fiel das gesamte Brückenpersonal.

Die Mittelartillerie griff jetzt in das Gefecht ein. Auch die GNEISENAU eröffnete auf große Entfernung das Feuer. Eine ihrer Salven erzielte möglicherweise einen Treffer in der Hauptfeuerleitzentrale der RAWALPINDI und zerstörte sie. Auch das Steuerbord II. 15,2-cm-Geschütz wurde außer Gefecht gesetzt. Sämtliche Geschütze schossen nunmehr mit Einzelabfeuerung und feuerten befehlsgemäß weiter. Die RAWALPINDI befand sich in einer schlimmen Lage. Eine Granate hatte den Maschinenraum getroffen, der Generator war ausgefallen und die Munitionsaufzüge waren ohne elektrischen Strom. Um die Munitionsversorgung der Geschütze sicherzustellen, wurden Ketten organisiert. Die reichliche Holzverkleidung in den früheren Passagierräumen führte jedoch zu schweren Bränden und starker Rauchentwicklung im gesamten Schiff. Mit Ausnahme des Steuerbord II. und des Backbord I. 15,2-cm-Geschützes schossen noch alle Geschütze, aber ihr Feuer blieb wirkungslos. Gegen 15.10 Uhr (17.10 Uhr deutsche Zeit) begab sich Capt. Kennedy mit zwei Seeleuten nach achtern, um zu versuchen, die Nebeltonne in Betrieb zu setzen. Eine Minute später wurden sie von einer detonierenden Granate getötet.

Fast das gesamte Gefecht hindurch war die RAWALPINDI steuerlos, denn sowohl die Brücke wie auch der Rudermaschinenraum waren zerstört. Doch die Maschinen waren noch intakt und imstande, 21 kn zu laufen. Während der Hilfskreuzer im Sinken begriffen war, feuerten seine Geschütze noch unregelmäßig. Um 17.12 Uhr befahl VAdm. Marschall nach einem nur acht Minuten dauerndem Gefecht die Feuereinstellung. In diesem kurzen Gefecht verschoß das Flaggschiff 52 Schuß 28 cm und 125 Schuß 15 cm, während die SCHARNHORST 89 Schuß 28 cm und 109 Schuß 15 cm abgab.

Noch immer machte die RAWALPINDI langsame Fahrt, aber um 17.30 Uhr war eine große Explosion zu sehen. Als die deutschen Schiffe beidrehten, wurde von ihrem Heck mit einer Signallampe gemorst: «Bitte sendet Boote!« VAdm. Marschall erteilte den Befehl, Überlebende zu retten – in Anbetracht der Situation der deutschen Schiffe eine mutige, aber gefährliche Aufgabe. Auch in einer mondhellen Nacht war angesichts der schweren See das Anbordnehmen von Booten keineswegs ein leichtes und schnell durchzuführendes Manöver, während die Schlachtschiffe die ganze Zeit über gestoppt lagen und das brennende Wrack ihre Position mit alarmierender Deutlichkeit kenntlich machte. Um 18.46 Uhr, etwa 45 Minuten nach Beginn der Rettungsaktion, kam ein Boot mit nur sieben Überlebenden längsseits der SCHARNHORST. GNEISENAU hatte inzwischen 21 Überlebende geborgen. Danach befahl VAdm. Marschall um 19.16 Uhr abrupt, gerade als ein weiteres Boot in Sicht kam, den Abbruch der Rettungsaktion. Die beiden Schiffe nahmen Fahrt auf und liefen mit 24 kn auf einem direkten Ostkurs ab. Der Grund für das Einstellen der Bergung Überlebender war das Sichten eines abgeblendet fahrenden Schiffes, das sich schwach gegen den helleren Westhimmel abhob. Der IV. AO an Bord der SCHARNHORST, Kptlt. Freiherr v. Müllenheim-Rechberg, hatte vom achteren Leitstand aus das Schiff um 19.20 Uhr als erster gesehen.[150] Es schien sich um ein Kriegsschiff von ziemlicher Größe zu handeln.

Tatsächlich war es der Leichte Kreuzer NEWCASTLE, der die Feindmeldung der RAWALPINDI um 18.05 Uhr deutscher Zeit empfangen hatte. Auch die ältere DELHI hatte den Funkspruch erhalten, und beide Schiffe änderten Kurs auf die von der RAWALPINDI angegebene Position zu. Diese beiden Schiffe hatten vom Vice-Admiral (Northern Patrol) den Befehl erhalten, an der DEUTSCHLAND Fühlung zu halten (sic), während den beiden anderen Kreuzern, CERES und CALYPSO, befohlen worden war, sich auf der Höhe des Kalso-Leuchtfeuers zu konzentrieren, um bei einem Nachtangriff als Angriffsgruppe zu handeln. Zu beachten ist, daß die Befehle der NEWCASTLE eindeutig auf Fühlunghalten – *und nicht auf Angreifen* – lauteten.

Das Schlachtschiff WARSPITE wurde von einem ostgehenden Atlantik-Geleitzug abgezogen und zur Dänemarkstraße entsandt, da es noch immer nicht klar war, ob der Gegner im Begriff stand auszubrechen oder in die Heimat zurückzukehren versuchte. Unglücklicherweise war das einzige zur Verfügung stehende Langstreckenflugzeug, eine einzelne PBY »Catalina«, nach seinem ersten Flug an diesem Tage nicht mehr einsatzfähig, so daß alle Hoffnungen hinsichtlich einer Verfolgung des Gegners auf der NEWCASTLE und der DELHI ruhten. Die Aussicht der anderen beiden Leichten Kreuzer, die zwei Schlachtschiffe anzugreifen, ist kaum des Nachdenkens wert. Ihre einzige wirkliche Hoffnung bestand darin, in der Dunkelheit unbemerkt einen Torpedoangriff durchzuführen – aber die beiden deutschen Schiffe hatten Funkmeßgeräte.

Nach zweistündiger Marschfahrt sichtete die NEWCASTLE Scheinwerferleuchten und Mündungsfeuer. Um 19.16 Uhr machten ihre Ausgucks ein abgeblendet fahrendes Schiff aus, das sie mit der zugekehrten Breitseite in der Peilung 70° auf eine Entfernung von ca. 11.800 m als die DEUTSCHLAND identifizierten. Eine Minute später kam auf eine Entfernung von 10.700 m ein zweites Schiff in Sicht. Die Entfernung verringerte sich rasch. Um 19.22 Uhr ging Captain Figgins mit der Geschwindigkeit herunter und drehte in der Absicht ab, an den gegnerischen Schiffen Fühlung zu halten. Die NEWCASTLE war jedoch bereits selbst gesehen worden und veranlaßte die deutschen Schiffe zum Ablaufen. Bedauerlicherweise für die NEWCASTLE vereitelte das Wetter und das Fehlen von Radar (die Ausrüstung hiermit erfolgte erst ein Jahr später) ihren Versuch, Fühlung zu halten. Nach dem Passieren einer Regenbö war sie nicht mehr imstande, die Fühlung wiederzugewinnen. Obwohl sie und die DELHI noch einige Stunden lang suchten, konnten die beiden Kreuzer VAdm. Marschall und seine Schiffe nicht wiederfinden.

Die NEWCASTLE war ein 1937 in Dienst gestellter Leichter Kreuzer der »Town«-Klasse, bewaffnet mit zwölf 15,2-cm-Geschützen. Das Schiff war offensichtlich überbestückt; aber seine Aufgabe in dieser Situation bestand jedenfalls darin, Fühlung an den deutschen Schiffen zu halten und schwerere Einheiten heranzuführen, die sich mit ihnen be-

fassen sollten. Trotzdem ist es schon ein wenig überraschend, daß Captain Figgins die Chance nicht ergriff, einen Torpedofächer zu schießen, nachdem er den Gegner gestoppt daliegend und unvorbereitet angetroffen hatte. Sein Schiff führte zwei 53,3-cm-Dreifach-Torpedorohrsätze, und für VAdm. Marschall wäre es verhängnisvoll gewesen, hätte eines seiner Schiffe eine Beschädigung erlitten, die es in der Geschwindigkeit herabgesetzt hätte. Andererseits ist es schwierig zu begreifen, warum VAdm. Marschall keinen Versuch unternahm, die NEWCASTLE zu vernichten – eine Aufgabe, die er mit Leichtigkeit hätte vollbringen können. Dies sollte später innerhalb der deutschen Seekriegsleitung Konsequenzen haben.

Von einem einzelnen 15,2-cm-Treffer auf dem Achterdeck der SCHARNHORST abgesehen, hatte das kurze Gefecht auf den deutschen Schiffen keine Schäden verursacht. Doch erneut hatte sich die Unzulänglichkeit der Bordflugzeugeinrichtungen auf der SCHARNHORST gegen die Auswirkungen des Luftdrucks beim Schießen der Schweren Artillerie erwiesen. Beide auf den Katapulten stehenden Bordflugzeuge (»T3+DH« und »T3+EH«) waren beschädigt worden. VAdm. Marschall lief mit seiner Kampfgruppe bis Mitternacht am 23./24. November mit Ostkurs ab, da er ziemlich offensichtlich in ein Wespennest gestochen hatte, und umfangreiche britische Gegenmaßnahmen zu erwarten waren. Tatsächlich war Admiral Forbes in den Abendstunden des 23. November mit den Schlachtschiffen NELSON und RODNEY, dem Schweren Kreuzer DEVONSHIRE und sieben Zerstörern aus dem Clyde ausgelaufen und steuerte eine Position zwischen den Shetland-Inseln und der norwegischen Küste an. Doch er war einigermaßen im Nachteil, da sich die Mündung des Clyde an der schottischen Westküste befand und seine Schlachtschiffe bestenfalls nur 22 kn laufen konnten. Dies veranschaulicht deutlich die Wechselwirkung von Operationen.

Die SCHARNHORST während des harten Winters 1939/40 in Kiel. (ECPA)

Der Grund, warum die Home Fleet so nachteilig stationiert war, lag ganz einfach in der sehr pessimistischen Beurteilung der Verteidigung Scapa Flows bei Ausbruch des Krieges gegen Luftangriffe. Dies führte nach einigen Diskussionen zur Verlegung des Flottenstützpunktes nach Loch Ewe. Die Versenkung der ROYAL OAK durch Kptlt. Priens *U 47* am 14. Oktober 1939 unterstrich zusätzlich die Verwundbarkeit von Scapa als Hauptankerplatz der Flotte und machte deutlich, daß auch der zeitweilige Stützpunkt Loch Ewe gleichermaßen unverteidigt war. Daher wies die britische Admiralität der Home Fleet die sicheren Gewässer des Clyde als Ankerplatz zu. Dies entfernte jedoch die Flotte noch weiter von den wichtigen Ausgängen in die Nordsee. Admiral Forbes erhob keineswegs überraschend dagegen Einwände und zog Rosyth am Firth of Forth vor. Bedauerlicherweise drang seine Auffassung nicht durch. Infolgedessen konnte die Home Fleet die Shetland-Bergen-Enge nicht vor dem 25. November erreichen. Zu den weiteren britischen Gegenmaßnahmen gehörte das Aufstellen von vierzehn Kreuzern quer über die Shetland-Bergen-Enge sowie eines Zerstörerverbandes in Abständen von 8 bis 10 sm in einer West-Ost-Linie. Sämtliche verfügbaren Unterseeboote liefen aus dem Firth of Forth und aus der Tyne-Mündung aus, um Wartestellungen auf der Höhe von Kap Lindesnes und bei Horns-Riff zu beziehen. 21 »Whitley«-Bomber der 10. und 51. Squadron wurden nach Kinloss, 24 »Hampden«-Bomber der 49. und 83. Squadron nach Wick verlegt und dem Kommando der 18. Group des Coastal Command unterstellt.

Ab Mitternacht des 23./24. November steuerten SCHARNHORST und GNEISENAU Nordostkurs und holten weit nach Norden aus, um dem Gegner auszuweichen. Dies alles verschaffte jedoch den langsamen Schlachtschiffen der Home Fleet zusätzlich Zeit, um ihre Abfangposition zu erreichen. Im Verlaufe des 25. November lief VAdm. Marschall mit seiner Kampfgruppe wieder auf einem südlichen Kurs, aber gegen Abend wurde es offensichtlich, daß das Wetter zu gut war, um für einen erfolgreichen Durchbruch geeignet zu sein. Infolgedessen ging er um 17.00 Uhr wieder auf Gegenkurs. Nach einem sechsstündigen Marsch nach Norden wurden die Wetterberichte vielversprechender, und um 23.00 Uhr änderte er den Kurs und lief erneut nach Süden. Zu diesem Zeitpunkt hatten die britischen Kreuzer ihre Überwachungslinie quer zum Heimatkurs der deutschen Schiffe bezogen, während NELSON und RODNEY mit ihrer Kreuzer- und Zerstörersicherung in einem Gebiet nördlich der Shetlands auf der Breite der Färöer-Inseln auf und ab standen, etwa 175 sm südwestlich der Position von VAdm. Marschalls Schiffen um 11.00 Uhr am 25. November. Es hatte den Anschein, als ob die Chancen für einen erfolgreichen Rückmarsch der deutschen Kampfgruppe dürftig waren.

Um 02.00 Uhr am 26. November befahl VAdm. Marschall beiden Schiffen ab 04.00 Uhr die Zuschaltung aller zwölf Kessel in Vorbereitung für den Durchbruch durch die Shetland-Bergen-Enge, beginnend um 06.00 Uhr. Das erwartete schlechte Wetter setzte nunmehr ein und bis 09.30 Uhr hatte sich die Sicht auf nur ein bis zwei Seemeilen verringert. Der Wind wehte stürmisch aus OSO und wuchs sich zu einem starken Sturm mit Stärke 10 aus. Ständig wuschen schwere Brecher über die Oberdecks und riesige Seen brachen über die Brücken der Schiffe herein. Fünfzehn Minuten später herrschte schwerer Sturm mit Stärke 11 und die Geschwindigkeit mußte auf 22 kn verringert werden. An Bord der SCHARNHORST zeigte sich wiederum die Schwäche der Lüftungsschächte, als Wasser in einen Kesselraum eindrang und zwei Kessel außer Betrieb setzte. Bis 10.44 Uhr hatten sich die Wetterbedingungen etwas gebessert. Doch unter diesen Umständen war es nicht verwunderlich, daß VAdm. Marschall mit seinen Schiffen erfolgreich die britische Überwachungslinie durchbrach. Von den britischen Kreuzern hatte nur die SHEFFIELD Radar, und dies war auch nur ein Luftwarn-

Rechts: BISMARCK (hinten) und LÜTZOW (vorn) 1941 in Gotenhafen.
David Ennor)

Unten: Eine Luftaufnahme der RAF von Kiel am 3. Juli 1940. Die LÜTZOW ist im Trockendock und die SCHARNHORST im Schwimmdock (links oben) zu erkennen. Auch die GRAF ZEPPELIN ist mit abgesenkten Aufzügen in der Bildmitte deutlich zu erkennen.
(IWM)

radargerät vom Typ 79 Y. Das schwere Wetter hielt bis in den 27. November 1939 hinein an. Inzwischen hatte ein Wassereinbruch noch den Turm A der SCHARNHORST außer Gefecht gesetzt. Auch den Wartepositionen der britischen Unterseeboote wich die deutsche Kampfgruppe aus und warf am frühen Nachmittag sicher in Wilhelmshaven Anker.

Die Unternehmung wurde nach außenhin als ein Erfolg gewertet, aber innerhalb der Skl. gab es scharfe Kritik an VAdm. Marschalls Handlungsweise. Insbesondere KAdm. Fricke, Chef der Operationsabteilung (1./Skl.), kritisierte heftig die Tatsache, daß zwei starke Schiffe abgedreht hätten und vor einem kleineren Kriegsschiff abgelaufen wären, und vertrat die Meinung, daß es hätte versenkt werden müssen. Tatsächlich scheint es merkwürdig, daß kein Versuch unternommen wurde, die NEWCASTLE zu versenken. VAdm. Marschalls Entgegnung berief sich darauf, daß stets die Auffassung vorgeherrscht hätte, Großkampfschiffe sollten bei Nacht eine enge Fühlung mit Torpedofahrzeugen und Aufklärungsschiffen vermeiden. Hinzu käme noch die Tatsache, daß der Operationsbefehl des Oberbefehlshabers der Gruppe West, GenAdm. Saalwächter, dem die operative Führung des Unternehmens oblag, deutlich darlegte, daß gegnerischen Streitkräften *bei Nacht ausgewichen* werden sollte. Bei Tageslicht angetroffene unterlegene Streitkräfte hätten dagegen vernichtet werden sollen. Auch der hohe Munitionsverbrauch bei der Versenkung der RAWALPINDI erfuhr Kritik. Alles in allem wurde VAdm. Marschalls Verhalten trotzdem als zu vorsichtig beurteilt, und obwohl er seinen Posten behielt, standen die Zeichen für die Zukunft nicht gut.

Nach der Rückkehr von der Island-Unternehmung hatte auf der GNEISENAU KptzS. Harald Netzbandt den bisherigen Kommandanten, KptzS. Förste, abgelöst. Die beiden Schlachtschiffe stellten für das Bomberkommando (Bomber Command) der RAF ein offensichtliches Ziel dar, eigentlich das einzige, denn Angriffe auf Landziele wie auch auf Handelsschiffe waren noch immer nicht freigegeben worden. Es waren Fälle vorgekommen, da wurden Piloten für Angriffe auf Hilfsschiffe der Kriegsmarine disziplinarisch bestraft, weil es sich nicht um »richtige Kriegsschiffe« handelte, trotz der Tatsache, daß diese das Feuer eröffnet hatten.

Am 17. Dezember 1939 führte die 3. Group des Bomber Command einen Angriff durch. Der Angriffsverband bestand aus 24 »Wellington I«-Bombern: neun Maschinen von der in Mildenhall stationierten 149. Squadron, neun Maschinen von der 9. Squadron in Honington und sechs Maschinen von der 37. Squadron in Feltwell. Führer des Verbandes war Wing Commander Kellett von der 149. Squadron. Jedes Flugzeug trug drei 227-kg-SAP-Bomben. Im Einsatzbefehl hieß es unter anderem: »Auftrag: Angriff auf feindliche Kriegsschiffe in Wilhelmshaven und auf Schillig-Reede. ... Mit großer Sorgfalt ist darauf zu achten, daß keine Bomben auf deutschen Boden fallen und keine Handelsschiffe angegriffen werden.« Ein Marineoffizier begleitete Wing Commander Kellett zur Identifizierung der Schiffe. Der Angriff sollte bei Tageslicht ausgeführt werden. Das Fliegen in geschlossener Formation und die Bordwaffen der Flugzeuge wurden entsprechend der damaligen Taktik als ausreichender Schutz angesehen. So geriet dieser Angriff zur Katastrophe. Um Bomben zu werfen, ohne daß sie an Land einschlugen, befanden sich die Ziele zu dicht unter Land. Außerdem hatte die GNEISENAU bereits in die Ostsee verlegt. Daher blieb nur noch als Alternative übrig, ohne Abwurf der Bomben zurückzufliegen. Doch dies verhinderte die deutsche Luftwaffe. Die den Verband angreifenden Jagdflugzeuge vom Typ Me 109 und Me 110 des J.G. 26 und des Z.G. 76 schossen fast die Hälfte der britischen Flugzeuge ab: zwei Maschinen der 149. Squadron (N 2691 und N 2692), fünf Maschinen der 9. Squadron (N 2940, N 2939, N 2872, N 2983 und N 2941) sowie drei Maschinen der 37. Squadron (N 2904, N 2889 und N 2935). Durch die in der Nähe stehenden Kräne und Gebäude behindert, eröffnete die Leichte Flak der SCHARNHORST ein etwa acht Minuten dauerndes Abwehrfeuer, das ohne Wirkung blieb. Die Verluste an Menschenleben bei diesem nutzlosen Angriff waren tragisch, vor allem deshalb, weil die Chancen, die Schiffe zu treffen, gering waren. In diesem Stadium des Krieges war sich die RAF noch nicht bewußt, welch kleines Ziel ein Schiff darstellte. Dies galt auch für ausgebildete und erfahrene Flugzeugbesatzungen, aber die Besatzungen dieser Bomber waren weder das eine noch das andere.

Nach der letzten Unternehmung bedurften beide Schiffe eines Werftaufenthaltes zu Ausbesserungs- und Modifizierungsarbeiten. Das schwere Wetter hatte die Schwäche der Außenöffnungen und die Auswirkungen von eindringendem Seewasser auf die elektrische Anlage des Schiffes veranschaulicht. Die Hauptantriebsanlage erbrachte im allgemeinen gute Leistungen, aber die Hilfsmaschinen hatten sich als störanfällig erwiesen – hauptsächlich infolge ihrer hohen Drehzahlen ein charakteristisches Merkmal solcher Maschinenanlagen auf deutschen Kriegsschiffen. Nach einer kurzen Werftliegezeit in Wilhelmshaven verlegte die SCHARNHORST durch den Nord-Ostsee-Kanal nach Kiel. Dort traf sie am 11. Januar 1940 wieder mit der GNEISENAU zusammen, die eine kurze Werftüberholung in Kiel hinter sich gebracht hatte. Der Winter 1939/40 war außerordentlich hart und das Eis in der Kieler Förde bereitete den Schiffen beim Einfahren nach der Werftliegezeit und natürlich beim normalen Ausbildungsbetrieb beträchtliche Schwierigkeiten. Sogar der Nord-Ostsee-Kanal war zugefroren und in der Kieler Förde selbst erfolgte der Verkehr mit den an Bojen festgemachten Schiffen üblicherweise zu Fuß! Anfang Februar 1940 sanken die Temperaturen auf –15°C. Dies führte zum ständigen Einfrieren der Frischwassersysteme, insbesondere des Kesselspeisewassers. Schließlich verlegte die GNEISENAU am 4. Februar wieder an die Nordsee und ihr Schwesterschiff folgte einen Tag später. Beim Passieren des vereisten Nord-Ostsee-Kanals erlitt die GNEISENAU durch das Eis erhebliche Propellerschäden und mußte in Wilhelmshaven zur Auswechslung der Propeller ins Dock gehen. Am 17. Februar waren die beiden Schlachtschiffe einsatzbereit unnd seeklar. Die Decken der schweren Türme hatten zur Fliegererkennung statt des bisherigen weißen Kreises auf Turm A und des weißen Balls auf dem Achterdeck einen gelben Anstrich erhalten.

Am nächsten Tag, dem 18. Februar 1940, liefen die beiden Schlachtschiffe zusammen mit dem Schweren Kreuzer ADMIRAL HIPPER (KptzS. Heye) sowie den Zerstörern WOLFGANG ZENKER, WILHELM HEIDKAMP und KARL GALSTER von der 4. Z-Flottille unter Führung des Flottenchefs, Adm. Marschall, zum Unternehmen »Nordmark« aus. Ziel des Vorstoßes war Handelskriegführung in der Nordsee bis zur Shetland-Bergen-Enge, vor allem gegen den Geleitzugverkehr aus Norwegen. Vier Zerstörer der 2. Z-Flottille sowie zwei Torpedoboote bildeten einen Teil der Marschsicherung und wurden dann zur selbständigen Handelskriegführung im Skagerrak entlassen. Am 19. Februar um 11.30 Uhr stand der deutsche Kampfverband 60 sm westlich von Bergen, aber nicht ein einziges britisches Schiff kam in Sicht. Tatsächlich waren die beiden Schlachtschiffe in der Nacht vom 17./18. Februar auf ihrem Ankerplatz vor Wangerooge von einem gegnerischen Aufklärungsflugzeug erfaßt und gemeldet worden. Die britische Admiralität hatte daher mit einer derartigen Unternehmung gerechnet, ließ die Schiffe der Home Fleet auslaufen und leitete den gesamten normalen Geleitzugverkehr um. Adm. Marschall traf deshalb nur eine leere See an. Lediglich der Zerstörer WILHELM HEIDKAMP griff in den frühen Morgenstunden des 20. Februar nach dem Abbruch des Unternehmens ein vermutetes britisches Unterseeboot mit Wasserbomben an. In den Nachmittagsstunden dieses Tages lief der Verband wieder in Wilhelmshaven ein. Danach lagen die Schlachtschiffe wochenlang in Wilhelmshaven und nutzten die Zeit zur Ausbildung. Das Flottenkommando hatte die Kommandanten in Kenntnis gesetzt, daß bis in den März hinein keine weitere Unternehmung geplant wäre. Am 6. März 1940 stürzte eine Arado Ar 196 der SCHARNHORST aus geringer Höhe ab. Obwohl das Wrack geborgen werden konnte, waren der Flugzeugführer und sein Beobachter tot. Die nächste Unternehmung war für die beiden Schlachtschiffe erst Anfang April vorgesehen, und so blieben sie weiterhin in Wilhelmshaven.

Doch nun zu den übrigen Großkampfschiffen in heimischen Gewässern: Die ADMIRAL SCHEER lag immer noch in der Kriegsmarinewerft Wilhelmshaven und wurde umgebaut. Nach ihrer Rückkehr aus dem Atlantik war die DEUTSCHLAND am 15. November 1939 auf Anordnung Hitlers in LÜTZOW umbenannt worden. Die Umbennung erfolgte aus Besorgnis vor Propaganda und politischen Rückschlägen, sollte das Schiff mit dem Landesnamen versenkt werden.[151] Bis zu diesem Zeitpunkt hatte den Namen LÜTZOW ein neuer Schwerer Kreuzer der HIPPER-Klasse getragen, der in unfertigem Zustand an die UdSSR verkauft worden war. Am 24. November 1939 stieß die LÜTZOW zum Verband des B.d.A. (siehe S. 120), um durch Handelskriegführung im Skagerrak am 24. und 25. November vom Island-Vorstoß der Schlachtschiffe abzulenken. Anschließend ging das Panzerschiff zur Grundüberholung bis Anfang Februar 1940 in die Danziger Werft und wurde am 15. Februar 1940 zum Schweren Kreuzer umklassifiziert. Kommandant der LÜTZOW war seit November 1939 KptzS. August Thiele.

Wie alle anderen Einheiten der Kriegsmarine behinderte der harte Winter auch die LÜTZOW. Sie lief am 12. März zusammen mit dem Leichten Kreuzer EMDEN und dem Troßschiff NORDMARK nach Swinemünde aus und brauchte für den kurzen Transitweg zwei Tage. Ab 19. März 1940 lag der Schwere Kreuzer LÜTZOW einsatzbereit für weitere Operationen in Kiel.

Das Linienschiff SCHLESIEN (KptzS. Günther Horstmann) führte vom 16. bis 19. Dezember 1939 Handelskrieg ostwärts von Gotland. Am 6. Januar 1940 wurde die SCHLESIEN der Marinestation der Nordsee als Ausbildungsschiff für den westlichen Bereich zugeteilt. Falls erforderlich, sollte das Schiff auch Eisgeleite für U-Boote fahren, wobei allerdings das Ausbildungsprogramm nur geringfügig beeinträchtigt werden dürfte. Am 9. Januar 1940 aus Danzig auslaufend, traf das Schiff vier Tage später in Wilhelmshaven ein. Bis zum März pendelte das Linienschiff als Eisbrecher zwischen Wilhelmshaven, der Elbmündung und Hamburg hin und her. Zwischen dem 19. und 23. Februar erhielt die SCHLESIEN zwei 3,7-cm-Fla-Doppellafetten: eine auf der Back und die zweite auf Turm B. Am 28. März kehrte sie in die Ostsee zurück und befand sich Anfang April 1940 in Kiel.

Nachdem ihr Schwesterschiff, die SCHLESWIG-HOLSTEIN, seine Aufgabe bei der Besetzung Polens erfüllt hatte, wurde auch dieses Linienschiff im Dezember 1939 zur Handelskriegführung eingesetzt, und zwar im Bereich der Belte. Danach diente das Schiff als Eisbrecher in Kiel und erhielt am 6. Januar 1940 ähnliche Befehle wie die SCHLESIEN (und auch die HESSEN). Zwei Tage später lief die SCHLESWIG-HOLSTEIN nach Brunsbüttel aus und fuhr bis zum 12. Januar Eisgeleit auf der Elbe. Dann wurde sie von der SCHLESIEN abgelöst. Den größten Teil des Februar verbrachte die SCHLESWIG-HOLSTEIN bei den Deut-

Ganz oben: SCHLESWIG-HOLSTEIN im Eisgeleit-Dienst. Das Linienschiff bahnt einem U-Boot als Eisbrecher den Weg. (Bundesarchiv)

Oben: Das Linienschiff SCHLESIEN in schwerem Eis. (Sammlung des Verfassers)

schen Werken in Kiel in der Werft, um Reparaturen am Schiffskörper auszuführen. Am 12. März 1940 war sie wieder einsatzbereit und diente danach als Zielschiff für die Torpedoschule in Eckernförde.

* * *

Da diese beiden Linienschiffe aus der Vordreadnoughtzeit im Zusammenhang mit den Operationen der Schlachtschiffe keine Hauptrolle spielen, soll ihr weiterer Werdegang bis zum Herbst 1944 an dieser Stelle abgehandelt werden. Beide Schiffe wurden angesichts der Beanspruchung der gesamten deutschen Marine beim Unternehmen »Weserübung« den zur Sicherung Dänemarks gebildeten Gruppen zugeteilt.

SCHLESWIG-HOLSTEIN führte die Kriegsschiffgruppe 7, die den Auftrag hatte, am 9. April 1940 (»Wesertag«) die dänischen Häfen Nyborg und Korsör zu besetzen, die Fährhäfen auf Fyn (Fünen) bzw. Sjælland (Seeland) am Großen Belt. Hierzu unterstand KptzS. Kleikamp eine bunte Mischung kleiner Schiffe: das Versuchsboot CLAUS VON BEVERN (ex-T-Boot *V 190*), das Minenversuchsschiff NAUTILUS (ex-M-Boot *M 81*), das Sperrversuchsschiff PELIKAN (ex-M-Boot *M 28*), die Schulflottille des B.S.O. (6 Fischdampfer), die Transporter CAMPINAS und CORDOBA sowie die Schlepper FÖHN und TAIFUN. Die Teilnahme des alten Linienschiffes verlief etwas unrühmlich, da es am 9. April infolge eines Kompaßfehlers auf der Vengeance-Bank festkam und erst nach zehn Stunden wieder flottgemacht werden konnte. Nach der Erfüllung ihrer Aufgabe kehrte die SCHLESWIG-HOLSTEIN am 10. April nach Kiel zurück und verlegte wenige Tage später nach Swinemünde. Von dort aus sollte sie zur Geleitsicherung des unfertigen Schweren Kreuzers (die ex-LÜTZOW) gehören, der an die Sowjetunion verkauft worden war. Der Schleppzug mit diesem Schiff, gesichert durch das U-Bootbegleitschiff SAAR und *T 139*, war am 20. April 1940 aus Kiel ausgelaufen und traf am Abend des folgenden Tages in Swinemünde ein. Der Befehl zur Teilnahme des alten Linienschiffes wurde jedoch widerrufen. Daher brauchte es an der Fahrt nach Libau (heute Liepája in Lettland), dem Übergabehafen, nicht teilzunehmen. Statt dessen verlegte die SCHLESWIG-HOLSTEIN nach Gotenhafen. Der Schleppzug mit der ex-LÜTZOW und den Schleppern ATLANTIK und ALBATROS, gesichert durch *Schiff 23* verließ am 27. April in den frühen Morgenstunden Swinemünde. Auf der Höhe von Libau wurde die ex-LÜTZOW am 29. April 1940 um 01.00 Uhr an die sowjetischen Zerstörer LENIN und VOJKOV mit dem Eisbrecher KRASSIN in See übergeben (hinsichtlich des weiteren Schicksals der ex-LÜTZOW siehe Whitley »Deutsche Kreuzer im 2. Weltkrieg«.)

SCHLESIEN wurde beim Unternehmen »Weserübung« lediglich zur Deckung des Minensuchverbandes im Kleinen Belt eingesetzt. Zu Kampfhandlungen kam es nicht. Die beiden Linienschiffe wurden in den nächsten Monaten wieder als Ausbildungsschiffe verwendet; sie besaßen nur eine begrenzte Einsatzfähigkeit. SCHLESIEN wies nur noch eine Antriebsleistung von 6000 PSi auf und im Juni 1940 erging der Befehl, daß die beiden Schiffe je drei 15-cm-Geschütze – im Falle der SCHLESWIG-HOLSTEIN das Steuerbord IV. sowie das Backbord IV. und V. Geschütz (OKM A Wa C11a 2755/40) – an Land zu geben hatten. Die Geschützpforten wurden mit Platten verschlossen, um die Seetüchtigkeit zu erhalten. SCHLESIEN verlor auch seine 3,7-cm-Geschütze. Die Besatzungen wurden verringert und die Abkommandierten erhielten neue Kommandos im besetzten Frankreich. In der zweiten Junihälfte und im Juli 1940 fungierten beide als Ziel- und Ausbildungsschiffe. Am 24. Juli befahl das OKM das Auflegen der SCHLESIEN und am 30. Juli übergab KptzS. Günther Horstmann das Kommando an seinen I.O., FKpt. Oehrl, der das Schiff am 2. August 1940 außer Dienst stellte. Bis Ende August führte die SCHLESWIG-HOLSTEIN ein ziemlich untätiges Dasein als stationäres Ausbildungsschiff, da auch der größte Teil ihrer Besatzung abkommandiert worden war. Am 28. August erfolgte ebenfalls die Außerdienststellung dieses Schiffes. Alle 8,8-cm- und 2-cm-Geschütze sowie zwei bis drei E-Meßgeräte wurden für die Luftverteidigung Hamburgs ausgebaut.

Die beiden alten Linienschiffe blieben jedoch nicht für lange Zeit lediglich mit einem Wachkommando an Bord untätig in Gotenhafen liegen, da ein weiterer harter Winter bevorstand. Vom 3. bis 5. November 1940 überführte FKpt. Roegglen die SCHLESWIG-HOLSTEIN nach Kiel in die Kriegsmarinewerft. Dort erfuhr sie bis Mitte Dezember eine Grundüberholung. Ähnliches geschah ab Ende November mit der SCHLESIEN bei den Deutschen Werken in Kiel. Als die Eisverhältnisse den Einsatz der beiden Schiffe als Eisbrecher erforderten, wurden die Besatzungen aufgefüllt. Auch die Flakbewaffnung kam wieder an Bord, verstärkt durch zusätzliche 2-cm-Geschütze. SCHLESWIG-HOLSTEIN stellte am 20. Januar 1941 unter FKpt. Roegglen und die SCHLESIEN zwei Tage später unter FKpt. Isenlar erneut in Dienst. Beide Schiffe waren bis Ende März als Eisbrecher tätig. Danach wurden sie

(SCHLESWIG-HOLSTEIN am 26. März und die SCHLESIEN am 31. März 1941) in Gotenhafen mit verringerter Besatzung (Wachkommando) stillgelegt und dienten als Ausbildungshulk.

Doch auch diese Zeit der Stillegung währte nicht sehr lange. Bereits im Mai 1941 wurden die Besatzungen in Vorbereitung des Unternehmens »Barbarossa« – dem Angriff auf die Sowjetunion – wieder aufgefüllt. Diesmal sollten ihre 28-cm-Geschütze als »schwimmende Batterien« eingesetzt werden. Am 24. Mai übernahm KptzS. Lindenau als neuer Kommandant die SCHLESIEN und vier Tage später KptzS. Hennecke die SCHLESWIG-HOLSTEIN. Aufgabe der beiden Schiffe sollte es mit Unterstützung der 6. S-Flottille sein, im Zusammenhang mit »Barbarossa« ein Ausbrechen sowjetischer Schiffe durch die Ostsee-Ausgänge nach Großbritannien zu verhindern und gleichzeitig als Rückhalt für die Minensperren zu dienen. Mitte Juni bezogen die beiden Schiffe ihre Positionen: die SCHLESIEN in der Nähe von Århus an der Westseite der Segrø-Bucht als »Schwere Beltwache« und die SCHLESWIG-HOLSTEIN vor dem Drogden-Leuchtturm nahe Kopenhagen als »Schwere Sundwache«. Dort verblieben sie etwa für drei Monate, ohne daß sich etwas ereignete; die sowjetische Baltische Flotte hatte sich nach Leningrad zurückgezogen. In Anbetracht der Inaktivität der sowjetischen Flotte wurde Ende August entschieden, die beiden Schiffe nach Århus bzw. Kopenhagen zu verlegen. Dort lagen sie mit 3-Stunden-Bereitschaft vor Anker.

Noch ehe der Befehl zur Verlegung ergangen war, kamen Meldungen aus Schweden, aus denen zu entnehmen war die Baltische Flotte stünde im Begriff, auszubrechen und in schwedischen Gewässern Zuflucht zu suchen. Die Königlich Schwedische Marine ordnete die Mobilmachung ihrer Flotte an und für die alten deutschen Linienschiffe wurde der Verlegungsbefehl widerrufen. Der ganze Vorgang erwies sich jedoch als falscher Alarm, und am 1. September 1941 erhielten die beiden Linienschiffe den Befehl zur Verlegung in die oben erwähnten Häfen. Das einzige sonstige Ereignis, das die Ruhe durchbrach, war der Selbstmord des Ersten Offiziers der SCHLESIEN, FKpt. Isenlar, am 17. Juni, der einen Nervenzusammenbruch erlitten hatte. Im Oktober 1941 waren die Schiffe zurück in Kiel, um alsbald erneut nach Gotenhafen zu verlegen. Dort dienten sie mit verringerter Besatzung wieder als Ausbildungshulks.

1941/42 erforderte ein erneuter grimmiger Winter ihre Reaktivierung als Eisbrecher. Mit aufgefüllten Besatzungen übernahmen im Januar 1942 KptzS. Ernst Studnitz das Kommando über die SCHLESIEN und KptzS. Stitchling die Führung der SCHLESWIG-HOLSTEIN. Während ihres Eisbrecherdienstes in der stark vereisten Irben-Straße, des Zugangs zum Rigaischen Meerbusen, lief die SCHLESWIG-HOLSTEIN am 12. Januar auf der Höhe des Mersagciens-Leuchtturms auf Grund.[152] Im Bereich der Abteilungen V bis IX war der Schiffskörper aufgerissen. Die Schiffsführung meldete, daß das Schiff bewegungsunfähig und ohne Sicherung wäre und daß vermutlich Schlepperhilfe erforderlich sein würde. Der Schiffahrtsweg in den Rigaischen Meerbusen war von außerordentlicher Bedeutung, da ein Großteil des Nachschubs für die Heeresgruppe Nord auf diesem Seeweg herangebracht wurde. Das Marinegruppenkommando Nord befahl deshalb der SCHLESIEN, zu diesem Zeitpunkt in Kiel liegend, die entsprechenden Vorbereitungen zu treffen, um ihr Schwesterschiff gegen Ende der Woche zu ersetzen. Am folgenden Tag (13. Januar) ergab die Schadensmeldung, daß nur noch ein Kesselraum betriebsklar war, aber alle Generatoren sich in betriebsfähigem Zustand befänden. Der Wassereinbruch konnte zum Stehen gebracht werden, obwohl das Schiff gegenüber dem normalen Tiefgang vorn 2,5 m tiefer im Wasser lag und achtern um 1 m höher herausragte. Wichtiger war jedoch, daß das Linienschiff nur noch 120 m^3 Heizöl und 47 m^3 Dieselöl in seinen Bunkern hatte. Am 14. Januar teilte die SCHLESWIG-HOLSTEIN über Funk mit, daß die Wassermenge im Schiff größer als ursprünglich angenommen wäre und daß der Versuch unternommen würde, das Wasser mit der Unterstützung des Eisbrechers STETTIN herauszupumpen. Inzwischen lag das Schiff vor Anker, war aber nicht imstande, Fahrt aufzunehmen, ehe nicht das Leck gestopft war. Dringend erforderlich war nunmehr die Brennstoffergänzung, da die SCHLESWIG-HOLSTEIN nur noch einen Bestand für drei Tage hatte, um die Pumpen in Gang halten zu können. Infolge des außergewöhnlichen Tiefgangs hatte das Eis Luken im Zwischendeck zertrümmert sowie auch einen Teil des Gürtelpanzers beschädigt, so daß weitere Lecks entstanden waren.

Das schwer beschädigte Linienschiff lag tagelang hilflos, obwohl die Gruppe Nord Schiffe zu seiner Unterstützung entsandt hatte. Erst am 18. Januar konnte es melden, daß der Eisbrecher CASTOR zu seiner Entlastung in Sicht wäre. Am nächsten Tag nahm dann die SCHLESWIG-HOLSTEIN Fahrt auf und lief langsam hinter der CASTOR nach Westen. Doch am Abend saß sie erneut im Eis auf der Höhe von Kap Domesnes fest. In den nächsten Tagen geschah dies noch einige Male, so daß die SCHLESWIG-HOLSTEIN erst in den Vormittagsstunden des 24. Januar 1942 Gotenhafen erreichte. Der Tiefgang vorn betrug nunmehr 9,8 m. Die vorrangige Ausbesserung des veralteten Schiffes wurde gebilligt, da nach wie vor ein dringender Bedarf an Eisbrechern bestand. Im Mai 1942 lief die SCHLESWIG-HOLSTEIN unter Führung von FKpt. Asmus von Gotenhafen nach Wilhelmshaven zur Reparatur in der Kriegsmarinewerft aus.

In der zweiten Januarhälfte 1942 war auch die SCHLESIEN in Gotenhafen eingetroffen und hatte den Befehl erhalten, einem großen, nach Westen gehenden Geleitzug Eisgeleit zu geben. Dieser bestand aus dem U-Bootbegleitschiff WILHELM BAUER, vierzehn U-Booten und vier Hilfsschiffen der 27. U-Flottille, dem *Schiff 28* und elf Minensuchbooten. Unterwegs saß der Geleitzug bis zum 28. Januar vor Gedser an der Südspitze von Falster/Dänemark im Eis fest und erreichte Kiel erst am 31. Januar 1942. Er hatte von Dornbusch an der Nordspitze von Hiddensee bis nach Kiel 1fi Tage gebraucht.

Ursprünglich war beabsichtigt gewesen, die beiden Schiffe nach dem Eintreten des Tauwetters wieder in dänischen Gewässern als »schwimmende Batterien« einzusetzen, um jeden Versuch sowjetischer Schiffe zu verhindern, aus der Ostsee auszubrechen. Bis dahin leistete die SCHLESIEN weiterhin Eisbrecherdienste. Bis zum 18. Februar 1942 geleitete sie von Gotenhafen aus zwei ostgehende Geleitzüge, darunter auch den Leichten Kreuzer KÖLN. Die Kälte hielt weiter an und im März saß das Linienschiff mehrere Male im Eis fest. In dieser Zeit brauchte es einmal für die Fahrt von Swinemünde nach Kiel *achtzehn* Tage! Im Mai 1942 bezog die SCHLESIEN vor Seelandsrev Position als »schwimmende Batterie«, während sich ihr Schwesterschiff immer noch in der Werft befand. Nach ereignislosen Tagen nahm die SCHLESIEN ihre Ausbildungsaufgabe als Kadettenschulschiff bis in den Herbst 1944 wieder auf. Dies galt auch für die SCHLESWIG-HOLSTEIN nach Beendigung ihres Werftaufenthaltes. Die verhältnismäßig milden Winter 1942/43 und 1943/44 erforderten keine Eisbrecherdienste. Erst das Vorrücken der Roten Armee im Sommer und Herbst 1944 rückte die beiden alten Linienschiffe wieder in das Geschehen (siehe Kapitel 21).

11. Unternehmen »Weserübung« 1940

Als sich das Unternehmen »Weserübung«, die Besetzung Norwegens und Dänemarks, im Planungsstadium befand, war es der Skl. klar, daß für den sicheren Transport der erforderlichen Heerestruppen die Kriegsmarine in ihrer gesamten Stärke eingesetzt werden müßte. Selbst dann war – in Anbetracht des Größenunterschieds zwischen der alliierten und der deutschen Flottenstärke – die Überraschung ein wesentliches Planungselement bei einem derartig großen Unternehmen. Soweit dies die Großkampfschiffe betraf, standen als einzige Schiffe nur die SCHARNHORST und die GNEISENAU zur Verfügung, da sich die ADMIRAL SCHEER zum Umbau noch in der Werft befand und die kürzlich umbenannte LÜTZOW (ex-DEUTSCHLAND) für eine Atlantikunternehmung vorgesehen war. Die beiden neuen Schlachtschiffe BISMARCK und TIRPITZ gingen noch ihrer Fertigstellung entgegen. Anfang April 1940 lagen SCHARNHORST und GNEISENAU in Wilhelmshaven, letztere führte die Flagge von VAdm. Günther Lütjens (in Vertretung des erkrankten Flottenchefs, Admiral Marschall).

Sie bildeten die Deckungsgruppe für die Kriegsschiffgruppen 1 (Narvik) und 2 (Trondheim), die mit ihren Heerestruppen an Bord die längsten Anmarschwege hatten. Die erstere Gruppe bestand aus zehn Zerstörern unter Führung des F.d.Z, KptzS. und Kommodore Friedrich Bonte; sie sollte Narvik besetzen (siehe hierzu Whitley »Die deutschen Zerstörer im 2. Weltkrieg«.) Zur letzteren Gruppe gehörten der Schwere Kreuzer ADMIRAL HIPPER (KptzS. Hellmuth Heye, zugleich Führer dieser Gruppe) sowie vier Zerstörer; ihr Ziel war die Inbesitznahme von Trondheim.[153]

Am Vormittag bzw. Nachmittag des 6. April 1940 hatte VAdm. Lütjens die Besatzungen beider Schiffe getrennt mit einer Ansprache begrüßt, ohne Einzelheiten der bevorstehenden Unternehmung zu enthüllen, obwohl es für jedermann offensichtlich war, daß sich etwas tat. Die RAF schenkte dem Hafen beträchtliche Aufmerksamkeit. In den vergangenen Tagen und Nächten waren Luftangriffe zu einem regelmäßigen Ereignis geworden, wenn auch nur selten Schäden eintraten. Während der Zeitpunkt des Auslaufens zum Unternehmen »Weserübung« langsam heranrückte, setzte am 6. April kurz vor Mitternacht ein Luftangriff ein und das Abwehrfeuer der Leichten Flak der SCHARNHORST zwang ein tief anfliegendes Flugzeug zum Abdrehen. Allgemein wurde angenommen, daß die Flugzeuge Minen gelegt hätten, aber das erste Minenlegen der RAF fand erst in der Nacht vom 13./14. April 1940 statt. Während das Dröhnen der Flugzeuge noch zu hören war, bereiteten sich die Schiffe in der ersten Morgenstunde des 7. April zum Auslaufen vor. Das anlaufende große Unternehmen schien unerkannt geblieben zu sein. Es war eine stille, klare Neumondnacht, als die beiden schweren Schiffe Anker lichteten und seewärts liefen. Um 02.00 Uhr war Schillig-Reede leer, nachdem die für Narvik bestimmten Zerstörer von Cuxhaven her eingetroffen waren. Eine Stunde später stieß auch der Schwere Kreuzer ADMIRAL HIPPER mit seinen vier Zerstörern hinzu. Bei Hellwerden gegen 05.00 Uhr sammelte sich der Verband beim Feuerschiff F und nahm seine Formation für den Kriegsmarsch nach Norden ein. VAdm. Lütjens befahl seinem Verband eine Marschgeschwindigkeit von 25 kn – und das große Abenteuer hatte begonnen.

Die Morgendämmerung hatte einem hellen Tag mit wolkenlosem Himmel Platz gemacht. Die vierzehn Zerstörer hatten ihre Sicherungspositionen eingenommen und in ihrer Mitte marschierten SCHARNHORST, GNEISENAU (Flaggschiff) und ADMIRAL HIPPER mit jeweils 2000 m Abstand in Dwarslinie. Es herrschte eine sehr gute Sicht, ein Umstand, der VAdm. Lütjens störte, da sein Verband so lange wie möglich unentdeckt bleiben mußte. Etwa zwei Stunden nach Hellwerden stießen Jagdflugzeuge vom Typ Bf 109 als Jagdschutz zum Verband, gefolgt von drei He 111, nachdem Horns-Riff passiert worden war. Die Befürchtungen von VAdm. Lütjens waren völlig gerechtfertigt; denn 28 sm nordwestlich von Horns-Riff meldeten die »Hudson«-Aufklärer K und M von der 220. Squadron den deutschen Verband um 08.48 Uhr britischer Zeit (09.48 deutscher Zeit). Unter Beibehaltung des direkten Nordkurses befahl VAdm. Lütjens um 12.45 Uhr, die Fahrt auf 27 kn zu erhöhen. SCHARNHORST bekam unmittelbar darauf Probleme, als ein Dampfventil der Backbordturbine klemmte, und die Turbine abschaltete. Es dauerte fünfzehn Minuten, ehe der Schaden behoben werden konnte.

Die Sicht blieb weiterhin beunruhigend gut und die Sichtweite betrug etwa 10 000 m. Um 13.30 Uhr stand der Verband auf der Höhe von Hanstholm, querab vom Eingang zum Skagerrak. Etwa eine Stunde später griffen dann etwa 70 sm südwestlich von Kap Lindesnes zwölf »Blenheim«-Bomber der 107. RAF-Squadron, aus Osten anfliegend, die deutschen Schiffe an. Mit ADMIRAL HIPPER im Osten und GNEISENAU in der Mitte liefen die schweren Schiffe noch immer in Dwarslinie, und so schien sich der Angriff auf den Schweren Kreuzer zu konzentrieren. Sämtliche Schiffe eröffneten mit ihrer Schweren und Leichten Flak das Feuer. Das Ergebnis war viel Lärm und Rauch, hatte aber wenig Auswirkung auf die Angreifer. Gleichermaßen machten die Bomber wenig Eindruck auf die Schiffe, deren Bombenwürfe höhnisch belächelt wurden.

Insgesamt warfen die »Blenheims« erfolglos vierzig 113-kg-SAP-Bomben! Sieben weitere »Blenheim«-Maschinen der 21. Squadron fanden das Ziel nicht. Dies galt auch für die »Wellington«-Bomber der 9. und 115. Squadron. Durch Me 110 verlor die 115. Squadron zwei Maschinen (N 2949 und P 2524). Die Sichtmeldung der Flugzeuge erreichte die britische Admiralität erst sehr viel später. Um 14.41 Uhr war alles vorüber und von den Gefechtsstationen konnte weggetreten werden.[154]

Mit dem Schwinden des Nachmittags verringerte sich auch die Sicht und die Funkmeßgeräte wurden eingeschaltet. Am Abend hatten Wind und See an Stärke zugenommen und nach der Vorhersage war eine weitere Wetterverschlechterung zu erwarten. Nieselregen setzte ein und beim Passieren von Utsira hatte der Wind auf Stärke 7 aufgefrischt. Die großen Schiffe begannen, schwer zu arbeiten, aber an Bord der Zerstörer waren die Bedingungen wesentlich schlechter. Am frühen Abend ergingen die Befehle für das riskante Durchbrechen der Shetland-Bergen-Enge. Diese Enge war in Wirklichkeit 200 sm breit, aber jede Begrenzung des Seeraums war unwillkommen und unterstützte die Suchpatrouillen der Royal Navy. Schließlich wurde die Enge in der Dunkelheit zwischen 20.30 Uhr und 23.30 Uhr ohne jeden Zwischenfall passiert.

In den frühen Morgenstunden des 8. April 1940 stand der Verband querab von Bremangerlandet und in der pechschwarzen Nacht rollten die Schiffe entsetzlich. Es wehte ein Südweststurm mit Stärke 7 bis 8 und die Schiffe nahmen gewaltige Wassermengen über, da die Geschwindigkeit weiterhin 24 kn betrug. Im Verlaufe der Mittelwache begann es zu nieseln und gegen das Ende der Morgenwache setzte richtiger Regen ein. Nichtsdestoweniger brach die Morgendämmerung mit guter Sicht an, aber Wind und See blieben unverändert stürmisch. Während des Vormittags begann der Wind auf Nordwest zu drehen, und die Seen wuschen von Backbord vorn über die Schiffe herein. Um 08.45 Uhr brach der Zerstörer HANS LÜDEMANN die Funkstille und meldete die Fühlung mit einem feindlichen Zerstörer. Eine halbe Stunde später ging ein weiterer UK-Spruch von HANS LÜDEMANN ein, der die Flotte unterrichtete, daß sich der Zerstörer BERND VON ARNIM im Gefecht mit einem britischen Zerstörer befand. VAdm. Lütjens befahl sofort der ADMIRAL HIPPER, Unterstützung zu leisten. Der übrige Verband setzte den Marsch, sich durch die schwere See kämpfend, mit hoher Fahrt fort. VAdm. Lütjens hatte von der Gruppe West die Warnung erhalten, daß ein gegnerischer Kampfverband auf der Höhe von Narvik vermutet wurde, mit dessen Auftauchen am nächsten Tag zu rechnen wäre. Sollte sich diese Vermutung als zutreffend erweisen, kam auf den deutschen Verband ein Problem zu.

In der schweren See und mit eingeschifften Heerestruppen überladen, waren die deutschen Zerstörer nicht in der Verfassung, ein Gefecht zu führen. Außerdem bestand ihre Hauptaufgabe in der Besetzung Narviks und nicht darin, ein Seegefecht durchzukämpfen. VAdm. Lütjens war in ernster Sorge darüber, daß die Gefechtsberührung des Zerstörers BERND VON ARNIM die Position seines Verbandes bloßgestellt haben könnte, da er annahm, daß der gegnerische Zerstörer das Zusammentreffen gemeldet hatte. Er übte auch an BERND VON ARNIM Kritik, entgegen den Befehlen das Feuer eröffnet zu haben, und betonte nachdrücklich, der Zerstörer hätte dem Gegner ausweichen sollen. Ob dies tatsächlich möglich gewesen wäre, ist ein strittiger Punkt.[155] Tatsächlich hatte der Zerstörer HMS GLOWWORM keine Meldung abgegeben, bzw. wenn er eine solche abgegeben hatte, so war sie nicht empfangen worden. VAdm. Lütjens mußte jedoch von der Abgabe einer Sichtmeldung ausgehen. Infolgedessen und aufgrund der Tatsache, daß gegnerische Seestreitkräfte bereits vor dem Vestfjord gemeldet worden waren, entschied er sich, bis auf die Höhe des Eingangs zu diesem Fjord in enger Verbindung mit der Kriegsschiffgruppe 1 zu bleiben. Diese Gruppe war zum einen der größere Verband und zum anderen angesichts der vorherrschenden Wetterbedingungen und der Überladung der Zerstörer einem Angriff mehr oder weniger hilflos ausgesetzt. Außerdem war ihr Angriffsziel das wichtigste, und dies veranlaßte ihn, mit beiden Schlachtschiffen bei KptzS. Bontes Zerstörern zu bleiben, statt sie zwischen den Kriegsschiffgruppen 1 und 2 aufzuteilen.[156] Glücklicherweise kam es zu keiner Feindberührung und VAdm. Lütjens war in der Lage, die Zerstörer um 21.02 Uhr zur Ansteuerung ihres Zieles in den Vestfjord zu entlassen.

Als es auf Mitternacht zuging, erreichte der Sturm aus Westnordwest Orkanstärke und über die beiden Schlachtschiffe brachen schwere Seen herein. Ein Befehl des Flottenchefs teilte die Einzelheiten für den Nachtmarsch mit: Westkurs mit 9 kn, ein Kessel pro Welle betriebsbereit. Alle erforderlichen Maßnahmen sollten getroffen werden, um die Waffen trocken zu halten. (»Lassen Sie Ihr Pulver nicht naß werden!«) KptzS. Hoffmann, der Kommandant der SCHARNHORST, hielt unter den vorherrschenden Bedingungen diese Anordnung für unklug und wies seinen Leitenden Ingenieur, FKpt. (Ing.) Leibhard, an, zwei Kessel pro Welle betriebsbereit zu halten. Dies stellte sich als eine weise Entscheidung heraus, da die SCHARNHORST infolge der schweren See bereits Schäden erlitten hatte. In Höhe des Steuerbord II. 15-cm-Geschützes hatten sich Festigkeitsschäden gezeigt und durch den Lufteinlaßschacht war in den Kesselraum 2 Seewasser eingedrungen. Als Folge davon forderte die SCHARNHORST eine Herabsetzung der Geschwindigkeit. Dem wurde stattgegeben und die Schlachtschiffe setzten den Marsch mit 7 kn fort. In den frühen Morgenstunden des nächsten Tages, des 9. April 1940, drang Seewasser durch einen Lüftungsschacht in eine Gruppe Heizölbunker der SCHARNHORST ein und verunreinigte 470 m^3 Heizöl. Um 04.50 Uhr standen die beiden Schlachtschiffe etwa 50 sm westlich der Südspitze der Lofoten und steuerten mit 12 kn Westkurs. Nach Westen hin herrschte nur zeitweilig gute Sicht, unterbrochen durch häufige Schnee- und Hagelschauer, während nach Süden und Osten hin die Sicht besser war. Wind und Seegang hatten etwas abgenommen, aber die Wolkenuntergrenze hing tief, und es war sehr kalt.

Da meldete um 04.50 Uhr das Funkmeßgerät der GNEISENAU in Richtung achterlicher als querab an Backbord ein Objekt in 25.000 m Abstand. KptzS. Netzbandt, der die Leistungen des FuMO etwas skeptisch ansah, neigte dazu, dieser Meldung keinen Glauben zu schenken, versuchte aber zusammen mit dem I.AO, FKpt. v. Buchka, über ein E-Meßgerät Klarheit zu erhalten. Es konnte jedoch nichts festgestellt werden. Neun Minuten später (04.59 Uhr) meldete der Vormars einen Schatten in der angegebenen Richtung. Der I.AO begab sich zur Kontrolle und zur Meldung an VAdm. Lütjens auf die Admiralsbrücke. In diesem Augenblick wurde auf der Brücke ein großes Fahrzeug erkennbar, das mit seiner sehr langen Back und der nach achtern versetzten Brücke zuerst als Tanker und dann als ein Schlachtschiff der RODNEY-Klasse angesprochen wurde. Auf der SCHARNHORST dagegen hatte das Funkmeßgerät keinen Kontakt gemeldet, aber ihre Ausgucks sichteten um 05.05 Uhr ein großes Schiff in westlicher Richtung. Gleichzeitig identifizierte sich dieses Schiff als Gegner, indem es das Feuer eröffnete.

Bei diesem britischen Schiff handelte es sich um den Schlachtkreuzer RENOWN (Captain Simeon), der die Flagge von Vice-Admiral Whitworth führte - entsandt, um in diesem Seegebiet einen Verband Minenleger im Zuge der Operation »Wilfred« zu unterstützen. Hierbei handelte es sich um ein Unternehmen zur Verminung des Schärenfahrwassers, gerichtet darauf, den Schiffsverkehr (besonders die nach Deutschland bestimmten Eisenerzfrachter) aus dem geschützten Inneren Schärenweg – innerhalb der norwegischen Hoheitsgewässer – hinaus auf die offene See zu zwingen, wo ihn die Royal Navy angreifen konnte. Die Minensperren sollten vor Horden im Vestfjord, vor Kap Stadtlandet und – eine Scheinsperre – vor Bud gelegt werden. Obwohl die strategische Bedeutung Norwegens für beide Seiten klar erkannt wurde, wußte keine der beiden Seiten über die Absichten der jeweils anderen genau Bescheid, und infolgessen unternahmen beide Maßnahmen, um der anderen Seite zuvorzukommen. Auf britischer Seite war erwartet worden, daß die Norweger der Verminung mit ihren veralteten, aber gut bewaffneten Küstenpanzerschiffen Widerstand entgegensetzen könnten. Daher befand sich die RENOWN in diesem Seegebiet. Zudem war es auf britischer Seite vorstellbar, daß die deutsche Seite ebenfalls eingreifen könnte, da die Eisenerzroute für Deutschland von lebenswichtiger Bedeutung war und außerdem der Besitz der norwegischen Küste für die Kriegsmarine sehr offensichtliche Vorteile bot – GAdm. Raeder hegte den dringenden Wunsch, nicht wieder in der südlichen Nordsee eingeschlossen zu werden, wie dies 25 Jahre zuvor der Fall gewesen war. Um einer deutschen Besetzung Norwegens vorzubeugen, hatte die britische Seite den Plan R 4 vorbereitet, der im Anschluß an die Operation »Wilfred« die Besetzung der norwegischen Häfen Stavanger, Bergen, Trondheim und Narvik vorsah, sobald die gegnerischen Absichten klar waren. Zur Durchführung dieser Landungen hatten am 7. April 1940 Truppeneinschiffungen in schottischen Häfen begonnen. Doch sowohl deren Auslaufen wie auch der Beginn der Operation »Wilfred« waren durch politisches Zögern verschoben worden.

RENOWN war bereits am 5. April 1940, gesichert durch die Zerstörer GREYHOUND, GLOWWORM, HYPERION und HERO, aus Scapa Flow ausgelaufen. Doch noch vor ihrem Auslaufen waren Meldungen zur britischen Admiralität durchgesickert, die darauf hinwiesen, daß ein größeres deutsches Unternehmen im Gange sein könnte. Aber die Admiralität hatte keine Klarheit darüber, ob es sich hierbei um einen Durchbruch in den Atlantik oder um ein Unternehmen in Zusammenhang mit Norwegen handelte. Die Weitergabe von Einzelheiten des Luftangriffs auf SCHARNHORST und GNEISENAU sowie auf die Schiffe der Kriegsschiffgruppen 1 und 2 am Nachmittag des 7. April durch die RAF hatte sich erheblich verzögert, ehe sie die britische Admiralität erreichten – mit der Folge, daß die Home Fleet erst am Abend dieses Tages um 20.15 Uhr auslief, und, statt einen direkten Kurs durch die Nordsee zu nehmen, steuerte Admiral Forbes, der C-in-C Home Fleet, einen Nordostkurs, um einen möglichen Ausbruch einer deutschen Kampfgruppe in den Nordatlantik zu verhindern.

Am Morgen des 6. April 1940 ging auf der GLOWWORM, einem der Sicherungszerstörer der RENOWN, ein Mann über Bord. Der Zerstörer ging auf Gegenkurs, um nach ihm Ausschau zu halten, und verlor die Verbindung zum Flaggschiff. Ihr Kommandant kannte die Befehle von Vice-Admiral Whitworth nicht und hatte keine Vorstellung, wie er wieder an das Flaggschiff heranschließen konnte. Schließlich stieß die GLOWWORM auf die deutschen Zerstörer der Kriegsschiffgruppe 2 und wurde letztlich von der ADMIRAL HIPPER (siehe oben) nach einem tapferen, aber ungleichen Kampf versenkt. Der Schlachtkreuzer REPULSE, der Leichte Kreuzer PENELOPE und die Zerstörer BEDOUIN, ESKIMO und KIMBERLEY wurden zu ihrer Unterstützung entsandt, konnten aber den gegnerischen Kreuzer nicht finden. Inzwischen hatte die RENOWN die Zerstörer HYPERION und HERO zur Brennstoffergänzung zu den Shetland-Inseln detachiert und stand um 03.30 Uhr britischer Zeit (04.30 Uhr deutscher Zeit) etwa 30 sm westlich von Skomvær, nachdem sie auch die Minenleger für die Operation »Wilfred« entlassen hatte. Zu diesem Zeitpunkt steuerte Vice-Admiral Whitworth mit seinen neun Sicherungszerstörern – HARDY, ESK, HOTSPUR, GREYHOUND, IVANHOE, HAVOCK, ICARUS, IMPULSIVE und HOSTILE – mit 12 kn Kurs 130°. Der Wind hatte mit Sturmstärke bis Mitternacht aus Nordwest geweht, war aber jetzt auf Stärke 5 abgeflaut und hatte auf Westnordwest gedreht. Es standen noch immer ein starker Seegang und eine hohe Dünung. Als die Morgendämmerung kam und der Himmel im Osten hell wurde, herrschte eine trübe Sicht, durchsetzt von Schneeschauern. Infolge des hohen Seegangs hatten alle Zerstörer Positionen achteraus des Flaggschiffes eingenommen.

Um 03.37 Uhr britischer Zeit (04.37 deutscher Zeit) sichteten die Ausgucks der RENOWN im Abstand von 10 sm in der Peilung 070° ein abgedunkeltes Schiff, dessen Silhouette sich in der Morgendämmerung gegen das schwache Licht des Osthimmels abhob, als es aus einem Schneeschauer auftauchte. Der Kurs des Gegners schien annähernd Nordwest zu sein und in seiner Begleitung wurde ein zweites Schiff vermutet. RENOWN setzte über Funk eine Sichtmeldung ab und bereitete sich auf ein Gefecht vor. Sie änderte Kurs auf 080°, d.h. von einem südöstlichen auf einen nordnordwestlichen Kurs, um den Abstand zu verringern, und erhöhte die Geschwindigkeit auf 15 kn, später auf 20 kn. 21 Minuten nach der ersten Sichtung der deutschen Schiffe änderte RENOWN den Kurs auf 305°. Ihre Zerstörer standen immer noch achteraus. Unter den vorherrschenden Bedingungen hatten die britischen Seeleute beträchtliche Schwierigkeiten, den Gegner zu identifizieren, und nahmen an, es handelte sich um die SCHARNHORST und um einen Schweren Kreuzer der HIPPER-Klasse. Um 04.05 Uhr (05.05 Uhr deutscher Zeit) eröffnete die RENOWN bei einer Gefechtsentfernung von 16.500 m in der Peilung 018° auf das führende gegnerische Schiff das Feuer. Sie hatte den Gegner etwa 23 Minuten früher gesichtet, bevor dieser die Anwesenheit des britischen Schlachtkreuzers erkannte. Diese Zeitspanne hatte es dem langsameren britischen Schiff ermöglicht, in eine vorteilhafte Position zu gelangen (der Ablauf des jetzt folgenden Gefechtes kehrt zur deutschen Uhrzeit zurück, d.h. eine Stunde der britischen voraus.)

Die erste Salve der RENOWN lag als Weitaufschläge bei der GNEISENAU etwa 300 m bis 500 m querab der Brücke. Doch erst um 05.10 Uhr erwiderte die SCHARNHORST das Feuer, eine Minute später folgte das Flaggschiff. Sobald das aufflammende Mündungsfeuer des britischen Schlachtkreuzers erkannt wurde, befahl VAdm. Lütjens eine Kursänderung um 40° nach Steuerbord auf 350° und eine Erhöhung der Fahrt auf 25 kn, um die Schiffe den Aufschlägen zu entziehen. Da dieser Kurs die Türme A und B der GNEISENAU in eine »Hartlage« brachte (d.h. Backbord achteraus feuernd), schlug KptzS. Netzbandt der Flotte eine Kursänderung nach Backbord vor. Dem wurde entsprochen und die deutsche Kampfgruppe änderte daher Kurs um 20° nach Backbord zurück auf 330°. RENOWN hatte unterdessen ihren Kurs von 305° beibehalten, den Schußbereich von Turm A gegen die See gerade noch freihaltend. Bei 20 kn Fahrt brachen über die Back des britischen Schlachtkreuzers schwere Seen herein und verursachten für die E-Meßoptiken ernste Probleme. Tatsächlich gelang es der RENOWN im Verlaufe des gesamten Gefechtes nie, gute E-Messungen zu bekommen. Sie war ein altes Schiff, das zum erstenmal im September 1916 in Dienst gestellt worden war und das seither um 5000 ts »gewachsen« war. Dies hatte ihre Geschwindigkeit mit 2 kn beträchtlich verringert. Ihre letzte Vollasterprobung über die gemessene Talland-Meile hatte eine maximale Geschwindigkeit von 30 kn ergeben, langsamer als ihre Gegner. Aber, was weitaus wichtiger war, ihr Freibord am Vorschiff hatte sich gegenüber früher um 0,30 m verringert. Daher nahmen ihre Back und die vorderen Türme bei dieser schweren See gewaltige Wassermengen über.

Vice-Admiral Whitworth mußte die Gefechtsentfernung verringern und in eine bessere Peilung zum Gegner gelangen. Daher ließ er um 05.13 Uhr die Geschwindigkeit auf volle Fahrt erhöhen, erkannte aber sehr schnell, daß die über die Türme hereinbrechenden Wassermengen und das Arbeiten des Schiffes die Bedingungen für eine Gefechtsführung unmöglich machten. Er war deshalb gezwungen, sechs Minuten später mit der Fahrt auf 23 kn herunterzugehen. Nach mutigen Versuchen, mitzuhalten und sich sogar am Gefecht zu beteiligen (wenn es auch unwahrscheinlich ist, daß sie je auf Schußweite herankamen), mußten seine Zerstörer bald die Geschwindigkeit verringern. Sie fielen zurück, schieden aus dem Gefecht aus und wurden in den Vestfjord detachiert. Auch bei den deutschen Schiffen beeinträchtigten das Wetter und die Sicht das Schießen der Schweren Artillerie und die Aufschläge streuten – laut Gefechtsbericht der RENOWN – unterschiedlich nach Entfernung und Seite. Auf allen drei Schiffen griff auch die Mittelartillerie in das Gefecht ein. Angesichts der Gefechtsentfernungen blieb ihr Schießen jedoch wirkungslos.

Die auf die GNEISENAU feuernde RENOWN gabelte ihr Ziel mit der fünften Salve auf eine Gefechtsentfernung von 17.000 m ein und lag dann mit der nächsten deckend. Ständig das Feuer mit einem Peilungswinkel von 50°/70° links fortsetzend, lag das britische Schiff gut im Ziel. An Bord der GNEISENAU wurde um 05.16 Uhr ein Treffer auf RENOWN zwischen Brücke und Bug im Vorschiff gemeldet. In Wirklichkeit

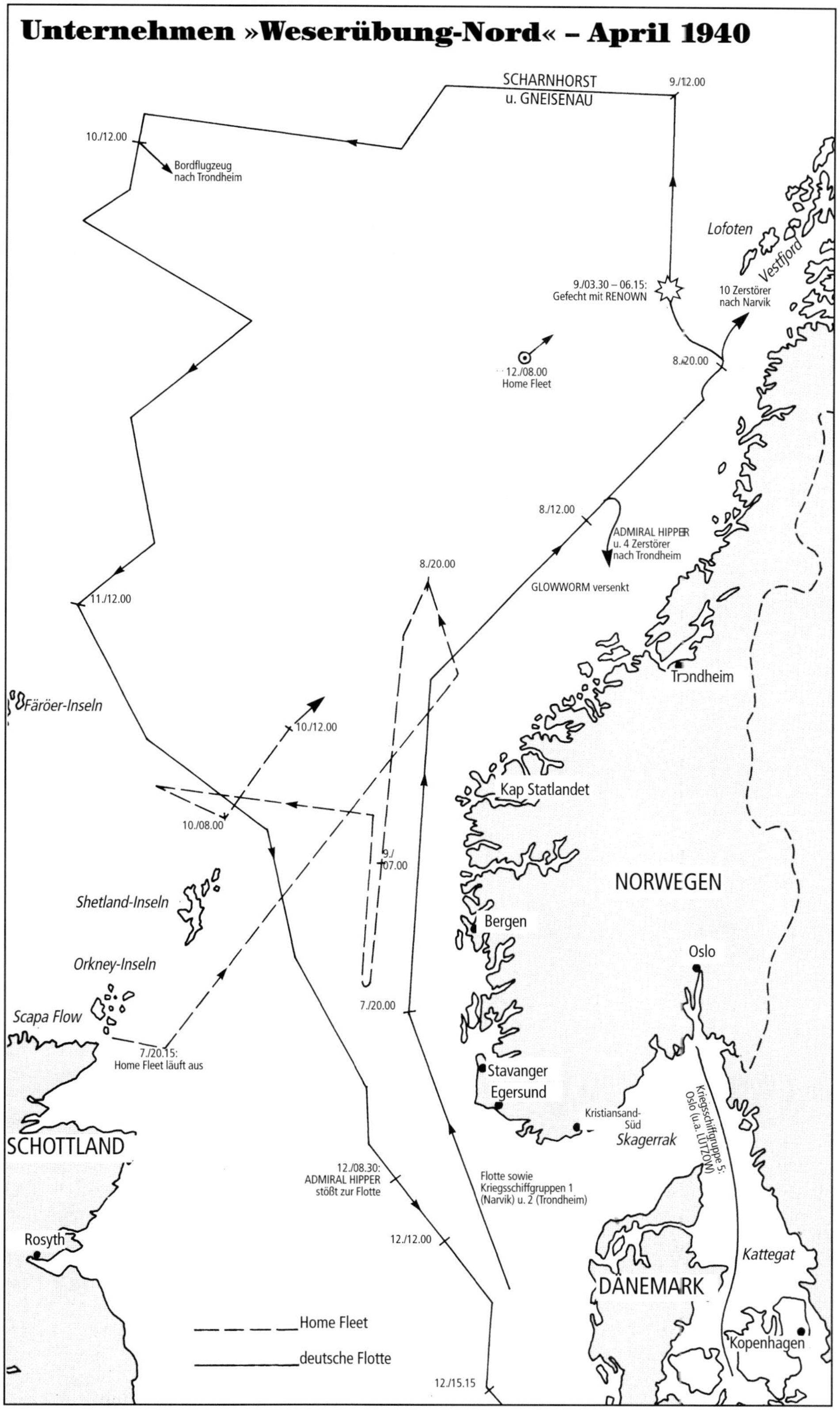

wurde jedoch kein Treffer registriert. Doch als KptzS. Netzbandt gerade mit seinem I.AO telefonierte, um ihn zu beglückwünschen (»Ihr Feuer liegt gut, gib ihm!«), schlug eine 38,1-cm-Granate der sechzehnten Salve der RENOWN in den Vormars der GNEISENAU ein, tötete FKpt. v. Buchka und verursachte weitere Verluste. Dies führte zum Ausfall des Vormars-Leitstandes und zum Übergang der SA-Feuerleitung auf den III.AO im Achteren Leitstand. Gleichzeitig zertörten Splitter die Optiken des vorderen Zielgebers und des Scheinwerferrichtgerätes im Vorderen Artillerieleitstand. Obwohl der II.AO im vorderen Stand für die MA-Feuerleitung sofort auf den Backbord-Seitenzielgeber wechselte, zwang ein Abdrehen des Schiffes durch Befehl der Flotte um 60° nach Steuerbord auf den neuen Kurs von 030° um 05.19 Uhr zur Feuereinstellung für die Mittelartillerie. Angesichts dieses Kurses und dieser Peilung zum Gegner konnte das Flaggschiff nur noch mit dem Turm C und dem Backbord IV. 15-cm-Geschütz feuern. Durch diese Kursänderung verdeckte der Rauch der SCHARNHORST den Gegner. Vermutlich war dies auch der Grund dafür, daß die RENOWN um 05.20 Uhr nach 23 Salven einen Zielwechsel auf die SCHARNHORST durchführte. Bis zu diesem Zeitpunkt hatte die RENOWN auf der GNEISENAU drei Treffer erzielt. Der zweite Treffer (11,4 cm) zerstörte die Bb.-Haubentür der E-Meßbasis am Turm A und führte zum Wassereinbruch in den Turm, der hierdurch ausfiel, während der dritte Treffer (ebenfalls 11,4 cm) auf dem Aufbaudeck die Backbord achtere Flak leicht beschädigte.

RENOWN eröffnete um 05.21 Uhr auf eine geschätzte Gefechtsentfernung von 18.300 m das Feuer auf die SCHARNHORST. Nach anfänglichen Weitaufschlägen gabelte der britische Schlachtkreuzer mit der ersten »Abwärtsleiter« sein Ziel ein.[157] Infolge von Schneeschauern, hinter denen das Ziel verschwand, mußte zwischen 05.12 Uhr und 05.57 Uhr viermal das Feuer eingestellt werden.

VAdm. Lütjens unternahm jetzt den Versuch, sich vom Gegner zu lösen, und bis um 05.30 Uhr war die Fahrt der beiden Schiffe bis auf 27 kn gesteigert worden. Nur noch zeitweilig, wenn es die Sichtverhältnisse zuließen, setzten sie ihren Turm C ein. Die schwere See verursachte auf der GNEISENAU nicht nur den Ausfall des Turms A, sondern setzte durch Wassereinbrüche auch die beiden vorderen 15-cm-Türme außer Gefecht. Auch auf der SCHARNHORST setzten Wassereinbrüche beide Schwenkwerke des Turms A außer Betrieb, wodurch er ausfiel. Um 05.30 Uhr ging die RENOWN auf das Schießen von Vollsalven über, um ihre Trefferchancen zu verbessern. Doch sie hatte erst fünf Breitseiten gefeuert, als sich der Turm Y nicht mehr richten ließ. In der ersten Phase des Gefechtes hatte der britische Schlachtkreuzer zwei Treffer erhalten, die jedoch nicht zum Ausfall von Gefechtswerten führten. Die erste Granate schlug achtern ein, zerstörte den Fähnrichs-Waschraum und erzeugte Wassereinbrüche in die Gepäcklasten für Admiral, Kommandant und Offiziere, ehe sie – ohne zu detonieren – aus dem Schiff wieder austrat. Die zweite Granate, ebenfalls ein Blindgänger, traf den Fockmast und zerstörte die Funkantennen. Dieser Schaden konnte durch das Aufriggen von Notantennen beseitigt werden.

Obwohl sich die Jagd noch einige Zeit hinzog, ermöglichte es die überlegene Geschwindigkeit den deutschen Schiffen, sich allmählich nach voraus abzusetzen, da die RENOWN um 05.40 Uhr gezwungen wurde, mit der Fahrt auf 20 kn herunterzugehen, um die Gefechtsfähigkeit ihrer vorderen Türme zu erhalten. Der Wind hatte mittlerweile wieder auf Stärke 7 aufgefrischt und drehte nun auf Nordnordost. Zwischen zwei Schneeschauern eröffneten die gegnerischen Schiffe hin und wieder das Feuer. RENOWN steuerte jetzt Kurs 010° gegen eine vorlicher als Steuerbord querab hereinkommende See. Um 05.56 Uhr änderte sie zu einem letzten Versuch, die Geschwindigkeit zu erhöhen, den Kurs, um die See auf den anderen Bug zu bringen. Dies ermöglichte es dem britischen Schlachtkreuzer, die Fahrt allmählich auf 25 kn zu steigern, und um 06.15 Uhr eröffnete die RENOWN erneut für kurze Zeit das Feuer auf die SCHARNHORST. Auf dieser kam es zum kurzfristigen Stoppen der Mittelmaschine durch Dichtschlagen eines Schnellschlusses. Keines der Schiffe erzielte in dieser Phase Treffer, und um 06.44 Uhr, als sich die Gefechtsentfernung wieder vergrößert hatte, drehte die RENOWN ihre vorderen Türme auf die der See abgewandten Seite und steigerte ihre Geschwindigkeit zuerst auf 27 kn und dann auf 29 kn. Die Fühlung zur deutschen Kampfgruppe ging jedoch trotzdem verloren. Die SCHARNHORST stellte um 06.41 Uhr das Feuer ein, während das Flaggschiff – in der Kiellinie führend – bereits um 05.44 Uhr seine letzten Salven abgegeben hatte. Das letztere hatte seine Geschwindigkeit verringert, um sie an die der SCHARNHORST anzupassen, die auf 25 kn heruntergegangen war.

RENOWN hatte keinen ernsthaften Treffer erhalten und im Verlaufe des Gefechtes hatte ihre Schwere Artillerie rund 230 Schuß abgegeben, infolge des Gefechtsverlaufes zumeist mit den vorderen Türmen. Außerdem hatten die 11,4-cm-Geschütze der Steuerbordseite 1065 Schuß verschossen – jedoch auf Gefechtsentfernungen, die sie wirkungslos werden ließen. Infolge der durch die eigenen Geschütze verursachten ernsthaften Luftdruckschäden an Decksluken und Lüftern war es zu Seewassereinbrüchen in die Granatkammern der Türme A und Y gekommen. Alle Optiken der Feuerleitgeräte und der E-Meßbasen der Türme hatten sich im Verlaufe des Gefechtes durch die überkommenden Seen immer wieder beschlagen.

Die SCHARNHORST hatte keinen Treffer erhalten, aber laufend Ausfälle bei den Maschinen sowie in den Kesselräumen 1 und 3 zu verzeichnen gehabt, die in entscheidenden Momenten zu Geschwindigkeitsverlusten führten. Alle Bordflugzeuge waren nicht mehr einsatzfähig. Ihr Munitionsverbrauch belief sich auf 195 Schuß 28 cm (d.h. 182 Schuß Panzersprenggranaten, der Rest Sprenggranaten mit Kopfzünder) sowie auf 91 Schuß 15-cm-Sprenggranaten mit Kopfzünder. GNEISENAU hatte - wie oben beschrieben – drei Treffer erhalten. Zwei Offiziere und vier Mann wurden getötet und neun weitere verwundet. Ihr Munitionsverbrauch betrug nur 54 Schuß 28 cm (hiervon 44 Sprenggranaten mit Kopfzünder) sowie 10 Schuß 15-cm-Sprenggranaten mit Kopfzünder.

Nach dem erfolgreichen Abschütteln der RENOWN setzte VAdm. Lütjens den direkten Nordkurs bis 12.00 Uhr am 9. April 1940 fort und ging dann auf 69°N auf einen westlichen Kurs. Aus mehreren Gründen hatte er auf eine Weiterführung des Gefechtes verzichtet:[158]

»1. Der Ausfall der Türme A beider Schiffe hat die Gefechtskraft der Schiffe um ein Drittel herabgesetzt.
2. SCHARNHORST ist infolge Maschinenstörung offenbar in der Geschwindigkeit herabgesetzt.
3. Auf GNEISENAU ist der Vormars als Artillerie-Leitstand ausgefallen, was das Führen eines Gefechtes auf große Entfernung sehr beeinträchtigt.
4. Die Optik des Kommandostandes sowie der Artillerie-Zielgeber auf GNEISENAU sind bei der noch bestehenden Wetterlage für die Führung eines Gefechtes auf große Entfernung unbrauchbar, da alle Antriebe der Klarsichtscheiben durch Schuß ausgefallen.
5. SCHARNHORST hat sämtliche Pz.-Granaten Turm C verschossen, damit ist die Wirkung ihrer Artillerie vor Durchführung des längere Zeit dauernden Munitionstransports von A nach C weiter herabgesetzt. ...«

VAdm. Lütjens' Absicht, den Abstand zur RENOWN zu vergrößern und nach Norden auszuweichen (und die Tatsache akzeptierend, daß nur die achteren Türme seiner Schiffe zum Tragen kämen), ließ jedoch die Zugänge zum Vestfjord für den Gegner weithin offen. Nach dem Abbrechen des Gefechtes muß VAdm. Lütjens einige Zweifel hinsichtlich seines Ausweichens nach Norden gehabt haben, denn er wollte von der SCHARNHORST die Anzahl der gesichteten Gegner wissen. Die Antwort der SCHARNHORST lautete: »Bisher nur einen Gegner.« Doch nach etwa 30 Minuten meldete sie, *drei* gegnerische Schiffe gesichtet zu haben. Hierbei handelte es sich sicherlich um die zwecklose Feuereröffnung der Sicherungszerstörer der RENOWN; aber dies stellte VAdm. Lütjens zufrieden.[159]

In den Abendstunden, um 22.00 Uhr am 9. April, bekannte sich VAdm. Lütjens dazu, in der Klemme zu sein. Er hatte das Empfinden, ihm mangele es unter den veränderten Umständen des Unternehmens (wie sehr sie sich verändert hatten, ist nicht ersichtlich) an klaren Befehlen, was als nächstes zu tun wäre. Er war unentschlossen hinsichtlich der Frage, ob er zur Nahsicherung mit den Einheiten der Kriegsschiffgruppen 1 und 2 nach Deutschland zurückmarschieren oder ob er getrennt von ihnen selbständig operieren sollte, um von ihnen ablenkend zu wirken. Infolge der erlittenen Schäden sowie aufgrund ihrer Brennstoffknappheit und der Fraglichkeit einer Brennstoffergänzung in See könnte dies die ADMIRAL HIPPER nicht. Er drückte Besorgnis bezüglich des auf der Narvik-Gruppe lastenden Drucks aus und stellte Überlegungen an, ob er die vor dem Eingang zum Vestfjord gemeldeten gegnerischen Streitkräfte angreifen sollte. Doch er gab diese Alternative aufgrund der Überlegung auf, daß es schwierig sein würde, sie auszumachen und unter günstigen Voraussetzungen zum Kampf zu stellen. Letztlich entschloß er sich angesichts der noch nicht kritischen Brennstofflage seiner Schiffe dazu, in den nördlichen Gewässern in See zu bleiben, Schäden zu beheben und die weitere Entwicklung abzuwarten. Hiermit sprach er sich für eine Rückkehr in heimische Gewässer ohne die Narvik-Gruppe aus.[160]

Mit dieser Entscheidung blieben die zehn Zerstörer in Narvik sich selbst überlassen und jedem Angriff des Gegners ausgesetzt. Es ist durchaus denkbar, daß VAdm. Lütjens das Einlaufen der britischen 2. Zerstörerflottille unter Captain Warburton-Lee in den Vestfjord hätte verhindern können, wäre er mit seinen beiden Schlachtschiffen vor den Lofoten geblieben, statt nach Westen auszuweichen. (Näheres hierzu siehe Whitley »Deutsche Zerstörer im 2. Weltkrieg«.) Die Tatsache, daß er mit seinem Handeln die RENOWN abzog, ist vermutlich von geringerer Bedeutung; denn zu diesem Zeitpunkt befanden sich die deutschen Zerstörer innerhalb des Vest- bzw. Ofotfjords, und es ist mehr als unwahrscheinlich, daß es Vice-Admiral Whitworth riskiert hätte, sie zu verfolgen.

Auch GenAdm. Saalwächter, Chef der Gruppe West, stimmte mit dem Entschluß von VAdm. Lütjens überein, das Gefecht mit der RENOWN abzubrechen, weil die an den letzteren ergangenen Befehle es nicht zuließen, ein derartiges Gefecht zu suchen. Es wäre von Bedeutung, daß seine Schiffe unbeschädigt den Rückmarsch anträten. GenAdm. Saalwächter war jedoch nicht in der Lage, die Nahsicherung der rückmarschierenden Narvik-Zerstörer zu befehlen; denn er wußte weder etwas über VAdm. Lütjens' Absichten noch über die Bewegungen der Flotte und – noch wichtiger – über den genauen Zustand der Schiffe. Darüber hinaus hatte es auch beträchtliche Schwierigkeiten im Funkverkehr gegeben. Zum einen hatte die Gruppe West nicht alle Funksprüche empfangen und zum anderen blieben Anfragen an die Flotte hinsichtlich der weiteren Absichten aus Sicherheitsgründen unbeantwortet. Infolgedessen war der operativen Führung an Land (Marinegruppenkommando West) nur bekannt, daß die Flotte mit der Fahrt auf 25 kn heruntergegangen war und daß zwei Türme ausgefallen waren. Der Gruppe West war nicht bekannt, ob eines oder beide Schiffe in der Kampfkraft herabgesetzt waren.[161] Aller Wahrscheinlichkeit nach hemmte dies GenAdm. Saalwächter, dem in See führenden stellvertretenden Flottenchef Anweisungen zu geben. Nichtsdestoweniger

Das Linienschiff SCHLESWIG-HOLSTEIN nimmt als Führerschiff der Kriegsschiffgruppe 7 (Nyborg und Korsør) für kurze Zeit am Unternehmen »Weserübung-Süd« teil. (Bundesarchiv)

bestätigte er die Einschätzung, daß der Rückmarsch der risikoreichste Teil des Unternehmens sein würde, besonders aus Narvik angesichts der geringen Seeausdauer und der schlechten See-Eigenschaften der Zerstörer. Noch immer hatte die SCHARNHORST Maschinenstörungen, obwohl es zu diesem Zeitpunkt Kptlt. (W) Stetter, dem Artillerietechnischen Offizier (A.T.O.) des Schiffes, gelungen war, den Turm A wieder einsatzbereit zu machen.

Südlich der Insel Jan Mayen wurde in den Mittagsstunden des 10. April 1940 ein Bordflugzeug gestartet, das Weisungen und Meldungen nach Trondheim bringen sollte, um Klarheit über die Absichten der Flotte für das Durchbrechen der Shetland-Bergen-Enge zu übermitteln. Zu diesem Zeitpunkt herrschte eine ruhige See und eine sehr gute Sicht; Bedingungen, die sich VAdm. Lütjens am allerwenigsten wünschte. Am Nachmittag dieses Tages teilte er den Kommandanten seiner Schiffe mit, er beabsichtige, auf eine Verschlechterung des Wetters und damit auch der Sicht zu warten. Ein weiteres Problem stellte ein Funkspruch der Gruppe West um 22.19 Uhr dar, der vor der Anwesenheit des Flugzeugträgers FURIOUS irgendwo vor Norwegen warnte. Eine offensichtliche Bedrohung für die deutsche Kampfgruppe, denn dieses Schiff hatte 18 Torpedobomber vom Typ »Swordfish« der 816. und 818. Squadron an Bord. Doch deren Ziele waren norwegische Häfen und nicht die deutschen Schlachtschiffe.

Erst am Nachmittag des 11. April 1940 konnte die SCHARNHORST »bereit für 28,5 kn« an die Flotte melden und der Rückmarsch konnte beginnen. VAdm. Lütjens lagen nunmehr Erkenntnisse des Marinenachrichtendienstes vor, daß das Gros der Home Fleet zwischen Trondheim und Vestfjord stand – zu weit im Nordosten, um noch die Möglichkeit zu haben, seine Kampfgruppe abzufangen. Die Shetland-Inseln in sehr dichtem Abstand passierend, brachen die beiden Schiffe durch die gefährliche Enge, stieß der ebenfalls auf dem Rückmarsch befindliche Schwere Kreuzer ADMIRAL HIPPER in den Vormittagsstunden des 12. April zur Flotte. Am Morgen dieses Tages waren von etwa 06.45 Uhr an zahlreiche Flugzeuge gesichtet worden. Das erste, die »Hudson« F der 224. Squadron aus Leuchars, meldete zu diesem Zeitpunkt zwei Schlachtkreuzer und einen Kreuzer auf der Höhe von Egersund. Eine weitere »Hudson« (J der 233. Squadron) startete, um an der deutschen Kampfgruppe Fühlung zu halten. Doch diese Maschine bekam die deutschen Schiffe nicht in Sicht. Schließlich fanden zwei weitere »Hudson«-Maschinen (D und G der 224. Squadron) VAdm. Lütjens' Verband und hielten den ganzen Vormittag an ihm Fühlung. Der deutsche Vizeadmiral war daher nicht überrascht, eine Warnung zu erhalten, daß vier britische Bomberstaffeln zum Angriff auf seine Schiffe angesetzt wären, und befahl für die Flak höchste Alarmstufe. Ein großer Kampfverband des Bomber- und des Küstenkommandos war gestartet, um die deutsche Kampfgruppe abzufangen; doch die schlechte Sicht verhinderte ihr Ausmachen. Von mehr als 90 an diesem Einsatz beteiligten Flugzeugen stammten 48 Maschinen vom Bomber Command, und zwar 36 »Wellington«-Bomber von der 9., 37., 38., 75., 99. unnd der 149. Squadron (von ihnen wurden die Maschinen P 2520, P 9246, P 9266 und P 9269 abgeschossen) sowie 12 »Hampden«-Bomber von der 44. und der 50. Squadron; die letztere verlor vier ihrer fünf Maschinen (L 4064, L 4073, L 4081 und L 4083), während von der 44. Squadron zwei Maschinen (L 4099 und P 1173) verlorengingen. Alle Abschüsse gingen auf das Konto der deutschen Jäger. Unbelästigt warfen die Schiffe um 22.12 Uhr am 12. April 1940 auf der Reede von Wilhelmshaven Anker.

Insbesondere die SCHARNHORST bedurfte dringend einer Überholung ihrer Maschinen. Doch die Erwartung KptzS. Hoffmanns, eindocken zu können, verflüchtigte sich bald, als das OKM befahl, es dürfte keine Reparatur begonnen werden, die nicht innerhalb von sechs Stunden abgeschlossen werden könnte! Am 1. Mai 1940 erhielt die SCHARNHORST Befehl, nach Wesermünde (seit 1947 Bremerhaven) zu gehen, und neun Tage später verlegte sie durch den Nord-Ostsee-Kanal, gesichert durch den *Sperrbrecher 4*, in Begleitung des Troßschiffes DITHMARSCHEN und des Werkstattschiffes KAMERUN in die Ostsee. Obwohl diese Verlegung der Ausbildung und dem Einfahren dienen sollte, war die Kampfkraft des Schiffes durch die Abkommandierung von 87 Unteroffizieren und Mannschaften auf andere Posten merklich verringert. Nachdem das Schlachtschiff eine Woche in der östlichen Ostsee vor Gotenhafen verbracht hatte, befahl die Skl. seine sofortige Verlegung nach Kiel zum Werftaufenthalt bei den Deutschen Werken, um die längst überfällige Maschinenüberholung durchzuführen. Nach Auffassung der Werft waren hierfür zwölf Tage erforderlich, aber Admiral Marschall, der Flottenchef, wollte das Schiff bereits wieder am 31. Mai einsatzfähig sehen! Zum festgesetzten Tag waren die Reparaturarbeiten ordnungsgemäß abgeschlossen. Auch die GNEISENAU brachte einen Dockaufenthalt hinter sich, teilweise infolge einer Grundberührung am 5. Mai auf der Elbe. Anschließend verlegte das Schlachtschiff in die östliche Ostsee, ehe es am 1. Juni 1940 nach Kiel zurückkehrte.

***

Die einzige Anfang April 1940 noch verbliebene schwere Einheit, die sich in einsatzfähigem Zustand befand, war die am 15. Februar 1940 zum Schweren Kreuzer umklassifizierte LÜTZOW. Dieses Schiff war jedoch für einen Einsatz zur Handelskriegführung im Südatlantik vorgesehen. Dort sollten alliierte Walfangflotten sein Ziel sein. Kommandant der LÜTZOW war seit dem 1. Dezember 1939 KptzS. August Thiele, ein 47 Jahre alter Berliner, der 1912 in die Kaiserliche Marine eingetreten war. Zwischen den Kriegen war er Kommandant der Segelschulschiffe GORCH FOCK und HORST WESSEL gewesen, hatte aber auch in verschiedenen Landkommandos Verwendung gefunden. In der Kriegsmarine sollte er eine bemerkenswerte Karriere machen.

Für den genannten Einsatz im Südatlantik und im Indischen Ozean zur Kreuzerkriegführung war eine etwa neunmonatige Dauer vorgesehen. Die LÜTZOW war zu diesem Zweck bereits ausgerüstet worden. Hitler entschied jedoch, daß der Schwere Kreuzer statt dessen zu den für das Unternehmen »Weserübung« vorgesehenen Seestreitkräften gehören sollte, und GAdm. Raeder blieb nur noch die Wahl zuzustimmen. LÜTZOW wurde daher als Flaggschiff der Kriegsschiffgruppe (Deckname »Oldenburg«) vorgesehen, deren Aufgabe es war, Oslo zu besetzen; denn GAdm. Raeder hatte die Absicht, sie von dort aus in den

Rechts oben: Die auf dem Rückmarsch durch das britische Unterseeboot SPEARFISH torpedierte und hilflose LÜTZOW in den Morgenstunden des 11. April 1940 im Skagerrak. Beachte das gesenkte mittlere Geschützrohr des vorderen 28-cm-Turms. Die Beschädigung rührt von einem Treffer durch norwegische Küstenbatterien vom Vortag her. (Bundesarchiv)

Rechts Mitte: Eine weitere Aufnahme der beschädigten LÜTZOW. Beachte die beiden mitgeführten Ar 196. (Bundesarchiv)

Rechts unten: Das durch den Torpedotreffer beschädigte und abgeknickte Achterschiff der LÜTZOW. (Bundesarchiv)

Atlantik ausbrechen zu lassen. KptzS. Thiele bereitete sein Schiff für diese beiden Aufgaben vor, und obwohl er mit dieser doppelten Aufgabe nicht restlos einverstanden war, nahm er sie hin. Als dann der nagelneue Schwere Kreuzer BLÜCHER in die Planung für das Unternehmen »Weserübung« einbezogen wurde, hatte es den Anschein, als ob die LÜTZOW doch noch zur Kreuzerkriegführung freigegeben werden könnte. Doch bedauerlicherweise sah Hitler den neuen Schweren Kreuzer nicht als Ersatz für die LÜTZOW an, sondern als eine zusätzliche Verstärkung der für »Weserübung« vorgesehenen Seestreitkräfte. Er bestand darauf, daß die LÜTZOW vor ihrem Ausbruch in den Atlantik an diesem Unternehmen teilzunehmen hätte.

Daher hatte KptzS. Thiele am 2. März 1940 an einer Besprechung in Wilhelmshaven teilzunehmen, denn sein Schiff sollte nunmehr der Kriegsschiffgruppe (Deckname »Detmold«) angehören, die Trondheim zu besetzen hatte. Von hier aus wurde dem Ausbruch in den Atlantik eine bessere Möglichkeit eingeräumt. VAdm. Lütjens, der diese Kriegsschiffgruppe führen sollte, war von der Zuweisung dieses langsamen ehemaligen Panzerschiffes zu seiner schnellen Gruppe wenig begeistert. Für ihn und KptzS. Thiele befand sich das Schiff am falschen Platz. Sollten unterwegs schnelle britische Seestreitkräfte auftauchen, hätte VAdm. Lütjens keine andere Wahl, als die LÜTZOW zurückzulassen. Für die Flotte war das Unternehmen »Weserübung« immerhin die Hauptaufgabe, während es für LÜTZOW infolge anders gesetzter Prioritäten nur eine Nebenaufgabe darstellte. KptzS. Thiele war über den Zeitplan für das Auslaufen nach Norwegen außerordentlich beunruhigt, denn dies würde einen Vormarsch bei Tageslicht in einem Seegebiet bedeuten, das von der RAF gut überwacht wurde. Sollte der deutsche Verband gesichtet werden, wäre mit schweren Seestreitkräften der Royal Navy nördlich der Shetland-Bergen-Enge zu rechnen, die darauf lauerten, ihn abzufangen. Angesichts des Einsatzes der gesamten Flotte beim Unternehmen »Weserübung« konnte KptzS. Thiele nicht erwarten, Unterstützung zu erhalten, sollte das Schlimmste eintreten. Auch so könnten die zusätzlichen britischen Aktivitäten in nördlichen Gewässern durchaus dazu führen, daß sein bereits auf Position befindliches Troßschiff abgefangen würde.

Schließlich stellte der Leitende Ingenieur der LÜTZOW am 6. April 1940 – einen Tag nach dem Eintreffen des Schiffes in Wilhelmshaven – im Fundament des Hilfsmotors 1 Risse fest, deren Beseitigung einen Werftaufenthalt erforderte. Dieser Schaden schloß einen sich anschließenden Atlantikeinsatz aus, aber nach einer Notreparatur war das Schiff für das Unternehmen »Weserübung« einsatzfähig. Gleichzeitig wurde LÜTZOW der Kriegsschiffgruppe 5 zugeteilt, die Oslo, die norwegische Hauptstadt, zu besetzen hatte. Infolgedessen schiffte LÜTZOW 400 Gebirgsjäger unter Major v. Poncet und 50 Mann Bodenpersonal der Luftwaffe ein und übernahm 23 t Ladung (Heeresmunition, Proviant und drei Krafträder mit Beiwagen), ehe sie am 6. April kurz vor Mitternacht nach Osten auslief. In den frühen Morgenstunden des nächsten Tages schleuste sie bei Brunsbüttel in den Nord-Ostsee-Kanal ein. Während des Transits durch den Kanal dechiffrierte die B-Dienstgruppe die Sichtmeldung eines britischen Flugzeuges, die sich auf die Kriegsschiffgruppen 1 und 2 bezog. In Anbetracht der vorherrschenden guten Wetter- und Sichtbedingungen betrachtete KptzS. Thiele diese Meldung als selbstverständlich und sah in ihr den Beweis für seine Zweifel. In den frühen Nachmittagsstunden des 7. April 1940 erreichte LÜTZOW die Kieler Förde und ankerte in der Strander Bucht.

Am 8. April 1940 um 03.00 Uhr ging die LÜTZOW ankerauf und stieß in der Kieler Bucht auf die aus Swinemünde kommenden Schiffe der Gruppe 5. Gemeinsam traten sie den Marsch in Kiellinie an. An der Spitze marschierte die BLÜCHER (KptzS. Woldag), das Flaggschiff von KAdm. Kummetz, gefolgt von der LÜTZOW, dem Leichten Kreuzer EMDEN (KptzS. Lange), den T-Booten MÖWE, ALBATROS und KONDOR sowie der 1. R-Flottille. In der hellen, sternenklaren Nacht steuerte der Verband auf einem nördlichen Kurs seinem Ziel zu.

Um 08.00 Uhr passierte die Kriegsschiffgruppe das Feuerschiff Halskov Rev und während sie mit 18 kn immer noch in Kiellinie auf Nordkurs lief, wurden um 11.15 Uhr die Gefechtsstationen bezogen. In den frühen Nachmittagsstunden gab es mehrere Male U-Bootalarm, wobei sich die Sichtungen sämtlich als falsch herausstellten. Im Laufe des Tages gingen mehrere Funksprüche des Marinegruppenkommandos Ost ein, die das Unternehmen betrafen. Einer davon teilte mit, daß sich in der Drøbak-Enge anscheinend keine Minensperre befände. Ein weiterer enthielt Instruktionen, wie der norwegischen Verzögerungstaktik zu begegnen wäre; es sollte folgendes Signal abgegeben werden: »Einlaufen mit Genehmigung der norwegischen Regierung. Verbindungsoffizier an Bord!« Angesichts des späteren Verhaltens von KAdm. Kummetz auf BLÜCHER ist der erstere Funkspruch von Interesse. Um 19.06 Uhr hatte der Verband die Breite von Kap Skagen erreicht und stand im Begriff, in den Skagerrak einzulaufen.

In diesem Augenblick gab es einen echten U-Bootalarm, als die Laufbahnen von Torpedos gesichtet wurden, die vor dem Bug der LÜTZOW vorbeiliefen. Der Angreifer war in Wirklichkeit HMS/m TRITON (Lieutenant-Commander E.F. Pizey) von der 2. Unterseeboot-Flottille. Das Boot war am 29. März 1940 zu einer Feindfahrt in den Skagerrak und in das Kattegat ausgelaufen.[162] Teile seines Einsatzbefehls sind von Interesse, da die TRITON ein neues Verfahren zum Aufbringen von Handelsschiffen erproben sollte. Die Regeln der Prisenordnung waren noch in Kraft, und wenn ein Schiff den Befehl zum Beidrehen erhielt, wurde es häufig von seiner Besatzung selbstversenkt. Lieutenant-Commander Pizey sollte nun angehaltene Schiffe besonders darüber informieren, daß der Besatzung genügend Zeit gewährt würde, ihr Schiff in Ruhe und Ordnung zu verlassen – in der Hoffnung, die Besatzung würde daraufhin ihr Schiff nicht selbstversenken. Auf diese Weise bestünde die Möglichkeit, so wurde erhofft, ein Prisenkommando an Bord zu bringen. Ein solches Szenarium hätte sich bei der LÜTZOW jedoch kaum anwenden lassen! Im übrigen war die TRITON durch deutsche U-Jäger bereits auf der Höhe von Kap Skagen unter Wasser gedrückt worden und stand daher südlich ihrer erwünschten Position.

Am Abend des 8. April 1940 befand sich das britische Unterseeboot auf der Höhe von Laesø im Kattegat, als zwei schwere Schiffe in Sicht kamen, die sich von Westen her näherten. Lieutenant-Commander Pizey erkannte bald, daß er nicht imstande sein würde, in eine geeignete Position zu gelangen, um das führende Schiff anzugreifen, das er als GNEISENAU identifiziert hatte. In Wirklichkeit handelte es sich jedoch um die BLÜCHER. Daher entschloß er sich, das achteraus stehende Schiff anzugreifen, das er für die NÜRNBERG oder die LEIPZIG hielt (aber es war tatsächlich die LÜTZOW), und lieber einen Schuß aus größerer Entfernung zu riskieren als in der Hoffnung abzuwarten, der Gegner würde Kap Skagen dicht umrunden, und sich unter Umständen eine Angriffsgelegenheit völlig entgehen zu lassen. Das dritte Schiff wurde als EMDEN richtig identifiziert. TRITON befand sich von dem führenden Schiff bald achterlicher als querab, aber noch immer in einer Position, um das zweite Schiff anzugreifen, als um 18.55 Uhr die GNEISENAU (sic) ihren Kurs mehr nach Backbord änderte und auf diese Weise um 85° auf das britische Unterseeboot zudrehte. Lieutenant-Commander Pizey entschloß sich deshalb, das wichtigste Ziel anzugreifen.

Um 18.58 Uhr schoß er aus allen Bugrohren einen Fächer aus zehn Torpedos Mk VIII E auf eine Entfernung von 6850 m. Doch fast unmittelbar danach meldete der Horchgast am Asdic, daß der Gegner seine Geschwindigkeit von 14 kn auf 20 kn erhöht hatte, während die für die

Torpedos eingestellten Schußdaten auf einer Gegnerfahrt von 15 kn beruhten. Alle Torpedos verfehlten ihr Ziel und das britische Unterseeboot wurde durch das Torpedoboot ALBATROS unter Wasser gehalten, während der deutsche Verband seine Fahrt fortsetzte. Ein weiteres britisches Unterseeboot, die SUNFISH, die den deutschen Verband ebenfalls gesichtet hatte, setzte über Funk an die britische Admiralität eine Sichtmeldung ab. Als die Dunkelheit hereinbrach, schlossen sich die deutschen Schiffe für die Nacht zu einer engeren Formation zusammen und hielten weiterhin Nordkurs.

In den letzten Stunden vor Mitternacht informierte die Gruppe Ost KAdm. Kummetz, daß im Tagesverlauf vor dem Eingang zum Oslofjord zwei deutsche Handelsschiffe versenkt worden waren (vermutlich die RIO DE JANEIRO durch das polnische Unterseeboot ORZEL und die POSIDONIA durch die HMS/m TRIDENT).[163] Doch KAdm. Kummetz hatte von der Anwesenheit britischer Unterseeboote bereits Kenntnis. Auch die Anweisung der norwegischen Marineführung über den Radiosender Oslo, alle Leuchtfeuer zu löschen, wurde auf der LÜTZOW mitgehört und veranlaßte KptzS Thiele zur Schlußfolgerung, daß jede Chance für eine Überraschung verloren wäre. In Anbetracht der schwierigen Navigationsprobleme schlug er daher KAdm. Kummetz vor, der Verband sollte nunmehr seinen Marsch mit hoher Fahrt in der Hoffnung fortsetzen, die Drøbak-Enge zu passieren, ehe die Leuchtfeuer gelöscht wurden. Doch KAdm. Kummetz stimmte dem nicht zu. Um 23.53 Uhr lief KAdm. Kummetz mit seiner Kriegsschiffgruppe in den Oslofjord mit 18 kn ein. Die Scheinwerfer auf den Inseln Rauøy und Bolärne legten Lichtsperren und die Küstenbatterien auf den Inseln eröffneten das Feuer auf die BLÜCHER. Nunmehr war es offensichtlich, daß das Überraschungsmoment verlorengegangen war. Glücklicherweise verschlechterte sich die Sicht, als der Verband beidrehte, um Heerestruppen auf die R- und T-Boote umzuschiffen. Nach der Beendigung dieses Manövers setzte der Verband seine Fahrt mit 9 kn fort, da KAdm. Kummetz beabsichtigte, nordwärts von Horten die Morgendämmerung abzuwarten, um dann die Drøbak-Enge zu bezwingen. Horten selbst war in Dunst eingehüllt, als um 03.30 Uhr die für die Besetzung dieses norwegischen Marinestützpunktes vorgesehenen Einheiten detachiert wurden. Mit einer auf 7 kn verringerten Geschwindigkeit erwarteten die schweren Schiffe den Befehl, den Vormarsch auf Oslo anzutreten. Um 04.30 Uhr begann es, im Osten hell zu werden, und etwa zehn Minuten später änderte die Kriegsschiffgruppe ihren Kurs auf 358° und lief mit 12 kn Marschfahrt auf die Insel Kaholmen in der Drøbak-Enge zu. Auf Befehl des Flaggschiffs befanden sich sämtliche Heerestruppen unter Deck.

Im Fahrwasser tauchten zwei norwegische Bewacher auf, von denen einer die BLÜCHER anleuchtete, aber es ereigneten sich keinerlei Gefechtshandlungen. Kurze Zeit später leuchteten in der Drøbak-Enge von beiden Seiten die Scheinwerfer auf und bildeten eine Lichtsperre. Da es langsam immer heller wurde, waren die Kriegsschiffe klar auszumachen, während das Land sich dunkel abhob und es schwierig war, wichtige Einzelheiten, insbesondere Verteidigungsanlagen, zu unterscheiden. Um 05.20 Uhr kam von BLÜCHER der Befehl, auf halbe Fahrt zu gehen, woraufhin LÜTZOW die Geschwindigkeit verringerte und stoppte, da der Abstand zu gering geworden und die Lage völlig unklar war. Fünf Minuten später lief das Flaggschiff in gleißendes Scheinwerferlicht und gleichzeitig eröffnete die 28-cm-Batterie Oscarsborg auf Kaholmen das Feuer (auf eine Entfernung von ungefähr nur 1800 m). Sie erzielte sofort auf BLÜCHER Treffer, die mit der Schweren und Leichten Flak das Feuer nach beiden Seiten erwiderte, ohne zunächst ein klares Ziel zu erkennen. Unmittelbar darauf erging auf der LÜTZOW die Feuererlaubnis und die Backbord-15-cm-Batterie eröffnete das Feuer, in das auch die Schwere und Leichte Flak einfielen. Hierbei beschoß die 8,8-cm-Flak Kaholmen sowie zusammen mit der 3,7-cm-Flak die Batterien Drøbak, Husvik und Kopås an Steuerbord. Doch noch ehe die erste Salve den vorderen schweren Turm verlassen konnte – der achtere konnte nicht zum Tragen gebracht werden –, erhielt die LÜTZOW fast gleichzeitig drei 15-cm-Treffer. Die erste Granate detonierte auf dem mittleren 28-cm-Rohr des Turms »Anton«, zerstörte es und setzte zeitweilig den gesamten Turm außer Gefecht. Nach dem Abkuppeln war jedoch nach fünf Minuten das rechte Rohr und nach einer halben Stunde auch das linke – wenn auch zunächst nur mit elektrischem Hilfsbetrieb – wieder gefechtsklar. Der zweite Treffer schlug in der Abteilung XIII seitlich ins Zwischendeck und verursachte Brände im Schiffslazarett und auf der Backbordseite an Oberdeck. Unter der Besatzung und den eingeschifften Heerestruppen gab es Tote und Verwundete. Die dritte Granate detonierte auf der Innenseite des Backbord-Bootskrans, verursachte erhebliche Splitterschäden und ließ einen Teil der 8,8-cm-Bereitschaftsmunition abbrennen. Unter den Geschützbedienungen am Backbord III. und IV. 15-cm-Geschütz gab es drei Tote und eine Anzahl Verwundete. Weitere Verluste traten an der Flak II, beim Scheinwerferpersonal und bei den Munitionsmannern ein. Außerdem erhielt das Schiffe zahllose Treffer leichter Kaliber (4 cm und MG), besonders im Bereich des vorderen Aufbaudecks und an der Backbordseite des Mittelschiffs.

Um aus dem Schlamassel herauszukommen, ging KptzS. Thiele mit äußerster Kraft rückwärts, drehte die LÜTZOW auf der Stelle und lief auf Gegenkurs aus dem Feuerbereich des Gegners. Um 05.43 Uhr stellte der Schwere Kreuzer das Feuer ein. Da die EMDEN immer noch Nordkurs beibehielt, gab es ein paar bange Augenblicke, um eine Kollision zu vermeiden. Nach einer beobachteten Explosion wurde die BLÜCHER als verloren angesehen. Über Funk teilte sie mit, ihre gesamte Antriebsanlage wäre außer Gefecht (siehe auch Whitley »Deutsche Kreuzer im 2. Weltkrieg«.) Wenige Minuten später forderte sie die Unterstützung der Luftwaffe an und befahl KptzS. Thiele, als die LÜTZOW mit Südkurs ablief, die Führung der Kriegsschiffgruppe zu übernehmen. Danach kam vom Flaggschiff kein weiterer Funkspruch durch.

KptzS. Thiele befand sich nunmehr in einer außerordentlich schwierigen Lage, denn ohne einen voll gefechtsfähigen vorderen SA-Turm konnte er nicht darauf hoffen, die Enge – verteidigt von drei veralteten, aber offensichtlich gefechtsfähigen 28-cm-Geschützen – zu bezwingen. EMDEN befand sich in keiner besseren Situation, denn seine 15-cm-Geschütze waren der starken Küstenbatterie nicht gewachsen. Zudem hatte KptzS. Thiele noch keine Kenntnis vom Vorhandensein der Torpedobatterie, die auf BLÜCHER zwei Torpedotreffer erzielt hatte. In Wirklichkeit wußte er nicht einmal, ob das Flaggschiff noch schwamm. Unter diesen Umständen konnte er nur wenig unternehmen, ausgenommen die Heerestruppen am östlichen Fjordufer an Land zu bringen, damit sie auf der Straße oder mit der Eisenbahn nach Oslo gelangen konnten. EMDEN erhielt Befehl, ihre Truppen nördlich von Moss an Land zu setzen. Nachdem jedoch von der LÜTZOW aus die nördlicher gelegene Sonsbucht eingesehen werden konnte, befahl KptzS. Thiele, sämtliche Heerestruppen in dem günstiger nach Oslo zu gelegenen Sons-Bukten auszuschiffen. Trotz einiger Schwierigkeiten bei EMDEN und MÖWE, infolge anderer Weisungen KptzS. Thieles Befehle entgegenzunehmen, wurden schließlich alle Heerestruppen bis 09.10 Uhr in Sons-Bukten an Land gebracht.

Die befestigten Inseln Rauøy und Bolærne hielten jedoch noch stand und Angriffsverbände der Luftwaffe mußten angefordert werden. Gegen Mittag unternahm das deutsche Küstenmotorschiff NORDEN mit einem Unteroffizier und einem Funker der LÜTZOW an Bord den Versuch, durch die Drøbak-Enge vorzustoßen und den Verbleib der BLÜCHER zu klären. Von deutschen Luftangriffen unterstützt, lief auch die LÜTZOW zur Deckung dieses Vorstoßes an die Drøbak-Enge heran und beschoß sieben Minuten lang die Befestigungen auf Kaholmen mit 27 Schuß seiner Schweren Artillerie. Um 14.15 Uhr meldete die sicher durch die Enge gelangte NORDEN die Versenkung der BLÜCHER, vermutlich durch zwei Torpedotreffer.

In den Nachmittagsstunden des 9. April 1940 ging die LÜTZOW zur Unterstützung der T- und R-Boote nach Horten. Inzwischen war die Insel Rauøy besetzt worden und um 15.30 Uhr lief das T-Boot ALBATROS in den Hafen von Horten ein. Damit erfolgte auch die Besetzung des norwegischen Marinestützpunktes. Nur die Insel Bolärne hielt noch stand. Da in Horten nur 100 Mann Heerestruppen gegenüber der zehnmal stärkeren norwegischen Garnison zur Verfügung standen, gaben LÜTZOW, EMDEN und ALBATROS zu ihrer Verstärkung Landungskommandos ab. Im Anschluß daran entschloß sich KptzS. Thiele, mit allen verfügbaren Schiffen und Booten der Gruppe 5 die Drøbak-Enge anzugreifen. Hierzu sollten die T-Boote KONDOR und MÖWE sowie vier R-Boote unter dem Feuerschutz von LÜTZOW und EMDEN in die Enge eindringen. Um 17.25 Uhr teilte die Gruppe Ost mit, daß Flugzeuge des X. Fliegerkorps Drøbak angegriffen hätten und die Lage für die Schiffe nunmehr günstig für einen Durchbruch wäre. KptzS. Thiele war jedoch vorsichtiger; denn noch immer wehte die norwegische Flagge über dem Fort, und er hatte nicht die Absicht, den Vormarsch anzutreten, ehe nicht die von Minen und Torpedos drohende Gefahr beseitigt wäre. Ein R-Boot brachte einen norwegischen Admiral von Horten in der Hoffnung auf die LÜTZOW, daß dieser seinen Einfluß geltend machen könnte, um den Festungskommandanten zur Kapitulation zu überreden. In der Zwischenzeit hatte der II.AO der LÜTZOW, Kptlt. Freiherr v. Schnurbein, auf Anordnung von KptzS. Thiele als Parlamentär Verhandlungen zur Übergabe mit dem norwegischen Kommandanten aufgenommen. Dieser gab zwar sein Wort, daß keine Minensperren existierten, aber die Verhandlungen zogen sich in die Länge. Da die Dunkelheit hereinzubrechen begann und die Lage bei den Batterien auf dem Ostufer des Fjords immer noch ungeklärt war, vor allem auch, ob die Torpedobatterie noch existierte, entschloß sich der Kommandant der LÜTZOW, das Tageslicht abzuwarten, ehe er einen erneuten Versuch unternahm, die Dröbak-Enge zu bezwingen.

Im Verlaufe der Nacht zum 10. April 1940 passierten das T-Boot KONDOR und drei R-Boote die Enge, um Überlebende der BLÜCHER aufzunehmen, die sich auf die Insel Askholmen und das Fjordufer gerettet hatten, und sie zurückzubringen. Ebenfalls in der Nacht trafen mehrere Funksprüche der Gruppe Ost für die LÜTZOW ein. Die Gruppe hätte den Vormarsch erst anzutreten, wenn die Minenlage geklärt wäre. Außerdem hätte die LÜTZOW auf jeden Fall am 10. April nach Einbruch der Dunkelheit von Oslo aus den Rückmarsch in die Heimat mit Höchstfahrt anzutreten.

Nach der Beschießung eines deutschen Truppentransporters am Morgen des 10. April 1940 von der Insel Bolærne her detachierte KptzS. Thiele um 08.45 Uhr die T-Boote ALBATROS und KONDOR, um die Lage zu bereinigen. Gleichzeitig trat er mit LÜTZOW, EMDEN, MÖWE und der 1. R-Flottille endgültig den Marsch durch die Drøbak-Enge an und um 09.00 Uhr ging über Kaholmen und der Festung Oscarsborg – lediglich von einem Offizier (Kptlt. v. Schnurbein) und acht Mann besetzt – die deutsche Kriegsflagge hoch. Ohne weiteren Zwischenfall erreichten die Schiffe Oslo und machten dort um 11.43 Uhr fest. Die Stadt wurde nur von schwachen, aus Luftlandetruppen bestehenden Kräften gehalten. Auf LÜTZOW wurde fieberhaft gearbeitet, um für den Rückmarsch die Waffen, soweit dies möglich war, in gefechtsfähigem Zustand zu versetzen. Gleichzeitig wurden aus Überlebenden des BLÜCHER-Untergangs zwei Kompanien zur Unterstützung der immer noch schwachen deutschen Kräfte zusammengestellt: eine für Drøbak und die andere für Horten bestimmt. Während EMDEN zur Sicherung von Stadt und Hafen Oslo zurückblieb, lief die LÜTZOW um 15.26 Uhr wieder aus. Da das T-Boot ALBATROS bei der Besetzung von Bolærne aufgelaufen war, entsandte KptzS. Thiele KONDOR und MÖWE zur Unterstützung und trat nach dem Absetzen der BLÜCHER-Kompanie in Horten gegen 21.30 Uhr ohne U-Bootsicherung den Rückmarsch an. Nach dem Passieren von 59° Nordbreite ging die LÜTZOW auf Südkurs, um im Schutze der Dunkelheit mit 24 kn Höchstfahrt die gefährlichen Gewässer des Skagerrak hinter sich zu bringen.

Mehrfach waren nach den auf der LÜTZOW eingegangenen Meldungen britische Unterseeboote im östlichen Teil des Skagerrak unter der schwedischen Küste festgestellt worden. Demgemäß schlug KptzS. Thiele mit seinem Schiff einen weit nach Westen ausholenden südlichen Kurs ein. Es war eine sternenklare Nacht mit sehr guter Sicht und es wehte leiglich eine schwache Brise bei nur leichtem Seegang. Um 00.20 Uhr änderte der Schwere Kreuzer Kurs auf 138° und etwa eine Stunde später meldete das eingeschaltete FuMO 22 voraus einen Kontakt auf etwa 15.000 m Entfernung. Im Abstand von 11.500 m ließ KptzS. Thiele sein Schiff nach Backbord – d.h. nach Osten – abdrehen. Als schließlich keine weiteren Ortungsimpulse mehr sichtbar wurden, drehte er wieder nach Steuerbord auf den alten Kurs zurück, um möglichst schnell die Höhe von Kap Skagen zu erreichen. Noch in der Drehung nach Steuerbord begriffen, ließ um 01.29 Uhr (11. April 1940) eine schwere Erschütterung das Achterschiff erbeben.

Das vom Funkmeßgerät der LÜTZOW festgestellte Objekt war tatsächlich ein Unterseeboot gewesen: die HMS/m SPEARFISH (Lieutenant-Commander Forbes), ein Boot der 6. Unterseeboot-Flottille, am 5. April zur Überwachung des Skagerrak ausgelaufen. Die SPEARFISH befand sich aufgetaucht etwa 6 sm nördlich von Kap Skagen, als ihr Erster Wachoffizier Steuerbord querab die Bugwelle eines großen Schiffes sichtete. Lt.-Cdr. Forbes drehte sofort nach Backbord ab, um dem Gegner die schmale Hecksilhouette zu zeigen; er nahm an, es wäre der Zerstörer, der ihn schon zu einem früheren Zeitpunkt gejagt hatte. Etwa eine Minute später wurde der Gegner als eine schwere Kriegsschiffeinheit erkannt (möglicherweise die ADMIRAL SCHEER). Daraufhin erhielten die Torpedomechaniker Befehl, rasch die Tiefeneinstellung der Torpedos auf drei bis vier Meter zu ändern und die Geschwindigkeit auf 40 kn einzustellen. Lt.-Cdr. Forbes ließ beide Maschinen stoppen, um die Fahrt zu verlangsamen, so daß die Schußposition nicht erreicht wurde, ehe die Rohre fertig waren. Dann schoß Lt.-Cdr. Forbes einen vollen Fächer aus allen sechs Bugrohren, ohne den Nachtzielapparat zu benutzen, da es so dunkel war, daß er es nicht riskieren wollte, den Gegner aus der Sicht zu verlieren. Unmittelbar nach dem Losmachen der Torpedos drehte die SPEARFISH über Wasser mit äußerster Kraft nach Westen ab und setzte über Funk eine Sichtmeldung ab. Nach einer Torpedolaufzeit von fünf Minuten und acht Sekunden wurde Lt.-Cdr. Forbes durch eine heftige Detonation belohnt.

LÜTZOW drehte weiter nach Steuerbord, da das Ruder klemmte. Die achteren Abteilungen meldeten Wassereinbruch und der Schwere Kreuzer krängte langsam nach Backbord und sackte achtern immer tiefer. Da das Ruder weiterhin klemmte und auch der Handruderraum durch Wassereinbruch nicht besetzt werden konnte, blieb KptzS. Thiele nur noch übrig, das Schiff mit den Schrauben zu steuern. Dies gelang nur teilweise, da das Achterschiff direkt hinter dem Deckssprung abgeknickt war. Um 01.55 Uhr meldete LÜTZOW mit F.T. an die Gruppe Ost: »Mein Standort ist 02.00 Uhr Qu. 4462. Brauche dringend Schlepperhilfe. – LÜTZOW.«

Der Maschinenleitstand meldete das Vollaufen der Abteilungen I bis III, während Leckwehrtrupps die Abteilung IV zu halten versuchten. Die Maschine war mit acht Motoren klar für 24 kn. Um 02.10 Uhr meldete die Maschine das Aufgeben der Abteilung IV im Zwischendeck. An die Gruppe Ost erging um 02.20 Uhr folgender Funkspruch: »Mein Standort ist Skagen in rw. 233° 10 sm ab. Schiff bewegungsunfähig. Wasser läßt sich halten, beide Schrauben verloren. – LÜTZOW.« Im KTB ist zu diesem Zeitpunkt vermerkt:

»*Lage:* Schiff treibt quer zur See mit 2 Sm/h in südwestlicher Richtung und kommt damit näher an Skagen heran. Ich hoffe in der Aalbäck-Bucht Lee zu finden und auf flaches Wasser zu kommen. Da das Schiff in der hellen Nacht sehr weit zu sehen ist, muß mit weiteren U-Boot-Angriffen gerechnet werden. Verschlußzustand wird dauernd überprüft. Die Boote werden klar zum Aufschwimmen gemacht. Die Besatzung legt Schwimmwesten an. Die unteren Decks werden bis auf Raumüberwachung [d.h. Leckwehrtrupps] vom Personal geräumt. Turm B gibt zur Erleichterung des Achterschiffes Munition über Bord. Von optischem Anruf Skagen wird wegen Vergrößerung der Sichtgefahr abgesehen. U-Boot-Ausguck wird weiter verschärft, alle leichten Waffen schußbereit.«

Um 03.18 Uhr wurde der Motorkutter ausgesetzt und nach Skagen geschickt, um dort Schlepp- bzw. Sicherungsfahrzeuge zu bestellen. Von der Gruppe Ost ging um 03.37 Uhr die Meldung ein: »Zur Sicherung werden befohlen: LUCHS, SEEADLER, JAGUAR, FALKE, MÖWE, KONDOR, 17. U-Jagdflottille, 2. S-Flottille, U-Jäger *UJ 172*.«. Eine Stunde später hattte sich der Trimm des Schweren Kreuzers durch Umpumpen von Treiböl verbessert. Das Schiff schwamm jetzt aufrecht, hatte aber achtern immer noch 12 m Tiefgang. Die Torpedorohrsätze auf dem Achterschiff befanden sich unter Wasser.

Um 05.05 Uhr trieb die LÜTZOW in nur noch 7 sm Abstand von Skagen. Zu diesem Zeitpunkt kamen die Boote der 17. U-Jagdflottille in Sicht, um die U-Sicherung von einem bisher um das Schiff kreisenden Motorboot zu übernehmen, gefolgt von der 19. MS-Flottille. Da der Seegang ständig zunahm und der Wind auffrischte, wurde die Lage des Achterschiffes immer bedenklicher, zumal diese Bedingungen für eine Schleppfahrt nicht günstig waren. Um 06.30 Uhr kam ein Bojenboot der 19. MS-Flottille an Backbord längsseits und machte fest. Damit konnte das Schiff auf Kurs vor der See gehalten werden. Drei weitere M-Boote gingen an Steuerbord längsseits und nahmen das Schiff in Schlepp. Durch die vereinten Anstrengungen lief die LÜTZOW vor der See etwa 4,5 kn. Zu Beginn der Vormittagswache hatte der Wind fast Sturmstärke erreicht und in der groben See arbeiteten die Schiffe schwer. Da die See brandend auf das Achterschiff auflief, war es mehr als fraglich, ob es gehalten werden konnte. Mit Erleichterung wurde aufgenommen, daß um 09.45 Uhr der dänische Schlepper GARM die Schleppleine übernahm und sich als Kopfschlepper vorsetzte, während an jeder Seite ein M-Boot als Steuerschlepper fungierte. Inzwischen war die nicht mehr erforderliche Besatzung von Bord abgeborgen und vom ehemaligen Seebäderschiff RUGARD übernommen worden, um im Falle eines weiteren U-Bootangriffes nicht mehr Menschenleben als unbedingt erforderlich zu gefährden. Zurück blieben nur die Fla-Bedienungen, die Leckwehrtrupps und das zur Überführung des Schiffes notwendige Personal (537 Mann). Der Hauptgegner war jetzt das Wetter. Mittlerweile waren auch die T-Boote LUCHS, SEEADLER, MÖWE und KONDOR eingetroffen und unterstützten die 17. UJ-Flottille. In der Mittagsstunde besserte sich das Wetter, Seegang und Wind nahmen ab und der Schleppzug setzten seine Fahrt unter blauem Himmel fort. Um 16.20 Uhr trafen die Schlepper WOTAN und SEETEUFEL ein und übernahmen zusammen mit der dänischen GARM den Schlepp. Auch die 19. MS-Flottille war inzwischen entlassen worden. Im Kattegat kam der Schleppzug nur sehr langsam voran und die LÜTZOW saß in der Læsø-Rinne auf 12 m Wassertiefe mehrfach fest. Nachdem die GARM um 19.50 Uhr infolge Kohlemangels entlassen werden mußte, saß die

LÜTZOW eine Stunde später in der Læsø-Rinne erneut fest. Erst nachdem das Schiff durch Trimmen von Öl und Fluten vorn buglastig gemacht worden war, kam der Schwere Kreuzer in den frühen Morgenstunden (04.30 Uhr) des 12. April 1940 wieder frei. Vier Stunden später trafen zur weiteren Unterstützung die Schlepper NORDER und THOR ein und machten an Steuerbord und an Backbord als Steuerschlepper fest, während WOTAN und SEETEUFEL weiterhin als Kopfschlepper fungierten. Trotz mehrerer U-Bootalarme erreichte der Schleppzug am Mitternacht den Großen Belt und am Abend des 13. April Kiel. Um 20.22 Uhr konnte die LÜTZOW sicher am Probefahrtskai der Deutschen Werke festmachen.

Anschließend wurde die LÜTZOW außer Dienst gestellt (formell erst am 8. August 1940) und die sehr lange sich hinziehenden Reparaturarbeiten begannen. KptzS. Thiele verließ das Schiff und wurde zum Seekommandant Trondheim und in Personalunion zum Admiral der norwegischen Nordküste ernannt. In den frühen Morgenstunden des 9. Juli 1940 erhielt die LÜTZOW bei einem Luftangriff in der Werft einen Bombentreffer. Die Bombe durchschlug das Oberdeck auf der Steuerbordseite des Turms A und detonierte teilweise im Zwischendeck, ohne größere Schäden anzurichten. Die Schäden des Torpedotreffers bedingten eine lange Werftliegezeit und erst im März 1941 wurde die LÜTZOW unter ihrem neuen Kommandanten, KptzS. Leo Kreisch, wieder in Dienst gestellt.

Nach dem Ende des Unternehmens »Weserübung« befanden sich die beiden noch verbliebenen ehemaligen Panzerschiffe in der Werft: die ADMIRAL SCHEER zur Großen Werftliegezeit und die LÜTZOW zur Reparatur. Somit waren von den Großkampfschiffen nur noch die SCHARNHORST und die GNEISENAU einsatzfähig.

12. Unternehmen »Juno« 1940

Die strategische Lage in Norwegen war gegen Mitte Mai 1940 keineswegs klar. Deutsche Streitkräfte hatten den Süden des Landes sowie die wichtige Stadt Trondheim besetzt, aber weiter nördlich hing alles noch in der Schwebe. Vor allem die Seegefechte in den Fjorden um Narvik hatten zu schweren deutschen Verlusten zur See und zu Lande geführt. Britische, polnische und französische Streitkräfte waren in Namsos und Harstad gelandet und hatten sich dort eingerichtet; der letztere Hafen wurde als die Hauptoperationsbasis bezeichnet. Der deutsche Angriff im Westen, der am 10. Mai 1940 gegen Frankreich, Belgien und die Niederlande begonnen hatte, beeinträchtigte jedoch nunmehr den Feldzug in Norwegen; denn der Ernst der Lage an der Westfront führte am 24. Mai 1940 zur Entscheidung der Alliierten, Norwegen zu evakuieren. Doch vorher sollte noch Narvik erobert und der wichtige Umschlagplatz für Eisenerz mit seinen Einrichtungen zerstört werden. Die Einnahme dieser Stadt erfolgte tatsächlich noch am 28. Mai und die Zerstörungen wurden vorgenommen. In der ersten Juniwoche 1940 war die Räumung Norwegens durch die Alliierten im Gange.

In Unkenntnis der wahren Situation, aber sich durchaus des Drucks bewußt, der zu Lande auf den deutschen Streitkräften im Raum Narvik lastete, entschloß sich die deutsche Führung, geeignete Maßnahmen zu ergreifen. Demgemäß informierte die Skl. am 25. Mai 1940 die Armeegruppe XXI in Oslo, daß sie beabsichtige, in nordnorwegischen Gewässern Operationen zur See durchzuführen, um die deutschen Truppen im Raum Narvik zu entlasten. Hauptziele wären gegnerische Seestreitkräfte und Transporte in und um Narvik, im Vestfjord und den angrenzenden Fjorden sowie auch vor Bodø und Harstad. Detaillierte Operationsziele würden mitgeteilt werden, sobald von den gegnerischen Dispositionen ein klareres Bild gewonnen worden wäre. Die Armeegruppe XXI wurde aufgefordert, Einzelheiten über Ziele mitzuteilen, die für Küstenbeschießungen von Vorteil wären, sowie auch andere Einzelheiten über gegnerische Streitkräfte zu liefern, soweit solche beschafft werden könnten. GAdm. Raeder beabsichtigte, sowohl seine Schlachtschiffe wie auch die ADMIRAL HIPPER und möglicherweise auch die NÜRNBERG für diese Operation einzusetzen, und zwar in enger Zusammenarbeit mit den dem Fliegerführer Trondheim unterstellten Einheiten der Luftwaffe. Trondheim sollte auch der Hauptstützpunkt der Seestreitkräfte werden. Zu ihrer Unterstützung sollten in Trondheim Vorrats-, Munitions- und Treibstofflager angelegt und eine Flakverteidigung eingerichtet werden. Sobald SCHARNHORST und GNEISENAU ihre Gefechtsausbildung und Werftüberholung beendet hätten (etwa am 2. Juni 1940), sollte die Operation anlaufen. Die Schiffe würden direkt aus der Ostsee nach Norwegen auslaufen.

Bis zum 31. Mai 1940 hatte die Skl. von der Armeegruppe XXI noch keine Informationen erhalten, die spätestens bis zum 1. Juni auf dem Flaggschiff eingehen sollten. Bis jetzt war bekannt, daß Harstad der gegnerische Hauptstützpunkt war, aber dies war auch zugleich alles, was die Marine über die alliierten Dispositionen wußte. Verspätet teilte die Armeegruppe XXI am 1. Juni ihre Anforderungen der Skl. durch Funkspruch mit. Im wesentlichen umfaßten diese die Vernichtung aller Nachschubtransporte einschließlich der kleinen Fahrzeuge im Raum Narvik, Namsos und Bodø; gleichermaßen erwünscht war auch das Aufbringen von Schiffen. Roervik befand sich in deutscher Hand, aber ansonsten war jedes Ziel in der Stadt Narvik (ausgenommen das Krankenhaus) einen Angriff wert.

Der Oberbefehlshaber des Marinegruppenkommandos West, Gen Adm. Saalwächter, erteilte am 29. Mai 1940 den Einsatzbefehl an Admiral Marschall, den Seebefehlshaber West und zugleich Flottenchef. An erster Stelle nannte dieser Befehl als Hauptziel einen überraschenden Angriff gegen den Andsfjord und den Vaagsfjord (d.h. auf Harstad). Außerdem hatte die Aufklärung auch wertvolle Ziele im Ofotfjord erkannt. Zweitrangige Aufgaben waren die Deckung von Nachschub-Geleitzügen von Trondheim nach Saltdal, Bodø und Mo. Dieser Operationsbefehl engte für Admiral Marschall die Freiheit des Handelns ein; denn GAdm. Raeders ursprüngliche Aufgabe bestand darin, die Streitkräfte General Dietls in Narvik durch Angreifen der britischen Seestreitkräfte und Transporte im Raum Narvik-Harstad zu entlasten. Eine weitere Komplikation ergab sich durch den Wunsch Hitlers, die Flotte sollte darüber hinaus auch den Vormarsch der Heerestruppen zur Entlastung Narviks sichern, der damals von Trondheim aus entlang der Straße nach Mo und über den Schärenweg im Gange war. Trotz Rücksprache bei der Skl. und GAdm. Raeder blieb der Operationsbefehl für Admiral Marschall hinsichtlich der Prioritäten ziemlich verschwommen. Obwohl der Flottenchef Berlin in der Annahme verließ, die Ziele des Vorstoßes erkannt zu haben, entsprach seine Auffassung nicht genau den Vorstellungen GAdm. Raeders. Die Grundursache des Problems war die seit 1939 bestehende schwerfällige Befehlskette, die zwischen der Skl. und dem Befehlshaber in See eine operative Führungsstelle an Land – die Marinegruppenkommandos[164] – eingefügt hatte.

Die für das Unternehmen mit dem Decknamen »Juno« vorgesehenen Streitkräfte bestanden aus GNEISENAU (Flaggschiff), SCHARNHORST und der ADMIRAL HIPPER sowie aus den Zerstörern KARL GALSTER, HANS LODY, ERICH STEINBRINCK und HERMANN SCHOEMANN. Die Zusammenarbeit mit der Luftwaffe sollte wie folgt aussehen: Zur Sicherung des Kampfverbandes auf dem Marsch nach Norden waren zwei Aufklärungsstaffeln nach Stavanger und eine Staffel mit Heinkel He 115 nach Trondheim verlegt worden. Die Luftflotte 5 und das X. Fliegerkorps hatten zugestimmt, nördlich der Breite von Stavanger und ostwärts 5°O Aufklärung durchzuführen, während der F.d.L. West westlich 5°O die Aufklärung übernahm.[165] Zur logistischen Unterstützung gehörten die Tanker ADRIA und SAMLAND, mit dem Werkstattschiff HUASCARAN nach Trondheim verlegt, sowie die großen Troßschiffe DITHMARSCHEN und NORDMARK. Zur Fliegererkennung erhielten die Turmdecken und Geschützschilde der Kampfschiffe einen roten Anstrich.

Ursprünglich war für den Beginn des Unternehmens »Juno« der 2. Juni 1940 festgelegt worden, aber erst am folgenden Abend schifften sich Admiral Marschall und sein Stab in Kiel, dem Ausgangspunkt des Unternehmens, auf GNEISENAU ein. Am 4. Juni lief der Verband um 08.00 Uhr aus, zusätzlich von den T-Booten JAGUAR und FALKE gesichert. Als Minensicherung marschierten der *Sperrbrecher IV* und das Geleitboot HAI (*F 3*) mit dem F.d.M. Ost an Bord voraus. Am 5. Juni passierten die Schiffe um 06.30 Uhr die Skagen-Sperre und um 12.30 Uhr wurden die beiden Torpedoboote nach Wilhelmshaven entlassen. Seit

01.15 Uhr flogen drei He 115 U-Bootnahsicherung. Bei anfangs halb bedecktem und später wolkenlosem Himmel herrschte trotz einer leichten Brise eine gute Sicht. Nach dem Passieren von Utsira verschlechterte sich die Sicht und KptzS. Netzbandt, der Kommandant des Flaggschiffes, hegte die Hoffnung, daß der Verband von der RAF nicht erfaßt werden würde. Tatsächlich flog das Coastal Command in Seegebieten keine Aufklärung, in denen zu diesem Zeitpunkt mit gegnerischen Streitkräften vermutlich nicht zu rechnen war. Am 6. Juni 1940 stand der deutsche Verband in den frühen Morgenstunden nordostwärts der Viking-Bank und lief mit 24 kn Fahrt auf einem direkten Nordkurs. Die Morgendämmerung brachte einen regnerischen Tag mit nur mäßiger Sicht, als Admiral Marschall mit seinen Schiffen die Shetland-Bergen-Enge hinter sich ließ. Noch war der deutsche Verband unentdeckt geblieben. Zu dieser Zeit konnten die deutschen Kryptologen des geheimen Marinenachrichtendienstes die britischen Funksprücke mit beträchtlich besserem Erfolg als ihre Gegner mitlesen. Um 16.30 Uhr standen die deutschen Schiffe 350 sm querab von Bodø und gegen Abend wurde der bisherige NW-Kurs in Richtung Nordost geändert, um den Treffpunkt mit dem Troßschiff DITHMARSCHEN anzusteuern, das um 19.25 Uhr Backbord voraus in Sicht kam. Das Herstellen der Schleppverbindungen und die sich daran anschließenden Ölübernahmen durch die Zerstörer und den Schweren Kreuzer nahmen eine außerordentlich lange Zeit in Anspruch und dauerten bis um 07.50 Uhr am folgenden Morgen (7. Juni 1940). Inzwischen waren eine Anzahl Aufklärungsmeldungen eingegangen, darunter eine, die einen aus sieben Schiffen bestehenden Geleitzug auf einem südwestlichen Kurs, etwa 110 sm südostwärts der Position des deutschen Verbandes, meldete, sowie eine andere, die einen Tanker mit einem Sicherungsfahrzeug ca. 220 sm ostwärts betraf. Der gemeldete Geleitzug stellte das wertvollste Ziel dar. Er bestand aus drei Passagierschiffen und vier Kanalpostdampfern: ORONSAY, ORMONDE, ANDORA STAR, ROYAL ULSTERMAN, ULSTER PRINCE, ULSTER MONARCH und DUCHESS OF YORK.

Bezüglich der Frage, wo ein Angriffsschlag am besten zu führen wäre, befand sich Admiral Marschall offensichtlich in einem Dilemma; denn er griff zu einer ziemlich außergewöhnlichen Maßnahme und berief für den Abend des 7. Juni um 20.30 Uhr eine Chef- und Kommandantensitzung an Bord des Flaggschiffes ein, um die eingegangenen Aufklärungsmeldungen und die verschiedenen sich bietenden Möglichkeiten zu besprechen. Soweit es die Landziele betraf, sah Adm. Marschall kaum Ansätze. Ihm widerstrebte es, die Flotte aus zweifelhaften Gründen in engen Gewässern aufs Spiel zu setzen. Mit Ausnahme von Harstad war weder etwas über die tatsächlichen Örtlichkeiten der alliierten Landeplätze noch etwas über ihre Verteidigung bekannt. Die eingegangenen Meldungen hinsichtlich gegnerischer Schiffsbewegungen schienen einen alliierten *Rückzug* anzudeuten, aber angesichts der Einnahme von Narvik schien dies kaum wahrscheinlich zu sein. Ein Funkspruch, der ihm übergeben wurde, als die Besprechung gerade zu Ende ging, meldete lediglich die Anwesenheit eines einzigen Kriegsschiffes in Harstad. Nichtsdestoweniger überzeugte ihn dies, daß die Alliierten tatsächlich evakuierten und daß durch ein Angreifen der westgehenden Geleitzüge ein großer Erfolg erzielt werden könnte.[166] Die Sitzung ging um 22.25 Uhr zu Ende und der deutsche Verband setzte seine Fahrt mit 22 kn fort, südliche Kurse steuernd. Das Troßschiff DITHMARSCHEN wurde um 22.55 Uhr entlassen.

Die Morgendämmerung des nächsten Tages – 8. Juni 1940 – brachte Sonnenschein bei einem leicht bewölkten Himmel mit guter Sicht. Um 05.00 Uhr nahmen die deutschen Schiffe mit jeweils 10 sm Abstand einen Aufklärungsstreifen mit Kurs Süd und 15 kn Fahrt ein. Zum selben Zeitpunkt unterrichtete Admiral Marschall über seine Absichten GenAdm. Saalwächter, wonach er im Begriff stünde, einen Geleitzug anzugreifen. Die Gruppe West forderte noch immer einen Angriff auf Harstad und teilte dies dem Flottenchef in einem barschen Funkspruch mit. Inzwischen hatte die ADMIRAL HIPPER um 06.05 Uhr im Süden einen Tanker gesichtet, gesichert durch einen bewaffneten Trawler. Diese Schiffe erwiesen sich als der Marinetanker OIL PIONEER (5666 BRT) und der Marinetrawler JUNIPER (505 ts). Während der Schwere Kreuzer die JUNIPER versenkte, schoß die Mittelartillerie der GNEISENAU den Tanker in Brand, der anschließend durch den Zerstörer HERMANN SCHOEMANN mit einem Torpedo versenkt wurde.

Während dieses kleine Gefecht im Gange war, befahl GenAdm. Saalwächter dem Flottenchef, den Geleitzug dem Schweren Kreuzer zu überlassen und mit den Schlachtschiffen, wie vorgesehen, gegen Harstad vorzugehen. Adm. Marschall zog es vor, diese Weisung zu ignorieren. Nach dem erneuten Bilden eines Aufklärungsstreifens starteten SCHARNHORST und ADMIRAL HIPPER um 08.25 Uhr je ein Bordflugzeug zur Aufklärung. Um 09.40 Uhr meldete die Arado Ar 196 der ADMIRAL HIPPER einen Geleitzug aus einem Kreuzer (vermutlich der Leichte Kreuzer SOUTHAMPTON), zwei Zerstörern und drei Dampfern nördlich des eigenen Verbandes. Auf Nordkurs gehend, verfehlten die deutschen Schiffe den Geleitzug. Statt dessen sichtete die ADMIRAL HIPPER um 10.20 Uhr einen großen und einen kleineren Dampfer. Hierbei handelte es sich um den 19.840 BRT großen Passagierdampfer ORAMA, ein leeres Truppentransportschiff, das um 12.06 Uhr im Feuer der ADMIRAL HIPPER sank, während der zweite Dampfer, das Lazarettschiff ATLANTIS, unbehelligt blieb. Da Adm. Marschall zu diesem Zeitpunkt eine Brennstoffübernahme in diesem Seegebiet für zu riskant hielt, entließ er um 13.30 Uhr die ADMIRAL HIPPER und die vier Zerstörer nach Trondheim und setzte mit den Schlachtschiffen das Unternehmen fort.[167] Gleichzeitig informierte er die SCHARNHORST über seine Absicht, mit den Schlachtschiffen allein gegen das Seegebiet Harstad-Tromsø zu operieren. Kurze Zeit später zog er die Schlußfolgerung, daß die vom Bordflugzeug der ADMIRAL HIPPER gemeldeten Schiffe nicht existierten, blieb aber weiterhin in der Hoffnung auf Nordkurs, von seiner B-Dienstgruppe festgestellte Kriegsschiffe abzufangen.

Um 16.46 Uhr am 8. Juni meldete ein Ausguck im Vormars der SCHARNHORST eine Rauchwolke in Richtung rw. 60°; die Sichtmeldung wurde an das Flaggschiff weitergegeben. Zwölf Minuten später tauchten unter der Rauchwolke Mast und Schornnstein eines Schiffes auf. Die E-Messung ergab ca. 40.000 m. Um 17.02 Uhr befahl der Flottenchef: »Klarschiff zum Gefecht. Dampf auf für Höchstfahrt!« Zur E-Messung für die Artillerie wurden die FuMO 22 eingeschaltet und die

Die GNEISENAU in norwegischen Gewässern. Beachte die zur Fliegererkennung rot angestrichenen Decken der Türme. (USN)

Schiffe gingen auf 24 kn Fahrt. Um 17.10 Uhr hatte der I.AO der SCHARNHORST, FKpt. Löwisch, das gegnerische Schiff in Sicht und meldete einen einzelnen großen Schornstein, einen Mast mit Gefechtsstand und wahrscheinlich ein Landedeck. Drei Minuten später: »Links vom Schornstein ragen hohe Spieren heraus. Dies deutet auf Flugzeugträger ARK ROYAL. Rechts vom Mast kommt die Insel, dann das Landedeck. Rechts vom Ziel zwei weitere Masten erkennbar. Zu erkennen ist jetzt ein Flugzeugträger mit 2 Zerstörern, von denen einer nördlich, der andere südlich steht.« Zum Zeitpunkt der ersten Sichtung der britischen Schiffe steuerten GNEISENAU und SCHARNHORST Kurs 345° in Kiellinie, wobei letztere führte. Nach einer Kursänderung um 17.00 Uhr auf 330° befahl Adm. Marschall drei Kursänderungen nach Steuerbord: auf 30° um 17.06 Uhr, Wendung auf 70° um 17.12 Uhr und schließlich Wendung auf 150° neun Minuten später, um die Entfernung zum Gegner zu verringern, der annähernd Kurs 206° steuerte.

Obwohl ursprünglich als ARK ROYAL angesprochen, handelte es sich in Wirklichkeit um die GLORIOUS (Captain G. D'Oyly-Hughes), gesichert durch die Zerstörer ACASTA (Commander C.E. Glasfurd) und ARDENT (Lieutenant-Commander J.F. Barker).[168] Der Flugzeugträger befand sich auf dem Rückmarsch nach Scapa Flow, nachdem er zehn »Gladiator«-Jagdeinsitzer der 263. Squadron (N 5681, N 5695, N 5699, N 5723, N 5725, N 5904 bis N 5908) und zehn »Hurricane«-Jäger der 46. Squadron (L 1793, L 1804 bis L 1806, L 1815, L 1853, L 1961 bis L 1963, L 1980) der RAF, die in Bardufoss gestartet waren, an Bord genommen hatte. Die GLORIOUS wurde völlig überrascht und hatte überdies aus unerklärlichen Gründen zu ihrer eigenen Sicherung weder Flugzeuge in der Luft noch startklar an Deck – trotzdem sich fünf »Swordfish«-Maschinen der 823. Squadron und zehn »Sea Gladiator«-Jäger der 802. Squadron des FAA zu diesem Zweck an Bord befanden. Von diesen Maschinen befanden sich eine »Swordfish« und eine Kette »Sea Gladiator« unter Deck in 10-Minuten-Bereitschaft. Ohne Flugzeuge, die zu einem sofortigen Angriff starten konnten, war der Flugzeugträger ziemlich verteidigungslos. An Artillerie führte er lediglich sechzehn 12-cm-Luft/Seezielgeschütze; von ihnen konnte aber unter den vorherrschenden Umständen nur die Hälfte zum Tragen gebracht werden. Die Sicherungszerstörer hatten eine Bewaffnung aus je vier 12-cm-Geschützen und zwei 53,3-cm-Vierfach-Torpedorohrsätzen.

Die beiden deutschen Schlachtschiffe liefen um 17.26 Uhr mit 26 kn Fahrt – zwei Minuten später auf 29 kn gesteigert – in Backbordstaffel (d.h. das Flaggschiff stand Backbord achteraus der SCHARNHORST), um das Gefecht nach Backbord zu führen. Auf der SCHARNHORST erhielt FKpt. Löwisch, der I.AO, den Befehl, die 28-cm-Geschütze auf den Flugzeugträger und die Backbordgeschütze der Mittelartillerie auf den nördlich stehenden Zerstörer – die ARDENT – zu richten. Um 17.30 Uhr erhielt die Mittelartillerie auf eine Anfangsentfernung von 14.500 m und einer Schußrichtung von rw. 120° Feuererlaubnis. Zwei Minuten später eröffnete die Schwere Artillerie auf eine anfängliche Gefechtsentfernung von 26.000 m das Feuer. Die GLORIOUS nebelte und ihre Zerstörer wendeten, um sie zu verteidigen. Doch die Vorzeichen standen nicht zum besten; denn bereits mit der dritten Salve hatte sich die SCHARNHORST eingeschossen.

In einem vergeblichen Versuch zu entkommen, drehte die GLORIOUS nach Südosten ab, während ihre beiden Zerstörer erneut herandrehten, um sie durch das Legen von Rauchschleiern zu schützen. Nachdem auch die Mittelartillerie der GNEISENAU das Feuer eröffnet hatte, lagen die letzteren unter dem MA-Beschuß der Schlachtschiffe. Beide Zerstörer wurden geschickt geführt, so daß sie zunächst keine Treffer erhielten. Die ARDENT brach durch den Rauchschleier zum Torpedoangriff hervor, konnte aber keinen Treffer erzielen, da ihren Torpedolaufbahnen nach Horch- und Sichtmeldungen ausgewichen wurde. Nunmehr dampfte die GNEISENAU an der Steuerbordseite der SCHARNHORST auf und setzte sich um 17.44 Uhr vor. Die Schwere Artillerie der beiden Schlachtschiffe begann bald, auf dem verteidigungslosen Flugzeugträger Treffer zu erzielen. Gegen 17.38 Uhr durchschlug die erste Granate die dünne Seitenwand des Hangars und detonierte auf dem Hangardeck unter den »Hurricane«-Jägern der RAF. Der in der Folge sich ausbreitende Brand verhinderte das Bewaffnen der »Swordfish«-Maschinen mit Torpedos oder Bomben, obwohl die Beschädigungen des Flugdecks einen Start dieser Maschinen in den ersten Minuten des Gefechtes nicht behindert hätten. Weitere Treffer auf Brücke und Insel mit der dritten oder vierten deutschen Salve töteten alle, die sich auf der Brücke oder in den angrenzenden Abteilungen aufhielten. Zusätzliche Treffer achtern weihten den Träger dem Untergang. In Rauch eingehüllt, aber immer noch fast volle Fahrt laufend, bekam die GLORIOUS schnell Schlagseite nach Steuerbord. SCHARNHORST stellte zeitweilig das Feuer ein, aber die GNEISENAU fuhr fort, den glücklosen Flugzeugträger zu beschießen. Erst ein weiterer Treffer, der einen Kesselraum zerstörte, setzte die Geschwindigkeit des Flugzeugträgers ernstlich herab und ließ ihn zu einer leichten Beute werden. Gegen 18.00 Uhr kam die ARDENT erneut hinter dem Rauchschleier hervor und schoß einen zweiten Fächer aus drei Torpedos, denen wiederum ausgewichen werden konnte. Fast sofort geriet der Zerstörer unter den Beschuß der Mittelartillerie beider Schiffe und wurde schwer getroffen. Auch die Schwere Flak griff jetzt mit in das Gefecht ein. Um 18.18 Uhr befand sich die ARDENT in einer schlimmen Verfassung; sie brannte und ihre Schlagseite verstärkte sich immer mehr. Um 18.22 Uhr brach der Mast und ARDENT kenterte und sank. Die von den Zerstörern geschossenen Torpedos hatten bei den deutschen Schiffen beträchtliche Ausweichmanöver verursacht, waren aber ansonsten wirkungslos geblieben.

Auf der GLORIOUS wüteten nunmehr noch heftigere Brände und sie geriet hinter Nebelwänden und Rauchschleiern immer wieder außer Sicht. Um 18.26 Uhr nahm die Mittelartillerie der SCHARNHORST einen Zielwechsel auf den zweiten Zerstörer vor, die ACASTA, und eröffnete das Feuer, aber die Entfernung war noch zu groß, und der Zerstörer zog sich hinter die Rauchschleier zurück. Um 18.32 Uhr schien die ACASTA erneut anzulaufen, die Mittelartillerie eröffnete wieder das Feuer und die SCHARNHORST drehte um 2 Dez. (d.h. Kurs 170°) nach Steuerbord in der Absicht ab, den Zerstörer voraus zu nehmen, um auf diese Weise die Torpedogefahr zu verringern. Eine Minute später schoß die ACASTA einen Fächer aus vier Torpedos auf die SCHARNHORST – der Vormars meldete das Losmachen um 18.33 Uhr –, ehe sie sich erneut unter Schwarzqualmen zurückzog und den wieder in Sicht gekommenen Flugzeugträger einnebelte. KptzS. Hoffmann, den Kommandanten der SCHARNHORST, schien es zu überraschen, daß die ACASTA aus einem derart spitzen Winkel mit Torpedos angriff; denn bereits um 18.34 Uhr ließ er sein Schiff auf den befohlenen Kurs (d.h. 150°) zurückdrehen.[169] Dies schien jedoch zu früh gewesen zu sein; denn um 18.39 Uhr gab es im Achterschiff eine starke Erschütterung. Die Steuerbord-Maschine fiel aus und die Geschwindigkeit sank ab. SCHARNHORST schwenkte um 9 Dez. nach Steuerbord auf Kurs 240°, um an das Flaggschiff heranzuschließen, und nahm gleichzeitig den Zerstörer mit der Mittelartillerie unter Feuer.

Ein Torpedo der ACASTA hatte die SCHARNHORST an der Steuerbordseite achtern dicht beim Turm C getroffen und verursachte beträchtliche Wassereinbrüche. Der Turm C selbst mußte durch den Wassereinbruch sowie infolge des ausströmenden Rauchs und Qualms geräumt werden. Der Leckwehroffizier befahl als Vorsichtsmaßnahme das Fluten der achteren Munitionskammern. Der Leitende Ingenieur meldete laute Klopfgeräusche im Hauptdrucklager der Steuerbord-Maschine (Turbinenraum 3). Die Geschwindigkeit fiel weiter ab. In den Abteilungen III und IV liefen im Bereich des Treffers die 28-cm-Pulver- und Granatkammern, die 3,7-cm-Munitionskammer, Heizölbunker und Trimmzellen an Steuerbord, der Wellentunnel und das Zwischendeck voll. In den Abteilungen II (zwei Vorratslasten im Unteren Plattformdeck), V und VI kam es zu weiteren Wassereinbrüchen. Das Schiff bekam Schlagseite nach Steuerbord. Im (mittleren) Turbinenraum 1 gab es einen starken Wassereinbruch, vermischt mit Öl aus den geborstenen Bunkern, und um 19.06 Uhr mußte die Mittelmaschine gestoppt werden. In den Turbinenraum 3 an Steuerbord strömte Wasser aus dem Hauptkupplungsraum, aber die Maschine lief noch mit 180 U/m. Der Leitende Ingenieur ließ die Mittelmaschine auskuppeln und die Schlagseite durch das Umpumpen von Heizöl verringern. Inzwischen waren im Kesselraum 1 zwei Kessel stillgelegt worden und der Wasserstand im Turbinenraum 1 hatte das Telefon am Schott erreicht. Zunächst zeigte die Arbeit der Lenzpumpen kaum Wirkung, aber nach zehn Minuten hatte sich der Wasserstand stabilisiert und begann um 19.43 Uhr sogar zu fallen. Das E-Werk 1 bekam keinen Dampf mehr. Hatte der Leitende Ingenieur zunächst noch die Höchstgeschwindigkeit mit 26 kn gemeldet, so fiel sie um 20.29 Uhr auf geschätzte 20 kn, als die Klopfgeräusche und das Propellerschlagen stärker wurden, und auch die Steuerbord-Maschine gestoppt und ausgekuppelt werden mußte. Alle Versuche, die Steuerbordwelle wieder einzukuppeln, führten schon bei 90 U/m zu harten Schlägen, und um 23.40 Uhr schlug ein letzter Versuch fehl. Das Ergebnis der vorläufigen Leckrechnung, die um 23.57 Uhr von der SCHARNHORST an die Flotte gemeldet wurde, lautete: »Nicht lenzbarer Wassereinbruch in Abteilungen 2, 3, 4, 5 und 6 rund 2500 cbm. Mittlere Tiefentauchung 51 cm. Trimmunterschied achterlastig rund 3 m. Rest Schlagseite 1° Steuerbord nach Ölpumpen.«

Der inzwischen schwer getroffenen ACASTA gelang es noch einmal, ihren überlegenen Gegner anzugreifen. Sie erzielte um 19.10 Uhr einen Artillerietreffer auf das rechte Rohr von Turm B. Dies war ihr letzter Widerstand und um 19.24 Uhr wurde das Gefecht beendet. Der Zerstörer blieb brennend und manövrierunfähig achteraus liegen. Von der GLORIOUS war schon seit 19.08 Uhr nichts mehr zu sehen. Der Munitionsverbrauch der SCHARNHORST umfaßte: ca. 210 Schuß 28 cm, ca. 850 Schuß 15 cm und 136 Schuß 10,5 cm. Das Flaggschiff verschoß 175 Schuß 28 cm und 306 Schuß 15 cm.

Von den britischen Schiffen gab es nur wenige Überlebende. Doch wie konnte die GLORIOUS mit nur zwei Sicherungszerstörern in eine derart mißliche Lage geraten? Die volle Wahrheit auf diese Frage ist nie veröffentlicht worden, obwohl es im britischen Unterhaus sowohl während des Krieges als auch danach Anfragen gegeben hatte. Tatsächlich stand bei der GLORIOUS nicht alles zum Besten, denn an Bord gab es ernste Personalprobleme. Sie fanden ihren Höhepunkt in der Person des Flugeinsatzleiters der GLORIOUS: Commander J.B. Heath. Dieser befand sich in Scapa an Land und erwartete ein Verfahren vor dem Kriegsgericht aufgrund von Meinungsverschiedenheiten mit Captain D'Oyly-Hughes vor dem letzten Auslaufen des Trägers nach Norwegen. Es hatte den Anschein, als ob der Kommandant des Flugzeugträgers sehr zum Nachteil der Moral das Vertrauen in einige seiner Offiziere – und umgekehrt sie in ihn – verloren hatte. Nach der Aussage eines Zeugen bestand der Grund, warum das Schiff allein und ohne starke Sicherung lief, in der Bitte von Captain D'Oyly-Hughes an Vice-Admiral Wells, dem Führer der Flugzeugträger (Flag Officer Aircraft-Carriers), ihm zu gestatten, den Rückmarsch nach Scapa anzutreten, um vor dem Kriegsgericht erscheinen zu können. Der üblicherweise vorgebrachte Grund der Brennstoffknappheit scheint ein Vorwand gewesen zu sein. Trotzdem ist es schwer zu begreifen, ein derart wertvolles Schiff auf dieser fadenscheinigen Grundlage so schwach gesichert fahren zu lassen.

Mag es sein, wie es will; der Träger war nicht imstande, Flugbetrieb durchzuführen. Es ist vorgebracht worden, das Flugdeck wäre mit RAF-Maschinen überfüllt gewesen. Doch dies stimmt nicht, sie waren alle unten im Hangar untergebracht. In Wirklichkeit befanden sich nur ein »Swordfish«-Torpedobomber und drei »Sea Gladiator«-Jagdeinsitzer in 10-Minuten-Bereitschaft, aber sie standen nicht an Deck. Auf deutscher Seite wurde beobachtet, wie zu Beginn des Gefechtes der erstere und einer der letzteren mit verzweifelter Anstrengung an Deck gebracht wurden und wie die beiden Flugzeuge fast unmittelbar darauf durch Treffer zerstört wurden. Zum Zeitpunkt des ersten Sichtens der deutschen Schiffe – wann und von wem ist nicht bekannt, denn zu diesem Zeitpunkt gab es keinen Ausguck im Krähennest – erging der Befehl, fünf »Swordfish«-Torpedobomber an Deck zu bringen. Doch nur drei waren mit Torpedoaufhängung ausgerüstet und von diesen erreichten nur zwei das Flugdeck. Die GLORIOUS wurde von der deutschen Kampfgruppe in einem tadelnswerten Zustand völlig überrascht. Sie hatte ihre Marschposition eingenommen, lief 17 kn Fahrt, hatte keine Flugzeuge in der Luft und die Besatzung saß beim Tee. Um mit den Worten eines RAF-Überlebenden zu sprechen: es »herrschte fast Urlaubsstimmung«. Unter diesen Umständen war es wahrscheinlich gut, daß der Kommandant nicht überlebte. Doch der Verlust fast sämtlicher Offiziere bedeutete für den bedauernswerten Commander Heath, daß alle tot waren, die sowohl gegen ihn als auch für ihn im Verfahren ausgesagt hätten.

Die GLORIOUS unternahm den Versuch, ihre kritische Lage über Funk auszustrahlen. Doch dies geschah erst mehr als 20 Minuten nach dem Einschlag der ersten Granate. Dieser Funkspruch trug jedoch eine sehr viel frühere Uhrzeit, nämlich 17.15 Uhr (deutsche Zeitangaben). Warum er erst 17.52 Uhr hinausgegangen ist, läßt sich kaum erklären. Diesen Funkspruch – unvollständig und ungenau – nahm kein britisches Schiff auf und die GLORIOUS unternahm bis 18.19 Uhr keinen weiteren Versuch zu funken. Zu diesem Zeitpunkt versuchte sie, den Führer der Flugzeugträger zu erreichen, wurde aber von der B-Dienstgruppe der GNEISENAU über Funk gestört. Diesen Funkspruch, der sich auf eine frühere Meldung bezog, fing mit sehr geringer Sendeleistung lediglich ein einziges Schiff auf: der Schwere Kreuzer DEVONSHIRE.

Die DEVONSHIRE, das Flaggschiff des 1. Kreuzergeschwaders (Rear-Admiral J.D.H. Cunningham), stand nur etwa 100 sm nördlich des Flugzeugträgers, als dieser angegriffen wurde. Bedauerlicherweise hatte dieser Kreuzer einen besonderen Auftrag zu erfüllen – König Haakon VII. von Norwegen und die norwegische Regierung von Tromsø nach Großbritannien zu bringen –, und angesichts dieser Aufgabe entschied sich Rear-Admiral Cunningham dafür, Funkstille zu wahren. Erst am Morgen des 9. Juni 1940, als das Lazarettschiff ATLANTIS auf das britische Schlachtschiff VALIANT stieß, wurde die Anwesenheit der beiden deutschen Schlachtschiffe bekannt. Daraufhin meldete Rear-Admiral Cunningham den Empfang des Funkspruches der GLORIOUS. Deutsche Kommuniqués vom Nachmittag des 9. Juni bestätigten Admiral Forbes, dem C-in-C Home Fleet, die unerfreuliche Tatsache.

Diese verspätete Kenntnis vernichtete jede Möglichkeit für die Home Fleet, die GLORIOUS zu rächen. Trotzdem liefen das Schlachtschiff RODNEY und der Schlachtkreuzer RENOWN noch am 9. Juni aus Scapa Flow aus. Doch zu diesem Zeitpunkt waren die deutschen Schlachtschiffe bereits sicher in Trondheim eingelaufen. Doch selbst wenn eine frühzeitigere Warnung eingetroffen wäre, hätten Falschmeldungen, der deutsche Verband marschiere in Richtung Island, dazu geführt, die Schlachtkreuzer REPULSE und RENOWN in diese Richtung

SCHARNHORST im Gefecht mit dem britischen Flugzeugträger GLORIOUS: eine Vollsalve der vorderen Turmgruppe! (USN)

abzuziehen, so daß nur noch das Schlachtschiff VALIANT geblieben wäre, um die Evakuierungs-Geleitzüge zu sichern. Doch dieses war zu langsam, um die gegnerischen Schlachtschiffe zu stellen. Auch die Aufklärungsflugzeuge des Coastal Command der RAF hatten keinen Hinweis auf die Tatsache gegeben, daß ein deutscher Kampfverband die Nordsee verlassen hatte; schlimmer noch, das Küstenkommando der RAF war nicht einmal offiziell von der Räumung Norwegens in Kenntnis gesetzt worden. Infolgedessen hatte das Coastal Command auch keine besonderen Aufklärungsflüge angesetzt.

Von den gesunkenen britischen Schiffen rettete die BORGUND, ein norwegischer Fischdampfer, am 11. Juni 1940 drei Offiziere und 35 Mannschaften der GLORIOUS sowie einen Matrosen der ACASTA. Ein weiteres norwegisches Schiff rettete nochmals fünf Besatzungsangehörige der GLORIOUS und brachte sie nach Norwegen, wo sie in Kriegsgefangenschaft kamen – zusammen mit dem einzigen Überlebenden der ARDENT, den ein deutsches Seeflugzeug, eine He 115, mit noch einem weiteren Überlebenden rettete, der später im Marinelazarett von Normay bei Oslo starb.

Admiral Marschall befand sich nun in einer heiklen Lage und mußte so rasch wie möglich in einen sicheren Hafen einlaufen. Seine Besorgnis zeigte sich in den ständigen Anfragen bei der SCHARNHORST, um Zustandsmeldungen, Fortschritt der Schadensbehebungen und voraussichtliche Reparaturdauer zu erfahren. Der Torpedotreffer hatte zwei Unteroffiziere und 46 Mannschaften getötet und drei weitere verwundet. Um 20.40 Uhr (8. Juni 1940) teilte KptzS. Hoffmann der Flotte laut KTB der SCHARNHORST mit:

»Zustand des Schiffes: Wassereinbruch durch Wellentunnel Steuerbord und durch weitere Beschädigungen in Abteilung 3 und 4. Ferner Wassereinbruch T 1. Läßt sich halten.
Maschinenanlage: T 1 und T 3 endgültig ausgefallen. T 2 voll klar.
Artillerie: Turm C und Steuerbord IV Turm ausgefallen. Übrige S.A. und M.A. voll schießbereit. Flak klar. Feuerleitung schwere Flak eingeschränkt. 2 Flugzeuge in der Halle klar. Ein leichter Artillerietreffer rechtes Rohr Turm B. Keine Folgen. ...«

Adm. Marschall war nunmehr etwas beruhigter, daß die Royal Navy keine riesige Suchoperation nach seinen Schiffen in Gang gesetzt hatte, denn der B-Dienst meldete erstaunlicherweise nur geringen britischen Funkverkehr. Um 08.43 Uhr am 9. Juni 1940 steuerte die Kampfgruppe auf Befehl der Gruppe West den Frøhavet an, um nach Trondheim einzulaufen. Um 09.50 Uhr trafen die Zerstörer HANS LODY, HERMANN SCHOEMANN und KARL GALSTER ein, um die U-Bootsicherung der schweren Schiffe zu übernehmen, und nach dem Passieren des Frøhavet erreichte die Kampfgruppe in den Nachmittagsstunden des 9. Juni 1940 sicher Trondheim.

Die SCHARNHORST ankerte ostwärts von Munkholmen im Trondheimfjord mit 3-Stunden-Bereitschaft für die Backbord-Maschine. Eine »Blenheim« der 254. Squadron der RAF hatte jedoch die Anwesenheit der Schlachtschiffe bereits gemeldet. Während mit dem Seekommandanten Trondheim und dem Stützpunktleiter des Werkstattschiffes HUASCARAN über mögliche Hilfeleistungen für die SCHARNHORST zur Inbetriebnahme der Mittelmaschine und zum Abdichten des Lecks Besprechungen stattfanden, stellten Taucher die Größe des Lecks fest. Seine ungefähre Ausdehnung betrug 12 m x 4 m. In der Nacht vom 9./10. Juni 1940 war sich Admiral Marschall darüber klar, daß die Alliierten Norwegen räumten und daß keine Zeit mehr verloren werden durfte, um den gegnerischen Schiffsverkehr anzugreifen. Er befahl daher um 01.30 Uhr eine erneute Unternehmung mit GNEISENAU, ADMIRAL HIPPER und den Zerstörern HANS LODY, HERMANN SCHOEMANN und KARL GALSTER. Seeklarzustand wurde für 09.00 Uhr am 10. Juni 1940 angeordnet. Um 09.02 Uhr lief der Verband aus, hatte in den frühen Nachmittagsstunden den Frøhavet hinter sich und trat mit 27 kn den Vormarsch an.

Im späteren Verlauf des Nachmittags, nachdem die Luftsicherung den Verband verlassen hatte, sichtete die ADMIRAL HIPPER an Backbord querab ein aufgetauchtes Unterseeboot. Damit war es offensichtlich, daß das Auslaufen der deutschen Schiffe dem Gegner bekannt war. Außerdem ging die Warnung ein, daß schwere Seestreitkräfte des Gegners auf den Geleitzugrouten operierten. Daher stellte die Gruppe West dem Flottenchef anheim, den Vorstoß abzubrechen. Um 22.15 Uhr befahl Adm. Marschall infolge fehlender Angriffsziele den Rückmarsch und ließ den Verband mit Ostkurs ablaufen. Das von der ADMIRAL HIPPER gesichtete britische Unterseeboot war die CLYDE (Lieutenant-Commander Ingram). Das Boot meldete die deutschen Schiffe als ein »Taschenschlachtschiff« und einen Kreuzer. Die CLYDE war am 4. Juni 1940 zur Patrouille »PO2M« aus Rosyth ausgelaufen, und als sie am 9. Juni auf der Höhe von Bjørnsund stand, erhielt sie vom Führer der Unterseeboote (Flag Officer S/M), Vice-Admiral Horton, den Befehl, in den Frøhavet einzulaufen. Für einen Torpedoangriff standen die deutschen Schiffe zu weit entfernt, aber die CLYDE versuchte dennoch, mit Höchstgeschwindigkeit über Wasser Fühlung zu halten. Allerdings gelang ihr dies nicht. Nach dem Eingang der Sichtmeldung des Unterseebootes startete um 16.00 Uhr (britischer Zeit) eine »Sunderland« der 204. Squadron des Coastal Command der RAF mit dem Auftrag, ein Gebiet von 15 sm beiderseits des gemeldeten Kurses zwischen den geschätzten Positionen um 18.00 Uhr und 24.00 Uhr abzusuchen. Infolge des Abbrechens der Unternehmung kam es jedoch nicht zu einer Sichtung der deutschen Schiffe. Um 00.30 Uhr am 11. Juni ging Adm. Marschalls Verband auf Südkurs, um die Insel Hya anzusteuern, und lief anschließend, gesichert durch zwei Arado Ar 196 aus Trondheim und durch die Bordflugzeuge der schweren Schiffe, wieder in den Frøhavet ein. Um 11.27 Uhr ankerte der deutsche Verband sicher in Trondheim, obwohl beim Einlaufen in den Frøhavet erneut die CLYDE gesichtet worden war.

Ab dem 11. Juni 1940, dem Tag, an dem die GNEISENAU zurückkehrte, nahmen die Aufklärungsflüge der RAF zu, hauptsächlich unternommen durch »Blenheim«-Maschinen der 254. Squadron. Noch am selben Tag starteten zwölf »Hudson«-Bomber der 269. Squadron in Sumburgh zu einem Luftangriff. Sie flogen die deutschen Schiffe von Süden her an und warfen zwischen 15.23 Uhr und 15.50 Uhr sechsunddreißig 113-kg-SAP-Bomben ab. Trotz beanspruchter Treffer wurde keines der Schiffe beschädigt, obwohl eine Anzahl Bomben dicht bei der ADMIRAL HIPPER niedergingen. Zwei Flugzeuge wurden abgeschossen (P 5131 und P 7361). Der Aufklärungsflug der RAF am 12. Juni bestätigte erneut die Anwesenheit der SCHARNHORST, aber die anderen Schiffe wurden fälschlicherweise als zwei Kreuzer und vier Zerstörer angesprochen. Der Aufklärungsflug am nächsten Tag mußte infolge Motorschadens abgebrochen werden.

Mit den Aufklärungsberichten der RAF ausgestattet, die sich auf die Schiffe in Trondheim bezogen, detachierte Admiral Forbes, der C-in-C Home Fleet, die ARK ROYAL zur Durchführung eines Luftangriffes. Der Flugzeugträger hatte zwei Jagdstaffeln des FAA an Bord: die 800. und 803. Squadron, ausgerüstet mit zwölf bzw. elf Jagd/Sturzbombern vom Typ Blackburn »Skua II«. Außerdem führte er noch 21 »Swordfish«-Torpedobomber der 810. und 820. Squadron des FAA mit. In den frühen Morgenstunden des 13. Juni 1940 startete der Flugzeugträger auf der Position 64°58'N, 04°38'O fünfzehn »Skua«-Bomber, jeder mit einer 227-kg-SAP-Bombe bewaffnet, zu einem Sturzflugangriff. Fünfzehn Maschinen waren die höchstmögliche Anzahl, die bei diesen schwachen Windverhältnissen aufgereiht werden konnten. Außerdem gab es nur diese Anzahl Piloten mit Erfahrungen im Sturzflugangriff. Die Entscheidung, im Sturzflug anzugreifen, wurde wahrscheinlich infolge des Erfolgs gegen die KÖNIGSBERG am 10. April, des fehlgeschlagenen Angriffs durch Torpedobomber der FURIOUS auf deutsche Schiffe im Hafen von Trondheim am 11. April und aus der allgemeinen Sturzbomber-Mentalität der damaligen Zeit heraus getroffen. Dieser Angriff sollte im Zusammenwirken mit einem Angriff der RAF auf den Flugplatz bei Værnes erfolgen, um die Jagdflugzeuge am Boden zu halten. An letzterem Angriff nahmen vier »Beaufort«-Maschinen der 42. Squadron (die Maschine L 4489 ging verloren) sowie »Blenheim«-Bomber teil.

Durch eine böse Laune des Schicksals überflogen die »Beaufort«-Bomber den Leichten Kreuzer NÜRNBERG (ebenfalls auf dem Wege nach Trondheim) ostwärts des Grip-Leuchtfeuers und die daraus resultierende Sichtmeldung ging um 02.34 Uhr (deutscher Zeit) auf der SCHARNHORST ein. Auf diese Weise befanden sich die deutschen Schiffe beim Eintreffen der »Skua«-Sturzbomber bereits im Alarmzustand und der aus vier Me 109 und einer ähnlichen Anzahl Me 110 bestehende Jagdschutz war ebenfalls in der Luft. Der Angriffsverband des FAA bestand aus sechs Flugzeugen der 800. Squadron (Captain R.J. Partridge, RM, mit den Maschinen 6 A, 6 C, 6 F, 6 G, 6 H und 6 K) sowie aus neun Flugzeugen der 803. Squadron (Lieutenant-Commander J. Casson, RN, mit den Maschinen 7 A, 7 B, 7 C, 7 F, 7 G, 7 L, 7 P, 7 Q und 7 R). Später starteten noch zwei weitere Maschinen der 803. Squadron (7 K und 7 M) als Luftsicherung für die Flotte. Der Angriffsverband stieg auf 3500 m Höhe und sichtete um 01.23 Uhr (02.23 deutscher Zeit) die Küste nördlich des Halten-Leuchtfeuers. Nach dem Überqueren der Küste flogen die »Skua«-Bomber noch zehn Minuten landeinwärts, ehe sie nach Süden abdrehten und auf die Anflughöhe 3000 m gingen. Kurz bevor der Verband das Zielgebiet erreichte, bildete die 803. Squadron eine Reihe, während die 800. Squadron zu einem getrennten Angriff ausscherte.

Der Großteil der Flugzeuge griff die SCHARNHORST vom Heck her längsschiffs an. Doch Lt.-Cdr. Casson führte einige Maschinen seiner Staffel um das Schiff herum, um aus der entgegengesetzten Richtung anzugreifen. Die zusätzliche Zeit, die sie der Flak und den Jägern aussetzte, kam ihnen teuer zu stehen. Nur zwei Flugzeuge aus dieser Gruppe überlebten. Die Maschinen, die nach dem Bombenwurf im Tiefflug blieben und den Schutz des Bodendunstes ausnutzten, entkamen im allgemeinen. Doch diejenigen Flugzeuge, die nach dem Bombenwurf Höhe zu gewinnen suchten, wurden von den Me 109 abgeschossen (die Me 110 neigten dazu, sich zurückzuhalten). Insgesamt wurden aus jeder Staffel vier »Skua«-Bomber abgeschossen, darunter auch die Maschinen der beiden Staffelkapitäne: 6 A/L 2995, 6 F/L 3000, 6 G, 6 H, 7 A, 7 F, 7 L und 7 Q (drei Maschinen trugen die Nummern L 2992, L 2955 und L 3047). Bis 03.45 Uhr (britischer Zeit) waren die sieben übriggebliebenen Flugzeuge auf der ARK ROYAL gelandet. Für die britische Marineluftwaffe, den Fleet Air Arm, waren diese Verluste ein bitterer Schlag. Der Angriff selbst war ein Mißerfolg, und obwohl Vice-Admiral Wells, der Führer der Flugzeugträger (Flag Officer Aircraft-Carriers), zwei Treffer als erzielt ansah – durch die Maschinen 6 A und 6 K –, hatte tatsächlich nur eine Bombe getroffen, die sich zudem als Blindgänger erwies.

Von überfliegenden RAF-Aufklärungsflugzeugen abgesehen, zeigten sich die nächsten paar Tage als ereignislos. Es gab lediglich ständig Katapultstarts der Bordflugzeuge Arado Ar 196 zu U-Abwehrflügen über den Zugängen nach Trondheim. Eines der Bordflugzeuge der GNEISENAU überraschte ein aufgetauchtes Unterseeboot, wahrscheinlich die CLYDE, kurz nach Mitternacht am 16. Juni 1940 und belegte es mit Bomben. Die Flugzeugbesatzung meldete es als versenkt, aber in Wirklichkeit konnte es entkommen. Ein ähnlicher Vorgang wiederholte sich am 19. Juni vor der Halten-Bank.

An Bord der SCHARNHORST mühten sich die Ingenieure angestrengt mit der Instandsetzung der Mittelmaschine ab, aber der Schaden an der Marschturbine verhinderte dies, und aus Deutschland mußte ein Spezialingenieur geholt werden, um sie auszukuppeln. Das Loch in der Bordwand war behelfsmäßig geschlossen worden und am 18. Juni verlegte das Schlachtschiff hinaus in den Fjord zur Maschinenerprobung. Oberhalb 13 kn Fahrt vibrierte die Steuerbordwelle sehr stark und setzte sich schließlich wieder fest, aber die Mittelmaschine war zu 15 kn Fahrt imstande. Weitere Erprobungen am nächsten Tag ergaben, daß die Mittelmaschine klar für 24 kn Fahrt war. Das Ergebnis der Erprobungen wurde der Flotte mitgeteilt, die daraufhin den Befehl erließ, aus dem Marinetanker FRIEDRICH BREME Brennstoff zu übernehmen und sich auf den Rückmarsch nach Deutschland zur Grundreparatur vorzubereiten. Inzwischen hatte sich am 13. Juni Admiral Marschall krank gemeldet und am 19. Juni beauftragte der Ob.d.M. den B.d.A., VAdm. Lütjens, mit der Führung der Flotte.[170] In den Abendstunden des 20 Juni 1940 lief die SCHARNHORST aus Trondheim nach Kiel aus. Zum Überführungsverband gehörten die Zerstörer HANS LODY, HERMANN SCHOEMANN und ERICH STEINBRINCK, die T-Boote GREIF und KONDOR sowie drei M-Boote der 1. M-Flottille. Am nächsten Tag stießen noch die T-Boote FALKE und JAGUAR zum Verband. Gleichzeitig liefen auch die GNEISENAU, ADMIRAL HIPPER und der Zerstörer KARL GALSTER zu einem Vorstoß unter Führung von VAdm. Lütjens ins Nordmeer aus, um die britische Luftaufklärung irrezuführen und vom Rückmarsch der SCHARNHORST nach Süden abzulenken. Der Vorstoß hatte das Angreifen der britischen Kreuzer-Überwachung zwischen Island und den Färöer-Inseln zum Ziel.

Das Auslaufen der beiden Gruppen blieb den Briten verborgen, aber der mit der Bewegung eines anderen deutschen Kriegsschiffes, des Leichten Kreuzers NÜRNBERG, in Verbindung stehende Funkverkehr sollte sich auf die GNEISENAU-Gruppe auswirken. Der C-in-C Rosyth hatte am 18. Juni die immer noch auf Feindfahrt befindliche CLYDE in Kenntnis gesetzt, daß ein Kreuzer und vier Zerstörer Narvik mit Südkurs verlassen hätten. Lt.-Cdr. Ingram brachte daher sein Unterseeboot in eine Position, um den Verband abzufangen, sollte er Trondheim ansteuern. Dieser Verband bestand tatsächlich aus dem Leichten Kreuzer NÜRNBERG mit KAdm. Schmundt an Bord, den Zerstörern FRIEDRICH IHN und PAUL JACOBI sowie vier M-Booten (*M 9, M 10, M 12* und *M 13*) der 2. M-Flottille, die Truppen und Ausrüstung der 3. Gebirgsdivision nach Norden gebracht hatten (Unternehmen »Nora«). Zu diesem Zeitpunkt stand die CLYDE nördlich des Kya-Leuchtfeuers in Wartestellung. Auf britischer Seite bestand darüber hinaus die Vermutung, die in Trondheim liegenden Schiffe könnten den Versuch unternehmen, nach Süden durchzubrechen. Daher flogen ab 18. Juni drei »Hudson«-Maschinen zwischen 62°N und Lister Aufklärung, um dieser Möglichkeit zu begegnen.

Am 20. Juni 1940 torpedierte das britische Unterseeboot CLYDE die GNEISENAU vor Trondheim. Die Aufnahme zeigt das Schlachtschiff im Dock und läßt das für den Rückmarsch nach Kiel notdürftig abgedichtete Leck deutlich erkennen. (Bundesarchiv)

Während die SCHARNHORST mit ihrer Sicherung durch den Trondhjems Leden, den Ytrefjord und ostwärts an Gripsholm vorbei südwärts marschierte, lief die GNEISENAU mit ihren Begleitschiffen nordwärts direkt der CLYDE in den Weg. Dieses Boot, eines von drei Flottenunterseebooten der THAMES-Klasse, fertiggestellt in der Mitte der 30er Jahre, führte sechs Bug- und zwei Hecktorpedorohre, sämtlich vom Kaliber 53,3 cm.[171] Lt.-Cdr. David Ingram sichtete den Gegner um 22.09 Uhr (23.09 Uhr deutscher Zeit) am 20. Juni im Südosten in einer Entfernung von 8 sm und identifizierte ihn als zwei Großkampfschiffe und einen Zerstörer. Er setzte trotz der groben See und der schlechten Sicht sofort zum Angriff an und erreichte etwa 23 Minuten nach der ersten Sichtung eine günstige Schußposition. Nachdem er auf eine Entfernung von ca. 3600 m einen Fächer aus allen Bugrohren geschossen hatte, ging Lt.-Cdr. Ingram mit seinem Boot auf Tiefe und steuerte Kurs 60°, um vom Gegner abzulaufen. Drei Minuten später war eine einzelne laute Detonation zu hören. Die U-Bootbekämpfungsmaßnahmen durch KARL GALSTER waren planlos. Der Zerstörer warf nur etwa acht Wasserbomben, die weiter entfernt von der Position der CLYDE detonierten, und so konnte sich das britische Unterseeboot nach Westen davonmachen.

Die Ausgucks der GNEISENAU sahen um 23.35 Uhr eine Torpedolaufbahn Steuerbord querab von achtern aufkommend in etwa 300 m Abstand – viel zu spät, so daß trotz des sofortigen Befehls »Hart Backbord!« ein Torpedo das Schiff traf (23.36 Uhr), noch ehe die Ruderwirkung einsetzen konnte. Zwei weitere Torpedos wurden vor dem Bug vorbeilaufend gesichtet. Der Gefechtskopf mit seinen 365 kg Torpex des Torpedos Mk VIII detonierte mit überraschend geringer Erschütterung Steuerbord vorn am Bug etwa Achterkante des Bugankers und eine mittelhohe Wassersäule stieg in die Höhe. GNEISENAU ging auf Kurs 90° und lief ab. Das Schiff gehorchte dem Ruder und hatte mit etwa zwei Knoten nur einen geringen Fahrtverlust. Äußerlich war auf der Back keine Beschädigung erkennbar und auf der Backbordseite klappte eine große Blechfläche nach achtern, eine Detonationswirkung durch das gesamte Vorschiff hindurch anzeigend. Da Lt.-Cdr. Ingram die Geschwindigkeit der GNEISENAU überschätzt hatte und daher den Abkommpunkt vor das Schiff verlegte, statt die Schiffsmitte anzunehmen, liefen die restlichen Torpedos des Fächers vorbei und der dem Schlachtschiff zugefügte Schaden begrenzte sich auf die Zerstörung aller Räume vor der Abteilung XVIII. Das letzte tragende Querschott nach vorn bei Spant 185,7 hielt. Die Leckwehrtrupps stützten dieses Schott ab, während der Verband kehrtmachte und den Rückmarsch nach Trondheim antrat. Mit 19 kn Fahrt lief das beschädigte Schiff um 02.00 Uhr in die Schären ein und erreichte in den Vormittagsstunden des 21. Juni 1940 sicher Trondheim. Taucher wurden hinabgeschickt, um die Schäden festzustellen. Die Abteilungen XX und XXI waren vollgelaufen und das Vorschiff wies ein scheunentorgroßes Leck auf, durch das ein Verkehrsboot hätte passieren können. Schotte und Außenbeplattungen waren beschädigt und der Schiffskörper hatte eine Anzahl Risse. Wieder einmal mußte das Werkstattschiff HUASCARAN gute Dienste leisten, das am Nachmittag des 25. Juni beim Flaggschiff längsseits ging. Unter der Aufsicht des Chefingenieurs Ohlerich dauerten die Notreparaturen für eine Überführung des Schiffes in die Werft nach Deutschland bis zum 19. Juli 1940.

Inzwischen hatte die SCHARNHORST mit ihrer Sicherung den Heimmarsch fortgesetzt. Doch die Meldung der CLYDE von ihrem Angriff auf die GNEISENAU veranlaßte die RAF, eine »Sunderland« der 18. Group zur Suche nach dem deutschen Flottenflaggschiff sowie drei »Hudson«-Maschinen – wie schon früher – zur Überwachung des Seegebietes zwischen 62°N und Lister starten zu lassen. Um 12.04 (britischer Zeit) am 21. Juni 1940 sichtete die im nördlichsten Sektor aufklärende »Hudson« die SCHARNHORST und ihre Sicherung auf der Position 61°00'N, 04°14'O (d.h. auf der Höhe des Sognefjords) und hielt etwa eine Stunde lang Fühlung. Ihre Sichtmeldung wurde vom B-Dienst aufgefangen, dechiffriert und von der Gruppe West um 13.08 Uhr an die SCHARNHORST übermittelt. Die »Hudson« wurde anschließend von einer »Sunderland« der 204. Squadron abgelöst, die hartnäckig und geschickt weiterhin Fühlung hielt. KptzS. Hoffmann blieb nichts anderes übrig, als auf die unvermeidlichen britischen Luftangriffe zu warten. Zusätzliche Besorgnis bereitete ihm ein weiterer Funkspruch der Gruppe West, der ihn vor der Anwesenheit des britischen Unterseebootes SEVERN im Süden warnte, das auf der Höhe von Utsira gesichtet worden war. Allle Schiffe und Küstenstationen in Norwegen erhielten eine Warnung vor schweren Luftangriffen. Die fühlunghaltende »Sunderland« konnte schließlich durch die vereinten Anstrengungen des Bordflugzeuges (der Arado Ar 196 T3+FM, die das Flugboot im Sturzflug mit Bomben anzugreifen versuchte, aber statt dessen seine Motorabdeckung verlor) und der Me 109 der Luftsicherung vertrieben werden. Die »Sunderland« schoß eine Me 109 ab.

Der erste der erwarteten Luftangriffe erfolgte um 16.04 Uhr, als der Zerstörer ERICH STEINBRINCK sechs von Backbord her angreifende Flugzeuge sichtete. Es handelte sich um »Swordfish«-Torpedobomber der in Hatston auf den Orkney-Inseln stationierten 821. und 823. Squadron des FAA. Bedauerlicherweise hatten sie vorher keine Ausbildung im Torpedoabwurf gehabt, und dies war ihr erster derartiger Angriff auf ein Großkampfschiff in See. Ihnen schlug ein heftiges Sperrfeuer der Flak entgegen, aber es gelang ihnen, ihre Torpedos abzuwerfen. Sie liefen auf parallelen Laufbahnen und die SCHARNHORST konnte ihnen daher leicht ausweichen, während gleichzeitig zwei Flugzeuge abgeschossen wurden, eines davon durch das T-Boot KONDOR. Kaum war dieser Angriff abgeklungen, als vier »Hudson«-Maschinen der 224. und 233. Squadron der RAF um 16.31 Uhr einen Hochbomberangriff mit 227-kg-SAP-Bomben durchführten. Sie erzielten keine Treffer. Die inzwischen als Luftsicherung eingetroffenen Me 109 schossen zwei der Angreifer ab (N 7246 und N 7359) und beschädigten die beiden anderen erheblich.

Der nächste Angriff erfolgte um 17.08 Uhr durch neun »Beaufort«-Bomber der auf Thorny Island stationierten und mit einem Teil nach Wick verlegten 42. Squadron der RAF. Bei diesem Flugzeug handelte es sich um einen neuen Typ, der erst kurz zuvor der Front zugelaufen war. Obwohl als Torpedobomber klassifiziert, waren diese Maschinen bei ihrem ersten Einsatz mit Bomben bewaffnet. Jedes Flugzeug führte zwei 227-kg-SAP-Bomben mit. Sie griffen von Backbord, d.h. von der Landseite her in einem steilen Sturzflug an. SCHARNHORST mußte heftige Ausweichmanöver fahren, aber es gelang ihr erfolgreich, allen Bomben auszuweichen. Flak und eigene Jäger schossen drei der angreifenden Bomber ab (L 4486, L 4501 und L 9810). Dieser Einsatz bedeutete für den »Beaufort«-Typ keine glückverheißende Feuertaufe, vor allem da es Grund gibt anzunehmen, daß die Flugzeuge irrtümlicherweise statt mit SAP-Bomben mit Aufschlagzünder-Sprengbomben bewaffnet waren. Wenn das stimmt, dann war dieser Angriff vergebens, denn eine 227-kg-Sprengbombe dieser Art konnte einem Schlachtschiff nur geringen Schaden zufügen.

Schließlich führten um 17.49 Uhr, als der Verband auf der Höhe von Karmøy stand, noch sechs »Hudson«-Maschinen der in Wick stationierten 269. Squadron der RAF einen Hochbomberangriff durch. Heftiges Abwehrfeuer der Flak und Jäger störten seine Genauigkeit. Um 18.15 Uhr bestand die Luftsicherung der deutschen Schiffe aus zehn Me 109, zwei He 111, einem Flugboot Do 18 und zwei Ar 196. KptzS. Hoffmann hegte nunmehr die Hoffnung, daß die Luftangriffe vorüber waren. Doch die Anwesenheit des Fühlungshalters war störend, und er konnte nicht begreifen, warum ihn die Jäger nicht abschossen. Am Abend des 21. Juni 1940 lief der Verband gegen 19.00 Uhr in den Skudesnesfjord bei Stavanger ein, verlegte – durch die Gruppe West am Auslaufen gehindert – seinen Ankerplatz am Morgen des 22. Juni in die Dusavik-Bucht. Niedrig hängende Wolken begünstigten den Zwischenaufenthalt, aber die Meldungen über gegnerische Seestreitkräfte zwangen die SCHARNHORST zum Abwarten. Um 08.45 Uhr gab die Gruppe West den Weitermarsch frei und um 09.30 Uhr ging der Verband ankerauf. Ohne weitere Zwischenfälle erreichten die deutschen Schiffe die Skagen-Sperre, brachten die Sperrlücke bei Hanstholm um 18.50 Uhr hinter sich und die SCHARNHORST machte am 23. Juni 1940 um 22.26 Uhr in Kiel fest.

Bereits am nächsten Tag dockte das Schlachtschiff ins Schwimmdock C ein und die Reparaturen an der Steuerbordwelle und im Turbinenraum 1 begannen. Die Anwesenheit des Schiffes in Kiel wurde auch in Großbritannien bekannt und zog die Aufmerksamkeit der RAF nach sich. In der Nacht vom 1./2. Juli 1940 griffen fünf »Whitley«-Bomber der 58. Squadron (zum erstenmal mit 907-kg-Bomben bewaffnet) und »Hampden«-Bomber der 83. Squadron den Hafen mit Bomben an. SCHARNHORST erhielt keinen Treffer, aber der damals noch in der Ausrüstung bei der Germaniawerft begriffene Schwere Kreuzer PRINZ EUGEN erlitt Beschädigungen. Eine Maschine (N 1461) wurde abgeschossen. Bei einem späteren Angriff durch acht »Whitley«-Bomber in der Nacht vom 8./9. Juli 1940 erhielt die LÜTZOW einen Treffer, aber erneut entging die SCHARNHORST einer Beschädigung. Ein Flugzeug der 10. Squadron (N 1496) ging verloren.

Infolge der schwierigen Reparatur der Steuerbordwelle kamen die Ausbesserungsarbeiten erst am 21. November 1940 zum Abschluß. Anschließend verlegte die SCHARNHORST zu Erprobungsfahrten und Ausbildungsdienst nach Gotenhafen. Am 19. Dezember kehrte das Schiff nach Kiel zurück und dockte zu restlichen Reparaturarbeiten ins Schwimmdock B bis zum 23. Dezember ein.

Kehren wir wieder zur GNEISENAU zurück. Auch bei diesem Schiff wurde durch das Werkstattschiff HUASCARAN in Trondheim eine Notreparatur durchgeführt. In dieser Zeit versuchte die RAF, die GNEISENAU unter scharfer Bewachung zu halten. Hierin war die RAF nur teilweise erfolgreich, denn der Hafen war stark verteidigt, und im Verlaufe des Juni 1940 gingen bei der Erfüllung dieser Aufgabe etwa achtzehn britische Flugzeuge verloren, zum großen Teil »Blenheims« der 254. Squadron. Am 20. Juli 1940 führte die GNEISENAU Erprobungsfahrten im Trondheim-Fjord durch, ein Vorgang, der von einem norwegischen Agenten der britischen Admiralität gemeldet wurde. In Anbetracht der möglicherweise unmittelbar bevorstehenden Rückkehr des Schlachtschiffes nach Deutschland entsandte die 18. Group des Coastal Command am nächsten Tag eine »Sunderland« der 204. Squadron, um über dem Hafen aufzuklären. Doch wie die vorausgegangenen schweren Verluste erkennen ließen, war dieser Flugzeugtyp kaum dazu geeignet, und deutsche Jäger schossen die Maschine (N 9028) ab. Ein weiteres Flugzeug der 204. Squadron erhielt den Auftrag, das Seegebiet auf der Höhe der Färöer-Inseln zu überwachen, falls die GNEISENAU den Versuch unternehmen sollte, aus der Nordsee auszubrechen. Weitere Aufklärungsflüge am 22. und 24. Juli 1940 über Trondheim durch »Blenheim«-Maschinen der 248. Squadron gaben weder einen Hinweis auf die unmittelbar bevorstehende Verlegung des Schlachtschiffes noch war der Wechsel des Ankerplatzes bemerkt worden. Die GNEISENAU lag nunmehr bei Levanger am östlichen Ende des Fjordes vor Anker.

In den späten Nachmittagsstunden des 25. Juli 1940 traf die GNEISENAU, immer noch mit VAdm. Lütjens an Bord, mit den übrigen Schiffen des Rückführungsverbandes vor Agdenes zusammen: dem Leichten Kreuzer NÜRNBERG (mit dem B.d.A., KAdm. Schmundt, an Bord), dem Schweren Kreuzer ADMIRAL HIPPER, den Zerstörern HANS LODY, KARL GALSTER, FRIEDRICH IHN und PAUL JACOBY sowie vier M-Booten der 2. M-Flottille. Um 19.00 Uhr trat der Verband den Heimmarsch an, ausgenommen ADMIRAL HIPPER, die um 24.00 Uhr für eine Sonderaufgabe in nördliche Gewässer entlassen wurde. Am nächsten Tag stießen noch fünf T-Boote der 2. und 5. T-Flottille zum Verband. Die auf der GNEISENAU eingeschiffte B-Dienstgruppe meldete nur geringen britischen Funkverkehr. Daraus zog KptzS. Fein, der Kommandant des Flaggschiffes, die Schlußfolgerung, daß ihr Auslaufen unbemerkt geblieben war. Dies war tatsächlich der Fall. Weder am 25. Juli noch am folgenden Tag waren über Trondheim Aufklärungsflüge durchgeführt worden. Erst am 27. Juli überflog eine »Blenheim« das Hafengebiet und meldete die Anwesenheit eines Schlachtkreuzers (sic) und von drei Leichten Kreuzern oder Zerstörern. In Wirklichkeit handelte es sich bei diesen Schiffen sämtlich um Handelsschiffe; die GNEISENAU stand zu dieser Zeit bereits vor dem Skagerrak. Diese Falschmeldung des britischen Aufklärers hatte zur Folge, daß auf britischer Seite keine Gegenmaßnahmen ergriffen werden konnten. Der einzige unerwartete Zwischenfall war am 26. Juli um 15.49 Uhr die Torpedierung und Versenkung der LUCHS, eines der sichernden Torpedoboote, auf der Höhe von Stavanger durch das britische Unterseeboot THAMES,[172] das verlorenging, ehe es eine Sichtmeldung abgeben konnte. Am 30. Juli 1940 um 01.03 Uhr machte die GNEISENAU sicher in Kiel fest und dockte bereits am nächsten Morgen in das Dock B der Kriegsmarine-Werft ein.

Das Schiff brauchte zur Reparatur und Grundüberholung drei Monate Werftaufenthalt. Dies verursachte erhebliche Kapazitätsprobleme für die Werft und ihr Personal, da zur selben Zeit auch das Schwesterschiff in der Werft lag. Um die Werftliegezeit zu verkürzen, wurde entschieden, den Mast und den Hangar nicht wie bei der SCHARNHORST einem Umbau zu unterziehen. Am 21. Oktober konnte die GNEISENAU die Werft wieder verlassen und verlegte am 14. November in die östliche Ostsee, um Erprobungsfahrten und Ausbildungsdienst durchzuführen. Am 19. Dezember 1940 kehrte das Schlachtschiff wieder nach Kiel zurück.

13. Ozeanische Handelskriegführung 1940/41

Im Frühjahr 1940 ging die lange Große Werftliegezeit mit Umbau für die ADMIRAL SCHEER in der Kriegsmarine-Werft Wilhelmshaven zu Ende. In der letzten Aprilwoche hatte der Schwere Kreuzer seine 28-cm-Geschütze wieder an Bord genommen und auch seine Masten waren wieder eingesetzt worden. Doch es dauerte bis Anfang Juli 1940, ehe seine Besatzung vom Wohnschiff MONTE PASCOAL an Bord zurückkehren konnte. Die Werftprobefahrten wurden am 20. Juli im Jadebusen durchgeführt. Eine Woche später konnte der Kommandant, KptzS. Theodor Krancke, sein Schiff wieder einsatzfähig melden. Nach einer derart langen Werftliegezeit bedurfte die Besatzung dringend der Ausbildung und auch das Schiff selbst mußte noch ein volles Programm an Erprobungsfahrten nach dem Werftaufenthalt absolvieren. Daher verlegte die ADMIRAL SCHEER nach dem Auslaufen aus Wilhelmshaven am 31. Juli 1940 in das Ausbildungsgebiet der Ostsee und traf am 1. August in Swinemünde ein. Nach verschiedenen Erprobungen einschließlich der Fahrten über die gemessene Meile vor Neukrug/Pillau (25,9 kn), Justierungen und Gefechtsausbildung sowie größeren Reparaturen an den Haupt- und Hilfsmotoren (Kolbenstangenbrüche und Anrisse) in der Danziger Werft setzte der Schwere Kreuzer mit einer Anzahl Einfahrübungen die Gefechtsausbildung fort, an denen auch das Troßschiff NORDMARK beteiligt war, mit dem die ADMIRAL SCHEER im Atlantik operieren sollte. Mitte Oktober begann mit der Herstellung der Kriegsbereitschaft in Gotenhafen die Ausrüstung der ADMIRAL SCHEER zur ozeanischen Handelskriegführung. Am 22. Oktober 1940 lag der Schwere Kreuzer voll ausgerüstet und seeklar in Gotenhafen.

Vorbereitungen zur Unterstützung des Schiffes beim Durchbruch in den Atlantik sowie zu seiner Instandhaltung und Versorgung auf hoher See waren bereits im Gange. Zwei Wetterschiffe sollten in das Seegebiet bei der Insel Jan Mayen auslaufen. Sie hatten Treibstoff für die Seeflugzeuge vom Typ He 115 der 3./Kü.Fl.Gr. 506 an Bord, die vor dem Zugang zur Dänemarkstraße aufklären sollten. Ferner war das Auslaufen der beiden Troßschiffe NORDMARK und DITHMARSCHEN drei Tage vor bzw. sechs bis acht Tage nach dem Inseegehen des Schweren Kreuzers vorgesehen. Die DITHMARSCHEN, die nach dem Auslaufen der NORDMARK zur Täuschung der britischen Luftaufklärung deren Liegeplatz einzunehmen hatte, stand als Reserveschiff zur Verfügung und sollte nur in See gehen, falls die NORDMARK ausfiele. HOMANN und FREESE, die beiden Wetterschiffe, liefen am 19. Oktober 1940 aus. Einen Tag später folgte das Troßschiff NORDMARK (KKpt.d.R. Grau), um am 15. November einen Treffpunkt mit dem Handelsstörer im mittleren Atlantik anzusteuern. Die ADMIRAL SCHEER selbst verließ am 23. Oktober 1940 um 09.30 Uhr Gotenhafen und auf der Höhe von Gedser stieß der *Sperrbrecher 8* als Minensicherung hinzu. Nach dem Passieren des Großen Belts am Abend des 24. Oktober ankerte sie vor Seelandsrev und hier trafen drei T-Boote der 2. Torpedoboot-Flottille (Führerboot *T 10*) als Sicherung für den Weitermarsch ein.

Der Oberbefehlshaber des Marinegruppenkommandos Nord, Gen Adm. Carls, sowie auch KptzS. Krancke selbst waren besorgt, daß die Briten vorzeitig von der beginnenden Unternehmung des Schweren Kreuzers Kenntnis erlangt hatten. Ein Unteroffizier der 2. Torpedoboot-Flottille hatte Meldung erstattet, unter der Zivilbevölkerung von Århus ginge das Gerücht um, die ADMIRAL SCHEER liefe zu einer Unternehmung aus. Nunmehr trafen auch Meldungen von Aufklärungsflugzeugen der Luftwaffe, von *U 48* und vom B-Dienst aus abgehörten Funksprüchen ein, die eine starke Zunahme gegnerischer Aktivitäten in der mittleren und nördlichen Nordsee aufzeigten. Es war zwar alles getan worden, um sowohl das Auslaufen des Schweren Kreuzers als auch der NORDMARK zu tarnen, aber ein Passieren der Belte forderte stets Agentenmeldungen heraus. Hinzu kam, daß die Anwesenheit von zumindest zwei britischen Unterseebooten vor dem Eingang zum Skagerrak gemeldet worden war. Schließlich, um allem die Krone aufzusetzen, blieb das Wetter beunruhigend klar und es herrschte eine außergewöhnliche Sichtigkeit. Die Wettervorhersagen für die südliche Nordsee ließen jedoch für den 27. Oktober 1940 eine willkommene Verschlechterung der Sicht erwarten. Daher befahl GenAdm. Carls um 22.18 Uhr der ADMIRAL SCHEER, kehrtzumachen und durch den Nord-Ostsee-Kanal nach Brunsbüttel zu gehen, um von dort aus den Marsch nach Norden durch die Deutsche Bucht anzutreten. Diese Verzögerung, verursacht durch die ungeeigneten Wetterbedingungen und die Möglichkeit einer Entdeckung des Unternehmens durch den Gegner, hatte jedoch zur Folge, daß die ADMIRAL SCHEER Brunsbüttel erst am 27. Oktober verließ. Durch den *Sperrbrecher 12* und die drei T-Boote der 2. Torpedoboot-Flottille gesichert, trat der Schwere Kreuzer um 11.00 Uhr bei strahlendem Sonnenschein endgültig seinen Kriegsmarsch an. Zwei Me 109 bildeten die Luftsicherung. Bei Einbruch der Dunkelheit schloß, aus Cuxhaven kommend, die 1. S-Flottille zur zusätzlichen Nachtsicherung heran.

Tatsächlich argwöhnte die britische Admiralität keinen Ausbruch der ADMIRAL SCHEER, aber eine Analyse des Funkverkehrs wies bereits am 20. Oktober auf Schiffsbewegungen vom Skagerrak nach Bergen oder Stavanger hin. Dies führte zu einer Anforderung auf Luftaufklärung zwischen der Elbmündung und dem Leuchtfeuer von Lister. Am 23. Oktober deuteten die Anzeichen darauf hin, daß von Norwegen zum Skagerrak beträchtliche Schiffsbewegungen im Gange waren, und es bestand die Annahme, daß sich in Trondheim eine schwere Einheit der Kriegsmarine aufhielt. Aufklärungsflüge enthüllten jedoch lediglich einen geringen Handelsschiffsverkehr. Bis zum 24. Oktober hatte sich der Funkverkehr abgeschwächt und größere Schiffsbewegungen wurden nicht mehr erwartet. Die Luftüberwachung des Coastal Command der RAF über der Nordsee war zu diesem Zeitpunkt immer noch hauptsächlich auf die Abwehr einer Invasion[173] ausgerichtet und daher nicht geeignet, einzelne Schiffe bei dem Versuch festzustellen, in den Atlantik auszubrechen. Während der Anwesenheit der ADMIRAL SCHEER in der westlichen Ostsee und an der Nordseeküste wurden weder Aufklärungsflüge noch Einsätze mit Bombern gegen Kiel oder Wilhelmshaven durchgeführt und ihr Auslaufen vollzog sich daher unbemerkt. Die Verzögerung bei Antritt der Unternehmung beseitigte eigentlich zufällig die einzige Möglichkeit einer Entdeckung des Schweren Kreuzers; denn sonst hätte ihn ein Aufklärungsflugzeug, das am 27. Oktober den Sognefjord überflog, feststellen müssen. Als die ADMIRAL SCHEER dann tatsächlich nach Norden marschierte, war es die »Hudson« T/220 (die Maschine T der 220. RAF-Squadron), die am Nachmittag des 27. Oktober am dichtesten an sie herankam; sie verfehlte das deutsche Schiff um drei Stunden. In der Nacht zum 28. Oktober flog die RAF keine Aufklärung und im Schutze der Dunkelheit passierte der Schwere Kreuzer die Nordsee.

In den frühen Morgenstunden des 28. Oktober 1940 erreichte die ADMIRAL SCHEER bei Hellwerden Stavanger und warf in der Dusavik-Bucht Anker. Sie verblieb dort den ganzen Tag und trat den Weitermarsch erst am Abend um 17.30 Uhr an. Fünf Maschinen der 269. Squadron, die zu dieser Zeit Nordsee-Überwachung flogen, entdeckten das deutsche Schiff ebenfalls nicht. Am Morgen des 29. Oktober entließ KptzS. Krancke um 04.00 Uhr die Torpedoboot-Sicherung nach Bergen. Danach setzte die ADMIRAL SCHEER, einen allgemeinen Nordkurs steuernd, ihren Marsch allein fort. Am Vormittag stand sie auf der Höhe von Trondheim und steuerte weiterhin bei guter Sicht einen nordwestlichen Kurs, der außerhalb der Reichweite der üblichen RAF-Aufklärungsflüge lag. Die RAF führte nordwärts von Trondheim keine besonderen Aufklärungsflüge durch, da es keinerlei Hinweise auf Bewegungen des Gegners in dieser Richtung gab. So gelangte die ADMIRAL SCHEER unentdeckt in die arktischen Gewässer. In der Mittagsstunde des 30. Oktober halbwegs zwischen der Insel Jan Mayen und der Nordostspitze von Island stehend, änderte sie ihren Kurs auf Westsüdwest. Im Laufe des Nachmittages drehte der Wind, der anfänglich mit Stärke 4 aus westsüdwestlicher Richtung wehte, zurück und steigerte sich am späten Abend auf Orkanstärke mit einer entsprechend schweren See. Die Sicht betrug nur noch eine halbe Seemeile und rund um das Schiff tauchte Eis auf. Zwei Mann gingen in diesem Orkan über Bord; der eine bei dem Versuch, an einem 2-cm-Fla-Geschütz Munition zu bergen. Es gab keine Möglichkeit, sie zu retten. Bei einem derart hohen Seegang war das Aussetzen eines Bootes unmöglich und die Wassertemperatur lag bei -1°C.

Das schlechte Wetter hielt auch noch mit einer geringfügigen Besserung den ganzen folgenden Tag an. Es verbarg erfolgreich das Einfahren des Schiffes in die Dänemarkstraße vor den einzigen britischen Flugzeugen auf Island, die bei diesem Wetter am Boden bleiben mußten. Zu diesem Zeitpunkt hatte die RAF lediglich sechs »Battle«-Bomber der 98. Squadron in Kaldadarnes für die Zusammenarbeit mit dem Heer stationiert. Es gab kein Überwachungssystem für die Dänemarkstraße. Von diesen Flugzeugen abgesehen, stand noch eine Kette »Walrus«-Seeflugzeuge der 701. Squadron des FAA in Reykjavik zur Verfügung. Bis zum Mittag des 1. November hatte die ADMIRAL SCHEER den freien Atlantik erreicht und lief nunmehr nach Süden auf die Geleitzugwege im Nordatlantik zu.

Im KTB der ADMIRAL SCHEER äußerte KptzS. Krancke am 1. November 1940 seine Absichten wie folgt: »Nach den hier vorliegenden Unterlagen steuern die HX-Gleitzüge im wesentlichen auf den Großkreisen zwischen der SO-Kante der Neufundlandbank und dem Aufnahmegebiet [durch die Geleitsicherung] zwischen 61°-53°N und 17°-20° westlicher Länge. Welcher der Großkreise gewählt wird, ist nicht bekannt. Bekannt sind lediglich die Vormarschgeschwindigkeit und das Abfahrtsdatum der Geleitzüge. – Ich beabsichtige deshalb, zunächst einen Punkt anzusteuern auf 53°N 35°W und von hier mit Kreuzschlägen das Gebiet abzusuchen. Der Punkt ist so gewählt, daß er etwa gleich viel von dem Heimat-Aufnahmegebiet entfernt ist. Der Punkt liegt ferner so weit westlich, daß er bei den zu erwartenden westlichen Windrichtungen ein Vor-der-See-Laufen nach Osten gestattet, ohne zu starke Annäherung an das Aufnahmegebiet. ...«

Um 23.16 Uhr am selben Tag überquerte der Schwere Kreuzer 60°N und damit ging die operative Führung von der Gruppe Nord auf die Skl. über. Der Seegang, obwohl er jetzt abflaute, blieb weiterhin zu hoch, um das Bordflugzeug einzusetzen. Hierdurch verringerte sich die Aufklärungsentfernung beträchtlich, zumal der genaue Kurs der Geleitzüge nicht bekannt war. Erst am Vormittag des 3. November wurde ein Schiff gesichtet, das sich als einzeln fahrender Tanker herausstellte. Da jedoch seine Befehle KptzS. Krancke anwiesen, seine Anwesenheit erst durch einen Angriff auf einen HX-Geleitzug zu verraten, wich er dem Einzelfahrer aus. Am Nachmittag des nächsten Tages kam ein weiterer Einzelfahrer in Sicht und auch ihm wurde ausgewichen. Die gesichteten Schiffe bestätigten KptzS. Kranckes Annahme, daß er auf der richtigen Position stand.

Am Morgen des 5. November 1940 herrschten gute Sicht und leichter Seegang. Ein im Verlaufe der Morgenwache gesichteter Schatten hatte sich erneut als ein westgehender Einzelfahrer erwiesen. Das Wetter hatte sich so weit gebessert, daß an einen Einsatz der Arado Ar 196 (T3+BH) zu denken war, und um 09.40 Uhr wurde das Bordflugzeug katapultiert. Es kehrte etwa dreieinhalb Stunden später zurück. Der Flugzeugführer, ObltzS. Pietsch, meldete einen aus acht Schiffen bestehenden Geleitzug auf einem östlichen Kurs, vermutlich ohne Geleitsicherung. Der Abstand zwischen der ADMIRAL SCHEER und dem Geleitzug betrug etwa 90 sm. KptzS. Krancke stand jetzt vor der Frage, ob er den Geleitzug noch vor dem Abend angreifen oder in der Nacht Fühlung halten und ihn erst in der Morgendämmerung angreifen sollte. Er entschied sich für die erstere Alternative und ging auf Abfangkurs zum Geleitzug. Etwa eine Stunde vor dem erwarteten Zusammentreffen mit dem Geleitzug meldeten die Ausgucks um 14.27 Uhr eine Rauchwolke. Sie stellte sich als ein Einzelfahrer mit einem einzigen Schornstein und zwei Masten heraus. Da der erwartete Geleitzug im Osten stand, konnte die ADMIRAL SCHEER diesem Handelsschiff nicht ausweichen und war deshalb gezwungen, es anzugreifen. Sie richtete ihre Geschütze auf den Dampfer und forderte ihn mit optischem Signal auf, zu stoppen, in die Boote zu gehen und die Schiffspapiere mitzubringen. Es handelte sich um den 5389 BRT großen Bananendampfer MOPAN der britischen Reederei Elders & Fyffes in Liverpool. Nachdem die Besatzung in die Boote gegangen war, ließ KptzS. Krancke das Schiff um 16.05 Uhr durch 10,5-cm-Schüsse in die Wasserlinie versenken. In der Zwischenzeit waren genau im Süden die Mastspitzen und Rauchfahnen des erwarteten Geleitzuges in Sicht gekommen. Angesichts der großen Anzahl an Schiffen bedauerte KptzS. Krancke den kostbaren Zeitverlust von einer Stunde für das Aufbringen der MOPAN. Auch seine taktische Absicht war damit durchkreuzt worden. Er hatte den Abfangkurs so gewählt, daß er den Geleitzug im Südwesten in Sicht bekommen hätte und quer zu dessen Kurs gestanden wäre, d.h. er wollte ihn von schräg vorn angreifen. Dies hätte ein Ausweichen verhindert und bei dem herrschenden Südostwind ein Einnebeln erschwert. Außerdem wäre der Geleitzug vor der untergehenden Sonne gestanden, zumal mit einem an der Spitze fahrenden Hilfskreuzer gerechnet werden mußte.

Bei diesem Geleitzug handelte es sich um den aus 37 Handelsschiffen bestehenden HX 84 auf dem Wege nach England, gesichert vom Hilfskreuzer JERVIS BAY (Captain E.S.F. Fegan), der als Bewaffnung acht 15,2-cm-Geschütze führte. Dieser 14.164 BRT große ehemalige Passagierdampfer gehörte zu den 56 früheren Passagierschiffen, die 1939/40 von der Royal Navy in Dienst gestellt wurden und die für den Einsatz bei der *Northern Patrol* und in der Geleitsicherung eine 15,2-cm-Bewaffnung erhalten hatten. Sie stellten bestenfalls einen die Moral hebenden Ersatz für die nicht zur Verfügung stehenden Kreuzer dar und waren schlimmstenfalls Todesfallen für ihre Besatzungen. Diese großen, hochbordigen, nicht gepanzerten Schiffe bildeten für deutsche Unterseeboote vollkommene Ziele und die als Überwasser-Handelsstörer eingesetzten regulären deutschen Kriegsschiffe waren ihnen artilleristisch weit überlegen. Der SCHARNHORST und der GNEISENAU war bereits die RAWALPINDI zum Opfer gefallen, während sie-

Kurskarte der ADMIRAL SCHEER: 23. Oktober 1940–31. März 1941

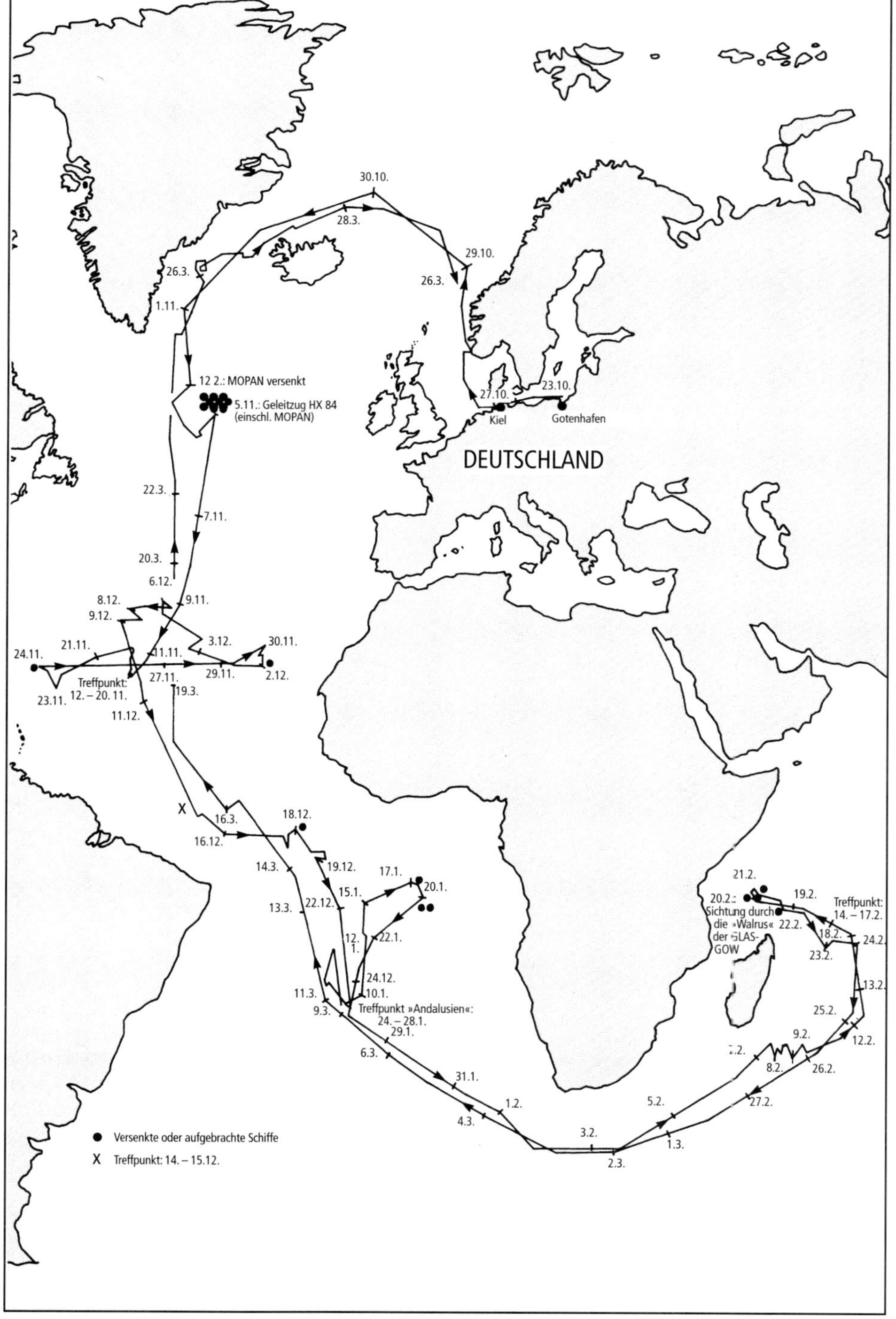

ben weitere Schiffe dieser Art von Unterseebooten torpediert und versenkt worden waren: ANDANIA, CARINTHIA, DUNVEGAN CASTLE, LAURENTIC, PATROCLUS, SCOTSTOWN und TRANSYLVANIA. Nichtsdestoweniger konnten die meisten der vielen Geleitzüge in diesem Stadium des Krieges nur einen einsamen Hilfskreuzer als Geleitsicherung erhoffen.

Sobald der britische Hilfskreuzer die Bedrohung für den Geleitzug erkannte, schor er aus der Linie aus, drehte auf den Gegner zu und forderte mehrmals zur Abgabe des Erkennungssignals auf. Dem Geleitzug befahl er, sich zu zerstreuen. Um 16.40 Uhr ließ KptzS. Krancke seinen Schweren Kreuzer zum laufenden Gefecht aufdrehen, die beiden 28-cm-Türme auf die JERVIS BAY richten und Feuer eröffnen. Der Hilfskreuzer erwiderte nur schwach und seine Schüsse lagen zu kurz. Gleichzeitig eröffnete die ADMIRAL SCHEER das Feuer mit ihren 15-cm-Geschützen auf zwei weitere Ziele: den 8073 BRT großen Tanker SAN DEMETRIO und den Dampfer ANDALUSIAN (3082 BRT); beide Schiffe wurden beschädigt. Die JERVIS BAY war für das deutsche Kriegsschiff kein Gegner, aber ihr Hauptziel bestand darin, den Schiffen des Geleitzuges Zeit zu verschaffen, um sich zu zerstreuen. Auf diese Weise wurde es für den Handelsstörer schwieriger, sie in der einbrechenden Dunkelheit wiederzufinden. Captain Fegan war sich bewußt, daß es nur einen einzig möglichen Ausgang des Gefechtes gab – das Schicksal der RAWALPINDI war nur zu gut bekannt –, aber er zögerte nicht, das Gefecht mit der ADMIRAL SCHEER anzunehmen. Die JERVIS BAY war bald ein brennendes Wrack, das kurze Zeit später sank. Doch ihr Opfer hatte es den meisten ihrer Schutzbefohlenen ermöglicht zu entkommen. Den sinkenden Hilfskreuzer zurücklassend, wandte sich das deutsche Schiff nunmehr seinem Hauptziel zu: den Handelsschiffen. Doch infolge der aufgezwungenen Verzögerung entging der Großteil des Geleitzuges seiner Vernichtung. Nach einem verwirrenden Gefecht hatte die ADMIRAL SCHEER außer dem Hilfskreuzer fünf Schiffe versenkt: TREWELLARD (5201 BRT), FRESNO CITY (4955 BRT), KENBANE HEAD (5522 BRT), BEAVERFORD (10.042 BRT) und MAIDAN (7908 BRT). Drei weitere Schiffe erlitten Beschädigungen: SAN DEMETRIO, ANDALUSIAN und RANGITIKI.

Im Verlaufe dieses Gefechtes hatte die ADMIRAL SCHEER rund die Hälfte der 15-cm- und ein Drittel der 28-cm-Munition verschossen. Es konnte sich zu einem Stich ins Wespennest entwickeln, und KptzS. Krancke befürchtete ein Zusammentreffen mit britischen Kriegsschiffen; denn er konnte erst in einer Woche seinen Bestand aus der NORDMARK wieder auffüllen. Daher lief er zur Täuschung mit Westkurs ab. Nach einer Dreiviertelstunde kam in der Dunkelheit voraus ein Schatten in Sicht. Die ADMIRAL SCHEER drehte auf ihn zu und eröffnete das Feuer. Nach wenigen Salven brannte das Motorschiff und sank (21.52 Uhr). Es handelte sich um die bereits oben erwähnte FRESNO CITY. Bei zunehmendem Seegang steuerte die ADMIRAL SCHEER mit Kurs Südost vom Schauplatz des Geschehens weg, um während der Nacht möglichst viel Seeraum nach Süden zu gewinnen. Über Funk informierte KptzS. Krancke die Skl. über seinen Erfolg. Er beabsichtigte jetzt, in der Weite des Ozeans zu verschwinden und den Gegner seinen Vermutungen zu überlassen, um mit dem Troßschiff NORDMARK um den 15. November 1940 auf dem vereinbarten Treffpunkt »Zander« im Mittelatlantik zusammenzutreffen.

Nach dem Eingang der Meldungen der JERVIS BAY bei der britischen Admiralität wurde nach dem Handelsstörer eine Suche in Gang gesetzt. Die beiden nächsten HX-Geleitzüge erhielten die Anweisung, an die kanadische Küste zurückzukehren. Admiral Forbes, der C-in-C Home Fleet, war der Auffassung, daß es sich bei dem Auftreten des deutschen Handelsstörers entweder nur um einen kurzen Vorstoß handelte oder sein Bestimmungsort war ein westfranzösischer Hafen – in beiden Fällen konnte seine Home Fleet eine entsprechende Aufstellung beziehen, um ihm den Rückweg über die Dänemarkstraße bzw. den Weg nach Westfrankreich abzuschneiden. Sollte das deutsche Schiff jedoch eine Fernunternehmung vorhaben, konnte sein Befehlsbereich keine Unterstützung leisten. Trotzdem entsandte er die Schlachtschiffe NELSON und RODNEY zur Sicherung der Island-Färöer-Enge sowie die Schlachtkreuzer HOOD und REPULSE zur Überwachung der Zugänge zu den westfranzösischen Häfen Brest und Lorient. Die britische Admiralität änderte jedoch später diese Dispositionen, aber – wie wir gesehen haben – lief die ADMIRAL SCHEER bereits nach Süden ab. Das Auftreten des Schweren Kreuzers auf der Geleitzugroute führte daher zu einer beträchtlichen Störung des Schiffsverkehrs und der Bewegungen der Kriegsschiffe. Erst am 17. November 1940 kam das Geleitzugsystem wieder in Gang.

Mittlerweile steuerte die ADMIRAL SCHEER mit Generalkurs Süd den etwa 1000 sm entfernten Treffpunkt an und KptzS. Krancke ließ zur Täuschung des Gegners den Mast verändern. Am 12. November 1940 bekam der Schwere Kreuzer im Warteraum kurz nach Mittag den deutschen Tanker EUROFELD in Sicht, der an die NORDMARK sowie an *Schiff 10*, den deutschen Hilfskreuzer THOR, Öl abzugeben hatte. Sein Kapitän kam zum Informationsaustausch an Bord des Schweren Kreuzers und KptzS. Krancke übergab ihm einen Brief für KptzS. Kähler, den Kommandanten der THOR, in dem er seine Absichten zur beiderseitigen Abstimmung darlegte. Am 16. November traf auch die lang erwartete NORDMARK ein. Nach der Ölübernahme aus der EUROFELD am 17. begann am nächsten Tag die Versorgung der ADMIRAL SCHEER mit Brennstoff, Munition und Proviant sowie die Abgabe der Gefangenen der MOPAN. Die EUROFELD hatte die Kriegsmarine am 4. November 1939 als Handelsschiff mit 7800 t Rohöl in Santa Cruz de Tenerife übernommen, nachdem der Tanker im niederländischen Aruba vom Krieg überrascht worden war und sich in 70 Tagen, gejagt von der Royal Navy, zu diesem Hafen durchgeschlagen hatte – unter den gegebenen Umständen von der Besatzung eine beachtliche Leistung. Am 3. September 1940 war die EUROFELD zur Versorgung deutscher Handelsstörer aus Santa Cruz ausgelaufen.

Nach der Beendigung der Versorgung am 20. November 1940 entschloß sich KptzS. Krancke, sein Operationsgebiet für die nächsten zwei Wochen auf die Antillen-Azoren-Route zu verlegen. Er führte dazu im KTB aus:

»1. Ich vermute, daß mein Auftreten hier am wenigsten vom Feind vermutet wird, weil das Gebiet zu weit abliegt. ...

3. Ich hoffe Tankschiffe zu fassen, die bei der verstärkten Tätigkeit der englischen Seestreitkräfte mir z.Z. besonders wertvoll erscheinen. Hier lohnt es sich, auch leere Tanker, die nach Aruba gehen wollen, anzugreifen.

4. Treffe ich keinen Schiffsverkehr an, kann ich, ohne meine Absicht dem Gegner zu verraten, wieder nach Osten gehen und auf der Kap-Verden-England-Route auftauchen. ...

Die Skl. war einverstanden und stellte ihm noch »in Erweiterung seines Operationsgebietes das Operieren südlich 42°N bis 20°W« frei. Der B.d.U. würde entsprechend unterrichtet werden, da in diesem Seegebiet in Bordeaux stationierte italienische Unterseeboote operierten. Zunächst jedoch marschierte der Schwere Kreuzer nach Westen und stand am 23. November auf dem vermuteten Schiffahrtsweg. Am späten Vormittag des nächsten Tages kam ein Einzelfahrer in Sicht und die ADMIRAL SCHEER drehte heran. Doch der Frachter war wachsam und setzte sofort einen »RRR«-Notruf ab und funkte kurze Zeit später: »Verdächtiges Schiff verfolgt mich.«

Die ADMIRAL SCHEER befahl dem Schiff unter Androhung der Feuereröffnung beizudrehen und setzte ihm anschließend einen Schuß vor den Bug. Dies hatte einen weiteren Funkspruch zur Folge: »Eröffnet Feuer auf mich.« Sehr zur Besorgnis von KptzS. Krancke hörte eine amerikanische Küstenfunkstelle den Notruf und gab ihn an das amerikanische Flaggschiff TEXAS weiter. Schließlich ging LtzS.(S)[174] Engels mit einem Prisenkommando an Bord und brachte das Schiff auf. Es war der 7448 BRT große Motorfrachter PORT HOBART, unterwegs von Liverpool über Curaçao zur Brennstoffergänzung nach Auckland/Neuseeland, mit einer Stückgutladung und fünf Schulflugzeugen. Bis 45°W war das Schiff im Geleitzug gefahren und dann entlassen worden. Seine Ladung war für Deutschland nicht von Nutzen, und so ließ KptzS. Krancke das Schiff mit Sprengladungen und einer 10,5-cm-Granate versenken. Da die Position des deutschen Handelsstörers jetzt bekannt war, mußte er das Operationsgebiet wechseln und nach besseren Möglichkeiten suchen.

Das Troßschiff NORDMARK (ex-WESTERWALD), eines der lebenswichtigen Versorgungsschiffe für die ozeanischen Handelsstörer. Dieser schnelle zweckgebaute Tanker (21,1 kn) mit Ladekapazitäten für 9400 t Heizöl, 790 t Proviant, 972 t Munition und 208 t an sonstiger Ausrüstung (z.B. Ersatzteile) konnte nicht nur Überwasserschiffe und U-Boote in See versorgen, sondern auch die Gefangenen aufgebrachter Schiffe übernehmen. Seine technischen Daten lauten: 10.848 BRT (20.858 t maximal), 178,25 m Länge über alles, 22 m Breite, 9,3 m Tiefgang, 2 Satz Wagner-Turbinen mit 2-Wellen-Anordnung für 22.000 WPS, 6 Monate Seeausdauer (12.500 sm bei 15 kn). Das Schiff wurde am 16. Januar 1939 als WESTERWALD in Dienst gestellt. Ende November 1939 in NORDMARK umbenannt, überstand es den Krieg und wurde 1945 britische Beute. (WBB)

Genau nach Osten marschierend, hielt die ADMIRAL SCHEER jetzt auf die Kapverdischen Inseln zu, um die Geleitzugrouten zwischen Großbritannien und dem Kap der Guten Hoffnung anzugreifen. KptzS. Kranckes Taktik des schnellen Angreifens und Ablaufens (»Tip-and-run«-Taktik) war das klassische Beispiel in der Kunst der Kreuzerkriegführung – beim Gegner ein Höchstmaß an Unterbrechungen des Schiffsverkehrs zu verursachen. Hierbei brauchten die eigenen Versenkungserfolge nicht hoch zu sein. Verwirrung und Beunruhigung zu erzeugen, waren die eigentlichen Ziele, aber jeder Erfolg war natürlich ganz offensichtlich sowohl physisch als auch moralisch ein Gewinn.

Die ADMIRAL SCHEER behielt ihren Ostkurs bis zum Abend des 29. November 1940 bei und begann anschließend nach Zielen Ausschau zu halten. Am 1. Dezember sichtete der deutsche Handelsstörer um 14.37 Uhr eine Rauchfahne. Um jedoch die Möglichkeit zu verringern, über Funk einen Notruf abzugeben, entschied sich KptzS. Krancke, an dem Dampfer Fühlung zu halten, bis er ihn im Schutze der Dunkelheit angreifen konnte. Um 20.52 Uhr ließ er dem Dampfer einen Schuß vor den Bug feuern. Dieser drehte sofort hart ab und die Mannschaft besetzte das Geschütz. Nach einem kurzen Gefecht mit Treffern auf dem Dampfer ging die Besatzung in die Boote. Der Frachter stellte sich als die 6252 BRT große TRIBESMAN der Reederei Harrison Line aus Liverpool heraus, mit einer Stückgutladung nach Kalkutta unterwegs. Das Schiff hatte keinen Notruf gesendet, aber eines der Boote, unter anderem mit dem Kapitän und dem Chefingenieur an Bord, verschwand in der Dunkelheit – falls eine baldige Rettung erfolgte, wäre die Position des Handelsstörers erneut bekannt. Nach der Übernahme von 76 Gefangenen wurde das Schiff versenkt und die ADMIRAL SCHEER lief wieder mit Westkurs ab. Nach längerem erfolglosen Kreuzen im Mittelatlantik schlug die Skl. am 6. Dezember 1940 vor, vorübergehend zusammen mit dem Hilfskreuzer THOR auf der verheißungsvolleren Kap-Freetown-Route zu operieren. KptzS. Krancke entschied sich am 8. Dezember, bis zum Ende des folgenden Tages noch einen Schlag nach Westen zu machen, um danach auf Südkurs zu gehen und einen weiteren Treffpunkt mit seinem Troßschiff anzulaufen.

Die Motoren der ADMIRAL SCHEER bedurften dringend der Überholung. Nach Beginn des Marsches nach Süden ließ KptzS. Krancke am 10. Dezember 1940 die Fahrt des Schiffes verringern, damit jeweils ein Motor pro Welle gewartet werden konnte. Während dieser Zeitspanne betrug die Höchstgeschwindigkeit des Schiffes nur 21 kn. Am Ende der Mittelwache am 14. Dezember kam die NORDMARK auf dem Treffpunkt »Krebs« (2°N 35°W) wieder in Sicht und sofort begann die Übernahme von Brennstoff und Proviant sowie die Abgabe der 150 Gefangenen. Die insgesamt 218 Gefangenen auf der NORDMARK wurden langsam zum Problem. Um die Lage zu verbessern, beabsichtigte KptzS. Krancke, auf der Ostseite der Bahia(Recife)-Freetown-Enge ein Schiff aufzubringen und es mit den Gefangenen in einen westfranzösischen Hafen zu senden. Mit vollen Treibstoffbunkern setzte die ADMIRAL SCHEER am Vormittag des 15. Dezember ihren Kriegsmarsch fort, während die NORDMARK zu einem neuen Treffpunkt für den 30. Dezember auf der Position 13°S 16°W entlassen wurde. Trotz des häufigen Einsatzes des Bordflugzeuges zur Aufklärung kam erst am 18. Dezember 1940 wieder ein Schiff in Sicht. Die ADMIRAL SCHEER stand jetzt nahe dem Äquator in der engsten Stelle des Südatlantik, halbwegs zwischen Südamerika und Westafrika. Um 11.36 Uhr stiegen die Mastspitzen eines großen Dampfers über die Kimm. KptzS. Krancke entschloß sich, das Schiff bei Tage aufzubringen und die Möglichkeit, daß ein Notruf gesendet wurde, in Kauf zu nehmen; denn dies würde beim Gegner für weitere Verwirrung sorgen und vielleicht einige der Kriegsschiffe abziehen, die das Ausbrechen der ADMIRAL HIPPER im hohen Norden behindern könnten.

Um 12.26 Uhr schoß die ADMIRAL SCHEER dem Dampfer, der mit hoher Geschwindigkeit einen Zickzackkurs fuhr, einen Warnschuß vor den Bug. Er stoppte sehr schnell und funkte gleichzeitig »QQQ« und »RRR« sowie seine Position. Den Notruf wiederholte die Küstenfunkstation Freetown. Das Schiff, die 8652 BRT große DUQUESA, unterwegs vom La Plata nach England, erwies sich als eine sehr wertvolle Prise. Die Ladung bestand aus 3539 ts Gefrierfleisch und 720 ts Frischeiern (ca. 15 Millionen Stück)! Bedauerlicherweise besaß das Kühlschiff Kohlefeuerung und hatte keinen ausreichenden Kohlevorrat, um einen westfranzösischen Hafen zu erreichen. Die DUQUESA war jedoch viel zu wertvoll, um versenkt zu werden. Sie erhielt eine Prisenbesatzung unter Führung von LtzS.(S) Blaue in der Absicht, ihre Ladung zur Proviantergänzung der NORDMARK, der THOR und des Schweren Kreuzers selbst zu verwenden.[175]

Nach Eingang des Notrufes der DUQUESA umfaßten die britischen Gegenmaßnahmen die Entsendung des Schweren Kreuzers DORSETSHIRE und des Leichten Kreuzers NEPTUNE aus Freetown sowie die Bildung eines kleinen Verbandes auf der Höhe von St. Helena, bestehend aus dem alten Kreuzer DRAGON, dem Flugzeugträger HERMES und dem Hilfskreuzer PRETORIA CASTLE. Zusätzlich wurde die unterwegs nach Freetown befindliche Force K (Flugzeugträger FORMIDABLE und Schwerer Kreuzer NORFOLK) zur Suche umgeleitet. Doch das Netz der Royal Navy war zu dünn, und es bestand wenig Hoffnung, die schwer zu fassende ADMIRAL SCHEER in die Falle zu locken, ausgenommen durch ein zufälliges Zusammentreffen.

Mittlerweile setzte die ADMIRAL SCHEER mit der DUQUESA die Fahrt nach Süden zu einem weiteren Treffpunkt fort. Dort sollte der Handelsstörer mit dem Hilfskreuzer THOR (KptzS. Otto Kähler) und der NORDMARK zusammentreffen. Eine kleine Panik ereignete sich am 20. Dezember 1940, als die Arado des Schweren Kreuzers nach ihrem neunten Katapultstart auf dem offenen Ozean notlandete und es einige Zeit dauerte, sie zu finden. Doch dieser Vorfall offenbarte, daß die Bd.Fl.Gr. 1/196, die Stammeinheit des Bordflugzeuges der ADMIRAL SCHEER, an die Flugzeugbesatzung abgelaufene Kodebücher ausgegeben hatte. Dies wurde nur zu deutlich, als ein Funkspruch der Arado als Warnung vor schweren *japanischen* Seestreitkräften entschlüsselt wurde! Dies verursachte natürlich einige Aufregung und angesichts der irgendwo in der See treibenden Maschine war sich KptzS. Krancke im unklaren darüber, ob er es riskieren könnte, dem verlorengegangenen Flugzeug Peilzeichen zu senden. Glücklicherweise wurde gegen Sonnenuntergang ein roter Signalstern gesichtet und die Maschine mit ihrer erleichterten Besatzung konnte sicher geborgen werden. Die DUQUESA wurde am 21. Dezember wiedergefunden und sowohl der Schwere Kreuzer als auch die inzwischen eingetroffene NORDMARK ergänzten aus dem aufgebrachten Kühlschiff ihren Proviant.

Hinsichtlich einer taktischen Zusammenarbeit mit dem Hilfskreuzer THOR kam KptzS. Krancke zu folgendem Ergebnis (KTB vom 21. Dezember 1940):

»1. Mit seiner geringen Geschwindigkeit ist der HSK ein Hemmschuh für mich.
2. Mein Vorhandensein nimmt dem HSK seine Hauptstärke: die Tarnung.
3. Spitzt sich die Lage aus irgendwelchen Gründen zu, so kann für mich u.U. leicht der moralische Zwang – entgegen nüchternen militärischen Erwägungen – eintreten, dem HSK zu helfen und damit entgegen den sonstigen Grundsätzen die eigenen Schiffe zu gefährden. ...

Ich sehe allein erfolgversprechende Möglichkeiten in einer losen, mehr strategischen Zusammenarbeit mit dem HSK, wo Auftreten und Erfahrungen beider Schiffe in benachbarten Seegebieten in ihrer Wechselwirkung Unruhe und Unsicherheit bei Gegnern hervorrufen und wo der Schiffsverkehr bei Umleitung dem anderen möglicherweise in die Arme läuft.«

Nach der Entlassung der DUQUESA zu einem neuen Treffpunkt auf Position 25°S 14°W setzte die ADMIRAL SCHEER am Vormittag des 22. Dezember 1940 ihren Marsch zum Treffpunkt »Friedrich« fort. Unterwegs wurde am 24. Dezember das Weihnachtsfest begangen und einhundert Besatzungsangehörige erhielten das Eiserne Kreuz 2. Klasse. Am Morgen des Ersten Weihnachtsfeiertages stießen der Hilfskreuzer THOR und der Tanker EUROFELD zum Schweren Kreuzer; die Besatzungen der Schiffe begrüßten einander mit einem dreifachen Hurra. KptzS. Otto Kähler, der Komandant der THOR, kam zu einer Kommandantenbesprechung an Bord der ADMIRAL SCHEER, während es Angehörigen seiner Besatzung gestattet wurde, sich an Bord des Schweren Kreuzers zu entspannen. Der Besatzung der ADMIRAL SCHEER war es jedoch nicht erlaubt, an Bord der THOR zu gehen, wie es auch ausdrücklich verboten war, den Hilfskreuzer zu fotografieren.

Am 26. Dezember 1940 ging ein Funkspruch der Skl. ein, während die Schiffe in diesem entfernten Teil des Ozeans etwa 450 sm nördlich von Tristan da Cunha beieinander lagen, und ordnete an, daß die ADMIRAL SCHEER und die THOR bis Ende Januar 1941 im Südatlantik zusammenzuarbeiten hätten. Das weitere Vorgehen im Februar 1941 hinge vom Erfolg von *Schiff 33*, des Hilfskreuzers PINGUIN (KptzS. Krüder), in antarktischen Gewässern gegen Walfänger ab, ob mit diesem Hilfskreuzer gemeinsam oder allein nach eigenem Ermessen operiert werden sollte. Außerdem würde Anfang Februar 1941 das Versorgungsschiff ALSTERUFER mit den angeforderten Ersatzteilen eintreffen. Die ADMIRAL SCHEER könnte mit der Rückkehr nach Deutschland in der Neumondperiode gegen Ende Februar 1941 rechnen. THOR sollte in diesem Zeitraum in einem nördlicher gelegenen Operationsgebiet südlich von 40°N und westlich von 20°W im Nordatlantik tätig werden, d.h. auf der von Freetown ausgehenden SL-Geleitzugroute. Hinsichtlich der Frage eines gemeinsamen Operierens war KptzS. Kähler derselben Auffassung wie KptzS. Krancke. Sein Schiff, die THOR, hatte die Unternehmung am 6. Juni 1940 angetreten und war seitdem ununterbrochen in See gestanden. Bis Ende Dezember 1940 hatte es acht Schiffe versenkt und zwei Gefechte mit britischen Hilfskreuzern geführt, der ALCANTARA und der CARNARVON CASTLE, die beide schwer beschädigt wurden. Beide Kommandanten stimmten überein, daß die Weisungen der Skl. nicht durchführbar wären. Daher sollte bis zum 1. Februar 1941 die ADMIRAL SCHEER nördlich 30°S, d.h. auf der Höhe des früheren Deutsch-Südwestafrika, und die THOR südlich von 30°S im Seegebiet um Kapstadt operieren. Danach begaben sich beide Schiffe zum Treffpunkt mit der DUQUESA. Beim Zusammentreffen am 27. Dezember 1940 ergänzten beide Schiffe ihren Proviant. Allein der Schwere Kreuzer übernahm 200.000 Eier und acht Tonnen Gefrierfleisch! Das Schiff erhielt einen neuen Anstrich und allgemeine Wartungsarbeiten wurden durchgeführt. Seit dem Auslaufen aus Gotenhafen hatte die ADMIRAL SCHEER nahezu 20.000 sm zurückgelegt und 36.594 m³ Treiböl verbraucht. Am 28. Dezember erfolgte eine Brennstoffübernahme aus der NORDMARK und am 30. Dezember stieß auch der Tanker EUROFELD wieder zur Gruppe.

Zu Beginn des neuen Jahres, am 2. Januar 1941, steuerte die ADMIRAL SCHEER die Position 17°S 16°W an, um mit dem aufgebrachten norwegischen Tanker STORSTAD zusammenzutreffen, einer Prise des Hilfskreuzers PINGUIN, die gutes Dieselöl als Ladung führte und möglichst viel an die Versorgungsschiffe und Handelsstörer abgeben sollte. Der später in PASSAT umbenannte Tanker erreichte am 4. Februar 1941 die Gironde-Mündung. Durch schlechtes Wetter aufgehalten, traf die STORSTAD erst am 5. Januar ein. Bis zum 8. Januar hatte der Schwere Kreuzer die Überholungsarbeiten, insbesondere an den Motoren, beendet und war nunmehr mit vollen Brennstoffbunkern bereit, die Unternehmung fortzusetzen. KptzS. Krancke informierte darüber die Skl. und teilte ihr die Verlegung des Operationsgebietes westlich Südwestafrikas mit. Nach einer letzten Proviantergänzung aus der DUQUESA ging die ADMIRAL SCHEER zunächst auf Kurs Nord und dann Nordost, und zwar mit der Absicht, auf die Geleitzugroute Kapstadt-Freetown zu stoßen. Ein dechiffrierter Funkspruch des britischen Handelsschiffes PESHAWAR ließ ihn annehmen, daß der Schiffsverkehr möglicherweise dort verlief. Doch trotz des häufigen Einsatzes der Arado kam erst am 18. Januar 1941 vormittags eine Rauchfahne in Sicht. Um ein Funken des Dampfers zu vermeiden, entschloß sich KptzS. Krancke, an ihm Fühlung zu halten und ihn erst nach Einbruch der Dunkelheit anzugreifen und aufzubringen. Es war der norwegische Motortanker SANDEFJORD (8038 BRT) der Reederei Viriko Redori A/S auf dem Wege von Kapstadt nach Freetown mit 11.000 ts Rohöl aus Abadan für die Anglo-Iranian Oil Co. in Swansea/England. Da die Ladung für den Handelsstörer keinen direkten Wert besaß, nichtsdestoweniger aber wertvoll war, ging eine Prisenbesatzung unter LtzS.d.R. Götsch an Bord, um das Schiff – nach einer Brennstoff- und Proviantergänzung aus der NORDMARK verbunden mit der Übernahme der etwa 250 Gefangenen (siehe unten) – nach Frankreich zu bringen. Die SANDEFJORD traf einige Zeit später sicher in Bordeaux ein. Unter dem Namen MONSUN versenkte sich das Schiff im August 1944 schließlich selbst. Am 19. Januar erfuhr die ADMIRAL SCHEER auch vom großen Erfolg des Hilfskreuzers PINGUIN. Dieser hatte drei große norwegische Walfangmutterschiffe und elf Fangboote aufgebracht. KptzS. Krancke war jedoch der Auffassung, ein Ansetzen der ADMIRAL SCHEER und weiterer Hilfskreuzer hätte auch zum Aufbringen der restlichen fünf Walfangmutterschiffe und ihrer Fangboote führen können (KTB vom 19. Januar 1941).

Der nächste Erfolg trat am 20. Januar 1941 ein und erwies sich sogar als ein doppelter! Dies bestätigte KptzS. Kranckes Vermutung über den Verlauf der Schiffahrtswege. Um 14.29 Uhr kamen im Süden zwei Masten in Sicht. Zunächst hatte der Kommandant des Schweren Kreuzers die Absicht, wie üblich bis zum Eintritt der Dunkelheit Fühlung zu halten und dann anzugreifen. Doch dann kam genau eine Stunde später im Nordwesten ein zweites Schiff in Sicht. Dies zwang zu einem Überdenken des Angriffsplanes. Schließlich entschied er sich für einen Tagesangriff und rief den zuerst gesichteten Dampfer in Englisch an, um den Eindruck der Kontrolle durch ein britisches Kriegsschiff zu erwecken. Der Dampfer machte kehrt und beantwortete die Fragen, indessen die ADMIRAL SCHEER herankam und überraschend ein Prisenkommando unter LtzS.(S) Petersen übersetzte, ohne daß der Dampfer Zeit fand zu funken. Es handelte sich um die niederländische BARNEVELD (5597 BRT), unterwegs von Tilbury über Kapstadt nach Port Said in das östliche Mittelmeer. Nach dem Aufbringen dieses Schiffes wandte KptzS. Krancke seine Aufmerksamkeit sofort dem etwas entfernter stehenden zweiten Schiff zu. Dieselbe List gelang erfolgreich ein zweites Mal. Das aufgebrachte Schiff war der britische Frachter STANPARK (5103 BRT) auf dem Wege von Port Sudan nach Freetown. Seine Ladung bestand aus 7700 ts Baumwollsaat und 250 Sack Frischkartoffeln. Da die Admiral Scheer mit Prisenbesatzungen sparsam umgehen mußte und die Ladung für Deutschland nicht von großer Bedeutung war, entschloß sich KptzS. Krancke zur Versenkung des Schiffes mit der Torpedowaffe. Hierbei ergaben sich etliche Pannen. Der erste Torpedo ging vorbei. Der zweite traf ein Boot der BARNEVELD – das gerade das Heck der ADMIRAL SCHEER rundete – mit seinem Schwanzstück, kurz bevor er auf das Wasser aufschlug und Amok lief. Glücklicherweise gab es an Bord des Motorbootes keine Verletzten. Ein dritter Torpedo traf schließlich sein Ziel.

Die BARNEVELD erwies sich als wertvoller Fang. Abgesehen von drei britischen Marineoffizieren, die das deutsche Schiff auf Befragen des Kapitäns als den britischen Kreuzer CUMBERLAND identifiziert hatten und die zu ihren Schiffen im Mittelmeer unterwegs waren, befanden sich noch 48 britische Marineinfanteristen an Bord. Von einer mehr politischen Bedeutung war ein indischer Ghandi-Anhänger, ein gewisser R. Bazay, ein leidenschaftlicher Britenhasser, der einen fünfseitigen Bericht über die Verhältnisse in England verfaßte, als er an Bord des Handelsstörers verhört wurde. Zur Ladung gehörten fünf neue leichte Bomber vom Typ Northrop »Nomad«, bestimmt für die südafrikanische Luftwaffe in Port Elizabeth, 86 verschiedene Heereskraftfahrzeuge sowie etwa 1000 ts Munition und militärische Ausrüstung. Nach der Übernahme der Gefangenen und sonstigen brauchbaren Materials wurde die BARNEVELD am 21. Januar 1941 versenkt.

Am 24. Januar 1941 traf die ADMIRAL SCHEER auf dem vereinbarten und durch Kurzsignal zeitlich bestimmten Treffpunkt »Andalusien« mit der NORDMARK und der DUQUESA zur Versorgung zusammen. Unter anderem übernahm der Schwere Kreuzer auch drei Torpedos und Ersatzteile für die Arado. Kurze Zeit später trafen auch die THOR, der Tanker EUROFELD und die Prise SANDEFJORD auf dem Treffpunkt ein. Mit der Überführung von 105 Gefangenen auf die EUROFELD und 241 Gefangenen auf die SANDEFJORD wurden die beiden Schiffe am 24. bzw. am 28. Januar nach Westfrankreich entlassen. Da die noch in der Antarktis tätigen norwegischen Walfangmutterschiffe gewarnt worden waren, widerrief die Skl. die ursprünglich vorgesehene Operation der ADMIRAL SCHEER in diesem Seegebiet und stellte es KptzS. Krancke anheim, selbst ein neues Operationsgebiet zu wählen. Dieser entschied sich für einen Vorstoß in den Indischen Ozean zwischen dem 8. und dem 12. Februar 1941. KKpt.d.R. Grau von der NORDMARK erhielt von KptzS. Krancke den Befehl, die Rückkehr der ADMIRAL SCHEER auf dem Treffpunkt »Andalusien« abzuwarten und so lange wie möglich das Kühlschiff DUQUESA bei sich zu behalten, um die Hilfskreuzer PINGUIN und KORMORAN zu versorgen. Anschließend sollte die DUQUESA versenkt werden (dies geschah am 20. Februar 1941 durch PINGUIN.) Die Skl. gab ihr Einverständnis zu KptzS. Kranckes Plan, in den Indischen Ozean vorzustoßen, und wies den ebenfalls in diesem Seegebiet operierenden Hilfskreuzer ATLANTIS an, bis zum 15. Februar nur nördlich von 20°S tätig zu werden.

Die ADMIRAL SCHEER verließ den Versorgungsraum »Andalusien« am 28. Januar 1941 mit Südostkurs und umrundete die Südspitze Afrikas auf dem Weg in ihr neues Operationsgebiet weit im Süden. Am 6. Februar 1941 stand der Schwere Kreuzer auf Höhe der Südspitze Madagaskars und suchte vergeblich auf der Schiffahrtsroute Durban-Perth nach gegnerischem Schiffsverkehr. Da überhaupt kein Verkehr angetroffen wurde, zog KptzS. Krancke daraus die Schlußfolgerung, daß dieser statt dessen möglicherweise über Suez lief. Der Vorschlag der Skl., daß es für ADMIRAL SCHEER vorteilhaft sein würde, mit ATLANTIS und später auch mit KORMORAN zusammenzutreffen, wurde daher vom Kommandanten des Schweren Kreuzers begrüßt, da diese Hilfskreuzer durchaus über bessere Kenntnisse bezüglich des Schiffsverkehrs in diesen Gewässern verfügen dürften als er. ATLANTIS operierte bereits seit Mitte Mai 1940 im Indischen Ozean und hatte bis zum Ende des Jahres 1940 zwölf Schiffe versenkt. Am 14. Februar 1941 traf die ADMIRAL SCHEER rund 600 sm ostwärts von Cap d'Ambre, der Nordspitze Madagaskars, in einem einsamen Seegebiet mit der ATLANTIS (KptzS. Rogge) zusammen. Begleitet wurde der Hilfskreuzer von seinem Troßschiff, der TANNENFELS, wie die ATLANTIS (ex-GOLDENFELS) ein früheres Motorschiff der DDG »Hansa« in Bremen, ausgerüstet im Januar 1940 in Italienisch-Somalia, sowie von zwei Prisen: dem Tanker KETTY BRÖVIG und dem Frachter SPEYBANK. Die TANNENFELS unnd die SPEYBANK sollten kurze Zeit später den Marsch in den deutschen Machtbereich antreten und Westfrankreich sicher erreichen. Zunächst verhinderte schweres Wetter jede persönliche Kontaktaufnahme zwischen den Schiffen, da ein Aussetzen von Verkehrsbooten zu riskant war. Schließlich kam es doch zu einer nützlichen Besprechung zwischen KptzS. Rogge und dem Kommandanten des Schweren Kreuzers. KptzS. Rogge empfahl ein Operieren vor dem Nordeingang des Moçambique-Kanals, da der Schiffsverkehr nach seinen Feststellungen entlang der Küste verliefe. Er selbst würde dann ostwärts der Seychellen operieren, um den möglicherweise durch das Auftauchen der ADMIRAL SCHEER umgeleiteten Schiffsverkehr abzufangen. Nach einer Brennstoffergänzung aus der KETTY BRÖVIG trennten sich die beiden Handelsstörer am 17. Februar 1941 wieder und liefen in ihre jeweiligen Operationsgebiete.

KptzS. Rogges Rat befolgend, steuerte die ADMIRAL SCHEER nunmehr Generalkurs West. Doch erst in den Morgenstunden des 20. Februar 1941 meldete ihr Bordflugzeug des Sichten eines Schiffes. Der Schwere Kreuzer selbst bekam seine Beute erst am frühen Nachmittag in Sicht, als im Norden die Mastspitzen eines nach Süden laufenden Tankers auftauchten. Unter Anwendung des üblichen englischsprachigen Anrufverfahrens war das Schiff bald aufgebracht und stellte sich als die 6994 BRT große BRITISH ADVOCATE heraus, beladen mit 4970

Die ADMIRAL SCHEER – hier im Tarnanstrich – nach ihrer Rückkehr von der erfolgreichen Atlantikunternehmung. (IWM)

ts Rohöl und 4770 ts Petroleum. Noch während des Aufbringens kehrte die erneut gestartete Arado zurück und meldete das Sichten eines weiteren Schiffes. Daraufhin erhielt der Tanker eine Prisenbesatzung und die Anweisung, den Treffpunkt mit der ATLANTIS auf Position 13°S 58°O anzusteuern und auf das Eintreffen der ADMIRAL SCHEER zu warten, während der Schwere Kreuzer ablief, um seine neue Beute abzufangen.

Das Aufbringen des Schiffes nach 21.00 Uhr in der Dunkelheit brachte die 2546 BRT große GRIGORIOS C. zum Vorschein, einen neutralen griechischen Frachter, der von New York mit einer Stückgutladung über Kapstadt nach Piräus unterwegs war. Da das Schiff unter einem britischen »Navicert«, einem Unbedenklichkeitszeugnis für neutrale Handelsschiffe in Kriegszeiten, fuhr und trotzdem Bannware geladen hatte, ließ KptzS. Krancke das Schiff am nächsten Tag versenken. Am Abend des 21. Februar 1941 meldete das Bordflugzeug erneut ein Schiff, das um 18.38 Uhr in Sicht kam. Eine Flut englischsprachiger Morsesprüche ging hin und her, die fast an eine Posse grenzten. Die ADMIRAL SCHEER versuchte dem gegnerischen Schiff klarzumachen, sie wäre ein britisches Kriegsschiff, während der Frachter sich als Amerikaner ausgab. Trotz amerikanischer Farben an der Bordwand und des Transparentes »USA« auf der Brücke überzeugten KptzS. Krancke das unverschämte Verhalten des Dampfers – »Sie sehen für mich wie ein Deutscher aus!« – und der gesendete »RRR«-Notruf davon, daß es sich um ein britisches Schiff handelte. Dies wurde durch den Funkspruch bestätigt: »CANADIAN CRUISER, 6°36'S 47°18'O, werde von Schlachtkreuzer angegriffen.« Ein paar Schüsse brachten das britische Schiff zum Stoppen.

Der Funkspruch wurde von anderen Funkstationen wiederholt und verriet augenscheinlich die Position des Handelsstörers. Erst der 3,7-cm-Beschuß der Brücke führte das Aufgeben der CANADIAN CRUISER herbei. Der 7178 BRT große britische Frachter war von Colochal in Indien nach Pensacola/Florida unterwegs. Die Zeit drängte jetzt, wenn die ADMIRAL SCHEER den Tanker BRITISH ADVOCATE noch als Prise ausrüsten und zwischen dem 5. und 17. März 1941 rechtzeitig auf dem Treffpunkt »Andalusien« sein wollte. Außerdem bedurfte ihre Hilfsmaschinenanlage vor dem Durchbruch in die Heimat dringend einer Überholung. KptzS. Kranckes Erfolg wurde durch die Verleihung des Ritterkreuzes zum Eisernen Kreuz belohnt.

Am nächsten Morgen, dem 22. Februar 1941, kam ein weiteres Schiff um 09.02 Uhr in Sicht und wurde nach einem kurzen, einseitig geführten Gefecht unter Einsatz der Schweren und der Mittelartillerie aufgebracht. Der Artilleriebeschuß war erforderlich, da der Dampfer in einer Regenbö zu entkommen versuchte. Es war der 2542 BRT große niederländische Frachter RANTAUPANDJANG mit 3000 ts Steinkohle auf dem Wege von Durban nach Singapur und Sabang. Das Schiff erhielt schwere Treffer, die einen Toten und mehrere Schwerverwundete forderten; einer von ihnen starb noch an Bord des Handelsstörers. Ehe das Prisenkommando an Bord gehen konnte, setzte der Frachter noch einen »RRR«-Notruf ab. Da das Schiff nicht als Prise dienen konnte, ließ es KptzS. Krancke durch Sprengladungen versenken. Die Skl. hatte die ADMIRAL SCHEER am 21. Februar angewiesen, ihre Operationen so einzurichten, daß der Durchbruch in heimische Gewässer Ende März 1941 erfolgen könnte. Daher bereitete sich KptzS. Krancke auf die Rückkehr in den Atlantik vor. Die von der CANADIAN CRUISER ausgesandten »RRR«-Notrufe hatten jedoch Vice-Admiral Leatham, C-in-C Ostindien, veranlaßt, die Verfolgung des deutschen Schiffes aufzunehmen, obwohl seine Möglichkeiten hierzu nur gering waren. Die Schweren Kreuzer HAWKINS und AUSTRALIA sicherten einen nordgehenden Truppentransport-Geleitzug (WS 5B) nach Aden. Die Leichten Kreuzer EMERALD und ENTERPRISE befanden sich ebenfalls im nördlichen Teil des Indischen Ozeans und der Leichte Kreuzer GLASGOW stand weiter im Süden. Nur das letztere Kriegsschiff stand nahe genug an den Versenkungspositionen, aber es befand sich immer noch rund 140 sm nordwestlich der im letzten »RRR«-Notruf gemeldeten Position. Der Leichte Kreuzer machte sich wenig Hoffnung, die ADMIRAL SCHEER in Sicht zu bekommen, um an ihr Fühlung halten zu können. Doch die GLASGOW war mit einem Bordflugzeug ausgerüstet, einem »Walrus«-Schwimmerflugzeug. Am Morgen des 22. Februar 1941 katapultierte der Kreuzer sein Bordflugzeug, um nach dem Handelsstörer zu suchen.

Die »Walrus« sichtete die ADMIRAL SCHEER auf der Höhe der Nordspitze Madagaskars und wurde selbst von dem deutschen Schiff um 12.17 Uhr ausgemacht. KptzS. Krancke ließ die Fla-Geschütze besetzen, erkannte aber gleichzeitig, daß es sich um ein Aufklärungsflugzeug handelte und wahrscheinlich von einem Kreuzer stammte. Auf die Sichtmeldung der GLASGOW hin strebten aus mehreren Richtungen britische Kriegsschiffe auf die gemeldete Position zu, darunter der kleine Flugzeugträger HERMES, die Schweren Kreuzer CANBERRA, AUSTRALIA und SHROPSHIRE sowie die Leichten Kreuzer CAPETOWN, EMERALD und ENTERPRISE; sie standen jedoch sämtlich zu weit entfernt. Bedauerlicherweise für die Royal Navy verlor die »Walrus« etwa um 12.48 Uhr die Fühlung, als die ADMIRAL SCHEER auf einem Scheinkurs nach Osten ablief, um erst nach Einbruch der Dunkelheit auf einen südlichen Kurs zurückzukehren. Die dreitägige Suche des Gegners blieb daher erfolglos.

Am folgenden Tag, dem 23. Februar 1941, um 07.35 Uhr fing die B-Dienstgruppe einen Funkspruch auf, den die Funkstation Mauritius für ein gegnerisches Schiff wiederholte: »RRR: In 21°28'S 52°10'O zwei unbekannte Kriegsschiffe in Sicht.« Die gemeldete Position bezeichnete einen Punkt, der ostwärts der Küstenmitte Madagaskars lag. Nach der Auffassung der B-Dienstgruppe handelte es sich um die AUSTRALIA und die CANBERRA (doch in Wirklichkeit konnten es diese beiden Kreuzer nicht gewesen sein). Da die Position dieser beiden Schiffe quer zu seinem Kurs zum Treffpunkt »Hans« mit der BRITISH ADVOCATE lag, entschloß sich KptzS. Krancke daher, sofort den Rückmarsch anzutreten und die Ausrüstung der Prise dem Hilfskreuzer ATLANTIS zu überlassen. Dies geschah auch und die anschließend nach Westfrankreich in Marsch gesetzte Prise BRITISH ADVOCATE erreichte am 29. März 1941 sicher die Gironde-Mündung. Die ADMIRAL SCHEER ging nunmehr auf Südwestkurs, rundete ein weiteres Mal das Kap der Guten Hoffnung weit im Süden und traf am 3. März 1941 im Südatlantik ein. Danach setzte der Schwere Kreuzer Kurs Nordwest zum Treffpunkt »Andalusien« ab. Im Verlaufe dieses Marsches ließ KptzS. Krancke eine zweite Motorenüberholung durchführen und stoppte am 7. März das Schiff, um den seine Geschwindigkeit beeinträchtigenden Bodenbewuchs aus tropischen Gewässern beseitigen zu lassen. Am 6. März war ein Funkspruch der Skl. eingegangen, der den Kommandanten informierte, daß drei U-Boote ausgelaufen waren, um die ADMIRAL SCHEER mit Ersatzteilen (Empfängerquarz) für ihr Funkmeßgerät FuMO 22 zu versorgen - lebenswichtig für den gefährlichen Heimmarsch durch die Dänemarkstraße. Diese Unterseeboote – *U 105*, *U 106* und *U 124* – hatten zwischen dem 3. und 5. März 1941 aus der CHARLOTTE SCHLIEMANN vor Las Palmas Brennstoff übernommen. Zudem führte *U 105* ein vollständig neues Funkmeßgerät mit.[176]

Nach dem Ende der Morgenwache am 8. März 1941 kam im Wartegebiet »Andalusien« das Versorgungsschiff ERMLAND in Sicht, eine Dreiviertelstunde später tauchte auch die getreue NORDMARK auf. Die ADMIRAL SCHEER übernahm Proviant und Material und gab gleichzeitig 180 Gefangene an die ERMLAND ab, die anschließend nach Westfrankreich entlassen wurde. Nach der Brennstoffübernahme aus der NORDMARK ging eine Filmberichtergruppe an Bord des Troßschiffes, um den Angriff auf ein Handelsschiff durch den Handelsstörer für die »Wochenschau« im Kino daheim aufzunehmen. Am 9. März 1941 marschierte die ADMIRAL SCHEER mit ihrem Troßschiff zum Treffpunkt »Karin« weiter. Dort trafen sie am nächsten Tag nachmittags mit dem Versorgungsschiff ALSTERUFER zusammen. Sie überbrachte dem Schweren Kreuzer ein neues Bordflugzeug und 15-cm-Munition. Gestoppt liegend, beförderten die Verkehrsboote Munition, Vorräte, Personal und Ausrüstung zwischen den drei Schiffen. KptzS. Krancke ärgerte sich, als er herausfand, daß die ALSTERUFER den falschen Typ 15-cm-Granaten mitgebracht hatte (später vom Marinearsenal heftig bestritten). Infolge dieses Irrtums übernahm er statt dessen eine Anzahl von der NORDMARK (sie führte als Bewaffnung drei 15-cm-Geschütze). Zusätzlich kamen von der ALSTERUFER einige neue Prisenkommandos an Bord. Am folgenden Tag, am 12. März 1941, nachdem um 11.15 Uhr die restliche Übernahme abgeschlossen war, trennte sich der Schwere Kreuzer von seinen Versorgungsschiffen, begleitet von drei brausenden Hurra-Rufen, und trat den Heimmarsch an. Die ALSTERUFER hatte Befehl, auf der Warteposition »Andalusien« zu verbleiben. Dies galt auch für die NORDMARK, die noch U-Boote zu versorgen hatte. Nebenbei bemerkt: Die ALSTERUFER stellte ein außerordentlich wertvolles Versorgungsschiff dar; denn, abgesehen von Munition und allgemeinen Vorräten, führte sie nicht weniger als sechs in Kisten verpackte Bordflugzeuge vom Typ Arado Ar 196 sowie Ersatzmotoren mit. Neben der ADMIRAL SCHEER erhielten auch die Hilfskreuzer THOR, PINGUIN und ORION je eines dieser Flugzeuge und die ATLANTIS sogar deren zwei.

Inzwischen hatte sich KptzS. Krancke entschlossen, keine weiteren Angriffe auf die Handelsschiffahrt zu unternehmen. Sein Ablaufen aus dem Indischen Ozean war unbemerkt geblieben, und es wäre unklug gewesen, seine Anwesenheit im Südatlantik im Augenblick des Heimmarsches zu verraten. Infolgedessen marschierte der Schwere Kreuzer beständig auf nordwestlichen Kursen, passierte den mittleren Südatlantik und überquerte am 15. März 1941 den Äquator. Am selben Tag erhielt KptzS. Krancke auch eine Einschätzung der Lage durch die Skl. hinsichtlich der Verteilung gegnerischer Seestreitkräfte, die seinen Durchbruch in heimische Gewässer beeinträchtigen könnten. Einen Tag später, am 16. März 1941, kam *Schiff 41*, der Hilfskreuzer KORMORAN (FKpt. Detmers), in Sicht und kurz darauf die nahebei aufgetauchte *U 124* (Kptlt. Wilhelm Schultz). Beide Kommandanten kamen zu einer Besprechung der Lage im Südatlantik und im Indischen Ozean an Bord des Schweren Kreuzers.

Inzwischen erhielt *U 124* Frischproviant und die lang erwarteten Ersatzteile für das FuMO 22 kamen an Bord der ADMIRAL SCHEER. Gleichzeitig ging die Mitteilung ein, daß die Prise SOLGLIMT, ein norwegisches Walfangmutterschiff, mit den Gefangenen der BARNEVELD und der deutsche Blockadebrecher PORTLAND, ebenfalls mit Gefangenen der ADMIRAL SCHEER an Bord, sicher in der Gironde-Mündung eingetroffen waren. Nach dem Verlassen des Treffpunktes blieb der Handelsstörer bis etwa 15°N ziemlich in der Mitte des Atlantik weiterhin auf NW-Kurs, um dann einen direkten Nordkurs in Richtung des rund 3000 sm vorausliegenden Eingangs der Dänemarkstraße zu nehmen.

Das schwierige Passieren der britischen Überwachung im Bereich der begrenzten Gewässer der Dänemarkstraße erforderte sorgfältige Planung, besonders da der Schwere Kreuzer ADMIRAL HIPPER, am 15. März 1941 aus Brest zum Heimmarsch ausgelaufen, den Vortritt hatte. Sobald die britischen Überwachungslinien durchbrochen waren, galt es noch sicherzustellen, daß kein Angriff eigener Streitkräfte erfolgte. Das Schicksal der Zerstörer LEBERECHT MAASS und MAX SCHULTZ war noch immer unvergessen.[177] So forderte KptzS. Krancke die Bestätigung dafür, daß die Fliegererkennung für die Luftwaffe noch immer rot angestrichene Turmdecken waren, woraufhin die Skl. zustimmend antwortete.

Am 24. März 1941 meldete die ADMIRAL HIPPER das erfolgreiche Passieren des britischen Überwachungsnetzes und die ADMIRAL SCHEER erhielt die Freigabe für den Durchbruch. Nach mehrtägigem Abwarten, um den Vorteil des schlechten Wetters wahrzunehmen, lief der rückmarschierende Handelsstörer am 27. März in die Dänemarkstraße ein. Um 10.00 Uhr erfaßte das Funkmeßgerät ein großes Schiff und die Schwere Artillerie war gefechtsbereit. Am Nachmittag kam gegen 16.21 Uhr ein Schwerer Kreuzer in Sicht. Ein Ausweichen war nicht erforderlich, denn KptzS. Krancke mußte ohnehin den Kurs für das Passieren der engsten Stelle ändern. Er war sich nur der unangenehmen Tatsache bewußt, daß dieses Manöver eine Menge Rauch erzeugte, aber nichts ereignete sich. In dieser sehr kritischen Phase fiel das Funkmeßgerät durch Kurzschluß aus, verursacht durch Kondenswasser, und kurze Zeit später kam gegen 19.50 Uhr ein weiterer Schatten in Sicht, dem ausgewichen werden konnte. Die Bedingungen waren alles andere als ideal: ein klarer, heller Himmel mit Nordlichtern, die stark in Erscheinung traten. Die Sichtigkeit betrug etwa 12.000 m. In den Morgenstunden des 28. März gab es noch eine kurze Aufregung, als sich die ADMIRAL SCHEER von einem Schlachtschiff der NELSON-Klasse gestellt glaubte. Doch nach mehreren besorgten Augenblicken stellte sich der Schatten als Eisberg heraus. Wäre es tatsächlich ein Schlachtschiff gewesen, dann hätte dies das Ende der ADMIRAL SCHEER bedeutet, da es keinerlei Seeraum zum Entkommen gab.

Faktisch gab es zu diesem Zeitpunkt nur sehr schwache Kräfte der Royal Navy in der Dänemarkstraße, denn das Auftauchen der SCHARNHORST und der GNEISENAU (siehe nächstes Kapitel) im Atlantik hatte starke Kräfte gebunden. Admiral Tovey, der C-in-C Home Fleet, hatte in diesem Seegebiet nur zwei Leichte Kreuzer, die NIGERIA und die FIJI, und es kann sein, daß sie die ADMIRAL SCHEER gesichtet hatte. Die Kräfte der RAF auf Island beschränkten sich immer noch auf die älteren Bomber vom Typ »Battle« der 98. Squadron und die Pläne, sie durch die 204. (»Sunderland«-Flugboote) und die 269. Squadron (»Hudson«-Bomber) zu verstärken, waren noch nicht verwirklicht worden.

Der Notruf eines Handelsschiffes am 25. März 1941, es wäre auf der Höhe von Westafrika von einem Handelsstörer beschossen worden, den die britische Seite für die ADMIRAL SCHEER hielt, ließ die Lage weiter im unklaren.

Tatsächlich war für diesen Vorfall der Hilfskreuzer KOMET verantwortlich. Doch er beschwichtigte jeden gehegten Verdacht, daß sich der Schwere Kreuzer auf dem Rückmarsch in heimische Gewässer befände. So wurde am 26. März 1941 von der 98. Squadron nur ein einziger Aufklärungsflug durchgeführt, der zudem nur lokalen Charakter hatte, und am nächsten Tag erfolgte überhaupt kein einziger.

In den frühen Morgenstunden des 28. März 1941 rundete die ADMIRAL SCHEER die Nordostspitze Islands und verließ die Dänemarkstraße. Am Vormittag frischte der Wind zu Sturmstärke auf. Diese Wetterbedingungen hielten den ganzen Tag über an und erst am folgenden Morgen ließ die Windstärke nach. Am 29. März um 06.30 Uhr änderte der Schwere Kreuzer Kurs auf 160°. Der Himmel war bedeckt und es schneite. Alle vom Coastal Command der RAF in dieser Zeit unternommenen Aufklärungsflüge hatten den Auftrag, den Durchbruch deutscher Schiffe durch die Island-Färöer- oder die Färöer-Shetland-Enge festzustellen, da es nicht als wahrscheinlich angesehen wurde, daß die gefährliche Dänemarkstraße von zurückkehrenden Handelsstörern benutzt wurde. Daher konzentrierten sich alle verfügbaren britischen Kräfte westlich des tatsächlichen Rückmarschweges und stellten überhaupt keine Bedrohung dar. Somit war die ADMIRAL SCHEER imstande, am 30. März um 08.25 Uhr im Grimstadfjord sicher vor Anker zu gehen, begrüßt von VAdm. v. Schrader, Kommandierender Admiral der norwegischen Westküste, sowie von KptzS. Pönitz, Chef der 8. Z-Flottille »Narvik«. Von *Z 23* und *Z 24* der 8. Z-Flottille sowie vom Torpedoboot ILTIS gesichert, verließ die ADMIRAL SCHEER um 19.30 Uhr bei Schneefall diesen Fjord wieder und machte am 1. April 1941 in Kiel-Wik sicher fest. Ihre Rückkehr wurde mit Beifall begrüßt; sie hatte 15 Schiffe mit insgesamt 98.499 BRT versenkt und zwei weitere Schiffe mit zusammen 15.032 BRT als Prisen eingebracht. Bereits um 11.00 Uhr kamen GAdm. Raeder, VAdm. Schmundt, der B.d.K., und Adm. Guse, Kommandierender Admiral der Marinestation der Ostsee, zur Begrüßung der Besatzung an Bord. Die gesamte Besatzung erhielt das EK II und 40 Besatzungsangehörige das EK I. Das Schiff war 161 Tage in See gewesen und hatte 46.419 sm zurückgelegt. Da der Schwere Kreuzer dringend der Grundüberholung bedurfte, begannen sofort die Vorbereitungen für das Eindocken in der Werft. KptzS. Krancke wurde zum Konteradmairal befördert, blieb aber vorerst noch Kommandant.

Die Anwesenheit der ADMIRAL SCHEER in Kiel wurde sehr bald von der RAF festgestellt. In der Nacht vom 7./8. April 1941 erfolgte ein erster Luftangriff, den 49 »Whitley«-Bomber durchführten. Zwei Maschinen (T 4298 von der 51. Squadron und Z 6468 von der 10. Squadron) wurden abgeschossen. Der Schwere Kreuzer erlitt keine Beschädigungen. Ein weiterer Luftangriff in der Nacht vom 8./9. April durch 44 »Whitley«-Bomber verlief ebenfalls erfolglos.

Unterdessen wurden die Geschütze, Scheinwerfer und Torpedorohrsätze mit Hilfe eines Schwimmkrans an Land gegeben und am 15. April dockte das Schiff zur Grundüberholung in das Dock 6 ein. Die Werftliegezeit dauerte bis zum 23. Juni 1941.

14. Unternehmen »Berlin« 1941

Anfang Dezember 1940 befanden sich die beiden Schlachtschiffe GNEISENAU (KptzS. Fein) und SCHARNHORST (KptzS. Kurt Cäsar Hoffmann) nach den Werftliegezeiten zum Einfahren der Schiffe und zur Gefechtsausbildung in der östlichen Ostsee. Bei beiden schweren Einheiten waren die im Verlaufe des Unternehmens »Weserübung« erlittenen Schäden vollständig beseitigt worden. Beide Schiffe führten Kaliberschießen sowohl mit der Schweren als auch mit der Mittelartillerie auf das Zielschiff HESSEN durch und nahmen zusammen mit dem Leichten Kreuzer NÜRNBERG sowie den Torpedobooten der 2. T-Flottille an taktischen Übungen teil. Übungen mit U-Booten brachten jedoch Schwierigkeiten mit der S-Gerätausrüstung[178] zutage, da es nicht gelang, die Scheinangriffe durchführenden U-Boote zu orten. Die Einfahrübungen und die Gefechtsausbildung kamen am 17. Dezember 1940 zum Abschluß. Am nächsten Morgen um 08.00 Uhr liefen die beiden Schlachtschiffe, gesichert vom *Sperrbrecher 31*, in Begleitung des brandneuen Flottentenders HELA aus Gotenhafen aus, um nach Kiel zu verlegen. Gegen Mittag des nächsten Tages machten die Schiffe in Kiel fest und gingen anschließend zur Erledigung von Restarbeiten in die Werft. Das Ausbildungsprogramm forderte an sich ihre Rückkehr in die östliche Ostsee zur weiteren Gefechtsausbildung zwischen dem 27. Dezember 1940 und dem 10. Januar 1941. Doch dazu kam es nicht mehr. SCHARNHORST verließ am 23. Dezember die Werft und die GNEISENAU folgte einen Tag später. Beide Einheiten verblieben in Kiel.

Es hat den Anschein, als ob der seit längerem geplante Vorstoß zur Handelskriegführung im Atlantik vorgezogen werden sollte; denn am 25. Dezember 1940 übermittelte das Marinegruppenkommando Nord dem Flottenchef, Admiral Lütjens, in Kiel den Auslaufbefehl zur Durchführung des Unternehmens »Berlin« für den 28. Dezember. An diesem Tage setzte Adm. Lütjens kurz vor Mittag seine Flagge auf der GNEISENAU und kurze Zeit später gingen die beiden Schlachtschiffe in See. *Sperrbrecher 13* fuhr als Minensicherung vor dem Flottenflaggschiff, gefolgt von *Sperrbrecher 31* vor der SCHARNHORST, als der Verband sich durch den Großen Belt zwischen den dänischen Inseln hindurchschlängelte. Auf der Höhe der Seelandsrev-Sperre stießen Einheiten der 1., 2. und 5. T-Flottille als U-Bootssicherung zum Verband, während die Sperrbrecher den Rückmarsch antraten. Am nächsten Morgen setzte sich im Kattegat die 18. M-Flottille als weitere Verstärkung der Sicherung vor den Verband, der in den Mittagsstunden die Skagen-Sperre passierte und mit 24 kn seine Fahrt durch den Skagerrak fortsetzte. Um 19.00 Uhr standen die deutschen Schiffe auf der Höhe von Kristiansand-Süd und wenig später mußten die Torpedoboote der Sicherung infolge des schweren Wetters nach Bergen entlassen werden. Von nun an setzten die beiden Schlachtschiffe ihren Marsch nach Norden allein fort. Ihre Aufgabe sollte darin bestehen, den nach Großbritannien bestimmten britischen Geleitzugverkehr im Nordatlantik anzugreifen, ihm Verluste zuzufügen und bei der Royal Navy ein Maximum an Verwirrung und Unordnung zu schaffen, ohne die direkte Konfrontation mit den schweren Einheiten des Gegners zu suchen.

Der ursprüngliche Operationsbefehl umfaßte auch einen koordinierten Vorstoß des Schweren Kreuzers ADMIRAL HIPPER, der von Brest aus operierte. Als Operationsraum der Schlachtschiffe war das Seegebiet nördlich von 30°N vorgesehen, außerhalb der Einsatzräume der U-Boote gelegen. Nach Abschluß der Unternehmung oder im Falle der Notwendigkeit von Reparaturen sollte Adm. Lütjens nach Brest einlaufen. Von der an Bord der Versorgungsschiffe mitgeführten Reservemunition abgesehen, sollten eine volle 28-cm-Dotierung, eine halbe 15-cm-Dotierung und eine volle Flakdotierung – ausreichend für ein Schlachtschiff – nach Trondheim sowie eine volle Dotierung für ein Schiff nach Brest verbracht werden.

Die GNEISENAU während des Unternehmens »Berlin«. (Bundesarchiv)

Die SCHARNHORST in See während des Unternehmens »Berlin«. (Bundesarchiv)

Hauptangriffsziel waren die Geleitzüge, die zangenförmig angegriffen werden sollten, um eine maximale Erfolgschance zu erlangen. Es wurde angenommen, daß sich schwach gesicherte Geleitzüge beim Herankommen der Schlachtschiffe zerstreuen würden. Daher mußte es das Ziel sein, so viele Handelsschiffe wie möglich erheblich zu beschädigen, so daß sie später in Ruhe versenkt werden könnten, wenn keine sich bewegenden Ziele mehr übrig waren. Auf keinen Fall sollten Versenkungen durch Rettungsdienste verzögert werden. Einzelfahrer könnten versenkt werden, vorausgesetzt, die Hauptaufgabe würde hierbei nicht vernachlässigt. Wertvolle Schiffe sollten aufgebracht und als Prisen nach Westfrankreich eingebracht werden. Die Annäherung an Einzelfahrer müßte mit vorn und achtern auf den Gegner gerichteten Geschützen unter dem »White Ensign«, der britischen Kriegsflagge, erfolgen. Besondere Aufmerksamkeit sollte der Suche nach Geheimsachen – Signal- und Kodebücher, Dienstanweisungen und andere Dokumente – gewidmet werden; besonders erwünscht wäre eine Kopie der Gezeitentabellen des Jahres 1941 für die Britischen Inseln.

Zwei schnelle Troßschiffe, die UCKERMARK (ex-ALTMARK) und die DITHMARSCHEN (später durch die ERMLAND ersetzt), sowie acht Begleittanker standen für das Unternehmen zur Verfügung: ADRIA, FRIEDRICH BREME, THORN, SCHLETTSTADT, HEIDE, ESSO HAMBURG, WEISSENBURG und SPICHERN.

In den frühen Morgenstunden des 30. Dezember 1940 verursachten die schweren Wetterbedingungen beim Anmarsch für einen unbemerkten Durchbruch in den Atlantik den Schiffen einiges an Problemen. Eine lange, schwere Dünung mit Wind aus WNW in Stärke 6 (direkt von Steuerbord vorn und später von Backbord vorn) warf riesige grüne Seen über den Bug der Schiffe herein; sie ließen die vorderen Türme wie Felsen im mittleren Gezeitenstrom herausragen. Schaum und Gischt durchnäßten das Brückenpersonal trotz mehrerer Schichten wasserdichter Kleidung. Erneut zeigte sich bei den Schlachtschiffen die »Nässe« des Vorschiffs. Das Flaggschiff war um 0,87 m vorlastig getrimmt und selbst bei leichtem Seegang und geringer Dünung waren die Brückenfenster durch von vorn überkommende Seen bereits von Nässe bedroht. Infolge des schweren Wetters mußte die Geschwindigkeit im Verlaufe des Tages zunehmend herabgesetzt werden. Dies führte vom Zeitplan her zu Verzögerungen und damit zum Verlust kostbarer Zeit. Ausguckhalten war unmöglich und die Schiffe fuhren nahezu blind. Weit ernster war jedoch, daß die GNEISENAU trotz Fahrtverringerung auf nur 15 kn schwere Seeschäden erlitt. Das Backdeck über der Abteilung XXI wurde eingedrückt und es kam zu einem Wassereinbruch. Außerdem rissen verschiedene Unterzüge und Decksbalken wurden seitlich geknickt oder durchgedrückt. Bei Turm A traten durch die mangelnde Wasserdichtigkeit die alten Probleme auf: gerissene Luftsäcke, leckgeschlagene Periskope und Wassereinbruch durch die Kartuschauswurfklappen. Die empfindliche Turmelektrik fiel aus und bald stand der Turm außen wie innen unter Wasser.

Beide Schiffe erhielten von der Flotte den Befehl, das Heizöl in den Vorpiekbunkern zuerst zu verbrauchen, um den Bug zu heben. Doch um 04.15 Uhr am 30. Dezember 1940 wies Adm. Lütjens die beiden Kommandanten an, in den Schutz des Korsfjords bei Bergen einzulaufen. Dort beabsichtigte er, die Luftsäcke zu ersetzen und andere notwendige Reparaturen durchzuführen. Glücklicherweise wurde die SCHARNHORST infolge der umfangreichen Verstärkungen unter der

Back nach der letzten Unternehmung kaum durch Seeschäden beeinträchtigt.[179] In der Kalvesnæs-Bucht im Hjeltefjord nördlich von Bergen warfen die Schiffe um 12.54 Uhr Anker. Doch nicht nur die genannten Seeschäden waren zu verzeichnen, sondern an Bord der GNEISENAU waren auch die beiden Funkmeßortungsgeräte und das S-Gerät ausgefallen – kein gutes Omen für den gefährlichen Ausbruch in den Atlantik. Auch die SCHARNHORST wurde wieder von ihrem alten Leiden heimgesucht: Maschinenhavarien. Der Hauptkondensator der Mittelmaschine wurde als versalzen gemeldet. Eine Reparatur war nicht vor Ablauf von voraussichtlich 48 Stunden möglich.

Nichtsdestoweniger gingen die Schiffe um 17.00 ankerauf, da Adm. Lütjens beabsichtigte, nach Norden zu marschieren und Trondheim anzulaufen. Dort sollte GNEISENAU in drei Tagen die erforderlichen Reparaturen durchführen, während SCHARNHORST in arktischen Gewässwern eine Wartestellung zu beziehen hatte. Doch die Skl. hatte inzwischen anders entschieden und befahl über die Gruppe Nord den Rückmarsch der Schiffe nach Kiel. Das Unternehmen sollte abgebrochen werden, da die durch das schwere Wetter und die erlittenen Seeschäden verursachten Verzögerungen bedeuteten, daß die Island-Färöer-Enge nicht in der Dunkelheit passiert werden könnte. Sowohl das Troßschiff DITHMARSCHEN als auch der Begleittanker ADRIA erhielten ebenfalls den Rückruf nach Trondheim. In den Abendstunden des 2. Januar 1941 machten die GNEISENAU in Gotenhafen und die SCHARNHORST in Danzig-Neufahrwasser bei Gotenhafen fest. Später verlegte die erstere zur Durchführung der notwendigen Reparaturen von Gotenhafen wieder nach Kiel.

Der Abbruch der Unternehmung war für GAdm. Raeder ein harter Schlag, teilweise auch deswegen, weil die Briten nichts davon gewußt hatten, daß die beiden Schlachtschiffe überhaupt ausgelaufen waren. Noch am 21. Dezember hatte die britische Luftbildaufklärung ihre Anwesenheit in Kiel festgestellt, aber der nächste erfolgreich über Kiel durchgeführte Aufklärungsflug fand erst am 10. Januar statt, als die Schiffe nicht mehr dort waren. Am 28. Dezember, dem Tag des Auslaufens, führte das Coastal Command nur wenige Aufklärungsflüge durch; sie dienten hauptsächlich dem Zweck, einen möglicherweise auf dem Rückmarsch befindlichen Handelsstörer (gedacht war an die ADMIRAL HIPPER) festzustellen. Vor dem Eingang zum Skagerrak und auf der Höhe von Bergen fanden jedoch Überwachungsflüge statt, während zwei »Beaufort«-Maschinen der 42. Squadron an der norwegischen Küste aufklären sollten. Diese Flüge wurden allerdings sämtlich am Morgen durchgeführt. Später kam schlechtes Wetter auf und verhinderte weitere Flüge. Die schlechten Wetterbedingungen behinderten in den nächsten Tagen die Einsätze der 18. Group erheblich und hatten daher zur Folge, daß die Bewegungen der beiden Schlachtschiffe unentdeckt blieben.

Die in materieller Hinsicht nicht zufriedenstellenden Eigenschaften der deutschen Kriegsschiffentwürfe wurden erneut schlaglichtartig erhellt: unzuverlässige Maschinenanlagen und die »nassen« Vorschiffe. Zu den Schwierigkeiten beim ersten Versuch der ADMIRAL HIPPER, im September 1940 in den Atlantik auszubrechen, gab es eine enge Parallele. Außerdem brachte der Abbruch des Unternehmens nicht nur das deutsche Versorgungsschiffs-System durcheinander, auf das die in See operierenden Schlachtschiffe angewiesen waren, sondern gefährdete es sogar.

Auch die SCHARNHORST kehrte am 19. Januar 1941 nach Kiel zurück. Dort hatte die GNEISENAU inzwischen ihre Reparaturen abgeschlossen. Daher erhielten beide Schiffe vom Flottenchef den Befehl, so schnell wie möglich für ein neues Unternehmen auszurüsten. Falls erforderlich, sollte die SCHARNHORST angesichts der bedrohlichen Eislage in der Ostsee vor der GNEISENAU nach Norden auslaufen. Tatsächlich hatte GAdm. Raeder in Erwägung gezogen, GNEISENAU anzuweisen, die Restreparaturen in Trondheim durchzuführen, um ein Einschließen des Schiffes im Eis der Ostsee zu verhindern. Dies erwies sich jedoch nicht als durchführbar und schließlich ergab sich, daß die GNEISENAU am 21. Januar seeklar sein konnte, so daß beide Schiffe zusammen in See gehen konnten. Die Eislage im Großen Belt war problematisch, denn immerhin war eine Eisdicke bis zu 30 cm gemeldet worden. Dies würde für den Einsatz der Sperrbrecher Probleme schaffen, denn dadurch entstünde eine Herabsetzung ihrer Leistungsfähigkeit sowie eine Gefährdung ihrer Propeller.

Am 22. Januar 1941 kam der Chef des Stabes der Gruppe Nord zu einer Besprechung mit dem Flottenchef an Bord des Flaggschiffes, um noch einmal die Frage der Zusammenarbeit mit der ADMIRAL HIPPER zu diskutieren. Es ging um das Problem, ob der Schwere Kreuzer – wie ursprünglich vorgesehen – unabhängig von den Schlachtschiffen operieren oder zu ihnen stoßen und mit ihnen gemeinsam operieren sollte. Da sich die ADMIRAL HIPPER bereits in Brest befand, könnte ein Zusammentreffen nur mit Hilfe eines umfangsreichen, aber unerwünschten Funkverkehrs herbeigeführt werden. Zudem müßte die ADMIRAL HIPPER verhältnismäßig frühzeitig in See gehen, und es stand nicht zu erwarten, daß sie unentdeckt bliebe, auch wenn sie nicht aktiv in Erscheinung trat. Die sich hieraus ergebenden britischen Gegenmaßnahmen würden sich auf den gesamten Atlantik auswirken, noch ehe die Flotte zum Angriff käme. Schließlich ergab sich als Entscheidung, der Schwere Kreuzer sollte unabhängig operieren; er bekäme jedoch erst die Freigabe zur Handelskriegführung, wenn die Anwesenheit von Adm. Lütjens' Kampfgruppe erkannt worden war. Er müßte Ablenkungswirkung erzeugen und hätte daher sowohl Einzelfahrer als auch Geleitzüge anzugreifen. Die Möglichkeit eines gemeinsamen Operierens dürfte jedoch nicht außer acht gelassen werden, da sie eine Reihe von Vorteilen einschlösse, darunter auch das Durchkämmen eines größeren Seegebietes, das Vorhandensein stärkerer Kräfte, um einen gefundenen Geleitzug zu vernichten, und die Torpedobewaffnung des Schweren Kreuzers, die von großem Nutzen sein könnte. Der einzige und zugleich auch schwerwiegende Nachteil bestünde im hohen Brennstoffverbrauch der ADMIRAL HIPPER. Doch in diesem Nachteil wurde kein Überwiegen der Vorteile gesehen.

Nach dem Anbordnehmen ihrer Flugzeuge liefen die beiden Schlachtschiffe am Nachmittag des 22. Januar 1941 zu einem zweiten Versuch aus Kiel aus, das Unternehmen »Berlin« durchzuführen. Als Minensicherung diente diesmal der *Sperrbrecher 12* und der Schlepper FÖHN begleitete die Kampfgruppe, um gegebenenfalls im Eis Unterstützung zu leisten. Adm. Lütjens ließ am Abend bei Kjels-Noor ankern. Die Nacht war kalt und es herrschte leichter Frost, aber die Eislage behinderte noch nicht. Am nächsten Tag wurde der Marsch um 06.00 Uhr durch den Großen Belt fortgesetzt. Doch als das Kattegat erreicht war, verschlechterten sich die Eisverhältnisse und der große Eisbrecher CASTOR stieß zum Verband. Um 19.15 Uhr saß der voraus fahrende *Sperrbrecher 12* ostwärts von Anholt im Eis fest. Adm. Lütjens entschloß sich, auf ihn zu verzichten, und setzte den Marsch nach Norden mit 18 kn fort. Der Eisbrecher CASTOR sollte achteraus mit höchstmöglicher Geschwindigkeit folgen, um im Notfall zur Stelle zu sein. Gegen Mitternacht ankerte der Verband 8 sm nördlich von Læsø, um das Eintreffen der Torpedoboot-Sicherung abzuwarten. Das Kattegat war mit großen Eisschollen bedeckt und es wurde zunehmend kälter. Am Abend des 24. Januar 1941 veranlaßten Meldungen über Bewegungen gegnerischer Seestreitkräfte auf der Höhe von Stavanger die Gruppe Nord, den Verband zurückzurufen – in Unkenntnis der Tatsache, daß dieser immer noch vor Anker lag und auf die Torpedoboote wartete. Zwei britische Schiffsgruppen waren etwa 70 sm vor der norwegischen

Küste auf 59°/60° Nordbreite gemeldet worden. Es wurde angenommen, daß sie westlich von Stavanger und vor dem Korsfjord Minen legen sollten. Dementsprechend wurde die Kampfgruppe angewiesen, die norwegische Küste in größerem Abstand als ursprünglich vorgesehen zu passieren.

An nächsten Tag trafen vier M-Boote der 6. M-Flottille ein, aber die Eisverhältnisse verzögerten immer noch das Eintreffen der 1. Torpedoboot-Flottille zur U-Sicherung aus Kristiansand-Süd. Daher blieb Adm. Lütjens weiterhin vor Anker liegen. In seiner Entscheidung bestärkten ihn die vor Südnorwegen in Aussicht gestellten guten Wetterbedingungen, die für ein unentdecktes Passieren des Skagerrak von Nachteil waren. Obwohl die britische Admiralität vom Auslaufen des deutschen Verbandes noch keine direkte Kenntnis besaß, hatten geheimdienstliche Quellen bereits am 19. Januar 1941 auf Schiffsbewegungen entlang der norwegischen Küste hingewiesen und gemeldet, daß am 21. Januar Einheiten eines unbekannten Schiffstyps den Befehl erhalten hätten, an diesem Tag von Helgoland nach Bergen zu verlegen. Das hatte die Durchführung von Aufklärungsflügen zur Folge, wobei die zwischen Bergen und Stavanger erfolgte Aufklärung das Unternehmen »Berlin« hätte beeinträchtigen können. Am Abend des 25. Januar unterrichtete jedoch der geheime Marinenachrichtendienst das Coastal Command, Agenten in Dänemark hätten zwei schwere Einheiten, vermutlich SCHARNHORST und GNEISENAU, beim Passieren von Nyborg um 11.00 Uhr am 23. Januar im Großen Belt beobachtet. Trotzdem die Meldung schon Tage alt war, verschafften die eingetretenen Verzögerungen, ehe die deutschen Schiffe das Kattegat verlassen konnten, der RAF auf diese Weise die Möglichkeit, sie festzustellen.

Nach dem Eintreffen von nur zwei T-Booten als U-Sicherung trat Adm. Lütjens mit seinem Verband schließlich am 25. Januar 1941 um 11.00 Uhr den Weitermarsch an und passierte um 12.20 Uhr die Skagen-Sperre. Um 19.30 Uhr befand sich Kap Lindesnes querab und um 23.14 Uhr änderte die Kampfgruppe Kurs auf 320°. Die Sicherung bildete nur noch das Torpedoboot FALKE. Das zweite T-Boot, *T 10*, mußte etwa fünf Stunden vorher infolge von Kesselspeisewasserproblemen nach Kristiansand-Süd entlassen werden. Flugzeuge der RAF flogen Luftbildaufklärung über Bergen, Stavanger und Haugesund, aber infolge des allgemein schlechten Wetters fielen die meisten Überwachungsflüge des Coastal Command aus und auch über dem Zugang zum Skagerrak fanden keine Flüge statt. Um 03.00 Uhr am 26. Januar passierten die Schlachtschiffe Utsira und etwa anderthalb Stunden später entließ Adm. Lütjens auch die FALKE nach Bergen. Von nun an setzten die schweren Einheiten ihren Marsch allein fort.

An diesem Tage besserten sich die Flugbedingungen und sämtliche standardmäßigen Überwachungsflüge des Coastal Command wurden durchgeführt. Doch sie kamen allesamt zu spät, um die deutschen Schiffe noch zu sichten. Die »Blenheim« D der 254. Squadron führte den nördlichsten Überwachungsflug mit der Kodebezeichnung »Trost« zwischen Kap Stadlandet und Trondheim durch. Sie flog fast in Sichtweite der deutschen Kampfgruppe, aber dann tauchten gegnerische Jäger auf, und sie mußte Zuflucht in einer Wolke suchen. Infolge fehlenden Wolkenschutzes mußte dieser Flug später abgebrochen werden. Weitere britische Vorsichtsmaßnahmen umfaßten die Luftüberwachung vor dem Eingang zur Dänemarkstraße durch die 98. Squadron aus Kaldadarnes/Island und der Island-Färöer-Enge durch »Sunderland«-Flugboote der 201. Squadron. Bereits früher eingegangene geheimdienstliche Meldungen veranlaßten auch den C-in-C der Home Fleet, Admiral Tovey, seine Streitkräfte in Erwartung eines Ausbruchs deutscher Großkampfschiffe in den Atlantik entsprechend zu stationieren. Zwei Kreuzer liefen aus, um die Westseite der Island-Färöer-Enge zu überwachen, und als Folge der eindeutigen Sichtung von Adm. Lütjens' Verband im Großen Belt ließ Admiral Tovey um Mitternacht am 25./26. Januar 1941 auch noch die Home Fleet in See gehen. Diese bestand aus RODNEY, NELSON, REPULSE, acht Kreuzern und elf Zerstörern. Sie sollte eine Warteposition südlich von Island einnehmen, von wo aus die beiden möglichen Ausgänge in den Atlantik abgedeckt werden konnten.

Adm. Lütjens setzte inzwischen den Marsch nach Norden fort und besaß kaum eine Vorstellung von den britischen Gegenmaßnahmen, da die letzte, ergebnislose Meldung der Luftwaffe von 20.37 Uhr am 25. Januar 1941 stammte, ehe die Home Fleet aus Scapa Flow ausgelaufen war. Die eingeschifften B-Dienstgruppen meldeten keinen auffälligen Funkverkehr. Dies weckte die Hoffnung, daß die in See stehende Kampfgruppe noch immer unentdeckt war. Das Unternehmen schien planmäßig voranzuschreiten. Die Gruppe Nord hatte die Begleittanker SPICHERN (25. Januar), SCHLETTSTADT (16. Januar), ESSO HAMBURG (17. Januar) und FRIEDRICH BREME (22. Januar) von westfranzösischen Häfen aus in die Versorgungsgebiete in Marsch gesetzt, während die ADRIA weit im Norden auf Warteposition stand. Wettermeldungen und -vorhersagen ließen im West- und Südteil der Island-Färöer-Enge günstige Bedingungen erwarten. Doch die Eisverhältnisse in der Dänemarkstraße waren nicht bekannt, da das Troßschiff UCKERMARK, das dort unterwegs war, sich noch nicht gemeldet hatte. Die Schlachtschiffe hatten ausreichend Brennstoff, um – falls erforderlich – entweder Brest oder Trondheim zu erreichen. Daher entschloß sich Adm. Lütjens, den Marsch nach Norden bis zum Planquadrat AF 1563[180] (vorgesehenes Eintreffen: 04.00 Uhr am 27. Januar) fortzusetzen, um dann je nach Wetterlage die Durchbruchsroute zu wählen. Nach dem Erreichen dieser Position entschied Adm. Lütjens, sofort südlich von Island durchzubrechen, ohne erst aus dem Begleittanker ADRIA Brennstoff zu ergänzen. Demgemäß befahl er am 27. Januar 1941 um 04.00 Uhr eine Kursänderung auf 214°, als die Kampfgruppe bereits nordostwärts von Island stand. Die Fliegererkennungszeichen (rote Turmdecken und »Hakenkreuz« auf der Back) wurden überstrichen.

Erst am frühen Nachmittag erhielt Adm. Lütjens eine Warnung der Gruppe Nord vor einer englischen Einheit südlich von Island. Dies führte zur Annahme, daß es sich lediglich um einen patrouillierenden Kreuzer handelte. Admiral Tovey hatte inzwischen tatsächlich seine Streitkräfte geteilt; ein Teil war zur Brennstoffergänzung nach Scapa Flow entlassen worden. Doch noch immer war Adm. Lütjens nicht bekannt, daß ihm starke Seestreitkräfte den Weg in den Atlantik versperrten. Um Mitternacht am 27./28. Januar 1941 marschierte die deutsche Kampfgruppe auf Kurs 234° mit 27 kn Fahrt im Abstand von 60 sm entlang der Südostküste Islands. Trotz der günstigen Wettervorhersagen waren die Verhältnisse alles andere als ideal. Wind und See waren schwach, die Nacht hell und klar mit guter Sicht und am Himmel zuckten Nordlichter. In diesem kritischen Moment führten technische Probleme im engsten Teil der Island- Färöer-Enge zum Ausfall des Funkmeßgerätes auf dem Flaggschiff.

Um 06.00 Uhr meldete der Ausguck der GNEISENAU an Steuerbord querab einen Schatten. Adm. Lütjens ließ den Kurs um 80° nach Backbord ändern. Kurze Zeit später zeigte sich ein zweiter Schatten an Backbord voraus, vermutlich ein Kreuzer. Um 06.18 Uhr, gerade als das FuMO 22 der GNEISENAU wieder repariert war, ortete das Funkmeßgerät der SCHARNHORST in Schiffspeilung 230° in einer Entfernung von 14.400 m ein großes und vier kleine Ziele. Auf diese Sichtungen hin erging der Befehl: »Klarschiff zum Gefecht!« Der Flottenchef ließ die Fahrt auf 30 kn steigern und ging auf Gegenkurs, um auf Kurs 090° vom Gegner abzulaufen. Das zuletzt gesichtete Schiff wurde als ein Zerstörer der »Tribal«-Klasse oder ein Leichter Kreuzer der D-Klasse an-

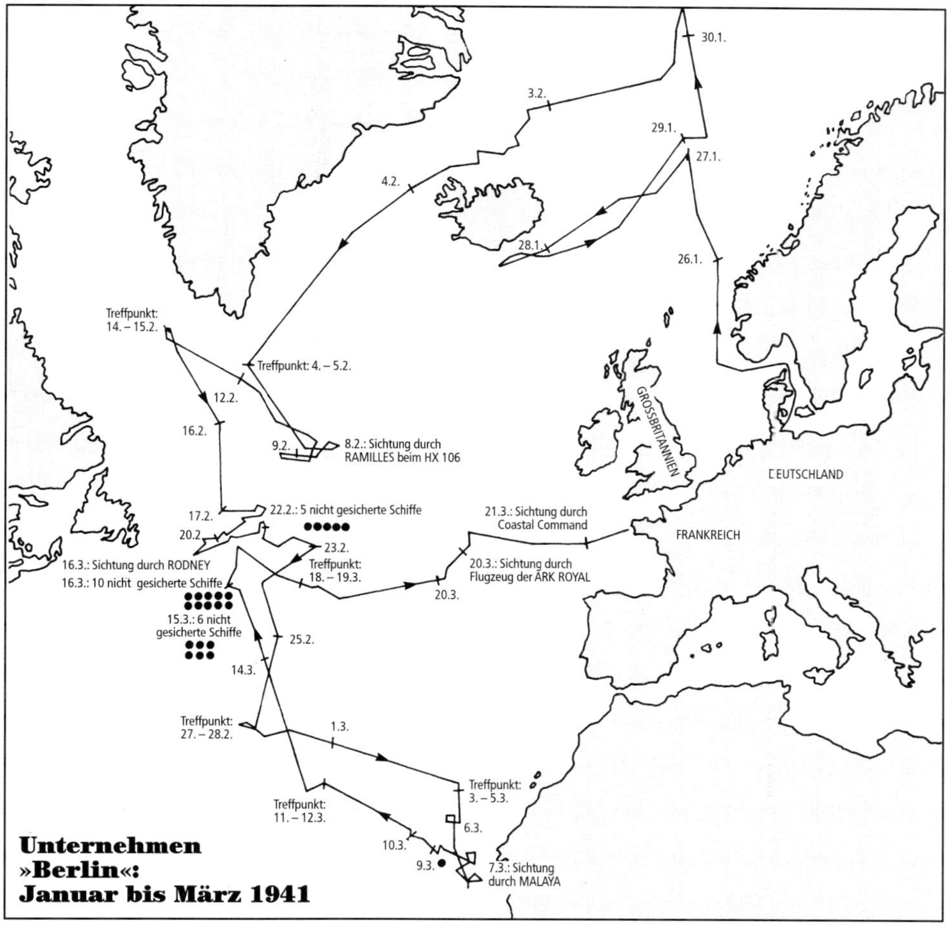

Unternehmen »Berlin«: Januar bis März 1941

gesprochen. Schwarzqualmend liefen die deutschen Schiffe nach Osten ab. Ein Befehl zur Feuereröffnung auf den Fühlungshalter – es war der Flakkreuzer NAIAD der DIDO-Klasse – wurde nicht erteilt, da durch das Abdrehen auch die achteren Türme der Schiffe nicht mehr zum Tragen kamen.

Die NAIAD hatte die deutschen Schiffe gesichtet, drehte zum Fühlunghalten heran und setzte eine Sichtmeldung ab. Daraufhin befahl Admiral Tovey seinen schweren Einheiten, die Verfolgung aufzunehmen, und seinen Kreuzern, die Fühlung aufrechtzuerhalten. Auch das Coastal Command wurde in Alarmbereitschaft versetzt. Die zur Überwachung bereits in der Luft befindlichen »Sunderland«-Flugboote (Maschine Y der 201. sowie die Maschinen E und F der 204. Squadron) wurden in Kenntnis gesetzt und auf die Position des Gegners eingewiesen, während die 98. Squadron weiterhin die Dänemarkstraße überwachte. Jedoch alles war vergebens, denn die NAIAD verlor die Fühlung und Adm. Lütjens gelang es, sich aus einer möglicherweise bedrohlichen Lage zurückzuziehen. Seine besondere Besorgnis galt der Nähe der isländischen Küste, die seinen Raum zum Manövrieren beschränkte, und der möglichen Anwesenheit von Zerstörern, deren Torpedos seinen Schiffen gefährlich werden könnten. Von der Situation in Scapa Flow gab es kein klares Bild, und es mußte angenommen werden, daß die Home Fleet in See stand. Doch ihre Position war nicht bekannt. Die B-Dienstgruppen meldeten aus dem Abhören des gegnerischen Funkverkehrs keine allgemeine Alarmierung. Daher entschloß sich Adm. Lütjens letztlich, einen östlichen Kurs einzuschlagen, um sich von den Fühlungshaltern zu lösen und aus der ADRIA Brennstoff zu ergänzen, ehe er einen erneuten Durchbruchsversuch unternahm. Zunächst neigte er dazu, einen Süd- oder Südwestkurs einzuschlagen, um die Überwachungslinie an ihrem südlichen Ende zu umgehen und dort in den Atlantik auszubrechen, aber er kam hiervon durch die Tatsache wieder ab, daß er bei Tageslicht durch gegnerische Schiffe und Flugzeuge aller Wahrscheinlichkeit nach entdeckt werden würde. Er lief daher mit seiner Kampfgruppe weit nach Norden in arktische Gewässer ab, während die Home Fleet nach Scapa Flow zurückkehrte.

Der Ausguck der GNEISENAU meldete um 13.30 Uhr am 28. Januar 1941 die Sichtung eines »Sunderland«-Flugbootes. Deren Funksignale führten zu der Annahme, daß die Kampfgruppe gesichtet worden wäre. Die Fla-Geschütze wurden besetzt, aber ein Angriff erfolgte nicht – die Maschine hatte die deutschen Schiffe nicht entdeckt –, und so setzten die Schiffe ihren Marsch zum Treffpunkt mit der ADRIA fort. Am 28. Januar kurz vor Mitternacht erhielt Adm. Lütjens die Bestätigung, daß seine Schiffe von der NAIAD gesichtet worden waren, als ihm die Gruppe Nord den Inhalt ihrer aufgefangenen Feindmeldung übermittelte: »Zwei verdächtige Schiffe gesichtet 8184AE, Kurs 60° bzw. 70°.« Donibristle hatte den Funkspruch wiederholt und zwei Flugzeuge waren gestartet, um die deutschen Schiffe zu suchen. Am 29. Januar 1941 gegen Abend fing die Temperatur schnell an zu fallen: zunächst auf –7°C, dann auf –12°C und in den Morgenstunden des folgenden Tages auf -15°C. Die Sichtigkeit verschlechterte sich, immer wieder zogen Schneeböen vorüber und es herrschte eine lange Dünung. Schließlich wurde die ADRIA am 30. Januar mit Funkmeßortung gefunden. Beide Schiffe ergänzten Brennstoff, wobei sich die Übernahme aufgrund der Wetterverhältnisse schwierig gestaltete. Erst am 2. Februar 1941 kurz vor Mittag wurde der Tanker nach Trondheim entlassen. Adm. Lütjens hatte sich bereits entschieden, die Insel Jan Mayen südlich zu passieren und den Atlantik durch die Dänemarkstraße zu erreichen. Verglichen mit dem letzten Versuch ergab sich jetzt das genaue Gegenteil. Es kamen keine die Dänemarkstraße überwachenden Kriegsschiffe in Sicht und die veralteten »Battle«-Maschinen der 98. Squadron wurden durch das schlechte Wetter am Boden festgehalten. Gegen Abend am 4. Februar hatten SCHARNHORST und GNEISENAU den freien Atlantik erreicht und am nächsten Tag trafen sie auf dem vereinbarten Treffpunkt den Begleittanker SCHLETTSTADT und übernahmen Brennstoff. Die Ölübernahme war am Vormittag des 5. Februar beendet und Adm. Lütjens setzte die Unternehmung fort, um auf den gemeldeten Geleitzug HX 108 zu operieren. (Die Einzelheiten über Geleitzüge und ihre Routen stammen aus dem Kriegstagebuch der ADMIRAL HIPPER.) Am Morgen des 7. Februar wurde die SCHARNHORST detachiert, um abgesetzt zur Erweiterung des Suchgebietes einen eigenen Aufklärungsstreifen zu bilden. Die nunmehr für die operative Führung zuständige Gruppe West gewährte Unterstützung, indem sie die von der Prise STORSTAD stammenden Erkenntnisse über Geleitzüge, Zerstreuungspunkte und geheime Positionen mitteilte. Die lange, hohe Atlantikdünung brachte für den Borddienst Schwierigkeiten, und auf beiden Schiffen mußten sogar die 15-cm-Einzellafetten gesichert werden. Gegen Abend trafen beide Schiffe wieder zusammen, um die Suche am nächsten Tag fortzusetzen.

Am 8. Februar 1941 faßte das Funkmeßortungsgerät der GNEISENAU um 06.18 Uhr an Steuerbord ein Schiff auf, dem in einer Entfernung von 35.000 m rasch ein zweites folgte. Obwohl beide zunächst für Einzelfahrer gehalten wurden, erging trotzdem der Befehl zum Beziehen der Gefechtsstationen. Optisch kam die erste Mastspitze vom Vormars aus erst um 08.35 Uhr im Südwesten in Sicht, der rasch weitere folgten. Offensichtlich handelte es sich um einen Geleitzug. GNEI-

SENAU setzte die Annäherung fort, bis der Vormars einen »dicken« Mast meldete – möglicherweise ein Kriegsschiff –, um anschließend vor dem Geleitzug nach Süden zum Angriff auszuholen. Um 08.59 Uhr unterrichtete Adm. Lütjens die SCHARNHORST: »Feind steuert 45°. Beabsichtige, von Süden anzugreifen, erwarte Ihr Eingreifen von Norden her 10.30 Uhr.« Zwei Minuten später geriet der Geleitzug außer Sicht des Flaggschiffes. Inzwischen hatte die SCHARNHORST ihre Fahrt auf 20 kn gesteigert und Kurs auf die gemeldete Position des Geleitzuges genommen. Um 09.47 Uhr kam in Peilung 350° auf eine Entfernung von 28.500 m ein Schiff in Sicht.

Immer noch herrschte eine langgestreckte hohe Dünung mit guter Sicht, die gelegentlich durch Regenböen unterbrochen wurde. Dies machte die Hoffnung auf eine unentdeckte Annäherung zunichte. Eine Minute später wuchsen noch mehr Mastspitzen über den Horizont, und es schien ziemlich wahrscheinlich, daß ein großer Erfolg zu erwarten war. Sehr schnell wurde jedoch erkannt, daß ein Kriegsschiff am Geleit stand. Es wurde als RAMILLES identifiziert, ein 1917 fertiggestellter Veteran, aber nichtsdestoweniger ein mit acht 38,1-cm-Geschützen bewaffnetes Schlachtschiff. Seine Aufgabe bestand darin, den Geleitzug HX 106 (nicht HX 108, wie auf deutscher Seite angenommen wurde) vor Handelsstörern wie der SCHARNHORST zu schützen. Auch die RAMILLES sichtete das deutsche Schiff, ging mit der Fahrt auf 15 kn herauf und machte Klarschiff zum Gefecht. KptzS. Hoffmann, der Kommandant der SCHARNHORST, ergriff jetzt aus eigenem Ermessen eine gefährliche Initiative. Er drehte auf den Gegner zu, bis dieser ihn als deutsches Schiff erkannte, und ging dann mit der Absicht auf Gegenkurs, das britische Schlachtschiff vom Geleitzug abzuziehen, damit dieser für den Angriff der GNEISENAU von Süden her ungeschützt war. KptzS. Hoffmann hatte offensichtlich den dicken Rauch, der dem Schornstein der RAMILLES entquoll, als diese die Geschwindigkeit steigerte, als Anlaß dazu gesehen. Sein Plan schlug jedoch fehl; denn um 10.04 Uhr erteilte Adm. Lütjens schweren Herzens den Befehl, den Angriff abzubrechen, nachdem er um 09.59 Uhr die Sichtmeldung der SCHARNHORST erhalten hatte.[181] Weder die SCHARNHORST noch die RAMILLES eröffneten das Feuer, als der Geleitzug zum Ausweichmanöver hart nach Steuerbord abdrehte – möglicherweise direkt in die Geschütze der GNEISENAU hinein. Statt dessen zog sich die SCHARNHORST befehlsgemäß zurück und verlor das britische Schlachtschiff etwa 40 Minuten nach der ersten Sichtung in einer Regenbö außer Sicht. Auf diese Weise rettete das alte Schlachtschiff seinen Geleitzug vor der sicheren Vernichtung – und damit zahlte sich nicht zum erstenmal das Handeln der britischen Admiralität aus, diese veralteten Kriegsschiffe einzusetzen.

Über das eigenmächtige Verhalten des Kommandanten der SCHARNHORST war Adm. Lütjens sehr aufgebracht und äußerte sein »schärfstes Mißfallen« gegenüber der Mißachtung bestehender Befehle. Nach seiner Interpretation des Operationsbefehls hätte die SCHARNHORST beim Erkennen des britischen Schlachtschiffes sofort abdrehen müssen, wie es die allgemeine Weisung vorsah: »Kampf mit gleichwertigem Gegner ist zu vermeiden, worunter auch *Gefecht beider Schlachtschiffe gegen nur einen* feindlichen Schlachtkreuzer (38 cm) fällt.« Damit entspräche KptzS. Hoffmanns Verhalten weder seinen eigenen Absichten noch den Weisungen des Operationsbefehls. KptzS. Hoffmann argumentierte, daß die im Operationsbefehl enthaltene Weisung lediglich die übliche Aussage des Inhalts darstelle, daß ein *Kampf* mit einem gleichwertigen Gegner zu vermeiden sei und daß Adm. Lütjens' Interpretation den Handlungsspielraum zu weit einschränke, um die gestellte Aufgabe erfolgreich zu erfüllen. Immerhin fühlte er sich verpflichtet zu versichern, daß er nicht die Absicht gehabt hätte, dem Befehl zuwiderzuhandeln. Adm. Lütjens rügte ihn auch, sich dem Geleitzug zu früh genähert zu haben; er hätte 10.30 Uhr befohlen, wohingegen die SCHARNHORST bereits um 09.50 Uhr am Geleitzug aufgetaucht wäre. KptzS. Hoffmann begegnete dieser Kritik mit dem Hinweis, daß die vermutete Position des Geleitzugs etwa acht Seemeilen südlich von seiner wirklichen entfernt gewesen wäre. Dies hätte zu einer frühzeitigeren Sichtung geführt. Die Antwort seines Flottenchefs, als offener Blinkspruch übermittelt, stellte lapidar fest: »Fordere dringend von Ihnen, sich in Zukunft strikt an meine Befehle zu halten!« Keine sehr gute Grundlage, um schwierige Operationen zu beginnen[182] Tatsächlich zeitigte dieser Vorfall keine Auswirkungen; denn die RAMILLES hatte lediglich ein verdächtiges Schiff gesichtet und als einen Kreuzer gemeldet, möglicherweise der HIPPER-Klasse. Dies paßte gut in die Vorstellungen der britischen Admiralität hinsichtlich der Handelsstörer-Situation. Sie rechnete mit einem Handelsstörer auf dem Rückmarsch nach Deutschland. Die Folge dieser Einschätzung war das Abziehen der Home Fleet nach Norden in den Bereich des südlichen Zugangs zur Dänemarkstraße – und damit weit von Adm. Lütjens' Kampfgruppe entfernt.

So trafen SCHARNHORST und GNEISENAU wieder zusammen, ohne einen Erfolg aufweisen zu können, um das Durchkämmen des Atlantik in der Hoffnung fortzusetzen, einen Geleitzug zu finden, der den Anforderungen des Operationsbefehls präzise entsprach. Die lange atlantische Dünung setzte den deutschen Schiffen weiterhin zu und die Bedingungen an Bord waren sehr ungemütlich. Am 9. Februar 1941 gewährte ein Funkspruch der Gruppe West der ADMIRAL HIPPER Operationsfreiheit, um von den Schlachtschiffen abzulenken und der britischen Seite den Eindruck zu vermitteln, der gesichtete Handelsstörer stünde jetzt auf der Nord-Süd-Route. Adm. Lütjens hatte inzwischen zwei Tage lang erfolglos mit seiner Kampfgruppe auf den gemeldeten SC 22 operiert und überlegte sich nun seinen nächsten Schritt. Er erwartete, daß die Sichtmeldung der RAMILLES zu einer Verstärkung der Geleitsicherung bei den nächsten HX-Geleitzügen führen und daß sich das Auftreten der ADMIRAL HIPPER auf die Dispositionen des Gegners auswirken würde, sobald ihre Anwesenheit bekannt war.

Daher entschloß sich Adm. Lütjens am 10. Februar 1941, die Suche abzubrechen und die Auswirkungen des Angriffs der ADMIRAL HIPPER gegen den gemeldeten Geleitzug HG 53 (tatsächlich der SLS 64) auf der Nord-Süd-Route zu analysieren, ehe er sich erneut der HX-Route zuwandte. Der Verbleib der Home Fleet war unbekannt und die Position der in Gibraltar stationierten Force H war ein ständiger Anlaß zur Besorgnis. (Die Beschießung Genuas am 9. Februar durch die gesamte Force H schuf zu diesem Zeitpunkt etwas Klarheit.) Der gegen Abend aufgenommene Funkspruch der ADMIRAL HIPPER teilte deren Absicht mit, gegen Mittag des nächsten Tages den HG 53 anzugreifen. Inzwischen steuerte die deutsche Kampfgruppe mit 23 kn auf Nordkurs den Treffpunkt »Blau« an. In diesem Versorgungsraum, abseits der Schifffahrtswege am Ausgang der Davisstraße in der Labrador-See westlich des grönländischen Kap Farvel gelegen, warteten die Begleittanker SCHLETTSTADT und ESSO HAMBURG.

Ein kräftiges atlantisches Tief verhinderte ohnehin alle offensiven Operationen. Als die Schlachtschiffe in den Nordweststurm hineinliefen, sank die Temperatur auf -4°C und es fing an zu schneien. Am Morgen des 12. Februar hatte sich das Wetter noch weiter verschlechtert und die Geschwindigkeit mußte zur Vermeidung von Seeschäden auf nur 7 kn herabgesetzt werden. Die Besorgnisse von Adm. Lütjens bezüglich des Verbleibs der gegnerischen Seestreitkräfte wurden in gewisser Weise durch die Nachricht abgeschwächt, daß sich die Force H in Gibraltar befand. Zudem konnte die Nachricht von den Erfolgen der ADMIRAL HIPPER gegen den SLS 64 nur sein eigenes Verlangen nach Erfolgen steigern.

Der französische Dampfer MYSON (4564 BRT), unterwegs nach Georgetown, bläst Dampf ab, um zu stoppen. (IWM)

Das Wetter verschlechterte sich weiter und gab hinsichtlich Seeschäden zu ernster Sorge Anlaß. Letztere war so groß, daß der Flotteningenieur Krux dem Flottenchef vorschlug, auf einen anderen Kurs zu gehen, um die Gefahr von Seeschäden zu verringern. Die Schiffe rollten bis zu 50°, daß die Deckseiten unterschnitten. Auf Fragen aus dem Stab des Flottenchefs betonte der Flotteningenieur seine Besorgnis hinsichtlich des Rollens, das seiner Auffassung nach so stark war, daß die Möglichkeit des Verformens oder Brechens von Längsverbänden nicht auszuschließen wäre. Die Schläge und Erschütterungen durch die Kopfseen würden ihn nicht so sehr beunruhigen. Das Gefüge des Turms B hätte sich bereits bewegt und einen 1 - 2 mm breiten Riß im Aufbaudeck hinterlassen, wodurch es zu einem größeren Wassereinbruch ins Schiffslazarett gekommen wäre. An Bord der SCHARNHORST waren infolge Wassereintritts die meisten 10,5-cm-Geschütze ausgefallen und ein ähnliches Bild boten die Artillerieschalt- und Feuerleitsysteme.

Um 20.00 Uhr wehte der Nordweststurm in Stärke 8–10 und große, steile Seen brachen über die Schiffe herein. Die rollende Dünung erzwang ein weiteres Herabsetzen der Geschwindigkeit auf nur noch 5 kn. Bei dieser Fahrtstufe erwiesen sich die Schiffe als kaum mehr steuerfähig und eine Fahrterhöhung um einen Knoten mußte hingenommen werden. Um 22.32 Uhr befahl Adm. Lütjens einen neuen Kurs, der ihren Bug gegen Wind und See richtete. Infolgedessen ließ das Rollen nach und die Schiffsbewegungen wurden ruhiger, aber der Bug setzte weiterhin hart in die See ein und grüne Seen überfluteten die vorderen Türme. Auch am folgenden Tag, dem 13. Februar 1941, trat keine nennenswerte Wetterbesserung ein; im Gegenteil, mit dem Ende der Vormittagswache erreichte der Sturm Stärke 10 und wuchs sich zu einem schweren Sturm mit Stärke 11 aus. Ständige Schnee- und Hagelschauer ließen das Wachegehen zu einer ununterbrochenen Leidenszeit werden. Gegen Ende des Vormittags begann die See etwas ruhiger zu werden, und die Schiffe arbeiteten nicht mehr ganz so hart. Am Abend konnte mit der Fahrt auf 10 kn heraufgegangen werden. Die Wetterbesserung setzte sich in den 14. Februar hinein fort, aber als die Schiffe weiter nach Norden gelangten, wurde es auch zunehmend kälter und auf den Aufbauten begann sich Eis zu bilden. Das Thermometer zeigte -4°C an. Im Versorgungsraum war die Dünung fast ganz verschwunden. Dies erleichterte die Ölübernahme. Um 08.47 Uhr ortete das Funkmeßgerät den ersten Tanker und etwa zehn Minuten später auch den zweiten. GNEISENAU versorgte aus der SCHLETTSTADT und ihr Schwesterschiff aus der ESSO HAMBURG.

Adm. Lütjens beabsichtigte nunmehr, wieder nach Süden zu marschieren – in Richtung auf sein im Süden stehendes Troßschiff, die UCKERMARK, um sie mit dem Kode für Wettermeldungen auszustatten. Bis zum 17. Februar 1941 wollte er mit seinen Schiffen auf einer Position stehen, um erneut die HX-Geleitzugrouten zu bedrohen. Sein erstes Ziel war der seit fünf Tagen in See stehende Geleitzug HX 111, den er etwas westlicher als 45°W anzutreffen hoffte. Über die Schlachtschiffsicherung an diesen Geleitzügen lagen dem B-Dienst keine klaren Informationen vor; sie wurde jedoch erst bei 40°W erwartet. Agentenmeldungen aus Kanada hatten berichtet, daß die kanadische 3. Division mit ihrer gesamten Ausrüstung Mitte Februar nach Europa eingeschifft werden sollte, und aus diesem Grunde wurde angenommen, daß sich der Schlachtkreuzer REPULSE als vorgesehene Sicherung in kanadischen Gewässern aufhielt.

Nach dem Entlassen der Tanker trat die deutsche Kampfgruppe am 14. Februar 1941 kurz vor Mitternacht den Marsch nach Süden an, um auf der Höhe der Neufundland-Bänke zu operieren. Von gelegentlichen Einzelfahrern abgesehen, denen ausgewichen wurde, kam bis zum 22. Februar kein Geleitzug in Sicht. An diesem Tag sichtete das Flaggschiff um 08.35 Uhr Rauchfahnen über dem östlichen Horizont, dem mehrere Masten folgten. Die ursprüngliche Absicht, eines der Arado-Bordflugzeuge zu katapultieren, um festzustellen, ob es sich tatsächlich um einen Geleitzug handelte, erübrigte sich jedoch bald und wurde aufgegeben. Die etwa 500 sm ostwärts von Neufundland gesichteten Schiffe gehörten zu einem kurz zuvor aufgelösten westgehenden Geleitzug. Adm. Lütjens setzte die GNEISENAU und die SCHARNHORST, selbständig aus dem Norden und Süden operierend, auf die verstreut fahrenden und infolge der guten Sicht rasch auseinanderstrebenden Einzelfahrer an. Als ersten Dampfer setzte das Flaggschiff der 3237 BRT großen KANTARA um 10.10 einen Warnschuß vor den Bug. Als das Schiff versuchte zu funken, eröffnete die GNEISENAU gezielt das Feuer und schoß es in Brand. Vierzig Minuten später sank die KANTARA. Auch der zweite Frachter reagierte um 12.21 Uhr auf den Warnschuß des Flaggschiffes nicht und funkte einen »RRR«-Notruf. Bei schnell abnehmender Entfernung eröffneten die 15-cm- und später auch die 10,5-cm-Geschütze das Feuer und die 4689 BRT große TRELAWNY sank um 13.12 Uhr als zweites Opfer.

Inzwischen hatte auch die SCHARNHORST in das Gefecht eingegriffen und versenkte um 13.33 Uhr den in Ballast nach Caracas unterwegs befindlichen Tanker LUSTROUS (6156 BRT). Die GNEISENAU setzte die Suche fort und katapultierte ihr Bordflugzeug, um weitere Ziele aufzufinden. Ihr nächstes Opfer war der kanadische Frachter A.D.HUFF (6219 BRT) aus Montreal; er sank um 16.23 Uhr. Nach dem Wiedereinsetzen der Arado meldete der Flugzeugführer einen weiteren Dampfer in rund 50 sm Entfernung. Er hatte ihn mit Bomben und Bordwaffenbeschuß angegriffen und mehrere Angehörige seiner Besatzung verwundet. Noch ehe die Funkantenne des Dampfers zerriß, konnte er – die 5483 BRT große HARLESDEN – einen »RRR«-Notruf absetzen. Der Flottenchef mißbilligte das Handeln des Flugzeugführers, LtzS. Mechel; seine Aufgabe wäre es gewesen, lediglich ungesehen aufzuklären. Während die SCHARNHORST wieder an das Flaggschiff heranschloß, setzte dieses zur Verfolgung des Dampfers an. Die Dunkelheit brach herein und erst um 21.22 Uhr erfaßte das Funkmeßortungsgerät der GNEISENAU ein Ziel: die HARLESDEN. Nach kurzem Beschuß aus den 15-cm- und 10,5-cm-Geschützen des Flaggschiffes, während sich die SCHARNHORST heraushielt, sank der Frachter um 23.08 Uhr.

Fast alle gestellten Handelsschiffe gaben über Funk »RRR«-Notrufe ab und die Küstenfunkstation Cape Race fing einige dieser Funksprüche auf und wiederholte sie. Auf diese Weise erlangte die britische Admiralität Kenntnis von der Anwesenheit der Handelsstörer vor der nordamerikanischen Küste. Von Halifax aus starteten Aufklärungsflugzeuge, aber die Suche verlief erfolglos. Adm. Lütjens hatte mit seiner Kampfgruppe bereits den Marsch nach Süden fortgesetzt und war zu einem neuen Treffpunkt mit seinen Versorgungsschiffen unterwegs. Am 26. Februar 1941 kam gegen 16.00 Uhr zuerst der Begleittanker FRIEDRICH BREME und kurz darauf auch das Troßschiff ERMLAND eben südlich der Azoren in Sicht und die vier Schiffe blieben zunächst zusammen. FRIEDRICH BREME berichtete, in den fünf Wochen, die das Schiff in diesem Warteraum zugebracht hatte, keinen Schiffsverkehr gesichtet zu haben. Diese Tatsache vermerkte Adm. Lütjens im Kriegstagebuch der Flotte mit dem trockenen Kommentar, daß sicherlich Schiffe passiert hätten; denn trotz der Blinksprüche des Flaggschiffes hätte FRIEDRICH BREME die Schlachtschiffe erst bemerkt, als diese nur noch sechs Seemeilen entfernt gewesen wären! Der Tanker hatte Vorräte und Munition für die ADMIRAL HIPPER an Bord und konnte die Kampfgruppe nur mit Brennstoff versorgen.

Zu diesem Zeitpunkt entschied sich Adm. Lütjens, die Nord-Süd-Geleitzugrouten auf etwa 35°N anzugreifen und zu versuchen, den von Freetown kommenden Geleitzug SL 67 abzufangen. Hierzu mußte er den Treffpunkt spätestens in den Morgenstunden des 28. Februar 1941 verlassen. Sollte sich dies als unmöglich erweisen, dann fiele der Angriff auf den SL 67 aus, von dem er annahm, daß er zu diesem Zeitpunkt bereits auf der Breite der Azoren stehen dürfte; denn dort bestünde beträchtliche Gefahr, daß die Position seiner Kampfgruppe durch Einzelfahrer und neutrale Schiffe kompromittiert werden könnte. In diesem Falle würde er die Suche südlich dieser Inselgruppe in Gang setzen, und falls sich der SL 67 verspätet hatte, könnte er dort noch immer auf ihn stoßen. Er entschloß sich auch, bei Tage angetroffene Einzelfahrer und Gruppen von Schiffen anzugreifen. Zudem hoffte er, südlich von 30°N besseres Wetter anzutreffen, um die Bordflugzeuge der Schiffe einzusetzen.

Die Ölübernahme war um 06.30 Uhr am 28. Februar beendet und im Laufe des Vormittags übernahm die ERMLAND noch 166 Gefangene, während die Kapitäne an Bord der Schlachtschiffe verblieben. Die jüngsten Erfahrungen hatten gezeigt, daß es besser war, sie von ihren Besatzungen getrennt zu verwahren.

Adm. Lütjens steuerte nunmehr mit seinen Schiffen einen südwestlichen Kurs in Richtung Kanarische Inseln. Unterwegs hielt er am 2. März 1941 mit den beiden Kommandanten an Bord des Flaggschiffes eine Besprechung ab, um seine Absichten zu umreißen. Angriffsziel sollten die SL- und SLS-Geleitzüge vor der westafrikanischen Küste sein.[183] Die beiden Schlachtschiffe hatten im Abstand von 40 sm einen Suchstreifen zu bilden. Der Einsatz der Bordflugzeuge würde diesen auf etwa 70 sm vergrößern. Am Abend sollten die beiden Schiffe wieder zusammentreffen und in der Nacht auf Gegenkurs laufen, um den Ausgangspunkt für den Suchstreifen des folgenden Tages zu erreichen. Einzelfahrern war bei Tage auszuweichen; sie sollten aber, abhängig von den Einzelumständen, bei einem Zusammentreffen in der Nacht versenkt werden. Gegnerischen Kreuzern oder Patrouillenfahrzeugen war ebenfalls auszuweichen, um die Position der Kampfgruppe nicht zu offenbaren. Falls von Bord oder vom Flugzeug aus mehrere Einzelfahrer gleichzeitig gesichtet wurden, so legte Adm. Lütjens dar, würde er selbst die Entscheidung für oder gegen ein Angreifen treffen; es könnte sich um Schiffe eines aufgelösten Geleitzuges handeln. Von Schlachtschiffen gesicherten Geleitzügen müßte ausgewichen werden. Wäre eine Kreuzersicherung vorhanden, könnte ein Angriff erfolgen, aber nur auf große Entfernung und unter Ausschaltung der von der Sicherung ausgehenden Gefahr, d.h. aus einer Entfernung über 18.000 m. Diese Besprechung endete kurz nach 12.00 Uhr und die Kampfgruppe setzte weit auseinandergezogen ihren Marsch auf einem westsüdwestlichem Kurs fort. In seinem Verlauf stiegen die Luft- und Wassertemperaturen, es herrschten sonniges Wetter und gute Sicht – auf den Schiffen breitete sich fast eine allgemeine Ferienstimmung aus. Kälte und Sturm des Nordatlantiks und der Dänemarkstraße schienen in weiter Ferne zu liegen!

Das Operationsgebiet, in das nunmehr die Schlachtschiffe verlegten, war auch deutschen U-Booten zugewiesen. Zu diesem Zeitpunkt operierten dort: *U 105, U 106* und *U 124* der Freetown-Gruppe. Auch ein Zusammentreffen mit *Schiff 10,* dem Hilfskreuzer THOR, wurde erwartet. Am 3. März 1941 zogen einige Wolken auf und der Wind nahm etwas zu. Die über der Wasseroberfläche liegende Dunstschicht schränkte die Sichtverhältnisse ein. Unter diesen Umständen erwies sich die Funkmeßortung als außerordentlich wichtig, um gelegentlichen Einzelfahrern auszuweichen. Es blieb warm, aber die hohen Temperaturen stellten bezüglich der Pulver- und Granatkammern eine ständige Quelle der Besorgnis dar. Die Kühlsysteme mühten sich ab, um mit ihnen fertig zu werden. Die Suche westlich der Kanarischen Inseln erwies sich als erfolglos. Trotz umfangreichen Einsatzes der Bordflugzeuge kam kein Geleitzug in Sicht und am 5. März verlegte die deutsche Kampfgruppe ihr Operationsgebiet noch weiter nach Süden. Am Abend dieses Tages wurde ein Funkspruch von *U 124* an den B.d.U. aufgefangen, der zwei Schlachtschiffe mit genauem Standort und Kurs meldete. Da dies die eigene Position war, lief die Kampfgruppe mit hoher Fahrt nach Süden ab, um einen unangenehmen Zwischenfall zu vermeiden! Die Anwesenheit der U-Boote beunruhigte Adm. Lütjens und er entschied, solange nicht in diesem Seegebiet zu operieren, bis die Situation geklärt war.[184] Infolgedessen ging er am 6. März um 00.30 Uhr auf einen direkten Westkurs, um nach der Beruhigung der Lage erneut nach Süden zu marschieren. Am Vormittag sichtete die GNEISENAU die aufgetaucht fahrende *U 124* und tauschte mit dem Boot Informationen aus, ehe sich fünfzehn Minuten später ihre Wege wieder trennten.

Die deutschen Schlachtschiffe setzten die Suche erfolglos fort. Dann sichtete am Vormittag des 7. März 1941 die SCHARNHORST den Geleitzug SL 67 und zählte fünfzehn Schiffe, darunter – bedauerlicherweise – ein Schlachtschiff. Nach dem Eingang der Meldung auf der GNEISENAU befahl Adm. Lütjens der SCHARNHORST, an das Flaggschiff heranzuschließen, und etwa 25 Minuten später sichtete auch der Ausguck im Vormars der GNEISENAU die Mastspitzen des Geleitzuges. Mit Kurzsignal meldete Adm. Lütjens das Sichten des Geleitzuges mit seiner starken Sicherung (Schlachtschiff MALAYA, vermutlich zwei Kreuzer sowie Zerstörer) an die Gruppe West, um die U-Boote der Freetown-Gruppe heranzuführen. Danach setzte sich die GNEISENAU ab, um das Heranschließen ihres Schwesterschiffes abzuwarten. Adm. Lütjens beabsichtigte, bis zur Morgendämmerung des folgenden Tages am Geleitzug in der Hoffnung Fühlung zu halten, daß die U-Boote das britische Schlachtschiff versenken oder zumindest schwer beschädigen könnten. Falls die U-Bootangriffe den Geleitzug zerstreuten, bestünde vielleicht die Möglichkeit, einen Teil davon ohne Schlachtschiffsicherung zu finden. KptzS. Fein, der Kommandant des Flaggschiffes, konnte jedoch keine reale Angriffsgelegenheit erkennen und war der Auffassung, das Operationsgebiet sollte noch weiter nach Süden verlegt werden, da es dort weitere, weniger stark gesicherte Geleitzüge geben könnte. So wies der Operationsbefehl – insbesondere seine Einschränkung, den Kampf mit einem gleichwertigen Gegner zu vermeiden – den Schlachtschiffen lediglich die Rolle von Aasgeiern zu. Der geringste Hinweis auf die Anwesenheit des ältesten gegnerischen Schlachtschiffes veranlaßte die deutschen Schiffe zum Rückzug und überließ sie der Hoffnung, daß die U-Boote ihnen ein paar »lahme Enten« hinterlassen würden. Bis zu einem gewissen Grade kann die Ängstlichkeit der Führungsstellen der Kriegsmarine verstanden werden; denn näher als Westfrankreich gab es für die deutschen Schiffe weder Stützpunkte, noch Reparatureinrichtungen, noch befreundete Staaten, in denen sie

Zuflucht suchen konnten, so daß die geringste Beschädigung zu einer möglichen Katastrophe werden konnte. Die Moral beeinträchtigte dies jedoch entschieden und das Schicksal der Admirale Boehm und Marschall veranlaßte jeden anderen Admiral, hinsichtlich der geringsten Abweichung von den erteilten Befehlen vorsichtig zu sein. Dies führte zum Ersticken jeder Initiative und hierfür mußte der Preis entrichtet werden. So wartete Adm. Lütjens am 8. März mit seinen Schiffen ab und hoffte auf ein »paar Brotkrumen vom Tisch der U-Boote«.

In der Nacht vom 7./8. März 1941 griffen *U 105* (Kptlt. Schewe) und *U 124* (Kptlt. Schulz) erfolgreich den Geleitzug an. Ersteres versenkte den 5229 BRT großen Frachter HARMONICS und auf das Konto des letzteren kamen sogar vier Schiffe: HINDPOOL (4897 BRT), LAHORE (5304 BRT), TIELBANK (5084 BRT) und NARDARNA (7974 BRT). Keines der U-Boote sah ein Schlachtschiff und noch viel weniger griff es ein solches an.

Bislang hatte die Geleitsicherung, tatsächlich bestehend aus dem Schlachtschiff MALAYA, den Zerstörern FORESTER und FAULKNOR sowie dem Trawler CELIA, keine Ahnung von der Anwesenheit der beiden deutschen Schlachtschiffe; sie waren im Verlaufe des 7. März nicht gesichtet worden. Um 06.13 Uhr am 8. März erfuhr Adm. Lütjens aus dem Funkspruch eines U-Bootes, daß der Geleitzug angegriffen worden war, aber die Fühlung an ihm verlorenging. Etwa vier Stunden später entschloß er sich, nach beschädigten Schiffen zu suchen und wieder am Geleitzug Fühlung zu nehmen, nachdem die deutschen Schiffe die Nacht über etwa 40 sm Abstand nach Süden gehalten hatten. Erst um 13.35 Uhr meldeten die Ausgucks der GNEISENAU ein Schiff, das zwei Minuten später als ein Leichter Kreuzer mit zwei Schornsteinen angesprochen wurde. Tatsächlich handelte es sich um den Zerstörer FORESTER, der zu diesem Zeitpunkt auch die deutschen Schiffe sichtete. Der britische Zerstörer stieß immer wieder gegen die verdächtigen Schiffe vor, um Fühlung zu halten, meldete ihre Anwesenheit der MALAYA und drehte wieder ab. Mittlerweile hatte die MALAYA Dampf für volle Fahrt aufgemacht, die Gefechtsstationen waren bezogen und das Schiff bereitete sich auf die Verteidigung des Geleitzuges vor.

Inzwischen hatte auch Adm. Lütjens Dampf für 27 kn befohlen und die Schwere Artillerie der Schlachtschiffe war gefechtsklar. Im Verlaufe der nächsten paar Stunden spielten beide Seiten miteinander Katz und Maus, aneinander Fühlung haltend, aber ohne das Feuer zu eröffnen, obwohl die Entfernung gegen 17.40 Uhr nur etwa 28.000 m betrug. MALAYA hatte ihre Gegner richtig als Einheiten der GNEISENAU-Klasse identifiziert und startete ein »Swordfish«-Schwimmerflugzeug, geführt von Lieutenant R.G. Brown, RN, um an der deutschen Kampfgruppe Fühlung zu halten. Das Schlachtschiff selbst zog sich zurück, um seine schutzbefohlenen Handelsschiffe zu decken. Die »Swordfish« nutzte sehr geschickt die Wolkenuntergrenze aus und hielt sich weit außerhalb der Schußweite der deutschen Schiffe, während sie gleichzeitig die MALAYA immer wieder über Funk informierte. Gegen 19.00 Uhr verlor Lieutenant Brown die Fühlung, war aber nicht mehr imstande, die MALAYA zu erreichen, und mußte auf der Wasseroberfläche notlanden. Glücklicherweise wurden er und sein Beobachter einige Zeit später von dem Handelsschiff BUEÑA ESPERANSA gerettet und auf den Kanarischen Inseln an Land gesetzt. Mittlerweile hatte Adm. Lütjens jede Hoffnung aufgegeben, den Geleitzug anzugreifen. Er entschloß sich daher, auf einem südlichen Kurs den Treffpunkt mit seinem Troßschiff ERMLAND anzusteuern, und unterrichtete die Gruppe West entsprechend. Danach wollte er auf die HX-Geleitzugwege zurückkehren. Nicht überraschend, daß als Folge des verfehlten Angriffs die Moral beträchtlich absank – zum zweiten Male hatte ein bloßes Rauchwölkchen die deutschen Schiffe vertrieben. Kurze Zeit später erhielt Adm. Lütjens von seiner B-Dienstgruppe die dechiffrierte Sichtmeldung der MALAYA: »Eine große Einheit in Peilung 251°, 40 sm, Kurs unbekannt. Eigene Position 21°50'N 19°22'W.« Sierra Leone wiederholte den Funkspruch für Gibraltar.

Die britische Admiralität, nunmehr durch die Anwesenheit dieser beiden starken Schiffe im Atlantik alarmiert, unternahm Schritte, um ihnen den Rückmarsch in heimische Gewässer zu versperren. Außerdem entsandte sie die RODNEY und das neue Schlachtschiff KING GEORGE V zur Sicherung der beiden Geleitzüge, die aus Halifax am 17. und am 21. März 1941 auslaufen sollten – dies aufgrund der Feststellung, daß ein einziges Großkampfschiff, sogar ein älteres, ausgereicht hatte, um den Schutz eines Geleitzuges zu gewährleisten. Weitere Seestreitkräfte wurden in die Dänemarkstraße entsandt. Im Verlaufe des 8. März 1941 ging Adm. Lütjens mit seiner Kampfgruppe auf einen nordwestlichen Generalkurs, um die HX-Geleitzugwege anzusteuern. Am nächsten Tag kurz nach Mittag stieß die SCHARNHORST auf den griechischen Dampfer MARATHON, mit einer Ladung aus 8000 ts Kohle von Swansea über Freetown unterwegs nach Alexandria, und versenkte das 7926 BRT große Schiff. Am Nachmittag des 11. März trafen die beiden Schlachtschiffe mit den Troßschiffen ERMLAND und UCKERMARK auf der vereinbarten Warteposition zusammen. Die nächsten Tage verbrachte die Kampfgruppe in diesem abgelegenen Teil des Atlantiks mit der Übernahme von Öl, Proviant und anderen Vorräten.

Am frühen Morgen des 11. März erreichte den Flottenchef ein Funkspruch der Gruppe West: »Wegen Passieren Islandenge durch HIPPER und SCHEER in Nacht der Neumondperiode Operieren auf HX-Route für Flotte nur bis 21.3. freigegeben. Ab 22.3. nur südlich HX-Route auftreten. Erzielung Diversionswirkung möglichst weit südlich zur Erleichterung Aufgabe HIPPER und SCHEER erwünscht.« Adm. Lütjens rechnete mit einer zweitägigen Versorgung, so daß er am Abend des 13. März den Marsch fortsetzen und am 17. März morgens auf den Geleitzugrouten eintreffen konnte. Damit blieben ihm im Operationsgebiet nur fünf Tage Zeit, die er jedoch für ausreichend erachtete. Die Skl. war jedoch mit der Weisung der Gruppe West nicht einverstanden. Kurz nach Beginn der Versorgung erreichte den Flottenchef in den Abendstunden des 11. März ein neuer Befehl der Gruppe West, der den vorausgegangenen abänderte:

»Auf Befehl Skl. Operationen HX-Route ... nur bis 17.3. freigegeben. Bei weiterem Inseebleiben zur Erleichterung der Islandpassage SCHEER und HIPPER Diversionswirkung durch wirksames Neuauftreten im Seegebiet Azoren – Kap Verden möglichst bald nach 17.3. anstreben. Nicht zu lange Ausdehnung laufender Operation erwünscht im Hinblick auf Klarwerden BISMARCK und PRINZ EUGEN Ende April und Anstreben des gleichzeitigen Klarwerdens GNEISENAU und SCHARNHORST. Ablenkung Gegner von Islandpassage SCHEER und HIPPER auch durch zeitgerechtes Einlaufen französischen Hafen erreichbar.«

Dies warf die Pläne von Adm. Lütjens um. Er entschied sich abzuwarten, um zu sehen, wie die Versorgung voranging, ehe er endgültig

Der britische Motortanker SIMNIA (6197 BRT) sinkt am 15. März 1941 nach Treffer durch GNEISENAU. (IWM)

neue Entschlüsse formulierte. Den Hauptgrund zur Besorgnis bildeten die Maschinenanlagen der Schiffe. Zwar war die des Flaggschiffs in verhältnismäßig guter Verfassung, aber die SCHARNHORST plagte sich seit einiger Zeit mit Kesselproblemen (Rohrreißer), insbesondere bei den Überhitzern. Dies schloß bereits ihre Teilnahme an der Unternehmung »Rheinübung« aus, denn die veranschlagte Reparaturzeit bei SCHARNHORST betrug zehn Wochen und für GNEISENAU war eine solche von etwa einem Monat erforderlich. Daher mußte die Kampfgruppe spätestens Ende März 1941 Brest erreichen.

Bei einer Kommandantenbesprechung (einschließlich der der Troßschiffe) an Bord des Flaggschiffes am 12. März 1941 um 16.00 Uhr erläuterte Adm. Lütjens seine Pläne für die unmittelbare Zukunft. Er wollte im Bereich des westlichen Teils der Geleitzugroute Großbritannien-Kanada (zwischen 46°W und 39°W) bis zum 17. März operieren und mit den Troßschiffen auf beiden Flügeln einen Aufklärungsstreifen mit 30 sm Schiffsabstand bilden (Gesamtbreite 120 sm). Allerdings könnte sich die Langsamkeit der Troßschiffe mit nur etwa 18 kn als Nachteil erweisen. Am Abend des 13. März setzte die um die beiden Troßschiffe erweiterte Kampfgruppe ihren Marsch auf einem allgemeinen NNW-Kurs fort und steuerte dasselbe Seegebiet an, in dem sie einen Monat zuvor ihre ersten Erfolge erzielt hatte. Um 21.30 Uhr ließ Adm. Lütjens den Aufklärungsstreifen mit – von links nach rechts – UCKERMARK, GNEISENAU, SCHARNHORST und ERMLAND einnehmen. Erst am Morgen des 15. März (06.32 Uhr) meldete die UCKERMARK dem Flaggschiff das Sichten eines Handelsschiffes. Auf GNEISENAU wurde sofort die Mittelwelle eingerückt und die Fahrt auf 22 kn erhöht. Dann steuerte das Schlachtschiff auf die gemeldete Position zu. Kaum hatte es dieses Schiff erreicht, einen Tanker, meldete die UCKERMARK in rund 60 sm Entfernung einen weiteren Tanker. Mit einem 28-cm-Schuß vor den Bug wurde das erstere Schiff zum Beidrehen gezwungen und die Besatzung ging von Bord. Es handelte sich um den 5688 BRT großen norwegischen Motortanker BIANCA auf dem Wege von Curaçao nach Glasgow. Die Besatzung wurde auf das Schiff zurückgeschickt und ein Prisenkommando des Flaggschiffes unter Führung von LtzS.(S) Westip übernahm den Tanker mit dem Auftrag, ihn als Prise nach Westfrankreich zu bringen. Die GNEISENAU wandte sich sofort dem zweiten Schiff zu, das zu entkommen versuchte und »RRR«-Notrufe funkte. Da aber seine Höchstgeschwindigkeit nur etwa 13 kn betrug, dauerte es nicht lange, dann befand sich der Tanker in Reichweite der Geschütze des Handelsstörers. Ein kurzer Beschuß folgte, um das Schiff am weiteren Funken zu hindern. Der 8046 BRT große britische Motortanker SAN CASIMIRO war in Ballast nach Willemstad unterwegs, um eine Ladung Rohöl zu übernehmen. Sein Kapitän wurde als Gefangener an Bord der GNEISENAU gebracht, während LtzS.(S) Grenz mit einer Prisenbesatzung das Schiff übernahm, um es nach Bordeaux zu bringen.

Inzwischen hatte die UCKERMARK weitere Schiffe gesichtet und gemeldet. Zwei davon, auf die jetzt das Flaggschiff zuhielt, steuerten einen WSW-Kurs. Die B-Dienstgruppe hatte mittlerweile den Flottenchef unterrichtet, daß der »RRR«-Notruf der SAN CASIMIRO von der Funkstation Portishead wiederholt worden war – für Adm. Lütjens eine beunruhigende Tatsache, da hierdurch offensichtlich eine Jagd ausgelöst wurde. Währenddessen hatte die SCHARNHORST den 7139 BRT großen britischen Motortanker BRITISH STRENGTH aufgebracht und versenkt. Um 17.20 Uhr hatte die GNEISENAU die beiden verfolgten Schiffe, erneut zwei Tanker, in Sicht und schoß dem linken einen Warnschuß vor den Bug, während der zweite daraufhin abdrehte und ebenfalls beschossen wurde. Die über Funk ausgesandten Notrufe wurden von der B-Dienstgruppe an Bord des Flaggschiffes gestört. Adm. Lütjens befahl, den ersten Tanker als Prise aufzubringen und den zweiten zu versenken. Bei ersterem handelte es sich um den norwegischen Motortanker POLYKARP (6405 BRT), registriert in Kristiansand und von Swansea nach Aruba unterwegs. Der zweite war der britische Motortanker SIMNIA (6197 BRT). In der Zwischenzeit hatte die SCHARNHORST den britischen Motortanker ATHELFOAM (6554 BRT) versenkt. Nach den Enttäuschungen der vergangenen Wochen war dies ein sehr erfolgreicher Tag gewesen.

In den frühen Morgenstunden des nächsten Tages – 16. März 1941 – sichtete die GNEISENAU weitere Schiffe, wenn es auch bisweilen Zweifel gab, ob es sich nicht um die UCKERMARK handelte. Um 03.30 Uhr war vom Flaggschiff aus achteraus Geschützfeuer zu erkennen. Es war die SCHARNHORST, die den britischen Frachter MANGKHAI (8298 BRT) versenkte, den ehemaligen deutschen Dampfer SCHEER, am 10. Mai 1940 in der Makassar-Straße aufgebracht. Eine halbe Stunde später befand sich auch die GNEISENAU wieder im Gefecht und beschoß ein Schiff, das sie in der Dunkelheit für einen Tanker hielt. Es wurde mit über 100 Schuß 15 cm versenkt. Die Identität dieses Schiffes ist nicht ganz klar, aber möglicherweise war es der britische Dampfer RIO DORADO (4507 BRT). Die Gefechte setzten sich den ganzen Morgen hindurch fort, wobei die SCHARNHORST die britischen Frachter SILVERFIR (4347 BRT) und SARDINIAN PRINCE versenkte, während auf das Konto des Flaggschiffes die folgenden Dampfer kamen: die in Manchester registrierte EMPIRE INDUSTRY (3721 BRT), die norwegische GRANLI (1577 BRT), die auf dem Wege nach Georgetown befindliche französische MYSON (4564 BRT) und die ROYAL CROWN (4388 BRT). Außerdem versenkte die SCHARNHORST noch den 5251 BRT großen Dampfer DEMERTON. Am frühen Abend kam noch ein weiteres Schiff

Mit vorgeheißten Siegeswimpeln läuft die GNEISENAU in Brest ein. (Bundesarchiv)

in Sicht, das Adm. Lütjens' Verdacht erweckte. Es setzte sich mit seiner eigenen Artillerie zur Wehr und auf deutscher Seite bestand die Befürchtung, daß es sich um ein britisches Hilfskriegsschiff handelte, das möglicherweise mit Torpedos bewaffnet war. Es war jedoch nur der britische Bananendampfer CHILEAN REEFER, ein ehemaliges dänisches Schiff mit 1793 BRT, das einen Verbrauch von 73 Schuß 28 cm und fast 60 Schuß 15 cm verursachte, ehe es versenkt wurde. Alle aufgebrachten bzw. versenkten Schiffe stammten aus aufgelösten Geleitzügen und viele der Schiffe funkten »RRR«-Notrufe, die auch aufgenommen und wiederholt wurden.

Noch während die GNEISENAU die Überlebenden aus dem zweiten Rettungsboot der CHILEAN REEFER aufnahm, zeigte das Funkmeßortungsgerät um 19.57 Uhr (16. März 1941) in 20.500 m Entfernung ein Ziel an. Wenige Minuten später wuchs ein dicker Mast über die Kimm, der offensichtlich zu einem Kriegsschiff gehörte, und zwar zu einem großen. Adm. Lütjens ließ seinen Verband sofort mit hoher Fahrt auf einem südlichen Kurs ablaufen. Schon im Absetzen begriffen, sichtete die GNEISENAU noch die UCKERMARK. Es war tatsächlich ein »großes Kriegsschiff«, das im Nordwesten auftauchte: das britische Schlachtschiff RODNEY, mit seinen 40,6-cm-Geschützen der GNEISENAU mehr als gewachsen, wenn auch von der Geschwindigkeit her langsamer. Die RODNEY gehörte zur Sicherung des Geleitzuges HX 114 und bereits am Nachmittag hatte es wegen eines verdächtigen Schiffes Alarm gegeben. Dieses Schiff hatte sich jedoch als die ROYAL SOVEREIGN entpuppt, ein weiteres in der Nähe stehendes britisches Schlachtschiff. Nachdem die RODNEY wieder an ihren Geleitzug herangeschlossen hatte, kam der ebenfalls zur Geleitsicherung gehörende Hilfskreuzer LACONIA in Sicht und meldete in Peilung 150° Geschützfeuer. RODNEY änderte den Kurs, um nachzuforschen, und sichtete eine halbe Stunde später einen nicht identifizierten Tanker, der ihren Bug nach Backbord kreuzte.

Sieben Minuten später konnte auch ein Kriegsschiff ausgemacht werden (offensichtlich handelte es sich um die GNEISENAU und die UCKERMARK) und die RODNEY änderte erneut Kurs, um die Entfernung zu verringern. Jetzt war ein brennendes Schiff zu erkennen – augenscheinlich die sinkende CHILEAN REEFER –, und das britische Schlachtschiff gab über Funk eine Sichtmeldung ab. RODNEY rief die GNEISENAU mit dem Scheinwerfer an: »What ship?« GNEISENAU erwiderte: »HMS EMERALD«. Das gegnerische Schlachtschiff quittierte mit einem langen Blink und dem Erkennungssignal. Nach wenigen Minuten war dem britischen Kommandanten klargeworden, daß er nicht darauf hoffen konnte, das schnelle deutsche Kriegsschiff zu fassen, und so änderte er den Kurs, um statt dessen den Tanker abzufangen. Eine halbe Stunde nach der ersten Sichtung durch die RODNEY war die GNEISENAU in der Dunkelheit verschwunden – und zehn Minuten später auch die UCKERMARK. Beide Schiffe waren dem Gegner nur sehr knapp entkommen!

Adm. Lütjens setzte sich mit seinen Schiffen mit hoher Fahrt nach Südosten ab. Inzwischen hatte ihn auch die UCKERMARK unterrichtet, daß es sich um ein Schlachtschiff der NELSON-Klasse gehandelt hätte. Seine Hauptsorge war nunmehr, daß es eine Jagdgruppe gewesen sein könnte; denn weitere Funkmeßortungen zum Zeitpunkt der ersten Sichtung legten den Verdacht auf Kreuzer nahe. Sollte sich dies bewahrheiten, dann hätte er mit hoher Wahrscheinlichkeit ein Fühlungshalterproblem. Doch dies war glücklicherweise nicht der Fall und bei aufkommendem schweren Wetter und immer höherem Seegang strebte das Flaggschiff dem vereinbarten Treffpunkt zu. Am 18. März 1941 traf die GNEISENAU in den frühen Nachmittagsstunden wieder mit der SCHARNHORST und den beiden Troßschiffen zusammen. Bis in den Vormittag des 19. März hinein übernahmen die beiden Schlachtschiffe Öl und Proviant und gaben ihre über 400 Gefangenen an die UCKERMARK und die ERMLAND ab, die Adm. Lütjens kurze Zeit später entließ. Die Gruppe West hatte Adm. Lütjens befohlen, weiter südlich zu operieren, um zur Erleichterung des Heimmarsches der ADMIRAL HIPPER und der ADMIRAL SCHEER in die Dispositionen der Royal Navy größtmögliche Verwirrung zu bringen. Doch die britische Admiralität konnte nur vermuten, wo die deutschen Schlachtschiffe den nächsten Schlag führen würden. Es entsprach allgemeiner Annahme, daß die deutschen Schiffe versuchen würden, auf der Nordroute nach Deutschland zurückzukehren, und die Home Fleet erhielt entsprechende Anweisungen.

Statt dessen trat Adm. Lütjens mit seiner Kampfgruppe den Marsch nach Brest an. Am Vormittag des 20. März 1941 wurde voraus dicht über dem Horizont ein Flugzeug gesichtet. Der Flottenchef war der Meinung, daß es die deutschen Schiffe nicht gesehen hätte, aber die Ausgucks hatten es deutlich als Radflugzeug erkannt, ein offensichtlich von einem Träger stammender Doppeldecker. Damit ergab sich die Wahrscheinlichkeit, daß ein Kampfverband in der Nähe stand. Während dieses Flugzeug Adm. Lütjens' Kampfgruppe offenbar nicht gesichtet hatte, ließ sein Flugzeugträger – die ARK ROYAL der Force H – weiterhin Flugzeuge zur Aufklärung starten. Wie der deutsche Flottenchef befürchtet hatte, stand bei dem Flugzeugträger der Schlachtkreuzer RENOWN, der den Schlachtschiffen schon einmal begegnet war. Schließlich sichtete um 17.59 Uhr eine weitere »Swordfish« die deutschen Schiffe und meldete ihre Position mit 46°50'N 21°25'W (d.h. rund 600 sm westnordwestlich von Kap Finisterre), mit ca. 20 kn Nordkurs steuernd. Für die britischen Jagdgruppen ergab sich bedauerlicherweise durch Funkausfall eine große Verzögerung bei der Weitergabe des Funkspruchs. Außerdem waren RENOWN und ARK ROYAL, die etwa 160 sm südostwärts dieser Position standen, infolge des sich verschlechternden Wetters nicht in der Lage, weitere Aufklärungsflugzeuge zu starten. Die »Swordfish« der ARK ROYAL sichtete auch die Prisen BIANCA und SAN CASIMIRO, die noch am selben Tag beim Erscheinen der herangeführten RENOWN von ihren Prisenbesatzungen selbstversenkt wurden. Die Prise POLYKARP erreichte am 24. März 1941 Bordeaux im besetzten Frankreich und überstand den Krieg bis zum Mai 1945.

Zu diesem Zeitpunkt war der britischen Seite noch nicht klar, ob die deutschen Schiffe in Richtung Frankreich oder Deutschland liefen. Daher ließ das Coastal Command anfänglich Aufklärung über der Dänemarkstraße fliegen, konzentrierte seine Anstrengungen aber bald auf die Zugänge nach Frankreich. 25 »Wellington«-Bomber des Bomber Command wurden ebenfalls in Bereitschaft gehalten, sollte sich eine Angriffsgelegenheit ergeben. »Catalina«-Flugboote der 240. Squadron, »Sunderland«-Flugboote der 210. Squadron und »Whitley«-Maschinen der 502. Squadron erhielten den Auftrag, die Zugänge zur Biskaya abzusuchen, hatten aber keinen Erfolg. »Hudson«-Aufklärer der 220. Squadron aus St. Eval suchten am Abend des 21. März 1941 die Biskaya und die nördlichen Biskaya-Häfen ab. Eine dieser Maschinen, die »Hudson« X der 220. Squadron, entdeckte tatsächlich die deutschen Schiffe und hielt eine Zeitlang an ihnen Fühlung. Die B-Dienstgruppe an Bord der GNEISENAU entzifferte sofort die Sichtmeldung des Flugzeuges und Adm. Lütjens entschloß sich, da seine Position nunmehr bekannt war, unverzüglich Brest anzulaufen. Die aus den Torpedobooten JAGUAR und ILTIS bestehende Sicherung war bereits eingetroffen. Am nächsten Tag passierte der Verband um 03.30 Uhr die »Chausse de Seine«-Boje und warf um 07.46 Uhr auf der Reede von Brest Anker. Damit war das Unternehmen »Berlin« nach 59 Seetagen abgeschlossen. In seinem Verlauf waren 22 Schiffe mit insgesamt 115.622 BRT versenkt bzw. aufgebracht worden.

15. Unternehmen »Rheinübung« 1941

Das im Februar 1939 vom Stapel gelaufene neue Schlachtschiff BISMARCK war im Sommer 1940 auf seiner Bauwerft, Blohm & Voss in Hamburg, fast zur Fertigstellung gelangt. Eine Gruppe von Besatzungsangehörigen, die »Baubelehrung BISMARCK«, befand sich bereits seit Mitte April 1940 an Bord. Sie bestand hauptsächlich aus technischem Personal aller Laufbahnen und Dienstgrade und erhielt ständig Zuwachs. Kommandant des Schlachtschiffes war Kapitän zur See Ernst Lindemann, 47 Jahre alt zum Zeitpunkt seiner Ernennung im Juli 1940. In Altenkirchen/Westerwald geboren, war KptzS. Lindemann im Frühjahr 1913 in die Kaiserlich Deutsche Marine eingetreten und nahm als aktiver Seeoffizier am Ersten Weltkrieg teil. In den Tagen der Reichsmarine qualifizierte er sich als Artilleriespezialist und fand in verschiedenen Bord- und Landkommandos Verwendung, unter anderem als Erster Artillerieoffizier auf dem Panzerschiff ADMIRAL SCHEER. Bei Kriegsbeginn war er Kommandeur der Schiffsartillerieschule. In dieser Verwendung erhielt er die Ernennung zum Kommandanten der BISMARCK, in der Marine ein Bordkommando von höchstem Prestige.

Die Indienststellung der BISMARCK erfolgte in einer mittäglichen Feierstunde am 24. August 1940. Mit dem Heißen von Flagge und Wimpel übernahm KptzS. Lindemann offiziell das Kommando. Das neue Schiff befand sich fast sofort im Gefecht, denn in derselben Nacht stattete die RAF Hamburg einen Besuch ab. Die tiefhängenden Wolken und die Dunkelheit verhinderten eine direkte Beobachtung der gegnerischen Flugzeuge, aber die Leichte Flak schoß Sperrfeuer. Das neue Schlachtschiff erlitt jedoch keine Beschädigungen. In den nächsten Tagen erfolgten weitere erfolglose Luftangriffe. Unmittelbar nach der Indienststellung begann für die Besatzung die lange Ausbildungszeit und alle Schiffssysteme wurden überprüft und erprobt. Am 27. August wurde zu Ausbildungszwecken die Steuerbord- und die Backbord-Kesselanlage gezündet, einen Tag später gefolgt von der mittleren Anlage. Danach machten alle drei Kesselanlagen Dampf auf. Erst am 14. September war die BISMARCK bereit, ihre Bauwerft zu verlassen. Zur Vorbereitung auf die Fahrt elbabwärts am nächsten Tag drehten Schlepper das Heck des Schiffes auf Auslaufkurs.

Dann dämmerte ein ruhiger, sonniger Tag mit leichtem Bodendunst herauf und um 14.20 Uhr zogen Schlepper die BISMARCK aus dem Ausrüstungsbecken und begleiteten sie stromabwärts. Lediglich durch eine leichte Kollision mit dem Schlepper ATLANTIK leicht angekratzt, erreichte das Schiff um 19.02 Uhr Brunsbüttel-Reede und ging dort vor Anker. Dem neuen Schlachtschiff fehlten immer noch wesentliche Teile der Ausrüstung. So hatte sich zum Beispiel die Lieferung der E-Meßdrehhauben verzögert. Um in der Werft keine Zeit zu vergeuden, war entschieden worden, das Schlachtschiff in die östliche Ostsee zu Probefahrten und Gefechtsausbildung zu verlegen. Nach dem Einlaufen in die Kieler Förde blieb die BISMARCK bis zum 28. September in Kiel, hauptsächlich um die Schiffsartillerieanlage abzustimmen. Danach lief sie hinter dem *Sperrbrecher 13* ostwärts nach Gotenhafen und in ihren Hauptausbildungsraum.

Inner- und außerhalb der Danziger Bucht führte die BISMARCK eine große Anzahl von Erprobungen in Verbindung mit den verschiedenen Erprobungs- und Ausbildungskommandos durch, wie zum Beispiel mit dem S.V.K., dem N.E.K. und dem E.K.K. Die gesamte Schiffsorganisation wurde überprüft und erprobt – Artillerie, Maschinenanlage, Funk- und Signaldienst usw. –, da GAdm. Raeder immer noch auf einem fast friedensmäßigen Ausbildungsprogramm bestand, ehe ein Schiff als fronteinsatzfähig angesehen werden konnte. Eine Nachricht störte allerdings diese ruhige Ausbildungsroutine. KptzS. Lindemann erfuhr vom Eindringen britischer Bomber in den Luftraum über dem ehemaligen »Polnischen Korridor« und äußerte im Hinblick auf die Ereignisse in Tarent am 11. November 1940[185] seine Besorgnis über die Anwesenheit von drei Schlachtschiffen (BISMARCK, GNEISENAU und SCHARNHORST) in Gotenhafen. Das einzige, was er jedoch unternehmen konnte, war die Erhöhung der Gefechtsbereitschaft seiner eigenen Fla-Geschütze.

Die erste Phase des Einfahrprogramms endete am 5. Dezember 1940. Noch am selben Tag lief die BISMARCK nach Kiel aus, um anschließend durch den Nord-Ostsee-Kanal zu Restarbeiten und abschließenden Ausbauarbeiten in die Werft von Blohm & Voss nach Hamburg zu verlegen. Dort traf das Schlachtschiff am Nachmittag des

Das neue Schlachtschiff BISMARCK bei Erprobungsfahrten. Noch fehlen die E-Meßdrehhauben im Vormars und auf dem Kommandostand. (WBB)

9. Dezember ein. Der größte Teil der Besatzung erhielt in dieser Zeit Urlaub. Die Rückkehr des Schlachtschiffes nach Hamburg bedeutete aber auch eine größere Anziehungskraft für Luftangriffe, die jedoch unwirksam blieben. Zudem verzögerten andere Probleme die Rückverlegung der BISMARCK nach dem Abschluß der Arbeiten in die Ostsee. Zum einen war der Nord-Ostsee-Kanal durch das Wrack eines gesunkenen Erzfrachters blockiert; und um ein Ankern auf der exponierten Reede vor Brunsbüttel zu vermeiden, erhielt das Schiff den Befehl, in Hamburg zu bleiben. Die Alternative, um Kap Skagen zu gehen und durch das Kattegat und den Großen Belt in die Ostsee zu verlegen, wurde von höherer Stelle aus abgelehnt. Zum anderen ließen die tiefen Temperaturen dieses Winters (-15°C Außentemperatur) die Frischwasser-Systeme einfrieren. Besonders in den Kesselräumen froren die Manometer, Wasserrohre und Wasserstandsgläser dort ein, wo sich diese zu dicht an den Frischluftauslässen der Kesselraumlüfter befanden. Die anderen schweren Einheiten hatte ähnliche Probleme, aber dies bedeutete, daß das Schiff nicht einsatzbereit war! Die Modifizierungsarbeiten an den Rohrsystemen dauerten bis Mitte Februar 1941. KptzS. Lindemann vermerkte im KTB: »Das Schiff ist seit dem 24. Januar in Hamburg nur noch »festgehalten«. Fünf Wochen Ausbildungszeit in See sind verloren!« Am 6. März 1941 warf die BISMARCK endlich die Leinen bei Blohm & Voss los und lief elbabwärts. Vor Brunsbüttel ankerten zwei Sperrbrecher und ein Eisbrecher in der Nähe des Schlachtschiffes, um es vor Lufttorpedoangriffen zu schützen, ehe es am nächsten Tag in die Kanalschleuse einlief. In Kiel am 8. März eingetroffen, folgte ein kurzer Aufenthalt im Dock C der Deutschen Werke zur Ausführung einiger Reparaturen am Schiffsboden. Anschließend machte das Schiff im Kieler Scheerhafen fest, um die Artillerieanlage abzustimmen, Farbarbeiten am Schiffskörper auszuführen und um Artilleriemunition, Brennstoff, Proviant und Wasser zu übernehmen. Am 15. März kamen zwei Flugzeuge an Bord und zwei Tage später lief die BISMARCK wieder nach Gotenhafen aus. Infolge der in Hamburg erlittenen Verzögerungen mußte – sehr zur Bestürzung von KptzS. Lindemann – die Erprobungs- und Ausbildungszeit mit dem A.V.K. verkürzt werden. Unzufriedenheit gab es beim Kommandanten auch hinsichtlich einiger anderer Unzulänglichkeiten, insbesondere bezüglich der unzuverlässig arbeitenden Flugzeugkräne und des beschädigten Steuerbord-Katapultes. In diesen Tagen, da das Radar noch in den Kinderschuhen stak, waren beides wichtige Ausrüstungsbestandteile für die Luftaufklärung. Schließlich wurde von der TIRPITZ ein Ersatzkatapult übernommen. Am 2. April 1941 kamen auch die noch zum Sollbestand fehlenden zwei Flugzeuge an Bord. Damit führte die BISMARCK vier Bordflugzeuge Ar 196 mit den Kennungen T3+IH, T3+AK, T3+DL und T3+MK (Werk-Nrn. 0052, 0110, 0123 und 0150).

Das Schiff war jetzt für drei Monate ausgerüstet und fast täglich kam außerplanmäßiges Personal an Bord: Angehörige des Flottenstabes, Marinekriegsberichter einschließlich Filmberichter, Prisenoffiziere u.ä. Für die Besatzung war es offensichtlich, daß etwas im Gange war. Die Skl. hatte KptzS. Lindemann unterrichtet, daß sein Schiff einige Wochen früher als vorgesehen für eine Atlantikunternehmung einsatzbereit sein müßte. Dies führte zu einer Einschränkung des Programms des A.V.K. Doch er selbst hatte bezüglich der vor ihm liegenden Aufgaben noch keine klaren Befehle. Am 17. April 1941 erlitt das Steuerbord-Katapult erneut Beschädigungen und am 20. April wurde es ersetzt. Mehrere Tage lang übte die BISMARCK mit dem Schweren Kreuzer PRINZ EUGEN, dem Gefährten für die bevorstehende Unternehmung: gegenseitiges E-Messen mit optischen und Funkmeßgeräten, gemeinsame Kriegsmarsch- und Angriffsübungen, Signaldienst, Luft- und U-Abwehr usw. Danach war das Schiff voll kriegsbereit. Am Abend des 25. April setzte das Flottenkommando KptzS. Lindemann in Kenntnis, daß die Unternehmung um mindestens sieben bis zwölf Tage verschoben werden müßte, da die PRINZ EUGEN zwei Tage vorher auf dem Marsch nach Kiel Beschädigungen durch eine Magnetmine erlitten hätte. Bis jetzt war die Besatzung von der Verschiebung nicht unterrichtet, KptzS. Lindemann befürchtete Auswirkungen auf ihre Moral, sollte sich die Verzögerung verlängern. Am 28. April 1941 meldete KptzS. Lindemann dem OKM, der Gruppe Nord, der Gruppe West und dem Flottenkommando: »Schiff ist personell und materiell voll einsatzbereit und für drei Monate ausgerüstet.«

In der Tat war die BISMARCK für ein neues Schlachtschiffunternehmen in den Nordatlantik bereit. Das Aufgeben des Unternehmes »Seelöwe« (die geplante Landung in England) am 14. Oktober 1940 hatte der Kriegsmarine freie Hand verschafft, um sich auf das zu konzentrieren, was sie für ihre Hauptaufgabe hielt: Handelskrieg gegen die Seeverbindungen im Nordatlantik. Die Handelskriegführung hatte bereits 1939 mit den Atlantikeinsätzen der Panzerschiffe DEUTSCHLAND und ADMIRAL GRAF SPEE begonnen, aber die Besetzung Norwegens (Unternehmen »Weserübung«) führte zunächst zu einer Unterbrechung dieser Vorstöße. Im Anschluß daran verhinderten Beschädigungen der in Frage kommenden Schiffe sowie die Erforderlichkeit, alle vorhandenen Seestreitkräfte für die geplante Landung in England bereitzustellen, jede weitere Handelskriegführung im Atlantik. Nach dem Zusammenbruch Frankreichs konnte nunmehr der Besitz der französischen Atlantikhäfen nicht nur von den U-Booten sondern auch von Überwasserkriegsschiffen voll ausgenutzt werden. GAdm. Raeder betrachtete die Unternehmungen der ADMIRAL SCHEER, der SCHARNHORST, der GNEISENAU und sogar der ADMIRAL HIPPER als außerordentlich erfolgreich und erließ am 2. April 1941 im Lichte dieser Erfahrungen die »Weisung für weitere Unternehmungen von Überwasserstreitkräften (Az.: B, Nr.1.Skl. I Op. 410/41 Gkdos. Chefs.) an die Gruppe West, die Gruppe Nord, das Flottenkommando und den B.d.U. – Op. – in seiner Eigenschaft als Ob.d.M. und Chef der Skl.[186] Die erwähnten Unternehmungen der Überwasserkriegsschiffe hätten nicht nur beträchtliche taktische Erfolge gebracht, sondern auch erhebliche strategische Auswirkungen gezeigt. Ähnliche Unternehmungen könnten Auswirkungen bei den gegnerischen Dispositionen sowohl im Mittelmeer als auch in heimischen Gewässern erwarten lassen. Das entscheidende Ziel blieben jedoch die Zufuhrwege im Nordatlantik. Der Gegner wäre sich dieser Tatsache bewußt, und so wäre es ihm zum Beispiel beim Unternehmen »Berlin« stets gelungen, an jedem Geleitzug ein Schlachtschiff zu postieren, das die beiden deutschen Schlachtschiffe wirksam abgehalten hätte. Immerhin wären zu diesem Zweck die britischen Resssourcen stark beansprucht worden, und die Entsendung von mehr Handelsstörern würde dazu führen, daß auch mehr Geleitzüge geschützt werden müßten. Für diese Aufgabe könnten Schlachtschiffe nur aus dem Mittelmeer abgezogen werden. Dies hätte entsprechende Vorteile für die Achsenstreitkräfte auf diesem Kriegsschauplatz zur Folge.

Zum Zeitpunkt des Erlasses dieser Weisung besaß die Royal Navy vier Schlachtschiffe der R-Klasse – REVENGE, RESOLUTION, ROYAL SOVEREIGN und RAMILLES – sowie fünf der QUEEN ELIZABETH-Klasse: QUEEN ELIZABETH, VALIANT, WARSPITE, MALAYA und BARHAM, sämtlich mit 38,1-cm-Geschützen bewaffnet. Daneben gab es noch die NELSON und die RODNEY mit 40,6-cm-Geschützen sowie die drei mit 38,1-cm-Geschützen bewaffneten Schlachtkreuzer HOOD, REPULSE und RENOWN. Von den neuen mit 35,6-cm-Geschützen bewaffneten Schlachtschiffen war die KING GEORGE V bereits zur Flotte gestoßen, während die zweite Einheit, die PRINCE OF WALES, in wenigen Tagen in Dienst gestellt werden sollte. Aus diesem Bestand waren jedoch nicht einsatzfähig in der Werft: die MALAYA nach einem Torpedotreffer durch *U 106* und die RESOLUTION nach einem Torpedotreffer des fran-

zösischen Unterseebootes BÉVÉZIERS. Die meisten Einheiten der QUEEN ELIZABETH-Klasse befanden sich nicht im Atlantik, sondern gehörten zur Mittelmeerflotte. Für Großbritannien wäre es daher schwierig gewesen, die Anzahl der Geleitzüge mit einem zur Sicherung beigegebenen Schlachtschiff oder Schlachtkreuzer zu erhöhen, ohne die Mittelmeerflotte ernstlich zu schwächen. Es war GAdm. Raeders Absicht, die gegnerischen Streitkräfte zu zersplittern, um dann die ungeschützten Schwachpunkte anzugreifen. Sowohl GAdm. Raeder als auch die Royal Navy wußten, daß Verstärkungen nur aus dem Mittelmeer kommen konnten. Deshalb mußten die Schwachpunkte auf diesem Kriegsschauplatz entstehen. Wie sie GAdm. Raeder hätte angreifen wollen, ist nicht klar.

Nichtsdestoweniger stützte GAdm. Raeder seine Pläne, um Geleitzüge anzugreifen, auf die beiden jetzt verfügbar werdenden Schlachtschiffe vom Typ BISMARCK, um den Kampf mit der Sicherung der Geleitzüge bewußt zu suchen und nach ihrer Vernichtung die Geleitzüge selbst zu zerschlagen. Bedauerlicherweise wurde die zweite Einheit dieser Klasse, die TIRPITZ, infolge GAdm. Raeders striktem Festhalten am Ausbildungsprogramm nicht rechtzeitig kriegsbereit und konnte trotz des Eifers ihrer Besatzung und ihres Kommandanten, KptzS. Topp, nicht an der vorgesehenen Atlantikunternehmung teilnehmen. GAdm. Raeder mußte deshalb zu einer Zwischenlösung greifen. BISMARCK sollte mit dem Schweren Kreuzer PRINZ EUGEN als Begleitschiff auslaufen und die Großkampfschiffsicherung auf sich ziehen. Es stand für ihn tatsächlich keine andere Möglichkeit zur Wahl: die früheren Panzerschiffe waren zu langsam, die Leichten Kreuzer waren ungeeignet und die restlichen Großkampfschiffe lagen zur Durchführung von Reparaturen in Brest. Schließlich bestand auch für die ADMIRAL HIPPER nach dem letzten Atlantikunternehmen die Notwendigkeit einer Großen Werftliegezeit. Einerseits war die Wahl der PRINZ EUGEN vorteilhaft, denn ihre hohe Geschwindigkeit und die schnellere Schußfolge ihrer Geschütze würden bei einem Einsatz gegen Handelsschiffe von großem Nutzen sein. Außerdem führte der Schwere Kreuzer eine starke Torpedobewaffnung, von der sein Schwesterschiff in der Handelskriegführung bereits reichlich Gebrauch gemacht hatte; denn die BISMARCK hatte keine Torpedoausstattung. Nachteilig war, daß es sich bei dem Schweren Kreuzer um einen »Kurzstreckenläufer« mit einer unzuverlässigen und unwirtschaftlichen Antriebsanlage handelte. Infolgedessen mußten zur Brennstoffversorgung mehr Tanker bereitgestellt werden, als dies ansonsten der Fall gewesen wäre. Dies war der Hintergrund für die Teilnahme der PRINZ EUGEN am Unternehmen »Rheinübung«. Für GAdm. Raeder gab es noch einen weiteren Grund zur raschen Durchführung der Unternehmung, ohne die Kriegsbereitschaft der TIRPITZ abzuwarten. Bis jetzt waren die USA neutral geblieben, aber wenn sich diese Situation ändern sollte, könnte es sich als schwierig herausstellen, in Zukunft Schlachtschiffe in den Atlantik zu entsenden.

Ursprünglich hatte der Plan bestanden, die Unternehmung mit zwei Kampfgruppen durchzuführen, um ein Höchstmaß an Unterbrechung und Erfolg auf den Geleitzugwegen zu erreichen: eine aus Deutschland auslaufende Kampfgruppe mit der BISMARCK als Kern sowie eine zweite aus GNEISENAU und SCHARNHORST bestehende und aus Brest kommende Kampfgruppe. Die bei der SCHARNHORST während der letzten Unternehmung aufgetretenen Schäden ließen jedoch eine erneute Kriegsbereitschaft erst in einigen Monaten erwarten. Eine Abänderung des Plans sah jetzt nur noch das Auslaufen der GNEISENAU aus Brest vor. Sie sollte sich später mit der BISMARCK-Gruppe vereinigen, möglicherweise nach einem Ablenkungsvorstoß in das Seegebiet zwischen den Kapverdischen Inseln und den Azoren. Kaum war auf dem Papier dieser Weisung die Tinte der Unterschrift ge-

Oben links: Die BISMARCK bei Einfahrübungen in der Ostsee vor dem Unternehmen »Rheinübung«.
(Sammlung des Verfassers)

Links Mitte: Die BISMARCK in Gotenhafen.
(Sammlung des Verfassers)

Links unten: Die BISMARCK am 21. Mai 1941 nach Beginn des Unternehmens »Rheinübung« im Korsfjord bei Bergen, aufgenommen von der PRINZ EUGEN aus.
(Sammlung des Verfassers)

trocknet, da erhielt die GNEISENAU einen schweren Torpedotreffer (siehe 16. Kapitel). Trotzdem der Kommandant der TIRPITZ erneut um Teilnahme ersuchte, blieben für das Unternehmen nur noch BISMARCK und PRINZ EUGEN übrig.

Im Gegensatz zur vorhergehenden Schlachtschiffunternehmung sollte diese Kampfgruppe auch gesicherte Geleitzüge angreifen. Doch die Aufgabe der BISMARCK bestünde nicht darin, den Gegner zu vernichten, sondern ihn unter gleichzeitiger Vermeidung eigener Schäden zu binden, damit das andere Schiff der Kampfgruppe den Geleitzug angreifen könnte. Nachdrücklich wurde betont, daß die Vernichtung gegnerischen Schiffsraumes die Hauptaufgabe wäre. Kriegsschiffe sollten nur angegriffen werden, so weit dies die Hauptaufgabe erforderte und *ohne großes Risiko* geschehen könnte. Das Operationsgebiet sollte der gesamte Nordatlantik nördlich des Äquators und außerhalb der Hoheitsgewässer neutraler Staaten sein. Der Einsatzraum der U-Boote umfaßte die gesamte Blockadezone der Britischen Inseln nördlich von 47°30'N sowie das Seegebiet südlich von 42°N und ostwärts von 30°W. Sowohl mit deutschen wie auch mit italienischen Unterseebooten müßte gerechnet werden, da nicht beabsichtigt wäre, die Einsatzräume der U-Boote und der Überwasserstreitkräfte zu trennen. Die bisherigen Erfahrungen hätten gezeigt, daß die vorliegenden Erkenntnisse über Geleitzugwege und Fahrpläne nicht ausreichen, so daß die Zusammenarbeit mit den U-Booten von gegenseitigem Nutzen sein würde. Die operative Führung an Land hätte zunächst die Gruppe Nord, bis eine Linie zwischen der Südspitze Grönlands und den nördlichen Hebriden überschritten würde. Danach ginge die Befehlsführung auf die Gruppe West in Paris über.

Die Erfahrungen im Verlaufe des Unternehmens »Berlin« hatten hinsichtlich des Findens der Geleitzüge die Notwendigkeit einer guten Aufklärung einschließlich der Funkaufklärung unterstrichen. Die Entzifferung des alliierten Funkverkehrs durch den B-Dienst hatte eine außerordentliche Bedeutung, aber trotzdem war es erforderlich, ein weites Seegebiet abzudecken, um die voraussichtlichen Geleitzugwege abzusuchen. Zu diesem Zweck verfügte die Kampfgruppe über nicht weniger als sieben Seeflugzeuge vom Typ Ar 196. Doch das Unternehmen »Berlin« wie auch andere Unternehmungen von Handelsstörern hatten die Nachteile des Katapultstarts und des Wiedereinsetzens von Bordflugzeugen demonstriert. Der Einsatz von Bordflugzeugen hing weitgehend von den Wetterbedingungen ab, die in den atlantischen Wasserwüsten selten ideal waren. Darüber hinaus stellte ihr Wieder-an-Bord-Nehmen eine beträchtliche Gefahr für das jeweilige Schiff dar. Die Kriegsmarine hatte jedoch kaum eine andere Möglichkeit, denn ihr einziger Flugzeugträger, die GRAF ZEPPELIN, war unvollendet. Erneut zeigten die Erfahrungen aus dem Unternehmen »Berlin« den Weg auf. Der Einsatz der Versorgungsschiffe zu Aufklärungszwecken hatte sich als nutzbringend erwiesen. Deshalb sollten für das Unternehmen »Rheinübung« besondere Aufklärungs- oder »Spähschiffe« bereitgestellt werden (Befehl der Skl. vom 4. April 1941, Az.: 1./Skl. Ii 6662 Gkdos.).

Schwerer Kreuzer PRINZ EUGEN.
(Bundesarchiv)

Zwei derartige Schiffe wurden ausgewählt: die GONZENHEIM und die KOTA PINANG, beides Motorschiffe mit einer Höchstgeschwindigkeit von 14 kn. Sie sollten für einen viermonatigen Einsatz ausgerüstet und verproviantiert werden sowie zusätzliches Personal für Prisenkommandos an Bord haben. Außerdem sollten sie bis zu 300 Gefangene unterbringen können. Am 11. April 1941 lief die GONZENHEIM aus Stettin nach Holland aus und wurde auf der Wilton-Werft in Schiedam für ihre Aufgabe hergerichtet. Die KOTA PINANG erfuhr eine ähnliche Modifizierung auf der Werft P. Smit in Rotterdam. In nur zwei Wochen waren die Umbauarbeiten beendet und am 26. April liefen die beiden Schiffe einsatzbereit nach La Pallice an der Biakayaküste aus – eine außergewöhnlich kurze Zeitspanne, welche die Bedeutung der bevorstehenden Operation widerspiegelt. Beides waren unter Reichsdienstflagge fahrende Handelsschiffe, zwei von der GNEISENAU eingeschiffte Offiziere hatten für die militärische Führung und Disziplin zu sorgen. Außerdem hatten sie Marinepersonal für Fernmeldeaufgaben und für Prisenkommandos an Bord.

Von diesen beiden Schiffen abgesehen, die keine Versorgungsaufgaben hatten, standen für das Unternehmen »Rheinübung« zwei Troßschiffe zur Verfügung: die ERMLAND mit 9366 m³ Heizöl an Bord sowie die SPICHERN mit 8000 m³ Heizöl und nahezu 3000 m³ Dieselöl. Die letztere war auch als Versorgungsschiff für U-Boote bestimmt. Die Warteposition der ERMLAND befand sich im Quadrat DR 16 (900 sm südwestlich der Azoren) und die der SPICHERN im Quadrat CD 64 (400 sm westlich der Azoren). Zusätzlich liefen fünf Begleittanker aus: die BELCHEN auf Warteposition im Quadrat AJ 26 (120 sm südlich von Kap Farvel/Grönland), die LOTHRINGEN im Quadrat AJ 27 (200 sm südwestlich von Kap Farvel – und der BELCHEN – in der Davisstraße), die ESSO HAMBURG im Quadrat CD 32 (450 sm nordwestlich der Azoren), die FRIEDRICH BREME im Quadrat DF 96 (700 sm südwestlich der Azoren) und die WEISSENBURG in arktischen Gewässern nordostwärts von Island. Ferner standen noch die Begleittanker HEIDE – als Ersatz für die WEISSENBURG – und WOLLIN bereit; letzterer zur Brennstoffversorgung der Kampfgruppe in Mittelnorwegen.

Das Versorgungsproblem war nur eines der Probleme, die die Skl. zu lösen hatte; ein weiteres war die genaue Wettervorhersage. Schlechtes Wetter, Nebel oder geringe Sichtigkeit war eine wesentliche oder zumindest erwünschte Vorbedingung, wenn die deutschen Schiffe der *Northern Patrol* der Royal Navy ausweichen sollten; denn die Entwicklung des Radar steckte noch in den Kinderschuhen und schlechtes Wetter zwang die Luftaufklärung, am Boden zu bleiben. In Wirklichkeit war jedoch die britische Radarentwicklung weiter fortgeschritten, als die Kriegsmarine zu glauben geneigt war. Später sollte dies offensichtlich werden. Aber nichtsdestoweniger konnte schlechtes Wetter für die deutsche Kampfgruppe nur von Nutzen sein. Die entscheidende Wegstrecke war natürlich das Durchfahren der Dänemarkstraße. Um den Rückmarsch der ADMIRAL SCHEER und der ADMIRAL HIPPER nach ihren Handelskriegunternehmungen in heimische Gewässer zu erleichtern, hatte die Skl. Anfang März 1941 Wetterschiffe zur Dänemarkstraße entsandt, um die Wetterverhältnisse zu melden, insbesondere die Packeiskante und ihre Ausdehnung. Diese Kenntnis war von lebenswichtiger Bedeutung, da die Ausdehnung des Eises die schiffbare Breite der Dänemarkstraße bestimmte – und damit den Seeraum, der zum Manövrieren und zum Ausweichen vor der gegnerischen Bewachung zur Verfügung stand. Diese Aufgabe konnte natürlich auch von den Langstreckenflugzeugen Focke-Wulf Fw 200 »Condor« der I./K.G.40 des Fliegerführers Atlantik erfüllt werden, und dies geschah auch;[187] aber infolge des gespannten Verhältnisses zwischen den beiden Teilstreitkräften wurde diese Augabe bestenfalls oberflächlich wahrgenommen, und selbst dann mußten die Flugzeuge aufgrund schlechten Wetters oft genug am Boden bleiben.

Der Oberbefehlshaber der Gruppe Nord, GenAdm. Carls, vertrat eine andere Auffassung. Er bangte um die Sicherheit der Wetterschiffe und befürchtete, der Rückmarsch der Handelsstörer könnte gefährdet werden, sollten sie entdeckt und ihre Aufgabe offenbar werden. Er forderte daher nachdrücklich die Entsendung eines U-Bootes von Stavanger aus und empfahl für die Zukunft den Einsatz der ex-niederländischen Unterseeboote *UD 1 – UD 5*.[188] Seine Auffassung drang jedoch nicht durch und am 16. März 1941 lief der 284 t große Ex-Trawler SACHSEN zur Durchführung dieser Aufgabe aus Trondheim aus, um 300 sm ostwärts der Langanes-Halbinsel (nordöstlicher Teil von Island) seine Position zu beziehen. Ein weiteres Schiff, die 344 t große COBURG, bezog ihre Position weit innerhalb der Davisstraße auf der Höhe der Resolution-Insel zwischen Kanada und Grönland. Dort sollte sie später von der SACHSEN abgelöst werden. Nachdem die SACHSEN den Befehl erhalten hatte, in die Davisstraße zu gehen, erhielt die Gruppe Nord am 23. März 1941 ihre erste Meldung auf dem Wege durch die Dänemarkstraße. Eine weitere Meldung über die Eisverhältnisse ging von einer Fw 200 der I./K.G.40 am Abend des 27. März aus Trondheim ein. Weitere Meldungen übermittelte die COBURG auf dem Rückmarsch.

Die Leistungen dieser kleinen Schiffe, die über einen langen Zeitraum hinweg in einer feindseligen Umwelt – sowohl von der Natur wie von den Menschen her – operierten, verdienen es, besonders erwähnt zu werden. Sie waren die Gejagten; ihre Wettermeldungen wurden von den Briten aufgefangen, die sich durchaus der Bedeutung ihrer Tätigkeit bewußt waren und sich bemühten, sie zu erwischen. Die ursprüngliche Position der SACHSEN nordostwärts von Island bezog die HOHMANN, die anschließend von der am 2. April 1941 aus Trondheim ausgelaufenen OSTMARK abgelöst wurde. Daher standen zum ursprünglich geplanten Zeitpunkt des Beginns der Unternehmung »Rheinübung« nur die SACHSEN und die OSTMARK in See. Als einziges weiteres Überwasserschiff der Kriegsmarine befand sich zu diesem Zeitpunkt zur Durchführung eines einsamen Auftrages nördlich der Insel Jan Mayen nur *Schiff 31* (Vp.-Boot FRIESE) in arktischen Gewässern, der ehemalige britische Trawler BRADMAN, aufgebracht im April 1940 in Åndalsnes.

Das neue Wetterschiff LAUENBURG lief von Kiel mit dem Befehl nach Trondheim aus, die SACHSEN bis Ende Mai 1941 abzulösen. Am 23. April erhielt der Admiral der norwegischen Westküste, Adm. v. Schrader, die Anweisung, ein weiteres Wetterschiff, die MÜNCHEN, in See gehen zu lassen, um bis zum 1. Mai die OSTMARK abzulösen. Die hier dargelegten Einzelheiten bezüglich des Einsatzes von Wetterschiffen waren nicht nur für das Unternehmen »Rheinübung« wichtig. Ihre Bedeutung lag vielmehr in ihrem zukünftigen Wert für die Royal Navy und sie führten letztlich zur Niederlage der Kriegsmarine selbst. Die Royal Navy – und nicht zuletzt die Kryptologen (oder in einfacher Ausdrucksweise als »Kodebrecher« bezeichnet) – hatte natürlich klar erkannt, daß diese auf sich selbst gestellten und verteidigungslosen Schiffe ohne Schwierigkeiten aufgebracht werden konnten, und wenn dies überraschend geschah, könnten auch wertvolle Geheimsachen, wie Schlüsseldokumente und -ausrüstung, erbeutet werden. Infolgedessen wurden Operationen gegen sie in Gang gesetzt, denen als erstes das Wetterschiff MÜNCHEN zum Opfer fiel. Das deutsche Schiff wurde am 7. Mai 1941 südlich von Jan Mayen durch einen aus Kreuzern und Zerstörern bestehenden britischen Verband aufgespürt und überraschend durch ein Kommando des Zerstörers SOMALI geentert. Die Briten erbeuteten wertvolles Geheimmaterial, darunter die Schlüsselmaschine »Enigma« und den Wetter-Kurzschlüssel 1940, ehe das Schiff versenkt wurde. Das Aufbringen dieses Schiffes sollte zusammen mit weiteren Ereignissen dieser Art bedeutsame Auswirkungen auf die Entzifferung des deutschen Funkverkehrs (»Ultra«) durch britische Kryptologen haben, wenn auch die hauptsächlichen Folgen erst nach dem Unternehmen »Rheinübung« auftraten.[189]

Die vorangegangenen Erörterungen der Versorgungs-, Aufklärungs- und Wetterprobleme legen anschaulich dar, welche zusätzlichen Anstrengungen bei einem Vorstoß von Überwasserschiffen unternommen werden mußten. Dies steht in einem sehr ausgeprägten Gegensatz zu den U-Bootoperationen, obwohl es auch hierbei Versorgungs- und Aufklärungsprobleme zu bewältigen gab. Der für den 22. April 1941 vorgesehene Beginn der Unternehmung erlitt einen weiteren Rückschlag, als der Schwere Kreuzer PRINZ EUGEN beim Verlegungsmarsch von Gotenhafen nach Kiel einen Magnetminentreffer erhielt, der einen Kupplungsschaden verursachte. Dies brachte den Zeitplan beträchtlich durcheinander. Die eingetretene Verzögerung hatte erhebliche Folgen, denn die dunklen Neumondnächte in den hohen Breiten Ende April konnten nicht mehr genutzt werden. An ihre Stelle traten die kurzen Nächte mit dämmrigem Zwielicht in der zweiten Maihälfte – die ungünstigste Zeit für einen Durchbruch in den Atlantik. Daher stellte sich die Frage, ob das Unternehmen verschoben werden sollte, bis der Kreuzer ausgebessert war.

Hierfür boten sich drei Alternativen an:

a) Die BISMARCK allein hinauszusenden, um die kommende Neumondperiode zu nutzen.
b) Verschieben des Unternehmens, bis beide Schiffe einsatzbereit waren, und Abwarten der nächsten Neumondperiode.
c) Verschieben nur so lange, bis der Kreuzer ausgebessert war, ohne auf die Neumondperiode Rücksicht zu nehmen.

GenAdm. Carls zog die Alternative a) vor, aber die Skl. sprach sich für die Alternative c) aus.

Angesichts der durch die Beschädigung der PRINZ EUGEN verursachten Verzögerung kam es am 25. April 1941 unter Leitung von GAdm. Raeder zu einer Besprechung bei der Skl. in Berlin, an der auch der Flottenchef, Adm. Lütjens, teilnahm und die das bevorstehende Unternehmen zum Thema hatte. Der letztere zeigte sich nicht sehr glücklich darüber, daß aus einem kombinierten Flottenvorstoß sowohl von Brest als auch von Deutschland her allmählich ein Unternehmen mit nur zwei Schiffen geworden war, während GAdm. Raeder darauf bestand, mit den Schiffen in See zu gehen, ehe die USA noch aktiver in das Kriegsgeschehen eingriffen. Adm. Lütjens dagegen wollte abwarten, bis zumindest die SCHARNHORST wieder einsatzfähig oder vielleicht sogar die TIRPITZ kriegsbereit war. GAdm. Raeder hatte zweifellos recht, wenn er nicht abwarten wollte; denn unter den in Brest gegebenen Bedingungen konnte mit der Wiederherstellung der SCHARNHORST nicht vor dem Sommer und mit der Herstellung der Kriegsbereitschaft der TIRPITZ nicht vor dem Herbst gerechnet werden. Was die Frage der Kriegsbereitschaft der TIRPITZ anbetraf, so hatte die Kriegsmarine, insbesondere GAdm. Raeder, im Gegensatz zur Royal Navy

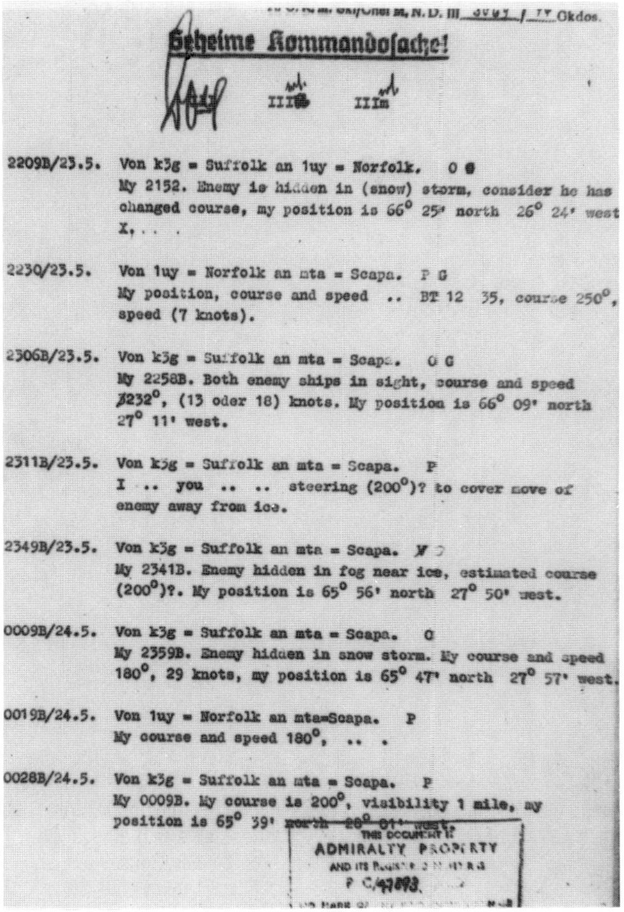
Geheime Kommandosache!

N.D. III ... Gkdos.

IIIm IIIm

2209B/23.5. Von k3g = Suffolk an 1uy = Norfolk. O
My 2152. Enemy is hidden in (snow) storm, consider he has changed course, my position is 66° 25' north 26° 24' west X, . . .

2230/23.5. Von 1uy = Norfolk an mta = Scapa. P G
My position, course and speed .. BT 12 35, course 250°, speed (7 knots).

2306B/23.5. Von k3g = Suffolk an mta = Scapa. O G
My 2258B. Both enemy ships in sight, course and speed 232°, (13 oder 18) knots. My position is 66° 09' north 27° 11' west.

2311B/23.5. Von k3g = Suffolk an mta = Scapa. P
I .. you .. .. steering (200°)? to cover move of enemy away from ice.

2349B/23.5. Von k3g = Suffolk an mta = Scapa.
My 2341B. Enemy hidden in fog near ice, estimated course (200°)?. My position is 65° 56' north 27° 50' west.

0009B/24.5. Von k3g = Suffolk an mta = Scapa. O
My 2359B. Enemy hidden in snow storm. My course and speed 180°, 29 knots, my position is 65° 47' north 27° 57' west.

0019B/24.5. Von 1uy = Norfolk an mta=Scapa. P
My course and speed 180°, .. .

0028B/24.5. Von k3g = Suffolk an mta = Scapa. P
My 0009B. My course is 200°, visibility 1 mile, my position is 65° 39' north 28° 01' west.

THIS DOCUMENT IS
ADMIRALTY PROPERTY

Eine Seite aus einem B-Dienst-Bericht der Kriegsmarine mit den entzifferten Funksprüchen der an der deutschen Kampfgruppe fühlunghaltenden britischen Kreuzer. (Sammlung des Verfassers)

eine grundlegend andere Auffassung darüber, wann ein Schiff als kriegsbereit anzusehen war. GAdm. Raeder beharrte auf einer sechs Monate dauernden Einfahrzeit mit einem entsprechenden Ausbildungsprogramm und dies ließ eine Teilnahme der TIRPITZ nicht zu. Das Geheimnis der Entscheidung, BISMARCK und PRINZ EUGEN fast sofort auslaufen zu lassen, mag durchaus in GAdm. Raeders Besorgnis hinsichtlich der Haltung der USA begründet sein – und hierüber wußte er besser Bescheid als Adm. Lütjens.

Tatsächlich wünschte sich GAdm. Raeder die Zustimmung Hitlers zu zwei Maßnahmen, um die Chancen seiner Seestreitkräfte, Überwasserschiffe und U-Boote, in der atlantischen Handelskriegführung unmittelbar zu verbessern:

a) ein ganz oder teilweises Ignorieren der Panamerikanischen Sicherheitszone und
b) ein Aufbringen von US-Handelsschiffen nach den Regeln der Prisenordnung.

In der schwachen Reaktion der Vereinigten Staaten auf den deutschen Balkanfeldzug sah er eine Ermutigung, daß die von ihm jetzt vorgeschlagenen Schritte nicht zum Eintritt der USA in den Krieg führen würden. Tief im Inneren mußte er aber vom Gegenteil überzeugt gewesen sein; daher sein Wunsch, das Unternehmen »Rheinübung« so schnell wie möglich in Gang zu setzen. Er brachte seine Vorschläge am 20. April 1941 auf der Führerkonferenz vor, erwähnte aber das Unternehmen nur am Rande. Auch über die Reparatureinrichtungen für seine schweren Schiffe zeigte er sich besorgt und war sich der Nachteile der heimischen Werften ebenso wie der von Brest durchaus bewußt. Schließlich drängte er noch auf den Erwerb des spanischen Hafens El Ferrol! In Anbetracht seines Drängens auf eine Besetzung Norwegens und später Griechenlands muß GAdm. Raeder eine große Verantwortung für viel Leid im Zweiten Weltkrieg zuerkannt werden. Hitler billigte jedoch GAdm. Raeders Pläne nicht, beließ ihn aber in der Hoffnung, daß sich bis zu dem Zeitpunkt, da das Unternehmen »Rheinübung« anlaufen würde, die Lage ändern könnte. Somit drängte GAdm. Raeder die eigenen Ansichten dem Flottenchef auf, der mit dem Entschluß wegging, wie befohlen zu handeln. Was das Unternehmen »Rheinübung« selbst anbetraf, so stand Hitler dem nur lauwarm gegenüber. Doch es mag durchaus sein, daß der bevorstehende Angriff auf die Sowjetunion, das Unternehmen »Barbarossa«, ihn voll in Anspruch nahm. Angesichts dieses gewaltigen Unternehmens ist es kaum überraschend, daß Hitler für seinen Marinechef nur wenig Zeit erübrigen konnte.[190]

Nach dem Abschluß der Ausbesserungsarbeiten bei PRINZ EUGEN gab es weitere Verzögerungen, so daß das Flottenkommando erst am 16. Mai 1941 die Kampfgruppe ab 18. Mai, 00.00 Uhr, klar für »Rheinübung« meldete. Die Gruppe Nord forderte beim Fliegerführer Atlantik die Durchführung eines Aufklärungsfluges am 19. Mai über der Dänemarkstraße an. Der Kommandierende Admiral Norwegen erhielt Befehl, die Begleittanker WEISSENBURG und HEIDE (beide mit 7000 m^3 Heizöl und Vorräten für einen Monat an Bord) auslaufen zu lassen, so daß sie am 22. Mai auf ihrer Position standen. Aus westfranzösischen Häfen liefen auch die übrigen Begleittanker auf ihre Wartepositionen aus und die beiden Spähschiffe GONZENHEIM und KOTA PINANG gingen am 17. Mai von La Pallice aus in See.

Der Operationsbefehl empfahl einen Durchbruch, sobald die Kampfgruppe Norwegen verlassen hatte, durch die Island-Färöer-Enge (wenn das Wetter günstig wäre). Sollte jedoch das Wetter nicht günstig sein, hatte Adm. Lütjens den Treffpunkt mit der WEISSENBURG auf der Position 70°N 1°W (Punkt »Hans«) in arktischen Gewässern anzusteuern. Dort sollten die Schiffe dann Brennstoff übernehmen und vollbunkern, um den Durchbruch mit größtmöglicher Geschwindigkeit ohne Rücksicht auf den Heizölverbrauch zu unternehmen. Die WEISSENBURG wurde angewiesen, nach der Durchführung der Versorgung ihre Warteposition sofort zu verlassen. Ihre Station sollte dann von dem von der Küste her kommenden Tanker HEIDE eingenommen werden, um sicherzustellen, daß sich ein Tanker mit voller Ladung auf Warteposition befand, sollte der erste Durchbruchsversuch nicht gelingen.

Am 5. Mai 1941 kam Hitler mit großem Gefolge zu einem Besuch an Bord der BISMARCK, während das Schiff in Gotenhafen auf den Auslaufbefehl wartete. Es war auffallend, daß GAdm. Raeder fehlte. KptzS. Karl Topp, der Kommandant der TIRPITZ, unternahm hierbei den vergeblichen Versuch, sein Schiff an dem Vorstoß teilnehmen zu lassen. Nach einer Besichtigung des Schiffes und einem kurzen Zusammentreffen mit Adm. Lütjens in dessen Räumen verließ Hitler nach vier Stunden die BISMARCK wieder. Als Folge der bereits erwähnten Verzögerungen legte das Schlachtschiff erst am 18. Mai gegen Mittag vom Kai in Gotenhafen ab und ankerte auf Reede, um noch Heizöl und Proviant zu übernehmen. Am nächsten Tag um 02.00 Uhr ging die BISMARCK mit der PRINZ EUGEN endgültig in See. Das Unternehmen »Rheinübung« hatte begonnen.

Durch die Zerstörer *Z 23* und FRIEDRICH ECKOLDT und durch die 5. M-Flottille gesichert, marschierten die beiden schweren Einheiten hinter *Sperrbrecher 13* und *Sperrbrecher 31* nach Westen in Richtung Großer Belt. Am Abend stieß noch ein dritter Zerstörer, die HANS LODY, von Kiel her zum Verband (der vierte Zerstörer, die KARL GALSTER, litt

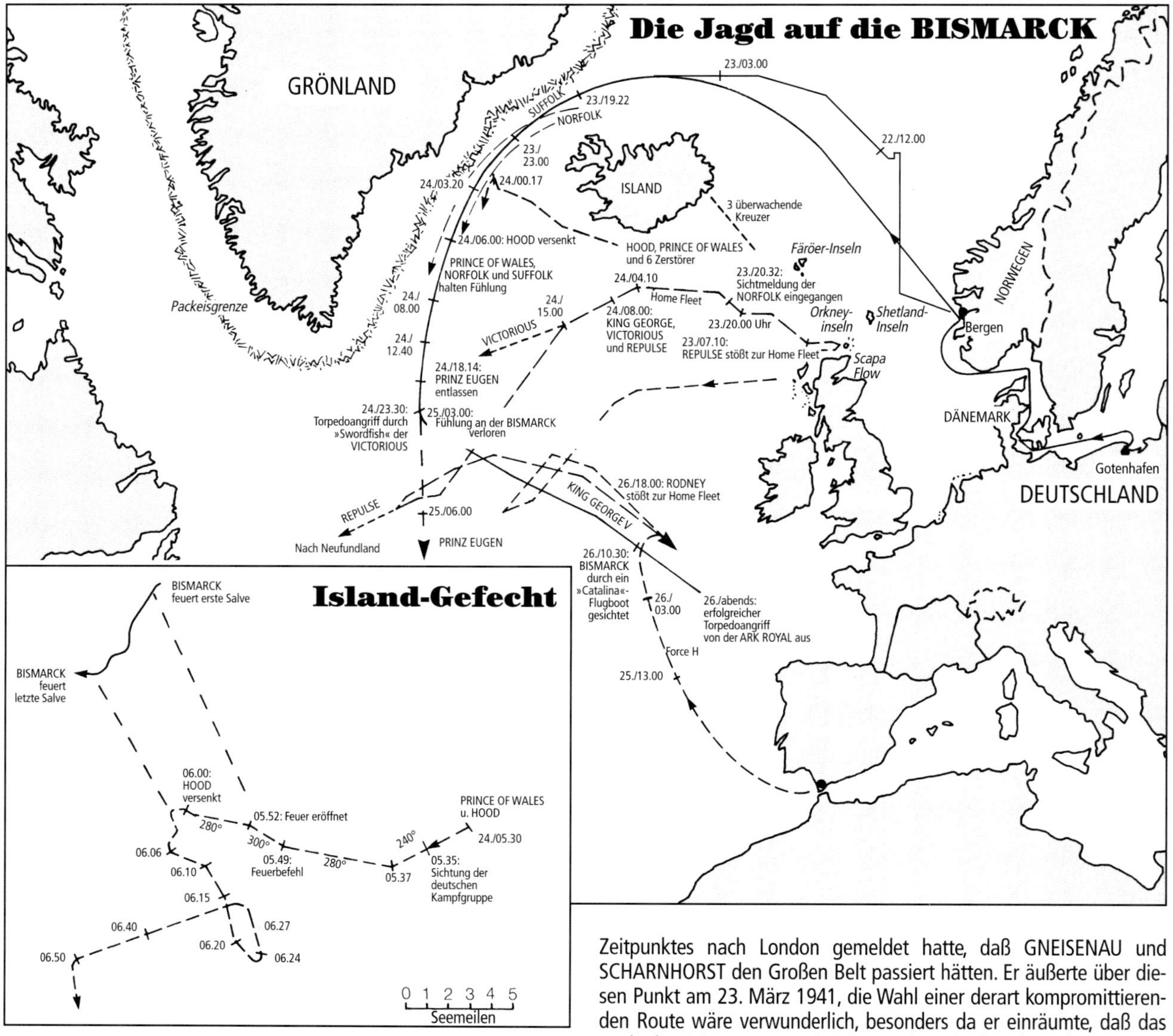

unter dem üblichen deutschen Zerstörerproblem: Maschinenhavarie.) In der Nacht passierte die Kampfgruppe den Großen Belt und lief am 20. Mai durch das Kattegat in den Skagerrak hinein. Es war ein klarer, sonniger Tag mit guter Sicht und gegen 13.00 Uhr hatte die Kampfgruppe im Kattegat das Pech, vom schwedischen Flugzeug-Kreuzer GOTLAND gesichtet zu werden. Adm. Lütjens funkte an die Gruppe Nord: »Um 13.00 Uhr Flugzeug-Kreuzer GOTLAND bei klarer Sicht passiert, daher anzunehmen, daß Verband gemeldet wird.« GenAdm. Carls, der Oberbefehlshaber der Gruppe Nord, erwiderte etwas überraschend, daß er die Kompromittierungsgefahr durch das schwedische Kriegsschiff bei der strikt neutralen Haltung Schwedens auch nicht für größer hielt als durch die ohnehin vorhandene britische Überwachungstätigkeit in den Ostsee-Eingängen. In Wirklichkeit war die Saat für das Mißlingen des Unternehmens »Rheinübung« bereits gesät. Der Kommentar von GenAdm. Carls ist deshalb überraschend, weil ihm wie auch der Skl. durchaus bekannt war, daß der britische Marine-Attaché in Stockholm bereits am 25. Januar 1941 unter Angabe des richtigen Zeitpunktes nach London gemeldet hatte, daß GNEISENAU und SCHARNHORST den Großen Belt passiert hätten. Er äußerte über diesen Punkt am 23. März 1941, die Wahl einer derart kompromittierenden Route wäre verwunderlich, besonders da er einräumte, daß das englische Spionagesystem in Dänemark und Schweden sehr gut wäre.

Am 20. Mai 1941 passierten die schweren Schiffe mit ihrer Zerstörersicherung kurz vor Mitternacht die Sperrlücke vor Kristiansand-Süd und gingen in den frühen Morgenstunden des nächsten Tages bei klarem Himmel und leichtem Wind auf einen NNW-Kurs. Um 04.40 Uhr änderte der Verband erneut den Kurs und steuerte nunmehr direkt nach Norden. Etwa um diese Zeit informierte die Operationsabteilung der britischen Admiralität das Hauptquartier des Coastal Command, daß vom Marine-Attaché in Stockholm ein Funkspruch eingegangen wäre, wonach zwei nicht identifizierte große Einheiten, von drei Zerstörern und kleineren Fahrzeugen gesichert, am 20. Mai um etwa 15.00 Uhr Marstrand passiert hätten, in nordwestliche Richtung steuernd. Die 18. Group des Coastal Command erhielt sofort den Befehl, im ersten Morgenlicht des 21. Mai zwischen Trondheim und Kap Lindesnes Aufklärung zu fliegen. Der B-Dienst fing die Funksprüche an die Flugzeuge auf und entzifferte sie. Sie enthielten die Weisung, nach zwei großen Schiffen und drei Zerstörern zu suchen. Das dem deutschen Verband am nächsten stehende Flugzeug, die »Blenheim« H der

254. Squadron, befand sich jedoch noch außerhalb der Sichtweite, als die Schiffe in den Korsfjord bei Bergen einliefen. Kurz nach Mittag ankerte die PRINZ EUGEN mit den Zerstörern in der Kalvanes-Bucht, während die BISMARCK im Grimstadfjord Anker warf. Anschließend übernahmen der Schwere Kreuzer und die Zerstörer aus einem Tanker Brennstoff, aber die BISMARCK nicht. Auf beiden schweren Schiffen wurde die bisherige Tarnbemalung, insbesondere aus drei schwarzweißen schräg über Außenhaut und Aufbauten gemalten Streifen mit weiß aufgemalter Bug- und Heckwelle vorn und achtern bestehend, durch einen einheitlichen grauen Anstrich ersetzt. Den deutschen Schiffen blieb verborgen, daß eine »Spitfire« einer RAF-Bildaufklärungsstaffel die BISMARCK und die PRINZ EUGEN fotografierte. Daraufhin setzte die RAF einen Angriff an. Ihr Angriffsverband bestand aus sechs »Whitley«-Bombern der 612. Squadron, zehn »Hudson«-Bombern der 220. Squadron und zwei der 269. Squadron. Inzwischen hatte sich jedoch der Himmel zugezogen und nur zwei »Hudson«-Maschinen kamen zum Bombenwurf. Doch zu diesem Zeitpunkt waren die deutschen Schiffe bereits wieder ausgelaufen.

Nach dem Verlassen des Schutzes der norwegischen Fjorde setzte Adm. Lütjens mit seiner Kampfgruppe den Marsch nach Norden mit 24 kn Fahrt fort und entließ am 22. Mai 1941 um 04.20 Uhr die Zerstörer nach Trondheim. Bei bedecktem Himmel herrschte diesiges Wetter. Bis jetzt war das Verlassen der norwegischen Küstengewässer unbemerkt geblieben. Inzwischen hatte die RAF einen weiteren Luftangriff vorgesehen. Zum Angriffsverband gehörten 30 »Hampden«-Bomber sowie mit Torpedos bewaffnete »Beaufort«-Torpedobomber der 42. Squadron in Wick. Sieben »Albacore«-Torpedobomber der 828. Squadron des FAA befanden sich ebenfalls in Bereitschaft. Schlechtes Wetter hielt die Flugzeuge am Boden fest. Lediglich einige begrenzte Aufklärungsflüge konnten durchgeführt werden, ehe ein vollständig bedeckter Himmel mit einer Wolkenuntergrenze von 30 m jeden Flugbetrieb zum Erliegen brachte. Das verzweifelte Bemühen der britischen Admiralität, den Verbleib der BISMARCK festzustellen, war so groß, daß trotz des entsetzlichen Wetters in Hatston auf den Orkney-Inseln eine »Maryland« der 771. Squadron des FAA startete, geflogen von zwei Offizieren, die sich freiwillig gemeldet hatten. Diesem Aufklärer gelang es, den norwegischen Fjord zu finden und die Abwesenheit des BISMARCK-Verbandes zu melden.

Als Folge dieser Meldung wurden Aufklärungsflüge durch »Sunderland«-Flugboote angesetzt, ausgerüstet mit ASV-Radar: entlang der norwegischen Küste nach Norden, nach Stavanger und Bergen, zwischen den Shetland- und Färöer-Inseln sowie auch zwischen den Färöer-Inseln und Island. »Catalina«-Flugboote klärten südlich von Island auf und auch die Dänemarkstraße wurde überwacht. Schlechtes Wetter jedoch verhinderte entweder den Start der Aufklärungsflugzeuge oder verkürzte die Aufklärungsflüge beträchtlich. Die Antwort der Royal Navy bestand im Auslaufen des Schlachtkreuzers HOOD mit dem Schlachtschiff PRINCE OF WALES und sechs Zerstörern nach Island. Zudem wurden auch die verschiedenen Kreuzerpatrouillen alarmiert. Admiral Tovey, der C-in-C Home Fleet, blieb mit seinem Flaggschiff, der KING GEORGE V, mit fünf Kreuzern und fünf Zerstörern zunächst noch bis zur Klärung der Lage in Scapa Flow.

Zurück nach Deutschland: Anläßlich des Lagevortrages bei Hitler am 22. Mai 1941 auf dem Berghof erwähnte GAdm. Raeder kurz das Auslaufen der BISMARCK-Gruppe und es gelang ihm, Hitler von einem Rückruf abzubringen.[191]

Da niemand aus dem Flottenstab und auch keiner der Stabsoffiziere der BISMARCK den Untergang des Schiffes überlebte, können die Absichten und Gedankengänge von Adm. Lütjens im Verlaufe des Unternehmens »Rheinübung« nur Gegenstand von Mutmaßungen sein. Selbst der dienstälteste überlebende Seeoffizier des Flaggschiffes – der damalige Kptlt. Freiherr v. Müllenheim-Rechberg, der als IV.AO seine Gefechtsstation im Achteren Artillerieleitstand hatte – war über die Vorgänge auf der Brücke während des Unternehmens kaum informiert. Wann und warum sich der Flottenchef entschloß, nicht die Färöer-Island-Passage zu benutzen, ist nicht ganz klar. Doch zwischen Mitternacht am 21./22. Mai und 12.00 Uhr am 22. Mai steuerte er mit seiner Kampfgruppe einen direkten Nordkurs, wobei er den zur Passage südlich von Island führenden Kurs außer acht ließ. Gegen Mittag hatte er sich offensichtlich entschlossen, auf die geplante Brennstoffergänzung aus der WEISSENBURG ebenfalls zu verzichten, und ging um 12.00 Uhr mit seinen Schiffen auf einen nordwestlichen Kurs. Gleichzeitig informierte er die PRINZ EUGEN über seine Absicht, mit 24 kn die Dänemarkstraße anzusteuern, und deutete hierbei an, daß die gegenwärtige Wetterlage für einen Durchbruch günstig wäre. Allerdings findet sich zu diesem Zeitpunkt im KTB des Schweren Kreuzers kein Wetterbericht. Es kann durchaus sein, daß der Grund für sein Handeln die irrige Annahme war, auf britischer Seite wäre das Auslaufen seiner Schiffe noch immer nicht bemerkt worden, und er wollte dem Gegner durch den unvermeidlichen Zeitverlust bei der Brennstoffübernahme nicht noch mehr Zeit verschaffen, dies zu erkennen, um weitere Einheiten in der Dänemarkstraße zu stationieren.

Im Verlaufe des Nachmittags und Abends steuerten die beiden deutschen Schiffe daher Kurse, die sie in den Nordeingang der Dänemarkstraße führten, und das Wetter entwickelte sich für den Durchbruch immer günstiger. Der Wind hatte aufgefrischt und auf Südwest gedreht. Der Himmel war wolkenverhangen und es herrschte leichter Nebel. Später setzte Regen ein und die Sicht verschlechterte sich immer mehr. Zu dieser Zeit erging der Befehl, die Turmdecken mit einem grauen Anstrich zu versehen und das auf der Back zur Fliegererkennung aufgemalte »Hakenkreuz« zu überstreichen. Noch immer gab es keinen eindeutigen Hinweis darauf, ob britische schwere Streitkräfte in See standen, denn dasselbe schlechte Wetter, das die Luftüberwachung der RAF am Boden festgehalten hatte, verhinderte auch die Aufklärung durch die Luftwaffe. Soweit nachrichtendienstliche Informationen zur Verfügung standen, schien daraus hervorzugehen, daß noch keine groß angelegte Suche nach der deutschen Kampfgruppe eingesetzt hatte. Am späten Abend hatte sich das Wetter so sehr verschlechtert, daß die vorauslaufende BISMARCK von der PRINZ EUGEN nicht mehr zu sehen war. Die Sicht betrug nur noch 300 – 400 m, bisweilen sogar noch weniger. Der Bordmeteorologe des Flaggschiffes hatte ein Anhalten des schlechten Wetters bis zur Südspitze Grönlands vorhergesagt. Auf Island waren die veralteten »Battle«-Maschinen durch »Hudson«-Bomber der 269. Squadron ersetzt worden, aber angesichts der geschlossenen Wolkendecke mit einer Untergrenze von 30 m und der schlechten Sicht mußten auch sie hilflos am Boden bleiben.

Eine Stunde vor Mitternacht teilte die Gruppe Nord durch Funkspruch mit, daß das Unternehmen »Rheinübung« bisher noch nicht entdeckt worden war. Den 23. Mai 1941 hindurch setzte die deutsche Kampfgruppe ihren Marsch, nördlich um Island herumholend, auf einem westsüdwestlichen Generalkurs fort. Gegen Mittag erreichte sie die Packeisgrenze. Von einem falschen Alarm (ein Eisberg) abgesehen, war bis jetzt kein Anzeichen für eine gegnerische Überwachungstätigkeit zu sehen gewesen. Weitere Wettermeldungen bestätigten das günstige Wetter für den Durchbruch nach Süden hin. Doch nach dem Erreichen der Eisgrenze wurde es gegen 17.30 Uhr heller und bald herrschte nach voraus und nach Steuerbord gute Sicht, während es nach Osten hin dunkel und neblig blieb. Beide Schiffe steuerten immer wieder mit Zickzackkursen durch die mächtigen Schollen des Treibeises und durch Schneeschauer.

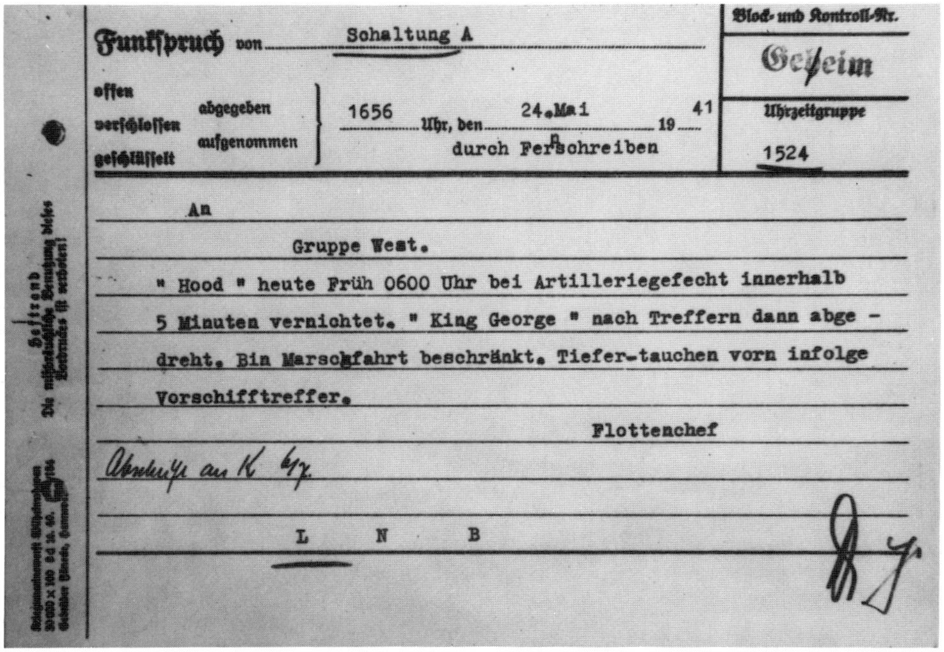

Funkspruch von Schaltung A

Block- und Kontroll-Nr.

Geheim

offen / verschlossen / geschlüsselt — abgegeben / aufgenommen: 1656 Uhr, den 24.Mai 1941 durch Fernschreiben

Uhrzeitgruppe: 1524

An

Gruppe West.

" Hood " heute Früh 0600 Uhr bei Artilleriegefecht innerhalb 5 Minuten vernichtet. " King George " nach Treffern dann abgedreht. Bin Marschfahrt beschränkt. Tiefer-tauchen vorn infolge Vorschifftreffer.

Flottenchef

Abschrift an K 6/7.

L N B

Ganz oben: Der Flottenchef, Adm. Lütjens, meldet seinen Erfolg dem Marinegruppenkommando West. Eine Wiederholung der bereits früher abgesetzten Gefechtsmeldung, wobei die PRINCE OF WALES mit dem Schwesterschiff KING GEORGE V verwechselt wird.
(Sammlung des Verfassers)

Oben: BISMARCK nach dem Island-Gefecht an Backbord querab der PRINZ EUGEN, die deren Ölspur nach dem Treffer im Vorschiff überprüfen soll. Das hier sichtbare Tiefertauchen des Bugs ist weitgehend der langen atlantischen Dünung zuzuschreiben. Dies ist die letzte Aufnahme der BISMARCK, die von deutscher Seite aus gemacht wurde.
(Sammlung des Verfassers)

Um 19.22 Uhr gab es auf der BISMARCK plötzlich Alarm und die Gefechtsstationen wurden bezogen. Die Horch- und Funkmeßortungsgeräte hatten an Backbord voraus ein Ziel aufgefaßt. Sichtmeldungen bestätigten ein Kriegsschiff mit drei Schornsteinen. Es war tatsächlich der britische Schwere Kreuzer SUFFOLK, der gerade auf Südwestkurs gedreht hatte, als seine Ausgucks die deutschen Schiffe sichteten. Er zog sich rasch wieder in den Nebel zurück, während er gleichzeitig über Funk eine Sichtmeldung absetzte. Das KTB der PRINZ EUGEN verzeichnet, das Flaggschiff hätte auf diesen Kreuzer mehrere Salven abgegeben, aber dies scheint nicht der Fall gewesen zu sein. SUFFOLK jedenfalls nahm an Backbord achteraus eine Fühlungshalterposition an der deutschen Kampfgruppe ein.

Etwa eine Stunde später tauchte an Backbord voraus ein zweiter Schwerer Kreuzer auf: die NORFOLK (Rear-Admiral Wake-Walker). Sie kam so dicht heran, daß die BISMARCK das Feuer eröffnete und fünf Salven abgab, deren Einschläge ab der dritten deckend lagen. Der britische Kreuzer drehte ab und nahm Backbord achteraus die Fühlungshalterposition ein, während sich die SUFFOLK zurückfallen ließ. Als Folge der von den Kreuzern abgegebenen Sichtmeldungen traf die britische Admiralität im Atlantik ihre Dispositionen, um der herannahenden Bedrohung zu begegnen. Um 20.34 Uhr erhielt GenAdm. Carls, der Oberbefehlshaber der Gruppe Nord, ebenfalls eine erste Andeutung der sich anbahnenden Schwierigkeiten, als von Adm. Lütjens ein Funkspruch mit der Uhrzeitgruppe 2015 eintraf: »Ein Schwerer Kreuzer im Quadrat AD 29.« Er alarmierte sofort den Fliegerführer Nord und die Luftflotte 5, um über Scapa Flow Luftaufklärung durchzuführen. Siebzehn Minuten nach dem Eingang des Funkspruches von Adm. Lütjens hielt GenAdm. Carls auch den vom B-Dienst entzifferten Funkspruch der SUFFOLK in Händen: »Ein Schlachtschiff, ein Kreuzer in 20° in Sicht. Entfernung 7 sm, Kurs 240°.« BISMARCK und PRINZ EUGEN standen weit außerhalb des Bereiches, in dem die Luftwaffe hätte wirkungsvolle Unterstützung leisten können. Bis sie sich den Positionen der deutschen U-Boote im Atlantik näherten, waren sie auf sich allein gestellt. Was der Gegner unternahm, war auf deutscher Seite nicht bekannt; denn in diesem kritischen Moment verhinderte das Wetter die von GenAdm. Carls angeforderte Luftaufklärung.

Admiral Tovey stand bereits in See; er hatte am Abend des 22. Mai mit der Home Fleet Scapa Flow verlassen. Die Sichtmeldung der SUFFOLK hatte er nicht erhalten und als die der NORFOLK einging, war sein Verband bereits zum Südausgang der Dänemarkstraße unterwegs, da er sie als die wahrscheinlichste Route der deutschen Schiffe ansah. Zu diesem Zeitpunkt – am späten Abend des 23. Mai – befand sich die Home Fleet jedoch noch weit südostwärts von Island. Dagegen hatte Vice-Admiral Holland die Sichtmeldung der SUFFOLK erhalten; sie ließ erkennen, daß sich der Gegner rund 300 sm nördlich von ihm befand. Damit stand sein Verband, bestehend aus HOOD, PRINCE OF WALES und sechs Zerstörern, in einer guten Position, um die deutsche Kampfgruppe abzufangen. Zusätzlich ließ das Coastal Command zur Unterstützung der Suche »Sunderland«-Flugboote der 201. Squadron in Reykjavik und »Hudson«-Bomber der 269. Squadron in Kaldadarnes starten.

Das kurze Gefecht mit der NORFOLK hatte durch die starken Erschütterungen, deren Ursache das Schießen der Schweren Artillerie war, auf der BISMARCK zum Ausfall des vorderen Funkmeßortungsgerätes geführt. Daher befahl Adm. Lütjens Nummernwechsel, d.h. die PRINZ EUGEN setzte sich an die Spitze, ein Vorgang, der später noch Konsequenzen haben sollte. In der Nacht vom 23./24. Mai 1941 hatte sich das Wetter wieder verschlechtert. Der Himmel war voll bedeckt und es herrschte Schneetreiben. Trotz dieser Tatsache meldeten die fühlunghaltenden Kreuzer Kurs- und Geschwindigkeitsänderungen der deutschen Schiffe mit großer Genauigkeit, wie die eingeschifften B-Dienstgruppen erkannten, die die gegnerischen Meldungen stets sehr rasch entzifferten. Die unangenehme Schlußfolgerung hieraus war, daß die britischen Schiffe nicht nur Radar besaßen, sondern daß es auch zumindest genauso gut wie die deutschen Funkmeßgeräte war! Die möglichen Folgen dieser Feststellung waren erschreckend. Tatsächlich hatten beide britischen Kreuzer Radargeräte an Bord. Die SUFFOLK führte den neueren Gerätetyp 284 mit schwenkbarer Antenne, während die NORFOLK noch den älteren Gerätetyp 268 P besaß. Zäh hielten die Kreuzer unter schwierigen Bedingungen damit Fühlung.

Kurz nach 05.00 Uhr am 24. Mai 1941 meldete die Unterwasserhorchstelle der PRINZ EUGEN die Geräusche zweier Turbinenschiffe an Backbord und um 05.39 Uhr teilte die Gruppe Nord mit, daß die SUFFOLK nochmals eine genaue Fühlungshaltermeldung abgesetzt hätte. Die Morgendämmerung hatte inzwischen eingesetzt und es herrschte klare Sicht. Gegen 05.45 Uhr sichtete die PRINZ EUGEN zwei Rauchfahnen und auf beiden Schiffen wurden die Gefechtsstationen bezogen. Dann wuchsen an Backbord langsam die Aufbauten und Silhouetten von zwei schweren Einheiten über die Kimm. Sie wurden vom I.AO der BISMARCK, KKpt. Schneider, zunächst als Schwere Kreuzer angesprochen, aber es handelte sich natürlich um die HOOD als Spitzenschiff und die PRINCE OF WALES. Die Zerstörer waren vorher entlassen worden.

Vice-Admiral Hollands Verband war in Richtung Dänemarkstraße unterwegs, als um 20.02 Uhr am 23. Mai die Sichtmeldung der SUFFOLK einging und ein Schlachtschiff und einen Kreuzer etwa 300 sm nördlich vom britischen Verband meldete. Fast 40 Minuten später traf auch die Sichtmeldung der NORFOLK ein. Inzwischen hatten es verbesserte Wetterbedingungen über den isländischen Luftstützpunkten der RAF gestattet, gegen Mitternacht am 23. Mai von Reykjavik und Kaldadarnes Aufklärungsflugzeuge starten zu lassen. Rechtzeitig, um Zeuge des Gefechtes zwischen den gegnerischen Seestreitkräften zu werden, trafen die ersten Sichtmeldungen der »Sunderland« Z von der 201. Squadron und der »Hudson« G von der 269. Squadron ein.

Aufgrund der Sichtmeldung der NORFOLK änderte Vice-Admiral Holland den Kurs auf 295° und erhöhte die Geschwindigkeit auf 27 kn. Er nahm an, daß dies in den frühen Morgenstunden des 24. Mai zum Gefecht führen würde. Bis um Mitternacht eingehende weitere Fühlungshaltermeldungen ließen erkennen, daß der Gegner noch 120 sm vom britischen Verband entfernt war. Kurz danach riß jedoch die Fühlung der Kreuzer an der deutschen Kampfgruppe ab und Vice-Admiral Holland war anscheinend der Auffassung, der Gegner hätte eine größere Kursänderung vollzogen. Dies führte zu seiner rätselhaften Kursänderung nordwärts um 00.12 Uhr auf 340°, dem ein Eindrehen auf direkten Nordkurs um 00.17 Uhr folgte. Diesen Kurs hielt Vice-Admiral Holland bis 02.05 Uhr durch. Zu diesem Zeitpunkt wies er die Zerstörer an, die Suche nach Norden fortzusetzen, während die beiden Großkampfschiffe südwärts abdrehten und auf Kurs 200° gingen. Die Geschwindigkeit wurde auf 26 kn und später auf 27 kn gesteigert. Schließlich stellte die SUFFOLK um 02.56 Uhr die Fühlung wieder her. Ihre Fühlungshaltermeldung ergab, daß die BISMARCK etwa 15 sm nordwestlich von Vice-Admiral Holland stand. Die britischen Schiffe änderten um 03.21 Uhr Kurs auf 220°, gefolgt von einer weiteren Kursänderung um 03.42 Uhr auf 240° unter gleichzeitiger Fahrterhöhung auf 28 kn.

Zu diesem Zeitpunkt verliefen die Kurse der beiden Kampfgruppen im Abstand von etwa 20 sm fast parallel. PRINCE OF WALES folgte dem Flaggschiff im Abstand von vier Kabellängen (ca. 730 m) an Steuerbord achteraus. Um 05.35 Uhr sahen die Ausgucks an Bord der PRINCE OF WALES die BISMARCK und die PRINZ EUGEN aus dem Dunst auftauchen. Sie stellten damit die Sichtverbindung fast zehn Minuten früher als der deutsche Gegner her und PRINCE OF WALES signalisierte dem Flaggschiff: »Feind in Sicht, Entfernung 17 sm!« Sieben Minuten später meldete HOOD die Entfernung mit 14 sm. Die jetzt folgenden Kursänderungen Vice-Admiral Hollands sollten sich als verhängnisvolle Fehler erweisen. Zwei Minuten nach der Sichtung des Gegners drehte er 4 Dez. (Kurs 280°) und um 05.49 Uhr weitere 2 Dez. (Kurs 300°) auf ihn zu. Die Entfernung verringerte sich rasch, aber er hatte seine Schiffe in einen ernsten Nachteil gebracht; denn er gestattete hiermit dem Gegner das »Crossing the T« quer zu seinem eigenen Kurs.[192]

Um 05.49 Uhr befahl Vice-Admiral Holland, auf das führende deutsche Schiff, das er für die BISMARCK hielt, das Feuer zu eröffnen. PRINCE OF WALES hatte jedoch diesen Irrtum erkannt und richtete ihre Geschütze auf den rechts stehenden Gegner. Die HOOD eröffnete um 05.52 Uhr auf eine Gefechtsentfernung von rund 20.000 m das Feuer zuerst, gerade als Vice-Admiral Holland seinen Fehler erkannte und Zielwechsel auf das rechte Schiff befahl. Eine Minute später eröffnete auch die PRINCE OF WALES das Feuer. BISMARCK erwiderte sofort, um 05.55 Uhr gefolgt von PRINZ EUGEN. Beide deutschen Schiffe nahmen die HOOD unter Beschuß und feuerten anfangs Turmgruppen-Salven (d.h. mit je vier Geschützen), um dann auf Vollsalven überzugehen. Doch Vice-Admiral Hollands Verband konnte infolge des spitzen Angriffswinkels nur die vorderen Turmgruppen einsetzen. Die HOOD hatte zwei bis drei Salven gefeuert, ehe die BISMARCK erwiderte. Die erste Salve des deutschen Flaggschiffes lag nach dem Urteil ihres I.AO zu kurz; sie schlug an Steuerbord voraus der PRINCE OF WALES ein. Die erste Salve der letzteren aus ihren vorderen fünf 35,6-cm-Geschützen lag zu weit, aber die sechste kam deckend. Die PRINZ EUGEN schoß ihre erste Salve mit Kopfzünder-Sprenggranaten, d.h. mit der Bereitschaftsmunition; ihre Aufschläge konnten nicht beobachtet werden. Die zweite Salve – nunmehr mit Bodenzünder-Sprenggranaten – war deckend. Mit der dritten Salve konnte auf der HOOD ein Treffer auf der Backbordseite des Bootsdecks in der Nähe der Backbord-III.-10,2-cm-Fla-Doppellafette beobachtet werden. Dieser Treffer verursachte einen Brand unter der Bereitschaftsmunition in der Nähe des Munitionsaufzuges. Nach ihrer sechsten Salve erhielt die PRINZ EUGEN den Befehl zum Zielwechsel auf die PRINCE OF WALES, die bisher unbehelligt geblieben war. Damit blieb die HOOD der BISMARCK allein überlassen. Die zweite Salve der BISMARCK war eine 4-hm-Gabelgruppe, deren obere Grenzsalve KKpt. Schneider, der I.AO, als zu weit beurteilte, während er die Standsalve als deckend einschätzte. Danach ging der I.AO auf Vollsalven über, die von da an deckend lagen. Mit der dritten Salve wurde ein Treffer beobachtet, der aber auch von der PRINZ EUGEN stammen konnte (er verursachte den Brand auf dem Bootsdeck). Die vierte Salve kam knapp deckend.

Zu diesem Zeitpunkt beabsichtigte Vice-Admiral Holland offensichtlich, nach Backbord abzudrehen, um auch die achteren Turmgruppen seiner Schiffe zum Tragen zu bringen. Er befahl daher durch Flaggensignal um 06.00 Uhr eine Kursänderung um 2 Dez. nach Backbord (Kurs 280°). Ob diese Kursänderung noch ausgeführt wurde, ist sehr zweifelhaft, denn in diesem Augenblick rauschte die fünfte Salve der BISMARCK heran. Die achtere Turmgruppe der HOOD scheint noch das Feuer eröffnet zu haben, das heißt das Abdrehen hatte zumindest gerade eingesetzt, und die PRINCE OF WALES hatte eben ihre neunte Salve gefeuert. Eine oder mehrere Granaten dieser letzten Salve der BISMARCK trafen das britische Flaggschiff im Bereich des Großmastes und verursachten eine riesige Explosion, die das 48.000 ts verdrängende Schiff innerhalb weniger Sekunden in die Luft fliegen ließen. Die genaue Lage des oder der Treffer wie auch die exakte Explosionsursache sind seit dem 24. Mai 1941 um 06.00 Uhr eine Angelegenheit der Untersuchungen und Mutmaßungen. Die wahrscheinlichste Ursache war jedoch die Entzündung des Kordits der Kartuschen in den Pulverkammern der Türme X und Y. Dessen unkontrolliertes Abbrennen zerriß das Schiff buchstäblich. Es sank binnen drei Minuten und von der 1418 Mann starken Besatzung überlebten nur drei Seeleute. Die PRINCE OF WALES mußte ihren Kurs ändern, um dem in die Luft fliegenden Flaggschiff auszuweichen, und sah sich nun dem konzentrierten Artilleriebeschuß der beiden deutschen Schiffe ausgesetzt.

Adm. Lütjens interessierte es in diesem Augenblick überhaupt nicht, wie die HOOD gesunken war; wichtig waren nur die Tatsache ihres Untergangs und der erreichte Vorteil an materieller Überlegenheit und Prestige. Die PRINCE OF WALES hatte vier 38-cm-Treffer der BISMARCK und drei 20,3-cm-Treffer der PRINZ EUGEN erhalten. Eine 38-cm-Granate schlug durch die Brücke und tötete bis auf Captain Leach, den Kommandanten der PRINCE OF WALES, und einen weiteren Mann das gesamte Brückenpersonal, um danach erst außerhalb zu detonieren. Die zweite setzte den vorderen 13,3-cm-Leitstand außer Gefecht. Die dritte traf den Flugzeugkran und die vierte drang unter der Wasserlinie ein und blieb als Blindgänger im Generatorraum liegen. Zwei der 20,3-cm-Treffer verursachten erhebliche Wassereinbrüche und die dritte 20,3-cm-Granate war ebenfalls ein Blindgänger. Infolge dieser Gefechtsschäden und der mechanischen Störungen bei den neuen Tür-

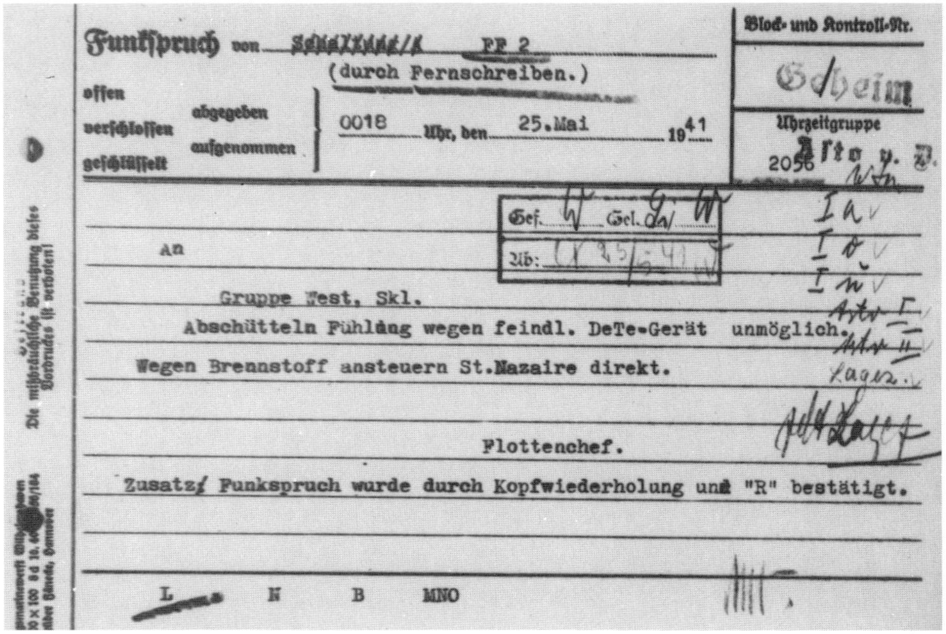

Funkspruch von PP 2
(durch Fernschreiben.)

offen
verschlossen
geschlüsselt

abgegeben
aufgenommen

0018 Uhr, den 25.Mai 1941

Block- und Kontroll-Nr.

Geheim

Uhrzeitgruppe 2056

Gef. Gel.

Üb:

An

Gruppe West, Skl.

Abschütteln Fühlung wegen feindl. DeTe-Gerät unmöglich.

Wegen Brennstoff ansteuern St.Nazaire direkt.

Flottenchef.

Zusatz: Funkspruch wurde durch Kopfwiederholung und "R" bestätigt.

L N B MNO

Adm. Lütjens Funkspruch vom 25. Mai 1941 mit der Uhrzeitgruppe 2056, worin er ein Abschütteln der Fühlung infolge des beim Gegner vorhandenen Radars (nach damaliger deutscher Bezeichnung »DeTe-Gerät«) als unmöglich erachtet.
(Sammlung des Verfassers)

men der Schweren Artillerie entschloß sich Captain Leach nunmehr, das Gefecht abzubrechen; denn die meiste Zeit über konnten nur Salven mit drei Geschützen gefeuert werden. In Anbetracht der anscheinend unbeschädigt gebliebenen deutschen Kampfgruppe war dies zweifellos die richtige Entscheidung und Rear-Admiral Wake-Walker, auf den nach dem Tod von Vice-Admiral Holland die Führung übergegangen war, stimmte dem zu. Nichtsdestoweniger bedurfte es auf seiten von Captain Leach einigen Mut, diesen Entschluß zu fassen. Trotzdem gab es manche Leute, die dies als Flucht ansahen.

Doch auch der Gegner hatte Gefechtsschäden davongetragen, denn die PRINCE OF WALES hatte auf der BISMARCK drei 35,6-Treffer erzielt. Eine Granate hatte im Bereich der Abteilung XXI das Schiff oberhalb der Wasserlinie (und damit des Panzerdecks) vor dem vorderen Panzerquerschott durchschlagen. Ihr Austritt hinterließ ein riesiges Loch, durch das Seewasser in das Schiff strömte. Da auch die Schottwände zu den benachbarten Abteilungen XX und XXII beschädigt worden waren, gelangten fast 2000 t Seewasser ins Vorschiff. Da die Schieber der Ölförderleitung im Vorschiff nicht mehr zu bedienen waren und auch der Versuch einer Umleitung über das Oberdeck fehlschlug, konnte das Heizöl aus den vorderen Heizölvorratsbunkern nicht mehr in die Verbrauchsbunker umgepumpt werden. 1000 t Heizöl blieben daher vom Verbrauch abgeschnitten. Dies sollte noch Folgen nach sich ziehen. Die zweite Granate war in die Abteilung XIV unterhalb des Seitenpanzers eingedrungen und auf dem Torpedolängsschott detoniert. Dieser Treffer führte zum Ausfall des E-Werks 4 durch Wassereinbruch. Durch Risse in den Schottwänden drang auch Wasser in den Kesselraum Bb. 2 und den Kesselhilfsmaschinenraum ein. Außerdem wurden einige Heizölbunker in der Stauung und im Doppelboden aufgerissen. Die dritte Granate hatte glatt den Vorsteven eines Verkehrsbootes durchschlagen und landete an Steuerbord im Wasser, ohne zu detonieren. Hierbei gab es fünf Leichtverwundete. Die PRINZ EUGEN hatte keinen Treffer erhalten.

Es war nur ein geringer Munitionsverbrauch zu verzeichnen. Bei BISMARCK waren es 93 Schuß 38 cm sowie eine unbestimmte Anzahl an 15-cm-Granaten (im sich anschließenden Gefecht gegen die PRINCE OF WALES). PRINZ EUGEN hatte 179 Schuß 20,3 cm verschossen. Außerdem beschossen beide Schiffe mit ihren 10,5-cm-Fla-Geschützen die »Sunderland« Z der 201. Squadron, die das Gefecht aus der Luft beobachtete.

Adm. Lütjens mußte jetzt das Gefühl gehabt haben, in einem Dilemma zu stecken; denn obwohl er erfolgreich in den Atlantik ausgebrochen war und den Stolz der Royal Navy versenkt hatte, war dies gleichzeitig ein Stich ins Wespennest gewesen – das allerletzte, was er sich wünschen konnte. Seine Gründe, warum er nicht bestrebt gewesen war, auch noch die PRINCE OF WALES zu versenken – trotzdem ihn KptzS. Lindemann nach Aussage Überlebender bedrängte, das britische Schlachtschiff zu verfolgen und ebenfalls zu vernichten –, können nicht mehr festgestellt werden. Es ist nur zu vermuten, daß der Flottenchef dagegen war, weil ein solches Handeln nicht im Einklang mit seinen Befehlen gestanden hätte, und daß dies allein wahrscheinlich der Grund war. Es hätte ihn auch zurück in die Nähe der Schweren Kreuzer gebracht, die mit Torpedos bewaffnet waren, und zudem stellte die PRINCE OF WALES selbst noch eine Bedrohung dar. Adm. Lütjens konnte sich weitere Gefechtsschäden bei seinen Schiffen nicht leisten; denn britische Gegenmaßnahmen waren mit Sicherheit zu erwarten und die verfolgenden Kreuzer hielten unablässig Fühlung. Ihr leistungsfähiges Radar war einer der unangenehmsten Faktoren, die der deutsche Flottenchef in Betracht ziehen mußte.

Die britische Admiralität konzentrierte nunmehr ihre gesamten Kräfte im Nordatlantik, ausgenommen eine aus drei Kreuzern (MANCHESTER, BIRMINGHAM und ARETHUSA) bestehende Überwachungslinie auf der Höhe der Nordostspitze Islands, um die Möglichkeit eines Rückmarsches der deutschen Kampfgruppe zu berücksichtigen. Auf diesem Wege wäre es Adm. Lütjens möglich gewesen, die heimischen Gewässer zu erreichen, wenn er sich zum Abbruch der Unternehmung entschieden hätte. Doch jede Bewegung seiner Kampfgruppe wurde gemeldet und die RAF hatte auch, abgesehen von den britischen Seestreitkräften, einen Angriffsverband nach Kaldadarnes verlegt, bestehend aus sechs mit Torpedos bewaffneten »Beaufort«-Torpedobombern der 22. Squadron.

Zurück nach Kiel: Von der Feststellung abgesehen, daß an der deutschen Kampfgruppe nunmehr zwei Schwere Kreuzer Fühlung hielten, wußte die Gruppe Nord vom Gegner nicht sehr viel. Ein Strom von entzifferten Fühlungshaltermeldungen legte von dieser Feststellung stummes Zeugnis ab. In den frühen Morgenstunden des 24. Mai 1941 wurde offenkundig, daß zwei weitere gegnerische Einheiten – bekannt waren nur ihre Rufzeichen OTT und OVY – ebenfalls Fühlung gewonnen hatten. Um 07.17 Uhr erhielt GenAdm. Carls eine entzifferte Sichtmeldung von OVY; sie gab die Entfernung zur BISMARCK mit 17 sm an. Diesen Funkspruch hatte die PRINCE OF WALES am 24. Mai um 05.37 Uhr gesendet. Danach erhielt GenAdm. Carls um 07.35 Uhr einen weiteren Funkspruch, diesmal mit der Uhrzeit 05.43 Uhr von OTT stammend, der Entfernung und Peilung zu Adm. Lütjens' Kampfgruppe nach Scapa Flow meldete. OTT war das Rufzeichen der HOOD. Die Fühlungnahme von Einheiten der Royal Navy hatte GenAdm. Carls kaum überrascht, denn er hatte eine Überwachung der Dänemarkstraße durchaus erwartet. Er wußte jedoch nicht, daß auch britische Großkampfschiffe die BISMARCK-Gruppe abgefangen hatten. Zudem war der Gruppe Nord ebenfalls nicht bekannt, ob die PRINZ EUGEN in der Arktis oder vielleicht von der BISMARCK Brennstoff ergänzt hätte. Infolgedessen wurde angenommen, Adm. Lütjens würde bestrebt sein, für den Schweren Kreuzer eine Brennstoffversorgung herbeizuführen. Dies war der Hintergrund für den Funkspruch der Gruppe Nord um 08.30 Uhr an Adm. Lütjens, den der Flottenchef am Vormittag des 24. Mai erhielt und dessen Inhalt im wesentlichen lautete:

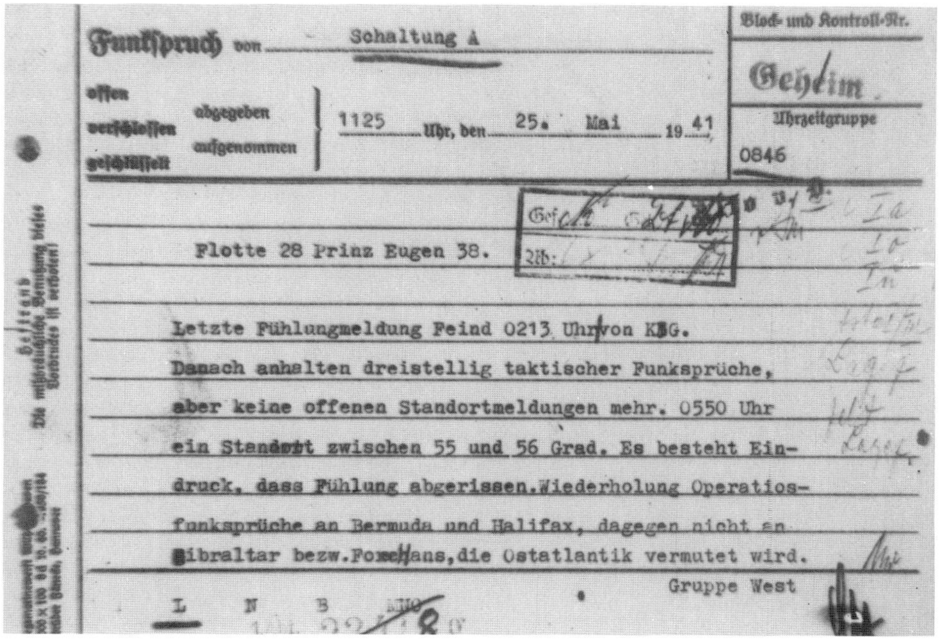

Funkspruch von Schaltung A

offen / verschlossen / geschlüsselt — abgegeben / aufgenommen: 1125 Uhr, den 25. Mai 1941

Block- und Kontroll-Nr.

Geheim

Uhrzeitgruppe 0846

Flotte 28 Prinz Eugen 38.

Letzte Fühlungmeldung Feind 0213 Uhr von KBG.
Danach anhalten dreistellig taktischer Funksprüche,
aber keine offenen Standortmeldungen mehr. 0550 Uhr
ein Standort zwischen 55 und 56 Grad. Es besteht Eindruck, dass Fühlung abgerissen. Wiederholung Operatiosfunksprüche an Bermuda und Halifax, dagegen nicht an
Gibraltar bezw. Forchans, die Ostatlantik vermutet wird.

Gruppe West

L N B

Das Marinegruppenkommando West informiert Adm. Lütjens von seiner Annahme, daß der Gegner die Fühlung an der BISMARCK verloren hat. Beachte die Uhrzeitgruppe 0846. Der Funkspruch wurde 11.25 Uhr abgegeben. Hieraus ist zu ersehen, wieviel Zeit von der Entscheidung durch den Oberbefehlshaber bis zur tatsächlichen Abgabe verstreicht. Doch wann wurde er auf BISMARCK aufgenommen? (Sammlung des Verfassers)

a) Position, Lage und Absichten über Funk melden (seine Position war durch die Fühlungshalter ohnehin bekannt).
b) Von der Gruppe Nord angenommene Absichten: Wegdrücken der Fühlungshalter, um der PRINZ EUGEN die Ölübernahme in See zu ermöglichen, und den Gegner auf eigene U-Boote zu ziehen.
c) Der B.d.U. wäre durch die Fühlungshaltermeldungen über den Standort der Kampfgruppe informiert.
d) Ab 12.00 Uhr ginge die operative Führung der »Rheinübung« auf die Gruppe West über.
e) Drei Zerstörer befänden sich in Trondheim und die WEISSENBURG stünde auf ihrer Warteposition.

Ein rätselhafter Hinweis auf die Geschehnisse erreichte GenAdm. Carls um 11.16 Uhr, als ihm der B-Dienst als Auswertung mitteilte: »Die Einheit OTT ist nicht mehr in Erscheinung getreten.« Er hatte natürlich überhaupt keine Kenntnis davon, daß die HOOD bereits vor Stunden aufgehört hatte zu existieren. Bis zum Mittag des 24. Mai hatten es die entzifferten Fühlungshaltermeldungen GenAdm. Carls ermöglicht, den Weg der BISMARCK-Gruppe genau genug zu verfolgen, um rechtzeitig die operative Führung um 12.00 Uhr an die Gruppe West zu übergeben. Noch immer gab es von Adm. Lütjens keine Nachricht. Erst um 13.35 Uhr ging ein Funkspruch vom Flottenchef ein, der bis 15.00 Uhr brauchte, um entschlüsselt zu werden und in die Hände von GenAdm. Carls zu gelangen: »Schlachtkreuzer, wahrscheinlich HOOD, versenkt. Weiteres Schlachtschiff KING GEORGE V oder RENOWN beschädigt abgedreht. Zwei Schwere Kreuzer halten Fühlung.« Dieser Funkspruch an die Gruppe Nord stammte von 06.32 Uhr und war laufend wiederholt worden, da auf der BISMARCK keine Bestätigung eingegangen war. Danach erreichte GenAdm. Carls um 15.05 Uhr ein weiterer Funkspruch des Flottenchefs, der von 08.01 Uhr stammte und um 13.40 Uhr aufgenommen worden war. Dieser enthielt nähere Erläuterungen zum Funkspruch von 06.32 Uhr und meldete den Ausfall des E-Werks 4, den Wassereinbruch im Kesselraum Bb. 2 unter Kontrolle und als Höchstgeschwindigkeit 28 kn. Des weiteren teilte er mit: »Dänemarkstraße fünfzig Seemeilen breit, Treibminen, Feind zwei Funkmeßgeräte.« Die letztere Feststellung war von höchster Bedeutung. Schließlich gab Adm. Lütjens noch seine Absicht bekannt: »Einlaufen St. Nazaire, PRINZ EUGEN Kreuzerkrieg.«

Die Verzögerungen bei der Übermittlung der Funksprüche an die Gruppe Nord beunruhigten natürlich GenAdm. Carls. Doch das gemeldete Gefecht veranlaßte ihn zu der Annahme, daß dies auf weggeschossene Funkantennen zurückzuführen wäre.[193] Die Absicht des Flottenchefs gab GenAdm. Carls Rätsel auf, denn die Meldung über die Gefechtsschäden war spärlich und die Schäden selbst wirkten unbedeutend. Warum dann der Abbruch des Unternehmens? Nichtsdestoweniger ergriffen die Marinegruppenkommandos Nord und West entsprechende Schutz- und Sicherungsmaßnahmen. Für den Fall, daß sich Adm. Lütjens zur Rückkehr in die Nordsee entschließen sollte, entsandte die Gruppe Nord die nach Westfrankreich bestimmte 6. Z-Flottille zeitweilig nach Bergen und ersuchte den B.d.U. um Entsendung von U-Booten in den Raum Island-Färöer-Shetlands sowie die Luftflotte 5 um Aufklärung über Scapa Flow und ähnliche Ankerplätze der Royal Navy. Um 16.56 Uhr ging ein weiterer Funkspruch von Adm. Lütjens bei der Gruppe West ein, vermutlich eine kurze Wiederholung seiner Gefechtsmeldung: »HOOD heute früh 0600 Uhr bei Artilleriegefecht innerhalb 5 Minuten vernichtet. KING GEORGE [Lütjens' Irrtum über seinen Gegner] nach Treffern dann abgedreht. BISMARCK Marschfahrt beschränkt. Tiefertauchen vorn infolge Vorschifftreffer.« Eine halbe Stunde später meldete die Luftwaffe das Ergebnis ihrer letzten Aufklärung über Scapa Flow – zugegebenermaßen unter schlechten Wetterbedingungen erlangt –, worin sie eines der Schiffe als HOOD identifizierte![194]

Eine gewisse Vorstellung von den weiteren Absichten des Flottenchefs ergab sich aus seinem Funkspruch um 13.48 Uhr an die Skl. und die Gruppe West, etwa 5fi Stunden nach seiner mitgeteilten Absicht abgegeben, St. Nazaire anzulaufen: »Standort etwa 60°20'N 36°20'W. KING GEORGE V mit Kreuzer hält Fühlung. Absicht: Falls kein Gefecht, beabsichtige Gegner nachts abzuschütteln.« Eine halbe Stunde später (14.20 Uhr) informierte er die Skl. und die Gruppe West über die geplante Durchführung des Abschüttelns der Verfolger unter gleichzeitiger Entlassung der PRINZ EUGEN. Schließlich wies er um 14.42 Uhr den B.d.U., VAdm. Dönitz, hinsichtlich seiner weiteren Absichten an: »Westboote sammeln Quadrat AJ 68. Beabsichtige, an BISMARCK fühlunghaltende schwere Streitkräfte aus Norden kommend bei Tagesanbruch durch Quadrat AJ 68 zu ziehen.«

Im Verlaufe des Nachmittags (24. Mai) setzten BISMARCK und PRINZ EUGEN ihren Marsch nach Süden fort. Infolge der beschädigten vorderen Heizölbunker zog das Flaggschiff eine deutlich sichtbare Ölspur hinter sich her. Rear-Admiral Wake-Walker folgte mit NORFOLK, SUFFOLK und PRINZ OF WALES in angemessenem Abstand und hielt an der deutschen Kampfgruppe Fühlung. Zum Vorteil für die deutschen Schiffe verschlechterte sich nunmehr das Wetter, aber die mit Radar ausgerüsteten Gegnerschiffe hielten weiterhin die Fühlung aufrecht. Adm. Lütjens war jedoch entschlossen, wie bereits erwähnt, die Fühlungshalter abzuschütteln und den Schweren Kreuzer zur Handelskriegführung zu entlassen. Mit Winkspruch informierte er KptzS. Brinkmann, den Kommandanten der PRINZ EUGEN: »Während Regenböen läuft BISMARCK mit Westkurs ab, PRINZ EUGEN hält Kurs und Fahrt durch, solange bis sie abgedrängt wird oder drei Stunden nach Ablaufen BISMARCK. Anschließend entlassen zum Ölen bei BELCHEN oder LOTHRINGEN. Dann selbständig Kreuzerkrieg; durchführen auf Stichwort: HOOD.«

Zwischenzeitlich steuerte Admiral Tovey mit der Home Fleet, bestehend aus KING GEORGE V (Flaggschiff), VICTORIOUS, REPULSE und dem 2. Kreuzergeschwader, einen südwestlichen Kurs, um die deutsche Kampfgruppe abzufangen. Von Rear-Admiral Wake-Walkers fühlunghaltenden Verband abgesehen, konnte sich Admiral Tovey auch auf die Flugzeuge des Coastal Command der RAF stützen, obwohl die Entfernung von Island inzwischen so groß geworden war, daß nur noch »Catalina«-Flugboote eingesetzt werden konnten. Die »Catalina« L der 240. Squadron folgte der deutschen Kampfgruppe den Nachmittag hindurch, während die »Catalina« G der 210. Squadron den letzten Aufklärungsflug vor Einbruch der Dunkelheit durchführte. Mehrmals nahmen die deutschen Schiffe die Flugboote erfolglos unter Beschuß. Gegen 15.40 Uhr hielt Adm. Lütjens den Augenblick für gekommen, unter Ausnutzung einer Regenbö die Verfolger abzuschütteln. BISMARCK erhöhte die Fahrt auf 28 kn und drehte nach Steuerbord ab. Doch als sie aus der Regenbö herauskam, sah sie die Fühlungshalter wieder direkt vor sich. Nach einem kurzen, ergebnislosen Schußwechsel mit der PRINCE OF WALES und der SUFFOLK auf große Gefechtsentfernung blieb ihr keine andere Möglichkeit, als wieder zur PRINZ EUGEN zu stoßen. Ein zweiter um 18.14 Uhr unternommener Versuch gelang insoweit, als sich die PRINZ EUGEN absetzen konnte, während die BISMARCK die fühlunghaltende SUFFOLK mit einem kurzen Beschuß auf Abstand hielt. Diese Entwicklung der Ereignisse meldete der Flottenchef der Gruppe West, aber Adm. Lütjens' Wortwahl »entlassen zum Ölen« bezüglich der PRINZ EUGEN verursachte im Marinegruppenkommando Ungewißheit darüber, ob die Detachierung stattgefunden hatte. Sie war tatsächlich erfolgt und auch noch den Briten unbemerkt geblieben. Der Schwere Kreuzer wahrte naturgemäß Funkstille.

Trotz der erfolgreich durchgeführten Detachierung der PRINZ EUGEN mußte Adm. Lütjens verzweifelt gewesen sein, da es ihm selbst nicht gelang, die britischen Kreuzer abzuschütteln; denn um 20.56 Uhr meldete der Flottenchef resigniert der Skl. und der Gruppe West: »Abschütteln Fühlung wegen feindlicher DeTe-[Radar-]Geräte unmöglich. Wegen Brennstoff ansteuere St. Nazaire direkt.« Der Plan, die verfolgenden britischen Kriegsschiffe über eine U-Boot-Standlinie zu ziehen, war somit gescheitert.

Für Admiral Tovey schien es klar zu sein, daß die BISMARCK entkommen könnte. Daher mußte es ihm irgendwie gelingen, ihre Geschwindigkeit herabzusetzen, so daß sein Gros das deutsche Schlachtschiff zum Kampf stellen konnte. Schließlich detachierte er um 15.00 Uhr (24. Mai) den Flugzeugträger VICTORIOUS mit vier Leichten Kreuzern des 2. Kreuzergeschwaders (Rear-Admiral Curteis): GALATEA, AURORA, KENYA und HERMIONE, um näher heranzuschließen. Dann sollten die Flugzeuge des Trägers einen Torpedoangriff durchführen. VICTORIOUS hatte acht »Fulmar«-Jäger der 800(Z). Squadron und neun »Swordfish«-Torpedobomber der 825. Squadron des FAA an Bord. Für einen Flottenflugzeugträger stellte diese Fliegergruppe einen sehr kleinen Angriffsverband dar, aber die VICTORIOUS war – wie die PRINCE OF WALES – ein neues und noch kaum eingefahrenes Schiff.

Es war beabsichtigt gewesen, daß der Flugzeugträger auf seiner Einarbeitungsfahrt 48 in Lattenkisten verpackte »Hurricane«-Jagdflugzeuge hätte nach Malta transportieren sollen. Doch angesichts des Auftauchens der BISMARCK war dieser Befehl widerrufen worden. Es war auch keine Zeit mehr gewesen, alle in Lattenkisten verpackten Flugzeuge an Land zu geben. Daher lief der Träger mit ihnen aus und von Machrihanish waren nur wenige einsatzfähige Flugzeuge an Bord gekommen.

Als Lieutenant-Commander Esmonde mit seiner 825. Squadron startete, herrschte schlechtes Wetter. Über das sich um rund zehn Meter hebende und senkende Flugdeck fegte ein starker Nordwestwind. Jeder »Swordfish«-Torpedobomber führte einen 45,7-cm-Torpedo mit sich. Die schwer beladenen, vorsintflutlichen Doppeldecker kletterten auf 500 m und gingen auf Kurs, um die deutsche Kampfgruppe abzufangen. Unter den vorherrschenden Bedingungen betrug die Fluggeschwindigkeit lediglich 85 kn. Auch die »Fulmar«-Jäger starteten, um Fühlung aufzunehmen. Glücklicherweise waren die Maschinen der 825. Staffel mit Radar ausgerüstet. Damit orteten sie sie BISMARCK durch die niedrig hängenden Wolken. Doch als die Flugzeuge die Wolkendecke durchstießen, um Sichtverbindung herzustellen, erkannten sie unter sich den US-Küstenwachkutter MODOC. Die BISMARCK stand jedoch nur 6 sm im Süden und sichtete gegen 23.30 Uhr – es war noch taghell – die Flugzeuge, als diese herabstießen.

Auf der BISMARCK bezogen die Geschützbedienungen rasch ihre Gefechtsstationen und eröffneten ein gut liegendes Sperrfeuer. In etwa vier Seemeilen Entfernung erhielt Lt.-Cdr. Esmondes Maschine einen Treffer, setzte jedoch den Angriff fort. Eine weitere Maschine verlor den Kontakt, aber die restlichen Flugzeuge stürmten weiterhin auf ihr Ziel zu. Das deutsche Schlachtschiff, das mit 27 kn Fahrt Zickzackkurse lief, feuerte aus allen Rohren einschließlich der Sperrfeuer schießenden 38-cm- und 15-cm-Geschütze, um den Angriff abzuwehren. Die »Swordfish«-Doppeldecker griffen bis auf eine Maschine von Backbord her an und alle acht Flugzeuge warfen erfolgreich ihre Torpedos ab. Trotz des gekonnt durchgeführten Angriffs traf die BISMARCK nur ein einziger Torpedo, der letzte, an der Steuerbordseite. Ohne Schaden zu verursachen, detonierte er zum Leidwesen der 825. Squadron auf der Seitenpanzerung. In der inzwischen hereingebrochenen Dunkelheit führte Lt.-Cdr. Esmonde seine Flugzeuge wohlbehalten zur VICTORIOUS zurück. Allerdings gingen zwei »Fulmar«-Jäger verloren.

Die Geschützbedienungen der BISMARCK waren der Meinung, sie hätten fünf Flugzeuge abgeschossen, und zusammen mit der Erkenntnis, daß der Torpedotreffer keine Schäden verursacht hatte, bedeutete dies einen großen moralischen Auftrieb. Doch durch den Detonationsdruck gab es einen Toten und mehrere Leichtverwundete (Knochenbrüche). Wichtiger war jedoch, daß durch die mit hoher Fahrt ausgeführten Manöver noch mehr Seewasser in die (nach dem HOOD-Gefecht) beschädigten Sektionen des Schiffskörpers einströmte. Die sich hieraus ergebenden Auswirkungen wurden aber nicht sofort sichtbar. Das über die Löcher im Vorschiff gezogene Lecksegel war gerissen und an den abgedichteten Schottwänden hatten sich die Risse vergrößert. Dies führte zu einem weiteren Tiefertauchen des Bugs und neben dem durch Wassereinbruch bereits aufgegebenen E-Werk 4 auch zum Volllaufen des Kesselraums Bb. 2, der ebenfalls endgültig aufgegeben werden mußte. Nach dem Angriff verringerte die BISMARCK ihre Geschwindigkeit vorübergehend auf 16 kn, um das Vorschiff wieder mit einem Lecksegel abdichten zu können.

Admiral Tovey hatte keine Möglichkeit, um festzustellen, wie wirksam der Torpedotreffer gewesen sein könnte; er mußte sich auf die Meldungen von Rear-Admiral Wake-Walkers Fühlungshaltern verlassen. Diese ließen ihn jedoch zum erstenmal im Stich. SUFFOLK lief mit Zickzackschlägen von 30° auf einem südlichen Generalkurs in etwa 10,5 sm Abstand achteraus der BISMARCK. Regelmäßig verlor der britische Kreuzer auf dem einen Schlag die Fühlung und gewann sie ebenso regelmäßig auf dem anderen wieder. In den frühen Morgenstunden des 25. Mai 1941 stellte die SUFFOLK während der Hundewache fest, daß sie die Fühlung *nicht* wiedergewonnen hatte, und erkannte bald, daß sich das deutsche Schiff der Verfolgung entzogen hatte. BISMARCK war tatsächlich gegen 03.00 Uhr scharf nach Steuerbord abgedreht und anfänglich auf einen Westkurs gegangen. Daran anschließend schlug sie allmählich einen Kreis um die SUFFOLK, um am Ende einen direkten südöstlichen Kurs (130°) nach St. Nazaire zu steuern. Da keine Möglichkeit besteht, auf die Kriegstagebücher der Flotte und des Schiffes zurückzugreifen, können die Vorgänge auf der Brücke, die zu diesem Manöver führten, nicht nachvollzogen werden. Es ist jedoch wahrscheinlich, daß es die ständige, über viele Stunden sich hin-

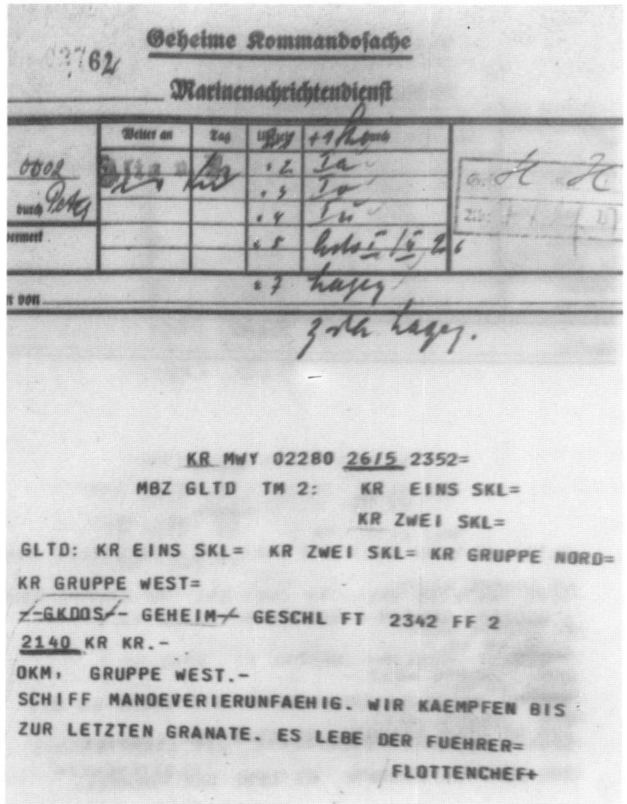

Geheime Kommandosache

Marinenachrichtendienst

KR MWY 02280 26/5 2352=
MBZ GLTD TM 2: KR EINS SKL=
KR ZWEI SKL=
GLTD: KR EINS SKL= KR ZWEI SKL= KR GRUPPE NORD=
KR GRUPPE WEST=
/-GKDOS/- GEHEIM/ GESCHL FT 2342 FF 2
2140 KR KR.-
OKM, GRUPPE WEST.-
SCHIFF MANOEVERIERUNFAEHIG. WIR KAEMPFEN BIS
ZUR LETZTEN GRANATE. ES LEBE DER FUEHRER=
FLOTTENCHEF+

Ganz oben: RODNEY nimmt die manövrierunfähige BISMARCK unter Beschuß.
(IWM)

Oben: KING GEORGE V im Gefecht.
(IWM)

Rechts: Der letzte Funkspruch der BISMARCK: SCHIFF MANOEVRIERUNFAEHIG. WIR KAEMPFEN BIS ZUR LETZTEN GRANATE. ES LEBE DER FUEHRER!
(Sammlung des Verfassers)

ziehende Beobachtung der Schiffe Wake-Walkers dem Stab von Adm. Lütjens ermöglicht hatte, eine klare Vorstellung von der Taktik des britischen Admirals zu gewinnen. Besonders offensichtlich war die Tatsache, daß alle britischen Schiffe an Backbord achteraus der BISMARCK standen und die Steuerbordseite unbewacht blieb.

Daher blieb das Abdrehen der BISMARCK nach Steuerbord so lange unbemerkt, bis die SUFFOLK auf den anderen Schlag ging und das erwartete Wiedergewinnen der Fühlung an dem deutschen Schiff ausblieb. Eine Stunde später mußte die SUFFOLK einräumen, daß sie die Fühlung an der BISMARCK verloren hatte. In der Annahme, ihr Gegner hätte sich nach Westen abgesetzt, ging Rear-Admiral Wake-Walker mit seinem Verband auf Südwestkurs, um die Suche fortzusetzen. Der Verlust der Fühlung an der BISMARCK war für Admiral Tovey ein beträchtlicher Nachteil, da das deutsche Schlachtschiff, mit Brennstoff versorgt und möglicherweise in der Geschwindigkeit nicht herabgesetzt, zur atlantischen Handelskriegführung übergehen könnte. Er mußte annehmen, daß die BISMARCK einen Begleittanker entweder südlich von Grönland oder auf der Höhe der Azoren ansteuerte. Rear-Admiral Curteis erhielt deshalb den Befehl, mit der VICTORIOUS und drei seiner Leichten Kreuzer die Suche nach Westen und Nordwesten aufzunehmen (falls Grönland das Ziel des deutschen Schiffes war), während SUFFOLK, PRINCE OF WALES, NORFOLK und Admiral Tovey mit der Home Fleet in südwestlicher Richtung suchten. Inzwischen steuerte die BISMARCK auf einem südöstlichen Kurs von den britischen Schiffen weg.

Adm. Lütjens scheint einige Zeit später davon überzeugt gewesen zu sein, daß sein Manöver zum Abschütteln der Fühlungshalter nicht erfolgreich verlaufen war; denn um 07.00 Uhr setzte er einen Funkspruch an die Gruppe West ab: »Ein Schlachtschiff, zwei Schwere Kreuzer halten weiter Fühlung.« Er benutzte hierbei den vom Gegner einpeilbaren Funkverkehr im verschlüsselten Klartextverfahren und sah keine Notwendigkeit, daß zu dieser Zeit noch nicht einpeilbare Kurzsignalverfahren zu verwenden. Interessant wäre es zu wissen, was ihn zu dieser Schlußfolgerung veranlaßt hatte; denn zu diesem Zeitpunkt befand sich keiner der vorherigen Fühlungshalter mehr in Radarreichweite. Es ist auch nicht möglich, wie von verschiedenen Seiten dargelegt wird, daß auf dem deutschen Schiff vom Gegner ausgesandte Radarimpulse geortet wurden, die zu schwach waren, um zum aussendenden Schiff zurückzukehren. Ein passiv arbeitendes sog. Funkmeßbeobachtungsgerät (FuMB), wie zum Beispiel das »Metox«-Gerät für die U-Boote (eingeführt im August 1942), war zu dieser Zeit noch nicht entwickelt worden. Daher konnte sich ein solches FuMB auch nicht an Bord der BISMARCK befunden haben.[195] Es gibt jedoch die entfernte Wahrscheinlichkeit, daß ein solches Verfahren vom Funkmeßpersonal der BISMARCK als Notbehelf entwickelt worden war, wenn wir annehmen, daß auf dem Flottenflaggschiff dieses Personal aus den besten zur Verfügung stehenden Technikern bestand. Jedenfalls scheint Adm. Lütjens vom britischen Radar tief beeindruckt und beunruhigt gewesen zu sein; mit Sicherheit überschätzte er dessen Reichweite. Rätselhaft ist die Tatsache, daß die Führungsstellen an Land aus der Funkaufklärungsarbeit des B-Dienstes wußten, daß die Fühlungshaltermeldungen seit 02.13 Uhr aufgehört hatten (siehe Abbildung auf Seite 179). Diese Erkenntnis hatte sich lange vor dem Funkspruch des Flottenchefs um 07.00 Uhr am 25. Mai ergeben. Die B-Dienstgruppe an Bord der BISMARCK müßte mit Sicherheit zur selben Schlußfolgerung gelangt sein.

Warum fuhr Adm. Lütjens fort, den Funkverkehr im einpeilbaren verschlüsselten Klartextverfahren abzuwickeln? Die Gruppe West hatte dem Flottenchef um 08.46 Uhr mitgeteilt, daß nach ihrer Einschätzung die Fühlung verlorengegangen wäre. Unter diesen Umständen ist es zunächst schwierig zu verstehen, warum die BISMARCK um 09.00 Uhr einen außerordentlich langen Funkspruch abgab, der 30 Minuten Sendezeit brauchte, um einen detaillierten Bericht über das Gefecht mit der HOOD mitzuteilen.[196] Hierbei ist jedoch zu bedenken, daß es für jeden Funkspruch einer beträchtlichen Zeit bedarf, um verschlüsselt, gesendet und entschlüsselt zu werden, so daß es sehr wahrscheinlich ist, daß die Lagebeurteilung der Gruppe West erst einige Zeit nach dem Abgang des langen Funkspruchs in die Hände des Flottenchefs gelangte. Die Folgen einer derart undiszipliniert langen Sendezeit für einen Funkspruch durch ein Schiff, das nicht in Fühlung zum Gegner steht, wären für einen erfahrenen Seemann offensichtlich. Er hätte sich selbst aufgegeben! Es besteht daher die Wahrscheinlichkeit, daß sich die letzten Ereignisse auf die Moral des Flottenchefs ausgewirkt hatten. Dies mag auch hinter seiner Ansprache an die Besatzung um die Mittagsstunde des 25. Mai 1941 gestanden haben. Es ist nicht überraschend, daß sich diese Ansprache, in ziemlich defätistischen Formulierungen abgefaßt, auf die Moral der Besatzung in gleicher Weise entscheidend auswirkte. Die Aussicht auf einen Kampf bis zur letzten Granate – »Siegen oder Sterben!« – mußte die meisten Angehörigen der Besatzung beeinflussen.[197]

Nach 10.00 Uhr um 25. Mai 1941 wahrte die BISMARCK Funkstille, aber der Schaden war bereits angerichtet. Die Auswirkungen traten nicht sofort in Erscheinung, da sich die aus den Peilungen ergebende Position durch ein fehlerhaftes Übertragen auf britischer Seite weit nördlicher als erwartet ergab. Dies veranlaßte Admiral Tovey zu der Annahme, daß die BISMARCK zur Island-Färöer-Enge unterwegs wäre. Er konzentrierte daher alle verfügbaren Streitkräfte im Nordosten. Später erhielten einige Einheiten den Befehl, auch von der Annahme auszugehen, daß der Gegner *unterwegs* zu einem französischen Hafen wäre. Zu ihnen gehörte das Schlachtschiff RODNEY und der Leichte Kreuzer EDINBURGH, während Rear-Admiral Wake-Walker auf der NORFOLK versuchte, beide Möglichkeiten abzudecken.

Am Nachmittag hob sich die Moral an Bord der BISMARCK wieder ein wenig, als KptzS. Lindemann den Versuch unternahm, die Auswirkungen der Ansprache des Flottenchefs abzuschwächen. In der Zwischenzeit hielt das deutsche Schlachtschiff einen stetigen Südostkurs durch. Um Mitternacht (25./26. Mai) stand die BISMARCK etwa 500 sm südsüdwestlich von Island. Am Nachmittag des 25. Mai war sie mit der Fahrt heruntergegangen, um es den Leckwehrtrupps zu ermöglichen, das Vorschiff zur Durchführung von Reparaturen zu betreten und den Versuch zu unternehmen, einige der abgeschnittenen Heizölbunker nutzbar zu machen. In der Heimat wurden alle möglichen Maßnahmen – hauptsächlich durch die Luftwaffe – ergriffen, um das Flottenflaggschiff zu unterstützen; letztendlich dienten sie jedoch nur zur kurzzeitigen Anhebung der Moral.

Auf britischer Seite erkannte Admiral Tovey schließlich in den frühen Abendstunden des 25. Mai 1941 den Irrtum in der Angabe der Position. Zu diesem Zeitpunkt stand er mit seinem Verband wahrscheinlich rund 130 sm nordwestlich der BISMARCK. Mit »Catalina«-Flugbooten der 210. Squadron führte das Coastal Command der RAF von Island aus den gesamten 25. Mai hindurch und bis in den nächsten Tag hinein weitreichende Aufklärungsflüge durch, die jedoch alle erfolglos verliefen. Am 26. Mai suchten »Hudson«-Maschinen sowie »Catalina«- und »Sunderland«-Flugboote bei sehr schlechtem Wetter den Ausgang der Dänemarkstraße südlich von Island sowie die Island-Färöer-Enge ab. Zusätzlich wurden Überwachungsflüge zur Einbeziehung der Möglichkeit durchgeführt, die BISMARCK könnte zu einem westfranzösischen Hafen unterwegs sein, und zwar quer zu einer angenommenen Linie, die die BISMARCK inzwischen erreicht haben könnte. Hierbei überwachte die »Catalina« Z der 209. Squadron den südlichen Teil der Linie und die »Catalina« M der 204. Squadron den nördlichen. Für den Fall, daß diese Aufklärungsflüge zu einem Ergebnis führen würden, befanden sich »Beaufort«-Torpedobomber in Bereitschaft: fünf der 22. Squadron in Kaldadarnes, acht der 42. Squadron und zwei der 22. Squadron in Wick, zehn der 217. Squadron in St. Eval sowie acht der 42. Squadron in Leuchars. Darüber hinaus waren alle verfügbaren Flugzeuge des Bomber Command der RAF in Bereitschaft. Sechs Unterseeboote hatten Befehl erhalten, die Zugänge nach Brest und St. Nazaire zu überwachen. Von Gibraltar aus befand sich auch die Force H auf dem Marsch nach Norden. Sie bestand unter Führung von Vice-Admiral Somerville aus dem Schlachtkreuzer RENOWN, dem Flugzeugträger ARK ROYAL und dem Leichten Kreuzer SHEFFIELD. Die zur Suche unternommenen Anstrengungen behinderten die ungewisse Position vieler britischer Einheiten und das schlechte Wetter, das sich zu einem Nordweststurm auswuchs.

Das Glück der BISMARCK hielt bis in die Vormittagsstunden des 26. Mai 1941 hinein an. Da sichtete die »Catalina« Z der 209. Squadron um 10.30 Uhr trotz sehr schlechter Sichtigkeit durch ein Wolkenloch das deutsche Schlachtschiff und setzte über Funk sofort eine Sichtmeldung ab. Wenige Minuten später sendete das Flugboot eine ausführlichere Meldung, durchbrach aber dann die Wolkendecke und wurde von der BISMARCK entdeckt. Das deutsche Schlachtschiff eröffnete sofort ein gut liegendes Abwehrfeuer und die Maschine erhielt mehrere Treffer. Nachdem sie etwa 15 Minuten lang Fühlung gehalten hatte, verlor sie das Flugboot wieder. Doch seine Arbeit war getan. Die Sichtmeldung wurde sowohl bei Admiral Tovey als auch bei der Gruppe West aufgefangen. GenAdm. Saalwächter, der Oberbefehlshaber der Gruppe West, ließ die entzifferte Meldung an Adm. Lütjens übermitteln. Als die Meldung der »Catalina« Z bei der Force H aufgefangen wurde, ließ Vice-Admiral Somerville auf der ARK ROYAL sofort zwei »Swordfish«-Langstreckenaufklärer starten, um Fühlung zu gewinnen. Doch es war eines der fast zwei Stunden früher gestarteten Suchflugzeuge, das als erstes die Fühlung herstellte. Mehrere Flugzeuge der RAF und des FAA hielten nunmehr für den Rest des Tages die Fühlung aufrecht, gelegentlich von der BISMARCK aus unter Beschuß genommen. Trotzdem es gelungen war, die BISMARCK wiederzufinden, konnte sie Admiral Tovey nicht zum Kampf stellen, es sei denn, es gelänge, irgendwie ihre Geschwindigkeit herabzusetzen. Das Großkampfschiff, das dem deutschen Schlachtschiff am nächsten stand, war die RENOWN bei der Force H. Doch Admiral Tovey befahl ihr, eingedenk der HOOD, nicht anzugreifen. Somit blieben nur die Flugzeuge der ARK ROYAL übrig: 30 »Swordfish«-Maschinen der 810., 818. und 820. Squadron des FAA; denn die VICTORIOUS hatte seit langem den Schauplatz verlassen. Um 13.50 Uhr ließ Vice-Admiral Somerville 15 »Swordfish«-Torpedobomber von der ARK ROYAL zum Torpedoangriff starten.

In der Zwischenzeit hatte der Leichte Kreuzer SHEFFIELD den Befehl erhalten, an der BISMARCK Fühlung zu halten. Diese Tatsache war auf der ARK ROYAL nicht bekannt. Am Nachmittag des 26. Mai 1941 gelang es der SHEFFIELD, am deutschen Schlachtschiff Fühlung zu erlangen und dies zu melden. Die Gruppe West fing den Funkspruch auf und übermittelte ihn entziffert an Adm. Lütjens. Gleichzeitig wurde *U 48* (Kptlt. Schultze) angesetzt, um den fühlunghaltenden Kreuzer anzugreifen. Das Wetter verschlechterte sich weiterhin. Es herrschte ein hoher Seegang und die Wolken hingen tief. Trotzdem führten die Flugzeuge der ARK ROYAL ihren Angriff durch. Sie flogen ihr Ziel mit Radar an und als sie durch die Wolkendecke stießen, hatten sie nicht die BIS-

MARCK sondern die SHEFFIELD vor sich. Dieser Irrtum hätte fast *U 48* die Arbeit erspart. Zum Glück für den britischen Kreuzer liefen die Torpedos vorbei. Außerdem waren sie mit Abstandspistole (Magnetzündung) ausgerüstet, die sich als fehlerhaft erwies. Daher wurde ein zweiter Angriff befohlen. Diesmal führten die Flugzeuge Torpedos mit Aufschlagpistole mit. Von der SHEFFIELD herangeführt, fanden die 15 »Swordfish«-Maschinen gegen 20.30 Uhr am Abend des 26. Mai die BISMARCK. Trotz ständiger Ausweichmanöver des von KptzS. Lindemann geführten Schiffes und starken Abwehrfeuers der Flak traf ein Torpedo nahe am Heck und ein weiterer – möglicherweise auch zwei – detonierte am Hauptseitenpanzer mittschiffs. Alle Flugzeuge kehrten sicher zur ARK ROYAL zurück. Dann, gerade als der Lufttorpedoangriff zu Ende ging, nahm die BISMARCK die zu nahe herangekommene SHEFFIELD mit ihrer Schweren Artillerie unter Beschuß. Nach ein paar Salven entkam der britische Kreuzer unversehrt, von einigen Splitterschäden abgesehen. Der (oder die) Torpedotreffer mittschiffs verursachte(n) kaum Schäden und anfänglich schien dies auch – sehr zum Verdruß der »Swordfish«-Besatzungen – beim Treffer achtern der Fall zu sein.

In Wirklichkeit war es dieser letztere Torpedotreffer an Backbord, der das Schicksal des deutschen Flottenflaggschiffes besiegelte. Die Ruder des Schiffes klemmten in 12° Backbordlage. Dies führte zu einem endlosen Drehkreis. Neben einer Anzahl Erschütterungsschäden, unter anderem blieben die Turbinen stehen, lief der Backbord-Wellentunnel voll. Wassereinbruch in die Ruderanlage durch ein großes Loch im Schiffsboden führte rasch zum Vollaufen aller Räume einschließlich des Rudermaschinenraums, der ebenfalls aufgegeben werden mußte. Querschottrisse und undicht gewordene Kabeldurchführungen ließen das Seewasser auch in Räume der angrenzenden Abteilung einschließlich des mittleren Wellentunnels eindringen. Ausgefallene Leckpumpen verhinderten ein Lenzen verschiedener Räume, unter anderem des Handruderraums. Leckwehrtrupps stützten sofort beschädigte Schotte ab, aber der hohe Seegang verhinderte das Anbringen eines Lecksegels über dem Loch im Schiffskörper. Nach großer Anstrengung gelang es, ein Handruder auf das Rudergeschirr einzukuppeln. Doch umherwirbelndes Seewasser und Öl verhinderten jeden Versuch, den Handruderraum durch die Bedienungsmannschaft eines 15-cm-Turms zu besetzen. KptzS. Lindemann unternahm große Anstrengungen, das Schiff mit den Schrauben zu steuern. Doch alle Versuche, die Ruder freizumachen oder mit den Schrauben zu steuern, schlugen fehl. Auf der BISMARCK sank die Moral der Besatzung – es gab keinen Ausweg mehr.

Hinsichtlich der Notsteuerungsversuche gibt es einen Widerspruch, da in der späteren Schlußuntersuchung durch das OKM dargelegt wurde, die Steuerfähigkeit wäre wieder hergestellt worden und hätte – allerdings mit 5° Krängung – zu einer Fahrterhöhung auf 17 kn und später auf 24 kn geführt.[198] Um 20.54 Uhr am 26. Mai meldete Adm. Lütjens den Torpedoangriff der Trägerflugzeuge an die Gruppe West und etwa 20 Minuten später folgte der bedrückende Funkspruch, der die Manövrierunfähigkeit des Schiffes feststellte. Insoweit kann eine Notsteuerung nicht lange in Betrieb gewesen sein.

Die Führungsstellen der Kriegsmarine waren ziemlich machtlos, um das Flottenflaggschiff zu unterstützen. Als einzige Möglichkeit standen nur U-Boote zur Verfügung, die jedoch nichts zur Schadensbehebung beitragen konnten. Auch Adm. Lütjens muß dies klar geworden sein, denn um 21.40 Uhr ließ er einen Funkspruch an die Skl. und die Gruppe West absetzen, worin er feierlich gelobte, bis zur letzten Granate zu kämpfen.[199] Er schloß mit dem Zusatz: »Es lebe der Führer.« (Siehe Abbildung auf S. 181) Inzwischen hatte der B.d.U., VAdm. Dönitz, allen U-Boote, die noch Torpedos hatten, befohlen, das Quadrat BE 6192 anzusteuern, und wies sie wenige Minuten später an, ihre einzige Aufgabe bestünde darin, das hilflose Schlachtschiff zu schützen. Um 23.19 Uhr ordnete er schließlich an, auch die Boote ohne Torpedos hätten die Position des Flottenflaggschiffs anzusteuern.[200] Die Zusammenarbeit mit der Luftwaffe war wie üblich schwierig. Doch aufgrund der gemeldeten Position der BISMARCK war es infolge der Entfernung ohnehin nicht möglich, eine ständige Luftsicherung über dem Schlachtschiff in Gang zu setzen. Die zur Verfügung stehenden Flugzeuge konnten am 27. Mai erst gegen 04.30 Uhr starten und frühestens nach 06.30 über der BISMARCK sein.[201]

Auf britischer Seite war nunmehr die RODNEY zu Admiral Tovey auf KING GEORGE V gestoßen und die beiden Großkampfschiffe steuerten die Position der BISMARCK an. Da die RODNEY jedoch dringend einer Überholung bedurfte, war sie nur in der Lage, 20 – 21 kn zu laufen. Bei ihr waren die Zerstörer TARTAR und MASHONA. Für Admiral Tovey war jetzt die Brennstoffrage das dringendste Problem und ehe die schwere Beschädigung der BISMARCK bekannt wurde, sah es so aus, als ob die Verfolgung abgebrochen werden müßte. Die »Swordfish«-Besatzungen der ARK ROYAL wendeten das Blatt jedoch innerhalb von Minuten. Die der BISMARCK am nächsten stehenden Seestreitkräfte waren die 4. Zerstörerflottille unter Führung von Captain Vian, bestehend aus den Zerstörern COSSACK, SIKH, MAORI, ZULU und PIORUN; letzterer war ein polnischer Zerstörer. Etwa eine Stunde vor Mitternacht gewann diese Z-Flottille Fühlung am Gegner und innerhalb der nächsten sechs Stunden führte sie bei Dunkelheit und schlechtem Wetter zahlreiche einzelne und ziemlich unkoordinierte Angriffe durch. Durchaus in der Lage, sich zu verteidigen, nahm die BISMARCK jeden der Angreifer unter Beschuß, der jedoch nur Splitterschäden verursachte; Treffer wurden keine erzielt. Unter den vorherrschenden Bedingungen war dies kaum überraschend. In gleicher Weise blieben auch die Zerstörer erfolglos, obwohl sie ihre volle, aus vier Torpedos bestehende Ausstattung verschossen. Ständig erhellten Leuchtgranaten das Gefechtsfeld. Gegen 06.10 Uhr am 27. Mai 1941 führte MAORI den letzten Angriff durch. Danach hielten die Zerstörer an ihrem Gegner nur noch Fühlung. Wenn auch ihre Angriffe keine zählbaren Ergebnisse erbrachten, so ist es doch wahrscheinlich, daß sich die ständigen Nachtangriffe auf die Besatzung der BISMARCK auswirkten, die in dieser Nacht nur wenig Gelegenheit zur Ruhe fand, geschweige denn zum Schlafen.

Die BISMARCK kam jetzt kaum noch voran und drehte bisweilen bei. Das Schiff war manövrierunfähig und es bestand nicht die Absicht, mit hoher Fahrt volle Kreise zu schlagen. Das Herankommen der britischen Home Fleet an das lahmgeschossene Schlachtschiff war nur noch eine Frage der Zeit. Als am 27. Mai 1941 die Morgendämmerung anbrach, blies noch immer ein Nordweststurm und über einen bleiernen Himmel jagten niedrighängende Wolken. Auch der Seegang blieb weiterhin hoch. In der Morgendämmerung sollte die ARK ROYAL zwölf »Swordfish«-Torpedobomber zu einem nochmaligen Angriff starten lassen, aber dieser Befehl wurde infolge der schlechten Sicht widerrufen, und das Gefechtsfeld blieb dem Endkampf zwischen den Schlachtschiffen überlassen.

Admiral Tovey näherte sich mit seinem Verband der BISMARCK aus Westnordwest und sichtete um 08.20 Uhr die NORFOLK, die seit 07.53 Uhr Fühlung gehalten hatte. Sie übermittelte dem Flaggschiff Einzelheiten über Standort, Kurs und Geschwindigkeit des Gegners. Es hatte den Anschein, als ob die BISMARCK zu diesem Zeitpunkt etwa 10 kn Fahrt mit Kurs 330° lief. KING GEORGE V und RODNEY marschierten in geöffneter Ordnung, die letztere backbord achteraus des Flaggschiffes. Um 08.42 Uhr bekam KING GEORGE V die BISMARCK deutlich an Steuerbord voraus auf eine Entfernung von etwa über 12 sm in Sicht.

BISMARCK lief auf den britischen Verband zu und hatte eine Schlagseite von 3° bis 5° nach Backbord. Infolge der Dunstschleier war das Auffassen des Ziels schwierig, aber der KING GEORGE V gelang dies mit ihrem Radar Typ 284 und eröffnete um 08.47 Uhr das Feuer, eine Minute später von der RODNEY gefolgt. BISMARCK erwiderte das Feuer um 08.49 Uhr mit ihrer vorderen Turmgruppe gegen die RODNEY. Ihre erste Salve lag 1000 m zu kurz, die zweite 1000 m zu weit und die dritte deckend – eine sehr gute Schießleistung. Eine Granate verfehlte ihr Ziel nur um 20 m. Auch die RODNEY schoß sich schnell ein und erzielte mit ihrer dritten und vierten Salve, von der NORFOLK beobachtet, zumindest einen Treffer. Anschließend ging sie jedoch auf die Schußwerte ihres Hauptartillerieleitstandes über, der eine zu große Entfernung ermittelte und infolgedessen lagen ihre Aufschläge bis zur achtzehnten Salve zu weit. Diese Salve führte auf der BISMARCK zu zwei Treffern: auf der Back und in den Aufbauten. Die Folge von Treffern hielt bis 09.02 Uhr an. Anscheinend setzten sie die vordere Turmgruppe und den Vorderen Artillerieleitstand der BISMARCK außer Gefecht.

Die KING GEORGE V erzielte ihren ersten Treffer um 08.53 Uhr. Vierzehn ihrer etwa 34 Salven wurden als deckend beobachtet, bis um 09.13 Uhr ihr Radar 284 ausfiel, verursacht durch die Erschütterungen beim Schießen mit der Schweren Artillerie. Der nördlich der BISMARCK stehende Schwere Kreuzer NORFOLK eröffnete um 08.54 Uhr mit seinen 20,3-cm-Geschützen das Feuer und um 08.58 Uhr griff auch die 15,2-cm-Mittelartillerie der RODNEY in das Gefecht ein. Um 09.00 Uhr erwiderte die BISMARCK das Feuer nur noch unzusammenhängend. Turm A war außer Gefecht gesetzt und Turm B feuerte nur noch zeitweise. Acht Minuten später meldete die NORFOLK, daß auf der BISMARCK die Geschützrohre des Turms A nach unten und jene des Turms B nach oben gerichtet wären, ein Anzeichen dafür, daß beide Türme außer Gefecht gesetzt waren.

Nach einem Gefecht von nur einer Viertelstunde Dauer hatte die BISMARCK die Hälfte ihrer Feuerkraft und den größten Teil ihrer Feuerleitsysteme verloren. Genaue Einzelheiten der angerichteten Schäden sind nicht bekannt, da es aus dem vorderen Bereich des Schiffes keine Überlebenden gab. Es kann jedoch mit ziemlicher Sicherheit angenommen werden, daß die BISMARCK schwere Treffer erhalten hatte. Admiral Tovey drehte jetzt nach Süden ab. Doch die RODNEY bekam auf diesem Kurs Schwierigkeiten, verursacht durch die hohe Dünung, die Pulverdämpfe und den Schornsteinrauch. Daher handelte sie selbständig und änderte den Kurs auf 040°. Auf BISMARCK ging die Feuerleitung um 09.10 Uhr auf den Achteren Artillerieleitstand über und sie bekämpfte die KING GEORGE V mit der achteren Turmgruppe. Sie konnte jedoch nur vier Salven feuern, dann wurde der achtere Stand außer Gefecht gesetzt. Mit den nunmehr selbständig schießenden Türmen sank die Genauigkeit des Feuers rasch ab. Um 09.20 Uhr wurde auch die RODNEY wieder beschossen, aber eine Minute später fiel das rechte Geschütz des Turms D der BISMARCK durch einen Rohrkrepierer aus. Das linke Geschütz dieses Turms feuerte noch zwei weitere Schuß ab, ehe die eingetretenen Schäden den Turmkommandanten zwangen, das Feuer einzustellen. Um 09.31 Uhr brachte ein Treffer auf dem linken Geschützrohr auch den Turm C zum Schweigen. Die gesamte Schwere Artillerie des deutschen Schlachtschiffes war nunmehr ausgefallen und der restliche Verlauf des Gefechtes stellte nur noch ein Scheibenschießen dar.

Bis zum Zeitpunkt der Feuereinstellung durch die KING GEORGE V um 10.21 Uhr und durch die RODNEY um 10.14 Uhr hatten die erstere 339 Schuß 35,6 cm und die letztere 375 Schuß 40,6 cm verschossen. Zusätzlich gab die Mittelartillerie der beiden Schlachtschiffe noch 600 bzw. 700 Schuß ab. Die beiden Kreuzer NORFOLK und DORSETSHIRE verbrauchten 527 bzw. 254 Schuß 20,3 cm. RODNEY verschoß auch ihren gesamten Bestand von zwölf 61-cm-Torpedos, ohne daß es ihr gelang, einen Treffer zu erzielen.

Angesichts dieses riesigen Munitionsverbrauches sind die Auswirkungen auch nur eines kleinen Prozentsatzes an Treffern vorstellbar. Das Oberdeck, die Aufbauten und die unteren Decks oberhalb des Panzerdecks boten ein Bild der Verwüstung mit riesigen Bränden, die auf dem Schiff wüteten. Eine Granate der KING GEORGE V hatte die Panzerung des Turms B durchschlagen und die Rückfront weggerissen. RODNEY nahm für sich zumindest vierzig 40,6-cm-Treffer in Anspruch. Trotz der Brände und der schweren Schäden hatte es für Admiral Tovey den Anschein, als ob der Gegner immer noch nicht sinken wollte. Daher befahl er der DORSETSHIRE, das deutsche Schiff zu torpedieren. Um 10.25 Uhr machte der Kreuzer zwei Torpedos los, die die Steuerbordseite der BISMARCK trafen, aber kaum eine Wirkung verursachten. Fünf Minuten später schoß die DORSETSHIRE einen dritten Torpedo gegen die Backbordseite und weitere vier Minuten später kenterte die BISMARCK nach Backbord und sank um 10.39 Uhr über das Heck.[202]

Der BISMARCK gelang es nicht, den Schiffen Admiral Toveys Schäden zuzufügen. Lediglich die RODNEY erlitt beträchtliche Schäden durch den Luftdruck ihrer eigenen Geschütze; sie feuerte zwischen 09.52 Uhr und 10.03 Uhr Vollsalven mit allen neun 40,6-cm-Geschützen! Andererseits traten beim Flaggschiff infolge des neuen Modells zahlreiche Defekte bei den 35,6-cm-Geschützen auf.

Die DORSETSHIRE rettete 85 Überlebende, ehe sie die Rettungsaktion infolge eines U-Bootalarms abbrechen mußte. der Zerstörer MAORI nahm weitere 25 Überlebende auf. *U 74* rettete später noch drei Überlebende auf einem Rettungsfloß und das Wetterschiff SACHSENWALD barg um 28. Mai noch zwei Überlebende. Die Suche des zu Rettungsmaßnahmen herbeigeeilten spanischen Kreuzers CANARIAS blieb erfolglos – es wurden keine weiteren Überlebenden mehr gefunden.

16. Die Brest-Gruppe 1941/42

Das Einlaufen der SCHARNHORST und der GNEISENAU am 22. März 1941 in Brest kündigte für die Skl. einen Zeitraum schwerer Rückschläge an, der fast zwölf Monate andauern sollte. Ihre Absicht war es gewesen, die beiden Schiffe zu überholen und neu auszurüsten, um anschließend in einer gemeinsamen Operation mit der BISMARCK den Atlantik von britischen Handelsschiffen freizufegen. Doch die RAF sollte alle Anstrengungen zur Erreichung dieses Zieles zunichtemachen. Als Folge ihrer Angriffe war die BISMARCK gezwungen, das Unternehmen »Rheinübung« ohne Unterstützung aus dem Süden mit den bereits oben beschriebenen Folgen zu beginnen.

Obwohl Adm. Lütjens' Kampfgruppe beim Rückmarsch vom Unternehmen »Berlin« bei der Annäherung an Brest entdeckt worden war, verhinderte der Nebel, daß das Sichten der deutschen Schiffe ausgenutzt werden konnte. Nichtsdestoweniger befanden sich »Hudson«-Bomber des Coastal Command in Tangmere in Bereitschaft und auch mit Bomben beladene »Blenheim«-Maschinen der 53. Squadron standen in St. Eval startbereit. In den frühen Morgenstunden des 22. März 1941 führten »Beaufort«-Maschinen der 22. Squadron über Brest, Lorient und St. Nazaire Aufklärung durch, doch infolge Seenebel, Dunst und schlechter Sicht gelang es ihnen nicht, etwas zu sichten. Das Coastal Command führte später zahlreiche Aufklärungsflüge in dem Bestreben durch, den Verbleib der deutschen Schiffe festzustellen, aber vergebens. Am 24. März wies ein »Beaufort«-Aufklärer der 217. Squadron nach, daß sie sich nicht in St. Nazaire befanden, und eine »Blenheim IV« der 236. Squadron fand sie auch in Lorient nicht, aber tiefhängende Wolken über Brest verbargen die Schiffe vor dem Entdecktwerden durch dieses Aufklärungsflugzeug. Am 26. März kehrte die »Blenheim« V 5648 der 59. Squadron von einem Aufklärungsflug im ersten Frühlicht über Brest nicht zurück und ein zu 10/10 bedeckter Himmel verhinderte später weitere Aufklärungsflüge.

Am Nachmittag des 27. März 1941 informierte die britische Admiralität das Coastal Command der RAF, daß geheimdienstliche Informationen vorlägen, wonach die Schiffe in Brest eingelaufen waren. Es be-

Links und rechts: Die GNEISENAU in Brest, unter Tarnnetzen gegen Fliegersicht eingedockt. Auf dem linken Foto sind im Vordergrund der Schleuderturm mit dem längsschiff ausgerichteten Katapult und darüber das damals vorhandene »Storchennest« mit der 2-cm-Vierlingsflak zu erkennen. (Bundesarchiv)

Oben: Die bekannte Luftaufnahme zeigt die drei schweren Einheiten der Kriegsmarine in Brest. Links im Bild die beiden Schlachtschiffe GNEISENAU und SCHARNHORST im Trockendock, rechts oben die PRINZ EUGEN.
(IWM)

Rechts oben: Großadmiral Raeder, der Oberbefehlshaber der Kriegsmarine, verläßt die GNEISENAU nach einer Besichtigung.
(Bundesarchiv)

Rechts Mitte: Die SCHARNHORST auf ihrem sehr exponierten Liegeplatz an der Mole in La Pallice.
(IWM)

Rechts unten: GNEISENAU bei der Erprobung der beiden in Brest erhaltenen 53,3-cm-Drillingstorpedorohrsätze. Beachte den abgenutzten Zustand des Schiffes und die als Splitterschutz aufgestapelten Sandsäcke. Ein Vergleich mit dem Bild ganz oben zeigt die neue Flugzeughalle, die nach beiden Seiten durch Schiebetore geöffnet werden konnte. In ihrem Inneren befand sich das neue 14-m-Katapult. Außerdem ist auf der E-Meßdrehhaube des Achteren Artillerieleitstandes das neu eingebaute FuMO 27 zu erkennen.
(ECPA)

stünde die Möglichkeit, daß sie den Versuch unternehmen würden, noch in dieser Nacht zu einem weiteren Handelskriegunternehmen auszulaufen. Demgemäß startete die mit Radar (ASV) ausgerüstete »Hudson« V der 220. Squadron, um eine entsprechende Überwachung durchzuführen, stellte aber nichts fest. Außerdem flogen in der Nacht vom 27./28. März sechs »Blenheim«-Bomber der 53. Squadron und weitere Maschinen der 110. Squadron einen ersten Luftangriff auf Brest. Die beiden Schlachtschiffe erlitten jedoch keine Schäden. Das weiterhin vorherrschende widrige Wetter machte alle Anstrengungen zunichte, eine Luftbildaufklärung durchzuführen. Erst ein in großer Höhe am Spätnachmittag des 28. März durchgeführter Aufklärungsflug einer »Spitfire« aus Thorney Island brachte den ersten positiven Beweis von der Anwesenheit der Schlachtschiffe in Brest zurück.

In der Zwischenzeit schritten die Vorbereitungen für die dringend erforderlichen Überholungs- und Ausbesserungsarbeiten an den beiden Schlachtschiffen voran. Insbesondere die SCHARNHORST brauchte einen längeren Dockaufenthalt. Ihre gesamten Überhitzerrohre mußten ausgewechselt werden und neben der Ausführung anderer Arbeiten sollten die beiden Schiffe auch Torpedorohrsätze erhalten. Der Werftaufenthalt wurde auf elf Wochen veranschlagt. Daher bestand überhaupt keine Möglichkeit, die Atlantikoperationen sofort wiederaufzunehmen, aber die britische Seekriegsleitung konnte dies nicht wissen.

Erst am 1. April 1941 gelang es einem Mitglied der französischen Widerstandsbewegung, einem ehemaligen Offizier der französischen Marine, der britischen Admiralität eine Nachricht zukommen zulassen. Darin informierte er über die dringend erforderlichen Werftüberholungen und teilte mit, daß die beiden Schlachtschiffe drei Monate in der Werft bleiben müßten. Infolge der ernsten Bedrohung, die SCHARNHORST und GNEISENAU darstellten, wurden trotzdem mehrere Maßnahmen ergriffen, um ihr Auslaufen aus Brest zu verhindern. An erster Stelle stand die Weisung vom 9. März 1941 für die Führung der Schlacht im Atlantik. In ihr wurde das Bomber Command der RAF angewiesen, sich nicht mehr auf Ziele innerhalb des Deutsches Reiches sondern auf Marineziele zu konzentrieren; Brest gehörte zu diesen Zielen. Diese Zielverlegung paßte der RAF überhaupt nicht, aber Befehl war Befehl, und so begann eine lange Reihe von Luftangriffen auf die Schlachtschiffe. Zweitens begannen das Coastal Command der RAF und die Royal Navy mit dem Verminen der Zugänge nach Brest und drittens wurde die Überwachung durch Unterseeboote eingeführt.

In den Nächten vom 30./31. März, 3./4. und 4./5. April 1941 führte das Bomber Command der RAF mit jeweils 99, 62 bzw. 49 Bombern Luftangriffe auf Brest durch. Mit keinem dieser Angriffe wurde auf den im Trockendock liegenden Schiffe ein Treffer erzielt. Doch eine der abgeworfenen Bomben sollte große Bedeutung erlangen. Während des Luftangriffs in der Nacht vom 30./31. März fiel in das Dock, in dem die GNEISENAU lag, eine Bombe, die jedoch nicht detonierte. Zwar waren in unmittelbarer Nähe drei Bomben niedergegangen und detoniert, aber erst als das Dock am 4. April ausgepumpt wurde, konnte die nicht detonierte Bombe entdeckt werden. In aller Eile wurden Fachleute der Luftwaffe hinzugezogen, die feststellten, daß es sich möglicherweise um eine Bombe mit Langzeitzünder handelte, die jeden Augenblick hochgehen könnte. Da das Risiko nicht eingegangen werden konnte, das Schlachtschiff zu beschädigen und das Dock zu blockieren, sollte die Bombe detonieren, befahl der I.O. in Vertretung des Kommandanten vor dem Entschärfen der Bombe das Ausdocken der GNEISENAU. Demgemäß verholte das Schlachtschiff am Morgen des 5. April in den Hafen und machte etwa 400 m südlich des Docks in der Rade Abri an der Boje A fest. Später kam ein Schwimmkran längsseits, um die Geschütze des Steuerbord I. 15-cm-Turms herauszuheben.

Kurz nach 11.00 Uhr überflog ein britisches Aufklärungsflugzeug den Hafen und die Flak nahm es unter Beschuß, aber es entkam unbeschädigt. Das Flugzeug war eine »Spitfire« der 1. Bildaufklärungsstaffel; sie brachte die ersten Fotos vom Verholen der GNEISENAU zurück. Ein weiterer, zu einem späteren Zeitpunkt durchgeführter Aufklärungsflug bestätigte die Anwesenheit des Schlachtschiffes im offenen Hafen. Die Tatsache, daß sich das Schiff nunmehr außerhalb des Docks befand, war von großer Wichtigkeit; denn dies bedeutete, daß es eine schwache Möglichkeit für einen Torpedoangriff durch das Coastal Command gab, ein Umstand, der KptzS. Fein, dem Kommandanten der GNEISENAU, nicht entgangen war. Er hatte Schutzvorkehrungen gefordert, solange sich sein Schiff in einer derart exponierten Lage befand, aber es stand zur Sicherung des Schiffes nichts zur unmittelbaren Verfügung.

Hinsichtlich der Durchführung eines Torpedoangriffs waren die Möglichkeiten des Coastal Command im Augenblick nicht groß. Nur die 22. Squadron stand zur Verfügung und ihre »Beaufort«-Torpedobomber befanden sich in St. Eval in Cornwall. Neun Maschinen waren einsatzbereit, aber es gab nur sechs Besatzungen. Darüber hinaus sah sich ein Angriffsverband vielen Problemen gegenüber: Flakbatterien an Land und auf den Schiffen, Netzsperren, der beschränkte Raum zum Manövrieren und die begrenzte Abwurfzone für die Torpedos. Nichtsdestoweniger befahl das Coastal Command einen Angriff für den 6. April 1941 in der Morgendämmerung. Drei »Beaufort«-Maschinen wurden mit Fallschirm-Minen ausgerüstet, um etwaige Torpedonetze zu zerstören, während die restlichen drei Maschinen mit Torpedos bewaffnet wurden. Schließlich starteten nur vier der Flugzeuge: die drei Torpedobomber und eine der mit Minen beladenen Maschinen. Doch von ihnen kam nur die »Beaufort« X der 22. Squadron zum Angriff und erzielte einen Torpedotreffer. Hierbei ging die Maschine (N 1016) verloren. Der Flugzeugführer, Flying Officer Campbell, erhielt posthum das Viktoriakreuz.

Auf der GNEISENAU wurde das angreifende Flugzeug erst im letzten Augenblick ausgemacht, wie es tiefer ging und sich über der Mole von Süden her näherte. Trotz des Sperrfeuers der Schweren Flak gelang es der »Beaufort«, ihren Torpedo erfolgreich abzuwerfen, kurz bevor sie abgeschossen wurde und in das Hafenbecken stürzte. Der Torpedo traf die GNEISENAU an der Steuerbordseite auf der Höhe der Abteilungen IV und V und verursachte beträchtliche Schäden und Wasserein-

brüche. In diesem Bereich wurden der äußere Schiffskörper und das Wallgangschott weitgehend zerstört sowie das Torpedoschott von Spant 51 bis zum Spant 62 beträchtlich verbogen; seine Oberkante wurde vom Panzerdeck abgerissen. Das Querschott 62 erlitt genauso Beschädigungen wie das Längsschott zwischen dem Turbinenraum 1 und dem Steuerbord-Wellentunnel. Die Steuerbordwelle und ihre Lager wurden verschoben. Durch die gerissenen Platten und Schotte strömten Wasser und Öl ein und die achtere Artillerie-Rechenstelle sowie die damit verbundenen Schalt- und Verstärkerräume liefen voll und fielen aus. Auch die Turbinenräume 1 und 3, das E-Werk 1 und in die unteren Räume des Turmes C drang in erheblicher Menge Seewasser ein.

Innerhalb von 25 Minuten kamen die Einheiten der 12. Hilfsminensuch-Flottille längsseits, um als Schutz gegen weitere Torpedos zu dienen. Außerdem standen fünf Schlepper bereit. Am Abend lagen der *Sperrbrecher 9* an Backbord achteraus und der *Sperrbrecher 8* an Steuerbord achteraus als weiterer Schutz in der Nacht längsseits. Erst am Vormittag des 7. April konnte das beschädigte Schiff wieder in das Trockendock 9 einlaufen.

Am 8. April 1941 hielt der Werftdirektor, KAdm. Stohwasser, eine Sitzung ab, um die Ausbesserungsarbeiten und die Fertigstellungsdaten zu besprechen. Doch in der Nacht vom 10./11. April griff die RAF erneut erfolgreich an, als 47 Flugzeuge – neun »Blenheim«-, 33 »Wellington«- und fünf »Manchester«-Bomber – über dem Werftgelände 46 ts Bomben abluden. Bei diesem Angriff erhielt die GNEISENAU vier Bombentreffer im Vorschiff. Die erste Bombe detonierte an der Barbette des Turms B an Steuerbord, durchschlug den Oberdeckspanzer des Turms und drückte ihn ein. Die zweite Bombe fiel durch das von der ersten verursachte Loch und detonierte auf dem Hauptpanzerdeck, ohne dieses zu durchschlagen. Die dritte Bombe durchschlug an Steuerbord von Turm B das Aufbaudeck, das Oberdeck und das Batteriedeck beim Spant 148 und detonierte im Zwischendeck der Abteilung XIV. Die letzte Bombe fiel durch einen Lüftungsschacht an der Steuerbordseite bei Spant 154 und detonierte in einem Lüfterraum in der Abteilung XIV neben der Barbette von Turm B.[203] Größere Brände brachen aus und 89 Tote sowie eine ähnliche Anzahl von Verwundeten waren zu verzeichnen. Ein »Wellington«-Bomber wurde abgeschossen.

Als der Flottenchef, Adm. Lütjens, am 14. April 1941 – am nächsten Tag fand die Beerdigung der Gefallenen statt – an Bord kam, wurde dargelegt, daß etwa vier Monate erforderlich sein würden, um die Ausbesserungsarbeiten durchzuführen. Den entscheidenden Umstand bildete die Notwendigkeit einer neuen Steuerbordwelle. Infolge der Bombenschäden war nunmehr auch der Turm B außer Gefecht gesetzt und das Vorschiff bedurfte umfangreicher Reparaturen, wo ein Teil der Wohndecks für die Besatzung unbewohnbar geworden war. Für eine umfassende Ausbesserung des Vorschiffs wurden etwa sechs Monate veranschlagt, aber es sollte der Versuch unternommen werden, diese Ausbesserungsarbeiten gleichzeitig mit der Beseitigung der durch den Torpedotreffer verursachten Schäden abzuschließen. Sogar die Beseitigung der letzteren Schäden sollte nicht zu 100% erfolgen. Nur der Schiffskörper und die Antriebsanlage waren vollständig zu reparieren, während die achtere Artillerie-Rechenstelle mit den zugehörigen Räumen unausgebessert zu bleiben hatten. Später wurde diese Entscheidung jedoch wieder abgeändert und die achteren Feuerleiteinrichtungen erfuhren eine teilweise durchgeführte Reparatur. Nichtsdestoweniger war die GNEISENAU für eine beträchtliche Zeitspanne nicht kriegsbereit.

Die SCHARNHORST war bis jetzt unbeschädigt geblieben und setzte ihre Werftüberholung fort. Für beide Schiffe wurden jedoch nunmehr Maßnahmen getroffen, um sie zu tarnen und die Fla-Geschütze mit Sandsäcken zu schützen. Weitere Maßnahmen galten angesichts der

Der Brückenaufbau der GNEISENAU, aufgenommen in Brest. Auf der E-Meßdrehhaube im Vormars ist deutlich der Funkmeßstand mit der Antenne zu erkennen. (ECPA)

vielen französischen Werftarbeiter dem damit verbundenen Sicherheitsproblem. Zusätzlich kam es zur Aufstellung von Nebelgeräten rund um den Hafen und seinen Zugängen.

Der erste größere Versuch, den Hafenbereich einzunebeln, fand am 2. Mai 1941 statt. Zumindest auf der SCHARNHORST wurden auf dem Oberdeck über den Munitionskammern zusätzliche Panzerplatten verlegt. Ihre Werftliegezeit ging bislang nach Plan vor sich. Die Reparaturarbeiten sollten am Schiffskörper bis zum 9. Juni, an den Geschützen bis zum 13. Juni und an der Antriebsanlage bis zum 18. Juni beendet werden.

Die konzentrierten Anstrengungen des Bomber Command der RAF zwischen dem 27. März und dem 15. April 1941 (595 Einsätze mit 547 t abgeworfener Bomben und 80 Minenlege-Einsätze mit 61 gelegten Minen) führten schließlich zu einem Protest seines Befehlshabers, dem es gelang, die Zustimmung zu einer Verringerung der Angriffe mit einem täglichen Bildaufklärungsflug nach Brest zu erreichen. Die Luftangriffe wurden mit großer Intensität bis zum 8. Mai fortgesetzt und hörten dann bis Anfang Juni ganz auf. Zwischen dem 22. April und dem 7. Mai warfen 302 Flugzeuge des Bomber Command 445 t Bomben ab und legten 79 Minen. Hinzu kamen noch 68 Flugzeuge des Coastal Command, die 38 t Bomben abwarfen und 61 Minen legten. Trotz der zahlreich abgeworfenen Bomben gelang nicht, auf den Schlachtschiffen Treffer zu erzielen.

Bis zum 12. Juni 1941 hatte die SCHARNHORST die vom Leichten Kreuzer NÜRNBERG stammenden zwei 53,3-cm-Drillings-Torpedorohrsätze sowie je einen gepanzerten Torpedolagerkasten beiderseits des Hangars auf den Seitendecks erhalten. Innerhalb der nächsten paar Tage wurden auch die zusätzlich an Oberdeck verlegten Panzerplatten entfernt. Aus Wilhelmshaven trafen drei Arado Ar 196 ein und die ersten Probefahrten des Schiffes waren für den 19. Juni vorgesehen. Sie mußten jedoch dann verschoben werden, da keine ausreichende Luftsicherung zur Verfügung stand. Daher konnte die SCHARNHORST erst in den Abendstunden des 21. Juli in See gehen. Inzwischen war am 1. Juni auch der Schwere Kreuzer PRINZ EUGEN sicher in Brest eingelaufen, erlitt aber bei einem Luftangriff in der Nacht vom 1./2. Juli schwere Schäden durch einen Bombentreffer. Brest war offensichtlich ein ungesunder Aufenthaltsort. Daher sollte die SCHARNHORST weiter nach Süden ins 400 km entfernte La Pallice verlegen, um vor diesem Hafen die Erprobungsfahrten durchzuführen und mit den Übungen des langen Ausbildungsprogramms zu beginnen, das für die Besatzung nach den langen Monaten des Eingesperrtseins in Brest so dringend erforderlich war.

Die RAF plante zu diesem Zeitpunkt einen weiteren großen Luftangriff auf Brest, den Bomber in mehreren Wellen fliegen sollten, gesichert durch Langstreckenjäger. Die Einsatzplanung sah einen ersten Angriff durch drei »Fortress I«-Bomber der 90. Squadron aus großer Höhe vor, denen eine Viertelstunde später 18 »Hampden«-Bomber und drei Staffeln Langstreckenjäger vom Typ »Spitfire« folgen sollten. Den Hauptangriff hatten 120 »Wellington«- und andere schwere Bomber ganz zum Schluß durchzuführen. Die Einsatzpläne mußten jedoch von vornherein geändert werden, da die störanfälligen neuen »Manchester«-Bomber der 97. und 207. Squadron infolge technischer Probleme zurückgezogen werden mußten. Anschließend berichtete die Auswertung der im ersten Frühlicht des 22. Juli durchgeführten täglichen Luft-

Die GNEISENAU im Hafen. (ECPA)

bildaufklärung, daß sich alle Schiffe noch im Hafen befänden, aber die Luftaufnahmen wiesen eine schlechte Qualität auf. Aufgrund dieser Tatsache sowie infolge des Argwohns, den die britische Admiralität hinsichtlich des unmittelbar bevorstehenden Auslaufens der SCHARNHORST hegte, wurde ein zweiter Aufklärungsflug angeordnet, der jedoch wegen schlechten Wetters abgebrochen werden mußte. Schließlich brachte am Nachmittag ein dritter Aufklärungseinsatz Luftaufnahmen zurück, die bei der Auswertung erkennen ließen, daß den Liegeplatz der SCHARNHORST jetzt ein Tanker und zwei weitere hintereinander vertäute Schiffe – die genaue Länge des Schlachtschiffes vortäuschend – eingenommen hatten.

Da die britische Admiralität vom Auslaufen des Schlachtschiffes bereits überzeugt war, hatte sie das Coastal Command ersucht, Luftüberwachung auf der Höhe von Douarnenez, Lorient, St. Nazaire und Cherbourg zu fliegen. Geplante Luftüberwachungseinsätze vor La Pallice und Bordeaux mußten aufgrund der Bewölkung und der Vereisungsgefahr aufgegeben werden. Keines dieser Aufklärungsflugzeuge sichtete die SCHARNHORST. Daher wurden erneut Luftbildaufklärungseinsätze über diesen Häfen für die Morgendämmerung des 23. Juli 1941 angeordnet. Darüber hinaus standen 23 »Beaufort«-Torpedobomber und fünf »Hudson«-Bomber des Coastal Command sowie acht »Stirling«-Bomber des Bomber Command als Angriffsverband in Bereitschaft, sollte die SCHARNHORST gesichtet werden. Die Lagebeurteilung der britischen Admiralität beruhte auf Luftaufnahmen und mit ziemlicher Sicherheit auf geheimdienstlichen »Ultra«-Nachrichten. Hinzu kam eine neuerliche Aktivität der Minensuchverbände sowie das Eintreffen von fünf Zerstörern. Daraus ergab sich die Schlußfolgerung, daß die SCHARNHORST im Begriff stünde, nach St. Nazaire zu verlegen. Die britische Admiralität nahm nicht an, daß sie den Versuch unternehmen würde, durch den Englischen Kanal nach Deutschland zurückzuverlegen. Daher wurde auch die Operation »Fuller« nicht angeordnet.[204]

Durch fünf Zerstörer – ERICH STEINBRINCK, FRIEDRICH IHN, BRUNO HEINEMANN, *Z 23* und *Z 24* – der 5. Z-Flottille gesichert, lief die SCHARNHORST am 21. Juli 1941 tatsächlich um 22.00 Uhr aus Brest aus und marschierte nach Süden. Während dieses Verlegungsmarsches kreuzte sie eine der durch das Coastal Command eingerichteten Überwachungslinien, die »Linie A«, zu diesem Zeitpunkt von der »Hudson« P der 206. Squadron überwacht. Bedauerlicherweise sichtete diese Maschine den deutschen Verband weder optisch noch ortete sie ihn mit ihrem Bordradar (ASV). Außerdem erreichte der Befehl, abweichend hiervon entlang der Küste in Richtung St. Nazaire zu patrouillieren, infolge Ausfall des Funkgerätes die »Hudson« nicht. Wäre dieser Defekt nicht aufgetreten, dann hätte das Flugzeug mit Sicherheit die Position des Gegners festgestellt.

Zwischen der Roche-Bonne-Bank und der Ile de Ré führte das deutsche Schlachtschiff Torpedoschießübungen und sonstige allgemeine Übungen in See durch, um schließlich am späten Nachmittag des 22. Juli längs der Mole in La Pallice festzumachen. Fast unmittelbar darauf meldete sich eine Tarn-Einheit an Bord und bis zum Einbruch der Dunkelheit war das Schiff voll abgedeckt.[205] Die Luftverteidigung von La Pallice lag in den Händen des Flak-Lehrregiments; sie umfaßte neun Flakbatterien und an Fla-Geschützen standen zur Verfügung: 36 x 8,8 cm, 9 x 3,7 cm und 101 x 2 cm. Hinzu kamen noch 27 Scheinwerfer und vier »Freya«-Funkmeßgeräte. Trotzdem hatte das Schiff einen sehr exponierten und isolierten Liegeplatz inne.

Die Briten hatten das Fehlen der SCHARNHORST an ihrem Liegeplatz in Brest am 22. Juli 1941 bemerkt, aber erst am Vormittag des folgenden Tages wurde sie von der »Spitfire« einer Bildaufklärungseinheit in La Pallice wiedergefunden. Auch von der SCHARNHORST aus wurde der britische Aufklärer gesichtet. Daraufhin entschied sich das Bomber Command, mit den schweren Bombern statt Brest das deutsche Schlachtschiff in La Pallice anzugreifen. Zum ersten Luftangriff starteten bei Tageslicht in Wyton sechs »Stirling«-Bomber der 15. Squadron, aber nur vier Maschinen griffen tatsächlich an. Sie erzielten keine Treffer und eine der Maschinen (N 6038) mußte auf dem Rückflug notlanden. In der Nacht vom 23./24. Juli hob auf britischen Flugplätzen ein weiterer Verband aus 30 »Whitley«-Bombern der 4. Group ab, um ebenfalls La Pallice anzugreifen: neun Maschinen der 77. Squadron und zwölf der 102. Squadron aus Topcliffe sowie neun der 10. Squadron in Leeming. Aus diesem Verband führten 27 Bomber den Angriff durch, ohne Treffer zu erzielen. Eine Maschine der 77. Squadron (Z 6643) stürzte auf dem Rückflug ab. Einen weiteren Angriff flogen sieben mit »Magnum«-Minen beladene »Beaufort«-Flugzeuge, der ebenfalls ohne Erfolg blieb.

Erst am frühen Nachmittag des 24. Juli 1941 erreichte ein weiterer Angriffsverband die SCHARNHORST, diesmal aus »Halifax«-Bombern der 35. und 76. Squadron der 4. Group des Bomber Command bestehend. Sechs Maschinen der 35. Squadron aus Linton-on-Ouse und neun der in Middleton-St. George stationierten 76. Squadron, beladen mit 907-kg-AP- und 227-kg-SAP-Bomben, starteten zum Angriff. Doch nur neun dieser viermotorigen Bomber griffen tatsächlich an; sie warfen 15 AP- und 53 SAP-Bomben ab. Die ersten Warnmeldungen vor diesem Angriff gingen um 13.45 Uhr auf der SCHARNHORST ein. Zu diesem Zeitpunkt befand sich der britische Angriffsverband noch in einer Entfernung von 200 – 250 km. Um 14.00 Uhr wurden die Gefechtsstationen bezogen und etwa dreizehn Minuten später kamen die ersten Flugzeuge direkt voraus in Sicht. Unmittelbar darauf eröffnete die Flak das Feuer. Um 14.16 Uhr ging eine schwere Erschütterung durch das Schiff und ein Teil der Beleuchtung fiel aus. Unten schoß eine Flammenwand aus dem Torpedoschott gegenüber dem E-Werk 4 und eine Mischung aus Öl und Wasser ergoß sich kaskadenartig in den Raum. In den getroffenen Abteilungen liefen schlagartig die Räume voll und unter den Raumbesatzungen gab es Verluste. Die Besatzung des E-Werks 4 entkam in den E-Gefechtsstand und von dort durch das Panzerluk in das Zwischendeck. Hinter ihnen stand das Wasser bis zum Panzerdeck. Auch in den neben dem E-Werk 4 liegenden Kesselraum 3 begann Wasser zu lecken und das Zwischenschott mußte abgestützt werden. Langsam bekam das Schiff Schlagseite nach Steuerbord.

An Oberdeck traten bei den Fla-Geschützen an Steuerbord erhebliche Störungen ein, alle Verbindungen zu den Fla-Leitständen waren unterbrochen und die Geschütze schossen unter eigener Feuerleitung weiter, bis die Störungen durch entsprechende Umschaltungen überbrückt waren. In den nächsten Minuten griffen weitere Flugzeuge aus Nordwesten an und in dem allgemeinen Durcheinander wurde der Abschuß zumindest einer Maschine beobachtet. Gegenfluten verringerte die Steuerbord-Schlagseite von 8° auf 2°, aber das Schiff befand sich in einer schlimmen Verfassung, wenn auch nicht die Gefahr des Sinkens bestand. Fünf Bomben, sämtlich aus einem Reihenwurf stammend, hatten zwischen 0,7 m und 3,5 m von der Bordwand entfernt die Steuerbordseite getroffen. Von den Bombern verlor die 35. Squadron zwei Maschinen (L 9512 und L 9527) – eine weitere mußte nach der Landung mit Beschädigungen abgeschrieben werden (L 9507) – und die 76. Squadron drei Maschinen (L 9494, L 9517 und L 9529). An

einem gleichzeitig durchgeführten Luftangriff auf Brest nahmen 85 Bomber teil, trafen aber weder die GNEISENAU noch die PRINZ EUGEN.

Nachdem die Flugzeuge abgeflogen waren, wurde auf der SCHARNHORST eine Bestandsaufnahme der Schäden durchgeführt. Es hatte den Anschein, als ob das Schlachtschiff von einem einzigen Reihenwurf aus fünf Bomben getroffen worden war, die sämtlich auf der Steuerbordseite einschlugen. Die erste und die vierte Bombe durchschlugen bei Spant 133 bzw. bei Spant 52 die Oberdeckspanzerung, das Batterie- und das Zwischendeck und detonierten auf dem Panzerdeck in den Abteilungen XIII und V (fünf Tote und ein Schwerverwundeter). Die zweite, dritte (bei Spant 87) und fünfte Bombe (bei Spant 40) durchschlugen sämtliche Decks und Räume und traten durch die Außenbeplattung des Schiffsbodens aus, ohne zu detonieren (keine Personenverluste). Sie hinterließen erhebliche Schäden, vor allem am elektrischen Kabelnetz, und führten zu starken, mit Öl vermischten Wassereinbrüchen von unten her. Auf der Steuerbordseite reichte das Wasser im Zwischendeck der Abteilungen III und VIII bis zu etwa 2 m Höhe. Neben dem Steuerbord-Wellentunnel liefen – wie bereits erwähnt – auch das E-Werk 4 und der E-Gefechtsstand voll. Die Munitionskammer 4, der Kesselraum 3 sowie die Hilfsmaschinenräume 2 und 4 wurden durch einsickerndes Wasser in Mitleidenschaft gezogen. Insgesamt gelangten 3000 t Seewasser ins Schiff, hiervon 1200 t durch das Gegenfluten.

KptzS. Hoffmann befand sich jetzt in einer schwierigen Lage. Sein Schiff war erheblich beschädigt, unzureichend geschützt und hatte einen isolierten Liegeplatz. Falls er dort blieb, wo er war, konnte mit einer an Sicherheit grenzender Wahrscheinlichkeit davon ausgegangen werden, daß weitere Angriffe folgen würden. Zudem waren die Werfteinrichtungen in La Pallice sehr begrenzt. Am späten Nachmittag zog er in der kommenden Nacht eine Rückkehr nach Brest in Betracht und befragte seinen Leitenden Ingenieur, ob dies möglich wäre. Als dieser bestätigend antwortete, befahl er eine halbe Stunde später, Dampf aufzumachen, und rief alle an Land sich aufhaltenden Besatzungsangehörigen an Bord zurück.

VAdm. Ciliax, der Befehlshaber der Schlachtschiffe (B.d.S.), kehrte aus Royan an Bord zurück und befahl das Auslaufen für 21.00 Uhr. Nachdem die Tarnnetze entfernt worden waren, wurde in sehr großer Höhe eine »Spitfire« gesichtet – ein böses Omen. Erneut durch die 5. Z-Flottille gesichert, ging die SCHARNHORST um 21.05 Uhr in See. Ihr Auslaufen war von britischer Seite erwartet worden und Küstenüberwachungsflüge der RAF setzten ein. Eine Maschine ausgenommen, hinderten Nebel und Dunst die RAF daran, die SCHARNHORST zu sichten. Bis um 22.00 Uhr hatte sich die Fahrt des Schiffes auf 22 kn erhöht. Dem Ingenieurpersonal war es gelungen, alle drei Turbinensätze in Betrieb zu nehmen, wenn auch die Steuerbordwelle auf nur 21 kn beschränkt war. Das Lenzen der vollgelaufenen Abteilungen und das Abstützen der beschädigten Schotte beanspruchte die Leckwehrtrupps den größten Teil der Nacht. Am Morgen des 27. Juli 1941 herrschte Nebel und einige Regenböen zogen vorüber. Doch um 06.43 kam an Steuerbord eine »Beaufort« in Sicht. Da einer der Sicherungszerstörer zwischen ihr und dem Schlachtschiff stand, konnte auf sie das Feuer nicht eröffnet werden, ehe sie wieder im Nebel verschwand. Rund 20 Minuten später erschien die »Beaufort« erneut und setzte von Steuerbord querab zu einem sehr niedrigen Tiefangriff an. Das Abwehrfeuer der Flak schlug dem Flugzeug entgegen, als es die ERICH STEINBRINCK überflog. Danach warf die Maschine eine »Magnum« ab, eine standardmäßige 680-kg-Luftmine mit Aufschlagzünder, die auf der Wasseroberfläche aufprallte und vorzeitig detonierte. Fast unmittelbar darauf wurde die »Beaufort« X der 217. Squadron (AW 238) schwer getroffen und stürzte ab. Zerstörer retteten die Besatzung. Weitere Flugzeuge griffen nicht an und um 09.30 Uhr machte die SCHARNHORST am Lannion-Kai in Brest sicher fest.

Nach der Inspizierung der Schäden, deren Ergebnis alles andere als günstig war, kam das deutsche Schlachtschiff sofort wieder ins Trockendock. Die schiffbaulichen Schäden waren nicht allzu ernst und konnten innerhalb einer angemessenen Zeit behoben werden. Die Schadensfeststellungen hatten jedoch ergeben, daß den Hauptschaden das elektrische Kabelsystem erlitten hatte. Hier wurde mit einer Reparaturzeit von acht Monaten gerechnet. Am Feuerleitkabelsystem in der Größenordnung von 50 km und am Stromversorgungsnetz von 150 km Länge mußten einige Abschnitte ersetzt und ausgebessert werden. Für GAdm. Raeder und die Skl. bedeutete dies ein schwerer Schlag, denn nunmehr waren in Brest alle drei schweren Schiffe außer Gefecht gesetzt. Außerdem lagen die Schweren Kreuzer LÜTZOW und ADMIRAL SCHEER in deutschen Werften und die TIRPITZ, die noch nicht voll eingefahren war, konnte frühestens nach dem 25. Oktober 1941 für eine atlantische Unternehmung zur Verfügung stehen. Die ozeanische Handelskriegführung durch reguläre Kriegsschiffe der Flotte stand offensichtlich für einen längeren Zeitraum außer Frage.

Wie es sich zufällig ergab, war die Beschädigung der SCHARNHORST der letzte wirksame Schlag, den die RAF gegen die Brest-Gruppe geführt hatte. Während in der Werft die Ausbesserungsarbeiten an den Schiffen mit Hochdruck vorangetrieben wurden, setzte die RAF über einen Monat lang nach der Rückkehr der SCHARNHORST keine größeren Luftangriffe mehr in Gang; ausgenommen gelegentliche Angriffe einzelner »Fortress I«-Maschinen, die jedoch nur etwa acht Tonnen Bomben abwarfen und auf den Kriegsschiffen keine Schäden verursachten. Diese Angriffe veranschaulichten jedoch die Unwirksamkeit der 8,8-cm-Flak in Brest, die gegen die aus großer Höhe durchgeführten Flugzeugangriffe nichts ausrichten konnte. Pläne sahen vor, sie durch die 10,5-cm-Flak zu ersetzen.

Im August 1941 wurde davon ausgegangen, daß die Reparaturarbeiten auf der SCHARNHORST bis zum Dezember 1941 abgeschlossen sein würden. Eine Beschleunigung der Arbeiten ergab sich teilweise aus der Verwendung von Gummikabeln, um die beschädigten Bleimantelkabel zu ersetzen. Auch die Ausbesserungsarbeiten auf der GNEISENAU schritten voran. Die neue Steuerbordwelle hatte Vorrang erhalten und ihr Einbau war am 2. September 1941 abgeschlossen. In diesem Zeitraum gab es nur zwei größere Luftangriffe in den Nächten vom 3./4. September mit 56 Flugzeugen und vom 13./14. September mit 120 Flugzeugen. Doch keiner dieser Angriffe unterbrach die Reparaturprogramme. Ende Oktober wurden auf der GNEISENAU die Kesselerprobungen beendet und am 5. November 1941 konnte ihre Reparatur, soweit sie den technischen Bereich betraf, als abgeschlossen gemeldet werden.

Im Verlaufe des Oktober und November 1941 waren nur leichte Luftangriffe in den Mondperioden zu verzeichnen, gewöhnlich von bis zu zehn »Stirling«- oder »Halifax«-Bombern durchgeführt. Der Erfolg des japanischen Angriffs auf Pearl Harbor veranlaßte den Luftwaffenführungsstab der RAF sofort, das Bomber Command in ähnlicher Weise erneut gegen Brest einzusetzen. Die Luftangriffe steigerten sich schrittweise und in der Nacht vom 17./18. Dezember flog das Bomber Command einen größeren Angriff gegen die drei Schiffe. Daran nahmen 101 Flugzeuge teil und warfen 140 t Bomben ab. Die Schiffe erlitten hierbei keine ernsthaften Schäden. Lediglich auf der GNEISENAU traten durch einen Nahtreffer Splitterschäden ein, die einige Verluste verursachten. Am nächsten Morgen starteten neunzehn »Stirling«-, achtzehn »Halifax- und neun »Manchester«-Bomber zu einem Tagesangriff. Sie trafen gegen 13.00 Uhr über dem Zielort ein. Keines der

Rechts oben: Die SCHARNHORST, hohe Fahrt laufend, während des Unternehmens »Cerberus« im Kanal. (Bundesarchiv)

Rechts Mitte: Hinter dem Flaggschiff folgt die GNEISENAU. Links im Bild ein U-Bootsicherung fahrendes T-Boot. (Bundesarchiv)

Rechts unten: Nochmals die SCHARNHORST während des Unternehmens »Cerberus«, zum Schutz gegen Fliegersicht schwarzqualmend. Die beiden Schlachtschiffe sind an ihren unterschiedlichen Masten unterscheidbar. (Bundesarchiv)

Schlachtschiffe trug direkte Schäden davon, aber ein Bombennahtreffer im Dock auf der Backbordseite der SCHARNHORST verursachte eine Erschütterung und beschädigte die Docktore, so daß sie sich nicht mehr öffnen ließen. Dem vereinten Abwehrfeuer der Flak aus dem Hafengebiet und von den Schiffen fielen fünf »Stirling«-Maschinen – N 3680, N 6095 und W 7436 der 7. Squadron sowie N 3665 und W 7428 der 15. Squadron –, eine »Halifax« der 35. Squadron (V 9938) und eine »Manchester« der 97. Squadron (R 5795) zum Opfer. Dieser Tagesangriff trug den Decknamen »Operation Veracity I«. Zehn Staffeln des Jägerkommandos (Fighter Command) sicherten die Bomber. Schließlich griffen in der Nacht vom 18./19. Dezember neunzehn »Whitley«-Bomber wiederum erfolglos die deutschen Schiffe an. Hierbei gingen die Maschinen Z 9308 und Z 9277 der 78. Squadron verloren.

Am 23. Dezember 1941 dockte die GNEISENAU aus und bereitete sich auf die Erprobungsfahrten vor. Am 6. Januar 1942 mußte sie jedoch ihren Liegeplatz für die PRINZ EUGEN freimachen und lief erneut in das Trockendock ein. Noch am selben Tag erwischte ein abendlicher Luftangriff das Schlachtschiff. Im Dock detonierte eine Bombe zwischen dem Schiff und der Dockwand auf der Steuerbordseite und verursachte im Bereich der Abteilung V einen Riß im Schiffskörper. Da das Dock noch geflutet war, liefen einige Zellen und Bunker außerhalb des Torpedoschotts voll. Obwohl es keine schwere Beschädigung war, verursachten die Ausbesserungsarbeiten einige Verzögerungen. Bis zum 22. Januar 1942 war das Schiff wiederhergestellt und dockte erneut aus, um endlich mit den Erprobungsfahrten zu beginnen. Noch an ihrem Liegeplatz festgemacht, führte sie Artillerieschießübungen auf verankerte Scheibenflöße durch. Schließlich lief die GNEISENAU am 27. Januar im Geleit der *Sperrbrecher 1* und *Sperrbrecher 9* zu Erprobungsfahrten aus, gesichert durch T-Boote der 2. Torpedoboot-Flottille. Die Erprobungen dauerten nur elf Stunden, aber mehr Zeit stand nicht zur Verfügung.

Die SCHARNHORST, noch immer in ihrem Dock festsitzend, bis die Tore wieder geöffnet werden könnten, wäre fast noch länger eingeschlossen geblieben, als am 30. Dezember 1941 Bombeneinschläge einen Schwimmkran innerhalb der Docktore trafen. Dieser kenterte und nur schnelles Handeln verhinderte ein weiteres Unglück, sonst hätten sich die Tore auch nach einer Reparatur nicht mehr bedienen lassen. So wurde das Dock langsam geflutet und das Schiff kam von der Stapelung frei, d.h. von den Blöcken und Seitenstützen. Bei einem weiteren Zwischenfall fingen die Tarnnetze Feuer, glücklicherweise ohne ernsthafte Folgen. Endlich dockte die SCHARNHORST am Abend des 15. Januar 1942 aus. Es folgte die Munitionsübernahme und ein kurzes Artillerieschießen schloß sich an, ehe das Schiff am 3. Februar zu einer kurzen Erprobungsfahrt in See ging. Vom Zerstörer RICHARD BEITZEN und der 2. Torpedoboot-Flottille gesichert, blieb die SCHARNHORST nur ungefähr zehn Stunden lang in See.

Die Aktivität, die die Schiffe der Brest-Gruppe umgab, entging natürlich den Kameras der täglich Luftbildaufklärung fliegenden »Spitfire«-Maschinen nicht. Diese Aufklärungsergebnisse, unterstützt durch geheimdienstliche »Ultra«-Nachrichten, wiesen deutlich auf ein unmittelbar bevorstehendes Unternehmen hin. Daher wurden vom 25. Januar 1942 an die Luftangriffe erneuert und am 3. Februar ergingen die Ausführungsanweisungen für die Operation »Fuller«. Am 11. Februar zeigten Luftaufnahmen die Anwesenheit von sechs Zerstörern: RICHARD BEITZEN, PAUL JACOBI, HERMANN SCHOEMANN, FRIEDRICH IHN, *Z 24* und *Z 29.* Außerdem waren die schon früher festgestellten Torpedoboote *T 2, T 4, T 5, T 11* und *T 12* anwesend. In Verbindung mit der im Kanal festgestellten Zunahme der Minensuchtätigkeit war es offensichtlich, daß ein Durchbruch der Brest-Gruppe durch den Kanal nach Deutschland innerhalb von Stunden bevorstand.

Ihr langer Aufenthalt in Brest war nunmehr fast vorüber, obwohl nur die Offiziere in Führungspositionen darüber Bescheid wußten. Abteilungen der Besatzungen waren für eine gewisse Zeitspanne wechselweise in die Ostsee entsandt worden, um an Bord des Schweren Kreuzers ADMIRAL SCHEER Ausbildung in See zu betreiben. Dies betraf besonders die 28-cm-Turmbesatzungen. Darüber hinaus waren alle Anstrengungen unternommen worden, um den allgemeinen Leistungsstandard der Besatzungen nach einer derart langen Zeitspanne der Untätigkeit zu steigern. Auch für die RAF näherte sich eine lästige Aufgabe dem Ende und die Angehörigen der RAF waren darüber nicht betrübt, daß sie zu Ende ging. Während der Zeitspanne des Aufenthalts der Schiffe in Brest starteten 3599 Flugzeuge zu Einsätzen gegen diesen Hafen. Von ihnen griffen 2692 Maschinen das Hafengebiet an. Sie warfen über der Stadt, den Docks und den Schiffen 4184 t Bomben ab. 53 Flugzeuge gingen hierbei verloren.

Mit der Wiederherstellung der Kriegsbereitschaft der Brest-Gruppe war es GAdm. Raeders Absicht gewesen, die atlantischen Operationen gegen Großbritanniens Handelsrouten wieder aufzunehmen. Nach einer derart langen Liegezeit im Hafen war der Ausbildungsstand jedoch ein Problem, aber die Skl. war der Auffassung, dieses Hemmnis könnte durch kurzzeitige Vorstöße unter Einsatz eines einzigen Begleittankers überwunden werden. Sie sollten daher vom Februar 1942 an einsetzen. Am 13. November 1941 trug daher GAdm. Raeder seine Vorschläge Hitler vor, aber es gelang ihm nicht, dessen Aufmerksamkeit zu gewinnen – Hitler war vom Rußlandfeldzug zu sehr in Anspruch genommen. Statt dessen frug er völlig unerwartet, ob die Schiffe nicht mit einem überraschenden Durchbruch durch den Kanal zurück nach Deutschland gelangen könnten. Damit brachte er GAdm. Raeder etwas aus der Fassung, denn dies war überhaupt nicht die Reaktion, die dieser sich gewünscht hatte. Bis zum 25. Dezember 1941 ruhte die Angelegenheit. An diesem Tag teilte Hitler seinem Marineadjudanten mit, daß es angesichts der ständigen Gefahr von Bombenschäden sinnlos wäre, die Schiffe in Brest zu belassen. Statt dessen sollten sie durch den Kanal zurückgeführt und in Hitlers neuer »Schicksalszone« – Norwegen – zur Abwehr einer von ihm dort erwarteten Invasion eingesetzt werden. Natürlich hatte der Ob.d.M. von Hitlers Absichten Kenntnis und besprach diesen Plan mit seinem Chef des Stabes der Skl., VAdm. Fricke, und dem Chef der Operationsabteilung der Skl. (1./Skl.), KptzS. Gerhard Wagner. Der Plan Hitlers stieß zunächst auf allgemeine Ablehnung. Die hauptsächlichen Gegenargumente waren ein zu großes Risiko und der unzureichende Ausbildungsstand der Besatzungen. Anläßlich GAdm. Raeders Vortrag bei Hitler am 29. Dezember 1941 kam es zu einer weiteren Auseinandersetzung, in der Hitler den Ob.d.M. vor die Wahl stellte: Rückführung der Flotte durch den Kanal oder Abrüsten der schweren Schiffe. In Anbetracht dieses Ultimatums blieb GAdm. Raeder nur noch eine Wahl, und er beauftragte den Oberbefehlshaber der Gruppe West, GenAdm. Saalwächter, mit der Ausarbeitung der Planung.

Die entscheidende Besprechung des Plans fand am 12. Januar 1942 im Führerhauptquartier »Wolfsschanze« bei Rastenburg in Ostpreußen statt.[206] Die Marine fügte sich ins Unvermeidliche und akzeptierte Hitlers Plan. Infolge der äußerst strengen Geheimhaltung erhielt die Planung immer neue Decknamen (»Mandarine«, »Terero«), ehe schließlich der endgültige Deckname »Unternehmen Cerberus« festgelegt wurde. Der Sicherungseinsatz der Luftwaffe lief unter dem Decknamen »Donnerkeil«; er sollte die einzige Gelegenheit werden, bei der die Zusammenarbeit zwischen Kriegsmarine und Luftwaffe reibungslos und erfolgreich funktionierte. Die Planung sah schließlich vor, nach Einbruch der Dunkelheit aus Brest auszulaufen, die Dunkelheit und den in Fahrtrichtung der Schiffe laufenden starken Gezeitenstrom im Kanal

voll auszunutzen und die Enge Dover-Calais unter vollem Risiko bei Tage zu passieren, um die britische Seite zu überraschen. Tatsächlich sollte genau dies eintreten, denn der britische Plan für die Gegenmaßnahmen, die »Operation Fuller«, ging von einem Auslaufen bei Tage aus, um die Straße von Dover in der Dunkelheit zu passieren.

Die Luftsicherung leitete Oberst Galland im Bereich der Luftflotte 3 unter Generalfeldmarschall Sperrle von Le Touquet aus, später wurde die Leitung nach Schiphol bei Amsterdam in den Niederlanden abgegeben. Es sollten zumindest sechzehn Jagdflugzeuge ständig über den Schiffen Sicherung fliegen. Insgesamt waren schließlich 176 Jagdflugzeuge des J.G. 1, des J.G. 2 und des J.G. 26 beteiligt. Zumeist handelte es sich um Jäger vom Typ Me 109 F-2 oder F-4, abgesehen von der II./J.G. 26, die zu diesem Zeitpunkt bereits auf die Fw 190 A umgerüstet war.

Am 11. Februar 1942 rief der das Unternehmen »Cerberus« leitende B.d.S., VAdm. Ciliax, nochmals die Kommandanten der schweren Einheiten auf der SCHARNHORST, seinem Flaggschiff, zusammen, um letzte Einzelheiten zu besprechen, und befahl für 19.30 Uhr Auslaufbereitschaft. In letzter Minute mußte jedoch das Auslaufen verschoben werden, da die RAF einen weiteren Luftangriff durchführte. Die sich anschließende Luftbildaufklärung sollte den Beweis liefern, daß die Schiffe noch sicher vertäut längsseits des Lannion-Kais in der Rade Abri lagen. Sechzehn »Wellington«-Bomber griffen den Hafen an, verursachten jedoch keine Schäden. Das sofort einsetzende Einnebeln verbarg die Schiffe wirksam vor den Flugzeugen und verhinderte ein Erkennen ihres unmittelbar bevorstehenden Auslaufens. Als um 21.14 Uhr die Entwarnung kam, erteilte VAdm. Ciliax den Befehl zum Ablegen. Mit zweistündiger Verspätung im Zeitplan legte die SCHARNHORST um 21.25 Uhr ab, gefolgt von der GNEISENAU und der PRINZ EUGEN. Vorsichtig tasteten sich die Schiffe durch die neblige Finsternis und liefen auf die nur 200 m breite Hafeneinfahrt zu, wobei das Flaggschiff mit viel Glück eine Netzsperre überfuhr, ohne die Schrauben zu beschädigen. Außerhalb des Hafens formierte sich der Verband in Marschordnung und steuerte mit 17 kn seewärts. Um 23.43 Uhr wurde die Fahrt auf 27 kn erhöht. Es war eine sehr dunkle Nacht mit einem nur schwach erkennbaren Sternenhimmel und einem leichten Südwestwind. Um 00.12 passierte der Verband Quessant und etwa eine Stunde später teilte VAdm. Ciliax die Einzelheiten der Operation den Besatzungen mit. Gut frei von der bretonischen Küste nahmen die Schiffe Kurs auf den Kanal. Bis jetzt war alles ruhig und die B-Dienstgruppen meldeten keine Auffälligkeiten im gegnerischen Funkverkehr. Es hatte den Anschein, als ob das Auslaufen der Brest-Gruppe unbemerkt vor sich gegangen war.

Dies war tatsächlich so. Eine bedauernswerte Folge von Ereignissen hatte zu einer Lücke in der Überwachung der Zugänge nach Brest und des Westeingangs zum Kanal durch die RAF geführt. Die routinemäßige Abendüberwachung, die »Hudson« W der 224. Squadron, war pünktlich um 18.27 Uhr in St. Eval gestartet, wäre aber unterwegs fast mit einem deutschen Nachtjäger vom Typ Ju 88 ins Gefecht geraten. Um dies zu vermeiden, schaltete die Besatzung der »Hudson« ihr ASV-Bordradar aus. Beim Wiedereinschalten brannte durch einen Bedienungsfehler eine Sicherung durch. Da der einfache Defekt nicht erkannt wurde, kehrte der Flugzeugführer zu seinem Fliegerhorst zurück. Eine Ersatzmaschine – die »Hudson« K derselben Staffel – konnte erst um 21.30 Uhr starten. Obwohl diese Maschine ihren Bereich anschließend überwachte, befand sich der deutsche Verband zu diesem Zeitpunkt bereits jenseits des Überwachungsbereiches und konnte nicht mehr erfaßt werden. Einen zweiten Bereich überwachte die »Hudson« G der 224. Squadron. Auch ihr ASV-Bordradar funktionierte nicht. Sie wurde zurückgerufen, aber es startete keine Ersatzmaschine.

Wäre dies geschehen, hätte eine gute Chance bestanden, VAdm. Ciliax' Verband zu erfassen.[207]

Nachdem der deutsche Verband der britischen Luftüberwachung – wenn auch unwissentlich – entgangen und auch von den britischen Unterseebooten SEALION und *H 34,* die die Zugänge nach Brest überwachten, nicht bemerkt worden war, lief er an der Insel Alderney vorbei und passierte die Cotentin-Halbinsel dicht unter Land. Vor Anbruch der Morgendämmerung wurden auf den deutschen Schiffen die Gefechtsstationen bezogen. Kurz nach dem Hellwerden trafen als Luftsicherung zweimotorige Jagdflugzeuge vom Typ Me 110 ein. Auch Me 109 stießen hinzu und von da an standen bis zum Einbruch der Dunkelheit ständig Jäger über dem deutschen Verband. Auf den Schiffen waren Jägerleitoffiziere der Luftwaffe an Bord und zum ersten und einzigen Male klappte die Zusammenarbeit zwischen den beiden Teilstreitkräften hervorragend. Zwischen 09.00 Uhr und 10.00 Uhr stießen T-Boote der 2. und 3. Torpedoboot-Flottille zum Verband, um die Geleitsicherung zu verstärken, während über den Schiffen zeitweilig bis zu dreißig Jäger kreisten. Noch blieb alles ruhig und nahe an Steuerbord zog die französische Küste vorbei. S-Boote aus Boulogne vergrößerten zusätzlich den Sicherungsschirm um die schweren Einheiten. Nur einmal gab es Alarm, als auf der Höhe von Berck ein neues gegnerisches Minenfeld festgestellt wurde. Minensuchkräfte räumten rasch eine schmale Fahrrinne. Dies war eine der von der WELSHMAN zusammen mit der MANXMAN gelegten Minensperren. In der Zeitspanne zwischen dem 3. und dem 9. Februar 1942 hatten die beiden Minenleger 1000 Kontakt- und Magnetminen zwischen Quessant und Boulogne in sechs Sperren gelegt.

Querab der Somme-Mündung war der deutsche Verband tatsächlich von einer Jägerpatrouille der RAF gesichtet worden, aber der Flugzeugführer meldete ihn als Geleitzug mit Sicherung auf der Höhe von Le Touquet. Erst als diese Maschine zum Fliegerhorst zurückkehrte, wurde klar, daß ein Großkampfschiff dabei gewesen war. Zur selben Zeit überflogen zwei weitere »Spitfire«-Maschinen im Tiefflug zufällig die GNEISENAU, aber auch sie erstatteten erst über eine Viertelstunde später Meldung. Gegen Mittag rundeten die deutschen Schiffe Kap Griz Nez. Zu diesem Zeitpunkt begann der B-Dienst die ersten Anzeichen zu melden, daß der Verband entdeckt worden war. Kurz danach erhielten die S-Boote der Backbordsicherung den Befehl, eine Nebelwand zu legen, als sich der Verband der Enge Dover-Calais näherte. Die Küstenbatterien bei Dover eröffneten gegen 13.18 Uhr das Feuer und ihr ziemlich planloses Schießen hielt bis 13.35 Uhr an; sämtliche Aufschläge lagen zu kurz. KptzS. Fein, der Kommandant der GNEISENAU, konnte es kaum fassen, daß nur eine einzige Küstenbatterie mittleren Kalibers zu diesem Zeitpunkt zum Gefecht gebracht werden konnte! Nach dem Passieren der von den Küstenbatterien ausgehenden Gefahrenzone stieß die 5. Torpedoboot-Flottille von Vlissingen her zum Verband. Dieser hatte die Straße von Dover erfolgreich hinter sich gebracht und das Unternehmen »Cerberus« nahm bei sich verschlechterndem Wetter in die Nordsee hinein seinen Fortgang.

Nunmehr begannen die britischen Gegenmaßnahmen anzulaufen, wenn auch auf eine ziellose und zaudernde Art und Weise. Die zur Verfügung stehenden Kräfte waren dürftig. In Harwich hatte die Royal Navy sechs alte Zerstörer und in Dover und Folkestone lagen insgesamt nur acht MTB's sowie fünf MGB's. Der Fleet Air Arm hatte in Manston sechs »Swordfish«-Torpedobomber der 825. Squadron, während das Coastal Command zwölf »Beaufort«-Torpedobomber der 86. und 217. Squadron in St. Eval und sieben weitere der 217. Squadron auf Thorney Island zur Verfügung hatte. In Leuchars waren vierzehn »Beaufort«-Torpedobomber der 42. Squadron stationiert. Das Bomber Command konnte sofort nur über 73 Flugzeuge verschiedener Typen verfügen, während das Fighter Command rund 550 Maschinen aufwies. Etwa gegen 13.28 Uhr meldete einer der Sicherungszerstörer das Anlaufen gegnerischer MTB's an VAdm. Ciliax. In den Horchgeräten war das Geräusch laufender Torpedos zu hören. Sie stammten von einem MTB-Verband aus Dover. Nur fünf Boote waren ausgelaufen und eines von ihnen hatte noch eine Maschinenhavarie. Angesichts der sehr starken Sicherung mußten alle Torpedos auf große Entfernung geschossen werden; sie verfehlten sämtlich ihr Ziel. Die S-Boote sowie die Zerstörer FRIEDRICH IHN und RICHARD BEITZEN erhielten den Befehl, den Gegner abzudrängen. Der nächste Angriff erfolgte aus der Luft, als die sechs »Swordfish«-Torpedobomber der 825. Squadron einen fast selbstmörderischen Torpedoangriff durchführten. Im dichten Sperrfeuer der Kriegsschiffe und von den Jägern der Luftsicherung angegriffen, wurden alle sechs Maschinen abgeschossen, ohne daß es ihnen gelang, einen Treffer zu erzielen. Der Staffelführer war Lieutenant-Commander Eugene Esmonde, dem posthum das Viktoriakreuz verliehen wurde – das erste, das ein Angehöriger des Fleet Air Arm erhielt.

Um 15.16 Uhr ging die operative Führung der Operation von der Gruppe West auf die Gruppe Nord über. Das Wetter verschlechterte sich weiterhin. Infolge der schlechten Wetterbedingungen konnte die 2. Schnellboot-Flottille nicht aus Ijmuiden auslaufen, so daß das Ersuchen der 4. S-Flottille, zum Stützpunkt zurückzukehren, abgelehnt werden mußte. Den ersten Rückschlag hatte der Verband von VAdm. Ciliax um 15.32 Uhr auf der Höhe der Schelde-Mündung hinzunehmen, als eine starke Detonation die SCHARNHORST erschütterte. Die 5. Group des Bomber Command hatte zwischen dem 6. und 11. Februar 1942 – Unternehmen »Nectarine« – unter Einsatz von »Hampden«-Bombern der 49., 50. und 408. Squadron sowie »Manchester«-Bombern der 83. und 207. Squadron 98 Magnetminen, d.h. Grundminen, in diesem Seegebiet gelegt. Auf der SCHARNHORST fielen die Beleuchtung, die Feuerleitsysteme für die Schwere Artillerie und die Ruderanlage aus. Das Schiff stoppte. Doch das technische Personal und die Leckwehrtrupps hatten die Lage bald unter Kontrolle. Der Grundminentreffer hatte Lecks auf der Backbordseite vorn und im Kesselraum 2 verursacht. Sehr bald stellte sich heraus, daß die Schäden nicht schwerwiegend waren. VAdm. Ciliax rief jedoch den Zerstörer *Z 29* herbei, stieg über und setzte seine Flagge auf ihm. Die 3. T-Flottille erhielt Befehl, bei der SCHARNHORST zu bleiben. Inzwischen waren die GNEISENAU und in ihrem Gefolge die PRINZ EUGEN mit ihrer Sicherung aus der Linie geschoren, passierten das havarierte Flaggschiff und verschwanden in der zunehmenden Düsternis. Regenböen und tiefhängende Wolken hatten die Sicht erheblich verringert. Nach etwa einer Dreiviertelstunde konnte die SCHARNHORST langsam wieder Fahrt aufnehmen. In Übereinstimmung mit dem Operationsbefehl handelte KptzS. Fein selbständig und folgte mit hoher Fahrt dem Verband, VAdm. Ciliax auf seinem Zerstörer hinter sich lassend.[208]

Das schlechte Wetter beeinträchtigte die Luftangriffe der RAF beträchtlich. Sie begannen gegen 15.00 Uhr unter Einsatz von »Beaufort«-Torpedobombern, »Hudson«- und »Wellington«-Bombern sowie anderer Bombertypen. Alle Angriffe erfolgten unzusammenhängend; die jeweils ankommenden Flugzeuge stießen durch die geschlossene Wolkendecke und warfen ihre Bomben auf die Ziele ab, die sie gerade unter sich erblickten. Obwohl hierbei die Torpedoboote JAGUAR und *T 13* Beschädigungen erlitten, blieben die Großkampfschiffe unversehrt. GNEISENAU wich um 16.40 Uhr gerade dem Torpedoangriff einer »Beaufort« aus, als drei Minuten später im Südwesten Artilleriefeuer zu sehen war. Bei der vorherrschenden schlechten Sicht und in Anbetracht der aus allen Richtungen erfolgenden Luftangriffe konnte anfangs seine Ursache nicht festgestellt werden, aber das grünlichgelbe Aufblitzen der Geschütze deutete auf ein gegnerisches Kriegsschiff hin.

Unmittelbar darauf waren im Dunst drei Zerstörer schwach zu erkennen, woraufhin sich ein laufendes Gefecht entwickelte. Bei den Zerstörern handelte es sich um CAMPBELL, VIVACIOUS und WORCESTER, stationiert in Harwich, die zusammen mit den Zerstörern MACKAY, WHITSHED und WALPOLE gegen Mittag den Angriffsbefehl erhalten hatten. Nach einer Verfolgungsjagd quer über die Nordsee (in derem Verlauf die WALPOLE mit Maschinenschaden umkehrte) setzten die verbliebenen fünf Zerstörer zu einem entschlossenen Angriff an. Sowohl von der GNEISENAU als auch der PRINZ EUGEN unter Feuer genommen, erhielt nur die WORCESTER Treffer. Dem schwer beschädigten Zerstörer gelang es, sich zurück in den Hafen zu schleppen. KptzS. Fein befahl seinen eigenen Zerstörern, den Gegner abzudrängen, während der Verband seine Fahrt entlang der niederländischen Küste fortsetzte. Die Luftangriffe hielten bis zum Einbruch der Dunkelheit an; sie blieben erfolglos.

Um 20.56 Uhr erschütterte nördlich von Texel auch die GNEISENAU eine Grundminendetonation, die zum Ausfall der Mittelmaschine führte. Das Schlachtschiff stoppte, während die Schadensfeststellung erfolgte. Die Schäden stellten sich als gering heraus und nach einer Viertelstunde lief das Schiff bereits wieder 25 kn. Die PRINZ EUGEN war währenddessen entlassen worden und setzte danach ihren Weg selbständig fort, während die SCHARNHORST noch rund 30 sm achteraus stand. Die letztere wurde vom Zerstörer HERMANN SCHOEMANN (mit VAdm. Ciliax an Bord, nachdem *Z 29* Maschinenschaden erlitten hatte) und von den Torpedobooten KONDOR und *T 12* gesichert. Das Schlachtschiff hatte Probleme. Zuerst fiel die Steuerbord- und dann die Backbordmaschine aus, während der Leitende Ingenieur meldete, daß sich in der Hälfte der Turbogenerator-Fundamente Risse zeigten. Um 20.47 Uhr gingen von der Backbord-Mitteldruckturbine verdächtige Geräusche aus. Sie mußte ausgekuppelt werden und die Geschwindigkeit verringerte sich auf 25 kn. Die Maschinenprobleme hielten bis 22.34 Uhr an, als die SCHARNHORST nördlich von Terschelling einen zweiten Minentreffer erhielt. Sämtliche Maschinen fielen aus und das Schlachtschiff trieb eine Zeitlang steuerlos in der Nordsee. Erst kurz vor Mitternacht konnte es die Fahrt fortsetzen, und dann auch nur mit 15 kn. 1000 t Seewasser waren ins Schiff eingedrungen. Schlepper wurden zu seiner Unterstützung entsandt. Sie erwiesen sich jedoch als nicht erforderlich. Erst gegen Mittag des folgenden Tages – 13. Februar 1942 – erreichte die SCHARNHORST Wilhelmshaven.

In der Zwischenzeit trafen in den frühen Morgenstunden GNEISENAU und PRINZ EUGEN vor Brunsbüttel ein. Nur der Schwere Kreuzer hatte keine Beschädigungen erlitten. Die SCHARNHORST war ziemlich schwer beschädigt, aber die verhältnismäßig leichte Beschädigung der GNEISENAU sollte sich schließlich als verhängnisvoll erweisen.

Das Unternehmen »Cerberus« stellte für Deutschland einen riesigen Propaganda-Erfolg und für Großbritannien eine ausgemachte Peinlichkeit dar. Der deutsche Erfolg war jedoch nur von taktischer Natur; in Wirklichkeit markierte »Cerberus« das Ende der ozeanischen Handelskriegführung durch Großkampfschiffe der Kriegsmarine. Die britischen Verluste gingen fast vollständig zu Lasten der RAF. Sie verlor neun »Hampden«-Bomber, drei »Wellington«-Bomber, zwei »Blenheim«-Bomber, drei »Beaufort«-Torpedobomber, vier »Spitfire«-Jagdflugzeuge, zwei »Hurricane«-Jagdflugzeuge, zwei »Hudson«-Bomber und drei »Whirlwind«-Jagdflugzeuge. Außerdem verlor die Royal Navy sechs »Swordfish«-Torpedobomber und der Zerstörer WORCESTER erlitt Beschädigungen.

Flugzeugverluste der RAF während des Unternehmens »Cerberus«: 11.–13. Februar 1942

»Hampden«-Bomber: AE 396, AE 123, AE 240, P 5324 (sämtlich 49. Sqn.), AT 177 (50. Sqn.), X 2969, AE 141, AT 175 (sämtlich 144. Sqn.), P 4400, AT 134 (beide 420. Sqn.) und P 1156 (455. Sqn.);
»Wellington«-Bomber: Z 8714 (103. Sqn.), Z 1081 (214. Sqn.), Z 1146 und Z 1091 (beide 419. Sqn.);
»Blenheim«-Bomber: Z 7433 (110. Sqn.) und T 1922 (114. Sqn.);
»Hudson«-Bomber: AM 598 und AM 712 (beide 407. Sqn.);
»Beaufort«-Torpedobomber: L 9877, AW 278 (beide 217. Sqn.) und AW 273 (86. Sqn.);
»Spitfire«-Jäger: AA 722, AA 727 (beide 234. Sqn.), AD 195 (411. Sqn.), AD 239 (118. Sqn.), AA 921 (19. Sqn.), W 3565 (41. Sqn.) und W 3131 (401. Sqn.);
»Hurricane«-Jäger: BE 476, BE 670, BE 222, BE 498 (sämtlich 607. Sqn.), Z 3774 und BD 949 (beide 1. Sqn.);
»Whirlwind«-Jäger: P 7050, P 7093, P 7106 und P 7107 (sämtlich 137. Sqn.).

Anmerkung: Diese Liste kann nicht als umfassend angesehen werden. Während dieser Angriffe gab es auch Verluste durch Unglücksfälle, die nicht auf Feindeinwirkung zurückgehen, wie z.B. der Zusammenstoß von zwei »Spitfire«-Jägern (AD 273 und BL 337) der 403. Squadron über Brightlingsea.
Die *Verluste der Royal Navy* umfaßten sechs »Swordfish«-Torpedobomber der 825. Squadron, darunter auch die »Swordfish« H (V 6105) von Lt.-Cdr. Eugene Esmonde.

17. Heimische Gewässer 1941/42

Oben rechts: Kiel am 2. März 1942: Die im Schwimmdock liegende GNEISENAU ist mit ihrem ausgebrannten Vorschiff – herrührend von einem Bombentreffer am 26. Februar 1942 – deutlich zu erkennen, während die SCHARNHORST in der Einfahrt zum Hafenbecken rechts sichtbar ist. Beachte die Bugform der letzteren im Eis längsseits des Schwimmdocks, in dem sie ursprünglich eingedockt war.
(IWM)

Unten rechts: Die Versammlung der Baltenflotte: im Vordergrund die TIRPITZ als Flaggschiff, gefolgt von der ADMIRAL SCHEER und der LÜTZOW.
(IWM)

Nach dem Verlust der BISMARCK und der Abwesenheit der SCHARNHORST und der GNEISENAU waren zu Beginn des Sommers 1941 in heimischen Gewässern nur noch drei schwere Einheiten verblieben, darunter das Schlachtschiff TIRPITZ, das erst am 25. Februar 1941 unter dem Kommando von KptzS. Karl Topp in Dienst gestellt worden war. Im Verlaufe der Ausrüstungsphase des Schiffes in Wilhelmshaven hatte das Bomber Command der RAF energische Anstrengungen unternommen, um es zu beschädigen oder zu vernichten. Doch alle Versuche waren vergeblich und die RAF verlor zahlreiche Flugzeuge. Die schwersten Angriffe erfolgten in den Monaten Januar und Februar 1941. In diesen beiden Monaten flog die RAF 269 Einsätze im Januar und 173 im folgenden Monat. Größere Angriffe fanden am 15. Januar (96 Flugzeuge), am 16. Januar (81 Flugzeuge) und am 28. Februar (116 Flugzeuge) statt. Am 9. März 1941 lief das neue Schlachtschiff zur Erprobung und Gefechtsausbildung aus Wilhelmshaven in die Ostsee aus. Dort verblieb die TIRPITZ bis in den Herbst 1941 hinein im Ausbildungsverhältnis.

Nach seinem Handelskriegunternehmen, beschrieben im 13. Kapitel, absolvierte der Schwere Kreuzer ADMIRAL SCHEER seit dem 15. April 1941 eine Große Werftliegezeit in Kiel; insbesondere die Antriebsanlage bedurfte einer Generalüberholung. Die Haupt- und Hilfsmotoren wurden zerlegt und die Kolben und Pumpen gingen zu MAN nach Augsburg, um erneuert zu werden. Auch die Dieselgeneratoren wurden zur Reparatur auseinandergenommen. KAdm. Krancke gab am 12. Juni 1941 die Führung des Schiffes ab. Als neuer Kommandant folgte KptzS. Meendsen-Bohlken nach: geboren in Brake in Oldenburg, damals 44 Jahre alt und 1915 in die Kaiserliche Marine eingetreten. Die Überholung des Schiffes ging verhältnismäßig reibungslos vonstatten, so daß die Werftliegezeit bis zum 23. Juni 1941 ihren Abschluß fand und in der ersten Juliwoche die Motorenerprobungen beginnen konnten. Anschließend folgten die See-Erprobungen in der westlichen Ostsee. Hierbei zeigten sich weitere Motorenprobleme, die aus defekten Dichtungen und Kolbenverschlüssen herrührten, so daß die ADMIRAL SCHEER zu Restarbeiten noch einmal in die Werft zurückkehren mußte.

In der Zwischenzeit war beim Schweren Kreuzer LÜTZOW die Reparatur der Schäden durch den Torpedotreffer vom 11. April 1940 bei den Deutschen Werken in Kiel zum Abschluß gelangt. Am 31. März 1941 stellte der neue Kommandant, KptzS. Kreisch, das Schiff in Kiel wieder in Dienst. Als Vorbereitung für die Gefechtsausbildung in See folgte die übliche Proviant-, Munitions- und Brennstoffübernahme. Am 9. April lief die LÜTZOW nach Gotenhafen aus und begann anschließend mit der Durchführung ihres Ausbildungsprogramms in der Danziger Bucht und vor Swinemünde. Ursprünglich bestand die Annahme, daß der Schwere Kreuzer bis Anfang Juni einsatzbereit sein könnte. Doch KptzS. Kreisch ging davon aus, daß dies nicht möglich sein würde. Da die Kriegsmarine normalerweise auf einer langen Ausbildungsroutine bestand, schien ihm dies übereilt. Bei den Erprobungsfahrten über die gemessene Meile vor Neukrug erreichte die LÜTZOW 26,6 kn. Die Skl. hatte den Schweren Kreuzer für eine weitere Unternehmung zur Handelskriegführung im Atlantik vorgesehen, die im Juni 1941 beginnen sollte. Zur Unterstützung war das Troßschiff UCKERMARK eingeplant, das aus einem westfranzösischen Hafen in See gehen würde. Doch infolge des unmittelbar bevorstehenden Angriffs auf die Sowjetunion lehnte Hitler alle weiteren atlantischen Unternehmen vorderhand ab, wobei er die Pläne der Skl. gründlich durcheinanderbrachte. Nichtsdestoweniger hielt es die Skl. für gerechtfertigt, die LÜTZOW – als erste Phase einer solchen Operation – zumindest nach Norwegen zu verlegen. Sie hoffte darauf, daß sich die Lage im Osten in der Folgezeit ausreichend stabilisieren würde, um Hitler überzeugen zu können, dem Unternehmen seine Zustimmung zu geben.

Trotz der Befürchtungen ihres Kommandanten erhielt die LÜTZOW am 6. Juni 1941 den Einsatzbefehl zum Verlegungsmarsch nach Trondheim in Norwegen (Unternehmen »Sommerreise«). Am Nachmittag des 10. Juni lief der Schwere Kreuzer aus Gotenhafen zur operativen Verwendung in norwegischen Gewässern aus. Noch am selben Tag informierte KptzS. Kreisch seine Besatzung über die bevorstehende Aufgabe. Am Abend des 10. Juni stieß vor dem Fehmarnsund der Zerstörer KARL GALSTER zur LÜTZOW. Ihm folgten später FRIEDRICH ECKOLDT, *Z 23* und *Z 24* sowie schließlich auch HANS LODY mit dem Führer der 6. Z-Flottille, KptzS. Schulze-Hinrichs, an Bord. Am 11. Juni schlossen sich noch die Leichten Kreuzer EMDEN und LEIPZIG an, beide als Schulschiffe nach Oslo bestimmt. Der *Sperrbrecher 18* fuhr als Minensicherung voraus. Knappheit an Zerstörern und Torpedobooten zwang zu dieser gemeinsamen Verlegung. Der Einsatzbefehl der LÜTZOW sah vor, daß sie am 13. Juni zwei Stunden vor der Morgendämmerung auf der Höhe von Kristiansand zu stehen hatte. Um dieser Forderung nachzukommen, war es erforderlich, den Großen Belt mit 15 kn und das Kattegat mit 18 kn zu passieren, um danach die Fahrt auf 20 kn zu steigern (die Höchstgeschwindigkeit der LEIPZIG). Nach dem Detachieren der beiden Leichten Kreuzer sollten die LÜTZOW und die Zerstörer ihre Fahrt mit 24 kn fortsetzen.

Der Oberbefehlshaber des Marinegruppenkommandos Nord, GenAdm. Carls, wollte die Sicherung mit den ehemaligen norwegischen T-Booten – nunmehr die 7. Torpedoboot-Flottille – verstärken, bis ihre Zuweisung zum B.d.U. zu Ausbildungszwecken erfolgte. Doch die Skl. lehnte dieses Ersuchen ab. Auf frühere Erfahrungen gestützt, hielt es GenAdm. Carls für unwahrscheinlich, daß es der LÜTZOW gelingen würde, die Ostsee unentdeckt zu verlassen. Er nahm an, daß ihre Sichtung zu einer Steigerung der britischen Aktivitäten in der Dänemarkstraße und südlich von Island führen würde. Um diesen patrouillierenden Kriegsschiffen aufzulauern, wollte er in der Dänemarkstraße, von der Skl. für den Ausbruch vorgesehen, U-Boote stationieren, die sie abfangen sollten. Bedauerlicherweise unterstanden ihm keine U-Boote direkt und der B.d.U. konnte lediglich zwei – *U 559* und *U 79* – entbehren. Außerdem gab es Probleme mit der Bereitstellung der erforderlichen Luftsicherung für den Verlegungsmarsch. Die Luftflotte 5 gab zur Kenntnis, daß sie nur vier Me 109 und zwei Me 110 in Mandal, acht Me 109 und zwei Me 110 in Stavanger sowie vier weitere Me 110 in Herdla bereitstellen könnte. In Abstimmung mit dem Abschnittskommandeur Jütland wurden jedoch zeitweilig sechs Me 110 zusätzlich von Dänemark nach Südnorwegen verlegt.

Am 11. Juni 1941 kurz vor Mitternacht wurde der *Sperrbrecher 18* entlassen und die Fahrt konnte wie geplant auf 18 kn gesteigert werden. Am nächsten Tag (12. Juni) wurde im Verlaufe der Vormittags-

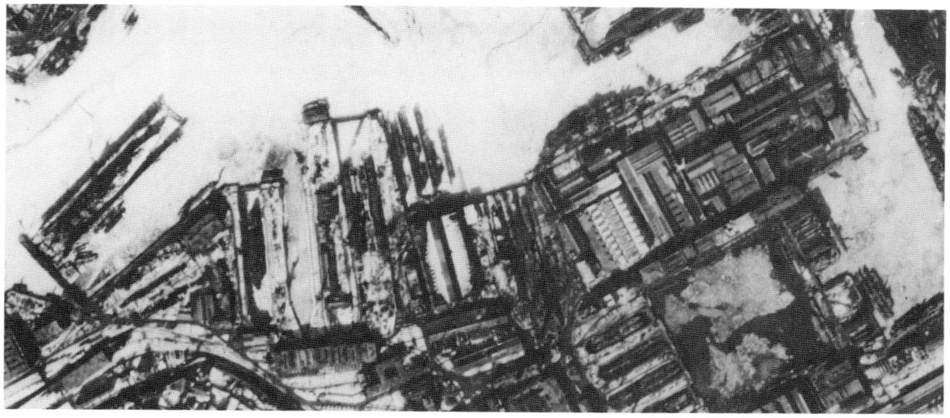

wache die Geschwindigkeit sogar auf 20 kn erhöht. Der Verband steuerte einen direkten Kurs und zwei Ar 196 flogen Luftsicherung. Kurz nach Mittag stießen vier Me 110 zu den Schiffen und am 13.36 Uhr wurde die Skagen-Sperre passiert. Mit der Luftsicherung gab es fernmeldetechnische Verständigungsprobleme, ein Hinweis auf die ungenaue Zusammenarbeit zwischen den beiden Teilstreitkräften. Gegen Abend wurden die beiden Leichten Kreuzer, die Arado-Maschinen und zwei der Me 110 entlassen, während die LÜTZOW mit ihren Zerstörern den Marsch mit hoher Fahrt fortsetzte. Zwei Me 110 und vier Me 109 blieben weiterhin als Luftsicherung beim Verband. Gegen Mitternacht teilte die Gruppe Nord über Funk mit, daß ein gegnerisches Flugzeug (vermutlich die »Blenheim« T 1955 der 235. Squadron) von einer BV 138 vor dem Eingang zum Skagerrak abgeschossen wurde. Eine willkommene Nachricht, da dies eine Lücke in der gegnerischen Luftüberwachung bedeuten konnte.

In Wirklichkeit hatte dieser Abschuß kaum Konsequenzen, denn die britische Admiralität wußte seit den frühen Morgenstunden des 11. Juni 1941 von dem unmittelbar bevorstehenden Unternehmen. Das Wissen stammte mit ziemlicher Sicherheit aus einer geheimdienstlichen »Ultra«-Nachricht, der möglicherweise aufgefangene Funksprüche hinsichtlich der von der Luftwaffe angeforderten Luftsicherung zugrundelagen. Zu diesem Zeitpunkt waren die britischen Kryptologen beim Eindringen in die Luftwaffenschlüssel sehr viel erfolgreicher als beim Brechen der Marineschlüssel. Wahrscheinlich wurden die zwischen der Luftflotte 5 und den Luftwaffenstellen in Dänemark gewechselten Funksprüche abgehört. Anfänglich wurde angenommen, daß der fragliche Verlegungsmarsch die TIRPITZ beträfe, und vierzehn vor Südnorwegen routinemäßig patrouillierende Aufklärungsflugzeuge wurden sofort vorgewarnt. Zusätzlich wurden um 10.00 Uhr Aufklärungsflüge nach Kristiansand, Bergen und Stavanger sowie eine verstärkte Überwachung der Seegebiete vor Island angeordnet. Fünf mit Torpedos beladene »Beaufort«-Maschinen wurden nach Wick, zwei Flugboote nach Sullom Voe und ein weiteres nach Island entsandt. In den frühen Abendstunden des 11. Juni war die britische Admiralität in der Lage, der RAF als positives Ergebnis mitzuteilen, daß es sich bei der fraglichen Einheit um die LÜTZOW handelte, die gegen 09.00 Uhr an diesem Morgen die Kieler Bucht mit Nordkurs verlassen hätte. Aufgrund einer neuen Zeitberechnung, die auf einer geschätzten mittleren Vormarschgeschwindigkeit von 20 kn fußte, wurden daher die Gegenmaßnahmen entsprechend umgestaltet. Zusätzlich lief die Home Fleet mit Kurs auf die Südwestecke Islands aus Scapa Flow aus – genau wie dies GenAdm. Carls angenommen hatte, aber ihm fehlten die Möglichkeiten, um sie anzugreifen. Fünf Minuten später, nachdem die LÜTZOW die Skagen-Sperre passiert hatte, informierte die britische Admiralität die RAF von dieser Tatsache, *ohne mit dem Gegner Sichtverbindung hergestellt zu haben,* und die britische Luftwaffe änderte ihre Dispositionen dementsprechend ab. Fünf »Beaufort«-Torpedobomber der 22. Squadron aus Wick und neun weitere der 42. Squadron aus Leuchars befanden sich am 12. Juni kurz vor Mitternacht bereits in der Luft. Infolge von Defekten mußten zwei Maschinen der ersteren Gruppe umkehren.

Von Regenböen überzogen, hielt die LÜTZOW ihren Kurs unter einem bedeckten Himmel durch. Es herrschte ein südwestlicher Wind, der sich Sturmstärke näherte. Im Verlaufe der Nacht vom 10./11. Juni 1941 und später hatte die an Bord der LÜTZOW eingeschiffte B-Dienstgruppe einen ständig zunehmenden Funkverkehr mit der 18. Group des Coastal Command der RAF registriert. Die Gründe hierfür wurden bereits erläutert. Doch erst am 13. Juni um 00.15 Uhr wurde die Sichtmeldung eines britischen Flugzeuges aufgefangen und in zwanzig Minuten entziffert. Sie lautete: »1 Kreuzer und 4 Zerstörer in 57°48'N

06°50'O, Kurs 270°.« Das Rufzeichen des Flugzeuges war »w8n«, tatsächlich die »Blenheim« W der 114. Squadron. Sie hatte ein gegnerisches Flugzeug gesichtet und war abgedreht, um es anzugreifen. Während dieses Flugmanövers bekam sie die LÜTZOW und ihre Sicherung in Sicht. Nach Auffassung von KptzS. Kreisch stand zu diesem Zeitpunkt keine Luftsicherung am deutschen Verband. Nach britischen Meldungen sollen jedoch zum Zeitpunkt der ersten Sichtung durch die »Blenheim« W zwei Me 109 und zwei Me 110 über den Schiffen gewesen sein. Um diese Zeit näherten sich die LÜTZOW und ihre fünf Zerstörer Kap Lindesnes, der Südspitze Norwegens. Inzwischen war auch die Nacht wieder hell und sichtig geworden. KptzS. Kreisch warnte seine Zerstörer sofort, daß in der Morgendämmerung mit einem gegnerischen Luftangriff gerechnet werden müßte, und befahl die eigenen Flakbedienungen vor der Morgendämmerung auf Gefechtsstationen. Gleichzeitig sandte er einen Funkspruch an die Luftflotte 5 und ersuchte dringend um Sicherung durch Jäger. Bedauerlicherweise mußte KptzS. Kreisch zu diesem Zeitpunkt auch noch mit der Fahrt auf 21 kn heruntergehen, da die Zerstörer im stärker werdenden Seegang nicht mehr mithalten konnten. Auf der LÜTZOW wurde der Gegner zum erstenmal um 01.15 Uhr gesichtet, als zwei tieffliegende Flugzeuge, die nicht identifiziert werden konnten, für einen kurzen Augenblick in Sicht kamen. Es kann sich um Maschinen der 22. Squadron gehandelt haben. Auf der LÜTZOW wurden sie für deutsche Flugzeuge gehalten, die zu ihrem Fliegerhorst zurückkehrten.

Es war die »Beaufort« W der 42. Squadron, die als erste Sichtverbindung zur LÜTZOW für den Angriff herstellte, nachdem sie deren Kurs gekreuzt hatte und an der norwegischen Küste umgekehrt war. Auf diesem Schlag sichtete der Flugzeugführer zufällig durch eine Wolkenlücke hindurch das Kielwasser des Schweren Kreuzers. Er kurvte zurück und setzte zu einem unbemerkten Torpedoangriff an, wobei er einen Treffer erzielte. Wenige Minuten später griff auch die »Beaufort« Y der 42. Squadron das Schiff an, aber ihr Torpedo ging vorbei. Danach folgte die »Beaufort« R der 42. Squadron. Sie flog zweimal an, konnte aber ihren Torpedo nicht lösen. Auch zwei verspätet gestartete Maschinen der 22. Squadron blieben erfolglos. Die eine fand das Ziel nicht, während die andere, die »Beaufort« C, einen Angriff durchführte, aber das Ziel verfehlte und von einer Me 109 abgeschossen wurde. (Bei diesem Flugzeug handelte es sich entweder um die W 6521 oder um die W 6522; beide Maschinen gingen an diesem Tag verloren.)

Die LÜTZOW wurde völlig überrascht, obwohl nur eine Viertelstunde vor dem erfolgreichen Angriff ein nicht identifiziertes Flugzeug gesichtet worden war. Die Gefechtsstationen waren nicht bezogen, nur

Rechts: Ein 1942 von einem Agenten in Gotenhafen aufgenommenes Foto. Es zeigt die SCHLESWIG-HOLSTEIN (links) und die LÜTZOW.
(M. Bullen)

Links außen: Das Zielschiff HESSEN mit dem Fernlenkboot KOMET längsseits während der Gefechtsschießübungen der TIRPITZ mit der Schweren Artillerie.
(IWM)

Links: Das Linienschiff SCHLESIEN als Schulschiff. Die 15-cm-Geschütze sind an Land gegeben. Die auf den Turmdecken erkennbaren Waffen scheinen keine 2-cm-Vierlingsflaks zu sein; vermutlich handelt es sich um Raketenabschußgeräte.
(WBB)

Links Mitte: Die TIRPITZ 1941 in den Gewässern der Ostsee. Eines der Bordflugzeuge vom Typ Ar 196 kurz nach dem Katapultstart.
(IWM)

Links unten: Vordere Turmgruppe und Brückenaufbau der TIRPITZ.
(IWM)

die Fla-Kriegswache stand bereit, und KptzS. Kreisch hatte sich in seine Seekabine zurückgezogen und die Schiffsführung dem I.O., KKpt. Knoke, überlassen. Als um 02.18 Uhr ein Flugzeug in Sicht kam, wurde es zunächst für ein deutsches gehalten. Die Anforderung des Erkennungssignals durch den Zerstörer *Z 23* blieb unbeantwortet, gefolgt von einem sichtbaren Aufklatschen des Torpedos im Wasser. KKpt. Knoke befahl sofort »Hart Backbord!«, aber der II.T.O., LtzS. Euler, forderte aufgrund der Torpedolaufbahn eine Kursänderung nach Steuerbord. Dem kam KKpt. Knoke nach, aber das Schiff drehte noch nach Backbord an, und der aus nur 600 m Entfernung abgeworfene Torpedo traf, ehe eine entsprechende Ruderwirkung einsetzen konnte. Er detonierte an der Backbordseite bei Spant 82 neben dem Motorenraum 2 und warf den Dieselmotor 2a aus seinen Fundamenten. Die Motorenräume 1 und 2 wie auch der Getrieberaum 1 begannen vollzulaufen und auch bei den leeren Außenräumen zwischen den Abteilungen VI und VIII erfolgten erhebliche Wassereinbrüche. Das Torpedoschott im Motorenraum 1 und Getrieberaum 1 war beträchtlich hochgebeult und fast 1000 t Seewasser strömten ins Schiff. Die LÜTZOW erhielt rasch eine bedrohliche Schlagseite von 18° und später sogar 21° nach Backbord. Das Oberdeck war überflutet und alle Motoren waren ausgefallen – die Motoren auf der Steuerbordseite deshalb, weil durch die Schlagseite ihr Schmiersystem nicht mehr arbeitete. Bis sich die Schlagseite durch Gegenfluten auf etwa 10° verringerte, war die Steuerbord-Antriebsanlage nicht betriebsfähig. Im Motorenraum 2 stieg das Wasser beständig weiter; er mußte 36 Minuten nach der Detonation aufgegeben werden.

Glücklicherweise gab es nur drei Leichtverwundete. Um die Probleme des Schiffes noch zu vergrößern, hatte die Erschütterungswirkung der Detonation ein selbständiges Einschalten der Nebelanlage herbeigeführt. Der Nebel hüllte die LÜTZOW sehr rasch ein und veranlaßte einige der angreifenden »Beaufort«-Torpedobomber zur Meldung, das Schiff stünde in Flammen. Der Leckwehroffizier, Kptlt.(Ing.) Ritzmann, hatte große Erfahrung – er war vor dem Kriege schon beim Bombenangriff von Ibiza und auch 1940 im Oslofjord an Bord gewesen – und ergriff rasch und wirksam die erforderlichen Maßnahmen zur Sicherung des Schiffes. Gegenfluten verringerte die Krängung allmählich auf 8° – 10°. Allerdings strömten hierdurch zusätzliche 1200 t Seewasser ins Schiff.

Inzwischen hatte KptzS. Kreisch, rüde aus dem Schlaf geweckt, die mißliche Lage seines Schiffes über Funk der Gruppe Nord gemeldet und anschließend dem Zerstörer FRIEDRICH ECKOLDT befohlen, das Einschleppen des getroffenen Schiffes nach Egersund vorzubereiten. Er war sich nur zu deutlich der Gefahr für sein Schiff bewußt, das anscheinend durch die von der Luftwaffe gestellte Luftsicherung nicht ausreichend geschützt werden konnte.[209] Ein Versuch, das eigene Arado-Bordflugzeug als Sicherung zu starten, mußte infolge der Schlagseite, des beschädigten Flugzeugkrans und fehlender Preßluft aufgegeben werden. Seine Absicht war es, Egersund im Schlepp anzulaufen, sollten die Hauptmotoren nicht in Gang gebracht werden können. Wenn dies aber der Fall sein sollte, dann wollte er das etwa 40 sm entfernte Stavanger anlaufen, das bessere Reparatureinrichtungen und Verteidigungsmöglichkeiten als Egersund bot. Doch während der Zerstörer noch das Schleppgeschirr ausbrachte, meldete der Leitende Ingenieur, KKpt.(Ing.) den Motorraum 3 und seine beiden Dieselmotoren klar. Nur wenige Minuten später konnte er auch den Klarzustand des Motorraums 4 melden. KptzS. Kreisch änderte daraufhin seine Absichten. Er widerrief den vorgesehenen Schleppvorgang und wollte nunmehr die Ostsee mit eigener Kraft erreichen. Am 13. Juni 1941 um 03.20 Uhr befand sich die LÜTZOW nur mit der Steuerbord-Propellerwelle anfangs mit 12 kn und später mit 16 kn Fahrt auf dem Rückmarsch.

Noch immer war die Lage angespannt, denn die gesamte Stromerzeugungsanlage des Schiffes befand sich in einem sehr labilen Zustand; jeden Augenblick konnte die Stromversorgung ganz ausfallen – ein Grund mehr, schnurgerade nach Stavanger zu gehen. Andererseits konnte der Schwere Kreuzer nur in Deutschland vollständig repariert werden. KptzS. Kreisch hielt es zudem für unwahrscheinlich, daß ihm die fünf Zerstörer, die er jetzt bei sich hatte, angesichts der Knappheit an Zerstörern und Torpedobooten später zur Verfügung stehen könnten, sollte er in norwegischen Gewässern verbleiben. Er entschloß sich daher zum Heimmarsch dicht unter der Küste, während seine Zerstörer die Steuerbordflanke sicherten. Seine Befürchtungen waren natürlich begründet, denn die RAF hatte weitere Angriffe gegen die LÜTZOW in Gang gesetzt. Neun »Blenheim«-Bomber der 114. Squadron und drei »Beaufort«-Torpedobomber, sämtlich mit Bomben beladen, waren vom Fliegerhorst Leuchars gestartet. Von ihnen fand jedoch nur die »Blenheim« D der 114. Squadron den Gegner. Sie führte einen mutigen, aber einsamen Angriff durch, ohne mit ihren beiden 227-kg-Bomben einen Treffer zu erzielen, ehe sie wieder in die schützende Wolkendecke entkam. Ein letzter Angriffsversuch von drei »Beaufort«-Torpedobombern aus North Coates schlug fehl, da sie die LÜTZOW nicht finden konnten.

Aus den B-Dienstberichten, die KptzS. Kreisch umgehend mit den entzifferten Fühlungshaltermeldungen erhielt, war nur zu offensichtlich erkennbar, daß der Gegner an seinem Verband Fühlung hielt. So sichtete die »Hudson« Z der 220. Squadron die deutschen Schiffe

Rechts oben: Luftbild des Hafengeländes von Gotenhafen, aufgenommen von einem RAF-Aufklärer am 2. Juni 1942.
A: GNEISENAU, B: GRAF ZEPPELIN, C: eines der alten Linienschiffe, D: der als Wohnschiff dienende Passagierdampfer CAP ARKONA, E: Torpedoboote.
(USN)

Mitte: Die LÜTZOW 1942 in der Ostsee.
(USN)

Unten: Die TIRPITZ bei der Gefechtsausbildung in der Ostsee.
(WBB)

gegen 04.20 Uhr und hielt etwa zwei Stunden Fühlung, ehe die »Blenheim« X der 248. Squadron übernahm. Das Bomber Command hatte zugestimmt, einen Verband schwerer Bomber anzusetzen, falls die Position der LÜTZOW genau ermittelt werden könnte. Daher starteten in den frühen Nachmittagsstunden des 13. Juni 1941 vier »Stirling«-Bomber. Angesichts der Zweifel bezüglich der genauen Position des Zieles wurden sie jedoch später wieder zurückgerufen. Über den wahrscheinlichen norwegischen Häfen wurden Bildaufklärungsflüge durchgeführt, aber ohne jeden Erfolg. Die letzte Sichtmeldung kam von der »Blenheim« S der 248. Squadron am Nachmittag des 13. Juni, als sich die LÜTZOW mitten im Skagerrak befand. Somit fand der von KptzS. Kreisch befürchtete große Luftangriff nicht statt und am späten Nachmittag des 14. Juni 1941 machte sein Schiff bei den Deutschen Werken in Kiel fest, nachdem es das letzte Stück Weges mit Schlepperhilfe aus Besorgnis darüber zurückgelegt hatte, die Stromversorgung könnte vollständig ausfallen.

Das Unternehmen »Sommerreise« endete daher mit einem Mißerfolg. Erneut war die LÜTZOW durch einen Torpedotreffer schwer beschädigt worden und die Ausbesserung der Schäden würde viele Monate in Anspruch nehmen. Naturgemäß folgte eine eingehende Untersuchung des Vorfalls. Sie konzentrierte sich auf die mangelhaften Fernmeldeverbindungen oder – deutlicher ausgedrückt – auf die fehlende Möglichkeit, mit der von der Luftwaffe gestellten Luftsicherung Funkverbindung aufzunehmen. Die Schnelligkeit, mit der die britische Seite Schiffsbewegungen und Absichten erkannt hatte, war außerordentlich beunruhigend und bedeutete für zukünftige Wagnisse dieser Art nichts Gutes. In Anbetracht der Tatsache, wie leicht es dem B-Dienst möglich war, RAF-Schlüssel zu brechen, ist es überraschend, daß niemand die Frage stellte, ob dies nicht auch mit den Kodes der Luftwaffe und der Kriegsmarine geschehen sein könnte. Als Ergebnis der Häufung von U-Bootverlusten unter ungeklärten Umständen wurde später eine diesbezügliche Untersuchung durchgeführt (1943). Diese ergab jedoch, daß ein Eindringen in die Funkschlüssel nicht verantwortlich gewesen wäre. Die Torpedierung der LÜTZOW hätte sicherlich bereits damals den Beweis des Gegenteils erbringen können. Schließlich blieb es GenAdm. Carls, dem Oberbefehlshaber der Gruppe Nord, überlassen, unter den gegebenen Umständen die mangelhafte Gefechtsbereitschaft des Schiffes anzuzweifeln. So blieb die eigentliche Ursache ungeklärt. KptzS. Kreisch wurde versetzt und zum Chef der deutschen Ausbildungsgruppe bei der Königlich Rumänischen Marine ernannt.

Nach der Torpedierung der LÜTZOW sah die Skl. an ihrer Stelle – gemeinsam mit demselben Troßschiff, der UCKERMARK – die ADMIRAL SCHEER in der Hoffnung vor, sie könnte bis Ende August 1941 für ein derartiges Unternehmen einsatzbereit sein. Dieser Termin verschob sich jedoch immer mehr. Ende Oktober 1941 plante die Skl. das Unternehmen für die zweite November- oder erste Dezemberhälfte. Der Kommandant der ADMIRAL SCHEER, KptzS. Meendsen-Bohlken, hatte daher am 25. Oktober 1941 an einer vorbereitenden Besprechung für das Unternehmen bei der Gruppe Nord teilzunehmen und Anfang November 1941 wies die Skl. die Gruppe West an, die ADMIRAL SCHEER, die UCKERMARK und den Hilfskreuzer THOR mit dem notwendigen Kartenmaterial für die westfranzösische Küste auszustatten. Die Verzögerungen hielten an und gegen Ende November 1941 entschloß sich GAdm. Raeder, die Entscheidung in den Dezember zu verschieben, um den Ausgang abzuwarten. Danach sah das Programm vor, die ADMIRAL SCHEER sollte für eine atlantische Verwendung Ende Februar und die LÜTZOW Ende März 1942 zur Verfügung stehen.

Die Probleme, die sich aus der Zusammenarbeit und dem Fernmeldeverkehr mit den Luftwaffeneinheiten ergaben, führten zu einigen Übungen, um die Verhältnisse zu verbessern. Die ADMIRAL SCHEER, die im Juli und August Schießübungen in der Lübecker Bucht durchgeführt hatte, berichtete jedoch von einem sehr guten Verhältnis zur Luftwaffe in Großenbrode, die Luftziele markiert und insbesondere Lufttorpedoangriffe simuliert hatte. Nach der Torpedierung der LÜTZOW kam den zuletzt genannten Übungen große Bedeutung zu. Das fachliche Können dieser britischen Torpedoflieger war eine unangenehme Erfahrung gewesen und übertraf noch den Torpedoangriff auf die BISMARCK. Daher bestand die Absicht, das Zusammenwirken von Flugzeugen und Schiffen weiter zu verbessern. Doch infolge des Angriffs auf die Sowjetunion war die östliche Ostsee für Übungen mit größeren Einheiten weniger sicher als zuvor. Deshalb fiel die Entscheidung, die ADMIRAL SCHEER zur Fortsetzung der Gefechtsausbildung nach Oslo zu entsenden und unterwegs gleichzeitig die Zusammenarbeit mit der Luftwaffe, d.h. mit den in Dänemark stationierten Einheiten, zu üben. Ehe diese Absicht verwirklicht werden konnte, mußte jedoch der Schwere Kreuzer zur Beseitigung von Defekten an den Hilfsmaschinen noch einmal in die Werft. Da sich aber die Ablieferung bestimmter Ersatzteile verzögerte, wurde erst Anfang 1942 mit der Wiederherstellung der vollen Kriegsbereitschaft des Schiffes gerechnet.

Schließlich verließ die ADMIRAL SCHEER am 4. September 1941 die Lübecker Bucht Richtung Norwegen, gesichert durch die T-Boote *T 2*, *T 8* und *T 11* sowie durch die Vp.-Boote *Vp 1601* und *Vp 1604*. Zur Minensicherung lief der *Sperrbrecher 132* voraus.

Es war eine ruhige, klare und mondhelle Nacht. Daher war es nicht überraschend, daß die eingeschiffte B-Dienstgruppe dem Kommandanten am 5. September um 03.08 Uhr eine aufgefangene Sichtmeldung zur Kenntnis gab: »An 18. Group. Flugzeug Ja8p. 5.9., 02.30 Uhr. 1 Kreuzer und 3 Zerstörer, Peilung 180°, 5 sm. 58°07'N 09°00'O.« KptzS. Meendsen-Bohlken befahl das sofortige Einstellen des bisher gefahrenen Zickzackkurses und lief mit hoher Fahrt direkt auf den Oslofjord zu. Er stoppte nicht einmal, um den Lotsen an Bord zu nehmen. Um 07.35 Uhr passierte die ADMIRAL SCHEER die Insel Askholmen – das Grab der BLÜCHER – und machte um 11.00 Uhr sicher in Oslo fest. Rasch wurden Torpedonetze ausgebracht und das Schiff unter Tarnnetzen verborgen. Um 13.04 Uhr kam der erste Fliegeralarm.

Die erste Sichtung der ADMIRAL SCHEER erfolgte rein zufällig am Nachmittag des 4. September durch eine Maschine des Bomber Command auf dem Rückflug nach Großbritannien. Daraufhin entsandte das Coastal Command eine »Hudson« der 220. Squadron, um von Mitternacht des 4./5. September an den Skagerrak bis 10°O zu überwachen. Dieses Flugzeug setzte schließlich die oben erwähnte Sichtmeldung ab. Später fand ein Bildaufklärer, der dem Oslofjord folgte, den festgemachten Schweren Kreuzer in Oslo. Sofort wurden Luftangriffe auf das Schiff in Gang gesetzt. Am 6. September starteten vier B-17-Bomber »Fortress I« der 90. Squadron in Kinloss. Sie trafen um die Mittagsstunde über Oslo ein und griffen an, aber sämtliche Bomben verfehlten das Schiff. Eine Maschine (AN 533 ex-40-2071) schossen deutsche Jäger ab. In den frühen Morgenstunden des 7. September fand ein weiterer Luftangriff statt. Die Leichte Flak des Schiffes machte einen Abschuß geltend. Ohne den Schutz der starken Luftabwehr durch die Flakbatterien in den größeren Häfen des Reiches war dies offensichtlich ein ungesunder Aufenthaltsort. Daher erhielt die ADMIRAL SCHEER am 8. September den Befehl zum Rückmarsch und lief noch am Nachmittag aus. Sie entging damit einem weiteren Luftangriff durch B-17 »Fortress I« noch am selben Tag. Deutsche Jäger schossen zwei weitere Maschinen ab (AN 525 ex-40-2057 und AN 535 ex-40-2075). Wieder war die Wachsamkeit der britischen Luftaufklärung sowie auch der Auswahlcharakter der Angriffe demonstriert worden – die Anwesenheit der Schulkreuzer in Oslo hatte nie zu Bombenangriffen geführt, aber das Auftauchen der ADMIRAL SCHEER rief die Bomber sofort auf den

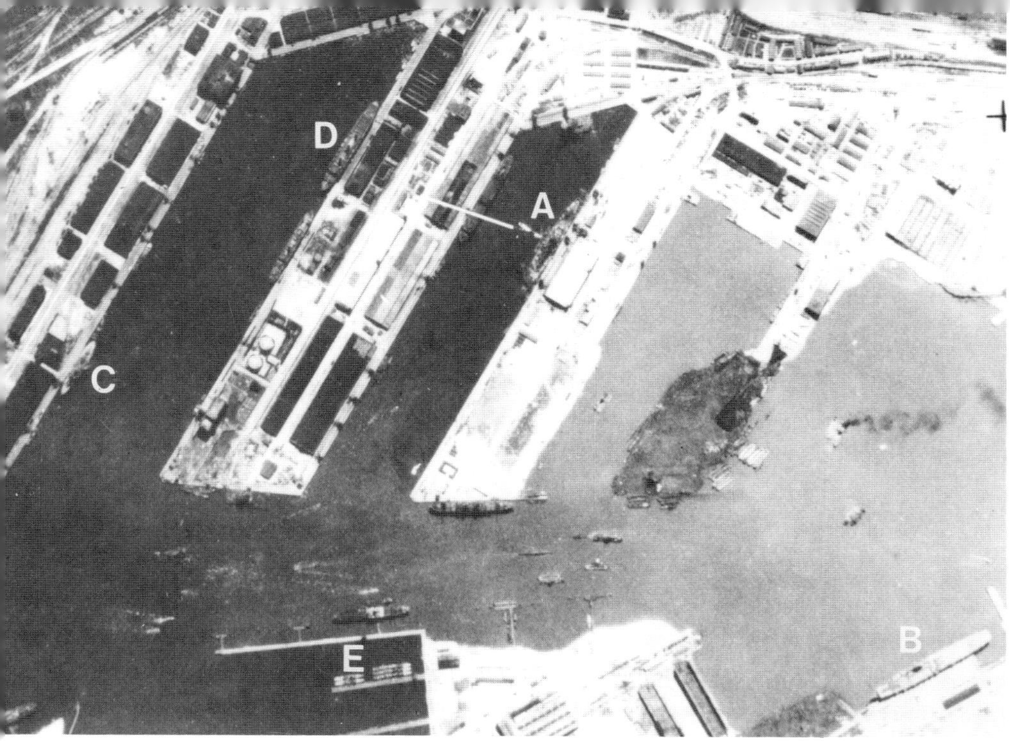

Plan. Nichtsdestoweniger verbesserte dieser kurze Abstecher nach Oslo die Zusammenarbeit zwischen Flugzeugen und Kriegsschiffen. Für das reibungslose Funktionieren der Luftsicherung beim Unternehmen »Cerberus« im Februar 1942 sollte sich dies als hilfreich erweisen.

Kurz nach der Rückkehr der ADMIRAL SCHEER in die Ostsee wuchs die Besorgnis, daß die Rote Flotte auf hoher See auftauchen könnte, um möglicherweise den Versuch zu unternehmen, gemeinsam aus der Ostsee auszubrechen (dies war der Grund für das Stationieren der veralteten Linienschiffe in den Belten.) Um dieser Möglichkeit zu begegnen, wurden fast alle einsatzfähigen schweren Einheiten kurzfristig zur »Baltenflotte« zusammengefaßt. Unter Führung des B.d.S., VAdm. Ciliax, gehörten diesem Verband an: TIRPITZ (Flaggschiff), ADMIRAL SCHEER, die Leichten Kreuzer NÜRNBERG, KÖLN, LEIPZIG und EMDEN sowie als Sicherung die Zerstörer *Z 25, Z 26, Z 27* und die Torpedoboote *T 2, T 5, T 8* und *T 11.* Mit Ausnahme von LEIPZIG und EMDEN (Südgruppe in Libau) bildeten diese Schiffe die Nordgruppe, die in der Ålandsee stationiert werden sollte. Die Baltenflotte lief am 23. September 1941 aus Swinemünde aus und ankerte am nächsten Tag im Føglø-Fjord am Eingang zum Finnischen Meerbusen. Von dort aus konnte jeder Ausbruchsversuch unterbunden werden. Sehr bald wurde jedoch klar, daß die massierten Luftangriffe durch Ju 87 des St.G.2 auf Kronstadt zwischen dem 21. und 24. September 1941 die sowjetische Baltische Flotte ziemlich dezimiert hatten – die Schlachtschiffe MARAT und OKTJABRSKAJA REVOLJUCIJA wurden wie viele weitere Schiffe entweder versenkt oder schwer beschädigt.

Da nunmehr ein Ausbruch unwahrscheinlich erschien, wurde die Baltenflotte auf einen Kreuzerverband verringert, um für die Großkampfschiffe jedes unnötige Risiko zu vermeiden, das ihnen durch die wenigen einsatzfähigen sowjetischen Unterseeboote drohen könnte. Daher erhielten TIRPITZ, ADMIRAL SCHEER und zwei Torpedoboote den Befehl, am Abend des 25. September nach Deutschland zurückzukehren. In der Ålandssee blieb eine verkleinerte Nordgruppe zurück; sie bestand aus NÜRNBERG, KÖLN, drei Zerstörern, zwei Minensuchbooten der 1. M-Flottille und fünf U-Jägern der 11. UJ-Flottille. Die Südgruppe setzte sich weiterhin aus LEIPZIG, EMDEN, drei Torpedobooten der 2. T-Flottille und ein paar Minensuchern zusammen. Der Rückmarsch führte die TIRPITZ nach Gotenhafen, während die ADMIRAL SCHEER nach Hamburg ging, um die Restarbeiten an der Maschinenanlage durchführen zu lassen. Danach verbrachte der Schwere Kreuzer den Rest des Jahres 1941 mit Einfahren und Gefechtsausbildung in der Ostsee, wie dies auch für die TIRPITZ galt. In Anbetracht des Angriffs auf die Sowjetunion hatte Hitler größere Atlantikunternehmungen abgelehnt.

Nach dem Abschluß des Unternehmens »Cerberus« kehrten SCHARNHORST und GNEISENAU am Morgen des 13. Februar 1942 in deutsche Hoheitsgewässer zurück. Die erstere lief nach Wilhelmshaven ein, während die GNEISENAU den Nord-Ostsee-Kanal passierte und am 15. Februar ins Schwimmdock C der Deutschen Werke in Kiel ging. Auch die SCHARNHORST verlegte in den frühen Morgenstunden des 26. Februar zu den Deutschen Werken, nachdem die Skl. am 18. Februar angeordnet hatte, die Werftarbeiten in Kiel durchzuführen. Beide Schiffe waren beschädigt und bedurften außerdem einer Werftüberholung. Diese bedeutete eine längere Werftliegzeit. Ebenfalls in Kiel befand zu diesem Zeitpunkt die glücklose LÜTZOW, um in der Werft die Schäden des Torpedotreffers auszubessern. Inzwischen hatte die TIRPITZ am 14. Januar 1942 in norwegische Gewässer verlegt und ankerte seit dem 17. Januar im Faettenfjord bei Trondheim, während die ADMIRAL SCHEER am 20. Februar 1942 den Marsch nach Norwegen antrat und am 23. Februar an ihrem Liegeplatz im Lofjord bei Trondheim eintraf. Immerhin verursachte die Konzentration von drei der fünf noch

Luftbild vom 1. August 1942: Die GNEISENAU liegt abgerüstet in Gotenhafen. (IWM)

verbliebenen schweren Einheiten der Flotte in Kiel – infolge des U-Bootbaus auf der Germaniawerft ohnehin bereits ein attraktives Ziel für die Briten – GenAdm. Carls und den Kommandanten der Schiffe beträchtliche Besorgnis. Auch war die Anwesenheit dieser Schiffe der Luftbildaufklärung der RAF nicht entgangen, und die britische Seite, noch gepeinigt vom Erfolg des Unternehmens »Cerberus«, setzte alles daran, um den Kern der deutschen Flotte zu vernichten.

Der Werftaufenthalt der GNEISENAU sollte programmgemäß bis zum 6. März 1942 abgeschlossen sein. In dieser Zeit sollten die Bombenschäden im Bereich der Abteilung V ausgebessert, die Antriebsanlage überholt und die Propeller ausgewechselt werden. Gleichzeitig war auch der Steuerbord IV. 15-cm-Turm hinsichtlich der aufgetretenen Probleme zu überprüfen. Bis zum 24. Februar ging die Werftliegezeit gut voran und es wurde erwartet, daß ein Tag Werftaufenthalt eingespart werden könnte. In den frühen Morgenstunden des 25. Februar griffen jedoch britische Bomber den Hafen an und Bomben detonierten in der Nähe des Docks. Bei diesem Angriff ging ein »Stirling«-Bomber (N 6067) der 15. Squadron verloren. Der Angriff war ein schlimmes Vorzeichen; denn in der Nacht vom 26./27. Februar 1942 erfolgte durch einen aus »Wellington«-, »Hampden«- und »Halifax«-Bombern bestehenden Verband ein zweiter Luftangriff. 31 Flugzeuge starteten, aber nur zwölf nahmen für sich in Anspruch, das Hauptziel angegriffen zu haben.

Dennoch reichte dies aus; denn um 23.15 Uhr traf eine Bombe die GNEISENAU nahe am Turm A. Sie verursachte große Verluste unter der Turmbesatzung und den Leckwehrtrupps unten. Die Bombe durchschlug das Oberdeck vor dem Turm A, wurde durch das Panzerlängsschott bei Spant 185,6 abgelenkt und detonierte später auf dem Panzerdeck in der Nähe einer Lucke und des Entlüftungsschachtes für die darunter liegende Pulverkammer im Mannschaftsdeck. Die Schottwand wurde aufgerissen und der Brand breitete sich durch dieses Loch in den vorderen Mannschaftsraum aus. Das Panzerdeck durchschlug die Bombe nicht, aber der Detonationsdruck verformte es. Das Panzerluk zur 28-cm-Pulverkammer scheint jedoch offen gewesen zu sein – später ließ sich das nicht mehr feststellen – und glühende Bombensplitter und Eisenteile drangen in die Pulverkammer ein und entzündeten das Pulver.

Etwa 25 Minuten nach diesem Bombentreffer ereignete sich eine weitere starke Detonation, die anfänglich für einen zweiten Bombentreffer gehalten wurde. Später wurde dann festgestellt, daß sich die Pulverbrände fortgesetzt und einen ungeheuren Luftdruck erzeugt hatten, der sich explosionsartig ausbreitete. Sämtliche vorhandenen Pulvermengen brannten ab und aus dem Turm A, der zusammen mit den vorderen Räumen völlig ausbrannte, schoß eine riesige Stichflamme. Die sich nach oben einen Ausweg suchenden Brandgase rissen das Oberdeck im Bereich des Turms A auf und schlugen die Decksplatte wie bei einer geöffneten Konservenbüchse nach hinten zurück. Die Oberdecksschäden reichten bis hinter Turm B. Der drehbare Teil des Turms A wurde 60 cm angehoben, ehe er verdreht wieder zurückfiel. Unten wurden Schottwände zerstört und zum Beladeraum hin entstand ein riesiges Loch, obwohl sich in diesem Raum keine Kartuschen entzündeten. Auch die Granatkammer und der Doppelboden wurden in Mitleidenschaft gezogen. Splitter rissen die äußere Bodenbeplattung auf. Leckwehrtrupps fluteten die Räume hinter Turm A, d.h. die Pulver- und Granatkammern des Turms B, sowie den Turm selbst und seine Pulver- und Granatkammern, um weitere Explosionen zu verhindern. Im Vorschiff wütete ein großer Brand und brennendes Tarnmaterial an Deck vergrößerte noch das Inferno. 112 Besatzungsangehörige fielen dem Bombentreffer zum Opfer, darunter auch KKpt.(Ing.) Kannegießer, der Leitende Ingenieur. Der Brand hielt fast drei Tage lang an, ehe er endgültig gelöscht werden konnte. Durch die Maßnahmen des Flutens und der Feuerbekämpfung befanden sich etwa 3000 t Wasser im Schiff. Das Feuer hatte Wohnraum für rund 600 Besatzungsangehörige unbrauchbar gemacht. In den Decks begannen die Aufräumungsarbeiten und die Beseitigung der Schäden, aber es wurde sofort deutlich, daß die GNEISENAU für eine lange Zeit nicht einsatzbereit sein würde.

GenAdm. Carls war natürlich hinsichtlich weiterer Luftangriffe beunruhigt (bereits in der Nacht vom 27./28. Februar 1942 flogen »Hampden«- und »Manchester«-Bomber den nächsten Angriff); er sorgte sich um die Sicherheit der SCHARNHORST. Seine Absicht war es, sie zur Beendigung ihrer Reparaturarbeiten nach Gotenhafen zu senden. Doch KptzS. Hoffmann erhob Einwände, da das Schiff nicht aus eigener Kraft den Marsch antreten konnte. Die Verlegung im Schlepp würde jedoch sehr viel an wertvoller Zeit kosten und die Werftliegezeit dementsprechend verlängern.

In der Zwischenzeit hatten die Bergungsarbeiten auf der GNEISENAU ihren Fortgang genommen. Am 9. März 1942 wurde sie ausgedockt und am 18. März wurde KptzS. Fein unterrichtet, daß Hitler entschieden hätte, das Schlachtschiff auf drei 38-cm-Doppeltürme umzurüsten. Dies würde eine Außerdienststellung für zumindest zwölf Monate bedingen. Die Umrüstung sollte auf der Werft in Gotenhafen erfolgen. Nach dieser Entscheidung begannen sofort die Vorbereitungen für den Verlegungsmarsch. Im Geleit der Eisbrecher CASTOR und STETTIN sowie des Linienschiffes SCHLESIEN lief die GNEISENAU am Morgen des 4. April 1942 aus Kiel aus. Die starke Vereisung behinderte die Arbeit der Eisbrecher und die Schiffe kamen nur außerordentlich langsam voran. Am 5. April mußte die CASTOR infolge häufiger Maschinenstörungen entlassen werden und die SCHLESIEN übernahm die Führung. Doch auch sie mußte nach kurzer Zeit infolge des starken Eises stoppen. Als Folge der Eisprobleme dauerte es bis in den Vormittag des 6. April hinein, ehe die GNEISENAU in Gotenhafen sicher festmachen konnte. Dies war die letzte Fahrt der GNEISENAU aus eigener Kraft gewesen, obwohl dies damals den Beteiligten noch nicht bewußt war, KptzS. Fein wurde zum Konteradmiral befördert und zum Chef des Stabes beim Kommandierenden Admiral Norwegen ernannt. Mit der Wahrnehmung der Geschäfte des Kommandanten wurde am 11. April KptzS. Rudolf Peters und einen Monat später FKpt. Wolfgang Kähler beauftragt.

Für die Umrüstung der GNEISENAU auf 38-cm-Geschütze schritten die Vorarbeiten voran. An Veränderungen waren vorgesehen: Umbau des Vorschiffes, Einbau eines neuen Großmastes, Umbau des Hauptflakleitstandes, Umrüstung der achteren Artillerie-Schaltstelle, Erneuerung aller Überhitzerrohre und der Luftvorwärmer, Umrüstung der Turbinen und Vergrößerung der Kapazität der E-Werke. In der Zwischenzeit wurden alle Flakgeschütze zur Verwendung an Land von

Bord gegeben und die 15-cm-Geschütze aus ihren Lafetten entfernt. Das Herausheben der beschädigten Türme verursachte Probleme, da Schweißbrenner eingesetzt werden mußten. Dies bedeutete in Anbetracht des vorhandenen Öls ein Brandrisiko.

Am 1. Juli 1942 wurde die GNEISENAU außer Dienst gestellt. Infolge des Debakels in der Barentssee im Dezember 1942, das zu Hitlers Befehl führte, die großen Schiffe zu verschrotten, sollte das Schlachtschiff nie wieder in Dienst gestellt werden. Die Werftarbeiten wurden eingestellt und das Schiff rostete verlassen vor sich hin. Es wurde schließlich vor der Räumung Gotenhafens am 28. März 1945 als Blockschiff in der Hafeneinfahrt versenkt.

Die SCHARNHORST verblieb bis zum Abschluß der Reparaturarbeiten in Kiel. Auf dem Oberdeck wurden zusätzliche Panzerplatten als Schutz verlegt, wie dies auch in Brest der Fall gewesen war, und das Schiff entging schweren Bombenschäden, wenn es auch bei einem Luftangriff am 12. März 1942 kleinere Beschädigungen erlitt und einige Verluste eintraten. Ende März 1942 wurde angenommen, der Aufenthalt im Dock zöge sich noch zehn Wochen hin, dem drei weitere Wochen Werftarbeit folgen sollten. Ursache waren ernste Probleme bei den Turbinen und die Erneuerung der gesamten Verkabelung. Auch KptzS. Hoffmann wurde wie der Kommandant der GNEISENAU am 1. April zum Konteradmiral befördert und verließ das Schiff am selben Tag, um eine Tätigkeit bei der Marinestation der Ostsee zu übernehmen, ehe er im Juli 1942 zum Kommandierenden Admiral Niederlande ernannt wurde. Sein Nachfolger als Kommandant der SCHARNHORST war KptzS. Hüffmeier, ehemaliger Kommandant des Leichten Kreuzers KÖLN. Trotz Verzögerungen, verursacht durch die winterlichen Wetterbedingungen, und der Feststellung, daß acht Kessel neue Rohre erhalten mußten, dockte die SCHARNHORST am 16. Juni 1942 aus. Die Maschinenerprobungen brachten dann weitere Turbinenprobleme zutage, diesmal bei der Backbord-Niederdruckturbine. Es bestand die Befürchtung, auch die anderen Turbinen könnten beeinträchtigt werden. Als Ursache wurde der Minentreffer beim Unternehmen »Cerberus« vermutet. Schließlich erwiesen sich diese Besorgnisse als unbegründet und am 16. August 1942 verlegte das Schlachtschiff zum Einfahren nach Gotenhafen, gesichert durch die Torpedoboote GREIF, *T 8* und *T 10*. Für den Rest des Jahres 1942 verblieb die SCHARNHORST zu Erprobungsfahrten und zur Gefechtsausbildung in der östlichen Ostsee. Der einzige Zwischenfall in dieser Zeit war am 16. September eine kleinere Kollision mit *U 523*. Nach ausgedehnten Übungen erhielt die SCHARNHORST im Januar 1943 den Befehl, zur einsatzmäßigen Verwendung nach Norwegen zu verlegen.

18. Norwegen und die Arktis 1942

Nachdem die TIRPITZ nunmehr ihre volle Kriegsbereitschaft erlangt hatte, stand das Problem ihrer einsatzmäßigen Verwendung heran. Bedauerlicherweise veranlaßten der Untergang der BISMARCK, das Eingeschlossensein der Brest-Gruppe und die Torpedierung der LÜTZOW Hitler, hinsichtlich einer Rückkehr der Großkampfschiffe zur ozeanischen Handelskriegführung nervös zu reagieren. Hinzu kam, daß die für das Unternehmen »Rheinübung« aufgebaute komplizierte Kette an Versorgungsschiffen und Begleittankern schon seit langem von der Royal Navy aufgerollt worden war, und erneut eine solche aufzubauen, würde schwierig und zeitraubend sein. GAdm. Raeder wußte jedoch eine praktische Antwort auf das Problem – seit den britischen Vorstößen am 3. März gegen die Lofoten (Operation »Claymore«), am 22. Dezember erneut gegen die Lofoten (Operation »Anklet«) und am 24. Dezember 1941 in den Vaagsfjord (Operation »Archery«) war Hitler gegen die Möglichkeit einer britischen Landung in Norwegen sehr empfindlich geworden. GAdm. Raeder schlug daher die Verlegung der TIRPITZ nach Norwegen vor. Dort würde sie nicht nur zur Abschreckung gegen derartige Unternehmen dienen, sondern sich gleichzeitig auch in einer idealen Position befinden, um die alliierten Geleitzüge nach Nordrußland zu bedrohen. Die Voreingenommenheit Hitlers im Hinblick auf eine alliierte Invasion Norwegens ist interessant und faszinierend. Es ist höchst unwahrscheinlich, daß eine derartige Operation je geplant wurde, aber Kriegstagebücher von verschiedenen Führungsstellen der Kriegsmarine, insbesondere das des Marinegruppenkommandos Nord, enthalten häufig Hinweise auf »verläßliche Agentenmeldungen« über geplante Operationen, wie zum Beispiel Truppeneinschiffungen, Versammlungen von Schiffen usw. Diese Meldungen nährten Hitlers Glauben an eine solche Operation, und es könnte die Frage gestellt werden, ob dies nicht der eigentliche Zweck dieser Meldungen war. Wer führte diese Agenten? Nach einigen Bedenken stimmte Hitler dieser Verlegung der TIRPITZ zu, machte aber zur Bedingung, daß die Skl. für ihr unbeschädigtes Eintreffen garantieren müsse (!). Außerdem dürfte sie keine von Flugzeugträgern begleiteten Geleitzüge angreifen.

Zu dem Zeitpunkt, da Hitler seine Entscheidung der Skl. bekanntgegeben hatte (12. Januar 1942), befand sich die TIRPITZ von Gotenhafen aus bereits auf dem Marsch nach Westen und mußte für 24 Stunden angehalten werden, bis die Freigabe des Weitermarsches durch die Skl. eintraf. Die Verlegung des Schlachtschiffes nach Norwegen trug den Decknamen »Polarnacht«. Die Gruppe Nord hatte der Skl. vorgeschlagen, daß die TIRPITZ nach dem sicheren Abschluß des Verlegungsmarsches nach Trondheim sofort zu einem drei- bis viertägigen Vorstoß gegen die PQ-Geleitzüge angesetzt werden sollte. Die Skl. war von diesem Vorschlag nicht sehr begeistert und wies darauf hin, daß die für den Verlegungsmarsch nach Norwegen günstigen Wetterbedingungen für offensive Operationen ungünstig sein würden. Daneben gäbe es auch noch das Zerstörerproblem; denn die Kriegsmarine war knapp an diesen wertvollen Schiffen. Ein Vorstoß ohne Zerstörersicherung würde, besonders bei Nacht, gefährlich sein, da bekannt wäre, daß die Geleitzüge durch Schwere Kreuzer und Zerstörer gesichert waren. Schließlich stimmte die Skl. unter der Bedingung zu, daß die Position des Ziels vorher festgestellt und bekannt sein müßte und daß alle verfügbaren geheimdienstlichen und sonstigen Aufklärungsmöglichkeiten (d.h. Funkaufklärung durch den B-Dienst sowie Aufklärung durch Flugzeuge und U-Boote) ausgenutzt würden, um ein genaues Bild der Lage zu gewinnen. Außerdem müßte eine Zerstörersicherung zur Verfügung stehen. Dies bedeutete wiederum aufgrund der geringen Seeausdauer dieser Schiffe nur einen Vorstoß von kurzer Dauer.

Nicht überraschend ist die Tatsache, daß viele Überlegungen dem Umstand zukamen, welches die beste Route nach Trondheim wäre. Der Marsch durch den Großen Belt, das Kattegat und den Skagerrak wurde von vornherein ausgeschlossen, da mit ziemlicher Sicherheit angenommen wurde, Agenten in Schweden würden das Schiff melden. Die Alternative dazu bestand darin, den Nord-Ostsee-Kanal und von da aus den Weg durch die Nordsee zu benutzen, aber diese Route besaß den Nachteil, daß sie das Schlachtschiff für längere Zeit Luftangriffen aussetzen würde. In Anbetracht des Tiefgangs des Schiffes gab es auch Probleme, die nicht außer acht gelassen werden konnten, im Hinblick auf die flachen Mündungen der Flüsse in die Nordsee. So wurde im Verlaufe der Planung die Überlegung angestellt, das Schlachtschiff mit nur teilweise gefüllten Bunkern nach Norden auslaufen zu lassen, ein Gedanke, der wieder verworfen wurde. Trotz ihrer Nachteile wurde die Nordsee-Route schließlich ausgewählt. Ein wohldurchdachter Täuschungsplan sah die Verlegung der TIRPITZ zur Werftüberholung nach Wilhelmshaven vor. Pläne zur Bereitstellung einer Sicherung durch Jäger wurden durch das Widerstreben der örtlichen Führungsstellen der Luftwaffe vereitelt, ohne die ausdrückliche Genehmigung Görings, Verbindungsoffiziere zu Planungs- und Einsatzbesprechungen zu entsenden. Die Operationsbefehle für das Unternehmen »Polarnacht« ergingen am 2. Januar 1942. Das Schlachtschiff sollte den Verlegungsmarsch nur antreten, wenn die Wetterbedingungen günstig wären. Interessanterweise enthielt der Operationsbefehl die Möglichkeit – abhängig von der Billigung durch die Gruppe Nord und ausreichendem Brennstoffvorrat bei den Zerstörern –, unterwegs einen Angriff auf ein wertvolles Ziel durchzuführen.

Nach allen Befürchtungen und Besorgnissen lief das Unternehmen am 14. Januar 1942 ziemlich ereignislos an. In der Ostsee stießen die Zerstörer RICHARD BEITZEN – mit dem Chef der 5. Z-Flottille, KptzS. Fritz Berger, an Bord – und *Z 29* sowie in der Deutschen Bucht auch noch die Zerstörer PAUL JACOBI und BRUNO HEINEMANN als Sicherung zur TIRPITZ. Die britische Luftaufklärung erfaßte den deutschen Verband auf seinem Marsch nach Trondheim nicht. Am 17. Januar ging die TIRPITZ im Faettenfjord, einem Seitenarm des Trondheimfjords, vor Anker. Bedauerlicherweise mußten die vier Zerstörer am nächsten Tag nach Deutschland zurückkehren, da sie beim Unternehmen »Cerberus«, d.h. zur Sicherung des Kanaldurchbruchs der Brest-Gruppe, gebraucht wurden. Obwohl sich die TIRPITZ nunmehr in einem Einsatzraum befand, lag sie infolge des Mangels an Sicherungskräften untätig vor Anker. Ein aufgefangener »Ultra«-Funkspruch informierte die britische Admiralität am nächsten Tag von ihrem Eintreffen in Norwegen, aber erst in der Mitttagsstunde des 23. Januar konnte sie schließlich von der Luftbildaufklärung der RAF erfaßt und ihr Aufenthaltsort festgestellt werden. Inzwischen lag das Schlachtschiff unter Tarnnetzen dicht unter Land.

Nach dem Eintreffen in Norwegen am 17. Januar 1942 ankert die TIRPITZ an ihrem Liegeplatz im Faettenfjord, einem Seitenarm des Trondheimfjords, dicht unter Land. (IWM)

Die Anwesenheit der TIRPITZ in Norwegen stellte für die Royal Navy eine ernste Bedrohung dar, und dies zu einem Zeitpunkt, da sie bereits überbeansprucht war – inzwischen war in Fernost ebenfalls der Krieg ausgebrochen. Infolgedessen äußerte Churchill selbst ein starkes Interesse an der Vernichtung des Schiffes. Da die TIRPITZ jedoch rund 46 km von der See entfernt vor Anker lag, blieben erneut als einzige Möglichkeit nur Luftangriffe der RAF. Den ersten Angriff führten in der Nacht vom 29./30. Januar 1942 neun »Halifax«- und sieben »Stirling«-Bomber durch. Doch sie waren nicht imstande, ihr Ziel zu finden. Eine »Halifax« (L 9581) der 76. Squadron mußte auf dem Rückflug notwassern. Für den Rest des Monats verblieb die TIRPITZ im Trondheimfjord und unternahm lediglich Ausbildungsfahrten von kurzer Dauer innerhalb von geschützten Gewässern, da keine Sicherungseinheiten zur Verfügung standen.

Am Abend des 20. Februar 1942 erteilte jedoch die Gruppe Nord der TIRPITZ und der 2. Torpedoboot-Flottille – *T 4*, *T 5* und *T 12* – den Befehl zur einstündigen Bereitschaft am 21. Februar von 20.00 Uhr an und zur Sofortbereitschaft zum Dampfaufmachen am 22. Februar von 04.00 Uhr an. Der Grund war die unmittelbar bevorstehende Verlegung der PRINZ EUGEN mit VAdm. Ciliax, dem B.d.S., an Bord und der ADMIRAL SCHEER nach Trondheim. Die TIRPITZ sollte sich bereithalten, falls der Verband Unterstützung brauchte. Sie lief am 22. Februar um 06.20 Uhr aus und befand sich etwa zwei Stunden später auf der befohlenen Position vor dem Eingang zum Trondheimfjord, gesichert durch *T 5* und *T 12*.

VAdm. Ciliax trat am 20. Februar 1942 zwei Stunden vor Mitternacht von Brunsbüttel aus mit den Schweren Kreuzern PRINZ EUGEN (Flaggschiff) und ADMIRAL SCHEER den Marsch nach Trondheim an. Die Operation lief unter dem Decknamen »Sportpalast«. Das Wetter war günstig; der Himmel war zu 9/10 bewölkt und gelegentlich gingen Schneeschauer nieder. In den frühen Morgenstunden des 21. Februar stieß die Sicherung zu den schweren Schiffen, bestehend aus den Zerstörern RICHARD BEITZEN, HERMANN SCHOEMANN, PAUL JACOBI, FRIEDRICH IHN und *Z 25* zusammen mit den T-Booten SEEADLER und FALKE von der 5. T-Flottille. Erneut erlangte die britische Admiralität Kenntnis von der Operation durch aufgefangene »Ultra«-Funksprüche. Sie ersuchte das Coastal Command um die Einrichtung einer Luftüberwachung und um die Alarmierung der Torpedobomber-Staffeln.

Um 12.10 Uhr am 21. Februar meldete die ADMIRAL SCHEER dem Flaggschiff, daß die Ausgucks an Steuerbord ein Flugzeug gesichtet hätten, möglicherweise einen gegnerischen Aufklärer. Tatsächlich war es die »Hudson« H der 53. Squadron, die über Funk sofort eine genaue Positions- und Sichtmeldung übermittelte. Diese wurde wiederum von der auf der PRINZ EUGEN eingeschifften B-Dienstgruppe entziffert und rund fünfzehn Minuten später VAdm. Ciliax vorgelegt. Kurze Zeit später ging dieser mit seinem Verband auf Gegenkurs, um die Operation in der Absicht abzubrechen, nach Deutschland zurückzukehren. Hätte er den Marsch fortgesetzt, wären den gegnerischen Torpedobombern immerhin noch sechs Stunden Tageslicht verblieben, um einen Angriff in Gang zu setzen. Zudem war der B-Dienst der Auffassung, daß die Schlachtschiffe DUKE OF YORK und RODNEY in See stünden. Da sich der deutsche Verband noch nicht einmal auf der Höhe des Limfjords/Jütland befand, wäre noch eine beträchtliche Entfernung zurückzulegen gewesen, ehe er in die Sicherheit der norwegischen Schärengewässer hätte einlaufen können. Sein Entschluß, auf Gegenkurs zu gehen, war vernünftig gewesen; denn den zum Angriff gestarteten »Beaufort«-Torpedobombern gelang es infolgedessen nicht, den deutschen Verband zu finden. Ein fühlunghaltendes Flugzeug, das den neuen Kurs hätte melden können, schossen in den Abendstunden Jagdflugzeuge vom Typ Me 110 ab.

Um 17.27 Uhr war VAdm. Ciliax aufs äußerste überrascht, einen Funkspruch der Gruppe Nord zu erhalten, der ihm befahl, die Fahrt zu verringern und sich darauf vorzubereiten, nach Einbruch der Dunkelheit wieder auf Nordkurs zu gehen. Er war der Meinung, daß die britische Admiralität – trotz des fehlenden gegnerischen Funkverkehrs – Gegenmaßnahmen in Gang gesetzt hatte und daß die Fortsetzung des Unternehmens »Sportpalast« ein beträchtliches Risiko bedeuten würde. Er teilte seine Auffassung über Funk GenAdm. Carls mit, erhielt jedoch keine Stellungnahme. Um 19.38 Uhr, als die 5. T-Flottille nach Helgoland entlassen wurde, ging der deutsche Verband wieder auf direkten Nordkurs. Um 08.15 Uhr am Morgen des 22. Februar 1942 stoppte der deutsche Verband, um auf der Höhe von Karmsund Lotsen an Bord zu nehmen. Kurze Zeit später, nachdem die Schiffe wieder Fahrt aufgenommen hatten, kamen vier »Beaufort«-Torpedobomber der 248. Squadron in Sicht, die den Flugplatz von Stavanger-Sola angegriffen hatten und zufällig den Kurs des deutschen Verbandes kreuzten. Um 08.27 Uhr führte eine einzelne »Manchester« des Bomber Command einen erfolglosen Angriff durch, ehe sie abdrehte.

Um 09.32 Uhr lag Haugesund querab und kurz nach Mittag warf der deutsche Verband im sicheren Grimstadfjord bei Bergen Anker. Dort übernahmen die Zerstörer Brennstoff. In dieser Zeit kam über den deutschen Schiffen ein »Spitfire«-Aufklärer in Sicht. Am Abend setzte der Verband seinen Marsch fort und eine Stunde vor Mitternacht erreichte VAdm. Ciliax mit seinen Schiffen bei 24 kn Fahrt die offene See. Am 23. Februar 1942 brach die Morgendämmerung mit Schneeböen und sehr schlechter Sichtigkeit an. Die Sicherungszerstörer waren außer Sicht gekommen und nur mit großen Schwierigkeiten gelang es *Z 25* und HERMANN SCHOEMANN, wieder an das Flaggschiff heranzuschließen.

Admiral Tovey, der C-in-C der Home Fleet, dessen Plan es gewesen war, mit seinem Flottenverband Tromsø anzugreifen, hatte in der Zwischenzeit seine Absicht geändert und den Flugzeugträger VICTORIOUS zusammen mit dem Schweren Kreuzer BERWICK und vier Zerstörern zu einer Position auf der Höhe von Kap Stadlandet entsandt, um den deutschen Verband um 01.00 Uhr am 23. Februar anzugreifen. Außerdem erhielten vier britische Unterseeboote den Befehl, vor den Zugängen nach Trondheim Wartestellung zu beziehen. Unter schwierigsten Bedingungen gelang es der VICTORIOUS, zehn »Albacore«-Torpedobomber der 832. Squadron des FAA für einen Angriff zu starten, aber nur einer dieser Doppeldecker war mit ASV-Bordradar ausgerüstet. Kurze Zeit später verließ eine zweite Welle aus sieben Maschinen der 817. Squadron das Flugdeck. Von ihnen waren zwei mit Radar ausgestattet. Gegen 03.00 Uhr gelang es der 832. Squadron, Radarkontakt zu gewinnen, aber die Wetterbedingungen waren so schlecht, daß optisch kein Ziel gesichtet werden konnte. Die Radarortung erfaßte mit ziemlicher Sicherheit den Verband von VAdm. Ciliax. Nachdem die Wetterverhältnisse alle Angriffsabsichten durchkreuzt hatten, traten die beiden »Albacore«-Staffeln wie befohlen den Rückflug nach Sumburgh an. Hierbei stießen zwei der Flugzeuge zusammen und stürzten ab, während die Maschine des Staffelführers der 832. Squadron in die See flog und ebenfalls in Verlust geriet. Der deutsche Verband entging jedoch nur zeitweilig einem Angriff; denn eines der oben erwähnten Unterseeboote, die TRIDENT (Commander Sladen), torpedierte um 07.03 Uhr die PRINZ EUGEN und beschädigte das Schiff schwer. Die 700 m achteraus laufende ADMIRAL SCHEER entging einem Angriff und setzte den Marsch fort. Sie stieß um 14.48 Uhr zur TIRPITZ im Faettenfjord. Dort traf auch gegen Abend der beschädigte Schwere Kreuzer ein. Beide Schiffe bezogen im Lofjord ihren Liegeplatz.

Von der beschädigten PRINZ EUGEN abgesehen, stand der Kriegsmarine nunmehr in norwegischen Gewässern ein beachtlicher Verband zur Verfügung. TIRPITZ und ADMIRAL SCHEER waren voll eingefahren und einsatzfähig, während zu Sicherungsaufgaben fünf Zerstörer und drei Torpedoboote verfügbar waren. In der Tat hatte GAdm. Raeder für Trondheim große Pläne. Er beabsichtigte, am Gulosenfjord eine größere deutsche Ansiedlung für eine Schiffswerft zu errichten, die den Bau der Schiffe übernehmen sollte, die ursprünglich unter dem Z-Plan in Kiel hätten gebaut werden sollen. Diese Werft sollte die *fünffache* Größe der Deutschen Werke in Kiel erreichen und imstande sein, pro Jahr ein Schlachtschiff der *H*-Klasse auf Kiel zu legen sowie auch gleichzeitig die Werftliegezeiten für zwei Großkampfschiffe und zwei Dutzend U-Boote durchzuführen. Dieser grandiose Plan war am 21. Juli 1941 Hitler vorgelegt und gebilligt worden. Albert Speer, der Reichsminister für Bewaffnung und Munition (kurz »Rüstungsminister« genannt), war angewiesen worden, die Planung voranzutreiben. Doch aus verschiedenen Gründen kam nichts zustande, nicht zuletzt infolge der chronischen Ölverknappung, die etwa vom Frühjahr 1942 an spürbar zu werden begann.[210] Hinzu kam die verhängnisvolle Entscheidung vom Januar 1943, im Gefolge des Debakels beim Unternehmen »Regenbogen« die Großkampfschiffe zu verschrotten.

Am 24. Februar 1942 setzte VAdm. Ciliax seine Flagge auf der TIRPITZ und lief am 6. März zu seiner ersten offensiven Unternehmung mit dem neuen Schlachtschiff aus. Diesen Vorstoß löste ein Aufklärungsflugzeug der Luftwaffe aus, das am frühen Nachmittag des 5. März einen Geleitzug südostwärts der Insel Jan Mayen gemeldet hatte. Nach der Meldung bestand der Geleitzug aus fünfzehn Handelsschiffen, lediglich von einem Kreuzer (es war der Leichte Kreuzer KENYA) und einigen Zerstörern gesichert – ein ideales Angriffsziel für die TIRPITZ. In der Mittagsstunde lief VAdm. Ciliax mit seinem Flaggschiff aus, gesichert durch die Zerstörer *Z 25,* PAUL JACOBI, HERMANN SCHOEMANN und FRIEDRICH IHN sowie durch die T-Boote *T 5* und *T 12.* Doch im späteren Verlauf des Abends entließ VAdm. Ciliax PAUL JACOBI, *T 5* und *T 12* wieder nach Trondheim. Der Operationsbefehl forderte, jeden Kampf mit überlegenen gegnerischen Seestreitkräften zu vermeiden und das Gefecht mit einem ebenbürtigen Gegner nur anzunehmen, soweit dies erforderlich war, um das Hauptziel – die Vernichtung des Geleitzuges – zu erreichen. Ein etwaiges Gefecht sollte so geführt werden, daß die TIRPITZ den Kreuzer angriff, während sich die Zerstörer um die gegnerischen Zerstörer kümmerten. Wie die Erfahrung gezeigt hatte, würden die letzteren geschickt, klug und aggressiv vorgehen, um die ihnen anvertrauten Schiffe zu schützen. VAdm. Ciliax betonte nachdrücklich, es sollte nicht davon ausgegangen werden, daß die Ausbildung den deutschen Schiffen einen Vorteil gewähre. Erst nach dem Niederkämpfen der Geleitsicherung könnten die Handelsschiffe versenkt werden, dann aber ruhig wie auf dem Schießstand.

VAdm. Ciliax' Absichten begannen schon frühzeitig schiefzugehen; denn das britische Unterseeboot SEAWOLF hatte das Auslaufen der deutschen Kampfgruppe beobachtet und seine Meldung erreichte Admiral Tovey am 7. März kurz nach Mitternacht. Die SEAWOLF war am 1. März zu ihrer 25. Feindfahrt aus Lerwick ausgelaufen und befand sich am Spätnachmittag des 6. März in der Nähe des Kyr-Leuchtfeuers am Nordausgang des Frohavet – dem Ausgang aus dem Trondheimfjord, den die Überwassereinheiten der Kriegsmarine normalerweise benutzten. Gegen Abend wurde ein Flugboot gesichtet und dann zeigte sich im Süden eine Rauchfahne. Zehn Minuten später kamen der Vormars und der Schornstein der TIRPITZ in Sicht. Der gegnerische Verband stand rund zehn Seemeilen entfernt und steuerte mit etwa 26 kn Ostkurs, um die Insel Kyr binnenwärts zu passieren. Die SEAWOLF befand sich zu diesem Zeitpunkt nicht in Angriffsposition, drehte aber so-

Ganz oben: Die ADMIRAL SCHEER an ihrem Liegeplatz im Lofjord (nahe Trondheim) dicht unter dem Steilufer vor Anker. Tarnnetze sollen gegen Fliegersicht schützen. (Bundesarchiv)

Oben: Die ADMIRAL SCHEER (links vorn) und PRINZ EUGEN (Bildmitte) im Lofjord. Die letztere ist infolge des schweren Torpedotreffers durch das britische Unterseeboot TRIDENT am 23. Februar 1942 am Heck von Werkstattschiffen umgeben. (IWM)

fort nordwärts in der Hoffnung ab, dem deutschen Verband den Weg abzuschneiden, sollte sich das Verlassen der Schärengewässer bis in die Dunkelheit hinein verzögern. Dies erwies sich als unmöglich. Daher tauchte die SEAWOLF um 19.40 Uhr (britischer Zeit, d.h. deutsche Zeit minus eine Stunde) auf und setzte über Funk eine Sichtmeldung ab.

Die inzwischen ins Nordmeer ausgelaufene Home Fleet unter Admiral Tovey bestand aus den Schlachtschiffen KING GEORGE V (Flaggschiff) und DUKE OF YORK, dem Schlachtkreuzer RENOWN, dem Flugzeugträger VICTORIOUS, dem Schweren Kreuzer BERWICK und zwölf Zerstörern. Schlechtes Wetter hinderte den Flugzeugträger daran, Aufklärungsflugzeuge zu starten, und auch die TIRPITZ konnte keines ihrer Bordflugzeuge in die Luft bringen. VAdm. Ciliax hatte überhaupt keine Ahnung davon, daß eine derart starke Flotte in See und in seiner Nähe stand. Wäre ihm dies bekannt geworden, hätte er die Operation sofort abgebrochen. Der Geleitzug, der die Ereignisse in Gang gesetzt hatte, war der PQ 12. Er sollte sich um die Mittagszeit des 7. März planmäßig mit dem aus Nordrußland zurückkehrenden QP 8 zwischen Bäreninsel und Jan Mayen kreuzen. Daher befanden sich in Wirklichkeit zwei Geleitzüge in diesem Seegebiet. Doch VAdm. Ciliax war auch dies nicht bekannt. Tatsächlich waren Admiral Toveys Home Fleet, VAdm. Ciliax' Kampfgruppe und die beiden Geleitzüge nur rund 80 sm voneinander entfernt, aber die schlechten Wetterverhältnisse verhinderten ein Zusammentreffen. Am Morgen des 7. März stand die deutsche Kampfgruppe auf der Höhe von Tromsø. VAdm. Ciliax entsandte seine drei Zerstörer zu einem Suchstreifen nach Norden, während er mit der TIRPITZ zunächst einen nordwestlicheren Kurs steuerte, um später auf Ostkurs zu gehen. Um 17.28 Uhr fing die B-Dienstgruppe der TIRPITZ einen Funkspruch des 2815 BRT großen sowjetischen Dampfers IJORA auf, er würde angegriffen, offensichtlich von einem Zerstörer (es war die HERMANN SCHOEMANN, die den Dampfer mit Torpedoschuß versenkte.) VAdm. Ciliax vermutete sofort, daß dieser Funkspruch die Royal Navy alarmieren und eine Kursänderung des Geleitzuges sowie die Jagd auf seine Kampfgruppe veranlassen würde. Auf Admiral Toveys Flaggschiff wurde dieser Funkspruch tatsächlich aufgenommen, aber die angegebene Position war nicht klar und seine Sucheinheiten standen zu weit im Süden.

In der Zwischenzeit unternahm VAdm. Ciliax den Versuch, seine Zerstörer in der Nacht zu beölen, aber durch den schweren Seegang und die Dunkelheit erwies sich dieses Unterfangen als unmöglich. Um 21.13 Uhr wurde FRIEDRICH IHN zur Brennstoffversorgung nach Harstad entlassen. Mit Schneeschauern und Treibeis waren die Verhältnisse am nächsten Morgen (8. März 1942) nicht besser. TIRPITZ ging wieder auf Nordkurs, um den nicht zu erfassenden Geleitzug südlich der Bäreninsel zu suchen. Doch alles, was sie fand, war *U 403.* Das U-Boot suchte ebenfalls in der Dunkelheit umher und hatte nur wenig zu vermelden, ausgenommen die Mitteilung, daß sich drei U-Boote in See befanden, eine für VAdm. Ciliax beunruhigende Nachricht, da Fehlidentifizierungen keine unbekannten Ereignisse waren. Um 07.40 Uhr wurden die Versuche zur Beölung der beiden Zerstörer endgültig aufgegeben. VAdm. Ciliax entließ sie zur Brennstoffversorgung nach Tromsø und die TIRPITZ war nunmehr allein. Am Vormittag des 8. März ging das Schlachtschiff auf Ostsüdost-Kurs und traf um die Mittagszeit mit einem Fernaufklärer Fw 200 »Condor« zusammen. Der Nachrichtenaustausch erbrachte nichts Neues. Überraschenderweise hatte diese Maschine den PQ 12 nicht erfaßt, der um diese Zeit nur rund 70 sm nordwestlich der TIRPITZ stand. VAdm. Ciliax war sich im klaren darüber, daß seine nachrichtendienstlichen Kenntnisse unzureichend waren, und je länger er ohne Zerstörer im Nordmeer umherirrte, desto wahrscheinlicher wurde die Möglichkeit, daß ihn die Home Fleet finden würde. Entschlossen, die Operation abzubrechen, teilte er seine Entscheidung um 21.49 Uhr über Funk der Gruppe Nord mit und ging auf Südkurs. Am folgenden Morgen (9. März) um 08.00 Uhr stieß der Zerstörer FRIEDRICH IHN wieder zu seinem Flaggschiff.

Erneut informierte eine geheimdienstliche »Ultra«-Meldung Admiral Tovey über die Maßnahme von VAdm. Ciliax und versetzte ihn in die Lage, Kurs auf die Lofoten zu nehmen und die Fahrt zu erhöhen. In den Morgenstunden des 9. März 1942 startete die VICTORIOUS wieder unter sehr schlechten Wetterbedingungen sechs »Albacore«-Aufklärungsflugzeuge zur Suche nach der TIRPITZ. Um 09.10 Uhr sichteten die Ausgucks der TIRPITZ Flugzeuge, die sie als »Albacore«-Doppeldecker identifizierten. Zuerst bekam die »Albacore« F das deutsche Schlachtschiff in Sicht, während rasch eine zweite Maschine zu ihr stieß. Ihre Sichtmeldung wurde sofort an den aus zwölf »Albacore«-Torpedobombern bestehenden Angriffsverband der 817. Squadron (fünf Maschinen) und der 832. Squadron (sieben Maschinen) des FAA weitergegeben, die fünfzig Minuten nach den Aufklärungsflugzeugen gestartet waren. Die TIRPITZ startete eine eigene Arado Ar 196 als behelfsmäßige Jagdsicherung und bereitete sich auf den unvermeidlichen

Torpedoangriff vor. Dieser erfolgte um 10.15 Uhr. Doch obwohl die deutschen Berichte verzeichnen, er wäre mit großer Entschlossenheit und mit großem Mut durchgeführt worden, war seine Ausführung infolge starker Gegenwinde und der Unerfahrenheit des Verbandsführers in Wirklichkeit armselig. Durch geschickte Fahrmanöver wich KptzS. Topp allen Torpedos aus, während die TIRPITZ gleichzeitig zwei der angreifenden Maschinen abschoß. Auf deutscher Seite waren drei Abschüsse und ein wahrscheinlicher Abschuß geltend gemacht worden. Die Maschinen des Fleet Air Arm hatten sich eine einzigartige Gelegenheit entgehen lassen, eine Möglichkeit, die nie wiederkehren sollte. Um die Mittagszeit lief die TIRPITZ in den Vestfjord ein. Dort war das Schlachtschiff vor Angriffen verhältnismäßig sicher und im Verlaufe des Nachmittags stießen auch die beiden Zerstörer *Z 25* und HERMANN SCHOEMANN wieder zum Flaggschiff. Die TIRPITZ ging in der Bogenbucht bei Narvik vor Anker und erhielt von der Gruppe Nord den Befehl, einstweilen dort zu verbleiben. Später stießen auch noch die T-Boote *T 5* und *T 12* wieder zum Verband. Am 12. März 1942, kurz vor Mitternacht, lief die TIRPITZ wieder aus und warf 24 Stunden später im Faettenfjord bei Trondheim Anker, ohne noch einmal von britischen Luft- oder Seestreitkräften angegriffen worden zu sein. Die Operation konnte kaum als Erfolg bezeichnet werden. Um den Preis einer großen Menge nutzlos verbrauchten Brennstoffs war lediglich ein Dampfer versenkt worden, während der Lufttorpedoangriff auf die TIRPITZ einen unangenehmen Schock bedeutete.

Für die ADMIRAL SCHEER stellte es eine Enttäuschung dar, an der Unternehmung nicht beteiligt gewesen zu sein, aber ihr Kommandant, KptzS. Meendsen-Bohlken, war sich im klaren darüber, daß der große Geschwindigkeitsunterschied zwischen seinem Schiff und der TIRPITZ gemeinsame Operationen in Wirklichkeit ausschloß. Nichtsdestoweniger wußte er natürlich, wie wichtig es allein aus Gründen der Moral war, mit seinem Schiff und seiner Besatzung so bald wie möglich an den Gegner zu kommen. Daher entwickelte er für den wirksamen Einsatz seines Schweren Kreuzers eine Reihe von Vorstellungen. Im wesentlichen liefen diese darauf hinaus, das Schiff weiter nach Norden zu verlegen, wo es in den Fjorden auf der Lauer liegen und kurzfristig zum Angriff gegen nicht allzu weit entfernte Ziele hervorbrechen konnte. Hierbei wäre Geschwindigkeit kein schwerwiegendes Problem. Der lange Anmarsch nach Norden bis zu den Geleitzugrouten bedeutete angesichts der geringeren Geschwindigkeit des Schiffes offensichtlich einen Nachteil, solange es in Trondheim stationiert blieb. VAdm. Ciliax, der B.d.S., und die Gruppe Nord stimmten grundsätzlich zu, aber die Knappheit sowohl an Heizöl als auch an Zerstörern verhinderte zumindest bis Ende April 1942 eine Lösung. Infolgedessen blieb die ADMIRAL SCHEER im Lofjord vor Anker. Dort stieß am 21. März noch der Schwere Kreuzer ADMIRAL HIPPER zu ihr. Erst am 14. April gelang es der ADMIRAL SCHEER, zu einem Tag Gefechtsausbildung in See zu kommen – der ersten Ausbildung seit dem 23. Februar!

Zu diesem Zeitpunkt konzentrierten sich im Raum Trondheim die TIRPITZ, die ADMIRAL SCHEER, die ADMIRAL HIPPER und die PRINZ EUGEN; letztere befand sich an Ort und Stelle noch in Notreparatur. Jetzt kehrte die RAF wieder auf den Schauplatz zurück und setzte bis Ende März 1942 eine Reihe von Luftangriffen gegen diese verwundbaren Ziele in Gang. In der Nacht vom 27./28. März starteten 43 Maschinen zum Angriff. Sechzehn kamen zum Bombenwurf. Ein Flugzeug ausgenommen, das die ADMIRAL SCHEER und die PRINZ EUGEN angriff, warfen alle Maschinen ihre Bomben blind in die schützende Nebelschicht. In den folgenden Nächten starteten 34 Flugzeuge der 4. und 5. Group des Bomber Command (darunter elf »Lancaster«-Bomber) zum Angriff. 27 dieser Maschinen machten Bombenabwürfe geltend. Eine »Halifax« (W 1044) der 10. Squadron ging verloren. Einen Wiederholungsangriff in der Nacht vom 30./31. März durch 34 »Halifax«-Bomber der 4. Group durchkreuzte das schlechte Wetter und nicht weniger als fünf »Halifax«-Maschinen wurden abgeschossen: drei der 35. Squadron (R 9438, R 9496 und W 1015), eine der 76. Squadron (R 9453) und eine der 10. Squadron (R 1043). Nachdem einen Monat später eine Luftbildaufklärung erkennen ließ, daß sich am 27. April noch alle vier Einheiten an ihren üblichen Liegeplätzen befanden, lief gegen die deutschen Kriegsschiffe im Raum Trondheim die Operation »Bluebeard« an. In der Nacht vom 27./28. April 1942 griffen 32 »Halifax«-Bomber der 4. Group und 12 »Lancaster«-Bomber der 5. Group die TIRPITZ an. Die »Lancaster«-Maschinen gehörten zur 97. und 44. Squadron, während die »Halifax«-Bomber zur 10., 35. und 76. Squadron (zehn, elf bzw. nochmals elf Maschinen) gehörten. Sie starteten von den Flugplätzen in Lossiemouth, Tain und Kinloss.

Ein ungewöhnliches Charakteristikum dieses Angriffs war der Einsatz von 454-kg-Kugelminen durch Flugzeuge der 10. und 35. Squadron. Diese Minen sollten unter Wasser detonieren, wobei die Absicht zugrundelag, daß eine derartige Detonation eine größere Wirkung auf den Schiffskörper entfalten würde als sie normale AP-Bomben auf das Panzerdeck ausübten. Da viele Bomben Fehlwürfe waren oder die Fjordufer trafen, sollten sie aufgrund ihrer Kugelform auf die Fjordhänge abgeworfen werden, damit sie diese hinab und unter die Schiffe rollten!

Auch dieser Angriff war ein weiterer Fehlschlag. Eine der »Halifax«-Maschinen kam nicht in die Luft und von den restlichen gaben nur 22 Maschinen an, das Hauptziel – die TIRPITZ – angegriffen zu haben. Eine »Halifax« griff ein nicht identifiziertes Schiff an, eine weitere ein alternatives Ziel und drei warfen ihre Bomben im Notwurf ab. Zwei Maschinen der 35. Squadron und zwei der 10. Squadron kehrten von diesem Einsatz nicht zurück. Von den »Lancaster«-Bombern warfen nur drei Maschinen der 97. Squadron ihre Bomben auf das Hauptziel ab, eine bombardierte den Flugplatz Værnes, eine warf ihre Bomben im Notwurf und eine weitere ging verloren. Von der 44. Squadron griffen fünf Bomber das Hauptziel an und ein weiterer warf seine Bomben im Notwurf. In der folgenden Nacht (28./29. April) wiederholte die 4. Group den Angriff mit 23 »Halifax«-Bombern der 10., 35. und 76. Squadron. Von ihnen warfen 19 Maschinen ihre Bomben ab. Wieder blieb der Angriff erfolglos und zwei weitere »Halifax«-Bomber wurden abgeschossen. Von den Flugzeugen, die bei diesen Einsätzen verlorengingen, gehörten zwei zur 10. Squadron (W 1037 und W 1041) und vier zur 35. Squadron (W 1048, W 1053, W 1020 und W 7656), während eine »Lancaster« (L 7572) von der 97. Squadron war. Interessanterweise wurde die »Halifax« S-»Sugar« (W 1048) der 35. Squadron 1973 fast unversehrt im Hoklingen-See in Norwegen aufgefunden.

Mit den restlichen, noch einsatzfähig in heimischen Gewässern vorhandenen Einheiten wurde der Aufbau der Flotte in Norwegen fortgesetzt. Der Schwere Kreuzer LÜTZOW erhielt am 6. Mai 1942 von der Gruppe Nord den Befehl, nach Norden zu verlegen. Bei diesem glücklosen Schiff waren bis zum 17. Januar 1942 lediglich die durch den Lufttorpedotreffer vom 13. Juni 1941 verursachten Schäden ausgebessert worden. Danach verlegte das Schiff am 24. Januar nach Swinemünde, um mit dem Einfahren und der Gefechtsausbildung zu beginnen. Der Winter 1941/42 war jedoch der schlimmste des Jahrzehnts und die starke Vereisung der Ostsee brachte jegliche Ausbildung in See zum Erliegen. Infolgedessen lag die LÜTZOW untätig und vom Eis eingeschlossen bis zum 2. April in Swinemünde. Als die Ostsee wieder offen war, ging der Schwere Kreuzer für kurze Zeit zu Restarbeiten unter gleichzeitigem Einbau einer FuMB-Anlage in die Danziger Werft. Am 21. April stattete Großadmiral Raeder der LÜTZOW einen Besuch ab. Hierbei bedrängte ihn der Kommandant, KptzS. Stange, das Schiff wieder zur ozeanischen Handelskriegführung zu entsenden. Obwohl ihm der Ob.d.M. zustimmte, zeigte sich Skepsis; denn dem letzteren waren die Hände gebunden und so blieb dieser Appell erfolglos. Nach einer kurzen, aber intensiven Zeitspanne des Einfahrens (im Marinejargon »Zirkus Stange«) lief die LÜTZOW am 12. Mai 1942 aus Swinemünde aus und trat nach einer Wartezeit vor Bornholm und Rügen am 15. Mai im Gefolge des *Sperrbrechers 13* den Marsch nach Westen an, gesichert durch die Zerstörer *Z 29* – mit dem F.d.Z., KAdm. Bey, an Bord – und RICHARD BEITZEN sowie dem Flottenbegleiter *F 1*. Später stießen zur Verstärkung der Sicherung noch die Zerstörer *Z 27* und HANS LODY zum Verband. Die Verlegung nach Norwegen – das Unternehmen »Walzertraum« – hatte begonnen.

Am nächsten Morgen passierte der deutsche Verband das Kattegat ostwärts der Inseln Anholt und Læsø. Inzwischen stand auch die Jagdsicherung am Verband. Um 10.30 Uhr sichteten die Ausgucks ganz kurz über dem westlichen Horizont ein tieffliegendes Flugzeug. Etwa zwei Stunden später legte die eingeschiffte B-Dienstgruppe dem Kommandanten der LÜTZOW die um 11.58 Uhr aufgefangene und entzifferte Sichtmeldung des Flugzeugs vor: »1 Schlachtkreuzer, 5 Zerstörer auf Position 57°30'N 11°15'O, Kurs 350°, 15 kn.« Erneut war die Operation vom Gegner erkannt worden. Tatsächlich war der deutsche Verband von britischer Seite eher zufällig erfaßt worden, als eine Maschine des Bomber Command auf dem Rückflug von einem anderen Auftrag in den frühen Morgenstunden des 16. Mai im Großen Belt das Kielwasser eines schnellen Schiffes beobachtet hatte. Diese Meldung erreichte das Coastal Command um 07.55 Uhr (britischer Zeit). Sofort wurde eine entsprechende Luftaufklärung angesetzt und das Ergebnis war die oben beschriebene Sichtmeldung. Die britische Admiralität hatte den Versuch der LÜTZOW erwartet, nach Norwegen zu verlegen, aber ihr war der Zeitpunkt nicht bekannt gewesen. Nichtsdestoweniger hatte das Coastal Command bestimmte Vorkehrungen getroffen, um das deutsche Schiff im geeigneten Augenblick anzugreifen. Zu diesem Zweck waren die »Beaufort«-Torpedobomber der 42., 86. und 217. Squadron nordwärts nach Leuchars, Wick und Sumburgh verlegt worden.

Die 42. Squadron wurde zum Angriff auf die LÜTZOW ausersehen, während die gleichzeitig stattfindende Verlegung der notreparierten PRINZ EUGEN nach Süden – Unternehmen »Zauberflöte« (siehe Whitley »Deutsche Kreuzer im 2. Weltkrieg«, S. 163 f.) – zu einer Teilung der schwachen Torpedobomberkräfte der RAF zwang.

Den gesamten Nachmittag des 16. Mai 1942 über war es offensichtlich, daß britische Flugzeuge ständig am »Walzertraum«-Verband Fühlung hielten. Um 14.50 Uhr befahl die Gruppe Nord, auf Gegenkurs zu gehen. Dieser Befehl wurde etwa eine halbe Stunde später ausgeführt, aber um 16.00 Uhr erhielt KAdm. Bey, der F.d.Z. und gleichzeitige Führer des deutschen Verbandes, von der Gruppe Nord die Vorwarnung, darauf vorbereitet zu sein, gegen 20.00 Uhr wieder auf Nordkurs zu gehen, um am 17. Mai gegen 04.00 Uhr in den Kvarenesfjord bei Kristiansand-Süd einzulaufen (dies entsprach derselben Taktik, die beim Unternehmen »Sportpalast« zum Erfolg geführt hatte.) Um 20.15 Uhr ging der deutsche Verband wieder auf direkten Gegenkurs und um 05.20 Uhr in der Frühe des nächsten Tages warfen die deutschen Schiffe im Kvarenesfjord Anker. Dort erhielt die LÜTZOW ein neues Arado-Bordflugzeug, um die von der eigenen Flak auf dem Marsch beschädigte Maschine zu ersetzen. In dieser Zeit gingen Meldungen von einem größeren, aber erfolglosen Lufttorpedoangriff auf die PRINZ EUGEN ein. Erst kurz vor Mitternacht am 18. Mai setzte die LÜTZOW den Weitermarsch nach Norden fort und befand sich am 19. Mai um 08.00 Uhr querab von Lerwick/Shetland-Inseln. Das Wetter erwies sich als günstig – bedeckter Himmel, neblig mit schlechter Sicht –, so daß sich KptzS. Stange zur Fortsetzung des Marsches entschloß, um Kap Stadlandet bei Tage zu runden, da tiefhängende Wolken die Bergspitzen verdeckten. Doch weitere aufgefangene Sichtmeldungen veranlaßten ihn, seine Absicht zu ändern. Um 10.58 Uhr ging die LÜTZOW auf Gegenkurs und lief in den geschützten Grimstadfjord ein.

Tatsächlich hatte bereits das erste Einschlagen des Gegenkurses im Skagerrak die RAF von der Spur abgelenkt, und der durch die 42. Squadron vorgesehene Angriff mußte deshalb widerrufen werden. Als die LÜTZOW am 18. Mai wieder erfaßt wurde, starteten vierzehn »Beaufort«-Torpedobomber zum Angriff, konnten aber das Schiff nicht finden. Am 19. Mai 1942 um 17.00 Uhr lief die LÜTZOW schließlich wieder aus dem Grimstadfjord aus und erreichte in den Vormittagsstunden des nächsten Tages ohne weiteren Zwischenfall den Lofjord bei Trondheim. Dort verblieb sie vor Anker, bis sie am 24. Mai um 23.00 Uhr nach Narvik wieder in See ging, etwa vier bis fünf Tage früher als erwartet. KptzS. Stange nahm an, daß der Grund hierfür das erwartete Auslaufen eines PQ-Geleitzuges war. Um 23.45 Uhr am 25. Mai anker-

Die LÜTZOW liegt 1942 im Netzkasten in der Bogenbucht bei Narvik vor Anker. (USN)

te die LÜTZOW in der Bogenbucht bei Narvik in der Nähe ihres Schwesterschiffes, der ADMIRAL SCHEER.

Der Nutzen dieses großen Verbandes in Norwegen war eher illusorisch als realistisch; denn die Brennstofflage war kritisch und alle Operationen mußten sorgfältig im Hinblick darauf abgewogen werden, ob sie den Heizölverbrauch tatsächlich wert waren. Die Ausbildung in See mußte drastisch verringert werden. Dies führte zu einem Abfall der Leistungsfähigkeit. Im April 1942 beliefen sich zum Beispiel die Heizölvorräte in Norwegen auf nur noch etwas über 11.000 t in Landbehältern und auf weitere 27.000 t in Tankern. Der gesamte Heizölvorrat der Kriegsmarine betrug 140.000 t und hiervon waren nur 110.000 t verwendbar – und dieser Vorrat mußte den Bedarf aller Kommandobereiche decken, einschließlich den des Marinegruppenkommandos Süd im Mittelmeer.

Nichtsdestoweniger sah die Skl. das Auslaufen des Geleitzuges PQ 17 als ein Ziel an, das den mit einem Angriff verbundenen Heizölverbrauch wert wäre. GAdm. Raeder stimmte zu, ihn mit allen zur Verfügung stehenden Kräften anzugreifen. Zu diesem Zeitpunkt lag die TIRPITZ zusammen mit der ADMIRAL HIPPER und vier Zerstörern bei Trondheim, während sich die ADMIRAL SCHEER, die LÜTZOW und sechs Zerstörer in Narvik befanden. Erneut stellte jedoch GAdm. Raeder fest, daß er seine Schiffe nicht einsetzen konnte, wie er dies wollte. Hitler hatte seine eigenen Vorstellungen und legte der Operation Beschränkungen auf. Die wichtigste dieser Beschränkungen war sein Beharren darauf, daß die Anwesenheit eines Flugzeugträgers am Geleitzug oder in dessen Nähe abgeklärt sein müßte, ehe die Flotte zur Angriffsoperation ausliefe. Dies konnte ganz offensichtlich nicht rasch ermittelt werden. Um Zeit zu gewinnen, ließ daher GAdm. Raeder die Flotte nach Norden in eine bessere Warteposition verlegen, bis die notwendige Klarheit geschaffen werden konnte. Auf diese Weise wurde das Unternehmen »Rösselsprung«, der geplante Angriff auf den Geleitzug PQ 17, am Nachmittag des 2. Juli 1942 in Gang gesetzt, als der Flottenchef, Adm. Schniewind, mit der Kampfgruppe I, bestehend aus der TIRPITZ (Flaggschiff), der ADMIRAL HIPPER, den Zerstörern KARL GALSTER, FRIEDRICH IHN, HANS LODY und THEODOR RIEDEL sowie den T-Booten *T 7* und *T 15,* aus Trondheim auslief.

Ursprünglich hatte die Absicht bestanden, die TIRPITZ im Vestfjord und VAdm. Kummetz' Schiffe im Altafjord in Wartestellung zu belassen, bis der Geleitzug 5°O passiert hatte, um dann einen Treffpunkt zur Vereinigung der beiden Kampfgruppen etwa 100 sm nördlich des Nordkaps anzusteuern. Anschließend sollte der Geleitzug zwischen 20°O und 30°O angegriffen werden (die Hauptpunkte des Plans befanden sich jedoch seit dem 18. Juni in britischen Händen, da die Schweden die Landverbindung nach Nordnorwegen abgehört und die Informationen an den britischen Marine-Attaché in Stockholm weitergegeben hatten.)

VAdm. Kummetz, der B.d.K., befehligte die Kampfgruppe II, bestehend aus der LÜTZOW (Flaggschiff), der ADMIRAL SCHEER, den Zerstörern *Z 24, Z 27, Z 28, Z 29, Z 30* und RICHARD BEITZEN sowie dem Troßschiff DITHMARSCHEN. Sie ging in den frühen Morgenstunden des 3. Juli 1942 aus der Bogenbucht bei Narvik in See, um aus dem Ofotfjord durch den Tjeldsund zum Altafjord zu marschieren. Das Wetter war schlecht: bedeckter Himmel, tiefhängende Wolken und Nebel. Um 02.42 Uhr verfolgte die LÜTZOW erneut das Pech, als im engen Tjeldsund der glücklose Schwere Kreuzer mit 7 kn Fahrt bei dickem Nebel und einem quersetzenden Strom auf Grund lief. Die achteraus folgende ADMIRAL SCHEER, die den Havaristen weder sehen noch im Fahrwasser ankern konnte, mußte den Marsch blind und mit langsamer Fahrt in der Hoffnung fortsetzen, daß ihr dieses Schicksal erspart blieb. Nach ein paar Minuten kam die LÜTZOW mit leichter Schlagseite nach Backbord in Sicht. Die Trimmzellen der Abteilungen VIII bis XIII und die Heizölbunker im Doppelboden der Abteilungen IX und X waren an Backbord beschädigt. Da das Schiff nicht mehr in der Lage war, weiterhin am Unternehmen »Rösselsprung« teilzunehmen, setzte VAdm. Kummetz seine Flagge auf ADMIRAL SCHEER. Mit einer Besatzung, deren Moral tief abgesunken war, kehrte die glücklose LÜTZOW in die Bogenbucht bei Narvik zurück. Auch Adm. Schniewind hatte mit seiner Kampfgruppe Probleme, als drei seiner Zerstörer – HANS LODY, KARL GALSTER und THEODOR RIEDEL – auf Untiefen im Grimsøystraumen, die nicht auf der Seekarte verzeichnet waren, am Nachmittag des 3. Juli durch Grundberührung ausfielen. Trotz dieser Pannen setzte er mit seiner Kampfgruppe den Marsch nach Norden fort und traf im Altafjord mit dem Verband von VAdm. Kummetz in den Morgenstunden des 4. Juli 1942 zusammen. Die Planänderung kam durch Hitlers ständiges Zögern zustande, GAdm. Raeder die Erlaubnis zum Angriff zu geben.

Doch auch auf britischer Seite herrschten Unentschlossenheit und Verwirrung. Es war unklar, ob die TIRPITZ ausgelaufen war und wo sie sich gegebenenfalls befand. Am 3. Juli kurz nach 12.00 Uhr überflog ein »Spitfire«-Aufklärer den Faettenfjord und registrierte die Abwesenheit des Schlachtschiffes. Doch die Luftaufklärung über der Bogenbucht bei Narvik blieb ergebnislos. Daher nahm die britische Admiralität an, alle vier schweren Einheiten könnten auf der Suche nach dem PQ 17 in See stehen. Als weitere Möglichkeit zog sie in Betracht, daß es sich um eine Tarnoperation handeln könnte, um der LÜTZOW oder der ADMIRAL SCHEER den Weg in den offenen Atlantik zur Handelskriegführung zu öffnen. Geheimdienstliche »Ultra«-Meldungen hatten seit dem 3. Juli den Beweis für eine geplante deutsche Kräftekonzentration im Altafjord geliefert, aber es fehlte ein konkreter Beweis, wonach die TIRPITZ ausgelaufen wäre, um den PQ 17 anzugreifen. Über »Ultra«-Meldungen war bekannt, daß das Schlachtschiff seit dem Abend des 4. Juli im Altafjord vor Anker lag. Doch es gab im Funkbild keinerlei Hinweise, wie zum Beispiel ein verstärkter Funkverkehr, die darauf schließen ließen, daß die TIRPITZ tatsächlich auslaufen und auf den Geleitzug operieren könnte. Für die britische Seite bedauerlich, mißtraute der Erste Seelord der britischen Admiralität, Admiral of the Fleet Sir Dudley Pound, bei dieser Gelegenheit seinem Geheimen Marinenachtendienst und kam zu dem Schluß, daß die TIRPITZ ausgelaufen wäre. Es ist unwahrscheinlich, daß der zu einem früheren Zeitpunkt aus Schweden eingegangene Beweis für die deutsche Planung den entscheidenden Ausschlag gegeben hatte.[211] Die Folgen waren tragisch; denn am 4. Juli 1942 um 21.00 Uhr befahl ein Funkspruch des Ersten Seelords dem Geleitzug, sich zu zerstreuen. Die schutzlosen Handelsschiffe fielen den deutschen U-Booten und Flugzeugen in einem Massaker zum Opfer, daß Gegenstand von einschlägigen Büchern war und ist und das Bitterkeit und Beschuldigungen zwischen Royal Navy, Handelsmarine und US-Marine aufbrachte; denn auch Einheiten der letzteren waren an der Sicherung des PQ 17 beteiligt. Die vollständige Darlegung der Ereignisse auf alliierter Seite stehen außerhalb des Themas, das diesem Buch zugrunde liegt; denn hier sollen nur die Bewegungen der deutschen Seestreitkräfte einer Untersuchung unterzogen werden.

Erst in den Vormittagsstunden des 5. Juli 1942 gab Hitler den Fortgang des Unternehmens »Rösselsprung« frei. Falsche Sichtmeldungen von Flugzeugträgern und Schlachtschiffen durch U-Boote und die Luftwaffe hatten für weitere Verwirrung gesorgt. In Wirklichkeit wurde zu diesem Zeitpunkt offensichtlich, daß sich die Sicherungsstreitkräfte nach Westen zurückzogen. Der Geleitzug hatte sich aufgelöst und begann, schwere Verluste zu erleiden. Der wichtigste Umstand war jedoch, daß sich kein Flugzeugträger in der Nähe befand. Darüber herrschte jetzt Klarheit, aber auch großes Bedauern, daß sich die Flotte nicht in einer Warteposition befunden hatte, um sofort nach den An-

Die ADMIRAL SCHEER 1942/43 in nördlichen Gewässern. (WBB)

griffen der Torpedobomber ihrerseits die Schiffe des Geleitzuges anzugreifen. Adm. Schniewind ging voller Enttäuschung, daß der Auslaufbefehl noch nicht gekommen war, um 10.55 Uhr mit TIRPITZ, ADMIRAL SCHEER und ADMIRAL HIPPER zusammen mit sieben Zerstörern und zwei Torpedobooten vom Altafjord aus in See. Der Verband war in zwei Kampfgruppen gegliedert. Die eine bildete das Flaggschiff mit ADMIRAL HIPPER und vier Zerstörern und die restlichen Schiffe unter VAdm. Kummetz stellten die zweite dar. Um 12.00 Uhr teilte die Gruppe Nord dem Flottenchef über Funk die Freigabe der Operation mit. Das sowjetische Unterseeboot *K 21* machte später geltend, auf der Höhe von Rolvsøy einen Torpedoangriff auf die TIRPITZ unternommen zu haben. Auf deutscher Seite blieb dies unbemerkt. Doch um 19.25 Uhr meldete die B-Dienstgruppe auf der TIRPITZ einen entzifferten Funkspruch, den die Funkstation Cleethorpes um 19.00 Uhr wiederholt hatte. Er teilte die Sichtung von zwei Schlachtschiffen und acht Zerstörern auf der Position 71°25'N 23°40'O mit. Es wurde angenommen, daß er aus einer sowjetischen Quelle stammte. Woher der Funkspruch auch kam, eines stand fest: die deutschen Schiffe waren erfaßt worden. Eine halbe Stunde später wurde ein weiterer Funkspruch ähnlichen Inhalts aus Murmansk aufgenommen, der von einem britischen Aufklärungsflugzeug herrührte. Zwei Stunden später hörte der B-Dienst noch eine weitere Sichtmeldung des britischen Unterseebootes *P 54* ab. Um 20.56 Uhr entließ der Flottenchef die Torpedoboote *T 7* und *T 15* nach Kirkenes. Doch die Flut von Meldungen deutscher U-Boote und Flugzeuge bezüglich der fortschreitenden Vernichtung des PQ 17 bedeutete für die Fortsetzung des Unternehmens »Rösselsprung« nichts Gutes. Wie begründet dies war, zeigte sich bald. Angesichts der bereits gegen den Geleitzug erzielten Erfolge entschied GAdm. Raeder, daß das mögliche Risiko für die Flotte ihren Einsatz nicht länger wert war. Um 21.42 Uhr teilte die Gruppe Nord dem Flottenchef über Funk mit: »Abbrechen.« Die deutschen Schiffe gingen auf Gegenkurs und liefen am folgenden Tag, dem 6. Juli 1942, um 10.30 Uhr in den Kaafjord ein.

Die Moral der Besatzungen war ins Bodenlose gefallen, ein Umstand, der den einzelnen Kommandanten beträchtliche Sorgen bereitete, die darauf gedrängt hatten, die restlichen Schiffe des zerstreuten Geleitzuges aufzuspüren. Diese Forderung gab der Flottenchef an die Gruppe Nord weiter, die sie ablehnte, da von ursprünglich 38 Handelsschiffen 27 versenkt worden wären und der Rest die Mühe nicht mehr lohnte. In den Abendstunden des 6. Juli ging die Flotte wieder in See und marschierte zur Bogenbucht bei Narvik zurück. Dort traf sie im Laufe des folgenden Tages ein. Das Abbrechen der Operation wurde vom jüngsten Seemann bis zum Flaggoffizier in Frage gestellt. Adm. Schniewind bemerkte hierzu: »...Ohne Offensivgeist können im Kriege Operationen nicht mit der Hoffnung auf Erfolg durchgeführt werden.« Die Tatsache, daß der bloße Verdacht, die TIRPITZ könnte in See sein, direkt zur Vernichtung des PQ 17 geführt hatte, war für die Besatzungen der beteiligten deutschen Schiffe kein Trost.

Unter jenen, die ihre Meinung hinsichtlich der Frage änderten, wie solche Operationen eigentlich zukünftig durchgeführt werden könnten, war auch KptzS. Meendsen-Bohlke, der Kommandant der ADMIRAL SCHEER. Er hielt es für wahrscheinlich, daß die Verluste, die der PQ 17 erlitten hatte, die Alliierten zwingen würden, entlang der Packeiskante Einzelfahrer und kleine, schnelle Geleitzüge nach Rußland auf den Weg zu bringen und auf die Fortführung der großen Geleitzüge zu verzichten. Nach seiner Auffassung wären dies ideale Ziele für ein Schiff wie das seine. Der B.d.K., VAdm. Kummetz, warnte jedoch in zweifacher Weise vor diesem Vorschlag. Erstens wäre der Seeraum sehr begrenzt und unter diesen Umständen brächten Feuerkraft und Seeausdauer wenig Nutzen. Zweitens stünden stets gegnerische Zerstörer in See, die in den langen arktischen Nächten eine eindeutige Bedrohung darstellten. GenAdm. Carls, der Oberbefehlshaber des Marinegruppenkommandos Nord, pflichtete dem bei, stand aber für zukünftige Pläne dem Vorschlag offen gegenüber.

Am 9. Juli 1942 verließ die LÜTZOW Narvik in Richtung Deutschland, um erneut zur Reparatur in die Werft zu gehen. Am nächsten Tag traf sie in Trondheim ein, aber erst am 9. August begann schließlich ihre Rückverlegung. Den Marsch des Schweren Kreuzers sicherten *T 7, T 15* und *F 1.* Trotz der Versuche zweier britischer Unterseeboote und der Flugzeuge der 18. Group des Bomber Command, die LÜTZOW abzufangen, erreichte sie am 12. August wohlbehalten Swinemünde.

Im Sommer 1942 arbeitete die Skl. immer noch aktiv daran, beide ehemaligen Panzerschiffe oder auch nur eines wieder zur ozeanischen Handelskriegführung hinauszubringen. Als Operationsgebiete, die sich besonders gut für derartige Handelsstörer eigneten, wurden der Südatlantik, der Indische Ozean und Teile des Pazifik angesehen, obwohl bei den zwei letzteren Kriegsschauplätzen als komplizierender Faktor hinzukam, daß sie innerhalb der vereinbarten japanischen Einflußsphäre lagen. Andererseits hatte der Pazifische Krieg die alliierten Seestreitkräfte im Südatlantik weitgehend verringert; denn dort konnten Geleitsicherungen entbehrt werden. Zudem wurde es als möglich erachtet, daß deutsche Erfolge in dieser Region politischen Nutzen erbringen konnten, soweit es die Beziehungen zu Chile und Argentinien betraf.

Der Zustand der beiden Schiffe – LÜTZOW und ADMIRAL SCHEER –, insbesondere die Verfassung der Dieselgeneratoren, diktierte bis zu einem gewissen Grad Art und Dauer der vorgesehenen Unternehmung. Die Dieselgeneratoren waren stets Ursache zur Besorgnis gewesen und die LÜTZOW besaß noch ihre acht Originalgeneratoren. Für eine sechsmonatige Unternehmung würde es erforderlich sein, zumindest die Hälfte von ihnen zu ersetzen. Doch Ersatzmotoren stünden frühestens Anfang 1943 zur Verfügung. Daher könnte die LÜTZOW erst im Herbst 1943 für ein solches Unternehmen einsatzbereit sein. Die ADMIRAL SCHEER hätte jedoch bereits vier neue Dieselgeneratoren erhalten und könnte mit einiger Zuversicht zu einem sechsmonatigen Unternehmen entsandt werden, insbesondere dann, so ergab die Diskussion, wenn sie während der Unternehmung eine japanische Werft zur Überholung aufsuchen könnte. Da das letztere politisch und technisch zweifelhaft war und da auch sie vor März 1943 nicht mit weiteren vier neuen Dieselgeneratoren ausgerüstet werden konnte, entschied die Skl., die ADMIRAL SCHEER statt dessen zu einer kurzzeitigen Unternehmung hinauszusenden.

Der Zeitplan für diese Unternehmung in den Südatlantik sah ein Ausbrechen im November 1942 vor. Danach sollte der Schwere Kreuzer im Januar und Februar im Einsatzraum operieren und im März 1943 zurückkehren. Nach Auffassung der Skl. würden die möglichen Erfolge die Gefahren des Aus- und Rückmarsches überwiegen. Vor dem Beginn der Unternehmung war beabsichtigt, den Schweren Kreuzer nach dem Abschluß der Operation »Wunderland« aus Norwegen nach Wilhelmshaven zu einer sechswöchigen Überholung der Maschinenanlage zurückzuverlegen. Bedauerlicherweise mußten diese Pläne der Skl. aufgegeben werden, da es GAdm. Raeder bei seinem Vortrag am 26. August 1942 nicht möglich war, die Zustimmung Hitlers zu dieser Unternehmung zu erhalten – nichts erschütterte Hitler in seiner Auffassung von Norwegen als der Schicksalszone.

KptzS. Meendsen-Bohlken fuhr fort, die Rolle seines Schiffes in den nördlichen Gewässern in Frage zu stellen, in einem Seegebiet, in dem die besonderen Vorzüge seines Schiffes nur von geringem Nutzen wären. In einem westfranzösischen Hafen würde die ADMIRAL SCHEER möglicherweise besser stationiert sein, da sie von dort aus den alliierten Atlantikverkehr angreifen könnte. Ein solcher Vorschlag ergab in gewissem Maße einen Sinn, aber er ließ die schmerzhaft erfahrenen Lehren der Gefahren außer acht, die mit Brest als Operationsbasis verbunden waren. Er mißachtete auch Hitlers Auffassung von Norwegen als Schicksalszone und blieb deshalb nur eine Wunschvorstellung. Nichtsdestoweniger wurde dem Kommandanten der ADMIRAL SCHEER der Wunsch gewährt, an den Gegner zu kommen. Am 16. August 1942 schlüpfte der Schwere Kreuzer, gesichert durch Zerstörer der 5. Z-Flottille, aus dem Skjomenfjord, um den Marsch zur Durchführung des Unternehmens »Wunderland« anzutreten.

Um den Geleitzugverkehr in der Kara-See anzugreifen, war dies eine seltsame Operation. Ursprünglich hatte die Absicht bestanden, die LÜTZOW und die ADMIRAL SCHEER zur gemeinsamen Durchführung des Unternehmens einzusetzen, so daß es sich bei dieser Operation nicht um ein rasch ausgedachtes Mittel zum Aufputschen der Moral handelte. Ihr Ziel sollte die Vernichtung sowjetischer Schiffe in der Kara-See sein, insbesondere die aus Osten kommenden Geleitzüge. Dies war ein sonderbarer Auftrag, da über den Schiffsverkehr keine Erkenntnisse vorlagen, nur außerordentlich dürftige nachrichtendienstliche Kenntnisse über die Kara-See bestanden, die vorhandenen Karten veraltet oder unzuverlässig waren und sich das Handelskriegunternehmen der ADMIRAL HIPPER im Sommer 1940 bereits als erfolglos erwiesen hatte. Auch *Schiff 45* – der Hilfskreuzer KOMET – hatte im selben Jahr ähnliche Beobachtungen gemacht.[212] Allerdings befand sich die UdSSR damals nicht im Kriege. Andererseits war in diesem Seegebiet vermutlich auch nicht mit Kreuzern oder Großkampfschiffen sondern höchstens mit vereinzelten sowjetischen Zerstörern zu rechnen.

Angesichts dieser spärlichen Informationen über das Operationsgebiet gelang es dem Kommandanten der ADMIRAL SCHEER, nach Gesprächen mit dem Admiral Nordmeer, KAdm. Nordmann, an Bord der TANGA vor dem Unternehmen einige Änderungen hinsichtlich des vorgesehenen Ablaufs zu erreichen. Die Hilfsschiffe *Schiff 13* und *Schiff 24,* deren Aufgabe die Eis-Erkundung war, wurden durch die beiden U-Boote *U 251* (Kptlt. Timm) und *U 601* (Kptlt. Grau) ersetzt. Diese hatten eine bessere Funkausrüstung an Bord und waren auch eher imstande, einer gegnerischen Überwachung auszuweichen. Zusätzlich sollten Flugboote vom Typ BV 138 Fernaufklärungsflüge über der Kara-See durchführen und U-Boote zum Auftanken benutzen, um ihre Reichweite zu vergrößern. Dies war an sich eine kluge Idee, aber die fünf BV 138, die zu einem ersten Aufklärungsflug starteten, mußten ihn infolge Nebels abbrechen; und der Versuch einer BV 138, von *U 255* aufgetankt zu werden, führte zum Kentern des Flugzeuges. Schließlich sah oder hörte die ADMIRAL SCHEER im Verlaufe der gesamten Unternehmung von diesen Fernaufklärern nichts.

In der Mittagsstunde des 17. August 1942 stand die ADMIRAL SCHEER südostwärts der trostlosen und ungastlichen Bäreninsel. Hier wurden die Sicherungszerstörer entlassen, um in den Altafjord zurückzukehren, während der Schwere Kreuzer weiterhin einen Nordostkurs steuerte. Es herrschte schlechte Sicht, ein ideales Wetter, um unentdeckt zu bleiben. In den frühen Morgenstunden des 18. August gab es einen kurzen Alarm, als ein undeutlich aus dem Dunst auftauchendes Schiff in Sicht kam. Die ADMIRAL SCHEER mußte ein Ausweichmanöver durchführen, um nicht gesehen zu werden, da ihr Kommandant sich entschlossen hatte, seine Position nicht durch einen Angriff preiszugeben. Falls es sich bei diesem undeutlichen Schatten tatsächlich um ein Schiff gehandelt hatte, dann war es vermutlich ein sowjetischer Einzelfahrer gewesen. Um 05.05 Uhr erreichte der Schwere Kreuzer die Packeisgrenze und ging auf einen direkten Ostkurs, um die Nordspitze der einsamen Hope-Insel Richtung Kap Schelanija (Eiskap), der Nordspitze von Nowaja Semlja, zu passieren. Eisberge bildeten eine ständige Gefahr. Früh am Morgen des 19. August wurde das Arado-Seeflugzeug des Schiffes zum ersten seiner vielen Eis-Erkundungsflüge katapultiert und kurze Zeit später kam *U 601* in Sicht. Der Kommandant, Kptlt. Grau, stieg zu einer einstündigen Besprechung auf den Schweren Kreuzer über. Nach ein paar Stunden Aufenthalt bei der ADMIRAL SCHEER setzte *U 601* seine Fahrt fort und ein wenig später war weit in der Ferne die Insel Nowaja Semlja zu erkennen. Das Bordflugzeug blieb den ganzen Tag hindurch im Einsatz, hauptsächlich zur Erkundung der Packeiskante und der Eisverhältnisse. Die Unzuverlässigkeit des Magnetkompasses durch das Auftreten vieler Magnetfelder in diesen nördlichen Breiten behinderte seinen Einsatz sehr. Darauf beschränkt, in Sichtverbindung mit dem Schiff zu bleiben, begrenzte dies die Aufklärungsfähigkeiten des Seeflugzeuges erheblich.

Am Nachmittag des 19. August 1942 versuchte KptzS. Meendsen-Bohlken, durch die zusammengeschobenen Treibeisfelder nördlich der Ujedinjenija-Insel (auf 82°O) durch die Kara-See in Richtung Wilkitzki-Straße vorzudringen. Durch eine Lücke zwischen zwei größeren Eisfeldern gelang ihm dies, aber am Abend kam er zu der Erkenntnis, daß ihn die Eisverhältnisse daran hindern würden, sein letztliches Ziel, die Wilkitzki-Straße zwischen den Sewernaja-Semlja-Inseln im Norden und Kap Tscheljuskin (nördlichster Punkt Eurasiens auf der geografischen Länge Bangkoks) im Süden, und damit den Zugang zur Laptew-See zu erreichen. Auf Gegenkurs gehend, wand sich die ADMIRAL SCHEER aus dem Eis heraus, um anschließend *U 251* zu begegnen, das mit Heizöl und Proviant versorgt wurde. Das U-Boot berichtete, daß der Schornsteinrauch des Schweren Kreuzers meilenweit sichtbar gewesen wäre – eine Tatsache, die bereits während der Atlantikunternehmung beobachtet worden war. Nachdem das U-Boot seine Fahrt fortgesetzt hatte, erkundete die ADMIRAL SCHEER die Südkante des Eisfeldes um die Insel Ujedinjenija und stieß auf eine nicht verzeichnete Untiefe, die einige Aufregung verursachte (auf modernen Seekarten ist sie mit 8,7 m – 4fl Faden – Tiefe als Bank verzeichnet.) Als das Schiff wieder weiter nach Osten vorankam, kehrte das unschätzbar gewordene Bordflugzeug am Abend des 20. August 1942 mit der Meldung zurück, einen aus neun Schiffen bestehenden Geleitzug, geführt von einem Eisbrecher mit zwei Schornsteinen (tatsächlich waren es die KRASSIN und die LENIN), gesichtet zu haben. Bedauerlicherweise war die Position nur ungenau bekannt und Nebel hinderte die ADMIRAL SCHEER daran, ihn schließlich zu finden. Weitere vier erfolglose Tage suchte der Schwere Kreuzer die trostlosen und kaum in der Seekarte verzeichneten Gewässer voller Eis südwestlich der Wilkitzki-Straße zwischen Sewernaja Semlja und Kap Tscheljuskin auf der Taymir-Halbinsel ab. Sein weitestes Vordringen nach Osten war 96°O! Am Morgen des 25. August machte die treue Arado (T3+EK) schließlich eine Bruchlandung und wurde zum Totalverlust.

Seiner besten Aufklärungsmöglichkeit beraubt, zog sich der Kommandant der ADMIRAL SCHEER mit seinem Schiff dicht unter dem Festland auf einem allgemeinen Südwestkurs zurück. Am Nachmittag desselben Tages versenkte das deutsche Schiff nordwestlich des Nordenskjöld-Archipels nach einem kurzen Gefecht den sowjetischen Eisbrecherdampfer ALEKSANDER SIBIRJAKOV (1384 BRT), der unterwegs zur nördlichsten Insel der Sewernaja-Semlja-Inselgruppe gewesen war, um bei Kap Molotow (Arktisches Kap) eine Wetterstation zu errichten. 28 Überlebende wurden gerettet. Als nächstes beabsichtigte KptzS. Meendsen-Bohlke, die Funkstation Port Dickson am Eingang zur Jenissej-Bucht anzugreifen. Die ADMIRAL SCHEER ging zwischen der Insel Ujedinjenija und der Arktisches-Institut-Insel wieder auf Westkurs und drehte dann nach Süden zur Jenissej-Bucht ab. Am 26. August 1942 kamen eine halbe Stunde vor Mitternacht die Sendemasten der Funkstation in Sicht. In der Frühe des nächsten Morgens beschoß der Schwere Kreuzer die Funkstation, die Hafeneinrichtungen und die Schiffe im Hafen. In der etwas über eine Stunde dauernden Beschießung hatte der I.AO, KKpt. Schumann, die Gelegenheit, nach langem Warten seine Profession auszuüben. Die Landeinrichtungen erlitten beträchtliche Schäden und außerdem wurden die Versenkung eines 5000-BRT-Tankers sowie die Beschädigung weiterer Schiffe einschließlich des Eisbrechers TAIMYR geltend gemacht. Soweit bekannt ist, wurden nur das Wachschiff *SKR 19* DEŽNEV versenkt und der Dampfer REVOLJUCIONER (433 BRT) beschädigt. 77 Schuß 28 cm sowie insgesamt 379 Schuß 15 cm und 10,5 cm wurden verbraucht.

Danach ging die ADMIRAL SCHEER auf einen nördlichen Kurs, umrundete die Nordspitze von Nowaja Semlja und kehrte in die Barentssee zurück. Der Schwere Kreuzer traf keinen weiteren Schiffsverkehr an und am Abend des 28. August 1942 befahl der Admiral Nordmeer den Abbruch des Unternehmens »Wunderland«. In den Abendstunden des nächsten Tages nahmen Zerstörer den zurückmarschierenden Kreuzer in der Barentssee auf und am Abend des 30. August ging die ADMIRAL SCHEER im Skjomenfjord sicher vor Anker. Zu dieser Unternehmung gab es wenig anzumerken. Die Ergebnisse fielen geringer als erhofft aus, aber unter den gegebenen Umständen – vor allem angesichts des völligen Fehlens von konkreten nachrichtendienstlichen Informationen über die Schiffsbewegungen in diesem Seegebiet – hatte die ADMIRAL SCHEER ihren Auftrag durchaus so erfüllt, wie dies erwartet werden konnte. Die günstigen Auswirkungen auf die Moral der Besatzung ließen sich nicht ermessen.

Nach mehrfachem Wechsel des Liegeplatzes lief die ADMIRAL SCHEER am 20. Oktober 1942 mit Südkurs aus dem Kaafjord aus, gesichert durch die 5. Z-Flottille, stieß drei Tage später zur TIRPITZ vor Narvik und traf am 24. Oktober in Trondheim ein. Da ihre Werftüberholung heranstand, setzte sie am 6. November den Rückmarsch nach Deutschland fort, gesichert durch die 8. Z-Flottille – *Z 23*, *Z 28* und *Z 29* –, und erreichte am 12. November Swinemünde. Am 29. November 1942 verließ KptzS. Meendsen-Bohlke die ADMIRAL SCHEER und übernahm den Posten des Marinebefehlshabers Tunesien. Mit der Wahrnehmung der Geschäfte als Kommandant wurde FKpt. Gruber beauftragt. Im Dezember 1942 verlegte der Schwere Kreuzer nach Wilhelmshaven, um in der Kriegsmarinewerft seine Große Werftliegezeit zu absolvieren.

Die TIRPITZ verblieb weiterhin in nördlichen Gewässern und kehrte am 8. Juli 1942 nach dem Abbruch der Operation gegen den PQ 17 in die Bogenbucht bei Narvik zurück. Das Schlachtschiff bedurfte einer Werftüberholung. Anfang September 1942 wurde es wegen dringender Reparaturarbeiten an den Dieselgeneratoren für vierzehn Tage außer Dienst gestellt. Die im Winter 1942/43 in Deutschland vorgesehene Große Werftliegezeit fiel aus, da das OKM am 11. September mitteilte, Hitler wünschte das Verbleiben des Schiffes in norwegischen Gewässern. So war vor April 1943 an eine Werftüberholung in Deutschland nicht zu denken. Infolgedessen erhielt KptzS. Topp die Aufforderung, im einzelnen mitzuteilen, welche Überholungsarbeiten durchgeführt werden könnten, während das Schiff in der Arktis verblieb. In seiner Antwort führte er eine beträchtliche Anzahl dringend notwendiger

Der sowjetische Eisbrecherdampfer ALEKSANDER SIBIRJAKOV sinkt brennend nach Artilleriebeschuß durch die ADMIRAL SCHEER. August 1942. (USN)

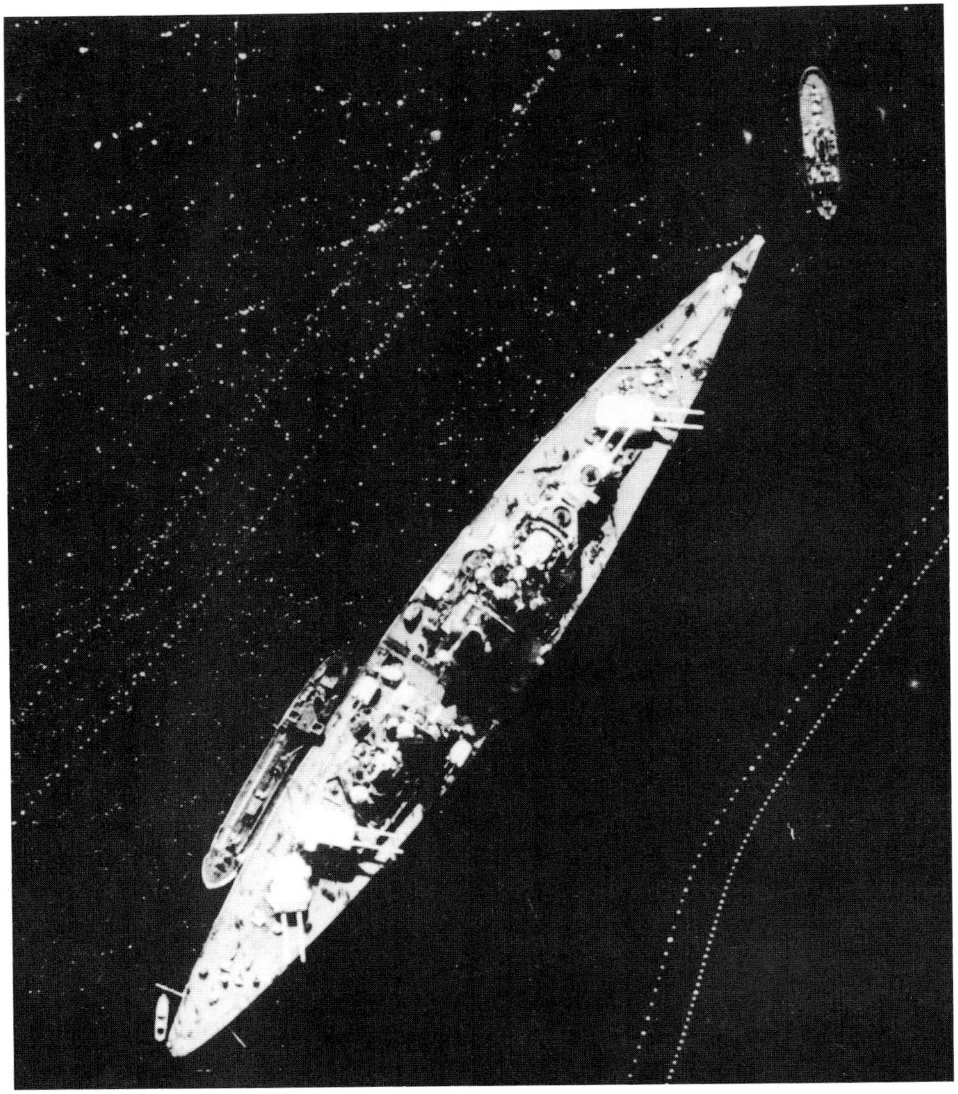

Luftaufnahme eines RAF-Aufklärers vom 17. Juli 1942: Die TIRPITZ liegt in ihrem Netzkasten in der Bogenbucht bei Narvik vor Anker.
(IWM)

Arbeiten an den Waffen, den Feuerleitsystemen und an der Antriebsanlage auf. Infolge des Fehlens einer Schwimmkran-Einrichtung konnten viele dieser Arbeiten in Norwegen nicht vollständig ausgeführt werden. Wenn im Norden Reparaturen durchgeführt werden mußten, zog die Marine Trondheim wegen seines besseren Schutzes gegen britische Unterseeboote und Flugzeuge vor. KptzS. Topp wies auch darauf hin, daß dies der zweite Winter der TIRPITZ ohne Heimaturlaub, ohne Gefechtstätigkeit und sogar mit nur geringen Möglichkeiten zu Übungen sein würde. Am 18. Oktober 1942 erging an die TIRPITZ der Befehl, nach Trondheim zu verlegen. Nach der Teilnahme an einer von VAdm. Kummetz geleiteten Übung als Tarnmaßnahme lief die TIRPITZ am 23. Oktober zusammen mit der ADMIRAL SCHEER und den Zerstörern *Z 23, Z 28, Z 29,* RICHARD BEITZEN und FRIEDRICH ECKOLDT nach Süden (Unternehmen »Globus I«). Das Schlachtschiff erreichte seinen Liegeplatz im Faettenfjord am Abend des 24. Oktober ohne größeren Zwischenfall.

Der Verbleib der TIRPITZ war für die britische Admiralität eine ständige Quelle der Besorgnis. Auf britischer Seite flog daher das Coastal Command ständig Aufklärung und die Royal Navy entsandte Unterseeboote, um die Gewässer vor dem jeweiligen Liegeplatz des deutschen Schiffes zu überwachen. Seine Verlegung nach Trondheim war den Briten bald bekannt und vorher ausgearbeitete Pläne wurden in Gang gesetzt, um die TIRPITZ innerhalb der Sicherheit ihres Liegeplatzes anzugreifen. Daher erging am 25. Oktober 1942 der Ausführungsbefehl für die Operation »Title«.

Hierbei handelte es sich um einen Plan, das Schlachtschiff unter dem Einsatz von »Chariots« oder »Torpedoreitern« anzugreifen, d.h. mit torpedoähnlichen Kleinst-U-Booten, ursprünglich von der Königlich Italienischen Marine entwickelt und von dieser mit einigem Erfolg im Mittelmeer eingesetzt.[213] Der Plan sah für den unbemerkten Antransport die Verwendung eines typischen norwegischen Fischkutters vor, der ARTHUR, unter der zwei »Chariots« hingen. Jedes »Chariot« führte vorn einen abnehmbaren Gefechtskopf, der unter Wasser am Schiffskörper der TIRPITZ befestigt werden sollte. Es war ein guter Plan, der fast gelungen wäre. Nach dem unbemerkten Eindringen in den Abendstunden des 31. Oktober 1942 in den Trondheimfjord geriet der Kutter jedoch wenige Seemeilen vor dem Erreichen der TIRPITZ in einen stärkeren Wellengang, die Augbolzen an den »Chariots« für die Festmacherstropps schoren ab und die beiden Geräte gingen verloren. Das aus norwegischen Widerstandskämpfern (vier Mann Kutterbesatzung) und britischen Marineangehörigen (sechs Mann »Chariot«-Besatzungen) bestehende Kommando versenkte den Fischkutter, ging an Land und versuchte, in zwei Gruppen quer durch Norwegen nach Schweden zu entkommen. Einer der Männer geriet jedoch an der Grenze mit deutschen Sicherheitskräften in ein Feuergefecht und wurde gefangengenommen. Im Verhör durch die Gestapo gab dieser Mann einige Einzelheiten der Operation preis, ehe er als Saboteur erschossen wurde.[214]

Von diesem Angriffsversuch erfuhr der Kommandant der TIRPITZ zum erstenmal am 5. November kurz vor Mitternacht (sic). Danach wurden besondere Vorsichtsmaßnahmen ergriffen, um weitere Sabotageversuche oder getarnte Angriffe zu entdecken. Zusätzliche Dringlichkeit erhielten diese Maßnahmen noch durch Berichte von einem Sabotageunternehmen am 7. Dezember 1942 mit Kanus gegen deutsche Blockadebrecher im Hafen von Bordeaux durch eine britische Kommandoeinheit. Im Augenblick unternahmen die Briten jedoch keine weiteren Angriffe gegen das deutsche Schlachtschiff und seine Überholungszeit ging dem Ende zu. Die RAF hatte andere Prioritäten gesetzt und die früher erlittenen Verluste ermutigten nicht zu weiteren Luftangriffen.

Ironischerweise befand sich die deutsche Jagdverteidigung in Norwegen auf einem Tiefstand; sie war zudem weit auseinandergezogen. Der IV./J.G.5 oblag mit ihren drei Jagdstaffeln die Verteidigung der Marinestützpunkte in Norwegen. Ihre Stabskette und die 10./J.G.5 befand sich mit zwölf FW 190 und sechs Me 109 in Lade, während die 12./J.G.5 mit sieben FW 190 in Bodø und vier weiteren in Oerlandet für die Verteidung des Raums Narvik zuständig war. In der Arktis gab es schließlich noch neun Fw 190 der 11./J.G.5 in Banak und vier weitere in Alta. Von diesen Flugzeugen waren jedoch nur 75 % mit einer ähnlichen Anzahl Piloten einsatzbereit.

Ende Dezember 1942 begannen nach der Beendigung der Überholungsarbeiten das Justieren der Geschütze und die Vorbereitungen für die Erprobungsfahrten. Mit der Wiederherstellung der vollen Kriegsbereitschaft wurde jedoch nicht vor Mitte bis Ende Januar 1943 gerechnet. KptzS. Topp wurde zum Konteradmiral befördert, behielt aber zunächst die Führung des Schiffes noch, bis am 22. Februar 1943 der neue Kommandant eintraf: KptzS. Hans Meyer, früherer Kommandant des Leichten Kreuzers KÖLN. KAdm. Topp ging ins Hauptamt Kriegsschiffbau im OKM.

19. Unternehmen »Regenbogen« 1942

Nach der Beendigung der Reparaturarbeiten im Gefolge des zweiten Torpedotreffers verbrachte die LÜTZOW einige Zeit in der östlichen Ostsee mit Einfahren und Gefechtsausbildungsdienst. KptzS. Stange war immer noch Kommandant des Schweren Kreuzers, mußte aber die Tatsache bedauern, daß ein Drittel seiner Offziere neu und unerfahren waren, während gleichzeitig auch über ein Viertel der Mannschaften neu waren und einen geringen Ausbildungsstand hatten. Von den Waffenoffizieren hatte nur der II.AO Gefechtserfahrung. In der Kriegsmarine stellte dies ein allgemeines Problem dar; denn der turnusmäßige Wechsel bei den Besatzungen war stets hoch. Bedauerlicherweise hatte KptzS. Stange selbst noch kein Gefecht mit gegnerischen Überwasserschiffen erlebt. Dies und der allgemeine Mangel an Erfahrung bei den Offizieren mag durchaus zu den späteren Ereignissen beigetragen haben.

Am 8. Dezember 1942 lief die LÜTZOW zur erneuten Verlegung nach Norwegen – Unternehmen »Prometheus« – aus Gotenhafen unter Sicherung durch die Zerstörer *Z 31,* KARL GALSTER und THEODOR RIEDEL aus. Schlechte Sicht und schweres Wetter bedingten eine unbequeme Marschfahrt, boten aber den Vorteil, daß sie eine Sichtung durch die RAF verhinderten. Infolge von Seeschäden und Brennstoffknappheit mußte KARL GALSTER nach Trondheim entlassen werden. Doch der restliche Verband erreichte die Bogenbucht bei Narvik ohne Zwischenfall am Nachmittag des 12. Dezember. Bereits wenige Tage später begann mit dem Unternehmen »Rudelsburg« der Weitermarsch nach Norden zum Altafjord. Am 16. Dezember verließ die LÜTZOW mit ihren beiden Zerstörern Narvik und traf am 18. Dezember im Kaafjord ein, dem innersten Teil des Altafjords. Die britische Seite stellte die Anwesenheit der LÜTZOW im hohen Norden bald fest. Für Admiral Tovey, der annahm, das Schiff bereitete sich auf einen Ausbruch in den Atlantik vor, bedeutete dies einen Grund zur Besorgnis Er führte deshalb die Überwachung der Dänemarkstraße wieder ein und entsandte das neue Schlachtschiff ANSON in den isländischen Hvalfjord.

Die im Kaafjord vor Anker liegenden deutschen Seestreitkräfte blieben jedoch bis zum 30. Dezember 1942 untätig. An diesem Tag ging bei der Gruppe Nord um 10.50 Uhr ein Funkspruch von *U 354* ein, mit dem das Boot einen Geleitzug 50 sm südlich der Bäreninsel mit Ostkurs meldete. Wenige Minuten später wurde der erste Funkspruch durch einen zweiten erläutert. Er gab die Zusammensetzung des Geleitzuges mit sechs bis zehn Dampfern und einer nur schwachen Geleitsicherung an. Das U-Boot erhielt die Weisung, am Geleitzug zu bleiben und Fühlung zu halten. Inzwischen hatte die Funkaufklärung des B-Dienstes in Erfahrung gebracht, daß in Murmansk zwei britische Leichte Kreuzer lagen. Ansonsten gab es jedoch keinen Hinweis darauf, daß eine schwere Deckungsgruppe für den Geleitzug in See stand. Die Bedingungen hätten nicht besser sein können, um den von Hitler festgelegten, fast unmöglichen Beschränkungen zu begegnen – kein Flugzeugträger, keine schweren Schiffe, eine schwache Geleitsicherung und ein fühlunghaltendes U-Boot.

Als Ergebnis dieser Informationen schlug GenAdm. Carls der Skl. in Berlin telefonisch vor, der Verband sollte unter Führung von VAdm. Kummetz zur Durchführung von »Silberstreif/Regenbogen« auslaufen (beides Decknamen für geplante Unternehmen in der Arktis, ersteres gegen Einzelfahrer und letzteres gegen Geleitzüge.) Gleichzeitig befahl er Drei-Stunden-Bereitschaft für VAdm. Kummetz' Schiffe: ADMIRAL HIPPER und sechs Zerstörer. Kurz nach Mittag am 30. Dezember teilte einer der Stabsoffiziere der Skl. telefonisch mit, auch die LÜTZOW könnte nach dem Ermessen von GenAdm. Carls teilnehmen. Der neue Admiral Nordmeer, KAdm. Klüber, der die operative Führung übernehmen sollte, und VAdm. Kummetz, der B.d.K., dem die taktische Führung oblag, wiesen nunmehr die ADMIRAL HIPPER und die Zerstörer zur Herstellung der Sofortbereitschaft an. Gleichzeitig meldete *U 354* über Funk weitere Einzelheiten über den Geleitzug und deutete das mögliche Vorhandensein eines Leichten Kreuzers an. Dies veranlaßte GenAdm. Carls zu einiger Besorgnis; denn es war bekannt, daß sich zwei gegnerische Kreuzer in Murmansk befunden hatten. Bereits am Nachmittag des 27. Dezember verzeichnete das Kriegstagebuch des Admiral Nordmeer einen vom B-Dienst entzifferten Funkspruch, der ihr Auslaufen meldete. Tatsächlich stimmte KAdm. Klübers Vermutung hinsichtlich ihrer Aufgabe: den von *U 354* beschatteten Geleitzug aufzunehmen und zu eskortieren.

Etwa eine Stunde später unterbreitete KAdm. Klüber telefonisch GenAdm. Carls den Vorschlag, den Angriffsverband durch die LÜTZOW zu verstärken, erhielt aber hierauf keine direkte Antwort. Innerhalb der nächsten halben Stunde erteilte jedoch GenAdm. Carls seine Zustimmung zur Teilnahme der LÜTZOW. Eine Teilnahme des Leichten Kreuzers KÖLN lehnte er hingegen ab. Das Schiff besäße eine schlechte Seetüchtigkeit und könnte eher eine Behinderung als einen Vorteil darstellen. Trotz ihrer geringen Geschwindigkeit würde jedoch die Feuerkraft der LÜTZOW von Nutzen sein. Im späteren Verlauf des Nachmittags entschied GenAdm. Carls auch, daß das Auslaufen zum Unternehmen »Regenbogen« eine Gelegenheit sein würde, die LÜTZOW im Anschluß daran zu einer schon lange geplanten Unternehmung zur Handelskriegführung in die Arktis zu entsenden. Hierfür mußte jedoch die Skl. ihre Zustimmung geben. Admiral Fricke, der Chef des Stabes der Skl., betonte in einem Telefongespräch nachdrücklich, daß die LÜTZOW während des Unternehmens »Regenbogen« nicht unangemessen aufs Spiel gesetzt werden dürfte, lehnte aber die vorgeschlagene Unternehmung nicht ab. GenAdm. Carls informierte daraufhin KAdm. Klüber, daß die im Anschluß an den erfolgreichen Abschluß des Unternehmens »Regenbogen« geplante Unternehmung zur Handelskriegführung stattfinden würde. Im Laufe des frühen Abends ging die Zustimmung der Skl. bei der Gruppe Nord ein. Somit fehlte dem Angriffsplan gegen den Geleitzug JW 51 B (oder PQ 20, wie ihn damals die Kriegsmarine bezeichnet hatte) ein klares Hauptziel und die LÜTZOW war wieder – wie schon beim Unternehmen »Weserübung« 1940 – mit einem zweifachen Auftrag belastet.

Die für LÜTZOW geplante Unternehmung zur Handelskriegführung, ein Vorstoß von vier bis sechs Wochen Dauer in das Nordmeer trug die Tarnbezeichnung »Aurora«. Das Operationsgebiet sollte den Seeraum nördlich von 70°N (d.h. die geografische Breite des Altafjords) und zwischen 5°O und 35°O umfassen. Dies war im wesentlichen die Barentssee mit der Bäreninsel als Mittelpunkt. Aufgabe sollte das Auffinden und Vernichten des gegnerischen Handelsverkehrs (schwach gesicherte Geleitzüge und Einzelfahrer) sein. Wie üblich war die LÜTZOW angewiesen, einem Kampf mit Schiffen von der Größe Schwerer Kreuzer und darüber auszuweichen und darauf vorbereitet zu sein, das Unternehmen jederzeit auf Anweisung der Gruppe Nord abzubrechen. Als ob jede Erfolgschance von vornherein unmöglich gemacht werden sollte, war der Schwere Kreuzer fernerhin angewiesen, das Erzielen von Erfolgen zu vermeiden, die feindliche Gegenmaßnahmen gegen ihn in Gang setzen könnten! Von einem Kommandanten zu erwarten, unter derartigen Bedingungen in See zu gehen und zu kämpfen, liegt außerhalb des Verständnisses. Doch so lauteten die Beschränkungen, die den Kommandanten schwerer Schiffe der Kriegsmarine auferlegt wurden.

Am Mittag des 30. Dezember 1942 gab die Skl. über die Gruppe Nord und den Admiral Nordmeer für den B.d.K., VAdm. Kummetz, den Beginn der Operation frei. Dieser setzte seine Flagge auf dem Schweren Kreuzer ADMIRAL HIPPER. Ferner gehörten zum Verband die LÜTZOW und sechs Zerstörer: FRIEDRICH ECKOLDT, RICHARD BEITZEN, THEODOR RIEDEL, *Z 29*, *Z 30* und *Z 31*.

Es war ein kalter Tag im Kaafjord mit bedecktem Himmel und zeitweiligem Schneefall, als sich die Kommandanten der Schiffe an Bord des Flaggschiffes zur Einsatzbesprechung für das Unternehmen meldeten. VAdm. Kummetz umriß seinen Plan für den Angriff auf den Geleitzug. Im wesentlichen sollten die kurzen Tageslichtstunden in diesen hohen Breiten zur Vernichtung des Geleitzuges genutzt werden, um in der langen arktischen Nacht den Gefahren durch Gegenangriffe feindlicher Zerstörer mit Torpedos zu entgehen. Zu diesem Zweck beabsichtigte er, die eigenen Zerstörer zur Aufklärung zu verwenden, um sie dann, sobald der Geleitzug gefunden war, bis zur Morgendämmerung als Fühlungshalter einzusetzen. Erst danach würden die schweren Einheiten an den Geleitzug heranschließen und mit dem Niederkämpfen der Geleitsicherung beginnen. Nach dem Ausschalten der Sicherungskräfte würden die Handelsschiffe eine leichte Beute sein. Wie üblich enthielt der Operationsbefehl die Weisung, überlegenen Gegnerkräften auszuweichen und Risiken für die schweren Einheiten zu vermeiden. Die Kommandantensitzung dauerte etwa eine Stunde. Danach kehrten die Kommandanten auf ihre Schiffe zurück und bereiteten das Auslaufen vor.

Der Geleitzug, den *U 354* gemeldet hatte und an dem das Boot Fühlung hielt, war der JW 51 B, bestehend aus vierzehn Handelsschiffen und gesichert von sechs Zerstörern sowie fünf weiteren Fahrzeugen. Nach den traumatischen Ereignissen um den PQ 17 war die PQ-Nummernfolge aufgegeben worden. Auf Druck von Admiral Tovey, dem C-in-C Home Fleet, hatte die britische Admiralität entschieden, den Geleitzug in zwei Teilen fahren zu lassen. Der erste Teil – JW 51 A – war am 15. Dezember 1942 ausgelaufen und unentdeckt geblieben. Zur Sicherung dieses Geleitzuges hatten die Leichten Kreuzer SHEFFIELD und JAMAICA unter Führung von Rear-Admiral Burnett gehört (dies waren die beiden Kreuzer, auf deren Aufenthalt in Murmansk sich die früher erwähnten B-Dienst-Meldungen bezogen hatten.) Führer der Geleitsicherung war Captain R.St.V. Sherbrooke, zugleich Kommandant des Zerstörers ONSLOW. Im übrigen bestand die Geleitsicherung aus den Zerstörern OBDURATE, ORIBI, OBEDIENT, ORWELL, ACHATES und BULLDOG, dem Minensucher BRAMBLE, den beiden Korvetten HYDERABAD und RHODODENDRON sowie den beiden Trawlern OCEAN GEM und VIZALMA. Die Leichten Kreuzer SHEFFIELD und JAMAICA hatten den Befehl erhalten, mit dem Geleitzug JW 51 A direkt nach Murmansk zu gehen und nicht – wie ursprünglich vorgesehen – nach Erreichen von 25°O umzukehren. Dies hatte sich von seiten der britischen Admiralität als eine glückhafte Entscheidung erwiesen, da die beiden Leichten Kreuzer nunmehr in der Lage waren, auch den JW 51 B als Nahsicherung zu unterstützen. Die Fernsicherung bildeten Einheiten der Home Fleet unter Führung von Vice-Admiral Fraser: das Schlachtschiff ANSON, der Schwere Kreuzer CUMBERLAND sowie drei Zerstörer auf einer Position ostwärts von Jan Mayen. Der Geleitzug hatte Loch Ewe am 22. Dezember 1942 verlassen und nach einer anfänglich ruhigen Passage hatte nach sechs Tagen ein Sturm die Handelsschiffe zerstreut. Dies hatte zur Folge, daß ein Teil der Geleitsicherung detachiert werden mußte, um Nachzügler einzusammeln.

VAdm. Kummetz lief mit seinem Verband am 30. Dezember um 18.00 Uhr aus dem Kaafjord aus und stand um Mitternacht etwa 40 sm nördlich der Insel Sørøy.

Seine durch den Operationsbefehl ohnehin schon eingeschränkte Entscheidungsfreiheit schränkte ein Funkspruch vom Admiral Nordmeer, KAdm. Klüber, der in den Abendstunden einging, sogar noch weiter ein: »Bereits bei gleichstarkem Gegner Zurückhaltung üben, da Eingehen größeren Risikos für Kreuzer unerwünscht.« Der im KTB des Admiral Nordmeer wiedergegebene Wortlaut stimmt nicht ganz mit dem im KTB des B.d.K. stehendem überein, aber die Wortbedeutung war fast dieselbe. Sie war von *seinem* Vorgesetzten, GenAdm. Carls, Oberbefehlshaber der Gruppe Nord, an diesem Nachmittag vorgegeben worden. Admiral Kurt Fricke jedoch, der Chef des Stabes der Skl., der das entscheidende Telefongespräch mit GenAdm. Carls geführt hatte, wollte lediglich zum Ausdruck bringen, daß die Kreuzer keinem zu hohen Risiko ausgesetzt werden dürften und daß der Abbruch des Unternehmens ins Auge gefaßt werden müßte, sollte sich die Geleitsicherung als unerwartet stark erweisen.

Außerhalb des Schutzes der Fjorde herrschte ein grober Seegang und die jungen, unerfahrenen Besatzungen begannen darunter zu leiden. Der Schneefall hörte vorübergehend auf und es wurde kälter, während der deutsche Verband mit hoher Fahrt einen nordöstlichen Kurs steuerte. Infolge der schlechten Wetterverhältnisse sichteten ihn zu seinem Glück die zu diesem Zeitpunkt auf Patrouille befindlichen vier britischen Unterseeboote nicht: UNRULY, TRESPASSER, SEADOG und GRAPH.[215] Zur Unterstützung von VAdm. Kummetz hatte *U 354* den Befehl erhalten, von 02.00 Uhr des 31. Dezember an jede halbe Stunde Peilzeichen zu senden. Etwa anderthalb Stunden später wurde das U-Boot jedoch von der Geleitsicherung unter Wasser gedrückt und konnte nicht mehr senden. Auf der LÜTZOW gab es bereits Probleme, als es (infolge eines Irrtums des seekranken Funkpersonals) fast zwei Stunden dauerte, einen Funkspruch von VAdm. Kummetz zu entschlüsseln, der die Einzelheiten seines Befehls für die Suche nach dem Geleitzug enthielt. Auf diese Weise erfuhr der Kommandant der LÜTZOW erst eine halbe Stunde nach dem beabsichtigten Ausführungszeitpunkt, daß die Aufklärungsformation um 02.30 Uhr eingenommen werden sollte. Der Plan von VAdm. Kummetz sah vor, die Zerstörer in Dwarslinie auseinanderzuziehen, um mit Kurs Nordost einen rund 85 sm breiten Suchstreifen zu bilden. Danach sollte die schnellere ADMIRAL HIPPER hinter dem Geleitzug vorbeiziehen und bei Hellwerden von Norden her angreifen, während die LÜTZOW von Süden her heranzuschließen hatte. Somit sollten die ADMIRAL HIPPER etwa zehn Seemeilen hinter der Nordwestflanke des Suchstreifens und die LÜTZOW hinter seiner Südostflanke stehen.

Um 02.45 Uhr erging das Ausführungssignal, woraufhin alle Schiffe auf ihre jeweiligen Kurse und Positionen abdrehten, damit sie um 09.00 Uhr auf dem festgelegten Punkt standen, wenn der Suchstreifen auf einen direkten Ostkurs einzuschwenken hatte. Um 05.45 Uhr erhielt KptzS. Stange von der LÜTZOW einen Funkspruch des Admiral Nordmeer, in dem dieser die Einzelheiten der Planung für das Unternehmen »Aurora« mit dem Zusatz mitteilte, sofern nach dem Abschluß des Unternehmens »Regenbogen« zumindest noch der halbe Bestand an Artillerie- und Torpedomunition vorhanden wäre. KptzS. Stange wußte offensichtlich bis zu diesem Funkspruch nichts von diesem Plan; er hatte keine Gelegenheit mehr, die ursprünglich für diesen Tag angesetzte Einsatzbesprechung mit dem Admiral Nordmeer zu führen. Sämtliche Gegnerunterlagen zum Unternehmen »Aurora« fehlten, insbesondere hatte er kaum Informationen über die Kräfteverteilung beim Gegner und besaß auch keine Kenntnis über die von den Handelsschiffen benutzten Routen. Zum gegebenen Zeitpunkt beabsichtigte er, dies VAdm. Kummetz mitzuteilen.

Beim Wachwechsel um 08.00 Uhr stand der deutsche Verband etwa 110 sm nördlich des Tanafjords. Der Seegang hatte sich ein wenig verringert, der Wind war umgesprungen und hatte etwas nachgelassen, brachte aber immer noch gelegentliche Schneeschauer mit sich. Kurze Zeit später wurde auf LÜTZOW »Klarschiff zum Gefecht!« angeschlagen; denn von VAdm. Kummetz war ein Funkspruch eingegangen, wonach ein U-Boot den Geleitzug gesichtet hatte. Die LÜTZOW ging zunächst auf Ostkurs, änderte dann den Kurs auf 033° und erhöhte die Geschwindigkeit auf 24 kn, um die Entfernung zur gemeldeten Position des Gegners – etwa 80 sm nördlich – rasch zu verringern. Trotzdem würde die LÜTZOW rund drei Stunden brauchen, es sei denn, der ADMIRAL HIPPER gelänge es, den Geleitzug weiter nach Süden abzudrängen. Dies beabsichtigte VAdm. Kummetz auch, denn er teilte KptzS. Stange über Funk mit, er würde in der Morgendämmerung den Geleitzug von der Nordflanke her angreifen. In diesen hohen Breiten gab es nur rund vier Stunden Tageslicht bzw. Zwielicht – wenig Zeit, um einen entschlossenen Angriff zu führen – und KptzS. Stange bedauerte es, mit seinem Schiff so weit südlich zu stehen und keine höhere Fahrt laufen zu können. Um 12.00 Uhr würde die Dunkelheit bereits wieder einsetzen.

Nachdem die ADMIRAL HIPPER den Geleitzug gefunden hatte, zog sie sich zurück, um die Morgendämmerung abzuwarten, und befahl dem Zerstörer FRIEDRICH ECKOLDT, an ihm Fühlung zu halten. Das gesichtete Gros des Geleitzuges bestand aus zwölf Handelsschiffen und acht Sicherungsfahrzeugen, auf einem östlichen Kurs laufend. Etwa 45 sm im Norden standen der bewaffnete Trawler VIZALMA und ein Nachzügler, während sich der Minensucher BRAMBLE ca. 15 sm nordostwärts des Geleitzuges befand. Rear-Admiral Burnetts Leichte Kreuzer standen zu diesem Zeitpunkt rund 30 sm nördlich des Geleitzuges. Um diese Zeit kannte keine der britischen Schiffsgruppen die genaue Position der anderen. Zwischen 07.59 Uhr und 08.20 Uhr erkannten die drei am weitesten im Norden stehenden Zerstörer – FRIEDRICH ECKOLDT, RICHARD BEITZEN und *Z 29* – die Größe des Geleitzuges, während sie zum selben Zeitpunkt von der Korvette HYDERABAD gesichtet, aber nicht gemeldet wurden. Sie hielt sie für die erwarteten sowjetischen Zerstörer. Wenig später sah auch die OBDURATE, an Steuerbord querab des Geleitzuges laufend, die seltsam aussehenden Zerstörer und meldete sie dem Führer der Geleitsicherung. OBDURATE erhielt sofort den Befehl zur Aufklärung und die Geleitsicherung wurde alarmiert. Nach einigen Schwierigkeiten erfolgte ihre Identifizierung als deutsche Zerstörer und ein sehr kurzes, aber erfolgloses Feuergefecht fand statt.

LÜTZOW setzte inzwischen das Heranschließen mit auf 26 kn gesteigerter Fahrt fort, unterwegs *U 354* passierend, und um 09.22 Uhr meldete der Vormars in 10° einen Schatten an Backbord voraus. Sechs Minuten später war über dem Horizont Geschützfeuer zu erkennen und danach meldete auch *Z 31* Fühlung an einer Gruppe von Schiffen. VAdm. Kummetz befahl nunmehr der 1. Z-Division an ADMIRAL HIPPER und der 3. Z-Division (*Z 30, Z 31* und THEODOR RIEDEL) an die LÜTZOW heranzuschließen. Von der letzteren Z-Division gelang es jedoch nur THEODOR RIEDEL, die LÜTZOW für einen kurzen Augenblick in Sicht zu bekommen. KptzS. Stange zog kurz in Betracht, sein Bordflugzeug starten zu lassen, verwarf den Gedanken aber wieder; denn das Wiedereinsetzen hätte zuviel Zeit erfordert und die Alternative, nach Kirkenes zu fliegen, kam bei der geringen Zeitspanne verbleibenden Tageslichtes nicht in Frage. Um 09.48 Uhr gelang es der LÜTZOW schließlich selbst, an Backbord voraus Fühlung zum Geleitzug herzustellen. Kurze Zeit später ging ein Funkspruch von VAdm. Kummetz ein, der mit der ADMIRAL HIPPER nördlich des Geleitzuges stand und mitteilte, daß er sich im Gefecht befände. Die Ausgucks der LÜTZOW sichteten zu diesem Zeitpunkt ein Flugzeug an Backbord voraus, aber von der Brücke aus war es nicht sichtbar. Tatsächlich war ein in der Düsternis umhersuchendes deutsches Flugzeug vorhanden, das die Eröffnung des Gefechtes durch ADMIRAL HIPPER mit der Geleitsicherung beobachtete und den Geleitzug selbst ausmachte, aber im Licht der unten abgefeuerten Leuchtgranaten war es ihm nur möglich, Umrisse zu unterscheiden. Die Meldung dieses Flugzeuges ging über den Fliegerführer Nord (Ost) erst *elf* Stunden später beim Admiral Nordmeer ein. Ein frühzeitigeres Eintreffen hätte sicherlich nichts an der Lage geändert, aber diese Verzögerung war ein weiterer Beweis für die mangelhafte Kommunikation zwischen den beiden Teilstreitkräften.

Die drei Zerstörer schlossen schließlich heran und nahmen eine Position achteraus der LÜTZOW ein. Doch von dort aus konnten sie weder die Flanken des Schweren Kreuzers sichern noch den Geleitzug aufklären. Um 10.42 Uhr tauchte ein nicht identifiziertes gegnerisches Schiff an Backbord auf, woraufhin KptzS. Stange den Kurs änderte und

Die LÜTZOW in norwegischen Gewässern. (WBB)

20° abdrehte, da es der Schneefall und die schlechte Sicht unmöglich machten, das Schiff zu identifizieren, und zudem die Besorgnis eines Torpedoangriffs bestand. Auf Entfernungen zwischen 10.600 m und 14.100 m meldete das Funkmeßortungsgerät der LÜTZOW sieben verschiedene Ziele, aber es herrschte völlige Unklarheit darüber, um wen es sich handelte – es könnten auch die ADMIRAL HIPPER und ihre Sicherungszerstörer darunter gewesen sein. An dieser Stelle muß angemerkt werden, daß die Kriegsmarine weder ein Rundsichtanzeigegerät noch eine Gefechtsbilddarstellung entwickelt hatte, so daß das Bestimmen der relativen Positionen, Kurse und Geschwindigkeiten der Gegner weitgehend eine Angelegenheit von Vermutungen war.[216]

Gegen 10.50 Uhr war an Backbord achteraus der LÜTZOW Mündungsfeuer zu erkennen, aber infolge der schlechten Sicht konnte nicht unterschieden werden, ob es sich um Freund oder Feind handelte. Vermutlich war es das deutsche Flaggschiff, das den Minensucher BRAMBLE bekämpfte, der später vom Zerstörer FRIEDRICH ECKOLDT versenkt wurde. Wegen dieser Ungewißheit widerstrebte es KptzS. Stange, in den Schneeschauer hineinzulaufen, der den Geleitzug seiner Sicht entzog. Er schätzte das Risiko eines Torpedoangriffs auf nahe Entfernung durch einen der Zerstörer der Geleitsicherung als zu hoch ein. Statt dessen entschloß er sich, außen herumzugehen und auf eine Besserung der Sichtverhältnisse zu hoffen. Er ging daher um 10.52 Uhr mit seinem Schiff auf einen südöstlichen Kurs, der die LÜTZOW südlich und damit parallel zum Geleitzug brachte, da das Erscheinen der ADMIRAL HIPPER im Norden genau das verursacht hatte, was VAdm. Kummetz' Plan entsprach: Der Geleitzugkommodore wich mit seinen Schiffen nach Süden aus.

Bedauerlicherweise stand KptzS. Stange mit seinem Schiff nunmehr zu weit im Osten und die Handelsschiffe passierten – statt direkt in die LÜTZOW hineinzulaufen – den Schweren Kreuzer unbemerkt achteraus. Die LÜTZOW hatte den Geleitzug verpaßt. KptzS. Stange behielt diesen Kurs bis 11.06 Uhr bei, denn der direkte Ostkurs verschaffte ihm weiterhin klare Sicht und hielt sein Schiff von den Rauchwolken des Geleitzuges und dem Schwarzqualmen der Geleitzerstörer frei. Zehn Minuten später kam die ADMIRAL HIPPER feuernd an Backbord achteraus in Sicht. Infolge der schlechten Sichtverhältnisse sah KptzS. Stange jetzt keine Möglichkeit mehr, von Osten her an den Geleitzug zu kommen. Daher änderte er seinen Plan und schwenkte mit seinem Schiff in der Absicht nach Nordwest zurück, den Geleitzug aus Norden zusammen mit der ADMIRAL HIPPER anzugreifen. Es hat auch den Anschein, als ob er besorgt gewesen war, in der zunehmenden Düsternis die Fühlung zum Flaggschiff zu verlieren.

VAdm. Kummetz befahl jetzt in dieser Situation der LÜTZOW und ihren Zerstörern, den Geleitzug von vorn anzugreifen, während er dasselbe von hinten zu unternehmen gedachte. Während sich die LÜTZOW auf Nordwestkurs befand, war im Dunst an Steuerbord voraus kurz ein Schiff zu sehen (wahrscheinlich die HYDERABAD, die wiederum eine Meldung unterließ, oder die RHODODENDRON, die eine Meldung absetzte), aber es blieb keine Zeit zur Feuereröffnung. *Z 31* griff jedoch in diesem Augenblick ein Ziel an und feuerte drei Salven. Im übrigen folgten die Zerstörer *Z 30, Z 31* und THEODOR RIEDEL weiterhin achteraus im Kielwasser der LÜTZOW und waren nicht in der Lage, in diesem verwirrenden Gefechtsablauf eine Rolle zu spielen. Um 11.38 Uhr tauchte der Geleitzug schließlich aus der Schneebö im Süden auf, wenn auch die einzelnen Schiffe infolge des Schwarzqualmens der Geleitzerstörer noch immer nicht deutlich unterschieden werden konnten. Endlich konnte die LÜTZOW zum Angriff übergehen.

Vier Minuten später, nachdem der Geleitzug den Schutz der Schneebö verlassen hatte, eröffnete die LÜTZOW mit ihrer Schweren Artillerie auf eine Gefechtsentfernung von 16.000 m das Feuer. Zum erstenmal seit 1939 schossen ihre 28-cm-Geschütze auf einen Gegner. Das graue Zwielicht der arktischen Düsternis machte jede Identifizierung von Zielen unmöglich und die mit Eis überzogenen Optiken der E-Meßbasen und Zielgeber verhinderten jedes optische Bestimmen der Entfernung, so daß nur noch Funkmeßortung möglich war. Die Schwierigkeit, Ziele oder Aufschläge zu beobachteten, führte dazu, daß die 15-cm-Geschütze der Mittelartillerie bereits nach der ersten Salve das Feuer wieder einstellten. Auch die zunächst noch weiterhin feuernde Schwere Artillerie stellte ihr Schießen um 11.48 Uhr wieder ein. Das aufblitzende Mündungsfeuer des Turms A gestaltete die Feuerleitung noch schwieriger. Mehrere Schiffe der Geleitsicherung erwiderten das Feuer mit ihrer Artillerie, aber die Geschoßaufschläge lagen zu kurz. Vermutlich handelte es sich hierbei um die nur mit 10,2-cm-Geschützen bewaffneten Zerstörer OBEDIENT, OBDURATE und ORWELL.

Weiterhin einen allgemeinen Nordwestkurs steuernd, feuerte die LÜTZOW mit ihrer Schweren und der Mittelartillerie zwischen 12.00 Uhr und 12.05 Uhr erneut auf Ziele im Geleitzug. Zwei Treffer auf einem Dampfer wurden beobachtet. Die achteraus im Kielwasser der LÜTZOW folgende THEODOR RIEDEL gab ebenfalls einige Schüsse in den rauchverhangenen Geleitzug ab, stellte aber wie auch *Z 30* das Feuer bald wieder ein. Unter den vorherrschenden Verhältnissen blieben die Ziele verschwommen und schwer auffaßbar, insbesondere auch, weil der Geleitzugkommodore eine Ausweichbewegung nach Steuerbord befahl. Während dieser Vorgänge konnte im Norden ein brennendes Schiff beobachtet werden, auf dem sich Explosionen ereigneten. Mit an Sicherheit grenzender Wahrscheinlichkeit handelte es sich um die glücklose FRIEDRICH ECKOLDT. Sie hatte die von Norden herankommenden Kreuzer SHEFFIELD und JAMAICA mit der ADMIRAL HIPPER verwechselt. Die beiden britischen Kreuzer hatten etwa eine Stunde zuvor Fühlung an der ADMIRAL HIPPER gewonnen, waren ihr im Kielwasser gefolgt und hatten dann das deutsche Flaggschiff von seiner Feuerlee her überrascht und erheblich beschädigt. KptzS. Stange hatte von diesen Ereignissen noch keine Kenntnis; der letzte Funkspruch des Flaggschiffes hatte ihn lediglich darüber informiert, daß die ADMIRAL HIPPER von Norden her den Geleitzug angriff und daß *keine Kreuzer vorhanden waren.* Nur wenige Minuten später schlugen die ersten Granaten auf dem Flaggschiff von VAdm. Kummetz ein und um 12.03 Uhr erhielt KptzS. Stange den überraschenden Befehl: »Gefecht abbrechen und nach Westen ablaufen!« Daraufhin zog sich die LÜTZOW mit hoher Fahrt nach Westen zurück. Doch um 12.22 Uhr kamen an Steuerbord querab zwei Schatten in Sicht, die zunächst für deutsche Schiffe gehalten wurden. An Bord der LÜTZOW wurde rasch offensichtlich, daß es sich um gegnerische Schiffe handelte, und noch ehe KptzS. Stange das Feuer eröffnen lassen konnte, lag die LÜTZOW bereits unter dem unbehaglich genau liegenden Beschuß der britischen Kreuzer. Um 12.28 Uhr erwiderte die LÜTZOW mit der Schweren und der Mittelartillerie das Feuer auf eine Gefechtsentfernung von 15.400 m, das aber wirkungslos blieb, ehe die Gefahr eines Torpedoangriffs KptzS. Stange zum Abdrehen veranlaßte. Daraufhin kamen die britischen Kreuzer im Dunst rasch außer Sicht.

KptzS. Stange betrachtete es als einen außerordentlichen Glücksfall, in diesem Gefecht keinen Treffer erhalten zu haben; denn die Artillerie der SHEFFIELD und der JAMAICA schoß sehr genau. In der Serie kurzer Treffen, aus welchen das Gefecht in der Barentssee bestand, hatte die LÜTZOW lediglich 86 Schuß 28 cm und 76 Schuß 15 cm verbraucht und nur ein Handelsschiff leicht beschädigt. Die beiden britischen Kreuzer steuerten eine Zeitlang Westkurs. Doch als er die Fühlung an den deutschen Schiffen verloren hatte und es offensichtlich war, daß sich der Gegner zurückzog, ging Rear-Admiral Burnett auf einen südlichen Kurs, um eine Position zwischen dem Geleitzug und

Die ADMIRAL HIPPER, das Flaggschiff von VAdm. Kummetz beim Seegefecht in der eisigen Barentssee (Unternehmen »Regenbogen«). (IWM)

dem gegnerischen Verband einzunehmen. VAdm. Kummetz entschloß sich, die LÜTZOW nicht zum Unternehmen »Aurora« zu detachieren, da er der Auffassung war, die beiden britischen Kreuzer hielten noch Fühlung. Später erläuterte er seine Gründe und legte dar, daß es unmöglich wäre, in der fast ständig währenden arktischen Nacht zu dieser Jahreszeit ausgedehnte Operationen durchzuführen, wenn das Glück eine größere Rolle als das fachliche Können spielte. Außerdem würde die Packeiskante den Raum zu Ausweichmanövern beträchtlich einschränken, wenn eine gegnerische Jagdgruppe gegenüberstünde. In Anbetracht des auf LÜTZOW noch vorhandenen hohen Munitionsbestandes wurde diese Entscheidung später in Frage gestellt, insbesondere die Zuständigkeit von VAdm. Kummetz, das Unternehmen »Aurora« zu widerrufen. Admiral Schniewind, der Flottenchef, stimmte mit ihm überein, aber nicht GenAdm. Carls. In den frühen Morgenstunden des folgenden Tages – 1. Januar 1943 – machte VAdm. Kummetz' Verband wieder im Kaafjord fest und die Bitterkeit begann, ihren Lauf zu nehmen.

Die späteren Ereignisse, die Untersuchung des Vorgangs durch die verschiedenen beteiligten Führungsstellen – GAdm. Raeder und die Skl., Flottenkommando, Gruppe Nord, Befehlshaber der Kreuzer und Admiral Nordmeer – betreffend, sind bereits in meinem Buch »Deutsche Kreuzer im 2. Weltkrieg« (Motorbuch-Verlag, Stuttgart 1988), S. 178 f., dargestellt worden; sie sollen hier nicht wiederholt werden. Es genügt die Feststellung, daß sie im Gefolge von Hitlers Befehl, die schweren Schiffe infolge ihrer erbärmlichen Leistung bei dieser und einer Reihe vorheriger Gelegenheiten zu verschrotten, direkt zu Großadmiral Raeders Rücktritt führten. Die Tatsache, daß Hitler selbst für viele der Flotte auferlegten und jede Initiative zerstörenden Beschränkungen verantwortlich war, hatte kaum eine Auswirkung. GAdm. Raeder konnte Hitler nicht überzeugen, daß die Flotte keinen Nutzen mehr hätte, da er nicht mehr sein Ohr besäße. Trotz eines langen und begründeten Protestes, der sich mit der Flotte, ihrer Geschichte sowie ihren Traditionen und Leistungen befaßte, gelang es dem Ob.d.M. nicht, Hitler begreiflich zu machen, daß die grundlegende Ursache des Problems in den Beschränkungen läge, die Hitler selbst auferlegt hätte. Auch nicht, als er auf die Offensiverfolge hinwies, die bis zur BISMARCK-Unternehmung erzielt worden waren; denn nach dieser ungücklich verlaufenen Unternehmung hatte Hitler begonnen, seine Beschränkungen vorzuschreiben.

Doch auch GAdm. Raeder verstand die Situation im Führerhauptquartier nicht oder wollte sie nicht begreifen – zum schließlichen Schaden für die Marine selbst hielt er sich und die Marine von der Politik fern, vermutlich als Folge der Erfahrungen aus den Jahren 1918/19. Die politischen Intrigen und Rangeleien um Positionen in der Umgebung Hitlers waren ständig vorhanden und die Tatsache, daß sich GAdm. Raeder nicht daran beteiligte, verschuf anderen Vorteile, insbesondere Göring. So führten zum Beispiel alle Versuche GAdm. Raeders, Flugzeugträger zu erhalten, zu keinem Ergebnis. Da Görings Meinung mehr Gewicht hatte, wurde ihre Bedeutung viel zu spät erkannt. Doch auch GAdm. Raeder hatte seine Fehler. Er war eigensinnig und ermutigte seine Nachgeordneten nicht, auch unbequeme Auffassungen zu äußern. Dies war der Grund, der zur Ablösung der Admirale Boehm und Marschall als Flottenchefs führte. Im Falle des letzteren war dies nur allzu deutlich, denn er handelte aufgrund eigener Initiative. Seine Ablösung durch GAdm. Raeder läßt den Verdacht aufkeimen, daß vorsichtiges Handeln durchaus die Oberhand gewonnen haben könnte, auch wenn Hitler seine Beschränkungen nicht auferlegt hätte. Damit stellt sich die Frage, ob Hitler als Alibigrund diente. In Anbetracht der wenigen verfügbaren Schiffe war keines von ihnen so ohne weiteres entbehrlich und hinsichtlich ihres Einsatzes konnte daher vermutlich keinem der nachgeordneten Kommandeure freie Hand gegeben werden.

Letztlich bot GAdm. Raeder seinen Rücktritt an und nachdem er versichert hatte, er meine es ernst, nahm Hitler sein Anerbieten an. Für den Nachfolger lagen zwei Vorschläge vor: GenAdm. Carls, der Oberbefehlshaber des Marinegruppenkommandos Nord, ein »Dickschiffmann«, und Adm. Karl Dönitz, der Befehlshaber der U-Boote. Die Wahl fiel auf den letzteren.

Admiral Dönitz traf am 25. Januar 1943 im Führerhauptquartier »Wolfsschanze« bei Rastenburg/Ostpreußen ein und wurde am 30. Januar, dem Tag von Raeders offiziellem Rücktritt, zum Großadmiral befördert und zum Oberbefehlshaber der Kriegsmarine ernannt. Am selben Tag erhielt GAdm. Raeder seine Ernennug zum Admiralinspekteur der Kriegsmarine,[217] ein beschämendes Amt, um die Kluft in der Führung zu verschleiern. Hitler konfrontierte GAdm. Dönitz sofort mit seinem Drei-Punkte-Plan für die Kriegsmarine:

1. Sofortige Einstellung aller Neubauten und Umbauten schwerer Einheiten.

2. Außerdienststellung aller Schlachtschiffe, ehemaligen Panzerschiffe und Schweren und Leichten Kreuzer, soweit sie nicht zur Ausbildung erforderlich waren.
3. Zuführung der entbehrlich gewordenen Werftkapazitäten, des Personals und der Waffen für den Bau, die Ausrüstung und Indienststellung von U-Booten.

Obwohl der Punkt 1 nur wenige im Umbau befindliche Schiffe (hauptsächlich GRAF ZEPPELIN und GNEISENAU) betraf, da es seit Beginn des Jahres 1940 keine Neubauten von Großkampfschiffen mehr gab, bedeutete dieser Befehl den Todesstoß für die Überwasserflotte. Überraschenderweise wurde dieser Befehl, obgleich GAdm. Dönitz aus der U-Bootwaffe kam, nicht so vollzogen, wie dies Hitler beabsichtigt hatte. Kaum eine Woche nach seiner Ernennung hielt GAdm. Dönitz bei Hitler Vortrag und legte ihm seine Pläne für die Flotte vor. Sie enthielten einen detaillierten Zeitplan für die Außerdienststellung der größeren Einheiten, aber nicht – wie dies Hitler vorgehabt hatte – ihre Abrüstung bzw. ihren Abbruch. Die Außerdienststellung der GNEISENAU war bereits erfolgt und bei den übrigen Einheiten sollte dies nach folgendem Plan vor sich gehen: LEIPZIG noch im Februar, ADMIRAL HIPPER und KÖLN im März, die beiden veralteten Linienschiffe im Mai und die SCHARNHORST zum 1. Juli 1943. Letztlich war auch noch die Außerdienststellung der TIRPITZ im Herbst 1943 vorgesehen. PRINZ EUGEN, ADMIRAL SCHEER, LÜTZOW, NÜRNBERG und EMDEN sollten mit verringerten Besatzungen als Ausbildungsverband in Dienst bleiben.

Hitler scheint diesen Plan ohne allzu große Einwendungen akzeptiert zu haben. GAdm. Dönitz informierte dann anläßlich eines späteren Zusammentreffens am 26. Februar 1943 Hitler, daß ADMIRAL HIPPER, LEIPZIG und KÖLN bereits außer Dienst gestellt worden wären, aber er hielte es nicht für erforderlich, auch die restlichen Schiffe außer Dienst zu stellen, da sie seiner Auffassung nach noch wichtige Aufgaben in Norwegen zu erfüllen hätten. Aus diesem Grunde schlug er vor, auch die SCHARNHORST in kurzem dorthin zu entsenden. Hitler nahm diese Vorschläge mit einiger Überraschung entgegen, denn sie standen im Gegensatz zu jenen, die im eigenen Plan des Ob.d.M. Anfang Februar enthalten gewesen waren!

Der neue Ob.d.M. verhielt sich Hitler gegenüber klug – natürlich hatte er einige Schiffe außer Dienst stellen lassen, aber eben nicht die wertvollen Einheiten. Die ADMIRAL HIPPER war infolge des Gefechtes in der Barentssee erheblich beschädigt, die LEIPZIG war seit 1939 nicht mehr voll einsatzfähig und für die KÖLN gab es augenblicklich keine Verwendung. Indem sich GAdm. Dönitz auf die Bedeutung Norwegens bezog, schlug er Hitler mit dessen eigenen Argumenten. Zudem konnte das von den außer Dienst gestellten Schiffen freigesetzte Personal dazu eingesetzt werden, die Besatzungen der modernen und leistungsfähigen Einheiten aufzufüllen, da sich nur ein kleiner Teil des freigesetzten Personals für den Dienst bei der U-Bootwaffe eignete. Schon seit langem waren die geeigneten Angehörigen dieser Besatzungen zur U-Bootwaffe abkommandiert worden. Trotz eines weiteren Monologs von Hitler nach dem Anhören dieser Pläne ging GAdm. Dönitz seinen Weg, und die drei oben erwähnten Einheiten waren die einzigen, die aufgrund des Plans tatsächlich außer Dienst gestellt wurden. Ende 1943/44 kehrten jedoch auch sie wieder in den aktiven Dienst zurück.

20. Im Nordmeer 1943/44

Zur Jahreswende 1942/43 hielt sich die SCHARNHORST zum Einfahren und zum Gefechtsausbildungsdienst in der östlichen Ostsee auf. Wie bereits eingehend dargelegt, bestand die Absicht, das Schlachtschiff für eine einsatzmäßige Verwendung nach Norwegen zu verlegen – trotz der ursprünglichen Weisung Hitlers, die SCHARNHORST außer Dienst zu stellen. Der Befehl zur Verlegung nach Norwegen war tatsächlich bereits vor GAdm. Raeders Rücktritt ergangen und der neue Ob.d.M. nahm lediglich einen bereits erteilten Befehl nicht zurück. Bis zum 6. Januar 1943 führte unter dem Befehl des Flottenchefs, Adm. Schniewind, ein aus SCHARNHORST, PRINZ EUGEN, EMDEN und Zerstörern sowie Torpedobooten gebildeter Verband mehrtägige Gefechtsübungen durch, um der Ausbildung der Besatzungen den letzten Schliff zu geben. Doch angesichts der wenigen zur Verfügung stehenden Tage war dies ein schwieriges Unterfangen. Die Brennstoffknappheit bildete nunmehr einen so ernsten Faktor, daß jede nur denkbare Maßnahme ergriffen wurde, um wirtschaftliche Fahrtstufen zu laufen. Selbst das Fahren von Zickzackkursen wurde unterlassen, ausgenommen in Situationen akuter Unterseebootsgefahr.

Was die Verlegung der SCHARNHORST nach Norwegen anbetraf, so schlug GenAdm. Carls vor, sie mit dem B.d.K., VAdm. Kummetz, im Altafjord zu stationieren, während die TIRPITZ als Adm. Schniewinds Flaggschiff in die Bogenbucht bei Narvik verlegt werden sollte. Der letztere nahm an, diese Teilung der Kräfte wäre auf das Unternehmen »Regenbogen« zurückzuführen, da VAdm. Kummetz' Verband als zu schwach eingeschätzt worden war (obwohl die britische Geleitsicherung lediglich aus einer Handvoll Zerstörer und zwei Leichten Kreuzern bestanden hatte!) Seiner Auffassung nach war eine Zersplitterung der Kräfte unerwünscht, da die Hauptaufgabe der Kampfgruppe[218] defensiver Natur wäre (Abwehr einer alliierten Landung in Norwegen). Während der langen arktischen Nächte müßten Vorstöße gegen den Geleitzugverkehr, insbesondere nach dem Debakel beim Unternehmen »Regenbogen«, notwendigerweise eingeschränkt werden. Er schlug daher vor, TIRPITZ und SCHARNHORST gemeinsam im Verband zu belassen. Dem stimmte die Gruppe Nord schließlich zu.

Der Deckname für den Verlegungsmarsch der SCHARNHORST nach Norwegen lautete »Unternehmen Frontheater«. Doch diese Absicht konnte zunächst noch nicht verwirklicht werden: zum einen infolge von Problemen mit den Turbinen der SCHARNHORST und zum anderen wegen der anhaltenden Heizölknappheit. Die Heizölzuteilung für das Unternehmen »Frontheater« war noch immer nicht in Gotenhafen eingetroffen. Daher mußte auf die Heizölvorräte der SCHLESIEN, SCHLESWIG-HOLSTEIN und EMDEN sowie auf Lieferungen aus schwedischen Tankern zurückgegriffen werden. Als die Skl. den Verlegungsmarsch für den 8. Januar 1943 freigab, konnte er infolge der mühsamen Aufgabe der Ölübernahme von den Schiffen des Ausbildungsverbandes somit erst am folgenden Tag beginnen. Am Nachmittag des 8. Januar setzte Adm. Schniewind seine Flagge auf der SCHARNHORST, nachdem er sich bisher an Bord des Flottentenders HELA aufgehalten hatte, während die letzten Vorbereitungen für das Auslaufen getroffen wurden. 24 Stunden später ging er mit seinem Verband in See, zu dem noch der Schwere Kreuzer PRINZ EUGEN und die Zerstörer *Z 24*, PAUL JACOBI und FRIEDRICH IHN gehörten. Die Zerstörer *Z 37* und ERICH STEINBRINCK konnten infolge von Maschinenstörungen nicht am Unternehmen teilnehmen. Daher erhielten die Zerstörer KARL GALSTER und *Z 25* in Bergen den Befehl, nach Süden zu marschieren und zum »Frontheater«-Verband auf seinem Marsch nach Norden zu stoßen.

Das Wetter war beunruhigend prächtig mit sehr guter Sicht, die für ein unentdecktes Ausbrechen aus der Ostsee nichts Gutes verhieß. In den frühen Morgenstunden des 11. Januar 1943 passierte der Verband die Sperrlücke bei Seelandsrev und nach Tagesanbruch stand eine Jagdsicherung über den Schiffen. Bisher schien der Verband noch nicht entdeckt worden zu sein. Doch um 13.00 Uhr meldete die auf dem Flaggschiff eingeschiffte B-Dienstgruppe den Funkverkehr von vier Flugzeugen. Dann sichteten die Ausgucks eine Viertelstunde später ein zweimotoriges Flugzeug im Nordwesten. Es verstrichen nur zehn Minuten und Adm. Schniewind erhielt von der B-Dienstgruppe die aufgefangene und entzifferte Sichtmeldung: »J9zp, 13.11 Uhr, 1 Schlachtschiff, 1 Kreuzer, 1 Zerstörer, Peilung 110° 3 sm, Kurs 280°, 57°45'N 10°25'O.« Die Bedienungen der Fla-Geschütze bezogen sofort ihre Gefechtsstationen, als sich der Verband zu seiner Luftabwehrformation auseinanderzog.

Obwohl dies der Flottenchef nicht wissen konnte, stellte die Anwesenheit des Flugzeugs keinen Zufall dar. Die Bewegungen der SCHARNHORST in der östlichen Ostsee waren bereits am 5. Januar aus geheimdienstlichen »Ultra«-Quellen bekannt geworden und aus dem Funkverkehr ging hervor, daß eine Verlegung nach Norwegen unmittelbar bevorstehen dürfte. Infolgedessen verlegte das Coastal Command der RAF die »Beaufighter«-Jagdbomber der 236. Squadron, die zur 16. Group gehörten, nach Wick und unterstellte sie der 18. Group. Ihre Aufgabe bestand darin, das Seegebiet zwischen Helgoland und dem Skagerrak aufzuklären. Zusätzlich legten in der Nacht vom 8./9. Januar zwei »Lancaster«-Bomber Minen im Haugesund. Weitere Anzeichen für eine im Gange befindliche Operation waren die Aktivierung der Funkfeuer in Dänemark, eine zunehmende Aktivität der Luftwaffe und Luftbildaufnahmen von zwei Zerstörern auf dem Marsch nach Süden (tatsächlich die Zerstörer KARL GALSTER und *Z 25* – siehe oben). Den ganzen 10. und 11. Januar hindurch gelangten die Entzifferungen aller Funksprüche des deutschen Verbandes in die Hände der britischen Admiralität, als dieser in den Skagerrak einlief. Wenn nicht eine drastische Wetterverschlechterung eintrat, hatte Adm. Schniewind mit seinem Verband keine Chance, unentdeckt nach Norden zu gelangen. Außerdem bestand nur eine geringe Hoffnung, unbeschädigt am Bestimmungsort einzutreffen, denn die britische Seite kannte seine Positionen und seine Bewegungen fast so rasch wie er selbst. Von der Luftüberwachung abgesehen, lauerten zwei Unterseeboote – *P 55* und die norwegische UREDD – in einer Wartestellung, um den deutschen Verband abzufangen, und ein aus Zerstörern gebildeter Aufklärungsstreifen war eingerichtet.

Die oben erwähnte Flugzeugmeldung stammte von der »Beaufighter« P der 236. Squadron. Ein zweites Flugzeug derselben Staffel, die »Beaufighter« U, wurde ebenfalls herangeführt, sichtete aber nichts. Auf der Gegenseite entzifferte der B-Dienst mehr oder weniger alle Funksprüche der RAF und die über Funk an die Unterseeboote gerichteten Weisungen. Jede Seite lebte natürlich in der glückseligen Unwissenheit darüber, daß die jeweils andere ihre Funksprüche mitlas! Sechs »Whitley«-Bomber der 612. Squadron, zwölf »Hampden«-Torpedobomber der 455. Squadron und sechs weitere der 144. Squadron starteten, um den deutschen Verband ausfindig zu machen und anzugreifen, aber sie sichteten ihn nicht. Bei späteren Bruchlandungen gingen die »Hampden«-Bomber R und P der 455. Squadron verloren.

Der Grund für ihren erfolglosen Einsatz lag darin, daß die Gruppe Nord um 15.55 Uhr, etwa eine Stunde nach der ersten Sichtung, dem Flottenchef befahl, auf Gegenkurs zu gehen. Um 17.00 Uhr traf dann der Befehl ein, den Versuch ganz und gar abzubrechen. In Anbetracht der außerordentlich guten Wetter- und Sichtverhältnisse hielt es der Flottenchef für unmöglich, unentdeckt Norwegen zu erreichen – die Sichtung durch das gegnerische Flugzeug erfolgte auf eine Entfernung von 40.000 m und seine spätere Meldung war von einer erstaunlichen Genauigkeit; dies wies auf eine sehr erfahrene Besatzung hin! Gen Adm. Carls wies den Flottenchef an, nach Gotenhafen zurückzukehren, aber dieser schlug vor, statt dessen in der westlichen Ostsee vor Anker zu gehen, um einen Wetterumschwung abzuwarten und auf diese Weise kostbares Heizöl zu sparen. Zweifellos richtig entschied GenAdm. Carls jedoch, daß ein nicht dringlicher Verlegungsmarsch dieses Risiko nicht wert wäre.

Am 21. Januar 1943 erhielt die Verlegung nach Norwegen einen neuen Decknamen – Unternehmen »Domino« – und am Nachmittag des 23. Januar setzte Adm. Schniewind erneut seine Flagge auf der SCHARNHORST, um nicht einmal zwei Stunden später mit PRINZ EUGEN auszulaufen, gesichert durch die Zerstörer *Z 37* und ERICH STEINBRINCK. Fast sofort erhielt die britische Admiralität dank »Ultra« wieder Kenntnis von diesem Unternehmen in allen wesentlichen Einzelheiten. Ein Angriffsverband, bestehend aus zwölf »Beaufighter«-Jagdbombern der 489. Squadron, zwölf »Hampden«-Torpedobombern der 455. Squadron sowie weiteren »Beaufighter«-Jagdbombern der 235. und 236. Squadron, wurde in Bereitschaft versetzt und Luftbildaufklärungsflüge wurden angesetzt. Mit dem Strom der eingehenden und entzifferten deutschen Funksprüche änderten die Planer der RAF und der britischen Admiralität ihre Dispositionen entsprechend. Inzwischen setzte Adm. Schniewind mit seinem Verband bei völlig bedecktem Himmel aber außerordentlich guter Sicht den Marsch fort. In den frühen Nachmittagstunden des 25. Januar traf die Jagdsicherung über dem Verband ein und aus Kristiansand-Süd schlossen die Zerstörer *Z 24, Z 25* und PAUL JACOBI heran. Die letzteren hatte ein »Mosquito«-Bildaufklärer gesichtet.

Eine Viertelstunde später entdeckten die deutschen Ausgucks ein tief fliegendes Flugzeug im Nordwesten, während das FuMB-Gerät eine ständige Radarortung anzeigte, die von einer gegnerischen Flugzeugfrequenz herrührte. Um 14.25 Uhr trat schließlich das Unvermeidliche ein, als die eingeschiffte B-Dienstgruppe eine Sichtmeldung entzifferte: »5rvs, 14.24 Uhr, 2 Kreuzer, 5 Zerstörer, 270°, (Position verstümmelt).« Der Funkspruch stammte von der »Mosquito« S, die zur 540. Squadron gehörte. Diese Staffel war aus Maschinen anderer Bildaufklärungs-Einheiten in Benson aufgestellt worden und ihr oblag die Aufklärung über Norwegen. 23 »Hampden«-Torpedobomber und 15 »Beaufighter«-Jagdbomber starteten in Wick und Leuchars. Doch es gelang ihnen nicht, Fühlung am Gegner zu gewinnen. Erneut war Adm. Schniewind mit seinem Verband auf Gegenkurs gegangen; diesmal sofort nach dem Eingang der B-Dienst-Meldung. In den späten Nachmittagsstunden des 27. Januar 1943 liefen die beiden schweren Schiffe wieder in Gotenhafen ein, während die Zerstörer den Marsch nach Kristiansand-Süd fortgesetzt hatten. Die britische Admiralität erhielt auch hiervon Kenntnis, erwartete aber weitere Versuche, die Schiffe nach Norwegen zu verlegen.

Im Februar 1943 beeinflußte das Problem der Außerdienststellung der Flotte auch die Diskussionen hinsichtlich der zukünftigen Verwendung der SCHARNHORST. Das Schiff sollte am 1. Juni 1943 außer Dienst gestellt werden (vgl. KTB des Flottenkommandos), aber GAdm. Dönitz schlug vor, die SCHARNHORST wie geplant noch nach Norwegen zu verlegen. Der Flottenchef, Adm. Schniewind, stimmte mit dieser Auffassung überein und sah darin eine Reihe von Vorteilen, besonders in der Kombination TIRPITZ und SCHARNHORST als eine starke Kampfgruppe. Diese Maßnahme hätte eine vorteilhafte psychologische Auswirkung auf die Besatzungen und würde bis zu einem gewissen Grade der Außerdienststellung anderer Einheiten begegnen, wovon der Gegner bald Wind bekäme. Sollte andererseits am Zeitplan der Außerdienststellung festgehalten werden, müßte die SCHARNHORST spätestens bis zum 1. Mai 1943 zurück in Gotenhafen sein. Dies ließe nur einen zweimonatigen Aufenthalt in Norwegen zu. Außerdem gäbe es auch das Brennstoffproblem sowie die Knappheit an Zerstörern und Torpedobooten zu bedenken. Nach Auffassung des Flottenchefs könnte vielleicht der Zeitpunkt der Außerdienststellung auf September oder Oktober 1943 verschoben werden, so daß die TIRPITZ und die SCHARNHORST gemeinsam den Rückmarsch antreten könnten. Auf diese Weise ließe sich auch die Brennstoffrage für die Sicherungszerstörer wirtschaftlicher gestalten. Bereits die Absichten Hitlers wären ausweichend gewesen! Für die Verlegung der SCHARNHORST erreichte GAdm. Dönitz die erforderliche Zustimmung, aber der Schwere Kreuzer PRINZ EUGEN mußte dem Ausbildungsverband[219] zugeteilt werden; er stand nicht mehr für eine einsatzmäßige Verwendung auf einem Kriegsschauplatz zur Verfügung.

Am 2. März 1943 begab sich KptzS. Hüffmeier zum Oberbefehlshaber der Gruppe Nord/Flottenkommando, Adm. Schniewind,[220] um die bevorstehende Verlegung nach Norden – Unternehmen »Paderborn« – zu besprechen, und am folgenden Tag ging die SCHARNHORST zu Übungen mit der PRINZ EUGEN in See. Die Übungen wurden am nächsten Tag fortgesetzt und nach ihrer Beendigung marschierte die SCHARNHORST nach Westen, um in der Lübecker Bucht zu ankern. In den Nachmittagsstunden des 6. März 1943 begann schließlich das Unternehmen »Paderborn«, gesichert durch *Z 28*. Am folgenden Morgen stieß noch der Zerstörer RICHARD BEITZEN als Sicherung hinzu und der Marsch nach Norden wurde bei gutem Wetter und mäßiger Sicht durch das Kattegat fortgesetzt. Das Eintreffen der Zerstörer FRIEDRICH IHN und ERICH STEINBRINCK am Abend des 7. März aus Kristiansand-Süd verstärkte die Sicherung. Noch immer gab es keine Anzeichen dafür, daß die britische Seite den deutschen Verband entdeckt hatte.

In Wirklichkeit hatte eine »Ultra«-Nachricht, abgeleitet aus der Konzentrierung von Jagdflugzeugen im südlichen Norwegen, auf eine mögliche Bewegung am 6. März hingewiesen. Zwei »Beaufighter«-Jagdbomber der 235. Squadron starteten zur Überwachung des Seegebietes zwischen Bergen und Kristiansand-Süd, bekamen aber nichts in Sicht. In der Frühe des nächsten Tages bestätigte die britische Admiralität die Verlegung der SCHARNHORST und es gab Befürchtungen hinsichtlich eines Ausbruchs in den Atlantik. In der Folge wurden Maßnahmen ergriffen, um sie auf der Höhe von Nordnorwegen abzufangen und den Geleitzug RA 53 zu schützen. Später wurde bekannt, daß die SCHARNHORST nicht – wie bis dahin angenommen – auf dem Weg in den Atlantik war, und so wurde die diesbezügliche Überwachung wieder eingestellt. In der Frühe des 8. März meldete ein von Schweden nach Leuchars unterwegs befindliches Passagierflugzeug der BOAC, in den späten Abendstunden im Skagerrak möglicherweise die SCHARNHORST gesichtet zu haben. Doch die Wetterbedingungen verhinderten jede weitere Aufklärung über der norwegischen Küste. Erst am 13. März 1943 erfuhr die britische Admiralität, daß sich das deutsche

Schlachtschiff zusammen mit anderen größeren Einheiten in der Bogenbucht bei Narvik befand.

Im Gegensatz zu den früheren Versuchen verlief das Unternehmen »Paderborn« glatt, hauptsächlich infolge der widrigen Flugwetterbedingungen, und in den frühen Morgenstunden des 8. März verstärkten Einheiten der 3. Torpedoboot-Flottille die Sicherung noch weiter. Im Verlaufe dieses Tages frischte der Wind aus Südwest zur Sturmstärke auf und die Bedingungen für die Sicherungsfahrzeuge wurden immer schwieriger. Männer gingen über Bord und Seeschäden traten auf. Die T-Boote mußten entlassen werden und auch die Zerstörer konnten die Fahrt teilweise nicht halten. Gegen Abend verschlechterte sich das Wetter noch mehr und der Sturm erreichte die Stärke 10. Dieses schlechte Wetter hielt an, bis die SCHARNHORST am Abend des 9. März 1943 in der Bogenbucht bei Narvik vor Anker ging.

Nach dem erfolgreichen Abschluß des Unternehmens »Paderborn« verlegten auch die LÜTZOW unter KAdm. Thiele am 10./11. März vom Kaafjord und die TIRPITZ am 11./12. März von Trondheim – Unternehmen »Rostock« – in die Bogenbucht. Befehlshaber der zu bildenden Kampfgruppe (B.d.K.) sollte KAdm. Thiele werden, der am 19. Februar 1943 VAdm. Kummetz abgelöst hatte. Als Ergebnis des Vortrags bei Hitler, bei dem es unter anderem auch um die Freigabe der SCHARNHORST für Norwegen ging, entschied jedoch GAdm. Dönitz, daß der B.d.K. – sehr zum Bedauern für KAdm. Thiele – ein in arktischen Gewässern erfahrener Flaggoffizier sein müsse. Offensichtlich war die Situation heikel; denn das Risiko einer fehlgeschlagenen Operation infolge Unerfahrenheit konnte nicht eingegangen werden, und für KAdm. Thiele blieb vermutlich keine Zeit, um sich diese anzueignen. Der letztere war daher schockiert, als ihm nur zwei Wochen nach der Kommandoübernahme eröffnet wurde, für ihn wäre eine anderweitige Verwendung vorgesehen. Seine eigenen Worte lauteten: »Es traf mich hart.« Der nunmehr zum Admiral beförderte Kummetz kehrte am 13. März 1943 als Befehlshaber der Kampfgruppe in den Norden zurück, während der zum Vizeadmiral beförderte Thiele Befehlshaber des Ausbildungsverbandes wurde und dort KAdm. Lietzmann ablöste. Thieles große Gelegenheit sollte erst in den letzten Wochen des Krieges kommen.

Am Morgen des 11. März 1943 lief die TIRPITZ aus Trondheim aus, gesichert durch die Zerstörer PAUL JACOBI und KARL GALSTER sowie durch die T-Boote JAGUAR und GREIF. Nachdem das Schlachtschiff über Nacht vor Hamnesliera geankert hatte, setzte es den ereignislos verlaufenden Marsch am nächsten Tag fort und ging in den frühen Morgenstunden des 13. März sicher in seinem Netzkasten in der Bogenbucht vor Anker. Adm. Kummetz setzte an diesem Morgen als B.d.K. seine Flagge auf der TIRPITZ, dem Flaggschiff einer Kampfgruppe von beträchtlicher Stärke, die nunmehr im Raum Narvik stationiert war: TIRPITZ, SCHARNHORST, LÜTZOW, NÜRNBERG und die Zerstörer PAUL JACOBI, KARL GALSTER und *Z 28* sowie die T-Boote JAGUAR und GREIF. Die Brennstoffknappheit blieb weiterhin ein Problem und da nur drei Zerstörer zur Verfügung standen, waren auch die Sicherungskräfte sehr schwach.

Der ruhig verlaufene Verlegungsmarsch der TIRPITZ nach Norden war die Folge einer falschen Beurteilung der Lage durch die britische Admiralität. Sie kannte den Fortgang der Überholungsarbeiten, ihren Abschluß und den 11. März 1943 als Auslaufdatum, nahm aber an, daß die TIRPITZ nach Deutschland verlegen sollte. Infolgedessen waren sämtliche Gegenmaßnahmen auf dieses Ziel ausgerichtet, die natürlich das deutsche Schlachtschiff ganz und gar verfehlten. Erst am 13. März wurde die TIRPITZ in der Bogenbucht bei Narvik festgestellt. Diese Erkenntnis veranlaßte das Verschieben der Rußland-Geleitzüge RA 54 und JW 54, die am 27. März auslaufen sollten, und am 16. April 1943 verkündete die britische Admiralität, sämtliche Rußland-Geleitzüge wären annulliert worden. Sie sah die von Adm. Kummetz' Kampfgruppe ausgehende Bedrohung als sehr groß an.

Ihr Aufenthalt in der Bogenbucht währte jedoch nur kurz; denn nach einigen Tagen, die gemeinsamen Übungen gedient hatten, ging Adm. Kummetz mit seiner Kampfgruppe, nunmehr aus TIRPITZ, SCHARNHORST, LÜTZOW und den Zerstörern *Z 28, Z 31,* PAUL JACOBI, KARL GALSTER, ERICH STEINBRINCK und THEODOR RIEDEL sowie den T-Booten *T 20* und *T 21* bestehend, am 22. März 1943 kurz vor Mitternacht in See und nahm Kurs auf den Altafjord. Das Wetter und die Sichtverhältnisse waren schlecht, so daß dieser Verlegungsmarsch – das Unternehmen »Silesia« – von britischer Seite unbemerkt vor sich gehen konnte. In den frühen Morgenstunden des 24. März konnte Adm. Kummetz das sichere Eintreffen seiner Kampfgruppe im Altafjord melden. Kurze Zeit später, am 8. April, ereignete sich auf der SCHARNHORST in der Maschinen-Last für chemische Stoffe oberhalb des Panzerdecks in der Abteilung III auf der Steuerbordseite eine Explosion. Die Gewalt dieser Explosion wirkte sich auf das darüber liegende Wohndeck des technischen Personals verheerend aus. Unter den gerade das Abendbrot einnehmenden Besatzungsangehörigen gab es 17 Tote und etwa 20 Schwerverletzte. Als Ursache wurde ein Sabotageakt ausländischer Arbeiter angenommen, möglicherweise auf der Werft in Gotenhafen verübt, der aber nicht bewiesen werden konnte. Trotz der verursachten Schäden blieb die Gefechtsbereitschaft des Schiffes erhalten.

Die Hauptaufgabe der Kampfgruppe sollte in dieser Zeit der Angriff auf die Rußland-Geleitzüge sein; die Verteidigung Norwegens spielte nur eine sekundäre Rolle. Adm. Kummetz äußerte gegenüber dem Admiral Nordmeer, KAdm. Klüber, seine Sorge darüber, daß seine Knappheit an Zerstörern – zu diesem Zeitpunkt waren nur vier einsatzfähig – die Möglichkeit zunichte machen würde, einen offensiven Vorstoß zu unternehmen. Außerdem verringere auch das Fehlen von Angriffsverbänden der Luftwaffe seine Freiheit des Handelns, da es notwendig wäre, einen etwaigen gegnerischen Flugzeugträger auszuschalten, ehe er eine Operation beginnen könnte. KAdm. Klüber stimmte ihm zu, konnte aber nur wenig unternehmen, um die Lage zu verbessern.

Sowohl Adm. Kummetz als auch KAdm. Klüber waren erpicht darauf, mit der Kampfgruppe an den Gegner zu kommen, um die Probleme auszuräumen, die durch den Mißerfolg des Unternehmens »Regenbogen« verursacht worden waren. Der Offensivgeist verlangte, wie die Skl. klar erkannt hatte, daß der in See führende Flaggoffizier realistische Befehle erhalten sollte, um nicht an Risikoerwägungen gebunden zu sein, die seinen Verband zur Ohnmacht verurteilten. Im April 1943 ergingen detaillierte Operationsbefehle für den nächsten Angriff gegen einen Rußland-Geleitzug. Der Deckname lautete »Ostfront« (ursprünglich »Skagerrak«) und sollte diese neugewonnene Handlungsfreiheit für den Befehlshaber in See widerspiegeln. An diesem Unternehmen sollte die gesamte, in den nördlichen Gewässern stationierte Kampfgruppe teilnehmen: TIRPITZ (Flaggschiff), SCHARNHORST und LÜTZOW sowie sieben Zerstörer der 5. und 6. Z-Flottille und auch zwei Torpedoboote der 3. T-Flottille. Bedauerlicherweise kamen die Alliierten dem deutschen Wunsch nicht nach und stellten die Geleitzüge ein. Somit gab es für die deutsche Kampfgruppe kein Ziel. Der erzwungene Müßiggang in den öden und kaum bewohnten arktischen Fjorden, vor allem im Altafjord, untergrub in den langen Polarnächten die Moral. Zumindest am Trondheimfjord und in etwas geringerem Maße auch an der Bogenbucht gab es in der Nähe der Liegeplätze kleine Städte, um sich zu entspannen und zu erholen. In Alta gab es in dieser Hinsicht nichts.

Die Skl. hatte die Idee des Unternehmens »Aurora« noch nicht gänzlich aufgegeben. Im Januar 1943 war sie immer noch lebendig, hatte aber als neuen Decknamen »Unternehmen Hektor« erhalten. Ansonsten scheint hinsichtlich dieser Operation nichts weiter unternommen worden zu sein. Doch der Gedanke an eine Wiederholung des Unternehmens »Wunderland« rief im Frühjahr und Sommer 1943 in Stabskreisen eine ziemliche Diskussion hervor. Eine solche Operation erhielt später den Decknamen »Husar« und auch die Decknamen »Dudelsack« und »Südwind« tauchten auf. KptzS. Stange war offensichtlich bestrebt, mit der LÜTZOW in See zu gehen, und drängte auf die Billigung eines solchen Unternehmens. Doch die Skl. stand dieser Idee nur lauwarm gegenüber, während der Admiral Nordmeer den Einsatz von U-Booten als die wirksamere und wirtschaftlichere Lösung in Betracht zog. In Wahrheit nahm die Skl. an, daß die Unternehmung der ADMIRAL SCHEER im Jahre 1942 zu einer Neuordnung der Verteidigungsmaßnahmen in der Kara-See durch die sowjetische Seite geführt hatte, die einen zweiten Versuch zum Risiko werden ließ.

Zwei der Probleme waren die Aufklärung und die nachrichtendienstlichen Erkenntnisse; denn es war außerordentlich schwierig, in der kalten und eisigen Wasserwüste der Kara-See Ziele zu finden. Der Einsatz der Flugboote vom Typ BV 138 der 3.(F)/S.A.Gr. 130 für das Zusammenwirken mit der LÜTZOW erhielt neue Aufmerksamkeit. Doch ein solcher Einsatz war bereits 1942 während des Unternehmens »Wunderland« gescheitert und es gab nur eine geringe Erwartung, daß dies nunmehr besser sein sollte. Die maximale Reichweite der BV 138 mit einem Tankinhalt von 5200 l betrug 1440 sm. Sie konnte jedoch nur durch einen Katapultstart von einem der Katapultschiffe der Luftwaffe aus erreicht werden. Mußte die Maschine von der Wasseroberfläche abheben, war der Tankinhalt auf 3000 l beschränkt und dies verringerte ihre Reichweite auf lediglich 960 sm. Doch nicht nur das, das Flugzeug flog unruhig, war störanfällig und konnte von der Wasseroberfläche aus nur bei einem Seegang bis zur Stärke 3 starten. Diese ganzen Erwägungen bedeuteten, daß eine beträchtliche Unterstützungsbasis mit Personal, Ersatzteilen und Treibstoff erforderlich sein würde, die von *U 255* und *U 601* zu einer geeigneten Örtlichkeit transportiert werden müßten.

Trotz einiger gemeinsamer Übungen im Juli 1943, vor allem im Hinblick auf den Fernmeldeverkehr zwischen den Flugzeugen und der LÜTZOW, wurde diese Idee schließlich fallen gelassen. Statt dessen kam der Vorschlag, die LÜTZOW mit drei Zerstörern und einem Begleittanker zu entsenden. Letzterer sollte auf der Höhe von Franz-Josef-Land zur Unterstützung der Angriffsgruppe stationiert werden. KptzS. Stange hatte bereits vorgeschlagen, seinen Schweren Kreuzer mit einem Schlepptraghubschrauber Focke-Achgelis FA 330 »Bachstelze« auszurüsten – vom selben Typ, wie er vereinzelt auf deutschen U-Booten im Indischen Ozean zum Einsatz kam –, um einen erweiterten Rundumblick zu erhalten. Die Aussicht, in einer Höhe von 150 m bei Temperaturen unter dem Gefrierpunkt geschleppt zu werden, umgeben von eisigem Wasser, kann bei denen, die damit fliegen sollten, keine große Begeisterung erzeugt haben!

Eine weitere Variante des Plans ging statt der LÜTZOW vom Einsatz der SCHARNHORST mit der Begründung aus, daß ihre höhere Geschwindigkeit den Vorteil eines schnelleren Angriffs und Zurückziehens bieten würde, aber diesen Vorteil hob der größere Heizölverbrauch mehr als auf. Wie immer war dies die ausschlaggebende Überlegung. Die grundlegende Tatsache blieb, daß Umfang und Routen des Schiffsverkehrs entlang der arktischen Küste der Sowjetunion nie genau festgestellt worden waren. Daher wurde schließlich entschieden, dorthin U-Boote zum Einsatz zu entsenden und gleichzeitig diese Gewässer zu verminen. Vom Juli 1943 an gingen zu dem Zweck sieben U-Boote in dieses Seegebiet. Sie hatten den zusätzlichen Auftrag, für einen möglichen Einsatz der Kampfgruppe aufzuklären. Gleichzeitig hatten die U-Boote auch eine verstärkte Aktivität auf Spitzbergen gemeldet. Dort gab es eine alliierte Präsenz, von der angenommen wurde, es handele sich um eine Wetterstation. Jüngste Meldungen wiesen jedoch darauf hin, daß dort eine größere militärische Aktivität herrschte, als bisher angenommen worden war. Obwohl *U 355* Anfang August 1943 eine umfassende Aufklärung durchführte und diese militärische Präsenz als bedeutungslos meldete, wurde die Möglichkeit eines Unternehmens gegen Spitzbergen zum Gegenstand umfangreicher Diskussionen.

Ursprünglich wurde ein Vorstoß durch einen Verband aus sechs Zerstörern mit eingeschifften Heerestruppen ins Auge gefaßt, aber die Gruppe Nord/Flotte regte an, statt dessen einige Hilfsschiffe einzusetzen – wie immer war das Heizöl ein Problem. Adm. Kummetz schlug dann jedoch vor, die TIRPITZ und die SCHARNHORST einzubeziehen, um die Zerstörer zu unterstützen und den Vorstoß gleichzeitig zur Gefechtsausbildung zu nutzen. Hierfür könnte die Heizölzuteilung für Übungszwecke im August verwendet werden. Wenn auch Adm. Schniewind und Adm. Kummetz hinsichtlich der genauen erforderlichen Heizölmenge nicht übereinstimmten, legte die Gruppe Nord/Flotte den Plan der Skl. vor. Diese schob die Angelegenheit wegen der Heizölsituation bis zum September 1943 auf. Gleichzeitig lehnte die Skl. den Einsatz von Zerstörern allein oder mit Hilfsschiffen sowie auch den Einsatz der LÜTZOW mit Zerstörern ab. Sollte die Operation stattfinden, würde sie entweder durch die gesamte Kampfgruppe oder durch U-Boote allein durchgeführt werden. Zunächst einmal ruhte jedoch der ganze Plan, der die wechselnden Decknamen »Eisfjord«, »Zitronella« und »Sizilien« erhielt.

Für Anfang September 1943 befahl die Skl. der LÜTZOW den Heimmarsch zur Werftliegezeit in Libau. Doch Adm. Kummetz hoffte in der Zwischenzeit immer noch, den Schweren Kreuzer in die Kara-See entsenden zu können. Bedauerlicherweise hatten die U-Boote in diesem Seegebiet wenig Schiffsverkehr gemeldet. Daher wurde angenommen, daß der Großteil des alliierten Nachschubs in die UdSSR den

Weg durch Persien nahm oder in Fernost über den »Nördlichen Seeweg« lief, wobei die letztere Route als weitgehend zweitrangig betrachtet wurde. Die Verwendung der LÜTZOW sollte bis zum 15. August 1943 in der Hoffnung offen bleiben, falls die U-Boote doch noch einen Geleitzug in Sicht bekamen. Doch danach würden sowohl die Eislage ungünstig als auch die Werftüberholung des Schiffes dringlich werden.

Anfang September 1943 fand der Plan für den Angriff auf Spitzbergen schließlich seine Billigung und in den frühen Abendstunden des 6. September verließen die TIRPITZ und die SCHARNHORST ihre Netzkästen im Altafjord und gingen in See. Beteiligt waren außerdem die 4. Z-Flottille (KptzS. Johannesson) mit *Z 29, Z 31* und *Z 33,* die 5. Z-Flottille (KptzS. Wolff) mit *Z 27, Z 30* und ERICH STEINBRINCK sowie die 6. Z-Flottille (KptzS. Kothe) mit KARL GALSTER, HANS LODY und THEODOR RIEDEL. Auf der 4. Z-Flottille war das Landungskommando »Grün« und auf der 5. Z-Flottille das Landungskommando »Rot« eingeschifft, bestehend aus einem in Alta stationierten Bataillon des Grenadierregiments 349. In den späten Abendstunden passierte die Kampfgruppe den Stjernsund und erreichte kurz nach Mitternacht die offene See. Das Wetter war schön und es herrschte eine gute Sicht, aber ein Tief bei Island versprach für später einen Wetterumschwung. Am 7. September passierten die Schiffe gegen 14.00 Uhr die Bäreninsel. Bis jetzt waren keine Anzeichen für eine ungewöhnliche Aktivität im gegnerischen Funkverkehr zu erkennen, die darauf hinweisen könnten, daß das Auslaufen der Kampfgruppe erkannt worden war. Am Abend dieses Tages ging ein Funkspruch vom Admiral Nordmeer ein, in dem dieser mitteilte, im Laufe des Nachmittags hätte eine »Spitfire« den Altafjord überflogen, aber bis jetzt gäbe es keine Reaktionen. Auch ein sowjetisches Flugzeug zeigte sich an diesem Tag und bemerkte die Abwesenheit der Schiffe.

Kurz nach Mitternach kam an Steuerbord Spitzbergen in Sicht und die Gefechtsstationen wurden bezogen. Drei Stunden später liefen die deutschen Schiffe in den Isfjord (Eisfjord) ein und die Zerstörer wurden zu ihren Angriffszielen entlassen. Angriffszeitpunkt für die Landungskommandos war der 8. September um 05.00 Uhr. Die Funkstation Green Harbour (Isfjord-Radio) übermittelte eine Warnung vor zwei Kreuzern und sieben Zerstörern im Isfjord, die die TIRPITZ erfolglos versuchte zu stören. Später wurde eine Wiederholung des Funkspruchs von der Funkstation Reykjavik abgehört. Die von den Zerstörern KARL GALSTER und THEODOR RIEDEL gesicherte TIRPITZ unterstützte mit Artilleriebeschuß die 4. Z-Flottille, die mit dem Landungskommando »Grün« die Funkstation Green Harbour bei Kap Linné am Eingang zum Isfjord zerstörte und im Grønfjord Barentsburg angriff, während die SCHARNHORST, gesichert durch HANS LODY, in die Adventsbucht einlief und die 5. Z-Flottille deckte, die das Landungskommando »Rot« in Longyearbyen an Land setzte. Danach beschoß die SCHARNHORST Anlagen in Grummantsbyen einschließlich der dortigen Wetterstation. Beide Schiffe starteten ihre Bordflugzeuge zur Artilleriebeobachtung; sie griffen jedoch auch mit Bomben und Bordwaffen an. Gleichzeitig beschossen die beiden schweren Schiffe mit ihrer Artillerie die Anlagen der Kohlebergwerke, die Verladeeinrichtungen und die Unterkünfte. Schon bald waren die angegriffenen Areale in Flammen und Rauch gehüllt, der die kleinen Ansiedlungen fast verdeckte.

Es gab nur wenige Verteidigungsanlagen, unter anderem eine Flakbatterie an der Adventshuk, die jedoch beherzten Widerstand leisteten. Mehrere Zerstörer erlitten Beschädigungen und *Z 29* mußte an einem Punkt sogar die Artillerieunterstützung der TIRPITZ anfordern. Gegen 05.30 Uhr – die Landung war seit einer halben Stunde im Gange – hörte der Widerstand weitgehend auf und alle Truppen konnten an Land gesetzt werden. Immerhin veranlaßte der Umstand, daß der Funkspruch der Station Green Harbour durchgekommen war, Adm. Kummetz dazu, bei der Durchführung der Operation zur Eile zu drängen. Um 06.00 Uhr wies er die SCHARNHORST an, die Wiedereinschiffung der Truppen bis spätestens 09.00 Uhr zu beenden. Die TIRPITZ nahm 13 Gefangene (mit Ausnahme eines Engländers alles Norweger) und eine Anzahl verwundeter Seeleute sowie 70 Mann Heerestruppen von *Z 33* an Bord, ehe das Schlachtschiff die letzten acht Schuß 38 cm nach Barentsburg hineinschoß und den Grønfjord verließ. Auch die

Die SCHARNHORST 1943.
(WBB)

SCHARNHORST hatte ihre Aufgabe erfüllt und trat um 10.45 Uhr den Rückmarsch an. Gegen 11.42 Uhr schloß sie an das Flaggschiff heran.

Umfangreiche britische Gegenmaßnahmen gab es nicht. Da von Spitzbergen kein weiterer Funkspruch einging, erhielt das britische Unterseeboot TANTALUS, zu diesem Zeitpunkt auf einer Position westlich der Bäreninsel stehend, um 04.27 Uhr britischer Zeit (06.27 Uhr deutscher Zeit) den Befehl, mit hoher Fahrt zum Isfjord zu laufen.

Die Position der TANTALUS war ziemlich merkwürdig, aber da es sich um ein neues Boot handelte, das erst im Juni 1943 in Dienst gestellt worden war, dürfte es seine erste Feindfahrt gewesen sein, die sicherlich noch dem Einfahren diente. Am 6. September 1943 hatte sich die TANTALUS in unmittelbarer Nähe der Nordspitze der Bäreninsel befunden. Wäre sie dort 24 Stunden länger verblieben, hätte sie die deutsche Kampfgruppe sichten müssen. Doch wie die Dinge lagen, hatte sie sich auf einem nordwestlichen Kurs entfernt und eine einzigartige Chance versäumt.

Von Island aus gingen der Leichte Kreuzer BELFAST und der Zerstörer IMPULSIVE in See und aus Scapa Flow lief die Home Fleet aus. Sie erlangten jedoch an der deutschen Kampfgruppe keine Fühlung, die am Abend des 9. September 1943 wieder sicher im Altafjord vor Anker ging. Soweit es die Kriegsmarine betraf, war dieser Vorstoß ein willkommener Erfolg gewesen. Er hob die Moral der Besatzungen erheblich, und wenn auch die Flaggoffiziere wußten, daß diese Unternehmung nur eine realistische Übung gewesen war, so hatte sie doch ihren Zweck erfüllt.

Nach dem Abschluß des Unternehmens »Sizilien« wurden noch zwei weitere Operationen ähnlicher Art diskutiert. Es handelte sich um die Unternehmen »Außenjade«, ein Vorstoß gegen den sowjetischen Stützpunkt Beljuπja, und »Borkumriff«, ein Angriff gegen Jokanga. Ziel sollte die Zerstörung von Verteidigungs- und Hafenanlagen, die Versenkung von Wach- und Küstenverteidigungsfahrzeugen sowie die Vernichtung von Handelsschiffen sein. Für beide Operationen waren die TIRPITZ und die SCHARNHORST mit acht Zerstörern vorgesehen. Die Berechnungen ergaben einen Heizölverbrauch für »Außenjade« von 6100 m^3, für »Borkumriff« 7000 m^3 oder insgesamt 8300 m^3 bei gemeinsamer Durchführung. Admiral Schniewind war jedoch der Auffassung, daß der Stützpunkt Beljuπja im Gegensatz zu dem von Jokanga nur geringe Bedeutung besäße. Statt des Einsatzes der Kampfgruppe empfahl er ein Zerstörerunternehmen, um Minen zu legen. Er wies darauf hin, daß nach dem Unternehmen »Sizilien« aus psychologischen Gründen keine weitere Operation zur Hebung der Moral erforderlich wäre, wenn auch der Einsatz der LÜTZOW, die nicht teilgenommen hatte, lediglich aus psychologischen Gründen in Betracht gezogen werden könnte. Es bestünde aber keine Möglichkeit großer materieller Erfolge, da das Schiff zu langsam wäre und infolgedessen bei Gegenmaßnahmen einem erhöhten Risiko ausgesetzt sein würde. Die Skl. stimmte dem zu und aus dem Plan wurde nichts. In Wahrheit hatte die Skl. bereits am 10. September 1943 den Befehl erteilt, daß die LÜTZOW zur Werftüberholung in die Heimat zurückzukehren hätte.

Am 23. September 1943 verließ das ehemalige Panzerschiff seinen Liegeplatz im Langfjord, einem Seitenarm des Altafjords, und trat, gesichert durch die Zerstörer ERICH STEINBRINCK, PAUL JACOBI, FRIEDRICH IHN und *Z 27*, den Heimmarsch an (Unternehmen »Hermelin«). Aufgrund verschiedener abgehörter und entzifferter Funksprüche, unter anderem über die Verlegung von Me 110 der 13./J.G.5 von Kirkenes nach Bodø und die Entsendung des Tankers SCHLESWIG nach Alta, wies jedoch erneut eine nachrichtendienstliche »Ultra«-Meldung warnend auf dieses Unternehmen hin. Die Verlegung verschiedener Me-110-Einheiten entlang der Küste bis nach Bergen ließen erkennen, daß sich die LÜTZOW auf dem Rückmarsch in die Ostsee befand und nicht nur Trondheim anlief. Trotz dieser und anderer nachrichtendienstlicher Vorwarnungen waren die britischen Gegenmaßnahmen zersplittert und nicht koordiniert. Dies hatte zur Folge, daß die LÜTZOW erst in den Morgenstunden des 27. September festgestellt wurde, als die »Beaufighter« Y der 404. Squadron das Schiff südlich von Kap Stadtlandet sichtete. Mangel an einsatzfähigen Flugzeugen und Besatzungen sowie schlechte Zusammenarbeit zwischen Royal Navy und RAF verhinderten das In-Gang-Setzen eines wirksamen Luftangriffs bis in die frühen Nachmittagsstunden. Erst dann starteten zwölf »Tarpon«-Torpedobomber (am. Grumman »Avenger«) der 832. Squadron zum Angriff. Ihnen gelang es nicht, die LÜTZOW zu finden, die ihren Marsch unbehelligt nach Süden fortsetzte und am 1. Oktober 1943 sicher in Gotenhafen einlief. Vorher mußte jedoch die Zufahrt zu diesem Hafen *zehnmal* nach Minen abgesucht werden, die von der RAF zuvor gelegt worden waren. Der Mißerfolg beim Abfangen der LÜTZOW führte zu einer gründlichen Untersuchung der Zusammenarbeit zwischen der britischen Admiralität und des Coastal Command und ihrer Taktik. Die Ergebnisse dieser Untersuchung brachten später Erfolge, als die Angriffsgeschwader leistungsfähiger wurden.

TIRPITZ und SCHARNHORST verblieben in arktischen Gewässern; sie waren der britischen Admiralität noch immer ein Dorn im Auge. Es war beabsichtigt gewesen, dem »Chariot«-Angriff im Oktober 1942 einen weiteren Angriff folgen zu lassen, diesmal unter dem Einsatz von X-Booten (»X-craft«), dem neuen Typ Kleinstunterseeboote. Hierbei handelte es sich um echte Unterseeboote mit einer Wasserverdrängung von etwa 30 ts und einer Besatzung von vier Mann. An Bewaffnung führten diese Boote keine Torpedos mit, sondern zwei große, mit Zeitzündern versehene 2-ts-Sprengladungen (Grundminen), die seitlich angebracht waren. Unter dem Zielschiff wurden sie ausgeklinkt; denn dort konnte ihre Detonation eine maximale Sprengwirkung erzielen. Die TIRPITZ hätten diese X-Boote mit eigener Kraft erreichen können, wäre sie noch im Faettenfjord bei Trondheim gelegen, aber im Altafjord war dies eine gänzlich andere Sache. Daher mußte die Operation »Source«, wie der Deckname lautete, abgeändert werden. Britische Unterseeboote der *S*- und *T*-Klasse hatten die Kleinstunterseeboote durch die arktischen Gewässer im Schlepp zu ihrem Abgangspunkt zu bringen.

Sechs X-Boote waren für den Angriff vorgesehen. Von ihnen hatten drei – *X 5, X 6* und *X 7* – die TIRPITZ, eines – *X 8* – die LÜTZOW und zwei –*X 9* und *X 10* – die SCHARNHORST zum Ziel. Der Angriff sollte in den Morgenstunden des 22. September 1943 erfolgen. Probleme während des Schleppmarsches nach Norden führten zum Verlust von *X 9* und zur Selbstversenkung von *X 8*. Somit standen für den Angriff nur noch vier X-Boote zur Verfügung. Außerdem befand sich die LÜTZOW nicht mehr im Altafjord[221] und die SCHARNHORST ankerte nach einem nächtlichen Übungsschießen vor der Insel Arøy auf flachem Wasser und lag daher nicht in ihrem Netzkasten. Somit blieb nur noch die TIRPITZ als Ziel übrig.

Der 22. September 1943 begann auf der TIRPITZ wie an jedem anderen Tag mit der Bordroutine. Doch um 09.00 Uhr sichtete ein Maat gerade eben außerhalb des Netzkastens einen schwarzen U-Boot-ähnlichen Körper an der Wasseroberfläche, der sofort wieder verschwand. Da der Maat Zweifel hatte, ob es nicht ein Tümmler war, beobachtete er weiter und sah fünf Minuten später plötzlich innerhalb des Netzkastens nur 20 m vom Schiff entfernt ein U-Boot auftauchen. Er meldete dies sofort dem wachhabenden Offizier, der das U-Boot ebenfalls an Backbord wahrnahm und sowohl den I.O. als auch den I.AO unmittelbar verständigte. Ein Offizier und zwei Matrosen, bewaffnet mit Handfeuerwaffen und Handgranaten, bemannten ein am Fallreep liegendes Verkehrsboot, um das U-Boot anzugreifen. Um 09.20 Uhr erging der

Befehl »Schotten dicht!«, als das U-Boot erneut auf Höhe des Turms A zu sehen war und vom Verkehrsboot mit Handgranaten angegriffen wurde. Schließlich sank das U-Boot und das Verkehrsboot nahm seine vierköpfige Besatzung auf. KptzS. Hans Meyer hatte keine Kenntnis davon, was das gegnerische Unterseeboot – es handelte sich um *X 6* – unter seinem Schiff getan hatte, aber aus dem Verhalten der Gefangenen war ersichtlich, daß sie ihre Aufgabe erfüllt hatten. Er erteilte sofort den Befehl, den Schiffskörper nach Haftladungen oder Grundminen abzusuchen. Außerdem ließ er Dampf aufmachen, um den Netzkasten so schnell wie möglich zu räumen.

Um 09.40 Uhr kam gerade außerhalb des Netzkastens ein zweites Kleinst-U-Boot in Sicht, das die Leichte Flak sofort unter Feuer nahm. Es war offensichtlich, daß dieses Boot außerhalb des Netzkastens genauso gefährlich wie innerhalb war, und so blieb für KptzS. Meyer als einzige Möglichkeit nur noch übrig, mit Hilfe der Ankerketten und Festmacher sein Schiff nach Steuerbord zu verholen, um zu versuchen, das Schiff von den vermuteten Minenpositionen wegzubringen. Das zweite Kleinst-U-Boot war *X 7*, das bereits *außerhalb* des Netzkastens auf dem Rückweg war, nachdem es seine Sprengladungen vor *X 6* abgelegt hatte. Somit befanden sich unter dem Vor- und Achterschiff der TIRPITZ je 4 ts Amatex-Sprengstoff. Gegen 10.00 Uhr war das Vorschiff so weit wie nur möglich nach Steuerbord verholt.

Um 10.12 Uhr erschütterten die TIRPITZ rasch hintereinander zwei gewaltige Detonationen, die das Schiff mit ungeheurer Kraft aus dem Wasser hoben. Die gesamte Beleuchtung und die Backbordmaschine fielen aus. Das E-Werk 2 und die achtere Artillerie-Schaltstelle hatten Wassereinbrüche. Darüber hinaus gab es überall auf dem Schiff Erschütterungsschäden. Die beiden nicht im Hangar untergebrachten Bordflugzeuge erlitten ebenfalls Beschädigungen. Das wieder auftauchende *X 7* wurde schließlich durch Beschuß versenkt. Zwei Angehörige seiner Besatzung konnten sich retten. Fünf Minuten später wurde ein drittes Kleinst-U-Boot gesichtet und durch ein Verkehrsboot des Zerstörers *Z 27* mit Wasserbomben versenkt. Hierbei handelte es sich um *X 5*, von dem nie wieder etwas gesehen wurde.[222]

Durch das Wegverholen des Vorschiffes hatte die Gewalt der Detonationen nicht ganz die von der britischen Seite gewünschte Wirkung; aber die durch die achtern abgelegten Sprengladungen erlittenen Schäden waren erheblich. Für eine längere Zeitspanne war die TIRPITZ als Kampfeinheit außer Gefecht gesetzt. Die Detonation hatte sich in der Nähe der Abteilung VIII ereignet und rund 800 m³ Wasser waren ins Schiff eingedrungen. Doch die Gefahr des Sinkens bestand nicht. Bei allen drei Turbinen hatten die Lager Erschütterungsschäden und nur ein Kessel war noch befeuert. Somit war für den Augenblick die gesamte Antriebsanlage ausgefallen. Auch ein Teil der elektrischen Anlage war nicht mehr betriebsbereit. Doch die schlimmsten Schäden hatten die Bewaffnung und die Feuerleitsysteme erlitten. Die Türme A und C waren aus ihren Rollenlagern gehoben worden und wieder zurückgefallen. Die Erschütterung hatte auch die Zielsäulen des achteren Artillerieleitstandes sowie zwei E-Meßbasen außer Gefecht gesetzt. Es hatte einen Toten und etwa 40 Verletzte gegeben. Die Schäden waren so schwer, daß zweifelsohne zu ihrer Behebung eine Rückverlegung nach Deutschland erforderlich gewesen wäre. Statt dessen mußten die Reparaturarbeiten an Ort und Stelle ausgeführt werden; keine einfache Aufgabe angesichts des Fehlens jeglicher Einrichtungen im Kaafjord.[223]

In Anbetracht der unbeweglich gewordenen TIRPITZ und der Verlegung der LÜTZOW zur Werftliegezeit nach Süden stand dem B.d.K. nunmehr nur noch die SCHARNHORST als einziges einsatzfähiges Großkampfschiff in arktischen Gewässern zur Verfügung. Außerdem befanden sich von den Zerstörern nur noch *Z 29, Z 30, Z 33, Z 34* und *Z 38* (4. Z-Flottille) im Altafjord. Diese drastische Schwächung der deutschen Kampfgruppe gestattete es der britischen Admiralität, im November 1943 die arktischen Geleitzüge wiederaufzunehmen. Der erste – JW 54 A – lief am 14. November nach Nordrußland aus, gefolgt vom JW 54 B eine Woche später und vom JW 55 A im Dezember. Vom Auslaufen der Geleitzüge erhielt auch die deutsche Seite Kenntnis und in der Skl. bzw. bei der Gruppe Nord/Flotte wurden die Aufgaben der Flotte im Winter 1943/44 diskutiert. Die Kampfgruppe mit TIRPITZ und SCHARNHORST (für später war noch PRINZ EUGEN vorgesehen) und mindestens fünf Zerstörern sollte beibehalten werden. Doch da die TIRPITZ nicht vor März 1944 voll ausgebessert sein würde, sollte die Hauptaufgabe der Kampfgruppe defensiver Natur sein – d.h. die Abwehr gegnerischer Landungen. Die Prioritäten wurden wie folgt festgelegt:

a) Abwehr jedes Landungsversuches in Nordfinnland, Norwegen oder Jütland.
b) Angreifen des arktischen Geleitzugverkehrs.
c) Verminen der Verkehrswege des Gegners oder Beschießen gegnerischer Stützpunkte.
d) Handeln als »Fleet in being«, um gegnerische Seestreitkräfte zu binden.[224]

Nicht die kleinste Erwägung wurde der Tatsache zuteil, daß die deutsche Unterlegenheit im Bereich der Radartechnik in den langen arktischen Winternächten die deutschen Schiffe in einen ernsten Nachteil bringen würde. Es gab auch noch andere Probleme: Die Einsatzstärke der deutschen U-Boote in der Arktis war auf einem Tiefststand angelangt, die Luftflotte 5 besaß fast keine Bomber mehr und hatte nur noch eine beschränkte Anzahl von Aufklärungsflugzeugen und schließlich – wahrscheinlich der bedeutendste Faktor – arbeitete die Funkaufklärung des Gegners (»Ultra«-Meldungen aus entzifferten deutschen Funksprüchen) nunmehr sehr leistungsfähig. Es gab auch personelle Schwierigkeiten; denn im November 1943 meldete sich der B.d.K., Adm. Kummetz, krank und erhielt anschließend einen längeren Urlaub, ehe er im Februar 1944 auf diesem Posten abgelöst wurde. Die tatsächlichen Gründe sind nicht klar, aber dies hatte zur Folge, daß der bisherige F.d.Z., KAdm. Bey, vertretungsweise zum B.d.K. ernannt wurde, obwohl er hinsichtlich der Führung von Großkampfschiffoperationen keine Erfahrung hatte. Er war schlicht und einfach stets ein Zerstörerfahrer gewesen und die Tatsache, daß der Stab des B.d.K. allmählich auseinanderfiel, trug überhaupt nicht zu seiner Unterstützung bei. Mehrere Offiziere des Stabes erhielten anderweitige Kommandos, und so ist die Verwirrung vorstellbar, als KAdm. Bey am 7. November im Kaafjord eintraf und seine Flagge auf der TIRPITZ setzte. Doch nicht genug damit, auch KptzS. Hüffmeier war zum Konteradmiral befördert worden und hatte am 14. Oktober 1943 das Schiff verlassen, um einen Posten im OKM zu übernehmen. Ihm folgte als neuer Kommandant der SCHARNHORST KptzS. Fritz Hintze nach, bisher Abteilungsleiter bei der Torpedoversuchsanstalt in Eckernförde. Bis zum Sommer 1942 war er allerdings Navigationsoffizier auf dem Schweren Kreuzer ADMIRAL HIPPER gewesen. Daher war nicht nur der neue B.d.K. unerfahren, sondern auch dem Kommandanten des einzigen einsatzfähigen Großkampfschiffes der Kampfgruppe fehlte jegliche Erfahrung in arktischen Operationen.

Es ist möglich, daß KAdm. Bey und seine Stabsoffiziere angesichts der Verknappungen und der Schwierigkeiten, denen sich die Kampfgruppe Ende 1943 gegenübersah, bis zum Frühjahr 1944 nicht oder kaum mit einem Unternehmen rechneten. In diesem Falle kann die Unerfahrenheit des neuen B.d.K. im Lichte einer nur zeitweiligen Ernennung betrachtet werden. Der Einsatz der schweren Schiffe während des dunklen arktischen Winters war stets als geringwertig eingeschätzt worden.

Das Seegefecht vor dem Nordkap: 26. Dezember 1943

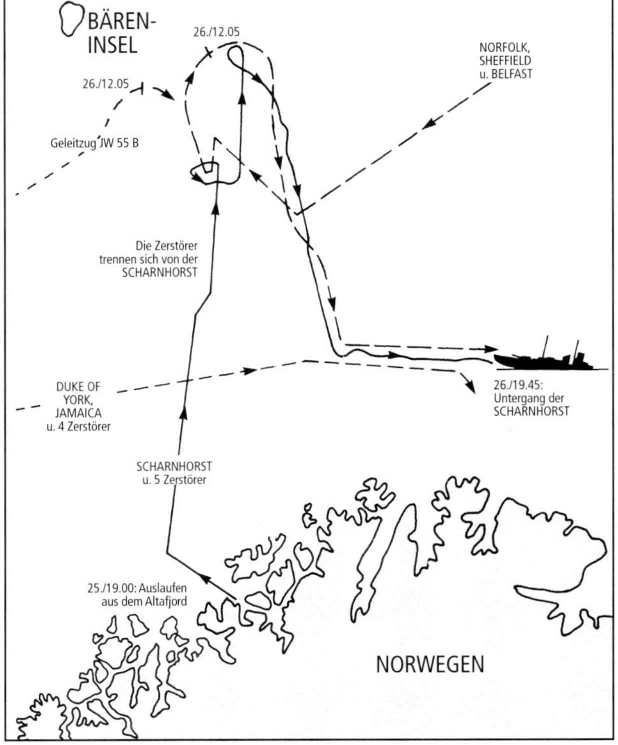

Nunmehr kam jedoch ein neuer Faktor ins Spiel. Als Folge der Rückschläge an der Ostfront hatte Hitler die »Führerweisung 51« erlassen, die neben der Verstärkung der Abwehrkraft im Westen auch die Wichtigkeit des Sieges im Osten betonte und dazu aufforderte, alle notwendigen Maßnahmen zu ergreifen. Die Folgerungen für die Kriegsmarine waren offensichtlich: Die Alliierten hatten die Rußland-Geleitzüge wiederaufgenommen und die von ihnen herangebrachten Nachschubgüter würden für den Ausgang der Kämpfe an der Ostfront von entscheidender Bedeutung sein. Trotz des Kampfeswillens der Kommandanten der Schiffe hätte die Weisung für die Kampfgruppe in den nördlichen Gewässern aus den bereits geschilderten Gründen zu keinem ungünstigeren Zeitpunkt kommen können.

Die ersten Anzeichen von Vorbereitungen für einen neuen Geleitzug erreichten Adm. Schniewind, den Oberbefehlshaber der Gruppe Nord/Flotte in Kiel, am 18. Dezember 1943 als Ergebnis der Funkaufklärung des B-Dienstes. Ob die Kampfgruppe gegen ihn eingesetzt werden könnte, blieb abzuwarten. Es ist auch nicht klar, ob sich der fragliche Funkverkehr des Gegners auf den neuen Geleitzug bezog, denn die drei entzifferten Schiffsnamen gehörten weder zum JW 55 B noch zum RA 55 A. Aufklärungsflüge der Luftwaffe waren von wesentlicher Bedeutung, um Zusammensetzung, Kurs und Geschwindigkeit eines Geleitzuges sowie die Stärke seiner Sicherung festzustellen, ehe die Überwasserstreitkräfte angesetzt werden konnten. Doch hier geriet Adm. Schniewind in das seit langem bestehende Problem der Zusammenarbeit mit der Luftwaffe. Die Luftflotte 5 informierte ihn kühl, daß infolge der Verringerung ihrer Kräfte und des Abzugs ihrer Bomberstaffeln die Aufklärungsflüge den Verschleiß von Männern und Maschinen nicht wert wären, solange die Marine keinen Überwasserangriff beabsichtigte. Ein aufgebrachter Adm. Schniewind wies darauf hin, daß die U-Boote in jedem Falle angreifen würden und daß auch sie Aufklärungsergebnisse bräuchten. Falls dieser Geleitzug unbehelligt durchkäme, würde die Marine keinen Tadel hinnehmen.

Während dies noch entschieden wurde, fand eine Ju 88 am Morgen des 23. Dezember 1943 einen Geleitzug rund 400 sm westlich von Bodø. Nach den Berechnungen Adm. Schniewinds könnte er am 26. Dezember gegen Mittag in die Barentssee einlaufen. Das einzig Merkwürdige war sein in unmittelbarer Nähe der norwegischen Küste verlaufender Kurs, den Adm. Schniewind der alliierten Kenntnis über die Schwäche der Luftwaffe in dieser Region zuschrieb. Andererseits zog er auch die Möglichkeit in Betracht, der Geleitzug könnte ein Köder mit der Absicht sein, die Kampfgruppe herauszulocken. Diese würde dann von einem noch nicht festgestellten, aber vermuteten starken Deckungsverband vernichtet werden, während ein anderer Geleitzug mit Westkurs unbehelligt durchschlüpfte. Da der westgehende Geleitzug aus leeren Schiffen bestünde, muß sich in die Begründung für Adm. Schniewinds Vermutungen ein Fehler eingeschlichen haben. Im späteren Verlauf des Tages gingen weitere Flugzeugmeldungen ein, die mehr Einzelheiten über den Geleitzug enthielten. Er bestand aus siebzehn Handelsschiffen und drei Tankern, gesichert durch drei bis vier Kreuzer und neun Zerstörer bzw. Korvetten. Die Erfahrung sagte Adm. Schniewind, daß der starke Deckungsverband etwa 300 sm vom Geleitzug entfernt stehen würde.

Bei diesem Geleitzug handelte es sich um den JW 55 B, der Teil einer Doppeloperation war, sein Gegenstück war der westgehende RA 55 A. Der ostgehende JW 55 B war am 20. Dezember 1943 aus Loch Ewe ausgelaufen und bestand aus 19 Schiffen, gesichert durch zwei Korvetten, einen Minensucher und zehn Zerstörer. Die Kreuzer-Deckungsgruppe (Force 1) bildete das 10. Kreuzergeschwader (Vice-Admiral Burnett) mit den Leichten Kreuzern BELFAST und SHEFFIELD sowie dem Schweren Kreuzer NORFOLK. Der Verband war aus dem Kola-Inlet ausgelaufen und operierte in der Barentssee. Zur Fern-Deckungsgruppe (Force 2) unter Admiral Fraser, dem C-in-C Home Fleet, gehörten das Schlachtschiff DUKE OF YORK, der Leichte Kreuzer JAMAICA und vier Zerstörer. Die Force 2 war aus Akureyri/Island zur Deckung des JW 55 B zwischen 27°O und 38°O ausgelaufen und sollte als Deckung des RA 55 A anschließend nach Scapa Flow zurückkehren.

Inzwischen summten die Fernmeldeverbindungen zwischen Altafjord (B.d.K.), Narvik (Admiral Nordmeer), Kiel (Gruppe Nord/Flotte) und Berlin (Skl.), als Zweifel über die Durchführung des Unternehmens »Ostfront« in seiner vorgeschlagenen Form aufzutauchen begannen. KAdm. Bey hegte große Zweifel an dem Plan für einen Angriff im Zwielicht der Morgendämmerung, da die Lichtverhältnisse für die Artillerie der Überwasserschiffe keine großen Erfolgsaussichten boten. Er war der Auffassung, ein Vorstoß durch die Zerstörer allein würde erfolgreicher sein. Adm. Schniewind stimmte mit KAdm. Bey überein; die von der Skl. erlassenen Richtlinien sahen während der Wintermonate nur den Einsatz von Zerstörern vor. Bedauerlicherweise gab es zu wenig Zerstörer. Falls die SCHARNHORST, wie auch vorgeschlagen wurde, zu einer Warteposition vor der Polarküste auslaufen würde, brauchte sie selbst zwei Zerstörer als Sicherung. Somit blieben nur noch drei übrig, um den Geleitzug anzugreifen. Eine weitere Erschwerung war das sich verschlechternde Wetter mit einer Sturmvorhersage. Die Luftflotte 5 weckte hinsichtlich der Aufklärung etwas mehr Hoffnung, als sie – entgegen ihrer früheren Aussagen – mitteilte, sie könnte für folgende Aufgaben Kräfte bereitstellen: ständiges Fühlunghalten am Geleitzug, ständige, aber nicht vollständige Aufklärung bezüglich der Position schwerer Streitkräfte des Gegners und Nahsicherung für den Anmarsch der Kampfgruppe. Wie es Adm. Schniewind ausdrückte, dies war mehr als erhofft.

Eine am Abend des 24. Dezember 1943 vom B-Dienst gemeldete Peilung eines britischen Funksenders ergab, daß eine weitere Feindgruppe etwa 180 sm achteraus des Geleitzuges stand bzw. infolge des spitzen Besteckwinkels ca. 100 – 200 sm nördlich oder nordwestlich von ihm. Eine weitere Möglichkeit bestand darin, daß es tatsächlich zwei voneinander unabhängige Gegnergruppen gab. Adm. Schniewind schien dem nicht viel Bedeutung beigemessen zu haben, aber der Stab des Admiral Nordmeer vermutete sofort, es handelte sich um den üblichen Deckungsverband, der die Rußland-Geleitzüge begleitete. Mit einer an Sicherheit grenzenden Wahrscheinlichkeit war dies tatsächlich die Force 2. Adm. Schniewind schlug nunmehr das Auslaufen der SCHARNHORST zum Angriff auf den Geleitzug vor. Am Ersten Weihnachtsfeiertag gab die Skl. um 14.33 Uhr ihre Zustimmung. Augenblicke später wurde das Ausführungsstichwort »Ostfront 25« an KAdm. Bey durchgegeben. Kaum war das Anlaufen des Unternehmens befohlen worden, teilte der Fliegerführer Nord (West) über Funk mit, daß infolge der Wetterbedingungen keine weiteren Aufklärungsflüge stattfinden könnten. Sobald der Geleitzug eine Linie zwischen Nordkap und Bäreninsel passierte, ging die Zuständigkeit für die Aufklärung an das Luftwaffenkommando Finnland über. Diesem standen die Ju 88 der 1./(F)Gr.124 und die BV 138 der 3.(F)/S.A.Gr.130 zur Verfügung. Beide Staffeln waren in Kirkenes stationiert.

Am Abend des 25. Dezember 1943 hatte sich das Wetter weiter verschlechtert. Ein aus Richtung Süden vorhergesagter Sturm sollte mit Stärke 8 – 9 aus Südwest wehen und im Laufe der Nacht auf Stärke 6 – 8 zurückgehen. An der Polarküste Norwegens stürmte er mit Stärke 6 – 8 und brachte Regen- und Schneeschauer mit. Auch in der Barentssee schneite es. Unter den vorherrschenden Bedingungen hielt der Stab des Admiral Nordmeer die Durchführung des Unternehmens für bedenklich; denn einerseits bestünden Schwierigkeiten für die Luftaufklärung und andererseits würde es fast unmöglich sein, die Schiffe des Geleitzuges in der schweren See zu bekämpfen. Er schlug daher vor, das Unternehmen sollte widerrufen werden. Adm. Schniewind gab diese Empfehlung ordnungsgemäß an die Skl. weiter, aber GAdm Dönitz als Chef der Skl. befahl die Fortsetzung des Unternehmens »Ostfront«. Nunmehr schlug der Flottenchef der Skl. telegrafisch vor, die SCHARNHORST sollte allein auslaufen, denn die gegnerischen Zerstörer würden durch das Wetter genauso benachteiligt sein wie die eigenen. Doch dieser Vorstoß führte lediglich dazu, daß GAdm. Dönitz die letzte Entscheidung KAdm. Bey überließ. Während die Stunden bis zum Auslauftermin verrannen, äußerten somit praktisch alle Führungsstellen ernste Vorbehalte gegen die Durchführung des Unternehmens »Ostfront«. GAdm. Dönitz blieb jedoch unerbittlich, wahrscheinlich weil er sich aus politischen Gründen keinen Rückzieher leisten konnte. Das Ergebnis sollte für die SCHARNHORST und den weitaus größten Teil ihrer Besatzung zu einem selbstmörderischen Einsatz führen.

Ein Hauptfaktor für den Verlust der SCHARNHORST – vielleicht *der Hauptfaktor* überhaupt – war erneut die umfassende Kenntnis der britischen Seite über das Unternehmen »Ostfront«, seine Ziele und seinen Zeitplan, durch nachrichtendienstliche »Ultra«-Meldungen. Einer der Gründe, warum die britische Funkaufklärung soviel wußte, war die Tatsache, daß der gesamte Nachrichtenverkehr mit der Gruppe Nord/Flotte, dem Admiral Nordmeer, der Luftwaffe usw. notwendigerweise über Funk lief, sobald sich KAdm. Bey an Bord der SCHARNHORST befand; und zu diesem Zeitpunkt wurden alle Funksprüche routinemäßig aufgefangen und entziffert. Wenn die Entzifferungsarbeit auch nicht augenblicklich erfolgte, so wurde sie dennoch für taktische Zwecke schnell genug geleistet. Andererseits ging der Nachrichtenverkehr mit der bewegungsunfähigen TIRPITZ über Landverbindungen, insbesondere Telefon und Fernschreiber, die sehr viel sicherer waren. Auf diese Weise standen der britischen Admiralität alle deutschen Funksprüche vor Beginn des Unternehmens aus der Zeit zwischen dem 20. und dem 25. Dezember 1943 zur Verfügung. Alles, was die britische Seite noch wissen mußte, war der Zeitpunkt des Auslaufens. Um 16.37 Uhr am 25. Dezember erging vom Admiral Nordmeer das Stichwort »Ostfront 1700«. In den frühen Morgenstunden des nächsten Tages lag auch der entzifferte Inhalt dieses Funkspruchs – wie immer aus Sicherheitsgründen ohne Angabe der Quelle – Admiral Fraser und Vice-Admiral Burnett vor.

Befehlsgemäß, wenn auch etwas verspätet, lief KAdm. Bey am Abend des 25. Dezember 1943 um 19.00 Uhr mit der SCHARNHORST und den Zerstörern *Z 29*, *Z 30*, *Z 33*, *Z 34* und *Z 38* der 4. Z-Flottille (KptzS. Johannesson) aus dem Altafjord aus. Noch immer hinsichtlich des gesamten Plans von Zweifeln geplagt, unternahm er 21.16 Uhr während des Marsches durch die Fjorde in Richtung der offenen See einen letzten Versuch, auf die wetterbedingte Beeinträchtigung der Waffenverwendung und Fahrtbeschränkung hinzuweisen.[225] Eine Antwort auf diesen Funkspruch ging nicht ein; denn er lag bei der Gruppe/Nord erst um 02.19 Uhr, d.h. *fünf* Stunden später, und bei der Skl. sogar erst um 03.56 Uhr vor. Beachtung fand er keine mehr. Gegen 22.00 Uhr erreichte die Kampfgruppe das offene Meer und setzte ihren nördlichen Kurs bei schwerer See mit 25 kn Fahrt fort. Die deutschen Zerstörer, die noch nie als besonders seetüchtig galten, fingen nunmehr an, im hohen Seegang schwer zu arbeiten. Auf *Z 38* gab es infolge der heftigen Schiffsbewegungen einige Verletzte.[225]

KAdm. Bey besaß keine genaue Vorstellung darüber, wo sich der Geleitzug zu diesem Zeitpunkt befand. Seit den frühen Morgenstunden des 26. Dezember wußte er nur, daß das fühlunghaltende Flugzeug der Luftwaffe seit den frühen Abendstunden des vorhergehenden Tages die Fühlung am JW 55 B verloren hatte. Um 07.00 Uhr nahm KAdm. Bey an, in allgemeiner Nähe des Geleitzuges zu stehen, und befahl die Bildung eines Aufklärungsstreifens quer zum angenommenen Gegnerkurs. Demgemäß ging er mit 12 kn Fahrt auf 250°. Mit den fünf Zerstörern in Dwarslinie vor dem Schlachtschiff steuerte KAdm. Bey nunmehr einen südwestlichen Kurs. Bald wurde offensichtlich, daß die Zerstörer diese Geschwindigkeit nicht halten konnten und es mußte eine Fahrtverringerung auf 10 kn befohlen werden. Etwa eine halbe Stunde später schätzte KAdm. Bey seine Position auf etwa 40 sm südostwärts der Bäreninsel und die Gefechtsstationen wurden bezogen. Als Folge der Befehlsübermittlungsprobleme setzten die Zerstörer ihre Suche mit Südwestkurs fort, während die SCHARNHORST auf einen westlichen Kurs ging und hierdurch die Verbindung mit ihren Zerstörern verlor. In der Zwischenzeit hatte *U 716* eine Meldung über das Sichten des JW 55 B abgegeben, die auf der SCHARNHORST empfangen wurde. Dies führte zu einer Kursänderung auf Nordost.

Für KAdm. Bey hätte die Lage nicht schlimmer sein können. Seine Zerstörer waren vom Flaggschiff getrennt worden und suchten auf einem zum Geleitzug parallelen, aber entgegengesetzten Kurs. Der am weitesten im Nordwesten stehende Zerstörer – *Z 38* – befand sich immer noch in 15 sm Abstand zum Geleitzugkurs. Tatsächlich war der ostgehende Geleitzug von Admiral Fraser auf einen Nordostkurs umgeleitet worden, um das Seegebiet für die beiden Gegner freizuhalten. Aus Südosten näherte sich Vice-Admiral Burnett mit den Kreuzern der Force 1, während aus Südosten Admiral Fraser mit der DUKE OF YORK (Force 2) rasch herankam.

Um 08.40 Uhr stellte die BELFAST auf 33.000 m Radarkontakt zur SCHARNHORST her und die Entfernung verringerte sich infolge der konvergierenden Kurse rasch. Etwas über vierzig Minuten später sichtete die SHEFFIELD das deutsche Schlachtschiff und nur drei Minuten später schoß die BELFAST Leuchtgranaten, um das Ziel zu beleuchten. Daraufhin feuerte die NORFOLK mit Feuerleitung durch das Artillerie-Radar Typ 284 sechs 20,3-cm-Breitseiten. Hierbei erhielt die SCHARNHORST zwei Treffer. Eine Granate zerstörte das Funkmeßgerät im Vormars, tötete sein Bedienungspersonal und verursachte weitere Verluste unter den dortigen Fla-Bedienungen. Die zweite Granate schlug in das Batteriedeck in der Abteilung IX zwischen dem Backbord III. 15-cm-Geschütz und dem Torpedorohrsatz, ohne zu detonieren.

Zu diesem Zeitpunkt feuerte keiner der anderen Kreuzer, da aufgrund ihrer Formation die NORFOLK in der Zielpeilung ihrer Geschütze stand und den Gegner maskierte. Das deutsche Schlachtschiff, das in Schneeschauer eingehüllt ohne eingeschaltetes Funkmeßgerät fuhr, wurde völlig überrascht.[227] Um nach Süden herumzuholen, drehte es sofort nach Südosten ab. Auf diesem Kurs konnte es seinen achteren Turm zum Tragen bringen und das Feuer erwidern, das jedoch ungenau lag. KAdm. Bey setzte um 09.55 Uhr an die Gruppe Nord/Flotte einen Funkspruch ab und meldete, daß sein Schiff unter Funkmeßbeschuß von Kreuzern läge. Da die im Funkspruch angegebene Quadratangabe falsch war, war sich Adm. Schniewind nicht klar darüber, ob dies bedeutete, KAdm. Bey hätte Fühlung zum Geleitzug selbst oder nur zu einer Kreuzer-Deckungsgruppe. Mittlerweile hatte der B-Dienst an Land zahlreiche Fühlungshaltersignale des mit der SCHARNHORST in Fühlung stehenden Verbandes aufgenommen und gemeldet, die an Scapa gerichtet waren, aber auch an eine weitere unbekannte Einheit, deren Rufzeichen »DGO« war. Für Adm. Schniewind stammten diese Signale entweder von einem Kreuzer an den Geleitzug oder von einem Kreuzer an sein Flaggschiff. Doch auch eine dritte Möglichkeit zog die Gruppe Nord/Flotte in Betracht: »DGO« könnte die schwere Deckungsgruppe sein. Diese Einschätzung wurde jedoch nicht an KAdm. Bey übermittelt. Zudem war durch das überhastete Auslaufen keine Zeit mehr gewesen, die übliche B-Dienstgruppe einzuschiffen. So blieb der B.d.K. in mehr als einer Hinsicht im dunklen.

Weitere Informationsbruchstücke, die beim Flottenkommando/Gruppe Nord in Kiel eingingen, stützten die Vermutung, daß ein schwerer Verband in der Nähe der SCHARNHORST stand. Der Fliegerführer Lofoten meldete um 13.06 Uhr, daß eine BV 138 im Quadrat AC 4776 durch Funkmeßortung eine Anzahl gegnerischer Einheiten erfaßt und an ihnen Fühlung gehalten hätte, bis sie in der einsetzenden Dunkelheit verlorengegangen wäre. Die Bedingungen vorausgesetzt, unter welchen das Flugzeug operierte, und angesichts der möglichen Bedeutung seiner Feststellung, war es ziemlich außergewöhnlich, daß diese Meldung über den Fliegerführer Lofoten erst um 13.06 Uhr beim Admiral Nordmeer einging. Das Flugzeug hatte sie bereits um 10.12 Uhr abgesetzt, d.h. *drei Stunden* früher.[228] Eine zweite und detailliertere Meldung des Flugzeuges von 11.40 Uhr, aus der Adm. Schniewind mit an Sicherheit grenzender Wahrscheinlichkeit auf die Anwesenheit eines Großkampfschiffverbandes geschlossen hätte, ging bei der Gruppe Nord/Flotte bzw. beim Admiral Nordmeer erst am nächsten Tag ein, d.h. lange Zeit nach den Ereignissen.

Wie die Dinge lagen, entschied Adm. Schniewind, daß es sich bei diesen Sichtungen durchaus um die wegen der schweren See auf dem Rückmarsch befindlichen Zerstörer der SCHARNHORST handeln könnte. Der Verbleib der 4. Z-Flottille war zu diesem Zeitpunkt niemand bekannt, weder KAdm. Bey noch Adm. Schniewind oder sonst jemandem. Der Admiral Nordmeer erhielt daraufhin die Weisung, bei KAdm. Bey nachzufragen, ob die Zerstörer den Rückmarschbefehl erhalten hätten, aber er bekam keine klare Antwort. Aus einem Funkspruch der SCHARNHORST um 15.25 Uhr war lediglich bekannt, ihre Position wäre Quadrat AC 4526 und sie liefe mit 27 kn Fahrt ab. Im späteren Verlauf des Nachmittags meldete der B-Dienst einen weiteren Strom von Signalen der Fühlungshalter, die sich an der SCHARNHORST ablösten. KAdm. Bey war jedoch nur zu gut bekannt, daß der Gegner an seinem Schiff Fühlung hielt. Was er dringend brauchte, waren Erkenntnisse über den zweiten Verband des Gegners mit schweren Einheiten. Adm. Schniewind in Kiel konnte den Gang der Ereignisse nur mit Hilfe von B-Dienstberichten aus entzifferten Funksprüchen und einem gelegentlichen Funkspruch von KAdm. Bey selbst verfolgen.

Um 16.56 Uhr funkte KAdm. Bey, daß er sich im Quadrat AC 4677 mit schweren Einheiten im Gefecht befände. Zu diesem Zeitpunkt erkannte Adm. Schniewind, daß die Lage außerordentlich ernst war. Das Problem war jetzt, wie das Schlachtschiff möglicherweise unterstützt werden könnte. Wie bei der BISMARCK-Unternehmung gab es in nächster Nähe kaum Möglichkeiten, ausgenommen vielleicht die Tatsache, daß die SCHARNHORST von Zerstörern begleitet sein sollte. Doch ihr Verbleib war nicht bekannt. Adm. Schniewind wollte sie dringend beim Flaggschiff haben, aber zuerst mußte ihre Position festgestellt werden. Um 18.34 Uhr ging ein Funkspruch an die 4. Z-Flottille: »SCHARNHORST im Gefecht Quadrat AC 4677. Position melden.« Schließlich kam eine Antwort, aus der sich erkennen ließ, daß die Zerstörer nordwestlich der SCHARNHORST immer noch dabei waren, den Geleitzug zu suchen. Der Geleitzug war jetzt jedoch zweitrangig geworden. Alle Zerstörer und U-Boote erhielten Befehl, das Gefechtsfeld anzusteuern und zum Flaggschiff zu stoßen. Um 19.18 Uhr, als KAdm. Beys Funkspruch eintraf, bis zur letzten Granate zu kämpfen, war der Ernst der Lage offensichtlich. Infolgedessen bekamen die Zerstörer, die das Gefechtsfeld in weniger als zehn Stunden nicht erreichen konnten, den Befehl zum Rückmarsch, während die U-Boote der auf den Geleitzug angesetzten Gruppe »Eisenbart« angewiesen wurden, die letzte bekannte Position der SCHARNHORST anzusteuern. Wie im Falle der BISMARCK war jedoch alles vergebens. Um 20.32 Uhr meldete der B-Dienst einen entzifferten Funkspruch mit dem Inhalt: »Englische Einheit DGO an LFV: Erledigt sie mit Torpedos.« Die SCHARNHORST war in der Barentssee gesunken.

Gehen wir zurück zum Vormittag, um die Ereignisse in See verfolgen zu können. Nach der ersten Feindberührung und dem kurzen Gefecht war die SCHARNHORST mit hoher Fahrt nach Südosten abgelaufen. Nach dem Abschütteln der Fühlungshalter drehte das Schlachtschiff mit seiner überlegenen Geschwindigkeit auf Nordostkurs, um den Versuch zu unternehmen, den Geleitzug von Norden her anzugreifen. Vice-Admiral Burnett, den Gegner noch immer mit Radar verfolgend, ahnte seine Absicht und nahm mit seinen Kreuzern eine Position zwischen dem Gegner und dem Geleitzug ein. KAdm. Beys Zerstörer hatten den Befehl erhalten, den Geleitzug auf der von *U 277* um 09.45 Uhr gemeldeten Position anzugreifen. Hierzu mußten sie in der schweren See auf Gegenkurs gehen. SCHARNHORST näherte sich nunmehr dem Geleitzug von Nordosten her, während Vice-Admiral Burnetts Kreuzer – inzwischen durch das Eintreffen der Zerstörer MUSKETEER, MATCHLESS, OPPORTUNE und VIRAGO verstärkt – versuchten, wieder an ihr Fühlung zu gewinnen. Dies gelang kurz nach Mittag, als die SHEFFIELD das deutsche Schlachtschiff mit ihrem Radar erfaßte. Alle drei Kreuzer griffen es jetzt mit Breitseiten ihrer Artillerie an, während die Zerstörer den Befehl zum Torpedoangriff bekamen.

SCHARNHORST drehte sofort nach Nordwest ab, eröffnete selbst das Feuer und gabelte die VIRAGO ein. SHEFFIELD und BELFAST schossen anfangs volle Breitseiten, aber die NORFOLK konnte nur die Türme A und B zum Tragen bringen. Dieses Schiff, das kein nichtaufblitzendes Kordit verwendete, zog weitgehend die Aufmerksamkeit der SCHARNHORST auf sich und die Barbette des Turms X erhielt einen Treffer, der ihn außer Gefecht setzte. Ein zweiter Treffer schlug mittschiffs ein, setzte sämtliche Radargeräte außer Gefecht und verursachte einiges an Verlusten. Auch die SHEFFIELD wurde eingegabelt und erlitt Splitterschäden. Als die Zerstörer das Schlachtschiff angingen, wurden sie ebenfalls bekämpft. Diese Phase des Gefechtes dauerte etwa 23 Minuten. Hierbei erhielt die SCHARNHORST mehrere Treffer, während sie über Funk meldete, sie befände sich im Gefecht mit *schweren* Einheiten – Adm. Schniewind zur Annahme verleitend, die Home Fleet hätte bereits zu ihr aufgeschlossen. In diesem Stadium wußte niemand, welche Schäden die SCHARNHORST erlitten hatte. Für KAdm. Bey hatte es jetzt den Anschein, daß er den Kreuzern entronnen war und daß sie die Fühlung verloren hatten, da sie nicht mehr in Sicht waren.

Dies war jedoch nicht der Fall; denn Vice-Admiral Burnett blieb mit seinen Schiffen eben außer Sichtweite und verfolgte den Gegner mit Radar. Die B-Dienstmeldungen zeigten Adm. Schniewind, daß die Kreuzer noch immer Fühlung hielten. Dieser gab diese Informationen an KAdm. Bey weiter. Doch erst am späten Nachmittag wurde dem B.d.K. der volle Ernst der Lage klar, als die BELFAST Leuchtgranaten schoß, um für Admiral Fraser auf der DUKE OF YORK das Ziel zu beleuchten. Um 16.49 Uhr eröffnete Admiral Frasers Flaggschiff auf eine Gefechtsentfernung von 11.000 m mit seinen 35,6-cm-Geschützen das Feuer mit vollen Breitseiten. Seine erste Breitseite gabelte die SCHARNHORST ein, die ihre Türme in völliger Unkenntnis noch nach vorn und achtern gerichtet hatte. SCHARNHORST drehte nach Norden ab, um dem Beschuß des britischen Schlachtschiffes zu entgehen, stieß aber fast sofort auf die BELFAST und die NORFOLK von der Force 1, die ihrerseits ebenfalls das deutsche Schlachtschiff unter Feuer nahmen.

Bis zu diesem Zeitpunkt hatten die DUKE OF YORK zwei Treffer und die JAMAICA einen Treffer auf der SCHARNHORST erzielt. Die erste Granate der DUKE OF YORK schlug neben Turm A auf der Steuerbordseite ein und setzte ihn außer Gefecht. Infolge dieses Treffers im Munitionskammerbereich des Turms A schlugen glühende Sprengstücke durch die Schottwände, so daß auch die Munitionskammern des Turms B aus Sicherheitsgründen geflutet werden mußten. Die zweite Granate traf das Achterdeck und verursachte Schäden sowie Verluste bei den exponiert stehenden Flakbedienungen. Nachdem die Brände gelöscht waren, wurden die Munitionskammern des Turms B wieder gelenzt. Nach dem anfänglichen Schock feuerten die beiden verbliebenen schweren Türme präzise und die DUKE OF YORK wurde mehrfach eingegabelt. Zwei Granaten schlugen, ohne zu detonieren, in ihre Masten. Auch der Zerstörer SAVAGE geriet unter Beschuß und verzeichnete Nahtreffer. Die Kreuzer der Force 1 feuerten nur kurze Zeit, ehe die SCHARNHORST außer Schußweite lief.

Nunmehr kam es zu einem Duell zwischen den beiden Großkampfschiffen, aber in der Dunkelheit war das radargelenkte Feuer der DUKE OF YORK wirksamer. Ein Treffer auf den Entlüftungsschacht des Turms B der SCHARNHORST führte infolge des nicht mehr abziehenden Pulverdampfes zu seiner Räumung. Ein weiterer Treffer zerstörte die Steuerbord I. 15 cm mit ihrer Munitionskammer. Das Kammerpersonal fiel. Eine weitere Granate schlug durch den Gürtelpanzer in den Kesselraum 1 und durchtrennte die Hochdruck-Dampfrohrleitungen zu den Turbinen, woraufhin die Geschwindigkeit auf 10 kn abfiel. Inzwischen war es etwa 18.20 Uhr. KAdm. Bey hatte gerade der Gruppe Nord/Flotte über Funk mitgeteilt: Funkmeßbeschuß des Gegners auf eine Gefechtsentfernung von 18.000 m, eigene Position AC 4965, Kurs 110°, Fahrt 26 kn. Nunmehr, da das Schiff nur noch dahinschlich, folgte um 18.25 Uhr ein weiterer Funkspruch: »Wir kämpfen bis zur letzten Granate.« Trotzdem es dem Maschinenraumpersonal gelang, die Schäden zu begrenzen und die Fahrt zeitweise wieder auf 22 kn zu steigern, erlaubte es der Geschwindigkeitsverlust den Zerstörern, näher zu kommen.

Die Zerstörer SAVAGE und SAUMAREZ schlossen von achtern an die SCHARNHORST heran, während zwei weitere Zerstörer an Steuerbord standen. Die beiden ersteren nahm das Schlachtschiff mit seinen leichten Geschützen unter einen unzusammenhängenden und wirkungslosen Beschuß. SAUMAREZ erwiderte das Feuer, während die SCORPION und der norwegische Zerstörer STORD je acht Torpedos schossen und gleichzeitig mit ihrer Artillerie das Feuer eröffneten. Trotz Abdrehens wurde die SCHARNHORST wahrscheinlich von einem der Torpedos der SCORPION getroffen. Zudem brachte dieses Manöver das deutsche Schiff in eine gute Schußposition für die beiden anderen Zerstörer. SAVAGE machte acht und die SAUMAREZ vier Torpedos los; drei Treffer wurden geltend gemacht. Mehrere Granaten trafen die SAUMAREZ, darunter auch 28-cm-Granaten, die jedoch nicht detonierten. Nichtsdestoweniger verursachten die Splitter beträchtliche Schäden und Verluste, besonders unter den Bedienungen der Torpedorohrsätze.

Einer der von den Zerstörern geschossenen Torpedos traf die SCHARNHORST an der Steuerbordseite direkt vor der Brücke, während drei weitere die Backbordseite trafen. Schwere Erschütterungsschäden und starke Wassereinbrüche waren die Folge und die Geschwindigkeit wurde wieder herabgesetzt. Dies ermöglichte es der DUKE OF YORK, wieder in das Gefecht einzugreifen. Erneut wurde das deutsche Schiff schwer getroffen. An Bord der SCHARNHORST mußte jetzt Munition aus den Kammern des geräumten Turms B zum Turm C transportiert werden, dem einzigen noch intakten 28-cm-Turm. Um 19.11 Uhr konnte die SCHARNHORST nur noch 10 kn Fahrt laufen; sie hatte Schlagseite nach Steuerbord. Vier Minuten später griff auch die BELFAST wieder in das Gefecht ein und erzielte mit ihrer dritten Breitseite zwei Treffer. Kurz darauf schwieg auch der Turm C. Nur noch zwei 15-cm-Geschütze erwiderten das Feuer. In dieser Situation befahl Admiral Fraser, das deutsche Schiff mit Torpedos zu versenken. Der Kreuzer schoß drei Torpedos, die sämtlich vorbeigingen. Auch die JAMAICA gab zwei Fehlschüsse ab, um dann zwei Treffer mit den Steuerbordrohren zu erzielen. SCHARNHORST war nur noch in der Lage, hin und wieder das Feuer zu erwidern, das jedoch wirkungslos blieb.

Jetzt trafen die Zerstörer MUSKETEER, MATCHLESS, OPPORTUNE und VIRAGO auf dem Gefechtsfeld ein. Sie schossen 19 Torpedos, die die verteidigungslose SCHARNHORST augenblicklich zum Stoppen brachten. Bis zu diesem Moment hatte ihre Geschwindigkeit nur noch 3 kn betragen und die Schlagseite hatte so zugenommen, daß die Steuerbordreling bereits unter Wasser war. Bei diesem Angriff machten die Zerstörer fünf Treffer geltend. Eine dunkle Rauchwolke hüllte das deutsche Schiff nunmehr ein, so daß 19.45 Uhr eine schwere Explosion zu hören, aber nicht zu sehen war. Vermutlich waren seine Munitionskammern in die Luft geflogen.

Daher sah keiner der Gegner, wie die SCHARNHORST in den eisigen Gewässern der Barentssee unterging. Trotz langer Suche durch die britischen Zerstörer und Kreuzer wurden nur 36 Überlebende gerettet. Unter den Toten befanden sich auch KAdm. Bey und sämtliche Offiziere. Daher kann ein detaillierter Bericht über die letzte Unternehmung der SCHARNHORST und die hiermit verbundenen Ereignisse nicht erstellt werden. Die britischen Schiffe hatten bei der Versenkung der SCHARNHORST einen riesigen Munitionsverbrauch zu verzeichnen. Allein die DUKE OF YORK verschoß 446 Schuß mit ihrer Schweren Artillerie. Außerdem schossen die britischen Kreuzer und Zerstörer nicht weniger als 55 Torpedos; sie machten hiervon elf Treffer geltend.

21. Das Ende der Schlachtschiffe 1944/45

Rechts oben: Die TIRPITZ am 30. April 1944 im Kaafjord, einem Seitenarm des Altafjords.
(IWM)

Rechts Mitte: Die TIRPITZ am 2. Juni 1944 im Kaafjord. Deutlich sind der Netzkasten und darüber der Flakkreuzer THETIS zu erkennen.
(Bundesarchiv)

Rechts unten: Wenige Minuten später beginnt die Erprobung der Nebelgeräte, um das Schlachtschiff gegen Fliegersicht einzunebeln. Allerdings scheint der Wind kaum aus der richtigen Richtung zu wehen.
(Bundesarchiv)

Die Weisung zu Beginn des Jahres 1943, die schweren Schiffe zu verschrotten, wirkte sich unmittelbar auf die ADMIRAL SCHEER und die LÜTZOW aus, die beide in diesem Jahr mit der Absicht in heimische Gewässer zurückgekehrt waren, als Schulschiffe beim Ausbildungsverband eingesetzt zu werden. Dieser Rückzug in die Ostsee und die Beschädigung der TIRPITZ bedeuteten, daß nach dem Verlust der SCHARNHORST die Aufgabe des Ausschaltens der noch verbliebenen deutschen Großkampfschiffe den alliierten Luftstreitkräften zufiel. Wenn es auch äußerst unwahrscheinlich war, daß diese Schiffe jemals wieder auf offener See in Erscheinung treten würden, um die Überlegenheit der Alliierten herauszufordern, so mußten doch noch beträchtliche Anstrengungen gemacht werden, um sie zu vernichten.

Der Hauptzweck dieser Luftangriffe war nicht immer die Versenkung eines Großkampfschiffes. Bisweilen geschah dies in Verbindung mit der wichtigeren Aufgabe, die Bauwerften für die U-Boote zu zerstören.

So hatte ein Luftangriff auf Wilhelmshaven am 22. März 1943 die Zerstörung der U-Boote und der Bauwerften zum Ziel, obwohl die Kriegsmarinewerft kein Hauptzentrum für den U-Bootbau war. Die ADMIRAL SCHEER lag jedoch im Dock 5 zur Werftüberholung und stellte diesmal für einen Verband von 69 B-17 »Fortress« des 1. Bombardment Wing und 15 B-24 »Liberator« des 2. Bombardment Wing der 8. USAAF ein wertvolles Ziel dar. Die Flugzeuge warfen 228 t Bomben ab; eine B-17 und zwei B-24 gingen verloren. Das Kriegsschiff erlitt keine Schäden, aber das Flottenkommando befahl sofort seine Verlegung nach Osten in die Ostsee, weiter von den alliierten Flugplätzen entfernt.

Im Herbst 1943 ergab eine Luftbildaufklärung am 7. Oktober über Gotenhafen, wie die ADMIRAL SCHEER im Hafen durch Schlepper manövriert wurde, nachdem sie am 18. August zuletzt in Swinemünde festgestellt worden war. Ferner lagen die LÜTZOW zusammen mit der EMDEN am Polnischen Kai sowie die NÜRNBERG und LEIPZIG längsseits des Rumänischen Kais, während die PRINZ EUGEN an einer Boje festgemacht hatte. Trotz vollständiger Tarnung wurde auch die GNEISENAU festgestellt und die beiden veralteten Linienschiffe SCHESWIG-HOLSTEIN und SCHLESIEN waren ebenfalls anwesend. Sämtliche der Kriegsmarine noch verbliebenen großen Einheiten befanden sich bis auf zwei hier in einem Hafen. Daher war es nicht überraschend, daß die Alliierten einen Luftangriff ansetzten. Durchgeführt wurde er von der 8. USAAF am 9. Oktober 1943 mit 41 B-24 der 2. Bomb Division (93., 44., 382. und 392. Bomb Group) sowie mit 109 B-17 der 1. und 3. Bomb Division (92., 96., 305., 306. und 308. Bomb Group). Die Aufgabe der B-24 war die Bombardierung von Danzig, die der B-17 die Bombardierung von Gotenhafen. Der erstere Verband warf 87 t Bomben ab und der letztere 276 t; zwei bzw. sechs Flugzeuge gingen verloren. Trotz der großen Bombenmenge wurde kein wertvolles militärisches Ziel getroffen, aber der erste soweit nach Osten geflogene Tagesangriff stellte für die Kriegsmarine eine unangenehme Überraschung dar.

Doch es war immer noch die TIRPITZ, die die größte Aufmerksamkeit auf sich zog, zumindest soweit es die Royal Navy betraf. Nach dem Verlust der SCHARNHORST allein im arktischen Norwegen zurückgeblieben, wurde die Ausbesserung ihrer Schäden fortgesetzt, die sie im Herbst 1943 durch den Angriff der X-Boote erlitten hatte. Diese Reparaturarbeiten wurden unter schwierigen Bedingungen ohne jede Werfteinrichtung durchgeführt, die für eine derart umfangreiche Aufgabe normalerweise erforderlich ist. Dazu gehörte auch der Bau eines 34 m langen Kofferdamms, d.h. eines Caissons, unter dem Schiff, um die Ausbesserungsarbeiten unter der Wasserlinie zu ermöglichen. Unter dem Decknamen »Unternehmen Paul« begannen vom 11. November 1943 an Vorauskommandos aus Spezialisten einzutreffen, die an Bord des Werkstattschiffes NEUMARK untergebracht wurden, das längsseits der TIRPITZ vertäut war. Die Doppelflugzeughalle des Schlachtschiffes wurde ausgeräumt und in eine Werkstatt verwandelt. Die HUASCARAN, ein zweites Werkstattschiff, das schon die Notreparatur des Schweren Kreuzers PRINZ EUGEN nach dem Torpedotreffer im Frühjahr 1942 durchgeführt hatte, traf am 25. November im Kaafjord ein, gefolgt von der PERNAMBUCO (mit Material) und der MONTE ROSA (mit 250 Facharbeitern) gegen Monatsende. Nunmehr konnten die Ausbesserungsarbeiten voll in Angriff genommen werden.

Die Verteidigungsmaßnahmen stellten jedoch ein Problem dar, da sich die Sicherung des Altafjords nach dem Verlust der SCHARNHORST nur aus Turm B der TIRPITZ, zwei 15-cm-Geschützen und den schwimmenden Torpedobatterien LILLAN und DROTT zusammensetzte, die von Trondheim herangeführt worden waren. Es bestand aber die ernstliche Besorgnis, daß die DUKE OF YORK im Fjord erscheinen könnte. Diese Aussicht war unangenehm, weil in diesem Augenblick keines der Torpedorohre an Bord der LILLAN und der DROTT einsatzfähig war. Erst Anfang 1944 standen an Bord des Schlachtschiffes wieder vier 38-cm- und vier 15-cm-Geschütze gefechtsbereit zur Verfügung. Außerdem war ein 20-t-Schwimmkran eingetroffen, aber nicht der wichtige 100-t-Kran. Dies hatte zur Folge, daß einige wichtige Arbeiten nicht durchgeführt werden konnten. Trotz aller Schwierigkeiten schritten die Reparaturarbeiten gut voran und Mitte März 1944 war die TIRPITZ für die Erprobungsfahrten bereit. Am 15. und 16. März führte das Schiff Volllasterprobungen und Artillerieschießübungen, gesichert durch die Zerstörer *Z 30* und *Z 38,* unter schlechten Wetterbedingungen bei Schneefall im Stjern- und im Vargsund durch. Somit war das Schlachtschiff wieder leistungsfähig, ausgenommen die Mittelturbine, mit der es infolge der Geräuschentwicklung Probleme gab. Doch auch dieser Mangel sollte bis Anfang April behoben sein. Sowohl GAdm. Dönitz als auch der inzwischen zum Generaladmiral beförderte Schniewind anerkannten die großartige Leistung, die das Fachpersonal und die Besatzung des Schiffes vollbracht hatten, und übersandten Glückwünsche. Ende März 1944, eine Woche früher als erwartet, war die gesamte Antriebsanlage voll betriebfähig und das Schiff befand sich wieder in einem kriegsbereiten Zustand.

In der Zwischenzeit informierte der britische geheime Marinenachrichtendienst immer wieder über den Fortgang der Ausbesserungsarbeiten auf der TIRPITZ, zum einen aus »Ultra«-Quellen und zum anderen aus Agentenberichten der einheimischen Norweger. In dieser Zeitspanne unternahmen die Alliierten keine Angriffe, ausgenommen ein Angriff von fünfzehn sowjetischen Bombern – nur vier fanden das Ziel –, der erfolglos blieb. Die Royal Navy hatte jedoch eigenständig einen

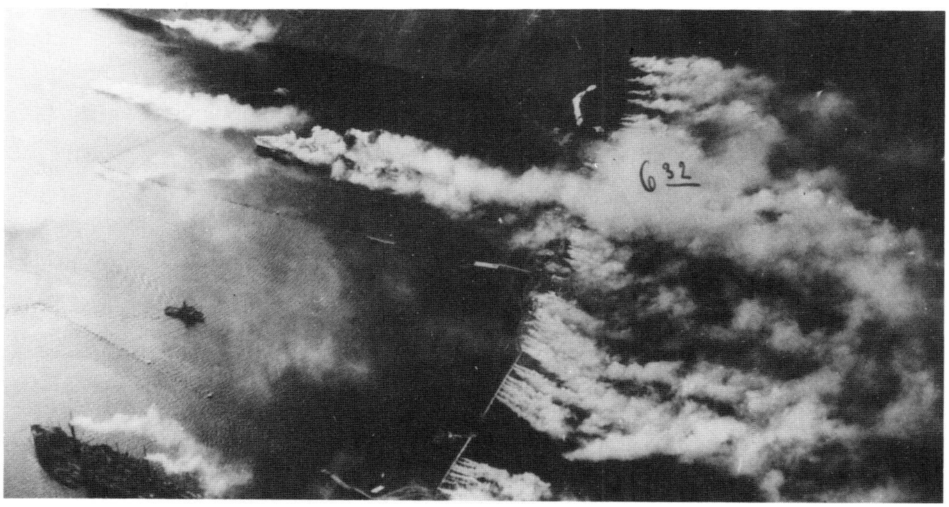

Angriff mit Flugzeugen des Fleet Air Arm geplant, der am 4. April 1944 erfolgen sollte. Doch aus »Ultra«-Quellen war Admiral Fraser, dem C-in-C Home Fleet, eine Änderung der Pläne für TIRPITZ bekannt geworden.[229] Dies führte zu einer Vorverlegung des Angriffs um 24 Stunden. Unter dem Decknamen »Operation Tungsten« waren an dem Angriff zwei Flottenflugzeugträger – VICTORIOUS und FURIOUS – sowie die vier Geleitflugzeugträger EMPEROR, PURSUER, SEARCHER und FENCER beteiligt (letztere dienten später der U-Abwehr). An Bord der Träger befanden sich insgesamt 41 »Barracuda«-Sturzbomber sowie zur Jagdsicherung 28 »Corsairs«, 20 »Hellcats«, 14 »Seafires« und 40 »Wildcats« (letztere als Jagdsicherung für die Träger). Den eigentlichen Angriffsverband bildeten die »Barracuda«-Sturzbomber der 8. und 52. TBR-Wing.

In den frühen Morgenstunden des 3. April 1944 startete etwa 120 sm nordwestlich des Kaafjords die 8. TBR-Wing, bestehend aus der 827. und 830. Squadron, mit einer Jagdsicherung aus rund 40 Jägern, zu deren Aufgabe auch das Niederhalten der Flak- und Feuerleitstände der Schiffe sowie der Flakstellungen an Land durch Bordwaffenbeschuß gehörte. Eine zweite Angriffswelle »Barracuda«-Sturzbomber der 52. TBR-Wing startete mit ihrer Jagdsicherung rund eine Stunde später. Eine »Barracuda« der 829. Squadron (LS 580) ging beim Start zu Bruch, aber die restlichen 40 Sturzbomber führten den Angriff durch.

An diesem Tag waren für die TIRPITZ weitere Erprobungsfahrten und Übungen angesetzt. Das Auftauchen eines »Spitfire«-Aufklärers am Tag vorher über ihrem Liegeplatz war bereits in Vergessenheit geraten. Um 05.30 Uhr war das Schlachtschiff seeklar. Zu seinem Tagesprogramm gehörten unter anderem eine Entmagnetisierungsschleifenfahrt und eine Vollasterprobung. Das erste Anzeichen, daß etwas im Gange war, ergab sich um 06.42 Uhr, als eine Meldung einging, wonach etwa 30 Flugzeuge rund 80 km nördlich von Alta auf Südkurs gesichtet worden waren. Eine Minute später wurde Fliegeralarm ausgelöst und die Nebelgeräte begannen, den Fjord einzunebeln. Die TIRPITZ war zu diesem Zeitpunkt praktisch bereits frei von ihrem Netzkasten, der Backbordanker war gesichert und der Steuerbordanker hing frei vom Grund noch an der steifen Ankerkette. Sechs Jagdmaschinen griffen von achtern her an und überzogen das Schiff mit Bordwaffenbeschuß, um die Flak- und Feuerleitstände auszuschalten. Um 06.30 Uhr kam der erste Angriff der »Barracuda«-Sturzbomber; sie warfen 726-kg-AP-, 227-kg-SAP- und 227-kg-MC-Bomben ab. Das Abwehrfeuer der Schiffsflak war nur teilweise wirksam, und da es keine Verteidigung durch eigene Jäger gab, warfen die »Barracudas« ihre Bomben aus einer Höhe unter 1000 m ab. Dies erhöhte ihre Treffgenauigkeit, hinderte aber die AP-Bomben daran, ihre volle Durchschlagskraft zu entfalten.

Zur Verteidigung der TIRPITZ waren keine Jäger vorhanden, weil die Jagdstaffeln der Luftflotte 5 drastisch verringert worden waren. So hatte die Luftwaffenführung die auf dem Feldflugplatz Alta stationierte Staffel schon seit längerem abgezogen. In der Arktis waren an Jägern lediglich zurückgeblieben: die Me 109 der III./J.G.5 in Petsamo und die Me 110 der 13.(Z)/J.G.5 in Kirkenes, insgesamt nur etwa 40 Maschinen, deren Einsatzraum die deutsch-sowjetische Front ostwärts von Kirkenes war. Von der eigenen Flak des Schlachtschiffes abgesehen, gab es auch nur die beiden Flakkreuzer NYMPHE (in der Kvanik-Bucht) und THETIS, beide mit je sechs 10,5 cm S.K. C/32, sechs 2 cm C/38 und zwei 4 cm Flak 28 bewaffnet. Hierbei handelte es sich um die ehemaligen norwegischen Küstenpanzerschiffe TORDENSKJOLD und HARALD HAARFAGRE, die nach ihrer Übernahme zur Kriegsmarine in der Bewaffnung eine Umrüstung erfahren hatten. Darüber hinaus gab es im Raum Alta an Land fünf Flakbatterien, ausgestattet mit Geschützen vom Kaliber 7,5 cm bis 15,5 cm. Außerdem waren im Bereich des

Oksfjords zur Seeverteidigung noch vier Batterien mit Geschützen vom Kaliber 14,5 cm und 15,5 cm vorhanden. Daneben standen noch ein paar leichte Fla-Geschütze zur Verfügung.

Der Erfolg des Angriffs war zweifellos der gelungenen Überraschung zuzuschreiben; denn die Vernebelung des Fjords hatte beim Eintreffen der Bomber noch nicht voll eingesetzt und behinderte weitgehend die Feuerleitung der Flak. Schwere Verluste erlitten auf der TIRPITZ die Bedienungen der ungeschützten 3,7-cm- und 2-cm-Geschütze. Frühzeitig wurden die beiden vorderen Fla-Leitstände und der Hauptleitstand durch Bordkanonenbeschuß der Jäger außer Gefecht gesetzt und ehe der achtere Stand übernehmen konnte, schoß die Schiffsflak unregelmäßig mit lokaler Feuerleitung. Eine der ersten Bomben traf die Brücke und verwundete den Kommandanten, woraufhin KKpt. Heydel, der Navigationsoffizier, das Kommando übernahm. Insgesamt schienen beim ersten Angriff fünf AP-Bomben und vier Sprengbomben das Schiff getroffen zu haben. Sie verursachten erhebliche Zerstörungen in den Aufbauten, Brände und zahlreiche Verluste. Um 06.45 Uhr trat eine Angriffspause ein, KptzS. Junge, der I.O., übernahm das Kommando über das Schiff und die Verwundeten wurden versorgt.

Zu diesem Zeitpunkt lag die TIRPITZ abgedriftet breitseits im Kaafjord. Ihr Bug zeigte nach Westen und befand sich dicht unter Land. Der Steuerbordanker war ausgebracht und zwei Schlepper kamen längsseits, um an Bug und Heck Schlepptrossen hinüberzugeben. Inzwischen war es 07.25 Uhr. Acht Minuten später traf die zweite Welle der Bomber ein. Die Schlepper warfen sofort die Trossen los und setzten sich ab, während ein heftiges Sperrfeuer einsetzte. Bei diesem Angriff erhielt das Schiff nochmals fünf Bombentreffer, die in den oberen Decks weitere Zerstörungen anrichteten. Bei diesen Angriffen wurden je ein »Barracuda«-Bomber der 829. Squadron (LS 551) und der 830. Squadron (LS 569) abgeschossen; der letztere stürzte nahe dem Liegeplatz der NEUMARK ab und wurde später teilweise geborgen. Auch ein »Hellcat«-Jäger ging verloren.

Insgesamt trafen die TIRPITZ vier 726-kg-AP-Bomben, fünf 227-kg-SAP-Bomben und fünf 227-kg-MC-Bomben, hauptsächlich an der Steuerbordseite, aber keine von ihnen durchschlug das Hauptpanzerdeck. Die Verluste betrugen 122 Tote und 316 zum Teil schwer Verwundete. Die Aufbauten stellten ein ziemliches Trümmerfeld dar, die Flugzeughallen waren ausgebrannt und die Bordflugzeuge nur noch Wracks. Der letzte der zahlreichen Brände konnte erst in den späten Abendstunden gelöscht werden. Zusätzlich war das Versorgungsschiff C.A. LARSEN in Brand geraten und hatte Beschädigungen erlitten, war aber nicht gesunken. Die britischen Jäger hatten auch *UJ 1212* im Stjernsund und *UJ 1218* im Kaafjord sowie das Handelsschiff DOLLART vor Lopps mit ihren Bordwaffen beschossen.

Die Ausbesserungsarbeiten mußten von neuem beginnen und es sollten einige Monate vergehen, ehe die TIRPITZ wieder einsatzbereit sein würde. Im Mai 1944 löste KptzS. Junge, der bisherige I.O., KptzS. Hans Meyer als Kommandant ab. Weitere Luftangriffe gegen das deutsche Schlachtschiff mußten infolge schlechten Wetters ausfallen, ehe am 17. Juli 1944 ein erneuter Angriff in Gang kam. Diesen – die Operation »Mascot« – führten 44 »Barracuda«-Bomber der 820., 826., 827. und 830. Squadron durch, gesichert von 48 Jägern. Sie wurde zu einem Fehlschlag, da das Frühwarnsystem für das Schlachtschiff verbessert worden war und die starke Einnebelung Treffer verhinderte. Ähnliche Operationen des FAA gerieten aus denselben Gründen zum Mißerfolg: »Goodwood I« am 22. August vormittags, »Goodwood II« am 22. August nachmittags, »Goodwood III« am 24. und »Goodwood IV« am 29. August 1944.

Dann war die RAF an der Reihe. Doch infolge der großen Entfernung zum Kaafjord mußte ihr Angriff von Nordrußland aus geflogen

Oben: Luftbild eines RAF-Aufklärers von der TIRPITZ, aufgenommen am 12. Juli 1944. (IWM)

Links oben: Zerstörungen durch Bombentreffer beim »Barracuda«-Angriff vom 3. April 1944. (IWM)

Links unten: Blick von der Schornstein-Plattform nach achtern. Erkennbar ist der modifizierte achtere Fla-Leitstand für die Aufnahme eines »Würzburg«-FuMG.

werden. Am 10. September 1944 starteten in Lossiemouth/Schottland 39 »Lancaster«-Bomber der 617. und der 9. Squadron zur Operation »Paravane« Richtung Nordrußland. Unterwegs gingen fünf Maschinen der 9. (LL 884, LM 448, NF 938, NF 985 und PD 211) und eine der 617. Squadron (ME 559) durch Bruchlandung verloren. Der Rest erreichte Jagodnik auf einer Insel in der Dwina nahe Archangelsk. Von dort aus starteten am 15. September 28 »Lancaster«-Bomber zum Angriff auf die TIRPITZ. 21 Maschinen waren mit je einer der furchteinflößenden 5,4-t-»Tallboy«-Bomben und sechs mit Unterwasserminen bewaffnet. Letztere waren 181-kg-Minenbomben mit einer Sprengladung von 41 kg Torpex, die an einem Fallschirm niedergingen. Entworfen, um in mindestens 14 m Wassertiefe zu detonieren, sollte diese Minenbombe zwei Stunden lang zwischen Wasseroberfläche und Meeresboden hin und her schwingen, ehe sie schließlich in die Tiefe sank. Bei der späteren Untersuchung verursachten sie der deutschen Seite großes Kopfzerbrechen. Die letzte »Lancaster«, eine Maschine der 463. Squadron, hatte eine Luftbildkamera-Ausrüstung an Bord.

Bedauerlicherweise mißlang die Überraschung und die Bomben mußten in den Nebel geworfen werden. Die Maschinen warfen 17 »Tallboy«-Bomben und 72 Minenbomben JW 6 ab, aber nur eine »Tallboy«-Bombe traf das Schiff. Sie durchschlug das Vorschiff an Steuerbord und detonierte in den untersten Schiffsräumen vor dem Panzerquerschott, das hielt. Die Detonation riß ein riesiges Loch (10 m x 16 m), durch das 1000 t Seewasser ins Schiff strömten. Die Erschütterung der Detonation war im gesamten Schiff zu spüren und sämtliche Abteilungen vor dem Panzerquerschott waren zerstört. Alle Maschinenfundamente waren gerissen, die Unterwasserschäden am Schiffskörper erstreckten sich bis zum Turm A und ein Teil des Oberdecks war nach oben aufgeklappt. Mit diesem Treffer hatte die TIRPITZ ihre Seefähigkeit und damit auch ihre Gefechtsfähigkeit in See verloren. Ihre Bewaffnung hatte kaum Schaden genommen, ausgenommen vier 3,7 cm und drei R.A.G.[230] auf dem Vorschiff. Beim Angriff selbst ging keines der angreifenden Flugzeuge verloren, wenn auch eine Maschine der 617. Squadron (PB 416) auf dem Rückflug nach Großbritannien abstürzte.

Die Zeit der TIRPITZ als seegehendes Kampfschiff hatte ihr Ende gefunden. Angesichts der nunmehr im hohen Norden gegebenen Lage war jede Reparatur größeren Ausmaßes unmöglich geworden. GAdm. Dönitz war jedoch der Auffassung, das Schiff könnte bei der Verteidigung Norwegens gegen die noch immer erwartete alliierte Landung eine Rolle spielen. Infolgedessen sollte eine notdürftige Reparatur des Vorschiffes erfolgen, um das Schlachtschiff im Anschluß daran als »schwimmende Batterie« westlich des Lyngenfjord verwenden zu können. Die 1. Kampfgruppe[231] hörte damit de facto auf zu bestehen und KAdm. Rudolf Peters, ihr letzter Befehlshaber seit Juni 1944, sollte in Kürze seine Flagge niederholen. In der Mittagsstunde des 15. Oktober 1944 verließ die TIRPITZ den Kaafjord zum letzten Male. Von den beiden Flakkreuzern NYMPHE und THETIS, drei AFP und vier Minensuchern gesichert, trat sie mit einer Geschwindigkeit von 8 kn – einen größeren Wasserdruck hielt das vordere Panzerquerschott nicht aus – ihre letzte Fahrt in See an und traf am nächsten Morgen im Sandesund ein. Am 20. Oktober wurde die 1. Kampfgruppe offiziell aufgelöst. KAdm. Peters bedauerte sehr, daß er seit der Übernahme dieses Postens am 6. Juni keine Gelegenheit gehabt hatte, sie ins Gefecht zu führen. Am Tage nach der Ankunft wurde das gesamte Maschinenpersonal ausgeschifft und an Bord verblieb nur noch eine auf 1700 Mann verringerte Besatzung.

Der neue Liegeplatz der TIRPITZ befand sich in Lee der Insel Haakøy, etwa vier Seemeilen westlich von Tromsø.[232] Ihre Ankunft wurde püntlich von norwegischen Agenten gemeldet und durch die Luftbildaufklärung der RAF festgestellt. Dies brachte die sofortige Erkenntnis, daß die »Lancaster«-Bomber mit einigen Abänderungen nunmehr von ihren RAF-Flugplätzen aus das Schiff erreichen konnten. Die etwas zweifelhafte Unterstützung der sowjetischen Seite war nicht mehr erforderlich. Es war jedoch notwendig, die Merlin-Motoren bei den »Lancaster«-Maschinen der 617. und 9. Squadron gegen solche des Typs Merlin 24 auszutauschen und die oberen MG-Türme sowie die Panzerplatte zu entfernen, damit die Flugzeuge den 3623 km langen Hin- und Rückflug schaffen konnten. Selbst dann noch waren ein »Wellington«-Langstrecken-Tankflugzeug und ein »Mosquito«-Tankflugzeug erforderlich, um den zusätzlichen Treibstoff mitzuführen.

Am 29. Oktober 1944 griffen 32 »Lancaster«-Bomber, wieder von einem Bildaufklärer der 463. Squadron begleitet, um die Ergebnisse zu fotografieren, im Rahmen der Operation »Obviate« die TIRPITZ an ihrem neuen Liegeplatz mit »Tallboy«-Bomben an. Direkte Treffer wurden keine erzielt. Ein Nahtreffer verbog eine der Wellen und es kam zu einem Wassereinbruch. Eine Maschine der 617. Squadron (NF 920) wurde durch Flakfeuer beschädigt und machte in Schweden eine Bruchlandung. Erst am 12. November führten dieselben Staffeln mit der Operation »Catechism« einen weiteren Angriff durch. Die verankert liegende TIRPITZ wurde an einem prächtigen, sonnigen Tag mit wolkenlosem Himmel angetroffen. Es gab weder eine Jagdsicherung noch war das Schiff eingenebelt. Das Schlachtschiff schoß drei Salven

Ganz oben: Die in Gotenhafen im Hafenbecken V auf Grund liegende SCHLESWIG-HOLSTEIN nach dem Kriege. (WBB)

Oben: Die ADMIRAL SCHEER 1943 in Swinemünde. (WBB)

38 cm im Zonenschießen und danach eröffnete die Schiffsflak zum aussichtslosen Versuch einer Selbstverteidigung das Feuer. Die 617. Squadron warf ihre »Tallboy«-Bomben zuerst, gefolgt von der 9. Squadron.

Die erste Warnung vor einem Luftangriff erreichte die TIRPITZ gegen 08.00 Uhr, denn das Schiff war direkt mit der Luftwarnzentrale in Tromsø verbunden. Etwa eine Viertelstunde später wurde Jagdsicherung angefordert und auf dem Schiff wurden die Gefechtsstationen bezogen. Um 08.54 Uhr ertönten in Tromsø die Luftschutzsirenen und um 09.15 Uhr kamen die britischen Bomber in Sicht. Fünf Minuten später wurde noch einmal dringlich Jagdsicherung angefordert und ein paar Fw 190 des J.G.5 in Bardufoss stiegen sofort auf. Niemand hatte jedoch die Luftwaffe von der Verlegung des Schlachtschiffes nach Tromsø informiert. Um 09.34 Uhr eröffnete die 10,5-cm-Flak das Feuer, gefolgt von den 3,7-cm- und einige Minuten später von den 2-cm-Fla-Geschützen. Eine »Tallboy«-Bombe (wahrscheinlich als vierte abgeworfen) traf mit Sicherheit das Schiff, vermutlich gefolgt von zwei weiteren. Den entscheidenden Treffer empfing das Schiff auf der Backbordseite nahe dem Katapult in die Seitenabteilung des Backbordturbinenraums. Die Bombe durchschlug alle Decks einschließlich des Panzerdecks. Eine weitere Bombe schlug querab der achteren E-Meßbasis auf der Backbordseite in die See und verursachte einen starken Detonationsblitz, während die nächsten vier Bomben innerhalb des Netzkastens niedergingen. Die neunte Bombe traf querab von Turm D und Sekunden später entwickelte sich eine riesige Rauchwolke, unabhängig gefolgt vom Aufblitzen einer Munitionsexplosion mittschiffs, die nicht mit dem Bombentreffer in Zusammenhang stand.

Weitere Bomben schlugen verstreut um den Liegeplatz des Schiffes ein. Riesige Wassersäulen stiegen über dem Schiff empor, das rasch 35° Schlagseite nach Backbord erhielt. Der Befehl zum Gegenfluten wurde gegeben, konnte aber nicht mehr durchgeführt werden. Danach erging der Befehl zum Verlassen des Schiffes. Die Backbordschlagseite nahm weiter zu, bis sie 60° erreichte. In dieser Lage verharrte das Schiff kurz. Dann ereignete sich eine riesige Explosion in der Nähe des Turms C, der mit seinem gesamten drehbaren Unterbau hochgehoben und aus dem Schiff gewirbelt wurde. Kurze Zeit später kenterte die TIRPITZ und stieß mit ihren Aufbauten auf den Meeresgrund.

Eine spätere Untersuchung erwies, daß an Backbord die Schiffsseitenwand zwischen Spant 98 und Spant 132 weggerissen war, weiter nach vorn gab es aber nur Splitterschäden. Die genaue Ursache der Explosion bei Turm C ist nie festgestellt worden. Vermutlich liefen der achtere Turbinenraum mittschiffs und der Kesselraum Mitte 1 sowie alle Räume auf der Backbordseite der Mittschiffslinie zwischen Spant 83 und Spant 154,5 sehr rasch voll. Dieser unmittelbare Wassereinbruch reichte aus, um die 35°-Schlagseite zu verursachen. Da das Seewasser weiterhin einströmte, steigerte sich die Schlagseite auf 60°. Nach späteren Berechnungen müßten sich zu diesem Zeitpunkt 17.000 t Seewasser im Schiff befunden haben. Normalerweise hätte dies zum Überrollen geführt, aber es wurde angenommen, daß weicher Schlick auf dem Grund diesen Vorgang gestoppt haben dürfte, bis sich die Explosion bei Turm C ereignete. Mit 902 Gefallenen waren die Verluste an Menschenleben sehr hoch, darunter auch der Kommandant, KptzS. Robert Weber, der am 4. November 1944 nach dem Eintreffen des Schiffes bei Tromsø KptzS. Junge abgelöst hatte. Jetzt verblieben der Kriegsmarine an Großkampfschiffen nur noch die zwei ehemaligen Panzerschiffe, die sich beide in der Ostsee aufhielten.

In der Ostsee brachte der Beginn des Jahres 1944 hinsichtlich der Aktivität der Kriegsmarine kaum eine Veränderung. Soweit es die noch vorhandenen schweren Schiffe betraf, gehörten diese als Schulschiffe zum »Ausbildungsverband Flotte« unter Führung von VAdm. Thiele. Die LÜTZOW, seit Januar 1944 unter dem Kommando von KptzS. Knoke (ehemaliger I.O. des Schiffes zwischen 1941 und 1943), unterzog sich von Ende 1943 bis zum 15. März 1944 einer dreimonatigen Werftliegezeit in Libau, während die ADMIRAL SCHEER (seit Februar 1943 unter Führung von KptzS. Rothe-Roth) noch bis zum 13. Januar 1944 in Gotenhafen die in Wilhelmshaven unterbrochene Werftliegezeit fortsetzte. Seit ihrer Rückkehr aus norwegischen Gewässern gehörten beide Schiffe – wie auch seit 1941 die veralteten Linienschiffe SCHLESIEN und SCHLESWIG-HOLSTEIN – dem Ausbildungsverband an. In ihrer Aufgabe als Schulschiffe stellten sie keine leistungsfähigen Kampfschiffe mehr dar, denn eine große Anzahl in Ausbildung befindlicher Kadetten hatten einen Teil der regulären Besatzung abgelöst. Darüber hinaus verbrachten die Schulschiffe infolge der Heizölknappheit nur sehr wenig Zeit in See. Was die beiden ehemaligen Panzerschiffe anbetrifft, scheint die LÜTZOW die Ausbildung in See durchgeführt zu haben, während ihr Schwesterschiff wesentlich weniger Seetage hatte. In ähnlicher Weise diente die SCHLESWIG-HOLSTEIN bis zum Februar 1944 hauptsächlich als Wohnschiff und stationärer Ausbildungshulk. Anschließend wurde sie wieder in Dienst gestellt und wie

Oben: Die LÜTZOW 1944. Beachte die mit Schilden versehenen 2-cm-Fla-Geschütze auf der Back sowie anscheinend eine 2-cm-Vierlingsflak auf der Decke von Turm A. (Real Photos)

Oben rechts: Die ADMIRAL SCHEER 1944. Beachte die erhöhte Schornsteinkappe. (WBB)

die SCHLESIEN als Schulschiff verwendet. Hierbei scheint die Tatsache ausschlaggebend gewesen zu sein, daß diese veralteten Linienschiffe noch Kohlebefeuerung besaßen, ein Umstand, der bei der vorhandenen Heizölknappheit von Bedeutung war.

Mit dem Fortgang des Jahres 1944 begann sich die Lage an der Ostfront zu verschlechtern und es zeichnete sich ab, daß auf die schweren Einheiten eine aktivere Rolle zukam. Infolgedessen wurde die Aufstellung einer 2. Kampfgruppe – als 1. Kampfgruppe wurde von nun an der TIRPITZ-Verband bezeichnet – und, falls erforderlich, einer 3. Kampfgruppe geplant. Doch für den Augenblick ruhten diese Absichten. Nichtsdestoweniger verursachte die sowjetische Offensive im Frühsommer 1944 gegen die Finnen an der Karelienfront am östlichen Ende des Finnischen Meerbusens einige Besorgnis. Daher wurde es vom politischen Standpunkt her als angebracht empfunden, Finnland einen sichtbaren Beweis deutscher Unterstützung zu liefern. In das Innere des Finnischen Meerbusens wurden leichte Seestreitkräfte und an seinen Westeingang ein schwerer Verband entsandt. Die letztere Operation lief unter dem Decknamen »Unternehmen Tanne West«, und sie hatte für den Fall der finnischen Kapitulation – Sicherung der Erztransporte aus Schweden – die Besetzung und die Einrichtung eines Stützpunktes in den Ålands-Inseln zum Ziel. Beteiligt waren die Schweren Kreuzer LÜTZOW und PRINZ EUGEN, das Nachtjagdleitschiff TOGO sowie Zerstörer und Torpedoboote. Jagdsicherung stellten die Fw 190 der I./J.G.54 in Turku/Finnland. Es wurden netzgeschützte Liegeplätze angelegt und die Flakverteidigung der Inseln verstärkt. Am 24. Juni 1944 ging die LÜTZOW von Gotenhafen aus in See, gesichert durch die T-Boote *T 3, T 4* und *T 12.* Doch die Krise hielt nur eine kurze Zeit an und am 8. Juli trat die LÜTZOW den Rückmarsch nach Gotenhafen an.

Um diese Zeit spitzte sich die Lage im Nordabschnitt der Ostfront um Riga, der Hauptstadt Lettlands, zu und die Pläne für die Bildung der 2. Kampfgruppe wurden in die Tat umgesetzt. VAdm. Thiele, der gegenwärtige Befehlshaber des Ausbildungsverbandes, erhielt in Personalunion das Kommando über die 2. Kampfgruppe – auch als »Kampfgruppe Thiele« bezeichnet und truppendienstlich dem Flottenchef (ab 31. Juli 1944 VAdm. Meendsen-Bohlken) unterstellt –, während entweder GenAdm. Schniewind (ab August 1944 Führerreserve) oder VAdm. Kreisch, der Führer der Zerstörer, als Befehlshaber der 3. Kampfgruppe vorgesehen waren, sollte diese gebildet werden. VAdm. Thiele erhielt seine formelle Ernennung als Befehlshaber der 2. Kampfgruppe am 17. Juli 1944. Am 29. Juli beauftragte ihn GAdm. Dönitz, die Evakuierung aller deutschen Familienangehörigen sowie des Personals und der Verwundeten aus Riga zu decken. Zur Erfüllung dieser Aufgabe lief die LÜTZOW mit der 2. T-Flottille – *T 1, T 4, T 9* und *T 12* – aus. Aber ehe noch der Rigaische Meerbusen erreicht wurde, hatte sich die Lage stabilisiert und der Schwere Kreuzer wurde vor die Irben-Straße beordert, dem Westeingang zum Rigaischen Meerbusen. Da dies jedoch den Verbrauch knappen Heizöls bedeutete und das Schiff einem möglichen Unterseebootsangriff aussetzte, erhielt die LÜTZOW Befehl, nach Libau einzulaufen; dort konnte sie von der Flakverteidigung des Hafens unterstützt werden.

Die zunehmende Gefahr und Wirksamkeit sowjetischer Luftangriffe wurde jetzt überall in der Ostsee und im Finnischen Meerbusen spürbar. Daher wurde ein Progamm (»Barbara«) zur Verstärkung der Flakausrüstung der Schiffe in Angriff genommen. Als das wertvollste der schweren Schiffe stand die LÜTZOW für eine entsprechende Werftliegezeit in der Prioritätenliste ganz oben. Sie verlegte daher zur Umrüstung der Flakbewaffnung am 28. August 1944 von Libau nach Gotenhafen. Dort erhielt sie in den nächsten paar Wochen vier 4-cm-(Bofor-) Flak 28 in Einzellafette; sie ersetzten zwei der veralteten 3,7-cm-Doppellafetten und zwei der 2-cm-Einzellafetten MG C/38. Eine spätere Überprüfung ergab die Möglichkeit, noch zwei weitere 4 cm einzubauen. Hiermit erhöhte sich die Anzahl der 4-cm-Flak 28 auf sechs. 2-cm-Doppellafetten LM 44 mit Schilden ersetzten die bisherigen 2-cm-Einzellafetten, aber für die noch auf dem Schiff verbliebenen 3,7-cm-Doppellafetten standen zu dieser Zeit noch keine Schilde zur Verfügung. Erst zu einem späteren Zeitpunkt wurden diese Lafetten von Bord gegeben, um sie mit Schilden zu versehen.

Auch die SCHLESIEN erfuhr in der Flakbewaffnung eine Umrüstung; sie führte schließlich zur Ausstattung mit zwei Flak 28, vier 3,7 cm S.K. C/30 in zwei Doppellafetten und zwanzig 2 cm (2 x 4, 6 x 2). SCHLESWIG-HOLSTEIN hatte dagegen keine Umrüstung erhalten. Für die beiden alten Linienschiffe war allerdings folgende Endausstattung vorgesehen:

SCHLESWIG-HOLSTEIN:	6 x 10,5 cm S.K. C/32g.E. (6 x 1),
	6 x 4 cm Flak 28 (6 x 1),
	4 x 3,7 cm S.K. C/30 (2x2),
	24 x 2 cm (3 x 4, 6 x 2).
SCHLESIEN:	6 x 10,5 cm S.K. C/32g.E. (6 x 1),
	10 x 4 cm Flak 28 (10 x 1),
	22 x 2 cm (4 x 4, 3 x 2).

Die beiden Schiffe sollten Funkmeßgeräte vom Typ FuMO 25 sowie eine umfassende FuMB-Ausstattung erhalten. Ende Oktober 1944 erging der Befehl, daß die drei in Gotenhafen liegenden U-Bootbegleitschiffe ihre Nacht-E-Meßbasen und anderes Feuerleitgerät abzugeben hatten, um hiermit die veralteten Linienschiffe auszurüsten. Für beide Schiffe war der Umbau zum »Konvoi-Begleitschiff« vorgesehen. Für die SCHLESIEN begann die Große Werftliegezeit in Gotenhafen am 15. Juli und die für die SCHLESWIG-HOLSTEIN auf derselben Werft am 27. Sep-

Rechts oben: Die LÜTZOW in Swinemünde am 16. April 1945. (PRO)

Rechts Mitte: Die LÜTZOW am 19. April 1945 nach dem Angriff der »Lancaster«-Bomber. Beachte die Bombentrichter der »Tallboy«-Bomben und die Bergungsfahrzeuge längsseits des Schiffes. Naheinschläge der schweren Bomben rissen den Schiffskörper auf, so daß sich das Schiff auf den Odergrund setzte. Seine Artillerie blieb weiterhin einsatzbereit: Bis zum Verschuß ihrer letzten Granate am 3. Mai 1945 bekämpfte die LÜTZOW sowjetische Stellungen um Swinemünde. Danach sprengte ein Kommando der Besatzung das Schiff. (PRO)

Rechts unten: Die LÜTZOW nach Kriegsende. (WBB)

tember 1944.[233] Zum Umbau gehörte auch eine verbesserte Ausstattung für Eisbrecher-Dienste im kommenden Frühjahr, eine Aufgabe, die mit dem Fortgang des Jahres 1944 im Hinblick auf die im Baltikum abgeschnittene und über See zu versorgende deutsche Kurland-Armee immer größere Bedeutung gewann. Das Aufrechterhalten der Seeverbindungen zwischen Gotenhafen, Memel und insbesondere Libau und Windau war lebenswichtig. Doch im Gegensatz zu den früheren Kriegswintern mußte diese Aufgabe im Winter 1944/45 aller Voraussicht nach unter Kriegsbedingungen erfüllt werden, d. h. vor allem unter der ständigen Gefahr sowjetischer Luftangriffe. Aus diesem Grunde sollten die veralteten Linienschiffe auch eine verstärkte Flakbewaffnung erhalten.

Nach dem Ausscheidens Finnlands aus dem Krieg (15. September 1944) kehrte die LÜTZOW Ende September zu den Ålands-Inseln im Verband der 2. Kampfgruppe zurück. Zu ihr gehörte noch der Schwere Kreuzer PRINZ EUGEN sowie die Zerstörer *Z 35* und *Z 36* und die Torpedoboote *T 1* und *T 8*. Sie hatten die Aufgabe, die Evakuierung der letzten deutschen Streitkräfte aus Kemi am Nordende des Bottnischen Meerbusens durch die Ålands-See zu decken. Dieses Unternehmen verlief ohne besondere Ereignisse und am 25. September befand sich die LÜTZOW wieder in Gotenhafen. Doch weitere Einsätze standen unmittelbar bevor, denn am 10. Oktober 1944 brach die 1. Baltische Front der Roten Armee zwischen Libau und beiderseits von Memel zur Ostseeküste durch und schnitt die deutschen Streitkräfte in Kurland ab. Damit befanden sich Kräfte der Roten Armee in der Reichweite deutscher Schiffsgeschütze und der Flottenchef, VAdm. Meendsen-Bohlken, bereitete sich darauf vor, mit den noch vorhandenen schweren Einheiten der Kriegsmarine in die mit letzter Kraft geführten Landkämpfe am nördlichsten Abschnitt der Ostfront einzugreifen.

Nur LÜTZOW und PRINZ EUGEN wurden als voll einsatzfähig angesehen. Die ADMIRAL SCHEER fand schon seit langem als Schulschiff im Ausbildungsverband Flotte Verwendung, den seit dem 30. September 1944 KAdm. Rogge als Befehlshaber führte, während die ADMIRAL HIPPER Anfang 1943 außer Dienst gestellt worden war und nach einer Werftliegezeit (Kesselraum 3 blieb betriebsunfähig) und erneuter Indienststellung ab März 1944 als Schulschiff dem Ausbildungsverband angehörte. Hinsichtlich der bevorstehenden Aufgaben wurde keinem der Leichten Kreuzer ein hoher Einsatzwert zugesprochen. Daher hatten LÜTZOW und PRINZ EUGEN, unterstützt durch die wenigen noch verbliebenen Torpedoboote und Zerstörer, die Hauptlast zu tragen. ADMIRAL SCHEER erhielt den Befehl, sich auf eine aktivere Verwendung vorzubereiten und sobald wie möglich ihre Panzersprenggranaten gegen Sprenggranaten mit Kopfzünder auszutauschen. Doch zum gegenwärtigen Zeitpunkt war das Schiff noch nicht imstande, an den ersten Küstenbeschießungen teilzunehmen. Anfang Oktober 1944 führte die LÜTZOW ein Gefechtsschulschießen gegen das Zielschiff HESSEN durch, ehe der Schwere Kreuzer mit PRINZ EUGEN zu gemeinsamen Übungen in See ging, um sich auf die kommenden Gefechte und Beschießungsaufgaben vorzubereiten. Die Aufgaben der 2. Kampfgruppe waren wie folgt definiert worden:

1. Bekämpfen der Roten Flotte, falls sie aus Leningrad ausbrechen sollte.
2. Unterstützung des Heeres.
3. Durchführung von Sonderaufgaben in der Ålandsee.

Ersteres war unwahrscheinlich und die dritte Aufgabe stellte nur eine geringfügige Anforderung dar. Daher ging es um die zweite Aufgabe, die am wichtigsten war. Doch infolge der Gefahren durch Minen, Unterseeboote und Luftangriffe barg sie beträchtliche Schwierigkeiten. In den frühen Morgenstunden des 11. Oktober 1944 liefen im nebligen Herbstwetter LÜTZOW und PRINZ EUGEN Kurs Nordost, gesichert durch die Zerstörer *Z 25, Z 35* und *Z 36* sowie durch die T-Boote *T 13, T 16* und *T 20*. Die Kampfgruppe steuerte die litauische Küste an, um den bedrängten Heerestruppen nördlich und südlich von Memel Feuerunterstützung zu geben und sowjetische Truppenkonzentrationen zu zerschlagen.

Als sich die Kampfgruppe am 11. Oktober gegen Mittag der Küste näherte, war Artilleriefeuer zu hören, aber durch den Nebel und Regen hindurch konnte die hügelige und bewaldete Küste nördlich von Memel nicht ausgemacht werden. Um 13.36 Uhr eröffnete die PRINZ EUGEN das Feuer. Doch infolge von Zielauswahlproblemen war dies der LÜTZOW erst um 13.56 Uhr auf eine Gefechtsentfernung von 23.000 m möglich. Den ganzen Tag hindurch beschossen die deutschen Schiffe sowohl mit der Schweren wie auch mit der Mittelartillerie Ziele rund um Memel sowie im Hinterland. Um 23.40 Uhr kam schließlich der Befehl zur Feuereinstellung und danach zogen sich die Schiffe von der Küste zurück. In der Nacht stand die Kampfgruppe in See auf und ab und am Morgen des folgenden Tages führte VAdm. Thiele seinen Verband an die Küste zurück, um die Beschießung wieder aufzunehmen. Wieder unterstützten die Schiffe das XXVIII. Armeekorps um Memel, insbesondere die 7. Panzerdivision, diesmal nicht nach Zielangaben der kämpfenden Truppe sondern durch Direktangaben von Vorgeschobenen Beobachtern (V.B.) an Land. Gelegentlich erhielten die Schiffe von Land her Artilleriebeschuß und immer wieder griffen sowjetische Flugzeuge, insbesondere Torpedobomber, den Verband an. Auch sowjetische Unterseeboote machten sich bemerkbar. Doch die Hauptprobleme stellten die Sicht und die für die Feuerleitung wichtigen Fernmeldeverbindungen dar. Am späten Nachmittag des 12. Oktober teilte VAdm. Thiele dem Kampfkommandanten der von Hitler erklärten »Seefestung Memel« * mit, daß die 2. Kampfgruppe ihren Auftrag erfüllt hätte, und die Schiffe setzten einen Kurs zur Rückkehr nach Gotenhafen ab.

Zum erstenmal war die LÜTZOW seit dem Unternehmen »Regenbogen« Ende Dezember 1942 wieder im Gefecht gewesen. Auf die Moral der Besatzung hatte dies eine bedeutsame Auswirkung. Nach einer erneuten Munitions- und Brennstoffübernahme sollte die LÜTZOW sofort zu einem Wiederholungsschlag auslaufen, aber bei der Versorgung mit 28-cm-Munition – LÜTZOW hatte an den beiden Tagen rund 400 Schuß 28 cm verschossen – gab es Verzögerungen, und so lief die PRINZ EUGEN infolgedessen ohne die LÜTZOW aus. Die Munitionsversorgung stellte zu diesem Zeitpunkt ein Problem dar; denn für die LÜTZOW und die ADMIRAL SCHEER standen nur rund 3fi Dotierungen zur Verfügung. Von den Marinearsenalen mußte weiterer Nachschub herangeführt werden, während gleichzeitig die 28-cm- Munition aus Norwegen zurückgeführt wurde. Am 14. Oktober 1944 stieß die LÜTZOW schließlich wieder zur Kampfgruppe von VAdm. Thiele vor Memel. Die Hauptlast der Beschießung am 15. Oktober trug die PRINZ EUGEN, da die LÜTZOW für eine spätere, für den 17. Oktober geplante Operation in Reserve gehalten wurde. Sie gab daher zunächst nur 30 Schuß auf ein Ziel ab, griff aber im späteren Verlauf des Tages wieder voll in die Beschießung zur Abwehr des sowjetischen Großangriffes ein.

Am 17. Oktober 1944 setzte VAdm. Thiele seine Flagge als Befehlshaber der 2. Kampfgruppe auf LÜTZOW, nachdem die PRINZ EUGEN bei der Rückkehr vom zweiten Memel-Einsatz mit dem Leichten Kreuzer LEIPZIG kollidiert war und zur Ausbesserung in die Werft mußte. Bereits am folgenden Tag lief die LÜTZOW aus Gotenhafen wieder aus, mußte aber in der Danziger Bucht vor Anker gehen, bis die Be-

*Zu den Kämpfen um Memel und weitere Städte an der Ostseeküste siehe auch *Heinz Schön: Die letzten Kriegstage – Ostseehäfen 1945.* Stuttgart 1995.

fehle für die Kampfgruppe durchkamen. Erst in den Abendstunden des 22. Oktober trat die LÜTZOW, gesichert durch die Zerstörer *Z 28* und *Z 35* sowie die T-Boote *T 13, T 20* und *T 21*, den Weitermarsch zum dritten Beschießungseinsatz vor der Küste von Memel an. ADMIRAL SCHEER und ADMIRAL HIPPER erhielten zwar den Befehl, sich auf Einsätze vorzubereiten. Schließlich nahm aber keines der beiden Schiffe zum gegenwärtigen Zeitpunkt an Beschießungen teil. Erneut beschoß der Schwere Kreuzer am 23. Oktober mit seiner Schweren und der Mittelartillerie den ganzen Tag über sowjetische Truppenkonzentrationen und angreifende Panzerspitzen im Bereich Memel. Am Nachmittag desselben Tages erhielt die 2. Kampfgruppe Befehl, den Weitermarsch zur Insel Ösel anzutreten, um die hart bedrängten Heerestruppen auf der Halbinsel Sworbe zu unterstützen. Hier stießen am frühen Morgen des 24. Oktober 1944 noch die T-Boote *T 23* und *T 28* zum Verband. Von 07.19 Uhr an schlugen die Granaten der LÜTZOW, die wieder mit der Schweren und der Mittelartillerie schoß, in rascher Salvenfolge den ganzen Vormittag über in sowjetische Angriffsbereitstellungen am umkämpften Flaschenhals ein, der den Übergang zur Halbinsel Sworbe bildete. Im Verlaufe dieses Einsatzes mußten schwere sowjetische Luftangriffe auf die deutschen Schiffe abgewehrt werden, die für die LÜTZOW ohne Schäden blieben. Allerdings erlitt *Z 28* schwere Beschädigungen durch Bombentreffer. Gegen Mittag hatte die 2. Kampfgruppe ihren Auftrag erfüllt – allein die LÜTZOW hatte 300 Schuß 28 cm abgegeben – und trat um 12.43 Uhr mit dem besonderen Dank von Generalleutnant Schirmer, des Kommandeurs der 23. Infanteriedivision und Verteidigers von Sworbe, den Rückmarsch nach Gotenhafen an.

Im November 1944 bekamen die LÜTZOW und die ADMIRAL SCHEER zur Vorbereitung auf den erneuten Einsatz für ihre 3,7-cm-Fla-Geschütze S.K. C/30 Schilde. Gegen die Halbinsel Sworbe hatte inzwischen ein erneuter sowjetischer Großangriff begonnen und am 18. November griffen zunächst die wieder ausgebesserte PRINZ EUGEN mit VAdm. Thiele an Bord und ihre Sicherungsschiffe in die Schlacht ein. Am 21. November lief die ADMIRAL SCHEER unter Sicherung von *T 3* und *T 12* aus, um die »verschossene« PRINZ EUGEN im Rahmen des Unternehmens »Hammer« – Einsatz zur Unterstützung des Heeres vor Sworbe – abzulösen. Letztere kam noch am selben Abend in Sicht und VAdm. Thiele setzte seine Flagge auf ADMIRAL SCHEER. Am nächsten Tag setzte die ADMIRAL SCHEER die Beschießung fort und benutzte ihr eigenes Bordflugzeug zur Artilleriebeobachtung. Landbatterien erwiderten das Feuer und gabelten das Schiff ein, erzielten aber keine Treffer. Die ADMIRAL SCHEER verschoß an diesem Tag 143 Schuß 28 cm und 374 Schuß 15 cm. Am folgenden Morgen – 23. November – ging die Beschießung weiter. Doch nicht nur Landbatterien erwiderten den Beschuß, sondern es gab auch wieder konzentrierte Luftangriffe durch sowjetische Torpedoflieger und Bomber. Bei einem dieser Angriffe wurde die Arado des Schiffes abgeschossen. Im Verlaufe dieses Tages kam es erneut zu einem großen Munitionsverbrauch. Doch am späten Nachmittag traf die Nachricht ein, daß in der folgenden Nacht die Halbinsel Sworbe geräumt werden sollte. In der Nacht zum 24. November stand die ADMIRAL SCHEER zum Decken der Absetzbewegungen in Bereitschaft und in den Morgenstunden stieß auch die LÜTZOW zur 2. Kampfgruppe. Doch die Räumung verlief ohne besondere Ereignisse und die Kriegsschiffe brauchten nicht einzugreifen. Am 25. November 1944 nach Gotenhafen zurückgekehrt, erhielten die beiden Schiffe den Befehl zur 12-Stunden-Bereitschaft.

In der Nacht vom 18./19. Dezember 1944 griffen 236 »Lancaster«-Bomber des Bomber Command Gotenhafen an und richteten unter den Schiffen und an den Hafeneinrichtungen beträchtliche Verluste und Schäden an. Zu den getroffenen Schiffen gehörte auch die SCHLESWIG-HOLSTEIN, die noch ihre Werftliegezeit bei den Deutschen Werken absolvierte. Das Schiff war in das Hafenbecken 5 verholt worden und führte gerade die Turbogenerator-Erprobungen durch. Es hatte die gesamte Besatzung an Bord und die Gefechtsstationen waren bezogen. Die erste Bombe schlug in der Abteilung IV ein und detonierte im Backbordmaschinenraum, die zweite in der Abteilung III im Maschinenraum achtern mittschiffs und die letzte traf in der Wasserlinie neben Turm B. Diese dritte Bombe durchschlug den Schiffsboden, ohne zu detonieren. Im achteren Maschinenraum strömte aus dem zerstörten Hauptkondensator Heißdampf, der zu seiner sofortigen Räumung zwang. Wassereinbruch im Kesselraum 1 setzte die einzigen beiden im Betrieb befindlichen Kessel außer Gefecht und Bombentreffer an Land zerstörten die Strom- und Feuerlöschleitungen. Der Ausfall beider Turbogeneratoren führte zum Zusammenbruch der gesamten elektrischen Stromversorgung und die Beleuchtung erlosch. Eine eingetretene Schlagseite nach Backbord von 11° konnte durch Gegenfluten auf 4° begrenzt werden, wenn auch das Schiff gegen die Pier gelehnt blieb. Doch im Achterschiff strömten beträchtliche Mengen an Seewasser ein und das Heck setzte sich auf Grund. Außerdem waren mit 28 Toten erhebliche Verluste an Menschenleben zu verzeichnen. Am nächsten Tag kam ein Bergungsschiff längsseits, um die gefluteten Abteilungen zu lenzen. Doch es brachen weitere Brände aus, die erst einige Zeit später gelöscht werden konnten. Hierdurch wurden die Teile des Schiffes über Wsser restlos zerstört. Die Bergungsversuche wurden am 26. Dezember 1944 abgebrochen, als sich das gesamte Schiff zurück auf Grund setzte. Einen Monat später kam der Befehl zur Außerdienststellung; sie erfolgte am 25. Januar 1945. (Am 21. März 1945 erlitt das wracke Schiff vor dem Fall Gotenhafens durch Sprengungen weitere Beschädigungen.) Bei diesem Luftangriff erlitt die LÜTZOW keine Beschädigungen, obwohl der unmittelbar achteraus liegende Dampfer WARTHE schwer getroffen wurde und sank. Das Bomber Command verlor bei diesem Angriff vier Maschinen (LM 671, NG 114, NN 726 und PB 723).

Da die Gefahr weiterer Luftangriffe bestand, wurden LÜTZOW und ADMIRAL SCHEER Ende Dezember 1944 zur Sicherheit nach Pillau verlegt. Dort verblieben sie bis in das neue Jahr hinein.

Ende Januar und in der ersten Februarwoche 1945 griffen LÜTZOW und ADMIRAL SCHEER mehrfach zur Unterstützung des Heeres gegen das sowjetische Vordringen in Ostpreußen ein. Am 6. März 1945 traten die beiden Schiffe unter Sicherung durch die Zerstörer *Z 34* und *Z 43* sowie durch die T-Boote *T 23* und *T 33* den Marsch nach Westen an. Am nächsten Tag lief die LÜTZOW mit ihrer Sicherung in Swinemünde ein und ging in der Kaiserfahrt vor Anker, während die ADMIRAL SCHEER, gesichert durch PAUL JACOBI, *Z 38, Z 31* und *T 36,* nach einem Beschießungseinsatz vor Wollin infolge seiner ausgeschossenen Geschützrohre zum Einsetzen neuer Seelenrohre nach Kiel gehen mußte.

Die inzwischen wieder in Dienst gestellte SCHLESIEN sollte ursprünglich am 14. März 1945 die Verlegung nach Flensburg antreten, wurde aber in der Danziger Bucht zurückgehalten, um zusammen mit der PRINZ EUGEN am 13. und am 17. März im Raum Zoppot Beschießungen gegen durchgebrochene sowjetische Verbände durchzuführen. Am 18. März kam das Schiff erneut zum Einsatz und erhielt am nächsten Tag den Befehl, spätestens am Nachmittag des 20. März nach Westen zu verlegen. Am 20. März lief die SCHLESIEN aus Gotenhafen aus, um direkt nach Swinewünde zu gehen. Doch kurz vor Mitternacht wurde dieser Befehl widerrufen und so erreichte das alte Linienschiff erst am 22. März mit 1150 Verwundeten und Flüchtlingen an Bord Swinemünde. Am 21. März kehrte die LÜTZOW mit *Z 31* und *Z 34* in die Danziger Bucht zurück. Dort verblieb sie, um zusammen mit der PRINZ EUGEN zahlreiche Ziele – oft unter Luftangriffen und Beschuß von Land her – an der Danziger Bucht unter Beschuß zu nehmen. Nach dem Verschießen aller vorhandenen Munition und knapp an Brennstoff traten PRINZ EUGEN und LÜTZOW unter Sicherung von PAUL JACOBI, *Z 31, Z 38* und *T 36* den Rückmarsch nach Swinemünde an.

Die Anwesenheit der schweren Schiffe zwischen den Beschießungseinsätzen war dem britischen Geheimen Nachrichtendienst bekannt und die RAF flog eine Reihe von Luftangriffen gegen diesen Hafen und seine Umgebung. Der erste fand am 13. April 1945 durch 34 »Lancaster«-Bomber statt, aber infolge der Wolkendecke blieb er erfolglos. Ein zweiter Luftangriff wurde am 15. April wieder bei Tage unternommen. An ihm nahmen 20 »Lancaster«-Bomber teil und 17 hatten je eine »Tallboy«-Bombe an Bord. Erneut erzielten die Maschinen keine Treffer, da das Wetter für einen genauen Bombenabwurf zu schlecht war. Schließlich unternahm die 617. Squadron am 16. April mit 18 »Lancaster«-Bombern einen weiteren Tagesangriff; 14 Maschinen hatten je eine »Tallboy«-Bombe an Bord. »Mustang«-Langstreckenjäger der 442. und 611. Squadron stellten an diesem klaren Tag die Jagdsicherung. Naheinschläge dieser überschweren Bomben rissen den Schiffskörper der LÜTZOW auf und verursachten erhebliche Wassereinbrüche, so daß sich das Schiff bei dieser geringen Wassertiefe allmählich auf Grund setzte. Eine »Lancaster« (EG 228) wurde abgeschossen. Hiermit war das Ende der LÜTZOW jedoch noch nicht besiegelt. Lenzpumpen hielten das E-Werk 4 soweit trocken, daß die Stromversorgung wieder funktionierte. Somit waren sowohl die Schwere wie auch die Mittelartillerie noch einsatzbereit. Von Ende März bis zum 3. Mai 1945 beschoß die LÜTZOW sowjetische Stellungen um Swinemünde, bis die letzte Munition verschossen war. Danach sprengte ein Kommando der Besatzung das Schiff; es brannte vollständig aus. Wie die SCHLESWIG-HOLSTEIN scheint auch die LÜTZOW von den Sowjets später gehoben und verschrottet worden zu sein.

Auch die SCHLESIEN beschoß vom Greifswalder Bodden aus sowjetische Stellungen, lief aber am 3. Mai 1945 südlich der Greifswalder Oie auf eine von der RAF gelegte Grundmine. Der Zerstörer *Z 39* schleppte das beschädigte Schiff auf die Reede von Swinemünde. Von dort aus feuerte die SCHLESIEN mit ihrer Flak auf angreifende Flugzeuge, während die Räumung des Hafens in vollem Gange war. Am 4. Mai wurde das Schiff schließlich gesprengt. Es sank auf flachem Wasser und brannte völlig aus. Nach dem Kriege wurde es an Ort und Stelle abgebrochen. Die in Kiel in der Werft liegende ADMIRAL SCHEER kenterte bei einem 600-Bomber-Angriff in der Nacht vom 9./10. April 1945 durch Nahtreffer von fünf schweren Bomben, die unter Wasser detonierten. Somit war bei der Kapitulation am 8. Mai 1945 kein einziges der Großkampfschiffe mehr vorhanden.

Nachwort

Warum scheiterte der Angriff der deutschen Kriegsmarine gegen die ozeanischen Seeverbindungen des Gegners erneut? 1917/18 hatten die deutschen U-Boote die Versorgungswege Großbritanniens fast abgeschnürt, aber durch die U-Abwehrstreitkräfte der Royal Navy und die Einführung des Geleitzugsystems erlitten sie schließlich eine Niederlage. In diesem früheren Krieg spielte die deutsche Hochseeflotte keine Rolle auf den Meeren; nur eine Handvoll Kreuzer auf den Auslandsstationen erzielte in den Anfangsmonaten des Ersten Weltkrieges für eine kurze Zeitspanne große Erfolge. Der strategische Hauptfaktor beim Problem Deutschlands, sich mit Großbritannien zu befassen, war möglicherweise geografischer Natur – das gegnerische Territorium lag quer vor Deutschlands Ausgängen zu den Ozeanen der Welt. Wenn dies auch in den Tagen vor dem Erscheinen des Flugzeugs und des Radars kein unüberwindliches Hindernis war, so hinderte es dennoch Deutschlands Betätigungsdrang.

Augenfällig bestand diese Lage auch noch im Jahre 1939, nur mit dem Unterschied, daß mit der Entwicklung des Flugzeuges und des Radars zusätzliche Probleme hinzugekommen waren. Darüber hinaus existierten auch die wenigen überseeischen Stützpunkte nicht mehr, die Deutschland 1914 besessen hatte. Daher zwang jede ozeanische Unternehmung durch Großkampfschiffe zu einem Nomadendasein, abhängig von einer Kette von Versorgungs- und Troßschiffen. Letztere war von der Kriegsmarine in den späten 30er Jahren mit einiger Begeisterung geschaffen worden, erlangte aber nie den technischen Stand und die Leistungsfähigkeit der pazifischen Versorgungsoperationen der US-Marine in den Jahren 1943 – 1945. Die Royal Navy mit ihren vielen zur Verfügung stehenden Stützpunkten vernachlässigte die Versorgung in See, bis sie zum Überdenken dieser Praxis gezwungen wurde, als sie 1944/45 enger in den Pazifischen Krieg verwickelt wurde.

Für die Kriegsmarine war die Versorgung mit Ersatzteilen, Proviant, Brennstoff und Munition jedoch nur einer der in Betracht zu ziehenden Faktoren. Das bei weitem dringendste Problem war die Möglichkeit ernsthafter Gefechtsschäden oder größerer Maschinenhavarien während des Aufenthalts auf hoher See. Ohne befreundete Stützpunkte in Aussicht zu haben, um einlaufen zu können, ist leicht zu erkennen, warum im Gegensatz zum Handeln der US-Marine und der Royal Navy Gefechte abgebrochen oder manche Gelegenheiten nicht wahrgenommen wurden. Es bestand für ein reparaturbedürftiges U-Boot die Möglichkeit, für ein paar Tage unbemerkt in einen wohlwollenden neutralen Hafen zur Reparatur einzulaufen oder vielleicht eine einsame Bucht aufzusuchen. Doch dies konnte, wie die Episode der ADMIRAL GRAF SPEE zeigte, für ein Großkampfschiff keine Alternative sein. Die U-Boote waren auch viel zahlreicher und daher entbehrlicher. Dies war bei den Großkampfschiffen nicht der Fall. Nur geringer politischer Schaden wäre entstanden, wenn sich ein Unterseeboot mehrere tausend Seemeilen von Kiel entfernt selbstversenkt hätte, weil es nicht in der Lage war, kleinere Reparaturen mit Bordmitteln durchzuführen.

So blieb selbst dann, wenn es einem Schiff gelang, die Blockade der Royal Navy an den Zugängen zum Nordatlantik zu durchbrechen, die Handelskriegführung auf den Ozeanen eine schwierige Aufgabe. Großadmiral Raeders Bemühungen, Großkampfschiffe in Norwegen und Westfrankreich zu stationieren, hätten das Erreichen der Ozeane sehr erleichtert. Doch dies war nicht so einfach, wie die Erfahrungen der Brest-Gruppe zeigten, da die Luftmacht zu einem bedeutsamen Faktor geworden war. Seine Versuche, Stützpunkte noch weiter im Süden außerhalb der Reichweite des Bomber Command zu erlangen, wie etwa in Spanien oder auf den spanischen Atlantikinseln, schlugen aus politischen Gründen fehl. Aber selbst wenn es gelungen wäre, hätte dies vermutlich die Stationierung von Staffeln des Bomber Command in Gibraltar zur Folge gehabt.

Die Luftmacht spielte hinsichtlich des Scheiterns der deutschen Großkampfschiffe, auf hoher See mehr als nur einen lästigen Faktor darzustellen, in der Tat eine große Rolle. Sie befanden sich zwar in See, versenkten Handelsschiffe und brachten die Pläne der Royal Navy erheblich durcheinander, aber ihre Erfolge standen zu den aufgewendeten Anstrengungen in einem Mißverhältnis, besonders im Vergleich zu den U-Booten, und selbst die letzteren spürten von 1943 an das Gewicht der Luftmacht. Das Versagen der deutschen Kriegsmarine, die Auswirkungen der Luftmacht auf die Seekriegsführung zu erkennen, war nicht beispiellos; viele andere Marinen hatten sich ähnlich verhalten. Soweit Deutschland betroffen war, führte das Zusammenwirken aus Versailler Vertrag, einer dem »Dickschiff-Denken« verhafteten Marineleitung und einem egoistischen Oberbefehlshaber der Luftwaffe für die Kriegsmarine zu einem sehr späten Eintritt in das Zeitalter des Flugzeugträgerbaus – zu spät, wie sich herausgestellt hat. Wäre die GRAF ZEPPELIN im Mai 1941 zusammen mit der BISMARCK in See gegangen, so ist es sehr wahrscheinlich, daß die 825. Squadron des FAA vernichtet worden wäre, wie dies später während des Unternehmens »Cerberus« im Februar 1942 der Fall war – und die BISMARCK hätte durchaus eine lange und erfolgreiche Unternehmung durchführen können. Doch selbst wenn es eine Luftsicherung gegeben hätte, wäre das Grundproblem geblieben: das Fehlen überseeischer Werfteinrichtungen mit allem, was dazu gehört. Als sich der Krieg hinzog und ein schneller Sieg offensichtlich nicht mehr zu erreichen war, tauchten andere wichtige Faktoren auf, die den Einsatz und die Aussichten der Großkampfschiffe weitgehend beschränkten: die Ölknappheit und die leistungsfähige Arbeit des geheimen Nachrichtendienstes.

Deutschland besaß keine nennenswerten eigenen Ölreserven und war gezwungen, Öl überall dort zu beziehen, wo es solches herbekommen konnte. Als nach 1941 das Öl aus der Sowjetunion nicht mehr zur Verfügung stand, blieben nur noch die rumänischen Ölfelder übrig, und außerdem mußte Deutschland auch noch die Königlich Italienische Marine mit Öl versorgen. Dies hatte vom Beginn des Jahres 1942 an zur Folge, daß jeder Ölverbrauch größter Wirtschaftlichkeit unterworfen war. Jede Schiffsbewegung, jede Übung und jeder Einsatz mußte kritisch geprüft werden, um zu beurteilen, ob die möglichen Erfolge den Ölverbrauch rechtfertigten. Dies zog natürlich den »Effekt des Angeschlagenseins« nach sich; denn Ausbildungsstand und Leistungsfähigkeit gingen drastisch zurück.

Was die Arbeit der geheimen Nachrichtendienste anbetraf, so lasen beide Seiten seit Beginn des Krieges die Funksprüche der jeweils anderen Seite mit. In den ersten beiden Kriegsjahren scheint der Marinenachrichtendienst der Kriegsmarine[234] in der Vorhand gewesen zu sein. So stellte dieser zum Beispiel häufig die genaue Verteilung von britischen Unterseebooten fest. Doch als die britische Funkaufklärung immer leistungsfähiger arbeitete und die »Ultra«-Nachrichten immer reichlicher flossen, verkehrte sich die Lage ins Gegenteil und die britische Seite kannte jeden Buchstaben in den Funksprüchen der deutschen Marine und der Luftwaffe. Daher konnte kein deutsches Kriegsschiff mehr eine operative Bewegung durchführen, ohne daß die Royal Navy und die Royal Air Force hiervon Kenntnis hatten. Dies verhinderte vollständig jeden Versuch, überraschend in den Nordatlantik auszubrechen und die Seeverbindungen anzugreifen. Das Versäumnis, die Möglichkeit anzuerkennen, die geheimen Schlüssel könnten gebrochen worden sein, ist vermutlich die vernichtendste Anklage gegen die Seekriegsleitung der Kriegsmarine; denn von hier aus führte der direkte Weg zum Zusammenbruch ihrer leistungsfähigsten Waffe: der Handelskriegführung der U-Boote.[235] Es ist erstaunlich, daß trotz bestehender Zweifel an der Sicherheit der Marineschlüssel und durchgeführter Untersuchungen in dieser Sache keine durchgreifenden Schlüsseländerungen erfolgt sind. Die Tatsache vorausgesetzt, daß es sich hierbei um nichts Geringeres als eine Angelegenheit der nationalen Sicherheit handelte, hätten die Schlüssel bereits *bei einem Verdacht,* daß sie kompromittiert sein könnten, geändert werden müssen. Für dieses Versäumnis müssen letzlich die beiden Ob.d.M., die Großadmirale Raeder und Dönitz, mit der Verantwortung belastet werden.

Zusammenfassend ist deshalb festzustellen, daß in den ersten Kriegsjahren, als die Großkampfschiffe die Weltmeere erreichen konnten, das Fehlen von Stützpunkten und Reparatureinrichtungen ihre Aktivitätten einschränkten. Dies führte zu zaghaftem Einsatz und damit verbundenem Mangel an Erfolg, der nicht mit ihren Möglichkeiten im Einklang stand. Danach waren die Schiffe infolge der Heizölverknappung und der leistungsfähigen Arbeit der britischen Funkaufklärung (»Ultra«-Quelle) nicht mehr in der Lage, in den offenen Atlantik auszubrechen. Der Luftsicherung beraubt, da der Weiterbau der GRAF ZEPPELIN eingestellt worden war, hatten sie nicht einmal mehr die Möglichkeit, sich den Weg dorthin zu erkämpfen. Doch selbst wenn sie dazu imstande gewesen wären, hätte das Problem der fehlenden Stützpunkte weiterhin bestanden. Hinzu kam, daß die Kriegsmarine mit dem Kriegseintritt der USA in eine hoffnungslose Unterlegenheit geriet. Dies führte nach dem Dezember 1942 zu einer weitgehenden Untätigkeit der Schiffe, während gleichzeitig die Moral und die Leistungsfähigkeit ihrer Besatzungen drastisch abfielen.

Somit ergibt sich die unvermeidliche Schlußfolgerung, daß der Bau der Großkampfschiffe eine vergebliche Ausübung nationalen Prestiges in einer Zeit war, als der Besitz von Schlachtschiffen ohne Rücksicht auf ihre Zweckmäßigkeit unter den Staaten ein Statussymbol war. Aus den Erfahrungen des Ersten Weltkrieges hätte die deutsche Marine die Lehre ziehen müssen, daß es ratsamer gewesen wäre, eine große Anzahl von Zerstörern, Torpedobooten, S-Booten und Geleitsicherungsfahrzeugen zu bauen, um die langgestreckte Küste von Spanien bis zum Nordkap zu sichern, und die Weiten des Ozeans der U-Bootkriegführung zu überlassen, um letztlich die für den Großkampfschiffbau aufgewendeten Anstrengungen dem Bau von U-Booten zuzuführen. Dies wurde schließlich auch getan, aber 1940 war es hierfür zu spät, und Großadmiral Raeder besaß nicht das politische Gewicht, um der Kriegsmarine den vollen Anteil an den knappen Ressourcen zu sichern.

Die als Blockschiff versenkte GNEISENAU in Gotenhafen.
(USN)

Anhänge

1. Die technischen Daten der Schiffe

SCHLESWIG-HOLSTEIN und SCHLESIEN

Wasserverdrängung:
Einsatzverdrängung: 14.800 t (SCHLESWIG-HOLSTEIN), 14.400 t (SCHLESIEN).
Konstruktionsverdrängung: 13.191 t.
Länge:
Länge über alles: 127,6 m,
Länge in der CWL: 125,9 m.
Breite: 22,2 m.
Tiefgang: 8,25 m.
Antriebsanlage:
8 Öl-Marinekessel und 4 Kohle-Marinekessel; SCHLESIEN ab 1938/39: 8 Öl- Marinekessel. Drei stehende Dreizylinder-Dreifach-Expansionsmaschinen; 3 Wellen.
Antriebsleistung: 19.330 PSi für 19,1 kn (SCHLESWIG-HOLSTEIN; ab 1936 16.000 PSi für 17 kn), 18.923 PSi für 18,5 kn (SCHLESIEN).
Heizölvorrat: 950 m³ (SCHLESIEN), 1009 m³ (SCHLESWIG-HOLSTEIN); Kohlevorrat: 400 t (SCHLESIEN), 436 t (SCHLESWIG-HOLSTEIN).
Fahrstrecke: 5600 sm bei 12 kn (SCHLESWIG-HOLSTEIN), 4000 bei 12 kn (SCHLESIEN).
Bewaffnung:
4 x 28 cm S.K. L/40 in Dreh.L. C/01 (2 x 2), Dotierung: 340 Schuß.
14 x (ab 1931: 12, ab 1935-1937: 10, ab 1939: keine) 15 cm S.K. L/45 in MPL C/16 (14 bzw. 12 bzw. 10 x 1), Dotierung: 1820 Schuß.
4 x 8,8 cm S.K. L/45 in MPL C/13 (4 x 1).
4 x 3,7 cm S.K. L/83 C/30 in Dopp.L. C/30 (2 x 2).
4 x 2 cm MG L/65 C/30 in MPL C/30 (4 x 1).
Ab 1944: 10 x 4 cm Flak 28 (Bofors) in Einzellafetten, 22 x 2 cm MG C/38 in Doppel- und Vierlingslafetten.
Panzerung:
Deck: 40 mm (Böschungen 67 – 97 mm).
Gürtel: 240 mm maximal.
Kommandoturm: 300 mm.

DEUTSCHLAND/LÜTZOW

Wasserverdrängung:
Einsatzverdrängung: 14.519 t (14.290 ts).
Standardverdrängung: 10.769 t (10.600 ts).
Länge:
Länge über alles: 186 m (nach dem Umbau 1940/41: 187,9 m).
Länge in der CWL: 181,7 m.
Breite: 20,69 m.
Tiefgang:
bei Einsatzverdrängung: 7,25 m,
bei Standardverdrängung: 5,78 m.
Antriebsanlage:
8 zweifach wirkende 9-Zylinder-Zweitakt-MAN-Dieselmotoren; 2 Wellen (vier Motoren in zwei Sätzen pro Welle).
Antriebsleistung: 48.390 PSe für 28 kn.
Dieselölvorrat: 3347 m³ bzw. 2750 t maximal (3114 m³ verwendbar), 3229 m³ normal (3003 m³ verwendbar).
Fahrstrecke: 18.650 sm bei 15 kn, 7149 sm bei 26 kn.
4 E-Werke mit insgesamt 2160 kW Leistung.
Bewaffnung:
6 x 28 cm S.K. L/52 C/28 in Dreh.L. C/28 (2 x 3), Dotierung: 630 – 720 Schuß.
8 x 15 cm S.K. L/55 C/28 in MPL C/28 (8 x 1), Dotierung: 800 – 1200 Schuß.
6 x 8,8 cm S.K. L/75 C/32 in Dopp.L. C/31 (3 x 2), Dotierung: 3000 Schuß.
8 x 3,7 cm S.K. L/83 C/30 in Dopp.L. C/30 (4 x 2), Dotierung: max. 3000 Schuß pro Geschütz.
8 (später 10) x 2 cm MG L/65 C/30 in MPL C/30 (8 bzw. 10 x 1), Dotierung: 2000 Schuß pro Geschütz.
8 x 53,3-cm-Torpedorohre (2 x 4).
Ab 1940 (statt der 8,8 cm) 6 x 10,5 cm S.K. L/65 C/33 in Doppl.L. C/31 (4 x 2); ab Mitte 1944: 6 x 4 cm Flak 28 (Bofors) in Einzellafetten (statt 4 x 3,7 cm) sowie 26 x 2 cm (3 x 4, 6 x 2 und 2 x 1).
2 Bordflugzeuge, 1 Katapult.
Anmerkung: Vom Entwurf her hätte die DEUTSCHLAND ursprünglich vier 8,8 cm S.K. C/25 in zwei Doppellafetten führen sollen, aber dieses Waffensystem entsprach nicht den Erwartungen. Außerdem standen auch die 2-cm- und 3,7-cm-Fla-Geschütze erst ab 1934 zum Einbau zur Verfügung.
Panzerung:
Deck: 40 mm maximal.
Gürtel: 80 mm maximal.
Kommandoturm: 150 mm.
Türme: 140 maximal.

ADMIRAL SCHEER

Wasserverdrängung:
Einsatzverdrängung: 15.423 t (15.180 ts).
Standardverdrängung: 11.735 t (11.550 ts).
Länge:
Länge über alles: 186 m (1940 nach dem Umbau: 187,9 m).
Länge in der CWL: 181,7 m.
Breite: 21,34 m.
Tiefgang:
bei Einsatzverdrängung: 7,25 m,
bei Standardverdrängung: 5,78 m.
Antriebsanlage:
Wie die DEUTSCHLAND, aber 52.050 PSe für 28,3 kn.
Dieselölvorrat: 3333 m³ bzw. 2410 t maximal (3100 m³ verwendbar), 3217 m³ normal (2992 m³ verwendbar).
Fahrstrecke: 17.460 sm bei 15 kn, 6960 sm bei 27 kn.
4 E-Werke mit insgesamt 2800 kW Leistung.
Bewaffnung:
Wie die DEUTSCHLAND, aber 1944 insgesamt 28 x 2 cm MG C/38 (4 x 4 und 6 x 2).
Panzerung:
Wie DEUTSCHLAND, aber Deck: 45 mm max.

ADMIRAL GRAF SPEE

Wasserverdrängung:
Einsatzverdrängung: 16.320 t (16.063 ts).
Standardverdrängung: 12.576 t (12.378 ts).
Länge:
Länge über alles: 186 m.
Länge in der CWL: 181,7 m.
Breite: 21.65 m.
Tiefgang:
bei Einsatzverdrängung: 7,34 m,
bei Standardverdrängung: 5,8 m.
Antriebsanlage:
Wie bei ADMIRAL SCHEER, aber ? WPS für 28,5 kn.
4 E-Werke mit insgesamt 3360 kW Leistung.
Bewaffnung:
Wie bei ADMIRAL SCHEER, aber bereits mit 6 x 10,5 cm S.K. C/33 fertiggestellt.
Panzerung:
Wie bei ADMIRAL SCHEER.

SCHARNHORST und GNEISENAU

Wasserverdrängung:
Einsatzverdrängung: 38.710 t (38.100 ts).
Standardverdrängung: 35.540 t (34.980 ts).
Länge:
Länge über alles: 229,8 m (1939 nach dem Umbau: 234,9 m).
Länge in der CWL: 226 m.
Breite: 30 m.
Tiefgang:
bei Einsatzverdrängung: 9,9 m,
bei Standardverdrängung: 9,1 m.
Antriebsanlage:
12 Wagner-Höchstdruckkessel (58 atü bei 450°C).
3 Satz Getriebeturbinen (SCHARNHORST: viergehäusig von Brown, Boveri & Cie.; GNEISENAU: dreigehäusig von der Krupp-Germania-Werft); 3 Wellen.
Antriebsleistung: SCHARNHORST: 161.764 WPS für 31,65 kn, GNEISENAU: 153.893 WPS für 30,7 kn.
Heizölvorrat: 5960 m³ bzw. 6000 t maximal (5540 m³ verwendbar), 5355 m³ bzw. 5080 t normal (4980 m³ verwendbar).
Fahrstrecke: SCHARNHORST: 2210 sm bei 32 kn, 7100 sm bei 19 kn, 9020 sm bei 15 kn; GNEISENAU: 2900 sm bei 30,7 kn, 6200 sm bei 19 kn, 8380 sm bei 15 kn.
5 E-Werke mit insgesamt 4120 kW Leistung.
Bewaffnung:
9 x 28 cm S.K. L/54,5 C/34 in Dreh.L. C/34 (3 x 3), Dotierung: 1350 Schuß.
12 x 15 cm S.K. L/55 C/28 in Dreh.L. C/34 (4 x 2) und in MPL C/35 (4 x 1), Dotierung: 1600 Schuß
14 x 10,5 cm S.K. L/65 C/33 in 8,8-cm-Dopp. L. C/31 (7 x 2), Dotierung: 6020 Schuß.
16 x 3,7 cm S.K. L/83 C/30 in Dopp.L. C/30 (8 x 2), Dotierung: 32 000 Schuß.
10 x 2 cm MG C/30 L/65 in MPL C/30 (10 x 1), Dotierung: 32 000 Schuß.
3 Bordflugzeuge, 2 (später eines) Katapulte.
Ab 1942: 6 x 53,3-cm-Torpedorohre (2 x 3).
Ab 1941 laufende Verstärkung der 2-cm-Fla-Bewaffnung, insbesondere Vierlingsflaks.
Panzerung:
Deck: 80 – 95 mm (Böschungen: 105 – 110 mm).
Gürtel: 350 mm maximal.
Kommandoturm: Seite 350 mm, Decke 200 mm.
Türme: 360 mm maximal.

BISMARCK und TIRPITZ

Wasserverdrängung:
Einsatzverdrängung: BISMARCK: 50.956 t (50.154 ts), TIRPITZ: 52.600 t (51.772 ts).
Standardverdrängung: BISMARCK: 42.344 t (41.677 ts), TIRPITZ: 42.958 t (42.281 ts).
Länge:
Länge über alles: 251 m.
Länge in der Wasserlinie: 241,6 m.
Breite: 36 m.
Tiefgang:
bei Einsatzverdrängung: BISMARCK: 9,9 m, TIRPITZ: 10,6 m,
bei Standardverdrängung: BISMARCK: 8,63 m, TIRPITZ: 9 m.

Antriebsanlage:
12 Wagner-Höchstdruckkessel (58 atü bei 450°C).
3 Satz Getriebeturbinen, viergehäusig (BISMARCK: Blohm & Voss, TIRPITZ: Brown, Boveri & Cie.); 3 Wellen.
Antriebsleistung: BISMARCK: 150.170 WPS für 30,1 kn, TIRPITZ: 163.026 WPS für 30,8 kn.
Heizölvorrat: 7900 m^3 (TIRPITZ: 8297 m^3) bzw. 7400 t (TIRPITZ: 7780 t) maximal (7717 m^3 verwendbar), 7944 m^3 bzw. 6452 t normal (7388 m^3 verwendbar).
Fahrstrecke: BISMARCK: 3740 sm bei 30 kn, 8410 sm bei 15 kn; TIRPITZ: 10.200 sm bei 16 kn.
Bewaffnung:
8 x 38 cm S.K. L/47 C/34 in Dreh.L. C/34 (4 x 2), Dotierung: 960 Schuß.
12 x 15 cm S.K. L/55 C/28 in Dreh.L. C/34 (6 x 2), Dotierung: 1800 Schuß.
16 x 10,5 cm S.K. L/65 C/33 in Dopp.L. C/37 (8 x 2) bzw. Dopp.L. C/31 (je Stb. und Bb. I. und II. der BISMARCK), Dotierung: 6720 Schuß.
16 x 3,7 cm S.K. L/83 C/30 in Dopp.L. C/30 (8 x 2), Dotierung: 32 000 Schuß.
12 x 2 cm MG C/30 L/65 in MPL C/30 (12 x 1), 8 x 2 cm MG C/38 L/65 (Flak 35) in Vierlingslafette C/38 (2 x 4), Dotierung: 24 000 Schuß.
6 Bordflugzeuge, 2 Katapulte.
Laufende Verstärkung der 2-cm-Fla-Waffen.
1944: 52 x 2 cm (11 x 4 und 8 x 1).
Ab 1942: 8 x 53,3-cm-Torpedorohre (2 x 4).
Panzerung:
Deck: 80 – 120 mm.
Gürtel: 320 mm maximal.
Kommandoturm: 220 – 350 mm.
Türme: 360 mm maximal.

Schlachtschiff H (H-Klasse)

Wasserverdrängung:
Einsatzverdrängung: 63.600 t (62.600 ts).
Standardverdrängung: 53.500 t (52.600 ts).
Länge:
Länge über alles: 277,8 m.
Länge in der CWL: 266 m.
Breite: 37 m.
Tiefgang:
bei Einsatzverdrängung: 11,2 m,
bei Standardverdrängung: 9,6 m.
Antriebsanlage:
12 doppelt wirkende 9-Zylinder-Zweitakt-MAN-Dieselmotoren; 3 Wellen (vier Motoren in zwei Sätzen pro Welle).
Antriebsleistung: 165.000 PSe für 30 kn.
Dieselölvorrat: 10.000 m^3 bzw. 8700 t.
Fahrstrecke: 19.200 sm bei 19 kn, 7000 sm bei 28 kn.
4 E-Werke mit insgesamt 9200 kW Leistung.
Bewaffnung:
8 x 40,6 cm S.K. L/47 C/34 in Dreh.L. ? (4 x 2), Dotierung: 960 Schuß.
Weitere Bewaffnung wie BISMARCK, aber 10,5 cm C/33 in Dreh.L. C/38, d.h. in Drehtürmen statt in offenen Lafetten.
6 x 53,3-cm-Unterwasser-Torpedorohre.
6 Bordflugzeuge, 2 Katapulte.
Panzerung:
Deck: 120 mm maximal.
Gürtel: 220 – 300 mm.
Kommandoturm: 350 mm.

Schlachtkreuzer O

Wasserverdrängung:
Einsatzverdrängung: 35.966 t (35.400 ts).
Standardverdrängung: 29.362 t (28.900 ts).
Länge:
Länge über alles: 256 m.
Länge in der CWL: 248,2 m.
Breite: 30 m.
Tiefgang:
bei Einsatzverdrängung: 11,2 m,
bei Standardverdrängung: 9,6 m.
Antriebsanlage:
8 doppelt wirkende 24-Zylinder-V-Zweitakt-MAN-Dieselmotoren sowie 4 Wagner-Höchstdruckkessel (55 atü bei ?°C) und ein Satz Getriebeturbinen (Blohm & Voss); 3 Wellen.
Antriebsleistung: 116.000 PSe (Dieselmotoren) auf 2 Wellen + 60.000 WPS (Turbine) auf 1 Welle für 35 kn.
Brennstoffvorrat: 5100 m^3 bzw. 4610 t Heizöl und 1000 t Dieselöl.
Fahrstrecke: 14.000 sm bei 19 kn.
? E-Werke mit insgesamt 7360 kW Leistung.
Bewaffnung:
6 x 38 cm S.K. L/47 C/34 in Dreh.L. C/34 (3 x 2), Dotierung: 630 Schuß.
6 x 15 cm S.K. L/48 TBK C/36 in Dreh.L. C/34 (3 x 2), Dotierung: 900 Schuß.
8 x 10,5 cm S.K. L/65 C/33 in Dreh.L. C/38 (4 x 2), Dotierung 3200 Schuß.
8 x 3,7 cm S.K. L/83 C/30 in Dopp.L. C/30 (4 x 2), Dotierung: 16 000 Schuß.
20 x 2 cm MG C/38 in verschiedener Lafettierung, Dotierung: 40 000 Schuß.
6 x 53,3-cm-Torpedorohre (über Wasser und seitlich).
4 Bordflugzeuge, 2 Katapulte.
Panzerung:
Deck: 110 mm maximal.
Gürtel: 180 mm maximal.
Kommandoturm: 200 mm.

Panzerschiffe P 1 – P 12 (»Kreuzer P«)

Wasserverdrängung:
Einsatzverdrängung: 26.100 t (25.689 ts).
Standardverdrängung: 22.500 t (22.145 ts).
Länge:
Länge über alles: 230 m.
Länge in der CWL: 223 m.
Breite: 26 m.
Tiefgang:
bei Einsatzverdrängung: 8 m,
bei Standardverdrängung: 7,2 m.
Antriebsanlage:
12 doppelt wirkende 9-Zylinder-V-Zweitakt-MAN-Dieselmotoren; 4 Wellen (je drei Motoren auf eine Welle wirkend).
Antriebsleistung: 165.000 PSe für 33 kn.
Dieselölvorrat: 5000 t maximal, 3600 t normal.
Fahrstrecke: 25.000 sm bei 13 kn, 15.000 sm bei 19 kn.
Bewaffnung:
6 x 28 cm S.K. L/54,5 C/34 in Dreh.L. C/34 (2 x 3).
4 x 15 cm S.K. L/55 C/28 in Dreh.L. C/34 (2 x 2).
8 x 10,5 cm S.K. L/65 C/33 in Dreh.L. C/38 (4 x 2).
4 x 3,7 cm S.K. L/83 C/30 in Dopp.L. C/30 (2 x 2).
6 x 53,3-cm-Unterwasser-Torpedorohre.
2 Bordflugzeuge, 2 Katapulte.
Panzerung:
Deck: 100 mm.
Gürtel: 120 mm.
Kommandoturm: ?

GRAF ZEPPELIN

Wasserverdrängung:
Einsatzverdrängung: 34.087 t (33.550 ts).
Standardverdrängung: 23.571 t (23.200 ts).
Länge:
Länge über alles: 262,5 m.
Länge in der CWL: 250 m.
Breite: 36,2 m.
Tiefgang:
bei Einsatzverdrängung: 8,5 m,
bei Standardverdrängung: 6,4 m.
Antriebsanlage:
16 La Mont-Höchstdruckkessel (75 atü bei 450°C). 4 Satz Getriebeturbinen von Brown, Boveri & Cie.; 4 Wellen.
Antriebsleistung: 200.000 WPS für 33,8 kn.
Heizölvorrat: 6740 t maximal, 3000 t normal.
Fahrstrecke: 8000 sm bei 19 kn.
4 E-Werke mit insgesamt 4280 kW Leistung.
Bewaffnung:
16 x 15 cm S.K. L/55 C/28 in Dopp.MPL C/36 (8 x 2), Dotierung: 1840 Schuß.
12 x 10,5 cm S.K. L/65 C/33 in Dopp.L. C/37 (6 x 2), Dotierung: 4800 Schuß.
22 x 3,7 cm S.K. L/83 C/30 in Dopp.L. C/30 (11 x 2), Dotierung 44 000 Schuß.
7 (später 28) x 2 cm MG C/30 L/65 in MPL C/30 (7 x 1, später verschiedene Lafettierungen), Dotierung: 14.000 (bzw. 56.000 Schuß).
Fliegergruppe: 42 Flugzeuge insgesamt.
Panzerung:
Deck: 60 mm maximal.
Gürtel: 100 mm maximal.
Brückenhaus: 150 mm maximal.

2. Baudaten, Kommandanten und Schicksal

SCHLESIEN

Kiellegung: 19. November 1904
Stapellauf: 28. Mai 1906
Indienststellung: 5. Mai 1908
Bauwerft: F. Schichau, Danzig
Kommandanten (nur Reichs- und Kriegsmarine):

KptzS. Werner Tillessen	3.1927	–	9.27
KptzS. Alfred Saalwächter	9.27	–	9.28
KptzS. Max Bastian	10.28	–	9.29
KptzS. Kurt Assmann	9.29	–	9.32
KptzS. Wilhelm Canaris	9.32	–	9.34
KptzS. Heinrich Ancker	9.34	–	9.36
KptzS. Thilo v. Seebach	9.36	–	9.37
KptzS. Friedrich-Wilhelm Fleischer	9.37	–	8.38
KptzS. Werner Lindenau	8.38	–	4.39
KptzS. Kurt Utke	4.39	–	11.39
KptzS. Günther Horstmann	11.39	–	7.40
FKpt. Oehrl, I.O. (W.d.G.)	7.40	–	8.40
Wachkommando	8.40	–	1.41
FKpt. Isenlar, I.O. (W.d.G.)	1.41	–	3.41
Wachkommando	3.41	–	4.41
FKpt. Isenlar, I.O. (W.d.G.)	4.41	–	5.41
KptzS. Werner Lindenau	5.41	–	10.41
Restbesatzung	10.41	–	1.42
KptzS. Ernst v. Studnitz	1.42	–	6.42
FKpt. Hauser, I.O. (W.d.G.)	6.42	–	9.42
KptzS. Franz Frerichs	9.42	–	2.43
KKpt.d.R. Brödermann, I.O. (W.d.G.)	2.43	–	3.43
KKpt. v. Oechelhaeuser, I.O. (W.d.G.)	3.43	–	6.43
KptzS. Alfred Roegglen	6.43	–	11.44
KptzS. Hans-Eberhard Busch	11.44	–	Verlust

Schicksal:
2.5.45 Minentreffer südl. der Greifswalder Oie, 4.5.45 Selbstversenkung auf Swinemünde-Reede, Wrack nach dem Kriege abgebrochen (1949 – 1956).

SCHLESWIG-HOLSTEIN

Kiellegung: 18. August 1905
Stapellauf: 17. Dezember 1906
Indienststellung: 6. Juli 1908
Bauwerft: Krupp-Germaniawerft, Kiel
Kommandanten (nur Reichs- und Kriegsmarine):

KptzS. Gottfried Hansen	2.26	–	9.26
KptzS. Wilhelm Rümann	10.26	–	11.28
KptzS. Siegfried Maßmann	11.28	–	2.30
KptzS. Knobloch	2.30	–	10.31
KptzS. Friedrich Götting	10.31	–	9.33
KptzS. Karl-Georg Schuster	9.33	–	2.35
KptzS. Konrad Patzig	2.35	–	9.35
KptzS. Günther Krause	10.35	–	5.37
KptzS. Hans Feldbausch	5.37	–	6.38
KptzS. Gustav Kieseritzky	6.38	–	4.39
KptzS. Gustav Kleikamp	4.39	–	8.40
KKpt. Zaubzer (Wachkommando)	8.40	–	9.40
Außerdienststellung	9.40	–	1.41
FKpt. Alfred Roegglen	1.41	–	4.41
KKpt. Zaubzer (Wachkommando)	4.41	–	5.41
KKpt. Rigauer, I.O. (W.d.G.)	5.41		
KptzS. Walter Hennecke	5.41	–	10.41
Fkpt. Rigauer, I.O. (W.d.G.)	10.41	–	11.41
KKpt. v. Oechelhaeuser, I.O. (W.d.G.)	11.41	–	5.42
FKpt. Asmus (W.d.G.)	5.42		
KKpt. v. Oechelhaeuser, I.O. (W.d.G.)	5.42	–	3.43
Außerdienststellung	3.43	–	1.44
KKpt. Walter Bach, I.O. (W.d.G.)	2.44		
FKpt. Bürklen	2.44	–	1.45

Schicksal:
18.12.1944 durch RAF-Bombentreffer in Gotenhafen schwer beschädigt und auf flachem Wasser gesunken. 26.1.1945 außer Dienst gestellt. 21.3.1945 durch Sprengung zerstört. 1946/47 gehoben und nach Tallinn (Reval) geschleppt, Umbau zum Zielschiff, 1948 im Finnischen Meerbusen gestrandet und dort bis 1960 als Zielschiff verwendet, anschließend Wrack.

DEUTSCHLAND/LÜTZOW

Bauauftrag: 17. August 1928
Kiellegung: 5. Februar 1929
Stapellauf: 19. Mai 1931
Indienststellung: 1. April 1933
Bauwerft: Deutsche Werke in Kiel
Baunummer: 219
Kommandanten:

KptzS. Hermann v. Fischel	4.33	–	9.35
KptzS. Paul Fanger	9.35	–	9.37
KptzS. Paul-Werner Wenneker	10.37	–	11.39
KptzS. August Thiele	12.39	–	4.40
KKpt. Weber (W.d.G.)	14.4.40	–	6.40
Kptlt. Heller (W.d.G.)	16.6.40	–	8.8.40
Außerdienststellung	8.8.40	–	31.3.41
KptzS. Leo Kreisch	31.3.41	–	7.41
KptzS. Rudolf Stange	7.41	–	11.43
(KptzS. Leo Kreisch (i.V.)	9.41	–	1.42)
FKpt. Biesterfeld (i.V.)	11.43	–	12.43
KptzS. Bodo-Heinrich Knocke	1.44	–	4.45
FKpt. Ernst Lange (W.d.G.)	4.45	–	Verlust

Schicksal:
15.11.1939 in LÜTZOW umbenannt. 16.4.1945 schwer beschädigt durch RAF-Bombentreffer in der Kaiserfahrt bei Swinemünde. Auf flachem Wasser auf Grund gesetzt. 4.5.1945 durch Sprengung zerstört. Verbleib der Hulk nicht zuverlässig geklärt.

ADMIRAL SCHEER

Bauauftrag: Anfang 1931
Kiellegung: 25. Juni 1931
Stapellauf: 1. April 1933
Indienststellung: 12. November 1934
Bauwerft: Kriegsmarinewerft Wilhelmshaven
Baunummer: 123
Kommandanten:

KptzS. Wilhelm Marschall	11.34	–	9.36
KptzS. Otto Ciliax	9.36	–	10.38
KptzS. Hans-Heinrich Wurmbach	10.38	–	24.10.39
KptzS. Theodor Krancke	25.10.39	–	12.6.41
(FKpt. Gruber, I.O. (W.d.G.)	1.6.41	–	12.6.41)
KptzS. Wilhelm Meendsen-Bohlken	12.6.41	–	1.11.42
FKpt. Gruber, I.O. (W.d.G.)	1.11.42	–	2.43
KptzS. Richard Rothe-Roth	2.43	–	4.44
KptzS. Ernst-Ludwig Thienemann	4.44	–	4.45

Schicksal:
9.4.1945 in der Werft der Deutschen Werke in Kiel während der Werftliegezeit durch RAF-Bombentreffer schwer beschädigt und gekentert. Das Wrack wurde nicht geborgen.

ADMIRAL GRAF SPEE

Bauauftrag: 23. August 1932
Kiellegung: 1. Oktober 1932
Stapellauf. 30. Juni 1934
Indienststellung: 6. Januar 1936
Bauwerft: Kriegsmarinewerft Wilhelmshaven
Baunummer: 124
Kommandanten:

KptzS. Konrad Patzig	1.36	–	10.37
KptzS. Walter Warzecha	10.37	–	10.38
KptzS. Hans Langsdorff	10.38	–	Verlust

Schicksal:
Am 17.12.1939 in der Mündung des Rio de la Plata vor Montevideo, Uruguay, selbstversenkt.

SCHARNHORST

Bauauftrag: 25. Januar 1934
Kiellegung: 14. Februar 1934, erneut am 15. Juni 1935
Stapellauf: 3. Oktober 1936
Indienststellung: 7. Januar 1939
Bauwerft: Kriegsmarinewerft Wilhelmshaven
Baunummer: 125
Kommandanten:

KptzS. Otto Ciliax	7.1.39	–	23.9.39
KptzS. Kurt Caesar Hoffmann	24.9.39	–	31.3.42
KptzS. Friedrich Hüffmaier	1.4.42	–	13.10.43
KptzS. Fritz Hinze	14.10.43	–	Verlust

Schicksal:
Am 26.12.1943 im Gefecht mit HMS DUKE OF YORK und Einheiten der Home Fleet auf der Höhe des Nordkaps in der Barentssee versenkt.

GNEISENAU

Bauauftrag: 25. Januar 1934
Kiellegung: 14. Februar 1934, erneut am 6. Mai 1935
Stapellauf: 8. Dezember 1936
Indienststellung: 21. Mai 1938
Bauwerft: Deutsche Werke in Kiel
Baunummer: 235
Kommandanten:

KptzS. Friedrich Förste	5.38	–	11.39
KptzS. Harald Netzbandt	11.39	–	8.40
KptzS. Otto Fein	8.40	–	4.42
KptzS. Rudolf Peters (W.d.G.)	4.42	–	5.42
FKpt. Wolfgang Kähler, I.O. (W.d.G.)	5.42	–	1.7.42

Schicksal:
Bei einem Luftangriff der RAF in der Nacht vom 26./27.2.1942 in Kiel schwer beschädigt und für die Umrüstung auf 38-cm-Geschütze nach Gotenhafen verlegt. Stopp der Umbauarbeiten im Januar 1943. Am 27.3.1945 als Blockschiff in Gotenhafen selbstversenkt. Am 12.9.1951 gehoben und anschließend abgebrochen.

BISMARCK

Bauauftrag: 16. November 1935
Kiellegung: 1. Juli 1936
Stapellauf: 14. Februar 1939
Indienststellung: 24. August 1940
Bauwerft: Blohm & Voss in Hamburg
Baunummer: 509
Kommandanten:

KptzS. Ernst Lindemann	24.8.40	–	Verlust

Schicksal:
Am 27.5.1941 im Gefecht mit HMS KING GEORGE V und HMS RODNEY 300 sm westlich von Quessant im Nordatlantik gesunken.

TIRPITZ

Bauauftrag: 14. Juni 1936.
Kiellegung: 24. Oktober 1936
Stapellauf: 1. April 1939
Indienststellung: 25. Februar 1941
Bauwerft: Kriegsmarinewerft Wilhelmshaven
Baunummer: 128
Kommandanten:

KptzS. Karl Topp	2.41	–	2.43
KptzS. Hans Meyer	2.43	–	5.44
KptzS. Wolf Junge	5.44	–	11.44
KptzS. Robert Weber (W.d.G.)	11.44	–	Verlust

Schicksal:
Am 12.11.1944 nahe Tromsø bei einem Luftangriff der RAF durch Bombentreffer gekentert. 1948 – 1957 abgebrocchen.

GRAF ZEPPELIN

Bauauftrag: 16. November 1935
Kiellegung: 28. Dezember 1936
Stapellauf: 8. Dezember 1938
Indienststellung: -
Bauwerft: Deutsche Werke in Kiel
Baunummer: 252
Schicksal:
Am 24.4.1945 in unfertigem Zustand in Stettin selbstversenkt. 1946/47 gehoben und nach Swinemünde gebracht. Im Herbst 1947 trotz Beschädigung durch Minentreffer im Finnischen Meerbusen nach Leningrad (heute St. Petersburg) gebracht und 1948/49 abgebrochen.

Flugzeugträger B

Bauauftrag: 11. Februar 1935 für die Maschinenanlage, 16. November 1935 für den Schiffskörper
Kiellegung: 30. September 1936
Stapellauf: -
Indienststellung: -
Bauwerft: Krupp-Germaniawerft in Kiel
Baunummer: 555
Schicksal:
Am 19.9.1939 Baustopp und ab 28.2.1940 auf Helling abgebrochen.

Bewaffnung und Bord- bzw. Trägerflugzeuge

40,6 cm S.K. C/34 – H-Klasse

Geschütz:	
Kaliber:	406,4 mm
Mündungsgeschwindigkeit:	810 m/s
Rohrlänge:	52 Kaliber = 21 130 mm
Rohrfutterlänge:	48,6 Kaliber = 19 750 mm
Rohrlebensdauer:	200 Schuß
Gewicht von Rohr und Bodenstück:	159.900 kg
Höchstschußweite:	36.400 m bei 30°
Munition:	Siehe unten gesonderte Tabelle
Lafette:	
Erhöhung/Senkung:	+30°/-5fi°
Schwenkbegrenzung:	290°
Höhenrichtgeschwindigkeit:	?
Seitenrichtgeschwindigkeit:	?
Gewicht der Rohrwiege:	59.900 kg
Turmgesamtgewicht:	1.475.000 kg
Panzerung:	
Stirn:	385 mm
Seite:	240 mm
Decke:	130 mm

38 cm S.K. C/34 in Dreh.L. C/34 – BISMARCK- und O-Klasse

Geschütz:	
Kaliber:	380 mm
Mündungsgeschwindigkeit:	820 m/s
Rohrlänge:	51,66 Kaliber = 19 630 mm
Rohrfutterlänge:	48,43 Kaliber = 18 405 mm
Rohrlebensdauer:	250 Schuß
Gewicht von Rohr und Bodenstück:	111.000 kg
Höchstschußweite:	35.550 m bei 30°
Munition:	Siehe unten gesonderte Tabelle
Lafette:	*Dreh.L. C/34*
Erhöhung/Senkung:	+30°/-5fi°
Höhenrichtgeschwindigkeit:	6°/s
Seitenrichtgeschwindigkeit:	5°/s
Turmgesamtgewicht:	1.052.000 kg
Panzerung:	
Stirn:	360 mm
Seite:	220 mm
Decke:	130 – 180 mm
Rückfront:	320 mm

28 cm S.K. C/34 in Dreh.L. C/34 – SCHARNHORST- und P-Klasse

Geschütz:	
Kaliber:	283 mm
Mündungsgeschwindigkeit:	890 m/s
Rohrlänge:	54,47 Kaliber = 15 415 mm
Rohrfutterlänge:	51,25 Kaliber = 14 505 mm
Rohrlebensdauer:	300 Schuß
Gewicht von Rohr und Bodenstück:	53.250 kg
Höchstschußweite:	40.930 m bei 40°
Munition:	Siehe unten gesonderte Tabelle
Lafette:	*Dreh.L. C/34*
Erhöhung/Senkung:	+40°/-8°
Höhenrichtgeschwindigkeit:	8°/s
Seitenrichtgeschwindigkeit:	7,2/s
Turmgesamtgewicht:	750.000 kg
Panzerung:	
Stirn:	360 mm
Seite:	220 mm
Decke:	150 mm

28 cm S.K. C/28 in Dreh.L. C/28 – DEUTSCHLAND-Klasse

Geschütz:	
Kaliber:	283 mm
Mündungsgeschwindigkeit:	910 m/s
Rohrlänge:	52,35 Kaliber = 14.815 mm
Rohrfutterlänge:	49,13 Kaliber = 13 905 mm
Rohrlebensdauer:	340 Schuß
Gewicht von Rohr und Bodenstück:	48.200 kg
Höchstschußweite:	36.475 m bei 40°
Munition:	Siehe unten gesonderte Tabelle
Lafette:	*Dreh.L. C/28*
Erhöhung/Senkung:	+40°/-10°
Turmgesamtgewicht:	600.000 kg
Panzerung:	
Stirn:	140 mm
Seite:	85 mm
Decke:	85 – 105 mm

28 cm S.K. L/40 in Dreh.L. C/01 – SCHLESIEN-Klasse

Geschütz:	
Kaliber:	283 mm
Mündungsgeschwindigkeit: 820 m/s	
Rohrlänge:	39,58 Kaliber = 11.200 mm
Rohrfutterlänge:	36,75 Kaliber = 10.401 mm
Rohrlebensdauer:	-
Gewicht von Rohr und Bodenstück:	45.300 kg
Munition:	Siehe unten gesonderte Tabelle
Lafette:	*Dreh.L. C/01*
Erhöhung/Senkung:	+30°/-4°

15 cm S.K. L/45 in MPL C/16

Geschütz:	
Kaliber:	150 mm
Mündungsgeschwindigkeit:	835 m/s
Mündungsenergie:	1610 mt
Rohrlänge:	45 Kaliber = 6558 mm
Rohrlebensdauer:	1400 Schuß
Rohrlänge mit Zügen:	5095 mm
Art der Züge:	45/30 Kaliber, zur Mündung hin zunehmend
Anzahl der Züge:	48
Gewicht von Rohr und Bodenstück:	5730 kg
Höchstschußweite:	16.800 m
Munition:	
Geschoßgewicht:	*45,3 kg*
Gewicht der Sprengladung:	3,9 kg (Spr.Gr. mit Bodenzünder)
4,09 kg (Spr.Gr. mit Kopfzünder)	
Sprengstoffart:	FP 02
Geschoßlänge:	612 mm (Spr.Gr. mit Bodenzünder)
	609,2 mm (Spr.Gr. mit Kopfzünder)
Kartuschgewicht:	22,7 kg
Kartuschlänge:	865 mm
Treibladung:	RP C/12 oder RP C/38
Zünder:	F 2, S/60 oder C/27
Lafette:	MPL C/16
Erhöhung/Senkung:	+27°/-10°
Gewicht der Rohrwiege:	2345 kg
Gesamtgewicht der Lafette:	11.386 kg

Anmerkung: Originalbewaffnung der SCHLESIEN und SCHLESWIG-HOLSTEIN.

15 cm S.K. C/28 in Dopp.Dreh.L. C/34

Geschütz:	
Kaliber:	149,1 mm
Mündungsgeschwindigkeit:	875 m/s
Mündungsenergie:	1770 mt

Rohrlänge:	55 Kaliber = 8200 mm
Rohrlänge mit Zügen:	52,4 Kaliber = 7816 mm
Konstruktionsgasdruck:	3050 kg/cm≈
Rohrlebensdauer:	1100 Schuß
Rückstoßenergie bei 0° Erhöhung:	52 000 kg
Rohrlänge mit Zügen:	6588 mm
Art der Züge:	Kubische Parabelzüge, 50/30 Kaliber
Anzahl der Züge:	44
Gewicht von Rohr und Bodenstück:	9080 kg
Höchstschußweite:	23.000 m
Konstruktion:	Mantelrohr mit losem Seelenrohr; Rheinmetall-Gewinde; Fallkeilverschluß; 2 hydraulische Rücklaufbremsen mit Luftdruckvorholeinrichtung

Munition:	
Geschoßgewicht:	45,3 kg
Gewicht der Sprengladung:	3,058 kg bzw. 3,892 kg
Sprengstoffart:	FP 02
Geschoßlänge:	L/4,5 = 655 mm bzw. L/4,6 = 678,9 mm
Kartuschgewicht:	23,5 kg
Kartuschlänge:	865 mm
Treibladung:	RP C/32
Zünder:	C/27
Lafette:	*Dopp.Dreh.L. C/34*
Erhöhung/Senkung:	+40°/-10°
Schwenkbegrenzung:	plus/minus 360° = 720°
Höhenrichtwert pro Handradumdrehung:	1,04° (elektrisch: 8°/s)
Seitenrichtwert pro Handradumdrehung:	1,09° (elektrisch: 9°/s)
Gewicht der Rohrwiege:	2440 kg
Gewicht der Bettung:	2835 kg
Gewicht des Sockels:	41.830 kg
Gewicht der Schwenkvorrichtung:	2350 kg
Gewicht der elektrischen Anlage:	10.300 kg
Gewicht des Schutzschildes:	32.480 kg
Gesamtgewicht der Lafette:	BISMARCK: 116.250 kg (mit E-Meßgerät), 110.000 kg bzw. 108.000 kg (mit kurzer Barbette) SCHARNHORST: 120.000 kg

Panzerung:	BISMARCK-Klasse	SCHARNHORST-Klasse
Stirn:	100 mm	170 mm
Seite:	40 mm	60 mm
Rückfront:	40 mm	70 mm
Decke:	40 mm	30 – 50 mm

Anmerkung: 15-cm-Geschütze S.K. C/28 in Einzellafetten:
Bei den Panzerschiffen der DEUTSCHLAND-Klasse in MPL C/28 mit Schilden, Gewicht 24.830 kg; bei der SCHARNHORST-Klasse in MPL C/35 mit (größeren) Schilden, Gewicht 26.710 kg. Bei beiden Lafetten betrug die Panzerdicke 20 mm – 60 mm sowie die Erhöhung/Senkung +35°/-10°. Die GRAF ZEPPELIN führte Dopp.L. C/36, Gewicht 47 600 kg.

Panzerstahlart:	Wh n/A, KC n/A

10,5 cm S.K. C/33 n.A. in 8,8 cm Dopp.L. C/31 bzw. 10,5 cm Dopp.L. C/37

Geschütz:	
Kaliber:	105 mm
Mündungsgeschwindigkeit:	900 m/s
Mündungsenergie:	625 mt
Rohrlänge:	65 Kaliber = 6840 mm
Rohrlänge mit Zügen:	60,5 Kaliber = 6348 mm
Konstruktionsgasdruck:	2850 kg/cm≈
Rohrlebensdauer:	2950 Schuß
Rückstoßenergie bei 0° Erhöhung:	1300 kg
Rohrlänge mit Zügen:	5531 mm
Art der Züge:	Kubische Parabelzüge, 55/35 Kaliber
Anzahl der Züge:	36
Gewicht von Rohr und Bodenstück:	4560 kg
Höchstschußweite:	Horizontal: 17.700 m
Erhöhung auf 80°:	12.500 m
Konstruktion:	Mantelrohr mit losem Seelenrohr; Fallkeilverschluß

Munition		
Geschoßgewicht:	15,1 kg	
Gewicht der Sprengladung:	5,2 kg	
Geschoßart:	*Spr.Gr.*	*Leuchtgr.*
Sprenstoffart:	FP 02	Treibladung + Leuchtsatz
Geschoßlänge:	L/4.4 = 459 mm	L/4,0 = 438 mm
Kartuschgewicht:	6 kg	6 kg
Kartuschlänge:	769 mm	769 mm
Treibladung:	RP C/32	RP C/32
Zünder:	Zeitzünder S/30	Zeitzünder S/6
Patronengewicht:	26,5 kg	23,5 kg
Patronenlänge:	1163 mm	1142 mm
Lafette:	8,8 cm Dopp.L. C/31	10,5 cm Dopp.L. C/37
Erhöhung/Senkung:	+80°/-8°	+80°/-10°
Schwenkbegrenzung:	plus/minus 360° = 720°	plus/minus 360° = 720°
Höhenrichtwert pro Handradumdrehung:	1,33°	1,76°
(elektrisch:)	(10°/s)	(12°/s)
Seitenrichtwert pro Handradumdrehung:	1,5°	1,5°
(elektrisch:)	(8°/s)	(8,5°/s)
Gewicht der Rohrwiege:	1455 kg	1455 kg
Gewicht der Bettung:	2300 kg	-
Gewicht des Sockels:	7150 kg	7000 kg
Gewicht der Zieleinrichtung:	745 kg	560 kg
Gewicht der elektrischen Anlage:	1295 kg	1295 kg
Gewicht des Schutzschildes:	6130 kg	5270 kg
Gesamtgewicht der Lafette:	27.350 kg	26.425 kg
Panzerung:		
Stirn:	15 mm	20 mm
Seite:	10 mm	10 mm
Decke:	10 mm	8 mm
Rückfront:	-	8 mm
Panzerstahlart:	Wh n/A	Wh n/A

10,5 cm S.K. C/32 n.A. in 10,5 cm MPL C/32 g.E.

Geschütz:	
Kaliber:	105 mm
Mündungsgeschwindigkeit:	780 m/s
Mündungsenergie:	475 mt
Rohrlänge:	45 Kaliber = 4740 mm
Rohrlänge mit Zügen:	42 Kaliber = 4400 mm
Konstruktionsgasdruck:	2850 kg/cm≈
Rohrlebensdauer:	4100 Schuß
Rückstoßenergie bei 0° Erhöhung:	22 600 kg
Rohrrlänge mit Zügen:	3694 mm
Art der Züge:	Kubische Parabelzüge, 45/30 Kaliber
Anzahl der Züge:	32
Gewicht von Rohr und Bodenstück:	1765 kg
Höchstschußweite:	15.175 m
Konstruktion:	Einzelblock-Mantelrohr mit übergezogenem Fallkeilverschluß; Rheinmetall-Gewinde

Munition:	
Geschoßgewicht (Spr.Gr.):	15,1 kg
Gewicht der Sprengladung:	3,8 kg
Sprengstoffart:	FP 02
Geschoßlänge:	459 mm
Kartuschgewicht:	4,6 kg
Kartuschlänge:	657 mm
Treibladung:	RP C/32
Zünder:	Zeitzünder S/30, Aufschlagzünder C/28
Patronengewicht:	24 kg
Patronenlänge:	1050 mm
Lafette:	*10,5 cm MPL C/32 g.E.*
Erhöhung/Senkung:	+70°/-10°
Höhenrichtwert pro Handradumdrehung:	3°
Seitenrichtwert pro Handradumdrehung:	3°
Gewicht der Rohrwiege:	655 kg

Gewicht des Sockels:	2100 kg
Gewicht der Zieleinrichtung:	350 kg
Gewicht der elektrischen Anlage:	210 kg
Gewicht des Schutzschildes:	1670 kg
Gesamtgewicht der Lafette:	6750 kg
Panzerung:	
Stirn:	12 mm
Seite und Decke:	4 mm
Panzerstahlart:	Wh

Anmerkung: SCHLESIEN und SCHLESWIG-HOLSTEIN erhielten im Spätsommer 1944 je vier dieser Geschütze.

8,8-cm-Flak L/45 in MPL C/13

Geschütz:	
Kaliber:	88 mm
Mündungsgeschwindigkeit:	790 m/s
Rückstoßenergie bei 0° Erhöhung:	13.200 kg
Gewicht von Rohr und Bodenstück:	2500 kg
Munition:	
Geschoßgewicht:	9 kg
Gewicht der Sprengladung:	2,35 kg
Lafette:	*MPL C/13*
Erhöhung/Senkung:	+70°/-10°

Anmerkung: Originalausstattung der DEUTSCHLAND. Auf SCHLESIEN und SCHLESWIG-HOLSTEIN noch während des Krieges vorhanden.

8,8 cm S.K. C/25 in 8,8 cm Dopp.L. C/25

Geschütz:	
Kaliber:	88 mm
Mündungsgeschwindigkeit:	1060 m/s
Rohrlänge:	75 Kaliber = 6625 mm
Rohrlänge mit Zügen:	72 Kaliber = 6340 mm
Konstruktionsgasdruck:	3100 kg/cm≈
Rohrlebensdauer:	600 Schuß
Rückstoßenergie bei 0° Erhöhung:	13.000 kg
Gewicht von Rohr und Bodenstück:	5980 kg
Höchstschußweite:	Horizontal: 17.600 m
Erhöhung 85°:	13.650 m
Munition:	
Geschoßgewicht:	9 kg
Gewicht der Sprengladung:	4,53 kg
Geschoßlänge:	385,5 mm
Patronengewicht:	13,5 kg
Patronenlänge:	1227 mm
Lafette:	*8,8 cm Dopp.L. C/25*
Erhöhung/Senkung:	+85°/- 10°
Schwenkbegrenzung:	plus/minus 360° = 720°
Höhenrichtwert (elektrisch):	10°/s
Seitenrichtwert (elektrisch):	10°/s
Gewicht der Rohrwiege:	1030 kg
Gewicht der Bettung:	3900 kg
Gewicht des Sockels:	12.155 kg
Gewicht der Zieleinrichtung:	910 kg
Gewicht der elektrischen Anlage:	695 kg
Gewicht des Schutzschildes:	1170 kg
Gesamtgewicht der Lafette:	28.950 kg
Panzerung:	Stirn, Seite und Decke: 8 mm
Panzerstahlart:	Pz.St. 420

Anmerkung: Ein nicht gelungenes Modell, ursprünglich für die DEUTSCHLAND-Klasse und die Kreuzer der *K*-Klasse vorgesehen.

8,8 cm S.K. C/32 in 8,8 cm Dopp.L. C/31

Geschütz:	
Kaliber:	88mm
Mündungsgeschwindigkeit:	950 m/s
Rohrlänge:	76 Kaliber = 6690 mm
Rohrlänge mit Zügen:	72 Kaliber = 6340 mm
Konstruktionsgasdruck:	3150 kg/cm≈
Rohrlebensdauer:	3200 Schuß
Rückstoßenergie bei 0° Erhöhung:	7800 kg
Gewicht von Rohr und Bodenstück:	3640 kg
Höchstschußweite:	Horizontal: 17.200 m
Erhöhung 80°:	12.400 m
Munition:	
Geschoßgewicht:	9 kg
Gewicht der Sprengladung:	3,1 kg
Geschoßlänge:	397 mm
Gesamtlänge der Patrone:	932 mm
Patronengewicht:	15 kg
Lafette:	*8,8 cm Dopp.L. C/31*
Erhöhung/Senkung:	+80°/-10°
Schwenkbegrenzung:	plus/minus 360° = 720°
Höhenrichtwert pro Handradumdrehung:	3,6°
(elektrisch:)	(10°/s)
Seitenrichtwert pro Handradumdrehung:	2,5°
(elektrisch:)	(-)
Gewicht der Rohrwiege:	1775 kg
Gewicht der Bettung:	815 kg
Gewicht des Sockels: 6257 kg	
Gewicht der Zieleinrichtung:	745 kg
Gewicht der elektrischen Anlage:	1280 kg
Gewicht des Schutzschildes:	5830 kg
Gesamtgewicht der Lafette:	23.650 kg
Panzerung:	
Stirn:	12 mm
Seite und Decke:	10 mm
Panzerstahlart:	Wh n/A

Anmerkung: Ausrüstung der DEUTSCHLAND und der ADMIRAL SCHEER nach dem Fehlschlag mit dem Modell S.K. C/25; zeitweilig als Zwischenlösung, bis das Modell S.K. C/32 zur Verfügung stand, Ausrüstung mit der 8,8-cm-Flak L/45.

4-cm-Flak 28 (Bofors)

Geschütz:	
Kaliber:	40 mm
Mündungsgeschwindigkeit:	854 m/s
Rohrlänge:	2249 mm
Rohrlänge mit Zügen:	1932 mm
Rohrlebensdauer:	10.000 Schuß
Munition:	
Geschoßgewicht:	0,955 kg
Gewicht der Sprengladung:	0,303 kg
Höchstschußweite:	Horizontal: ca. 7000 m

3,7 cm S.K. C/30 in Dopp.L. C/30

Geschütz:	
Kaliber:	37 mm
Mündungsgeschwindigkeit:	1000 m/s
Mündungsenergie:	38 mt
Rohrlänge:	83 Kaliber = 3074 mm
Länge der Bohrung:	80 Kaliber = 2960 mm
Konstruktionsgasdruck:	3450 kg/cm≈
Rohrlebensdauer:	7500 Schuß
Rückstoßenergie bei 0° Erhöhung:	1000 kg
Rohrlänge mit Zügen:	2554 mm
Art der Züge:	Kubische Parabelzüge, 50/35 Kaliber
Anzahl der Züge:	16
Gewicht von Rohr und Verschluß:	243 kg
Höchstschußweite:	Horizontal: 8500 m
Erhöhung 85°:	6800 m (Leuchtspur nur 4800 m)
Konstruktion:	Einzelblock-Rohr mit übergeschobenem Verschlußring; Fallkeilverschluß; hydraulische Rücklaufbremse mit Vorholfeder

Munition:	
Geschoßgewicht:	0,742 kg
Gewicht der Sprengladung:	0,365 kg
Sprengstoffart:	FP 02
Geschoßlänge:	162 mm
Gewicht der Treibladung:	0,970 kg
Hülsenlänge:	381 mm
Art der Treibladung:	RP C/32
Patronengewicht:	2,1 kg
Patronenlänge:	516,5 mm
Zünder:	Spr.Kopfzünder C/30, Kopfzünder C/34, Zündsatz Ers.St. C/34 (für Leuchtspur)
Brenndauer des Leuchtspur-Zündsatzes:	12 Sekunden
Feuergeschwindigkeit:	160 Schuß pro Minute maximal 80 Schuß pro Minute faktisch
Lafette:	*Dopp.L. C/30*
Erhöhung/Senkung:	+85°/-10°
Schwenkungsbegrenzung:	plus/minus 360° = 720°
Höhenrichtwert pro Handradumdrehung:	3°
Seitenrichtwert pro Handradumdrehung:	4°
Gewicht der gleitenden Teile (Wiege, Rücklaufbremse usw.):	243 kg
Gewicht der Rohrwiege:	152,5 kg
Gewicht der Bettung:	71 kg
Gewicht des Sockels:	2162 kg
Gewicht der Zieleinrichtung:	87 kg
Gewicht der elektrischen Anlage:	630 kg
Gesamtgewicht der Lafette:	3670 kg

Anmerkung: Hierbei handelt es sich um das Standardgeschütz der Leichten Flak aus der Vorkriegszeit, das erst in den letzten Kriegsjahren ersetzt wurde. Es erwies sich im Gefecht in der Schußfolge als zu langsam, da es nur ein halbautomatisches Waffensystem war.

2 cm MG C/30 in 2 cm MPL C/30

Geschütz:	
Kaliber:	20 mm
Mündungsgeschwindigkeit:	835 m/s
Rohrlänge:	65 Kaliber = 1300 mm
Länge der Bohrung:	65 Kaliber = 1300 mm
Konstruktionsgasdruck:	2800 kg/cm≈
Rohrlebensdauer:	22.000 Schuß
Rückstoßenergie bei 0° Erhöhung:	250 kg
Rohrlänge mit Zügen:	720 mm
Gewicht von Rohr und Verschluß:	64 kg
Höchstschußweite:	Horizontal: 4900 m
Erhöhung 85°: 3700 m	
Munition:	
Geschoßgewicht:	134 g
Geschoßlänge:	78,5 mm
Gewicht der Sprengladung:	39,5 g
Patronengewicht:	320 g
Patronenlänge:	203 mm
Zuführung:	20-Schuß-Magazin
Feuergeschwindigkeit:	280 Schuß pro Minute maximal
120 Schuß pro Minute faktisch	
Lafette:	*2 cm MPL C/30*
Erhöhung/Senkung:	+85°/-11°
Schwenkbegrenzung:	keine
Gewicht der gleitenden Teile (Wiege, Rücklaufbremse usw.):	43 kg
(Gewicht der Lafette (ohne Zieleinrichtung):	282 kg
Gewicht der gesamten Waffe:	420 kg

2 cm MG C/38 in 2 cm MPL C/30

Geschütz:	
Wie 2 cm MG C/30, ausgenommen:	
Rückstoßenergie bei 0° Erhöhung:	290 kg
Gewicht von Rohr und Verschluß:	57,5 kg
Munition:	
Wie 2 cm MG C/30, ausgenommen:	
Feuergeschwindigkeit:	480 Schuß pro Minute maximal 220 Schuß pro Minute faktisch
Lafette:	
Wie 2 cm MPL C/30, ausgenommen:	
Gewicht des gesamten Waffensystems einschl. leerem Magazin (ohne Munition):	416 kg

2-cm-Flak 35 in Vierlings-L. C/38

Geschütze:	
Vier Rohre 2 cm MG C/38	
Munition:	
Wie 2 cm MG C/38, ausgenommen:	
Feuergeschwindigkeit:	1800 Schuß pro Minute maximal 880 Schuß pro Minute faktisch
Lafette:	*Vierlings-L. C/38*
Gewicht von Wiege und Rücklaufbremse:	410 kg
Gewicht der Lafette (ohne Zieleinrichtung):	828 kg
Gewicht der Zieleinrichtung und des Schwenkwerks:	96,6 kg
Gewicht der elektrischen Schwenkvorrichtung:	31,5 kg
Gewicht des Splitterschutzes:	500 kg
Gewicht des gesamten Waffensystems:	2150 kg

Torpedo G7a

Kaliber:	533 mm
Gesamtlänge:	7000 mm
Antrieb:	Preßluft
Gefechtskopf:	430 kg TNT
Laufstrecke bei 30 kn:	15.000 m
Laufstrecke bei 40 kn:	5000 m
Laufstrecke bei 45 kn:	4500 m
G.A.-Winkel:	Bis 90° links bzw. rechts, in Stufen von 1° regulierbar
Tiefeneinstellung:	Bis 52 m, in Stufen von 1 Meter regulierbar

Bordflugzeuge

Heinkel »He 60 C«	
Typ:	Zweisitziges Aufklärungs-Seeflugzeug (Doppeldecker) für Katapultstart
Triebwerk:	Ein 660-PS-Motor BMW VI U 6,0 Z
Flugleistung:	Höchstgeschwindigkeit: 225 km/h bei 1000 m Flughöhe
Dienstgeschwindigkeit:	190 km/h bei 1000 m Flughöhe
Flugstrecke:	720 km
Dienstgipfelhöhe:	5000 m
Gewicht:	Rüstgewicht: 2725 kg
Maximales Startgewicht:	3425 kg
Abmessungen:	Spannweite: 12,9 m Länge: 11,5 m Höhe: 4,9 m
Bewaffnung:	1 x MG 15 (7,9 mm, beweglich), 1 x MG 17 (7,9 mm, starr)
Arado »Ar 196 A-3«	
Typ:	Zweisitziges Aufklärungs-Seeflugzeug (Tiefdecker) für Katapultstart
Triebwerk:	Ein 9-Zylinder-Sternmotor BMW 132 K mit 960 PS
Flugleistung:	Dienstgeschwindigkeit: 253 km/h
Höchstgeschwindigkeit:	310 km/h bei 4000 m Flughöhe
Flugstrecke:	1070 km
Dienstgipfelhöhe:	7000 m
Gewicht:	Rüstgewicht: 2990 kg

Maximales Startgewicht: 3730 kg
Abmessungen: Spannweite: 12,4 m
Länge: 11 m
Höhe: 4,45 m
Bewaffnung: Ein starres MG FF (20-mm-Bordkanone, je 60 Schuß) in jeder Tragfläche, ein starres MG 17 (7,9 mm, 500 Schuß) an der rechten Rumpfseite, ein bewegliches MG 15 (7,9 mm, 525 Schuß) für den Beobachter – beim Typ A-5 durch ein bewegliches 7,9-mm-Doppel-MG 81 ersetzt – sowie zwei 50-kg-Bomben

Heinkel »He 114 A-2«
Typ: Zweisitziges Aufklärungs-Seeflugzeug (Anderthalbdecker) für Katapultstart
Triebwerk: Ein BMW-Sternmotor 132 K mit 830 PS
Flugleistung: Dienstgeschwindigkeit: 290 km/h
Höchstgeschwindigkeit: 335 km/h bei 3500 m Flughöhe
Flugstrecke: 1050 km
Dienstgipfelhöhe: 4800 m
Gewicht: Rüstgewicht: 2315 kg
Maximales Startgewicht: 3450
Abmessungen: Spannweite: 13,6 m
Länge: 11,09 m
Höhe: 5,15 m
Bewaffnung: Ein starres MG 17 (7,9 mm, 500 Schuß), ein bewegliches MG 15 (7,9 mm, 750 Schuß) für den Beobachter sowie zwei 50-kg-Bomben unter den Tragflächen

Arado »Ar 197«
Typ: Einsitziges Jagdflugzeug (Doppeldecker) für Trägerverwendung
Triebwerk: Ein BMW-Sternmotor 132 K mit 830 PS
Flugleistung: Dienstgeschwindigkeit: 355 km/h
Höchstgeschwindigkeit: 400 km/h bei 2500 m Flughöhe
Flugstrecke: 1120 km
Dienstgipfelhöhe: 8000 m
Gewicht: Rüstgewicht: 1840 kg
Maximales Startgewicht: 2475 kg
Abmessungen: Spannweite: 11 m
Länge: 9,2 m
Höhe: 3,6 m
Bewaffnung: Zwei starre MG FF (20-mm-Bordkanonen, je 60 Schuß) im Rumpf, zwei starre MG 17 (7,9 mm, je 500 Schuß) im Oberflügel sowie 200 kg Bomben
Anmerkung: Kein Serienbau, da sich das RLM für die Me 109 (T) entschieden hatte.

Fieseler »Fi 167«
Typ: Zweisitziges Mehrzweckflugzeug (Doppeldecker) – einsetzbar als Aufklärer sowie für den Bomben- bzw. Torpedoabwurf – für Trägerverwendung
Triebwerk: Ein Daimler-Benz-Reihenmotor DB 601 A mit 1100 PS
Flugleistung: Dienstgeschwindigkeit: 270 km/h
Höchstgeschwindigkeit: 325 km/h bei 4000 m Flughöhe
Flugstrecke: max. 1500 km
Dienstgipfelhöhe: 8200 m
Gewicht: Rüstgewicht: 3800 kg
Maximales Startgewicht: 4850 kg
Abmessungen: Spannweite: 13,5 m
Länge: 11,4 m
Höhe: 4,8 m
Bewaffnung: Ein starres MG 17 (7,9 mm, 500 Schuß) im Rumpf, ein bewegliches MG 15 (7,9 mm, 525 Schuß) für den Beobachter sowie 1000 kg Bomben bzw. ein 765-kg-Torpedo
Anmerkung: Kein Serienbau über die Null-Serie hinaus, da sich das RLM für die Ju 87 C entschieden hatte.

Arado »Ar 195«
Typ: Zweisitziges Mehrzweckeflugzeug (Doppeldecker) – einsetzbar als Aufklärer sowie für den Bomben bzw. Torpedoabwurf – für Trägerverwendung
Triebwerk: Ein BMW-Sternmotor 132 M mit 830 PS
Flugleistung: Dienstgeschwindigkeit: 250 km/h
Höchstgeschwindigkeit: 282 km/h bei 2000 m Flughöhe
Flugstrecke. max. 1200 km
Dienstgipfelhöhe: 6000 m
Gewicht: Rüstgewicht: 2460 kg
Maximales Startgewicht: 4130 kg
Abmessungen: Spannweite: 12,5 m
Länge: 10,5 m
Höhe: 3,6 m
Bewaffnung: Ein starres MG 17 (7,9 mm, 500 Schuß) im Rumpf, ein bewegliches MG 15 (7,9 mm, 525 Schuß) für den Beobachter sowie eine 500-kg-Bombe bzw. zwei 250-kg-Bomben oder ein Torpedo
Anmerkung: Konkurrenzentwicklung zur »Fi 167«. Kein Serienbau, da die Leistungsfähigkeit hinter der Konkurrenz zurückblieb.

Junkers »Ju 87 C«
Typ: Zweisitziger Sturzbomber für Trägerverwendung
Triebwerk: Ein 1200-PS-Motor Jumo 211 b bzw. 211 Da
Flugleistung: Dienstgeschwindigkeit: 282 km/h
Höchstgeschwindigkeit: 340 km/h in Bodennähe (bzw. auf Meereshöhe)
Flugstrecke: 790 km
Dienstgipfelhöhe: 8000 m
Gewicht: Rüstgewicht: 2710 kg
Maximales Startgewicht: 4340 kg
Abmessungen: Spannweite: 13,8 m
Länge: 11,1 m
Höhe: 4,01 m
Bewaffnung: Zwei starre MG 17 (7,9 mm, je 500 Schuß) in den Tragflächen, ein bewegliches MG 15 (7,9 mm, 525 Schuß) für den Beobachter sowie 500 kg Bomben
Anmerkung: Die Trägerversion »Ju 87 C« (oder auch »Ju 87 T«) ist eine modifizierte »Ju 87 B« mit anklappbaren Tragflächen, etwas höherem Gewicht und vermutlich etwas geringerer Flugleistung.

Messerschmitt »Me 109 T« (auch »Bf 109 T«)
Typ: Einsitziges Jagdflugzeug für Trägerverwendung
Triebwerk: Ein Daimler-Benz-Motor DB 601 N mit 1175 PS
Flugleistung: Dienstgeschwindigkeit: 483 km/h
Höchstgeschwindigkeit: 568 km/m bei 6150 m Flughöhe
Flugstrecke: 660 km
Dienstgipfelhöhe: 10.500 m
Gewicht: Rüstgewicht. 2000 kg
Maximales Startgewicht: 2954 kg
Abmessungen: Spannweite: 11,18 m
Länge: 10,38 m
Höhe: 2,6 m
Bewaffnung; Zwei starre MG 17 (7,9 mm, je 500 Schuß) im Rumpf, zwei starre MG 17 oder zwei MG FF (20-mm-Bordkanonen, je 60 Schuß) in den Tragflächen sowie eine 250-Kg-Bombe
Anmerkung: Die »Me 109 T« entsprach in ihren Leistungen der Jagdbomber-Version »Me 109 E-4 B/N«.

Munition für die Schwere Artillerie

40,6 cm S.K. C/34 (*H*-Klasse)

Geschoßart:	*Gewicht:*	*Länge:*	*Sprengladung:*	*Zünder:*
P.Spr.Gr. L/4,4 (m.H.)	1030 kg	1786 mm	-	Bdz. 38
Spr.Gr.m.Bdz. L/4,6 (m.H.)	1030 kg	1867 mm	-	Bdz. 38
Spr.Gr.m.Kz. L/4,4 (m.H.)	1030 kg	1949 mm	-	Kz. 27
P.Spr.Gr.m.Bdz. und Kz. L/4,2 (m.H.)	600 kg	1705 mm	-	Hb.Gr.Z. 40K oder Dopp.Z.45 S 90 und W.Z. 40K
Spr.Gr.m.Bdz. und Kz. L/4,1 (m.H.)	610 kg	1644 mm	-	Bdz. 38, Kz. 27

(Die beiden letzteren Geschoßarten nur bei Einsatz des Geschützes als Küstenartillerie.)

Kartuschart:	*Kartuschgewicht:*	*Gewicht und Art der Treibladung*
Hauptkartusche (mit Hülse):	219 kg	128 kg RP C/38
Vorkartusche (im Beutel):	134 kg	134 kg RP C/38

38 cm S.K. C/34 (BISMARCK- und *O*-Klasse)

Geschoßart:	*Gewicht:*	*Länge:*	*Sprengladung:*	*Zünder:*
P.Spr.Gr. L/4,4 (m.H.)	800 kg	1672 mm	18,8 kg = 2,35 %	Bdz. 38
Spr.Gr.m.Bdz. L/4,5 (m.H.)	800 kg	1710 mm	32,8 kg = 4,1 %	Bdz. 38
Spr.Gr.m.Kz. L/4,6 (m.H.)	800 kg	1748 mm	64,2 kg = 8,0 %	Kz. 27
Spr.Gr.m.Bdz. und Kz. L/4,5 (m.H.)	495 kg	1710 mm	-	Hb.Gr.Z. 40K oder Dopp.Z. 45K und Bdz. 40K
Spr.Gr.m.Bdz. und Kz. L/4,4 (m.H.)	510 kg	1672 mm	-	Bdz. 38, Kz 27

(Die beiden letzten Geschoßarten nur bei Einsatz des Geschützes als Küstenartillerie.)

Kartuschart:	*Kartuschgewicht:*	*Gewicht und Art der Treibladung:*
Hauptkartusche (mit Hülse):	182,5 kg	112,5 kg RP C/38
Vorkartusche (im Beutel):	99,5 kg	99,5 kg RP C/38

28 cm S.K. C/34 (SCHARNHORST- und *P*-Klasse)

Geschoßart:	*Gewicht:*	*Länge:*	*Sprengladung:*	*Zünder:*
P.Spr.Gr. L/4,4 (m.H.)	330 kg	1245 mm	6,6 kg = 2,0 %	Bdz. 38
Spr.Gr. L/4,4 (m.H.)	315 kg	1245 mm	16,0 kg = 5,1 %	Bdz. 38
Spr.Gr.m.Kz. L/4,5 (m.H.)	315 kg	1273 mm	21,8 kg = 6,9 %	Kz. 27

Kartuschart:	*Kartuschgewicht:*	*Gewicht und Art der Treibladung:*
Hauptkartusche (mit Hülse):	124 kg	76,5 kg RP C/38
Vorkartusche (im Beutel):	42,5 kg	42,5 kg RP C/38

28 cm S.K. C/28 (DEUTSCHLAND-Klasse)

Geschoßart:	*Gewicht:*	*Länge:*	*Sprengladung:*	*Zünder:*
P.Spr.Gr. L/3,7 (m.H.)	300 kg	1047 mm	7,84 kg = 2,6 %	Bdz. 38
Spr.Gr.m.Bdz. L/4,2 (m.H.)	300 kg	1188 mm	16,94 kg = 5,65 %	Bdz. 38
Spr.Gr.m.Kz. L/4,2 (m.H.)	300 kg	1188 mm	23,33 kg = 7,8 %	Kz. 27

Kartuschart:	*Kartuschgewicht:*	*Gewicht und Art der Treibladung:*
Hauptkartusche (mit Hülse):	189,5 kg	71,0 kg RP C/38
Vorkartusche (mit Beutel):	36 kg	36,0 kg RP C/38

28 cm S.K. L/40 (SCHLESIEN-Klasse)

Geschoßart:	*Gewicht:*	*Länge:*	*Sprengladung:*	*Zünder:*
P.Spr.Gr. L/2,6	240 kg	736 mm	-	Bdz. 36
Spr.Gr. L/2,9	240 kg	821 mm	-	Bdz. 36
Spr.Gr.m.Bdz. und Kz. L/4,4 (m.H.)	284 kg	1245 mm	-	Bdz. 36 und Kz.Spr.Gr. (m.H.) oder Dopp.Z. 160AZ

4. Elektronische Ausrüstung – Funkmeßanlagen[236]

Funkmeßortungsgeräte (FuMO)

Antenne:	*Bezeichnung (neu):*	*Bezeichnung (alt):*	*Eingebaut in:*	*Wellenlänge:*	*Impuls-frequenz:*	*Leistung:*	*Reichweite:*	*Meß-genauigkeit:*	*Bemerkungen:*
Drehmast	FuMO 21	-	Zerstörer	81,5 cm	500	1 kW (GEMA)	14 – 18 km	± 3°	-
Über E-Meßbasis	FuMO 22	-	Schlachtschiffe und Schwere Kreuzer	81,5 cm	500	1 kW (GEMA)	-	-	-
Kombiniert mit E-Meßbasis	FuMO 23	-	Schlachtschiffe und Schwere Kreuzer	81,5 cm	500	8 kW (GEMA) -	-	-	
Drehmast	FuMO 24	-	T-Boote, Zerstörer und Leichte Kreuzer	81,5 cm	500	8 kW (GEMA)	15 – 20 km	±0,3°	-
Drehmast	FuMO 25	-	T-Boote, Zerstörer und Leichte Kreuzer	81,5 cm	500	8 kW (GEMA)	15 – 20 km	±0,3°	-
Über E-Meßbasis	FuMO 26	-	Schlachtschiffe und Schwere Kreuzer	81,5 cm	500	10 kW (GEMA)	20 – 25 km	±0,25° -	
Kombiniert mit E-Meßbasis	FuMO 27	-	Schlachtschiffe und Schwere Kreuzer	81,5 cm	500	15 kW (GEMA) -	-	-	
Doppel-Festantenne	FuMO 28	-	T-Boote Typ 37	-	-	- GEMA)	-	-	-
Festreflektor und elektron.Suche	FuMO 29	-	U-Boote	-	-	-	-	-	-
Dreh-Reflektor	FuMO 30	FuMG 42(g.U.)	U-Boote	81,5 cm	500	8 kW	6 – 8 km	±5°	-
Dreh-Reflektor	FuMO 61	FuMG 200U	U-Boote	54 cm	50	30 kW	8 – 10 km	±3°	Luftwaffengerät »Hohentwiel« (Fa. Lorentz)
Ausfahrbare Drehantenne, horizontal polarisiert	FuMO 62	FuMG 200S	S-Boote	"	"	"	"	"	"
-	FuMO 63	-	Überwasserschiffe	-	-	30 kW	12 – 20 km	±2°	"
-	FuMO 71	FuMG 202	S- und Vp.-Boote	63 cm	2640	-	-	-	Luftwaffengerät »Lichtenstein« (Fa. Telefunken)
-	FuMO 81	-	PRINZ EUGEN	-	-	15 kW	20 – 30 km	±5°	-
-	FuMO 221	FuSe 64	(Landeinsatz?)	-	-	-	-	-	»Hohentwiel K«
-	FuMO 212, 213 und 214	FuSe 65	Flakkreuzer und Landeinsatz	-	-	-	-	-	»Mannheim« (Fa. Telefunken), »Würzburg-Riese«
Weitere Geräte:									
Vertikal polarisierte Dioden. Zwei Gruppen zu 16 Dipolen.	FuMO 01	-	-	-	-	-	-	-	1000 Hz und 2000 Hz
-	FuMO 02	-	-	-	-	-	-	-	»Calais«, 500 Hz

Funkmeßbeobachtungsgeräte (FuMB)

Bezeichnung (neu)	*Bezeichnung (alt)*	*Hersteller*	*Eingebaut in*	*Impulsfrequenz/Wellenlänge*	*Tarnname*
FuMB 1	R 600 A	Metox		500/113 MHz	»Metox«
FuMB 2	-	Sadir		120/666 MHz	-
FuMB 3	-	RPZ		220/180 MHz	-
FuMB 4	RSI/5UD 42	Rhode & Schwarz		470/90 MHz	»Samos«
FuMB 5	-	Rhode & Schwarz	Alle Schiffsklassen	1500/400 MHz	-
FuMB 6	-	Rhode & Schwarz		250/160 MHz	-
FuMB 7	-	Telefunken		3700/3000 MHz	»Naxos I«
FuMB 8	»Wanz G«	Hagenuk		250/166 MHz	»Cypern I«
FuMB 9	»Wanz G«	Hagenuk		156/254 MHz	»Cypern II«
FuMB 10	-	-	-	100/400 MHz	»Borkum«
FuMB 26	»Naxos II«	-	-	7500/15 000 MHz	»Tunis«
FuME 1	FuKG 41g	Elac	Einzelne große Schiffe	380/361 MHz	»Wespeg«, 21/41/7 Signale/Minute. 79 – 83 cm
FuME 2	-	Elac		400/353 MHz	»Wespeg (2)«

FuMB-Antennen

Bezeichnung	*Hersteller*	*Eingebaut in*	*Frequenz*	*Peilgenauigkeit*	*Tarnname*
Ant. 1	Marinewerften	S-Boote	233 – 166	+-5°	-
Ant. 2	Marinewerften	U-Boote	-	-	»Biskaya-Kreuz«
Ant. 3	Marinewerften	verschiedene	400 – 100	Rundempfangs-Dipol	»Bali«-Rundempfangs-Dipol
Ant. 4	Marinewerften	verschiedene	400 – 100	+-5°	»Sumatra«-Rahmenantenne, 45° Polarisation
Ant. 6	Marinewerften	verschiedene	-	-	»Palau«-Doppel-Flügeldipole
Ant. 7	Marinewerften	große Schiffe	400 – 100	+-3°	»Timor«-Vertikal- und Horizontalflügel-Rahmenantennen

Primärquellen und Bibliografie

Unveröffentlichte offizielle Quellen

Deutsche Kriegstagebücher (KTB):

a) *Führungsstellen:*
- Seekriegsleitung
- Marinegruppenkommando Nord
- Marinegruppenkommando West
- Marinegruppenkommando Ost
- Marineoberkommando (MOK) Nord
- Marineoberkommando (MOK) Ost
- Flottenkommando
- Befehlshaber der Kampfgruppe
- Befehlshaber der Schlachtschiffe
- Befehlshaber der Panzerschiffe
- Befehlshaber der Kreuzer
- Befehlshaber der Aufklärungsstreitkräfte
- Admiral Nordmeer

b) *Schiffe:*
- ADMIRAL GRAF SPEE
- ADMIRAL SCHEER
- DEUTSCHLAND/LÜTZOW
- SCHARNHORST
- GNEISENAU
- BISMARCK
- TIRPITZ
- SCHLESIEN
- SCHLESWIG-HOLSTEIN
- NÜRNBERG
- ADMIRAL HIPPER
- PRINZ EUGEN

Deutsche technische Dokumente:

Plattenliste für die Vertikalpanzerung des Panzerschiffes »Ersatz PREUSSEN«

Das Panzerschiff A und die Vorentwürfe von 1920 bis 1928: Sandhofer, Militärgeschichtliche Mitteilungen 1968

Entwicklung der Panzerschiffe der DEUTSCHLAND-Klasse: Ministerialdirektor Presse, 1. August 1944

Panzerschiff DEUTSCHLAND: Tabelle zur Zeichnung »Panzeranordnung« – TS 4/25078

Panzerschiff A: Die militärischen, politischen und strategischen Überlegungen, die zu seinem Bau führten (2.11.1928) – RM 20/1568

Schiffsbuch II DEUTSCHLAND – TS 298/57406

Panzerschiff »Ersatz LOTHRINGEN«: Bauvorschrift für die Hauptmaschinenanlage

Schiffsbuch II ADMIRAL SCHEER – TS 46/24161

Plattenliste für die Vertikalpanzerung des Panzerschiffes »Ersatz BRRAUNSCHWEIG«

Erprobungen Panzerschiff ADMIRAL GRAF SPEE: Schlußbericht – TS 176/24483

Konferenzen über den Schiffbau-Ersatzplan (28. Juni 1932) – RM 20/993 und RM 20/994

Schiffsbuch II ADMIRAL GRAF SPEE -TS 46/24159

Waffenanlage ADMIRAL GRAF SPEE – TS 176/24483

Umarmierungspläne SCHARNHORST und GNEISENAU (25.5.1938) – RM 20/880

»Ersatz ELSASS« – RM 20/994

Schiffsbuch II SCHARNHORST – TS 298/57407

Schlachtschiff GNEISENAU: Geschützmaterial der S.A. und M.A., Band 1 – TS 21/29498

Entstehungsgeschichte für die Schlachtschiffe F und G

Erprobungsbericht BISMARCK – TS 268/16178

Bauvorschrift »Waffenanlage BISMARCK« – TS 131/22065

Bauvorschrift »Schiff BISMARCK« – TS 131/22064

Kaliberfragen Panzerschiffe D und E (4.4.1935) – A IVa 1330/35

Gewichtsliste ADMIRAL SCHEER – TS 122/24479a

Gewichtsliste SCHARNHORST – TS 122/24481a

Gewichtsliste TIRPITZ – TS 122/24482a

Waffenanlage GRAF ZEPPELIN – TS 131/22068

Flugzeugträger – TS 1216/23369

Trägerflugzeuge – TS 25/27496

Handbuch der deutschen Kriegsschifftypen, Heft 1 – MDV 401/1944

Unterlagen und Richtlinien zur Bestimmung der Hauptkampfentfernung und der Geschoßwahl, Heft A, OKM, 1940

Konstruktion Rheinmetall-Borsig: Angaben über Marinegeschütze

Veröffentlichte Quellen*

Air Britain: *RAF Special Registers: L* (1979), *N* (1979), *P* (1978), *R* (1980), *T* (1981), *X/Z* (1984), *AA/AZ* (1984), *BA/BZ* (1986)

Anon: *Die versunkene Flotte;* Stalling-Verlag, Oldenburg 1961

Apps, Lt.-Cdr. Michael: *Send Her VICTORIOUS;* Wm. Kimber, 1971

Barker, R.: *The Ship Busters;* Chatto & Windus, 1957

Bidlingmaier, Gerhard: *Einsatz der schweren Kriesmarine-einheiten im ozeanischen Zufuhrkrieg;* Vohwinckel-Verlag, Neckargemünd 1963

Bowyer, C.: *The Wellington Bomber;* Wm. Kimber, 1986

Bredemeier, KKpt.a.D. Heinrich: *Schlachtschiff SCHARNHORST;* Koehlers-VerlagsGmbH, Herford 1962

Breyer, Siegfried: *Battleships and Battlecruisers;* Macdonald, 1973 – Dt. Originalausgabe: *Schlachtschiffe und Schlachtkreuzer 1905 – 1970;* J.F. Lehmanns-Verlag, München 1970

Koop,Gerhard: *Von der EMDEN zur TIRPITZ;* 2 Bde., Verlag Wehr & Wissen, Koblenz/Bonn 1981

Marine-Arsenal, Bd. 1: *Schlachtschiff TIRPITZ*
- Bd. 2: *Schlachtschiff GNEISENAU*
- Bd. 3: *Schlachtschiff SCHARNHORST*

* Durch den Übersetzer erweitert.

Britische Quellen:

REPULSE	Report of Proceedings (8.4.1940)	(ADM 199/474)
RENOWN	Report of Proceedings (8.4.1940)	(ADM 199/474)
RAWALPINDI	Report of Proceedings (23.11.1939)	(ADM 199/725)
CLYDE	Patrol Report (20.6.1940)	(ADM 199/1877)
SEAWOLF	Patrol Report (6.3.1942)	(ADM 199/1836)
SPEARFISH	Patrol Report (11.4.1940)	(ADM 199/1843)
TRITON	Patrol Report (8.4.1940)	(ADM 199/1847)
TRIDENT	Patrol Report (8.4.1940)	(ADM 199/1864)
RODNEY	Ship's Log, März 1941	(ADM 53/115027)
RAMILLES	Ship's Log, Februar 1941	(ADM 53/114929)
MALAYA	Sip's Log, März 1941	(ADM 53/114600)
TANTALUS	Ship's Log, September 1943	(ADM 53/18192)

Air Historical Branch Narrative History (Einzeldarstellungen der Lufthistorischen Abteilung):
Bomber Command (AIR 41/40)
Coastal Command (AIR 41/47, 41/48 und 41/78)
3. Group Operational Record Book (AIR 25/51 und 25/52)
4. Group Operational Record Book (AIR 25/93)
5. Group Operational Record Book (AIR 25/109A)
Evaluation of Captured Enemy Aircraft (AIR 40/133)

– Bd. 4: *Flugzeugträger GRAF ZEPPELIN*
– Bd. 6: *Panzerschiff DEUTSCHLAND*
– Bd. 8: *Panzerschiff ADMIRAL GRAF SPEE*
– Bd. 12: *Panzerschiff/Schwerer Kreuzer ADMIRAL SCHEER*
– Bd. 15: *Schlachtschiff BISMARCK*
– Bd. 21: *Linienschiffe SCHLESWIG-HOLSTEIN und SCHLESIEN;* Verlag Podzun-Pallas, Friedberg 1986 – 1992
Brown, David: *Carrier Operations in World War II;* Ian Allen
Busch, Fritz-Otto: *PRINZ EUGEN;* Futura, 1975
Campbell, J.: *Naval Weapons of World War Two;* Conway Maritime, 1985
Cooper, A.W.: *Beyond the Dams to the TIRPITZ;* Wm. Kimber, 1987
D'Eyncourt, Sir Eustace T.: *Notes on some Features of German Warship Construction;* Proc. Inst. Naval Arch., 1921
Dressel, Joachim/Griehl, Manfred: Waffen-Arsenal, Bd. S-23: *Flugzeuge und Luftschiffe der deutschen Marine 1910 – 1941;* Verlag Podzun-Pallas, Friedberg 1992
Gomersall, B.: *The Stirling File;* Air Britain, 1987
Goodall, S.V.: *The ex-German Battleship BADEN;* Proc. Inst. Naval Arch., 1921
Gröner, Erich/Jung, Dieter/Maass, Martin: *Die deutschen Kriegsschiffe 1815 – 1945,* Bd. 1; Bernard & Graefe Verlag, München 1982
Hadeler, Wilhelm: *Der Flugzeugträger;* J.F. Lehmanns-Verlag, München 1968
– *Project Sketches of Air Support Ships in the German*
– *Navy of the Second World War;* übersetzt aus der Marine-Rundschau, 1972
– *Kriegsschiffbau,* 2 Bde.; Verlag Wehr & Wissen, Darmstadt 1968
Halley, James: *The Squadrons of the Royal Air Force;* Air Britain, 1985
– *The Lancaster File;* Air Britain, 1985
Harris, Gp.-Capt. P.I.: *The Wilhelmshaven Disaster;* Flypast, Juni 1983
Hastings, Max: *Bomber Command,* Michael Joseph
Hendric, Andrew: *Seek and Strike;* Wm. Kimber, 1983
Hildebrand, Hans H./Röhr, Albert/Steinmetz, Hans-Otto: *Die deutschen Kriegsschiffe – Biographien,* 7 Bde.; Koehlers-VerlagsGmbH, Herford 1979
Hümmelchen, Gerhard: *Die deutschen Seeflieger 1935 – 1945;* J.F. Lehmanns-Verlag, München 1976
Israel, Ulrich H.-J.: *GRAF ZEPPELIN – Einziger deutscher Flugzeugträger;* Koehlers VerlagsGmbH, Herford 1994
Kähler, Wolfgang: *Schlachtschiff GNEISENAU,* Koehlers VerlagsGmbH, Herford 1979
Kenedy, Ludovic: *Menace – the Life and Death of TIRPITZ;* Sidgwick & Jackson, 1979
Krancke, Theodor/Brennecke, Jochen: *Das glückhafte Schiff. Kreuzerfahrten der ADMIRAL SCHEER*; Koehlers VerlagsGmbH, Biberach/Riß 1955
Lochner, R.K.: *Als das Eis brach. Der Krieg zur See um Norwegen 1940;* Wilhelm Heyne Verlag, München 1983
Mallmann-Showell, Jak P.: *The German Navy in World War Two;* Arms & Armour Press, 1979. Dt. Übersetzung: *Das Buch der deutschen Kriegsmarine 1935 – 1945;* Motorbuch-Verlag, Stuttgart 1982
Müllenheim-Rechberg, Burkhard Freiherr v.: *Battleship BISMARCK;* Triad, 1982. Dt. Originalausgabe: *Schlachtschiff BISMARCK. Ein Überlebender in seiner Zeit;* erw. Neuausgabe, Ullstein-Verlag, Frankfurt/M. 1987
Neitzel, Sönke: *Der Einsatz der deutschen Luftwaffe über dem Atlantik und der Nordsee 1939 – 1945;* Bernard & Graefe Verlag, Bonn 1995
Nesbit, Roy Conyers: *Woe to the Unwary;* Wm. Kimber 1981
- *The Torpedo Airmen;* Wm. Kimber, 1983
Peillard, Leonce: *Versenkt die TIRPITZ;* Paul Neff Verlag, Wien 1965
Prager, Hans Georg: *Panzerschiff DEUTSCHLAND – Schwerer Kreuzer LÜTZOW;* Koehlers VerlagsGmbH, Herford 1981
Pritchard, David: *Durch Raum und Nacht;* Motorbuch-Verlag, Stuttgart 1992
Rasenack, F.W.: *Panzerschiff ADMIRAL GRAF SPEE;* Koehlers VerlagsGmbH, Herford 1957
Roberts, N.: *The Halifax File;* Air Britain, 1982
– *The Whitley File;* Air Britain, 1986
Rohwer, J./Hümmelchen, G.: *Chronology of the War at Sea, 1939-1945. The Naval History of World War Two;* Greenhill Books, London 1992. (Keine deutsche Originalausgabe.)
Roskill, S.: *The War at Sea;* Bde. 1 – 3, H.M.S.O.
Salewski, Michael: *Die deutsche Seekriegsleitung 1935 – 1945,* 3 Bde.; Bernard & Graefe, Frankfurt/Main 1970
Schofield, Vice-Admiral B.B.: *The Loss of the BISMARCK;* Ian Allan. Dt. Übersetzung: *Der Untergang der BISMARCK;* Motorbuch-Verlag, Stuttgart
Smith, J.R./Kay,A.: *German Aircraft of the Second World War;* Putnam, 1978
Sturtivant, Ray: *The Squadrons of the Fleet Air Arm;* Air Britain, 1984
Thetford, Owen: *Aircraft of the Royal Air Force since 1918;* Putnam 1971
- *British Naval Aircraft since 1912;* Putnam, 1971
Warren, C.E.T./Benson, James: *...Und über uns die Wogen. Geschichte der britischen Torpedoreiter und Kleinst-U-Boote 1942 – 1945;* Koehlers VerlagsGmbH, Jugenheim
Warship, Bde. 31 und 33: *GRAF ZEPPELIN;* Conway Maritime
Watts, A.J.: *Loss of the SCHARNHORST;* Ian Allen, 1970
Weal, E.C.: *Combat Aircraft of World War Two;* Arms & Armour Press, 1977
Winton, J.: *Find, Fix and Strike;* B.T. Batsford
Woodward, D.: *The TIRPITZ;* Wm. Kimber, 1955
Whitley, M.J.: *Destroyer! German Destroyers in World War Two;* Arms & Armour Press, 1983. Dt. Übersetzung: *Die deutschen Zerstörer im 2. Weltkrieg;* Motorbuch-Verlag, Stuttgart 1985
– *German Cruisers of World War Two;* Arms & Armour Press, 1985. Dt. Übersetzung: *Deutsche Kreuzer im 2. Weltkrieg;* Motorbuch-Verlag, Stuttgart 1988

Anmerkungen des Übersetzers

Vorbemerkung: Der Verfasser gibt bei Zitaten keine Verweise auf Einzeldokumente an; er hält sie für bedeutungslos und führt die dokumentarischen Hauptquellen lediglich pauschal in der Bibliografie an. Dies erschwert die Dokumentartreue der Übersetzung. Dem Übersetzer gelang es nicht in jedem Fall, die Originaltexte aufzuspüren, um sie weitgehend als Grundlage der Übersetzung zu verwenden. Trotzdem hat er den Versuch unternommen, den Buchtext – auch mit Hilfe von Anmerkungen – so nahe wie möglich an die deutschen Primärquellen anzulehnen.

1 Nach dem Niedergang des Deutschen Bundes von 1815 – eines losen Staatenbundes – in der hegemonialen Auseinandersetzung mit Österreich im Kriege von 1866 entstand aus den deutschen Einzelstaaten nördlich des Mains 1867 der Norddeutsche Bund, ein einheitlicher Bundesstaat unter der Führung Preußens, dem die drei süddeutschen Staaten – Bayern, Württemberg und Baden – durch Geheimabkommen verbunden waren. 1870 begann der Krieg gegen Frankreich als Auseinandersetzung mit dem Norddeutschen Bund, dem sich die süddeutschen Staaten anschlossen (Zweiter Deutscher Bund). An seinem Ende stand die Gründung des Deutschen Reiches am 18. Januar 1871 in Versailles, als König Wilhelm I. v. Preußen aus den Händen der deutschen Fürsten als Kaiser Wilhelm I. die deutsche Kaiserkrone empfing. Zuvor (1848) hatte König Friedrich Wilhelm IV. v. Preußen unter Hinweis auf das »Gottengnadentum der Herrscher« eine Annahme aus den »Händen des Volkes« – der verfassunggebenden Nationalversammlung in der Paulskirche zu Frankfurt/M. – verweigert.

2 Seit 1867 Marine und Flotte des Norddeutschen Bundes.

3 Als ein Ergebnis der vorausgegangenen Revolution trat am 31. Mai 1848 die Nationalversammlung als Vorparlament in Frankfurt/M. zusammen. Seine Aufgabe sollte die Schaffung einer Verfassung und damit des deutschen Einheitsstaates sein. Den Vorsitz führte der zum »Reichsverweser« gewählte Erzherzog Johann v. Österreich. Unter dem Eindruck der dänischen Blockade der deutschen Küsten schuf die Nationalversammlung am 4. Juni 1848 den Marine-Ausschuß und beauftragte am 29. Juni den Senator Duckwitz als Reichs-Handelsminister mit der einstweiligen Wahrnehmung der Marineangelegenheiten. Diesem Ausschuß legte der Generalinspekteur der preußischen Artillerie, Prinz Adalbert v. Preußen, die im Mai 1848 erarbeitete »Denkschrift über die Bildung einer deutschen Kriegsflotte« vor. In ihr benannte er drei Möglichkeiten für ihre Ausgestaltung:

1. eine Küstenflotte zur Verteidigung der Küsten,
2. eine Kriegsmarine zur offensiven Verteidigung und zum notwendigsten Schutz des Handels oder
3. die Schaffung einer selbständigen Seemacht.

Der Marine-Ausschuß lehnte eine »Linienflotte« –d.h. eine Schlachtflotte – ab und beantragte bei der Nationalversammlung die Schaffung einer »Reichsflotte« aus Kriegsschiffen, die den 2. Rang nicht überstiegen. Dies führte zum Ankauf der genannten Schiffe. Ende Juli 1848 verkündete die Nationalversammlung das "Gesetz zur Einführung einer Reichskriegsflagge" für die Schiffe der Reichsflotte: Schwarz-Rot-Gold, waagerecht gestreift mit dem Reichswappen, d.h. dem Doppeladler auf goldgelbem Feld, im linken oberen Eck. Außerdem schuf die Nationalversammlung am 30. Oktober 1848 zwei Marinebehörden: die »Marine-Abtheilung« unter Leitung von Duckwitz und die »Technische Marine-Commission«. Letzterer oblag unter der Leitung von Prinz Adalbert die Planung der zukünftigen deutschen Reichsflotte.
Chef und Organisator der neuen Flotte wurde der vom Reichsverweser später zum Contre-Admiral ernannte Capitain Brommy. Unterstützung bei ihrem Aufbau leisteten die USA (Radfregatte HANSA ex-UNITED STATES mit amerikanischer Besatzung unter Schwarz-Rot-Gold), während England wissen ließ, die Schiffe unter Schwarz-Rot-Gold gehörten zu keinem völkerrechtlich anerkannten Staat und würden ggf. als Piraten behandelt. Im Frühjahr 1849 kämpften drei deutsche Marinen gegen Dänemark: die Reichsflotte unter Schwarz-Rot-Gold, die schleswig-holsteinische Marine unter Blau-Weiß-Rot und die preußische Marine unter dem schwarzen Adler auf weißem Grund.
Mit dem Niedergang der Nationalversammlung endete auch die Ära der Reichsflotte. Sie wurde 1850 als »Deutsche Bundeskriegsmarine« der Bundesversammlung – Organ des noch bestehenden Deutschen Bundes von 1815 – unterstellt und am 31. März 1853 schließlich ganz aufgelöst. Die Fregatten ECKERNFÖRDE und BARBAROSSA erhielt die preußische Marine; der Rest wurde versteigert.

4 Nicht das Ende des Krieges mit Dänemark brachte den Niedergang der Nationalversammlung, sondern die fehlende Exekutive und die Uneinigkeit der deutschen Einzelstaaten führten letztlich ihr Ende herbei.

5 Daten zur Schaffung der preußischen Marine: 5. September 1848 Bildung der »Küstenflottille«, 1. März 1849 Errichtung des Marine-Oberkommandos, 1. Mai 1849 Ernennung von Prinz Adalbert v. Preußen zum Oberfehlshaber, 29. August 1852 Bildung des »1. Preußischen Geschwaders« und 14. November 1853 Schaffung der preußischen Admiralität.

6 Am 16. April 1867 trat die Verfassung des Norddeutschen Bundes in Kraft. Den Oberbefehl über die Streitkräfte führte der König v. Preußen. Art. 53 bestimmte für die Marine: »Die Bundeskriegsmarine ist eine einheitliche unter Preußischem Oberbefehl.« Hiermit führte der preußische König auch den Oberbefehl über die Marine. Die parlamentarische Verantwortung hatte der Bundes-Marineminister (zum damaligen Zeitpunkt Bismarck). Am 2. Juli 1867 wurde die neue Reichskriegsflagge mit Schwarz-Weiß-Rot im linken oberen Eck eingeführt. Unter dieser Flagge fuhr die deutsche Marine bis zum 31. Dezember 1921.

7 Die Reichsverfassung vom 16. April 1871, die weitgehend der des Norddeutschen Bundes entsprach, bestimmte in Art. 53: »Die Kriegsmarine des Reiches ist eine einheitliche unter dem Oberbefehl des Kaisers. ...« Art.55 ergänzte: »Die Flagge der Kriegs- und Handelsmarine ist schwarz-weiß-rot.«

8 Der Nord-Ostsee-Kanal hatte 1995 sein 100jähriges Jubiläum. Die Vorarbeiten begannen schon 1864, aber erst am 16. März 1886 wurde der Kanalbau durch Gesetz bestimmt. Den Grundstein legte am 3. Juni 1887 Kaiser Wilhelm I. und die Einweihung erfolgte am 21. Juni 1895 durch Wilhelm II. Ab 1907 begannen Erweiterungsarbeiten, damit ihn auch die modernen Großkampfschiffe befahren konnten. Diese Arbeiten wurden kurz vor Ausbruch des 1. Weltkrieges beendet.

9 Hierbei handelt es sich um die BRANDENBURG-Klasse, deren Typschiff – die BRANDENBURG – am 19. November 1893 in Dienst gestellt wurde. Die offizielle Klassifizierung lautete »Panzerschiff A – D«. Die Bezeichnung »Linienschiff« wurde durch Tirpitz erst Ende der 90er Jahre mit der WITTELSBACH-Klasse eingeführt.

10 Das Verdrängungsvolumen des Schiffes multipliziert mit dem spezifischen Gewicht des Wassers (1,015) ergibt den Auftrieb = Schiffsgewicht/Deplacement/Wasserverdrängung. Bei den Überwasserkriegsschiffen ist daher zu unterscheiden zwischen:

a) *leeres Schiff,* d.h. das Gewicht des leeren, betriebsklaren Schiffes mit Waffen, Geräten, Ausrüstung sowie Wasser und Brennstoff in den Leitungen;
b) *Typ- oder Standardverdrängung:* wie a), jedoch mit Munition, Besatzung mit Effekten, Proviant, Verbrauchsstoffen und Frischwasser, angegeben in *»ts standard«* (begrifflich im Washingtoner Abkommen von 1922 festgelegt und seit 1927 auch bei der deutschen Marine in Gebrauch);
c) *Konstruktionsverdrängung* oder *»t auf CWL«:* wie b), jedoch mit 50 % der Brennstoff-, Schmieröl- und Reservespeisewasservorräte (seit 1882 als normale Deplacementsangabe bei der deutschen Marine verwendet); und der
d) *größten Wasserverdrängung* oder *Einsatzverdrängung,* angegeben in *»t/ts maximal«:* jedoch mit sämtlichen Brennstoff-, Schmieröl- und Speisewasservorräten sowie ggf. Spezialausrüstung.

Bei deutschen Schiffen wurde das Verdrängungsvolumen in »t« – metrischen Tonnen (mt) zu 1000 kg – angegeben, während bei ausländischen Schiffen die Maßeinheit »ts« – engl. »long ton« zu 1016 kg – Anwendung findet. Letztere Angabe ist heute allgemein in Gebrauch.

11 FM-Boote waren ab 1918 fertiggestellte »**F**lachgehende **M**inensuchboote (193 t maximal). Einige dieser Einheiten waren noch bei der Reichsmarine in Dienst. Siehe hierzu auch M.J. Whitley »Deutsche Seestreitkräfte 1939 – 1945. Einsatz im Küstenvorfeld«, Motorbuch-Verlag, Stuttgart 1995.

12 Die Kaliberfrage - verbunden mit Kritik am Staatssekretär des Reichsmarineamtes, GAdm. v. Tirpitz – erregte die Gemüter inner- und außerhalb der Marine bis in die Zeit nach dem Ersten Weltkrieg. Die Kritiker waren der Auffassung, die deutschen Großkampfschiffe wären im Hauptkaliber unterbewaffnet gewesen. Der Sprung zum Kaliber 28 cm und später zum Kaliber 30,5 cm und 38,1 cm hätte jeweils viel früher erfolgen müssen, um mit der Royal Navy gleichzuziehen.

13 Die drei 17-cm-Kasemattrohre jeweils an Steuerbord und an Backbord mittschiffs mußten bei der Kanalfahrt zurückgefahren werden, sonst wäre die Schiffsbreite mit 2,56 m für die damaligen Schleusen zu groß gewesen. Ein Einschwenken in Nischen war nicht möglich.

14 Das »all-big-gun-ship« bedeutete ein Großkampfschiff mit einheitlicher Schwerer Artillerie und damit die Abkehr von der aus den unterschiedlichsten Kalibern zusammengesetzten Bewaffnung. Das am 12. Februar 1906 vom Stapel gelaufene, 22.500 ts große Schlachtschiff DREADNOUGHT mit seiner einheitlichen, aus zehn 30,5-cm-Geschützen bestehenden Bewaffnung stand am Beginn einer neuen Ära im Großkampfschiffbau. Der Begriff »Dreadnought« wurde nunmehr allgemein für große Schlachtschiffe über 20.000 t mit einheitlicher Bewaffnung gebraucht (in Deutschland als »Großlinienschiff« bezeichnet). Alle vorher gebauten Schlachtschiffe (Linienschiffe) waren zu »Vordreadnoughts« geworden und somit veraltet.

15 Der amerikanische General William Mitchell führte in den Jahren nach dem Ersten Weltkrieg in den USA einen erbitterten Kampf für den Aufbau einer Luftstreitmacht aus Bombern. Neben der Ministerialbürokratie und der Heeresführung zählte vor allem die US-Navy zu seinen Hauptgegnern, weil er sich ausgerechnet das Schlachtschiff – Prestigeobjekt der Marine schlechthin – als Demonstrationsobjekt für sein Konzept bezüglich des Einsatzes von Luftstreitkräften ausgesucht hatte. Zur Betroffenheit der Marinebeobachter zeigte General Mitchell am Beispiel der OSTFRIESLAND, wie Schlachtschiffe von Bombern versenkt werden konnten. Verwendet wurde hierbei eine neu entwickelte 900-kg-Bombe der Heeresflieger. Während diese Demonstration überall auf der Welt Beachtung fand, überzeugte sie die amerikanischen Militärs vom Wert des Bombers nicht.

16 Die nach den Waffenstillstandsbedingungen von 1918 bis zur endgültigen Regelung im Friedensvertrag zur Internierung auszuliefernden deutschen Kriegsschiffe liefen am 19. November 1918 unter Führung von KAdm. v. Reuter zum Internierungsort Scapa Flow aus. Um einer Besetzung seiner Schiffe durch die Briten zuvorzukommen – wofür es Anzeichen gab; außerdem war die politische Lage bezüglich der Unterzeichnung des Friedensvertrages in Versailles durch Deutschland unbekannt –, versenkte sich die deutsche Flotte auf Befehl von KAdm. v. Reuter in Scapa Flow am 21. Juni 1919 selbst. Siehe hierzu auch S.C. George »Vom Skagerrak nach Scapa Flow«, Motorbuch-Verlag, Stuttgart 1975.

17 Die Bezeichnungen der Türme der Schweren Artillerie auf deutschen Kriegsschiffen lauteten: Turm A (Anton) und Turm B (Bruno) vorn sowie Turm C (Cäsar) und Turm D (Dora) achtern. Auf brit. Kriegsschiffen galten die Bezeichnungen: Turm A und B vorn sowie Turm X und Y achtern.

18 Bei der Kaiserlichen Marine wurden alle Panzerkreuzer und Schlachtkreuzer offiziell als »Große Kreuzer« bezeichnet.

19 Leider scheiterten damals die Verhandlungen der Bundesrepublik mit der Türkei, den Schlachtkreuzer als Museumsschiff nach Deutschland zurückzuholen, obwohl der Senat der Stadt Hamburg bereits einen Liegeplatz an den Landungsbrücken zur Verfügung gestellt hatte. Siehe hierzu auch Matti E. Mäkelä »Auf den Spuren der GOEBEN«, Bernard & Graefe, München 1979.

20 In beiden Türmen brannten infolge durchschlagender Flammen die Haupt- und Vorkartuschen in den Umladekammern und Aufzugsschächten ab und hüllten das Achterschiff in eine glühende Lohe. Nur das unter Lebensgefahr durchgeführte Fluten der Munitionskammern verhinderte ein In-die-Luft-Fliegen der SEYDLITZ. Anschließend erfolgten auf allen deutschen Schlachtkreuzern technische Verbesserungen, um ein Durchschlagen von Flammen in andere Räume zu verhindern. Dies zahlte sich in der Skagerrakschlacht aus. Das Versäumnis der Briten, ähnliche Verbesserungen vorzunehmen, führte zu den Schlachtkreuzerverlusten in der Skagerrakschlacht und wirkte sich letztlich bis zum Untergang der HOOD aus.

21 An dieser Stelle erhielt die LÜTZOW unterhalb des Seitenpanzers zwei schwere Treffer. Hierdurch lief das gesamte Vorschiff vor dem Turm A voll. Mit 24 schweren Artillerie- und einem Torpedotreffer sowie 7500 t Wasser im Schiff war der Schlachtkreuzer auf dem Rückmarsch nicht mehr zu halten. Siehe auch Siegfried Breyer »Schlachtschiffe und Schlachtkreuzer 1905 – 1970«, Lehmanns Verlag, München 1970.

22 Siehe hierzu auch John Walter »Des Kaisers Piraten«, Motorbuch-Verlag. Stuttgart 1996.

23 Die entsprechenden Bestimmungen des Versailler Vertrages lauten:

»*Art. 181:* Nach Ablauf einer Frist von zwei Monaten nach Inkrafttreten des gegenwärtigen Vertrages dürfen die deutschen Seestreitkräfte in Dienst höchstens betragen:
6 Schlachtschiffe der DEUTSCHLAND- oder LOTHRINGEN-Klasse,
6 Kleine Kreuzer,
12 Zerstörer,
12 Torpedoboote oder
eine gleiche Anzahl von Ersatzschiffen der im Artikel 190 vorgesehenen Bauart. Es darf kein Unterwasserfahrzeug darunter sein. Alle anderen Kriegsschiffe müssen, soweit nicht der gegenwärtige Vertrag ein anderes bestimmt, in Reserve gestellt oder Handelszwecken dienstbar gemacht werden.
Art. 190: Es ist Deutschland untersagt, irgendwelche Kriegsschiffe zu bauen oder zu erwerben, es sei denn zum Ersatz der durch den gegenwärtigen Vertrag (Art. 181) vorgesehenen in Dienst gestellten Einheiten. Die vorerwähnten Ersatzbauten dürfen keine größere Wasserverdrängung haben als
10.000 Tonnen für die Schlachtschiffe,
6000 Tonnen für die Kleinen Kreuzer,
800 Tonnen für die Zerstörer,
200 Tonnen für die Torpedoboote.
Außer im Falle des Verlustes eines Schiffes dürfen die Einheiten der verschiedenen Klassen erst nach einem Zeitraum von
20 Jahren für die Schlachtschiffe und Kreuzer,
15 Jahre für die Zerstörer und Torpedoboote,
gerechnet vom Stapellauf an, ersetzt werden.
Art. 191: Der Bau und Erwerb aller Unterwasserfahrzeuge, selbst zu Handelszwecken, ist Deutschland untersagt.
Art. 192: Die in Dienst gestellten deutschen Kriegsschiffe dürfen nur die durch die alliierten und assoziierten Hauptmächte festgesetzten Mengen an Waffen, Munition und Kriegsmaterial an Bord oder in Reserve haben. ...
Art. 198: Deutschland darf Luftstreitkräfte weder zu Lande noch zu Wasser als Teil seines Heerwesens unterhalten. ...
Art. 209: Der interalliierte Marineüberwachungsausschuß vertritt die Regierungen der alliierten und assoziierten Hauptmächte bei der deutschen Regierung in allem, was die Durchführung der Bestimmungen über die Seemacht betrifft. Er ist namentlich dazu berufen, sich auf die Bauwerften zu begeben und den Abbruch der Schiffe zu überwachen, die sich dort im Bau befinden, die Auslieferung aller Überwasser- und Unterwasserfahrzeuge, Hebeschiffe, Docks sowie des Druckdocks entgegenzunehmen und die vorgesehenen Zerstörungen und Abbrüche zu überwachen. Die deutsche Regierung hat dem interalliierten Marineüberwachungsausschuß alle Auskünfte und Schriftstücke zu liefern, die er für nötig erachtet, um sich über die vollständige Durchführung der Bestimmungen über die Seemacht zu vergewissern, namentlich die Pläne der Kriegsschiffe, die Zusammensetzung ihrer Besatzung, die Einzelheiten und die Modelle von Kanonen, Munition, Torpedos, Minen, Sprengstoffen und Apparaten für drahtlose Telegraphie, überhaupt von allem, was auf das Material für die Seekriegsführung Bezug hat, sowie alle Unterlagen, deren Inhalt gesetzliche, Verwaltungsbestimmungen oder interne Dienstvorschriften bilden.«

24 Näheres hierzu siehe in Werner Rahn »Reichsmarine und Landesverteidigung 1919 – 1928«, Bernard & Graefe, München 1976.

25 BLITZ (I) lief 1907 als Torpedoboot *S 141* (S = F.Schichau, Elbing) vom Stapel, wurde 1917 in *T 141* umbenannt und erfuhr 1927 einen Umbau zum Fernlenkboot und Schnellschlepper. 1933 abgewrackt, ersetzte es das 1910 vom Stapel gelaufene T-Boot *V 185* (V = A.G.Vulcan, Stettin), 1918 in *T 185* umbezeichnet, das ebenfalls den Namen BLITZ (II) erhielt. (Siehe auch M.J. Whitley »Zerstörer im 2. Weltkrieg«, Motorbuch-Verlag, Stuttgart 1991.)

26 KOMET (I) lief 1907 als T-Boot *V 151* vom Stapel, wurde 1917 in *T 151* umbezeichnet und erfuhr 1937 den Umbau zum Fernlenkboot. Ab 1939 fand es als Torpedofangboot *T 151* bis Kriegsende Verwendung. KOMET (II) lief 1913 als T-Boot *S 23* vom Stapel, wurde 1932 in *T 23* und 1939 in *T 123* umbezeichnet und erfuhr noch im selben Jahr als Ersatz für KOMET (I) einen Umbau zum Fernlenkboot. Die Zielschiffe und ihre Fernlenkboote gehörten zum 1930 gebildeten »Fernlenkverband« (KptzS. Heinrich Wagner, ab 1939 KptzS. Schloifer), der zunächst der KM-Werft Wilhelmshafen und ab 1942 der Artillerie-Inspektion unterstand.

27 Nach der Auslieferung wurde die HESSEN bei der Baltischen Flotte als TSEL in Dienst gestellt und 1960 abgebrochen. Das Fernlenkboot BLITZ (II) hatte als sowjetische VYSTREL dasselbe Schicksal. (Siehe auch Boris L. Lemachko »Deutsche Schiffe unter dem Roten Stern«, Marine-Arsenal Bd. S-4, Podzun-Pallas-Verlag, Friedberg 1992.)

28 Auch als die »Bügeleisen der Ostsee« bezeichnet. (vgl. Siegfried Breyer »Linienschiffe SCHLESWIG-HOLSTEIN und SCHLESIEN«, Marine-Arsenal Bd. 21, Podzun-Pallas-Verlag, Friedberg 1992.)

29 Nach Art. 89 und 98 des Versailler Vertrages mußte Polen im Korridor den ungehinderten Bahn-, Schiffs-, Post-, Telegraphen- und Telephonverkehr zwischen dem Reich und Ostpreußen gestatten. Die deutschen Eisenbahnzüge passierten den Korridor ohne Visum- und Zollformalitäten, aber plombiert und mit verhängten Fenstern. Daher hing Ostpreußen von den freien Seeverbindungen ab. Diese hielten die Schiffe des »Seetransportdienstes Ostpreußen« aufrecht.

30 »Richtlinien über die beabsichtigte Verwendung der Seestreitkräfte im Kriege«, erlassen vom Chef der Marineleitung, Admiral Behnke, im Frühjahr 1922. (Vgl. Rolf Güth »Die Marine des Deutschen Reiches 1919 – 1939«, Bernard & Graefe, Frankfurt/M 1972.)

31 Siehe hierzu auch M.j. Whitley »Zerstörer im 2. Weltkrieg«, Motorbuch-Verlag, Stuttgart 1991.

32 Näheres siehe hierzu in Werner Rahn »Reichsmarine und Landesverteidigung 1919 – 1928«, aaO, S. 73 ff. Gleichzeitig erhielt die Reichsmarine eine neue Flagge: Schwarz-Weiß-Rot mit großem Eisernen Kreuz in der Mitte und Schwarz-Rot-Gold im linken oberen Eck.

33 Die Deutschen Werke entstanden 1925 durch Beschluß des Reichstages aus der Reichswerft (ehemalige Kaiserliche Werft) Kiel, der A.G. Deutsche Werke Berlin und der Torpedowerkstatt Friedrichsort. 1937 Eingliederung der Howaldtswerke Kiel (bis 1943). 1939 Verkauf an die Kriegsmarine.

34 Näheres hierzu siehe in den Anmerkungen des Übersetzers zu V.E. Tarrant »Kurs West! Die deutschen U-Bootoffensiven 1914 – 1945« und »Deutsche Seestreitkräfte 1939 – 1945. Einsatz im Küstenvorfeld«, Motorbuch-Verlag, Stuttgart 1994 und 1995.

35 Das »Washingtoner Abkommen« vom 12. November 1921 legte die Flottenstärken Großbritanniens, der USA, Japans, Framkreichs und Italiens im Verhältnis 5 : 5 : 3 : 1,75 : 1,75 zueinander fest (bezogen auf 525.000 ts Gesamtverdrängung bei den Flotten Großbritanniens und der USA). So durften u.a. Schlachtschiffe erst nach 20 Jahren ersetzt werden, nicht mehr als 35.000 ts standard verdrängen und kein höheres Kaliber als 40,6 cm führen. Neu geschaffen wurde der Schiffstyp des »Washington-Kreuzers«, d.h. eines Schweren Kreuzers bis zu 10.000 ts standard Wasserverdrängung und mit keinem höheren Kaliber als 20,3 cm bewaffnet.
Da Deutschland nicht zu den Signatarstaaten des Abkommens gehörte, galt für die deutsche Marine der ungünstigere Versailler Vertrag (siehe oben). Um allerdings in der Konstruktionsplanung für das Panzerschiff A zu einer vorteilhafteren Rechnung zu gelangen, ging die deutsche Marine erstens von der bisher üblichen metrischen Tonne ab und legte die günstigere englische »long ton« (1016 kg) zugrunde und zweitens bezog sie die Tonnagebegrenzung (10.000 t) nicht auf die Konstruktions- bzw. Maximal- sondern auf die Standardverdrängung (Tonnage-Trick).

36 Doch nicht nur die außenpolitische Lage war für das Panzerschiff-Bauprogramm zu beachten, sondern vor allem auch die innenpolitische Situation der Jahre 1927/28, wobei vor allem starker Widerstand von der Linken kam (»Kinderspeisung statt Panzerkreuzer!«). Zur Vertiefung siehe die eingehenden Darlegungen in Hildebrand u.a. »Die deutschen Kriegsschiffe«, Bd. 2, S. 44 ff., und Prager »Panerschiff DEUTSCHLAND – Schwerer Kreuzer LÜTZOW, S. 11 ff., beide Koehlers Verlags GmbH, Herford 1979 und 1981.

37 Die Signatarmächte des Washingtoner Abkommens trafen sich 1930 in London erneut, um Kreuzer, Zerstörer und U-Boote in das Vertragswerk einzubeziehen und die Baupause für Schlachtschiffe um fünf Jahre zu verlängern (Londoner Vertrag). Frankreich und Italien stimmten jedoch dem Vertrag nicht zu. Auch Japan meldete Vorbehalte an und kündigte schließlich am 29. 12. 1934 das gesamte Vertragswerk. 1936 folgten auch die Westmächte.

38 Im Dezember 1924 kollidierte die HANNOVER auf der Fahrt von Wilhelmshaven nach Kiel mit einer losgerissenen Fahrwasserboje. Hierbei kam es zu einem erheblichen Wassereinbruch im Maschinenraum.

39 Der Entwurf eines »Bauplans für den Ersatz der Kriegsschiffe der Reichsmarine« (Schiffbauersatzplan) vom Februar 1929 sah bis 1940 den kontinuierlich durchzuführenden Bau von acht Panzerschiffen vor.

40 Bei dieser Konstruktion schlossen die Zitadelle das Panzerdeck zwischen Spant 6,5 und Spant 173,5 nach oben, die Inneren Wallgangschotte nach außen und die Panzerquerschotte nach vorn und achtern ab. Dagegen bedeutete bei der GNEISENAU der Zitadellpanzer eine Verbreiterung des Seitenschutzes vom Seitenpanzer bis zum Oberdeck.

41 Nach Gröner u.a. »Die deutschen Kriegsschiffe 1815 – 1945«, Bd. 2, S 87, lag die Gesamtkonstruktionsleistung bei 54.000 PSe.

42 1934 waren acht 2-cm-Fla-Geschütze MG C/30 in MPL C/30 eingebaut.

43 Beides 1,22-m-Scheinwerfer.

44 Ein Bordflugzeug – He 60, später Ar 196 - mußte auf dem Katapult festgezurrt untergebracht werden. Hierbei ergab sich die Möglichkeit von Schäden durch den beim Schießen mit der Schweren Artillerie entstehenden Gasdruck. Die zweite Maschine wurde zerlegt und in Kisten verpackt mitgeführt.

45 Für die deutschen Geräte wird in diesem Buch durchweg der damals gebräuchliche Begriff »Funkmeß« und nicht der Begriff »Radar« verwendet.

46 Ursprünglich war die Helling II vorgesehen. Daher wurde auch ein Teil des Schiffbaumaterials dort gelagert. Auf dieser Helling war jedoch die ADMIRAL SCHEER im Bau und nach ihrem Stapellauf (1.4.33) wurde diese Helling wegen ihrer Größe für den Bau der SCHARNHORST gebraucht. Deshalb erfolgte die Kiellegung der ADMIRAL GRAF SPEE von Anfang an auf der Helling I.

47 Deutsche Quellen zeigen einen anderen Seitenschutz auf: einen Seitenpanzer mit zwei Lagen, aber – umgekehrt wie bei der ADMIRAL SCHEER – 80 mm die obere und 50 mm die untere Lage (nicht durchweg 100 mm). Mit dem »achteren unteren Panzerdeck« meint der Verfasser den Horizontalschutz über dem Rudermaschinenbereich (Decke des Panzerkastens).

48 Das Gerät (FuMO 26) wurde in einer Haube untergebracht, die mitsamt der 3 x 6 m großen Antenne – im Marinejargon »Matraze« genannt – auf das Gehäuse der E-Meßbasis im Vormars aufgesetzt worden war. Die FuMG wurden 1942 in FuMO umbenannt. Siehe hierzu auch Pritchard »Durch Raum und Nacht«, Motorbuch-Verlag, Stuttgart 1992.

49 Das 1935 als Nachfolger der Marineleitung geschaffene »Oberkommando der Kriegsmarine« (OKM) war die Spitzenbehörde der Kriegsmarine. Der Ob.d.M. war seit 1937 gleichzeitig »Chef der Seekriegsleitung« (Chef Skl.). Die Umorganisation des OKM erfolgte 1939. Dem Chef des Stabes der Skl. unterstanden u.a. die Operationsabteilung (1./Skl., vorher A I), der Marinenachrichtendienst (3./Skl., vorher A III, u.a. mit der III. Abteilung »Funkaufklärung« – B-Dienst –, zu der auch der Funkentzifferungsdienst – xB-Dienst – gehörte; ab 1944 2./Skl.) mit der Nachrichtenauswertung (ab 1944 3./Skl.) und das Marinekommandoamt (A) mit Flotten- (A I, später A V), Organisations- (A II) und Ausbildungsabteilung (A IV, vor 1935 A III).

50 Das Jahr 1938 markierte einen Umschwung in der Baupolitik der Kriegsmarine. Die das grundsätzliche Fundament der Flottenbauplanung ab Herbst 1938 bildende Denkschrift (Endfassung 25. Oktober 1938) trägt die Überschrift »Seekriegführung gegen England und die sich daraus ergebenden Forderungen für die strategische Zielsetzung und den Aufbau der Kriegsmarine«. Der Entwurf stammt vom damaligen FKpt. Hellmuth Heye, dem Ia in der 1./Skl. (späterer Wehrbeauftragter des Deutschen Bundestages), und an ihrer Endfassung waren alle maßgeblichen Stellen im OKM beteiligt. Sie bildet die Abkehr von der bisherigen strategischen Konzeption eines Krieges gegen Frankreich und Polen unter der Annahme eines sich neutral verhaltenden Großbritanniens. Gleichzeitig werden die Weisungen Hitlers für die gesamtstrategische Planung in den folgenden Jahren zugrundegelegt. Ihre strategische Konzeption geht von der Kreuzerkriegführung unter Beteiligung aller Einheiten der Kriegsmarine von den U-Booten bis zu den schweren Schiffen aus. Die Vorgeschichte der Denkschrift findet sich in Salewski »Die deutsche Seekriegsleitung 1935 – 1945« (Bernard & Graefe, Frankfurt/M. 1970), Bd. 1, S. 44 ff., ihr Wortlaut ebenda, Bd. 3, S. 27 ff., und die Behandlung des Z-Plans, ebenda, Bd. 1, S. 57 ff. Der Z-Plan sah für den Aufbau der Kriegsmarine folgendes Programm vor:

- 6 Großkampfschiffe bis Ende 1944,
- 8 Schwere Kreuzer bis Ende 1945,
- 2 Flugzeugträger bis Ende 1941 und 2 weitere bis Ende 1947,
- 13 Leichte Kreuzer bis Ende 1948 und
- 126 U-Boote bis Ende 1943 sowie 95 weitere bis Ende 1947.

51 Der Umbauplan hob den Schiffbauersatzplan (Anm. 39) weitgehend auf. Weiterer Bestandteil dieser Planung war die Schaffung einer Marineluftwaffe und einer U-Bootwaffe.

52 Siehe hierzu Anm. 46., d.h. die vom Panzerschiff B (ADMIRAL SCHEER) freigemachte Helling II.

53 Nach deutschen Quellen (Gröner aaO und Breyer »Schlachtschiff GNEISENAU«, Marine-Arsenal, Bd.2) sah diese Konzeption 20.000 ts standard, eine Turbinenanlage für 125.000 WPS sowie bei der Schweren Artillerie ggf. 8 x 28 cm in Vierlingstürmen vor. Deutscherseits war der Bau dieser beiden Schiffe die Antwort auf den Bau der französischen DUNKERQUE-Klasse, wenn auch die französische Marine fälschlicherweise das Gegenteil behauptete.

54 In das Frühjahr 1934 (10. – 14. April) fällt auch die Nordlandreise der DEUTSCHLAND mit Hitler und der Reichswehrführung. In den Geheimgesprächen erkannte Hitler, daß er nicht gegen die Reichswehr regieren konnte, die darauf bestand, der alleinige »Waffenträger der Nation« zu sein. Dies führte zu seiner Entscheidung, die SA in der sog. »Nacht der langen Messer« am 30. Juni 1934 auszuschalten und die SA-Führung zusammen mit anderen lästigen Gegnern des Regimes zu liquidieren. Ein daraufhin unmittelbar erlassenes Reichsgesetz erklärte in einem einzigen Artikel: »Die Maßnahmen vom 30. Juni 1934 sind als Staatsnotwehr rechtens.«

55 Die Marinekonstruktionsabteilung (K) unterstand dem Chef der Marineleitung. Ab 1935 gehörte sie nach der Umorganisation der Marine unter der neuen Bezeichnung »Marinekonstruktionsamt« (mit den Abteilungen Schiffbau und Maschinenbau) zum OKM, 1939 in »Amt Kriegsschiffbau« umbenannt.
Ebenfalls dem Chef der Marineleitung bzw. ab 1935 dem Obd.M. unterstand das Marinekommandoamt (A) u.a. mit den Unterabteilungen A I (Flottenabteilung, später A V) und A III (Marineausbildungsabteilung, ab 1935 A IV). Das Zusammenspiel beider Abteilungen läßt sich wie folgt definieren: A I war für die operative Planung der Kriegsschiffbauten zuständig, d.h. es stellte die operativen Forderungen. Daraus wurden unter der Federführung von A IV zusammen mit K die militärischen Forderungen für den Kriegsschifftyp erstellt. Anschließend erarbeitete K zusammen mit A IV die Typskizze. A IV war deshalb beteiligt, weil diese Abteilung nicht nur Ausbildungsfragen sondern auch die militärischen Probleme des Kriegsschiffbaus zu seiner Zuständigkeit zählte; denn in dieser Abteilung waren alle Waffenspezialisten vertreten.

56 Siehe hierzu auch Rolf Güth »Die Marine des Deutschen Reiches 1919 – 1939«, Bernard & Graefe, Frankfurt/M. 1972, S. 194 ff., sowie M.J. Whitley »Deutsche Zerstörer im 2. Weltkrieg« und »Deutsche Kreuzer im 2. Weltkrieg«, beide Motorbuch-Verlag, Stuttgart 1985 bzw. 1988.

57 Daher später wie bei der BISMARCK auf Kaliber 38 cm festgesetzt.

58 Siehe Anm. 50.

59 Am 16. März 1935 proklamierte Hitler in diesem Zusammenhang die Wiederherstellung der deutschen Wehrhoheit, der am 21. Mai 1935 die Verkündung des Wehrgesetzes folgte. Es enthielt Bestimmungen über den Wehrdienst, die Wehrpflicht, die aktive Dienstpflicht und die Arbeitsdienstpflicht, die arische Abstammung als Voraussetzung für den aktiven Wehrdienst, die Pflichte und Rechte der Wehrmachtsangehörigen, ihre politische Betätigung sowie Oberbefehl und Gliederung der Deutschen Wehrmacht (Heer mit dem Ob.d.H./OKH, Kriegsmarine mit dem Ob.d.M./OKM und Luftwaffe mit dem Ob.d.L./OKL). Hinsichtlich Gliederung des OKM/Skl. siehe Anm. 49.

60 Versuchsschiff für die Zerstörer Typ 34. Siehe auch M.J. Whitley »Deutsche Seestreitkräfte 1939 – 1945. Einsatz im Küstenvorfeld«, S. 159 ff., Motorbuch-Verlag, Stuttgart 1995.

61 Im Gegensatz zur GNEISENAU besaß die SCHARNHORST von Anbeginn an eine funktionsfähige Flugzeughalle für zwei Bordflugzeuge.

62 Schlachtschiff F (BISMARCK): Kiellegung: 1. Juli 1936, Stapellauf: 14. Februar 1939, Indienststellung: 24. August 1940. Schlachtschiff G (TIRPITZ): Kiellegung: 2. November 1936, Stapellauf: 1. April 1939, Indienststellung: 25. Februar 1941.

63 Von den bereits erwähnten Problemen der Hochdruckheißdampf-Anlage einmal abgesehen, besteht ein entscheidender Unterschied zwischen Diesel- und Dampfantrieb in folgendem: Ein gestoppt liegendes Schiff mit Dieselantrieb kann sofort auf Höchstfahrt gehen, da die Dieselmotoren mit einem Knopfdruck angelassen werden können. Bei Dampfantrieb müssen alle Turbinen ständig unter Dampf stehen, weil das Dampfaufmachen bei kalten Turbinen zwei Stunden erfordert.

64 Hierbei handelt es sich um die Berechnungsgrundlage der Längsfestigkeit. Im Seegang halten sich Gewicht und Auftrieb eines Schiffes nicht die Waage. Befindet sich ein Schiff mit seiner Mitte auf einem Wellenberg, entsteht dort ein Auftriebszuwachs und an seinen Enden ein Auftriebsverlust. Im Wellental entsteht der Auftriebszuwachs an seinen Enden und der Auftriebsverlust in seiner Mitte. Die stärkste Beanspruchung der Längsverbände ergibt sich daher bei einem Schiff, das in Richtung der Wellenbewegung in einem Seegang liegt, dessen Wellenlänge gleich der Schiffslänge ist und dessen Wellenhöhe etwa 1/20 der Länge (= Berechnungsgrundlage L/20) beträgt.

65 Gewichtsgruppen für das Schlachtschiff BISMARCK (Stand: 16. März 1940):

Schiffskörper	11.691,0 t
Panzerung (ohne Drehturmpanzer)	17.540,0 t
M I	2800,0 t
M II	1428,0 t
Artilleriebewaffnung (einschl. Panzerschutz)	5973,0 t
Flugzeugeinrichtungen	83,0 t
Sperrwaffen	8,0 t
Allgemeine Geräte	396,4 t
Nautische Instrumente	8,6 t
Takelage	30,0 t
Leeres Schiff	*39.931,2 t*
Artilleriemunition	1510,4 t
Sperrwaffennmunition	2,5 t
Verbrauchsstoffe	155,4 t
Besatzung	243,6 t

Proviant	194,2 t
Trinkwasser	139,2 tt
Waschwasser	167,0 t
Typverdrängung	*42.343,5 t*
Speisewasser	187,5 t
Heizöl	3226,0 t
Treiböl	96,5 t
Schmieröl	80,0 t
Flugzeug-Betriebsmittel (1 Füllung)	17,0 t
Konstruktionsverdrängung	*45.950,5 t*
Speisewasser	187,5 t
Heizöl	3 226,0 t
Treiböl	96,5 t
Schmieröl	80,0 t
Flugzeug-Betriebsmittel (Reserve)	17,0 t
Frischwasser (Reserve)	389,2 t
Einsatzverdrängung	*49.946,7 t*
Ölsonderzuladung	1009,0 t
Einsatzverdrängung mit Sonderzuladung	*50.955,7 t*

(Tabelle nach Gröner aaO, Bd. 1, S. 59.)

66 Von dieser hieß es, sie erspare an jedem Ende der Anlage drei Reaktionsstufen, was zu einer beträchtlichen Verkürzung der Turbinenanlage führte. Im Gegensatz zu Kreuzern gab es bei Schlachtschiffen diesbezüglich keine Raumnot.

67 Ursprünglich war die Anlage mit elektrischer Übertragung ausgelegt. Erst später fiel die Entscheidung für Getriebeturbinen.

68 Zwei Mutterrichtanlagen in einem vorderen und achteren Mutterrichtraum lieferten die grundlegenden Bezugsebenen für das Feuerleitsystem. Die eine, bezeichnet als die »A-Komponente«, stellte eine fortlaufende Übermittlung der Gierbewegungen des Schiffsbugs dar; sie wurde von der zweiten – auch »BC-Komponente« genannt – horizontal stabilisiert. Die Werte der A-Komponente liefen über die Schalttafel der Artillerie-Schaltstelle zu den Rechenstellen der Artillerie und der Flak und von da aus weiter zu den verschiedenen Teilen des Systems, die eine Eigenkurs-Komponente brauchten. Die BC-Komponente lieferte die Stabilisierungsdaten für die Stampf- und Schlingerbewegungen in bezug auf die Längs- und Querachse des Schiffes. Die ermittelten Werte gingen an die Rechenstellen und die Feuerleitgeräte.

69 Die von vielen Seiten kommenden Einsprüche, Änderungswünsche usw. veranlaßten im Oktober 1937 Admiral Raeder, mit der Bildung des »Neubau-Ausschusses« eine Instanz zu schaffen, welche die Neubauprojekte zusammenfassend bearbeitete und ihm entscheidungsreif vorlegte.

70 Siehe hierzu Anm. 55.

71 Gebilligt wurde auch der Bau des Schlachtschiffes J nach diesem Typentwurf. Die sechs Einheiten der *H*-Klasse sollten auf folgenden Werften gebaut werden: H und M bei der Deschimag in Bremen, J und N bei Blohm & Voss in Hamburg, K bei den Deutschen Werken in Kiel und L bei der KM-Werft in Wilhelmshaven.

72 Siehe Anm. 49 und 55.

73 Beim »Kreuzer M« handelte es sich um den Entwurf für die Leichten Kreuzer 1938 (7800 ts standard, 8 x 15 cm). Näheres siehe in M.J. Whitley »Die deutschen Kreuzer im 2. Weltkrieg«, Motorbuch-Verlag, Stuttgart 1988.

74 Mit der Schaffung des OKM wurde KptzS. Fuchs Leiter der Abteilung A IV, 1938/39 leitete er die Flottenabteilung (A I, später A V). Im Mai 1939 zum KAdm. befördert, übernahm er das Amt Kriegsschiffbau im OKM (ab 1944 Hauptamt Kriegsschiffbau).

75 Um die ständigen Querelen zwischen K und A I bzw. A V zu beseitigen und die einheitliche Durchführung des Flottenbauprogramms (Z-Plan) von 1938 sicherzustellen, ernannte Admiral Raeder den Chef von A I/A V zum »Sonderbeauftragten des Ob.d.M. für Neubaufragen«. Im Juni 1939 wurde KAdm. Fuchs Chef des Amtes Kriegsschiffbau.

76 Siehe hierzu Anm. 49.

77 Siehe Anm. 73.

78 Die Fertigstellung dieser Geschütze erfolgte erst nach dem Eintritt des Baustopps. Drei dieser Geschütze bildeten die »Batterie Lindemann« im Raum Calais an der Kanalküste. Vier Geschütze fanden 1942/43 in schwenkbaren Bettungslafetten im Raum Harstad Aufstellung, um die Zugänge zum Erzhafen Narvik zu verteidigen. (Vgl. Breyer/Koop »Von der EMDEN zur TIRPITZ«, Bd. 1, Verlag Wehr & Wissen, Koblenz/Bonn 1981.)

79 Siehe hierzu Anm. 50.

80 Die Bezeichnung »Kreuzer P« ist eine Tarnbezeichnung, wobei das »P« auf einen Panzerschiffstyp hinweisen sollte.

81 Folgende Werften sollten beteiligt werden: Deutsche Werke in Kiel (P 1, P 7), Blohm & Voss in Hamburg (P 2, P 5, P 9, P 11), KM-Werft in Wilhelmshaven (P 3, P 8), Howaldtswerke in Kiel (P 4), Germaniawerft in Kiel (P 6, P 12) und die Deschimag in Bremen (P 10).

82 Im Grunde ergab sich die Ausgangslage, die zum Entwurf des »Schlachtkreuzers O« führte, aus der angespannten politischen Situation Mitte 1939. Einerseits mußte deswegen die Umrüstung der SCHARNHORST und der GNEISENAU auf das Kaliber 38 cm verschoben werden – dies hieß die 18 x 28-cm-Geschütze dieser Schiffe standen für die ersten drei geplanten Einheiten der Klasse »Kreuzer P« nicht zur Verfügung –, andererseits jedoch befanden sich die vorgesehenen 38-cm-Türme mit ihren Geschützen bereits in der Fertigung. Für die im Herbst 1938 in Aussicht genommene Kreuzerkriegführung (vgl. Anm. 50) hielt das OKM einen derart bewaffneten Panzerschiffstyp für zu wertvoll, ganz abgesehen davon, daß sich der Bau der zwölf geplanten Einheiten dieses Typs verzögern würde. (Vertiefend hierzu siehe Breyer/Koop »Von der EMDEN bis zur TIRPITZ«, Bd. 1, S. 127, Verlag Wehr & Wissen, Koblenz/Bonn 1981.)

83 Näheres siehe in M.J. Whitley »Deutsche Kreuzer im 2. Weltkrieg«, S. 62, Motorbuch-Verlag, Stuttgart 1988.

84 Die Royal Navy hatte sogar 11 dieser Flugzeugmutterschiffe. Siehe im einzelnen Siegfried Breyer »Flugzeugkreuzer/Flugzeugmutterschiffe/Flugzeugtender bis 1945«, Marine-Arsenal Bd. S-9, S. 4 ff., Podzun-Pallas-Verlag, Wölfersheim 1994.

85 Die Verwendung von umgebauten Handelsschiffen als Seeflugzeugträger durch die Kaiserliche Marine begann 1914 bereits kurz nach Kriegsausbruch mit der ANSWALD (F.S. I), 5401 BRT, und der SANTA ELENA (F.S. II), 7415 BRT. Später kamen noch die ex-britischen Dampfer GLYNDWR und OSWALD (F.S. III, die ex-OSWESTRY, 3657 BRT) hinzu. Sie hatten zwei bis vier Seeflugzeuge an Bord und wurden ausschließlich in der Ostsee und hauptsächlich zu Aufklärungszwecken (insbesondere zur Überwachung des Öresundes) eingesetzt (vgl. Breyer, aaO).
Der ebenfalls ins Auge gefaßte Umbau des Kleinen Kreuzers STETTIN kam nicht mehr zur Ausführung. Anstelle des achteren 21-cm-Doppelturms sollte die ROON (10.266 t maximal) auf dem Oberdeck einen Flugzeughangar (46 m x 27 m x 8 m) für vier Seeflugzeuge mit vier Ladebäumen erhalten.

86 Näheres zur erfolgreichen Verwendung dieses Flugzeuges siehe in John Walter »Piraten des Kaisers«, Motorbuch-Verlag, Stuttgart 1996.

87 Am 17. Juli 1916 liefen unter Führung von KAdm. Langemak die Kleinen Kreuzer KOLBERG, AUGSBURG und STRASSBURG sowie das T-Boot *V 77* mit je einem Flugzeug an Bord, gesichert von 11 T-Booten, mittags aus Libau aus, um den Hafen von Reval aus der Luft anzugreifen. Um 03.00 Uhr (18. Juli) wurden die Flugzeuge 20 sm nordwestlich von Dagerort ausgesetzt. Nach dem Start flogen unter Führung von Kptlt. Plüschow in der Maschine *598* (mit MG bewaffnet) die Bombenflugzeuge *554, 663* und *691* die Küste entlang und griffen gegen 06.00 Uhr aus ca. 2000 m Höhe den Hafen an. Die Bomben – 4 zu je 20 kg, 10 zu je 5 kg und 3 kleine Brandbomben – fielen auf Fahrzeuge und Schuppen im inneren Hafen und Werftgelände. Nach einem fünfstündigen Flug kehrten die Maschinen sicher zu ihren Schiffen zurück.

88 Die HMS ARGUS war der erste richtiggehende Flugzeugträger der Royal Navy. Er entstand durch den Umbau des nicht fertiggestellten italienischen Passagierschiffes CONTE ROSSO und wurde kurz vor Ende des 1. Weltkrieges fertiggestellt. Seine Einsatzverdrängung lag bei 15.775 ts. Der Träger besaß ein ca. 168 m langes Flugdeck (noch ohne Inselaufbau) und darunter auf der Ebene des Hauptdecks ein Hangardeck. Er konnte 21 Flugzeuge mitführen. Noch im Zweiten Weltkrieg diente die ARGUS als Schulträger und Flugzeugtransporter und wurde sogar für einige Zeit im Nordatlantik als Geleitträger eingesetzt. (Vgl. Siegfried Breyer »Flugzeugträger 1917 – 1939«, Marine-Arsenal, Bd. S-7, Podzun-Pallas-Verlag, Friedberg 1993.

89 Nicht nur bei U-Booten und S-Booten gab es eine geheime Aufrüstung (siehe Anm. 34), sondern der Versailler Vertrag wurde auch bei den Flugzeugen umgangen. Auch hier besorgte KptzS. Lohmann, der Leiter der Seetransport-Abteilung (BS) im Allgemeinen Marineamt (B), versteckt die Finanzierung. 1923 wurden neben sechs Seeflugzeugen aus dem 1. Weltkrieg auch zehn Seekampfflugzeuge He 1 bei den Heinkel-Werken erworben. Neben der Flottenabteilung (damals noch A II), die Vorarbeiten leistete, bildete das Referat 1 der Seetransport-Abteilung unter FKpt./KptzS. Lahs ab Juni 1925 den organisatorischen Grundstock für die zukünftige Marineluftwaffe (Bezeichnung: Gruppe BS-X). Diese Gruppe gründete 1925 mit den genannten Flugzeugen die im Buch erwähnte Fluggesellschaft »Severa« in Kiel mit den Fliegerhorsten Holtenau und Norderney als Stützpunkte. 1926 entstand aus der angekauften Flugzeugfabrik Caspar-Werke A.G. in Travemünde die Seeflugzeug-Erprobungsstelle (S.E.S.) Travemünde. Das Personal bestand weitgehend aus Seefliegern des 1. Weltkrieges. Ihre Fortbildung als Piloten erfolgte bei der Fa. Aerosport GmbH in Warnemünde. 1929 wurde unter KptzS. Zander die Gruppe BS-X in Luftschutzgruppe umbenannt. Bis 1933 entstanden folgende getarnte Verbände, ausgerüstet mir Dornier-Flugbooten und Heinkel-Seeflugzeugen:
– Seefliegerstaffel Holtenau (Tarnung: Luftdienst e.V.), Seefliegerstaffel List (Tarnung: Deutsche Verkehrsfliegerschule GmbH, Zweigstelle List/Sylt) und
– Seefliegerschule Warnemünde (Tarnung Deutsche Verkehrsfliegerschule GmbH, Zweigstelle Warnemünde.

Mit dem Auftauchen Görings, ab April 1933 Reichsminister der Luftfahrt und ab 1935 Ob.d.L, der bei Hitler eine starke Stellung hatte, endete die Zuständigkeit der Marineleitung; sie ging auf das neue Reichsluftfahrtministerium und ab 1935 auf das OKL über. Damit begannen auch die ständigen Auseinandersetzungen zwischen Marine und Luftwaffe, das stete Ringen zwischen Raeder und Göring, wobei der letztere infolge seiner Nähe zu Hitler die Oberhand behielt.
Von da an gehörten die Seeflieger-Verbände zum Luftkreiskommando VI (See), den als Befehlshaber KAdm. (später General der Flieger) Zander führte. Ihm unterstand der Führer der Marineluftstreitkräfte – ab 1935 Seeluftstreitkräfte – (F.d.L. oder F.d.Luft). Näheres siehe bei Gerhard Hümmelchen »Die deutschen Seeflieger 1935 – 1945«, J.F. Lehmanns-Verlag, München 1976. Das Personal, das sich anfangs noch vollständig aus der Reichsmarine rekrutierte, mußte 1935 in die neu geschaffene Luftwaffe übertreten. Allerdings kehrten im Kriege eine Reihe ehemaliger Seeoffiziere wieder zur Marine zurück. Zur Vertiefung sei dem Leser der Erlebnisbericht eines dieser Offiziere empfohlen: Walter Klenck »Wer das Schwert nimmt... Erleben im Luft- und Seekrieg 1940 – 1945. Bericht und Mahnung«, Universitas-Verlag, München 1987, und Ullstein-Verlag, Berlin 1989.

90 In der vorderen Hälfte war die GOTLAND ein Leichter Kreuzer und in der hinteren ein Flugzeugmutterschiff. Im Grunde genommen stellte das Schiff einen Leichten Kreuzer mit einer verhältnismäßig starken Artilleriebewaffnung und einer überbetonten Bordflieger-Komponente dar. Vgl. Siegfried Breyer, aaO Marine-Arsenal, Bd. S-9.

91 Siehe Anm. 39. Der Flugzeugträger war Bestandteil des 1932 vom Reichswehrminister gebilligten Umbauplans. Sein Bau war jedoch erst in der 1938 beginnenden III. Phase der Umbauplanung nach Schaffung der Marineluftwaffe vorgesehen.

92 Zuvor hatte im Sommer 1935 Dipl.-Ing. Ohlerich vom Marinekonstruktionsamt anläßlich der »Woche der Royal Navy« in Portsmouth den britischen Flugzeugträger FURIOUS besichtigt.

93 Zur Vertiefung siehe Näheres bei Ulrich H.-J. Israel »GRAF ZEPPELIN«, Koehlers-Verlags GmbH, Herford 1994, und Siegfried Breyer »Flugzeugträger GARF ZEPPELIN«, Marine-Arsenal, Bd. 4, Podzun-Pallas-Verlag, Friedberg 1988.

94 Siehe hierzu auch Miller/Peacock »Flugzeugträger – Giganten der Meere«, Verlag Stocker-Schmid/Motorbuch-Verlag, Zürich und Stuttgart 1992. Die Vorteile dieses Konzeptes, das bei den britischen Flugzeugträgern Anwendung fand, zeigten sich gegenüber der amerikanischen Bauweise bei den »Kamikaze«-Angriffen 1945 vor Okinawa.

95 Siehe M.J. Whitley »Deutsche Kreuzer im 2. Weltkrieg«, Motorbuch-Verlag, Stuttgart 1988.

96 Es handelte sich um Tetrachlorkohlenstoff, ein chlorierter Kohlenwasserstoff, mit einer Bezeichnung, die aus dem Namen einer Feuerlöschmitttel-Firma herrührt.

97 Die Maschinenfabrik Voith in Heidenheim/Wttbg. baute Ende der 20er Jahre nach einer Erfindung des Ing. Schneider ein Flügelrad mit schwingenden Schaufeln, die nach unten ragen, im Achterschiff ein: gleichzeitig Vortrieb und Steuerung (Wegfall von Ruder und herkömmlichem Propeller). Dadurch erhält das Schiff eine große Wendigkeit (Drehen auf der Stelle). Bei der GRAF ZEPPELIN hatten die beiden VS-Steueranlagen die Aufgabe, während der Fahrt durch den Nord-Ostsee-Kanal zu verhindern, daß der Wind den Träger gegen die Kanalböschung drückte.

98 Am selben Tag ergingen auch die Aufträge für den Kreuzer J (PRINZ EUGEN) an die Krupp-Germaniawerft in Kiel und für das Schlachtschiff F (BISMARCK) an die Werft Blohm & Voss in Hamburg.

99 Siehe Anm. 50.

100 Zu den Flottenbegleitbooten (F-Boote) siehe M.J. Whitley »Deutsche Seestreitkräfte 1939 – 1945. Einsatz im Küstenvorfeld«, Motorbuch-Verlag, Stuttgart 1995.

101 Hitler versicherte dem Ob.d.M. am 29. Januar 1939 bei dessen Vortrag über den Z-Plan, daß er die Flotte vor 1946 für seine politischen Ziele nicht brauche. Außerdem räumte Hitler der Marinerüstung den Vorrang vor Heer, Luftwaffe und Export ein. Eine entsprechende Weisung wurde von Hitler unterzeichnet. Hinsichtlich des Z-Plans kam der Krieg sieben Jahre zu früh. Im übrigen siehe Michael Salewski »Die deutsche Seekriegsleitung 1935 – 1945, Bd. 1, Bernard & Graefe, Frankfurt/M. 1970.

102 Zur SEYDLITZ siehe M.J.Whitley »Deutsche Kreuzer im 2. Weltkrieg«, Motorbuch-Verlag, Stuttgart 1988.

103 Hier irrt der Verfasser. Dieser Lagevortrag des Ob.d.M. vor Hitler fand am 11. Juli 1941 statt.

104 Zu diesem Zeitpunkt standen keine zweckgebauten Trägerflugzeuge mehr zur Verfügung. Nach Auffassung der Luftwaffe wäre ihre Entwicklung nicht vor 1946 möglich. Nach langem Hin und Her erklärte sich schließlich die Luftwaffe zur Bereitstellung von zehn Me 109 und 22 Ju 87 in adaptierter Ausführung für den Trägereinsatz aus der laufenden Luftwaffenproduktion bereit. Dies bedingte jedoch den Einbau leistungsfähigerer Katapulte. In diesem Zusammenhang äußerte Hitler die Auffassung, daß Torpedoflugzeuge nicht erforderlich wären.

105 Siehe Anm. 102.

106 Der Deckname »Zugvogel« bedeutete die Verwendung der GRAF ZEPPELIN 1940/41 als Edelholzlager in Gotenhafen.

107 Boris Lemachko teilt in seinem Buch »Deutsche Schiffe unter dem Roten Stern«, Marine-Arsenal Bd. S-4 (Podzun-Palllas-Verlag, Friedberg 1992), mit, die GRAF ZEPPELIN hätte 1947 als Wohnschiff *PB 10* für eine Studienkommission des Forschungsinstitutes der sowjetischen Kriegsmarine gedient und wäre am 18. Juni 1947 auf der Position 55°48'N 18°30'O als Zielschiff durch Torpedos und Artillerie des Zerstörers GROZJAˇCIJ versenkt worden. Ulrich H.-J. Israel gibt in seinem Buch »GRAF ZEPPELIN« (Koehlers-Verlags GmbH, Herford 1994) an, daß russische Zeitzeugen seit Herbst 1993 erzählen, der Träger wäre als Folge umfangreicher Kampfmittelerprobungen im Sommer 1947 in einem streng bewachten Erprobungsgebiet des Finnischen Meerbusens gesunken. Das Wrack läge dort noch heute auf Grund. Israel kann sich jedoch für die Richtigkeit nicht verbürgen.

108 Fortsetzung von Anm. 89. Diese Begrenzung der Seeluftwaffe auf die genannten 41 Staffeln sollte 500 Flugzeuge der folgenden Typen umfassen:
– Trägerflugzeuge: Me 109, Ju 87, Fi 167;
– Bordflugzeuge: Ar 196;
– Fernaufklärer: BV 138;
– Mehrzweckflugzeuge: He 115;
– Schwere Jäger: Me 110;
– Fernkampf- und Aufklärungsflugzeuge: Ju 88.

Zu diesem Zeitpunkt (Herbst 1938) besaßen die Seeluft-

streitkräfte lediglich 76 He 60 als Aufklärer, 26 Do 18 als Fernaufklärer und 37 He 59 als Mehrzweckflugzeuge, d.h. 139 Seeflugzeuge. Damit hatte sich der Bestand unter der Zuständigkeit Görings als Ob.d.L. nicht wesentlich verbessert. Eine der Ursachen lag sicherlich im übersteigerten Prestigedenken Görings. Doch die Hauptursache war die mangelnde Kapazität der Flugzeugindustrie, die mit den ehrgeizigen Aufbauplänen der Luftwaffe nicht Schritt halten konnte.
Nachdem Raeder bei Hitler keine Unterstützung fand, kam es vor diesem Hintergrund am 27. Januar 1939 zu einem entscheidenden Gespräch zwischen ihm und Göring. Raeder ging es vor allem darum, daß die zugesagten 41 Staffeln bis Ende 1941 zur Verfügung standen. Außerdem sagte die Luftwaffe die Übernahme folgender Aufgaben zu: Kampf gegen Schiffe im freien Seeraum, Minenkriegführung und Einsatz gegen Flottenstützpunkte und Häfen. Die Übernahme der Aufklärung über See für die Seekriegsführung der Kriegsmarine lehnte der Ob.d.L. ab. Der Seeluftwaffe oblagen Aufklärungs- und Kampfeinsätze im Rahmen taktischer Operationen. Das Luftkreiskommando VI (See) wurde aufgelöst. Statt dessen wurde eine neue Dienststelle geschaffen: der »General der Luftwaffe beim Ob.d.M.« (Generalmajor Hans Ritter, gleichzeitig Leiter der Seeflieger-Inspektion im RLM), der als Verbindungsoffizier zwischen den Führungsstäben der Luftwaffe und der Kriegsmarine fungierte und dem die Seeluftstreitkräfte des Luftwaffenkommandos See (Nachfolger des L.K.K. VI) von nun an truppendienstlich unterstanden. Einsatzmäßig unterstanden diese bei Kriegsausbruch (Stand: 1.9.1939) dem F.d.L. West (Küstenfliegergruppen 106 und 406, 1./Bordfliegergruppe 196) und dem F.d.L. Ost (Küstenfliegergruppen 306, 506 und 706, 5./Bordfliegergruppe, II./Trägergeschwader 186). Der F.d.L. West bzw. Ost wiederum war einsatzmäßig dem Marinegruppenkommando West bzw. Ost direkt unterstellt. Insgesamt standen bei Kriegsausbruch – ohne Trägerflugzeugee – 154 Seeflugzeuge zur Verfügung. Zur Vertiefung wird auf das ausgezeichnete Werk von Sönke Neitzel »Der Einsatz der deutschen Luftwaffe über dem Atlantik und der Nordsee 1939 – 1945« (Bernard & Graefe, Bonn 1995) verwiesen.

109 Der Verfasser geht hier von der Haltung der RAF gegenüber dem Fleet Air Arm der Royal Navy aus, die noch 1941/42 als Torpedobomber den veralteten »Swordfish«-Doppeldecker einsetzen mußte.

110 Geplant war die Aufstellung von zwei Trägergeschwadern für die beiden Flugzeugträger: die Trägergeschwader 186 und 286 mit jeweils drei Mehrzweck-, zwei Sturzkampf- und einer Jagdstaffel, gegliedert in I. und II. Gruppe.

111 Bezeichnend ist hierfür ein Vorfall, der sich im August 1935 auf der DEUTSCHLAND anläßlich eines Besuches von Göring ereignete. Der von der Seekrankheit erfaßte Göring opferte Neptun ungeschickt nach Luv. Dies nahm ein junger Leutnant des Schiffes zum Anlaß, Göring zum Abschied – in Anspielung auf seine vielen Titel – in der Offiziersmesse mit einer Ehrenurkunde zum »Reichsfischfuttermeister« zu ernennen. Göring verstand jedoch keinen Spaß, er verließ voller Zorn die Messe und forderte in einem wüsten Auftritt eine strenge Bestrafung des Offiziers. Da jedoch in der Marine Messespäße Tabu waren (und noch sind), lehnten dies sowohl der Kommandant als auch der ebenfalls anwesende Admiral Raeder ab. Göring ging voller Entrüstung von Bord. Näheres hierzu siehe bei Hans Georg Prager »Panzerschiff DEUTSCHLAND – Schwerer Kreuzer LÜTZOW«, Koehlers-Verlags GmbH, Herford 1981, S. 1500 ff.

112 Siehe auch Anm. 54.

113 Näheres siehe in John Walter »Piraten des Kaisers«, Motorbuch-Verlag, Stuttgart 1996.

114 Das Metazentrum ist der Schnittpunkt zwischen der Auftriebsrichtung eines Schiffes und der Mittelebene. In Verbindung mit dem Gewichtsschwerpunkt eines Schiffes ist es entscheidend für seine Stabilität. Hierbei ist die metazentrische Höhe der Abstand des Gewichtsschwerpunktes eines Schiffes vom darüberliegenden Metazentrum, projiziert auf die Auftriebsrichtung.

115 Auf Ersuchen Frankreichs wurde im August 1936 zwischen Frankreich, Großbritannien, Italien, Schweden, Belgien, Dänemark und der Tschechoslowakei ein »Nichteinmischungs-Abkommen« abgeschlossen, dem am 24. August 1936 zusammen mit den Niederlanden auch das Deutsche Reich beitrat. Dies führte zur Bildung des Nichteinmischungsausschusses (NIC = Non-Invention Committee), dessen Aufgabe die Regelung und Vereinheitlichung der zur Beibehaltung der Nichteinmischung erforderlichen Maßnahmen waren. Der Kontrollplan des NIC vom 8. März 1937 stellte die Küsten Spaniens und Spanisch-Marokkos unter internationale Seekontrolle durch Seestreitkräfte Großbritanniens, Frankreichs, Italiens und Deutschlands; sie hatten hierbei die Nichteinmischungsflagge zu führen: zwei schwarze Kugeln auf weißem Grund. Deutschland war die spanische Ostküste zwischen Kap Gata im Süden (nahe Almeria) und Kap Oropesa (nördlich von Valencia) zugewiesen. Die Kontrollen sollten das Verbringen von Kriegsmaterial und Freiwilligen für beide kriegführende Seiten verhindern. Eine in der Praxis kaum durchzuführende Aufgabe. Wie schon in der ersten Phase des Spanischen Bürgerkrieges, als es Aufgabe der deutschen Schiffe war, Leben und Eigentum deutscher Staatsangehöriger zu schützen, geleiteten sie hauptsächlich deutsche Handelsschiffe.

116 Aus den gefährdeten Gebieten wurden insgesamt ca. 9300 Flüchtlinge aus 41 Nationen evakuiert, darunter etwa 4550 Deutsche.

117 Siehe Anm. 115.

118 Die S-Boote *S 1* bis *S 6* wurden schließlich im Dezember 1936 an Spanien verkauft. Näheres siehe bei M.J. Whitley »Deutsche Seestreitkräfte 1939 – 1945. Einsatz im Küstenvorfeld«, Motorbuch-Verlag, Stuttgart 1995.

119 Es handelte sich um zweimotorige Maschinen des sowjetischen Typs Tupolew SB-2 »Katjuska«. Der gleichzeitige Angriff aus der Luft und von See her war vorbereitet. Hinsichtlich dieses Plans mit dem Ziel, Deutschland, Italien und die Sowjetunion zu einer bewaffneten Intervention auf spanischem Boden zu veranlassen, siehe Prager, aaO, S. 190 f.

120 Als Hitler davon erfuhr, mußten die in Gibraltar und auf Ibiza bestatteten Gefallenen der DEUTSCHLAND heimlich exhumiert und nach Deutschland gebracht werden. Sie wurden dann im Beisein Hitlers am 17. Juni 1937 in Wilhelmshaven beerdigt.

121 Zum Übungsprogramm dieser Reise gehörte auch die Ausbildung der drei genannten U-Flottillen in der Gruppen- oder Rudeltaktik, d.h. taktische Zusammenarbeit und Führung mehrerer U-Boote beim Angriff gegen Kriegsschiffgruppen oder Geleitzüge. Der damalige F.d.U., KptzS. Dönitz, hatte diese Taktik entwickelt und unterzog sie bei dieser Gelegenheit der praktischen Erprobung.

122 Bereits während der Sudetenkrise nahm die DEUTSCHLAND Ende September 1938 eine Wartestellung zur Handelskriegführung (zusammen mit dem Troßschiff SAMLAND) im Mittelatlantik ein. Das Auslaufen der DEUTSCHLAND am 24. August 1939 stand in Zusammenhang mit dem von Hitler geplanten Kriegsbeginn am 26. August.

123 Funkführung und Funkverkehr des Gegners eröffnen der eigenen Funkaufklärung Erkenntnismöglichkeiten, und zwar durch
- *Verkehrsanalyse* (Untersuchung äußerer Merkmale aufgefangener Funksprüche liefert Hinweise auf die Verkehrszusammenhänge),
- *Funkpeilung* (landgestützt wie auch bordgestützt, liefert durch Einpeilen Erkenntnisse über Standorte),
- *Funkentschlüsselung* (liefert Erkenntnisse durch zeitversetztes oder zeitgleiches Mitlesen abgehörter Funksprüche der Gegenseite mit Hilfe erbeuteter Originalschlüssel) und durch
- *Funkentzifferung* (liefert Erkenntnisse durch zeitversetztes oder zeitgleiches Mitlesen abgehörter Funksprüche der Gegenseite durch Lösen der Texte ohne Originalschlüssel).

Die Funkaufklärung gehörte zur III. Abteilung (MND III) des Marinenachrichtendienstes (3./Skl. – siehe auch Anm. 49). Ein Teilbereich von MND III war der Marine-Funkentzifferungsdienst (xB-Dienst, vielfach B-Dienst genannt) – auch in Form von Bord-Gruppen eingesetzt. Ihm gelangen beachtliche Einbrüche in den alliierten Funkverkehr.

124 Funkspruch der Skl. »An alle«:
»1. Beginn Feindseligkeiten gegen Polen in heimischen Gewässern 1.9.39 4.45 Uhr.
2. Verhalten Westmächte ungewiß.
3. Bei Kriegseintritt Westmächte Eröffnung Feindseligkeiten durch eigene Streitkräfte nur in Abwehr feindlicher Angriffe oder auf besonderen Befehl.

4. Panzerschiffe Atlantik, U-Boote zunächst in Wartestellung bleiben, auch gegen polnische Handelsschiffe zunächst keine Feindhandlung.«

125 Folge des 1936 erfolgten Beitritts zum Londoner U-Bootabkommen von 1930, d.h. Handelsschiffe durften erst nach Anhalten, Untersuchen und Sorge für die Besatzung versenkt werden. Die Bestimmungen dieses Abkommens bilden die wesentlicche Grundlage der daraufhin erlassenen »Prisenordnung«.

126 Funkspruch der Skl. an die beiden Panzerschiffe:
»1. Zurückhaltende Haltung Frankreichs und noch zögernde Kriegführung Englands machen Einsatz Panzerschiffe zur Zeit unzweckmäßig.
2. Durch erkennbares Abstoppen Feindhandels und vermuteten planmäßigen Feindeinsatz gegen Panzerschiffe steht Einsatz zur Zeit in ungünstigem und erwünschtem Verhältnis zu Erfolgsaussichten.
3. Handelskrieg abbrechen und weit von Operationsgebieten absetzen. In Frage kommen: Nordmeer, Südatlantik, Indischer Ozean. Funkstille.«

127 Funkspruch der Skl. an die beiden Panzerschiffe:
»1. Handelskrieg gemäß Operationsbefehl durch Vorstöße ins Operationsgebiet wiederaufnehmen. Bisherige Sonderbefehle bezüglich Frankreich aufgehoben. Kriegführung wie gegen England.
2. Skl. nimmt an: DEUTSCHLAND Nordmeer, GRAF SPEE Südatlantik. Falls Annahme nicht zutrifft, keinesfalls F.T.-Berichtigung, sondern in dort beabsichtigtes Operationsgebiet vorstoßen.
3. Bei Feindberührung oder Gemeldetsein durch Handelsschiffe eigenen Standort und Absicht melden.«

128 Der Brutto- und Nettoraumgehalt bei Kauffahrteischiffen wird von den nationalen Vermessungsbehörden (in der Bundesrepublik der seit 1867 existierende Germanische Lloyd) nach internationalen Vermessungsvorschriften festgelegt:
- *Bruttoraumgehalt* ist der gesamte umbaute Raum einschl. der Aufbauten, gemessen in BRT (eine BRT = 100 Kubikfuß = 2,83 m^3;
- *Nettoraumgehalt* ist der Bruttoraumgehalt abzüglich der dem Schiffsbetrieb dienenden Räume, wie z.B. Maschinen-, Kessel-, Provianträume, Brennstoffbunker, Wohnräume für die Besatzung) = Räume für Ladung einschl. Fahrgäste, gemessen in NRT (eine NRT = 100 Kubikfuß = 2,83 m^3. Hiernach richten sich die Abgaben (Hafen- und Kanalgebühren).

129 Die »Northern Patrol« war eine aus Kreuzern einschl. Hilfskreuzern der Royal Navy bestehende Blockade-Überwachungslinie zwischen Island – Färöer-Inseln – Shetland-Inseln – Norwegen.

130 Dies läßt die Schlußfolgerung zu, daß der Untergang des Kleinen Kreuzers KARLSRUHE im Jahre 1914 auf die gleiche Ursache zurückzuführen ist, wodurch es zur Selbstentzündung der Artilleriemunition kam. Die KARLSRUHE hielt sich damals im selben Seegebiet längere Zeit auf. Siehe auch John Walter »Des Kaisers Piraten«, Motorbuch-Verlag, Stuttgart 1996.

131 Diese acht Jagdgruppen waren wie folgt zusammengesetzt und verteilt:

Bezeichnung	*Zusammensetzung*	*Operationsgebiet*	*Abgezogen aus*
F	BERWICK, YORK	Nordamerik. Ostküste u. Westindien	Halifax
G	EXETER, CUMBERLAND (später noch AJAX, ACHILLES)	Amerik. Südostküste	Südatlantik
H	SUSSEX, SHROPSHIRE	Südspitze Afrikas	Mittelmeer
I	CORNWALL, DORSETSHIRE, EAGLE	Ceylon	China
K	ARK ROYAL, RENOWN	Südamerik. Ostküste	Home Fleet
L	DUNKERQUE, BÉARN und drei frz. Kreuzer	Brest	-
M	Zwei frz. Schwere Kreuzer	Dakar	-
N	STRASBOURG, HERMES	Westindien	HERMES aus Plymouth

132 In dieser Zeit ließ KptzS. Langsdorff auch auf der Back die Attrappe eines überhöhten zweiten Geschützturms und auf dem Aufbaudeck die eines zweiten Schornsteins anbringen, um gegnerische und neutrale Schiffe zu täuschen. Vgl. auch Rasenack »Panzerschiff ADMIRAL GRAF SPEE«, Koehlers-VerlagsGmbH, Herford 1957.

133 Zur Entlastung der ADMIRAL GRAF SPEE stießen die Schlachtschiffe GNEISENAU und SCHARNHORST am 21. – 27. November 1939 in das Seegebiet nördlich der Färöer-Inseln vor (siehe 10. Kapitel).

134 Hier irrt der Verfasser. Die Schornstein-Attrappe wurde Ende November 1939 auf dem Aufbaudeck – nicht auf dem Katapult – angebracht (siehe Anm. 132). Während des Seegefechtes am 13. Dezember 1939 stand das Bordflugzeug auf dem Katapult – siehe Abbildung auf Seite 111.

135 In der Royal Navy war »Commodore« der niedrigste Flaggoffiziers-Dienstgrad (entsprach etwa dem heutigen »Flottillenadmiral« der Bundesmarine). Im Gegensatz hierzu war in der Kriegsmarine »Kommodore« nur eine Dienststellung, d.h. ein Kapitän z.S., der einsatzmäßig und truppendienstlich mehrere Schiffe bzw. Boote befehligte, wie z.B. der F.d.Z.

136 Siehe Anm. 35.

137 Commodore Harwoods Weisung an seine Schiffe lautete:
»Mein Verfahren mit 3 Kreuzern zusammen gegen ein Panzerschiff: Sofort angreifen bei Tag oder Nacht. Bei Tag ist in 2 Gruppen zu kämpfen, die 1. Division und EXETER auseinandergezogen, um Flankenbedrohung zu ermöglichen. 1. Division gemeinsame Feuerleitung. Bei Nacht bleiben die Schiffe normalerweise in geöffneter Ordnung zusammen.«

138 Die britische Artillerie schoß mit Bodenzünder- bzw. Panzersprenggranaten, die wirkungslos an der Panzerung des deutschen Schiffes zerschellten oder durch die Aufbauten schlugen und infolge des Verzögerungszünders erst im Wasser detonierten. Kopfzündergranaten hätten größere Verheerungen angerichtet.

139 Von entscheidender Bedeutung war auch die durch Trefferwirkung ausgefallene Treib- und Schmierölreinigungsanlage. Der noch vorhandene Bestand an gereinigtem Treib- und Schmieröl reichte nicht aus.

140 Beschlüsse der II. Haager Konferenz von 1907: Abkommen XIII, betreffend die Rechte und Pflichten der Neutralen im Falle eines Seekrieges vom 18. Oktober 1907.

141 Ein Durchbruch nach Deutschland war nicht mehr möglich. Das KTB der ADMIRAL GRAF SPEE läßt daran keinen Zweifel:
»Neben den oben erwähnten Beschädigungen ... kommen dabei in Betracht die starke Bewachsung des Schiffes, welche die Geschwindigkeit ... herabsetzt. Von der S.A.-Munition sind nur etwa 50 Salven vorhanden, M.A. durch Ausfall zweier Munitionsaufzüge behindert, von der schweren Fla sind 2/3 ausgefallen, Entfernungsmeßgerät im Vormars ist durch Beschädigung der Optik ausgefallen. Am bedenklichsten aber ist der Zustand der Maschinenanlage, die nach Ableistung der doppelten Motorenbetriebsstunden erhebliche Ermüdungserscheinungen und Zeichen der Überbeanspruchung zeigt, unrunde Kolbenstangen, Risse in Fundamenten und Zylindern u.a., so daß bei Geschwindigkeiten über 17 kn keine Betriebssicherheit mehr gewährleistet ist.«

142 Das KTB der ADMIRAL GRAF SPEE endet mit dem 10.12.39. Für den 11. und 12.12. waren die Ausarbeitungen des Kommandanten nur im Entwurf vorhanden. Diese sind, ebenso wie sämtliche Unterlagen über das Gefecht vom 13.12., bei der Vernichtung der Geheimsachen vor der Sprengung des Schiffes mitvernichtet worden. So liegt von der ADMIRAL GRAF SPEE nur ein summarischer Gefechtsbericht vor, den der Kommandant an die Skl. gefunkt hat. Das KTB ist nachträglich auf Grund des Gedächtnisses der Abschnittsleiter bis zum 14.12. und danach unter Benutzung der Aufzeichnungen des Marine-Attachés in Montevideo, KptzS. Niebuhr, ergänzt worden. Für den Gefechtsverlauf ist man daher auf englische Angaben angewiesen. (Vgl. Fußnote 91, S. 262, bei Gerhard Bidlingmaier »Einsatz der schweren Kriegsmarineeinheiten im ozeanischen Zufuhrkrieg«, Vowinckel-Verlag, Neckargemünd 1963.)

143 Auszug aus dem Gefechtskurzbericht:
»Aufnahme der Treffer ergibt, daß alle Kombüsen ausgefallen sind bis auf Admiralskombüse. Reparatur mit Bordmitteln fraglich. Wassereinbruch in die Mehllast stellt die

Brotversorgung in Frage, während Treffer in die Back seeunfähig macht für Nordatlantik im Winter. Ein Treffer Gürtelpanzer durchschlagen, Panzerdeck an einer Stelle eingerissen. Beschädigungen im Achterschiff. ...«

144 Hitler unterstützte die Entscheidung zur Selbstversenkung durchaus nicht. Generalmajor Jodl, der Chef des Wehrmachtführungsstabes im OKW, bemerkte in seinem Tagebuch, daß Hitler über die »Versenkung der GRAF SPEE ohne Kampf sehr aufgebracht« gewesen wäre. GAdm. Raeder hatte als Ob.d.M. Langsdorffs Verhalten Hitler gegenüber zwar gebilligt, aber intern in einem Erlaß keinen Zweifel an seiner Auffassung gelassen: »Das deutsche Kriegsschiff kämpft unter vollem Einsatz seiner Besatzung bis zur letzten Granate, bis es siegt oder mit wehender Flagge untergeht.« (Ob.d.M. 7437 geheim vom 22. Dezember 1939: »An alle Dienststellen«.) Bei Michael Salewski »Die deutsche Seekriegsleitung 1935 – 1945«, Bd.I, S.165, Fußnote 140, findet sich zu recht die Anmerkung, daß der letzte Funkspruch des deutschen Flottenchefs, Admiral Lütjens, vom 27. Mai 1941 (siehe oben 15. Kapitel) kurz vor dem Untergang der BISMARCK an Hitler »diesem Erlaß fast wörtlich entsprach, eine besondere *politische* Einstellung läßt sich somit aus diesem Funkspruch nicht entnehmen«.
KptzS. Langsdorff, der Raeder gut kannte, wußte wohl, was auf ihn zukommen würde, und so wählte er am 20. Dezember 1939 in einem Hotelzimmer in Buenos Aires den Freitod, nachdem er seine Besatzung aus aussichtsloser Situation in Sicherheit gebracht hatte. Wie sein Verhalten im Ersten Weltkrieg beweist, war Feigheit seinem Wesen fremd, und der gesamte Verlauf der GRAF SPEE-Unternehmung zeigt seine hohen menschlichen Qualitäten auf.

145 »Wer möchte behaupten,« schreibt Bidlingmaier (aaO., S.106) »daß diese Entschlüsse von der Lagebeurteilung her als fehlerhaft zu bezeichnen seien? Freilich mutet es tragisch an, daß der Gegner, wie wir heute wissen, GRAF SPEE erst mindestens 20 Minuten nach seiner eigenen Entdeckung gesichtet hat. GRAF SPEE hätte also höchstwahrscheinlich noch unbemerkt ablaufen können, als sie erkannte, mit welchem Gegner sie es zu tun hatte.«

146 Siehe Anm. 96. An Bord der ADMIRRAL GRAF SPEE herrschte tatsächlich, wie Rasenack (aaO., S. 152 f.) berichtet, die Auffassung vor, der Gegner hätte mit Giftgasgranaten (Gelbkreuz) geschossen.

147 Siehe Anm. 139 und 141. Der Verfasser läßt diese Fakten außer acht.

148 Das Troßschiff ALTMARK trat am 21. Januar 1940 aus seiner Warteposition südlich von Tristan da Cunha im Südatlantik den Heimmarsch an. Dieses Schiff war kein Kriegsschiff, das unter der Kriegsflagge fuhr; es war aber auch kein Handelsschiff, auch wenn seine Besatzung weitgehend ziviler Natur war. Es handelte sich um ein sog. »Staatsschiff« unter Reichdienstflagge, ein im internationalen Recht unbekannter Begriff – und es hatte ca. 300 Gefangene der ADMIRAL GRAF SPEE an Bord. In der Nacht vom 16./17. Februar 1940 enterte der britische Zerstörer COSSACK (Capt. Philip Vian) im Jössingfjord (südlich von Egersund) die ALTMARK innerhalb der norwegischen Hoheitsgewässer, obwohl zwei norwegische Torpedoboote anwesend waren und nicht eingriffen,0 und befreite mit Waffengewalt die Gefangenen. Acht deutsche Seeleute kamen hierbei ums Leben. Die mit dem Heck auf Grund gesetzte ALTMARK konnte am 26. Februar freigeschleppt werden. Sie setzte ihre Fahrt mit eigener Maschinenkraft fort und traf schließlich am 28. März 1940 in Kiel ein. Am 6. August 1940 wurde das Schiff in UCKERMARK umbenannt und ging am 30. November 1942 durch eine Explosion beim Bunkerreinigen östlich von Yokohama verloren.

149 Die Differenzen mit der Skl. rührten aus der Schlußfolgerung von Admiral Boehm in seinem Erfahrungsbericht zur Unternehmung vom 7. – 9. Oktober 1939 her:
»Allgemein ergibt sich die Tatsache, daß bei der Handhabung der neutralen Schiffahrt maßgebliche Erfolge in der Absperrung Englands durch Handelskrieg nicht zu erreichen sein werden.« Dies stand in grundsätzlichem Widerspruch zu GAdm. Raeders Auffassung vom Handelskrieg, den er offensiv geführt wissen wollte. Hier zeigen sich bereits entscheidende Auffassungsunterschiede zwischen Flottenkommando und Skl.

150 Nach dem KTB der SCHARNHORST wurde das Fahrzeug merkwürdigerweise erst nach dem Abbruch der Rettungsmaßnahmen gesichtet.

151 Darüber hinaus sollte diese Namensänderung nicht nur die Rückkehr der DEUTSCHLAND aus dem Atlantik so lange wie möglich verschleiern, sondern auch den Verkauf des bisherigen Schweren Kreuzers LÜTZOW der HIPPER-Klasse an die UdSSR einige Zeit tarnen.

152 Hierüber gibt es unterschiedliche Aussagen. Es ist sowohl von einem Auflaufen auf ein Wrack als auch von einem Minentreffer die Rede.

153 Das Unternehmen umfaßte die Besetzung Norwegens – »Weserübung-Nord« – mit den Kriegsschiffgruppen 1 – 6 und Dänemarks –»Weserübung-Süd« – mit den Gruppen 7 – 11. »Wesertag« war der 9. April 1940 und »Weseruhrzeit« war 05.15 Uhr, um trotz unterschiedlicher Anmarschzeit überraschend ein gleichzeitiges Anlaufen der Besetzung zu gewährleisten.

154 Die Schiffe befanden sich auf Kriegsmarsch, d.h. es herrschte Verschlußzustand 1 (Schließen aller Öffnungen zwischen den wasserdichten Abteilungen und dem Panzerschutz) mit halber Besatzung auf Kriegswache (2-Wachen-System).

155 KptzS. Bey, nach dem Tode von KptzS. Bonte F.d.Z., schloß sich der Kritik von VAdm. Lütjens nicht an; denn der britische Zerstörer hätte bei der sich bessernden Sicht zu einem unangenehmen Fühlungshalter werden können.

156 Das KTB der Flotte sagt hierüber aus:
»Ich entschließe mich dazu, mit den Schlachtschiffen die Gruppe 1 (Narvik) bis zum Eingang des Westfjords zu begleiten und zwar aus folgenden Gründen:
(a) Eine Zuteilung je eines Schlachtschiffes zu jeder der beiden Gruppen halte ich für falsch, da die zur Zeit völlig ungeklärte Feindlage eine Zersplitterung der kampfkräftigen Einheiten verbietet.
(b) Die Aufgabe der Gruppe 1 (Narvik) ist die Wichtigste. Es ist nicht ausgeschlossen, daß ihre Durchführung ein Eingreifen der Schlachtschiffe erfordert, falls englische Streitkräfte vor dem Westfjord stehen...
(c) Die Zerstörer der Gruppe 1 sind bei Erreichen ihres Operationszieles brennstoffmäßig nur noch ganz kurze Zeit aktionsfähig und können sich sowohl aus diesem Grund wie auch wegen des Wetters (zu erwartender SW-Sturm) nicht mehr auf die Schlachtschiffe zurückziehen. Dagegen ist HIPPER im Notfall immer noch in der Lage, sich in Sicht kommenden Feindstreitkräften zu entziehen...«

157 Nach einem Weitaufschlag der ersten Salve wurde für die zweite und dritte Salve die Entfernung um einen bestimmten Wert (abhängig von der Gefechtsentfernung bei Gefechtsbeginn) verringert, um mit der dritten deckend zu liegen.

158 Das KTB Flotte (BA/MA III M 300/5) verzeichnet:
»06.53 Uhr: UK von SCHARNHORST: »Habe Feuer eingestellt wegen Munitionsersparnis. Gegner aus Sicht.« – Wenngleich das Zurückbleiben des Gegners darauf schließen läßt, daß er beschädigt ist, verzichte ich auf die Weiterführung des Gefechts aus folgenden Gründen:« Weiter wie im Buchtext.

159 Das KTB Flotte enthält:
»06.07 Uhr: An SCHARNHORST: Frage, wieviel Gegner gesehen?
06.38 Uhr: Von SCHARNHORST: Bisher nur einen Gegner.«
Das KTB der SCHARNHORST verzeichnet dagegen:
»05.10 Uhr: ...Gegner wird ausgemacht als Schlachtkreuzer RENOWN-Klasse.
05.11 Uhr: Dahinter 1 bis 2 weitere Ziele. ...«
Um 06.42 Uhr meldete VAdm. Lütjens der Gruppe West: »Feind 2 Einheiten, wahrscheinlich RENOWN und NELSON. RENOWN hält Fühlung. Absetzen nach Norden. ...«
Die Schlußfolgerung des Verfassers ist irreführend. VAdm. Lütjens ist *immer* von zwei schweren Einheiten ausgegangen. Siehe auch die folgende Anm. 160.

160 Die Lagebeurteilung von VAdm. Lütjens am 9. April 1940, 22.00 Uhr, im KTB Flotte (BA/MA III M 300/5) lautet wie folgt:
»1. Nach den hier verfügbaren Unterlagen operiert der Gegner mit 2 Gruppen schwerer Streitkräfte. Davon eine im engeren oder weiteren Gebiet des West-Fjords (Kenntnis davon durch Gefecht am 9.4.40 früh) bestehend aus REPULSE und anscheinend einem weiteren Schlachtschiff (1 NELSON oder 1 BARHAM?) sowie vielleicht noch ein Kreuzer und Zerstörer. Die zweite schwere Gruppe in und nördlich der Shetlands-Enge

auf und ab stehend besteht aus 3 schweren Schiffen und 3 schweren, sowie 5 leichten Kreuzern. Nach den sonst vorhandenen Unterlagen könnte nur noch 1 schweres Schiff verfügbar sein, über dessen Position jedoch Anhaltspunkte nicht bestehen. Die franz. Streitkräfte, bestehend aus 3 Schiffen (davon vielleicht 1 DUNKERQUE) sind in den schottischen Gewässern gemeldet. Über ihren derzeitigen Standort bestehen keinerlei Anhaltspunkte. Anwesenheit eines Flugzeugträgers (BÉARN) ist möglich.

2. Die Lageunterrichtung seitens der Gruppe West, sowie zufällig aufgefangenne Nachrichten eines Senders aus Ackershus lassen erkennen, daß die allgemeine Lage in Norwegen noch ungeklärt ist. Gleichfalls besteht z.Zt. noch keine Klarheit über den Bereitschaftszustand (zeitlich und materiell) von Schiffen und den Zerstörern beider Gruppen [d.h. Gruppe 1 und 2, Narvik und Trondheim].
3. Vollkommene Unklarheit herrscht noch über die englischen Absichten und derzeitigen Bewegungen. Ich vermisse daher bei dieser völlig veränderten und außerplanmäßig verlaufenden Operation eine neue operative Weisung sowohl für die Schlachtschiffgruppe wie für den F.d.Z. und HIPPER. Ich selbst bin wegen der erforderlichen Funkstille und fehlender Gesamtübersicht nicht in der Lage, mich einzuschalten, zumal meine Funkkurzsignale anscheinend nicht (zumindest nicht sicher) durchkommen.
4. Ich stehe nunmehr vor der Entscheidung, entweder den Versuch zu machen, mit den Gruppen 1 und 2 oder einer von ihnen den gemeinsamen Rückmarsch zu versuchen, oder diesen Gruppen den selbständigen Rückmarsch zu überlassen und eine günstige Möglichkeit zum Durchbringen der Schlachtschiffe allein anzustreben, gegebenenfalls unter gleichzeitiger Schaffung einer Diversionswirkung für die beiden anderen Gruppen. Folgende Überlegungen sind maßgebend:

(a) Für HIPPER sehe ich keine Möglichkeit einer unmittelbaren Unterstützung, da sein Brennstoffvorrat nur den direkten Weg nach der Heimat gestattet. Die Durchführung einer Zwischenbetankung in See halte ich für fast unmöglich, da die Tanker ohne Peilsignal kaum auffindbar sind, und dieses bei der jetzigen Zeitlage zur alsbaldigen Entdeckung des Schiffes und damit zum mindesten Erschöpfung seines Brennstoffvorrates führen muß, womit die Möglichkeiten seiner Rückkehr in die Heimat noch erheblich weiter sinken. Jedoch sehe ich eine unmittelbare, wertvolle Unterstützung für HIPPER darin, daß gleichzeitig die Schlachtschiffe im Westen, HIPPER im Osten durchbrechen, weil Gegner dadurch von HIPPER abgelenkt werden kann.

(b) Besonders am Herzen liegt mir eine Entlastung der rückkehrenden Narvik-Gruppe. Diese könnte erfolgen durch einen Angriff auf die vor dem West-Fjord festgestellten schweren Streitkräfte. Die Möglichkeit ihres Auffindens – insbesondere zu einem für mich geeigneten Zeitpunkt – ist völlig unsicher. Der Kampf gegen zwei schwere Feindeinheiten bedeutet vollen Einsatz der Schlachtschiffe mit Verbrauch ihrer Munition und ihres Brennstoffes *ohne* gleichzeitige begründete Aussicht, damit eine tatsächliche Entlastung des F.d.Z. zu erreichen; denn im West-Fjord selber kann ich ihnen nicht helfen. Auf der anderen Seite halte ich es für den F.d.Z. für ausführbar, die Zerstörer – soweit fahrbereit – in Gruppen innerhalb der Schären bzw. unter Ausnutzung von Zwischenfjorden allein in die Heimat zurückzubekommen.

(c) Auf beiden Schlachtschiffen sind die Türme A durch Seewassereinbruch ausgefallen, ihr volles Wiederklarwerden erscheint nach früheren Erfahrungen ausgeschlossen. SCHARNHORST kann frühestens am 10. vorm. auf Höchstfahrt 28 sm kommen, bis dahin ist der Verband auf 24 sm herabgesetzt. Das bedeutet also, daß die Gefechtskraft der Schiffe um ein Drittel gesunken ist. Gegenüber der erheblichen Feindkonzentration ein besonders fühlbarer Ausfall. Die Meldung hierüber, sowie über meinen Standort ist der Gruppe wegen Nichtdurchkommen der Kurzsignale noch nicht zugegangen. – Der Brennstoffvorrat der Schlachtschiffe gestattet mir, bei geringen Fahrtstufen noch ein längeres Inseesein ohne Brennstoffergänzung, was mir die Möglichkeit gibt, die erwartete Klärung der Gesamtlage abzuwarten und die Gefechtsbereitschaft der Schiffe durch Reparatur der Schäden wieder auf die Höhe zu bringen.

5. Es ist noch nicht zu übersehen, wieviele Zerstörer der Gruppe 1 voll fahrbereit werden. Die Fahrbereiten können nicht vor 10. abends auslaufen. Nach den bisherigen Erfahrungen muß mit größeren Ausfällen gerechnet werden. Außerdem wird – wie in Drontheim – auch in Narvik die Zurücklassung von Zerstörern zur Sicherung der Heerestruppen erforderlich werden. HIPPER ist im Laufe des Tages anheimgestellt, wegen Brennstoffknappheit selbständig auszulaufen. Eine Zusammenfassung beider Gruppen zu einem starken Kampfverband entfällt damit. Es besteht demnach bei Durchführung einer Unterstützung der Gruppe 1 die Möglichkeit, sogar Wahrscheinlichkeit, daß beide Schlachtschiffe für die Deckung nur *weniger* Zerstörer voll eingesetzt werden, wobei der Erfolg dieser Deckungsaktion für die Zerstörer auch noch durchaus fraglich bleibt.
6. Die Funkmeldung, wonach am 9.4. (Uhrzeit noch nicht festliegend) 5 Kreuzer und 2 Zerstörer-Flottillen auf unbekanntes Ziel angesetzt sein sollen, werte ich folgendermaßen aus:

...

7. ich entschließe mich daher, den Rückmarsch mit den Schlachtschiffen allein einzuleiten; eine zeitweilige Entlastung des F.d.Z. und HIPPER kann dadurch eintreten. Wegen der Maschinenreparatur SCHARNHORST und der z.Zt. besonders ungünstigen Wetterverhältnisse (enorme Sichtweiten für den nächsten Tag zu erwarten) setze ich mich zunächst 70° Nordbreite nach Westen ab, um für die Nacht vom 11. zum 12.4. zum Durchbruch nach Nordwesten her dicht an den Shetlands vorbei ansetzen zu können.

161 Siehe Anm. 159.

162 Irrtum des Verfassers. Nach Rohwer/Hümmelchen »Chronology of the War at Sea 1939-1945« (Greenhill Books, London 1992), S. 15 war es die TRIDENT (LtCdr. Seale). Auf der LÜTZOW wurde der Angriff nicht einmal bemerkt (Prager aaO, S. 290). Der britische Befehlshaber der Unterseeboote, Vice-Admiral Max Horton, hatte alle einsatzfähigen Unterseeboote – 17 britische der 2., 3. und 6. U-Flottille sowie drei französische der frz. 10. U-Flottille und die polnische ORZEL – auf Positionen im Kattegat und Skagerrak und vor die norwegische Südwest- und Südküste entsandt, um deutsche Gegenmaßnahmen gegen die britische Operation »Wilfred« (siehe 11. Kapitel) abfangen zu können.

163 Die Versenkung der POSIDONIA erfolgte acht Stunden vor dem Angriff auf die LÜTZOW. Als die Überlebenden der beiden versenkten Dampfer in Norwegen an Land gebracht wurden, waren Heeressoldaten in Uniform darunter. Dies trug zur Warnung der Norweger bei.

164 Gruppe West: 23.8.1939 – 20.10.1944, dann ersetzt durch das Marineoberkommando West, sowie Gruppe Ost: 1.11.1938 – 10.8.1940, ersetzt durch die Gruppe Nord: 10.8.1940 – 31.7.1944.

165 Fortsetzung zu Anm. 108. Im Verlaufe des Krieges wurde die Luftwaffenorganisation immer chaotischer und aufgeblähter.
Nach der Auflösung der Luftkreiskommandos und der Schaffung der Luftflotten wurden auch die Fliegerdivisionen zu Fliegerkorps erhoben. Auch die Zuständigkeitsverhältnisse gestalteten sich immer unübersichtlicher. Eine Darlegung würde den Rahmen dieses Werkes sprengen. (Näheres siehe Neitzel aaO.)

166 In seiner Lagebeurteilung vom 7. Juni 1940 abends war Adm. Marschall zu folgender Schlußfolgerung gelangt (Auszug aus dem KTB Flotte - BA/MA III M 300/7):
»Dagegen bietet mir die Meldung des Geleitzuges von 1 Kreuzer, 2 Zerstörern und 2 großen Dampfern ein greifbares Angriffsziel, das einen sichtbaren Waffenerfolg und eine wirksame Schädigung des Feindes verspricht. Die ungewöhnlich starke Sicherung läßt auf einen wertvollen Geleitzug schließen. Zugleich kommt mir der Verdacht, daß die auffälligen Westbewegungen vielleicht auf eine Räumung Norwegens durch die Engländer hindeuten, daß also nunmehr auch Westgeleite wertvolle Ziele darstellen können. ... Ich entschließe mich daher, auf den Geleitzug zu operieren.«

167 Am 8. Juni 1940, 13.00 Uhr, beurteilte Adm. Marschall die Lage so (Auszug KTB Flotte):
»1. Es muß damit gerechnet werden, daß das Vernichten eines Tankers mit Bewacher und eines großen Transportdampfers dem Engländer in absehbarer Zeit bekannt wird. Damit steht zu erwarten, daß in dem nordnorwegischen Seeraum größere Unruhe entsteht, die ein ruhiges Beölen stark erschweren, wenn nicht in Frage stellen wird. Überdies beunruhigt mich die Meldung über die SOUTHAMPTON-Gruppe, die merkwür-

digerweise ihre beiden Schützlinge (ORAMA und Lazarettschiff) allein gelassen und nachher mit hoher Fahrt abgedreht ist, die genau in Richtung auf die von mir auf Quadrat 8755 neu festgelegte Trefflinie DITHMARSCHEN führt.

2. Aufklärungsunterlagen über den Raum Tromsö-Harstad-Narvik fehlen nach wie vor, so daß ich weiterhin überzeugt bin, daß ein Eindringen in den Vaagsfjord greifbare Erfolgsaussichten nicht bietet. Erfolgsaussichten und Einsatz stehen für mich immer mehr in einem geradezu grotesken Gegensatz. ...
3. Ich entschließe mich daher, den B.d.A. mit HIPPER und den Zerstörern zur Beölung und anschließender Verwendung zum Geleitschutz im Raum Drontheim-Saltdal nach Drontheim zu entlassen. Mit den Schlachtschiffen beabsichtige ich, zunächst das Vorhandensein der DITHMARSCHEN nachzuprüfen, den Tanker optisch auf eine weiter nördlich abgesetzte Trefflinie zu dirigieren und danach mit den Schlachtschiffen allein gegen das Seegebiet Harstad-Tromsö zu operieren. Insbesondere erhoffe ich aufgrund der vorliegenden Auswertungen der eingeschifften B-Dienstgruppe in dem Gebiet nordwestlich Andenes auf die in diesen Tagen dort mehrfach ermittelten Flugzeugträger zum Angriff kommen zu können. Entsprechende Befehle ergehen an den Verband.«

168 Tradition in der Royal Navy: In den frühen Morgenstunden des 1. Juni 1916 sank der Zerstörer ARDENT tapfer kämpfend im Feuer deutscher Linienschiffe in der Skagerrakschlacht. Am 21. Mai 1982 sank als drittes Schiff dieses Namens die Fregatte ARDENT (F 184) durch »Exocet«-Treffer bei einem Angriff argentinischer Flugzeuge bei Port San Carlos (Ost-Falkland) im Falklandkrieg.

169 Handschriftlicher Vermerk der Skl. im KTB der SCHARNHORST (BA/MA III M 310/2):
»Das war ein Fehler. Die Laufzeit des Torpedos hätte abgewartet werden müssen, bevor der Ausweichkurs verlassen wurde. Treffpunktrechner auf der Brücke!«

170 Nach dem Einlaufen in Trondheim erhielt Adm. Marschall vor allem über private Kanäle Kenntnis, daß der Obd.M. und die Gruppe West seine Führung der Operation offensichtlich auf das schärfste mißbilligten. So sah er wohl keinen anderen Ausweg, als sich krank zu melden. GAdm. Raeders Kritik richtete sich gegen das Abweichen vom Operationsbefehl. Statt den Geleitzug anzugreifen, hätte er gegen Harstad vorgehen sollen. Außerdem wäre bei durchgeführter Beölung ein längeres Verweilen im Operationsgebiet möglich gewesen.
Hinsichtlich der grundsätzlichen Führungsprobleme zwischen Skl., Gruppe West und dem Seebefehlshaber wird auf H. Schuur »Auftragserteilung und Auftragsdurchführung beim Unternehmen »Juno« vom 4. bis 10. Juni 1940« verwiesen (in »Führungsprobleme der Marine im 2. Weltkrieg«, herausgegeben vom Militärgeschichtlichen Forschungsamt, Rombach-Verlag, Freiburg/Br. 1973 – Bd. 13 der Einzelschriften zur militärischen Geschichte des 2. Weltkrieges).

171 Hinsichtlich der britischen Unterseeboote siehe Erminio Bagnasco »U-Boote im 2. Weltkrieg. Technik-Klassen-Typen«, Motorbuch-Verlag, Stuttgart 1988.

172 Nach Rohwer/Hümmelchen »Chronology of the War at Sea«, Greenhill Books, London 1992, war es das britische Unterseeboot SWORDFISH.

173 Gemeint ist hier die Landung in England, das Unternehmen »Seelöwe«, das zu diesem Zeitpunkt noch nicht abgeblasen war.

174 (S) bedeutete »Sonderführer« und stellte einen wegen besonderer Spezialkenntnisse zeitweise verliehenen Dienstgrad dar (erforderlich, um einer Zivilperson nach internationalem Recht den Kombattanten-Status zu verleihen). Es handelte sich auf den Handelsstörern um als sog. »Prisenoffiziere« eingeschiffte Offiziere bzw. Kapitäne von Handelsschiffen. Später erhielten sie in der Regel den Reserveoffiziers-Status.

175 Die DUQUESA leistete etwa zwei Monate lang der ADMIRAL SCHEER, einigen Hilfskreuzern und U-Booten sowie der vom Hilfskreuzer PINGUIN aufgebrachten Walfangflotte im Südatlantik wertvolle Dienste als »Verpflegungsamt Wilhelmshaven-Süd«. Am 20. Februar 1941 wurde sie durch die PINGUIN versenkt.

176 Nach Krancke/Brennecke »Das glückhafte Schiff. Kreuzerfahrten der ADMIRAL SCHEER«, S. 308 f., hatte *U 124* den Quarzeinsatz, aber kein neues FuMO an Bord.

177 Im Verlaufe des Unternehmens »Wikinger« gegen britische Fischdampfer im Gebiet der Doggerbank wurde die 1. Z-Flottille von eigenen He 111 der II./K.G.26 angegriffen. LEBERECHT MAASS erhielt drei Bombentreffer. Im Zuge von Ausweichmanövern gerieten beide Zerstörer auf eine gegnerische Minensperre und sanken durch Minentreffer. Die deutschen Flugzeugbesatzungen waren von der Anwesenheit eigener Schiffe nicht unterrichtet gewesen.

178 Der Schallortung dienten zwei verschiedene Anlagen:
- Das Gruppenhorchgerät (GHG) war eine passive Schallortungsanlage, um das Geräusch eines über oder unter Wasser fahrenden Zieles zu ermitteln und seine Richtung zu bestimmen. Die Grundlage hierzu bildeten eine Anzahl in ein oder zwei Gruppen zusammengefaßte Hydrophone, fest in die Bordwand eingebaut.
- Das S-Gerät (S = Sonderanlage, Deckname »Nibelung«) war eine aktiv arbeitende Unterwasserortungsanlage, die waagerecht Schallimpulse aussandte (Sender) und deren Echo wieder empfing (Empfänger). Hierdurch konnte Abstand und Peilung des reflektierenden Objektes bestimmt werden.

179 Bei der Werftbesprechung am 11. Januar 1941 an Bord der GNEISENAU hinsichtlich der erlittenen Seeschäden wurde bekannt, daß die SCHARNHORST bereits nach der Norwegen-Unternehmung umfangreiche Verstärkungen unter der Back erhalten hatte. Hiervon wurden jedoch weder das Flottenkommando noch der Amtschef K unterrichtet. (Vgl. hierzu Kähler »Schlachtschiff GNEISENAU«, S. 90, Koehlers-VerlagsGmbH, Herford 1979.

180 Das Marine-Quadratnetz des 2. Weltkrieges bestand aus Großquadraten (Kantenlänge 486 sm), benannt mit je zwei Großbuchstaben (z.B. Großquadrat AF), die durch viermalige Unterteilung jeweils 9 x 9 Unterquadrate (Kantenlänge 54 sm) enthielten (1. Ziffernpaar, z.B. AF 15). Schließlich enthielt das Unterquadrat 9 x 9 Kleinquadrate mit einer Kantenlänge von 6 sm (2. Ziffernpaar, z.B. AF 1563). Siehe hierzu Reinhart Reche »Die »Quadratur der Meere« – zur Umrechnung der Marine-Quadratkarte 1939 – 1945« in »Marine-Rundschau« 1984, S.120.

181 Die spätere Gefechtsmeldung der SCHARNHORST hatte folgenden Wortlaut:
»09.45 Uhr 53°12'N 34°23'W in rechtweisend 125° mehrere Dampfer, kurz hinterher 1 Kriegsschiff gesichtet. 09.50 Uhr als Schlachtschiff erkannt. Hierauf Kurs 90° bis Entfernung auf 250 hm, dann auf parallelen Kurs 45° gedreht. Absicht: Gegner abziehen vom Geleitzug auf nördlichen Kurs. Geringste gemessene Entfernung 231 hm. Gegner einwandfrei erkannt als RAMILLES. Dabei 20 Dampfer gezählt. Nach Eingang Kurzsignal Flotte »Gefecht abbrechen« abgedreht...«

182 Dem Urteil Gerhard Bidlingmaiers kann daher nur zugestimmt werden (»Einsatz der schweren Krriegsmarineeinheiten im ozeanischen Zufuhrkrieg«, Vowinckel-Verlag Neckargemünd 1963, S. 163/64):
»Beurteilt man den Vorfall aus der Lagebetrachtung des SCHARNHORST-Kommandanten, erscheint sein Verhalten gar nicht so unverständlich. Als er, aus einer Schneebö hervorbrechend, das feindliche Schlachtschiff zum erstenmal sichtete, hatte er sich schon auf 280 hm genähert und war daher überzeugt, vom Feind ebenfalls gesichtet zu sein. Da er den Gegner richtig als RAMILLES ausgemacht hatte, wußte er auch, daß ihm sein Geschwindigkeitsüberschuß von nahezu 10 kn gestatten würde, sich außer Reichweite der gegnerischen Artillerie zu halten. Der Gedanke, den langsamen Gegner von seinem Objekt abzuziehen und der GNEISENAU die schutzlosen Dampfer zur Versenkung zu überlassen, war daher gar nicht so abwegig, und die harte Kritik, die das KTB der Flotte am Verhalten der SCHARNHORST übt, will uns nicht ganz gerechtfertigt erscheinen.«

183 Im Abstand von jeweils einer Woche verließ zu dieser Zeit ein Geleitzugpaar Freetown/Sierra Leone in Richtung England, und zwar ein langsamer Geleitzug (SLS) mit 7 – 7,5 kn Marschgeschwindigkeit und ein schneller (SL) mit 9 kn. Der zeitlich Abstand beim Auslaufen war so berechnet, daß der schnelle Geleitzug den langsamen auf der Höhe von Gibraltar überholte, so daß beide in dem gefährdetsten Bereich den Schutz der Force H hatten. Am 2. März 1941 teilte jedoch die Gruppe West um 18.15 Uhr mit, daß sich nach neuen Erkenntnissen des B-Dienstes der Überholungspunkt nach Süden verlagert hätte. Daher wollte Adm. Lütjens nunmehr versuchen, das Geleitzugpaar SL 68 und SLS 68 auf Höhe der Kanarischen Inseln zu fassen.

184 Hierzu sagt das KTB der Flotte aus:
»Direkter Verkehr mit Kurzsignalheft ist ... nicht möglich, da weder die Schiffe das Kurzsignalheft der U-Boote noch diese dasjenige der Schiffe haben. Direkter Verkehr ist also nur durch Funkspruch ... möglich. ... Abgabe von Funksprüchen muß aber wegen der Peilbarkeit vermieden werden. Es bleibt also nur die Abgabe von Kurzsignalen an die Heimat und die Hoffnung, daß die Lage ... sofort erfaßt [wird].«
Immerhin dauerte es 20 Stunden, bis der B.d.U. seine U-Boote verständigt hatte.

185 Angriff britischer Trägerflugzeuge der ILLUSTRIOUS in der Nacht vom 11./12. November 1940 auf die im Hafen von Tarent liegende italienische Flotte. Die Schlachtschiffe LITTORIO, CAIO DUILIO und CONTE DI CAVOUR erhielten Torpedotreffer, wobei das letztere sank.

186 Darin heißt es u.a. in »III. Weisung für den Einsatz der Schlachtschiffe BISMARCK und GNEISENAU und des Kreuzers PRINZ EUGEN ab Ende April im Nordatlantik«:
»4.) Im Gegensatz zu der bisherigen Weisung für das Schlachtschiff-Treffen [d.h. Schlachtschiffgruppe] GNEISENAU – SCHARNHORST ist es die Aufgabe dieser Kampfgruppe, auch gesicherte Geleitzüge anzugreifen, wobei es jedoch nicht Aufgabe des Schlachtschiffes BISMARCK sein soll, unter starkem eigenen Einsatz gleich starke Gegner **niederzukämpfen,** sondern vielmehr, sie nach Möglichkeit in einem hinhaltenden Gefecht unter möglichster Schonung der eigenen Kampfkraft so zu binden, daß den anderen Schiffen der Kampfgruppe das Anfassen der Schutzobjekte des Geleitzuges möglich ist.
Hauptaufgabe auch dieser Operation ist die Vernichtung feindlichen Schiffsraumes, die Bekämpfung feindlicher Kriegsschiffe nur so weit, wie es die Hauptaufgabe nötig macht und wie es ohne allzu großes Risiko geschehen kann.«

187 Siehe Anm. 165. Der Fliegerführer Atlantik war der Luftflotte 3 (u. a. mit der I./K.G.1 und der I./K.G.40 in Brest bzw. Bordeaux und Stavanger) und der Fliegerführer Norwegen der Luftflotte 5 unterstellt. Die Gruppe West bzw. der B.d.U. und die Gruppe Nord konnten lediglich um den Einsatz von Flugzeugen ersuchen. Am 27. März 1941 flog zum erstenmal eine FW 200 zu diesem Zweck Aufklärung in der Dänemarkstraße.

188 Hierbei handelte es sich um niederländische Unterseeboote, die 1940 bei der Besetzung der Niederlande erbeutet und von der Kriegsmarine unter UD-Kennung in Dienst gestellt worden waren. Sie eigneten sich nicht zur Handelskriegführung im Atlantik, daher dieser Vorschlag von GenAdm. Carls.

189 Nicht nur der deutschen Seite (siehe Anm. 123) sondern auch der Funkaufklärung auf alliierter Seite gelangen – von den Deutschen unbemerkt und bis 1974 unbekannt – Einbrüche in die Funkschlüssel der obersten Reichsbehörden sowie von Heer, Luftwaffe und Marine. Die Weitergabe der Auswertungen erfolgte auf britischer Seite unter der Geheimhaltungsstufe »Ultra« und war durch raffinierte Maßnahmen abgeschirmt.
Innerhalb der Kriegsmarine wurde der Funkverrkehr unter Benutzung verschiedener Schlüsselkreise abgewickelt. So kamen z.B. für die in diesem Buch angesprochenen Schiffe und Boote vor allem folgende Schlüsselbereiche in Frage:
- »Heimische Gewässer«, ab 1.1.1943 »Hydra«, für alle Fahrzeuge in heimischen Gewässern einschl. der besetzten Gebiete sowie (bis 5.10.1941) für U-Boote im Einsatz in Nordsee und Atlantik, gebrochen (Anfang Mai 1941 erste Einbrüche in diesen Schlüssel);
- »Außerheimische Gewässer«, ab 1.1.1943 »Aegir«, für Überwasserschiffe im Einsatz außerhalb der heimischen Gewässer, keine Einbrüche;
- ab 5.10.1941 »Triton« für U-Boote im Einsatz im Atlantik, gebrochen (ausgenommen die Zeit vom 1.2.1942 bis 13.12.1942 durch Einführung der vierten Schlüsselwalze);
- verschiedene Sonderschlüssel, wie z.B.
  - »Sonderschlüssel 100« für Hilfskreuzer und Versorgungsschiffe in überseeischen Gewässern,
  - ab Mai 1941 »Sonderschlüssel Kernflotte«, ab 1.1.1943 »Neptun«, für Operationen der Kernflotte, keine Einbrüche,
  - ab Juni 1941 »Sonderschlüssel Ostsee«, ab 1.1. 1943 »Potsdam«, für Operationen gegen die UdSSR in der Ostsee.

Die Grundlage der deutschen Funkschlüsselung bildete die Schlüsselmaschine »Enigma«. Hierbei umfaßte der »Marinefunkschlüssel M« (M 3) drei Schlüsselwalzen zu je 26 Buchstaben – später vier (M 4 mit der »Griechenwalze Alpha«) – aus einem Vorrat von acht, wobei die inneren Einstellungen (Walzenlage und Ringstellung) nur alle 48 Stunden, die äußeren Einstellungen (Steckerverbindungen und Grundstellungen) alle 24 Stunden wechselten.
Eine Vielzahl von aufgefangenen deutschen Funksprüchen bildete für die Briten (nach Vorarbeit durch den polnischen Geheimdienst) in der »Government Code & Cypher School« in Bletchley Park bei London die Grundlage, um mit Hilfe von besonders entwickelten Entzifferungshilfsmaschinen (Computern) – den sog. »Bombs« – den Großteil der deutschen Schlüssel zu lösen. Hierbei leistete Schlüsselmaterial einen wesentlichen Beitrag, das auf folgenden Schiffen bzw. Booten erbeutet wurde:
- 12.2.1940 *U 33*,
- April 1940 Vp.-Boot *V 2623*,
- 4.3.1941 Vp.-Boot KREBS,
- 7.5.1941 Wetterschiff MÜNCHEN,
- 9.5.1941 *U 110*,
- 4.6.1941 Versorgungstanker GEDANIA,
- 12.6.1941 Versorgungstanker FRIEDRICH BREME,
- 15.6.1941 U-Boot-Versorger LOTHRINGEN,
- 25.6.1941 Wetterschiff LAUENBURG,
- 30.10.1942 *U 559*.

Damit war es möglich geworden, die deutschen Funksprüche anfänglich mit langer Zeitversetzung, später in immer kürzeren Zeitabständen und schließlich zeitgleich mitzulesen.
Zur weiteren Vertiefung siehe Rohwer/Jäckel »Die Funkaufklärung und ihre Rolle im 2. Weltkrieg« und Eberhard Möller »Kurs Atlantik! Die deutsche U-Bootentwicklung bis 1945«, beide im Motorbuch-Verlag, Stuttgart 1979 bzw. 1995.

190 Als GAdm. Raeder am 22. Mai 1941 das Auslaufen der BISMARCK-Gruppe meldete, äußerte Hitler erhebliche Bedenken und wüschte ihre Rückrufung. Raeder beschwichtigte jedoch Hitlers Befürchtungen und setzte die Fortführung des Unternehmens durch.

191 Siehe Anm. 190. Burkhard Freiherr v. Müllenheim-Rechberg berichtet, daß Hitler – nach Mitteilung des ebenfalls anwesenden Marineadjudanten Hitlers, v. Puttkammer – die Auseinandersetzung mit den Worten beendete: »Nun, Sie werden jetzt wohl die Dinge lassen müssen, wie sie sind, aber ich habe ein sehr schlechtes Gefühl.« (»Schlachtschiff BISMARCK – Ein Überlebender in seiner Zeit«, Ullstein-Verlag, Berlin 1987.)

192 Das »Crossing the T« war die Taktik Admiral Togos 1905 in der Seeschlacht bei Tsushima gegen die russische Flotte. Auch Admiral Jellicoe versuchte diese Taktik 1916 in der Skagerrakschlacht, indem er mit der Grand Fleet quer zum Kurs der deutschen Hochseeflotte »den Strich über das T« ziehen wollte. Damit konnte die Artillerie aller britischen Schiffe in der Breitseite eingesetzt werden, während in der deutschen Linie nur die Spitzenschiffe ihre vorderen Türme einzusetzen in der Lage waren. Der deutsche Flottenchef entzog sich ihm durch die berühmte »Gefechtskehrtwendung um 180°«, d.h. alle Schiffe in der Schlachtlinie gingen durch gleichzeitiges Drehen auf der Stelle auf Gegenkurs und entzogen sich der drohenden Umklammerung.

193 Die Ursache lag in der Nichtbeachtung von Tag- und Nachtwellen und an der Wahl der falschen Wellenlänge.

194 Sowohl die Skl. wie auch die Gruppe Nord zogen einen Rückrufbefehl in Erwägung. GAdm. Raeder war jedoch der Auffassung, in Unkenntnis der genauen Lage müsse die Entscheidung dem Flottenchef überlassen bleiben.

195 Freiherr v. Müllenheim-Rechberg berichtet (aaO., S. 154), daß die BISMARCK ein FuMB geführt hätte. Dagegen sprechen eine Anzahl Fakten, die Werner Stehr in Marine-Arsenal, Bd. 15, S. 27 (Podzun-Pallas-Verlag, Friedberg 1991), sehr schlüssig anführt, u.a. die niederschmetternde Erkenntnis bei Flotten- und Schiffsführung, daß die SUFFOLK mittels Radar Fühlung hielt, und die Skl. erst nach dem Unternehmen »Rheinübung« die Schaffung eines FuMB ins Auge faßte; denn bisher hatte sich seine Notwendigkeit noch nicht ergeben.

196 Der Funkspruch an die Gruppe West lautete:
»Vorhandensein Funkmeßgerät beim Gegner, Reichweite mindestens 350 hm, beeinträchtigt Operationen im Atlantik in stärkstem Maß. Schiffe wurden in Dänemarkstraße in dichtem Nebel geortet und nicht mehr losgelassen. Loslösung mißlang trotz günstigster Wetterbedingungen. Öl-

übernahme allgemein nicht mehr möglich, wenn nicht durch höhere Geschwindigkeit Absetzen durchführbar. Laufendes Gefecht zwischen 208 und 180 hm. HOOD durch Explosion nach 5 Minuten vernichtet, danach Zielwechsel auf KING GEROGE V, der nach sicher beobachtetem Treffer unter Schwarzqualmen abdrehte und mehrere Stunden außer Sicht war. Eigener Munitionsverbrauch: 93 Schuß. KING GEORGE V nahm Gefecht danach nur noch auf größte Entfernung an. BISMARCK zwei Treffer von KING GEORGE V. Davon einer durch Unterschießen Seitenpanzer Abt. XIII-XIV. Treffer Abt. XX-XXI minderte Geschwindigkeit und verursachte 1 Grad Tiefertauchung vorn und Ausfall Ölzellen. Lösung PRINZ EUGEN durch Ansatz Schlachtschiff in Nebel gegen Kreuzer und Schlachtschiff ermöglicht. Eigenes Funkmeßgerät störanfällig, besonders durch Schießen.« Hervorgehoben werden muß, daß der Funkspruch der Gruppe West mit der Uhrzeitgruppe 0846 erst um 11.25 Uhr abgegeben wurde.

197 Freiherr v. Müllenheim-Rechberg erwähnt die rekonstruierte Ansprache (aaO., S. 158) und macht deutlich, daß sie nach seinen Beobachtungen tiefe Niedergeschlagenheit hinterließ. Die Männer hätten vor sich nur noch den Untergang gesehen.

198 Hiervon ist nichts bekannt. Eine detaillierte Schilderung der Abläufe einschl. Reparaturmöglichkeiten siehe bei Freiherr v. Müllenheim-Rechberg (aaO, S. 180 ff.).

199 Siehe hierzu Anm. 144.

200 Das letzte Lebenszeichen, das die Gruppe West von der BISMARCK empfing, war der 07.10 Uhr abgegebene Funkspruch: »U-Boot schicken zum Wahrnehmen Kriegstagebuch.« Infolge des schlechten Wetters kam keines der U-Boote an das Schlachtschiff heran.

201 Zur Unterstützung der BISMARCK starteten zwei Fw 200, 49 Ju 88, 29 He 111 und 15 He 115. Lediglich fünf Ju 88 sichteten gegen 10.00 Uhr das Schlachtschiff, konnten aber nicht eingreifen.

202 Auch die Torpedos der DORSETSHIRE führten den Untergang des Schlachtschiffes nicht herbei, das im Schiffsinneren noch voll funktionsfähig war, wie Freiherr v. Müllenheim-Rechberg bezeugt (aaO., S. 230 ff.). Erst als nach entsprechenden Befehlen der Schiffsführung Sprengladungen gezündet und die Räume geflutet wurden, begann das Schiff zu sinken, um schließlich nach Backbord zu kentern.

203 Die vierte Bombe war ein Blindgänger, der erst am 25. April beim Aufräumen des Batteriedecks gefunden wurde. Siehe hierzu Wolfgang Kähler »Schlachtschiff GNEISENAU«, Koehlers-VerlagsGmbH, Herford 1979.

204 Operation »Fuller« war der Deckname für den Versuch der deutschen Brest-Gruppe, den Kanal zu durchbrechen, um nach Deutschland zu gelangen. Auf den Eingang dieses Stichwortes hin waren alle verfügbaren Kräfte der RAF und der Royal Navy in Alarmzustand zu versetzen.

205 Angesichts des exponierten Liegeplatzes war an eine Tarnung wie in Brest gar nicht zu denken; sie wäre aussichtslos gewesen. Vgl. Heinrich Bredemeier »Schlachtschiff SCHARNHORST«, Koehlers Verlags GmbH, Herford 1962.

206 Neben Hitler waren u.a. anwesend: der Ob.d.M. und Chef der Skl., GAdm. Raeder, der Chef des Stabes der Skl., VAdm. Fricke, der B.d.S., VAdm. Ciliax, mit seinem Stabschef, KptzS. Reinicke, der Oberbefehlshaber der Gruppe West, GenAdm. Saalwächter, der Befehlshaber der Sicherung West, KAdm. Ruge sowie von der Luftwaffe Generalleutnant Jeschonnek, der Generalstabschef, und Oberst Galland, der Jagdfliegerführer des Unternehmens »Cerberus«.

207 Im Rahmen der Operation »Fuller« hatte die RAF drei einander sich überschneidende Patrouillen zwischen Brest und der Straße von Dover eingerichtet, die jede Nacht geflogen wurden:

– »Stopper«, die westlichste, von der britischen Küste über Brest bis Quessant. Diese Patrouille hätte die »Hudson« W der 224. Squadron fliegen sollen.
– »Line SE« zwischen Quessant und Le Havre. Hier flog die »Hudson« G der 224. Squadron, deren ASV-Bordradar nicht funktionierte. Sie brach ihre Patrouille um 21.13 Uhr ab und um 00.15 Uhr lief der deutsche Verband in den Patrouillenbereich ein.
– »Habo« zwischen Le Havre und Boulogne. Die beiden einander ablösenden Maschinen der 223. Squadron sichteten nichts. Die letzte Maschine brach ihren Flug ca. eine Stunde früher ab. Etwa eine Stunde später passierten die deutschen Schiffe die Höhe von Le Havre.

208 VAdm. Ciliax folgte hier dem Vorbild VAdm. Hippers in der Skagerrakschlacht 1916, der nach dem Ausfall seines Flaggschiffes, des Schlachtkreuzers LÜTZOW, auf das T-Boot *G 39* umstieg.
VAdm. Ciliax stieg auf *Z 29* um, der kurze Zeit später wegen Maschinenschadens liegenblieb, und mußte nunmehr auf HERMANN SCHOEMANN umsteigen, während die wieder in Fahrt gekommene SCHARNHORST den Zerstörer passierte.

209 Für die Me 110 waren keine Sprechfunkfrequenzen festgelegt, LÜTZOW hatte keinen Jägerleitoffizier an Bord und die Piloten waren unerfahren. Sie flogen sogar die eigenen Schiffe von Backbord oder Steuerbord querein an – dies löste sofortiges Abwehrfeuer der Flak aus –, anstatt über dem Kielwasser anzufliegen.

210 Zum Thema Ölverknappung wird auf Wilhelm Meier-Dörnberg »Ölversorgung der Kriegsmarine 1935 – 1945«, Bd. 11 der Einzelschriften zur militärischen Geschichte des 2. Weltkrieges, herausgegeben vom Militärischen Forschungsamt, (Verlag Rombach, Freiburg 1973) verwiesen.

211 Von seinen 36 Schiffen verlor der PQ 17 durch Flugzeuge und U-Boote 24 Schiffe mit insgesamt 143.977 BRT. Siehe hierzu auch David Irving »Schlacht im Eismeer. der Untergang des Geleitzuges PQ 17«, Heyne-Verlag, München 1968.

212 Die Unternehmung fand vom 25. Juli bis zum 9. August 1940 statt und führte lediglich zum Aufbringen eines kleinen Dampfers.
Im übrigen ist der Vergleich falsch, denn damals befand sich die UdSSR nicht im Krieg. Im übrigen siehe Robert Eyssen »HKS KOMET. Kaperfahrt auf allen Meeren«, Koehlers-Verlags GmbH, Jugenheim 1960. Das Buch enthält die Wiedergabe des KTB der KOMET. Der Hilfskreuzer war im August/September 1940 mit sowjetischer Eisbrecherhilfe über den Sibirischen Seeweg in den Pazifik gelangt.

213 Der mit zwei Mann im Reitsitz bemannte Torpedo Mk. 1 – als »Chariot« (Streitwagen) bezeichnet – wies die gleiche Länge wie ein 53,3-cm-Torpedo auf und hatte einen abnehmbaren Gefechtskopf mit einer 272-kg-Sprengladung. Bei einer Geschwindigkeit von 2,9 kn hielt die Batterieleistung sechs Stunden an und verschaffte dem Fahrzeug einen Fahrbereich von 18 sm. Im übrigen siehe Warren/Benson »...Und über uns die Wogen. Torpedoreiter und Kleinst-U-Boote im Einsatz«, Koehlers-Verlags GmbH, Jugenheim (ohne Jahresangabe).

214 Lieutenant Jack Brewster, RN, der Führer des Marinekommandos, gibt in seinem Bericht eine andere Version. Sie wurden von zwei Männern angehalten: einem deutschen Soldaten in Uniform mit Maschinenpistole und einem norwegischen Polizisten. Unterwegs auf dem Weg zur Wache, die beiden Bewaffneten liefen hinter ihnen, wandte sich Bill Tebb, der als einziger noch eine Pistole hatte, blitzschnell um, zog gleichzeitig seine Pistole und schoß. Der zur Fluchtausbildung gehörende Trick funktionierte insofern, als er die beiden erschoß. Vorher konnte der deutsche Soldat allerdings noch einen Feuerstoß aus seiner Maschinenpistole abgeben, der den Engländer Bob Evans tödlich traf. Nachdem sie sich von seinem Tod überzeugt hatten, mußten ihn die vier anderen der Gruppe liegenlassen. Sie entkamen ohne weiteren Zwischenfall nach Schweden. Vgl. Warren/Benson, aaO., S. 59 ff.

215 Bei der GRAPH handelt es sich um *U 570.* Das deutsche Unterseeboot wurde am 27. August 1941 im Nordatlantik von einer »Hudson« angegriffen und leicht beschädigt. Dies veranlaßte den Kommandanten, OblztS. Rahmlow, zur Übergabe des Bootes.
Die Briten setzten das ehemalige deutsche U-Boot später erfolglos ein, um deutsche U-Boote in der Biskaya zu täuschen und zu versenken.

216 Die Funkmeßentwicklung fiel wie vieles andere auch im Sommer 1940 dem Befehl Hitlers zum Opfer, alle technischen Entwicklungen einzustellen, die nicht binnen Jahresfrist Frontreife erlangen konnten.

217 Diese Dienststellung wurde am 30. Januar 1943 eigens für Raeder geschaffen, ein Amt ohne jede Befehlsbefugnis und Verantwortung.

218 Die im Februar 1943 geschaffene »Kampfgruppe«, ab Sommer 1944 »1. Kampfgruppe«, umfaßte die in Norwegen stationierten schweren Einheiten der Kriegsmarine. Ihre Führung oblag dem »Befehlshaber der Kampfgruppe« (B.d.K.), bis zum Februar 1944 Adm. Kummetz, hervorgegangen aus der Dienststelle des Befehlshabers der Kreuzer.

219 Die restlichen schweren bzw. größeren Einheiten waren seit dem März 1943 im »Ausbildungsverband Flotte« zusammengefaßt:
SCHLESIEN, SCHLESWIG-HOLSTEIN; ADMIRAL HIPPER, ADMIRRAL SCHEER, LÜTZOW, PRINZ EUGEN, NÜRNBERG, LEIPZIG, KÖLN und EMDEN; geführt vom »Befehlshaber des Ausbildungsverbandes«, seit März 1943 VAdm. Thiele und ab September 1944 bis Kriegsende VAdm. Rogge.

220 Im März 1943 wurde das bisherige Flottenkommando mit dem Marinegruppenkommando Nord zusammengelegt, da größere Flottenoperationen nicht mehr in Frage kamen. Bis zu ihrer Auflösung am 31. Juli 1944 war Oberbefehlshaber der Gruppe Nord/Flotte GenAdm. Schniewind. Nach der Auflösung der Gruppe Nord blieb das Flottenkommando bis zum 23. Mai 1945 unter VAdm. Meendsen-Bohlken erhalten.

221 Hier liegt ein Irrtum des Verfassers vor. Die LÜTZOW befand sich an diesem Tag noch an ihrem Liegeplatz im Langfjord, einem Nebenfjord des Altafjords. Sie beteiligte sich mit zwei Verkehrsbooten sogar an der Jagd nach den Kleinst-U-Booten. Erst am 23. September 1943 abends trat die LÜTZOW den Heimmarsch an.

222 Bezüglich der restlichen vier X-Boote ist ergänzend zu bemerken: *X 5* könnte auch in einer Minensperre am Fjordeingang gesunken sein (vgl. Rohwer/Hümmelchen »Chronology of the War at Sea 1939-1945«, Greenbook Hills, Londoon 1992). *X 7* wurde geborgen, an Land gesetzt und die aufgefundenen Unterlagen gingen zum OKM. *X 10* mußte infolge einer Panne umkehren und eine wahre Odyssee hinter sich bringen, ehe sie von der STUBBORN aufgenommen werden konnte.

223 Hinsichtlich der Reparaturen siehe 21. Kapitel.

224 Die Strategie der »Fleet in being« geht auf das Handeln des britischen Admirals Herbert im Jahre 1690 während des Pfälzischen Erbfolgekrieges zurück. Es ist eine Art strategische Defensive, die sich wie folgt definieren läßt: Einem an Zahl überlegenen Gegner, der für die Durchführung seiner Pläne auf den Besitz der unbestrittenen Seeherrschaft angewiesen ist, ihre Erringung durch die Entscheidungsschlacht zu verweigern, indem die eigene Flotte sich zwar defensiv verhält, aber doch jede Gelegenheit ausnutzt, um ihm in fortgesetzten Gegenstößen Schaden zuzufügen.
Allerdings gilt auch: Ist die Erringung der Seeherrschaft eine Voraussetzung zum Gewinn eines Krieges, so läßt sich dieses Ziel niemals durch eine strategische Defensive erreichen.

225 Das verspätete Eingehen des Stichwortes »Ostfront 1700« hatte zur Folge, daß das Umsteigen des B.d.K. mit seinem Stab von der TIRPITZ im Kaafjord auf die SCHARNHORST im Langfjord das Auslaufen bis 19.00 Uhr verzögerte. Im übrigen erreichte das Stichwort KAdm. Bey auf der TIRPITZ über die Landverbindung. Daher irrt der Verfasser, wenn er meint, die britische Funkaufklärung hätte den um 16.37 Uhr eingegangenen Funkspruch erfaßt. Allerdings wurde der Funkspruch KAdm. Beys mit der Uhrzeitgruppe 21.16 Uhr abgehört. Vgl. Bredemeier »Schlachtschiff SCHARNHORST«, Koehlers-Verlags GmbH, Herford 1962.

226 Statt des Abbruchbefehls für die Operation erhielt KAdm. Bey gegen 23.50 Uhr einen Funkspruch des Ob.d.M. mit folgendem Wortlaut:
»1. Feind will durch wichtigen Geleitzug mit Nahrung und Waffen für Russen heldenmütigen Kampf unseres Ostheeres erschweren. Wir müssen helfen.
2. Geleitzug mit SCHARNHORST und Zerstörern angreifen.
3. Taktische Lage geschickt und wagemutig ausnutzen. Gefecht nicht mit halbem Erfolg beenden. Angepackte Lage durchschlagen. Größte Chance liegt in überlegener Artillerie SCHARNHORST, deshalb ihren Einsatz anstreben. Entsprechend Zerstörer ansetzen.
4. Abbrechen nach eigenem Ermessen. Grundsätzlich Abbrechen bei Auftreten schwerer Streitkräfte.
5. Besatzungen in diesem Sinne einstellen. Ich glaube an Euren Angriffsgeist.
Heil und Sieg!
Dönitz, Großadmiral«
Im Vergleich mit früheren Befehlen der Skl. ist die Änderung in der Befehlssprache interessant. Hier klingen schon die späteren Durchhalteparolen an.

227 KAdm. Bey hatte befohlen, die FuMO und FuMB erst auf seinen Befehl hin einzuschalten.

228 Nach Bredemeier (aaO., S. 241) war auf SCHARNHORST die Luftaufklärungswelle geschaltet worden, so daß dieser Funkspruch mitgehört wurde.

229 Admiral Fraser ging es um das ungehinderte Passieren des Geleitzuges JW 58. Nachdem sich jedoch die TIRPITZ nicht rührte, wie sich aus der Überwachung ergab, entschied Admiral Fraser, der Geleitzug solle den Weitermarsch allein fortsetzen, und verlegte angesichts des guten Wetters den Angriff um 24 Stunden vor.

230 Hierbei handelte es sich um das 8,6-cm-Raketen-Abschußgerät (R.A.G.) M 42 bzw. M 43. Der Werfer verschoß Raketen-Sprenggranaten L/4,8 mit der Wirkung einer 8,8-cm-Sprenggranate auf Entfernungen von 400 m, 600 m oder 800 m.

231 Siehe Anm. 218. Die Bezeichnung »1. Kampfgruppe« wurde eingeführt, als am 30. Juli 1944 angesichts des Vormarsches der Roten Armee in Richtung Riga und Libau aus Einheiten des Ausbildungsverbandes Flotte (siehe Anm. 219) die »Kampfgruppe Thiele« (auch als 2. Kampfgruppe bezeichnet) geschaffen wurde. KAdm. Rogge löste im September 1944 VAdm. Thiele als Befehlshaber des Ausbildungsverbandes Flotte ab. Gleichzeitig entstand aus den restlichen Einheiten des Ausbildungsverbandes die »Kampfgruppe Rogge«.

232 Die Wassertiefe am Liegeplatz vor der Insel Kvaløy betrug vorn 11 m und achtern 12 m. Unter dem Mittelschiff befand sich ein 17 m tiefer Graben. Daher mußte aufgeschüttet werden, um einen ebenen Grund von rund 200 m Länge zu schaffen.
Absicht war es, die TIRPITZ auf steinigem Grund aufliegen zu lassen, damit sie bei einer Bombardierung nicht kentern konnte.

233 Beginn der Werftliegezeit für die SCHLESWIG-HOLSTEIN: 29. Oktober 1944, die der SCHLESIEN begann etwas später.
Die vom Verfasser angegebene Flak-Endausstattung entspricht nicht den Tatsachen: 4 x 10,5 cm S.K. L/45 C/32 n.A. in MPL C/32 g.E. (4 x 1), 7 x 4 cm Flak 28 (7 x 1), keine 3,7 cm mehr, 20 x 2 cm (2 x 4, 6 x 2). Außerdem erhielt SCHLESIEN eine M.E.S.-Anlage sowie neben dem FuMO 25 ein FuMO 36 »Hohentwiel«.

234 Siehe Anm. 49 und 123.

235 Eberhard Möller listet in seinem Buch »Kurs Atlantik! Die deutsche U-Boot-Entwicklung bis 1945«, S. 33 ff. (Motorbuch-Verlag, Stuttgart 1995) eine erschreckende Chronologie des Unglaubens und der Ignoranz in der damaligen Marineführung auf, die von 1943 bis 1973 reicht, d.h. lange nach Kriegsende waren die ehemals Verantwortlichen immer noch der Meinung, die Marineschlüssel wären sicher gewesen. Letzteres trifft insbesondere auf Dönitz zu. Erst mit dem 1974 erschienenen Buch von Frederick W. Winterbotham »The Ultra Secret« (dt. Übersetzung: »Aktion Ultra«, Frankfurt 1976) und den Arbeiten von Prof. Dr. Jürgen Rohwer von der Bibliiothek für Zeitgeschichte in Stuttgart (u.a. Rohwer/Jäckel »Die Funkaufklärung und ihre Rolle im 2. Weltkrieg«, Motorbuch-Verlag, Stuttgart 1979) beginnt sich die Wahrheit durchzusetzen.

236 Zur Entwicklung der gesamten Funkmeßtechnik einschl. der Anlagen für die Marine siehe David Pritchard »Durch Raum und Nacht«, Motorbuch-Verlag, Stuttgart 1992.

Abkürzungsverzeichnis

A I	Operationsabteilung (später 1./Skl.) bzw. Flottenabteilung (später A V) im Marinekommandoamt (A)
A IV (vorher A III)	Marineausbildungsabteilung im Marinekommandoamt (A)
AEG	Allgemeine Elektrizitäts-Gesellschaft
AFP	Artilleriefährprahm
am.	amerikanisch
Ant.	Antenne
I.AO (I.A.O.), II.AO usw.	I. usw. Artillerieoffizier
AP (armour-piercing)	panzerbrechend, Panzerspreng...
AP-Bombe	brit. 726-kg-Sprengbombe mit Verzögerungszünder
Ar	Arado Flugzeugwerke GmbH
Art.	Artillerie
Asdic (Allied Submarine Devices Investigation Committee)	(brit.) Synonym für akustische U-Bootortungsanlage (dt. S-Anlage)
ASV (Air to Surface Vessel)	(brit.) Flugzeugradar zur Ortung von Überwasserfahrzeugen
A.T.O.	Artillerietechnischer Offizier
atü	Atmosphärenüberdruck: 1 kg/cm≈
A.V.K.	Artillerie-Versuchskommando
Az.	Aktenzeichen
BA/MA	Bundesarchiv/Militärarchiv
Bb.	Backbord
B.d.A.	Befehlshaber der Aufklärungsstreitkräfte
Bd.Fl.Gr.	Bordfliegergruppe
B-Dienst	Funkbeobachtungsdienst
B.d.K.	a) Befehlshaber der Kreuzer b) Befehlshaber der Kampfgruppe
B.d.L.	Befehlshaber der Linienschiffe
B.d.P.	Befehlshaber der Panzerschiffe
B.d.S.	Befehlshaber der Schlachtschiffe
B.d.Sp.	Befehlshaber der deutschen Seestreitkräfte vor Spanien
B.d.U.	Befehlshaber der Unterseeboote
Bdz.	Bodenzünder
Bf 109	Bayerische Flugzeugwerke (ab 1.7.1938 Me 109)
BMW	Bayerische Motorenwerke
BOAC (British Oversea Air Corporation)	brit. Fluggesellschaft
BRT	Bruttoregistertonne: 1 BRT = 100 Kubikfuß = 2,83 cbm
B.S.O.	Befehlshaber der Sicherung der Ostsee
BV	Blohm & Voss Flugzeugwerke
C/...	Konstruktion aus dem Jahr...
C/38 S	Konstruktionsjahr 1938, bestimmt für Schlachtschiffe
CAM-Schiff (Catapult Aircraft Merchantman)	(brit.) Handelsschiff mit Katapult und Jagdflugzeug
Capt.	Captain (in der Royal Navy: Kapitän zur See)
cbm	Kubikmeter (m^3)
Chefs.	Chefsache
C-in-C (Commander-in-Chief)	Oberbefehlshaber
CWL (KWL)	Konstruktionswasserlinie
DB	Daimler-Benz-Motorenwerke
Deschimag	Deutsche Schiffs- und Maschinenbau A.G.
DeTe-Gerät	(dt. Marinejargon) Dezimeter-Telephonie-Gerät
Dez.	(Dezigrad) 1 Dez. = 10° des Kompaßkreises
Dipl.-Ing.	Diplom-Ingenieur
DNC (Director of Naval Construction)	(brit.) Marinekonstruktionsabteilung in der brit. Admiralität
Do	Dornier-Flugzeugwerke
Dopp.Dreh.L.	Doppel-Drehscheibenlafette
Dopp.L.	Doppellafette
Dopp. MPL	Doppel-Mittelpivotlafette
Dopp.Z.	Doppelzünder
Dreh.L.	Drehscheibenlafette
EK I, EK II	(dt. Orden) Eisernes Kreuz I. und II. Klasse
E.K.K.	Erprobungskommando für Kriegsschiffneubauten
E-Meß...	Entfernungsmeß...
E-Werk	Elektrizitätswerk (Generatorraum) eines Schiffes
F (F-Boot)	Kennung für Flottenbegleitboot (2. WK)
FA	Focke-Achgelis-Flugzeugbau
FAA (Fleet Air Arm)	brit. Marineluftwaffe
F.d.L.	Führer der Luftstreitkräfte
F.d.L. West bzw. Ost	Führer der Luftstreitkräfte beim Marinegruppenkommando West bzw. Ost
F.d.U.	Führer der Unterseeboote
F.d.Z.	Führer der Zerstörer
(F)Gr.	Fernaufklärungsgruppe
Fi	Fieseler-Flugzeugwerke
FKpt.	Fregattenkapitän
Fla...	Fliegerabwehr...
Flak	Fliegerabwehrkanone
FM-Boot	flachgehendes Minensuchboot (1. WK)
FP 02	Trotyl bzw. Trinitrotoluol (Sprengstoff)
F.S.	Flugzeugmutterschiff (1. WK)
3./(F)S.A.Gr.130	3. Staffel der Seefernaufklärungsgruppe 130
F.T.	Funkentelegraphie
FuMB	Funkmeßbeobachtungsgerät
FuMG	Funkmeßgerät
FuMO	Funkmeßortungsgerät
Fw	Focke-Wulf-Flugzeugwerke
G	Kennung für T-Boot (1. WK), gebaut auf der Germaniawerft
g	Schwerebeschleunigung
G7a	dt. Torpedobezeichnung (G = Kaliber 53,3 cm, 7 = 7 m Länge, a = Preßluftantrieb
GAdm.	Großadmiral
G.A.-...	Geradlaufapparat (Kreisel) in Torpedos
g.E.	große Erhöhung
GEMA	Gesellschaft für Elektro-akustische und Mechanische Apparate
GenAdm.	Generaladmiral
Gestapo	Geheime Staatspolizei (bildete zusammen mit der Kripo die Sicherheitspolizei)
g/h	Gramm pro Stunde
Gkdos. (gKdos)	Geheime Kommandosache
g.U.	großer Umkreis
Hb.Gr.Z.	Haubengranatzünder
He	Heinkel-Flugzeugwerke
HG-Geleitzug (Home from Gibraltar)	(brit.) Bezeichnung für Geleitzüge Gibraltar – Großbritannien
hm	Hektometer = 100 m
HMNZS (His/Her Majesty New Zealandian Ship)	(brit.) Seiner/Ihrer Majestät Neuseeländisches Schiff
HMS/HMS/m (His/Her Majesty Ship/Submarine)	(brit.) Seiner/Ihrer Majestät Schiff/Unterseeboot
H.M.S.O. (His/Her Majesty Stationary Office)	(brit.) Seiner/Ihrer Majestät Druckerei
HSK	Handels-Schutz-Kreuzer, (Tarnbezeichnung für Hilfskreuzer), auch Handels-Stör-Kreuzer
HX-Geleitzug (From Halifax)	(brit.) Bezeichnung für Geleitzüge Halifax/Kanada – Großbritannien
Hz	Hertz = Maßeinheit der elektromagnetischen Wellenlänge (Frequenz)
J.G. (IV./J.G.5 bzw. 10./J.G.5)	Jagdgeschwader (IV. Gruppe bzw. 10. Staffel des Jagdgeschwaders 5)
Ju	Junkers-Flugzeugwerke
Jumo	Junkers-Motor
JW-Geleitzug	(brit.) Bezeichnung für Geleitzüge nach Nordrußland (Umbenennung aus PQ)
K (K-Amt)	Abk. für Marinekonstruktionsabteilung/-amt bzw. Amt Kriegsschiffbau
KAdm.	Konteradmiral
K.C.	Panzerstahlart: Krupp Cementiert (d.h.gehärtet)
K.Fl.Gr.(Kü.Fl.Gr.)	Küstenfliegergruppe
K.G. (I./K.G.40)	Kampfgeschwader (I. Gruppe des Kampfgeschwaders 40)
kVA	Kilovoltampére
kg/cm≈	1 atü
kg/h	Kilogramm pro Stunde
kg/m	Kilogramm pro Minute
kg/PS	Kilogramm pro Pferdestärke
KKpt.	Korvettenkapitän
KKpt.d.R.	Korvettenkapitän der Reserve
KKpt.(Ing.)	Marine-Ingenieuroffizier im Range eines Korvettenkapitäns
KM	Kriegsmarine
kn	Knoten: 1 Seemeile (1853 m) pro Stunde
Kptlt.	Kapitänleutnant
Kptlt.(Ing.)	Marine-Ingenieuroffizier im Range eines Kapitänleutnants
Kptlt.(W)	Kapitänleutnant der artillerietechnischen Laufbahn
KptzS.	Kapitän zur See
KTB	Kriegstagebuch
kW	Kilowatt
K.W.	Panzerstahlart: Krupp Weich (nicht gehärtet)
Kz.	Kopfzünder
L/...	Länge des Rohres nach Anzahl der Kaliber
L.K.K.	Luftkreiskommando
LM bzw. L/M	Lafette/Modell
Lost	Kampfgasart: Senfgas (nach den Chemikern Lommel und Steinhoff)
Lt.Cdr. (Lieutenant-Commander)	(brit.) Kapitänleutnant
LtzS.	Leutnant zur See
LtzS. (S)	Sonderführer im Range eines Leutnants zur See
M	Kennung für Minensuchboot
M I	Gewicht der Antriebsanlage sowie der Stromerzeugungsanlage plus aller Hilfseinrichtungen, Rohrleitungen und Kabel
M II	Gewicht der für den Betrieb des Schiffes erforderlichen technischen Einrichtungen (insbes. Hilfskessel, Rudermaschinen, Ankerspills, Boots- und Flugzeugkräne, Befehls- und Meldeanlagen). Ab 1939 auch die Stromerzeugungsanlage und ihre Einrichtungen hierzu.
MA (M.A.)	Mittelartillerie
MAC-Schiff (Merchant Aircraft Carrier)	(brit.) Als Flugzeugträger verwendetes Handelsschiff
MAN	Maschinenfabrik Augsburg-Nürnberg
m.Bdz.	mit Bodenzünder

M-Boot	Minensuchboot
MC (Medium Calibre)	(brit.) mittleres Kaliber
MC-Bombe	brit. (mittlere) 227-kg-Sprengbombe mit Aufschlagzünder
MDV	Marinedienstvorschrift
Me	Messerschmitt-Flugzeugwerke A.G.
M.E.S.	Mineneigenschutz bzw. magnetischer Eigenschutz
M-Flottille	Minensuchflottille
MG	Maschinengewehr
MGB (Motor Gun Boat)	(brit.) Motorkanonenboot (Schnellboot)
m.H.	mit Haube
MHZ	Megahertz
Mio.	Million
Mk. (Mark)	(brit./am.) Modell
m.Kz.	mit Kopfzünder
MND	Marinenachrichtendienst
MPL (M.P.L.)	Mittelpivotlafette
m/s	Meter pro Sekunde
MS-Flottille	Minensuchflottille
mt	metrische Tonne (1000 kg)
MTB (Motor Torpedo Boat	(brit.) Motortorpedoboot (Schnellboot)
N	Nord
n/A, n.A.	neuer Art
N.E.K.	Nachrichtenmittel-Erprobungskommando
NNO	Nordnordost
NNW	Nordnordwest
NO	Nordost
NRT	Nettoregistertonne = 100 Kubikfuß = 2,83 cbm
NSDAP	Nationalsozialistische Deutsche Arbeiterpartei
NW	Nordwest
O	Ost
I.O.	Erster Offizier
Ob.d.H.	Oberbefehlshaber des Heeres
Ob.d.L.	Oberbefehlshaber der Luftwaffe
Ob.d.M.	Oberbefehlshaber der Kriegsmarine
ObltzS.	Oberleutnant zur See
OKH	Oberkommando des Heeres
OKL	Oberkommando der Luftwaffe
OKM	Oberkommando der Kriegsmarine
OKW	Oberkommando der Wehrmacht
ONO	Ostnordost
Op.	Operationsabteilung
OSO	Ostsüdost
PQ-Geleitzug	brit. Bezeichnung für Geleitzüge nach Nordrußland (Island – Murmansk)
PS	Pferdestärke: Maßeinheit der Leistung (heute kW: 1 kW = 1,36 PS)
PSe	effektive PS (Maßeinheit für Motoren)
PSi	indizierte PS (Maßeinheit für Kolbendampfmaschinen)
P.Spr.Gr.	Panzersprenggranate
PUO	Portepee-Unteroffiziere (Bootsmanns- bzw. Feldwebeldienstgrade)
Pz.Granate	Panzersprenggranate
Pz.St.	Panzerstahl
Qu.	Quadrat (der Marine-Quadratkarte)
QP-Geleitzug	brit. Bezeichnung für leere, aus Nordrußland rückkehrende Geleitzüge (Murmansk – Island)
Radar (Radio Detecting and Ranging)	(brit./am.) Funkortung und -E-Messung (dt. Funkmeß)
RAF (Royal Air Force)	(brit.) Königliche Luftwaffe
R.A.G.	Raketen-Abschuß-Gerät
RA-Geleitzug	brit. Bezeichnung für leere, aus Nordrußland rückkehrende Geleitzüge (Umbennung aus QP)
R-Boot	Räumboot
R-Flottille	Räumflottille
RLM	Reichsluftfahrtministerium
RM	a) Rentenmark (ab 15.10.1923) b) Reichsmark (ab 11.10.1924)
RM (Royal Marines)	(brit.) Königliche Marineinfanterie
RN (Royal Navy)	(brit.) Königliche Marine
RP	rauchloses Pulver
rw.	rechtweisend
R.w.-H.w.-Geber	Richtwert- und Höhenwertgeber
S	Süd
...°/s	...Grad pro Sekunde
S II bzw. III	Schiffbaustahl II bzw. III
SA (S.A.)	Schwere Artillerie
SA	Sturm-Abteilung: paramilitärische NS-Organisation
S.A.Gr. (3./S.A.Gr. 130)	Seeaufklärungsgruppe (3. Staffel der Seeaufklärungsgruppe 130)
SAP (semi-armour piercing)	(brit.) halb panzerbrechend
SAP-Bombe	brit. mittlere 227-kg-Panzersprengbombe mit Verzögerungszünder
S-Boot	Schnellboot
SC-Geleitzug	brit. Bezeichnung für einen langsamen Geleitzug Sydney/Canada – Großbritannien
S.E.S.	Seeflugzeug-Erprobungsstelle
Severa	Seeflugzeug-Versuchs-Anstalt
S-Flottille	Schnellbootflottille
S-Gerät (-Anlage)	Sonder-Gerät, -Anlage (aktives Schallortungsgerät)
S.K.	Schnelladekanone
Skl.	Seekriegsleitung
SKR (Storozevoj Korabl)	(russ.) Kennung für Wohnschiff
SL-Geleitzug	brit. Bezeichnung für einen schnellen Geleitzug Sierra Leone/Freetown – Großbritannien
SLS-Geleitzug	brit. Bezeichnung für einen langsamen Geleitzug Sierra Leone/Freetown – Großbritannien
S/m (Submarine)	(brit.) Abkürzung für »Submarine« (Unterseeboot)
sm	Seemeile (1853 m)
sm/h (Sm/h)	Seemeile pro Stunde = Knoten (kn)
S.N.O. (Senior Naval Officer)	(brit.) dienstältester Seeoffizier, Marinebefehlshaber
SO	Südost
Spr.Gr.	Sprenggranate
Squ. (Squadron)	(brit.) Staffel (kleinste Einheit der Luftwaffe)
St. 42 bzw. 52 KM	Schiffbaustahl 42 bzw. 52 Kriegsmarine
Stb.	Steuerbord
St.G.2	Stuka-Geschwader 2
Stuka	Sturzkampfflugzeug
S.V.K.	Sperrversuchskommando
t	metrische Tonne (1000 kg)
T	Kennung für Torpedoboot
T 1 (2 bzw. 3)	Turbinenraum 1 (2 bzw. 3)
TAM (T.A.M.)	Torpedoauswanderungsmesser
TBK (T.B.K.)	Torpedobootskanone
T-Boot	Torpedoboot
T-Flottille	Torpedobootflottille
t/h	Tonne pro Stunde
TNT	Trinitrotoluol (Sprengstoff)
II. T.O.	II. Torpedooffizier
Tr.Gr.	Trägergruppe
ts (tons)	brit. »long ton« zu 1016 kg
U	Kennung für U-Boot
U-Boot	Unterseeboot
UdSSR	Union der Sozialistischen Sowjetrepubliken (Sowjetunion)
U-Flottille	Unterseebootflottille
UJ	Kennung für U-Jäger (Unterseebootjäger)
UJ-Flottille	U-Jägerflottille
UK-Spruch	Funkspruch auf Ultrakurzwelle
U/m	Umdrehungen pro Minute
8. USAAF (8. United States Army Air Force)	(am.) 8. Luftflotte der US-Heeresluftwaffe
USS (United States Ship/Submarine)	Schiff/Unterseeboot der US-Marine
V	Volt
V	T-Boot, gebaut bei A.G. »Vulcan« in Hamburg oder Stettin
V-	Versuchs-
Vo	Mündungsgeschwindigkeit
VAdm.	Vizeadmiral
V.B.	Vorgeschobener Beobachter
Vp	Kennung für Vp.-Boot
Vp.-Boot	Vorpostenboot
Vp.-Flottille	Vorpostenbootflottille
W	West
Wanz.	Hagenuk-Wellenanzeiger (FuMB)
W.d.G.	Wahrnehmung der Geschäfte
Wh	Wotan hart (gewalzter Panzerstahl, gehärtet)
Wh n/A	Wotan hart neuer Art
WNW	Westnordwest
WPS (auch PSw)	Wellen-PS: Maßeinheit für Dampfturbinen
WSW	Westsüdwest
Ww n/A	Wotan weich (gewalzter Panzerstahl, nicht gehärtet) neuer Art
W.Z.	Waffenzünder
xB-Dienst	Funkbeobachtungsdienst unter Mitwirkung des Funkentzifferungsdienstes
Z	Kennung für Zerstörer
ZAG (Z.A.G.)	Zielanweisungsgerät
Z-Division	Zerstörerdivision (Untergliederung der Z-Flottille)
Z-Flottille	Zerstörerflottille
ZG (Z.G.)	Zielgeber
Z.G.	Zerstörergeschwader der Luftwaffe (ausgerüstet mit Me 110)
13.(Z)/J.G.5	13. (Zerstörer-)Staffel des Jagdgeschwaders 5

Sach-register